上海市知识青年历史文化研究会　上海通志馆　编

中国新方志

# 知识青年上山下乡史料辑录

金光耀　金大陆　主编

③

上海人民出版社　上海书店出版社

# 西 北 卷 目 录

## 陕西省

# 甘肃省

# 宁夏回族自治区

## 青海省

## 新疆维吾尔自治区

陕西省

湘西省

# 《陕西省志·大事记》

陕西省地方志编纂委员会编,三秦出版社 1996 年

(1968 年)12 月 22 日,陕西省革命委员会发出《关于广泛宣传、深入学习、坚决执行毛主席最新指示的通知》,要求各级干部和群众深入学习毛泽东主席关于"知识青年到农村去,接受贫下中农的再教育,很有必要。要说服城里干部和其他人,把自己初中、高中、大学毕业的子女,送到乡下去,来一个动员,各地农村的同志应当欢迎他们去"的指示。全省知识青年上山下乡的安置工作从当年 8 月开始,11 月形成高潮,至年底,30 余万名(其中包括城镇知识青年 6.9 万余名)知识青年下到农村。 (第 468 页)

(1969 年 1 月)9 日,首批北京知识青年 1 000 多人下放延安,并于 10 日到达延安县农村插队落户。这次来延安插队锻炼的有 3 万余名北京市的初、高中毕业生。 (第 468 页)

(1970 年 9 月)22 日,陕西省革命委员会召开首次下乡知识青年和下放干部活学活用毛泽东思想积极分子代表大会,出席大会的有下乡知识青年、下放干部、下乡城镇居民先进集体和积极分子代表 1 382 人。大会号召下乡人员,要树立在农村扎根一辈子的思想,坚定不移地走与工农相结合的道路。省革命委员会主任李瑞山等领导向下乡人员、先进单位和积极分子颁发了奖状。 (第 472 页)

(1980 年 9 月)13 日,中共陕西省委、陕西省人民政府转发全省劳动就业会议纪要。会议决定,今后城镇知识青年不再上山下乡。为解决城镇知青就业,省委、省政府要求大力发展城镇集体经济和个体经济,发展以知青为主体的集体所有制场(厂)和农工商联合企业,办好劳动服务公司,大力开展职业技术培训,改革中等教育结构。为加强对知青就业工作的领导,陕西省人民政府于 12 月 18 日决定,成立陕西省劳动就业领导小组,副省长惠世恭兼任组长,刘定洲为副组长。 (第 508 页)

(1981 年 11 月)21 日,中共陕西省委决定撤销"陕西省知识青年上山下乡领导小组"及其办公室。1982 年 3 月撤销"省知青办",其遗留业务工作移交陕西省劳动局。(第 515 页)

# 《陕西省志·大事记》

陕西省地方志编纂委员会编,三秦出版社 2009 年

(1972 年 2 月)下旬,陕西省各高等院校开始进行第一批工农兵学员的招生工作。招生

对象为：具有两年以上实践经验、有初中以上文化程度、年龄在 20 岁左右的工人、贫下中农、解放军战士、干部和下乡、回乡两年以上的知识青年。招生办法是：自愿报名，群众推荐，领导批准，学校复审。5 月，第一批 7 000 余名工农兵学员进入西北工业大学、西安交通大学、西北大学、西北农学院、西安医学院、陕西师范大学等 14 所高等院校学习。经过 3 年学习，于 1975 年毕业。至 1976 年，全省各类大学共招收工农兵学员 3.5 万余名。 （第 159 页）

# 《陕西省志·地理志》

陕西省地方志编纂委员会编，陕西人民出版社 2000 年

省际人口迁移。……1966—1975 年省外迁入大于迁出，因陕西是全国三线建设的重点地区，此阶段有不少军工企业迁入。加之，知识青年上山下乡，仅北京知识青年就有 2.7 万人迁入延安地区。同期又有北京部队、高校迁入陕西。1977—1983 年以迁出为主，主要是北京知识青年和部分高校迁回原籍。

省内人口迁移。……60 年代初，部分工厂企业调整，机构精简、干部下放，返回农村参加生产劳动，知识青年上山下乡。70 年代末和 80 年代落实政策，大量迁往农村的人口返迁回城市。 （第四章《人文地理》，第 73—74 页）

# 《陕西省志·农牧志》

陕西省地方志编纂委员会编，陕西人民出版社 1993 年

（1968 年）1 月 9 日，首批北京知识青年 1 000 多人，到达延安县农村插队落户。嗣后陆续来延安的北京市下乡知识青年共计 3 万余人。 （第一篇《农业大事记》，第 39 页）

（1976 年）1 月 20 日，陕西省上山下乡知识青年农业学大寨积极分子代表大会在西安召开，26 日结束。会议宣读了《中共陕西省委关于表彰下乡和回乡知识青年农业学大寨先进集体和先进个人的决定》，表彰先进集体和先进个人 151 名。 （第一篇《农业大事记》，第 42 页）

50 年代，农垦职工队伍中，各级干部均按农场隶属关系由组织委派；工人多从社会上招收，以农村为主。60 年代，工人主要来自西安、宝鸡、咸阳、安康、铜川、渭南、汉中等城市上山下乡知识青年。这些青年分别于 1963 年、1966 年、1970 年响应政府号召，上山下乡到农垦系统参加农场建设。

1962—1963 年，西安草滩农场先后两次安排西安下乡知识青年 530 多人。以后他们中有一部分落户到场，成为农场的骨干力量。1963 年在组建三门峡库区华阴农场、沙苑农场、

朝邑农场时,根据国务院的决定,曾动员城市知识青年到库区农场参加生产建设。当时三门峡库区农民群众迁移后,留下来的是一片荒地,到处是芦苇杂草,一望无垠。首批参与这里建场的大军就是西安市下乡知识青年2 928人,年龄最小的16岁。他们自己动手搭帐篷、挖地窝、盖草房,在极端困难的条件下进行垦荒生产。

(第八篇第十章《农垦职工》,第468页)

### 陕西省历年农垦系统安置城市知识青年统计表

单位:人

| 年　份 | 渭南农垦 | 西安草滩农场 | 榆林农垦 | 南泥湾农场 |
|---|---|---|---|---|
| 1962 | | 391 | | |
| 1963 | 2 928 | 148 | | |
| 1964 | | | | |
| 1965 | 2 123 | | | 164 |
| 1966 | 4 058 | 154 | | |
| 1967 | | | 178 | |
| 1969 | | 132 | | |
| 1970 | 1 664 | 349 | | |
| 1971 | 1 067 | 362 | | |
| 1972 | | 15 | | |
| 1973 | | 825 | | |
| 1975 | | 11 | | |
| 1976 | | 830 | | |
| 1977 | | 5 | | |
| 1978 | | 525 | | |
| 1979 | | 5 | | |
| 1981 | | 5 | | |
| 合　计 | 11 849 | 3 254 | 178 | 164 |
| 全省合计 | 15 445 | | | |

(第八篇第十章《农垦职工》,第470—471页)

1962年,在贯彻国民经济调整方针时,为了加强农业战线,精减城市人口,安置城镇待业知识青年到农牧场当工人。1963年各地响应毛泽东提出"知识青年上山下乡"的号召,从西安、宝鸡等大中城市组织动员了一批知识青年到农场安家落户。1962—1963年,全省安置在农牧业各场的工人总计有4 600人。第一批安置的单位有国营草滩农场、大荔农场和一些良种场、农业科研等单位。第二批于1963年三门峡库区建立沙苑、朝邑、华阴农场时,一次从西安市动员下乡知识青年2 928人参加垦荒生产。1965年全省农业工人总数达到1.59万人。

1968年毛泽东发出"知识青年到农村去,接受贫、下中农再教育,很有必要"的号召,陕西大中城市多次动员知识青年下乡上山,其中有一部分被分配到农场当工人,安家落户。

(第十二篇第二章《农业职工》,第 676 页)

# 《陕西省志·水土保持志》

陕西省水土保持志编纂委员会编,陕西人民出版社 2000 年

根据国务院水土保持委员会关于在地广人稀、水土流失严重地区建立水土保持专业队的指示,陕西从 1964 年 10 月以后,共建立水土保持专业队 33 个,安置城镇上山下乡知识青年 1 067 人,配备干部 53 人。其中分布在黄河流域各重点县的有 30 个队 1 043 人;分布在长江流域的有 3 个队 77 人。

(第二篇第一章《沿革》,第 94 页)

70 年代初周恩来接见北京市下放到延安插队的知识青年代表,了解到延安生产建设的情况后提出要认真贯彻落实毛泽东主席的光辉复电,把《复电》印发给每个生产队,勉励陕西干部和群众要继续发扬延安革命精神,自力更生,艰苦奋斗,加快建设步伐。

(第三篇第二章《方针》,第 185 页)

同时(1964 年),中央提出建立一支专门从事水土保持工作专业队伍的方案,加快水保任务繁重地区的治理速度,具体实施方案有两条:一是由地、县领导,在地广人稀水土流失严重地区建立水土保持专业队,治理国有和社队无力治理的大片荒山、荒坡、荒沟;二是从林业部所属造林队伍和安置下乡的城市知识青年中,抽调 10 万劳动大军,成立水土保持建设兵团,参加黄河中游地广人稀地区的造林种草等水土保持建设。 (第七篇第一章《水保机构》,第 427—428 页)

# 《陕西省志·商业志》

陕西省地方志编纂委员会编,陕西人民出版社 1999 年

到 1989 年末,全省社会商业人员已突破百万,达到 1 014 641 人,比 1980 年增长 2 倍多。在多种经济形式商业大发展的同时,省商业厅系统为加强国营商业队伍的建设,首先将"文化大革命"中被下放或调离商业系统的一大批专业人才实行"归队",有计划地接收了部分复员转业军人和大中专毕业生;为适应商业工作发展的需要,还从返城的下乡知识青年中招收了一部分进入商业部门工作,并由劳动部门超指标分配给商业部门一批人员。

(第五篇第一章《职工队伍》,第 469 页)

(1968 年)9 月 29 日,省革命委员会毕业生工作领导小组办公室、财贸办公室联合发出

《关于安置城市下乡青年经费、布票、絮棉补助等问题的通知》,规定安置经费开支标准:单身插队的每人 240 元,成户插队的每人 170 元;每人每月口粮不低于 38 市斤,食油按当地居民定量供应;每人补助布票 25 市尺,絮棉 4 市斤。 （第七篇《大事记》,第 564 页）

# 《陕西省志·金融志》

陕西省地方志编纂委员会编,陕西人民出版社 1994 年

1978 年至 1979 年,根据中共中央《关于加快农业发展若干问题的决定》,省人行先后转发总行有关贷款办法规定:……对实行独立核算,有自有资金的社办、大队办、社社联办、大队联办和县社联办的社队企业给予生产周转贷款和生产设备贷款,集体办的独立核算的知青场、队所需的生产资金,国家安排的专项资金不足的,也可以贷款支持。 （第五篇第四章《中华人民共和国银行农村信用》,第 407 页）

# 《陕西省志·财政志》

陕西省地方志编纂委员会编,陕西人民出版社 1991 年

1978 年 12 月,中共中央十一届三中全会作出《关于加快发展农业的决定》。1979 年 6 月,制定《关于农业税实行起征点办法》:对每人平均口粮和收入在起征点以下的生产队,免征农业税。……同年 8 月,为安置城市上山下乡知识青年专门举办的或以城市上山下乡知识青年为主(城市知青占总人数的 60% 以上)而举办的农、林、茶、牧、渔知青场、队、生产基地和科研站,以及类似的生产单位,凡是独立核算的集体所有制单位,自 1979—1985 年免交农业税。 （第四编第一章《农牧业税》,第 271—272 页）

1979 年 7 月,对劳动服务公司为安排知识青年就业而新办的集体生产服务单位,从投产经营的月份起,免征所得税一年,一年以后仍有困难的,酌情再给适当照顾。1980 年 5 月放宽减免税照顾,对为安置待业知青新办的城镇集体企业实现的利润,从投产经营的月份起,不分行业,免征工商所得税三年。原有城镇集体企业,当年新安置的待业知青,超过企业职工总人数 60% 的,不分行业,免征工商所得税三年。当年安置待业知青不足总人数 60% 的,给予三年减征工商所得税的照顾。 （第四编第二章《工商税》,第 361 页）

1979 年 3 月,对农村专门为城市上山下乡知识青年兴办独立核算的集体所有制场、队,不论原有和新办,一律自 1979 年 1 月份起至 1985 年底止,对其生产经营的应税产品和业务收入免纳工商税,对其所得利润免纳工商所得税。 （第四编第二章《工商税》,第 374 页）

# 第八节　城镇青年就业经费

城镇青年就业经费,是在 1962 年为贯彻国民经济调整的方针,精减城市人口,将精减人员和城镇待业知识青年动员安置到农、牧、渔场、林场和下放农村插队,财政支出相应增设城市人口下乡经费,用于精减职工工资补贴、城镇知识青年生活补贴、动员费和基本建设费用。1963年继续压缩城市人口,两年共安置 19 621 人,其中安置在国营农、牧、渔业场 4 660 人,国营林场 704 人,下乡插队 14 257 人。1964 年,安置工作以组织城镇知识青年上山下乡为主。当年,陕西规定,要少花钱、多办事、办好事。开支范围在 1964 年规定基础上,标准略有提高。

### (一) 插队人员经费开支标准

单位:元

| 安置方式 / 开支标准 / 开支项目 | 单身插队 | 成户插队 | 单独建队 | 回乡人员补助费 | 备　注 |
|---|---|---|---|---|---|
| 合　计 | 250 | 180 | 400 | 50 | ① 跨省插队的,按其插队方式的标准,每人另加旅差费 20 元。② 1969 年成户插队改为人均 150 元。 |
| 宣传动员费 | 18 | 18 | 18 | | |
| 建房费 | 140 | 97 | 200 | | |
| 生活补助费 | 50 | 40 | 80 | | |
| 农具购置费 | 15 | 8 | 57 | | |
| 家具购置费 | 10 | 5 | 15 | | |
| 其　他 | 5 | 3 | 10 | | |
| 机动费 | 12 | 9 | 20 | | |

### (二) 插场(队)人员经费开支标准

单位:元

| 安置方式 / 经费标准 / 开支项目 | 农牧场 | | 林　场 | | 水土保持专业队 | 备　注 |
|---|---|---|---|---|---|---|
| | 新建扩建 | 增补顶替 | 新建扩建 | 增补顶替 | | |
| 合　计 | 900 | 450 | 1 150 | 1 050 | 1 327 | |
| 宣传动员费 | 15 | 15 | 15 | 15 | | |
| 建房费 | 250 | 250 | 250 | 250 | | |
| 生活补助费 | 144 | 144 | 180 | 180 | | |
| 农具购置费 | 12 | 12 | 20 | 20 | | |
| 家具补充费 | 10 | 10 | 10 | 10 | | |
| 农田开荒费 | | | 40 | 40 | | |
| 流动资金 | 240 | | 250 | 250 | | |
| 基本建设费 | 210 | | 850 | 250 | | |
| 其　他 | 19 | 19 | 35 | 35 | | |

注:①生活补助费系安置青年学生一年标准计算;若为安置职工,则按两年补助,第一年 230 元(其增加金额可在总额中各项目之间调剂);若为闲散人员,则无生活补助费。②安置城镇知识青年和闲散劳力建立水土保持专业队是 1964 年开始的。

1969 年,在"知识青年到农村去,接受贫下中农再教育,很有必要"的指引下,连同当时的干部下放、城市居民下农村,形成了上山下乡的高潮。财政支出相应增设城镇人口下乡补助费,单身插队的平均每人 250 元,成户插队的平均每人 150 元,久居城镇回原籍农村的平均每人 50 元。

1973 年,制发《关于知识青年上山下乡若干问题的规定草案》,提高下乡知识青年安置经费,平均每人补助 500 元。并区分跨县插队、回老家落户、到集体所有制场(队)的,每人补助 510 元;在本县的,每人补助 490 元,到生产建设兵团和国营农场的每人补助 400 元,其中建房费 160—220 元;生活补助费 120—200 元,知青下乡第一年每人每月补 10 元。1977 年修订知青下乡经费标准,规定不分本县或跨县,全省统一按 500 元执行。其中:建房补助 200 元,生活补助 180 元,知青下乡第一年,每月仍补助 10 元。增加第二年每月补助 3 元,第二年每月补助 2 元;农、灶、家具补助 60 元;学习费 10 元;医疗费 10 元;宣传动员费 15 元;特殊困难补助费 15 元;由县知青办统一掌握机动经费 10 元。1962—1978 年,先后有 45.9 万名知识青年上山下乡,其中有北京、江苏等省市来的 3 万人,已安排就业 28.4 万人,在乡的还有 17.5 万多人。

1979 年,国务院《关于知识青年上山下乡若干问题的试行规定》对有关条文提出调整,逐步缩小上山下乡范围。对城镇中学毕业生,实行"四个面向"(进学校、上山下乡、支援边疆、城镇安排)。除西安、宝鸡、铜川、延安、咸阳 5 市外,将长安、渭南、临潼、户县、兴平、岐山、华县、华阴、三原、汉中、凤县、宝鸡、安康、勉县、榆林、绥德等城镇毕业生多的也列入上山下乡的范围。对矿山、林区,分布在农村有安置条件的企事业等非农业人口的中学毕业生自行安置。对去集体所有制知青场、队和知青点的,每人经费 600 元,除建房费由 200 元提高到 300 元外,余均按 1977 年规定执行。这一年,还对城镇知识青年安置费开支范围增加扶持生产资金项目。重点扶持有发展前途,产、供、销无问题,且能迅速收到经济效益的独立核算的知青场、队,用于购买大型农机具,发展工副业生产所必需的机器设备、厂房等和发展农业生产所需的农田水利设施。以有偿周转金形式发放,有借有还。1980 年 9 月,全省知识青年不再上山下乡,并在两年内把在乡青年妥善安排完毕。10 月,为支持办好城市劳动服务公司,开展职业培训,广开就业门路,解决好城镇劳动就业问题,在城镇人口下乡经费类下增设劳动服务公司周转金和补助费,集中管理,重点使用。主要用于安排劳动就业而举办的生产或服务单位的生产、营业周转金,如购买生产、服务用具,搭盖简易仓棚等,也可用于短期技术培训的经费,全部实行借款办法。当年安排 758.2 万元,其中中央拨款 350 万元,地方财政拨款 206.2 万元,从知青经费调入 202 万元。安置待业青年 147 900 人,组织职业训练和技术培训 4 680 人。1981 年,修改为用于生产周转的实行借款办法不得少于总额的 80%。1982 年,将城镇人口下乡经费改为城镇青年就业经费。1984 年,《陕西省城镇青年就业经费管理使用暂行规定》,就业经费设下列五项:扶持生产资金,不得少于就业经费的 70%;安置费占就业经费总额的 2%;就业训练费占就业经费的 18%;业务费不得超过就业经费总额的 5%;其他费用不得超过就业经费总额的 5%。

陕西省1962—1985年城镇青年就业经费统计表 单位:万元

| 年度 | 合计 | 扶持生产资金 | 安置费 | 就业训练费 | 业务费 | 插队补助费 | 插入集体农场补助费 | 插入国营农场补助费 | 其 他 | 备 注 |
|---|---|---|---|---|---|---|---|---|---|---|
| 1962 | 111.40 | | | | | | | | 111.40 | |
| 1963 | 131.00 | | | | | | | | 131.00 | |
| 1964 | 252.80 | | | | | 71.80 | | | 181.00 | |
| 1965 | 498.90 | | | | | 170.70 | | 289.20 | 39.00 | |
| 1966 | 310.40 | | | | | 162.00 | | 148.40 | | |
| 1967 | 180.50 | | | | | | | | 180.50 | |
| 1968 | 535.40 | | | | | | | | 535.40 | |
| 1969 | 2 813.00 | | | | | | | | 2 813.00 | |
| 1970 | 920.40 | | | | | | | | 920.40 | |
| 1971 | 242.00 | | | | | | | | 24 200 | |
| 1972 | 67.70 | | | | | | | | 67.70 | 1967 年到1973 年财政决算无明细数字,全部列入其他。 |
| 1973 | 924.70 | | | | | | | | 924.70 | |
| 1974 | 2 463.80 | | | | | 2 227.10 | 202.60 | 9.60 | 24.50 | |
| 1975 | 2 432.30 | | | | | 2 407.70 | 21.30 | 0.50 | 2.80 | |
| 1976 | 2 537.70 | | | | 90.40 | 2 308.50 | 40.20 | 25.40 | 73.20 | |
| 1977 | 2 525.30 | | | | 99.90 | 2 321.70 | 62.40 | 13.70 | 27.60 | |
| 1978 | 2 170.60 | | | | 96.90 | 1 911.00 | 86.20 | 10.40 | 66.10 | |
| 1979 | 844.30 | 49.30 | | | 111.20 | 626.60 | 25.10 | 6.60 | 25.50 | |
| 1980 | 2 044.70 | 441.20 | 877.80 | | 128.00 | | | | 597.70 | |
| 1981 | 1 368.20 | 81.70 | 274.40 | | 75.50 | | | | 936.60 | |
| 1982 | 1 031.10 | 76.60 | 7 280 | | 2.30 | | | | 879.40 | |
| 1983 | 1 213.50 | 1 010.70 | | 54.10 | | | | | 148.70 | |
| 1984 | 1 627.30 | 1 062.50 | 25.10 | 368.20 | 74.90 | | | | 96.60 | |
| 1985 | 906.00 | 248.50 | 11.00 | 65.90 | 340.80 | | | | 239.80 | |

(第五篇第二章《经济建设费》,第470—473页)

# 《陕西省志·测绘志》

陕西省地方志编纂委员会编,西安地图出版社1992年

　　70年代,组建后的陕西省测绘局和陕西各测绘单位,技术队伍青黄不接,随着生产技术的发展,招收了一大批下乡插队知识青年和一部分复员军人。对这些青年工人,各测绘单位都进行了多种形式的测绘技术培训。　　(第七篇第四十四章《初等测绘教育》,第407页)

青工上岗前培训。陕西省测绘局 1975—1980 年间共招收上山下乡知识青年和复员军人近千人。在上生产岗位前,各测绘大队分期分批进行了培训,培训内容有:政治思想(包括热爱测绘事业)教育;组织纪律(包括测绘职工道德)教育;测绘基本知识和操作技能教育。这三项教育集中进行,一般为三个月,其中技术教育时间约占 80%。技术教育内容按各测绘大队专业工种安排,主要有大地测量,航空摄影测量外业、内业,地图制印,测绘仪器制造。

(第七篇第四十四章《初等测绘教育》,第 410 页)

1974 年 5 月调回国家测绘总局第八大地测量队撤销后及第二大地测量队未去地震部门的技术人员 61 人,组建成陕西省测绘局大地测量队,招收了一批知识青年。

(第十篇第五十五章《基本测绘机构》,第 511 页)

1974 年 5 月,调回国家测绘总局第七地形队撤销后分配在各地的技术人员,组建了陕西省测绘局第一地形测量队,有职工 54 人,1975 年招收了一批知识青年,1977 年 9 月有职工 157 人,下属两个中队,1978 年 4 月 25 日改名为陕西省第二测绘大队,1980 年又招收知识青年近 30 人。

(第十篇第五十五章《基本测绘机构》,第 512 页)

以国家测绘总局第十一地形测量队撤销后分配在各地的技术人员为主,1974 年 5 月 6 日在西安市西影路组建了陕西省测绘局第二地形测量队,有职工 48 人;1975 年调回技术人员 68 名,招收知识青年 59 人,1976 年有职工 153 人,下属三个中队,10 月迁驻鲁家村。

(第十篇第五十五章《基本测绘机构》,第 512—513 页)

陕西省测绘局计算队于 1974 年开始由 15 人筹建,1975 年 4 月成立,调回国测一分局计算队撤销后分配在各地的人员,全队共 72 人;此后逐年招收知识青年来队,1977 年成立铅印组,1978 年 4 月改名陕西省第四测绘大队,全队 129 人。

(第十篇第五十五章《基本测绘机构》,第 513 页)

# 《陕西省志·物资志》

陕西省地方志编纂委员会编,陕西人民出版社 1994 年

在农业用材中,1974 年至 1979 年供应知识青年下乡落户建房木材 100 532 立方米;1981 年至 1984 年供应救灾木材 107 691 立方米,保证了专项用材。

(第三篇第三章《木材流通》,第 131 页)

# 《陕西省志·中国共产党志》

《陕西省志·中国共产党志》编纂委员会编,陕西人民出版社2002年

(1968年)12月22日,陕西省革委会发出《关于广泛宣传、深入学习、坚决执行毛主席最新指示的通知》。要求各级干部和群众认真学习毛泽东关于"知识青年到农村去,接受贫下中农的再教育……"的指示。 （《大事记》,第201页）

(1969年)4月5日,陕西省革命委员会决定:将原"陕西省革命委员会毕业生工作领导小组及其下设办公室"和"陕西省革命委员会干部下放劳动办公室"合并,成立"陕西省革命委员会干部下放劳动和毕业生分配领导小组"(简称"下放、分配领导小组"),组长萧纯。

（《大事记》,第201页）

12月22日,陕西省革命委员会发出通知,要求各级组织贯彻毛主席关于"知识青年到农村去"的指示。自此,全省每年有十几万知识青年"上山下乡"。 （《大事记》,第202页）

(1973年)8月11日,中共陕西省委召开常委会议,研究知识青年上山下乡问题。会议决定成立陕西省知识青年工作领导小组,霍士廉任组长。 （《大事记》,第207页）

(1974年)6月1日,中共陕西省委批转省委知识青年上山下乡领导小组《关于选调干部带领上山下乡知识青年的若干问题的暂行规定》。 （《大事记》,第208页）

# 《陕西省志·政务志》

陕西省地方志编纂委员会编,陕西人民出版社1997年

1980年2月,中共陕西省委和省人民政府决定撤销省委农村工作部和省农林办公室、省委财贸工作部、省财贸办公室和省文教办公室,成立陕西省农业委员会和财贸委员会,将省环境保护领导小组办公室改为省环境保护局,将省知识青年上山下乡领导小组办公室改由省政府领导,列入政府序列,同时成立省司法局。

（第一篇第四章《中华人民共和国陕西省行政组织》,第83—84页）

### 知青下乡

1967年2月17日,中共中央、国务院发出《关于处理下乡上山知识青年外出串连、请愿、上访的通知》,要求下乡上山知识青年"立即回本单位";做了坏事的回本单位只要认真检

查改正,可不再追究;对其中坏分子要依法惩办;安置工作中的问题由各地党委负责逐步加以解决。

这个通知下达到陕西时,正值造反派夺权,党政机构已经瘫痪。省一线指挥部于 1967 年 5 月 22 日至 30 日,召开了有各专、市和重点安置县主管安置干部参加的全省安置知青下乡工作座谈会。会议重点讨论的是所谓在"文化大革命"中"积极引导下乡上山知识青年和贫下中农一起把无产阶级文化大革命进行到底","把安置点办成毛泽东思想大学校的问题"。实际上是在"文化大革命"动乱中企图使"文化大革命"前已下乡上山的知识青年巩固在农村。会上反映出,当时有相当一部分下乡青年不安心在农村以种种借口要求回城镇,一小部分人长期在城市逗留,青年思想"混乱"。会议对当时存在的问题提出了一些处理意见,主要是:在"三结合"临时权力机构产生前,各专、市、县原来专管或兼管安置工作的机构,都不要变动;对不安心农村的青年,必须加强"政治思想工作","反对经济主义","反对闹回流"。会议还对下乡上山知识青年的生活困难等问题,提出了一些解决办法。

由于"文化大革命"的进行,大学从 1966 年夏季暂停招生,下乡上山则是安置中学毕业生的出路。1968 年 9 月 24 日,省革命委员会转发了西安市革命委员会《关于动员、组织中学毕业生下乡上山参加农村社会主义建设的指示》。在转发通知中说:西安市提出的意见和措施是可行的,转发全省参照执行。通知中强调:动员知识青年下乡上山,是完成"斗、批、改任务的一个重要部分"。西安市革命委员会的"指示"中说:"根据初步统计,全市三届初、高中毕业生共约 12.5 万人,其中家住农村的 4 万多人。分配安置的办法是:凡家住农村和在农村有直系亲属的高中毕业生和初中六六级、六七级毕业生,应首先迅速动员他们返乡参加农业生产;农村有其他亲属,有条件的亦应积极动员他们插队落户。初中六八级毕业生,如本人要求立即返乡者,应该批准。家居城市,农村又无亲友者……采取分期分批的安置办法,搞好一批,安置一批。……任何单位,未经批准,不得私自在本市各个学校和社会上招收人员;否则,要以破坏知识青年下乡上山工作认真追查责任。"

1968 年 12 月 22 日,《人民日报》在报道甘肃省会宁县部分城镇居民到农村安家落户的编者按语中,引述了毛泽东主席的一段批示:"知识青年到农村去,接受贫下中农的再教育,很有必要。要说服城里干部和其他人,把自己初中、高中、大学毕业的子女,送到乡下去,来一个动员。各地农村的同志应当欢迎他们去。"

根据这个批示,省革命委员会 1968 年 12 月 27 日发出通知,要求各级革命委员会以有利于贯彻毛泽东的上述"最新指示"为原则,妥善解决知识青年下乡上山问题。从 1968 年开始,全省基本上按省革命委员会批转的西安市的办法处理城镇知识青年下乡上山问题。除安置本省毕业的知识青年下乡上山外,还安置北京市到延安地区插队落户的知识青年。除动员知识青年下乡上山参加农业生产劳动外,还动员一批知识青年到陕南参加襄渝铁路建设。干部下放"五七"干校或农场或去农村生产队安家落户的,允许他们携带应下乡上山的子女一起去。从"文化大革命"开始到 1973 年 8 月,全省有 21.6 万多名城镇知识青年下乡上山。其中包括北京到延安插队的 2.6 万名,参加襄渝铁路建设的 2.5 万名。

1973 年 9 月,省革命委员会作出了《关于知识青年下乡上山若干问题的规定草案》和《1973 年到 1980 年知识青年上山下乡规划草案》,经中共陕西省委同意,下发执行。《规定草案》的主要内容有:(1)城镇中学生的分配以下乡上山为主。除根据当年的国家计划,需要直接升学的,必须招收的工人和不动员下乡的几种人之外,其余的全部动员下乡。"不动员下乡的几种人"包括:残病不能参加农业劳动的;独生子女;多子女身边只有一个子女的;中国籍的外国人子女。(2)处理经费问题的规定:1962 年至 1972 年底下乡的知识青年,凡在农村生活不能自给的,每人补助 100 元,没有建房的,每人补助 200 元;从 1973 年起,下乡知识青年的安置经费开支标准是:城镇下乡知识青年的安置经费,平均每人补助 500 元。具体划分是:建房补助费 160—220 元;生活补助费 120—200 元;农具、灶具、家具费 60 元;学习费 10 元;医疗费 10 元;宣传动员费,跨县的 20 元,本县的 15 元;其他经费 15 元,省上掌握 5元,地、市掌握 10 元,作为解决下乡知识青年特殊困难的开支。(3)关于粮油供应的规定:知识青年上半年下乡的,商品粮供应到接上秋粮;下半年下乡的,供应到来年接上夏粮,供应标准每人每月 44 斤。以后就按个人劳动量和农民一样参加集体的口粮分配。(4)下乡上山知识青年和当地农村人民公社社员一样同工同酬。(5)按照国家计划在下乡知识青年中招工、招生、征兵时,要经知识青年小组评议提名,征求带队干部和贫下中农的意见,由县革委会领导机关批准。

1973 年以后,全省城镇知识青年下乡上山,基本上按上述《规定》和《规划》执行。直到"文化大革命"结束后,1978 年 10 月,全国知识青年下乡上山工作会议决定,调整政策,城乡广开门路,采取多种形式,妥善安排城市中学毕业生。知识青年下乡上山的一套做法就逐渐停止了。

知识青年下乡上山,使大批青年到农村去,经受了锻炼,为农村和山区建设作出了一定的贡献。但是,由此造成的消极后果也很严重。据省革委会 1973 年调查,知识青年下乡上山工作中存在的问题主要有:(1)不少下乡知识青年生活、学习方面的困难长期得不到解决。全省下乡知识青年生活不能自给的占 50%左右。农具、灶具普遍短缺。约有半数左右的下乡青年长期借住公房或农民房屋,有的还住在牛圈、破庙里。因住房倒塌,发生多起压伤、压死下乡青年的事件。不少下乡青年没有学习时间,看不到书报。(2)有些领导干部"走后门",把子女留在城市和调离农村,上行下效,助长了不正之风。(3)摧残、迫害下乡青年的案件不断发生,仅 1970 年到 1973 年 8 月,全省就发生 621 起,其中奸污女青年的占 88%。(4)贪污、挪用安置经费比较严重。据 72 个县(市)统计,贪污安置费 230 多起,34 600 多元;挪用安置经费 175 万元。 (第六篇第三章《"文化大革命"时期》,第 681—683 页)

1971 年 12 月 23 日,省革命委员会发出《关于成立陕西省革命委员会高等院校招生领导小组的通知》。确定陕西省从 1972 年元月开始招收"工农兵学员"。为加强对招生工作的领导,成立陕西省革命委员会高等院校招生领导小组,谷凤鸣任组长,项丹、张明理任副组长,下设办公室;各地(市)、县革命委员会也成立了招生领导小组和办事机构。全省 15 所院校和兄弟省、市 50 所院校的有关专业,当年同时在陕招生,共招 8 847 名,其中,本省院校 121 个专业,招收 7 648 名,外省、市院校 145 个专业,招收 699 名,北京市在延安下乡的北京知识青年中招收 500 名。 　　　　　　　　　　　　(第六篇第三章《"文化大革命"时期》,第 693 页)

(1968 年)12 月 22 日,陕西省革命委员会发出关于广泛宣传、深入学习、坚决执行毛泽东主席关于知识青年到农村去,接受再教育的指示,陕西省知识青年上山下乡的安置工作至年底,已有 30 余万名(其中包括城镇知识青年 6.9 万余名)知识青年到农村插队劳动。 　　　　　　　　　　　　　　　　　　　(第七篇《政务大事记》,第 894 页)

(1972 年)2 月下旬,各高等院校开始进行第一批工农兵学员的招生工作。招生对象为:具有两年以上实践经验、有初中以上文化程度、年龄在 20 岁左右的工人、贫下中农、解放军战士、干部和下乡、回乡两年以上的知识青年。 　　　　(第七篇《政务大事记》,第 895 页)

(1973 年)7 月 22 日,全省知识青年下乡上山工作会议于西安召开。会议指出,自"文化大革命"以来,全省有 21.6 万余名城镇知识青年下乡上山(包括北京来延安插队的 2.6 万名知识青年)。会议拟定了《陕西省革命委员会关于知识青年下乡上山若干问题的规定草案》和《陕西省革命委员会关于 1973 年到 1980 年知识青年下乡上山规划草案》。 　　　　　　　　　　　　　　　　　　　(第七篇《财务大事记》,第 895 页)

# 《陕西省志·司法行政志》

陕西省地方志编纂委员会编,三秦出版社 2009 年

1980 年,为了调动就业人员积极性,适应劳改生产发展需要,依据省劳动局、公安局的有关规定,将部分就业人员转为正式工人。转工的条件为:具有劳改生产所需的技术专长;捕前系国家职工、军人、大中专或技工学校学生、城市居民、插队知识青年;就业 3 年以上且表现好,年龄在 50 岁以下(个别技术特别需要的可放宽至 55 岁),身体健康者。转工工作从当年 10 月开始至 12 月结束,全省 27 个单位依照转工条件,采取思想动员、评比审批、分类教育和总结等步骤,先后将 1 273 名就业人员转为正式工人,占转工前就业人员总数 12%。转工人员的工资、劳保、福利待遇按国家正式职工有关规定执行。 　　　　　　　　　　　　　(第九编第四章《刑满留场(厂)就业》,第 538 页)

# 《陕西省志·民政志》

陕西省地方志编纂委员会编,陕西人民出版社 2003 年

1966 年 8 月 1 日,根据中共陕西省委、陕西省人民政府制定的陕西省省级机关编制方案,陕西省劳动局和陕西省城市知识青年上山下乡办公室并入陕西省民政厅。由于"文化大革命"已经开始,各级党、政组织处于瘫痪状态,因此合并后的组织机构并未正式建立。1967 年 1 月 29 日,经原中共陕西省委同意,由陕西省民政厅的群众组织"文化大革命筹备委员会"下属各"战斗队"于 2 月 1 日联合发表声明,宣布恢复陕西省民政厅原建制,陕西省劳动局、陕西省知识青年上山下乡办公室与民政厅分开。……

1968 年 5 月 1 日,陕西省革命委员会成立。是年 8 月,陕西省革命委员会通知将"陕西省民政厅革命领导小组"改为陕西省革命委员会生产组综合办公室民政组,陕西省民政厅被正式撤销。是年 12 月,省革命委员会又将民政组改为陕西省革命委员会生产组民政劳动组。原陕西省民政厅的干部除 12 人到民政劳动组和省知识青年上山下乡办公室工作外,其余全部被先后下放到农场、"五七"干校进行"斗、批、改"或接受审查,1969 年 11 月,又将大部分干部分散下放到 10 个县的农村劳动锻炼。

(第一篇第四章《中华人民共和国成立后的民政机构》,第 17 页)

### 下乡知识青年救济

1978 年 12 月,中共中央转发《国务院关于知识青年上山下乡若干问题的试行规定》中规定,下乡知识青年患有严重疾病,回城后的医疗费用,原则上由家长负担,因为家庭生活困难,家长无工作的,由民政部门给予救济。下乡知识青年因工负伤,完全丧失劳动能力的,经县以上革命委员会批准,由民政部门每月发给 35 元生活费,生活不能自理需要人扶持的,另发护理费,在指定的医疗单位治疗,医疗费用实报实销。

(第六篇第四章《中华人民共和国成立后的社会救济》,第 413 页)

(1974 年)6 月 6 日,陕西省革命委员会民政局发出《关于城镇下乡插队知识青年原享受定期定量补助有关问题的通知》。确定补助满一年之后,不再享受定期定量补助。

(第十六篇《大事记》,第 659 页)

# 《陕西省志·劳动志》

陕西省地方志编纂委员会编,陕西人民出版社 1994 年

(1973 年)9 月 19 日,中共陕西省委转发省革委会《关于知识青年上山下乡若干问题的

规定(草案)》和《1973 年到 1980 年知识青年上山下乡规划(草案)》。 (《大事记》,第 40 页)

12 月 11 日,中共陕西省委决定成立陕西省委知识青年上山下乡领导小组办公室。唐果任办公室副主任,日常工作归省农林办公室领导。 (《大事记》,第 40 页)

(1982 年)3 月 6 日,省计委根据 1981 年 11 月 25 日中共陕西省委办公厅通知,发出《关于将省知青办工作并入省劳动局的通知》。在省劳动局设立劳动力就业处,负责统筹规划和管理全省社会劳动力就业工作;省知青办的人员编制、经费财产、办公用具及遗留的业务工作移交省劳动局。 (《大事记》,第 44 页)

三、1966—1976 年净迁入 39 万人。占 30 年迁入人口总数 26.9%。……还有北京知识青年 2.62 万人来延安地区插队等。

四、1977—1983 年迁出 4.49 万人,迁入量少。主要是 1966—1976 年本省插队的外省、市知识青年回原地区参加工作,迁入的高等院校迁回原省市复学。 (第二篇第二章《劳动力》,第 65 页)

1970—1972 年,社会招工又失去控制,一方面城镇知识青年上山下乡,另一方面大量从农村招工,城乡劳动力大对流,使全省职工人数增加过多。(第三篇第二章《招工》,第 79 页)

1970—1981 年,主要招收经过两年以上劳动锻炼的家居城市的上山下乡知识青年,回城待业青年和复员退伍军人;参加襄(阳)渝(重庆)铁路建设的初、高中毕业学生,城镇社会待业青年等,同时也招收了部分农村青年。 (第三篇第二章《招工》,第 80 页)

1979 年省革命委员会劳动局规定,对按政策规定批准留城和返城的青年,在同等条件下早留早招;对符合条件的独生子女,可尽先安排。对 1976 年底以前上山下乡,满两年以上的知识青年,基本符合招工条件,下乡时间长的应尽先录用,早下早招。 (第三篇第二章《招工》,第 81 页)

# 第三章 城镇知识青年上山下乡
## 第一节 动 员

按照中共中央和国务院关于动员和组织城镇知识青年上山下乡,参加农业生产的号召,陕西省从 1962 年精减职工和减少城镇人口,开始动员城镇知识青年上山下乡。1964 年 8

月,根据中共中央、国务院《关于动员和组织城市知识青年参加农村社会主义建设的决定(草案)》精神,召开了全省城市下乡青年工作会议。会议确定的动员对象是:家居城镇达到劳动年龄未升学、就业的知识青年,复员退伍军人及社会闲散劳动力。全省从1962年到1965年12月共动员城市知识青年和闲散劳动力4万多人上山下乡,其中一半以上到农村人民公社插队,部分到国营农、林、牧场参加农业生产。1966年"文化大革命"开始,不少上山下乡知识青年要求返城。西安市去眉县、陇县、周至县的近两千人;宝鸡市去千阳、宝鸡县插队的500余名青年,绝大部分仍逗留城市;勉县、山阳县集体建队的,将户口集体迁回城市。各级管理上山下乡知识青年的机构陷于瘫痪,动员工作由此中断。

1968年12月,毛泽东主席号召:"知识青年到农村去,接受贫下中农的再教育,很有必要。要说服城里干部和其他人,把自己初中、高中、大学毕业的子女送到乡下去,来一个动员。"《人民日报》发表了甘肃省会宁县城镇居民"我们也有两只手,不在城里吃闲饭"的报导以后,全省掀起了动员城镇知识青年和其他社会闲散劳动力上山下乡的新高潮。各城镇对符合上山下乡条件的知识青年,逐人逐户摸清情况,进行动员工作。人民公社一级的非农业人口符合上山下乡条件的,也列入动员计划,由县统一安排。城镇知识青年,由动员城镇对其本人和家庭情况建立档案,移交安置的县知识青年上山下乡办公室管理。到1972年,全省1966、1967、1968级三届城镇初、高中毕业生11万余人全部上山下乡。1969、1970级两届城镇中学毕业生,参加襄渝线铁路建设的2.6万余人,到农建师1600余人,部分地、县下乡插队的8000余人,其余基本上安排了工作。

1973年1月,省革命委员会批转省下放分配领导小组《关于城镇中学毕业生上山下乡动员安置工作的请示报告》,确定1973年动员1971届(部分市、县系1972届)城镇中学毕业生5万多人到农村插队落户。动员的条件是:年龄在16周岁以上的中学毕业生,除身体残废和有严重疾病的不动员,独生子(女)以及家中有特殊困难的不动员外,全部动员上山下乡。由于有些户有多子女全部到农村去的情况,1974年3月省知青办在《关于动员安置工作中几个具体问题解答意见(试行稿)》中,确定多子女户身边只有一个子女的,不动员下乡。按照这些规定,从1962年到1979年,全省共动员49万多名城镇知识青年上山下乡;向农村派遣带领知识青年的带队干部1.2万余名;根据中央"四个面向"的分配方针,分配的三届大中专毕业生3.02万人到解放军农场、工矿和农村当工人、当农民,接受工农兵的再教育;下放干部2.04万名,动员城镇居民和社会闲散劳动力15万名去农村参加农业生产。总共动员上山下乡的人数达70万。

1979年1月,中共陕西省委《关于转发全省知识青年上山下乡工作会议文件的通知》,调整政策,缩小上山下乡的范围。确定矿山、林区和分散在农村,有安置条件的企业、小集镇、一般县城(除西安、宝鸡、铜川、延安、咸阳5个市和长安、渭南、临潼、华县、华阴、户县、兴平、汉中、宝鸡、凤县、岐山、安康、勉县、榆林、绥德等16个县外)非农业人口中的中学毕业生,都不列入上山下乡范围。同时确定,对1972年以前下乡的知识青年,凡符合招工条件的全部予以招收,1973年下乡的也要招收一部分。1979年以后,停止动员城镇中学毕业生上山下乡。

# 第二节 下 乡 安 置
## 一、形 式

（一）插队

城镇知识青年上山下乡,参加农业生产的主要形式是集体插队,即每10人左右编为一个小组,集体安排在一个生产队进行劳动、生活和学习。各县、区的知识青年,原则上由各县、区在本辖区内自行安置;西安市的知识青年,因数量过多,大部分分配到宝鸡、咸阳、渭南等地农村安置;由北京来的知识青年分到延安地区各县安置。全省下乡安置的49万多知识青年中,到农村生产队插队有42.46万人,占总数的87%。在全省的分布情况,据1978年统计当年在乡人数为173 200人,分布在全省各县农村1 700多个公社,10 300个大队,33 000个生产队。延安地区接收的2.62万余名北京知识青年,分别安置在12个县,124个公社,16个生产大队,3 454个生产队。其中:延安县5 433人,延长县2 357人,延川县1 380人,安塞县1 926人,志丹县539人,黄陵县2 438人,宜君县2 296人,洛川县2 223人,黄龙县977人,宜川县3 192人,甘泉县631人,富县2 809人。

（二）回乡

城镇知识青年原籍农村有父母或其他直系亲属,本人自愿投亲靠友,并经接收县同意的,回原籍农村下乡落户,参加农业生产。从1968—1973年回原籍农村落户的有17 800人,约占同期上山下乡知青总数219 431人的8%,其中:回本省农村落户的14 255人,回外省农村落户的3 545人。1974年以后,回原籍落户的人数很少。

（三）国营农林牧场、兵团

从1962—1979年,全省在国营农林牧场、生产建设兵团共安置4.2万人,占上山下乡总人数的9%。其中:1962—1963年,中央核定陕西省去国营农林牧场的安置任务为5 527人,完成5 333人,占下达指标的96.5%。其中:国营农场4 034人,牧场626人,林场673人。接收安置任务的农林牧场有:鱼河堡农场、牛家梁农场、尔林兔农场、华阴农场、沙苑农场、朝邑农场、黎坪垦殖场、周至县黑河滩种马场、西乡县农池牧场、黄龙山林业实验局、陇县固关林场、勉县汪家河林场、洛南县书堂山林场等。

1964年以后,去国营农林牧场的3万名城镇知识青年,绝大部分安置在大荔、沙苑、朝邑、三门峡库区等条件比较好的国营农林牧场。

1964年,动员去甘肃农11师2 262人;1966年,动员去省水保建设师、农建师1 958人;1970年,动员250人去兰州军区生产建设兵团第6师参加生产劳动。

（四）参加铁路建设

1970、1971年先后两批动员1969、1970级毕业学生26 282人参加襄渝铁路建设;1979年组织250人参加宝天线电气化工程建设。

（五）兴办集体所有制知青场、队、农副业生产基地、劳动大学

全省共办集体所有制知青场、队 609 个，1978 年末在场人数为 10 175 人，农副业生产基地 39 个，年末在基地的人数为 433 人。

1965 年创办陕西共产主义劳动大学，下设五个分校，专区一级兴办的劳动大学 1 所，安置 1 103 人，占 1965 年上山下乡总人数 14 376 人的 7.6%。

到 1979 年，集体所有制农场和劳动大学，共安置 2.37 万人，占上山下乡总数的 4.8%。

### 陕西省城镇知识青年上山下乡人数表

（1962—1979 年）　　　　　　　　　　　　　　　　　　单位：万人

| 年　份 | 合计 | 插队 | 国营农场兵团 | 集体场队劳动大学 |
|---|---|---|---|---|
| 1962—1966 | 1.58 | 0.45 | 1.13 | |
| 1967—1968 | 4.53 | 4.53 | | |
| 1969 | 10.01 | 10.01 | | |
| 1970 | 2.09 | 0.85 | 1.24 | |
| 1971 | 1.89 | 0.20 | 1.69 | |
| 1972 | 0.41 | 0.36 | 0.05 | |
| 1973 | 3.01 | 3.01 | | |
| 1974 | 5.83 | 5.55 | 0.03 | 0.25 |
| 1975 | 6.16 | 5.61 | 0.02 | 0.53 |
| 1976 | 5.87 | 5.11 | | 0.76 |
| 1977 | 5.34 | 4.81 | | 0.53 |
| 1978 | 1.21 | 1.03 | 0.03 | 0.15 |
| 1979 | 1.10 | 0.94 | 0.01 | 0.15 |
| 合计 | 49.03 | 42.46 | 4.20 | 2.37 |

注：陕西省 1962—1979 年跨省下乡人数 2.72 万人，全系插队，1979 年末在乡人数为 0.01 万人。

## 二、生 产、生 活

对上山下乡知识青年的生产、生活管理，1964 年，省人委要求安置地区，做到"七落实"（住房、吃饭、自留地、炊具、工具、帮助做饭的人和带领生产的人）；1973 年，省上又规定公社、大队要成立"再教育"工作领导小组，生产队设"三管人员"，做到政治上有人抓、生产上有人教、生活上有人管，帮助解决好生产、生活中的各种困难和问题。

（一）农具、灶具、家具

按照 1973 年省革委会规定，家具，每个下乡知识青年锄、镰、镢、锨各 1 件；每个知青小组 1 辆架子车；灶具，每个知青点配置风箱、锅、水桶、蒸笼、案板、菜盆、水缸、刀、勺、铲、擀杖等；家具，要有桌子、凳子、床板、床凳、热水瓶、油灯等。

（二）粮油

按照 1965 年省粮食厅规定，下乡知识青年到达生产队后，未参加分配前，定量不得低于 38 斤成品粮，由当地粮食部门在经销粮中安排供应。下乡青年参加分配后，所分口粮达不到规定标准的，粮食部门对不足部分，仍继续供应。1973 年以后，根据中共陕西省委、省革

命委员会的规定,知识青年上山下乡后,改按以下标准和办法供应。即商品粮供应的时间,上半年下乡的,供应到接上秋粮;下半年下乡的,供应到来年接上夏粮,在以秋粮为主的地区,供应到来年接上秋粮。供应标准,每人每月44斤。参加生产队分配以后,对于正常出勤的下乡知识青年,口粮标准,不得低于当地单身劳力的实际吃粮水平,所在社、队口粮水平过低的,由国家统销粮中给予补助。下乡知识青年的食油,在生产队未分配食油前,粮食部门按城市居民标准供应。参加分配以后,当年不种食油的生产队,由县上酌情供应。

(三)生活费

按照1965年省政府规定:农、牧、渔场安置的,由安置费中每人每月补助12元,补助期一年;林场每人每月补助15元,补助期一年;下乡插队的,在不超过当地贫下中农一般生活水平的原则下,给予生活补助。补助时间和标准,一般以半年为限,或按到队之日起到接上夏粮或秋粮分配时止,每人每月7至8元。在粮食分配以后,一部分生活仍有困难的,可酌情补助其差额。1973年改按以下标准补助,即知识青年下乡头一年,每人每月补助10元,以后补助的时间和标准,由县(市)按照经济条件好的不补助,或少补助,经济条件差的多补助的精神,自行确定。

(四)棉布、棉絮

1964年,省商业部门拨32.91万尺布票,对当年上山下乡的知识青年和闲散劳动力给予衣、被困难补助。购布的费用,原则上由受补助者自负,本人确实无力支付的,由动员地区安置办公室从安置费内酌情补助。1964年和1965年,省上先后下达絮棉指标10.36万斤,解决下乡人员的御寒衣被困难。1968年根据省财政局、省革委会毕业生分配办公室《关于经费、布票、絮棉补助等问题的通知》规定,平均每人补助布票25市尺,絮棉4市斤。1973年根据中共陕西省委、省革命委员会的规定,由动员地区,每人补助棉花2斤,布证16尺。

# 三、住　房

下乡知识青年的住房,初期由生产队安排,主要办法是借社员的私房和生产队的公房。随后,由国家拨给安置经费和木材,帮助下乡知识青年逐步建新房。从1974—1979年,为解决下乡知识青年的住房问题,国家下达给全省各地的木材指标10.79万立方米,实际供应11.05万立方米,共建房167 216间,总面积约153.2万平方米,要求知识青年下乡后,单身的2人住房一间,成户的平均3人住1间。全省约有70%的下乡知识青年住上了新房或永久性住房,约有30%的借住民房和公房。也有少数知识青年的住房破烂不堪,极不安全,甚至无固定住房。

1980年,停止知识青年上山下乡并陆续返城。1981年省政府决定,并征得财政部和国务院知青办同意,对知识青年不用的住房,除已作价处理的一部分外,无代价地直接移交给修建的社、队,作为农村小学的校舍,青少年活动场所,或举办集体企事业使用。农具、灶具、家具变价处理。截至1981年8月15日,全省已向社、队移交房屋12万多间,占应移交总数的67%,处理农具灶具家具81万件,收回变价款80.28万元。到1982年陆续处理结束。

陕西省国家供应木材建知青住房情况表

（1974—1979 年）

| 年　份 | 国家分配<br>木材指标数（立方米） | 实际供应<br>木材数（立方米） | 建　房 | |
|---|---|---|---|---|
| | | | 间　数 | 平方米数 |
| 1974 | 14 000 | 24 000 | 16 850 | 168 500 |
| 1975 | 17 000 | 27 661 | 35 645 | 415 871 |
| 1976 | 17 000 | 20 291 | 36 863 | 313 076 |
| 1977 | 15 000 | 14 842 | 50 340 | 324 305 |
| 1978 | 26 000 | 17 678 | 16 815 | 193 170 |
| 1979 | 18 900 | 6 033 | 10 703 | 116 674 |
| 合计 | 107 900 | 110 505 | 167 216 | 1 531 596 |

# 四、医　疗

按照 1973 年省革委会规定,卫生部门为每个下乡知青点,培训一名赤脚医生或卫生员。生产队要特别关照女知识青年,例假期间,不安排重活和下水。重病、重伤的下乡知识青年,经县（团、场）领导机关批准,持当地医院的转诊证明,到城市就医。下乡知识青年探亲期间,持探亲证明到所在的城市医院治疗。从 1977 年开始,在就业安置经费中,平均每名知识青年用于医疗的费用 10 元。非因工致残伤亡的,适当给予补助。

# 五、困　难　补　助

1965 年省安置领导小组、省财政厅对下乡知识青年的困难补助规定的原则为:(1)上年夏收后插队人员,经过一年的劳动,到当年夏收分配时,个别年龄过小或长期患病,其劳动所得不能自给的,按原定生活费补助标准,对其不足部分给予补助。(2)对少数插队长期有病拖欠医药费者,或者原衣、被补助不足,仍存在困难,自己确实无力解决的,给予补助。(3)急用的小型农具和家具不足的,给予补助。(4)对于已给的建房费,按单身两人 1 间土木结构厦房、成户每 3 人 1 间厦房,所需的建筑材料费和外雇技工工资计算,补助其差额部分。1965 年省上向各地拨款 26.88 万元,用于解决 1963 年以前知识青年的遗留问题;1966 年,省上拨款 61.43 万元,解决 1965 年以前知青的遗留问题;1967 年拨款 3 万元,解决困难补助问题,1973 年,省上还规定,对 1962—1972 年下乡的知识青年,凡在农村生活不能自给的,每人补助 100 元。1980 年又拨款 1 198 万元,作为老知识青年的维持费,用于解决老知识青年的困难补助。1980 年,又拨款 100 万元,作为老知识青年的救灾费,解决他们的生活困难。

17 年间,全省城镇知识青年上山下乡的 49 万多人（含接收、安置北京、江苏等省、市的城镇知识青年 2.7 万多人）,有 22 556 人在农村加入了中国共产党,249 658 人加入中国共产主义青年团,20 万余人担任过基层干部、会计、保管员、记工员、民办教师、赤脚医生、农技员、气象员等,在农村基层做了不少工作,为发展农业生产和农村建设作出了贡献,涌现了一大批舍己救人、抢救国家财产以及埋头苦干、关心群众、热爱集体、全心全意为人民服务的先进青年。

# 第三节　回城安置

由于城镇知识青年在农村,长期存在着一些难以解决的实际问题,不少人长期上访要求回城就业。1974—1979 年,全省发生破坏上山下乡知识青年的各类案件 1 474 起,政府对此类案件作了严肃处理,结案的 1 060 起,占发案总数的 71％;同期在农村的知识青年,先后死亡的 583 人,其中非正常死亡的 447 人,在上山下乡知识青年及家长、亲属中,造成了不良影响,特别是由于政治经济形势的发展变化,1979 年中共陕西省委、省政府为统筹解决好知识青年的问题,根据中共中央下发的《全国知识青年上山下乡工作会议纪要》,并从陕西实际情况出发,对下乡政策进行了调整,确定不再搞分散插队下乡,要求各级政府本着"国家关心,负责到底"的精神,在 1981 年以前,将在乡的知识青年安排完毕。截至 1981 年 11 月,全部办完了回城手续,大部分在城镇安排了工作,已婚知识青年,包括 1962 年以来下乡的已婚老知识青年和病残知识青年也得到了安置。从 1968—1981 年底,全省下乡知识青年中,先后有 13 749 人升学,24 206 人参军,400 845 人当工人,2 550 提拔为基层干部,回城后的安置工作,到 1982 年基本结束。

### 陕西省城镇上山下乡知识青年在乡人数情况统计表

(1974—1979 年末)　　　　　　　　　　　　　　　　　单位:人

| 年份 | 在乡人数 | 已婚人数 | 共产党员 | 共青团员 | 参加领导班子人数 | 参加领导班子人数占知青数的％ | 带队干部数 | 带队干部占知青的％ |
|---|---|---|---|---|---|---|---|---|
| 1974 | 100 427 | 2 013 | 909 | 28 816 | 6 418 | 6.4 | | |
| 1975 | 140 835 | 2 114 | 1 259 | 49 246 | 5 632 | 4.0 | 2 127 | 1.5 |
| 1976 | 185 537 | 2 070 | 3 107 | 78 720 | 9 287 | 5.0 | 2 514 | 1.4 |
| 1977 | 197 421 | 1 852 | 1 697 | 82 372 | 5 729 | 2.9 | 2 594 | 1.3 |
| 1978 | 169 813 | 2 514 | 1 261 | 69 942 | 2 299 | 1.4 | 2 245 | 1.3 |
| 1979 | 121 937 | 1 542 | 985 | 42 865 | 878 | 0.7 | 1 664 | 1.4 |

### 陕西省城镇上山下乡知识青年案件数、知青死亡人数表

(1974—1979 年)　　　　　　　　　　　　　　　　　单位:件、人

| 年份 | 案件 | | | 死亡人数 | | |
|---|---|---|---|---|---|---|
| | 发生案件数 | 处理案件数 | 处理案件数占发案数的％ | 合计 | 其中:非正常死亡人数 | 非正常死亡人数占死亡人数的％ |
| 1974 | 291 | 219 | 75.3 | 53 | 30 | 56.6 |
| 1975 | 292 | 263 | 90.1 | 87 | 84 | 96.6 |
| 1976 | 375 | 272 | 72.5 | 92 | 82 | 89.1 |
| 1977 | 180 | 107 | 50.4 | 128 | 93 | 72.7 |
| 1978 | 236 | 148 | 62.7 | 97 | 76 | 78.4 |
| 1979 | 100 | 51 | 51.0 | 126 | 82 | 65.1 |
| 合计 | 1 474 | 1 060 | 71.9 | 583 | 447 | 76.7 |

注:表列案件系农村不法分子破坏知识青年上山下乡政策和侵犯知识青年权益的案件。

陕西省城镇上山下乡知识青年回城安置人数表

（1974—1979年）

单位：人

| 年份 | 合计 | 招生 | 征兵 | 招工 | 提干 | 其他 |
|------|------|------|------|------|------|------|
| 1974 | 3 141 | 1 527 | 288 | 426 | 7 | 893 |
| 1975 | 32 962 | 862 | 80 | 31 970 | 50 | |
| 1976 | 3 982 | 390 | 1 367 | 2 084 | 23 | 118 |
| 1977 | 36 531 | 266 | 1 506 | 34 732 | 27 | |
| 1978 | 42 893 | 4 607 | 10 251 | 28 008 | 27 | |
| 1979 | 58 022 | 2 997 | 6 139 | 46 961 | 52 | 1 873 |
| 合计 | 177 531 | 10 649 | 19 631 | 144 181 | 159 | 2 884 |

注：此表来自国务院知青办1981年3月编印的《全国城镇知识青年上山下乡统计资料》。

# 第四节 经 费

城镇知识青年下乡安置经费标准，1962—1963年，年人均安置经费200元，其中：大城市（西安市）单身插队215元；中小城镇（宝鸡、咸阳、铜川、汉中）单身插队205元，一般县镇单身插队195元。1964年、1965年，下乡安置经费略有提高：单身插队250元，成户插队180元；单独建队400元；回乡人员补助费50元；农牧场900元；林场1 150元；水土保持队1 327元；陕西共产主义劳动大学按单独建队标准，每安置1人400元。1968年以后下乡的知识青年，全省统一，每安置1人500元，其中：建房补助费200元；生活补助费180元（头1年每人每月发生活补助费10元，第2年和第3年每人每月分别补助3元和2元）；农、灶、家具补助费60元；学习费10元，医疗费10元，宣传动员费10元；特殊困难补助费15元，机动费10元。

1962—1979年，国家先后拨给全省城镇知识青年下乡安置经费19 738.9万元，到1979年底，共支出17 556.7万元，其中：建房费6 797.5万元，生活补助费6 463.3万元，困难补助和处理1964年以前下乡知识青年遗留问题等开支3 505.9万元，业务费400万元，扶持生产资金400万元。到1979年，结存2 182.8万元，其中财政部门结存2 087.8万元，知青部门结存95万元。

全省曾先后3次对知识青年安置经费进行清理，共查出贪污现金6.7万元，挪用312万元，收回贪污、挪用现金210万元，占应收回经费的70%。

陕西省城镇知青上山下乡经费使用情况表

（1962—1979年）

单位：万元

| 年 份 | 应拨经费数 | 实 际 支 出 数 | | | | 业务费 | 扶持生产资金 |
|-------|-----------|------|------|------|------|--------|----------|
| | | 合计 | 建房 | 生活 | 其他 | | |
| 1962—1972 | 4 771.4 | 4 001.7 | 1 890.0 | 1 921.7 | 200.0 | | |
| 1973 | 1 471.0 | 828.2 | 272.9 | 374.3 | 181.0 | | |
| 1974 | 2 943.3 | 1 819.0 | 682.7 | 647.2 | 489.1 | | |
| 1975 | 3 140.3 | 1 859.7 | 727.0 | 632.6 | 500.1 | | |

| 年　份 | 应拨经费数 | 实际支出数 | | | | | 扶持生产资金 |
|---|---|---|---|---|---|---|---|
| | | 合计 | 建房 | 生活 | 其他 | 业务费 | |
| 1976 | 3 166.9 | 2 539.9 | 977.8 | 777.8 | 684.3 | 100.0 | |
| 1977 | 2 850.0 | 2 548.6 | 841.7 | 889.9 | 717.0 | 100.0 | |
| 1978 | 704.8 | 2 767.6 | 1 105.4 | 827.8 | 734.4 | 100.0 | |
| 1979 | 1 150.0 | 1 192.0 | 300.0 | 392.0 | | 100.0 | 400.0 |
| 合计 | | 17 566.7 | 6 797.5 | 6 463.3 | 3 505.9 | 400.0 | 400.0 |

注:1979 年底累计结余 2 182.8 万元,其中财政部门结存 2 087.8 万元,知青部门结存 95.0 万元。

# 第五节　机　　构

1963 年 10 月 14 日,省人民委员会决定,成立陕西省安置城市下乡青年领导小组,负责全省城镇知识青年和其他社会闲散劳动力下乡、回乡参加农村社会主义建设工作。办公室设在农业厅。1966 年 3 月以前,省安置城市下乡青年领导小组办公室与省人委农业办公室一起办公。1966 年 4 月,由于精简合并机构,中共陕西省委决定撤销农业办公室,将省安置办公室与省劳动局、民政厅合并为民政厅。1967 年 1 月,恢复劳动局、民政厅,省安置办公室成为独立机构。

1968 年 7 月 31 日,省革命委员会决定,成立陕西省革命委员会毕业生工作领导小组,负责全省大、中、小学毕业生的分配、安排和招生工作。领导小组下设办公室。1969 年 4 月5 日,省革命委员会决定,将原陕西省革命委员会毕业生工作领导小组及其下设的办公室和陕西省革命委员会干部下放办公室合并,成立陕西省革命委员会干部下放劳动和毕业生分配领导小组(简称"下放、分配"领导小组),下设办公室,负责全省干部下放、毕业生分配、知识青年下乡和城镇居民下放安置等工作。4 月 20 日,正式对外办公。1973 年 12 月 11 日,中共陕西省委决定,成立中共陕西省委知识青年上山下乡领导小组,下设办公室。有关大专毕业生分配的遗留问题,移交省计委和省教育局;城镇下乡居民遗留工作,移交省民政局;干部下放的结尾工作,移交省人事局。中共陕西省委知青办下设动员安置处、宣传教育处、财务秘书处。1980 年 6 月 12 日,根据中共陕西省委决定,将省委知识青年上山下乡领导小组,改为城镇知识青年上山下乡领导小组由省政府领导。1981 年 11 月 21 日,决定撤销城镇知识青年上山下乡领导小组及其办公室,全省知识青年上山下乡工作进入收尾结束阶段。由于要处理许多具体问题,实际延至 1982 年 3 月正式撤销,有关遗留问题移交省劳动局处理。

(第三篇第三章《城镇知识青年上山下乡》,第 83—91 页)

1979 年 6 月 2 日,省革委会转发省劳动局《关于建立劳动服务公司、劳动服务队的请示报告》,要求建立劳动服务公司、劳动服务队,把留城、回城知识青年和其他待业人员组织起来,从事为生产服务、为人民生活服务的劳动,并根据国家建设的需要和本人劳动能力,有条件地逐步安排一些人就业。

(第三篇第六章《劳动服务公司》,第 99 页)

"文化大革命"期间,全省由城镇向农村遣送了近万名"地、富、反、坏"及其子女;1968 年《人民日报》报导甘肃会宁县居民下放的消息后,全省下放城镇居民 13 万人。在落实政策中,对这些人子女的就业,采取多种形式,作了妥善安排。经过批准迁回原城镇落户,符合待业青年条件的,按照待业青年对待,多渠道安置就业;在农村的,年龄在 16 周岁以上,符合插队知识青年条件的,按插队知青对待,到 1982 年底基本安置完毕。

(第三篇第七章《特殊就业》,第 106 页)

1983 年 5 月,公安部、劳动人事部、农牧渔业部、教育部,商业部发出《关于犯人刑满释放后落户和安置的联合通知》规定:……已被原单位开除或除名,但改造表现较好又符合下列情形之一的人员,劳改单位应在其释放前的 3 个月,向原单位提出重新安排工作的建议。……3.释放时年龄在 30 周岁以下的青年,捕前系支内(支援内地)职工、支边(支援边疆)青年或已经分配工作的下乡知识青年,家居 3 大市(北京、天津、上海)但不符合回家条件的;……

(第三篇第七章《特殊就业》,第 107 页)

1979 年三门峡库区的华阴、大荔、朝邑 3 个农场,因耕地面积减少,农场职工生产、生活发生困难,原由西安市进入农场的知识青年,迫切要求返城安置工作。经省政府批准,省劳动局会同有关部门,将 4 600 名农场职工转产安置到全省其他单位,解决了农场职工的困难。

(第五篇第二章《调配》,第 148 页)

1978 年(招生)只招收城镇户口的应届高中、初中毕业生和年龄在 15—22 周岁未婚的具有同等文化程度的城镇待业青年和上山下乡知识青年。

(第六篇第四章《技工学校》,第 182 页)

1967 年 1 月,中共中央、国务院《关于反对经济主义的通知》下达后,局面开始好转,1969 年以后,来信来访以复员军人要求提高工资级别、上山下乡知识青年要求招工、待业青年要求安置的较多,除突出的问题向上级综合反映外,均按规定作了处理。

(第十篇第四章《群众来信来访》,第 390 页)

据统计,1975—1989 年仅省劳动厅就接待上访群众 62 444 人,处理来信 71 298 件。

……

对一些影响较大的信访问题,如下乡知青的工作安排问题,1971 年底前参加工作的计划内临时工转正问题,三线工人家属户口"农转非"问题等,根据群众来信来访所反映的情况,为领导机关提供信息,供决策参考,使问题得到妥善处理。

(第十篇第四章《群众来访》,第 392 页)

11 月 21 日中共陕西省委撤销省知识青年上山下乡领导小组及其办公室,人员、经费等调转省劳动局。在省劳动局设立劳动就业处,负责统筹规划和管理全省社会劳动力就业工作,编制增加到 85 人。
(第十二篇第二章《省级主管部门》,第 417 页)

# 《陕西省志·审判志》

陕西省地方志编纂委员会编,陕西人民出版社 1994 年

### 王牛犊盗窃、破坏插队案

王牛犊,男,25 岁,贫农出身,长安县韦兆公社后沟大队人。

查王犯 1967 年曾因偷盗受到批评教育,1969 年在太乙公社新北大队卫生所等处进行偷盗多次,严重的是同年 8 月一天黑夜进入太乙公社马安岭大队插队知识青年房内,偷盗被子衣物 40 余件,影响了插队下放。

据此,长安县公安机关军管事管制小组于 1971 年 1 月 28 日,以盗窃、破坏插队罪判处王牛犊管制 2 年。
(中编第四章《刑事审判》,第 408 页)

(1973 年)9 月 16 日,省高级人民法院向全省法院发出《关于打击破坏知识青年上山下乡犯罪分子的通知》。
(下编第二章《大事记》,第 678—679 页)

(1976 年)7 月 8 日,省高级法院、共青团陕西省委、省公安局、省知青办公室针对咸阳地区连续发生下乡知识青年死亡案件的情况,联合发出通知,要求各地在党委的领导下,采取有效措施,加强保护知识青年上山下乡工作,发动群众,对破坏知识青年上山下乡工作的犯罪活动坚决斗争,将破坏知识青年上山下乡的案件列为重大案件迅速破案及时处理。

(下编第二章《大事记》,第 679—680 页)

# 《陕西省志·军事志》

陕西省军区军事志编纂委员会编,陕西人民出版社 2000 年

1978 年和 1979 年,陕西根据中央指示,大量征集城市待业青年和上山下乡知识青年,

两类人员分别占当年征兵总数的 21.5％和 58.2％。

（第七编第四章《人民共和国时期陕西兵役》，第 775 页）

# 《陕西省志·共青团志》

陕西省地方志编纂委员会编，陕西人民出版社 2007 年

## 第八节　知识青年上山下乡运动

同全国一样，陕西城镇知识青年（简称知青）上山下乡、插队落户，从 20 世纪 50 年代中期的自觉行动，到 60 年代初逐步转入有计划、有组织的开展，再到"文化大革命"中演变成一种政治运动，最后到 70 年代末的知青返城风潮结束，前后经历了 20 余年。

### 一、"文化大革命"之前

上世纪五十年代中前期，由于当时经济基础十分薄弱，文化教育事业还很不发达；农业在国民经济中占有主导地位，但仍然十分落后；农业生产合作社刚刚成立，又亟待加强和巩固。为此，党和政府号召未能升学的中小学毕业生回乡参加农业生产。团省委多次召开常委会专题研究此项工作，并以机关刊物为阵地，大力宣传回乡知识青年的先进事迹。继《中国青年报》报道吉林省回乡青年吕根泽和山东省回乡青年徐建春的先进事迹后，1954 年团省委在陕西党报和团刊上总结和推广了渭南县南郭村回乡知识青年郭统绪的先进事迹。紧接着，团省委发表了给全省高小和初中毕业生的公开信，同时安排部署各区、县团委召开高小毕业生代表会，动员他们回乡承担起建设社会主义新型农业的任务。随后全省 43 个县、7 个区先后召开了高小毕业生代表大会，形成了响应党、团组织号召，回乡参加农业生产的热潮。

1955 年 7 月 28 日，青年团陕西省委和省教育厅发出了《关于认真做好本届初中、高小毕业生从事农业劳动和自学工作的紧急通知》，要求全省各级团组织要积极响应党中央和团中央号召，组织动员未能升学就业的知青自觉返乡参加农业生产劳动，同时也不能放弃对他们的自学成才要求，要发挥他们在生产劳动中的优势，及时关心和重视他们，适时地召开知识青年代表大会或座谈会，了解他们的生活、工作情况，帮助他们解决一些实际困难和问题。

经过各级团组织的不懈努力，到 1956 年底，全省已有 10 多万中小学毕业生回乡从事农业生产。回乡后的知识青年，有不少担任了农业社的会计、记工员、技术员和青年生产队长等职，大多数知识青年参加了扫盲协会和青年扫盲队。事实证明，这些回到农村的青年，很快成为传播文化科学知识，开展各种文化体育活动的骨干力量，有力地推动了农业合作化运动的发展。

1957 年 5 月，团省委召开"全省知识青年建设社会主义新农村积极分子代表会议"，

团省委书记白纪年在会上作了题为《热爱劳动,努力学习,立志做一代有文化的新式农民》的报告。会议通过了给全省知识青年和应届中小学毕业生的一封信,倡议知识青年回乡参加社会主义新农村建设。六十年代初,兴平县高中毕业生韩志刚主动放弃升学机会,回到他的家乡西吴公社北马大队当了一名农民,参加农业劳动。他"以农为荣、以农为乐"的事迹被省内外多家报纸宣传报道,成为和邢燕子、董加耕等全国先进典型齐名的人物。

在此基础上,党和政府进一步动员城镇知识青年上山下乡,插队落户。1957 年 9 月 22 日,西安市第一批家庭在城市的 39 名中小学应届毕业生响应党的号召,离开城市到农村落户;1962 年 6 月,汉中团市委副书记周沪带领 40 多名城镇知识青年,深入黎坪山区落户创业;8 月,团陕西省委和团西安市委组织西安市 105 名街道知识青年去眉县营头公社插队劳动。1963 年 9 月到 12 月,西安市又有 1 969 名街道青年踊跃奔赴农业战线。

当时在选择插队对象时,尽量选择政治觉悟较高,年龄在 16 周岁以上,家庭生活贫寒,具有劳动和独立生活能力的青年。插队地点大多选择领导力量强、地多劳力少、生产门路多、文化缺少、有发展远景的地区。由于省委对这项工作的重视,大部分县以上党委都由负责同志亲自挂帅,由有关部门组成安置办公室,确定专人,将此项工作当作一项政治任务去完成。宝鸡、安康等地区还抽出专人和青年一道下去劳动,协助当地组织进行工作。这使得上山下乡、插队落户知识青年的口粮、自留地、做饭、住房、看病、劳动工具、票证补助等生活问题基本都能得到妥善解决,知识青年们的劳动和学习能够得到合理的安排,特长能够正确的发挥。到 1964 年第一季度,全省已有 2.3 万多名城镇知识青年上山下乡,参加农业生产,其中到农村插队的有 1.5 万多名,到国营农、林、牧场的 8 000 多名。

在各级党团组织和政府的关心和帮助下,知识青年在农村都取得了很大进步。几年间,他们同广大劳动人民一起劳动、一起生活,学到了许多书本上学不到的东西,懂得了许多从来不懂的道理。在日常的田间作务、向各种自然灾害作斗争中,学到了农业技术知识。在和贫下中农的接触中,思想认识也发生了很大变化,很多人成了生产队的各种干部,成了功臣、模范、人民代表,受到广大社员的称赞。

韩志刚,兴平县西吴公社回乡参加农业生产的高中毕业生。在学校是党员、团委委员、学生会主席,功课也学得好。但当他知道农村实实在在需要一批有文化的人时,积极响应党的号召,连续向学校写了五次返乡申请书,于 1957 年坚定的回到了家乡参加农业生产。

回乡后,韩志刚放下学生架子,带头劳动,从普通活、普通农民做起,事事走在前边,他认为一个学生走出校门,回到农村,扛上锄头还不能叫农民,能熟练地操作各种生产工具,懂得一些农业知识,掌握了生产技术,还算不上具备一个农民的资格。所以他在虚心拜劳动人民为师进行技术学习的同时,还不断加强政治学习,积极培养劳动人民的思想感情,走群众路线。在农业生产劳动中,艰苦奋斗、不怕困难,为逐步改变家乡面貌做出了突出的成绩,从中自己也得到了锻炼和提高。1961年4月8日,他致信全省应届中小学毕业生,希望、鼓励更多的知识青年响应党的号召,树立以农为荣、以农为乐的思想,热情愉快地参加农业劳动。

在回乡劳动期间,韩志刚先后被群众推选为队长,大队党支部书记,1963年4月16日,共青团陕西省委发出通知,号召全省各地团组织组织青少年学习韩志刚的先进事迹和先进思想,教育青少年牢固树立以农业为基础的思想。1964年6月,韩志刚出席共青团全国第九次代表大会,并当选为团中央委员。

蔡春爱,1958年随家一起从渭南县城到双王大队落户。在农中上学时,她多次被评为优秀学生,对自己的未来做过种种美妙的设想。但为了响应党加强农业战线的伟大号召,努力说服同学和家人后,于1961年春天,愉快地回到农村生产队,参加了农业生产。

她为自己能够成为一个社会主义新农村的建设者,感到无限光荣和自豪。回到生产队后,她首先是苦练割麦基本功,之后又搞丰产田。在进行体力、技术方面锻炼的同时,还努力进行艰巨的思想锻炼,在日常的劳动和生活中,严格要求自己,注意学习农村干部和贫下中农的好品质,不断树立新风尚,把自己逐步磨炼成了一个优秀的新式农民。

突出的表现,使她被选为团支部委员、妇女组长,1964年2月28日,在双王大队合作化十周年庆祝大会上,又被评为生产大队的十大功臣之一。

魏萍芝,兴平县回乡中学生。她热爱集体,踏实劳动,《中国青年报》和《陕西日报》先后报导了她的模范事迹,共青团陕西省委于1962年6月1日发出通知,要求全省广大团员、青年向魏萍芝学习。

赵春义,延安市桥儿沟大队回乡知青,曾担任大队团支部委员。1971年12月4日,他为抢救一名落水青年,献出了自己的生命。桥儿沟公社党委根据他生前的表现和要求,追认其为共产党员。1972年7月,中共延安市委发出《关于开展向优秀共青团员赵春义同志学习的通知》,号召全市团员青年向赵春义学习,在农业生产建设中发挥先锋作用。

高中毕业生王建元,从安康县城到岚皋县高峰大队插队,担任大队会计,被誉为"红色管家",并在当地办起了第一所民校。刘国杰从铜川市到金锁关大队插队,他全心全意为人民服务,被誉为"模范会计",并担任团支部书记。高中毕业生张君舍在延安枣园公社王皮湾大队落户,担任大队团支部书记,并被推选为出席省群英会的积极分子。高中毕业生蔡仁宗到草滩农场参加劳动,做出了显著成绩,出席了省、市群英会。高中毕业生陈学仁从西安单独到陕北黄陵县建庄公社插队,做出了出色成绩。初中毕业生张凤仙从彬县城关到拜家河生产队落户,成为深山里的模范宣传员,被誉为"山里的凤凰"。团支部书记吴胜玉从西安市到眉县营头公社插队,他热爱山区、积极劳动,大搞农业科学实验,被誉为"山里红"。人称"好姑娘"的陈桂花,从咸阳市到永寿槐坪林场插场,以林为业,以场为家,三次被评为五好职工。奋战在海拔1600多米的大山中的黎坪垦殖农场先进集体,创建了一个以粮食自给为立足点,以畜牧、林业、多种经营为发展方向的综合国营垦殖场,为全省知识青年占领山头,开发山区竖起了样板。

这些先进分子和模范人物,坚决听党的话,敢于同一切旧思想、旧观念决裂,立志建设社会主义新农村;不怕农业劳动苦、脏、累,勇挑重担,事事走在前头,有一股革命的"傻"劲和艰苦奋斗的精神;能放下学生架子,虚心向群众学习,处处注意克服、防止娇气和虚荣心;在改造客观世界的同时,能够注意改造主观世界,自觉地进行思想革命,成为全省城镇知识青年上山下乡的榜样。

为了表彰先进、激励后进,1964 年 7 月 5 日至 11 日,共青团陕西省委、省教育厅和安置办公室联合召开城镇知识青年上山下乡积极分子座谈会。在会上,39 名参会积极分子汇报了自己的劳动、学习和工作情况,交流了成长经验。会后,省安置办公室、省教育厅和团省委联合组织了城镇知识青年上山下乡积极分子巡回报告团,从西安出发,到宝鸡、汉中等地巡回宣传,促进了全省知识青年上山下乡。当年 11 月,西安市又有 800 多名城市知识青年下乡插队,参加农村社会主义建设。

动员中小学毕业生回乡参加农业生产,在一定程度上缓解了某些矛盾和问题,那些回乡的知识青年,在农村的火热生活中,得到了锻炼,增长了才干。同时也为农村的社会主义改造和农业生产增添了有生力量,对农村的经济建设和文化建设发挥了积极作用。但也不可避免地产生了不少弊端。

## 二、"文化大革命"时期

"文化大革命"期间,在毛泽东"知识青年到农村去,接受贫下中农的再教育,很有必要"的指示下,上山下乡、插队落户演变成了一种政治运动,成为知识青年接受贫下中农"再教育"的机会和形式。其规模也大大超过了"文化大革命"之前。

为了解决上山下乡知识青年的实质性困难,1968 年 11 月 14 日,省革委会毕业生工作领导小组、革委会生产组综合办、财贸办等部门,针对安置城市上山下乡知识青年工作中存在的经费、布、棉、木材、粮油等一系列问题联合发了补充通知。单身安置费 180 元至 250元,全省拨出 10 万立方米木材作为知青建房专项指标,从财力、物力上给予他们妥善安置。1969 年 12 月 22 日,省革委会发出通知,要求城市干部、职工、居民把自己初中、高中、大学毕业的子女送到乡下去,并要求各地农村欢迎知识青年上山下乡,做好安置工作。此后,全省每年都有十余万名知识青年上山下乡接受再教育。

1970 年,在中央加强"三线"建设的战略部署下,陕西省革命委员会决定,六九、七〇届部分应届毕业生参加位于陕南山区的襄渝铁路建设,西安、宝鸡、咸阳、渭南、铜川等城市先后有 2.5 万余名知识青年,参加三线建设的重点工程之一——襄渝铁路的建设,并成为当时知识青年上山下乡的一种特殊形式。

1971 年、1972 年、1973 年,应届初、高中毕业生的基本去向仍为农村。省委多次转发省革委会下放办关于做好知识青年上山下乡工作的请示报告。要求各级党组织、革委会高瞻远瞩,加强领导,不断总结经验,进一步做好思想动员工作,认真落实党的政策。加强对上山下乡知识青年的管理教育,引导他们树立扎根农村干革命的思想。在要求继续动员初、高中毕业生上山下乡时,指出:年龄要掌握在 16 周岁以上,身体残疾、有严重疾病、独生子女,以及家中有特殊困难的一般不动员。

这一时期,各级团组织都把知识青年工作列入了议事日程,作为一件大事来抓,不断加强下乡知识青年的思想政治工作。关心他们的学习和进步,协助党支部办好政治夜校、文化室(俱乐部)、科学实验室(组)等,关心他们的生活,积极培养,大胆使用,发挥他们的作用,积极推荐他们担任广播员、故事员、教员、记工员、会计等工作。并坚决同残害知识青年的坏人、坏事作斗争。

1976 年,咸阳接连发生了数起杀害知识青年案件和汽车轧死知识青年的事故。为此,省委知青办、省公安局、省高级人民法院、团省委等联合发出《关于咸阳地区连续发生下乡知识青年死亡案件的通报》,要求各地认真解决好知识青年的思想、生活问题,对他们加强思想教育和防毒、乘车、游泳、卫生等方面的安全教育,杜绝伤亡事故发生,使他们坚守乡村、健康成长。对破坏上山下乡知识青年的案件,要列为重大案件,坚决破案,及时处理。对迫害知青和强奸女知青的犯罪分子,要从严惩办。对引诱、教唆知青犯罪和对受害人进行威胁以及对检举人进行打击报复的人和事要依法严惩。

"文化大革命"结束之后,仍然陆续有城镇知识青年到农村去。但和"文化大革命"前相比较,其规模和热度已明显减弱。

1979 年 7 月 28 日,省委知识青年工作领导小组办公室召开上山下乡知识青年代表座谈会,省革委会副主任刘庚在会上指出,今后在继续动员一部分知识青年到农村去的同时,要逐步缩小上山下乡范围,扩大留城面积。

随着拨乱反正不断深入,全省范围的知青开始陆续返城安排工作,由此知青上山下乡和插队落户活动告以终结。

## 第九节　北京知识青年在延安

1969 年初,在毛泽东"知识青年到农村去"的号召下,在中央领导人的倡导下,经北京市革委会和陕西省革委会协商安排,北京部分知青分赴陕西延安地区插队落户。1969 年元旦刚过,陕西省革委会政工组就发出了《关于欢迎北京知青来我省延安插队落户的通知》,要求有关地区要热情认真欢迎他们,妥善地做好安置工作。第一批来延安的有 1 000 多名北京初高中毕业生,第二批到达的有 3 万余名。这些来延安插队落户的北京知青为"文化大革命"以来的初、高中毕业生,他们中,有的是当时党和国家领导人的亲属子女,还有许多当时正在受冲击的老干部的孩子。为了做好北京知青来延安插队的组织安排工作,延安地、县两级都建立了下乡安置办公室,抽调 100 余名干部负责北京知青的政治、生产、生活指导工作。知青们分别被安插在延安地区的 12 个县、124 个公社、1 602 个大队、3 450 个生产队中,直接住进贫下中农的窑洞和房子,从事农业生产,包括养猪、放羊、开荒、造林等各种农活。北京知青们的劳动,一般都在 800 个—1 000 个工分以上,据 10 个县的统计,能够自给的占 60%,不能自给的(用钱买粮)占 40%。有一部分知青的自给比例较大,如延安县甘谷驿公社 56 名北京知青平均口粮每人 600 斤,最高 1 100 斤。

北京知青舍弃了大城市优越的生活环境,来到贫穷落后的陕北黄土高原生活和劳动,刚开始许多人感到生活很不习惯。农村的"脏"、"苦"、"累"三大难关不容易闯过,加之人地两生,很长一段时间不能适应,经过多方面的工作和他们自己的刻苦努力,特别是在当地老区农民的关心、帮助和言传身教的启发、引导下,绝大部分知青慢慢地安下了心,有不少人已经能和当地老百姓打成一片,逐渐地变成了"延安人"。他们对农村和农民由不了解变得比较了解,由距离远变得亲近,由没感情变得感情深了。黄龙县五角树大队 14 名北京知青,1969年冬,顶着寒风,在冰冻的乱石滩上,开出了五角树大队第一块水田,修成 200 多米长的水渠。1970 年,又和农民一道,建成一座小型水力发电站。甘泉县大庄河大队北京知青和农民一起,在偏僻的深山沟里,办起了广播站、夜校,种起了农作物和中草药科学实验田,成立了机械小组,把一台废柴油机改制成了发电机,实现了米面加工机械化,使山村出现了一派新景象。延安市河坪大队的北京女知青和当地姑娘一起,在老石匠的带领指导下,组成了延河畔上第一支女石匠队,和农民一起 10 个月时间完成了 3 000 多立方米的石方任务,修成了一条 1 200 米长的石渠。在挥汗劳动中,知青们的思想感情、立场、观点发生了显著的变化。用他们的话说:"脸晒黑了,感情却与农民贴近了","手变粗了,心却知道为群众着想了"。

由于正处在"文化大革命"中,北京知青在延安也出现了不少问题。例如宜川县的窑洞爆炸,北京知青出现了伤亡事故,还有一些地方坏人乘机残害北京知青的事件也时有发生,北京知青的生活问题、医疗问题、婚姻问题等方面的困难都是难以解决的。虽然有关方面也采取了一些紧急措施,但无法彻底解决这些实际问题。

1970 年 3 月 10 日,国务院在北京召开了延安地区插队青年工作座谈会,陕西省革委会、延安地区和 12 个县的革委会负责人、北京市革委会和 7 个有关区的负责人出席了会议,国务院总理周恩来接见了到会代表并讲了话,特别提出延安要带头恢复延安精神。会议通过了《纪要》,主要内容是:1.加强对北京知青插队延安的领导,要高度重视,有关地县要有专人抓,社、队要有专人管;2.做好扎实细致的政治思想工作;3.耐心帮助北京知青,合理安排,注意安全;4.解决好他们生活、学习、劳动中的实际困难。北京市革委会按照中央领导要求,决定抽调一批干部到延安,一面插队劳动锻炼,一面协助当地政府做好北京插队知青工作。3 月 26 日,周恩来、李先念、余秋里等中央领导在中南海专门接见了在延安插队的北京知青代表。他们勉励北京知青要学好延安革命传统,热爱延安,建设好延安。

北京知青在延安努力学习和发扬延安精神,并按照周恩来总理"热爱延安,建设好延安"的指示,在当地群众的热情帮助下,积极努力,克服重重困难,参加农业生产,进行思想锻炼,为延安的建设、发展奉献了自己的青春和才华,做出了突出的贡献。

经过艰苦劳动,他们中曾涌现出了大批积极分子,至 1971 年 12 月,北京知青在基层担任各种工作的达 4 600 多人,有 3 000 多人担任宣传组长,数以千计的人担任了小学教师,

1 200多人担任了"赤脚医生",有270多人加入了共产党,2 900多人加入了共青团,6 500多人被输送到工交、财贸、文教、党群等战线。栗建国、张正秋从担任基层团委书记到担任团地委书记、团陕西省委副书记,张艳、时玉存、徐继华光荣地参加了国庆20周年观礼。在延川县插队劳动,和村党支部书记等一起改变农村面貌奋力拼搏的习近平,从基层做起一步一步锻炼成长起来。延川县吴家庄北京插队知青孙立哲,担任赤脚医生3年,以窑洞作手术室,木板作手术台,用几件简易的手术工具,为群众做大小手术千余次。还用针灸麻醉,在无痛的情况下,取出了2斤重腹内肿瘤。

北京知青在延安插队、落户,不可避免地带有那个年代整个知青插队落户的烙印。党的十一届三中全会以后,按照党的政策规定,他们中绝大部分人都陆续返回了北京或被安排于其他大城市工作,其中不少人在各个领域作出了突出贡献。

(第三篇第二章《建国后政治活动》,第 345—353 页)

1956年6月,《陕西青年报》又以整版篇幅,报道了知识青年郭统绪回乡参加农业生产劳动的先进事迹。并且针对回乡知识青年不安心农业生产劳动的问题,开展了"正确对待农村知识青年参加生产劳动"的讨论,教育青年热爱劳动,热爱农村。许多回乡知识青年以自己的切身体会,讲述了在农村的作为和参加农业劳动的重大意义。

1957年春,团省委在青年中开展了更大范围的劳动教育。《陕西日报》2月28日发表题为《向青年学生进行劳动教育》的社论。《陕西青年报》也发表了题为《劳动万岁》的社论。各地均通过讲课、报告、座谈、讨论、参观、访问以及力所能及的劳动等多种形式,有计划地向应届毕业学生进行劳动教育。各级团组织在每学期开学初,结合国家建设远景,集中对学生进行一次劳动教育。有的学校举行"正确对待升学就业"的主题班会,在学生思想上树立基本的对待劳动的正确观点,树立劳动光荣的风气。

通过劳动教育,70％左右的毕业生表示能升学就继续用功学习,不能升学就回农村参加生产劳动。还有不少的毕业生表示要做第二个徐建春(山东省农村回乡知识青年、全国著名农业劳动模范),要成为养猪能手、模范饲养员等。许多同学还给党团组织写信,感谢党给他们指出了正确的努力方向。渭南县许多回乡知识青年由于积极生产,又有一定的文化,因而担任了社、组的会计及其它各项职务。在生产中他们大都学会了一些农业技术,逐渐的成了农业生产中的熟手。据该县吴杨乡统计,有50名高小、初中毕业生参加了农业科技知识的传授。许多人还在很短时间内学会了双轮双铧犁的驾驶和安装方法。家长们普遍反映:"人民政府、共产党给青年人把心操到了。""青年团把娃娃管教好了,娃娃回家变了大样"。到1957年,全省已有10多万小学毕业生和部分中学毕业生回乡从事农业劳动。5月初,团省委在西安召开了全省知识青年建设社会主义新农村积极分子会议,团省委第一书记白纪年在会上做了题为《热爱劳动,努力学习,立志做第一代有文化的新式农民》的报告。他要求回乡从事农业生产的中、小学毕业生,首先放下架子,拜老农为师,学会劳动,用三五年时间,把一般农民能做和会做的事情,全部都学会,把自己锻炼成为既有文化又善于劳动的新式农民。

(第四篇第四章《道德品质教育》,第 518—519 页)

## 第三节　省知识青年建设社会主义新农村积极分子代表会议

1957 年 5 月 4 日至 7 日,陕西省知识青年建设社会主义新农村积极分子代表会议在西安举行。395 名积极分子和 39 名列席代表参加会议。副省长谢怀德和省委文教部部长张华莘到会讲话,对知识青年回乡参加农业生产给以高度评价,鼓励他们继续与农民群众打成一片,向群众学习生产技术和劳动本领,踏踏实实地劳动,使自己成为一个真正有文化又会劳动的新式农民。省政协副主席杨子廉、省教育厅副厅长吴江声、省青联副主席马良骥和全国人大代表、长安县七一农业社主任蒲忠智也先后在会议上讲了话。他们都为几年来回乡知识青年,在农业生产战线上辛勤劳动的事迹而祝贺,希望他们继续努力,争取更大光荣。

5 月 5 日,青年团陕西省委第一书记白纪年向大会作了《热爱劳动,努力学习,立志做第一代有文化的新式农民》的报告。

会议一致通过了给全省知识青年和应届中小学毕业生的一封信,作为他们向党和全省人民以及几十万在乡知识青年的决心书和庄严的宣誓词。大会闭幕时,中共陕西省委书记方仲如出席闭幕式并讲话。希望他们虚心向老农学习生产经验,抓紧学习钻研农业科学技术为建设社会主义新农村而奋斗。

(第五篇第五章《先进表彰会》,第 612 页)

(1957 年)5 月 4 日至 7 日,陕西省知识青年建设社会主义新农村积极分子代表会议在西安召开。团陕西省委第一书记白纪年作《热爱劳动,努力学习,立志做第一代有文化的新式农民》的报告。会议通过了给全省知识青年和应届中小学毕业生的信。

(第七篇《大事记》,第 806 页)

9 月 22 日,西安市第一批家在城市的 39 名中小学应届毕业生响应号召,到农村落户。

(第七篇《大事记》,第 807 页)

(1960 年)12 月 14 日,省委批转团陕西省委《关于青年农场问题的报告》。

(第七篇《大事记》,第 814 页)

(1961 年)4 月 8 日,兴平县回乡高中毕业生韩志刚致信全省应届中小学毕业生,希望更多知识青年响应党的号召,树立以农为荣,以农为乐的思想,热情愉快地参加农业劳动。

(第七篇《大事记》,第 815 页)

（1962 年）6 月，汉中 40 多名机关干部和知识青年在团地委副书记周沪和公社党委书记余世彦带领下，进入黎坪山区，创建垦殖场。 （第七篇《大事记》，第 816 页）

8 月，团陕西省委和团西安市委组织西安 105 名街道知识青年去眉县营头公社插队劳动。 （第七篇《大事记》，第 816 页）

同日（1963 年 4 月 16 日），团陕西省委发出《关于组织青少年学习韩志刚先进事迹和先进思想的通知》。 （第七篇《大事记》，第 817 页）

（1964 年）7 月 5 日至 9 日，团陕西省委、省教育厅、省委安置办联合召开城镇知识青年上山下乡积极分子座谈会。会议通过了《给城镇知识青年的一封信》。19 日，组成城镇知识青年下乡上山积极分子巡回报告团，到宝鸡、汉中等地巡回宣传。

（第七篇《大事记》，第 818 页）

（1969 年）12 月 22 日，省革委会发出通知，动员安排知识青年上山下乡。

（第七篇《大事记》，第 821 页）

（1973 年）8 月 30 日至 9 月 3 日，团陕西省委召开知识青年上山下乡工作座谈会。

（第七篇《大事记》，第 822 页）

（1976 年）1 月 20 日至 26 日，陕西省上山下乡知识青年农业学大寨积极分子代表会议在西安召开。 （第七篇《大事记》，第 824 页）

# 《陕西省志·科学技术志》

陕西省地方志编纂委员会编，中国科学技术出版社 1995 年

1958 年后，陕西省各地（市）相继建立了地（市）科学技术协会。……

农村专业技术研究会是县（市、区）、乡（镇）科协领导下，以农村中的能工巧匠、技术能手和回乡知识青年为骨干，以专业户和科技示范户为基础，农民自己组织起来学习科学技术、进行专业化技术服务、发展商品生产的农民科技群众组织。

（第十篇第一章《组织机构》，第 806 页）

# 《陕西省志·文化艺术志》

陕西省地方志编纂委员会编，陕西人民出版社 2005 年

(1974 年)11 月 1 日，中共陕西省委知识青年办公室、团省委和省文化局联合举办全省知识青年革命故事会，选拔优秀故事员 10 名，到部分地(市)巡回讲述。

（第一章《大事记》，第 81 页）

**《过去了，梦……》** 中短篇小说选，莫伸著，1985 年 8 月中国文联出版公司出版。收入《山林雾茫茫》《榜前》《山路蜿蜒》等中短篇小说 10 篇。作品多取材于铁路工地生活和知识青年生活。

（第二章《文学》，第 205 页）

1975 年 3 月 11 日，局(省文化局)领导小组组长、副组长及成员增为 7 人。局内设办事组、政工组、文艺组、电影组、社会文化组、联络组、计划财务组、援外小组及知识青年办公室 9 个部门。

（第十五章《文化管理》，第 697 页）

# 《陕西省志·广播电视志》

《陕西省志·广播电视志》编纂委员会编纂，中国广播电视出版社 1993 年

1973 年 5 月 14 日，陕西台和西安台开办了《对少年儿童广播》(历时 6 年，到 1979 年 5 月 20 日停办)。……

陕西台和西安台的《对少年儿童广播》先后报导的先进人物和先进集体有：《人民的好医生——北京知青孙立哲》……等等。 （第一篇第三章《专题广播》，第 108 页）

在"文化大革命"中，西安电视台根据中共中央有关文件和中央"两报一刊"的社论精神，宣传这场政治运动，时政新闻的比例有了上升。当时报道的主要内容有："革命大批判"、"批林批孔"、"反击右倾翻案风"等，还有知识青年上山下乡等"新生事物"。

（第二篇第二章《新闻性节目》，第 164 页）

# 《陕西省志·卫生志》

陕西省地方志编纂委员会编，陕西人民出版社 1996 年

在赤脚医生队伍中，也有少量下乡知识青年。孙立哲(北京清华附中六七级初中毕业

生,1969年到延川县关庄公社关家庄大队插队)经刻苦自学,为当地医疗工作做出贡献。

(第十六篇第二章《合作医疗赤脚医生》,第 596 页)

# 《陕西省志·体育志》

陕西省地方志编纂委员会编,陕西人民出版社 1995 年

70 年代初,全省农村主要结合民兵训练开展体育活动。……此间,城市大量知识青年到农村插队,球类、田径等体育运动项目在农村较为活跃。　(第三篇第三章《农民体育》,第 122 页)

# 《陕西省志·外事志》

陕西省地方志编纂委员会编,陕西人民出版社 2001 年

(1966 年)北欧丹麦、芬兰、挪威、瑞典四国新闻工作者一行 8 人,5 月 9 日—11 日在西安专访了西安高压电瓷厂和马旗寨公社等,和下乡的知识青年进行座谈。参观游览了省博物馆等名胜古迹。　(第三篇第二章《接待来访》,第 522 页)

# 《陕西省电力工业志》

《陕西省电力工业志》编纂委员会编,中国电力出版社 1996 年

1979 年根据中共中央、国务院、陕西省委和水利电力部的指示,陕西电力系统各企(事)业单位开始创办以安置电业职工待业和下乡返城子女就业为主体的集体所有制企业。

(第六篇第二章《多种经营》,第 413 页)

1980 年,略阳发电厂根据上级精神将本厂"上山下乡插队落户"的 38 名初高中毕业知识青年组成副业队回厂劳动,1981 年成立待业办公室,1983 年与家属"五七"队合并成立劳动服务公司。

(第六篇第二章《多种经营》,第 421 页)

# 《陕西省道路交通管理志》

陕西省地方志编纂委员会编,陕西人民出版社 1997 年

70 年代,交通监理人员和公安交通民警主要接收军队转业干部、大专院校及中等专业

技术学校的毕业生,还招收了一批上山下乡城镇知识青年,包括少量的农村回乡知识青年。

(第三篇第十七章《队伍管理》,第 360—361 页)

# 《陕西省监狱志》

陕西省监狱管理局编,(内部刊行)1998 年

1979 年底,在押反革命犯减至 2 471 名,占押犯总数的 11.52%;刑事犯 18 982 名,占 88.84%。其中 35 岁以下青壮年犯上升为 71%,工人出身占 43%,上山下乡的知识青年和无业人员占 13%。

(监管篇第四章《中华人民共和国监狱管理》,第 67 页)

1980 年,为了调动就业人员积极性,适应劳改生产发展需要,依据省劳动局、公安局的有关规定,将部分就业人员转为正式工人。转工的条件为:具有劳改生产所需的技术专长;捕前系国家职工、军人、大中专或技工学校学生、城市居民、插队知识青年;就业 3 年以上且表现好,年龄在 50 岁以下(个别技术特别需要的可放宽至 55 岁),身体健康者。

(留场就业篇第三章《安置》,第 165 页)

(1977 年)7 月 15 日,劳改局知识青年领导小组成立,林平任组长。负责局机关、招待所、收容站、少管所知识青年的工作。

(《大事记》,第 440 页)

(1980 年)3 月 30 日,经陕西省革委会批准,崔家沟煤矿从劳改系统上山下乡的知识青年中招收工人 268 名。

(《大事记》,第 444 页)

# 《陕西省戏剧志·省直卷》

陕西省戏剧志编纂委员会编,三秦出版社 2000 年

(1972 年)陕西省歌舞剧院歌剧团排演了新创作的反映知识青年上山下乡题材的大型歌剧《化雨春风》。刘杰诚、王生义编剧,王炎、张玉龙作曲。

(《大事年表》,第 105 页)

# 《陕西省防空志》

陕西省人民防空办公室编,(内部刊行)2000 年

1966 年 2 月 15 日,陕西省人民防空委员会召开了第五次办公会议,就城镇人口疏散和掩蔽问题、物资疏散问题提出了要求,主要内容是:

**人口疏散**

1. 早期疏散：主要是动员知识青年上山下乡；组织城市闲散人员到农村参加生产，把调离大城市职工家属迁移到职工所在地；把长期患慢性病的职工疏散到小城镇或农村休养。

……

（第二章《组织指挥》，第 42 页）

**1966 年西安等四市人员、物资疏散情况统计表**　　1966 年 4 月 15 日

| 项目　　数量　　地区 | 人员 | | | | | | 物资 | | | | 备注 |
|---|---|---|---|---|---|---|---|---|---|---|---|
| | 合计 | | 已疏散外迁职工家属和上山下乡青年 | | 已落实临战疏散 | | 易燃易爆剧毒 | | 档案 | | |
| | 人数 | 占人口% | 人数 | 占人口% | 人数 | 占人口% | 已疏散 | 占库存% | 已疏散（卷） | 占存档% | |
| 总计 | 41 636 | 2.5 | 1 256 | 0.07 | 40 380 | 2.43 | 877 | | | | |
| 西安市 | 6 890 | 0.56 | 717 | 0.06 | 6 173 | 0.5 | 487 | | 4 424 | | 全市约 3 万余吨易燃易爆物品 |
| 宝鸡市 | 30 229 | 15.17 | 229 | 0.12 | 30 000 | 15.05 | 370 | | | | 尚有 217 吨易燃易爆物未疏散 |
| 咸阳市 | 4 517 | 3.9 | 310 | 0.3 | 4 207 | 3.6 | | | | | 有 1 430 吨易燃易爆物 11 900 卷档案未疏散 |
| 铜川市 | | | | | | | 20 | | | | 铜川市人防办就地疏散 |

（第二章《组织指挥》，第 43 页）

# 《陕西农垦志》

陕西省农垦事业管理局编，三秦出版社 1990 年

60 年代，工人主要来自西安、宝鸡、咸阳、安康、铜川、渭南、汉中等城市上山下乡知识青年，这些青年分别于 1963 年、1966 年、1970 年响应政府号召，上山下乡成为农垦职工。

西安草滩农场因地处西安市郊，首先安排一大批西安下乡知识青年，以后他们中有一部分落户到场，成为农场的骨干力量。1963 年在组建三门峡库区华阴农场、沙苑农场、朝邑农场时，根据国务院的决定，曾动员城市知识青年到库区农场参加生产建设。当时三门峡库区农民群众迁移后，留下来的是一片荒地，到处是芦苇杂草，一望无垠。首批参与这里建场的大军就是西安市下乡知识青年 2 928 人，年龄最小的 16 岁。他们自己动手搭帐篷、挖地窝、盖草房，在极端困难的条件下进行垦荒生产，经过了 20 余年的辛勤劳动，终于建成了具有现代化设施的机械化农场。

（第九章《职工福利》，第 127—128 页）

安置城市知识青年和职工子女自然增长情况统计表

| 时间(年) | 安置城市青年 | | | | 职工子女自然增长 | | | |
|---|---|---|---|---|---|---|---|---|
| | 渭南农垦 | 西安草滩农场 | 榆林农垦 | 南泥湾农场 | 渭南农垦 | 西安草滩农场 | 榆林农垦 | 南泥湾农场 |
| 1962 | | 391 | | | | | | |
| 1963 | 2 928 | 148 | | | | | | |
| 1964 | | | | | | | | |
| 1965 | 2 123 | | | 164 | | | | |
| 1966 | 4 058 | 154 | | | | | | |
| 1967 | | | 178 | | | | | |
| 1968 | | | | | | | | |
| 1969 | | 132 | | | | | | |
| 1970 | 1 664 | 349 | | | 1 200 | | | 20 |
| 1971 | 1 067 | 362 | | | 1 649 | | | 13 |
| 1972 | | 15 | | | | 2 | | 8 |
| 1973 | | 825 | | | | | | 17 |
| 1974 | | | | | 754 | | | 34 |
| 1975 | | 11 | | | | | | 11 |
| 1976 | | 830 | | | 293 | 270 | | 19 |
| 1977 | | 5 | | | 361 | 58 | 664 | 12 |
| 1978 | | 525 | | | 247 | 133 | | 5 |
| 1979 | | 2 | | | | 196 | | |
| 1980 | | | | | 338 | 56 | | 15 |
| 1981 | | 5 | | | 467 | 167 | | |
| 1982 | | | | | 452 | 148 | | 13 |
| 1983 | | | | | 317 | 169 | | |
| 1984 | | | | | 818 | 163 | | |
| 1985 | | | | | 1 351 | 176 | 199 | |
| 合计 | 11 849 | 3 254 | 178 | 164 | 8 247 | 1 538 | 863 | 167 |
| 全省合计 | 15 445 | | | | 10 815 | | | |

注:1971年渭南农垦城市知青1067人系陕西省林建师撤销时移交给农建师的原城市知青。

（第九章《职工福利》,第133—134页）

参加农垦建设的城市知识青年以场为家，一大批男女青年职工结为伴侣，扎根农垦。

（第九章《职工福利》，第 135 页）

# 《陕西电影志》

陕西省文化厅编，（内部刊行）1999 年

  1987 年，青年导演陈凯歌到西影将阿城的同名小说《孩子王》搬上了银幕。（陈凯歌、万之编剧）。《孩子王》的故事很简单，云南插队知识青年"老杆"，在生产队干了七年之后，被调去学校当教师。他放弃课文，只教学生识字，做作文。书不抄了，有的学生开始抄字典，后来，领导把他撤了职，走之前，他要学生"什么都不要抄，字典也不要抄。"还教学生唱一支自己作词的歌："一二三四五，初三班真苦，识字近三千，毕业能读书……，脑袋在肩上，文章靠自己。"歌唱完，影片也就结束了。初看起来，讲的是教育的事，其实影片有多层的内涵。《孩子王》对教育、对传统文化和民族深层心理的自省，并不直接诉诸画面和形象，只是作为一种总的艺术氛围而存在。影片的画面所展现的环境和影观，完全是纪实的和写意的。画面真实自然，来自生活，有强烈的感情色彩，富有哲理和深意，给人留下无限遐想的空间。

  《孩子王》问世后，震动了电影理论界，认为是一部艺术精品，它把探索片提到一个新的高度，证明了探索片富有生命力。《孩子王》1988 年 6 月作为中国电影参赛影片，去法国参加世界最大电影节之一的戛纳国际电影节，获教育贡献奖。同年 7 月参加了比利时电影探索评奖活动，荣获探索影片奖。1989 年 4 月参加第一届香港电影金像奖，获十大华语片奖。

（第七篇第三章《开创新局面》，第 283 页）

# 《西安市志（第一卷）》

西安市地方志编纂委员会编，西安出版社 1996 年

  （1964 年 11 月）24 日，西安市召开欢送城市知识青年下乡参加农村社会主义建设大会，全市 800 多名知识青年下乡。29 日，又有 3 800 多名知识青年下乡落户。

（《大事记》，第 148 页）

  （1965 年 10 月）23 日，西安市 600 多名知识青年首赴陕北南泥湾参加农业生产。

（《大事记》，第 149 页）

  （1968 年 10 月）25 日，西安市首批 3 000 多名中学毕业生上山下乡，到农村安家落户。至 1979 年全市有 20.6 万知识青年上山下乡。      （《大事记》，第 154 页）

（1973年12月）15日，中共西安市委、市革委会组成慰问团分赴陕北、陕南、关中各县，慰问西安市上山下乡知识青年。 （《大事记》，第160页）

（1975年8月）21日，西安市知识青年上山下乡先进集体、先进个人代表大会召开。
（《大事记》，第162页）

（1977年2月）5日，中共西安市委、市革委会组织慰问团，到农村慰问全市上山下乡知识青年。 （《大事记》，第164页）

1968年以后，由于知识青年、干部职工大量从城市迁往农村，人口出生率从1968年的28.58‰下降到1973年的21.76‰。 （《人口志·当代人口规模》，第453页）

2. 迁出年代大部集中在1963—1972年的10年间，占52.6%。其背景是三年经济困难时期企业停工、职工精减和"文化大革命"中知识青年上山下乡、干部下放劳动。50年代迁出的人口最少，仅占7.7%。1977年后的10年中，迁出的人口占25.3%。

3. 综合历年人口迁出原因，首位为知识青年上山下乡，占35%。其次为分配工作和招工，占30.5%，再次为参军，占9%。 （《人口志·当代人口规模》，第458—459页）

（1980年后）为了解决专业技术人员两地分居，城镇职工在农村子女以及下乡知识青年、下放居民等的户口问题，分批下达专项指标。 （《人口志·人口管理》，第509—510页）

# 《西安市志（第四卷）》

西安市地方志编纂委员会编，西安出版社2004年

1966—1970年，大学尚未恢复招生，全市高、初中毕业的知识青年几乎全部上山下乡"接受再教育"。 （《经济管理志·计划管理》，第23页）

1972年，西安市区对新增职工人数和工资总额进行控制，但是企事业单位从农村招工的现象并未得到有效管理，企事业单位中常年在生产岗位上的临时工还被转为固定工。而与此同时，全市动员20多万城市知识青年上山下乡，形成70年代初城乡劳动力对流的局面。 （《经济管理志·劳动管理》，第44页）

中共十一届三中全会以后，除80年代初期因安置城镇社会待业青年和下乡返城知识青

年等增人过多,劳动生产率略有下降外,其他年份工业企业全员劳动生产率均有比较稳定的增长。

(《经济管理志·劳动管理》,第 50 页)

社会主义改造基本完成以后,在单一公有制经济结构和高度集中的计划体制下,西安的劳动就业实行统包统配,形成国家统一安置的单一就业渠道,难以满足不断增加的劳动资源的就业需要,城镇待业人员越来越多,尔后动员大批知识青年上山下乡。

(《经济管理志·劳动管理》,第 53 页)

"文化大革命"期间,西安市执行市内需要安置就业的仅限于按政策留城、回城的少数知识青年和其他求业人员。在安置中凡符合招工条件,一般都推荐招工,另有部分知识青年支援三线建设(修建襄渝铁路、阳安铁路等)。 (《经济管理志·劳动管理》,第 56 页)

1962—1965 年间,西安市根据国家劳动部"统筹安排、城乡并举,以上山下乡为主"的就业方针,动员知识青年 300 人到甘肃河西走廊农垦区参加中国人民解放军农建 11 师农场生产建设。此后,向农建 14 师大荔农场和周至、眉县、陇县 3 个县的部分社队输送上山下乡知识青年共 1.1 万多人。

"文化大革命"期间,根据毛泽东关于"知识青年到农村去接受贫下中农再教育"的号召,西安市从 1968 年秋季开始,对六六、六七、六八级(简称老三届)初中、高中毕业生实行全市统一动员,到农村去插队落户。1968—1979 年全市共动员知识青年 20.6 万人上山下乡,除少数投亲靠友去外省插队外,其余全部安置在省内 42 个县(区)的 676 个公社、7 445 个生产队和知青农场、林场。1962—1979 年国家共拨付西安市安置经费 1.08 亿元。驻市各单位有知青上山下乡者普遍设立专门机构,指派专人分管知青工作。西安市还先后选派带队干部 5 200 多人,协助、参与社、队对知青的教育管理工作。全市共建知青住房 8 300 多间,还添置大量农具、灶具、家具。经过几年的劳动锻炼,广大知识青年陆续走上不同的学习、劳动、工作岗位。1980 年,西安市终止知识青年上山下乡工作。截至 1982 年底,全市有 20.1 万人升学、参军、招工,5 000 多人经批准回城就业。 (《经济管理志·劳动管理》,第 56 页)

中共十一届三中全会以后,由于劳动制度改革和知识青年上山下乡政策的调整,西安市历届上山下乡的知识青年陆续回城待业,连同城镇原有社会求业人员,市区待业总人数超过 11 万人,就业形势严峻。为拓宽就业渠道,广开就业门路,西安市在国家统筹规划和指导下,实行劳动部门介绍就业、自愿组织起来就业和自谋职业相结合,积极开展就业工作。

(《经济管理志·劳动管理》,第 56 页)

70 年代中期,西安的上山下乡城镇知识青年陆续返城,加上每年新成长的劳动力,全市

1416

待业青年有 11 万人,待业率达 8％。1979 年 3 月,西安市在全国率先成立西安市劳动服务公司,随后全市 8 个区县也分别成立区县级劳动服务公司。

(《经济管理志·劳动管理》,第 57 页)

1961 年,西安市按照中央和省委关于精简职工的指示精神,开始了为期三年的精简工作。截至 1963 年底,西安市共精简职工 17.76 万人。1970—1971 年西安市又开始招收下乡知识青年和一部分农村青年参加工作,企业使用临时工的数量也迅速增加,一些单位又发生了增人过多现象。

(《经济管理志·劳动管理》,第 61 页)

1983 年职工升级从 1983 年第四季度起,用两年时间调整企业职工工资。1977 年职工升级增加工资受 7 元限制未长满级差的,从 1983 年 7 月 1 日起,按当时本人升级的工资标准级差补齐。此次调资工作 1984 年 4 月基本结束。市属全民所有制企业调整工资的有 22 个市级主管部门、13 个区县的 1 216 个企业单位,涉及职工 205 597 人,调整工资的职工有 140 788 人(其中上山下乡插队满 5 年的知识青年 1 652 人,升两级的 5 417 人),占企业 1978 年前参加工作职工总数的 90.82％,占 1983 年 9 月底职工总人数的68.6％。这次企业调整工资全市月增加工资 117 万元,其中升一级的人均月增加 7.8 元,升二级的人均月增加 18.4 元。集体企业职工调资参照全民企业的政策规定执行调整工资的单位共 1 086 个,1983 年 9 月底有固定职工 177 314 人,参加升级的有 90 672 人,占固定职工总数的 51.1％,增加工资较多的有 471 人,插队满 5 年的知识青年有 2 623 人,人均月增加 7.53 元。

(《经济管理志·劳动管理》,第 79 页)

# 《西安市志(第六卷)》

西安市地方志编纂委员会编,西安出版社 2002 年

此时期(1972—1976 年),西安地区出版单位承担了一批中外文词典、中外地理、旅游等国家重点图书的组织编写、翻译、出版任务,还编辑出版了鲁迅的《一月九日》、《门外文谈》、《鲁迅书简》及《鲁迅研究丛书》、《知识青年自学丛书》、《知识青年在延安》……等一批质量好、受读者欢迎的图书。

(《新闻出版志·出版》,第 566 页)

中共十一届三中全会以后,图书市场逐步繁荣,集体、个体书店恢复发展。1979 年 10 月 1 日西安市新华书店经销店成立,这是以安排上山下乡返城知识青年和待业青年的集体性质书店,独立核算,自负盈亏,有职工 80 余人。

(《新闻出版志·出版》,第 600 页)

70 年代初,随着上山下乡的城市知识青年增多,农村田径、球类等项目开展活跃。1973 年,长安县及郊区各农村公社举办小型竞赛活动 104 次,4 万余农民参加。

(《体育志·群众体育》,第 824 页)

# 《新城区志》

西安市新城区志编纂委员会编,三秦出版社 2000 年

(1963 年)新城区开始动员城镇知识青年去国营农、林、牧场参加生产建设。至 1965 年 1 月,先后 3 批共有 5 504 人去三门峡库区农场和周至、陇县农村。　(《大事记》,第 42 页)

(1968 年)12 月 21 日,东风区革委会成立精简下放支农指挥部领导小组,部署干部下放、知识青年下乡上山和精简城市人口工作。至 1969 年底,区境有 20 269 名 1966—1968 年三届高、初中毕业生赴农村插队落户。　(《大事记》,第 47 页)

1966—1977 年,大量知识青年上山下乡,干部下放劳动,居民回乡,加之控制城市户口。连续 10 年出大于入,净减 42 468 人。其中:1966 年"文化大革命"初期,横扫"牛鬼蛇神",勒令"黑五类"(地、富、反、坏、右)返乡,人口开始负增长;1968—1969 年大批知识青年下农村插队,人口机械增长率负 30‰。

1978—1983 年,拨乱反正,落实政策,平反冤假错案,下放干部、下乡知识青年以及下乡居民陆续返城,6 年间净增 34 944 人。　(第二篇第二章《人口变动》,第 137 页)

中共十一届三中全会后,调整了知识青年上山下乡政策,安置待业青年成为区上的一大难题。1980 年,中共中央提出劳动部门介绍就业、自愿组织起来就业和自谋职业相结合的就业方针,区劳动服务公司、各街道办事处劳动服务站和驻地单位一起上,拓宽渠道,安置待业人员。　(第十九篇第一章《劳动管理》,第 592 页)

## 第一节　上 山 下 乡

1963 年,根据中央和省、市"动员知识青年上山下乡"的指示精神,区内先后有 802 名城镇知识青年到国营农、林、牧场参加生产建设。1964 年 10 月—1965 年元月,又动员、组织 4 702 名城镇知识青年分赴三门峡库区农场和周至、陇县农村参加社会主义建设。

## 第二节　插 队 落 户

"文化大革命"初期,学校停课,部分企业停产,1966、1967、1968 年三届初、高中毕业生(俗称老三届)既不能升学,又无法就业,成为突出的社会问题。1968 年 9 月,全市统一动员

这些学生到农村去插队落户。12 月 9 日,毛泽东主席发出"知识青年到农村去,接受贫下中农的再教育很有必要"的号召后,知青插队落户掀起高潮。至 1969 年底,区内 37 所中学的 20 269 名"老三届"毕业生插队落户于省内的凤翔、千阳、西乡、城固、高陵、韩城、富平、三原、旬邑、永寿、乾县、岐山、周至、白水、长安等县及市郊农村。1973—1980 年,又陆续动员 17 873 名城镇中学毕业生到上述知青网点插队落户。

1981 年,根据全国知识青年工作会议精神,停止动员中学毕业生到农村去插队落户,着手解决遗留问题。此后,去农村插队落户的知青通过招工、招兵、困难照顾等渠道,陆续离开农村。

(第十九篇第五章《知青工作》,第 615 页)

# 《碑林区志》

西安市碑林区地方志编纂委员会编,三秦出版社 2003 年

是月(1964 年 11 月),全区有 477 名城市青年上山下乡参加农村社会主义建设。

(《大事记》,第 47 页)

1960—1973 年为人口快速增长期。1960—1962 年是国家三年经济困难时期,部分工业"下马",机关、事业单位精减下放职工回农村。特别是 1968—1970 年,大批学生上山下乡到农村插队落户,使人口迁出量超过了迁入量,人口机械增长率成为负值。

(第二篇《人口·人口规模》,第 90 页)

1970 年后,曾出现两次人口迁入高峰。第一次是 1978—1981 年,因下放干部调回、知青回城就业、解决知识分子和干部家属农转非户口等原因,4 年共迁入人口 105 998 人,平均每年迁入 26 500 人。
(第二篇《人口·人口变动》,第 100 页)

1965—1970 年,由于学生上山下乡,部分居民下乡和干部下放等原因,迁出人口仍比较高,6 年共迁出人口 114 037 人,平均每年迁出 19 006 人。

(第二篇《人口·人口变动》,第 100 页)

1961 年,贯彻中共中央"调整、巩固、充实、提高"八字方针,开始精减职工,至 1962 年底碑林区共精减职工 4 000 人。1963 年,动员城市知识青年上山下乡,碑林区共有 1 035 人报名,其中送审 555 名,被批准 445 名。第一批有 51 名知青率先奔赴农场,其余 394 名是年分批到农村参加农业生产。

1964 年,碑林区知青被招工 1 874 人,去建设兵团(农建八师)382 人,插队和返乡 477

人,共计 2 733 人。1965 年,有 1 864 名知青上山下乡插队落户,招工 1 921 人。1966 年 4 月初至 7 月底,有 417 名知青去兵团、农场或返乡参加农业生产,其中去农建十四师 84 人,市农业局农场 91 人,返乡 242 人。是年共招工 2 260 人,其中集体单位招工 1 808 名。

1966 年"文化大革命"开始后,学校停课"闹革命",使 1966、1967、1968 年三届(简称"老三届")初、高中毕业生既不能升学,又不能就业。1968 年 9 月,全市统一动员这三届初高中毕业生到农村去插队落户。同年 12 月 9 日,毛泽东主席发出"知识青年到农村,接受贫下中农的再教育很有必要"的号召,掀起了上山下乡高潮。1968—1971 年,碑林区共有"老三届"初、高中毕业生 22 550 名和 1969 年毕业生 426 名,分别到本省的宝鸡、凤县、彬县、长武、周至、洋县、南郑、澄城、合阳、大荔、麟游、临潼等县农村插队落户;另有 1969 年和 1970 年的初、高中毕业生共 3 979 人(男 3 322 人,女 657 人)参加三线建设,赴紫阳县和安康修筑襄渝铁路。　　　　　　　　　　　　　(第十二篇《政务·劳动人事》,第 516 页)

# 《莲湖区志》

西安市莲湖区地方志编纂委员会编,三秦出版社 2001 年

(1968 年 10 月)红卫区组织 1966、1967、1968 年三届高、初中毕业生上山下乡,到农村插队落户,接受贫下中农再教育。　　　　　　　　　　　　　(《大事记》,第 48 页)

是月(1973 年 4 月),全区 4 514 名应届中学毕业生上山下乡插队落户。

(《大事记》,第 51 页)

1963—1975 年动员知识青年 44 235 人上山下乡(其中支援"三线"建设 3 084 人),到 12 个县 95 个公社 534 个生产队参加劳动生产,接受贫下中农再教育。从 1970 年开始,知识青年通过多种渠道招工、招生、参军、退休职工子女顶替等形式,分期分批返城就业。

(第十三篇《政权·劳动人事》,第 524 页)

# 《雁塔区志》

西安市雁塔区地方志编纂委员会编,三秦出版社 2003 年

(1964 年)11 月 24 日,西安市第一批知识青年到雁塔区农村插队落户。

12 月 29 日,西安市第二批知识青年到雁塔区农村插队落户。　　(《大事记》,第 34 页)

（1965 年 12 月 19 日）郊区安置城市下乡知识青年领导小组成立，组长张增禄。

（《大事记》，第 35 页）

（1977 年 8 月）27 日，郊区知识青年上山下乡工作会议召开。　　（《大事记》，第 39 页）

1965—1980 年郊区建制时期，今雁塔地区共安置 780 人就业，其中全民、集体招工 210 人，从事"五七"（按照毛泽东主席 1968 年 5 月 7 日指示精神兴办的企业名称）经营 570 人。至 1978 年，在雁塔地区 6 个人民公社，98 个生产大队共接收安排陕西省、西安市和郊区机关干部子女插队知识青年 2 400 人。

1979 年，原农村插队知识青年陆续返城求业，加上每年新增加的劳动力，今雁塔辖区共有待业青年三千多人。1980 年恢复雁塔区建制，为了妥善安置这些待业青年，雁塔区成立区劳动服务公司，根据中共中央、国务院发布的《关于广开门路、搞活经济、解决城镇就业问题的若干决定》精神，动员辖区企事业、机关单位，兴办多种经济实体，多渠道、多形式分别解决本单位、本系统的知识青年就业问题。1980—1993 年，雁塔区先后组建劳动服务公司、待业办公室 88 个，创办劳动服务企业 169 个，累计安置 1.97 万人就业，总营业额 2.33 亿元。

（《民政、劳动、人事·劳动》，第 490 页）

"文化大革命"时期，强调师生在劳动中接受"再教育"。1968 年"老三届"（1966—1968 年 3 年毕业的高、初中学生）毕业生全部上山下乡插队落户，参加农业生产劳动。

（《教育·教育教学》，第 542 页）

# 《灞桥区志》

西安市灞桥区志编纂委员会编，三秦出版社 2003 年

（1964 年）11 月，成立灞桥区安置城市下乡知青领导小组，同年下乡 265 人。

（《大事记》，第 29 页）

1962 年、1964 年，安置城市劳动力 382 人。区内知识青年 215 人到眉县插队，有 240 人去农建师。

1980 年，根据上级批示，招收下乡知青 829 人，免下待业知青 283 人，社会青年 21 人，农村青年 40 人，办理职工双退顶替 178 人。　　（十五《政权政务·区人民政府》，第 579 页）

# 《未央区志》

西安市未央区地方志编纂委员会编,陕西人民出版社 2004 年

## 下乡知识青年安置

1968—1979 年,先后有 8 批约 6 000 多名知识青年到未央辖区插队落户。知识青年下乡期间,国家按人核拨建房补助费 200 元,生活费 150 元,农具、灶具费 35 元,桌凳、储粮用具费 25 元,书报费 10 元,医疗费 10 元。按人提取宣传动员费 15 元、宣传教育费 5 元,另有每人 15 元作为解决知识青年特殊开支费用,由省、市掌握。全区共建知青点 179 个、房屋 1 210 间,住房面积 19 021 平方米。办集体灶的有 23 个知青点,约 400 人就餐;时办时停的有 117 个知青点;有 39 个知青点未办灶。知识青年的管理教育,原由区委知识青年上山下乡领导小组负责,下设办公室,办理日常事务,并给各公社派有带队干部,协助社队工作。1980 年 9 月,知青工作改由区政府领导。

在知识青年下乡的 10 余年间,除中途因招工、升学、参军等离队者外,至 1980 年 4 月,未央辖区尚有下乡知识青年 1 662 人。至 1982 年初,经多次招工、招生、征兵,绝大部分下乡知青已安置就绪,对下余的 10 多名已婚知青,在大集体招工时均做了一次性就业安置,并按人付给接收单位安置费 1 500 元。至此,下乡知识青年安置任务全面完成,办事机构撤销。

(第十三编第二章《区人民政府》,第 682—683 页)

# 《阎良区志》

西安市阎良区地方志编纂委员会编,三秦出版社 2002 年

是月(1968 年 10 月),阎良城区知识青年开始"上山下乡",到农村接受再教育。

(《大事记》,第 28 页)

"文化大革命"中,城市知识青年上山下乡插队劳动成为一种制度。1968 年 10 月,城区知识青年开始上山下乡,到农村接受再教育。其时境内 7 个公社的每个生产队都有知青点。城镇知识青年上山下乡暂时缓解了就业难的矛盾。

为了解决劳动就业问题,区内加大了招工数量,1970 年招工 732 人。从 1971 年开始,将招工对象确定为:上山下乡知识青年;经批准免予下乡的城市 69、70 级初、高中毕业学生,以及一部分农村青年。所招职工除少部分分配至驻区单位外,其余大部分分配到区属全民、集体所有制企、事业单位。1977 年后不再从农村招工。

(第十七篇第一章《劳动管理》,第 586 页)

**阎良区 1971—1980 年部分年份招收全民所有制职工情况统计表**　　　单位：人

| 年　份 | 招工人数 | 其　中 | | | | |
|---|---|---|---|---|---|---|
| | | 上山下乡知识青年 | 城市免下学生 | 城市待业人员 | 菜农 | 农村青年 |
| 1971 | 598 | 338 | 171 | 39 | 50 | 0 |
| 1972 | 413 | 9 | 131 | 273 | 0 | 0 |
| 1975 | 176 | 126 | 50 | 0 | 0 | 0 |
| 1976 | 180 | 104 | 43 | 0 | 0 | 33 |
| 1978 | 253 | 144 | 106 | 3 | 0 | 0 |
| 1979 | 189 | 111 | 78 | 0 | 0 | 0 |
| 1980 | 158 | 144 | 14 | 0 | 0 | 0 |

注：1973、1974 年没有招收全民所有制工人，1977 年所招职工在 1978 年办理手续，与 1978 年数字合二为一。

**阎良区 1976—1979 年招收集体所有制职工情况统计表**　　　单位：人

| 年　份 | 招工人数 | 其　中 | | | |
|---|---|---|---|---|---|
| | | 女 | 上山下乡知识青年 | 城市免下学生 | 社会待业人员 |
| 1976 | 86 | 79 | 0 | 0 | 86 |
| 1977 | 132 | 92 | 1 | 29 | 102 |
| 1978 | 173 | 140 | 0 | 20 | 153 |
| 1979 | 130 | 110 | 38 | 92 | 0 |

（第十七篇第一章《劳动管理》，第 587 页）

# 《长安县志》

长安县志编纂委员会编，陕西人民教育出版社 1999 年

1968 年 10 月，知识青年上山下乡。　　　　　　　（第二编《大事年表》，第 22 页）

1968 年始，长安县革委会知青办分批接收省、市以及外地和长安县插队知识青年 23 367 人（本县 1 969 人），分配在 40 个公社、545 个大队、1 657 个生产队劳动。迄 1973 年，长安县上山下乡知青 22 930 人被招工或者参军、升学，占插队知青总数的 98.1％，少数人中途回了城市。省、市、县为安排知青，共拨专款 9 898 990 元，在各社队建造了一批房舍，购置了工具、家具和灶具。　　　（第二十二编第二章《"文化大革命"运动》，第 605 页）

**劳动观点和学习目的教育** "从事生产劳动没出息""做工种地低人一等""不当干部不当专家就没有前途"等陈腐观念,在学生中曾有一定影响。通过教育,大多数中小学毕业生自愿回乡务农。1954年至1957年,长安县参加农业生产的知识青年达3万余人。党的"教育为无产阶级政治服务,必须同生产劳动相结合"教育方针的贯彻和"文化大革命"中知识青年上山下乡等,在这一教育中发挥了重要作用。(第二十三编第三章《普通教育》,第630页)

# 《铜川市志》

铜川市地方志编纂委员会编,陕西师范大学出版社1997年

是月(1968年8月)—1969年年底,全市66届、67届、68届高、初中毕业生4 200人相继上山下乡,"接受贫下中农再教育"。万余名城镇居民下放农村,插队落户。

(《大事记》,第21页)

(1969年)2月,北京崇文区2 212名知识青年到宜君县插队落户。

(《大事记》,第21页)

# 《宝鸡市志》

宝鸡市地方志编纂委员会编,三秦出版社1998年

(1979年)1月,市纪律检查委员会由一名副书记负责,组成6人调查组,对千阳县委违反户口管理和知青政策的问题进行调查后,向市委写出书面调查报告和处理意见。

市委常委会议研究决定,对千阳县违反知青政策一案做出3条决定,责成千阳县委根据三条决定做好思想工作,限期清退违纪款项。

(第二十一编第一章《中国共产党》,第1399页)

(1965年11月)8—11日,宝鸡专区召开知识青年上山下乡积极分子代表会议。

(《大事记》,第2363页)

(1966年11月)15日,宝鸡专区召开上山下乡知识青年学习毛主席著作积极分子代表会议。
(《大事记》,第2364页)

(1968年11月)全区上山下乡知识青年已有5.87万人。 (《大事记》,第2365页)

至(1981年)年底,全市8万多名下乡知识青年全部得到安置。(《大事记》,第2373页)

1968年10月9日,宝鸡地区贯彻执行毛泽东主席关于干部下放劳动和知识青年上山下乡的指示,到年底全区共有5 569名干部被下放劳动,其中在生产队插队的1 513人,在"五·七"干校劳动的2 792人,去车间、基层、商店劳动锻炼的1 264人。地、市共有58 772名知识青年上山下乡、插队落户,接受贫下中农的再教育。　　　　　(《附录》,第2409页)

# 《宝鸡市渭滨区志》

宝鸡市渭滨区地方志编纂委员会编,陕西人民出版社1996年

(1968年)冬,城市知识青年、居民上山下乡开始。至1970年,全区共下放居民1 021户,2 279人,1983年后陆续返城。至1978年,全区共下放知青8 300人,至1980年,陆续招工返城。　　　　　　　　　　　　　　(《大事记》,第19页)

1973年8月7—9日,召开渭滨区首次贫下中农代表大会,出席代表142名,特邀代表15名。代表中,有老贫农、老劳模、好支书、好队长、回乡知识青年等。

(第十一篇第四章《群众团体》,第304页)

1968年,实行知识青年上山下乡制度,中学毕业生下放农村,既接受劳动锻炼,又缓解城市就业难的暂时矛盾。

……

1980年8月,全国劳动就业会议提出,实行"劳动部门介绍就业,自愿组织起来就业和自谋职业相结合"的就业方针,为返城知青和城市待业青年拓宽就业门路。

(第十四篇第二章《劳动》,第348页)

## 第一节　知识青年下乡

1968年冬,动员1966—1968年三届初、高中毕业生上山下乡劳动。时中学由市管理,下乡人数无考。按当时政策规定,城市高、初中毕业学生,年龄在17周岁以上,除直接升学、参军和残疾不能参加劳动、独生子女、或多子女可身边留一个外,其余均动员上山下乡。1973年,全区动员307名知识青年去市郊石坝河、益门、高家村3个公社的50个生产队插队落户。1973—1978年,累计动员12 250名知识青年下乡落户,其中,8 300名分别到凤县、千阳、眉县、宝鸡县和市郊区插队,也有少数知青返回原籍参加劳动。获准免下的3 950人。1978年,按照规定,不再动员知青上山下乡落户。

知识青年参加农业劳动期间,其建房、生产、生活用具、学习材料等费用,由国家向落户队支付。知青参加所在生产队收益分配。至 1980 年,本区下乡知青分期分批全部返城就业。 (第十四篇第三章《劳动安置》,第 351 页)

# 《宝鸡市金台区志》

宝鸡市金台区地方志编纂委员会编,陕西人民出版社 1993 年

(1963 年 5 月—1965 年 12 月)动员 169 名城市无业知识青年和居民(其中知识青年占绝大多数)去农村安家落户。 (第九编第三十九章《行政机关》,第 390 页)

1977 年,动员 1 700 多名初、高中毕业生(即知识青年)到外县及市郊农村插队落户,"接受贫下中农再教育"。 (第九编第三十九章《行政机关》,第 390 页)

1980 年,从初、高中毕业生、上山下乡知识青年、城镇待业青年和"社来社去"大学毕业生中招收录用干部 105 人。 (第十一编第四十六章《人事 劳动》,第 451 页)

从 1975 年起,大量招用在农村满 2 年的城镇下乡知识青年。
(第十一编第四十六章《人事 劳动》,第 455 页)

50 年代,待业人员就业通过招工解决。60 年代初期,按照"面向农村、面向工矿、面向基层、面向边疆"的号召,不少知识青年(简称知青,下同)和待业人员,奔赴工农业生产第一线。1968 年后,组织动员初高中毕业生及城镇待业青年成批上山下乡,到农村插队落户,"接受贫下中农再教育"。1973 年 5 月 12 日,区革命委员会在宝鸡市东方红广场(今河滨公园)召开欢送知青上山下乡大会,声势浩大。至 1978 年,全区先后动员 2 458 名知识青年到太白、眉县、凤县、岐山、武功、宝鸡等县及市郊共 87 个农村人民公社插队落户。下拨安置经费 19.99 万元,其中 2.07 万元用于建房,0.54 万元用于生活补助,8.7 万元用于宣传动员。1979 年,城市知识青年不再上山下乡。已经下乡的陆续通过招工等渠道返回城市。
(第十一编第四十六章《人事 劳动》,第 455 页)

60 年代初,自然灾害肆虐,农民首当其害,衣食拮据自顾不暇,体育活动停滞。1964 年,农民生活好转,返乡知识青年增多,方得复苏发展。

(第十七编第七十一章《体育》,第 617 页)

# 《宝鸡县志》

宝鸡县志编纂委员会编,陕西人民出版社 1996 年

从本年(1964 年)起,全县动员城镇知识青年上山下乡,到农村生产队安家落户。到 1979 年共动员上山下乡知识青年 5 579 名,接收和安置西安、宝鸡等外地知识青年 15 071 名。1985 年底,除 19 名继续留在农村外,其余均回城安排工作就业。(《大事记》,第 25 页)

(1968 年)冬,宝鸡县知识青年上山下乡安置办公室(简称"安办"或"知青办")成立。

(《大事记》,第 27 页)

1964 年,动员城镇知识青年上山下乡,在有条件的生产队"安家落户",全县首批 170 多名知识青年分别安置在县功公社安常沟、宋家山和马营公社旭光 3 个生产大队。

1970 年,根据宝鸡地区分配招工指标,全县招收新工 1 970 名。其中从下乡上山知识青年中招收 1 637 名。 (第十五编第二章《劳动管理》,第 527 页)

1979 年,历时 15 年的城镇知识青年上山下乡工作结束,全县共动员下乡知青 5 579 名,接收安置外地知青 10 571 名,至 1980 年除 19 名自愿留居农村外,其余均通过招工、招干、招生、参军等得到就业。 (第十五编第二章《劳动管理》,第 527—528 页)

# 《凤翔县志》

陕西省凤翔县志编纂委员会编,陕西人民出版社 1991 年

(1968 年)12 月,城镇知识青年"上山下乡",到农村接受贫下中农"再教育"。至 1979 年先后有 7 606 名初、高中男女毕业生在全县 18 个公社、162 个大队、615 个生产队插队落户,其中来自西安、宝鸡等地的 6 718 名,凤翔县城镇的 888 名。 (第一卷《大事记》,第 38 页)

六十年代初,中共中央和毛泽东向全国城镇知识青年发出"面向工矿、面向农村、面向基层、面向边疆"的号召,本县第一批 40 名知识青年,于 1961 年到县农场周家河分场落户。此后,1964、1965、1966 年三年连续有 22 名知识青年到农村插队落户。至 1968 年 10 月,全县共有 92 名知识青年上山下乡插队落户。同年 12 月,毛泽东关于"知识青年到农村去,接受贫下中农的再教育,很有必要。要说服城里干部和其他人,把自己初中、高中、大学毕业的子女,送到乡下去,来一个动员。各地农村的同志应当欢迎他们去"的指示发表后,西安等城市大批知识青年来县插队落户。至 1979 年,全县共有上山下乡知识青年 7 605 人(其中:西

安市6 672人、宝鸡市24人、外地转来21人、本县888人),分别分配到18个公社、162个大队、575个生产队。县成立知识青年上山下乡办公室(简称知青办),各公社有专职干部负责管理上山下乡知识青年工作。

1971年开始采取招工等办法安置插队两年以上的知识青年。至1982年共安置7 454名,其中:招收为国家固定职工的6 855人,招收为国家正式干部的19人,录取为大学、中专学生的54人,参军的315人,返城的211人。 (第五卷第六章《劳动人事》,第232页)

# 《千阳县志》

千阳县县志编纂委员会编,陕西人民教育出版社1991年

### 【"知青"下乡与就业】

1964年9月,县成立安置城市下乡知识青年领导小组,年底,接收宝鸡市知识青年170人,居民39人,分别安置在沙家坳和草碧两个公社的农村插队落户。"文革"初,大学停止招生,工厂停止招工,城市初、高中毕业生无事可做,给社会以极大压力。1968年,毛泽东主席指示"知识青年到农村去,接受贫下中农的再教育,很有必要"。"知识青年下乡上山"掀起高潮。是年10月,西安市1 919名知青来县插队劳动。11月,县动员17名城镇户口中学毕业生插队,后累计1 427人。另有外省、市来县投亲靠友插队落户75人。全县累计3 466人。政府对每个下乡知识青年拨建房费185元,生活补助费200元,工具费60元,学习费10元,医疗费10元,宣传费20元,探亲费10元,其它费15元,共计510元。生活费补助8个月,由生产队统一管理,8(个)月后生活自理。此外,初到口粮由国家每人每月供成品粮44斤,补助布票25尺,棉花4斤。全县国家拨知青经费127.866 6万元,建房2 652间,购工具12 215件。

安置在县内的城市知识青年,1969年后,招生29人,招工3 244人,参军88人,至1979年底,除在千阳安家工作者外,留者已无。 (二十《劳动、人事·劳动》,第258页)

### 【知识青年下乡上山】

1968年10月,县接收西安市下乡上山初、高中毕业生1 919名插队劳动,"接受贫下中农再教育"。11月,县城居民的初、高中毕业生也被安置农村插队劳动,累计1 427人。这一所谓"新生事物",不但给广大青年成长造成极大困难,带来许多社会问题,而且全县耗资高达127万余元。 (二十二《"文革"动乱·"文革"动乱》,第284页)

同月(1968年9月),西安市1 919名知识青年被下放到县插队劳动。

(《大事记》,第398页)

# 《陇县志》

陇县地方志编纂委员会编,陕西人民出版社1993年

同月(1968年11月),西安3200名知识青年来本县15个公社插队劳动。本县200多名知识青年下到崚底下公社插队劳动,接受贫下中农再教育。 (《大事记》,第36页)

(1975年)10月17日,西安市来本县下乡知识青年1753名,安置到14个公社插队劳动。 (《大事记》,第39页)

1964至1978年,西安市知识青年7243名迁入本县插队劳动;西安、宝鸡干部250名迁入本县农村劳动锻炼。1973年后,知识青年被招工,下放干部相继返回,迁出7498人。

(第五卷第三章《人口变化》,第198页)

天成乡缝纫厂 1976年创办于上寨子生产大队。当时,西安3507厂知青150人在天成公社插队劳动,3507厂支援进口工业用缝纫机30台,派技工2名,与公社联合建成缝纫厂,为3507厂加工军用衬衣和少量民用服装,到1980年共收入20.2万元,盈利1.8万元,实现税金1.1万元。1980年后,知青全部返回西安,厂里生产逐步转为加工民用服装,以自销为主,产品销往甘肃、宁夏、青海等省区。 (第十一卷第二章《工业企业》,第401页)

(1980年)5月,知青办由县委领导改属县革委会领导。……
1981年1月,……撤销知青办。 (第十七卷第三章《人民政府》,第586页)

1974年3月,成立知识青年上山下乡工作办公室(简称知青办)。

(第十八卷第二章《中国共产党陇县委员会》,第606页)

## 知识青年安置

1964年,县上成立安置城市下乡知识青年领导小组,下设办公室。当年,首批接收西安市上山下乡参加农业生产劳动的知识青年365人,本县知识青年86人,安置在河北、李家河、唐家庄、杜阳、固关等公社。1965年又安置14名。"文革"期间,在毛泽东主席"知识青年到农村去,接受贫下中农再教育"的号召下,1968至1979年的13年间,共安置西安市和本县下乡知识青年8109人,分布在15个公社的118个大队,358个生产队。这期间,由国家投资,社队负责,给知识青年修建了住房,购置了所需生产生活用具,并按月发给一定的生活补助费。知识青年在劳动锻炼和接受贫下中农再教育中,先后涌现出先进分子1050人,

有 251 人被选拔为县、社、队干部或职工。1970 年,96 名被招工,支援襄渝铁路建设。1979 年,又从知识青年中招收工人干部 1 036 名。至 1983 年,下乡的知识青年全部被招工、招干。在接收安置知青的这 13 年里,国家共开支安置费 450.5 万元。

(第二十卷第一章《民政》,第 670—671 页)

1964 年 8 月,成立安置城市下乡知识青年领导小组,下设办公室,负责知青安置。1966 年 11 月,安置办公室与民政局合署办公。　　(第二十卷第二章《劳动人事》,第 672 页)

# 《麟游县志》

麟游县地方志编纂委员会编,陕西人民出版社 1993 年

1968 年国家大、中城市的知识青年和部分居民分批上山下乡。麟游县 1969 年成立了安置办公室,至 1970 年共安置知识青年 330 人,分别安置在镇头、常丰、桑树原、庙湾、招贤、良舍、天堂等 7 个公社 24 个大队 52 个生产队,设点集体食宿。……

至 1977 年给知青和居民建房 583 间,挖窑 23 孔,共支出安置款 180 000 元,支出生活困难补助费 27 630 元,1978 年以后,知青陆续招工、服兵役、升学;干部陆续调回原单位;居民陆续返回城市。

(第十四编第一章《民政》,第 371 页)

(1970 年)6 月,从贫下中农、回乡知识青年中招聘临时代理工 40 人。县“革委会”计统局招收固定工 42 人,为农械厂、印刷厂招收临时工 24 人,为商业系统招临时代理工 54 人。根据宝鸡市下达的招工任务,宝成仪表厂招工 39 人,西安铁路局招工 80 人,县属单位招收 25 人,其中:复退军人、贫下中农 55 人,上山下乡知识青年 80 人,家居城镇的六九、七〇届初中毕业生 9 人。1971 年县“革委会”计统局招收全民固定工 29 人,北马坊煤矿招收亦工亦农轮换工 50 人。按市分配指标在上山下乡知识青年中为陕西汽车制造厂和关中工具厂招收全民固定工 40 人,为国家建委工程局,西安电影制片厂,西北冶金勘探公司共招收固定工 9 人。……1975 年,录取全民固定工 24 人,另外为陕西省第九冶金公司,宝鸡钢管厂从上山下乡知识青年中招收全民固定工 18 人。

(第十四编第二章《劳动》,第 373 页)

# 《岐山县志》

岐山县志编纂委员会编,陕西人民出版社 1992 年

(1968 年)11 月,大规模接收安置城镇上山下乡知识青年,“接受贫下中农的再教育”。

(《大事记》,第 24 页)

岐山县城镇知识青年上山下乡始于 1965 年。1968 年响应毛泽东主席"知识青年到农村去,接受贫下中农的再教育"的号召,至 1980 年,先后共接收安置西安、宝鸡、本县城镇及外省转入的知识青年 12 199 名,他们来自 40 多个单位。其中,1965 年首批 70 人,1968—1975 年共 9 273 人,1976 年 1 516 人,1977 年 1 149 人,1978 年 17 人,1979 年 161 人,1980 年最后一批 13 人。

开始时将他们安置于地多人少,经济条件比较差的沿山地区。嗣后,下乡人数增多,遍及全县 19 个公社 163 个大队(占大队总数 94%),725 个生产队(占生产队总数 55%)。安置形式,开始主要是插队劳动,少数人是回老家。1974 年逐步改分散插队为相对集中,蔡家坡、马江、五丈原公社办起 3 个知青农场和 1 个知青队,其余逐步组织成"三集中、一分散"(集中住宿、吃饭、学习,分散劳动)的知青点。据 1978 年 1 月统计,当时在农村的知识青年共 5 035 人(男 2 553 人,女 2 482 人)。插队劳动的 4 875 人,参加集体农场的 127 人,回老家的 33 人。

1965—1981 年,全县由国家财政部门拨付安置经费 402 万元,人均 329.50 元,并由国农发给大量木材,累计建房 5 584 间。

1970 年下半年开始,逐年安排就业,先是每年定期招工,后改为不定期的招工,或参军、升学。至 1981 年 12 月,除 6 人(5 女 1 男)与当地农民结婚,在农村安家落户外,其余全部返城。

(卷十八第五章《知识青年安置》,第 463—464 页)

# 《扶风县志》

扶风县地方志编纂委员会编,陕西人民出版社 1993 年

1970 年,从下乡 2 年以上表现好的城镇知识青年、复员退伍军人和农村青年中招工。1972 年,始从应届初、高中毕业学生中招工。1975 年,从批准留城的知识青年、下乡 2 年以上的知识青年、下乡的城镇独生子女、因工死亡职工的符合招工条件的子女中招工。1976 年从农村地少人多或公用基建占地过多的社队青年中招工。1977 年,招收批准留城的独生子女及"师范、卫校、水校"七五、七六届毕业的回乡学生。1978 年后,主要招收下乡的城镇知识青年和城镇户口初、高中应届毕业学生及符合职工退休(职)后顶替(亦称接班)条件的子女。

(《政治军事》第二十九编第四章《行政机关》,第 736 页)

建国初至 1990 年底,全县从农村先进青年中招收干部 1 700 余名,从城镇下乡知识青年和城镇待业青年中吸收 120 余名,工人转为干部者 272 名,从城镇和农村知识青年中招收合同制干部 347 名,安置大、中专毕业生 1 800 余名,转业、复员军人 870 余名,总计5 100 余名。

(《政治军事》第二十九编第四章《行政机关》,第 746 页)

（1968年）10月23日，全县首批城镇知识青年40名到农村安家落户，接受贫下中农再教育。

（《纪事》第三十八编《大事记》，第1046页）

# 《武功县志》

武功县地方志编纂委员会编，陕西人民出版社2001年

　　上山下乡知识青年安置　　1968年本县有9名城镇知识青年到农村生产队安家落户。1977年全县有上山下乡知识青年2 889人，其中县内城镇926人，西安市1 304人，宝鸡市659人。1970年成立武功县知识青年安置办公室，管理他们的生产、生活和学习。1978年动员知识青年上山下乡工作停止。1976年开始解决县内下乡知识青年回城就业问题，截至1981年底，除参军、升学者外，县内下乡知识青年全部安置就业。宝鸡、西安的下乡知识青年也全部返回安置。

（第二十编第二章《管理》，第489页）

# 《眉县志》

眉县地方志编纂委员会编，陕西人民出版社2000年

## 第一节　知识青年上山下乡与返城

　　"文化大革命"前后，全国各地城镇知识青年纷纷响应毛泽东主席的号召，掀起了上山下乡、接受贫下中农再教育的热潮。1962年，本县首批接收来自西安市的知识青年12名（男10名，女2名），分配到营头公社的董家山和万户两个大队落户。

　　1964年，西安市和本县732名知识青年在县内插队落户。省、专、县共给下乡知识青年拨款数万元，建房400间（大房349间、厦房51间）。购置大型农、灶、家具1 404件。其中，床板353张、桌柜155个、凳子137条。但管理混乱，部分安置经费被挪用。此后，每年均有大批知识青年来到本县，先后分往全县各公社。1962至1982年，本县共接收来自各地的上山下乡知识青年10 165人。

　　随着上山下乡知识青年的日益增多，1968年下半年，县革委会设立安置办公室，杨志春任主任，编制干部5人。主管全县安置上山下乡知识青年、下乡居民、下放干部和管理他们下乡期间的政治学习、宣传教育和日常生活。1974年4月5日，撤销安置办公室，成立县委知识青年上山下乡领导小组及其办公室，县委副书记、革委会副主任吴瑞谦、李俊义分别任正、副组长，办公室负责人为蔡谦。1979年底，全县共有2 299名下乡知青（男1 057名，女1 242名）。是年，因招工、招生、征兵、回城等，调离农村的知青共1 536人。在知识青年接收工作中，本着边接收边安置就业的方针，即从接受贫下中农再教育较好的知识青年中进行推

荐,然后安置就业。至 1982 年 10 月,全县接收、安置知识青年工作全部结束。当年返城回宝鸡市的 253 人,在本县就地安置的 42 人,在押判刑、强制劳动、拘留受审的 15 人,失踪 2 人,死亡 21 人,坚决要求在农村落户的有 15 名。其余 9 776 人分别逐年被推荐、选拔上大学、招工、招干、征兵,先后参加了工作。

本县接收、安置知识青年工作,从 1962 年到 1982 年,历时 21 年。其间国家先后拨各种管理经费 468 万元。其中包括县知识青年农场(驻第五村公社余管营大队)生产资金 88.7 万元。历年为知青建房累计 6 646 间,其中有楼房十栋,建筑面积 69 000 平方米。还为知识青年购置了车辆、农机具、农用设备,其中汽车 5 辆(东风 2 辆、解放 1 辆、130 工具车 2 辆),55 型拖拉机 1 台,75 型拖拉机 1 台,手扶拖拉机 10 台,各种电动机、水泵、铡草机、打糠机等98 台,各种灶具、农具 575 000 件,砖瓦机和车床等机械设备 38 台,电视机 8 台。

### 眉县 1962—1977 年知识青年上山下乡情况统计表

单位:人

| 年度 | 接待人数 | | | 知识青年插队落户分配情况 | | 备　注 |
|---|---|---|---|---|---|---|
| | 男 | 女 | 合计 | 分配去向 | 分往生产队人数 | |
| 1962 | 10 | 2 | 12 | 营头公社 | 12 | |
| 1964 | 312 | 452 | 764 | 全县 12 个公社 | 764 | |
| 1965 | 326 | 279 | 605 | 青化、横渠、汤峪、小法仪、金渠、第五村 6 个公社 | 605 | |
| 1968 | 1 221 | 1 099 | 2 320 | 12 个公社和县知青农场 | 286 | 给知青农场安置费 282 000 元 |
| 1969 | 1 239 | 1 290 | 2 529 | 全县 12 个公社 | 2 529 | 先拨款 559 697.5 元 |
| 1972 | 313 | 448 | 761 | 全县 12 个公社 | 757 | |
| 1973 | 263 | 202 | 465 | 除汤峪、常兴、眉站外的 9 个公社 | 95 | |
| 1974 | 1 248 | 1 078 | 2 326 | 除常兴以外的 11 个公社 | 2 325 | |
| 1975 | 899 | 791 | 1 690 | 全县 12 个公社 | 1 690 | |
| 1976 | 747 | 549 | 1 296 | 全县 12 个公社 | 1 296 | |
| 1977 | 562 | 443 | 1 005 | 全县 12 个公社 | 1 005 | |
| 合计 | 7 140 | 6 633 | 13 773 | | 11 364 | 841 697.5 元 |

(第二十一编第六章《安置》,第 563—564 页)

(1978 年)8 月,对 1968—1972 年,下乡居民随带的初、高中 16 岁以上子女 260 名,经批准后按知识青年对待。11 月 25 日,省电话通知下乡居民随带初、高中 16 岁以上子女,在招工中亦与知识青年同样对待;对不是初、高中学生,已年满 16 岁以上在农村劳动满两年的,本人有要求招工,也可准予参加。　　　　(第二十一编第六章《安置》,第 565 页)

1981 年 8 月,县劳动服务公司经详查摸底,登记建卡,准确掌握了全县待业人员基本情况,为开展劳动就业工作创造了良好条件。待业青年登记建档的范围为:凡城镇商品粮户口,具有就业能力,未曾升学的初、高中毕业生;按政策返回城镇的知识青年;过去没有登记的待业青年。其年龄为男 16—35 周岁,女 16—30 周岁。(第二十一编第七章《劳动管理》,第 567 页)

"文化大革命"开始,错处一批教师,又从回乡知青和社教积极分子中选拔了 40 名公办教师。"文化大革命"中,……民办教师增多,加重农民负担。其间将原下放的公办教师恢复公职,又按上级通知精神从民教和知青中招收公办教师 110 名(主要招收初中教师)。后又招收教龄长的 125 名民办教师为公办教师,通过考试录取民教及知识青年 55 名为公办教师。

(第二十四编第七章《教师》,第 664 页)

# 《太白县志》

太白县地方志编纂委员会编,三秦出版社 1995 年

同月(1968 年 7 月),在全县农村安置首批上山下乡知识青年 1 672 名,其中宝鸡市知青 1 492 名,本县知青 180 名。                (《大事记》,第 25 页)

11 月,在全县农村安置第二批上山下乡知识青年 1 599 名,其中宝鸡市知青 1 511 名、本县知青 88 名。                (《大事记》,第 25 页)

是年(1973 年)起,对上山下乡知识青年开始安置工作,下放干部陆续返回工作岗位。

(《大事记》,第 27 页)

1968 年 8 月,全县首次于农村安置宝鸡市上山下乡知识青年 1 672 人,本县城镇户口知识青年 180 人。11 月,在全县 8 个公社 52 个生产大队 159 个生产小队第二次安置宝鸡市及本县上山下乡知识青年 1 597 名。至 1974 年全县四次共接收安置宝鸡市和本县城镇知识青年 3 674 人(其中本县 507 人)。1973 年后,上山下乡知识青年有些被招工、招干,后陆续予以安排工作。                (卷一九第三章《动乱升级》,第 426 页)

# 《凤县志》

凤县志编纂委员会编,陕西人民出版社 1994 年

是年(1968 年),西安 2 000 多名初、高中学生分别到 10 个公社插队落户。

(《大事记》,第 27 页)

(1975年)7月24日,县委召开上山下乡知识青年积极分子代表大会。

(《大事记》,第 28 页)

　　1965年后,中央部、省、市属厂矿单位陆续迁入本县,劳动工作以安置接收留城免下知识青年和上山下乡知识青年为重点,县办工矿企业每年亦有招工指标。……

　　1980年成立县劳动服务公司,负责对城镇待业人员进行组织、管理、培训、调节和信息储备。从知识青年开始上山下乡时起,先后接收、安置九批上山下乡知识青年 7 033 人。其中:西安市 2 496 人,宝鸡市 2 255 人,县内 2 135 人,居民下放改办知青 126 人,落实政策承认知青 21 人。至 1981 年底全部得到妥善安置,其中参军 81 人,升学 87 人,招干招工 6 845 人,中途死亡 15 人,农村落户 5 人(后转入待业安置)。

(《民政、劳动人事》第二章《劳动人事》,第 408 页)

　　1966年"文化大革命"开始,暑期举办"中小学教师集训会"73 天,许多教师遭批、斗,教学工作混乱。高中停止招生,教师下放社队任教,加之大专院校不分配毕业生,中学师资严重不足,从下乡插队知识青年和回乡知识青年中吸收补充部分教师。

(《教育》第七章《教师》,第 442 页)

### 知识青年上山下乡

　　1968年,毛泽东主席发出"知识青年到农村去,接受贫下中农的再教育,很有必要"的号召。从是年冬开始,先后有 9 批 7 033 名知识青年在凤县上山下乡。其中西安 2 496 人、宝鸡2 255 人,本县 2 282 人(含居民下放后承认为知青及落实政策后承认为知青者 147 人)。为做好下乡知青的教育、管理和生活安排工作,全县共派出带队干部 174 人,耗费资金 236 万元。至 1981 年底,全县知青中,除因各种原因死亡 15 人,并有 5 人与当地农民结婚而定居农村外,其余均安排了工作。

(《"四清"运动和文化大革命记略》第二章《文化大革命》,第 609 页)

# 《榆林地区志》

榆林地区地方志指导小组编,西北大学出版社 1994 年

　　(1968年)秋,全区 1966、1967、1968 届中学生一齐毕业,上山下乡,接受贫下中农再教育。 (卷一《大事记·中华人民共和国成立后》,第 38 页)

　　(1969年)10月,以天津插队知青贾凯毅等组成的本区观礼团赴京参加国庆典礼。

(卷一《大事记·中华人民共和国成立后》,第 38 页)

(1974年)4月,以插队知青和农村姑娘组成的"长城姑娘治沙连"在榆林县补浪河公社成立。 （卷一《大事记·中华人民共和国成立后》,第40页）

(1976年)7月1日,子洲县回乡青年高尔钦写出《高调能不能唱完》的大字报,批评"农业学大寨"中的"唱高调"现象。大字报遭到追查后本人不服气,1977年1月,在西安钟楼前自焚,经抢救脱险致残。 （卷一《大事记·中华人民共和国成立后》,第41页）

"文化大革命"中,未能升学的城镇中学毕业生绝大部分下放农村劳动,1969—1980年全区下放城镇人口、知识青年到农村劳动共22 853人,开支费用970万元。当时厂矿事企业单位一般由各级政府的计委从农村招收插队学生,1969—1981年全区从农村招工共21 000人。下放到农村劳动的城镇知识青年到1981年陆续被招工、升学、参军。
（卷七第五章《人事劳动》,第459—460页）

"四下一遣"到农村。榆林地革委在境内来了个"四下":……四是知识青年上山下乡。1968年10—12月,地革委动员66、67、68届年满16岁的高、初中毕业生到农村安家落户。
（卷七第六章《中国共产党》,第492页）

1966年"文化大革命"开始后,全区城镇户口的"老三届"初高中毕业生于1968年3月"上山下乡",到农村插队落户。 （卷九第一章《教育》,第559页）

# 《榆林市志》

榆林市志编纂委员会编,三秦出版社1996年

(1968年)10月,全县1966、1967、1968届高、初中学生一齐毕业,上山下乡接受贫下中农再教育。

11月30日,榆林城各界群众敲锣打鼓上街欢送本县首批280名城市户口高初中"老三届"毕业生到农村插队落户,接受贫下中农"再教育"。 （卷一《大事记》,第34页）

(1974年)4月,以插队知识青年和农村姑娘组成的"长城姑娘治沙连"在补浪河公社成立。 （卷一《大事记》,第36页）

1968—1969年,本县城镇知识青年到外县上山下乡达600多人。
（卷四第四章《人口变动》,第147页）

城镇人口下乡安置费　60年代,在本县社会主义教育运动中后期,动员一部分城镇人口下乡落户,1968年后又动员城镇高、初中毕业生下乡插队落户,至1982年,共支出安置费411.1万元,其中知青经费297万元。　　　　　　　　　　（卷十三第一章《财政》,第391页）

　　1973年6月,党政分开办公,县委重设组织部,宣传部等。1974年,中共榆林地委组织部和榆林县委组织部推广芹河公社在"大打大闹专业队"（由插队、回乡知识青年和复员军人组成）中成批突击吸收入党和提干的经验,降低党员标准,搞突击入党,当年全县突击发展党员831名。1975年发展699名,1977年发展572名。一时,个别党组织负责人乘机送人情拉关系,将自己的亲友吸收入党,一名双山公社党委书记将自己插队不到10天的儿子吸收入党。1976年全县有党员9711名。　　　　　（卷十五第二章《中国共产党》,第459页）

　　到70年代,由于大批城镇知识青年上山下乡参加生产劳动,和安置城镇待业人员进厂矿企业工作等,城镇无职业、无固定收入的贫困户逐年减少。

　　　　　　　　　　　　　　　　　　　　　　（卷十七第四章《民政》,第542页）

　　70年代,略阳钢厂、韩城煤矿、商洛无线电厂、陕西国棉纺织厂等外地厂矿和本地各厂矿、事企业单位及集体企业在本县大量招收工人、职员,年均在本县招收职工200—350名,所招收全民所有制职工多是插队知识青年或城镇复转军人,集体所有制单位招收的工人多是免插队在城镇待业青年。1979年,本县招收正式工人1770人,其中插队知识青年1592人。　　　　　　　　　　　　　　　　（卷十七第五章《劳动人事》,第552页）

**知识青年插队**　1965年,本县动员74名城镇失业知识青年到县境桐条沟等地参加水土保持工作,成立县水保队进行集体生产,人均国家补给18元,土地、肥料、工具、种子由国家供给。

　　1968年11月起,根据毛泽东主席关于"知识青年到农村去"的号召,本县大规模动员城镇在校学生及社会知识青年上山下乡插队落户,参加农业生产。至1969年,安置城镇知青插队1054人,其中466人安置到定边县农村,39人安置到靖边县农村,其余大多数安置本县农村。此后,县内城镇插队知青绝大多数安置本县农村。1971年设立县知识青年上山下乡办公室,各公社、生产队相继成立知青再教育领导小组,安排插队知青生活、生产、学习。1975年起县"知青办"对独子、有疾病者办理免下证件。1979年中央关于城镇知识青年不再安排上山下乡的通知下达后,本县部分党政干部得知插队知青将全部安排工作的信息后,即将自己未插队子女补办了插队手续,共109名,故本县直至1980年9月才停止插队。1968—1980年全县安置插队知青共7597人,国家累计拨安置款共286.8万元。

**1968—1980 年榆林县城镇知青插队统计表**

| 年代 | 1968—1972 | 1973 | 1974 | 1975 | 1976 | 1977 | 1978 | 1979 | 1980 |
|------|-----------|------|------|------|------|------|------|------|------|
| 人数 | 2 453 | 558 | 962 | 950 | 812 | 672 | 488 | 593 | 109 |

从 1970 年起,通过外地和本地厂矿企事业单位招工、大中专院校招生、应征参军、招干等途径,陆续安置插队知青到各部门工作。当时,一面动员城镇知青下乡插队,一面安置插队知青参加工作,至 1980 年在农村插队知青尚有 972 人。1981 年下半年,采取招工、参军、接替父母退职、退休等措施,至年底本县插队知青全安置完毕,并对一些病残插队知青作了妥善安置。

(卷十七第五章《劳动人事》,第 552—553 页)

# 《神木县志》

《神木县志》编纂委员会编,经济日报出版社 1990 年

(1968 年)12 月 22 日,在县城大礼堂召开大会,欢送本县首批知识青年上山下乡。

(《大事记》,第 15 页)

1966 年 6 月"文化大革命"爆发,各级政府机构逐渐陷于瘫痪。1968 年 9 月 10 日成立神木县"革命委员会",设主任委员 1 名、副主任委员 4 名、常务委员会委员 9 名。下设 4 个大组、23 个小组。……政工组,下设组织组、宣传组、文教组、群工组、知识青年上山下乡安置办公室(简称知青办);……各组设组长、副组长和干事若干人。 (政权志第二章《行政设置》,第 353 页)

**知识青年安置**

1959 年以后,普通初、高中毕业生逐年增多,国家不再承担统一分配。60 年代开始,城乡知识青年的安置,逐渐成为劳动就业中最严重的社会问题。1968 年,本县设立知识青年安置办公室,1980 年改设劳动服务公司,专门负责知识青年的就业安排。截至 1986 年底,全县还有 600 名城镇初、高中毕业的待业青年尚未安置。安置的形式有:

(一)返乡劳动

对于农村户口的知识青年,从 1960 年起实行返乡参加农业生产的办法予以安置。这部分约占全县初、高中毕业生总数 80% 以上。经过长期的实践锻炼,他们中的绝大多数已成为具有社会主义觉悟的、有文化的新式农民,对改变农村文化、教育、生产管理及耕作技术等方面落后状况,起了较大作用。目前全县农村中专业户、重点户和科技户,几乎全是返乡知识青年。其中有的还成为农民企业家,受到省、地、县各级政府的表彰和奖励。

(二)插队落户

1968 年冬,本县城镇初、高中毕业学生,绝大部分在"知识青年到农村去,接受贫下中农

再教育,很有必要"(毛泽东语)的感召下,开始分批到农村进行劳动锻炼(时称"上山下乡")。据原县知识青年安置办公室有关资料,第一批上山下乡的知识青年在农村安家落户,自立门户或与孤寡贫下中农合住。1970年以后改设知青点(组)集体食宿,共同劳动。下乡第一年,每人发给插队补助费180元。之后由国家拨款、社、队支援劳力和部分建材,为知识青年整修或新建住房,生产队派专人帮助他们料理生活和生产。至1978年止,全县共动员2 039名城镇知青到18个公社178个点(组)进行锻炼,并给289名有特殊困难者发了免下证书。

1978年10月,国务院规定县以下城镇知识青年不再列入上山下乡范围后,本县立即为原下乡插队知青进行统筹安置。通过参军、招生及全民企业、集体单位招工、转干等渠道,到1980年底,全部插队知青安置完毕,免下知青也于1981年底全部就业。其间,共支出安置经费62.8万元。

**神木县1968—1978年知青安置去向统计表**　　　　　单位:人

| 全民招工 | 集体招工 | 升学 | 参军 | 招干 | 死亡 | 合计 |
|---|---|---|---|---|---|---|
| 1 370 | 194 | 242 | 204 | 27 | 2 | 2 039 |

**神木县(1968—1984年)知识青年安置经费使用统计表**　　　　　单位:元

| 住房修建费 | 农灶用费 | 学习费 | 医疗费 | 特殊困难补助 | 机动经费 | 扶持待业经费 | 业务费 | 生活疾病补助 | 合计 |
|---|---|---|---|---|---|---|---|---|---|
| 168 952 | 69 543 | 13 477 | 11 169 | 12 478 | 4 758 | 96 243 | 20 228 | 231 025 | 627 890 |

城镇知识青年下乡的政策,对结束"文化大革命"中学生造反,稳定当时混乱局面,无疑起到一定作用。但是,由于当时极左路线的干扰,缺乏正确、细致的思想引导,加之农村生产条件艰苦等故,大部分知青的满腔热情很快冷却下来,由"扎根农村"变为"下乡镀金"乃至"誓不出城"。这不仅对当时城乡知识青年造成消极影响,而且为国家背上"统包统分"的包袱,给以后知青就业安排及大专院校毕业分配留下后遗症。

(三)"三结合"

1979年以后,本县每年约有350名城镇初、高中毕业生进入社会待业。对此,县政府遵照中共中央(1980)64号文件关于"在国家统一规划和指导下,实行劳动部门介绍就业,自愿组织起来就业和自谋职业相结合"的方针,由县劳动服务公司及其下属机构劳动管理站组织提倡,各单位积极配合,发挥优势,广开门路,采取多渠道就业安置。……

(社会志第二章《劳动》,第500—502页)

# 《府谷县志》

府谷县志编纂委员会编,陕西人民出版社1994年

(1968年)12月,以毛泽东主席最新指示"知识青年到农村去……"为动力,逐步掀起城

镇居民下放农村高潮。 (《大事记》,第 27 页)

(1971 年)8 月,本县初中毕业生除被推荐升高中外,其余全部开始下放农村插队劳动。
(《大事记》,第 28 页)

(1972 年 4 月)2 日,高等学校自"文化大革命"以来,首次在本县招生 27 名;对象:工、农、兵及革命干部、回乡知识青年;办法:自愿报名,群众推荐,领导批准,学校复查。
(《大事记》,第 28 页)

70 年代,各厂矿招工对象调整为:上山下乡知识青年;批准免下的城镇知识青年;城镇居民下农村落户同去的子女。 (政权志第二章《人民政权》,第 512 页)

1968 年 12 月毛泽东主席发出"知识青年到农村去,接受贫下中农的再教育很有必要"的指示后,本县城镇知识青年积极响应毛主席号召,踊跃"上山下乡",始形成高潮。同年,府谷县成立知识青年安置领导小组,下设办公室,具体办理知识青年上山下乡事项。此后至1977 年,知识青年上山下乡已成为制度。本县多数公社、大队都安插过知识青年。他们对建设新农村起了很好的作用。但由于远离父母,许多人又不会务农,给农民增加了不少麻烦。1978 年 10 月,根据国务院规定,城镇知识青年不再列入上山下乡范围。以后,根据上级文件精神,本县逐年安排下乡知识青年就业。通过招生、招干、参军等渠道,到 1981 年底,所有下乡插队知识青年均安排就业。 (政权志第二章《人民政权》,第 512 页)

# 《佳县志》

佳县地方志编纂委员会编,陕西旅游出版社 2008 年

(1968 年)12 月,71 名城镇知识青年首批下乡插队劳动,接受贫下中农再教育。至 1981年止,全县共有 850 名知识青年下乡插队。最后全部得到安置。 (《大事记》,第 33 页)

1973 年恢复办公室、组织部、宣传部、县直机关党委,增设知识青年上山下乡安置办公室、政策研究室。1976 年,县委设办公室、组织部、宣传部、机关党委、党校、知识青年上山下乡安置办公室、战备办公室 7 个工作部门。……1981 年 10 月增设政法委员会办公室,撤销知识青年上山下乡安置办公室。 (第十七编第一章《中共佳县组织》,第 524 页)

1968 年 12 月,为了使知识青年更好地"接受贫下中农再教育",县上设立知识青年办公

室,首次安排 71 名城镇知识青年到方塌、上高寨、刘国具等公社插队落户。1969 年安排 198 人,1970 年安排 115 人。到 1981 年为止,全县有 850 名知识青年分别下放到 22 个公社、60 个生产大队安家落户,国家给这些知青拨生活、学习经费 429 505 元,修建窑洞 125 孔。县上把知识青年插队落户作为安排其入伍、招工、招干的条件,于是多数家长和学生都主动要求下乡插队。到 1981 年知青上山下乡终止时已有 808 人相继安置录用,剩余 42 名后来也得到了安置。

(第十七编第一章《中共佳县组织》,第 564 页)

1974 年 3 月成立城关镇劳动服务管理站,负责管理待业人员。当年招收养路工、合同工 267 人。1975 年为省级企业招工 93 名,县内招工 292 名,其中农村插队期满 2 年的知识青年 85 人。1976 年招收固定工 174 名(代外地招工 60 名),其中插队知青 76 名,农村 92 名,复退军人 6 名;友谊煤矿招临时工 175 名,亦工亦农副业工 25 名,其他副业合同工 79 名。

(第二十编第二章《人事劳动》,第 672 页)

20 世纪 70 年代,回乡学生、插队知青、退伍军人,成了农村体育活动的骨干,技术水平也有提高。

(第二十七编第三章《体育》,第 928 页)

# 《米脂县志》

米脂县志编纂委员会编,陕西人民出版社 1993 年

(1968 年)9 月,本县 80 余名知识青年(城镇高、初中毕业生)首批下乡插队劳动。

(第一卷《大事记》,第 23 页)

(1974 年)4 月 23 日,县知识青年上山下乡领导小组及其办公室成立。革委会知青上山下乡安置办公室撤销。

(第一卷《大事记》,第 25 页)

(1982 年)4 月 15 日,县知青上山下乡领导小组及其办公室撤销,该项工作结束。

(第一卷《大事记》,第 27 页)

1972 年铜川煤矿等单位在我县招工 206 名,其中:青年农民 184 人,下乡知识青年 22 人。县氮肥厂招工 70 人。

1976 年,铜川煤矿等单位招工 98 名;县农机厂、商业系统、医院等单位招收徒工、护工 87 人,共 185 人。其中农村青年 52 人,下乡落户知识青年 133 人。县文工团、工程队招收集体所有制工人 31 名。冬季,本县各单位再次招工 93 名。

1977 年,外地各厂矿 4 次来本县招工 289 人,其中农村青年 75 人,其余是插队知识青

年。本县招收全民所有制工人 88 人,集体所有制工人 44 人,全是插队知识青年或城镇复转军人。

（第十九卷第五章《劳动人事》,第 460 页）

**知识青年插队** 根据毛泽东主席关于"知识青年到农村去"的号召,1968 年秋冬本县安排 80 名中学毕业生到农村插队落户,参加农业生产。1969 年设县"三下"(下放干部、下乡居民、下乡知青)安置办公室,动员所有毕业中学生到农村去。各公社、生产队成立再教育领导小组,安排知识青年的学习、生活、生产。1974 年 4 月设县知识青年上山下乡办公室,从政治、学习、生活等方面给插队知青以关怀帮助。

城镇知识青年插队,有的回原籍,有的分散安插社队(部分安在亲戚所在村);有的集体安排在公社林场、县园艺场、苗围。当时多数生产队安排 3—4 人。

1975 年,"知青办"对独子、有疾病者或有特殊情况对象,办理免下证件。至 1978 年 12 月共插队 2 249 人,免下 332 人。

**米脂 1968—1978 年城镇知青插队统计表**

| 年　　代 | 1968—1973 | 1974 | 1975 | 1976 | 1977 | 1978 |
|---|---|---|---|---|---|---|
| 人　　数 | 771 | 212 | 210 | 195 | 241 | 174 |
| 备　　注 | 另有龙镇等地 446 名知青自动回乡,后按政策承认为插队青年。 | | | | | |

1978 年 12 月,中央对城镇知识青年插队政策进行调整,决定此后不再安排知青上山下乡,把知青插队工作转向劳动就业。1979 年起,注重管理好原插队知青,并陆续安置他们参军、招干、当工人。1981 年底全部安置完毕,并妥善安置一些病残、已婚知识青年。插队知青先后招工招干 1 699 人,参军 166 人,举荐升学 89 人,其他 26 人。

知识青年上山下乡插队劳动,先后共 14 年。他们在插队期间,在参加集体劳动锻炼的同时,参与了农村政治、文化活动。此期间,157 人加入中国共产党,657 人加入共青团;部分知青进入农村领导机构,有的知青成为熟悉某种行业的人材或教师,对农村建设和自身锻炼起过一定作用。198 人先后被评为先进代表,出席了省、地、县表彰大会。国家为知青插队,支付了大量补助款。1976—1981 年,地区财政以每人每年 475—500 元的指标下拨知识青年款,共计 86.3 万元。其中建房费 16.9 万元,农具、灶具、生活用具费 8.71 万元,宣传学习费 3.99 万元,业务费 4.8 万元,困难补助、医疗、生活费 22.6 万元,其他 19.3 万元。

（第十九卷第五章《劳动人事》,第 460—461 页）

# 《吴堡县志》

吴堡县志编纂委员会编,陕西人民出版社 1995 年

1973 年招工对象调整为 1.上山下乡青年;2.1969、1970 年城镇居民下农村落户同去的

初、高中毕业生;3.批准免下知识青年;4.井下生产职工的子女。

(政务志第三章《人事劳动》,第514页)

为了安置知识青年劳动就业,本县于1973年成立知识青年上山下乡办公室(此前由县"革命委员会"政工组办理),1968年至1980年,全县到农村插队落户、参加劳动的知识青年计586人。

1980年撤销知识青年上山下乡办公室,成立劳动服务站,编制3人;1983年更名为劳动服务公司,1986年更名为劳动服务科,属劳动人事局下设的事业单位,现有工作人员5名。主要业务是:城镇待业青年的管理、培训、就业。从1980年起至1989年,共安置待业青年1 536人。

城镇知识青年下乡务农,有3种情况:1.建立知识青年小组,共安置332人;2.建立知识青年点3个,集体安置50人;3.分散插队或回本村插队,共安置204人。

**1968—1980年城镇知识青年上山下乡情况统计表**

| 年　份 | 小计 | 本县、榆林地区在吴堡插队落户人数 | 陕西其他地区在吴堡插队落户人数 | 外省(市)来吴堡插队落户人数 |
|---|---|---|---|---|
| 1968 | 13 | 13 | | |
| 1969 | 18 | 10 | 6 | 2 |
| 1970 | 55 | 50 | 5 | |
| 1971 | 9 | 9 | | |
| 1972 | 47 | 46 | | 1 |
| 1973 | 35 | 35 | | |
| 1974 | 56 | 49 | 5 | 2 |
| 1975 | 91 | 88 | 3 | |
| 1976 | 160 | 157 | 3 | |
| 1977 | 58 | 52 | 5 | 1 |
| 1978 | 41 | 34 | 7 | |
| 1979 | 2 | | 2 | |
| 1980 | 1 | | 1 | |

(政务志第三章《人事劳动》,第514—515页)

1968年至1980年,全县累计下拨知识青年安置经费154 300元。1978年,本县对原下乡知识青年进行统筹安排,到1980年全部迁出农村,其去向有7个方面:

(1) 录用为国家干部的6人;(2)被大专院校和中专技工学校录取的89人;(3)应征入伍的25人;(4)因招工、婚嫁等原因迁往外地3人;(5)统筹安排在集体所有制单位的29人;

（6）因父母离退休照顾录用为工人的 16 人；（7）病退 1 人，暂未分配 1 人，免于下乡的 47 名知识青年亦通过各种办法得到安置。

（政务志第三章《人事劳动》，第 516 页）

# 《绥德县志》

中共绥德县委史志编纂委员会编，三秦出版社 2003 年

是年（1968 年），响应毛泽东关于"知识青年到农村去，接受贫下中农的再教育"的号召，知识青年开始到农村插队（到 1979 年本县先后有 3 684 名知识青年下乡到农村）落户。

（《大事记》，第 28 页）

1979 年以后，农村插队的知识青年被安排就业，因冤、假、错案被下放到农村的人返回城镇，部分职工的家属转为城市户口，并迁居城镇，因此，城镇人口有所增长。

（第二卷第三章《人口构成》，第 102 页）

**知青安置**

1968 年至 1979 年，响应毛泽东关于"知识青年到农村去，接受贫下中农的再教育"的号召，本县先后有 3 684 名知青下乡（其中包括其他省、县来本县插队的知青）。知青下乡大体有三种形式：一是分散插队，二是集体插队，三是建立知青点，由干部带队集体落户。

1980 年，下乡知青全部迁离农村。其去向有如下几个方面：被大专院校和中等专业学校录取，招为国家干部，参加中国人民解放军，招工安排（全民所有制和集体所有制单位），因疾病、结婚及其他特殊情况返城，在农村已婚和去外地落户。

**绥德县 1968—1980 年下乡知青统计表**

| 年　　度 | 下乡知青数 | 年　　度 | 下乡知青数 |
|---|---|---|---|
| 1968—1969 年 | 939 人 | 1970 年 | 512 人 |
| 1971—1972 年 | 154 人 | 1974 年 | 79 人 |
| 1975—1976 年 | 860 人 | 1977 年 | 451 人 |
| 1979 年 | 615 人 | 1980 年 | 74 人 |

（第十卷第五章《劳动人事》，第 406 页）

1979 年 12 月 1 日，本县成立了劳动服务公司，负责管理留城、回城知识青年和其他待业人员的安置工作。

（第十卷第五章《劳动人事》，第 406 页）

# 《清涧县志》

清涧县志编纂委员会编，陕西人民出版社2001年

（1968年）9月3日，首批城镇知识青年到农村插队。至1978年秋，全县插队知青累计达996名。　　　　　　　　　　　　　　　　　　　　（第一编《大事记》，第39页）

1968—1978年，近千名城镇知识青年去农村插队落户，一定数量的农村劳动力被招进城镇，形成城乡劳动力对流。　　　　　　（第十八编第五章《劳动人事》，第499页）

### 知识青年安置

1968年10月，遵照毛泽东主席"知识青年到农村去，接受贫下中农的再教育，很有必要"的指示，县革命委员会成立知识青年上山下乡领导小组，下设办公室，配备专职人员。各公社均设置专职干部，负责其管理教育工作。生产大队普遍成立再教育领导小组。是年，动员1966年以来城镇全部高初中毕业生到农村插队落户，直接参加农业生产。1976年知青办改为中共清涧县委知识青年上山下乡领导小组办公室，配备正副主任2名、工作人员3名。1982年3月县设机构撤销，业务交由县计划委员会办理。1968年10月至1978年秋10年间，全县先后有996名（内含落实政策时承认的知青125名）知识青年到本县17个人民公社124个生产队插队。

知识青年插队出发时，每人发给《毛泽东选集》1套，铁锨1把，安置费240元（其中建房费150元、生活费60元、灶具费30元）；1976年安置费提高为500元。口粮先由粮食部门按每月15千克标准供应至生产队分配新粮为止，住房由当地社队解决。

插队知青绝大多数能认真学习，努力劳动，虚心接受"再教育"，为山区各项事业做出了贡献。10年间，42人被选送上大学，57人参军，120人分别出席省、地、县先进代表大会；有的被选为生产大队书记、队长或会计，有的当了技术干部、赤脚医生或民办教师。

1978年以后，根据中央关于"今后不搞插队，把知识青年上山下乡的工作转移到广开就业门路的正确轨道上来"的精神，从1980年起，知青陆续办理手续，返回城镇，于次年全部安排工作。知青回城后，全县为知青修建的231孔窑洞（投资建房款15.3万元），全部移交社队管理，并将1526件文具、农具和灶具同时交所在社队。　　（第十八编第五章《劳动人事》，第503页）

# 《子洲县志》

子洲县志编纂委员会编，陕西人民教育出版社1993年

（1968年）冬，知识青年开始上山下乡。之后，本县十里盐湾盐工、家属等城镇居民也动

员到农村去,到 1970 年 6 月,全县有返乡知识青年 1 578 人,插队落户知识青年 163 人,下乡上山城镇居民 1 264 人,下放干部 36 人。 （第一编《大事记》,第 33 页）

(1973 年)12 月 16—20 日,全县下乡回乡知识青年代表会议在县城召开。

（第一编《大事记》,第 35 页）

(1975 年)2 月,据称全县已有理论小组 690 多个,理论队伍 5 000 多名,工农兵 1 000 多人宣讲"儒法斗争史",宣讲了 1 700 余次,听众近 10 万人次,工人宣传队 1 个,贫下中农管理学校委员会 500 个,合作医疗所 490 个,395 名下乡知识青年。 （第一编《大事记》,第 36—37 页）

1978 年开展招收离退休职工子女(顶替工),其数量占了总招工数的很大比率。这次"顶替工"全留县内工作,使各单位超编制人员增加。本县厂矿较少,使城镇待业青年招工数受到相对限制,待业人员增加。在招收离退休职工子女中,单 1978、1979、1981、1983 年 4个年份中,就招收 1 037 人,年平均 251 人。其中,插队青年占 3%,城镇青年占 6.7%,农村青年占 90.3%。 （第四编第一章《政权》,第 293 页）

### 知识青年上山下乡

1968 年冬本县城镇户口的中学毕业生,除少数因病残和个别家庭有特殊困难的以外,均响应毛泽东"知识青年到农村去,接受贫下中农的再教育,很有必要"的号召,到农村插队落户。1973 年各地划出一些土地和山林办起农林牧等知青场,作为上山下乡知识青年的生产基地。

本县知识青年上山下乡的形式有"分散式"和"集体式"两种。分散式是个人单独回原籍入户或到某个生产队安家落户;集体式是在农村建立知青点(全县共有 21 个),或下放到一些国营场站(国营农场、林场、牧场等)。

本县先后有 1 351 名知识青年到农村插队落户。他们分别安置在 21 个公社的 119 个生产大队、178 个生产队和 7 个知青场(队)。1981 年上山下乡知识青年按照上级指示,全部迁转回城。这 1 351 名上山下乡知青中,有 26 人升学,1 251 人被招为工人,3 人被招为干部,63 人参军,3 人回城,3 人死亡。全县共开支上山下乡经费 588 382.77 元,修建知青住宿窑洞 280 孔(价值 217 899 元)。 （第四编第一章《政权》,第 299 页）

# 《横山县志》

横山县地方志编纂委员会编,陕西人民出版社 1993 年

1966—1968 年初、高中毕业城镇知识青年被动员到农村落户,"接受贫下中农再教育"。

至 1978 年,先后 500 余人参加劳动。1979 年后陆续迁回。 (《大事记》,第 26 页)

60 年代,随着城市户口不断增加,初高中毕业生就业亦为突出问题。1968—1972 年动员知识青年下乡插队 125 人。1973 年 10 月成立知识青年办公室(简称"知青办"),全县在 12 个公社 16 个大队设立插队知识青年点,至 1981 年 12 月陆续撤销,先后给 544 名插队知识青年安置了工作,其中招工 486 人,招干 21 人,考入中专大学 10 人,参军 27 人。

1982 年,撤销"知青办",由劳动服务科安排劳动就业。从 1982 年至 1989 年计有 860 人就业,其中安置在全民所有制单位的 826 人,集体单位 34 人,尚有待业人员 1 140 人。

(政权志第七章《人事劳动》,第 447—448 页)

# 《靖边县志》

靖边县地方志编纂委员会编,陕西人民出版社 1993 年

(1968 年)10 月 5 日后,本县城镇 133 名初、高中毕业生,响应毛泽东"知识青年到农村去,接受贫下中农的再教育"的号召,下乡插队落户。 (《大事记》,第 19 页)

至 1980 年 11 月,县革命委员会设立期间的机构有:……知识青年上山下乡安置办公室、人民防空办公室、计划生育办公室、爱国卫生运动委员会办公室、人民检察院、人民法院等。 (政权志第二章《政府》,第 268 页)

从 1976 年起,除县外矿山井下在本县农村招工外,县内不再从农村招工,重点安排 60 年代末、70 年代初"上山下乡"的城镇知识青年和城镇待业青年。

(民政劳动人事志第二章《劳动人事》,第 287 页)

1968 年,县革委响应毛泽东主席"知识青年到农村去,接受贫下中农的再教育"的号召,首批动员 133 名城镇初、高中毕业生"上山下乡",到梁镇(柠条梁)、东方红(东坑)、海子滩、戏墩涧、新农村、城关(张家畔)、杨桥畔等 7 个公社插队劳动。1974 年 2 月,县委成立了知识青年上山下乡领导小组,下设办公室,专管知识青年分配、管理等事。是年,将城镇初、高中毕业生按其父母所在单位,对口组织"上山下乡"。全县办了 5 个知识青年农、林场,安插了一大批知识青年。此后,知青"上山下乡"人数逐年增多。全县先后建立了三集中、一分散(集中住宿、集中吃饭、集中学习、分散劳动)的知识青年插队点 254 个。到 1977 年,县财政部门共拨给知识青年建房费 37.69 万元,建房 580 余间,共动员 924 名城镇初、高中毕业生

"上山下乡",分布到全县 15 个公社、80 个大队和 5 个社办农、林场。1978 年后,根据中央文件精神,逐步安置"上山下乡"知识青年在城镇就业。到 1985 年共安置 894 人,其中招工 713 人,招生 85 人,参军 96 人。　　　　　　　　(民政劳动人事志第二章《劳动人事》,第 287 页)

"斗、批、改"运动在"文革"初期就已开始,县革委成立后,作为中心工作在全县展开。除了"以阶级斗争为纲"继续批斗地、富、反、坏、右和叛徒、特务、走资派、反革命修正主义分子而外,知识青年上山下乡、干部下放农村劳动,是"斗、批、改"的重要内容。

（"文化大革命"与拨乱反正志第一章《"文化大革命"》,第 339 页）

1968 年 10 月 5 日,县革委响应毛泽东"知识青年到农村去,接受贫下中农的再教育很有必要"的号召,动员 133 名初、高中毕业的城镇学生到农村插队落户。上山下乡工作于 1978 年停止,先后插队的知识青年 731 人。到 1985 年底,上山下乡知识青年全部返城就业。　　　　　　　（"文化大革命"与拨乱反正志第一章《"文化大革命"》,第 339 页）

# 《定边县志》

《定边县志》编纂委员会编,方志出版社 2003 年

(1968 年)10 月 21 日,根据毛主席"知识青年到农村去,接受贫下中农再教育,很有必要"的指示,本县首批知识青年 253 人下乡插队。县上领导及干部、群众敲锣打鼓,热烈欢送。　　　　　　　　　　　　　　　　　　　　　（第一编《大事记》,第 20 页）

12 月,榆林知青 370 人来定边插队。　　　　　　　　　　（第一编《大事记》,第 20 页）

(1974 年)8 月 24 日,定边县插队知识青年、赤脚医生、贫下中农管理商店、贫下中农管理学校、贫下中农管理信用合作社等 5 个代表会同时开幕,会期 4 天,27 日结束。

（第一编《大事记》,第 22 页）

(1975 年)12 月 22 日,定边县农业学大寨群英会开幕。代表 2 000 名,四级干部 1 486 名。会议树立了小滩子大队、海子梁公社、张崾崄公社、方西沟大队 4 个先进典型。表扬了许连圈大队、牛圈塘大队插队知识青年小组、蒙海子妇女科学种田专业队和郑兴荣、郑兰珊、孙建安等 240 个先进集体和先进个人。讨论了五年建成大寨县的规划,提出了"举旗抓纲拼命干,五年建成大寨县"的口号。　　　　　　　　　　　（第一编《大事记》,第 22 页）

### 知识青年上山下乡

1968年冬,城镇户口的中学毕业生,均响应毛主席"知识青年到农村去,接受贫下中农的再教育"的号召,到农村插队落户。1972年各地划出一些土地办起农林牧等知青场,作为上山下乡知识青年的生产基地。定边县知识青年上山下乡的形式有"分散式"和"集体式"两种。分散式是个人单独到某个生产队安家落户;集体式是在农村建立知青点(全县有30个),或下放到一些国营场站(国营农场、国营牧场等)。先后有2198名知识青年到农村插队落户。他们分别安置在30个公社的213个生产大队、307个生产队和15个知青场(队)。1981年上山下乡知识青年遵照上级指示,全部迁转回城。除少数升学、参军和招干外,其余都在企事业单位安置就业。 　　　　　　　　　(第十二编第八章《劳动人事》,第723页)

1978年停止知识青年上山下乡,城市待业青年开始积累。此后,不少回城知青和农村户籍的人口转为城镇户口,待业青年逐年增多。1980年6月,成立"定边县劳动服务公司",1984年改"劳动服务科"。专门管理待业青年并安置就业工作。

（第十二编第八章《劳动人事》,第723页)

# 《延安地区志》
延安市地方志编纂委员会编,西安出版社2000年

(1968年)12月,25 000名北京知识青年来延安插队。 　　　(《大事记》,第43页)

(1970年)3月26日,国务院在北京召开延安地区插队知识青年工作座谈会。周恩来总理接见到会代表。 　　　　　　　　　　　　　　　(《大事记》,第43页)

建国后,本区人口有3次较大变动。

第一次,1951—1958年,延安籍党政军干部、家属纷纷迁出。江苏、浙江、上海等地支援老区建设的职工及大专院校毕业生又纷纷迁入。……

第二次,1966—1976年,迁入大于迁出。2万多名北京知识青年到延安地区插队落户。……

第三次,1978年后,落实知识分子政策,平反冤假错案,农村插队落户的知识青年和下放农村的城镇居民离乡返城,加上兵员征集和大专院校招生等原因,1979—1985年,农村迁出大于迁入,城市迁入大于迁出。 　　　　(第三编第四章《人口变动》,第177页)

1976年3月,地委工作机构有办事组、圣地管理组、组织部、宣传部、农村工作部、工交

政治部、直属机关党委、知识青年上山下乡办公室、党校、延安报社。

（第十五编第一章《中国共产党》，第 628 页）

1968 年 11 月，设知识青年上山下乡办公室（简称"知青办"。1973 年 3 月，知青办归中共延安地委序列）。　　　　（第十六编第二章《行政机关》，第 690 页）

1969 年，本区安置北京插队知青 2.6 万余人，知青犯罪和破坏知识青年上山下乡案件日渐突出。1969—1971 年，全区审结知识青年犯罪案件 91 起 122 人。1970—1973 年，全区受理破坏知识青年上山下乡案件 232 起 272 人。　　（第十六编第三章《审判机关》，第 698 页）

1970—1972 年，社会招工一度失控，出现城市知识青年上山下乡，农村人口被招收进城的对流现象。1973 年精简临时工，清退计划外用工，加强招工管理，形成计划招工制度。招收对象为家在城市经 2 年以上劳动锻炼的上山下乡知识青年和复员退伍军人，也招收因故回城或留城的待业青年和少数返乡知识青年。

（第十七编第四章《劳动》，第 745—746 页）

# 第八节　知青服务

## 一、北京知青

1968 年，北京来本区插队落户的知识青年有 27 800 人。至 1986 年，25 800 名北京知青通过招工、招干、参军、升学和返京等渠道离开延安。1996 年，本区尚有北京知青 349 人，其中，男 235 人、女 114 人；干部 82 人、工人 267 人；行政事业单位 153 人，企业单位 196 人。

## 二、回城安置

1985 年 12 月 7 日，延安行署召开北京知青回城安置会议。中共北京市委、北京市人民政府、共青团北京市委和中共陕西省委有关领导人出席会议。会议决定：1.还没有工作的北京知青由所在县（市）安排在全民所有制单位工作；2.在集体单位就业的，可转为全民所有制单位合同制工人；3.已辞职自谋职业的，本人要求恢复工作，可回原单位，也可调往外地；4.北京知青中的劳教、劳改人员释放后，原来有工作的，在原单位安排，无工作的，由所在县（市）安排就业；5.配偶没有工作的，安排就业。

1986 年知青服务处成立以来，对基本丧失劳动能力或在地方病区和亏损企业工作的北京知青进行重新安置，调往关中 74 人，送回北京 75 人，本区调整 56 人；为 1 233 名北京知青子女办理回北京定居的粮户手续，为留在延安的 236 户 514 名北京知青家属和子女解决城镇户口和吃粮问题，录用北京知青家属 520 人，将 179 名北京知青由集体工转为全民固定工，解决 15 对夫妻两地分居问题。

## 三、专 项 经 费

1987 年,根据北京市人民政府和陕西省人民政府《关于解决在延原北京知识青年困难的协商意见》,国家劳动人事部、财政部和北京市人民政府给本区拨专项经费 680 万元,用于北京知青调整和困难补助。陕西省劳动人事厅预留北京知青调整经费 270 万元,拨给延安410 万元。1992 年向陕西省劳动人事厅要回预留的北京知青调整款 100 万元。

1986—1996 年,累计发放北京知青困难补助款 108.95 万元。其中,用于知青生活困难补助 79 万元,用于区外调整和"农转非"安置 20 万元,用于大病和意外事故补助 9.95 万元。

## 四、知 青 回 访

1994 年,回北京工作的 112 名在延安插过队的北京知青回访延安,与地区和有关县(市)达成合作意向,签订协作项目,引进资金 1 600 多万元,为延安经济发展注入活力。

1996 年,知青服务处多次接待回访的北京知青。曾在延长县插队的北京知青邵明路、李连元、张革为延长县交口镇修建 1 所可容纳 600 名学生的初级中学,还为该校修建桥梁等配套工程。 （第十七编第四章《劳动》,第 754—755 页）


1987 年 4 月 5 日,在延安插队的北京知识青年集体上访,要求解决回京问题。中共延安地委决定,向中共陕西省委、省人民政府反映他们的要求,并进行疏导工作。上访人员返回各自单位。 （第十七编第七章《信访》,第 773 页）


(1978 年后)信访部门按照"积极主动,量力而行"的方针,本着解决历史遗留问题"宜粗不宜细,宜宽不宜严,宜解不宜拖"的原则,解决以下 4 个方面的问题:
……
(2) 为北京在延安插队的知识青年家属办理"农转非"手续,共 201 户,490 人。
…… （第十七编第七章《信访》,第 774 页）


1978 年 6 月初,志丹县 2 名插队知识青年给中央写信,反映该县某些干部强迫命令,违法乱纪和弄虚作假等问题。同月 8 日,中共中央主席华国锋作出批示。15 日,《人民日报》发表这一批示。7 月中旬,全区各县(市)召开常委会,贯彻批示,进行处理。

（第十七编第七章《信访》,第 775 页）


(1971 年)9 月 19 日—10 月 5 日,延安地区参加省五届运动会,并承办篮球比赛。因有北京插队知识青年参加,成绩较好,获男排第一名,女排第二名,乒乓球男、女团体分别为第四、五名,足球第五名,男子体操第五名。 （第二十三编第一章《体育》,第 993 页）

# 《延安市志》

延安市志编纂委员会编,陕西人民出版社1994年

(1964年)10月22日,延安县为第一批32名知识青年自愿上山下乡落户,县人民委员会召开座谈会,副县长何光明参加会议并讲话。 （《大事记》,第28页）

(1968年)12月2日,首批北京插队知识青年4 500名到达延安,延安县每个队安置10名。 （《大事记》,第31页）

(1969年)5月10日,麻洞川公社北京知识青年孙翠花、阎散生为抢救集体财产壮烈牺牲。县、社组织召开追悼会,赞扬他们为集体牺牲的精神。 （《大事记》,第31页）

(1970年)3月,县革委会从插队知识青年、贫下中农子女中招收100名毛泽东思想宣传员。 （《大事记》,第31页）

6月23日,延安县召开插队知识青年活学活用毛主席著作积极分子会议,出席人数400名。 （《大事记》,第32页）

10月7日,延安县召开县、社、大队和知青队负责人参加的三级干部会议,贯彻北方农业会议精神。 （《大事记》,第32页）

(1974年)5月1日,39名北京、16名西安知识青年来延安插队落户,地委书记许效民、副书记邵武轩和延安市、县负责同志前往欢迎。 （《大事记》,第33页）

10月22日,北京市慰问知识青年代表团42人来到延安,慰问知识青年。

（《大事记》,第33页）

(1976年)8月2日,中共延安市委召开常委会,决定成立市委知青领导小组,组长师锐,副组长李凡一、刘光,成员共15人。 （《大事记》,第33页）

1973年,县革命委员会的"四大组"相继撤销,党委各工作部门逐步恢复。到1975年8月,县委所设工作机构有:办公室、组织部、宣传部、农工部、直属机关党委和知识青年上山下乡办公室(1973年9月以前称安置办公室)。（政党群团志第一章《中国共产党》,第417页）

"文化大革命"期间,实行知识青年上山下乡安排劳动就业,高、初中毕业的农村青年和城市户口的知识青年插队到农村劳动。从 1968 年 12 月至 1980 年,先后有本地和外地 10 200 名知识青年(其中北京 5 229 名,南京 17 名,西安、咸阳 45 名,本市 4 909 名),安置在本市 23 个公社 402 个生产大队和 4 个知青农场。

1978 年,知识青年不再上山下乡,实行分配就业。1981 年底,知识青年全部离开农村,由市上统一分配,其中转为国家干部的 91 名,招收为国家固定工的 7 403 名,参军的 335 名,升学的 503 名。

(政权志第二章《政府》,第 465 页)

**白润生(1958—1977)** 延安城区人,1975 年高中毕业后和哥哥一起到枣园公社火家塌插队劳动。插队期间,学习认真,热爱集体,劳动吃苦。1967 年 1 月报名参加延河改道农田基建专业队,他当过电工、机修工,还学会了开推土机。1977 年 7 月 6 日延河暴发千年不遇洪水,白润生从熟睡中惊醒,河水正向工棚涌来,在个人生命受到威胁的紧急时刻,他不顾自身安全,毅然奔到推土机旁,迅速发动开向高处,又二次返回帮其他同志将装有电机、柴油机、钻车的拖车向高处转移。这时人车已被洪水包围,为了保住机器,他很快跳入水中把拖车轮胎的气放掉,想叫拖车下沉,免被洪水冲走,就在这时一个巨大的浪头涌来,白润生和其他人都被洪水吞没。白润生牺牲后,党支部根据他生前的申请和表现追认他为中共党员,延安市委追认他为烈士,并于 1977 年 8 月 20 日作出向"八勇士"学习的决定。

(人物志第一章《人物传》,第 742 页)

# 《安塞县志》
安塞县地方志编纂委员会编,陕西人民出版社 1993 年

(1968 年)12 月 23 日,县中学六六、六七、六八 3 个年级的毕业生全部下放农村,"接受贫下中农的再教育"。

(《大事记》,第 31 页)

(1969 年)1 月,首都北京 1 926 名知识青年来安塞,分别在本县招安、郝家坪、真武洞、砖窑湾、沿河湾、楼坪、高桥、化子坪、谭家营、王窑、西河口 11 个公社插队落户。

3 月,本县首批城镇知识青年 80 多人下乡插队。

(《大事记》,第 31 页)

(1970 年)9 月,《红旗》杂志 1970 年第 10 期刊载了安塞县郝家坪公社肖官驿大队革委会《用一分为二的观点做好知识青年的再教育》的文章。

(《大事记》,第 32 页)

(1975 年)6 月 1 日,召开全县上山下乡知识青年农业学大寨先进代表大会。

(《大事记》,第 34 页)

1970 年 12 月 27 日,政工组下设下放安置办公室,主管干部精减下放、知识青年上山下乡工作;县革命委员会生产组下设计划委员会,分管劳动、工资、福利等工作。1973 年 3 月 16 日,县革命委员会撤销办事组、政工组、生产组、政法组(即四大组)及其所属各组(局),县委、县革命委员会工作部门分设,人事管理业务划归县委组织部,劳动管理业务划归计划委员会,知识青年上山下乡管理工作划归下放安置办公室。是年 10 月 11 日,为贯彻中共延安地委《关于加强对知识青年上山下乡工作领导的通知》精神,撤销县革命委员会下放安置办公室,成立中共安塞县委知识青年上山下乡工作领导小组办公室(简称知青办,下同),负责知识青年上山下乡管理工作。……1981 年 3 月 5 日,撤销知青办,其业务移交县计划委员会办理。是年 7 月 7 日,县人民政府设立劳动局,编制 4 人,将原县计划委员会兼管的劳动、工资、福利和知识青年管理工作移交县劳动局办理。

(民政人事志第二章《劳动人事》,第 375—376 页)

**上山下乡知识青年就业** 1964 年,县上成立安塞县知识青年安置办公室,负责安置城镇精减下放人员和知识青年。是年,在真武洞镇曹庄村成立水利专业队,安置城镇知识青年和闲散劳力 42 名。1968 年,毛泽东主席发出:"知识青年到农村去,接受贫下中农的再教育,很有必要。"的指示,全国掀起知识青年上山下乡之风。下乡插队的主要对象为城镇户口的高、初中毕业生,对于因病、残,丧失劳动能力和独生子女可准予留城免下。1969 年 1 月,北京市 1 926 名知识青年抵达安塞,分别安置到砖窑湾、高桥、楼坪、沿河湾、招安、王窑、真武洞、谭家营、西河口、化子坪等 10 个公社插队落户。同年 3 月,本县首批城镇知识青年 80 余人到谭家营、化子坪、西河口等公社插队落户。1970 年至 1972 年,本县没有高、初中毕业生,未安置知识青年下乡插队。1972 年,从外地转来知识青年 3 名,安置到沿河湾、楼坪公社插队落户。1973 年后,城镇知识青年上山下乡已成为制度。从 1968 年开始动员至 1978 年 9 月结束,共计接收、安置 2 593 名城镇知识青年到本县农村插队(部分插到县农场)落户。其中,来自北京市 1 926 名,延安市 91 名,由其它地方转来 13 名,本县 563 名。

1970 年后,本县在上级下达招工、招干指标内,大批招收上山下乡知识青年,对北京知识青年优先照顾。至 1981 年底,凡上山下乡知识青年除个别在插队期间转出或劳动教养、判刑等外,其余全部迁离农村,安置就业。北京知识青年,被安置到延安市及本省其它地区就业者居多,部分照有关政策,调回北京市。至 1989 年底,录用到本县工作的共有原北京知识青年 19 名。其中,男 10 名、女 9 名;干部 4 名、全民所有制固定工 13 名、全民合同制工人 2 名。是年,按照省、地有关解决原北京知识青年困难问题的指示精神,解决 13 名原北京知识青年与本地农村青年结婚后,其家属、子女户口"农转非"37 人。本县及延安市下乡插队知识青年,通过考取大、专院校就业者 53 人,参军 52 人,录用为本县国家正式干部 22 人,外地招工 172 人,本县招工 231 人(全民固定工 128 人、集体工 103 人),父母退休顶替为全民固定工 21 人。

(民政人事志第二章《劳动人事》,第 382 页)

**知识青年上山下乡** "文化大革命"期间,对知识青年上山下乡,冠之为接受贫下中农的再教育;干部下放劳动,称之为走"五·七"道路。1968年9月14日,县革命委员会成立后,由其工作部门政工组负责兼管知识青年的安置和管理事务。

1968年11月,县上成立了知识青年安置办公室。1973年10月11日,成立知识青年上山下乡工作领导小组,县委副书记李海满任组长,胡步生、刘振夫任副组长,成员由8人组成。同时,各公社成立了相应的组织,由一名党委副书记负责,青年、妇女、教育专干和知青小组北京支援的干部为成员。

1968年底,安塞县中学初、高中毕业生中城镇户口的学生全部到农村插队落户,农村户口的返乡参加劳动。1968年12月到1969年元月,北京市朝阳区、海淀区景山中学等初、高中生1926人,分别到安塞插队落户。沿河湾、真武洞、招安、王窑、郝家坪、砖窑湾、高桥、谭家营、西河口、楼坪、化子坪等11个公社分别承担了北京知青的插队、落户任务。对知青的劳动、生活、学习管理,由"三管小组"(即队干、贫下中农、北京带队干部三个方面)负责管理、组织。

1975、1976两年,安塞接收了延安地区文教卫生系统知识青年到沿河湾公社杨家沟、李家湾、阎家湾等村插队。在此期间,安塞在外工作干部子女有不少回原籍插队落户。1970年《红旗》杂志第10期刊出了《用一分为二的观点做好知识青年的再教育》的文章,推出了安塞县郝家坪公社肖官驿大队革命委员会做知识青年再教育工作的"经验",并在全县推广。后肖官驿大队革委会以此"经验"出席了陕西省(知识)青年再教育先进代表大会。

(文化大革命志第二章《"文革"政权的建立和后期的发展》,第752—753页)

(1974年)参加(批林批孔)学习班的人员有公社干部,企业、事业单位干部,北京支援干部,省地插队干部,生产大队党、团支部书记、革委会主任、民兵连长、妇女干部、知青小组成员等。　　　　　　　　　(文化大革命志第二章《"文革"政权的建立和后期的发展》,第754页)

# 《子长县志》

子长县志编纂委员会编,陕西人民出版社1993年

(1969年)1月23日,县安置办公室成立,负责城镇居民、知识青年安置工作。

(《大事记》,第31页)

是月(2月),全县216名城镇知识青年分三批到农村插队。　　(《大事记》,第31页)

1968—1970年,城镇待业青年及历年应届毕业生下放农村,采取基层推荐,招收工人。

1972 年,全县招收合同工 210 人,临时工 230 人,轮换工 300 人,集体工 225 人。

1978 年,优先安置上山下乡知识青年、城镇到农村落户的初、高中毕业生、城镇独生子女以及矿山、井下、野外、森林等单位职工子女,至年底,全县招收全民所有制工人 93 人,集体工 49 人。 (第十八编第三章《政府》,第 539—540 页)

**知识青年上山下乡** 1968 年 11 月,子长县革命委员会毕业生工作领导小组办公室成立,指定专人负责安置知识青年。1969 年 1 月 23 日成立安置办公室,配备办事员 12 人,负责城镇居民、闲散人口返乡插队和知识青年安置工作。1973 年 10 月 20 日,安置办公室改名为中共子长县委知识青年上山下乡工作领导小组办公室(简称知青办)。1980 年,机构撤销,有关事宜交劳动人事局办理。

1968 年 11 月,子长中学、杨家园子中学 700 名农村学生返乡务农,学校赠给每人铁锨、镰刀各 1 把,《毛泽东选集》、《毛主席语录》各 1 本。1969 年元月,200 名城镇知识青年分三批下放农村,其中集体插队 151 人,投亲插队 49 人。并按规定发给插队费(集体插队,每人 250 元;投亲插队 120 元)和口粮。1972 年在 10 个公社设置 20 个知识青年安置点,安置初高中毕业生 237 人,并逐步拨款、修建知识青年住房。

1973 年,城镇中学生分两批下乡,共 103 人。

(第二十九编第三章《"文革"临时权力机构及其活动》,第 839 页)

# 《延川县志》

延川县志编纂委员会编,陕西人民出版社 1999 年

(1969 年)1 月 23 日,北京 1 300 多名知识青年来本县插队落户。

3 月,县革命委员会组织知识青年代表、贫下中农代表和县、社干部 20 多人的知识青年安置工作汇报团赴京汇报工作,同月 29 日返回。 (第一卷《大事记》,第 38 页)

(1973 年)11 月 7 日,《人民日报》发表《坚持原则,敢于斗争》的通讯,报道了关庄公社张家河大队插队北京知青丁爱笛的事迹。 (第一卷《大事记》,第 40 页)

(1974 年)8 月,北京插队知青习近平在文安驿公社梁家河村建成本县第一口沼气池。

(第一卷《大事记》,第 41 页)

1969 年 1 月,党号召"知识青年到农村去,接受贫下中农再教育",有北京海淀区等地的知识青年 1 300 人落户于本县。80 年代,95%以上的知识青年通过参军、招工、招干、退职等

1456

方式迁离。 （第四卷第四章《人口变动》，第 129 页）

1973 年，关庄公社北京插队知识青年、赤脚医生孙立哲大力宣传推行计划生育，并为绝育手术者主刀。 （第四卷第七章《计划生育》，第 136 页）

1974 年 3 月成立知识青年上山下乡办公室……1981 年 7 月知青办改归县革委会领导。
（第十五卷第一章《共产党》，第 389 页）

1979 年 3 月召开延川县第九届妇代会，北京下乡插队知识青年赵红梅当选为县妇联会主任。 （第十五卷第三章《群众团体》，第 411 页）

（1980 年）7 月知识青年上山下乡领导小组办公室由县委部门划为县革委会工作机构。
（第十六卷第三章《行政机构》，第 439 页）

70 年代初，干部主要来源于农民（贫下中农）中的积极分子、知识青年、民办教师和军队转业干部。1970—1973 年选拔录用干部 631 人。

1978 年 12 月后，主要录用大中专毕业生、复员转业军人、城镇青年和插队知青。
（第十六卷第五章《劳动人事》，第 471 页）

70 年代，城镇初、高中毕业生除少部分留城就业外，多数到农村插队落户（即上山下乡）。1969 年，知识青年上山下乡插队落户后，成为主要招收对象。1972 年坚持群众讨论推荐、领导审查批准、统一安排招收的办法，录用北京插队知青 307 人，当地插队知青 26 人，中学毕业生 14 人，农民子弟轮换工 42 人，民办教师 27 人。此后，一部分高中毕业生录用为民办教师，多数回乡务农。……1979 年，地、县 17 个单位在延川招收全民固定工 108 人，其中上山下乡知青 92 人，重新安排"文化大革命"中错误处理已平反的干部职工 39 人。是年，全县有待业人员 715 人，其中插队知青 315 人。全年安置插队知青 120 人，城镇待业人员 260 人。 （第十六卷第五章《劳动人事》，第 474 页）

1969 年 12 月，《光明日报》介绍延川县发动群众做好知识青年再教育的工作。
（第二十卷第六章《报刊新闻》，第 605 页）

1970—1979 年，关家庄大队合作医疗站以北京知识青年孙立哲为主的 5 名赤脚医生，在土窑洞为患者做肠梗阻、阑尾炎、甲状腺瘤、子宫瘤、胸壁肿瘤切除和上颌窦根治、骨结核病灶清除等手术 3 000 余例，绝大多数获得成功。1972 年 8 月，患者郝玉英子宫外孕大出血,严重休克,脉搏微弱,血压急剧下降,生命垂危,需输血急救。孙立哲在没有验血设备的情况下,采取自体血回输办法,将患者腹腔内1 000多毫升自体血输入病人血管,使其获救。

（第二十一卷第二章《卫生》,第643页）

1970年,在关庄公社关家庄村插队的北京知识青年孙立哲担任大队医疗站赤脚医生。他和其他4名赤脚医生勇于开拓,大胆实践,掌握了一般外科技术。1973年7月前,他们从一个复员军人腿上取出一颗存留20多年的子弹,为一个女患者成功地做了胃溃疡穿孔并发急性腹膜炎手术,用针刺麻醉从病人的胸壁上摘除一个约1公斤重的肿瘤,给一个女患者切除了甲状腺瘤。至1979年,医治病人3万余人次,做胃切除、肠梗阻等大小手术3 000余例。孙立哲的事迹多次在《人民日报》《光明日报》《中国青年报》《陕西日报》等报刊登载。

（第二十一卷第二章《卫生》,第648页）

1969年北京知识青年插队落户到延川,本境民族成分增多。

（第二十二卷第一章《民族与姓氏》,第665页）

**孙立哲（1951— ）** 原籍沈阳,1951年生于北京。1967年北京清华附中（初中）毕业,1969年1月响应知青上山下乡号召,插队于本县关庄公社关家庄村。1970年创办关家庄合作医疗站,任赤脚医生、站长。1972年9月加入中国共产党,先后兼任关庄公社党委副书记,延川县革委会卫生局副局长,县革委会副主任,延安地区卫生局副局长,曾是共青团中央委员。

立哲矢志学医,发愤自修,刻苦钻研,全心全意为山区广大群众服务,很快掌握了外科手术技能。他大胆探索,勇于实践,在土窑洞里施行胃孔修补、肠梗阻、子宫外孕、子宫切除、胃结核病灶清除等较大手术,挽救了许多危重病人。十年中同站内4名同志做大小手术3 000余例,治疗28万人次。《人民日报》《光明日报》《中国青年报》《陕西日报》《北京日报》等载文报道了他和关家庄合作医疗站先进事迹,成为70年代闻名全国的知识青年和"赤脚医生"标兵。1973年北京医学院、北京第二医学院组成专家考察组赴关家庄考察鉴定,认为孙立哲达到医大毕业且具有三年临床经验的水平。1975年中国医科院院长、著名外科专家黄家驷教授亲赴关家庄考察其医疗技术,破格聘任他担任《外科学》正式编委。1979年8月29日作为全国知青先进代表之一受到李先念、王震等党和国家领导人接见。同年考取北京第二医学院（今首都医科大学）硕士研究生。1982年以访问学者身份到澳大利亚国立医科大学从事研究工作。1983年转入美国西北大学医学院攻读博士学位,发表论文十余篇。后因健康原因从事实业,他艰苦创业,拼搏奋进,卓有成效,任美国万国集团公司中国总裁,自言在美国的奋斗意志"来源于陕北黄土地上的磨砺"。

（第二十四卷第三章《人物录》,第774—775页）

史铁生（1951—  ）　新时期知青文学代表人物之一。中国作家协会会员、北京作协理事。1951 年生于北京市，1967 年清华附中（初中）毕业。1969 年 1 月来延川县关庄公社关家庄插队落户，种地一年，喂牛三年，不幸双腿瘫痪，于 1972 年初回京。1978 年开始文学创作，著作甚丰，出版有《史铁生文集》。他创作的《我的遥远的清平湾》荣获 1983 年全国优秀短篇小说奖和青年文学创作奖，这篇以延川人民和知识青年生活为素材的小说，是他十年沉淀、凝思、一气呵成的佳作。此后他发表了以陕北生活为背景的中篇小说《插队的故事》。1984 年 5 月重返延川关家庄逗留三天，与乡亲们欢聚一堂，他深情地说："永远忘不了这块土地，忘不了这儿的亲人……"　　　　　　　　（第二十四卷第三章《人物录》，第 784 页）

# 山沟里学科学种田

在陕西省延川县段家圪塔大队的科学试验田里，在作为实验室的简陋的窑洞中，经常可以看见一个朝气勃勃的青年人。他就是北京下乡知识青年朱果利。

段家圪塔是一个自然条件较好的大队，但是多年来粗耕广种，粮食产量一直上不去。刚来到这里插队落户的共青团员朱果利和同学们参观了延安县井家湾大队搞科学实验取得成就以后，心想：要摆脱生产的落后面貌，不能光凭力气，还要讲究科学技术。要使我们队提高粮食产量，非搞科学实验不可！于是在党支部支持下，他和贫下中农、知识青年组织起了科学种田队。

小朱和同学们首先接受了试种双杂交玉米的任务。为了搞好育种，他钻研了遗传学和良种繁殖学。在贫下中农的大力帮助下，经过几个月的精心管理，九分玉米地获得七百多斤的好收成，品种纯度良好。初步试验的成功，鼓舞了队员们的信心，小朱更是打心眼儿里高兴，以为掌握农业技术知识并不难啊。可是，他却遇到了这样一件事，使他震动很大。去年，在他们的玉米试验田里，有一片玉米苗反常，叶子发黄，卷成一卷。小朱和同学们一看，没有分析情况，便不假思索地根据书上的知识，断定是缺少氮肥，主张追施尿素。可是，一位老贫农来到地里经过仔细观察，发现是由于有一层秸秆肥料发酵，夺去了土壤水分，认为不是缺肥，而是缺水。浇了水后，这块玉米很快有了起色，墨绿一片。这件事，引起小朱的深思，他认识到：如果不和实际相结合，光靠书本知识就是不完全的知识，就不能对科学实验中出现的问题作出正确的判断。从这以后，小朱以贫下中农为榜样，不仅刻苦钻研书本知识，更注重向生产实践学习。

不久，朱果利和队员们创造培育一种耐旱的陆稻品种，决定通过嫁接方法获得它们的无性杂种。按书本上介绍，进行这种试验需要保温、保湿、无菌、透光的小培养室，可是他们不具备这种条件。小朱决心打破框框，找一种简单而有效的嫁接方法。起初，他按书本上介绍的方法嫁接，没料想全部死了。他没有灰心，认真分析了不成活的原因，又开始了试验。这次，小朱没有局限于书本知识，而是将实验场所搬到地里。炎热的晌午，他钻在田里无数次地试验、摸索；夜晚，他就着小油灯翻阅胶体化学、物理化学等书，反复琢磨。十次，二十次，一个失败接一个失败。还要不要再搞下去呢？小朱很焦虑。老支书段思雄看出了他的心思，亲切地鼓励他说："别灰心，这科学实验就像走路一样，一步一个印儿，实打实的，急了不行。你大胆搞吧,有我们支持呢!"小朱心里一阵滚热,信心更足了。他和大家总结每次失败的教训,又投入了新的尝试。几个月过去了,小朱身体拖瘦了,眼熬红了,他仍然不歇手。经过近两年的时间,经过一百多次的试验,终于找到一种新的嫁接法,成功地创造了陆稻与糜子的穗接组合。

几年来,朱果利和科学种田队的队员们引种和推广了十多个玉米、高粱、谷子的优良品种,进行了陆稻和小麦的育种试验;自制了"九二〇"生物刺激素和"五四〇六"抗生素菌肥,使六十亩试验田亩产由 200 斤增加到 800 斤,高粱丰产田亩产达 1 300 斤。

(原载《光明日报》1972 年 11 月 20 日)

# 大有作为的赤脚医生(节选)
## ——记孙立哲同志的先进事迹

今年春天,陕西省延川县关家庄大队赤脚医生孙立哲到该县永平镇办事。永平镇的一些病人知道后,纷纷来到他的住处要求治病;在永平镇邮电所,还有人发出这样一份电报:"孙立哲今在永平,速来治病。"很快,邻县的一些病人也赶来了。人们为什么不怕翻山越岭都愿意找孙立哲治病? 用他们的话说:"他一心扑在贫下中农身上,咱信得过。"

孙立哲是北京市 1967 届(年)初中毕业生。1969 年,响应毛主席的号召,来到关家庄大队插队落户,当了赤脚医生。五年来,他同他的战友们医治病人 5 万多人次,治好了许多常见病、多发病以及一些疑难病,还在土窑洞里用药物麻醉和针刺麻醉,成功地做胃切除、甲状腺次全切除、急性肠梗阻等大小手术两千多例,深受贫下中农的欢迎。

1972 年 9 月,孙立哲光荣地加入了中国共产党。

……

## 哺　育

延安,是伟大领袖毛主席生活、战斗了多年的地方。小孙和战友们刚刚踏上这块革命圣地,首先瞻仰了革命旧址枣园、杨家岭、王家坪、凤凰山麓,接受革命传统教育。

在清平河川的关家庄,小孙和他的战友访问了一家又一家贫下中农。这里有当年跟随毛主席长征,爬雪山过草地的老红军;有在枪林弹雨中,出生入死,抬担架,救伤员的革命老同志;还有为子弟兵做过军鞋的大娘大婶。老贫农怀着无限激动的心情,倾述他们对毛主席和党的深情。他们用烟锅在地上画着地图,向青年们讲述毛主席当年走过的路,毛主席住过的山村和窑洞;描绘当年毛主席胜利结束东征,回师西渡黄河,在这条清平河川的太相寺村,住宿过七天七夜的革命史实。

接受贫下中农再教育的第一课,上得何等好啊! 孙立哲,这个来自毛主席身边的红卫兵,曾多次立下誓言:要学习工农兵对毛主席对党无限深厚的阶级感情。今天,他更加理解了这"深厚"二字的含义。他思潮澎湃,千万句话形成一个心愿:作党和延安人民的好儿子,永远沿着毛主席指引的道路,在陕北高原上扎根、开花、结果。

孙立哲到农村不久，亲眼看到解放后山区人民的医疗卫生事业有了很大发展，可是，这与贫下中农的要求还相差很远。一天，孙立哲的邻居有个老大娘感冒发烧，小孙和同学们连忙把从北京带来的四环素、姜片送去。大娘服用后，第三天病就好了。大娘拉着孙立哲的手，激动地说："要是咱村有个医生，该多好啊！"大娘的话，深深地印在小孙的脑海里。他和战友们，几次讨论到深夜。

正在这时候，大队党支部贯彻落实毛主席关于"把医疗卫生工作的重点放到农村去"的指示，建立了合作医疗站。贫下中农一致推选小孙当了赤脚医生。

## 忘　我

孙立哲刚当赤脚医生时，对医学一无所知，常常是一面看病，一面查阅医书，仅《农村医生手册》就先后翻烂了三本。由于他刻苦钻研，努力实践，较快地掌握了基本的医疗技术，找他看病的人也多起来了。

一个深秋的夜晚，劳动了一天的小孙，刚刚躺下，关家沟贫农社员高吾宁匆匆推门进来，说他的未满周岁的孩子病危了。小孙立即背起药箱，赶到了高吾宁家。患儿由于中毒性消化不良，高烧、吐泻，严重脱水，处于昏迷状态。小孙凭着自己初学的医学知识，懂得必须立即输液。可是，没有输液设备，怎么办？他打开药箱，一眼看到了注射器。对！就用它代替输液设备。患儿臂上血管太细，只得在其他部位输液。小孙一条腿跪着，一条腿蹲着，弯着身子，双手小心翼翼地拿着针管做注射。

天亮了，患儿还是昏迷不醒。患儿母亲看见小孙眼都熬红了，煮好一碗面条，叫小孙吃。小孙怎么也吃不下。他和患儿的父母一样：孩子不醒，难咽这口饭呀！

20多个小时过去了。小孙身上流着虚汗，两眼直冒金星。这时，他想起毛主席关于"毫不利己，专门利人"的教导，顿时精神振作起来。他还是那样跪着蹲着，手握针管，一点一滴推送。

就这样，小孙一共坚持了40多个小时，用那小小的针管，为患儿输入了1 840毫升葡萄糖和生理盐水。

第三天早晨，患儿终于得救了，可是，小孙却因疲劳过度，一头栽倒在土坑上。

像这样为了抢救阶级兄弟，把自己的一切置之度外，这在小孙是平常的事情。为了抢救病人，他在伸手不见五指的黑夜，从山坡上滚到沟里，顾不得伤疼，爬起来继续赶路。脚上的鞋滚掉了，脚掌磨破了皮，仍坚持战斗。在他生病的日子里，房东康儿妈悄悄地劝说病人改日再来，小孙听见了，硬撑着从炕上坐起来，请病人进窑，用微微发颤的手，拿起听诊器。病人含着热泪说："你真是一心扑在咱贫下中农身上啊！"

## 新　课

一天，外村抬来一个急性肠梗阻的病人，急需动手术。这时，小孙虽然已学会治疗不少常见病和多发病，但对外科手术还是一无所知。只好把病人转送永平地段医院。途中，病人不幸死了。

为这事,小孙几夜没有睡好觉。他反复思考着:贫下中农把垂危的病人送来,是对自己的信赖,可是自己却辜负了贫下中农的希望。他想:要完全、彻底为人民服务,必须尽快学会外科手术。

"一切真知都是从直接经验发源的。"在党组织领导下,依靠群众,刻苦学习,大胆实践,没有克服不了的困难。大队党支部和贫下中农热情支持小孙学外科,纷纷送来兔、鸡、羊,让小孙做动物实验。小孙和战友们对照着解剖学图谱,一件一件辨认腹腔脏器的解剖位置。

1970年底,小孙在大队党支部支持下,利用护送病人到北京治病的机会,在一个医院学习了几个月。在医院同志的热情指导下,小孙不仅积累了一些人体生理解剖方面的感性知识,还掌握了麻醉、输血、消毒、缝合、引流等外科基础知识。当他要离开医院时,成功地做了一次阑尾切除手术。

回到关家庄后,小孙以顽强的毅力,勤奋学习。白天,他劳动、治病;晚上,挑灯苦读。日复一日,小孙读了《毛泽东选集》《共产党宣言》《反杜林论》《自然辩证法》等著作,翻阅了100多册中外医学书籍和文献资料。

为了取得开刀的真知,小孙就在自己害了嵌脚的脚指上开刀;为了让战友们掌握手术技术,他让战友割下自己背上的黑痣。队里有位复员军人,自告奋勇,愿做合作医疗站的首次手术病人。小孙和战友们怀着激动的心情,为这位复员军人取出了20多年前胡宗南匪军留在他身上的三块弹片。关家庄贫农妇女高风清患胃穿孔并发急性腹膜炎。在大队党支部积极支持下,小孙和战友为这位妇女做了手术,使她转危为安。

小山村的赤脚医生能动大手术,广大贫下中农兴高采烈,前来要求治病的人更多了。

1972年8月的一天,女患者郝玉英因子宫外孕,引起大出血。抬到手术室时,已严重休克,脉搏十分微弱,血压急剧下降,需要立即动手术抢救。小孙懂得:这种手术的关键是输血。可是,小小的医疗站里,没有验血设备,不能检验血型。怎么办? 小孙琢磨着:能不能利用病人腹腔内的自体血呢? 这时,有人悄悄劝小孙:"别冒风险了。"党支部的同志望着奄奄一息的病人,鼓励小孙动手术。小孙想:作为一个革命医务工作者,就要为了人民的利益,敢于承担风险,以积极、负责的态度去抢救人民的生命。

在党支部领导下,小孙和战友们研究了手术过程中可能出现的各种情况,确定了抢救方案。

手术开始了,打开腹腔以后,满是鲜血,患者的血压继续急剧下降,最后,完全量不到了。

小孙凭着一年多积累的手术经验,果敢地用手伸进病人的腹腔,摸到破裂的卵巢动脉,迅速结扎好,并嘱咐两个助手,用一根大针管将患者腹腔内的血液,一管一管地清理出来,又把清理出来的1 000多毫升血液,做好了抗凝过滤处理,紧接着再把这些自体血重新输入病人的血管。已经15分钟量不到的血压,渐渐回升,病人的血管清晰可辨了。经过一个多小时的抢救,病人得救了。

如今,郝玉英动手术已经两年了,身体比过去更加健康,担水、做饭、洗衣,样样都能干。

为了提高手术效果,小孙和战友们在土窑洞里用自制的半导体电针机,学会了针刺麻醉技术,成功地进行了难度较大的胸骨后甲状腺肿瘤切除、肠梗阻等手术。

每次手术以后,小孙和战友们,都要坐下来总结经验。在不断实践、不断总结的过程中,他们的思想和技术水平也在不断的提高。

## 斗　争

任何新生事物的成长都不是一帆风顺的。

孙立哲刚当赤脚医生时,就有人吹冷风。当他开始做外科手术时,有人甚至说什么:"出了事,非叫他坐班房不可。"卫生部门少数……人还说:"赤脚医生做好本分工作就行了,外科手术不是方向。"

大队党支部书记对小孙说:"办合作医疗,当赤脚医生,是党和毛主席的号召,是贫下中农的迫切要求。不要怕,只管干。"……贫下中农也都坚定地支持小孙说:"咱拔锅卖铁,也要支持赤脚医生。"小孙为病人做手术,贫下中农就送来一大把手电筒,为手术照明,有人举着手电筒,一站就是五六个钟头。……

董家寺大队贫农张大娘患子宫瘤 26 年,伴有心脏病,心力衰竭。十多年前,曾到医院要求做手术,医院没敢给她做。医学文献也记载:心脏病人不宜动大手术。今年春天,小孙给大娘检查了病情,他用毛主席哲学思想指导医疗实践,分析病人的心脏病既能向坏的方向转化,也能向好的方向转化,关键在于创造转化的条件。他在手术前,先用药物控制住病人心力衰竭。结果,整个手术只用了一个多小时就顺利完成。第三天,病人能下地,第八天就出了医疗站。

……

中共延川县委和延安地区、延川县知识青年上山下乡办公室,对小孙和关家庄医疗站的先进事迹作了研究和总结,坚决支持小孙大胆实践,勇于创新的革命精神,鼓励他永远沿着毛主席的无产阶级革命路线前进。……也使小孙受到很大的鼓舞,脚步迈得更加坚实了。

去年秋天,县委任命孙立哲担任不脱产的县卫生局副局长、公社党委副书记。在县委领导下,小孙组织了赤脚医生学习班和巡回医疗队,互教互学,从实践中培养、提高赤脚医生。去冬今春,赤脚医生医疗队完成了 62 个大队的计划生育和防治疾病工作,不少赤脚医生回队后,能治疗常见病、多发病,巩固了合作医疗制度。

孙立哲以他自己的实践,有力地说明:赤脚医生这支农村医疗卫生工作的生力军是大有作为,大有希望,大有前途的。他们必将为改变农村卫生面貌作出更大的贡献。

（原载《人民日报》1974 年 10 月 12 日　星期六　第三版）

# 取　火　记(节选)
### ——延川县人民大办沼气见闻

火,是被人类征服的第一个自然力。从远古钻木取火的神话传说,到煤、油、天然气和太阳能的应用,人类为了火的利用,燃料的来源,曾用了几十万年的艰辛斗争,不断换取人类的文明、进步! 今天,正在进行的推广利用沼气,也就是这个斗争的一个新的回合。让我们通过地处陕北高原、黄河之滨的延川县人民大办沼气的事迹,看看毛泽东思想哺育的延安人民在开辟燃料新来源的斗争中,是怎样排除万难,顽强战斗的吧!

(一)

1974年1月18日,《人民日报》介绍四川人民推广利用沼气的报道,牵动着无数人的心思。夜里,北京插队知识青年,延川县文安驿公社梁家河大队党支部书记习近平同志在小油灯下,仔细阅读着这篇报道,心潮澎湃,久久不能入睡。心想:我们这交通不便,缺煤缺柴的山区,能够像四川一样利用沼气煮饭、照明该有多好呀! 一天,他步行五十多里山路来到延川县城,把自己想到四川学习制取沼气的事告诉了北京支延干部、县委常委、县革委会副主任张之森同志,老张呵呵一笑:"小习,咱们都谋到一条路上了!"

原来,不久前正在北京探亲的张之森同志也看到了这份报纸,引起了极大兴趣,为了在陕北高原试办沼气,他放弃了休假时间,东奔西跑,在有关部门找了一些办沼气的技术资料,日夜兼程,提前赶回延川。

4月1日,县委根据老张等同志的建议,决定派有关部门的六名同志前往四川"取经",小习也是其中的一个。

5月初,全体常委听取了赴四川学习办沼气的同志的汇报,根据延川的不同自然地理情况,选定县农场和梁家河等四个点进行沼气试办。

试建沼气池的战斗打响了,参加试建的贫下中农、沼气技术人员干劲十足,日以继夜开石备料,挖坑奠基,干的热火朝天。

建池需要沙子,可是梁家河没有,习近平同志就带领几个青年到十五里外的前马沟去挖;建池的水泥运不进沟,他又带头从十五里外的公社背了回来;没石灰,他们又自己办起烧灰场……

农场的池子经过20多天的紧张战斗建成装料。可是,突然发现池子露水跑气,如不及时清理出水粪,这口池子就有报废的危险。去四川学习过的沼气技术员刘春合和另外的几个同志连夜用桶往外吊水粪,吊桶上的麻绳子把手勒红了、勒破了,他们全然不顾,突击一天一夜,把40立方米的水粪全部清理出池子,装过料的池子,池壁沾满粪浆,又脏又臭,在炎热的夏天进池修理,更是憋的人喘不过气来。刘春合同志二话不说,跳进池内,用清水洗刷池壁,寻找裂纹,进行修补……

7月中旬,在两三天内,梁家河、延水关和农场的三个沼气池先后产气点火,终于,粉碎了"沼气不过秦岭"的神话,陕北高原点亮了沼气灯!

……

(原载《延安通讯》1975年9月20日第一版)

(第二十五卷第五章《报刊通讯录》,第814—822页)

# 《延长县志》

延长县地方志编纂委员会编,陕西人民出版社 1991 年

(1968 年)10 月 5 日,成立"毕业生分配办公室",办理知识青年上山下乡事宜。1969 年 4 月 9 日改称"安置办公室",兼管下放干部和城镇居民的安置事宜。1973 年又改为"知识青年上山下乡办公室"(简称"知青办"),1979 年安置工作基本结束,1980 年交县劳动局代管,"知青办"随之撤销。

12 月,县"毕业生分配办公室"开始安置本地城镇户口的高初中毕业生。至 1978 年,共安置 904 人,其中城镇学生 116 人,农中和延长县共产主义劳动大学学生 64 人,回乡知青 724 人。 (《大事记》,第 28—29 页)

(1969 年)1—2 月,北京知识青年响应毛泽东主席"知识青年上山下乡"的号召,先后两批 2 374 人在延长插队落户。至 1973 年 8 月,北京插队知识青年迁出本县 1 992 人,其中招工 1 230 人,招干 64 人,上大学 43 人,参军 16 人,因病及因家庭困难转回北京 186 人,转到外地插队 412 人,法办 37 人,死亡 4 人,尚留 382 人(其中男 253 人,女 129 人),1980 年安排完毕。1975—1977 年又先后接收北京知青 50 人,1985 年,北京知青凡在延长结婚的农村户口配偶解决城镇户口,供应商品粮,分配工作。 (《大事记》,第 29 页)

(1970 年)夏,北京市派出 100 名干部到延长管理北京插队学生。1974 年陆续调离,1977 年全部调回北京。 (《大事记》,第 29 页)

# 《宜川县志》

宜川县地方志编纂委员会编,陕西人民出版社 2000 年

(1969 年)1 月 12 日开始,北京市知识青年 3 191 人分 4 批先后到达宜川农村插队劳动。其中男 1 488 人,女 1 703 人,分布在全县 13 个公社,148 个生产大队,467 个生产队。宜川本地 800 多名知识青年也插队劳动。

14 日晚,北京来宜插队的 51 名知识青年去寿峰公社途中在薛家坪休息时由于生火不慎,火药点燃,彭维克、江浩、徐西侠 3 名知识青年被烧伤,北京派直升飞机降宜城体育场接去,运往西安治疗。

3 月 6 日至 8 日,县"革委会"召开上山下乡知识青年政治工作座谈会,插队知识青年代表 300 多人出席了会议。会议学习了文件,分析安置工作的形势,由英旺公社上高里塬大队、新市河公社宜世大队、秋林公社上合兑大队等 10 多名贫下中农,知识青年代表在大会上

介绍了经验。 （《大事记》，第 28 页）

同年（1971 年）北京市派出 120 名干部来宜，居住在北京知识青年点上，参加劳动，管理北京知识青年。1972 年先后返回北京。 （《大事记》，第 29 页）

1966 年"文革"开始后，私营经济和个体经济被否定，国家停止招工，多种就业渠道被堵塞。1968 年毛泽东号召"知识青年到农村去，接受贫下中农的再教育"，10 月，宜川 66、67、68 三届高中、初中毕业生 162 人到集义公社插队。1969 年元月、2 月北京知识青年分 4 批来宜川插队落户，分别安置在无地方病的 14 个公社 153 个大队 487 个生产队。从 1968 年到 1976 年，全县共安置 3 802 名城市知识青年上山下乡插队落户。

1970 年，恢复招工工作，采取群众推荐、领导审查、招收单位复审、县劳动部门批准的方法。招收对象以插队青年为主，农村青年可招为亦工亦农合同工或副业工，轮换工。复员、退伍军人可以安置为全民单位工人。

1979 年，停止上山下乡，大批知识青年返城劳动就业。1981 年改革招工制度，按照考试成绩加照顾收录。中央确定"在国家统筹规划和指导下，实行劳动部门介绍就业，自愿组织起来就业和自谋职业相结合的多渠道就业方针"。县上决定由各系统、部门包干安置本系统单位待业青年。从 1979 年到 1982 年，全县共安置 638 人。占待业人员总数的 62.6％。其中：招工招干 352 人；发展服务网点 12 个，安置 46 人；兴办街道企业 21 个，安置 103 人；发展个体工商户 60 个，安置 74 人；介绍临时工 63 人。（卷十三第四章《劳动管理》，第 538 页）

1973 年，党、政分开办公，县委逐步重建办公室、组织部、宣传部、政策研究室、党校、机关党委、知识青年上山下乡安置办公室。 （卷十五第一章《中共宜川县党组织》，第 621 页）

# 《黄龙县志》

黄龙县志编纂委员会编，陕西人民出版社 1995 年

（1968 年）11 月，设立知识青年上山下乡安置办公室，1981 年 5 月 6 日撤销。

（《大事记》，第 27 页）

"文化大革命"期间，除吸收下乡知识青年从工外，还从农村吸收贫下中农青年从工。1970 年从农村招收亦工亦农合同工，全县有固定职工 2 520 人，临时工 188 人。1973 年以后，招工对象为农村知识青年、上山下乡插队青年、批准免下城镇待业知识青年。

（《政权志·人民政权》第二章《人民政府》，第 420 页）

1968—1978年，大批知识青年到农村安家落户。1968年11月24日，本县设立知识青年上山下乡安置领导小组，县革命委员会一名副主任具体负责。下设办公室，配备主任1人，办事员3人。当年安置本县城镇知识青年54名，在石堡公社插队落户。

1969年元月20日，北京市977名知识青年来黄龙插队落户，其中男480人，女497人，被分配到石堡、白马滩、柏峪、圪台、城关、三岔、界头庙、范家卓子8个社镇31个大队79个生产队参加集体生产劳动。并规定凡插队劳动锻炼2年以上，按其表现招工招干。之后，本县初、高中毕业学生，除确有疾病的和特殊困难经批准可以免下者外，其余按同样办法下农村插队安置。截至1978年，本县先后安置知识青年9批1 445人，批准免下107人。

知识青年插队的住处，由国家拨出专款建设。1968—1978年，全县共拨出专款350 115.50元，建房330间，面积5 280平方米；建窑100孔，面积2 400平方米。此后按国家有关规定，逐年安排插队知识青年就业，1985年底全部给予安置。其中参军26名，招干71名，考入中等专业学校12名、高等院校4名，担任县级领导职务的1名，其余均被招工录用。其农村原有房（窑）产移交生产队所有。

（《政权志·人民政权》第二章《人民政府》，第420—421页）

知识青年上山下乡。1969年1月，黄龙县先后接收北京安置下放农村插队知青977名，到农村接受贫下中农的"再教育"。分别安置在8个公社、31个大队、80个生产队。每个队安置10—15人。生产队专门修建知青居住房窑，购置灶具及其它用品。随后，本县168名初高中毕业生也被分期分批安置农村插队，给社会带来了不少问题。

1970年春，北京市来黄插队干部50名，分配在"知青"点上居住，参加当地一切活动，管理知青插队工作，1974年先后全部返回北京。北京"知青"和本县插队学生，先后通过招工、招干和参军等形式安排了工作，先后全部离开农村。

（《附录·黄龙县"文化大革命"纪略》，第680页）

# 《洛川县志》

洛川县志编纂委员会编，陕西人民出版社1994年

（1969年）12月12日，全县高、初中学生988人回生产队接受贫下中农"再教育"。

同月，北京知识青年1 025人安置到洛川农村接受贫下中农"再教育"。

（《大事记》，第20页）

1968年县上成立知识青年安置办公室，组织知青在后子头公社芦白村创办知青农场1处，38名知青经过3年劳动，陆续安置了工作。1978年"知青办"撤销，成立劳动服务公司，

负责安置知青自谋职业和招考录用工作。1978 年至 1989 年,全县共有城镇待业青年 6 874 人先后安置在厂、矿、企事业单位工作。　　　　　(第三编第四章《社会工作》,第 125 页)

1974 年实行党政合一制,县委和县革委会合署办公,32 个部、局、室、办划为党群办(由组织部、直属党委、工、青、妇、贫协组成)、政法办(由法院、公安局、民政局组成)、农林办(由农业局、林业局组成)、宣教办(由宣传部、党校、知青办、文教局、卫生局、体协组成)……

(第四编第二章《政府机构》,第 143 页)

为了做好对知识青年的接收和安置工作,1969 年 1 月本县成立了洛川县安置办公室。1970 年改称下放分配办公室。1972 年改名为知识青年上山下乡办公室。1974 年为加强领导,县委和县"革委会"成立洛川县知识青年领导小组。1981 年"知青办"与"安置办"并入县劳动局。

1969 年至 1981 年,全县共接收上山下乡插队知识青年 2 643 人。其中北京知青 2 213 人,西安知青 113 人,延安知青 29 人,洛川县知青 288 名。分别插队在菩堤、旧县、黄章、永乡、后子头、京兆、杨舒、老庙、槐柏、武石、石泉、土基、秦关、石头 14 个乡(镇)的 177 个生产大队的 296 个生产队及芦白、咀头两个农场。国家先后拨给专款 80 多万元,分配农业机械(具)28 种共 448 台(件),以及部分文艺、体育、医疗用品。

洛川县知青在队变化及安置情况见表 4-15。

表 4-15　洛川县知青在队变化及安置情况

| 动员地区 | 接收人数 | 在队变化 | | | | | 安置 | | | | | | | |
|---|---|---|---|---|---|---|---|---|---|---|---|---|---|---|
| | | 入党 | 入团 | 任教 | 学医 | 基层干部 | 招工 | 招干 | 升学 | 入征 | 外转 | 死亡 | 判刑 | 病退 |
| 北京 | 2 213 | 12 | 564 | 21 | 28 | 36 | 1 435 | 50 | 103 | 20 | 434 | 1 | 2 | 168 |
| 西安 | 113 | 6 | 79 | | | | 82 | | 16 | | 9 | 1 | | 5 |
| 延安 | 29 | 2 | 9 | | | | 24 | | 3 | | 2 | | | |
| 本县 | 288 | 24 | | 186 | | | 229 | 16 | 7 | 9 | | | | 17 |
| 合计 | 2 643 | 44 | 838 | 207 | 28 | 36 | 1 800 | 66 | 1 299 | 29 | 445 | 2 | 2 | 190 |

(第四编第四章《民政人事》,第 176—177 页)

60 年代后期,复员军人、下乡知青增多,成为农村中的体育骨干。大部分行政村有了篮球队。乡(镇)之间、村落之间也常进行邀请赛或友谊赛。城关农民篮球队常参加县级单位比赛,曾获冠亚军各一次。1976 年县召开第一届农民运动会,历时 5 天,18 个公社和相寺川林场、知青农场等单位运动员 280 人参加,后子头知青农场获男女队冠军。

(第八编第四章《体育》,第 555 页)

# 《宜君县志》

宜君县志编纂委员会编，三秦出版社 1992 年

(1968 年)12 月，县"革委会"成立知识青年上山下乡接待安置办公室，动员和组织知识青年上山下乡，接受贫下中农再教育。该办公室 1973 年撤销。

年底，北京崇文区 2 212 名知识青年来本县插队落户。 （《大事记》，第 27 页）

(1973 年)11 月改"革委会"政工组下放分配办公室为县委知识青年上山下乡领导小组办公室(简称知青办)。……1981 年 6 月撤销县委知识青年上山下乡办公室、工交政治部。

（第十四编第一章《中国共产党》，第 392 页）

1972 年招工 491 人，其中来自北京插队知识青年 414 人，当地插队知识青年 36 人，应届中学毕业生 6 人。 （第十八编第二章《劳动》，第 514 页）

1972 年重点招收北京插队知识青年，城镇户口的应届毕业生，其次是农村中表现好的贫下中农子弟，以及剥削阶级家庭出身可以教育好的子女。1975 年招收经过两年下乡锻炼的知青，批准留城的知识青年以及农村表现好的男性青年和因公死亡的干部、工人的符合招工条件的子女。1976 年，招收年龄在 18—22 周岁，身体健康，具有初中以上文化程度，表现好的农村青年。1977 年，除招收下乡插队和待业的城镇知识青年外，并招收师范、水利学校、农业学校毕业回乡的学生，以及表现好的农村青年。1979 年招收 1977 年以前上山下乡的，具有初中以上文化程度，年龄在 16—25 周岁之间的未婚知识青年；批准留城的青年，对符合招工条件的独生子女，优先录用。1981 年，招收 1979 年底以前毕业，具有初中以上文化程度，年龄在 18—25 周岁，身体健康，吃供应粮的城镇待业青年和按插队对待的待业青年、特别困难的退伍军人。1982 年以后，主要招收城镇下乡知识青年，城镇初高中应届毕业生，以及退休工人符合顶替条件的子女。 （第十八编第二章《劳动》，第 514—515 页）

60 年代初，随着人口的不断增加和国民经济的暂时困难，出现了待业情况。1968 年，响应党中央号召，动员城镇知识青年上山下乡，插队落户。到 1978 年，全县先后在 13 个公社、118 个生产大队、255 个生产队、三个知青农场，安置插队知识青年 2 954 人，其中 1969 年安置北京知青 2 212 人(男 802 人，女 1 410 人)；1976 年和 1977 年两年，安置铜川知青 618 人(男 198 人，女 420 人)；1969 年至 1978 年安置本县知青(吃商品粮的)112 人(男 52 人，女 60 人)；另有外地转入本县知青 12 人。

国家为了使知青在农村吃、住有着落，1968 年至 1981 年，先后拨知青安置费 93 万元，实际支出 89.97 万元。县人民政府对插队知青，第一年每人每月发给生活补助费 10 元，第

二年 3 元,第三年 2 元,第二、三年的生活补助费一般用于集体灶补贴,发展小组副业等。知青每人每年口粮以所在生产队社员一个半人的标准发给,最低不少于 275 公斤。

1970 年,宜君县着手解决下乡知青的就业安置问题,到 1981 年底,除一人自愿留农村外,其余插队知青全部迁离农村,其中:吸收为国家干部 110 人,参军的 34 人,招工 2 035 人;被大中专录取的 170 人,回城的 423 人,转外省 149 人,其他 32 人。

(第十八编第二章《劳动》,第 515—516 页)

# 《黄陵县志》

黄陵县地方志编纂委员会编,西安地图出版社 1995 年

(1969 年)1 月,北京知识青年 2 438 人到黄陵插队。　　　　(《大事记》,第 19 页)

北京及各地来黄陵插队的知识青年纷纷返城,外流人员增加。……迁出率过高的原因:一是三年自然灾害,人口流动较大;二是 1978 年以后知青返城、返原籍人数增多。

(人口志第四章《人口变动》,第 91 页)

1970 年后(招工)安置部分复退军人;家住城镇的 69 级毕业生;北京和本县的插队知青;因公死亡的烈士子女;商业系统兼招老弱病残职工子女;店头煤矿轮换工多为家住农村的老职工子女。　　　　(人口志第五章《劳动就业》,第 93 页)

1970 年后,招工对象是安置部分复退军人,城镇户口中 1969 年毕业生,北京和本县上山下乡插队知识青年,批准免下的知识青年,矿山井下,森林伐木行业符合条件的职工子女。

(政权志第三章《县人民政府》,第 452 页)

# 《富县志》

富县地方志编纂委员会编,陕西人民出版社 1994 年

(1969 年)12 月,全县 13 个公社,315 个生产大队安置插队落户的北京学生 2 088 名。

(《大事记》,第 17 页)

本县人口在建国后的机械变动大体划分为 4 个阶段。

……

1966 年至 1976 年为第三阶段。这一时期的人口机械变动的特点是迁入大于迁出。其

原因：……二是千余名北京知识青年来富县插队落户。……

1977年至1989年为第四阶段。1978年中共十一届三中全会以后，落实干部政策，落实知识分子政策，知识青年离乡返城，下放农村的城镇居民离乡返城，使境内迁出人口大于境外迁入人口。 （人口志第二章《人口变动》，第75页）

1970年以后的招工对象：一是上山下乡的知识青年（主要是北京学生）；二是城镇居民下放到农村落户的初、高中毕业生；三是批准免于下放农村的城镇待业青年；四是矿山井下、森林采伐行业符合条件的职工子女，在其父母退休、退职后进行录用顶替。1977年以后，除煤矿可以从农村招收轮换工以外，其它单位不再从农村招工。
（政权志第四章《民政、人劳、档案、信访》，第377页）

1969年，大批知识青年响应毛主席"上山下乡"的号召，到农村安家落户。口号是："知识青年到农村去，接受贫下中农再教育。"1970—1976年，"上山下乡"成为制度，县设知识青年接待办公室，专管此项工作。全县先后安置北京知识青年2088名，分布在13个公社（乡镇），315个生产队（村庄）。这些知识青年对于建设新农村起到一定的积极作用。但他们远离父母，又不会务农，确实给农民群众增添了不少麻烦。1981年，将下放到农村的知识青年全部回收到城镇，县设劳动服务公司帮助待业青年广开就业门路。方针是：劳动部门介绍就业，自愿组织起来联合就业和自谋职业相结合。 （政权志第四章《民政、人劳、档案、信访》，第377页）

1968年11月12日，县革命委员会设安置办公室，专门负责居民精简、干部下放、学生上山下乡的安置工作。 （《附录》第四部分《富县"文化大革命"纪实》，第558页）

1968年11月至1969年12月，全县13个公社315个生产队共安置城镇知识青年2858名，其中北京学生2088名，本县学生770名。特别是北京学生，虽然为建设新农村出了力、流了汗，但他们远离家乡，远离父母，又不懂农村的风俗习惯，确实给当地农民增加了不少的麻烦。 （《附录》第四部分《富县"文化大革命"纪实》，第558页）

# 《甘泉县志》

甘泉县地方志编纂委员会编，陕西人民出版社1993年

（1969年）2月下旬，北京知识青年628人，来甘泉县插队劳动，接受贫下中农再教育。
（《大事记》，第31—32页）

上山下乡知识青年（简称知青）就业安置：1964年，成立甘泉县安置办公室，负责安置城

镇精简人员和知识青年。是年,安置知青 7 人。1968 年,安置延安等外地插队知青 394 人,安置本县下乡插队知青 192 人。1969 年 2 月,北京知青 628 人被安插在各农村落户。是年,本县知青下乡插队 627 人。1970 年后,在招工招干、推荐上学指标内,优先照顾招收北京知青。1975 年,安置外地知青 365 人、本县知青 785 人。1976 年,安置外地知青 74 人,本县 116 人。1977 年,安置外地知青 9 人,本县 43 人。1978 年,安置外地知青 11 人,本县 45 人。1981 年,北京插队知青大部分迁离农村,安排了工作。1989 年,甘泉原有北京知青 30 人,其中男 25 人,女 5 人,全部工作。对其(中)部分农村粮、无工作的家属、子女,于年底,按有关政策全部"农转非"并部分安排工作。　　　　　　　　(政权志第二章《执行机关》,第 406 页)

# 《志丹县志》

志丹县地方志编纂委员会编,陕西人民出版社 1996 年

是月(1968 年 11 月),本县首批 313 名高、初中毕业生到农村插队,至 1980 年全县共有 467 名城镇知青到农村插队(不包括回乡知青)。　　　　　　　　(《大事记》,第 28 页)

12 月,539 名北京知识青年首批来志丹插队。至 1980 年先后 3 次共安置北京知青 559 人。　　　　　　　　(《大事记》,第 28 页)

(1973 年)10 月 18 日,志丹县知识青年上山下乡工作会议召开。　(《大事记》,第 31 页)

"文化大革命"开始后,城镇初、高中毕业生除少部分按政策留城就业外,多数下放农村插队落户(即知识青年上山下乡)。从 1968 年起,10 年间本县先后有外地(北京)和当地的上山下乡知识青年 1 026 名。1979 年落实政策中,将尚在插队的城镇青年全部转回城镇,安排工作。　　　　　　　　(政权志第二章《政府》,第 489 页)

建国以后,教师除由国家统一分配外,农村民办学校教师多数则由返乡知识青年担任。
　　　　　　　　(教育志第六章《教师队伍》,第 663 页)

# 《吴旗县志》

吴旗县地方志编纂委员会编,三秦出版社 1991 年

(1976 年)10 月 14 日,中共吴旗县委召开上山下乡知识青年"农业学大寨"会议。
　　　　　　　　(《大事记》,第 25 页)

(1977年)3月28日,在9个公社17个大队安排上山下乡的知识青年130人。

(《大事记》,第25页)

"文化大革命"动乱期间,由于"左"的思想影响,超越了经济发展和师资、设备的客观实际,提出队队办五年制小学,社社办初中,加之有22名外地教师回原籍工作,所以各级学校教师十分缺乏,原有的小学教师绝大部分升为初中教师,又从返乡知识青年中选用部分民办教师,降低了小学教师质量,形成了头重脚轻的局面。

(教育志第九章《教师队伍》,第805—806页)

# 《咸阳市志(第一册)》

咸阳市地方志编纂委员会编,陕西人民出版社1996年

(1964年)6月11日,兴平县北马大队回乡知识青年,党支部书记韩志刚,赴北京参加共青团第九次全国代表大会,当选为团中央委员。

(《大事记》,第81页)

(1968年)12月,地、县城乡知识青年有2 255人到农村插队落户。

(《大事记》,第85页)

1969年咸阳地区建筑工程公司成立。有职工百余人,人员来源主要是招收农村回乡知识青年,有一定文化基础,但无专业技术。

(第六编第九章《建筑工程》,第649页)

# 《咸阳市志(第二册)》

咸阳市地方志编纂委员会编,三秦出版社2001年

1972年至1977年,招收工人实行群众推荐,民主评议,领导考核,择优录用的原则。就业对象是城镇退伍复员军人、按政策规定批准留城学生和上山下乡劳动锻炼期满两年以上的知识青年。

(第八编第二章《劳资管理》,第755页)

1962年至1978年,为响应党的号召,缓和城市就业矛盾,咸阳动员48 000名知识青年上山下乡。

(第八编第二章《劳资管理》,第756页)

"文化大革命"中,采取了"城乡对流"方针。一方面从农村招收大量劳动力(少量从城镇招收),采取群众推荐、民主评议的办法共招收固定工99 000人,另一方面又组织城镇知识

青年上山下乡。……1974年3月,咸阳地区在农村插队落户的知青有8 000多人,当年咸阳地区计划全区再动员城镇青年学生5 000人去农村。据统计,"文化大革命"期间,全区累计在农村插队的知青共58 700人。这一时期,用工制度采取"群众推荐、民主评议、领导考核、择优录用"的原则,主要对象是城镇退伍复员军人,按政策批准留城和上山下乡劳动满两年以上的知识青年。采用这一办法,在一定程度上缓解了"文化大革命"造成的混乱,对稳定生产、发展生产起到一定的促进作用。但带来的负面影响是城镇4万多人需要就业,给劳动就业造成压力。

1980年劳动用工制度试行"公开招工,择优录用"的办法,招收的范围主要是上山下乡的知识青年和1979年以前中学毕业的城镇待业青年。对老红军子女、独生子女,在招工时优先照顾接收。新招工人实行6个月试用期。 (第八编第二章《劳资管理》,第760页)

# 《咸阳市志(第三册)》

咸阳市地方志编纂委员会编,三秦出版社2001年

从1968年开始,全区先后有58 700余名插队知识青年在农村接受"贫下中农再教育"。

(第一编第一章《中国共产党咸阳地方组织》,第116—117页)

1983年调资期间,"以工代干"人员批准为干部的,工资低于国家机关行政人员24级的改为24级,其中属于1978年底以前参加工作的,列入这次调资范围;1979年1月1日以后参加工作的上山下乡插队满5年的原城镇知识青年和按工龄计算的规定推算到1978年以前的复员退伍军人,未到定级时间的,经考核合格,可在现工资基础上升一级,到定级时经考核合格,再增加定级工资与上一个等级的级差,但升级和定级后的工资,只能高出定级工资一级。 (第三编第三章《人事》,第389页)

1962年12月22日,共青团咸阳地委发出《关于组织团员、青年进一步学习韩志刚模范事迹的通知》,随后在全市范围内掀起了学习韩志刚事迹的热潮。韩志刚是兴平县人,优秀回乡知识青年代表。 (第四编第二章《共青团》,第495页)

(70年代)咸阳各级贫下中农协会组织在全区范围内参与了管理商业、管理学校、管理农村合作医疗,教育下乡知识青年和监督社队财务、监督社队干部的活动。这些活动中,有不少"左"的错误。据1974年4月统计,……在全区近两万名下乡知识青年中建立了2 780个再教育小组。80年代初,各级贫下中农协会全部撤销。

(第四编第五章《农会》,第536页)

1968 年 12 月 22 日,《人民日报》编者按中传达毛泽东的最新指示:"知识青年到农村去,接受贫下中农的再教育,很有必要。"专区各县掀起了知识青年"上山下乡"的热潮,当年就有 2 255 人到农村插队落户。至 1969 年 8 月,全区有 43 769 名知识青年走上了农业生产第一线,并接收安置西安市知识青年 18 023 人,还有来自全国各地的大学毕业生574 人。

……

至 1970 年 7 月,在咸阳地区安家落户的知识青年 20 800 多人,返乡知识青年 38 800 多人,下放干部 2 493 人,下放居民 11 900 多人。

(第六编第二章《社会主义革命和建设时期》,第 716—717 页)

# 《咸阳市志(第四册)》

咸阳市地方志编纂委员会编,三秦出版社 2000 年

武功等县 1975 年还专门召开了学前教育工作会议,决定各生产大队的小学一律附设学前班,吸收 4 至 6 岁儿童入学。学前班教师基本由所在学校与生产队商定,聘请当地知识青年担任,报酬由生产队筹给,管理方式及教学方法大多类似幼儿园。

(第一编第二章《学前教育》,第 41 页)

1972 年,招转部分民办教师为公办教师,又在历届高初中毕业的返乡知识青年中吸收了一批教师,是年全地区教师人数达到 31 000 人(其中公办 15 000 人,民办 16 000 人)。

(第一编第八章《教育管理》,第 127 页)

1968 年,大批城镇知识青年上山下乡,促进了各县农民体育的开展。西安市业余体校 7名篮球队员下放三原县徐木公社社教大队落户,当地公社以他们为骨干开展篮球活动,成为全县农村体育最为活跃的一个公社。前国家女篮队长邱晨,1969 年曾在兴平县落户,在农村便开始了她的起步训练。
(第七编第一章《群众体育》,第 619—620 页)

# 《咸阳市秦都区志》

咸阳市秦都区地方志编纂委员会编,陕西人民出版社 1995 年

本年(1968 年),全市知识青年上山下乡形成高潮。安置"老三届"(1966 年、1967 年、1968 年的初、高中毕业生)学生。此后,知识青年上山下乡成为制度。1973 年,市革委成立知识青年上山下乡领导小组办公室。规定,凡年满 16 岁以上属城镇户口的知识青年,除直

接升学、病残、独生子女、多子女父母身边只留一人及中国籍的外国人子女外,其余都要下乡插队。

(《大事记》,第 47 页)

"文化大革命"期间,国家动员初、高中毕业生和其他无业青年上山下乡或参加"三线建设"。从 1970 年起,陆续对插队两年以上的城市知识青年由生产大队择优推荐,统一招工。至 1980 年底,下乡"知青"基本招收完毕。1981 年,对参加"三线建设"的 765 名知青也全部安排就业。

(经济管理志第六章《劳动管理》,第 268 页)

1964 年,为解决不能升学的初、高中毕业生就业问题,动员 110 名城镇知识青年到农村插队落户。1968 年,组织 1966—1968 年的"老三届"初、高中毕业生 8 467 人插队落户。至 1978 年,全市共动员 23 940 人到 15 个公社插队落户,建"知青农场"、科技站 16 个,"知青点"95 个。

(经济管理志第六章《劳动管理》,第 269 页)

# 《渭城区志》

渭城区地方志编纂委员会编,陕西人民出版社 1996 年

是年(1968 年),本市知识青年下乡形成高潮,主要安置"老三届"(1966、1967、1968)三年的初高中毕业生,共计 8 476 人,由国家拨安置费 105.5 万元,用于建房、旅途费、生活补助以及购置小农具、灶具等。

(《大事记》,第 23 页)

# 《礼泉县志》

礼泉县志编纂委员会编,三秦出版社 1999 年

千名青年上山,创社队联办林场。1965 年 4 月,县委决定动员千名知识青年上山,创办 20 个社队联办林场,绿化荒山荒沟。先后开荒 3 900 亩,育苗 2 800 亩,造林 2 300 亩,生产粮食 1 万斤,种绿肥 6 300 亩,修道路 113 华里。当年 8 月,县上成立了山区造林指挥部,副县长邢琪任总指挥,在南坊、叱干、山底成立 3 处林业分站,加强绿化造林技术指导。

(第八编第一章《林业》,第 331 页)

1968 年 12 月,西安市莲湖区首批知青 148 名来礼泉安家落户,县上将安置点放在昭陵公社,分配在 14 个生产大队。随着城市知青的逐渐增多,县上成立了"知识青年上山下乡领导小组"和"办公室"。

自 1968 年至 1976 年,来礼泉下乡落户的西安知青和本县城镇知青共 4 518 人,先后在

14 个公社,186 个大队落户。全县为知青建房 600 多间,打窑 150 多孔,社员为知青提供住房 658 间。知青来礼泉插队,做出了显著的成绩,其中最有纪念意义的是:他们参加了修建 98 华里长的宝鸡峡塬边渠道工程,涌现出像红卫公社的"五七"红色尖刀排、新时公社的"女子连"、石潭公社的"铁梅排"等先进集体。知青中先后有 5 人加入中国共产党,127 人加入中国共产主义青年团,55 人担任生产队以上干部,20 多人担任农村赤脚医生,23 人被聘为中、小学教师等。但同时也出现了一些问题,如贪污挪用知青建房款、破坏知青上山下乡等,全县受刑事处分的 5 人。 (第二十七编第三章《成立革命委员会》,第 1004—1005 页)

# 《永寿县志》

永寿县地方志编纂委员会编,三秦出版社 1991 年

1979 年,设知识青年安置办公室,与民政局合署办公。

(政权志第二章《人民政府》,第 414 页)

1973 年,招工对象为上山下乡知识青年、城镇居民中的待业青年、农村社会青年、矿山、井下、野外勘探、森林采伐职工的子弟。 (政权志第二章《人民政府》,第 419 页)

# 《彬县志》

彬县志编纂委员会编,陕西人民出版社 2000 年

(1968 年)11 月 5 日,西安市首批中学毕业生来县"上山下乡",县革委会召开大会热烈欢迎,2 000 多名西安和本县中学毕业的知识青年去农村插队落户,接受贫下中农再教育。

(《大事记》,第 44 页)

1973 年,招工对象为:上山下乡知识青年,城镇居民中下农村落户的高、初中学生,批准免于下乡的知识青年,地少劳多或基建占地过多的社队青年,矿山井下、野外勘探、森林伐木行业符合条件的职工子女。 (政务志第二章《人事劳动》,第 534 页)

1965 年,城镇知识青年开始插队安置。1968 年,西安市知青响应毛泽东号召,到农村插队劳动,接受贫下中农的再教育。1965—1978 年 10 月,2 324 名知青被安置在全县 15 个公社 63 个大队 107 个生产队。他们后来通过招工、上学等途径,绝大部分返城就业。

(政务志第二章《人事劳动》,第 534 页)

# 《长武县志》

长武县志编纂委员会编,陕西人民出版社 2000 年

(1968 年)11 月,动员知识青年"上山下乡"。至年底,初高中毕业生分批去农村插队落户 1 500 人,其中西安市的三届毕业生 1 000 人。分别安排 143 个知青点,接受贫下中农再教育。 (第二编第三章《中华人民共和国成立以来》,第 40 页)

"文化大革命"中,盲目转办非农业户口。随着城镇居民人口增加,初高中毕业学生就业成为突出问题。1968 年,动员知识青年"上山下乡"。各公社建立知青点,连续安置县内和西安市三届毕业生,"接受贫下中农再教育"。从 1977 年起,逐步招工,返城就业。此后,一般不再从农村招工。县内用工指标,纳入国家计划,从严管理。招工对象主要是城镇居民,下乡落户的知识青年。矿山井下、野外勘探、森林伐木行业,职工子女可以直接内招。地少劳多或因征用占地过多的农村社队,按合同亦可照顾个别招收。1979 年,开始实行城镇知青由劳动部门介绍、自愿组织和自谋职业相结合的就业办法,并批准一些单位计划外用工,以增加就业人数。 (第六编第三章《经济行政管理》,第 185 页)

1968 年 10 月,贯彻落实毛泽东主席的号召,动员知识青年到农村去,"接受贫下中农再教育"。县革委会设"知识青年安置办公室",拨出专款,抽调专职干部,制定管理办法。以"对待新生事物"的态度,落实"最高最新指示"。连续三年,分配接收西安市 1968—1970 年 3 届高中毕业生 680 人。还动员县内"老三届"居民学生 230 人"上山下乡"。县社办知青点 18 处。领导干部子女、有关系"走后门"的,多以特殊理由"免下",提早安排自选舒适工作。大批知识青年到农村,接受劳动锻炼,有利于缓解就业安置矛盾。城市学生年龄偏小,远离父母,不会料理生活,在艰难困苦的环境中,磨练了意志,培养出了独立工作生活的能力。1982 年以后,陆续招工、征兵、升学而离开农村,通过各种渠道安置待业青年 1 509 人。 (第十四编第四章《政府主要政务活动》,第 397 页)

# 《旬邑县志》

旬邑县地方志编纂委员会编,三秦出版社 2000 年

(1969 年)2 月,本县成立"清理阶级队伍办公室"、"知识青年安置办公室"、"打击投机倒把办公室"。 (《大事记》,第 28 页)

(1982 年)4 月,撤销旬邑县知识青年上山下乡领导小组及其办公室。 (《大事记》,第 34 页)

在 1968—1972 年之间因知识青年上山下乡,本县人口发生了一些变化,据统计,1968—1972 年共迁入知识青年 825 人,男 515,女 310,以后又陆续迁出,其中参军 25,招工 614,迁外地 71,留本县者 114 人。　　　　　　　　　　　(人口志第三章《人口变动》,第 144 页)

1973 年,招工对象调整为上山下乡知识青年;劳多地少或基建占地过多的农村青年;矿山井下、野外勘探、森林采伐职工的子女。　　　(政务志第五章《劳动人事》,第 559 页)

**待业安置**

建国初,城镇无业劳动力由国家统包分配。随着城市人口不断增加,初、高中毕业后就业成为突出问题。从 1973—1977 年,城镇知识青年上山下乡。全县在农村安置知识青年 2 000 余人。1980 年,实行由劳动部门介绍、自愿组织起来和自谋职业的方法,本县于 1985 年设立劳动服务公司,为待业青年就业起到媒介作用。部分企业、机关也相继建立基层劳动服务公司,安置待业青年 147 人。兴办集体、个体企业安置 370 人,解决临时性工作和劳务输出 490 人。1981 年后,原下放农村的知识青年陆续回城市就业。

(政务志第五章《劳动人事》,第 559 页)

# 《淳化县志》

淳化县地方志编纂委员会编,三秦出版社 2000 年

(1968 年)11 月—12 月,知识青年上山下乡开始。本县初、高中三届毕业生 1 426 名,全部回乡劳动。首批接收西安来县落户的知识青年 1 983 名,插队在 15 个公社 276 个生产队。

(《大事记》,第 49 页)

(1974 年)4 月,第二批西安知青 617 名和本县城镇知青 35 名分赴农村插队落户。

(《大事记》,第 51 页)

1968 年,西安“老三届”知识青年 2 000 余人在本境插队落户。

(第五编第三章《人口变动》,第 203 页)

## 第六节　知识青年安置

本县城镇知识青年上山下乡始于 1965 年。1966 年本县在王家山农场安置知识青年 17 名。1968 年 12 月首批接收安置西安等地知识青年 1 983 名,插队落户在 15 个公社、122 个大队、276 个生产队。1974 年第二批接收安置西安知青 617 人。1970 年下半年开始,逐年

安排工作。至1984年12月,除60名因在本县招工、招干或与本籍青年结婚留县安置外,其余均被招工、招干而返城或参军。(详见《"文化大革命"志》)

(第十九编第四章《人事劳动》,第775—776页)

## 第九节　知识青年上山下乡

1968年10月,遵照毛泽东"知识青年到农村去,接受贫下中农再教育"的指示,成立淳化县革命委员会知识青年上山下乡领导小组办公室。11月,本县1966、1967、1968三届初、高中毕业生1 426人,全部回乡劳动。12月,本县首批接收省上分配的西安知青1 983人,插队落户在方里、夕阳、固贤、石桥、大店、铁王、南村、城关、卜家、润镇、车坞、十里塬、马家、北城堡和黄甫等15个公社,122个大队,276个生产队。1974年4月,又接收第二批西安下乡知青617人和本县城镇知青35人插队落户。由县、社、队分级管理,知青办拨出必要经费,由生产队统一建房修窑,购置农具及生活用具(灶具等),知青安排办法改为相对集中,五爱、甘沟、方西、秦庄等村建起集体住宅的知青点。所有插队知青均与当地农民同吃、同住、同劳动,评定工分,按出勤多寡参加口粮、收益分配(当时劳动日均值0.23元);灾害歉收年份,知青办发放救济款、返销粮、资助其渡过难关。至1984年底,除在本县招工、招干及与本籍青年结婚的约60人外,其余均陆续返城或参军。

(第二十编第一章《文化大革命》,第791—792页)

# 《泾阳县志》

泾阳县县志编纂委员会编,陕西人民出版社2001年

(1965年)10月14日,第一批20名上山下乡插队知识青年到永乐人民公社生产队落户。

(《大事记》,第34页)

(1974年)4月16日,西安市下乡知识青年第一批868人抵达本县。

(《大事记》,第34页)

同月(1975年9月),全县知青学习"无产阶级专政下继续革命的理论"经验交流会召开,出席400余人,17人在大会上介绍经验。

同月,本县出席省知识青年上山下乡积极分子代表大会代表共15人,其中下乡知青11人,返乡知青1人,贫下中农代表1人,列席2人。

(《大事记》,第34—35页)

(1977年)11月11—15日,召开上山下乡知识青年建设社会主义积极分子代表会议,出

席代表 444 人。 (《大事记》,第 36 页)

1974 年 2 月,重建县委办公室。3 月 29 日,成立知识青年上山下乡领导小组。7 月,重建县委党校,县委各部门逐步建立和健全。 (党派群团志第一章《共产党》,第 439 页)

1978 年后,干部来源除大中专院校毕业生、复转军人外,还有上山下乡的知识青年、城镇待业青年、民办教师等。录用坚持"面向社会、公开招收、自愿报名、坚持考试、全面考核、择优录用"的原则,实行有计划招收。 (地方国家机构志第六章《人事劳动》,第 518 页)

1968 年,城镇知识青年上山下乡,为农村体育活动增添了新生力量。是年,本县曾举办农民运动会。 (卫生体育志第二章《体育》,第 629 页)

# 《三原县志》

三原县志编纂委员会编,陕西人民出版社 2000 年

"文化大革命"后期,城镇知识青年"上山下乡"到农村插队落户,至 1980 年,本县及省、市来的知识青年累计达到 6 000 多人。国家拨给他们部分木材指标和专项用款,由生产队安排住房,解决知青生活劳动就业问题。至 1980 年,知识青年通过招工、参军、升学、招干等途径,陆续离开农村,仅有少数人在农村安家。 (第五篇第八章《劳动管理》,第 231 页)

1974 年 3 月,中共三原县委知识青年上山下乡领导小组及其办公室成立,县革命委员会安置办公室同时撤销。 (第十六篇第二章《行政机关》,第 584 页)

## 第四节　知识青年上山下乡

本县从 1970 年至 1978 年,每年都有大批城市知识青年下乡。知识青年有来自西安市、咸阳市的初中、高中毕业生,也有本县城镇的中学毕业生,统称"插队落户"。全县累计插队知青 6 000 余人,其中西安、咸阳 2 000 余人。县设知识青年办公室,公社设知青专干,大队设知青管理小组。知青中,有的分散在生产队当社员,有的在公社、大队建立的知青点上集体生活、劳动。

知识青年下乡,名为"接受贫下中农再教育","广阔天地炼红心",实际上大部分人误了学业,不安心农业劳动,成为农村的包袱。1976 年后,知青通过招工、招干、参军、升学等途径,陆续离开农村。至 1980 年,知识青年除个别自愿落户者外,大都返回城填。

(第二十二篇第六章《"文化大革命"期间的党代会》,第 736 页)

70 年代初,各乡镇就开始兴办学前班,使广大学龄前儿童接受学前教育,一般收 6 至 7 周岁儿童,混合编班,名为"红幼班"。均附设于当地小学,属小学领导,聘请回乡知识青年担任教师,多为女性。 （第二十四篇第三章《幼儿教育》,第 787 页）

# 《高陵县志》

高陵县地方志编纂委员会编,西安出版社 2000 年

是月(1968 年 10 月),开始接收西安等地下乡知识青年来本县插队落户。

（《大事记》,第 32 页）

1968 年县革委会成立后,从退伍军人、城镇高中毕业生和劳动锻炼 2 年以上的上山下乡知识青年、及符合特别工种条件招工的职工子女、农村劳力中招用工人。有全民所有制的固定工,有集体所有制的固定工,有长期临时工,有短期临时工,有轮换工,有季节工。1971—1977 年,共招用工人 1 295 人。 （第十五编第二章《劳动》,第 424 页）

### 知青安置

1968 年,本县响应毛泽东主席"知识青年到农村去,接受贫下中农再教育"的号召,开始接收安置城市上山下乡知识青年。根据中共中央"县以上党委都要建立知识青年上山下乡领导小组和得力的办事机构"精神,1974 年 1 月,成立"中共高陵县委知识青年上山下乡领导小组办公室"(2 月划归政府编制),管理知青上山下乡工作。1968 年后,先后 6 次安置西安市知青、外地转来知青、县内知青共 4 293 人。1973—1981 年,通过升学、招工、征兵等途径,将全部知青安排就业。 （第十五编第五章《劳动就业》,第 435 页）

## 第五节 插队知青安置

1968 年 12 月,毛泽东主席发出"知识青年到农村去,接受贫下中农再教育,很有必要"的号召,城镇大批知识青年开始上山下乡插队落户。1973 年 1 月,中共高陵县委知识青年上山下乡领导小组成立,县委副书记韩庆林兼任组长,内设办公室,具体办理日常工作。1974 年 2 月,更名为高陵县革命委员会知识青年上山下乡办公室。1980 年,改名为高陵县知识青年上山下乡办公室。1981 年 3 月,县知识青年上山下乡办公室并入县劳动局。

1968—1978 年,高陵县先后接收西安知青和外地、县投亲靠友知青共 3 943 名,县内城镇知青 350 名,分别插队落户在全县 10 个公社、76 个大队、445 个生产队参加农业生产劳动。国家先后共拨发知青安置费 130 多万元。根据"国家投资,集体扶持,群众帮助"的原则,为知青建造住房 282 间。1974 年,县知青办与供销社联合为每个知青点配置了一套灶具、一套劳

动工具和一套家具。对个别生活确有困难的知青,县知青办临时给予救济。知识青年在农村,积极参加农业生产劳动,接受贫下中农再教育,不少人当了民办教师、赤脚医生、会计员、记工员等,有 11 人光荣地加入了中国共产党,1 033 人加入了共青团。从 1972 年开始,经历年招工、招生、招干、征兵等,大部分知青离点走上了学习或新的工作岗位。1980 年,根据省、地有关精神,除大龄已婚知青 26 人、被拘捕 2 人、死亡 1 人外,全部被招转安置。1981 年大龄知青和已婚知青亦被妥善安置回城。　　　　(第十六编第三章《安置》,第 445—446 页)

# 《户县志》

*户县志编纂委员会编,西安地图出版社 1987 年*

从 1968 年到 1979 年,全县共动员 6 945 名城镇初高中毕业生上山下乡(包括接收西安及外省 2 500 名)

从 1977 年起,国家财政部门给上山下乡知识青年拨建房款 93 万元。

(第一编《大事记略》,第 42 页)

### 知识青年安置

户县动员城镇知识青年上山下乡是由 1968 年 10 月开始。同年 12 月 22 日毛泽东发出"知识青年到农村去,接受贫下中农的再教育很有必要"的指示后,始形成高潮。1968 年秋,户县革命委员会成立了安置领导小组,下设安置办公室,具体办理知识青年上山下乡业务。1969 年,县安置办公室业务增加了复退军人安置和干部、居民下放工作。1971 年 3 月 9 日,县安置办公室改名为下放分配办公室。1973 年 11 月 6 日,户县县委成立知识青年上山下乡领导小组。1974 年 3 月 13 日将县革命委员会下放分配办公室改名为县委知识青年上山下乡领导小组办公室。1980 年 5 月 5 日,县委知识青年上山下乡领导小组改为县革命委员会知识青年上山下乡领导小组。1987 年 12 月机构撤销。

1968 年,户县首批城镇初中、高中毕业生被分配到地多人少,自然条件较差的山区、沿山一带及渭河滩各公社,给知识青年生产、生活、学习等方面带来了不少问题。1971 年,按照上级指示,把在乡的知识青年调整到生产水平较高,自然条件较好的社队;在本县有亲戚关系的知识青年,投亲靠友,插队劳动。1974 年,根据湖南省株洲市的经验,将城镇初、高中毕业生,按其父母所在单位对口组织上山下乡。宋村、大王、渭丰、城郊、牛东、白庙、庞光、天桥等公社,在城镇对口单位援助下,先后办起了知识青年农场。1974 年后,在知识青年下乡人数逐年增多的基础上,全县先后建立起集中住宿、集中吃饭、集中学习、分散劳动的"三集中,一分散"知识青年点 284 个。

随着知青点的建立,结合抓了知青建房工作。1974—1979 年,全县由国家财政部门拨出建房费 934 005 元,拨给木材 750 立方,建平房 713 间,厦房 1 042 间,楼房 434 间,基本做到了公社有知青农场,场有知青楼,大队或较大的自然村有知青院。

从 1968—1979 年的 12 年里,全县共动员 6 945 名城镇初、高中毕业生上山下乡。其中包括接收西安市知识青年 1 000 名,外省、市、县 1 490 名,先后安置分布在全县 21 个公社、306 个大队、8 个公社的知青农场、3 个社办企业。

以后,根据上级文件精神,逐年安排下乡知识青年就业。截至 1981 年 12 月底,已安排就业的 6 880 人。其中招工 5 798 人,招生 204 人,征兵 908 人。有的和当地农村青年结了婚,已在农村安家落户。 （第十三编第五章《人事劳动》,第 403 页）

# 《周至县志》

周至县志编纂委员会编,三秦出版社 1993 年

**知识青年上山下乡安置** 周至县知识青年(以下简称知青)上山下乡始于 1962 年,终于 1982 年,主要接纳安置咸阳、西安及本县知青 7 600 余人。

1964 年成立周至县知识青年上山下乡领导小组,由县委、县政府领导及有关部局负责人组成。下设办公室,各公社成立知青上山下乡领导小组,成员有民政、团委、妇联、宣传等干部参加。生产小队由队长负责插队知青的安置工作。首批下乡知青 885 人(其中男 400 人,女 485 人),被安置在九峰、集贤、楼观、广济、翠峰、竹峪 7 个公社的 54 个大队 165 个生产队和 1 个蚕场内(县和青化公社合办蚕桑场)。

1968 年至次年,城镇居民下放到农村,1969 年下放 570 户,1971 年下放 318 户。1984 年陆续转回城镇。

1975 年全县有知青 2 895 人,分布在城关、尚村、终南、司竹、九峰、集贤、楼观、马召、广济、富仁、哑柏、翠峰、青化、竹峪 14 个平原公社及板房子、就峪、小王涧、沙粱子 4 个山区公社,260 个大队、699 个生产队,建知青小组 585 个。

1978 年在乡知青 3 870 人,其中男 1 974 人,女 1 896 人。分布在平原 14 个公社的 142 个大队,其中社办农场 3 个,安置 267 人,大队办农场和 28 个知青点安置 572 人,其余人员分散安置。

安置经费:国家每年按实际下乡知青人数下拨安置经费。每名下乡知青,平均一次性拨款:1972 年前为 230 元。用于建房 140 元,农、灶具费 25 元,半年生活费 48 元(每月 8 元),留县掌握 17 元。1973 年以后,人均拨款 475 元,用于建房 220 元,农、灶具费用 60 元,生活费 120 元,学习费 10 元,医疗费 10 元,探亲费 5 元,留县掌握 50 元,生活、探亲等费发至知青本人,其余款项发至公社、大队、生产队(含农场)。知青共建房 4 857 间,80 814 平方米。

在周至县下乡的知青,由招工、招生、参军等途径,逐年分期分批离乡返城。1982 年知

青工作机构撤销,剩余 200 余名在乡知青,陆续招工安排。

**周至县 1964—1982 年安置知青人数、经费表**

| 年度 | 知青人数(人) | 安置经费(元) |
|---|---|---|
| 1964—1972 | 1 630 | 492 000 |
| 1973 | 630 | 254 000 |
| 1974 | 1 067 | 519 000 |
| 1975 | 1 567 | 700 000 |
| 1976 | 1 401 | 553 000 |
| 1977 | 1 234 | 542 000 |
| 1978 | 135 | 600 000 |
| 1979 | | 10 000 |
| 1980 | | 262 000 |
| 1981 | | 208 000 |

(政权志第六章《公安、民政和劳动人事》,第 329—330 页)

# 《兴平县志》

兴平县地方志编纂委员会编,陕西人民出版社 1994 年

(1969 年 2 月)23 日,成立兴平县安置办公室,负责动员知识青年、城镇居民下乡插队落户,截至 1979 年全县共动员下乡知识青年 7 608 人,下乡插队落户的城镇居民 253 户,1 086 人。

(《大事记》,第 40 页)

1982 年撤销"县知识青年上山下乡领导小组",遗留问题和业务转交劳动局承办。

(政权志第二篇第二章《人民政府》,第 525 页)

## 城镇知识青年下乡

1964 年 10 月,本县成立了"兴平县安置城市下乡青年领导小组",开始动员家居城镇达到劳动年龄(16—35 周岁),政治上基本清楚,作风基本正派,身体基本健康,有独立生活能力,自愿参加社会主义现代化建设的未升学就业青年学生和社会闲散劳动力下乡参加农业生产劳动。同年接收咸阳地区知青 100 名。1968 年 12 月 22 日,毛泽东主席发出了"知识青年到农村去,接受贫下中农的再教育,很有必要,要说服城里干部和其它人,把自己初中、高中、大学毕业的子女送到乡下去,来一个动员,各地农村的同志应当欢迎他们去"的指示,知识青年上山下乡达到高潮,1969 年 2 月 23 日,本县成立了安置工作办公室,统一办理全县知识青年上山下乡,城镇居民、干部的下放工作。此后,每年都动员知识青年到农村去。

1974年4月11日,兴平县革命委员会知识青年上山下乡领导小组成立,原安置办公室改为知青办,下乡知青在各级党组织、人民政府、农村干部、社员群众的关心爱护下在农村得到了锻炼。同时人民政府在经济上给下乡知青以很大帮助,每人国家拨给建房费185元,生活补助费200元,工具费60元,学习费10元,医疗费10元,宣传费20元,探亲费10元,其它费用15元,每人每月国家供给成品粮44斤,年补助布票25尺,棉絮4斤。国家拨给本县经费总计351.2万元,其中,建房42 675平方米,开支128.4万元,购置生产用具费38.8万元。后随着农村人口的增长,农民收入长期低下,知识青年长时间的农村生活,出现了许多困难及婚姻等问题上的矛盾日益突出,迫切要求回城。1970年全民、集体企业开始在知青中招收工人,1976年上山下乡知识青年逐步离开农村。1977年国家调整上山下乡政策,1978年大部分上山下乡知识青年相继回城,1979年底基本结束。从1969年到1979年全县共动员安置城镇知识青年7 608人,分别安置在14个公社,166个生产大队,1 162个生产队和11个公社林农场。回城知青中有6 749名被招收为工人,64名参军,61人上学,25人被招收为国家干部,15人被政法机关判刑,8人死亡,其余109人,由县劳动服务公司统一组织,建造住房,安排了适当工作。1982年撤销了兴平县知识青年上山下乡领导小组及其办公室。

(政权志第二篇第六章《人事劳动》,第559—560页)

### 知识青年下乡、城镇居民下放

1968年12月22日《人民日报》发表"最新指示":"知识青年到农村去,接受贫下中农的再教育,很有必要,要说服城里干部和其他人,把自己初中、高中、大学毕业的子女送到乡下去,来一个动员。"《人民日报》又发表了甘肃省会宁县居民下放的经验,并配发"我们也有两只手,不在城里吃闲饭"的报道。

1969年2月成立安置办公室,办理知识青年下乡插队落户和动员城镇居民下放农村安家落户,当年动员老三届毕业生2 339人下乡。以后各年又陆续动员下放5 320人。共计7 659人。动员城镇居民309户,1 200多人下乡落户。

这一"新生事物"不但使青年学生在学习成长上受到影响,还给城镇居民在生活、生产上造成很大困难,给农村和国家都增加了负担,使全县耗费在安置知青方面的经费累计达320万元(每人平均400元),用于城镇居民下乡补助费10多万元(每人平均120元)。

("文化大革命"志第一章《"文化大革命"十年》,第839页)

# 《乾县志》

乾县县志编纂委员会编,陕西人民出版社2003年

(1969年)首批西安知识青年来本县插队落户,接受贫下中农再教育。

(《大事记》,第27页)

（1972 年）8 月，召开知识青年座谈会，了解知青安置、生活、学习等情况。先后来本县插队知青5 600多人。

（《大事记》，第 28 页）

是年（1964 年）对粮油销售作了全面安排，明确规定了销售范围：非农业销售包括定量人口口粮，食品业、酿造业、工业、事业等用粮；农业销售包括常年定销人口口粮，插队知识青年口粮补差，种子、饲料、生猪奖售以及民工粮食补贴等等；议销粮高于计划供应价格 75%，供应熟食店用粮等。

（《粮食》第二章《购销》，第 171 页）

1971 年后，本县电力事业发展较快。同年 11 月，县电力局招收了 27 名上山下乡接受"再教育"的知识青年，从 1972 年开始分两个施工队对全县线路进行整改。

（《电力》第二章《电力事业发展情况》，第 261 页）

1966 年，"文化大革命"开始，大批干部被划为"走资本主义道路的当权派"、"反革命"、"叛徒"、"特务"，有的送进"五七"干校劳动。当时因机关、事企业单位干部不足，除从工人、贫下中农、军转干部、复退军人、大专院校毕业生、上山下乡知识青年中吸收选拔录用外，又从工人中选拔一批"以工代干"人员弥补干部缺额。

（《人事劳动》第一章《人事管理》，第 510 页）

1966 年"文化大革命"中，劳动就业停止，待业者与日俱增。从 1968 年 9 月开始，动员全县"老三届"（1966、1967、1968 级初、高中毕业生）208 人上山下乡。

1975 年实行厂、社挂钩，定点安置，全县又动员近百名城镇知识青年上山下乡，"下放"80 多名居民到农村落户。……1982 年，下乡知青全部返回城镇安置就业。

（《大事劳动》第二章《劳动管理》，第 514—515 页）

# 《渭南地区志》

渭南地区地方志编纂委员会编，三秦出版社 1996 年

1968 年 12 月中共中央、毛泽东主席号召"知识青年到农村去"，本区先后动员并安置上山下乡知识青年 84 294 人[①]，其中接受安置西安市 48 007 人、铜川市 3 967 人、本区 32 320人。截至 1980 年知识青年中有 2 023 人升学，5 982 人参军，72 635 人当了工人，114 人被选拔为国家机关干部，937 人因病和其他原因回原动员城市就业或待业。其余 1981 年底全部回城。

（第四编第四章《人口变动》，第 85 页）

---

① 含耀县、临潼县和蓝田县。——原书注

1968年8月以后,陆续成立了有领导干部、军队干部和群众代表参加的"三结合"的权力机构——革命委员会,取代了县人民委员会的权力。县革委会设主任1名,副主任若干名,主要工作机构有:办事组、政工组、生产组、政法组。1971年以后逐步设立各局、委、办,并增设了知识青年上山下乡安置办公室。 （第六编第二章《行政机关》,第167页）

**知识青年安置**

1968年12月,毛泽东主席号召"知识青年到农村去,接受贫下中农的再教育",渭南专区毕业的城镇高、初中学生,除少数体弱多病或独生子女者免于下乡外,其余全部下乡插队落户或回原籍当农民。至1978年,西安和区内13个县以及外省(区)知识青年有66 274人在渭南地区境内农村插队落户。国家对下乡插队知识青年,从各方面给予照顾。地、县成立"知识青年安置办公室",负责安置、教育和管理工作。1978年10月,国务院通知城镇知识青年不再上山下乡插队落户,并对原下乡知识青年进行统筹安置。渭南地区由地、县知青办协助劳动部门负责分批安置下乡知识青年就业。到1982年底共安置就业37 267人,返城29 007人。 （第七编第三章《劳动管理》,第205—206页）

1979年,大批知识青年返城,成为影响安定的严重社会问题,地区计委提出"早下早招"的原则。全地区通过招工、参军渠道先后招回下乡知识青年25 647人。此间,开始了使用副业工制度。 （第七编第三章《劳动管理》,第207页）

这年(1968年)末,毛泽东主席号召城镇初、高中毕业生上山下乡,接受贫下中农的再教育。各地贫协普遍担当起管理、教育知识青年的责任。⋯⋯

1974年,贫下中农管理学校、商业、合作医疗,教育知识青年,监督社、队财务和干部作风被视为社会主义新生事物,进一步得到加强。 （第八编第三章《农民团体》,第269页）

# 《渭南市志(第一卷)》

渭南市地方志办公室编,三秦出版社2008年

(1968年)10月,⋯⋯城市知识青年到农村插队落户,接受贫下中农再教育。

（《大事记》,第63页）

1968年12月中共中央、毛泽东主席号召"知识青年到农村去",全市先后动员并安置上山下乡知识青年84 294人,其中接受安置西安市48 091人,铜川市3 967人,辖区32 320人。截至1980年知识青年中有2 023人升学,5 982人参军,72 635人当了工人,114人被选

拔为国家机关干部,937 人因病和其他原因回原动员城市就业或待业。其余 1981 年底全部回城。 (第三编第四章《人口变动》,第 238 页)

# 《渭南市志(第三卷)》

*渭南市地方志办公室编,三秦出版社 2009 年*

1975 年 2 月,办事组、政工组、生产组撤销。地委先后恢复了办公室、组织部、宣传部、农村工作部、工业交通部、财贸工作部、机关党委、知识青年上山下乡办公室等 8 个工作机构。

……1983 年 8 月,地区机构改革中,撤销工业交通部、财贸工作部、政策研究室、知识青年上山下乡办公室。 (第一编第二章《组织》,第 35 页)

# 《渭南县志》

*渭南县志编纂委员会编,三秦出版社 1987 年*

(1968 年)11 月 6 日,开始号召知识青年上山下乡。至 12 月 15 日,有 2 000 多名知识青年到农村插队落户。 (《大事记》,第 30 页)

### 待业安置

建国初,城镇无业劳动力,由国家统一安排,多数通过升学、招工、参军来解决。随着城市人口不断增加,初、高中毕业生就业成为突出问题。1958 年,大批知识青年响应毛泽东主席"上山下乡"的号召,去农村安家落户。1966 年在六姑泉(今砖二厂)建立"抗大",安置了一批青年。从 1973 年至 1977 年知青上山下乡已成为制度。本县所有公社、大队都安插了一批。他们对建设新农村起了好的作用,但由于远离父母,许多人又不会务农,给农民增加了不少麻烦。1979 年 4 月国家实行由劳动部门介绍就业、自愿组织起来就业和自谋职业相结合的方针。本县于同年 8 月 12 日成立县劳动服务公司,各企业、机关也先后建立 36 个基层劳动服务公司。1981 年将原下放农村的知识青年全部收回城市,广开就业门路。至 1983 年成立各种厂、队、店、组 136 家,安置待业青年 9 092 人,占应安置人数的 87.3%

(政权志第六章《人事劳动》,第 461—462 页)

# 《澄城县志》

*澄城县志编纂委员会编,陕西人民出版社 1991 年*

(1986 年)10 月,西安市知识青年 900 余人来县插队落户。 (《大事记》,第 17 页)

1973 年招工对象调整为：(1)上山下乡知识青年；(2)1969、1970 年城镇居民下农村落户同去的初、高中学生；(3)批准免下留城的知识青年；(4)地少劳多或基建占地过多的农村青年；(5)矿山井下、野外勘探、森林伐木行业符合条件的职工子女。1977 年，除煤矿外，其它单位不再从农村招工。
　　　　　　　　　　　　　　　　　　　　　　(人事劳动志第三章《劳动就业》，第 371 页)

　　从 1973 年到 1977 年知识青年上山下乡已成为制度。全县共建知青点 125 个，安置知识青年 8 000 余人。1979 年 4 月，国家实行由劳动部门介绍就业、自愿组织起来就业和自谋职业相结合的方针，本县于 1981 年 10 月创办县劳动服务公司，为待业青年就业起了媒介作用。部分企业、机关也相继建立基层劳动服务公司，定期组织本单位待业青年学习专业知识，为就业创造条件。1981 年底，将原下放农村的知识青年收回城市就业。
　　　　　　　　　　　　　　　　　　　　　　(人事劳动志第三章《劳动就业》，第 372 页)

# 《韩城市志》

韩城市志编纂委员会编，三秦出版社 1991 年

　　1958 年以前迁出、迁入规模不大，后来由于干部职工下放，知识青年上山下乡，铁路、煤矿、电力建设的发展，迁出、迁入人数增多。　　　(人口志第四章《人口变动》，第 146 页)

　　1980 年，复设劳动局，与知青办合署办公。　　　(政务志第二章《劳动人事》，第 600 页)

　　1964 年，城市知识青年安置工作由其专管机构负责。到 1966 年，共有 611 名知识青年被安置在 10 个公社 40 个大队的 69 个生产队。到 1969 年，安置的知识青年(以下简称知青)增加到 1 517 人。1970、1971 年从知青中招工 1 357 人，参军、招干 125 人。到 1972 年，在农村安置的知青仅剩 39 人。从 1975 年开始，又有知青上山下乡。1976 年底，在韩知青增至 1 577 人，分别被安置在 12 个公社 80 个大队的 215 个生产队和 3 个知青农(林)场中。从 1978 年后，实行"公开考试，择优录用"的招工办法。1980 年后，为了满足各厂矿对新工的文化素质和专业技能的要求，劳动部门对待业青年采取"先培训，后安置"的劳动就业措施。培训的办法有：代培、定向代培、上职业技术学校等。到 1981 年 7 月插队知青全部走向工作岗位。
　　　　　　　　　　　　　　　　　　　　　　(政务志第二章《劳动人事》，第 600 页)

# 《合阳县志》

合阳县志编纂委员会编，陕西人民出版社 1996 年

　　到(1979 年)12 月底，对从 1968 年到 1979 年在全县安置插队劳动的 3 265 名知识青

年（大部分系西安市干部职工子女），陆续安排 3 246 人就业，其余返回城市。

（《大事记》，第 21 页）

1968 至 1970 年，安置西安等地、市来本县农村插队落户知识青年、城市居民及中央、省、地机关单位于本县办农场人员 5 000 多人；1977 至 1980 年因知识青年返城和农场撤散，又迁出 5 000 余人。

（第四编第三章《人口变动》，第 133 页）

**知识青年安置** 1968 年毛泽东主席提出"知识青年到农村去接受贫下中农再教育"的号召，到 1979 年，全县 22 个公社 107 个大队 366 个生产队共安置来自西安等城镇知识青年 3 265 人。各大队知青实行集体学习、食宿、分生产队参加劳动。1973 年起，国家先后拨款 160 万元解决插队知识青年建房、生产、生活及医疗、学习费用。1974 年实行城乡、厂社挂钩，知青按系统下放安置，即"知识青年对口下，带队干部对口派，管理教育对口抓，支援农业对口帮"。广大知识青年在劳动锻炼中创造财富，有的入党、入团，有的担任生产队干部。1979 年知识青年插队劳动制度停止，对已下放知识青年收回安排，其中招工就业 2 972 人，升学 36 人，参军 232 人，提干 7 人，返回原单位 7 人，死亡 8 人，违法服刑 3 人。

（第十五编第二章《劳动人事》，第 554 页）

# 《大荔县志》

大荔县志编纂委员会编，陕西人民出版社 1994 年

1966—1970 年，"文化大革命"中，劳动就业十分混乱，通过各种不正当渠道安置了 1 907 人；知识青年上山下乡后，仅 1968 至 1969 两年，全县接收安置西安等地知识青年 1 623 人。

（第十三篇第三章《县人民政府》，第 561 页）

## 知青插队落户

1968 年开始实行知识青年（简称"知青"）上山下乡、插队落户，县"革命委员会"成立知青安置办公室，专负知青上山下乡、插队落户工作。自 1968—1979 年全县共接收安置西安等地和本县知青 7 685 人（男 4 158，女 3 527）；其中本县高、初中毕业生 1 771 人。

知青下乡插队落户形式：一是建立知青点，集中安置；二是分散到各生产队或回原籍投亲靠友落户；三是分配国营农场。凡是有知青插队的公社或大队，均配备 1 名领导负责此项工作，公社的教育专干具体管理知青工作。

有插队知青的地方，国家拨给每人补助费 700—800 元，并优先分配给各知青点一部分木材指标，由当地生产队负责修建住舍。全县在 12 年内共建知青点（院）278 处，建房

3 200间。

插队的知青在其点（院）有的办集体食堂，大队给配备炊事员；有的分组设灶轮流值班，吃粮由所在生产队按略高于社员标准供应，但多不定量，不足口粮均由生产队补充解决，国家还定期给知青送一些生产工具或生活、学习、文体用品及图书等。

1978年10月，国务院规定县以下城镇知识青年不再列入上山下乡范围后，对原下乡的知识青年进行了统筹安排。

1980年，改知识青年插队为待业，当年全县共有待业青年750人。

1981年，县劳动局正式成立，下设县劳动服务公司，原知青办的工作并入劳动服务公司管理。全县在县内安置待业青年2 977人，县外安置7 403人，共计10 380人。

（第十三篇第三章《县人民政府》，第562页）

1983年，对1983年9月30日在册职工中的1978年底以前参加工作的固定职工；按照国发（1981）144号文件规定未列入1981年调资范围，属于1978年底以前参加工作的中、小学校和医疗卫生单位的部分固定职工；1971年12月31日以前参加工作的计划内长期临时工；上山下乡插队满5年以上原城镇知识青年；1979年1月1日以后分配到调整工资后单位工作；1983年9月30日以前已是国家的正式职工（不含大、中专毕业生）；已经按照国发（1981）144号文件规定升了一级工资的中年知识分子和高、中专毕业的干部，这次又符合较多增加工资的，仍可以列入再升一级的调整范围的，均作了调整。

（第十三篇第三章《县人民政府》，第564页）

1975年，向广大群众进行阶级教育，大办"两账一馆"（新旧社会两本账，阶级教育展览馆）及"三管、一教、两监督"（贫下中农管理商业、学校、财务，教育知识青年，监督干部、监督财务）活动，到1976年底，全县有188个大队办了阶级教育展览馆，45 734户贫下中农建立起了"新旧社会两本账"。中共十一届三中全会后，1981年7月，撤销县贫协机构。

（第十四篇第五章《群众团体》，第643页）

# 《潼关县志》

潼关县志编纂委员会编，陕西人民出版社1992年

同年（1968年），增设知识青年上山下乡办公室（以下简称"知青办"）……

1980年12月，县政权机关复称人民政府。……裁撤知青办。

（第十五篇第三章《行政机关》，第461页）

**知识青年下乡** 1968年,中共中央主席毛泽东号召"知识青年到农村去,接受贫下中农再教育。"县知青办每年组织城镇初中以上学生,下乡插队劳动,城镇招工、入伍、招干优先安置。到1980年,下乡知青808人,除92人自谋职业外,全部得到安置。知青在农村,生活不习惯,不安心劳动,加重了社、队负担,群众意见纷纷,1980年废止,1981年知青办裁撤。

(第十五篇第三章《行政机关》,第471—472页)

# 《华阴县志》

《华阴县志》编纂委员会编,作家出版社1995年

(1968年)10月8日,县革委会组织动员全县中学毕业生上山下乡,参加农村社会主义建设,以落实毛泽东主席"知识青年到农村去,接受贫下中农的再教育"的指示。

(《大事记》,第23页)

(1969年)7月25日,全县有初、高中毕业生2 115名上山下乡,"接受贫下中农的再教育"。

(《大事记》,第24页)

1968年,城镇知识青年下放农村参加农业劳动,县成立知识青年下放办公室。3年后,由基层推荐,县知青办与劳动部门逐年吸收录用。 (政务篇第二章《劳动人事》,第455页)

# 《华县志》

华县地方志编纂委员会编,陕西人民出版社1992年

(1968年)12月,掀起大规模知识青年上山下乡运动,先后接待知识青年4 000多人,至1980年使其离开农村,陆续予以安置工作,此项工作告结。 (卷一《大事记》,第28页)

1966年"文化大革命"开始以后,部分干部及其家属和知识青年上山下乡,使城镇人口一直处于下降趋势。1968年,城镇人口减少到5 328人,比1960年减少了19 134人,占总人口比例由12.2%下降到2.4%。七十年代,逐年上升,国家厂矿企业迁入较多,加之1978年后,国家落实知识分子政策,平反冤、假、错案,下乡知识青年和城镇居民返城,致使城镇人口增加。

(卷五第一章《人口规模》,第125页)

1973年,国家调整招工计划,分期分批招收上山下乡知识青年,矿山井下、勘探、伐木

等行业招收城乡青年。1977年后,农村青年只限煤矿招工。

(卷十七第三章《劳动》,第440页)

# 《蓝田县志》

蓝田县地方志编纂委员会编,陕西人民出版社1994年

是年(1969年),2 299名(含西安市2 091名)知识青年上山下乡到农村接受贫下中农再教育。

(《大事记》,第24页)

1968年,知识青年"上山下乡",到农村接受贫下中农再教育,县内14个公社,107个大队,198个生产队都有知青户。为解决城镇待业青年的就业问题,1972年将招工对象调整为(一)上山下乡知识青年;(二)1969—1970年城镇居民下农村落户同去的初、高中学生;(三)经批准免下的知识青年;(四)地少劳多或"三线建设"占地过多的农村青年;(五)矿山井下、森林采伐、地质勘探行业符合条件的职工子女。1977年,全县招工382人,向中央、省级、地市、企业单位等输送270人。1977年以后,除煤矿外,其他单位不再从农村招工。1979年4月,国家实行由劳动部门介绍就业、自愿组织起来就业和自谋职业相结合的方针,同年9月5日成立县劳动服务公司。一些企业和机关单位也先后建立了7个基层劳动服务公司,主要负责待业青年的培训安置工作。1980年底,原上山下乡知识青年全部安排工作。

(第十六编第四章《人民政府》,第507页)

# 《临潼县志》

陕西省临潼县志编纂委员会编,上海人民出版社1991年

(1973年)3月,"临潼县知识青年上山下乡工作领导小组"成立。　(《大事记》,第34页)

是月(1975年7月),据知识青年安置办公室统计:全县下乡知识青年3 522人,分布741个生产队,已建房2 341间。

(《大事记》,第35页)

1968年以后,知识青年已响应党和毛泽东主席的号召,到农村插队。到1973年,全县已有插队知青2 000人左右。

(卷二十二第二章《劳动就业》,第543页)

**知识青年下农村与安置(1973—1978)**　"文化大革命"中,知识青年下乡插队已成为一种制度,至1979年,先后有5 680名知青(其中大部分为西安市知青)在本县农村插队落户

1494

（其中女 2 709 人，男 2 972 人），分布在全县 30 个公社、2 716 个生产大队、1 294 个点上。国家在对这些知青的安置上，从各方面给予照顾、妥善安排。县上成立了"知识青年安置办公室"具体办理各项事务，单在 1973 年至 1978 年这六年，就拨给安置费 310 余万元，为其建房，购置生活、生产、灶具等用具，每个知青平均达 546 元。

1978 年 10 月后，城镇知识青年，不再上山下乡，并对原下乡知识青年统筹安置。临潼县根据国务院 1979 年 4 月规定，"在国家统筹规划和指导下，实行劳动部门介绍就业，自愿组织起来就业和自谋职业相结合"的方针，在县知青办公室组织和各单位积极配合下，广开就业门路（其中绝大部分招收回城），到 1981 年，使其全部走向了各个工作岗位。

（卷二十二第二章《劳动就业》，第 543—544 页）

# 《富平县志》

富平县地方志编纂委员会编著，三秦出版社 1994 年

（1968 年）10 月，全县高中 66、67、68 级（老三届）毕业生，回乡参加劳动；同时有西安、铜川和本县的知识青年 10 156 人（其中西安市、铜川市共 8 062 人，本县 2 094 人），先后到 30 个公社的 327 个大队、2 200 个生产队插队落户，"接受贫下中农再教育"。

（第一编《大事记》，第 30 页）

（1973 年）2 月 1 日，县知识青年动员、安置领导小组成立。　　　（《大事记》，第 32 页）

60 年代，由于注重单一的农业经济，城市居民下放农村，知识青年到农村插队落户，非农业人口下降到 2 万人以下；70 年代返转正常。　　（第五编第四章《人口变动》，第 171 页）

1971—1977 年，安置城镇初、高中应届毕业生 169 人，城镇待业青年 1 092 人，"上山下乡"知青 6 215 人，城镇闲散劳动力 32 人，退伍军人 33 人。并对县属地段医院中 108 名集体职工转为全民固定工，对全县 1 268 名副业合同工改转为全民固定工。1977 年后，除煤矿外，其它单位不再从农村招工。1979 年后，改革招工制度，试行合同制。按照德、智、体全面考核，以德为主，择优录用的原则，本县共安置城镇待业青年 3 648 人，免下乡留城青年 72 人，"上山下乡"知青 3 372 人。并对 169 名副业合同工转办为全民所有制工人。

（第十七编第二章《人事劳动》，第 578 页）

截至 1989 年，本县共安置城乡青年 2 006 人，城镇待业青年 8 459 人，"上山下乡"知青 9 514 人，城镇闲散劳动力 571 人，退伍军人 748 人。除送于中央、省、地级企业用工外，本县

国营企业用工 4 637 人，县劳动服务局通过各种渠道招收安置集体工 3 279 人。

（第十七编第二章《人事劳动》，第 578—579 页）

# 《耀县志》

《耀县志》编纂委员会编，中国社会出版社 1997 年

是年（1968 年），中小学毕业生一律实行插队（农村学生回队劳动，城镇学生上山下乡），接受贫下中农再教育。全县 1 500 余名老三届毕业生下乡落户。（卷一《大事记》，第 29 页）

县境内的人口迁徙，主要是"文革"中城镇居民及知识青年下乡落户。这部分户口，八十年代绝大多数已经返回城镇。

（卷四《人口志·人口变动》，第 87 页）

"文革"中，又对知识青年实行"上山下乡，接受贫下中农再教育"的办法，1968 至 1979 年，共下乡 5 105 人（其中本县 3 447 人），这批知青已于 1981 年全部返城，并通过提干、招干、参军、升学等途径，分别作了安排。

（卷十五《政务志·劳动就业》，第 275 页）

七十年代到八十年代初，除对城镇高中、初中毕业生和经过劳动锻炼两年以上的上山下乡知识青年采取"群众推荐、民主评议"的招收办法外，还招收退休、退职职工的"顶班"子女 900 余人。

（卷十五《政务志·劳动就业》，第 275 页）

在"斗、批、改"期间，全县各中小学均由贫宣队接管，有 170 余名教师被遣回原籍。中小学毕业生一律接受贫下中农再教育，农村学生回队劳动，城镇 5 届高中毕业生 1 500 人上山下乡。城镇居民也在"我们也有两只手，不在城内吃闲饭"的口号下，被下放到农村落户，参加生产劳动。

（卷二十四《杂志·"文革"述略》，第 480 页）

# 《商洛地区志》

商洛市地方志编纂委员会编，方志出版社 2006 年

是年（1969 年），全区各县动员知识青年上山下乡，接受贫下中农再教育。

（《大事记》，第 48 页）

（1974 年）8 月 26 日，中共商洛地委、地区革委会召开知识青年上山下乡工作会议。

（《大事记》，第 50 页）

同年(1973年)12月增设知识青年上山下乡领导小组及办公室。

（第十一编第一章《共产党地方组织》，第431页）

1973年2月，撤销办事组、政工组、政法组、综合办公室，恢复委、办、局工作机构。成立地区革委会办公室(同地委办公室合署办公)。恢复公安处、计划委员会、税务局、财政局、农业局、民政局、商业局、水电局、物资局、工业局、交通局、粮食局、林业局、农业机械局、电业局、轻工业局、知识青年上山下乡安置办公室等共18个。

（第十二编第一章《政府》，第494页）

1978年6月19日，中共陕西省委决定撤销商洛地区革命委员会，成立商洛地区行政公署。……商洛行署工作机构在原有基础上不断增设，到1983年共增设有农业委员会……药政局等17个。撤销知识青年上山下乡安置办公室。　（第十二编第一章《政府》，第494页）

1968年，"文化大革命"时期的权力机关各级革命委员会相继成立，按照"党政军一元化领导"和"精兵简政"原则进行机关编制。专区革委会编制201人(办事组37人，政工组52人，生产组44人，政法组40人，战备办公室16人，下放安置办公室12人)；区属事企业单位多数撤并，三分之二人员下基层劳动。　（第十三编第三章《人事》，第551页）

1980年秋，全区又招收大批干部。招收对象包括：1978年底以前高中毕业的上山下乡或留城进城的知识青年，1979年高中毕业的独生子女和多子女中无一人参加工作的知识青年，银行系统雇用在信用社工作满三年以上的城镇青年以及党政机关、全民所有制企事业单位的以工代干人员。其中上山下乡知青与以工代干人员，年龄放宽到35岁。

（第十三编第三章《人事》，第553页）

1964年8月，中共中央、国务院《关于动员和组织城市知识青年参加农村社会主义建设的决定》下发后，商洛专区动员家居城镇已达劳动年龄而未升学、就业的知识青年到农村去。当年省上分来33名知青要求安置。至1966年春，本区333名知青，连同省上分来的知青一起，先后到农村人民公社插队当农民，其中60名被分配到新建队(为知青新建的林场、农场或建筑队)当民工。

1968年12月，毛泽东主席号召："知识青年到农村去，接受贫下中农的再教育，很有必要。要说服城里干部和其他人，把自己初中、高中、大学毕业的子女送到乡下去"。《人民日报》发表甘肃省会宁县城镇居民《我们也有两只手，不在城里吃闲饭》的报道以后，掀起动员城镇知识青年和其他社会闲散劳动力上山下乡的新高潮。到1972年，全区1966—1968级三届城镇初、高中毕业生2 586人全部上山下乡。

1973 年 1 月,省革命委员会批转省知青下放分配领导小组《关于城镇中学毕业生上山下乡动员安置工作的请示报告》,确定 1971、1972 届城镇中学毕业生,除身体残废和有严重疾病外,全部动员上山下乡。独生子女以及家庭有特殊困难者不动员,多子女户身边只有一个子女的不动员。照此规定,从 1973—1977 年,全区又动员 3 400 名知青到农村落户。连前累计,总共动员 6 352 名知青上山下乡。其中商县 2 110 人,洛南 1 791 人,山阳 323 人,丹凤 304 人,商南 610 人,镇安 337 人,柞水 263 人。他们被逐级分配到条件比较好的 98 个公社的 331 个生产队和 33 个队办农场当农民或民工,参与本地劳动、分配。

城镇知青上山下乡的主要形式是集体插队,每 10 人左右编一个组,集中安排在一个队(场)里劳动、生活和学习。有知青点的公社、大队分别成立"再教育工作领导小组",以加强对知青的管理,要求做到"政治上有人抓,生产上有人教,生活上有人管"。

下乡知青的住房,初期主要是借社员的私房和生产队的公房。嗣后由国家拨给安置经费和木材,帮助修建新房。从 1974—1978 年,全区共为知青修房 3 212 间。国家和社队还拿出一定数量的财力和人力,帮助知青解决生产、生活困难。

在上山下乡过程中,多数知青坚持同当地农民一起艰苦奋斗,建设家园。先后有 120 人在农村加入中国共产党,有 2 400 人加入中国共产主义青年团,近 3 000 人分别担任会计、记工员、保管员、民办教师、赤脚医生、农业技术员等职。为发展农业生产和沟通城乡信息交流作出了贡献。

城镇知青长期在农村,存在着一些难以解决的问题,不少人要求回城就业。从 1978 年起,停止城镇知青上山下乡。到 1979 年,对尚在农村的城镇知青全部安排回城就业。其安置去向:招工 5 352 人,参军 416 人,招干 289 人,升学 241 人,回城 54 人。为安置这些知青,累计财政拨款 375 万元,除用于补助生产和生活消费外,留下所建房屋 3 212 间低价变卖给所在地。

从 1966—1976 年的"文化大革命"期间,在就业政策上,规定城镇企业单位用人不能从城镇招收,只能到农村招收农民,造成城乡劳动力大对流。其结果,全区约 8 000 多名城镇青年到农村"落户",12 000 名农民进入城镇就业。"文化大革命"结束后,大批知青回城,与城镇新成长的劳动力累聚成巨大的待业大军,就业形势日趋严峻。

1978 年以后,中央提出"三结合"的就业方针,在国家统筹规划和指导下,实行劳动部门介绍就业,自愿组织起来就业和自谋职业相结合。商洛行署 1979 年 8 月批转地区劳动局《关于建立劳动服务公司,发展劳动服务队,安置城镇青年的意见》,要求各县、地直各部门尽快建立劳动服务公司、劳动服务队,多渠道安置城镇待业人员。两年安置就业 3 000 多人,1978 年底以前的上山下乡知识青年基本上得到安置。

(第十三编第四章《劳动》,第 565—566 页)

# 《商州市志》

商州市地方志编纂委员会编，中华书局1998年

(1969年)春，商县开始动员城镇青年居民到农村去，接受贫下中农再教育。到1979年共8批，下放居民3 512人。上山下乡知识青年2 477人。1979年春陆续回城，得到政府妥善安置。

（《大事记》，第36页）

1974年9月18日，县委决定将县工会、妇联、贫协、团县委和知青办5个单位合并为"群工办公室"。因各自工作性质、任务不同，合署办公矛盾突出，两个多月后又各自恢复。

（卷十三第五章《群众团体》，第430页）

1979年以后，随着上山下乡知识青年的陆续返城，城镇就业出现困难。

（卷十五第一章《人事　劳动》，第479页）

1968年底，在毛泽东主席"知识青年到农村去"的号召下，从1969年春开始，县上成立"知识青年上山下乡领导小组"及办公室，各系统、人民公社、生产大队也成立相应组织，负责下乡知青的安置、生活、生产、学习、教育等项工作。从1969年春到1979年底，全县共有城镇初高中毕业生共8批，2 477人下乡到农村参加生产，进行锻炼，接受贫下中农再教育。1971年以后，有些知青被推荐上学，大部分陆续招工返城。1979年根据省上通知，停止此项工作。下乡知青全部返城安排工作。

（《附录》第三章《商州"文化大革命"事略》，第860—861页）

# 《洛南县志》

《洛南县志》编纂委员会编，作家出版社1999年

(1969年)11月3日，洛南县革委会成立"城镇居民、知识青年上山下乡"领导小组，下设办公室，将77户城镇居民和洛南及西安下放的1 784名知识青年分别安排在241个生产队、12个社队林牧场劳动锻炼，接受"再教育。"

（《大事记》，第23页）

1973年，增设轻工业局、知识青年上山下乡安置办公室。

（政权篇第四章《县人民政府》，第362页）

1981 年,撤销知识青年上山下乡安置办公室。

(政权篇第四章《县人民政府》,第 362 页)

1982 年,重点抓了"三招"(招工、招干、招生)、"三转"(农业户口转为非农业户口、农村青年转为城镇下乡知识青年、临时工和民办教师转为国家正式干部)、"一住"(领导干部违章修建私房和多占公房)的不正之风,受理案件 21 起,对违犯招工、农转非户口政策的 16 名党员干部均给以党纪处分。 (政党政协群团篇第二章《中国共产党洛南县委员会》,第 417 页)

1968 年 10 月,毛泽东主席发出了"知识青年到农村去,接受贫下中农的再教育,很有必要"的指示后,县"革命委员会"于 11 月 3 日成立了"城镇居民、知识青年上山下乡领导小组"。至 1978 年,省、地、县共有 1 784 名知识青年上山下乡,分别安排在 26 个公社 94 个大队的 241 个生产队和 12 个社队林场,接受贫下中农再教育。以后这些人陆续被招工、提干、参军。 (政党政协群团篇第二章《中国共产党洛南县委员会》,第 427 页)

1969 年,贯彻毛泽东主席提出的"知识青年到农村去,接受贫下中农的再教育"的指示,县革命委员会成立城镇居民、知识青年上山下乡领导小组,下设办公室。其间,全县共下放居民 77 户,连同接受西安知识青年共安排上山下乡知识青年 1 784 人,分别安置到 26 个公社的 94 个大队、241 个生产队和 12 个社队林、牧场劳动锻炼,接受"再教育",并由县财政局拿出 87.5 万元,在各知青点修房 1 336 间。1979 年,知识青年上山下乡基本停止,他们中的大多数人陆续返回城市被安排工作。 (民政劳动人事篇第二章《劳动》,第 457 页)

1969 年,搞所谓"城乡劳动力换班"(即城市知青到农村插队落户,又从农村招补城市劳动力不足),致使城乡劳力倒流,城镇人口增多。(民政劳动人事篇第二章《劳动》,第 458 页)

# 《丹凤县志》

丹凤县志编纂委员会编,陕西人民出版社 1994 年

(1969 年 2 月)动员知识青年上山下乡,接受贫下中农再教育,以"反修防修"。向城镇居民提出"我们也有两只手,不在城里吃闲饭。"遂将户口转入农村(1976 年打倒"四人帮"后陆续收回)。成立丹凤县下放安置办公室。负责安置下放干部、知识青年和居民。

(《大事记》,第 37 页)

**城市知青就业经费** 共支出 40 万元,占总支出 0.17%。

(财税金融志第一章《财政》,第 297 页)

丹凤县历年财政支出分类表

单位:万元

| 年份 | 支出合计 | 经济建设拨款 | 县办"五小"技术改造补助 | 企业挖潜改造资金 | 科技三项费用 | 流动资金 | 简易建筑费 | 支援农业支出 | 农林水事业费 | 工交商事业费 | 其它部门 | 城市维修费 | 城市知青就业经费 | 文教卫生科技费 | 抚恤救济费 | 行政管理费 | 价格补贴费 | 其它支出 |
|---|---|---|---|---|---|---|---|---|---|---|---|---|---|---|---|---|---|---|
| 1968 | 145.90 |  |  | 0.60 |  |  |  | 12.20 | 15.60 | 2.00 | 0.20 | 6.10 | 5.90 | 37.90 |  | 10.40 |  |  |
| 1969 | 198.80 | 18.20 |  | 4.00 | 0.60 | 1.00 | 20.50 | 11.50 | 0.70 | 7.10 | 68.10 | 12.10 | 57.90 |  | 3.10 |  |  |  |
| 1970 | 284.50 | 41.30 |  | 7.60 | 0.70 | 7.00 |  | 44.90 | 14.90 | 3.00 | 14.20 |  | 1.10 | 80.90 | 16.90 | 51.00 |  | 4.00 |
| 1971 | 377.00 | 47.80 | 5.00 |  | 0.30 | 6.00 |  | 102.20 | 4.20 | 0.10 | 8.30 |  | 0.10 | 110.10 | 18.00 | 69.10 |  | 2.30 |
| 1972 | 494.80 | 90.90 | 10.00 |  | 0.40 | 11.00 |  | 126.20 | 24.40 | 2.10 | 1.70 | 1.00 |  | 122.80 | 16.80 | 87.80 |  | 1.70 |
| 1973 | 530.50 | 181.50 | 9.40 |  | 0.90 | 10.00 |  | 26.60 | 29.20 | 0.70 | 0.20 | 3.00 | 0.80 | 143.30 | 26.80 | 81.70 |  | 5.00 |
| 1974 | 549.60 | 167.80 |  |  | 1.30 | 11.20 |  | 62.80 | 39.20 | 0.80 |  | 0.90 | 2.40 | 152.40 | 23.80 | 81.70 |  | 5.30 |
| 1975 | 522.00 | 90.50 | 7.90 |  | 1.80 | 20.50 |  | 104.50 | 27.70 | 16.70 |  | 2.10 | 2.60 | 152.40 | 22.50 | 82.40 |  | 3.30 |
| 1976 | 636.20 | 75.60 | 14.00 |  | 1.50 | 25.30 |  | 150.10 | 43.60 | 39.00 |  | 5.00 | 1.50 | 171.00 | 30.90 | 91.10 |  | 9.90 |
| 1977 | 668.50 | 87.70 | 11.00 | 21.50 | 1.70 | 37.00 |  | 116.10 | 35.6 | 6.80 |  | 2.00 | 2.50 | 178.10 | 29.50 | 89.80 |  | 17.00 |
| 1978 | 797.10 | 66.8 | 56.70 | 5.70 | 1.50 | 16.00 | 13.00 | 81.80 | 174.30 | 21.50 |  | 5.00 | 3.20 | 22.80 | 40.80 | 90.60 |  | 12.10 |
| 1979 | 831.30 |  | 64.30 | 0.50 | 2.70 | 18.50 | 3.00 | 187.90 | 70.10 |  |  | 3.50 | 1.20 | 246.00 | 62.70 | 136.00 |  | 13.40 |
| 1980 | 1000.00 |  | 60.00 | 18.00 | 2.50 | 15.00 | 5.70 | 286.40 | 84.50 | 6.90 |  | 3.00 | 0.70 | 295.60 | 22.30 | 187.90 |  | 11.50 |
| 1981 | 844.00 |  |  |  | 1.40 |  | 5.00 | 150.90 | 75.10 | 12.60 |  | 2.00 |  | 395.70 | 32.00 | 151.00 |  | 18.30 |

| 1 | 2 | 3 | 4 | 5 | 6 | 7 | 8 | 9 | 10 | 11 | 12 | 13 | 14 | 15 | 16 | 17 | 18 | 19 |
|---|---|---|---|---|---|---|---|---|---|---|---|---|---|---|---|---|---|---|
| 年份 | 支出合计 | 经济建设拨款 | 县办"五小"技术改造补助 | 企业挖潜改造资金 | 科技三项费用 | 流动资金 | 简易建筑费 | 支援农业支出 | 农林水事业费 | 工交商事业费 | 其它部门 | 城市维修费 | 城市知青就业经费 | 文教卫生科技费 | 抚恤救济费 | 行政管理费 | 价格补贴 | 其它支出 |
| 1982 | 968.90 | | 17.10 | | 1.50 | | 15.00 | 125.00 | 106.50 | 6.20 | 26.90 | 27.50 | | 382.30 | 59.60 | 185.90 | | 15.40 |
| 1983 | 846.50 | | | 5.00 | 1.40 | | | 103.90 | 80.50 | 11.10 | 23.10 | 2.50 | 7.50 | 412.40 | 35.00 | 161.20 | | 2.90 |
| 1984 | 1 048.50 | | | 30.00 | 3.50 | | | 86.40 | 106.00 | 14.50 | 22.30 | 10.5 | 6.50 | 409.70 | 64.60 | 216.50 | | 78.00 |
| 1985 | 1 261.20 | | | 5.00 | 2.50 | | | 114.50 | 88.80 | 22.30 | 42.60 | 21.70 | 5.00 | 542.00 | 66.00 | 246.90 | 11.90 | 98.00 |
| 1986 | 1 586.00 | | | 3.00 | 13.40 | | | 104.30 | 107.70 | 40.50 | 69.00 | 18.00 | 1.10 | 610.50 | 138.20 | 337.50 | 107.90 | 34.90 |
| 1987 | 1 750.30 | | | 18.00 | 3.70 | | | 90.00 | 144.80 | 50.40 | 61.50 | 19.80 | 0.80 | 625.60 | 199.30 | 386.50 | 99.90 | 49.90 |
| 1988 | 1 774.10 | | | 1.00 | 6.00 | | | 90.00 | 157.70 | 41.10 | 56.70 | 31.10 | 0.40 | 678.50 | 100.10 | 451.40 | 58.80 | 101.30 |
| 1989 | 1 777.70 | | | 7.50 | 0.90 | | | 61.70 | 170.50 | 52.90 | 59.80 | 23.80 | 0.10 | 741.00 | 113.80 | 439.70 | 75.60 | 30.40 |
| 1990 | 2 063.50 | | | | 0.50 | | | 73.50 | 216.80 | 70.00 | 75.60 | 38.50 | 1.20 | 836.80 | 96.40 | 529.60 | 98.40 | 26.20 |
| 合计 | 22 759.70 | 954.00 | 255.40 | 134.60 | 50.70 | 182.00 | 41.70 | 1 193.30 | 1 937.90 | 465.00 | 464.60 | 221.40 | 40.00 | 8 289.30 | 1 380.80 | 4 711.90 | 452.50 | 636.40 |

（财税金融志第一章《财政》，第 298—299 页）

1969 年成立县精简安置领导小组办公室,将下放之城镇知识青年分配到涌峪、桃花铺、铁峪铺、武关、大峪等 5 个公社插队劳动。1970 年 4 月,精简安置领导小组办公室更名为下放安置办公室。1973 年 10 月,丹凤县革命委员会成立知识青年上山下乡办公室。(1981 年 4 月均撤销)。1974 年根据湖南省株洲市经验,先后办起知识青年农场。此后知青人数逐年增多,全县先后建立起集中住宿、集中吃饭、集中学习、分散劳动的知青点 15 个。1974—1979 年,各知青点均由国家财政拨款,木材管理部门提供木材,当地社员捐工助修房屋。计:涌峪 18 间,大峪 23 间,铁峪铺 30 间,桃花铺 46 间,武关 25 间,总计 142 间。其时全县共有知识青年 269 名(其中女 123 人)。党的十一届三中全会后,逐年安排就业,截止 1980 年 7 月底,全部安置。其中招工 255 名,招生 5 名,应征入伍 9 名。

(政权志第三章《人民政府》,第 412 页)

# 《商南县志》

商南县志编纂委员会编,作家出版社 1993 年

《1949—1992 年财政支出年度主要项目表》。(见本书第 1504—1505 页表)

1980 年以后,随着党的中心工作的转移,经济形势的好转,商南县劳动局根据商南县经济发展的形势,对全县上山下乡知识青年,待业青年进行统筹兼顾,适当安排,初步缓解了商南县城镇就业的困难。

(第 18 卷第二章《劳动》,第 525 页)

机构、人员缩编后,为安排富余干部,商南县革命委员会 1969 年 5 月 18 日决定成立下放安置领导小组,下设办公室具体办理本县干部下放、毕业生分配、知识青年、城镇居民和复退军人安置以及接收省、地分配的下放干部、毕业生、知识青年、城镇居民的安置工作。

(第 18 卷第三章《人事》,第 532 页)

1966 年至 1968 年先后两次从农村吸收了 50 余名返乡知青进入干部队伍。

(第 18 卷第三章《人事》,第 533 页)

中华人民共和国成立后,商南县农村体育坚持业余、自愿、小型、多样、节约的原则,曾经出现三个活动高潮,……第二个高潮是 1973 年至 1976 年间,随着知识青年上山下乡,农村体育骨干大量增加,知识青年同当地青年一起开展各种体育竞赛。全县 30 个知青点都有篮球场。他们经常组织队与队之间比赛、互访赛、邀请赛,同当地机关职工进行友谊赛,农村体育活动空前活跃。

(第 24 卷第一章《体育》,第 730 页)

（本表上接本书第 1503 页）

单位：万元

## 1949—1992 年财政支出年度主要项目表

| 年度 | 合计 | 基本建设 | 挖潜改造 | 县办5小技术补助 | 简易建筑费 | 科技3项费 | 流动资金 | 支农支出 | 工交商事业费 | 城市维护费 | 知青就业经费 | 文卫科事业费 | 抚恤社会救济费 | 行政管理费 | 干部劳动锻炼费 | 其它部门事业费 | 价格补贴 | 其它支出 |
|---|---|---|---|---|---|---|---|---|---|---|---|---|---|---|---|---|---|---|
| …… | | | | | | | | | | | | | | | | | | |
| 1969 | 174 | 9 | 2.5 | | | | 1 | 28 | 8.1 | | 2.9 | 58.3 | 8.7 | 53.1 | 0.7 | | | 1.7 |
| 1970 | 316.5 | 125.6 | 0.5 | | | 0.5 | 7 | 31.3 | 0.3 | | 0.2 | 75.9 | 13.5 | 46.9 | 12.6 | | | 2.2 |
| 1971 | 368.2 | 105.3 | | 5 | | 0.6 | 10.5 | 46.6 | 3.2 | 1 | | 104.7 | 14.2 | 65.2 | 9.5 | | | 2.4 |
| 1972 | 462.6 | 160.1 | | 6.6 | | | 17.2 | 51.6 | 0.4 | 2 | 1.1 | 122.2 | 18.7 | 80.3 | 1.6 | | | 1.9 |
| 1973 | 392.8 | 81.8 | | 4 | | 1.8 | 9 | 52.1 | 1 | 4.2 | 5.3 | 136.3 | 20.8 | 75.3 | | | | 5.4 |
| 1974 | 455.8 | 76.8 | | | | 1.8 | 6.5 | 109.5 | 0.8 | 1 | 1.4 | 151.2 | 19.9 | 81.6 | | | | 1.4 |
| 1975 | 464 | 19.4 | | 3.5 | | 4.4 | 24.5 | 143 | 0.7 | 1 | 4 | 153 | 23.6 | 88.1 | | | | 1.4 |
| 1976 | 573.6 | 53 | 6 | 20 | | 18.9 | 15 | 180.6 | 3.5 | 3 | 4.7 | 157.3 | 38.6 | 88.6 | | | | 2.1 |
| 1977 | 556 | 28.9 | 12.5 | 17.7 | | 1.2 | 17.5 | 172.9 | 3.9 | 3 | 8.3 | 165.5 | 38 | 81.1 | | | | 9.1 |
| 1978 | 604.7 | 19.7 | | 11.8 | 70 | 2.2 | 13.5 | 191.6 | 6.8 | 10 | 1.9 | 204.4 | 34.1 | 85.4 | | | | 9.9 |
| 1979 | 831 | | 58 | 37 | 15 | 2.1 | 10.5 | 230.2 | 2.2 | 10.8 | 1.7 | 263.9 | 61.1 | 135.3 | | | | 16.5 |
| 1980 | 774.7 | | 17.5 | | 65 | 2.3 | 8.5 | 211.1 | 15.7 | 9.7 | 3 | 303.7 | 32.9 | 143.2 | | | | 21.9 |
| 1981 | 737.2 | | 11 | | 148 | 3.4 | 1.5 | 176.2 | 15.7 | 22.2 | 0.9 | 286.2 | 33.6 | 150.9 | | | | 18.7 |
| 1982 | 908.7 | | 10.5 | 1 | 25 | 2.4 | 3.5 | 248.8 | 28.9 | 21.1 | 1.1 | 312.9 | 58.9 | 172.2 | | 35.6 | | 9.5 |
| 1983 | 826.5 | | 1.1 | | | 1.4 | | 214.4 | 17.2 | 8 | | 326.3 | 37.7 | 183.6 | | 27.5 | | 8.2 |

1504

续表

| 年度 | 合计 | 基本建设 | 挖潜改造 | 县办5小技术补助 | 简易建筑费 | 科技3项费 | 流动资金 | 支农支出 | 工交商事业费 | 城市维护费 | 知青就业经费 | 文卫科事业费 | 抚恤社会救济费 | 行政管理费 | 干部劳动锻炼费 | 其它部门事业费 | 价格补贴 | 其它支出 |
|---|---|---|---|---|---|---|---|---|---|---|---|---|---|---|---|---|---|---|
| 1984 | 1 100.4 | | 10 | | | 1.2 | | 154.9 | 39.4 | 11.8 | 0.5 | 381.5 | 57.9 | 272.8 | | 18.9 | | 55.5 |
| 1985 | 1 167.4 | | 6 | | | 0.5 | | 205.9 | 51.2 | 26.6 | | 473.5 | 73.4 | 263.7 | | 31.1 | 10.3 | 25.2 |
| 1986 | 1 359 | | 2 | | — | 1.4 | | 213.5 | 31.4 | 15.6 | 0.5 | 532 | 80.1 | 293.2 | | 57.4 | 104.3 | 35 |
| 1987 | 1 379.2 | | 21.5 | | 4 | 7.85 | | 258.6 | 61 | 12.6 | 0.96 | 533.2 | 157.8 | 308.2 | | 49.2 | 95 | 44.5 |
| 1988 | 1 484.6 | | 1.9 | | 4 | 8 | | 250.1 | 28.4 | 11.7 | — | 629.3 | 83.1 | 320 | | 60.3 | 44 | 19.5 |
| 1989 | 1 721.8 | | 2 | | — | 0.5 | | 265.6 | 23.1 | 21.3 | 0.2 | 746.2 | 121.7 | 394.2 | | 75.1 | 47.3 | 7.8 |
| 1990 | 1 847.6 | | 4 | | | 1.1 | | 290 | 36.6 | 14.9 | 0.3 | 802.2 | 101.7 | 399.3 | | 101 | 64.4 | 9.6 |
| 1991 | 2 211.4 | | 11 | | | 1.2 | | 322.5 | 58.9 | 36.1 | 3.4 | 891.2 | 99.5 | 506.9 | | 111.2 | 59.1 | 17 |
| 1992 | 2 367.9 | | 16 | | | 1.2 | | 103.7 | 53.1 | 57 | | 968.4 | 121.3 | 462.4 | | 124.3 | 64 | 26.4 |

（第 12 卷第一章《财政》，第 334—336 页）

同月(1968 年 12 月),城关中学 100 余名知青上山下乡,接受贫下中农"再教育"。

（第 29 卷《大事记》,第 892 页）

# 《山阳县志》

山阳县地方志编纂委员会编,陕西人民出版社 1991 年

**知青下乡** 由于"文革"动乱,工厂停工,学校停课,城镇知识青年无处就业。1968 年秋,本县动员首批 172 名居民户口的初、高中毕业生到川道公社插队当农民。此后十年,共安插到农村的城镇知青 823 人。同时,还接收省上分配来的大专院校毕业生 478 人。这些知识青年被安排在经济条件较好的 18 个公社里,参与生产队劳动、分红,各队为他们建房445 间。1978 年,绝大多数插队知青都回城安排工作。(第七编第二章《共产党》,第 217 页)

# 《镇安县志》

镇安县地方志编纂办公室编,陕西人民教育出版社 1995 年

(1969 年)1 月,镇安县第一批 90 多名知识青年上山下乡到东川、岵峪等地插队劳动,接受"贫下中农再教育"。

（卷一《大事记》,第 28 页）

(1973 年)9 月 27 日,镇安县知识青年上山下乡领导小组及其办公室成立。

（卷一《大事记》,第 29 页）

**知识青年安置**

1969 年成立镇安县安置办公室,首批动员城镇 90 名高、初中毕业生上山下乡,插队劳动当社员。1974 年 2 月,成立镇安县知识青年上山下乡领导小组,下设办公室。拨出专款在岩屋、米粮、结子、锡铜、梅花、回龙、岵峪、北城坡等八处建设知青点,先后两年修建住房125 间,派 10 名干部到各点带队,使知青政治上有人管,生产上有人教,生活上有人关心。县财政共为知青安置拨款 25.49 万元。1976 年后,根据上级调整知青安置政策,逐步缩小上山下乡范围和不再搞插队的精神,从 1977 年开始,撤离带队干部。1980 年 8 月,撤销知识青年上山下乡领导小组暨办公室,知青安置工作交由劳动服务公司管理。十多年来,全县高、初中毕业的城镇知识青年安置就业 1 365 人,其中全民单位招干、招工 535 人,集体单位招工 231 人,临时就业 491 人,自谋职业 108 人,参军 30 人。

（卷十三第四章《人事 劳动》,第 376—377 页）

# 《柞水县志》

柞水县志编纂委员会编,陕西人民出版社1998年

　　1968—1973年,在"四人帮"提出的"知识越多越反动"的口号下,对城镇知识青年实行再教育,全县把262名高、初中毕业的学生,下放到农村劳动。由于生活、生产不能适应,大部分知识青年不能发挥其一技之长,悲观怨世,有30多人流窜作案,寻衅滋事,影响了社会安定。

　　1980—1988年,从三个方面集中解决劳动就业:一是通过各种渠道至1982年对下乡的城镇知识青年262人全部作了安排。　　　　　　　　（卷十八第二章《人事　劳动》,第528页）

# 《安康地区志》

安康市地方志编纂委员会编,陕西人民出版社2004年

　　同年(1968年),全区下放干部1 655人,下放居民到农村2 669户1.5万余人,城镇知识青年上山下乡2.34万人。　　　　　　　　　　　　　　　　　（《大事记》,第45页）


　　(1976年)1月28日,安康地区中学毕业生6 000余人云集安康县永红中学操场,举行上山下乡誓师大会。3月12日,地县1 200名知青离城奔赴农村,安康城数万群众夹道欢送。

　　　　　　　　　　　　　　　　　　　　　　　　　　　　　（《大事记》,第48页）


　　"文化大革命"开始后,就业结构遭破坏,出现重工业线长、第三产业线短的状况。同时出现大批农民进城、城镇居民和知识青年下农村局面,城镇就业矛盾日益突出。到1976年全区城镇待业人员高达1.5万余人,并有0.7万下乡知识青年需要安置就业。

　　1968年,动员城镇初、高中毕业的知识青年"上山下乡"。到1978年,全区共有2.36万知识青年下放农村,从70年代末期开始,通过招工、招干、招生、征兵,到1981年全区有2.3万知识青年就业,对少数病残和在农村安家的给予补偿和妥善安排,结束了知识青年上山下乡及其安置工作。　　　　　　　　　　　　　　（第十九篇第二章《劳动管理》,第975页）


　　1968年12月22日,《人民日报》发表了毛泽东"知识青年到农村去,接受贫下中农的再教育,很有必要"的号召,全国立即掀起了知识青年"上山下乡"的高潮。这个运动当时被宣传为具有"反修防修"、"缩小三大差别"重大政治意义的新生事物。从1969年1月开始,安康专区各中学六六、六七、六八届毕业生,绝大部分走向上山下乡的道路。甚至还有很多非应届毕业生,有的还是少年的初中学生,也执拗地违背家长意愿,不惜与家庭决裂,背上行装

去"上山下乡"。其具体形式,大部分为集体到农村生产队插队锻炼,称"插队青年";也有本乡本土的学生回到自己所在生产队劳动锻炼,称"返乡青年"。这一运动一直延续到文化大革命结束之后。几年中,全区城镇中学共有 234 000 名知识青年"上山下乡"。他们虽然经受了锻炼,但是大批知识青年在青春年华失去在学校接受正规教育的机会,造成人才培养的断层。到 70 年代末,这些知青绝大部分都按照国家有关政策,陆续返城安排了工作。

(第二十九篇《文化大革命纪略》,第 1655 页)

# 《安康县志》

安康市地方志编纂委员会编,陕西人民教育出版社 1989 年

(1969 年)10 月,因"文化大革命"动乱,造成劳动就业渠道堵塞,待业者与日俱增。在"反修防修"和"接受贫下中农再教育"的口号下,安排知识青年 1 003 人到农村插队;从 11 月开始,又组织城关居民 5 870 人下乡落户。

(《大事记》,第 29 页)

关家乡邹庙知识青年林场。1975 年 7 月 20 日,中共关家公社邹庙大队支部书记杨尚银,带领 10 名下乡知识青年上山办林场。当年建房 8 间,开荒 100 多亩,种茶 100 多亩,收粮 2 000 多斤。到 1979 年共绿化荒山 700 亩,新辟茶园 300 多亩,用材林 70 多亩,漆树 1 500 株,竹 5 000 多株,接收下乡知识青年 88 名。1980 年下乡知识青年全部回城,遂改为大队林场,并转包给个人经营。

(第七篇第二章《林业生产》,第 254 页)

从 1968 年 10 月开始,全县动员 1966—1968 三届初、高中毕业生 1 500 人上山下乡。此后,大批知识青年到农村插队落户。1975 年,实行厂、社挂钩,定点安置,定点支援农业的做法,先后动员近 1.2 万名城镇知识青年上山下乡,强制"下放"5 870 名居民到农村落户。

由于在经济建设中,人口增长过快,忽视第三产业,限制甚至扼杀个体经济,统包统配劳动力的范围越来越大,教育和职业培训事业也受到影响,到 1979 年 6 月,城镇待业人员增加到 5 165 人,其中:经批准留城回城知青 1 404 人;社会青年 1 673 人;无固定职业的职工家属、城市居民以及按政策返城居民 2 088 人,加重了城镇就业的压力。

党的十一届三中全会纠正"左"倾路线的思想影响,恢复和发展城乡工商业、饮食服务业、公用事业等集体所有制企业及个体手工业和商贩;加上离、退休人员的子女顶招,一大批待业人员就业。为逐步缩小下乡范围,1979 年动员 1 638 名城镇待业青年顶替安康地区民工,参加安康火石岩水电站工程建设。1982 年底,下乡知识青年全部返回城镇,先后安置 9 000 余人。

(第二十三篇第五章《劳动就业》,第 606 页)

# 《旬阳县志》

旬阳县地方志编纂委员会编，中国和平出版社1996年

　　**知识青年上山下乡**　　1968年11月，本县各中学66届、67届、68届城镇户口的高、初中毕业生被动员上山下乡，到农村插队落户，至1978年，全县动员1975名城镇知识青年下乡，1973年至1980年间，国家耗资362 513.93元，解决知识青年住房、农具、灶具、家具及生活困难等问题。1974年3月，中共旬阳县委设立"知识青年上山下乡工作领导小组办公室"（简称"知青办"），加强对知识青年上山下乡工作的领导，1982年5月撤销。1979年，知识青年上山下乡工作终止，大部分下乡知青（少部分在农村成家立业）或就业或参军，得到妥善安置。　　　　　　　　　　（卷一〇第六章《人事　劳动》第364页）

　　（1965年）8月12日，县人民委员会成立安置城市下乡青年领导小组。嗣后，城关、蜀河两镇亦成立相应领导组织。　　　　　　　　　　　　　（卷二一《大事记》，第698页）

# 《白河县志》

白河县地方志编纂委员会编，陕西人民出版社1996年

　　（1968年）12月23日，首次128名知识青年下放到农村安家落户。

　　　　　　　　　　　　　　　　　　　　　　　　　　　　　（《大事记》，第34页）

　　（1977年）1月24日—26日，县委召开知青上山下乡工作会议、重点讨论安置工作。从1968年以来，774名知青下放到12个公社23个大队31个生产队。　　（《大事记》，第38页）

　　解放后，县境内有3次人口大的迁移。……第三次在1968年底到1969年初，县革命委员会精简机构、人员，并以"我们也有两只手，不在城里吃闲饭"号召县城居民、知识青年及干部带家属到农村去。城关共下放干部、居民、知青360多户1 439人到各公社插队落户。这些下放居民、干部及家属、知青于1976年至1984年陆续返回城关，迁回城关的总人数达2 890多人，占3次下放总人数的135.56%。多出的人数是下放后在农村出生或联姻的人口，亦随全家迁回城关。　　　　　　　　　　　　（人口志第四章《人口变动》，第131页）

　　应时性支出难于预计，一度县财政支出于干部、居民、知识青年下放农村安置以及"文化大革命"期间用于支持"红卫兵"串连、搞"红海洋"、做"忠"字牌、"语录牌"等方面的支出额大。下放的干部、居民、知识青年返回县城后，投资的安置费、建房费等逐年核销，为下放居

民、下放知青购置的产业也随之散失或废弃。　　（财税金融审计志第一章《财政》，第 315 页）

1968—1979 年，又下放农村落户的城镇高、初中毕业生 1 111 人。分布于全县 21 个公社（乡）。下放居民、干部、知识青年去农村，国家拨款建房，购置农具、灶具，调拨补助口粮数百万斤，下放办公室（后改为知青办）、民政局、公社、大队、生产队都做了一系列艰巨工作。从 1970 年后，插队知识青年由国家统包分配，至 1978 年全部回城。

（政务志第一章《民政》，第 405 页）

# 《平利县志》

平利县地方志编纂委员会编，三秦出版社 1995 年

（1968 年）12 月 5 日，继 60 年代初知识青年上山下乡后，又掀起知识青年上山下乡热潮。是年到 1979 年，共计 891 人下乡插队。　　　　　　　　　　（《大事记》，第 28 页）

（1973 年）2 月，恢复县委办公室、组织部、宣传部、农工部、机关党委、共青团、妇联会、工会、党校、新设知识青年上山下乡办公室。　　　　　　　　　　（《大事记》，第 30 页）

1957 年 5 月 11 日—12 日，团县委召开全县回乡知识青年建设社会主义新农村积极分子代表会议，出席代表 53 人（女 13 人）。会议介绍了平利县发展农业远景规划，总结了全县青年在社会主义革命和建设中取得的成绩和经验，肯定了回乡知识青年是社会主义农业现代化建设的主力军，号召全县青年立志农村、安心农村、红在农村、专在农村，作一个有文化、有知识、有高度觉悟的新型农民，与会代表深受教育和鼓舞。

（第十九篇第三章《群众团体》，第 430 页）

1970 年招工 2 800 人，1971 年招工 500 人，1972 年招工 300 人。新招职工有农民、回乡知青、应届毕业学生、退伍军人、城镇闲散劳力等。招收办法主要是群众推荐，领导批准，统招统配。　　　　　　　　　　　　　　　　　　　（第二十三篇第二章《工人》，第 527 页）

1966—1968 年，学校停课，工厂停工，一不招工，二不招生，三届初、高中毕业生聚集城镇，县革命委员会于 1969 年 12 月动员知青到农村去，接受贫下中农再教育，接着城镇居民下放农村。1970 年，随着生产和各项事业的发展，出现招工，工资总额，粮食销量三突破。1977 年，职工人数达到 3 961 人。1978 年又开始招工，干部增员 91 人，年末职工人数达 5 375人。1979 年停止知青下放，已下放知青 937 名需要安置，同年安置待业青年 442 名，其

中集体单位 125 名,副业工 129 名,企事业单位临时用工 188 名。

(第二十三篇第五章《劳动就业》,第 532 页)

## 第二节　知识青年上山下乡

1962 年,中共中央、国务院决定精减职工和减少城镇人口,开始有计划地动员城镇青年下乡。是年随父母下放知青 292 人。1965 年,县政府在蜡烛山举办青年农场,选调 61 名知青建场。"文化大革命"开始后,先后返城。1969 年成立下放办公室,每年应届初、高中毕业生,除身体不好,特困户或独生子女,经批准就业可免予下放外,其余都必须到农村插队两年以上,恢复城镇户口,供应商品粮,安排就业。1973 年改下放办为知识青年上山下乡领导小组,下设办公室,先后下放初、高中毕业学生 891 人,接纳省下放大专院校毕业学生 256 人。1978 年中央发出《全国知识青年上山下乡工作会议纪要》和国务院《关于知识青年上山下乡若干问题的试行规定》,对知青工作方针政策作了重大调整,1979 年起不再动员城镇中学毕业生上山下乡,对以前下放的,全部收回,逐步安置就业。

(第二十三篇第五章《劳动就业》,第 533 页)

# 《镇坪县志》

镇坪县地方志编纂委员会编,陕西人民出版社 2004 年

(1973 年)11 月,中共镇坪县委知识青年领导小组成立,1981 年 10 月撤销。1978 年开始,从下乡知识青年 365 人中招干招工 292 人,招生 49 人,参军 16 人,自谋职业 5 人,转外地 3 人。

(《大事记》,第 25 页)

1963 年,安康县应届高中毕业生 12 人,首批来镇坪插队落户。翌年又有 11 名知青自愿报名来镇坪。1969 年,按"知识青年到农村去,接受贫下中农再教育,很有必要"的号召,安康县动员组织了 1967、1968、1969 年三届高中毕业生 33 人,来镇坪农村劳动锻炼。同年,还将分配来从事教育、医护工作的 75 名大、中专院校毕业生及本县中学毕业生 19 人,下放到农村,走"和贫下中农相结合"的道路。此后,凡初高中毕业生(除特殊原因免下者外),都实行"上山下乡,插队落户","接受贫下中农再教育"。1972 年底开始,按个别选调招工办法,充实新建工厂用工。1975 年,实行在上山下乡劳动满两年以上的知识青年中推荐招工办法。翌年,又以"招工不走,城市不回,扎根农村,干一辈子革命"的口号鼓动,下乡知识青年滞留农村,实际造成待业人员积压。

1977 年,教育战线拨乱反正,大、中专院校恢复考试招生制度,规定下乡一定年限的知识青年可以参加考试。是年,32 名下乡知识青年被大、中专院校录取,使待业人员积压状况

得到一定缓解。1978年,中共十一届三中全会以后,国家对知识青年下放的方针、政策作了重大调整。本县有43名下放知识青年,通过参军、招工、招干、招生等多种途径,陆续走上各条路线。翌年,按亦工亦农招工指标,一次性收回统一分配安置了141人,经过几年努力,采取"从城乡两个方面广开门路予以安排"的办法,先后被招工招干292人,招生449人,参军16人,自谋职业5人。截至1981年底,上山下乡知识青年全部离开农村。

(卷二十一第一章《劳动》,第512页)

# 《岚皋县志》

岚皋县志编纂委员会编,陕西人民出版社1993年

(1965年)6月,《人民日报》以《深山密林播种人》为题,报道1962年从安康高中毕业来本县高峰大队插队知青王建元的事迹。此后,中央电台、《陕西日报》均陆续报道王建元事迹。10月1日,县委发出通知,号召全县知识青年,以王建元为榜样,艰苦奋斗,发愤图强,为农业服务,为山区人民服务,改变"一穷二白"面貌,建设社会主义新岚皋。王建元是60年代全国插队知识青年典型之一。

(《大事记》,第15页)

1981—1989年,从农村返乡知识青年中择优录用干部(含合同制干部)402人,占干部录用总数27%。

(政务志第二章《劳动人事》,第336页)

1968年,动员城镇初、高中毕业生"上山下乡",到1978年全县下乡知青123人。1979年,停止知青"上山下乡",由劳动部门介绍就业,自愿组织起来就业,自谋职业607人。截至1983年下乡知青全部安置。

(政务志第二章《劳动人事》,第336—337页)

(1979年8月)停止知识青年上山下乡、居民下放工作。到1980年收回下放居民360户。解决待业人员和知青就业934人。

(《附记"文化大革命"记略》第四章《拨乱反正》,第592页)

# 《紫阳县志》

紫阳县志编纂委员会编,三秦出版社1989年

是年(1968年),设立知识青年安置办公室,开始分批组织城镇知识青年到农村插队落户。1973年,正式设立知识青年上山下乡办公室,至1982年撤销。

(卷二《大事记》,第47页)

# 《石泉县志》

石泉县地方志编纂委员会编，陕西人民出版社1991年

（1966年）12月，动员80名城镇社会青年上山下乡，插队落户。　（《大事记》，第18页）

（1973年）10月16日，成立知识青年上山下乡工作领导小组，安排知识青年下乡插队。

（《大事记》，第20页）

（1981年）6月12日，知识青年上山下乡工作结束。在农村的61名知识青年全部转回城镇。　　　　　　　　　　　　　　　　　　　　　　　（《大事记》，第22页）

1979年，停止实行知识青年上山下乡制度。除家在农村的离、退休、病退、死亡职工可顶替招收1名符合招工条件的农村户口子女外，停止招收农村劳动力。集中力量优先解决留在农村的上山下乡知识青年的回收和安置，到1982年，上山下乡的2 686名知青全部安置完毕，共安置2 678人。占总数的99.7％。其中安置在全民单位的2 267人（包括升学、参军）；安置在集体单位的6人；安置在福利院的1人。同时，还安置了301名城镇免下青年（因病残不能上山下乡的知识青年），147名收回的居民子女及落实政策收回的职工子女。

（卷十四第二章《劳动》，第504页）

## 第二节　知识青年上山下乡

石泉县知识青年上山下乡，从1968年底开始，1978年结束。10年中，除身患慢性疾病和初、高中毕业时年龄不足16周岁等免下对象外，有的采取单身插队落户，到父亲或母亲及直系亲属所在社队插队落户；有的集体分批到农村插队落户，或安置到县、社、队办集体基建队、农场、林（茶）厂、综合厂；有的实行厂、社挂钩，定点安置，定点支援农业生产劳动。先后共组织动员初、高中毕业生2 686人上山下乡，分布在全县6区28个公社，参加以农业为主的生产劳动。"三线建设"时，大量的上山下乡知识青年，顶替民工参加了阳安铁路、石泉水电站大坝建设工程及石茶、池云公路建设工程。

知识青年经过劳动锻炼后，按国家逐年下达的招工指标，分批招收到国营或集体各个行业参加工作；一部分参军或被推荐到大、中专院校学习；文化基础较好，具备一定组织才能的积极分子，或学有一定专长的知青被逐步吸收录用、临时安置到国家机关、事业单位从事行政、教育或专业技术工作。最后留在农村的56人，于1987年，经组织批准全部返回城镇。

历年出席县以上知识青年上山下乡积代会的先进集体共76个，积极分子94人。知识青年张杰出席陕西省革命委员会活学活用毛泽东思想积极分子代表大会。

石泉县 1968—1978 年知识青年上山下乡统计表

| 数量 年度 \\ 项目 | 人数 | 知识青年插队落户公社 | | | | | | | | | |
|---|---|---|---|---|---|---|---|---|---|---|---|
| 1967—1972 | 1 148 | 全县各公社 | | | | | | | | | |
| 1973 | 93 | 长安 | 古堰 | 向阳 | 曾溪 | 饶峰 | 两河 | 前池 | 青石 | | |
| 1974 | 290 | 向阳 古堰 长安 石梯 新田 前池 大坝 松柏 两河 饶峰 迎丰 后柳 长水 | | | | | | | | | |
| 1975 | 461 | 古堰 石梯 银桥 左溪 曾溪 向阳 长安 新田 前池 大坝 松柏 饶峰 两河 红卫 喜河 松柏 中坝 | | | | | | | | | |
| 1976 | 364 | 银桥 长安 古堰 石梯 向阳 前池 新田 大坝 松柏 饶峰 两河 永红 迎丰 云川 青石 长水 松树 喜河 后柳 | | | | | | | | | |
| 1977 | 166 | 古堰 向阳 银桥 曾溪 长安 松柏 新田 大坝 饶峰 两河 永红 凤阳 长水 喜河 松树 迎丰 红卫 | | | | | | | | | |
| 1978 | 156 | 古堰 银桥 曾溪 石梯 向阳 大坝 松树 新田 饶峰 永红 两河 红卫 迎丰 长水 | | | | | | | | | |
| 合　　计 | 2 686 | 全县 | | | | | | | | | |
| 备　　注 | | 1. 总数中不包括居民下放后收回的子女 104 人,也不包括冤、假、错案随父母被下放的 43 人,不包括从外地迁入石泉县的下乡知青 156 人。 2. 安置在基建队、综合厂、农场、林场共 120 人;长安太阳基建队 15 人,曾溪联合综合厂 6 人,大坝莲花山农场 30 人,曾溪六台山农场 16 人,饶峰林场 23 人,古堰林场 8 人,长安七里沟林场 13 人,三里沟林场 9 人。 3. 1968 年下乡人数中,包括 1966—1967 年初的高中毕业生。 | | | | | | | | | |

(卷十四第二章《劳动》,第 505—506 页)

# 《宁陕县志》

宁陕县地方志编纂委员会办公室编,陕西人民出版社 1992 年

(1968 年)12 月 13 日,本县首批 96 名知识青年上山下乡、插队落户,接受贫下中农再教育。
(《大事记》,第 25 页)

(1970 年)7 月 6—8 日,县召开下放干部、下乡知识青年、下放居民活学活用毛泽东思想讲用会。
(《大事记》,第 25 页)

### 知青上山下乡

1962 年 9 月 5 日,安康来宁陕插队落户的知识青年 24 名;1969 年本县城镇初中毕业生

的 91 人,分别下到 7 个公社"接受贫下中农再教育"。

截至 1972 年底,本县共有下乡知识青年 157 名,其中:在本县插队 146 人,去外县 5 人,去外省、地 6 人。分期分批招工 124 人,升学 2 人,参军 2 人,转出 3 人,死亡 1 人,留农村 1 人。1975 年底,本县有上山下乡知识青年 260 名,分布在 12 个公社 35 个生产队。1978 年在队的知识青年 287 名,全部离队回城待业。

(民政、劳动人事志第二章《劳动人事》,第 651 页)

1971 年,131 名知识青年、民办和公办代理教师转为公办教师。

(民政、劳动人事志第二章《劳动人事》,第 652 页)

# 《汉中地区志》

汉中市地方志办公室编纂,三秦出版社 2005 年

### 城镇青年就业经费

用于城镇精简人口和知识青年下乡安置补助费用。1981 年以前,称"城镇人口下乡经费"。

1964 年起,国家陆续动员城镇知识青年和城镇精简人口下乡,将其安置到农、林、牧、渔场和生产队插队落户,财政相应列支城市人口下乡经费,开支项目标准常有调整。"文化大革命"期间,知识青年下乡插队落户甚多。1981 年起,对知识青年分期分批安排到各类企事业单位就业。自此,财政"城镇人口下乡经费"改称"城镇青年就业经费"。各级政府设置劳动服务公司等机构负责经办安置工作,按照"先培训、后就业"的原则,财政按一定比例拨予培训费、业务费和生产扶持资金。1986 年,劳动就业经费由原各级财政部门预算科(股)管理移交农财科(股)管理;劳动就业周转金悉数回收,划转地、县(市)财政局。1964—1995 年,全区财政共支经费 3 070.3 万元,其中用于城镇知识青年就业经费 930.3 万元,占该经费的 34.6%。 (卷十三第二章《财政支出》,第 817 页)

1970—1972 年,社会招工又一次失控,一方面动员大批城镇知识青年上山下乡,另方面从农村大量招工,全区职工大量增加。 (卷二十四第一章《劳动》,第 1434 页)

招工的对象和重点,主要是安排城镇劳力,其次是招收农村的返乡知识青年。⋯⋯1968—1981 年,重点招收城镇上山下乡知识青年;⋯⋯

(卷二十四第一章《劳动》,第 1434 页)

**知识青年下乡**

（一）基本情况

1962年开始,由本区共青团各级组织牵头,带领一批城镇知识青年(中、小学毕业未升学、就业者)到国营农场、林场和社、队参加生产劳动,尤以汉中县知识青年到黎坪垦殖场参加劳动者影响最大。到1966年,汉中、城固、勉县、西乡、洋县等县先后有800多名城镇中学和部分小学生到农村参加生产。

1968年12月,中共中央主席毛泽东号召:"知识青年到农村去,接受贫下中农的再教育,很有必要。要说服城里的干部和其他人,把自己初中、高中、大学毕业的子女,送到乡下去,来一个动员。"全区随即掀起动员城镇知识青年(以下简称"知青")上山下乡的高潮。各县城镇凡符合上山下乡条件的知青,由各县革委会统一安排下放。到1972年全区13 270名城镇知青到农村。同时,接收安排上海市知青68名,西安市知青5 862名,北京市知青约100名,共计19 200名。

1973年,陕西省革命委员会确定,年满16周岁以上的城镇中学毕业生,除身残和有严重疾病、独生子女及家庭有特殊困难者外,必须动员上山下乡。1974年又规定,凡多子女户,身边可留1个子女,其余子女动员下乡。

1979年1月,根据中共陕西省委通知精神,缩小城镇知青上山下乡范围,全区除汉中县外,其他各县非农业人口中的中学毕业生,不列入下乡范围。1980年以后,全面停止城镇中学毕业生下乡。

全区1968—1980年,共有45 951名知识青年下乡,分布在11个县(市)、258个公社、892个大队、1 360个生产队和1 134个农、林、茶场、6个副业生产基地、6个国营林场、工地。

（二）安置形式

1962年,以办垦殖场、林场等形式安置。当时由共青团汉中地委副书记周沪带领65名知青到黎坪垦殖场劳动。1964年150名知青分别到一些农场、林场劳动;1965年,110名知青到武乡镇西沟林业技术学校边学习、边植树造林;洋县一批知青到二龙农场劳动。1966年8月,西沟林业技术学校迁汉中县褒河黎水沟,改名汉中县型砂厂工读学校。

1968年以后,知青主要到农村生产队分散插队落户,各队人数不等。有些生产队由于自然条件差,生产水平低,知青生活不能自给,遂改为以大队或自然村为单位,建立一批"三集中一分散"(集中吃、住、学习,分散劳动)知青点。1968—1970年,按上级统一要求,所有大学、大专、中专、技校毕业生,亦由地、县革命委员会安置下放办公室,安排到农村插队或农场劳动,当"知识青年",所谓"接受贫下中农再教育"1—2年,然后正式分配安排工作单位。

1974年,全区21个厂矿企业分管知青的领导,参观学习湖南省株洲市"厂社挂钩,按系统动员,集体安置"的经验后,采取"四对口"(知青对口下,带队干部对口派,管理教育对口抓,支援农业对口帮)的形式,通过知青家长所在单位与知青插队的公社、大队挂钩,城乡结合,互相支援,使许多社队办起企业。也有少数知青,原籍农村有父母或其他直系亲属,本人自愿回原籍投亲靠友并经接收单位同意者,亦同意其回原籍农村落户。

1979年,汉中地区运输公司、公路总段和邮电局干部(职工)子女中的应届城镇中学毕业生,到公路建设工地参加劳动,政治、生活待遇与下放农村知青一样对待。

(三)学习生活待遇

学习方面,每个知青点除订有两份报纸外,地、县有关部门还为知青购买图书8.7万多册,价值6万余元。生活方面,社队提前为知青准备好农具、家具,主要有锄头、镰刀、铁铣、锅、水桶、菜盆、菜刀、勺铲、床板、桌子、凳子、热水瓶等。1973年后,知青下放农村第一年,每人每月发生活费10元,供商品粮22公斤,食油0.25公斤。知青参加生产队劳动计酬分配,与当地农民同工同酬,口粮标准不低于当地单身劳动者实际吃粮水平。知青住房,初期由生产队安排,一般使用生产队公房或借用农户私房。随后由国家拨款和木材,帮助知青建新房。据调查统计,知青住新建房和永久房屋的约有70%,借用生产队公房或借住民房者30%。知青一般疾病和因公轻伤,到大队合作医疗站就诊,重伤经各县有关部门批准,到县城医院或地区医院就诊。1977年开始,在知青经费中,每人每月平均安排医疗费10元。非因公致残或伤的,给予适当补助。

(四)知青的组织领导

地区、县成立知识青年上山下乡领导小组,下设办公室,办理有关知青事宜。知青比较集中的公社,配备知青专干。公社和大队普遍建立"再教育"小组,生产队设"三管"(学习、食宿、劳动)人员。知青下放较多的单位,除确定专人负责外,并选派带队干部,到农村与知青同吃、同住、同劳动,组织学习,解决知青的实际困难。地、县、社、大队各级均有1名领导主管知青工作。

广大知识青年上山下乡,经受锻炼,学习生产知识和技术,对知青本身有所提高,但同时又是对青年知识人才的一种浪费甚至摧残,加大了农村和国家的负担。知青在农业生产中,在当地传播科技、文化、卫生知识等方面,发挥了一定作用,作出重要贡献。出现一批关心群众、关心集体的好青年。据统计,出席县以上先进集体和先进个人代表会议的有6 934人(次),受到省、地、县各级政府的表彰和奖励。143名知青加入中国共产党,7 736人加入共青团,564人被选进各级领导班子。汉中市知青张连庆,多次招工不回城,一心钻研柑桔栽培嫁接技术,经过多年努力,培育优良品种的柑橘30多亩、1 570多株,并帮助社员学习柑桔栽培嫁接技术,为改变所在生产队面貌作出贡献,深受群众爱戴。

(五)知青回城安置

由于知识青年上山下乡,参加劳动,大多是在"文化大革命"特殊时期、特定环境中进行的,出现一系列问题,如城市学生对农村生产、生活不习惯,自理困难,管理不善,甚至出现一些非正常现象,给知青造成很大困难。1979年,根据陕西省革命委员会通知,确定城镇知青不再下放插队,对已经下放农村的知青,本着"国家关心,负责到底"的精神,在1981年前将在乡知青安置完毕。汉中地区于1981年11月如期完成任务。1968—1980年,全区上山下乡知青共 45 951 人,招为全民工 37 152 人,考入大(专)学、中专 1 879 人,参军 2 933 人,提拔为基层干部 682 人,安置城镇集体工 3 274 人,在农村安家落户 2 人,因犯罪判刑劳改 28 人,失踪 1 人。对刑满释放和失踪返回的知青,由公安、劳动部门处理。知青在农村结婚并有子女者,根据户口子随母转的原则,16 岁以下的子女户口可转回城镇。知青在农村插队时间,招工招干后可以计算工龄。

(六) 知青安置经费

1968—1981 年,中、省先后拨给本地区知青经费 1 956.55 万元,其主要开支有建房费 501.91 万元,生活费 470.54 万元,农具、灶具、家具费 14.27 万元,医疗费 25.46 万元,学习费 23.52 万元,宣传动员费 46.73 万元,特困补助费 35.86 万元,扶持生产费 50 万元,业务费 57 万元,结存 40.26 万元。知青返城后,所留房屋 12 634 间及农机具、灶具、家具等,全部无代价移交安置知青的社队。　　　　　　　　　　(卷二十四第一章《劳动》,第 1435—1438 页)

本年(1968 年),全区 2.2 万名初、高中学生下放农村劳动锻炼,所谓"上山下乡接受贫下中农再教育"。同时,接收西安市等外地下放中学毕业生 8 000 人。此后,至 1975 年,每年安排高、初中毕业生下乡劳动,并接收全国各地大学、中专毕业生及中学生到农村"劳动锻炼","接受贫下中农再教育"。　　　　　　　　　　(卷三十六《大事记》,第 2227 页)

从"文化大革命"开始,本区中学一直停课"闹革命"。1968 年冬,毛泽东主席发出"知识青年到农村去,接受贫下中农再教育"的号召,(六六、六七、六八级)初、高中毕业学生首批下乡上山,到农村接受再教育。之后每年初高中毕业学生下乡插队劳动,直到 1978 年停止。1968—1970 年,大中专院校毕业的学生亦要到农村、工厂或军队农场接受"工人、贫下中农、解放军的再教育,劳动锻炼"1—2 年。西安、上海、北京等地一批中学生被安排来本区各县插队劳动。1971 年开始,陆续选拔、推荐少数初中或高中毕业(实际因"文化大革命"停课并未完成学业,有的甚至仅小学文化程度)的知识青年上大学。1975 年开始,按下放接受再教育时间和本人表现,根据下达的招工、招干、招生、参军指标,分期分批由生产队、大队、公社推荐批准,陆续返城就业。到 1978 年本区共有下乡上山知识青年 45 951 人,其中上海、北京、西安等外地学生 5 930 人。到 1981 年,所有下放插队锻炼、接受"再教育"的学生除 2 名安家落户、28 名判刑劳改外,全部就业(见《劳动人事》卷)。　　　　(《附录》,第 2302—2303 页)

# 《汉中市志》

汉中市地方志编纂委员会编,中共中央党校出版社 1994 年

(1968 年)12 月 31 日,城市知识青年到农村接受贫下中农再教育。至 1980 年,全县共

到农村 17 187 人,先后被招工、招生、参军,安排了工作。　　　　　（《大事记》,第 28 页）

1968—1980 年,全市先后共有 17 187 名城市知识青年上山下乡到农村参加农业劳动,其中 3 511 名分配安置邻近 7 个县,后来均陆续回本市城区安置就业。

（人口志第二章《人口变动》,第 113 页）

**汉中县革命委员会机构设置表**

| 年　　份 | 机构名称 | 工　作　部　门 |
|---|---|---|
| 1968.9—<br>1970.5 | 县革命<br>委员会 | 办事、政工、生产、人民保卫组。 |
| 1970.6—<br>1976.10 | 县革命<br>委员会 | 办公室、计委、财贸、工交、农林、文卫、社队企业、多种经营、人防、知青上山下乡办公室、公安、民政、劳动、财政、税务、统计、物资、商业、粮食、工商、农牧、林副、水电、城建、房管、工交、基建、农机、轻工、文教、卫生局、供销社、体委、人民银行 |

（政权志第三章《行政机关》,第 540 页）

1966—1976 年,全市共受理群众来信来访 11 326 件,……这一时期反映的主要问题:一是"文化大革命"造成的一系列遗留问题,如派性纠纷中工作人员的工资、家属生活、武斗损失赔偿等;二是历次政治运动中受处分人员的申诉;三是上山下乡的城市居民、知识青年要求回城和就业问题。　　　　　（政权志第三章《行政机关》,第 544 页）

# 第三节　城镇知识青年安置

1957 年秋,本市有十几名城镇中学毕业生,响应政府号召,自愿到石马乡的一些高级农业社参加劳动。1959 年先后回城安置就业。1963 年,由共青团汉中市委牵头,动员 65 名知青到黎坪垦殖场参加劳动。1964 年,又动员 150 名知青到本市农村一些农、林场和社、队参加劳动生产。1965 年 5 月,团市委组织 110 名知青,在武乡西沟创办林业技术劳动学校,边学习边上山植树、育林和搞农业生产。1966 年 8 月,学校迁到褒河沥水沟型砂厂上课、劳动,学校改名为汉中市型砂工读学校,这些学生以后陆续安置了工作。1968 年,响应毛主席关于"知识青年到农村去,接受贫下中农的再教育"的号召,本市由安置办公室负责动员、组织和管理城镇知青上山下乡工作,开始把下乡青年分散安置在本市 23 个乡所属的村、组。以后,为了便于管理、方便生活,又以行政村或自然村的几个组为单位,建立知青点或知青大院。集中食宿,集中学习,分散到各村、组劳动。1974 年,按其父母所在工作单位,与社队挂钩的方式,组织知青下乡插队,并按系统派带队干部负责对知青的管理教育。全市共建立 74 个直接挂钩的知青点,集体安置知青 1 649 人。1974 年开始本市的知青在汉中地区内跨县安置,先后有 3 511 名知青按系统、按单位分别安置在七个县的农村。为了做好对下乡知青的管理教育,1975 年 5 月改安置办公室为知青办公室,21 个公社设知青专干。各系统和大的单位对建立的"知青点"先后派 50 多名带队干部,与下乡知青同吃同住同劳动,以身作则,进行管理教育。市上每年召开一、二次下乡知青工作会议,总结工作,交流经验,表彰先进。每逢春节,市知青办、各系统和各单位对下乡知青进行慰问鼓励。政法部门认真审理伤害下乡知青的案件,及时打击犯罪分子,维护下乡知识青年学习、劳动和生活秩序。

1979 年,按照上级规定,减少下乡人数。1980 年,根据省知青办的通知,本市城镇中学应届毕业生停止下乡,并于 1981 年 1—10 月,将已下乡的知青,除 3 名决心终生扎根农村、安家落户外(国家在经济上给予必要的资助扶持),其余的知青分期分批安置到全民或集体所有制单位。从 1968 年至 1980 年,全市先后共有 17 187 名(其中去外县农村插队 3 511 名)知青下乡,参加农业生产,国家共拨知青安置经费 5 139 806 元,其中:建房费 1 904 307 元,生活补助费 1 069 663 元,农具、灶具、家具费 433 975 元,医疗费 66 558 元,学习费 38 723 元,宣传费 77 587 元,特困补助费 5 253 元,已婚知青安家费 1 800 元,病残知青安置费 15 000 元,扶持生产费 130 000 元,累计给下乡知青建房 4 235 间,购置"三具"10 万多件。知青回城安置就业后,全部无偿留给所在乡村。

(劳动人事志第一章《劳动就业》,第 592—593 页)

教师除一部分由师范院校培养外,其余多系从工人、贫下中农、退伍军人和返乡知识青年中选用,到 1977 年,全市有小学教职工 1 963 人,其中:公办 807 人,民办 1 156 人;中学教职工 1 685 人,其中:公办 1 262 人,民办 423 人。　　　　　(教育志第八章《教师》,第 651 页)

市内青年创建高寒山区垦殖场的集中报道。1962 年,本市一批知识青年,离开城市和家庭,闯上高寒山区,经过三年艰苦奋斗,战胜重重困难,创建了一个初具规模的国营黎坪垦殖场。市广播站等新闻单位以多种形式、大篇幅地作了报道。并用录音、文艺说唱等形式宣传农场、创业人、家长、同学、母校等各方面的情况。接着陕西省各家报纸、刊物、文艺杂志都作了转载或移植。新华社、《人民日报》《光明日报》《中国青年报》《中国青年》杂志等全国性报纸、刊物、通讯社都发了消息或转载。中共陕西省委发通知,号召全省青年学习黎坪垦殖场的创业精神。

(新闻志第二章《新闻报道》,第 798 页)

# 《留坝县志》

留坝县地方志编纂委员会编,陕西人民出版社 2002 年

是年(1968 年),本县首批干部下放"五七农场"劳动;城镇部分居民下放农村劳动,城镇

知识青年"上山下乡"到农村劳动,"接受贫下中农再教育";医生、教师安置农村劳动,评工记分,分钱称粮。 （《大事记》,第38页）

是年(1980年),本县对"上山下乡"的知识青年分批安排工作,对历次政治运动中形成的冤假错案全面纠正。 （《大事记》,第42页）

"文化大革命"期间,除吸收下乡知识青年从工外,还从农村吸收贫下中农出身的男女青年从事临时工。1971年地方工业扩展,又从农村吸收男女青年为合同工及轮换工。1973年将部分临时工、合同工、轮换工招转为全民职工。1978年,为安置"上山下乡"的知识青年和城镇复员退伍军人,开始招工,这时乡镇企业和县办工业纷纷建起,用工量大,截至1981年,先后录用452名。1982年成立县劳动服务公司,负责安置城镇待业青年,省、地、县逐年下达招工计划,通过各种渠道,安置待业人员634名。 （第十九编第四章《劳动人事》,第567页）

同时(1968年12月),再次动员城镇居民下乡落户,知识青年上山下乡,接受贫下中农再教育,并要求人们以"新生事物"对待。县革委会还专门设立留坝县城镇居民下放、知识青年上山下乡安置办公室(简称县安置办),将全县城镇居民下放农村落户;初中、高中毕业生分期分批上山下乡插队劳动。"下放计划指标"完不成,就把分配到留坝县工作的大、中专毕业生"分配"到农村抵数;把长期在区、社、大队最基层工作的教师、医生也"安置"到生产队"评工记分","分钱称粮";文化艺术被"样板戏"凝固。许多不可思议的"新问题"给后来居民返城和知识青年招工、就业,干部恢复工作造成了极大困难。特别对卫生和教育事业影响极大。 （《附录·"文化大革命"纪略》,第849页）

# 《城固县志》

城固县地方志编纂委员会编,中国大百科全书出版社1994年

(1969年)年初,成立支农办公室,1973年11月改为知识青年上山下乡办公室,负责本县及外地知青的插队落户安置工作。到1974年7月,共安置下乡插队学生2 462名。后均分批招为职工。 （《大事记》,第25页）

**城镇复员军人安置** 1950—1990年,全县接收城镇复员退伍军人3 546人。对退伍回家的志愿兵,入伍前是国营企事业单位的职工和城镇上山下乡知识青年,退伍前家庭转为城镇户口者,退伍后属落实政策需安排工作者,家居城镇的义务兵退出现役者,都分别复工、复职和安排工作。 （政权志第四章《人民政府》,第230页）

1970 年底开始在上山下乡插队知识青年中招工,到 1981 年,全部安排就业。

(政权志第四章《人民政府》,第 237 页)

"文化大革命"期间,城镇手工业者和农村各种工匠从业者减少。1970 年后,地方"五小"工业迅速发展。本县先后新建、扩建氮肥厂、机砖厂、烟厂、服装厂、棉织厂等,招收一大批上山下乡知识青年和农村青年进厂。　　　(工业志第一章《规模》,第 458 页)

1968 年 7 月,工人毛泽东思想宣传队、解放军毛泽东思想宣传队和贫下中农毛泽东思想宣传队进驻各中学,领导学校斗、批、改。年底,1966、1967、1968 届(通称"老三届")高、初中学生一律毕业。农村学生回乡参加劳动,商品粮户口学生上山下乡,插队落户,接受贫下中农再教育。　　　(教育志第二章《普通教育》,第 624 页)

# 《洋县志》

洋县地方志编纂委员会编,三秦出版社 1996 年

(1969 年)11 月,西安等地知识青年来本县农村插队落户。县革委会设专门办事机构,安置县内外知青 777 人。至 1979 年共安置插队知青 2 889 人。　　　(《大事记》,第 30 页)

是年(1974 年),华阳公社红石窑大队 12 名插队知识青年,集资千元改装 2.8 千瓦电动机为发电机,利用当地水资源解决了全队照明和加工用电。　　　(《大事记》,第 32 页)

1968 年 12 月,县革委会响应党中央主席毛泽东"知识青年到农村去"的号召,动员知识青年(简称知青)上山下乡,插队落户。至 1979 年全县 2 889 名知青到平川的 20 个公社,117 个生产大队,325 个生产队插队,其中:本县知青 2 138 人,接收外地知青 751 人。1973 年后,对插队知青逐年安置,至 1980 年共安置 2 887 名,其中:招工 2 490 人、招干 57 人、参军 195 人、升学 145 人。1980 年后,停止知青上山下乡。

(卷二十二第四章《劳动就业》,第 552—553 页)

# 《佛坪县志》

佛坪县地方志编纂委员会编,三秦出版社 1993 年

(1968 年)8 月起,对城镇初中毕业的知识青年及外地分配来县的大中专院校毕业生下放农村劳动,组织他们"接受贫下中农再教育"。　　　(卷一《大事记》,第 13 页)

1968—1978年,知识青年(城镇高中、初中毕业生)到农村落户,参加农业生产劳动。县革命委员会成立知识青年工作领导小组及其办公室。(卷八第九章《劳动人事》,第157页)

# 《西乡县志》

西乡县地方志编纂委员会编,陕西人民出版社1991年

(1968年)11月,城镇初中高中毕业生开始分批上山下乡插队落户,"接受贫下中农再教育",其后两年内,全县插队知识青年共4 608名,其中外地来县知青1 564名。

(《大事记》,第29页)

1968年,县上成立知识青年上山下乡领导小组及其办公室,专门组织安排省、地、县知识青年到农村插队落户,先后十年多共计插队知识青年4 608名,其中西安、汉中等地1 564名,拨销经费244万元。1970年招工,录用3 270人,至1979年底,插队知青基本招完。

(政权志第二章《人民政权》,第192页)

# 《镇巴县志》

镇巴县地方志编纂委员会编,陕西人民出版社1996年

(1968年)11月,本县开始有计划地组织城镇户口的初、高中毕业生到农村劳动锻炼,接受贫下中农再教育。至1981年底,全县共安置1 009名知识青年劳动锻炼。

(卷一《大事记》,第27页)

1970年,全县招收工人768人。1972年后,城镇青年日益增多,除部分到农村锻炼外,对批准留城免下知识青年由劳动部门统一招收、分配,随后历年招工,明确规定只从插队知识青年和留城青年中招收。从1978年起招工实行文化考试,择优录用。1978年6月,国务院颁发了《国务院关于安置老弱病残干部暂行办法》《国务院关于退休、退职的暂行办法》,规定:工人退休退职后,原则上可以招收其1名符合招工条件的子女参加工作,招收的子女可以是留城的知识青年,可以是上山下乡知识青年,也可以是城镇应届中学毕业生。

(卷二十二第二章《劳动》,第461页)

知青安置 1966年"文化大革命"开始,大学停止招生,工厂停止招工。从1976年开始,对城镇初、高中毕业生则采取动员下乡插队办法,解决其就业问题,以减轻城镇压力。同年11月经县革命委员会生产组介绍,全县43名知识青年下乡插队。1969年下乡插队22

人,到 1978 年,全县共有 1 009 名城镇知识青年去农村锻炼,安置在本县生产条件较好的 23 个公社的 50 个大队 64 个生产队和 3 个农茶场参加农业生产劳动。国家先后拨给知识青年安置费 55 万余元,用于建房、生活补助、购置农具、灶具、家具以及医疗、学习费用等。有 15 人在农村加入中国共产党,544 人加入共青团,有不少人担任大队、生产队干部、民办教师和"赤脚医生"。1979 年,国家停止城镇知识青年下乡劳动锻炼,已插队的通过招工、招干、招生、征兵和批准回城等途径,至 1982 年 2 月安置完毕。

(卷二十二第二章《劳动》,第 461—462 页)

# 《南郑县志》

南郑县地方志编纂委员会编,中国人民公安大学出版社 1990 年

是年(1968 年)下半年,西安、汉中等地的知识青年来本县插队劳动。

(《大事记》,第 23 页)

"文化大革命"期间,大专院校、中专技校停止招生,就业渠道被堵塞,特别是 1967—1972 年,县内外知识青年 1 859 人下乡插队劳动(内有外县 1 538 人,本县 321 人),待业人员剧增。1973—1978 年,在极端困难的情况下,仍安排知识青年 2 312 人,其中外县 1 267 人,本县 1 054 人。安置知识青年工作于 1981 年全部结束。　　(政权志第三章《县人民政府》,第 451 页)

# 《宁强县志》

宁强县志编纂委员会编,陕西师范大学出版社 1995 年

(1981 年 11 月)20 日,本县 631 名城镇下乡知青全部办理进城手续。"知青"上山下乡运动结束。自 1968 年迄今,国家拨给本县"知青"安置费 198.67 万元。

(《大事记》,第 50 页)

## 第二节　知识青年上山下乡

1966 年"文化大革命"开始后,本县各中学一直"停课闹革命",在造反夺权和武斗中,学生被推在前列。1968 年 11 月底,本县动员老三届(六六、六七、六八级)418 名初、高中毕业生,首批到本县 16 个公社集体插队。不久,又接收上海和西安市 697 名知识青年来本县落户。截至 1979 年,全县共动员安置知识青年 4 500 余人。安置形式采取集体插队为主,以生产队设知青点,每个点不少于 5 人,分布于全县 7 区、43 个公社、473 个生产队。1978 年,

县革委会在金家坪、黄坝驿公社办起了两个青年茶场,安排下乡知识青年集体劳动。

为做好知识青年的动员安置和管理教育工作,1968 年 12 月 6 日,成立宁强县革委会毕业生工作办公室,1969 年 4 月 5 日,改设宁强县革委会精简下放支农指挥部办公室(简称"下放办")。1973 年 11 月,设立中共宁强县委知识青年上山下乡工作领导小组,12 月 10 日,撤销"下放办",成立宁强县革委会知识青年上山下乡工作办公室。各区、公社配备专职或兼职干部。1974 年以后,县革委选派了 200 多人次干部、工人做带队工作。

为妥善安置上山下乡的知识青年,10 多年间,县财政共拨给知青安置经费 198.67 万元。

1979 年安置最后一批上山下乡的知青。1981 年 4 月,带队干部陆续撤离。7 月 10 日至 11 月 20 日,根据汉中行署(81)40 号文件精神,经宁强县政府劳动工作小组批准,631 名在乡知青全部办理返城手续。

在广大干部群众的关心教育下,多数知青都能和群众打成一片,遵纪守法,追求进步。有的成为生产技术上的骨干,有的担任生产队长、会计、民办教师、赤脚医生。但是少数知青不安心劳动,经常游逛玩耍,行凶斗殴,随便偷拿集体和社员财物,个别甚至走上犯罪道路,群众敢怒而不敢言。致使有的社员群众和知青之间互不信任,产生对立情绪,冲突、斗殴事件在各地时有发生。其中最严重的是 1969 年 8 月 26 日、27 日发生在千丘公社长青大队的群众和知青斗殴事件。

8 月 26 日晚 11 时,长青大队九队的两名知青在水渠洗澡,该队社员沈某等人误以为他们在偷菜,双方发生争执和冲突,知青张某被打成重伤。当晚,3 名知青找公社革委会主任徐志祥处理,徐不予理睬,导致 8 月 27 日斗殴事件的再次发生。

知青张某被打之后,附近队的知青串联起来,准备报复。27 日下午 6 时,沈开福(长青大队革委会主任)、沈自绪(九队队长)以防备知青报复为名,召开社员大会,研究对付知青办法。当晚 10 时许,知青和担任警戒的社员发生冲突,打伤两名社员。群众闻讯,拖钢钎、执木棍从四面八方涌来。知青见势不妙,惶恐逃跑,农民分道堵截追打,持续 1 个多小时。在这次事件中,农民轻伤 3 人,知青重伤 4 人,轻伤 3 人,2 人因伤势过重当场休克,酿成轰动全县的"千丘事件"。

事件发生后,县革委会派人前往调查,对有关责任人分别予以处理。1975 年,县法院判处沈开福有期徒刑 6 年,沈自绪有期徒刑 5 年,其他 3 人免于刑事处分。

(卷二十五第五章《干部下放与知青下乡》,第 679—680 页)

# 《勉县志》

勉县志编纂委员会主编,地震出版社 1989 年

1959 年后,劳动工作一度转为以安置接收留城免下知识青年和上山下乡知识青年为重

点。到 1981 年底先后将省、地、县下放的 0.56 万名知识青年全部安置就业。

（政权志第七章《劳动人事》，第 428 页）

1968 年 11 月起，在毛泽东"知识青年到农村去，接受贫下中农再教育"的号召下，本县和汉中、西安的一些高、初中毕业生先后到本县农村插队劳动，"接受贫下中农再教育"，经过两年锻炼后安排就业或允许上学。1978 年停止插队。至 1981 年，先后下放到农村的 5 600 名知识青年才全部得到安置。　　　（"文化大革命"志第二章《"革命委员会"》，第 461 页）

# 《略阳县志》

略阳县志编纂委员会编，陕西人民出版社 1992 年

(1968 年)11 月，全县高、初中毕业生响应毛泽东号召，开始到农村插队落户，接受贫下中农再教育。

（《大事记》，第 19 页）

《略阳县解放以来财政支出逐年统计表》。（见本书第 1527 页表）

是年(1974 年)，将下放办公室改为知识青年上山下乡领导小组办公室。

（政权志第二章《行政机关》，第 347 页）

(1981 年)3 月，增设司法局、劳动局(与知识青年上山下乡办公室合署办公)。

（政权志第二章《行政机关》，第 347 页）

"文化大革命"期间，动员"知识青年上山下乡"，1969 年至 1979 年的 11 年间，全县共有 2 938 名初、高中毕业生"上山下乡"当农民。3 年后，逐步回城就业。1972 年实施临时工和轮换工，后又强调常年性工作岗位只能使用固定工，不许招收临时工。已经使用的临时工，可改为固定工，全县临时工改为固定工的 2 374 名，职工猛增现象再次出现。1970 年至 1972 年，净增职工 2 834 人，平均年增 845 人。城镇知识青年下乡插队当农民，农民进城当临时工、轮换工、固定工，城乡劳动力对流，造成职工人数、工资总额、商品粮销量计划三个严重突破。1973 年，再次精减职工 2 860 人。1979 年 11 月 30 日设县劳动服务公司，1980 年起，停止知识青年下乡插队。1981 年将已插队知识青年全部收回城镇安排，是年 11 月完成。

（政权志第八章《劳动人事》，第 369 页）

（本表上接本书第 1526 页）

单位：万元

## 略阳县解放以来财政支出逐年统计表

| 年度 | 总计 | 基建支出 | 挖改支出 | 农业事业费 | 支援农业支出 | 工、交、商事业费 | 城市维修费 | 知青经费 | 文、卫、科事业费 | 抚恤救济费 | 行政支出 | 其它支出 | 上解支出 |
|---|---|---|---|---|---|---|---|---|---|---|---|---|---|
| 1969 | 211.60 | 20.00 | 1.00 | 13.00 | 165.50 |  |  | 9.50 | 53.00 | 13.40 | 61.90 | 4.20 | 19.10 |
| 1970 | 239.20 | 24.80 |  | 17.30 | 9.90 |  |  | 5.20 | 69.50 | 15.10 | 68.60 | 17.40 | 11.40 |
| 1971 | 316.80 | 10.30 | 16.00 | 20.10 | 11.10 | 0.40 | 14.00 | 0.40 | 95.60 | 13.20 | 87.10 | 58.90 | 0.90 |
| 1972 | 336.30 | 59.00 | 36.40 | 21.80 | 27.40 | 3.50 |  | 2.00 | 94.00 | 12.20 | 92.80 | 35.00 | 30.40 |
| 1973 | 382.10 |  | 14.00 | 22.10 | 26.90 | 0.70 | 1.50 | 3.90 | 100.20 | 17.70 | 87.80 | 17.90 |  |
| 1974 | 437.00 | 53.40 | 23.00 | 25.90 | 35.50 | 1.30 | 6.00 | 13.30 | 114.30 | 29.40 | 108.90 | 26.00 | 2.50 |
| 1975 | 414.90 | 52.00 | 11.00 | 30.30 | 36.20 | 1.50 | 6.00 | 18.00 | 115.80 | 20.70 | 105.70 | 15.20 | 0.40 |
| 1976 | 462.40 | 35.10 | 25.00 | 28.70 | 55.90 | 0.80 | 17.50 | 23.20 | 121.20 | 26.80 | 106.90 | 20.90 | 26.10 |
| 1977 | 507.70 | 24.00 | 15.00 | 31.70 | 57.30 | 10.90 | 14.60 | 26.50 | 134.60 | 28.30 | 116.90 | 21.70 |  |
| 1978 | 731.90 | 59.60 | 187.80 | 38.30 | 91.30 | 4.70 |  | 14.50 | 164.90 | 19.30 | 115.00 | 36.50 |  |
| 1979 | 662.20 | 13.00 | 125.00 | 53.70 | 99.60 | 2.60 |  | 4.20 | 169.30 | 23.60 | 132.20 | 31.40 | 1.60 |
| 1980 | 610.90 |  | 50.90 | 44.60 | 135.10 | 1.50 | 9.00 | 5.10 | 181.10 | 24.00 | 147.50 | 12.10 |  |
| 1981 | 1 405.10 | 5.00 | 135.00 | 87.00 | 123.70 | 28.00 | 44.10 | 46.00 | 365.20 | 247.00 | 315.90 | 36.40 | 1.80 |
| 1982 | 1 514.80 |  | 71.90 | 76.70 | 156.80 | 5.60 | 232.20 | 3.00 | 241.40 | 119.30 | 318.10 | 38.50 | 201.30 |
| 1983 | 921.30 |  | 29.00 | 71.90 | 95.80 | 5.50 | 14.80 | 9.00 | 257.60 | 19.90 | 196.30 | 11.60 | 209.90 |
| 1984 | 1 374.80 | 38.40 | 17.00 | 67.40 | 112.50 | 7.50 | 100.80 |  | 314.50 | 52.60 | 333.30 | 17.50 | 315.70 |
| 1985 | 1 093.80 | 29.10 | 12.60 | 70.30 | 96.80 | 10.00 | 87.10 | 0.80 | 385.30 | 40.30 | 291.80 | 50.40 |  |
| 1986 | 1 291.40 |  | 40.00 | 80.60 | 113.60 | 16.90 | 30.20 | 4.40 | 409.20 | 30.20 | 377.40 | 146.9 | 13.00 |
| 1987 | 1 747.40 |  | 42.70 | 140.40 | 126.30 | 30.40 | 44.80 | 1.90 | 487.00 | 46.70 | 533.90 | 215.10 | 78.20 |
| 1988 | 2 047.60 |  | 80.10 | 135.30 | 133.50 | 24.20 | 85.10 |  | 624.60 | 39.10 | 595.10 | 307.10 | 23.60 |
| 1989 | 2 446.30 |  | 65.20 | 140.10 | 277.20 | 45.10 | 87.20 |  | 577.60 | 67.40 | 698.30 | 480.80 | 7.40 |

注：文、卫、科事业费含科技三项费用；行政支出含其它事业费；其它支出含流动资金。

（财政金融志第一章《财政》，第 266—268 页）

甘肃省

# 《甘肃省志·概述(第一卷)》

甘肃省地方史志编纂委员会编纂,甘肃人民出版社 1989 年

　　同年(1968 年)11 月,为适应极左思潮的需要,在一些当权者的导演下,借会宁县城关镇居民王秀兰之口又喊出了"我们也有两只手,不在城里吃闲饭"的口号。《人民日报》也对此作了突出宣传,并传达了毛泽东关于知识青年上山下乡的号召。一时城镇居民和知识青年上山下乡迅速波及全省。仅据公元 1969 年元月统计,全省就有 16 万多名知识青年、城镇居民和职工家属被"动员"迁往农村,1.1 万多干部下放到"五七干校"或工厂、农村劳动。到公元 1975 年,全省上山下乡的城镇知识青年达 17 万人。

　　　　　　　　　　　　　　　　　(第六章《社会主义建设曲折前进时期》,第 151 页)

# 《甘肃省志·大事记(第二卷)》

甘肃省地方史志编纂委员会编纂,甘肃人民出版社 1989 年

　　(1969 年 1 月)11 日,甘肃省革委会在会宁县召开现场会,总结推广会宁县动员知识青年和城镇居民到农村安家落户的经验。要求在全省立即掀起一个上山下乡的新高潮。

　　　　　　　　　　　　　　　　　　　　　　　　　　　　　　　　　(第 444 页)

　　(1973 年 9 月)4 日,中共甘肃省委召开的知识青年上山下乡工作会议在兰州结束。会议通过了《关于知识青年上山下乡若干问题的试行规定》、《1973 年到 1980 年知识青年上山下乡的初步规划》、《关于 1973 年动员城镇知识青年上山下乡的计划安排》、《关于知识青年上山下乡经费使用管理的暂行规定》。　　　　　　　　　　　　　　　(第 461 页)

　　(1975 年 1 月)8 日,中共甘肃省委在兰州召开全省知识青年上山下乡工作会议。会议学习湖南株洲实行厂县(社)挂钩。集体安置知识青年的经验,制定了 1975—1980 年的六年规划。　　　　　　　　　　　　　　　　　　　　　　　　　　　　　　(第 466 页)

　　(1975 年 5 月)5 日,《甘肃日报》报道,自学习推广株洲市厂社挂钩,集体安置知识青年的经验以来,甘肃已有 3 万名知识青年到农村插队落户。　　　　　(第 467 页)

　　(1975 年 6 月)19 日,天津市赴西北地区慰问上山下乡知识青年代表团到达兰州。自 1964 年以来,天津市先后有 1.3 万名知识青年到甘肃的国营农场、农村、牧区安家落户。

　　30 日,全省知识青年上山下乡代表大会在兰州召开,张忠作《学好无产阶级专政的理论,巩固和发展知识青年上山下乡运动的伟大胜利》的报告,全国上山下乡知识青年先进代

表侯隽应邀到会发言。大会评选崔爱荣等 8 人为全省上山下乡、回乡知识青年先进人物，评选出知识青年先进集体 83 个、先进个人 185 名、先进安置社队和贫下中农 17 个。

(第 468 页)

(1976 年 8 月)16 日，中共甘肃省委召开河西国营农场知识青年工作座谈会议。研究解决知识青年工作中存在的问题。

(第 472 页)

(1979 年 6 月)12 日，甘肃省革命委员会召开全省知识青年上山下乡工作会议，确定逐步缩小上山下乡范围，广开城市就业门路；对于在农村下乡知青，争取在三年内，通过招工、招生、参军等途径，基本安排完毕。

(第 492 页)

# 《甘肃省志·审判志(第七卷)》

甘肃省地方史志编纂委员会、甘肃省审判志编纂委员会编纂，甘肃文化出版社 1995 年

1970 年 2 月，开展打击贪污盗窃、投机倒把、资本主义倾向(简称"一打三反")运动，判处一批反革命分子及破坏战备、破坏军工生产、破坏军事运输、破坏通讯设备、盗窃国家机密、杀人、放火、投毒的犯罪分子。开始受理破坏知识青年上山下乡运动案件。办案中，审判人员按照"专政是群众的专政"和"要下去审"的指示，组织群众直接或间接参与办理案件，普遍采用审讯人犯同群众、证人和有关人员见面的方法(即"一审三见面")。

(第三编第八章《概述》，第 266 页)

1973 年，刑事审判重点是打击特务、间谍、破坏"批林整风"的现行反革命分子、盗窃铁路运输物资的罪犯，以及杀人、放火、抢劫、重大盗窃、诈骗、强奸、流氓集团和奸污迫害上山下乡知识青年的罪犯。

(第三编第八章《概述》，第 267 页)

**破坏知识青年上山下乡案件**

1974 至 1978 年，全省受理破坏知青上山下乡案 427 件。其中：杀害 12 件，占 2.8%；毒打 15 件，占 3.5%；强奸 35 件，占 8.2%；轮奸 9 件，占 2.1%；奸污 324 件，占 75.9%；打击报复 10 件，占 2.3%；逼婚 1 件，占 0.2%；其他 21 件，占 4.9%。

判处 425 名罪犯中，死刑、死缓、无期徒刑、5 年以上有期徒刑 209 人，5 年以下有期徒刑 162 人，其他刑罚 54 人。

案犯中，基层干部占 19.1%，国家工作人员占 19.2%，工人占 31%，农民占 19.2%，其他占 11.5%。

(第三编第十章《普通刑事案件》，第 336—337 页)

六、1973 年 9 月 22 日，甘肃省高级人民法院根据国务院、中央军委《关于黄砚田、李耀东奸污迫害女知识青年案件的通报》，发出《关于全省各级法院认真做好破坏知识青年上山下乡案件审理工作的几点意见》，主要内容：

对于以法西斯手段残酷迫害知识青年和强奸女青年的犯罪分子，要按其罪行依法惩办。犯罪分子为掩盖其罪行对受害人进行威胁，对检举人进行报复的要从严惩处。对于罪大恶极，不杀不足以平民愤的典型案件，要举行公判，坚决杀掉，坦白认罪好的，可以从宽处理。

这类案件，不论是公安机关移送的或被害人、被害人家属和其他群众直接向法院揭发控告的，都要以对人民高度负责的精神，认真进行查处。

各级法院审理此类案件，要实行群众路线，调查研究。对隐私方面的问题，注意保密，要注意保护被害人的名誉和安全。要仔细地做工作，严格区分和正确处理两类不同性质的矛盾，在纠正以往处理此类案件偏轻、打击不力的同时，要注意防止草率从事、单纯惩办的偏向。对青年之间的正当恋爱和婚姻应当保护。

（第三编第十章《普通刑事案件》，第 361—362 页）

# 《甘肃省志·民政志(第九卷)》

甘肃省地方史志编纂委员会、甘肃省民政志编委会编纂，甘肃人民出版社 1994 年

1978 年 6 月 7 日，省民政局党组就安置去向的问题规定：……(3)下乡知识青年入伍的，父母身边无子女或虽有子女但在 15 岁以下且有病，及父母有病需人照顾者，可在父母所在地安置。……

1979 年 1 月，省革命委员会对农村户口入伍的退伍军人，要求在城镇安置的条件做出新规定：(1)下乡插队知识青年入伍的，退伍后原则上由城镇的父母所在地安置，也可由征集地区安置工作。……

（第六篇第二章《复员退伍军人安置》，第 503 页）

1968 年 11 月开始，城镇居民和知识青年上山下乡插队落户波及全省，据 1975 年统计，全省上山下乡的城镇知识青年约 17 万人。 （第八篇第四章《其他救济》，第 667 页）

1978 年 12 月，省民政局根据国家规定：下乡知识青年因公致残，完全丧失劳动能力的，经县以上革命委员会批准，由民政部门按照职工全残后的最低标准，每月发给 35 元的生活费。生活不能自理需要人扶持的，另发护理费，在指定的医疗单位治疗，医疗费实报实销，患严重疾病，开支医疗费用较大，家长又无工作的，由民政部门给予救济。

（第八篇第四章《其他救济》，第 668 页）

# 《甘肃省志·经济计划志·计划(第十五卷)》

甘肃省地方史志编纂委员会、甘肃省发展计划委员会编纂,甘肃人民出版社 2000 年

1970 年全部职工人数计划年末达到 100.17 万人,新增加 16.50 万人。招工来源主要是退伍军人,上海知识青年和 1969、1970 年城镇高初中毕业生及社会闲散劳动力。

(第六章《第三个五年计划时期(1966—1970 年)》,第 141 页)

(1971 年)计划招收工人 4 万人,其中,省属单位 2.59 万人、地州市 1.41 万人。分配的重点是,冶金、矿山、国防、石油、煤炭和原材料工业。招收来源主要有,复退军人、劳动锻炼两年以上的上山下乡知识青年,矿山、森林工业和地质勘探单位的职工子女,从农村招收一部分工人。

(第七章《第四个五年计划时期(1971—1975 年)》,第 157 页)

(1974 年)计划安排城镇中学毕业生 4 万人上山下乡插队,或试办集体所有制的青年队(场),对安置上山下乡知识青年所需的物资、农机具优先安排,保证供应。

(第七章《第四个五年计划时期(1971—1975 年)》,第 169 页)

(1975 年)有计划地开展工农特别是上山下乡知识青年业余教育和函授教育。

(第七章《第四个五年计划时期(1971—1975 年)》,第 174 页)

# 《甘肃省志·农业志(第十八卷)》

甘肃省地方史志编纂委员会、甘肃省农业志编纂委员会编纂,甘肃文化出版社 1995 年

1972 年 9 月 25 日,中共甘肃省委《关于贯彻党的农村经济政策若干问题的规定》中指出,自留地由社员家庭长期使用。已全部或大部收回的队,要按规定退给社员。已由集体代耕的,应退给社员自己经营。自留地种什么作物,在不妨碍集体经济发展的条件下,由社员自己安排。插队落户的城镇居民和上山下乡的知识青年,应由集体拨给他们与社员同样的自留地。

(第二篇第十章《农村人民公社》,第 141 页)

1973 年 8 月 6 日甘肃省革命委员会 55 号文批转省计划委员会、劳动局、教育局《关于一九七三年中等专业学校、技工学校招生工作中几个问题的请示报告》中规定:"入学时满五年工龄的国家职工和入一年以内短训班的国家职工,工资由原单位照发,学校不再发伙食费和津贴费。入学时工龄未满五年的国家职工(包括徒工)、退伍军人、民办小学教师、'赤脚医生'、'上山下乡'知识青年和回乡知识青年由学校发给伙食费与津贴费。按国务院规定标准

折算,兰州地区每人每月发给 20 元。其中,伙食费 15 元 5 角,普遍发给;其余 4 元 5 角为津贴费。" （第七篇第四十四章《中等教育》,第 984—985 页）

# 《甘肃省志·农垦志(第十九卷)》

甘肃省地方史志编纂委员会、甘肃省志农垦志编纂小组编纂,甘肃人民出版社 1993 年

(1964 年农建十一师)招收天津、西安、兰州、张掖、武威等地城市知识青年 5 916 人。其中,天津市 2 021 人,西安市 2 353 人,兰州、张掖、武威等市 1 542 人。1964 年末,农建十一师的职工总数达到 1.892 7 万人。

1965 年,继续接收国家分配大中专毕业生 200 人左右,接收复转军人 1 100 人,招收城镇知识青年 8 464 人。其中,天津青年 6 000 人,山东(淄博)青年 2 000 人,其它各地 464 人。

1966 年,继续接收复员军人 1 100 人,天津、山东等地城镇知识青年 1.005 1 万人。

1968—1969 两年,各团场还先后接收兰州中等学校 66、67 级和 68 级毕业生 3 991 人。截至 1969 年底,农建十一师的人口总数已达 6.8 万人,职工总数为 4.132 5 万人。

根据国家规定,1964—1965 两年,农建十一师每安置 1 名省内青年或复员军人,由国家拨给安置费 900 元;每安置 1 名省外青年或复员军人,由国家拨给安置费 1 000 元。1966 年以后,不分省内外,每安置 1 名青年或复员军人,统一拨给 500 元。依此计算,自 1964—1969 年的 6 年间,共拨给农建十一师安置费 2 485 万元,加上 1966 年省农垦局转入安置费 11.5 万元,共为 2 496 万元。安置费的使用范围是:60％用于基本建设,15—20％用于生产,20—25％用于接待安置。 （第三章《军垦始末》,第 83—84 页）

**处理城市知识青年"回城风"**

1974 年,山东省革命委员会知识青年上山下乡办公室为了解决参加各省生产建设兵团知识青年的"病退"问题,曾以鲁知办(74)第 12 号文规定:凡病退的青年必须是原来患病或有明显残疾或到兵团后旧病复发或病情加重不能参加劳动的。对到兵团后患有各种病,因病情严重确实不能参加劳动的,也允许申请病退。对一般的慢性病应做好思想政治工作,一般不作病退处理。其后,天津、北京、陕西等省市也相继制定了类似的"病退"、"困退"文件。办理"病退"的手续是:由本人申请填写《病退人员登记表》,由所在单位连队讨论通过,经团研究同意,报师审查批准,并由师一级医院检查确诊,附有确诊证明,寄原籍知青办核准,由原籍公安机关发给准迁证后,持证退返原籍。这一措施不仅解决了知识青年本人和家庭的困难,也解决了农建部队的实际问题。在一段时间内,都坚持按规定办事。

1975年,申请"病退"的知识青年显著增加起来,不符合病退条件的人员与不符合规定的材料有所增长。青岛市革命委员会知青办曾来函指出:有些病情很轻,不够病退条件;有些病退材料只有地方医院病历,没有附师以上医院检查确诊证明;有的未经师劳资部门批准,而由团直接来函要求病退;还有的因不安心兵团工作,长期不归,也来函提出要求退回;有的未经联系协商就自行办理了病退手续,交本人带回户粮关系,要我们给办理落户;有的对已婚青年不如实反映情况,而作为未婚青年联系处理,使工作造成被动;有些单位寄来病退材料后,即告诉青年本人返回,在青岛坐催,不但给工作带来很大被动,也造成大量青年回流。

1976年12月30日,青岛市革命委员会知青办根据国家计委劳动局(75)249号文的规定:"因兵团所属的工业、企业和农业单位,除交农垦部门的以外,其他都已分别移交给地方有关部门归口管理。由于这些单位的管理体制发生了改变,在劳动力管理方面也必须相应改变。这些单位现有的职工人数,可以相应地列入各有关部门的职工人数之内。"通知甘肃、青海、内蒙等有关地、盟,自1976年12月25日起,停止通过省、市知青口办理原支边青年的病、困退回城和转迁手续。这一通知引起了知识青年内心焦躁和恐慌。

1978年4月10日,甘肃省农垦局、甘肃省公安局、甘肃省知青办联合转发了天津市革命委员会知青办、天津市公安局关于商洽"病返""困退"简化手续函,文谓:"根据国务院国发(1977)140号文件规定,为体现党对下乡知青的关怀,解决下乡知青和家庭的实际困难。经我市知青办、公安局共同商决,拟今后办理我市知青下乡病返、困退,公安机关不再签发准迁证,均以我市知青办发出的天津市下乡知识青年困退通知书或天津市下乡知识青年病返通知书为返津落户凭证。此办法如无不妥,望通知所属有关单位,给予办理我市知青返津的户口粮食关系"。这一通知给知青回城大开绿灯。从而甘肃农垦与全国其他垦区一样刮起了"知识青年回城风"。甘肃农垦知识青年不惜采用不正当手段纷纷到医院索取"病返"证明,请客送礼、硬缠软磨、言威械胁者皆有之。医生出于无奈,有病无病都给证明,已经结婚的青年不惜搞"假离婚证明",由地区农垦局转送地区知青办办理回城手续。兰州知识青年,在兰熟人多门路广,大部于1974年采用"走后门"的方式回城。据统计,在知识青年回城风中回城的天津、山东、北京、陕西、兰州的知识青年约占军垦时期各单位接收知识青年总数的80—90%。留下来的大部是与非原籍青年结了婚的人。

1983年5月14日,省农垦局经与天津市政府来甘肃工作组协商同意,发出《关于解决有特殊困难的天津知青职工家庭困难的通知》,作为刹住"回城风"的补救。文件规定,有下列特殊情况的可以商调回津:①家在天津的独生子女;虽为多子女家庭,但在家子女均已丧失劳动力;父母双亡,弟妹幼小,需要本人回津照顾。凡符合上述条件之一者,可不受已婚限制,但已婚只限于配偶双方均为天津知青,准许回天津落户。②因病致残,丧失劳动力,可按退职处理,每月由农场发给生活费。因工致残,按退休处理,并报销全部医疗费。其天津家属同意接受的,天津应准予落户,但不再安置工作。③凡原属天津郊区农业户口的,本人愿意回原籍务农,当地社队同意接收的,可允许其在原籍落农业户口。④夫妻分居两地的,可按有关政策规定,由劳动部门逐步加以解决。

对盲目退职返津,不符合回城规定的,农场可以按下列规定重新接收:①返回农场后,仍享受原工资待遇,原工种不变,但要扣回退职费,工资从上班之日发给。②返回农场的路费及困难补助,由天津解决;到场后生活还有困难的,由农场补助和安置。③动员这些人返回农场的时间可从1983年春开始,分期分批回场。

在办理手续上须经省农垦局签注意见后,再报天津劳动局,各场不得单独进行联系。对于已经返津的知青职工,凡符合条件的,可不再动员其回场,由天津劳动局办理商调手续。本办法执行结果,返回农场者有之,但为数不多。

（第四章《恢复国营农场和农垦管理体制》,第121—123页）

农建十一师成立后,在军垦事业大发展的形势下,为了补充干部缺额先后从经过锻炼和有生产实践经验的知青、复转军人和工人中选拔了3 375名"以工代干"人员担任连、排基层领导干部和机关工作人员。　　　（第八章《农垦企业的内部管理》,第223页）

甘肃农垦在建场(厂)和生产中所需要的劳动力有以下几个来源:……⑨农建十一师时期根据国家指定地点自天津、青岛、西安、北京、淄博等地招募来的"军垦战士"(绝大部分是城市知识青年,大部已经回城)。⑩兰州军区生产建设兵团时期由兰州分配给国营农场的知识青年(基本全部回城)。……　　　（第八章《农垦企业的内部管理》,第232页）

1964年,农建十一师开始大量吸收城市知识青年,劳动力管理就逐渐的复杂起来,除按照部队的编制形式设立连、排、班劳动组合行使纪律管理、劳动管理和政治思想工作管理外,团场和师机关还在计划部门增加了劳动管理业务,劳动力的调入要由省计委下达指标,团场由师机关下达指标。

兰州军区生产建设兵团在甘肃各师成立后,其劳动管理部门是师参谋科和团参谋股。工、矿企业单位的劳动管理部门是劳动组合如车间、工段、班组等。

知识青年的调出起源于少数人的病退或困退。农建十一师时期即有办理,凡因公致残、身弱多病不能参加体力劳动或者家庭老人确无人抚养者,由师机关主管部门负责与原籍联系批准后介绍回籍。兰州军区生产建设兵团时期知识青年的回流返籍有所增长,逾假不归者增多,除扣发其工资之外,也没有更好的办法。1974年山东省对知识青年的病退、困退批准单位有所放松,由师级机关批准改为所在单位批准,加速了知识青年的回城。1978年的知识青年"回城风",就是在此基础上逐渐发展起来的。但是甘肃农垦的知识青年不论采用什么手段索取证明,还都是按照文件规定的手续取得证明之后离去的,无证返籍的人数并不多。

（第八章《农垦企业的内部管理》,第233页）

农垦基本建设投资来源表

单位:万元

| 投资来源 | 年 份 | 累计投资 | 备 注 |
|---|---|---|---|
| 国家拨款 | 1953—1977<br>1978—1988 | 25 137.38<br>6 280.88 | |
| 知青安置基建贷 | 1958—1977 | 4 364.64 | |
| 拨改贷 | 1978—1988 | 1 735.50 | 定期收回 |
| 银行贷款 | 1978—1988 | 4 861.17 | 定期还本付息 |
| 自筹资金 | 1978—1988 | 6 936.72 | |
| 地方财政拨款 | 1978—1988 | 1 161.06 | |
| 更新改造资金 | 1978—1988 | 2 683.49 | |
| 包干结余 | 1978—1988 | 297.27 | |
| "两西"资金 | 1983—1987 | 1 062.92 | 包括无息贷款 |
| 小型农田水利费 | 1980—1988 | 2 097.30 | |
| 其他资金 | 1978—1988 | 438.53 | |

(第九章《基本建设投资和建设成果》,第 264 页)

# 《甘肃省志·林业志(第二十卷)》

甘肃省地方史志编纂委员会、甘肃省林业志编纂委员会编纂,甘肃人民出版社 1999 年

1968 年 11 月省上决定,给林二师安置兰州市知识青年 2 800 余人,后除陆续送到大、中专学校学习的 200 余人外,其余基本上相继调出,从事其他工作。 (《附录》,第 688 页)

# 《甘肃省志·畜牧志(第二十一卷)》

甘肃省地方史志编纂委员会、甘肃省畜牧志编纂委员会编纂,甘肃人民出版社 1991 年

1972 年 9 月 25 日,《中共甘肃省委关于贯彻党的农村经济政策若干问题的规定》中指出:"按政策规定留给社员的自留畜,长期归社员所有。为了保证集体经济占绝对优势,自留畜的发展,应有一定的限制。农区每户可养羊 1 至 3 只,禁猪的民族每户养羊不要超过 5 只,有些地方因社员推磨和驮水等生活需要,每户可养驴 1 头;半农半牧区每人可养羊 1 只,每户可养大牲畜 1 头;牧区一般每人可养羊 2 只,羊只较多的队,每人不超过 3 只。每户一般可养 2 头大牲畜,5 人以上的户,可养 3 头大牲畜。牧区和半农半牧区,在自留畜限额以内,留什么牲畜,根据各类牲畜的多少和社员生活的需要,允许大牲畜和羊互相

折算。""超过规定限额的成畜,每年清理一次。""社员自养牲畜,未达到规定限额的,不准用集体牲畜弥补。收了社员自留畜的社队,没有超过规定限额的,应如数退给社员。""在牧区插队落户的城镇居民和上山下乡的知识青年,可以饲养与社员同样的自留畜。""继续鼓励社员养猪,……要积极帮助社员养猪,允许社员养母猪。贫下中农养猪有困难的,集体应采取赊给仔猪等办法,给予扶持"。

(经济篇第一章《畜牧业经济形式》,第 507—508 页)

# 《甘肃省志·煤炭工业志(第三十一卷)》

甘肃省地方史志编纂委员会、甘肃省煤炭工业志编纂委员会编纂,甘肃文化出版社 1995 年

(1975 年)4 月 26 日,窑街矿务局中学毕业的知识青年开始送到民勤县插队落户,阿干镇煤矿的知识青年开始送到山丹县插队落户。

(《大事记》,第 872 页)

# 《甘肃省志·建材工业志(第三十四卷)》

甘肃省地方史志编纂委员会、甘肃省《建材工业志》编委会编纂,甘肃人民出版社 1993 年

70 年代,各厂陆续招收了一批回乡知识青年(包括城镇下放农村的知青),同时转正了一批合同工及临时工。随着企业服务设施增加,文化、教育、卫生、商业服务等方面的人员逐渐增多。

(第七章《砖瓦制造业》)

# 《甘肃省志·财税志(第三十七卷)》

甘肃省地方史志编纂委员会、甘肃省财税志编纂委员会编纂,甘肃人民出版社 1990 年

甘肃城镇人口下乡经费支出共分为 4 个阶段:第一阶段从 1958—1961 年为动员青年参加边疆建设经费;第二阶段从 1962—1967 年为城镇人口下乡安置经费;第三阶段从 1968—1976 年为城镇知识青年上山下乡经费;第四阶段从 1977 年以后改为城镇青年就业经费。

(第二篇第七章《其他支出》,第 318 页)

1973 年 9 月 9 日,中国共产党甘肃省委员会《关于知识青年上山下乡若干问题的试行规定》,对下乡插队、回老家到集体所有制场、队,到庆阳、平凉、定西、天水、武都、临夏等地、州和兰州市郊区及所属县,每人补助 480 元,到酒泉、张掖、武威、甘南(农区)等地、州及嘉峪关市、东乡族自治县每人补助 520 元;到甘南(牧区)、阿克塞、肃北、肃南、天祝、额济纳旗、阿拉善右旗等牧区每人补助 700 元;到生产建设兵团和国营农、林场每人补助 400 元。并从补

助标准内每人补助建房费 200 元;补助购置农具、家具、学习材料及医疗、运费等 100 元。

1979 年 6 月,甘肃省革命委员会知识青年上山下乡工作办公室、省财政局对知识青年经费管理使用补充规定:(一)凡到国营农、林、牧、副、渔场和机关、学校、部队、企事业单位举办的农、林、牧、副、渔基地就业者,每人补助 400 元,由接受单位包干使用。(二)到集体所有制知青场、队和知青点者,兰州、天水 2 市,定西、武都、平凉、庆阳、临夏 5 县,每人补助 580 元;到嘉峪关、玉门 2 市,酒泉、张掖、武威、夏河 4 县(农区),每人补助 620 元;到牧区每人补助 800 元。冬季服装补助:河西、甘南每人补助 35 元,河东每人补助 15 元,其他地区补助 10 元。

从 1983 年起,"城镇人口下乡经费"改为"城镇就业经费",分扶持生产、安置、培训、业务、其他 5 项。扶持生产资金改为有偿投资,借款收回后作为预算外资金管理,并继续周转使用。

甘肃省从 1962—1985 年,上山下乡知识青年共 26.496 4 万人,共支出城镇人口下乡,就业经费 1.958 4 亿元,占同期财政总支出的 0.73%。 (第二篇第七章《其他支出》,第 319 页)

# 《甘肃省志·铁路志(第四十卷)》

甘肃省地方史志编纂委员会、甘肃省铁路志编纂委员会编纂,甘肃文化出版社 2000 年

甘肃铁路投入运营后,运营人员增加的来源主要是:……招收"文化大革命"中在农村插队的知识青年和职工子女;接收转业军人及复员军人等。

(第三篇第五章《劳动及工资管理》,第 374 页)

兰州机车工厂……1975 年以后重点招收上山下乡知识青年。

(第五篇第一章《蒸汽机车修理工业》,第 522 页)

# 《甘肃省志·供销合作社志(第五十卷)》

甘肃省地方史志编纂委员会、甘肃省供销合作社志编纂委员会编纂,甘肃人民出版社 1995 年

1961 年供销社恢复后,职工的招收和调配继续沿用全民所有制的办法,后来经过"文化大革命",逐渐形成了统包统配的用人制度,全省供销社的招工指标由省劳动局下达,招收重点对象是城镇待业青年及上山下乡的知识青年。 (第五章《劳动工资》,第 571 页)

# 《甘肃省志·人事志（第五十七卷）》

甘肃省地方史志编纂委员会、甘肃省人事志编纂领导小组编纂，甘肃人民出版社 1992 年

"文化大革命"期间（1966 年至 1976 年）及其以后一段时间，甘肃省选拔录用干部的对象，主要是工人、贫下中农、复员军人、上山下乡知识青年、农村人民公社的不脱产干部（包括已经提拔到地区或县一级领导岗位上的不脱产干部）、农村基层生产大队的不脱产干部，以及"社来社去"国家不包分配的大中专毕业生。

1979 年 8 月，甘肃省选拔录用了一批公办教师，对象是：（1）上山下乡知识青年；（2）1978 年底以前按政策留城待业的知识青年；（3）粮户关系在城镇的民办（代课）教师；（4）户口在农村、任教 5 年以上的民办教师。其他部门招收录用干部的对象，侧重于城镇待业知识青年，以及各增干部门已经临时聘用的部分人员。同时，也适当地招收录用一部分农村回乡知识青年、"社来社去"国家不包分配的大中专毕业生，以及工人（主要是"以工代干"人员）。

1982 年 10 月，甘肃省招收录用干部的对象，除了全民所有制和集体所有制的工人外，从社会上录用的对象主要是城镇知识青年、闲散科技人员、自学成才的人员，以及农村中的回乡知识青年（包括农村中的民办教师）和复员退伍军人。

1988 年 6 月，甘肃省对参加全省统一考试，为政法、银行等系统公开招收干部的对象为：城镇待业青年、城镇待分配和农村中的复员退伍军人，农村中取得大专以上学历的回乡知识青年，以及税务部门雇请的税务助征员。少数民族自治州（县），除了上述对象外，还允许当地政府机关、事业单位、党群团体中的"以工代干"人员参加报考。

（第十三章《下部吸收录用》，第 102—103 页）

# 《甘肃省志·劳动志（第五十八卷）》

甘肃省地方史志编纂委员会、《甘肃省·劳动志》编纂委员会编纂，甘肃文化出版社 2008 年

1996 年到 1976 年的"文化大革命"时期，……劳动保险机构瘫痪，管理制度受到破坏，职工退休工作停顿。因而，社会就业矛盾非常突出，全省 18.26 万知识青年上山下乡，工矿企业从农村大批招用农民进城务工，出现了城乡劳动力大对流的反常现象，劳动工作遭到严重破坏。

（《概述》，第 5 页）

1966 年至 1976 年"文化大革命"时期，……全省城镇知识青年 18.26 万人上山下乡，工矿企业大批从农村招用农民进城务工，出现城乡劳动力大对流的反常现象……

（第一篇第二章《中华人民共和国成立后劳动工作》，第 32—33 页）

1963年2月,中共中央批转国家劳动部党组《关于加强城市闲散劳动力的安置和管理工作的报告》,要求全国各地认真执行"统筹安排、城乡并举而以上山下乡为主"的方针。甘肃省也提出了每年动员一大批城市青年上山下乡,参加农、林、牧、副、渔生产。1964年甘肃省成立了"省安置上山下乡领导小组"。

(第二篇第一章《劳动就业制度》,第49页)

1965年底,根据安置情况的变化,甘肃省人民委员会将"甘肃省安置城市下放职工和青年学生领导小组"改名为"甘肃省安置城市下乡青年领导小组",下设办公室处理日常工作。

(第二篇第三章《社会主义改造完成至经济调整时期的劳动就业》,第67页)

## 上山下乡

1962年安置上山下乡(包括农村插队、回乡、去国营农场)448人。1963年,省上选择省农垦7个国营农场作为安置点。安置到农场的人员,头两年按规定领取一定的安置经费。经费包括:

1. 工资补贴。被精简职工安置到农场的第一年,给予工资差额补贴,即按兰州地区职工年均工资与农场职工年均工资之差额予以补贴。第二年按职工原工资标准的40%发给工资津贴,另加工资差额部分7.5%的工资附加费。

2. 生活补助费。青年学生到农场第一年,每人每月补助生活费6元—10元。

3. 建房费。单身每人按5平方米,带家属者每户按20平方米的标准计算。

4. 小农具购置费。每人12元。

5. 家具补助费。单身每人10元,带家属每户20元。

1962年至1963年,甘肃省共支出安置经费16.7万元,其中用于农村安置的经费11万元。

1963年,甘肃省安置到农场和农村的城镇闲散人口1.3万人。

1964年,根据甘肃省人民委员会指示,9 600多城镇人口被安置到河西农建11师和国营农场,其中知识青年6 200人,复员退伍军人2 900人,闲散人员800人。

1966年初,国务院下达甘肃省上山下乡安置任务18 200人,到年底,实际安置上山下乡28 836人,其中到国营农场1 470人,到农建11师12 000人,农村插队12 339人,回乡务农3 027人。

1962年至1966年,甘肃省城镇闲散劳动上山下乡共计55 661人,其中城镇知识青年7 954人。

从1964年开始,甘肃省还接收安置了外省城镇知识青年到农建11师和国营农场。截至1966年底共安置外省、市知识青年20 809人。

**1964 年—1966 年外省、市知识青年在甘肃省上山下乡情况表**

| | 天 津 市 | 山 东 省 | 西 安 市 | 小　计 |
|---|---|---|---|---|
| 1964 年 | 2 021 人 | — | 2 353 人 | 4 374 人 |
| 1965 年 | 4 559 人 | 4 711 人 | — | 9 270 人 |
| 1966 年 | 5 091 人 | 2 546 人 | — | 7 637 人 |
| 总　计 | 11 671 人 | 7 257 人 | 2 353 人 | 21 281 人 |

（第二篇第三章《社会主义改造完成至经济调整时期的劳动就业》，第 68—69 页）

# 第四章　知识青年上山下乡
## 第一节　产 生 背 景

20 世纪 60 年代初，国家对"大跃进"造成的国民经济严重比例失调开始大规模调整，在缩短基本建设战线的同时，大量压缩城市人口，精简企业工人。因此，城市中社会闲散劳动力急剧增加，再加上每年又有相当数量的新成长起来的劳动力需要安置，给城市劳动就业工作带来巨大的压力。

1964 年中共中央、国务院发出《关于动员和组织城市知识青年和其他闲散劳动力下乡、回乡参加农村社会主义建设工作》的指示。甘肃省成立了"安置上山下乡领导小组"和办事机构，在全省范围内开展动员城市知识青年上山下乡参加农业生产。

1968 年毛泽东主席发出"知识青年到农村去，接受贫下中农再教育，很有必要"的号召，动员城镇知识青年上山下乡运动在全省掀起了高潮，各级革命委员会直至企事业单位，均设立"知识青年上山下乡办公室"，对有关上山下乡的范围、对象、生活待遇、安置等问题作出了一系列的具体规定。70 年代中期，上山下乡成为城镇绝大多数初、高中毕业生的必经之路。1973 年为了贯彻落实毛泽东主席关于统筹解决知识青年问题的指示，周恩来总理亲自主持召开了全国知青工作会议，进一步推动了上山下乡的工作。1979 年甘肃省知青办先后下发了《关于我省今后安排城镇知识青年的意见》和《关于贯彻全国知青工作会议精神几个主要问题的意见》等文件，对全省的知识青年上山下乡工作进行了具体部署，逐渐缩小了城镇知识青年上山下乡的范围，广开城市就业门路。1980 年根据中央〔1980〕60 号文件和国务院知青领导小组 2 号文件中组织知识青年上山下乡要"因地制宜，从实际出发，不搞一刀切。能够做到不下乡的，可以不下；不能在城镇全部安排而又有条件的，要从城乡两方面广开生产门路，统筹安排"的精神，省上明确了今后不再动员城镇知识青年上山下乡。在农村的一部分知识青年除少数的就地安排外，其余的由原所在城市招回就业，各地把安排插队知青作为一件大事，对一些遗留问题也做了善后处理。

## 第二节  机构设置

1968 年下半年,全国掀起知识青年上山下乡高潮,为适应形势需要,1969 年 2 月,甘肃省革命委员会决定,成立"甘肃省革命委员会上山下乡安置办公室",机构设在省革委会生产指挥部劳资组。

1970 年 10 月,甘肃省革命委员会要求各地、州、市和有安置任务的县(市)都要尽快设立知识青年上山下乡专管机构,根据这一要求,各地区和有安置任务的县都相继成立了相应组织。

1973 年 5 月,"省革命委员会上山下乡安置办公室"设在甘肃省革命委员会劳动局,对内称"安置处",对外挂"甘肃省革命委员会上山下乡安置办公室"的牌子。

8 月,为加强对知识青年上山下乡工作的领导,省委决定成立"甘肃省知识青年上山下乡领导小组",由一名副书记负责。同月,省革命委员会决定成立"甘肃省革命委员会知识青年上山下乡工作办公室",编制 25 人。原"省革命委员会劳动局上山下乡安置办公室"在编的 12 人,连同业务一并划归"省革命委员会知识青年上山下乡工作办公室",办公室设计划动员处、安置教育处和秘书处。

1973 年 11 月以后,根据省委指示,各地区、各县都单独设立了知识青年上山下乡工作办公室,配备了专职干部。地级机构一般有 8 人—15 人,县级机构一般在 5 人左右。各级党委,各大厂矿单位都普遍设立知识青年上山下乡工作领导小组,配备了专职干部。

截至 1978 年底,全省地、县两级共建立知识青年上山下乡专管机构 92 个,专职干部 557 人,公社一级配备知青专干 130 人,企、事业单位设立专职机构 64 个,兼职机构 75 个,配备专职干部 114 人,兼职人员 84 人。

1980 年,全省停止动员知识青年上山下乡。11 月,根据全国劳动就业会议精神,省政府决定省知识青年上山下乡工作办公室与省劳动局合并办公,原编制划归省劳动局统一使用,省劳动局内部增设上山下乡知识青年安置处。对内一套机构,对外两块牌子。

1981 年上半年,甘肃省政府决定撤销省知识青年上山下乡工作办公室,甘肃省劳动局上山下乡安置处也随之撤销,知识青年上山下乡遗留问题统一由甘肃省劳动局处理。

## 第三节  动员政策与对象

1968 年 8 月,甘肃省革命委员会发出安排 1966 年、1967 年两届高、初中毕业生的通知,要求毕业生安排应贯彻中央提出的面向农村、面向边疆、面向工矿、面向基层的方针。省上安排的主要去向是上山下乡。对家在农村的毕业生,除选拔升入高中者外,一律动员回社队参加生产。兰州市上山下乡的知识青年,除在兰州市农村以及在农建十一师和林建二师进行安排外,其余都安排集体插队。

9 月,省革命委员会生产指挥部下达 1966 年、1967 年两届高、初中毕业生上山下乡、下厂下矿的分配方案,要求采取组织分配,同时以家庭出身,父母有无问题,及本人在文革中的表现做为分配条件。对少数出身工人、贫下中农和革命军人、干部的毕业生被分配去工厂；条件次之的分配当小学教员；条件再次的去农建十一师和林建二师；条件最差的，出身不好，家庭主要成员有问题，"文革"中站错队的人都分配去农村插队。按1966年、1967年两届毕业生的安排意见，11月中旬，各校开始分配毕业生。分配去向有：工厂、小学校、农建十一师和林二师或集体插队。兰州市毕业生的上山下乡由省上统一安排，各地、州、市的毕业生由各地自行包干安排。

11月初，兰州市革命委员会对1968届高、初中毕业生安排问题向省革命委员会报告，提出1968届毕业生应同1966年、1967年两届毕业生同时安排，得到了省革命委员会同意。11月下旬，1966年、1967年、1968年三届高、初中毕业生上山下乡对象成批离开城镇，到农村插队。1968年底，全省上山下乡知识青年共6 694人。

1968年12月22日《人民日报》报道了甘肃省会宁县城镇居民王秀兰主动要求到农村安家落户的事迹，同时发表了毛泽东主席"知识青年到农村去接受贫下中农再教育，很有必要"的指示，全省出现了上山下乡高潮。上山下乡的动员对象由知识青年扩大到城镇居民、职工家庭等所有城镇闲散无业人员。1969年上半年，全省24万多人动员到农村插队落户，其中知识青年3.2万多人。

1970年，上山下乡的动员对象，主要是应届高、初中毕业生，甘肃省革命委员会生产指挥部根据应届毕业生人数，扣除招工和升学人数后，提出动员上山下乡计划，分配给各地区落实。

1971年，甘肃省革命委员会规定当年上山下乡的对象为1969年、1970年两届尚未安排的初、高中毕业生，应届初、高中毕业生和社会闲散青年，城镇有劳动能力的闲散居民也应继续动员。对没有独立生活能力、因病丧失劳动能力、家庭确有特殊困难的人暂缓动员。

1973年省上规定，城镇居民和职工家属，不再列为上山下乡范围。上山下乡对象只限于城镇高、初中毕业生。9月甘肃省发布《对知识青年上山下乡若干问题的试行规定》，规定城镇中学毕业生的分配仍以上山下乡为主。除按国家计划直接升学的以外，对病残不能参加农业劳动，独生子女、多子女在本市、县范围内只有一个子女的、中国籍的外国人子女、父母年老病残生活不能自理需要一个子女照顾的不动员下乡。

省上还规定，上山下乡实行学校定向定点，知识青年家长所在单位协助动员安置的办法。

1968年至1973年6月，全省共有4.57万知识青年上山下乡。

1975年，甘肃学习株洲经验，实行厂县挂钩，按系统对口动员、安排的办法，即由知识青年家长所在单位定向、定点，学校协助动员。

1978年，甘肃对上山下乡动员政策作了调整，规定除对"四种人"（即病残不能参加农业劳动的，独生子女，多子女但在本市、县范围内只有一个子女的，中国籍外国人子女）继续实行不动员下乡外，对原"父母年老病残生活不能自理需要一个子女照顾的"不动员下乡改为选留政策,即凡在本市、县范围内无子女工作的家庭,可在城镇中学毕业的子女中选一个留城。在选留时,对上山下乡的知识青年被录取到父母所在市、县上学的,已婚十年以上才出生的子女、参军的子女,都不作为在本市县范围内有子女工作看待。孤儿不动员上山下乡,患有各种严重疾病的,缓期下乡,一年后复查,病愈者下乡,治疗不愈者,发给留城证明。城镇中学毕业生留城或下乡手续由家长所在单位负责办理。按政策需要照顾留城的,由家长提出申请,单位加注意见,主管部门审查、报告,县革命委员会批准,发给留城证明。

1978 年,应届中学毕业生的留城面由往年的 15%—19%,上升为 60%。1979 年 5 月,甘肃省委批转甘肃省革命委员会党组《关于统筹解决全省知识青年问题的几点意见》,提出要逐步缩小上山下乡范围。规定从 1979 年开始,兰州、嘉峪关、天水、玉门四个市的应届城镇高中毕业生,实行上山下乡和扩大留城面相结合的原则,各行政公署和自治州所在地的县城,自行安排确有困难的,也可按以上原则办理,其余县城、小集镇和矿山、林区分布在农村的企、事业单位应届高中毕业生,均不再列入上山下乡范围,对列入上山下乡范围的四市九县,省上要求广开就业门路,统筹解决知识青年的安置问题。有条件安置的市、县可以不动员上山下乡,经过各部门、各单位广开门路,确实安排不了的,再组织上山下乡。

1980 年已下乡的知识青年,经过招工、参军、升学等渠道基本上都得到安置。1980 年底,全省在农村插队的只剩 2 600 多人,1981 年安排完毕。

**1968 年—1978 年甘肃省知识青年上山下乡人数统计表**

| 年　份 | 1968 | 1969 | 1970 | 1971 | 1972 | 1973 |
|---|---|---|---|---|---|---|
| 人　数 | 6 694 | 32 397 | 612 | 5 105 | 未动员 | 22 573 |
| 年　份 | 1974 | 1975 | 1976 | 1977 | 1978 | 总计 |
| 人　数 | 40 020 | 40 174 | 35 069 | 29 220 | 12 975 | 224 839 |

# 第四节　安　　置
## 一、安　置　形　式

1968 年至 1977 年期间知识青年上山下乡的安置形式主要是集体插队,其次是去农建十一师、林建二师和国营农场,少数家庭在农村的回乡。各地州市的毕业生由各地州市自行安排上山下乡,兰州市的由省上统一跨地区安排。集体插队人数一般 5 人—10 人为一小组,在征得社队同意后,集体插入生产队,也有少数回原籍投亲靠友单身插队的。凡插队者,户粮关系随之迁入所在社队。

1973 年,金塔县大庄子公社 60 名兰州下乡知识青年办起青年队,永昌县新小沟林场的下乡知识青年成立了青年专业队,走出了上山下乡新路子。省上及时总结推广了他们创办集体场、队的经验,1978 年底,全省新办集体青年场(厂)、队达 316 个。

1973 年,甘肃省分配插队时,以建设河西商品粮基地为重点,到 1978 年 10 月在河西地区共插队知识青年 74 676 人,占全省插队知青总数的 42％。

1975 年,学习株洲"厂社挂钩"、集体插队的经验,改原来以学校为主进行动员的办法为以家长所在单位定向定点,学校协助动员的办法,即以厂矿、企业、机关、学校、部队、街道或一个系统为单位,根据大厂带小厂、工矿带机关的原则,按其应下乡知识青年的多少,与插队地区的县、社队,建立厂社挂钩关系,集中进行安排,常年不变。动员下乡知识青年的单位就是支农单位,下乡知识青年的社队就是支农点。1968 年—1977 年,全省共建立知青点 9 414 个。

1978 年,插队形式进一步改进,除继续实行厂县挂钩,集体插队和在社、队企业,社队农、林场(队)中插队外,还积极提倡在各单位办的农副业基地和地县属农(林)场,农科所试验站安排本单位、本系统的下乡知识青年。1978 年 7 月,甘肃省革命委员会批转省知识青年上山下乡安置办公室《关于 1978 年知识青年上山下乡动员安置工作的请示报告》规定:有条件的厂矿、部队、机关等单位的农副业基地和地、县所属农(林)场、试验站可以安置本单位本系统和本地、县的下乡知识青年。同时规定:凡在农副业基地和场、所、站安置知识青年的,必须具备领导能力强、生产条件较好、有一定数量的土地,能连续安置,从第二年起知识青年生活能够自给等条件,并须经安置地区的县革命委员会审查同意。知识青年户口转入农业户口或当地公社,在场知青实行评工记分,按劳分配。

1979 年,甘肃省对上山下乡知青停止到生产队插队的分散安置形式,一律采取集中安置到本系统、本单位农副业生产基地,省、地、县办的国营农、林、牧的场、所、站和集体所有制农、工、林、副、渔知青场(队)的办法。

## 二、管 理

为便于对插队知识青年的管理,一开始省上就强调知识青年必须在有省农宣队(即省上派到各地、县的农村毛泽东思想宣传队)的县插队。甘肃省革命委员会 1970 年 10 月到 1971 年 6 月 11 日,先后三次发文,强调知识青年安置点都应建立在有农宣队的社队。各安置点应由革命委员会、贫下中农、下乡知识青年组成"三结合"的再教育领导小组,并配备政治指导员、生产辅导员、生活管理员各 1 名。要求农宣队把做好下乡知识青年工作,作为一项重要任务,认真协助所在县、社、队,做好知青的教育和管理工作。公社主要领导同志中要有人分管下乡知识青年的工作。

1973 年 9 月,甘肃省委批准印发的全省知识青年上山下乡工作会议制定的文件规定:知识青年上山下乡的动员地区和单位应抽调干部带队,带队干部按下乡知识青年人数的 2％配备,并要有一定数量的中级以上领导干部和女干部。负责带队的干部参加县、社领导班子。带队干部 1 年—2 年轮换一次。截至 1978 年 10 月,甘肃省共选派带队干部 2 079 名。

## 三、口 粮

1970 年 10 月和 1971 年 10 月,甘肃省革命委员会先后两次发文,规定插队知识青年口粮标准按国家"不低于当地单身劳动力的实际吃粮水平"规定执行;受灾地区、社队无力解决的,由国家供应,当地粮食部门按每人每月 36 斤供应到次年接上新粮。

1973年9月甘肃省委批准印发的省知识青年上山下乡工作会议文件规定:插队青年的口粮,头一年按每人每月成品粮45斤的标准,由国家供给。参加集体分配时,要体现按劳分配加照顾原则。正常出勤的,应不低于当地单身整劳力的实际吃粮水平,所在队口粮水平低和因灾歉收,分配口粮达不到成品粮45斤的,由国家统销补足;因病影响出勤的,也应统销补足。

## 四、住　房

知识青年上山下乡初期,由于来不及新建住房,主要采取供、挤、让等办法来解决。1970年10月,甘肃省革命委员会通知,下乡知识青年住房问题,凡有旧公房的,应加以维修利用;没有旧公房或供住社员房屋的,可以修建一些,标准不能超过社员住房,所需木料在地、县民用指标中优先解决。

1973年9月,甘肃省委批发的全省知识青年上山下乡工作会议文件规定,下乡知识青年建房所需木材等物资,当地确实解决不了的,由县编造计划,报省审批后,纳入国家计划,保证供应,不得挪用。建房补助费每人200元。主要用于木材、砖瓦等基本材料开支,用工由生产队组织社员帮助解决。每人平均建房8平方米—10平方米。

1974年3月,甘肃省委批转省委知识青年上山下乡工作领导小组《关于1974年全省知识青年上山下乡工作会议情况的报告》规定:下乡知识青年建房补助木材每人0.5立方,列入专项安排。

1968年至1978年,甘肃省给下乡知识青年共新建房屋93 635间,人均0.7间。1974年至1978年,国家拨给下乡知识青年建房木材81 500立方,地、县补助木材12 459立方。

## 五、经　费

1968年—1972年期间,甘肃省规定下乡插队安置经费标准:各地、州集体插队的每人240元,兰州市跨地区集体插队的每人260元,单身插队每人250元,农建十一师、林建二师每人500元,回原籍农村插队的,甘肃省只发给路费,其安置费由原籍解决。插队安置费主要用于建房、购买小农具和生活用具等,其经费由县、社掌握,不发给个人。1968年到1972年底,全省支出安置经费共计2 729万元。

1973年9月,甘肃省委规定:1973年以前插队的知识青年,生活不能自给的,平均每人补助100元。从1973年起,提高安置经费标准,城镇知识青年下乡插队的、回农村老家落户的、到集体所有制场、队的,到庆阳、平凉、定西、天水、武都、临夏等地、州和兰州市郊区所属县的每人补助480元;到酒泉、张掖、武威、甘南(农区)等地、州及嘉峪关市、东乡自治县的,每人补助520元;到甘南(牧区)、阿克塞、肃北、肃南、天祝、额济纳旗、阿拉善右旗等牧区的,每人补助700元;到生产建设兵团和国营农(林)场的,每人补助400元。经费标准划分为:①建房补助费每人200元,主要用于木材、砖瓦等基本材料开支。②生活补助费。酒泉、张掖、武威、甘南(农区)等地、州及嘉峪关市、东乡自治县每人220元,其余地区每人180元。主要用于头一年生活必需品。③农具、家具补助费、学习材料费、医疗补助费、旅运费和其他费用每人 100 元,其中其他费用 15 元,由省上掌握,用于下乡青年的特殊开支。

1974 年,甘肃省委通知规定,由省上掌握的下乡青年特殊开支 15 元,改为省上 8 元、地区 3 元、县上 4 元,只用于下乡知识青年的特殊困难开支。

1968 年至 1980 年,甘肃省支出知识青年上山上乡安置经费共计 11 820 万元。

#### 1968 年—1980 年甘肃省知识青年上山下乡安置经费支出情况表

| 年份 | 安置经费(万元) | 年份 | 安置经费(万元) |
|---|---|---|---|
| 1968 | 410 | 1975 | 1 984 |
| 1969 | 1 558 | 1976 | 1 711 |
| 1970 | 340 | 1977 | 1 398 |
| 1971 | 271 | 1978 | 688 |
| 1972 | 150 | 1979 | 262 |
| 1973 | 571 | 1980 | 454 |
| 1974 | 2 023 | 合计 | 11 820 |

(第二篇第四章《知识青年上山下乡》,第 70—78 页)

1974 年 9 月,甘肃省革命委员会对招工工作通知规定,招工来源:(1)在农村社队劳动锻炼两年以上的上山下乡知识青年……上山下乡知识青年和农村招工对象的年龄及婚否可以适当放宽。招工指标省上统一下达,并参照征兵办法,以地、市、州为主,统一组织进行。改变过去由招工单位自行招收的办法,地、州、市以及招工任务较大的县、区成立招工委员会,下设办公室,负责招工工作。地区招工委员会根据省上下达的招工任务和分配计划,组织力量,统一招收,统一分配,招工单位,抽调人员,在各地招工委员会的统一领导下,参加各地区的招工工作。招工坚持自愿报名,群众评议,县、区审查,招工单位复审,地区批准的办法。招工费用,按每招一人 5 元的标准,由招工单位负担。这一年经省劳动局批准,煤炭、冶金系统的矿山井下从农村回乡青年和插队两年以上的知识青年中招收固定工 22 600 名,分配在井下工作。从这年起矿山井下占新增劳动指标招工的,一律转为固定工,不再招收轮换工。

1975 年—1977 年期间的招工政策规定与 1974 年的招工规定大致相同,只是招工经费从 1975 年起定为每招一人由招工单位负担 2.5 元。

1975 年甘肃省革命委员会根据国家计委政策规定与 1974 年的招工规定大致相同,决定新招工人 27 000 名,其中插队满两年的上山下乡知识青年,占招工总数的 50%。

(第三篇第三章《企业劳动力管理》,第 185 页)

1978 年 9 月,甘肃省革命委员会关于 1978 年招工工作的通知规定:招工对象为 1975 年底以前的插队知识青年;1977 届以前毕业生按规定发给证明,不动员上山下乡的照顾对象……

1979 年、1980 年甘肃省革命委员会在安排招工工作的通知中规定，招收对象为：1976 年以前上山下乡插队知识青年；1978 年以前按政策办了留城手续的知识青年中的独生子女……

（第三篇第三章《企业劳动力管理》，第 186 页）

招工工作在当地政府统一领导下进行，各地、州、市和招工任务比较大的县、市劳动（民政）、知青等部门组成招工委员会，统管本地区的招工工作。招工单位的招工指标应尽可能分配到本单位知青插队的地点，以便能照顾招收本单位的知青，但招工单位不能拒绝接收其他单位去同一地区插队的知青……1980 年招工主要是招收插队知识青年……为解决 3.8 万插队知识青年的就业问题，除重点招收插队知识青年外，还对他们可采用文化考试的招收办法，各系统、各地区分级负责，允许各单位和地区首先招收本单位、本地区的插队知识青年，对没有招工任务的行政、事业单位的插队知识青年，由劳动部门统一安排，1980 年全省招收插队知识青年 3.63 万人。

（第三篇第三章《企业劳动力管理》，第 187 页）

1978 年 3 月，国务院《关于工人退休、退职暂行办法》中规定：工人退休、退职后，家庭生活确实困难的，或多子女上山下乡，子女就业少的，原则上可以招收一名符合招工条件的子女参加工作。……1979 年，经甘肃省政府同意，通知有招工任务的单位招工时，首先要招收本单位职工的插队子女；没有招工任务的党政军机关的职工插队子女，由劳动部门统一安排。

（第三篇第三章《企业劳动力管理》，第 193—194 页）

1971 年 2 月甘肃省革命委员会生产指挥部劳动工资组改称为省革命委员会生产指挥部劳动工资、安置办公室，除负责全省劳动工资工作，同时负责全省知识青年上山下乡安置工作，主要负责人职务称主任、副主任。　　（第十篇第一章《省级劳动管理机构》，第 505—506 页）

1973 年 5 月 15 日，中共甘肃省委批准局内部机构设置为两室三处，即：办公室、计划调配处、工资福利处、安全保护处、上山下乡安置办公室（作为局内部机构，对外挂甘肃省革命委员会下乡上山安置办公室的牌子）。

1974 年 6 月 12 日甘肃省革命委员会劳动局改为甘肃省劳动局。1975 年 10 月 6 日，中共甘肃省委任命局长、副局长。局内部机构为一室三处，即：办公室、计划调配处、工资福利处、安全保护处。原上山下乡安置办公室从省劳动局分出，由省革命委员会单独设立机构。

（第十篇第一章《省级劳动管理机构》，第 506 页）

1980 年 11 月甘肃省人民政府决定：省知青办同省劳动局合并办公，对内一套机构，对外二块牌子，原知青办的编制划归省劳动局统一使用。省知青办与省劳动局合并后，省劳动局内部机构在原有一室五处的基础上，增设了信访办公室、保险福利处、城镇劳动力管理处、下乡知青安置处，共计二室八处。　　（第十篇第一章《省级劳动管理机构》，第 506 页）

是年(1964年),甘肃省劳动局和有关部门配合组织城市知识青年上山下乡,参加农业生产建设。

(附录一《甘肃省劳动工作大事年表》,第 540 页)

(1971年)2月,甘肃省革命委员会生产指挥部劳动工资组改称为甘肃省革命委员会生产指挥部劳动工资、安置办公室,除负责全省劳动工资工作,同时负责全省知识青年上山下乡安置工作。

(附录一《甘肃省劳动工作大事年表》,第 541 页)

(1973年)5月15日,中共甘肃省委发文,确定省劳动局内部机构设置为二室三处,即:办公室、计划调配处、工资福利处、安全保护处、下乡上山安置办公室。

(附录一《甘肃省劳动工作大事年表》,第 541 页)

# 《甘肃省志·教育志(第五十九卷)》
甘肃省地方志编纂委员会、甘肃省志教育志编纂委员会编纂,甘肃人民出版社1991年

1968年8月,甘肃省革委会发出通知,安排应届高中、初中毕业生上山下乡。

(《附录·大事年表》,第 518 页)

# 《甘肃省志·卫生志(第六十七卷)》
甘肃省地方史志编纂委员会编纂,甘肃文化出版社1999年

1971年,(医学院校)招收有两年以上劳动锻炼表现好的下乡和回乡知识青年,采取"个人报名、群众推荐、领导批准、学校复审"相结合的办法录取新生。

1977年,恢复考试招生制度后,甘肃省中等医药学校的招生工作,由甘肃省招生委员会统一管理,招收初中毕业生或相当文化水平的工人、农民、上山下乡和回乡知识青年以及"赤脚医生"。

(第八篇第二章《中等医学教育》,第 366 页)

# 《甘肃省志·人口志(第六十九卷)》
甘肃省地方史志编纂委员会,甘肃省志·人口志编纂委员会编纂,甘肃文化出版社2001年

70年代开始,甘肃全省组织了大批知识青年上山下乡,形成了一个从城市向农村迁移的高潮。他们年龄构成较轻,绝大部分是未婚,分别被安置在兰州市区内农村和全省各地、县,以及农业与林业建设兵团。

中共十一届三中全会之后,落实了各项政策,大批知识青年返城,此外还解决了不少知识分子和老职工的家属农转非问题,因而形成了一个农村人口迁入城市的高潮。

(第十章《人口移动》,第 269 页)

# 《甘肃省志·民族志(第七十卷)》
甘肃省地方史志编纂委员会编纂,甘肃人民出版社 2003 年

(1968 年 12 月)22 日,新华社以《我们也有两只手,不在城里吃闲饭》为题,报道甘肃省会宁县城镇居民到农村生产队安家落户的消息。随后,全省各地包括民族地区的许多城镇居民到农村安家落户,大批知识青年下农村插队劳动。

(《大事记》,第 877 页)

# 《甘肃信访志》
苏度主编,甘肃民族出版社 1991 年

## 关于省级各部门归口处理人民来信来访暂行办法
根据中共中央办公厅、全国人大常委会办公厅、国务院办公厅《关于中央各部门归口分工接待群众来访的暂行办法》的通知精神,结合我省实际情况,对省级各部门处理人民来信来访的归口分工,提出如下意见:

……

十四、有关上山下乡知识青年的问题,由省知青办处理。

……

(七《信访工作法规性文件汇集》,第 207 页)

# 《甘肃农村金融志(1949—1988)》
甘肃农村金融志编审委员会编纂,甘肃人民出版社 1994 年

(1985 年)9 月 24 日,省人、工、农分行和保险分公司联合发出《关于银行、保险系统吸收录用干部的通知》。决定全省农业银行系统从农村回乡知识青年和复员退伍军人中考试录用干部 300 名。

(《附录:甘肃农村金融大事记》,第 577 页)

# 《兰州市志·市政建设志(第七卷)》
兰州市地方志编纂委员会、兰州市市政建设志编纂委员会编纂,兰州大学出版社 1997 年

1972 年,市政工程设施管理处职工人数发展到 635 人,其中行政、技术干部 56 人,工人

597 人。1978 年至 1979 年,从下乡知识青年中招收 600 名新工人。

(第八篇第二章《职工》,第 320 页)

1979 年至 1980 年,从上山下乡知识青年中招收部分新工人,职工人数增加到 2 705 人。1981 年后,职工人数开始减少,截至 1990 年,共有 1 703 人。

(第八篇第二章《职工》,第 321 页)

# 《兰州市志·建材工业志(第十七卷)》

兰州市地方志编纂委员会、兰州市建材工业志编纂委员会编纂,兰州大学出版社 2001 年

1972 年,(兰州市砖瓦企业)两批长期临时工除老弱病残外均转为固定工,同时招一批上山下乡知识青年进厂当学徒工,……　　　　　　　　(第一篇第一章《企业》,第 50 页)

# 《兰州市志·建筑业志(第十八卷)》

兰州市地方志编纂委员会、兰州市建筑业志编纂委员会编纂,兰州大学出版社 1998 年

1979 年开始,从市属 3 县招收插队知青,从 3 县 5 区招收集体所有制工人 518 名。

(第三篇第四章《业务管理》,第 303—304 页)

# 《兰州市志·交通志(下)(第二十一卷)》

兰州市地方志编纂委员会编纂,兰州大学出版社 2005 年

1968 年开始,知识青年大批上山下乡,去往新疆的大部分来自上海、江苏等地,相当一部分在兰州车站中转。兰州市的知识青年,大部分从兰州车站出发赴甘肃各地区。

(第三章《铁路运输》,第 157 页)

# 《兰州市志·邮政志(第二十二卷)》

兰州市地方志编纂委员会、兰州市邮政志编纂委员会编纂,兰州大学出版社 1996 年

1969 年,随着知识青年上山下乡、干部下放基层和城镇无业居民迁往农村等政策的实施,邮寄生活用品的小包再次增多,全局收寄量增加到 36.68 万件。

(第一篇第一章《业务》,第 69 页)

1975 年,兰州邮局从"上山下乡"插队知识青年中招工 2 批,采取在岗培训的形式使用。

(第二篇第三章《劳动人事》,第 261 页)

1977 至 1983 年期间,兰州市邮政局陆续从"上山下乡"插队的邮电职工子女和社会插队知青中招收徒工 333 名。

(第二篇第三章《劳动人事》,第 261 页)

1978 年,工人退休退职后,家庭确有困难的,或多子女"上山下乡",子女就业少的,原则上可以招收其 1 名符合招工条件的子女参加工作。

(第二篇第三章《劳动人事》,第 261—262 页)

# 《兰州市志·农业志(第二十三卷)》

兰州市地方志编纂委员会、兰州市农业志编纂委员会编纂,兰州大学出版社 2000 年

(1968 年)9 月 18 日,兰州市首批 600 余名高、初中毕业生到农村"插队",劳动锻炼。

(《大事辑要》,第 27 页)

# 《兰州市志·林业志(第二十六卷)》

兰州市地方志编纂委员会、兰州市林业志编纂委员会编纂,兰州大学出版社 1998 年

建立一支绿化南北两山的职工队伍,使两山绿化队伍从无到有,从小到大。截至 1981 年底,从事两山绿化工作的职工有 1 636 人,其中 7 个国营场(站)有固定职工 299 人(干部 46 人),临时工 216 人,知识青年(插队)500 人;绿化包干单位(国营企事业和郊区社队)的专业人员 575 人,临时工 46 人。

(第二篇第二章《造林》,第 110 页)

# 《兰州市志·财政税务志(第三十六卷)》

兰州市地方志编纂委员会、兰州市财政税务志编纂委员会编纂,兰州大学出版社 1998 年

城镇青年就业经费,是 1962 年为贯彻国民经济调整方针,精简城市人口,将城镇待业知识青年动员安置到农村插队所需的财政支出。1964 年,增设城市人口下乡经费。1968 年,改称城镇知识青年上山下乡经费。1983 年后又改为城镇青年就业经费,直到 1990 年。其支出范围包括安置费、扶持生产资金、居民下乡补助及其他支出等。

1964 年,城镇安置工作以组织城镇知识青年上山下乡为主。甘肃省对安置费规定:安

置在农场者分450元、900元、1000元3个标准;安置在林场者分1050元、1150元两个标准;安置在水土保持专业队者1323元;安置在农村人民公社者225元。当年,支出19万元,占本年度财政支出的0.50%。

1969年,在毛泽东主席"知识青年到农村去,接受贫下中农再教育,很有必要"的指示下,连同干部下放,城镇居民下农村,形成上山下乡高潮。兰州市规定:对城镇居民到农村插队者,安置费每人平均不得超过100元;城镇居民、知识青年下乡路费每人平均35元。当年,共支出99万元,比1964年支出增长4.2倍。

1972年,为做好下乡人员的巩固工作,解决一些实际问题,兰州市安排12万元,用于下乡城镇居民和劳动两年以上的插队知识青年生活补助费,部分机动款留作慰问团使用,其分配数如表282。

表282　1972年兰州市下乡人员生活补助费分配表

| 县(区) | 补助对象(人) | | 补助金额(万元) |
|---|---|---|---|
| | 城镇居民 | 插队知识青年 | |
| 总　计 | 6 370 | 471 | 12.00 |
| 永登县 | 994 | 10 | 1.40 |
| 榆中县 | 1 162 | 120 | 2.05 |
| 皋兰县 | 1 646 | 67 | 2.74 |
| 东风区(今城关区) | 493 | 39 | 0.75 |
| 七里河区 | 946 | 180 | 1.80 |
| 西固区 | 412 | 47 | 0.73 |
| 安宁区 | 432 | 3 | 0.61 |
| 白银区 | 121 | | 0.17 |
| 红古区 | 164 | 5 | 0.24 |
| 机动款 | | | 1.51 |

1973年9月,甘肃省下达《关于知识青年上山下乡若干问题的规定》:对下乡插队,回原籍集体所有制场、队或到庆阳、平凉、定西、天水、武都、临夏、兰州市郊区及所属县,每人补助安置费480元,建房费200元,购置农具、家具、学习材料及医疗、运费等100元。兰州市对下乡人员冬装补助及增拨下乡补助经费分配如表283。

表283　1973年兰州市增拨上山下乡补助经费分配表　　　　单位:万元

| 县(区) | 下乡人数(人) | 经费合计 | 冬装补助 | | | 增拨经费 |
|---|---|---|---|---|---|---|
| | | | 棉布(万尺) | 棉花(万斤) | 经费 | |
| 总　计 | 10 680 | 31.95 | 17.09 | 4.27 | 16.85 | 15.1 |
| 皋兰县 | 3 | | | | | |

| 县（区） | 下乡人数（人） | 经费合计 | 冬装补助 | | | 增拨经费 |
| --- | --- | --- | --- | --- | --- | --- |
| | | | 棉布（万尺） | 棉花（万斤） | 经费 | |
| 榆中县 | 32 | | | | | |
| 永登县 | 236 | 0.12 | | | 0.12 | |
| 城关区 | 5 972 | 13.80 | | | 10.00 | 3.8 |
| 七里河区 | 2 379 | 5.10 | | | 2.60 | 2.5 |
| 西固区 | 1 082 | 3.90 | | | 1.90 | 2.0 |
| 安宁区 | 232 | 0.60 | | | 0.60 | |
| 白银区 | 493 | 3.30 | | | 1.50 | 1.8 |
| 红古区 | 251 | 5.13 | | | 0.13 | 5.0 |

　　1979 年 6 月，甘肃省革命委员会知识青年上山下乡工作办公室和省财政局，对知识青年经费管理使用提出补充规定：1.凡到国营农、林、牧、副、渔场和机关、学校、部队企业、事业单位举办的农、林、牧、副、渔基地就业者，每人补助 400 元，由接受单位包干使用。2.到集体所有制知识青年场、队和知青点者：兰州、天水 2 市，每人补助 580 元；嘉峪关、玉门 2 市及酒泉、张掖、武威、夏河 4 县（农区），每人补助 620 元。到牧区每人补助 800 元。冬季服装补助：河西、甘南每人补助 35 元，河东每人补助 15 元；其他地区补助 10 元。

（第七章《其他部门事业费与其他支出》，第 504—506 页）

# 《兰州市志·劳动志（第四十八卷）》

兰州市地方志编纂委员会、兰州市劳动志编纂委员会编纂，兰州大学出版社 1997 年

　　（1969 年）1 月，成立兰州市革命委员会安置办公室，办理知识青年上山下乡工作。1973 年 9 月改建为兰州市革命委员会知识青年上山下乡工作办公室（简称市知青办）。1980 年 2 月改称为兰州市人民政府知识青年上山下乡工作办公室，同年 7 月，合并于市劳动局。

（《大事辑要》，第 17 页）

　　是年（1972 年），兰州市按照甘肃省知识青年上山下乡工作办公室的"单位定向，对口动员"知识青年上山下乡新办法规定，实行"知识青年对口下，带队干部对口派，管理教育对口抓，支援农业对口帮"的办法，在农村建立青年点。下乡青年集中食宿，集中学习，分散劳动，改变分散居住在农民家的插队办法。

（《大事辑要》，第 18 页）

　　（1973 年）7 月，兰州市根据国务院召开的知识青年工作会议要求，明确规定：独生子女、

中国籍的外国人子女、多子女但本市只有一个子女、父母年老病残需留一个子女照顾及知青本人病残等五种知识青年,不动员上山下乡,由市知青办发给留城证,可参加招工。

(《大事辑要》,第 18 页)

1980 年 7 月,增设了知识青年上山下乡动员安置科(1983 年 1 月撤销)。同年 8 月,市人民政府批准,成立了兰州市劳动局社会劳动力管理处。9 月,增设了技工培训科。

(第一篇第一章《兰州市劳动局》,第 33 页)

## 兰州市知识青年上山下乡工作办公室

"文化大革命"中,大批城镇居民和知识青年被动员下乡落户。1969 年 1 月,市革委会决定,将毕业生分配安置办公室和街道清理阶级队伍办公室合并,成立兰州市革命委员会安置办公室,并成立由 9 人组成的领导小组,市革委会副主任周基任组长。办公室下设秘书组、后勤组、安置组和清队组。1970 年 3 月,市安置办公室撤销,在市革委会城市管理局内设安置组,办理知识青年上山下乡工作。

1973 年 9 月,市革委会决定,成立兰州市革命委员会知识青年上山下乡工作办公室(以下简称市知青办),归市革委会领导。市知青办内部机构设:办事组、动员组和安置组。张顺康任市知青办主任,高玉琪、张怀俊、张明贵任副主任。1976 年 10 月,改组设科,设有:秘书科、宣传动员科、安置教育科、计划财务科和接待室,行政编制 40 人。

1980 年 2 月,兰州市第八届人代会第二次会议决议:将兰州市革命委员会改为兰州市人民政府。随之,原市革委会知青办改为市人民政府知青办,归市人民政府领导。

1980 年 7 月,市知青办合并于市劳动局,设立安置科。1983 年 1 月,安置科撤销。

(第一篇第二章《同属机构》,第 40 页)

"文化大革命"期间,就业工作基本上处于冻结状态。安置渠道主要是动员城镇青年到农村和农、林场插队落户。1968 年至 1980 年,兰州市 99 821 名城镇知识青年到农村插队。1969 年全民所有制和集体所有制单位只招工 4 490 人。1976 年至 1978 年就业安置,主要招收插队知识青年。(第三篇第二章《就业安置形式》,第 78 页)

1966 年至 1990 年,国家把城镇待业人员(包括下乡的知识青年)的安置纳入重要工作议程。凡国家下达的招工指标,只能招收留城和下乡的知识青年,促进了城镇待业人员的安置进度。1979 年至 1990 年 12 年间,全民所有制单位从城镇待业人员和下乡知识青年中招收工人 163 130 人,平均每年安置 13 578 人。 (第三篇第二章《就业安置形式》,第 81 页)

兰州市全民所有制单位在缺少招工指标的情况下,经劳动部门批准,招收性质为集体职工的新工人。1977年和1978年,商业、轻工和建筑等系统的全民单位,从城镇待业人员和下乡知识青年中,招收3 000余人为集体性质职工,与所在单位的全民职工混岗劳动。

(第三篇第二章《就业安置形式》,第82页)

兰州解放后,集体所有制单位安置了大批城镇待业人员。最多的一次是1979年,将1976年以前下乡插队的城镇知识青年全部安置。是年,兰州市集体单位招收了15 107名下乡和留城的知识青年。

(第三篇第二章《就业安置形式》,第84页)

# 第五节 上 山 下 乡

知识青年(简称知青)上山下乡,是在特定的历史条件下产生和发展起来的。在当时是安置城镇待业青年的一种临时措施。

1968年12月,毛泽东发出"知识青年到农村去,接受贫下中农的再教育,很有必要"的号召后,兰州市即成立知识青年上山下乡动员安置工作办公室(以下简称市知青办),负责动员安置工作。当年就有13 450名1966年至1968年三届的高中、初中毕业生和社会青年到农村和国营农场、林场插队劳动。1969年至1971年的三年中,全市共动员组织34 718名知识青年下乡插队。这一时期,主要采取分散插队的形式,下乡青年食、宿在农民家中或生产队的公用房。

1972年至1978年,兰州市学习湖南省株洲市的"厂社挂钩、集体安置知识青年"经验,改变分散插队和由生产队单独管理的办法,实行按县(区)、局、系统或单位与甘肃省各县协商挂钩,建立"知识青年点"(以下简称知青点),下乡知青集中在知青点食、宿、学习和分散劳动(简称"三集中一分散")。动员安置工作按照"单位定向、对口动员"的原则,采取"知识青年对口下,带队干部对口派,管理教育对口抓,支援农业对口帮"的办法,各单位从动员、建房、安置到管理,统一归口负责。知识青年下乡后,由各单位选派出的带队干部和生产队共同负责安置管理,改变了过去"城市管动员,农村管安置"的脱节局面。这一时期动员组织51 124名知识青年到挂钩的甘肃省76个县、旗的知青点插队劳动。兰州市各单位按要求条件选派390名带队干部。其中:共产党员250人,占带队干部的64%。县级干部18人,科级干部85人,女干部26人。

1978年12月20日,中共中央转发《全国知识青年上山下乡工作会议纪要》和《国务院关于知识青年上山下乡若干问题的试行规定》。兰州市根据国务院"调整政策,逐步缩小上山下乡的范围"、"有安置条件的城市,可以不动员知识青年上山下乡"和"按照国家计划从社会上招工时,对留城知青和下乡知青应当统筹安排"的精神,调整了知识青年上山下乡政策。兰州市规定:市属榆中、永登、皋兰3个县和红古、白银两个区的知青不再列入上山下乡对象;近郊城关、安宁、西固和七里河四个区内的知青,实行上山下乡和扩大留城相结合的办法,集中安置在农、林、牧、副业基地,不搞分散插队。因此,1980年在南、北两山绿化队安置

529 名知青。

1980 年 8 月,国务院召开全国就业工作会议,明确规定知识青年工作重点由上山下乡转为安置就业。1981 年后,知识青年上山下乡工作基本结束,工作机构亦随之撤销。

1968 年至 1980 年,兰州市共有 99 821 名知识青年下乡落户,参加农业生产劳动。知识青年下乡后,第一年不下达劳动定额,只规定适当的出勤日数。劳动记分实行同工同酬加照顾的办法,劳动所得和社员一样分配。同时,国家每年划拨专项安置经费,统一解决知识青年下乡后的食宿、学习和医疗等费用。

## 一、安 置 方 式

知识青年上山下乡安置工作,在不同时期,依据国家规定的政策和办法,采取不同的安置方式。

**分散插队** 1972 年以前,兰州市知识青年上山下乡主要采取分散插队的安置办法。下乡知识青年大部分安置在甘肃省 76 个县的生产队插队落户,分散安置到生产队的人数不等,有 5 至 9 人的,也有 10 人以上的。有的住在农民家里,有的住在生产队的公用房里,不给下乡知青新建住房。知青下乡后,第一年由所在地的粮食部门按每人每月 22.5 公斤供应口粮,购粮款从安置经费中支付。下乡知青同社员一样参加生产队劳动,评工记分,从下乡第二年起,国家不再供应口粮,由所在生产队按社员口粮分配标准,给下乡知青分配口粮。

**农、林场安置** 国营农场、林场安置知青,是 1972 年前兰州市知识青年上山下乡的另一种主要安置办法。先后安置到国营农、林场的知识青年共 7 099 人。其中:安置到农建十一师 3 500 人;林建二师 2 812 人;下河清农场 370 人;东方红农场 417 人。

农场、林场实行军事建制,场设团长、政委;连队设连长、政治指导员;连队下设排、班,配有排长和班长。每个连队安置知识青年 100 人至 200 人。知识青年参加农、林场集体劳动,集体食宿,集体学习和军事训练。

农场、林场以连队为核算单位,第一年由国家供应口粮,第二年起吃自产粮。

**回乡** 要求回原籍农村或到亲友所在生产队插队落户的,由当地人民公社和县知青工作办公室同意并出具接受证明后,可回原籍农村或投亲靠友。1968 年至 1979 年,兰州市有 1 452 名知识青年回原籍农村和投靠农村亲友。

**其他方式** 1973 年后,主要采取在农村建立知青点。下乡知青一律在知青点,集中食宿和学习,分散劳动。1975 年还实行过"厂社挂钩"办法,即企事业单位建立对口挂钩社队,并派出带队干部与社队干部共同负责管理知识青年的生产、学习和生活。另外,还采取办集体所有制场队的办法安置。兰州市在近郊农村建办了 16 个集体农场,安置城镇青年 2 817 人。

## 二、留 城、回 城

1973 年 6 月前,凡患有严重慢性病、传染病的知青,经医院出具证明,确不能参加体力劳动的,暂不动员上山下乡。暂不动员上山下乡的审批办法是由所在学校提出留城名单,经街道动员上山下乡领导小组集体审核后,由县、区动员安置领导机关批准留城。

1973年7月,兰州市根据国务院召开的知识青年工作会议精神及决定,明确规定:独生子女、中国籍的外国人子女、多子女但在本市只有一个子女、父母年老病残需留一个子女照顾、病残不能参加体力劳动等5种知识青年,列为不动员上山下乡对象,并由市知青办发给留城证。留城知青参加工作时采取两种办法:一种是因病残留城,只能参加集体所有制单位招工;另外4种留城知青,可参加全民所有制或集体所有制单位招工。1968年至1980年,兰州市批准不动员下乡的知识青年共41 148人。

知识青年下乡落户后,因病不能参加劳动的,由家长申请,下乡知青所在县以上医院出具诊断证明,生产队和公社签署意见后,下乡知青所在县、区知青办与市知青办协商同意批准后,可返回城市落户医病,1974年至1980年,因病残批准返回兰州市城镇的下乡知识青年共1 283人。

## 三、经　费

1968年至1980年,国家给兰州市拨付知识青年上山下乡安置经费共2 129.4万元。其中:建房费435万元,"三具"(家具、小农具、灶具)购置费142万元。

安置经费是按实际下乡知青人数和规定标准,由财政拨给兰州市,再由市拨付给安置下乡知青的县、区。安置经费包括建房费、路费、生活补助费、口粮费、医疗费、学习材料费和"三具"购置费等。

1968年至1972年,安置经费按下乡知青人均240元计拨,共拨付给兰州市210.4万元。另外,按人均15元困难补助,直接拨付给各中学,经民主评议后,按下乡知青困难情况,发给补助金。同时,还给下乡知青每人发布票16尺,棉花票4斤。

1973年至1980年,安置经费按下乡知青人均455元计拨,共拨付给兰州市1 919万元。455元经费包括建房费200元,购置"三具"费65元,生活费180元,医疗费5元,学习材料费5元。

市知青办对安置经费的管理和使用办法作出了具体规定:"三具"按实际下乡知青人数由各"知青点"统一购置,填报财产登记册并附原始发票,由县、区知青办核报。建房费由县、区知青办按实际下乡知青人数和建房费标准拨给社队,社队按人均8至10平方米的标准建房。生活费按每月人均12元开支,第一年支付144元,另36元留县、区,作为第二年下乡知青生活困难补助。医疗费由生产大队医疗站按下乡知青人数报县、区统一支付,剩余部分由县、区集中管理,解决下乡知青重大疾病治疗用费。学习材料费由县、区统一订购书报,直接发给各知青点。

1981年后,知识青年不再上山下乡。兰州市尚有529人在南北两山造林站和绿化队劳动,按人均400元标准,一次性拨付安置经费20万元。

(第三篇第二章《就业安置形式》,第86—89页)

1983 年 4 月,国务院批准调整企业单位职工工资。调整工资同企业的经济效益挂钩、同职工的劳动成果挂钩;调资所需资金由国家和企业两方面分担;采取考核升级的办法。调资的对象是:

……

3. 上山下乡插队满 5 年以上的原城镇知识青年,1979 年 1 月 1 日后分配工作,1983 年 9 月底前已是正式职工。

(第四篇第三章《调整工资》,第 133 页)

# 《兰州市志·人事志(第四十九卷)》

兰州市地方志编纂委员会、兰州市人事志编纂委员会编纂,兰州大学出版社 1996 年

"文化大革命"期间,兰州市选拔录用干部的对象主要是工人、贫下中农、复员军人、上山下乡知识青年、农村人民公社和农村基层生产大队的不脱产干部,以及"社来社去"①国家不包分配的大中专毕业生。除了要求被录用的干部必须具备毛泽东提出的无产阶级革命事业接班人的五项条件外,还必须坚决执行党的路线和政策,具有一定的实践经验,阶级斗争和路线觉悟高,思想好,作风正派,敢于斗争,是革命的"左派",联系群众,身体健康,具有一定的文化程度,有培养前途。

1979 年,兰州市主要从以下人员中选拔录用干部:1976 年前上山下乡的知识青年和 1978 年前按政策办了手续而留城青年中的独生子女、多子女无一子女参加全民所有制单位工作的;回乡的大、中专毕业生即前几年毕业后没有分配工作的"社来社去"的大中专毕业生。选拔条件是:政治历史清楚,拥护中国共产党,热爱社会主义祖国,拥护无产阶级专政,遵守纪律和社会主义法制,有革命理想和革命朝气,思想作风正派,能够密切联系群众;身体健康,无重大疾病和残疾;高中毕业或相当于高中毕业文化程度。知识青年限在 16 至 25 周岁之间的未婚青年,其他选拔对象可在 30 周岁以下,个别有一定特长的可放宽到 35 周岁。

(第三篇第二章《干部录用使用》,第 130—131 页)

1984 年 5 月 7 日,中共兰州市委、兰州市人民政府批转兰州市人事局《关于招聘农村乡干部的试行办法》,从 1984 年起,在榆中、皋兰、永登、七里河、西固、城关区的 40 个边远乡试行干部招聘合同制。坚持缺什么干部就招聘什么干部的原则,工作岗位已满的不得招聘。招聘对象和条件是:就地就近的基层干部,回乡知识青年,复员退伍军人,农民技术人员。

(第三篇第二章《干部录用使用》,第 138 页)

---

① 指从农村人民公社选送优秀青年去大专学校学习,毕业后回农村人民公社的政策。——原书注

部分年份兰州市吸收录用干部统计表

| 年份 | 人数 | 来　　源 |
|------|------|---------|
| | | …… |
| 1972 | 150 | 农村青年、上山下乡知识青年 |
| | | …… |
| 1979 | 1 401 | 上山下乡知识青年、回乡大中专毕业生 |
| 1980 | 643 | 回乡知识青年、工人 |
| | | …… |

（第三篇第二章《干部录用使用》，第 139 页）

　　招收退职职工的子女。1964 年规定：凡 1964 年 3 月 29 日以后退职的职工，只要回农村居住，可以招收 1 名居住农村并符合招工条件的子女或其他赡养的亲属参加工作。1978 年规定，工人退职后原则上可以按政策从留城的知识青年、上山下乡知识青年或城镇应届中学毕业生中招收 1 名符合招工条件的子女参加工作。如退职工人愿将其户口迁回农村时，也可以招收他们在农村的 1 名符合招工条件的子女参加工作。1983 年 9 月 22 日以后，此规定停止执行。

（第四篇第四章《干部离（退）休、退职》，第 338 页）

# 《兰州市志·教育志（第五十五卷）》

兰州市地方志编纂委员会、兰州市教育志编纂委员会编纂，兰州大学出版社 1997 年

　　(1968 年)10 月 21 日，兰州地区 1966—1968 届高初中毕业生开始上山下乡、下厂、下矿和去生产建设兵团参加生产劳动，兰州市首批下乡知识青年共 2 085 人，其中：到本市的有 1 014 人。

（《大事辑要》，第 38 页）

　　是年(1969 年)，全市初中、高中毕业生下乡插队和到工厂的有 29 820 人。

（《大事辑要》，第 39 页）

　　是年(1971 年)，兰州市 1970 级毕业生上山下乡知识青年共有 2 134 人，其中，到本市各县区的有 425 人。

（《大事辑要》，第 39 页）

　　是年(1975 年)，全市下乡知识青年共有 20 269 人。其中，到市辖各县区的 7 345 人。

（《大事辑要》，第 40 页）

1977年恢复招生考试制度后,中等专业学校招收具有初中毕业或相当于初中毕业以上文化程度的工人、农民、上山下乡知识青年,以及报考高等院校未录取的青年,修业三至四年。1979年起,除招收初中毕业生外,也招收高中毕业生、修业二至三年。1983年兰州市属各中专执行省高等招生委员会决定,实行统一考试,定向招生,统一录取。

(第一篇第五章《中等职业技术教育》,第188页)

# 《兰州市七里河区志》

兰州市七里河地方志编纂委员会编,甘肃人民出版社2001年

(1975年)3月1日—3日,区委、区革委会召开上山下乡知识青年代表会,表彰先进集体12个,先进个人39名。　　　　　　　　　　　　　　　　(《大事记》,第42页)

## 第四节　知识青年安置

1964年起,开始动员城镇知识青年上山下乡。1968年11月,根据毛泽东关于"知识青年到农村去,接受贫下中农的再教育,很有必要"的指示。除升学、参军、独生子女,多子女在本市区范围内只有一个子女,父母年老生活不能自理需要一个子女照顾、残疾不能参加劳动者外,初、高中毕业生一律动员上山下乡。详见表14-11。

表14-11　1973年七里河地区知识青年上山下乡分布情况表

| 地　　区 | 人　　　数 | | 男 | 女 |
|---|---|---|---|---|
| 天水地区 | 885 | | 421 | 464 |
| 徽　　县 | 计划150 | 实到134 | 69 | 65 |
| 漳　　县 | 计划154 | 实到96 | 53 | 43 |
| 礼　　县 | 计划203 | 实到131 | 54 | 77 |
| 清 水 县 | 计划252 | 实到252 | 128 | 124 |
| 武 山 县 | 计划55 | 实到55 | 27 | 28 |
| 张家川县 | 计划50 | 实到49 | 19 | 30 |
| 西 和 县 | 计划150 | 实到168 | 71 | 97 |
| 临夏地区 | 601 | | 296 | 305 |
| 和 政 县 | 计划400 | 实到290 | 157 | 133 |
| 康 乐 县 | 计划311 | 实到302 | 131 | 171 |
| 甘南州临潭县 | 计划50 | 实到9 | 8 | 1 |
| 兰州市郊区 | 计划586 | | 248 | 338 |
| 榆 中 县 | 计划190 | 实到179 | 73 | 106 |
| 皋 兰 县 | 计划147 | 实到130 | 63 | 67 |

| 地　区 | 人　数 | | 男 | 女 |
|---|---|---|---|---|
| 七里河区 | 计划 280 | 实到 277 | 112 | 165 |
| 厂办农场 | 331 | | 170 | 161 |
| 靖远农场 | 52 | | 29 | 23 |
| 武威农场 | 66 | | 31 | 35 |
| 民勤县农场 | 3 | | 1 | 2 |
| 景泰农场 | 96 | | 55 | 41 |
| 其他农场 | 88 | | 44 | 44 |
| 回　原　籍 | 26 | | 10 | 16 |

　　1969 年,七里河区革命委员会生产指挥部设安置组,1976 年 10 月成立区知识青年上山下乡安置工作办公室。是年,动员下乡 567 人。至 1978 年,全区共动员城镇知识青年到全省 17 个县、区下乡落户 8 556 人。其中,在辖区内 7 乡 32 个大队,共建 89 个知识青年点,接受安置 1 114 人,修建住房 1 150 间,每人每年发安置费 500 元,共支出知识青年安置费 55.70 万元。知识青年下乡初期,由各单位派干部管理,在政治上、生产上、生活上均管理得较好,知识青年参加生产劳动。平田整地、水利工程等,为农村经济社会发展作出了贡献。1979 年,省委决定知识青年停止上山下乡插队劳动。1980 年知识青年全部返城招工。

　　1981 年起,全民所有制单位招收新工人,优先照顾知识青年;集体所有制单位招工时,对本系统的知识青年包干安置就业;无归属单位的由劳动部门统配,并把年龄放宽到 35 周岁。全地区共安置 1 022 人。

　　上山下乡知识青年参军复员、退伍后,由劳动部门安置就业,全区共安置 50 人。

　　凡外省市区在本市区内未婚知识青年,原则上由动员地安置;对无法招工就业的,均回城待业,全区有 40 人。

　　提倡知识青年自谋职业。对有专长已婚知识青年支持他们就近开业,并给予政策照顾,全区有 2 人。

　　对少数犯罪或劳教的知识青年,刑满后由所在地待业安置。

　　经采取上述安置措施,至 1984 年,全区上山下乡知识青年基本安置完毕。

(第十四篇第五章《劳动就业》,第 879—881 页)

# 《兰州市安宁区志》

兰州市安宁区地方志编纂委员会编,兰州大学出版社 1999 年

### 知识青年上山下乡

　　1968 年,动员城镇知识青年上山下乡,至 1970 年,共动员 49 名城镇知识青年下

乡,安排在农建师、红古农场和河口公社等地插队劳动。1973 年,根据全国知识青年上山下乡工作会议精神,建立了河湾、沙井驿、焦家庄知识青年点,知青集中插队。1975年,成立安宁区知识青年上山下乡安置办公室。每个点都派有干部,共派带队干部 28人,进一步加强对知识青年的管理。1980 年前,共动员 1 626 名知识青年插队劳动,先后安置到 5 个公社、8 个大队和 4 个知青点上。根据有关规定,不动员上山下乡的245 人。

知青安置办法。根据劳动表现,所在社队推荐,劳动部门审批,招收分配工作。1975 年开始,逐年招工安置。到 1980 年,先后招干、招工、考入大中专学校、参军等共 82 名。7 月,撤销知识青年上山下乡安置办公室。知识青年点随着知青的全部返城取消。

(第八篇第四章《政务》,第 588 页)

# 《城关区志》

兰州市城关区地方志编纂委员会编,甘肃人民出版社 2000 年

是年(1974 年),全区动员城镇知识青年 9 229 名上山下乡,插队落户,占市上下达任务的 95%。

(《大事记》,第 40 页)

### 知青安置

兰州市知识青年上山下乡始于 1964 年。1965 年城关区安置应届毕业生和社会青年1 178 人去国营农场和农建 11 师参加农业劳动。1968 年,毛泽东主席发出"知识青年到农村去,接受贫下中农再教育"的号召,城关区遂于 1969 年 1 月成立"知识青年上山下乡工作办公室",并于同年动员一万余名知识青年到国营农场、林场和农村公社插队落户,参加农业生产劳动。1973 年,采用分散插队的安置办法,动员 4 508 名知识青年到全省 11 个地区 76 个县、旗插队落户。1975 年至 1976 年按照"单位定向,对口动员"、"厂社挂钩"的办法,先后动员 2 918 名知识青年,由单位派出的干部带队,到对口挂钩的社队参加农业生产劳动,并给予挂钩社队以一定的物资支援。

1979 年,根据中共中央关于"调整政策,逐步缩小上山下乡范围"和兰州市关于"上山下乡和扩大留城相结合"的原则,凡本区或本单位有农、林、牧、副业基地的,可以集体安排,不再下乡分散插队,因此 1980 年全区安置 46 人到五一山造林场劳动。至此,安置在城关区南北两山林场的知识青年达 873 人。1980 年国务院召开的全国就业工作会议上,明确提出知识青年工作的重点由上山下乡转为就业安置,因而,从 1981 年起停止组织知识青年上山下乡。

(第十八编第一章《劳动》,第 760 页)

# 《兰州市西固区志》

兰州市西固区地方志编委会编,甘肃人民出版社 2000 年

(1974 年)全区安置回城的上山下乡知识青年 2 582 人。　　　　　（《大事记》,第 35 页）

(1976 年)4 月 13 日,撤销区……知识青年上山下乡办公室、民政劳动局和城市管理局。
　　　　　　　　　　　　　　　　　　　　　　　　　　　　　　（《大事记》,第 36 页）

(一) 安置对象　属于区民政或劳动部门安置就业的对象是:

1. 城镇待业青年。1969 年至 1978 年上山下乡,于 1974 年后陆续回城的知识青年和历年未能升学或参军的初、高中毕业生。　　　　（第十七篇第二章《劳动》,第 749 页）

### 知识青年上山下乡

1969 年,广泛动员 1966 年至 1969 年的初、高中毕业生上山下乡,插队劳动锻炼。先后分配在农建十一师、红古农场和在区境农村插队劳动锻炼的知识青年 300 人。1970 年至 1973 年,有 1 693 名(男 837 人,女 856 人)知青插队锻炼,其中在区境达川、金沟、柳泉 3 个公社插队的 270 人,到甘肃景泰县、文县、成县农村插队的 604 人,在驻区企业农场劳动的 819 人。1974 年,采取集体安排和个人联系两种形式,共安排插队知青 279 人(男 132 人、女 147 人)。1975 年,被分配在金沟、达川、西固、陈坪、河口、柳泉、东川、新城 8 个公社劳动锻炼的知青 343 人。到 1978 年,全区累计安排上山下乡知青 3 410 人,其中在区境农村插队的 2 506 人,占 73.5%;到外县农村插队的 904 人,占 26.5%。插队知青实行定额计分,按月供应口粮;年终决算,一次分配。

1972 年至 1976 年,采取各种措施解决下乡插队知青回城安置的问题,被推荐上大学的 258 人,批准参军的 241 人。1977 年至 1981 年,全区招工回城安排工作的知青 2 006 人,妥善地解决回城知青的生活出路问题。　　　（第十七篇第二章《劳动》,第 750 页）

# 《兰州市红古区志》

兰州市红古区地方志编纂委员会编,兰州大学出版社 2001 年

1969 年 12 月,红古区接受安置了首批城镇上山下乡知识青年,至 1978 年共接受安置来自兰州城区和本区知识青年 1 900 余人。　　　　　　（《大事记》,第 36 页）

60 年代,由于城镇劳动力缺,职工主要从农村中的复退军人和青年中招收。70 年代,主

要从城镇下乡知识青年中招收。80年代—90年代,主要从城镇待业青年中招收。

(第十四篇第二章《劳动管理》,第 559 页)

# 《兰化志(1952—1988)》

《兰化志》编纂委员会编,(内部刊行)1991 年

1974 年,兰化将支农办公室和知识青年上山下乡办公室合并,设在礼县的支农办公室亦同时兼管知青工作。

(第十四篇第二章《支援农业建设》,第 1351 页)

70 年代末期,集体职工队伍中增加了一部分待业青年,给集体企业增添了活力。这部分人有一定文化知识,初、高中毕业后,多因自身有病或家中生活困难未下乡插队而留城待业。80 年代初期以后,国家调整了"上山下乡"政策,大批知识青年返回城镇,新毕业的学生不再下乡,这部分人基本上都安置在集体企业里。

(第十六篇第一章《综述》,第 1427 页)

# 《兰州炼油化工总厂志》

兰州炼油化工总厂志编辑委员会编,甘肃人民出版社 1996 年

(1968 年)兰炼"知识青年上山下乡办公室"成立。1969 年至 1978 年底,有 1 082 名职工子女分别到甘肃环县、灵台县、岷县、崇信县、景泰县、皋兰县等农村和农、林业生产建设兵团插队。到 1980 年 12 月,插队子弟均被陆续招工回城或进厂工作。

(第二篇《大事记》,第 77 页)

1968 年 10 月至 1971 年 12 月,在甘肃省酒泉地区、武威地区、平凉地区、武都地区、定西地区、兰州地区和上海市陆续招入大量中学毕业生、按政策规定留城的待业青年及农村插队落户的"知识青年"。另外,经甘肃省革命委员会生产指挥部批准,招收散在全国各地农村符合招工条件的本厂职工子弟 244 人。

(第七篇第十六章《劳动工资管理》,第 456 页)

# 《兰州铁路局志》

《兰州铁路局志》编委会编,中国铁道出版社 2001 年

"文化大革命"期间,全局职工由 1966 年的 50 107 名增加到 1976 年的 75 116 名,新增人员主要招收城镇初、高中毕业生和社会青年、农村插队知识青年。

(第四篇第六章《劳动工资管理》,第 505 页)

# 《永登县志》

永登县地方史志编纂委员会编,甘肃民族出版社 1997 年

(1969 年)2 月 28 日,据统计自去年 10 月以来,永登全县有城镇居民 434 户 1 806 人落户农村。高初中毕业生 1 080 人到农村"接受贫下中农的再教育"。此外,各公社还安置外地知识青年 257 人,返乡职工家属 131 户 464 人,居民 89 户 389 人,遣送原籍交贫下中农监督劳动的 15 人。　　　　　　　　　　　　　　　　　　　　　(《大事记》,第 35 页)

1970 年至 1979 年,招收"插队"知识青年,也招收部分农村青年补充工人队伍。

(第十二篇第七章《劳动》,第 512 页)

# 《榆中县志》

榆中县志编委会编,甘肃人民出版社 2001 年

(1969 年)10 月,上海市 489 名知识青年到川区插队落户。　　　(《大事记》,第 34 页)

(1973 年)10 月 31 日,兰州市 1 400 名知识青年到榆中川区农村插队落户。

(《大事记》,第 35 页)

(1974 年)4 月 21—23 日,县革委会召开知识青年上山下乡工作会议。(《大事记》,第 35 页)

(1975 年)1 月 16 日,县革委会组织慰问团,深入各知青点,慰问上山下乡知识青年。

(《大事记》,第 35 页)

1969 年 2 月,设城镇人口安置办公室,1973 年更名知识青年上山下乡办公室,1977 年更名为知识青年上山下乡工作办公室,1980 年撤销。　　　(第三编第六章《行政机关》,第 484 页)

### 安置知识青年上山下乡

1969 年 6 月,安置兰州市知识青年 41 名。1969 年 10 月,安置了上海市知识青年 489 人。1973 年 10 月,安置兰州市和驻榆部队知识青年 1 400 人。

1978 年以后,"知青办"着重推荐"知青"招工、参军和考学。1980 年底,全部"知青"安置就绪。　　　　　　　　　　　　　　　　(第三编第六章《行政机关》,第 489 页)

# 《皋兰县志》

皋兰县县志编纂委员会编纂，甘肃人民出版社1999年

全民所有制工人的招工，……1970年—1979年招收插队知识青年。

（第十一章《劳动人事》，第692页）

## 第六节　知识青年安置

"文化大革命"中，城镇青年响应毛泽东"知识青年到农村去，接受贫下中农再教育，很有必要"的号召上山下乡。1968年皋兰始有上山下乡知识青年。1973年8月，县革委会设立知识青年下乡上山安置工作办公室，10月改称知识青年上山下乡工作办公室。至1978年，来自兰州等地的2400多名知识青年先后在皋兰插队落户，各公社组建知识青年点187个，建房2006间，提供生产工具、生活用品，传授农业技术。

1973年9月18日—20日，县革委会召开知识青年上山下乡工作会议，总结1968年以来工作。至此，安置知识青年236名，180名招工、上大学、参军。1975年7月，全国上山下乡知识青年先进代表侯隽参观什川公社知识青年点。1977年5月16日—20日县上召开第二次上山下乡回乡知识青年代表会，参加代表230人。会议向全县知识青年发出《倡议书》。表彰35个知青工作先进集体，33名先进个人，6名先进管理人员。选举出席兰州市知青代表会代表。

上山下乡知识青年在皋兰插队期间，有8人加入中国共产党，200多人加入中国共产主义青年团，48人参加各级领导班子，600多人参加文艺宣传队，1200多人担任理论学习辅导员、民办教师、赤脚医生（农村医生）、农业技术员等职。县上根据知识青年下乡时间长短、劳动表现，分期分批对其部分招工、招干、参军、升学作了安排。

1978年，国务院决定：县以下城镇知识青年不再列入上山下乡范围。1980年6月前，在皋兰县插队的知识青年全部迁回城镇安置工作。县知识青年工作机构随之撤销。

（第三篇第十三章《政治活动纪略》，第714页）

# 《嘉峪关市志》

《嘉峪关市志》编纂委员会编，甘肃人民出版社1990年

1966年后，中学教师队伍继续扩大，其来源除国家陆续分配来一些大专毕业生外，一部分是从下乡知识青年和厂矿青年工人中抽调的。　　（第十三编第三章《教师》，第295页）

### 知识青年上山下乡

1968年，城市初中、高中毕业年满18岁的青年下放农村进行劳动锻炼，具体事宜由各

街道办事处办理。1973 年 9 月,嘉峪关市知识青年上山下乡领导小组成立,下设办公室与市民政局合署办公。1973 年全市下乡知识青年共计 586 人,其中男 306 人,女 280 人,分别安置到嘉峪关、新城、文殊 3 个公社和花海农场。知识青年下去后的具体安排,初期是全部都分插到各生产队,由队里安排他们集体就餐,集体居住。劳动时随社员分散派活。后期发展到按大队办知青点,全大队的下乡青年集中居住,并且划出土地去耕种。大队派农民去指导生产劳动。知识青年下乡期间,国家和省按每人 520 元拨款作为他们修建住房,购置农具、炊具等费用,由市知识青年上山下乡办公室掌握安排。知识青年下乡,原来没有提出期限,只号召扎根农村。后来规定满两年以后可参加招工或升学。但必须经贫下中农大会评定推荐,由公社和农场党委政治审查批准。1977 年恢复高考制度后,知识青年可以参加大学、中志、技校的升学考试。1978 年后,城市知识青年不再下乡参加集体生产劳动。1979 年撤销了知识青年上山下乡领导小组和办公室,由市劳动局管理就业工作。

**嘉峪关市知识青年上山下乡统计表**

| 年次 项目 数额 | 嘉峪关公社 | | | 新城公社 | | | 文殊公社 | | | 花海、黑山湖农场 | | | 合计 | 其中 | |
|---|---|---|---|---|---|---|---|---|---|---|---|---|---|---|---|
| | 总数 | 其中 | | 总数 | 其中 | | 总数 | 其中 | | 总数 | 其中 | | | 男 | 女 |
| | | 男 | 女 | | 男 | 女 | | 男 | 女 | | 男 | 女 | | | |
| 1973 | 62 | 30 | 32 | 222 | 119 | 103 | 167 | 80 | 87 | 135 | 77 | 58 | 586 | 306 | 280 |
| 1974 | 140 | 58 | 82 | 334 | 149 | 185 | 327 | 156 | 171 | 48 | 23 | 25 | 849 | 386 | 463 |
| 1975 | 90 | 42 | 48 | 272 | 140 | 132 | 423 | 220 | 203 | 75 | 40 | 35 | 860 | 442 | 418 |

(第十七编第三章《劳动》,第 393—394 页)

# 《定西地区志》

定西地区志编纂委员会编,(内部刊行)2003 年

是月(1973 年 9 月),地区知识青年上山下乡工作办公室成立。 (《大事记》,第 80 页)

(1975 年)1 月 24 日,成立地区知识青年上山下乡工作领导小组。(《大事记》,第 81 页)

(1979 年)3 月 14 日,地委决定,停止知识青年下乡插队(1981 年 4 月,撤销地区知青办)。 (《大事记》,第 84 页)

1968 年 10 月开始,落实毛泽东"知识青年到农村去,接受贫下中农的再教育"指示,地、县相继成立"知识青年上山下乡安置办公室",至 1971 年底,全区动员城镇居民、知识青年 1.

67 万人到农村。至 1978 年底又动员 10 255 名城镇居民、知识青年到农村落户。

(《人口·人口变动》,第 273 页)

1976 年开始,根据国家政策和省上招工计划,原城镇上山下乡(插队)知识青年、农村回乡知识青年,陆续安排到中央、省、地、县属企业、单位就业。家庭有特殊原因的插队知识青年,经同意可以返城。至 1981 年 4 月,全区撤销"知识青年安置办公室"时,插队知识青年全部离开农村。

(《人口·人口变动》,第 273 页)

1968 年 12 月 22 日《人民日报》发表《我们也有两只手,不在城里吃闲饭》的文章,报道了会宁县(当时属定西专区)知识青年和城镇居民离开城市上山下乡的事迹,并在编者按中传达了毛泽东主席关于"知识青年到农村去,接受贫下中农再教育,很有必要"的指示,专区、县相继成立知识青年上山下乡办公室,动员城镇居民、知识青年离开县城,或在本地,或回原籍,到农村参加生产劳动。

(《政党社团·中国共产党》,第 1137 页)

# 《定西县志》

定西县志编纂委员会编,甘肃人民出版社 1990 年

(1968 年)12 月 21 日,中央人民广播电台播送了《我们也有两只手,不在城里吃闲饭》的报道,结合传达了毛泽东关于"知识青年到农村去,接受贫下中农的再教育"的最新指示,县革委会本着贯彻最新指示不过夜的精神,立即成立下放办公室,派工作组动员城镇居民、职工家属去农村安家落户。从此,数百户居民被下放农村,另有"十种人"也被遣送到边远山区。

(《大事记》,第 51 页)

(1981 年)1 月 12 日,县委、县革委会批转《城镇待业人员就业管理若干问题的暂行条例》,凡 16—25 岁的待业青年均在安排就业之列,不再采取原"上山下乡"办法。

(《大事记》,第 57 页)

### 知识青年安置

1973 年 9 月,县委成立知识青年领导小组,设置知识青年上山下乡办公室,负责管理"文化大革命"期间上山下乡的知识青年。

1972 年以前,全县共有插队知识青年 24 人;1973 年到 1980 年全县先后动员 2 429 名知识青年上山下乡,共为 2 513 人。其中本县(包括地区机关)知青 1 891 人;外地(主要为兰州市)知青在定西插队的 540 人;定西知青回原籍插队的 58 人。

1972 年起,先后在条件较好的城关、内官、香泉、团结、宁远、李家堡、峻口、称钩、青岚等公社的 28 个大队建立知青点 108 个,并在城关公社的中川大队成立了一个独立核算的青年队。

1972 年起,上级给定西县拨发知识青年安置费计 119.367 万元,包括建房、医疗、学习、生活等费用。

下乡知青在插队劳动中,有 2 人加入中国共产党;300 多人加入共青团;被选拔为干部的 23 人;招为工人的 2 237 人;参军的 89 人;升学的 67 人。(附表四)

1980 年,县"知青办"和劳动局合署办公。1981 年,成立县劳动服务公司,"知青办"随之撤销。

在部分公社建立的"知青点"与"青年队"随着知青的全部返城也随之陆续消失。

表四　定西县 1973—1979 年知识青年上山下乡人数统计表

| 年　份 | 本县及地区插队本县人数 | 外地(包括兰州)插队本县人数 | 小　计 |
|---|---|---|---|
| 1973 | 226 | 14 | 240 |
| 1974 | 307 | 180 | 487 |
| 1975 | 335 | 105 | 440 |
| 1976 | 482 | 115 | 597 |
| 1977 | 387 | 101 | 488 |
| 1978 | 105 | 25 | 130 |
| 1979 | 49 | | 49 |

说明:本表不包括 1972 年前插队的 24 人,和回原籍插队的 58 人。

(第三编第七章《劳动人事》,第 311—314 页)

1984 年 4 月社、队企业生产经营直接为农业生产服务的化肥、农药、农机具制造及队办企业生产经营直接为社员生活服务的豆腐坊、粉坊、酱醋坊所得额,免征工商所得税;从事农产品加工,如碾米、磨面等,暂予免征。上山下乡知识青年在农村或城郊办的集体企业,继续免征到 1985 年底。农村社队企业开办初期经营有困难的,免征所得税 1 年。

(第五编第十一章《税务》,第 677 页)

# 《会宁县志》

会宁县志编委会编,甘肃人民出版社 1994 年

(1968 年)12 月 10 日,《甘肃日报》以"在毛主席革命路线指引下,会宁县部分城镇居民纷纷奔赴农业生产第一线,到农村安家落户,他们说:'我们也有两只手,不在城里吃闲饭'"

为题,在头版显著位置作了报道。12月22日,《人民日报》刊登这篇报道,并加重要编者按:"甘肃省会宁县城镇的一些长期脱离劳动的居民,包括一批知识青年,纷纷奔赴社会主义农村,在那里安家落户,这是一种值得大力提倡的新风尚,他们说:'我们也有两只手,不在城市里吃闲饭!'这话说得好。毛主席最近又一次教导我们:'知识青年到农村去,接受贫下中农再教育,很有必要。要说服城里干部和其他人,把自己初中、高中、大学毕业的子女,送到乡下去,来一个动员,各地农村的同志应当欢迎他们去'。希望广大知识青年和脱离劳动的城镇居民,热烈响应毛主席的伟大号召,到农业生产第一线去"。23日,县革命委员会召开庆祝大会并作出《关于认真落实毛主席最新指示,大力做好知识青年和城镇居民下乡落户工作的决定》,将城镇人口上山下乡安置领导小组和办公室改为知识青年下乡安置领导小组和办公室。要求在"认真学习,大力宣传,迅速落实毛主席最新指示"的同时,"争取在短时间内做到应下乡落户的知识青年和城镇居民,全部下乡落户"。

1969年1月上旬,甘肃省知识青年城镇居民上山下乡安家落户现场会议在会宁召开,省革命委员会副主任、省军区司令员张忠主持会议并讲了话。会上,会宁县革命委员会介绍了动员安置城镇居民和知识青年下乡的经验,印发了下乡居民、下乡知识青年、下乡社会青年、下乡干部家属以及"欢迎他们去"的社队和贫下中农代表典型材料。现场会议使会宁的居民下乡又掀起新高潮。全国有很多省、县派人来会宁参观学习。

(政治军事志第三十八章《历次政治运动》,第625页)

### 知识青年插队

1968年12月下旬,会宁一中5名学生组成"铁姑娘队"到河畔公社李塬大队水沟岘生产队落户。1969年元月,兰州和会宁知识青年215人,分别到土高、新塬公社插队落户。同年7月23日至26日,在刘寨公社陈庄大队召开知识青年再教育现场会,参加会议的有兰州、会宁知识青年,劳动锻炼的大学生,以及公社、大队和县上领导共249人。

1970年,分别在郭城、头寨、河畔、刘寨、土高、新塬6个公社37个大队建成知青点73个,可安置知识青年500名。11月23日,首次评选知识青年先进集体和先进个人。刘寨公社陈塬生产队知青点被评为插队落户知识青年先进集体,5人被评为知识青年先进个人。

1972年底,全县有插队知识青年486人,其中兰州251人,会宁235人。

1974年,根据全国知识青年上山下乡工作会议精神,会宁县革命委员会成立知识青年安置办公室,配备知识青年上山下乡带队干部。

1975年,知青点全部建到河畔、郭城、头寨3个公社的黄灌区,插队知识青年全部安置到水川区。当年,头寨公社安置会宁知青30人,河畔和郭城公社安置第十一冶金建筑工程公司知青110人,同年12月中旬,县上召开上山下乡知识青年积极分子座谈会,参加知识青年58人,回乡当农民的大学生3人。

1976年底,全县有插队落户知识青年556人(男283人,女273人),白塬、河畔、郭城、头寨 4 个公社、有 50 个知青点。他们中有 6 名加入中国共产党,32 名加入共青团,有 1 名担任公社副主任,11 名被选进大队领导班子,17 名被选进生产队领导班子,3 名当赤脚医生,5 名担任社请教师,71 名搞农业科学实验。

1977 年,新建知青点 17 个。接受安置兰州、白银知识青年 259 人。同年 8 月,县委组织由民政、财贸、工交、政法等单位和郭城、河畔、头寨、白塬公社负责同志参加的知青工作检查评比小组,对全县 67 个知青点,进行调查研究,检查评比。在全县农业学大寨先进代表会议上,表彰 6 个先进知青点和 20 名知识青年先进个人。至年底,全县有 67 个知青点,先后安置插队知青 859 人,除招工回城 164 人外,尚有知青 659 人。

1979 年底,全县插队知识青年被安置回城,知青点撤销,财产全部变价处理。

1974 年至 1981 年,地方财政共拨插队知识青年安置经费 52.5 万元。

(政治军事志第三十八章《历次政治运动》,第 627—628 页)

# 《陇西县志》

陇西县志编纂委员会编,甘肃人民出版社 1990 年

(1969 年)6 月,学习会宁"经验",首批知识青年 109 人到农村插队落户,接受贫下中农的再教育。1973 年成立了知识青年上山下乡办公室,每年有一批知识青年下乡。先后有城镇居民、知识青年 412 户、1 639 人下放农村安家落户。1976 年开始,下乡知识青年陆续回城安排就业,1980 年结束。 (《大事记》,第 23 页)

1966 年"文化大革命"开始后,干部录用停止,只接收大、中专毕业生进行分配。1971 年开始从高、初中毕业回乡生产、下乡青年、农村担任基层干部的青年中选拔录用干部,首次吸收 24 人。 (第四编第九章《劳动人事》,第 467 页)

1969 年 6 月开始,城镇高、初中毕业的知识青年响应毛泽东主席的号召,到农村安家落户,先后安置下乡知识青年 2 963 人。……下乡青年开始分批回城安排工作,是年有 415 名上山下乡知识青年被录用为工人。至 1978 年有 1 839 名下乡知识青年安置就业。

(第四编第九章《劳动人事》,第 469 页)

# 《临洮县志》

临洮县志编纂委员会编,甘肃人民出版社 2001 年

(1965 年 4 月)成立临洮县安置城市下乡青年领导小组办公室。 (《大事记》,第 22 页)

劳动就业:1973年至1979年临洮组织1 663名城镇知识青年上山下乡。其中:1973年172人,1974年562人,1975年256人,1976年359人,1977年247人,1978年67人,全县共建立青年点87个,分布12个公社,51个大队,87个生产队,以后又增加老知青39个,发给留城证的知青446个,合计2 148人。这些人中除返回原籍、死亡3个人外,共招工207人。2人犯罪被劳改,1人因患肺病未能招工。城镇知青安置工作,至1980年结束。1980年—1985年,安置了1 167名待业青年。 　　　　　　　　　(卷二十第三章《人民政府》,第523页)

(1968年)9月,知识青年上山下乡工作开始,县城高、初中毕业生一律下乡,接受贫下中农再教育,农村学生一律回家参加生产劳动,叫"回乡青年"。先后有10 184名学生上山下乡,其中454名到边远山区安家落户。 　　　　　(卷二十三第三章《各类教育》,第591页)

# 《靖远县志》

靖远县志编纂委员会编纂,甘肃文化出版社1995年

(1968年)12月20日,靖远安排城镇非农业人口和知识青年到农村参加劳动。

　　　　　　　　　　　　　　　　　　　　　(《大事记》,第61页)

**下乡知识青年安置**

1967年中学毕业生响应党和政府号召到农村去,到1978年全县下乡知识青年864人,在农村锻炼二年以上的知识青年,经过群众讨论、知青评议,大队审查推荐招工。全县知青1968年到1982年有534人招为固定工。另外,上大中专的125人,参军93人,扎根农村94人。 　　　　　　　　　(第二十二篇《劳动、人事·就业安置》,第484页)

# 《通渭县志》

《通渭县志》编纂委员会编,兰州大学出版社1990年

同月(1969年10月),开始动员城镇居民和高、初中毕业生"上山下乡",到农村安家落户,接受贫下中农再教育。 　　　　　　　　　　(《大事记》,第29页)

(1973年)9月,成立知识青年上山下乡领导小组,接收白银市、兰州市及本县城镇知识青年600多人,到农村分点安家落户。 　　　　　　　(《大事记》,第30页)

是年(1979年),停止城镇知识青年"上山下乡"安家落户。前6年落户农村的600多人

陆续回城,安排了工作。

1969 年 10 月,成立县革命委员会知识青年和城镇居民上山下乡安置办公室,接收安置兰州市下放的城镇居民 52 户、205 人,知识青年 157 人;安置通渭籍从外县(市)返乡的职工家属 177 人;安置县城下放居民 66 户、324 人。

1973 年 9 月,成立县革命委员会知识青年上山下乡工作领导小组,设组长、副组长各 1 人,组员 7 人,下辖办公室,设主任 1 人,专职干事 1 人。此年,有县城居民的 32 名初、高中毕业生下到城关人民公社五星大队落户;冶金工业部第四冶金公司的知识青年 40 人,下到义岗人民公社文化大队的河滩、齐家窑、刘家川、中庄等 4 个生产队落户。在这些知识青年从城镇出发时,组织群众敲锣打鼓,热烈欢送,并赠发给每人《毛泽东选集》、铁锨等礼物,接受安置的社、队,也组织群众热情欢迎。1974 年 3 月,县城居民知识青年 25 人,下到城关人民公社五星大队的道渠、新庄、中庄、旧店子等 5 个生产队落户;7 月,白银冶金公司的 40 名知识青年,下到碧玉人民公社的新城、阳坡、阴坡等 3 个生产队落户。1975 年,县城居民的 18 名知识青年下到城关人民公社五星大队落户;冶金工业部第二十一冶金公司的知识青年 180 人,分别下到农村,其中陇阳人民公社 4 个点 40 人,陇川人民公社 8 个点 80 人。鸡川人民公社司川大队 3 个点 30 人,牛家坡大队 3 个点 30 人;兰州工业大学的知识青年 20 人,下到碧玉人民公社阴坡生产队。至 1977 年底,全县共有知识青年点 33 个,600 余人(其中外地 400 余人,通渭 200 余人),有专职带队干部 20 人(其中外地 16 人,通渭县 4 人)。知识青年下到农村后,给每人安置费 500 元(包括建房费、医药费、生活补助及小型生产工具,灶具费等)。其中粮供应,第一年由当地粮食部门按城镇居民供应标准供给,第二年由所在社队解决。其食宿开始人数少,分散吃住在社员家里,后来随着人数的增加,即在各社、队设立了集中的青年点,建有专门的院落、房屋及食堂,称为"青年大院"。绝大多数知识青年能与群众打成一片,虚心学习各种农活技术,得到了社员群众的好评。还有不少人在农村加入了党、团组织,担任了社、队领导。

1978 年根据上级指示精神,知识青年陆续回城镇被安置工作。是年,采取基层推荐、民主评议,招工部门审核,县劳动部门统一分配的办法,安排知识青年 463 人。1979 年,全县青年点全部撤销,知识青年全部安排工作,所建房屋财产交当地生产队使用。1981 年,撤销县知识青年上山下乡安置办公室,其业务及财产全部移交县劳动局。

（第十二编第三章《劳动人事》,第 460—461 页）

# 《渭源县志》

渭源县志编纂委员会编,兰州大学出版社 1998 年

(1969 年 2 月)接收兰州市高、初中毕业生 52 名到农村插队落户锻炼。

（《大事记》,第 36 页）

3. 动员安置知识青年上山下乡。1968 年 5 月,毛泽东主席发表"知识青年到农村去,接受贫下中农的再教育,很有必要。"的指示。97 名城镇高、初中应届毕业生上山下乡,454 名农村高、初中毕业生回队参加劳动,同时还在公路沿线社队安置了兰州、白银等地的应届毕业生。同时工宣队、贫下中农宣传队进驻管理学校。1969 年,政府拨专款建立 52 个知识青年点,每年除安置本县城镇知识青年外,还陆续接收了兰棉一厂、兰毛纺二厂、十一冶金公司等单位的知识青年 383 名。1978 年,按照国发(1978)4 号文件,这些青年在1979 年底陆续回城。　　　　　　　　(第四编第十一章《建国后党的重大政治活动》,第 504 页)

# 《平凉市志》

平凉市地方志编纂委员会编,中华书局 1996 年

是年(1968 年),开展清理阶级队伍、知识青年和城镇居民上山下乡为内容的斗、批、改运动。　　　　　　　　　　　　　　　　　　　　　　　　　(《大事记》,第 40 页)

(1971 年)2 月 25 日,县革委会成立知识青年安置领导小组。已有 248 名知青在草峰、安国、崆峒等公社的 20 个点集体安置。至 1980 年有 5 614 人插队锻炼,县财政先后拨款253.9 万元用于购置农具、灶具、修建住房。　　　　　　　　　(《大事记》,第 42 页)

(1975 年)5 月 1 至 5 日,召开全县下乡上山知识青年代表会议,出席代表 230 人。

　　　　　　　　　　　　　　　　　　　　　　　　　　　　　(《大事记》,第 43 页)

1968 年 12 月第一批知识青年下乡上山。1969 年 10 月,全县动员城镇居民和知识青年下乡上山,插队劳动形成一种制度。　　　　　(卷十二第二章《中国共产党》,第 401 页)

**知识青年安置**　1968 年开始,初、高中毕业生,除符合留城的"五种人"(独生子女、残疾人、本人有病不能下乡、多子女下乡给身边留一个子女、中国籍外国人),其余一律上山下乡,插队劳动锻炼。其后 5 614 人上山下乡。1980 年,财政部门拨出安置上山下乡知识青年专款 253.89 万元,修建房屋 2 382 间、35 730 平方米,解决住房、灶具、农具、吃饭等问题。从1970 年起,按照上山下乡时间长短,通过招工、参军、升学、自谋职业、退休顶替等途径,分期分批进行安置,至 1981 年,全县上山下乡知识青年除少数在农村结婚落户外,绝大部分安置就业。　　　　　　　　　　　　　　　　　　　(卷十六第二章《劳动人事》,第 507 页)

# 《灵台县志》

灵台县志编纂委员会编,(内部刊行)1988 年

　　1968 年 9 月 14 日,毛泽东主席发出了"知识青年到农村去,接受贫下中农再教育"的指示后,灵台县共安置下乡知识青年 321 人。其中来自兰州市 8 个中学的知识青年 290 人,本县知识青年 31 人。分布在西屯、梁原、新集等 12 个公社,56 个大队的知青点。

　　1974 年 4 月,县成立知识青年领导小组,下设办公室,统一负责知识青年上山下乡的动员和安置工作。

　　为了协助贫下中农管理教育知识青年,灵台和兰州 8 个有关单位,先后派出带队人员 12 人,其中灵台 1 人。各级政府共拨知青经费 19 944.69 元,用于修建房屋和生活、生产、学习、医疗等开支。

　　1976 年后,根据中央指示,调整知青政策,逐渐缩小上山下乡范围,不再搞插队。1977 年,开始将带队干部逐步撤离知青点,调回原单位工作,插队知识青年陆续办理回城手续或安排到工厂就业。　　　　　　　　　　　　　　　　(《劳动人事》,第 365 页)

　　(1968 年 12 月)贯彻毛主席"知识青年到农村去,接近贫下中农再教育"指示,成立灵台县知识青年上山下乡办公室。是年,接待安置兰州知识青年 300 余人于梁原公社插队劳动。之后,各公社相继建立知青点,安置上山下乡知识青年。　　　　　(《大事记》,第 457 页)

# 《华亭县志》

华亭县地方志编纂委员会编,甘肃人民出版社 1996

　　(1968 年 11 月)安置上海市知识青年 143 名在东华人民公社黎明、裕光大队,西华人民公社西华、王寨大队插队劳动。　　　　　　　　　　　　　　(《大事记》,第 42 页)

　　是年(1973 年),开始接收兰州机车车辆厂和甘肃省文化系统知识青年在西华、马峡、山寨人民公社的知青点插队劳动。至 1978 年共安置 344 名。　　　　(《大事记》,第 45 页)

### 知识青年安置

　　1970 年,成立县知识青年上山下乡办公室,后成立"知识青年上山下乡工作领导小组";公社、大队均成立领导机构,确定专人负责接待安置。至 1978 年共安置知识青年 1 920 人,其中上海市 143 人,兰州市 344 人,平凉市 68 人,本县 1 365 人。在农村建立知识青年点 94 个,共拨安置款 54.2 万元,用于建房、购置生产工具及生活补助。知识青年

在农村经过两三年劳动锻炼,至 1981 年全部陆续返城,其中招工 1 712 人,选干 2 人,上大中专学校 49 人,参军 86 人,迁转外地 35 人,其它去向 36 人。1980 年后,县劳动服务公司贯彻"劳动部门介绍就业,组织起来就业和自谋职业相结合"的方针,分批培训、安置待业青年 4 496 人,其中全民企业招工 1 224 人,父母退职后子女顶替 230 人,集体企业招工 77 人,临时安置 2 444 人,参军 176 人,升学 341 人,自谋职业 4 人。

(第十五编第三章《劳动》,第 515 页)

# 《静宁县志》

静宁县县志编纂委员会编,甘肃人民出版社 1993 年

(1974 年)10 月 11 日至 14 日,全县上山下乡知识青年积极分子第二次代表会议在县城召开。到会代表 51 人,列席代表 4 人。　　　　　　　　　　　(《大事记》,第 45 页)

1983、1984 年,全县各专业学会和乡、镇科普协会,共举办科学技术知识短期培训班 79 次,参加培训人员 1.1 万余人次。畜牧学会在农村录选 41 名回乡知识青年送省畜牧学校学习。　　　　　　　　　　　　　(第四编第二章《科技》,第 429 页)

# 《泾川县志》

泾川县县志编纂委员会编,甘肃人民出版社 1996 年

(1973 年)8 月,贯彻毛泽东给李庆霖的一封信精神,查处迫害上山下乡知识青年案件。先后处决吴治忠、马文奇。　　　　　　　　　　　(《大事记》,第 46 页)

(1975 年)5 月 15 日,张老寺农场兰州知识青年刘树基潜入该场民兵武器库,盗窃枪支弹药后,纵火烧毁库房,造成经济损失 2 万余元,被依法处决。　　(《大事记》,第 47 页)

## 第七节　城镇知识青年上山下乡和待业青年安置

1968 年 12 月 22 日,毛泽东发出"知识青年到农村去,接近贫下中农的再教育,很有必要"的号召。至 1978 年秋,全县先后有 2 015 名城镇知识青年,到 18 个公社和官山林场、太平园艺场等 88 个知青点劳动锻炼。最早的是 1969 年 10 月 14 日,上海 273 名知青到党原、玉都公社插队劳动锻炼。接着是兰州 1 140 人、长庆油田 116 人、县城 486 人,陆续到各知青点劳动锻炼。

| 公　社 | 知青点 | 安 置 知 青 | | | | |
|---|---|---|---|---|---|---|
| | | 合计 | 其　　　　　　中 | | | |
| | | | 上海 | 兰州 | 长庆油田 | 泾川 |
| 合　计 | 88 | 2 015 | 273 | 1 140 | 116 | 486 |
| 党　原 | 3 | 215 | 143 | 72 | | |
| 王　村 | 6 | 96 | | 85 | | 11 |
| 城　关 | 4 | 44 | | 44 | | |
| 泇　丰 | 5 | 92 | | 32 | | 60 |
| 太　平 | 3 | 58 | | | | 58 |
| 黑　河 | 4 | 96 | | | | 96 |
| 梁　河 | 4 | 87 | | | | 87 |
| 窑　店 | 4 | 96 | | 48 | | 48 |
| 飞　云 | 4 | 92 | | 46 | | 46 |
| 高　平 | 4 | 157 | | 41 | 116 | |
| 罗汉洞 | 4 | 49 | | 49 | | |
| 泾　明 | 6 | 72 | | 72 | | |
| 荔　堡 | 8 | 226 | | 226 | | |
| 红　河 | 4 | 82 | | 82 | | |
| 丰　台 | 10 | 188 | | 188 | | |
| 玉　都 | 7 | 214 | 130 | 84 | | |
| 合　道 | 4 | 71 | | 71 | | |
| 黄家铺 | 2 | 23 | | | | 23 |
| 官山林场 | 1 | 29 | | | | 29 |
| 太平园艺场 | 1 | 28 | | | | 28 |

　　为了加强对知识青年上山下乡工作的领导,县革命委员会成立了知识青年上山下乡办公室,统一负责接收和安置工作。国家先后拨款 574.3 万元,用于修建知青点和生产、生活、学习、医疗等费用。

　　这些知识青年经过二三年劳动锻炼后,国家分期分批安排了工作。

　　1977 年后季,随着高考制度的恢复,各种企业的兴办,学生直接报考,国家直接从知青中招工,城镇知青不再上山下乡劳动锻炼。1981 年撤销了知青办,成立了县劳动服务公司,负责办理城镇待业青年安置工作。1978 至 1988 年,全县共安置 2 172 人,占同期待业青年 2 951 人的 73.6%。其中,录用为干部的 76 人,教师 17 人,工人 1 561 人,自谋职业的 3 人,升学的 220 人,参军的 295 人。

**泾川县城镇待业青年安置情况表**　　　　　　　　　　　单位:人

| 年份＼项目 | 新增待业青年 | 安置数 | 安 置 去 向 | | | | | |
|---|---|---|---|---|---|---|---|---|
| | | | 干部 | 工人 | 教师 | 升学 | 参军 | 自谋职业 |
| 合计 | 2 951 | 2 172 | 76 | 1 561 | 17 | 220 | 295 | 3 |
| 1978 | 233 | 201 | | 151 | | 17 | 33 | |
| 1979 | 221 | 198 | | 143 | | 19 | 36 | |
| 1980 | 236 | 206 | | 155 | | 22 | 29 | |
| 1981 | 251 | 178 | | 126 | | 18 | 34 | |
| 1982 | 237 | 151 | | 95 | | 20 | 36 | |
| 1983 | 244 | 127 | | 88 | | 23 | 16 | |
| 1984 | 229 | 129 | 21 | 59 | | 21 | 28 | |
| 1985 | 209 | 160 | 22 | 96 | | 19 | 22 | 1 |
| 1986 | 217 | 143 | | 81 | 17 | 24 | 20 | 1 |
| 1987 | 477 | 415 | | 361 | | 20 | 34 | |
| 1988 | 397 | 264 | 33 | 206 | | 17 | 7 | 1 |

（民政劳动人事志第二章《劳动人事》,第 504—506 页）

# 《崇信县志》

崇信县地方志编纂委员会编,甘肃人民出版社 1997 年

　　(1962 年 4 月)农村先后接收安置精减下放干部职工、家属居民和学生 527 人,支援农业生产第一线。　　　　　　　　　　　　　　　　（《大事记》,第 23 页）

　　"文化大革命"期间,劳动就业的多种渠道被堵塞,城镇待业者俱增,知识青年一批一批地下放到农村插队劳动。1968 年 12 月,贯彻毛泽东关于"知识青年到农村去,接受贫下中农的再教育"的指示,城镇居民和初中、高中毕业学生上山下乡,插队劳动。县革命委员会成立知识青年上山下乡接待安置办公室,设主任 1 人,干部 2 人。1973 年 7 月 20 日县革命委员会成立知识青年上山下乡安置工作领导小组,设办公室,配主任、副主任各 1 人,干部 2 人。锦屏、九功、黄寨、柏树人民公社各配备知识青年专干 1 人。兰州化学工业公司、兰州长津电机厂、兰州东方红电表厂和崇信县各派 1 人,兰州炼油厂派 4 人、甘肃省公安厅派 2 人,为知识青年带队干部,吃住、劳动在知识青年点。至 1978 年,有上海、兰州、平凉及崇信县城

镇初、高中毕业学生 1 098 人,到农村插队劳动。2 至 3 年后,分期分批招工、选干、升学、参军等,全部安置工作,带队干部回原单位工作。国家对上山下乡知识青年除给予生活补助费外,先后拨款 30.67 万元,在铜城、锦屏、九功、黄寨、柏树人民公社的 22 个生产大队、47 个生产队修建知识青年点 53 处,建房 552 间,使用面积 5 896 平方米。并购置生产工具、生活用具。1980 年后变价处理。是年 11 月 19 日撤销县知识青年上山下乡办公室。

(第二十七章第一节《劳动管理》,第 479—480 页)

70 年代招工对象主要为上山下乡知识青年、城镇居民下农村落户同去的初、高中毕业生和农村青年。在农村优先招地少人多或基建占地过多的社队的知识青年。……至 1981 年招收计划内临时工,井下合同工转固定工 299 人,招收固定工 554 人。多位上山下乡知识青年被中央、省、地属单位招收。(第二十七章《劳动人事》,第 480 页)

# 《庄浪县志》

庄浪县志编纂委员会编,中华书局 1998 年

1971—1976 年,招收固定工 1 645 人,其中安置退伍军人 145 人、知识青年 117 人、农村劳动力 1 022 人、城镇劳动力 27 人;用临时工、合同工 615 人。此期间,向中央、省、地厂矿企业输送固定工 1 482 人,临时工、合同工、轮换工 2 112 人。1978 年后,陆续安置落实政策回收人员、插队知识青年和离、退休职工顶替子女等 191 人。

(第九编第六章《政务概要》,第 394 页)

1950 年开始,为适应学校教育发展的需要,逐年在毕业知识青年中招收教师。1956 年,省分配来上海、天津支边知识青年 41 人,充实教师队伍。

(第十三编第四章《师资》,第 469 页)

# 《庆阳地区志》

庆阳地区志编纂委员会编,兰州大学出版社 1998 年

(1968 年)29 日,响应毛泽东"知识青年到农村去"的号召,兰州市第一批知识青年来区内劳动锻炼。地、县均成立知识青年安置办公室,负责生活安排和管理。西峰举办第一期上山下乡知识青年毛泽东思想学习班。 (大事记第三章《中华人民共和国》,第一卷第 177 页)

(1969 年 1 月)24 日,西峰镇区 112 名知识青年首批赴驿马、董志等社队落户。到 1980

年底,全区累计安置省内外插队知识青年 10 364 人,区内城镇回乡知青 45 000 多人。

(大事记第三章《中华人民共和国》,第一卷第 177 页)

(1973 年 9 月)下旬,全区贯彻甘肃省知识青年上山下乡工作会议精神,区内插队知青每人每年补助 480 元,口粮 22.5 公斤。到 1980 年,全区用于知识青年安置费用达 235.67 万元。

(大事记第三章《中华人民共和国》,第一卷第 184 页)

(1979 年 6 月)中旬,贯彻全区知识青年上山下乡工作会议精神,逐步缩小知识青年到农村的范围和数量,广开城市就业门路。安置在区内的城市知青,后三年中,通过招生、招工、参军等途径全部安排。

(大事记第三章《中华人民共和国》,第一卷第 192 页)

1974 年以后,从知识青年内招工、招干、招生以及在区内插队落户居民家属和知青,陆续返回原籍,每年成批迁出。1974 年 263 人,1975 年 1 234 人,1976 年 738 人,1977 年 1 331 人,1978 年 827 人,1979 年 1 043 人。(人口志第三章《建国后人口变动》,第一卷第 492 页)

林二师在建立和发展过程中⋯⋯安置了 2 800 余名兰州市上山下乡知识青年。

(林业志第七章《子午岭营林机构》,第一卷第 972 页)

1979 年,按照国务院《关于知识青年上山下乡若干问题的试行规定》,缩小了上山下乡范围,并根据省委知青办公室和省财政厅补充规定,对继续到国营农、林场等下乡的知识青年每人补助 400 元,到集体所有制林场、农场和知青点者每人补助 580 元。当年全区共支出 6.0 万元。

(财政志第二章《财政支出》,第二卷第 598 页)

1972 年,全区选拔吸收干部 600 人,其中⋯⋯经过劳动锻炼表现好的上山下乡知识青年 165 人。⋯⋯

1973 年 2 月,选拔吸收基层大队正副党支部书记、大队革委会副主任、公社半脱产干部、农村基层不脱产干部、社请教师和上山下乡知识青年 195 人,其中分配为行政干部的 60 人,农业技术干部 135 人;地直 29 人,宁县、镇原各 30 人,环县 22 人,正宁县 20 人,庆阳县 29 人,合水县 18 人,华池县 17 人。⋯⋯

1978 年,选拔招收年龄 25 岁以下(骨干民办教师年龄放宽到 30 岁以下)的民办教师和上山下乡优秀知识青年 105 人⋯⋯

1979 年 5 月,选拔招收⋯⋯1976 年前上山下乡的知识青年和城镇户口未就业的计划生育积极分子 107 人。其中庆阳 21 人,镇原 20 人,宁县、环县各 15 人,华池 14 人,正宁、合水各 11 人;男 46 人,女 61 人。这些人员主要分配到各人民公社任计划生育专干。⋯⋯

1980年3月,选拔录用民办(代课)教师、知识青年216人,其中庆阳40人,环县36人,宁县35人,镇原31人,正宁27人,华池23人,合水21人,地直3人。分到边远山区中小学任教的213人,地直幼儿园任教的3人。……7月,录用热爱社会主义农业,并懂得一定农业科学技术知识,在农、林、牧、副各业生产或科学实践中做出成绩和安心在公社做青年、妇女工作的回乡知识青年("社来社去"大中专毕业生)190人。其中环县55人,华池35人,庆阳25人,镇原23人,合水18人,正宁、宁县各17人。

(人事志第二章《公务人员吸收录用》,第四卷第893—894页)

在60年代初相继减少城镇人口和精减职工。"文化大革命"时期,动员城镇初、高中毕业生"上山下乡","接受贫下中农再教育",企业单位用人从农民中招收,使10 238名城镇青年到农村,约15 000名农民进入城镇就业。"文化大革命"结束后,知识青年回城与城镇新成长的劳动力积聚形成5 000人待业的待业高峰。

(劳动志第一章《劳动就业》,第四卷第998页)

"文化大革命"期间,城镇知识青年上山下乡,农业劳动力成为招工的主要来源之一。同时,也在上山下乡锻炼两年以上的知识青年和未上山下乡的城镇青年(即独生子女、中国籍的外国人子女、多子女在本县市范围内只有一个子女的、父母年老病残生活不能自理需要一个子女照顾的)中招收工人。1976年7月全区招工610人,其中农业劳动力351人,上山下乡知识青年217人,城镇四种人32人,其他10人。

1977年后,主要在上山下乡知识青年和非农业人员中招工。

(劳动志第一章《劳动就业》,第四卷第999页)

## 第二节　知识青年上山下乡

1965年,庆阳地区根据中共中央、国务院《关于动员和组织城市知识青年参加农村社会主义建设的决定(草案)》和"文化大革命"中毛泽东关于"知识青年到农村去,接受贫下中农再教育"的号召,成立专门机构,抽调人员,组织知识青年上山下乡,参加农业生产。从1965至1979年的14年中,全区共动员、接收、安置区内外知识青年10 238人。建立知青点307个,建房2 718间(孔),分布在7县44个公社283个大队379个生产队。

### 一、下　　乡

1965年,庆阳地区知青工作由地县民政局抽调专门人员办理具体业务,开始动员年满17周岁,具有城镇户口的高、初中毕业生(时称知识青年)40人,到农村插队落户,即上山下乡。

1968年12月26日,地县分别成立"上山下乡"办公室(亦称知青办),办理具体业务,全年动员上山下乡知识青年185人。同时接收兰州市知识青年1 409人,上海第二、第三技校毕业生 661 人到区内插队落户。

1975 年 2 月后,推广株洲经验,实行厂县社挂钩,至 1976 年底,长庆油田指挥部与庆阳、华池两县,省曙光机械厂等 21 户厂矿公司与宁县、镇原、环县、合水、正宁 5 县,地直单位与庆阳县肖金、彭原、温泉、后官寨 4 个公社建立挂钩关系。双方协商包干动员安置。两年间,以挂钩形式动员上山下乡知识青年 3 060 人。

1977 年,根据全国第二次农业学大寨会议精神,全年计划动员知识青年下乡 809 人,实际下乡 811 人。

1978 年 9 月,地委召开各县知青办主任会议,传达省知青办定西会议精神,对有特殊困难者,经县革委会批准发给留城证明。据此,全区计划动员下乡知青 866 人,年底实际下乡 341 人,占 39%,发给留城证明者 456 人。

1979 年,根据国务院《关于知识青年上山下乡若干问题的试行规定》,知青工作重点转向对留城待业和应届毕业生的调查摸底及安排城镇就业,至此知青下乡停止。

庆阳地区城镇知识青年上山下乡人数统计表

| 年份(年) | 人数(人) |
|---|---|
| 1965 | 40 |
| 1966 | 69 |
| 1967 | 150 |
| 1968—1969 | 2 455 |
| 1970—1972 | 2 184 |
| 1973 | 302 |
| 1974 | 834 |
| 1975 | 1 467 |
| 1976 | 1 585 |
| 1977 | 811 |
| 1978 | 341 |
| 合计 | 10 238 |

注:含兰州、上海、长指、林二师及本省外区插队人数。

## 二、安 置

知识青年下乡后,为解决其生产、生活困难,国家财政每年都拨出专项经费,修建知青点,同时拨供粮食、煤炭、木材、生产工具、生活用具等实物以及布票、棉花票等。社队集体和社员个人亦筹集或捐赠实物相帮。

(一)安置经费 1965 年,专区财政局首次划拨专项经费 18 000 元。之后,省、地每年按上山下乡人数划拨经费。其标准一般为集体插队每人 240 元,投亲靠友插队每人 150 元,用于解决其住宿、吃粮、小件农具购置和旅运费等。1974 年,因大量修建知青点,经费标准提高(每人 450 元),全年省地财政拨款 4 次,金额 62.1 万元。1975 年对经费用途进行全面清理。宁县经费使用妥当,1968 至 1974 年 7 年间财政拨款 30.98 万元,其中 1972 年以前拨款 16.5 万元,用于生活补助 10.2 万元,劳动、生活、学习用具用品购置费 2.09 万元,建点补助费 3.53 万元,其它支出 0.7 万元。之后经费管理严格,挪用现象减少。1980 年后,停止拨款。

(二)照顾实物及票证　除经费外,国家以大量实物及票证帮助知青安家落户,包括粮食、蔬菜、煤炭、木材、生产、生活用具以及布票、棉花票等,其数量各年不一。其中 1974 年,省计委、物资局、农机公司、商业局、知青办按下乡知青人均 0.5 立方米的标准,拨给本区木材 1 000 立方米,架子车 318 辆,布票 7 184 市尺,棉花票 1 796 市斤。

(三)建知青点　集体插队者国家和社队筹资修建知识青年点,集中安置知识青年,多系房屋,亦有箍窑、窑洞等,每处约安置 10 至 15 人。

1965 年,地区在蒲河林场修建知青点 1 处。嗣后,逐年增多。至 1977 年底,庆阳 117 处,宁县 51 处,镇原 41 处,正宁 35 处,合水 33 处,华池 15 处,环县 15 处。各县分布状况是:

庆阳县:彭原、后官寨、董志、赤城、三十里铺、驿马、温泉、马岭、莲池、玄马、蔡家庙、肖金、什社等 13 个公社,146 个大队,158 个生产队。

镇原县:平泉、开边、新城、中原、临泾 5 个公社,25 个大队,38 个生产队。

宁县:城关、焦村、早胜、平子、湘乐、中村、米桥 7 个公社,49 个大队,67 个生产队。

正宁县:山河、西坡、湫头、永和、永正、榆林子 6 个公社,18 个大队,46 个生产队。

合水县:城关、固城、蒿嘴铺、柳沟、店子、西华池 6 个公社,19 个大队,34 个生产队。

华池县:柔远、城壕、桥河、悦乐 4 个公社,13 个大队,16 个生产队。

环县:环城、曲子、木钵 3 个公社,13 个大队,20 个生产队。

1979 年,建点工作终止。

1980 年后,因知青返城,知青点或折价出售农民,或被村办企业利用,或归社队使用。

## 三、回　　城

知识青年下乡劳动两三年后,对劳动积极者,经群众评议,社队推荐,以招干、招工、招生、参军等形式返回城镇就业。病残知青经医院诊断证明,组织同意送回城镇医疗或待业,少数知识青年自行返回城镇。

1965 至 1978 年 12 月,全区共有下乡知识青年 10 238 人。其中历年以招干、招工、招生、参军形式回城者 8 100 人,占 79.21％;病残回城 76 人,占 0.74％,自动返城者 111 人,占 1.08％。12 月底,全区实有在乡知识青年 1 851 人,占 11.08％;其中男 855 人,女 996 人;1972 年前下乡的 25 人,1973 至 1975 年下乡的 2 人,1976 年下乡的 862 人,1977 年下乡的 633 人,1978 年下乡的 329 人。

1979 年元月,为避免上山下乡知识青年过多返城,造成就业压力。地区知青办组织交通、工业、财贸、农林、军分区、西峰镇负责人、知青代表、知青家长、带队干部组成的51人慰问团,分赴7县逐点慰问,动员知青服从大局,安心农业生产,有计划分步骤地回城就业。3月,全省知青工作会议后,地、县知青办一方面调查城镇就业现状,制定知青返城计划;另一方面加强管理教育,主要是动员自行回城知青返点,做好口粮生活安排和"三具"补修配套工作,但收效甚微,560余名自行回城知青中,经动员返点者仅有14人,占2.5%。

1980年,根据中央、省委"国家关心,负责到底"的精神,地县采取措施,妥善安置,一是支持和鼓励知青在农村安家落户,二是放宽招干招工年龄和婚否条件,三是动员单位或知青家长亲属所在单位包干安置。至1981年7月,1 837人回城就业,临时就业或待业,其中庆阳县552人,宁县368人,镇原177人,正宁146人,合水265人,华池52人,环县194人,国营农林场83人。8月,全区留乡知识青年14人,其中庆阳县4人,宁县3人,镇原县2人,正宁县1人,合水县2人,环县1人,国营农林场1人。14人多系已婚知青,分别担任社请教师、乡村医生。个别有务农。 （劳动志第一章《劳动就业》,第四卷第1003—1006页）

# 《庆阳县志》

《庆阳县志》编纂委员会编,甘肃人民出版社1993年

(1969年)年初,为贯彻执行毛泽东"知识青年到农村去,接受贫下中农的再教育,很有必要"的指示,全县先后在各社镇建立起81个"知青点",省内外有1 700多名知识青年到庆阳县农村,接受贫下中农再教育。 （《大事记》,第33页）

# 《华池县志》

《华池县志》编纂委员会编,甘肃人民出版社2004年

城市人口下乡经费:是用于精减城镇人口和城镇待业青年安置的生活补助,购置、建房费以及宣传动员费等,1968年始有支出。 （第十四章《财政》,第484页）

至1976年10月,华池县革命委员会下设有办公室、民政局、经济委、公安局、知青办……人行等25个工作机构,各局革命领导小组先后撤销,改设局长、副局长。

（第二十六章《政权政协》,第968页）

1973年2月,从大队党支部书记、革委会主任、公社半脱产干部、农村基层不脱产干部、社请教师和上山下乡知识青年中录用干部17人。

（第二十八章第四节《干部制度》,第1027页）

# 《正宁县志》

正宁县志编纂委员会编,(内部刊行)1986年

(1968年)十二月,将一部分城镇居民转为农村户口(后陆续恢复),并成立知识青年上山下乡办公室,组织动员知识青年到农村去。

(《附录:1912年至1981年正宁县大事年表》,第854页)

# 《镇原县志》

镇原县志编辑委员会编,(内部刊行)1987年

## 第四节　城镇知识青年上山下乡和待业青年的安置

1968年12月22日,中共中央主席毛泽东发出了"知识青年到农村去,接受贫下中农的再教育"的指示后,镇原县革命委员会成立了知识青年上山下乡办公室,有主任、干事各一名,负责管理此项工作。

1969年后季,上海市第二技校和第三技校的毕业生二百一十一名,首次来本县,到上肖、屯字、曙光公社插队劳动。

1970年,兰州卫校毕业生三名,县一中毕业生两名,到三岔、曙光公社插队劳动。

1971年,兰州五中、十四中、二十二中初、高中毕业生一百一十五名,在平泉、新城、中原公社插队劳动。

1973年本县知识青年十名,到新城公社插队劳动。

1974年,兰州七中、十六中等校毕业生一百三十四名,在平泉、中原公社插队劳动;本县十二名到新城公社插队劳动。

1975、1976、1977三年省汽车配件厂、电影机械厂、农泵厂、油嘴油泵厂、工程处、拖拉机配件厂、曙光机械厂、农机供应公司等单位知识青年一百九十四名,到开边、太平、临泾、平泉、中原公社插队劳动;本县九十三名到新城公社插队劳动。

1978年,兰州四名知识青年到太平、中原两社插队劳动;本县二十八名到新城公社插队劳动。

以上共计下乡插队的城镇知识青年八百〇六名,劳动锻炼二、三年后,国家分批安排了工作。

从1971年开始,国家先后拨款二十二万五千六百八十元,为插队的知识青年购置生产工具、生活用具等;用十八万二千元,修建知青点九十五处。分布在:

三岔公社的高岭山、杨千沟、甘沟、周家庄、肖园子、余坪、刘原原、官庄、河口、芦河。

孟坝公社的中心、大寨、沟圈、东庄、周寨子、西坳、塔李、李地庄、新民、赵嘴、王湾、苏李。

太平公社的东岭、沟圈、滩圳、西头、湾湾、小湾、马南庄、老庄、沟庄、王庄。

临泾公社的里沟、前庄、高庄、唐圳、焦渠、西城、王圳、沟垴、席嘴嘴、嘴嘴、西庄、十里墩、蒋庄坷、里庄、白小庄、包庄。

开边公社的席庄、万城子、开边圳、张沟、后河、解放沟、席沟、河口、耿沟、张山根。

新城公社的马沟、武嘴、慕家湾、小湾、高庄、小寨、阎沟圈、西圳、寺沟圳、乔岔。

平泉公社的北徐、吴庄、孟圳、史家庄、薛家山、场子、上刘、慕庄、赵庄、什字、丰台、姚岭。

中原公社的路湾、官路、南坳、新民、大王、高胜、上李、原丰、雷崄、上白、上杜、李坳、白城头、苟寨、赵湾。

1979 年以后,城镇知识青年直接由劳动部门招干、招工、招聘,或参军,或自愿组织起来自谋职业。至 1985 年,全县安排在财贸,文教、卫生、工交等系统的有六百二十一名。

(第七编第三章《劳动工资》,第 444—446 页)

# 《环县志》

《环县志》编纂委员会编,甘肃人民出版社 1993 年

1971 至 1980 年,城镇人口下乡安置及知识青年插队经费拨款 16.57 万元。

(第三编第九章《财政　税务》,第 158 页)

# 《环县人口志》

环县人口志编纂委员会编纂,甘肃人民出版社 2011 年

截至(1972 年)2 月,从兰州、上海、河南、安徽、山东等地迁入环县居民和知识青年 257 户,1 076 人。
(《大事记》,第 6 页)

1968 年 8 月至 1970 年 2 月,从兰州、上海、河南、安徽、山东等地迁入居民和知识青年 257 户,1 076 人。

……

1972 年至 1978 年,先后从外省区和兰州成批迁入插队知识青年,无具体数据。

1974 年以后,从知识青年内招工、招干、招生以及在县内插队的居民家属和"知青",陆续返回原籍,每年都成批迁出,无具体数据。 (第五章《人口迁移与流动》,第 71 页)

# 《合水县志》

合水县志编纂委员会编,甘肃文化出版社 2007 年

(1968 年)12 月,第一批知识青年从兰州来合水,在林建师二团上山下乡落户。

(《大事记》,第 33 页)

1968 年 8 月—1970 年 2 月,安置从兰州、上海、河南、河北、安徽、山东等地迁入的移民家属及插队知识青年 176 户,836 人。

……

1974—1985 年,安置部分从外省区和兰州迁入的插队知青 2 190 人,迁入率 1.51‰。

1974 年后,从知识青年中招工、招干、招生,在县内插队落户居民家属和知青,陆续返回原籍,每年成批迁出。

(地理志第八章《人口》,第 187 页)

随着教育事业的发展,在分配国家计划内大中专毕业生任教的同时,也从农村回乡知识青年中聘请教师,称社请教师,主要在村级小学任教。

(政权志第八章《人事劳动》,第 962 页)

从 1968 年 10 月起,凡 1966—1968 届中学毕业生(城镇户口)分别赴农村插队劳动,1970 年后陆续就业,工龄自插队时续算。

1973 年,由宣传、组织、民政、工会、共青团等部门,联合组成合水县知识青年领导小组、设知识青年上山下乡工作办公室,有正副主任各 1 名,会计干事 3 人—5 人,知青带队干部 8 人。

1973—1977 年,先后在蒿咀铺、城关、柳沟、店子、固城、西华池 6 个公社、40 个生产队和干湫子安置农场建知识青年点 41 个。至 1979 年,接受、安置知识青年 496 人。其中:来自兰州轴承厂、高中压阀门厂及甘肃机械供应公司知识青年 351 人,本县城镇知识青年 145 人。国家拨知青安置费 255 250 元,实际总付 239 210 元。其中建房 380 间,支付 102 626 元,知青生活补助费 66 144 元,生产工具购置、维修费 35 204 元,知青医药补助费 5 387 元,其他费用 19 845 元。

1979 年,知识青年不再插队,就地待业。1980 年,撤销合水县知识青年上山下乡工作办公室,业务并入劳动局。

(政权志第八章《人事劳动》,第 962—963 页)

# 《宁县志》

《宁县志》编委会编,甘肃人民出版社 1988 年

### 知识青年上山下乡

宁县贯彻毛泽东关于"知识青年到农村去,接受贫下中农的再教育,很有必要"的指示,

于 1973 年开始安置上山下乡知识青年。县委在 1974 年成立知识年青上山下乡领导小组，主管人事、组织的书记兼任组长。领导成员有组织、民政、粮食、劳动、公安、财政等部门的负责人。下设办公室、设主任、副主任各 1 人。工作人员 6 人，统一负责办理知识青年上山下乡的动员和安置工作。先后安置知识青年的有米桥、平子、早胜、中村、新城、焦村、襄乐、城关、和盛公社，设立知识青年点 55 个，建房 555 间。安置本县及兰州军区、省革命委员会、兰州机械工业局、兰州机电厂、甘农厂、汽车齿轮厂、七零四研究院等 7 个单位的知识青年，历年安置知识青年人数如下表：

单位：人

| 年度　　　　　项目 | 合　计 | 人　数 | |
|---|---|---|---|
| | | 宁　县 | 兰　州 |
| 1973—1974 | 254 | | 254 |
| 1975 | 212 | 34 | 178 |
| 1976 | 196 | 37 | 159 |
| 1977 | 189 | 56 | 133 |
| 1978 | 45 | 19 | 26 |
| 合　计 | 896 | 146 | 750 |

为了协助社队管理教育知识青年，宁县和兰州 7 个有关单位先后派出知识青年带队人员 42 人，其中宁县 5 人。各级共拨知识青年经费 58.1 万元，用于修建房屋和生活、生产、学习、医疗等补助。

插队知识青年，在宁县人民群众的热情接待和多方照顾下，有的能和群众打成一片，积极参加生产劳动，协助举办农民夜校、参加农业科学试验，有的还加入了共产党和共青团组织。少数知识青年不安心农村，到处游荡，个别的还出现打架斗殴、偷盗抢劫等违法行为，受到法律制裁。

1981 年，在宁县插队的知识青年通过招工、招干等渠道，全部离开农村。这项工作到此结束。

（《政治志·社会主义革命纪事》，第 513—514 页）

# 《天水市志》

甘肃省天水市地方志编纂委员会编，方志出版社 2004 年

（1966 年）4 月 22 日，兰州市 1 000 名知识青年在清水县下乡插队锻炼。

（《大事记》，第 95 页）

是年（1969 年），全区 22 000 名知识青年到农村插队。2 004 名上海市知识青年来天水专区安家落户。

（《大事记》，第 99 页）

(1971 年)1 月 11 日至 16 日,天水地区革委会召开全区知识青年上山下乡工作座谈会。提出 1970 年度的高中、初中毕业生全部上山下乡插队劳动,全区增设知青点 200 个。

(《大事记》,第 101 页)

1965 年,天水市、秦安县、甘谷县、武山县、天水县共安置知识青年 350 人。

1968—1971 年上山下乡人口安置表 单位:户、人

| 县市　　　项目 | 插队青年 | 回乡学生 | 居民、职工家属 | | 其　中 | | | | 其他人员 |
| | | | 户 | 人 | 居　民 | | 职工家属 | | |
| | | | | | 户 | 人 | 户 | 人 | |
| --- | --- | --- | --- | --- | --- | --- | --- | --- | --- |
| 总计 | 2 704 | 25 924 | 3 501 | 13 911 | 2 084 | 9 238 | 1 417 | 4 673 | 196 |
| 天水市 | 131 | 1 007 | 65 | 196 | 33 | 105 | 32 | 91 | |
| 天水县 | 358 | 9 718 | 343 | 1 330 | 151 | 590 | 192 | 740 | |
| 甘谷县 | 321 | 5 404 | 835 | 3 406 | 571 | 2 264 | 264 | 1 142 | 77 |
| 武山县 | 721 | 2 513 | 572 | 2 309 | 448 | 1 845 | 124 | 464 | 10 |
| 秦安县 | 215 | 5 408 | 1 012 | 4 236 | 485 | 2 758 | 527 | 1 478 | 70 |
| 张家川县 | 371 | 1 212 | 389 | 1 122 | 206 | 711 | 183 | 411 | 14 |
| 清水县 | 587 | 662 | 285 | 1 312 | 190 | 965 | 95 | 347 | 25 |

1968 年 12 月,天水地区下拨知识青年生活补助费 0.8 万元。

(第十三编第二章《社会救济》,第 724 页)

1971 年,从插队一年以上的知识青年(下称知青)中招收固定工 2 056 人。……1972 年,从插队知青中招收固定工 2 077 人。 (第十四编第三章《劳动》,第 766 页)

## 第二节　知识青年上山下乡

**组织动员**

20 世纪 50 年代,天水专区接待安置北京、天津、上海一批高、初中毕业生来天水参加社会主义建设。

1964 年 7 月,天水专区动员组织城镇 16 岁以上历、应届中学毕业生和待业人员 920 人到农村、国营农场安家落户。至 1966 年,全区插队劳动回乡的知青 3 210 人。先后安置河西农建师 50 人,庆阳林建师 50 人,天水养蜂场、天水园艺站 90 人,省水土保持专业队 120 人。回家乡参加农业劳动 500 人。有 2 100 人分别在秦安、甘谷、武山、天水县、市集体插队劳动。兰州市 1 000 名知识青年安置在清水县的温泉、雍城、李崖 3 个大队劳动。

1968 年 6 月,天水地区革命委员会生产指挥部内设安置工作办公室。同年,全区动员

城镇历、应届高初中毕业生(包括中专、技校)、大学生、社会青年801人到农村插队,接收上海市半工半读、中专、技校毕业生1 999人,有4 001名农村知识青年回乡参加农业生产。1969年,全区有1 284名城镇知青上山下乡,其中兰州市知青133人。同年,2 335名农村知青回乡劳动。

1970—1972年,部分城市高、初中毕业生留城就业,三年内有1 449名(其中兰州市401人)城市知青上山下乡,45 323名农村知青回乡劳动。

1973年9月,天水地区知识青年上山下乡工作办公室成立。城市知青中病残的、独生子女(多子女在县市内只有一个子女)、中国籍的外国人子女和父母年老病残生活不能自理需留一个子女照顾的城市知青,不再动员上山下乡。同年,有3 091名城市知青下乡上山。1974—1978年,全区插队知青16 603人,其中兰州市知青3 260人,城市回乡知青201人。通过招工、参军、上学、返城,至1978年12月,全区实有插队知青10 347人。1979年,全区城市中学毕业生由单一的上山下乡,改变为上山下乡、进学校、支援边疆、城市就业四个面向。当年上山下乡的城镇知青3 040人。1980年,知青上山下乡停止。

**劳动安置**

1968年后,天水地区上山下乡的城镇知青主要采取集体插队的形式安置。各县知青由本县安置,中央、部、省、地属厂矿企业的职工子女就地安置,外地知青跨县、市安排。一般一个机关、厂矿选定一个生产大队或几个生产队为知青点,选派干部带队插队。一个点安置10—15人,集中住宿,集体生活,集中学习,分散劳动。至1978年,全区有集体插队知青点1 595处,分散在145个公社、1 093个生产大队、1 618个生产队。建房10 660间,实际安排知青26 258人。

**1964—1979年天水地区知青上山下乡、回乡表**

| 年份 | 上山下乡 | | 回乡 | | | 农村青年 |
| --- | --- | --- | --- | --- | --- | --- |
| | 城市(人) | 其中:外地(人) | 城市(人) | 其中:外地(人) | 回外地(人) | 回乡(人) |
| 1964 | 920 | | | | | |
| 1965 | 590 | | 300 | | | |
| 1966 | 1 700 | 兰州市1 000 | 200 | | | |
| 1968 | 2 800 | 上海市1 999 | | | | 4 001 |
| 1969 | 1 284 | 兰州市133 | 420 | 19 | 401 | 2 335 |
| 1970 | 418 | | | | | 8 103 |
| 1971 | 992 | 兰州市401 | | | | 18 470 |
| 1972 | 39 | | | | | 18 750 |
| 1973 | 3 091 | | | | | |
| 1974 | 5 267 | 兰州市2 071 | | | | |

| 年份 | 上山下乡 | | 回　乡 | | | 农村青年 |
| | 城市(人) | 其中:外地(人) | 城市(人) | 其中:外地(人) | 回外地(人) | 回乡(人) |
|---|---|---|---|---|---|---|
| 1975 | 5 446 | | | | | |
| 1976 | | | 35 | 27 | 8 | |
| 1977 | 4 229 | 兰州市 1 189 | 150 | 5 | 20 | |
| 1978 | 1 661 | | 16 | 3 | 6 | |
| 1979 | 3 040 | | 10 | 10 | | |
| 合计 | 31 477 | | 1 131 | 64 | 435 | 51 659 |

**1964—1979 年天水知青集体插队、安置情况表**

| 项目　　　　地(市)县 | 知　青　点 | | | | 建　房 | | 安　置 | |
| | 总数 | 分　布 | | | 间数 | 造价(万元) | 实安人数 | 其中:老点人数 |
| | | 公社 | 大队 | 生产队 | | | | |
|---|---|---|---|---|---|---|---|---|
| 天水地区 | 1 595 | 145 | 1 093 | 1 618 | 10 660 | 300.3 | 26 258 | 8 412 |
| 今辖区　天水市 | 97 | 5 | 140 | 89 | 648 | 52.9 | 5 044 | 1 884 |
| 今辖区　天水县 | 561 | 29 | 319 | 559 | 2 490 | 61 | 5 672 | 2 045 |
| 今辖区　武山县 | 97 | 12 | 67 | 130 | 538 | 22.3 | 1 649 | 397 |
| 今辖区　甘谷县 | 82 | 16 | 72 | 87 | 860 | 20.5 | 1 341 | 351 |
| 今辖区　秦安县 | 43 | 7 | 17 | 43 | 363 | 7.5 | 653 | 209 |
| 今辖区　张家川 | 40 | 6 | 27 | 40 | 320 | 8.6 | 709 | 335 |
| 今辖区　清水县 | 98 | 10 | 51 | 95 | 720 | 16.8 | 1 648 | 532 |
| 今辖区　小　计 | 1 018 | 85 | 693 | 1 043 | 5 939 | 189.6 | 16 716 | 5 753 |

　　1964—1966 年,天水专区给农村单独建队的知识青年每人安置费 400 元,插队的每人 180 元,单身安置每人 250 元,回乡的每人 50 元,三年共支付安置费 51.07 万元。1968—1972 年,天水地区支付安置费 326.7 万元。

　　1973 年,天水地区对城镇上山下乡插队、回乡落户和到集体制场、队安置的给予一次性补助,每人 480 元。国家拨付天水地区上山下乡知识青年困难补助费 1.9 万元,棉花 7 700 公斤,棉布 3.08 万米。1973—1980 年,支付安置经费 1 149.4 万元。给上海市知青支付安置费 4.95 万元。

　　1971 年后,全区劳动锻炼两年以上的知青,经过招工、参军、上学和返城,陆续离开农村。至 1983 年 12 月,158 名上山下乡的知青全部安置为全民企业招聘制合同工。至此,天水地区知识青年上山下乡工作全部结束。　　　　　　　(第十四编第三章《劳动》,第 768—770 页)

# 《天水市秦城区志》

天水市秦城区地方志编纂委员会编，甘肃文化出版社 2001 年

同月（1969 年 1 月），城镇居民、知识青年上山下乡，到农村落户。

（《大事记》，第 54 页）

（1971 年）1 月，1970 年高、初中毕业生全部下乡插队劳动。　　（《大事记》，第 55 页）

从 1974 年后，集体工招收需经省劳动部门下达指标，招工对象为城镇待业人员、上山下乡知识青年及落实政策的职工子女。至 1984 年 10 年间，共招收集体工 7 982 人。

（第十八编第二章《劳动》，第 675 页）

## 第三节　知识青年上山下乡

五十年代中期天水市接待安置京、津、沪支援西北的 18 名中学毕业生。1962 年开始动员本地知识青年和城市闲散劳动力下乡。1968 年全国性的知识青年上山下乡活动开始后，市革委会成立"知识青年上山下乡安置办公室"，负责对符合上山下乡条件的知青逐人登记、动员，办理安置地点。安置形式有三种——集体下乡插队、投亲靠友和回原籍（回乡）参加农业生产。1978 年，根据中央政策，把知青上山下乡接受贫下中农再教育改为统筹安排就业，由单一的上山下乡转为进学校、支边、城市就业和上山下乡等多种形式安置。为解决下乡知识青年生活困难，各村盖起集体宿舍（知青点）；知青人数多的单位配备专干随同下乡带队；国家有专门保护知青的法律，凡有奸污女知青者，均被判以重刑（时称奸污知青案件）。知青下乡 1—3 年后回城安排工作。1979 年后，本地城镇知青上山下乡活动停止。1981 年，市知青办公室与劳动局合并。同年 12 月，全市最后一批插队知青 158 人返城，安置为全民单位固定职工。至此，境内知青上山下乡及返城安置工作全部结束。

天水市由于郊区公社少，知青人数多，有相当一部分知青跨地安置在天水县、西和县、徽县、两当县等地农村。1968—1978 年，天水市上山下乡的知识青年共有 12 282 人。同时动员城镇居民和职工家属 2 167 人下乡落户，1970 年后陆续安置就业。从 1980 年开始，对仍留在农村的城镇知识青年，分批逐步安置在各地企、事业单位工作。先后安置招工的 5 356 人，参军、升学、招干的 6 926 人。1987 年，贯彻国家劳动部文件精神，下乡知青参加工作后的工龄，从下乡之日起连续计算。　　（第十八编第二章《劳动》，第 675—676 页）

# 《北道区志》

天水市北道区区志编纂委员会编,甘肃文化出版社1997年

(1969年)2—4月,掀起城镇知识青年"上山下乡"热潮。北道埠1 200余名中学毕业生到农村落户。

（《大事记》,第26页）

(1979年)"上山下乡"到农村的城镇知识青年大量返回城市,北道埠待业人口剧增。

（《大事记》,第31页）

70年代后期,上山下乡青年陆续返城,非农业人口劳动力增加,开始出现无业者。

（第二十二篇第一章《社会劳动力》,第663页）

1966年开始,一些部、省、地属企、事业单位在境内招收较多劳动力参加工程建设。至1971年先后招合同工(即亦工亦农工、农民轮换工)、临时工8 534人(次),其中城镇509人(次)、农村8 025人(次);招固定工2 722人,其中城镇659人、下乡知识青年159人、农民1 904人。同期内,县属粮食、公路建筑、砖瓦制造等行业招合同工、临时工5 741人(次),其中城镇781人(次)、农村4 960人(次);招固定工637人,其中城镇202人、下乡知识青年107人、农民328人。时固定工招收条件是在农村锻炼两年以上、思想品质好、身体健康、年龄16—25周岁,未婚的下乡知识青年及具备同等条件的农村青年。……

1975年后,停止招收合同工、临时工,同时降低招收农民工比例,增加下乡知识青年招工指标……在至1979年5年内,部、省、地、县属单位招收固定工5 797人(含集体工1 465人),其中下乡知识青年3 611人、留城青年1 902人、农民284人。

（第二十二篇第二章《劳动》,第666—667页）

## 城镇知识青年安置

1966年,北道埠70名知识青年、社会闲散劳动力及家属到农村落户。1969年初,县革委会成立安置办公室。2—4月,1 200余名北道埠中学生安置到境内及今属秦城区的农村。至年底,全县安置2 257人,其中上海知识青年288人。到1974年,全县有4 000余名城镇知识青年被安置在20个公社、174个大队、331个知识青年点。安置到农村的知识青年,与农民一起参加劳动,参加分配。由于大多数青年难以适应农村环境,劳动分配所得不抵生活费支出,财政每年拨款给以补贴,在城父母也经常资助。为解决居住问题,县财政拨专款由大队出工兴建住房。其房大都是砖柱土墙、新式门窗平房,几人住1间,另有厨房。

1975年,县安置办公室改为知识青年上山下乡安置办公室,知识青年下乡再度形成高

潮。年内全县安置 1 167 人,1976 年安置 1 150 人,1977 年 822 人,1978 年 579 人。4 年安置人数中,除本县者外,还有兰州市 31 人,天水市 130 人,其它县、市 189 人。同期,再兴建知识青年点 100 余处,县财政拨建房费 36.48 万元,生活费 52.86 万元,工具费 21.86 万元,其它 4.3 万元。1979 年,知识青年安置终止。从 1969 年开始的 10 年中,全县累计安置 7 000 余人,建知识青年点 428 个,房 4 216 间,财政拨各种费用 248.6 万元。除历年通过招工、征兵、上学等形式返城的外,1979 年仍在乡 1 656 人,分布 29 个公社、300 多个点。1980 年,全部返城就业。 (第二十二篇第二章《劳动》,第 667—668 页)

"文化大革命"运动期间,由于缩短学制,中学生提前进入社会。1969—1978 年,动员数千名城镇知识青年上山下乡,安置到农村参加农业生产。同时,为补充企、事业单位劳力不足,又招收大批农村劳动力进城就业,造成城乡劳动力对流。1979 年,上山下乡知识青年大量返回城市,全民所有制部门和城市集体单位一时难以全部安置,非农业人口中待业者达 3 690 人(主要在北道埠)。 (第二十二篇第二章《劳动》,第 668 页)

# 《张家川回族自治县志》

张家川回族自治县地方志编纂委员会编,甘肃人民出版社 1999 年

(1969 年)1 月,成立县知识青年、城镇居民上山下乡安置办公室。开始动员高中、初中毕业生和城镇居民到农村安家落户,接受贫下中农再教育。 (《大事记》,第 32 页)

(1974 年)7 月,成立知识青年上山下乡办公室,开始接收兰州及本县城镇知识青年到农村插队劳动,接受贫下中农再教育。 (《大事记》,第 34 页)

1968 年至 1974 年,兰州、上海市的 1 018 名知识青年和社会青年携户口关系迁入张家川县的马鹿、阎家、恭门、平安、刘堡等人民公社上山下乡插队劳动锻炼。1973 年后,陆续招工,大多数被分配原籍工作。至 1978 年底,除 4 名知识青年与当地农民结婚落户外,其余全部返城。 (第四篇第二章《人口变动》,第 256 页)

**下乡安置费**

1962 年至 1963 年,下放城镇居民补助费 2.20 万元。1968 年至 1976 年,安置知识青年上山下乡经费支出 19.80 万元。1977 年至 1980 年,城市青年就业安置费 2.80 万元。到 1989 年末,安置费支出共计 49.40 万元。占县财政总支出的 0.28%。

(第十五篇第一章《财政》,第 711 页)

# 1953年至1989年财政支出一览表

单位：万

| 时期与年份 | | 合计 | 行政管理费 | 文教卫生事业费 | 农林水气事业费 | 抚恤和社会救济费 | 工交补助费 | 企业挖潜资金 | 其它支出 | 基本建设支出 | 下乡安置费 | 科技事业费 |
|---|---|---|---|---|---|---|---|---|---|---|---|---|
| | | | | | | ······ | | | | | | |
| 三五时期 | 1966 | 143.5 | 38.3 | 42.5 | 35.3 | 15.4 | 0.2 | 6.0 | 5.8 | / | / | / |
| | 1967 | 151.7 | 33.4 | 40.9 | 56.3 | 12.9 | 1.2 | 2.1 | 4.9 | / | / | / |
| | 1968 | 135.9 | 34.8 | 32.0 | 47.9 | 5.7 | 0.5 | / | 5.3 | 9.4 | 0.3 | / |
| | 1969 | 239.4 | 41.4 | 32.8 | 40.7 | 7.7 | 2.5 | 2.0 | 20.1 | 75.4 | 16.8 | / |
| | 1970 | 205.4 | 38.6 | 39.0 | 29.8 | 15.5 | 7.2 | 1.5 | 14.3 | 58.5 | 1.0 | / |
| | 小计 | 875.9 | 186.5 | 187.2 | 210.0 | 57.2 | 11.6 | 11.6 | 50.4 | 143.3 | 18.1 | / |
| 四五时期 | 1971 | 302.9 | 54.5 | 55.1 | 48.8 | 37.0 | 4.8 | 18.1 | 83.8 | 0.3 | 0.5 | / |
| | 1972 | 361.0 | 59.3 | 64.8 | 53.3 | 68.0 | 31.0 | 0.6 | 82.8 | 0.9 | 0.3 | / |
| | 1973 | 329.5 | 51.9 | 66.7 | 113.0 | 34.3 | 4.3 | 1.7 | 55.9 | 1.7 | / | / |
| | 1974 | 425.6 | 56.5 | 85.6 | 117.3 | 102.8 | 19.0 | 1.0 | 36.7 | 6.3 | 0.4 | / |
| | 1975 | 431.1 | 54.3 | 88.0 | 122.1 | 51.3 | 12.0 | 2.1 | 92.7 | 8.2 | 0.4 | / |
| | 小计 | 1 850.1 | 276.5 | 360.2 | 454.5 | 293.4 | 71.1 | 23.5 | 351.9 | 17.4 | 1.6 | / |
| 五五时期 | 1976 | 341.9 | 52.5 | 96.4 | 102.7 | 27.2 | 9.0 | 2.2 | 44.9 | 6.9 | 0.1 | / |
| | 1977 | 500.5 | 62.3 | 100.0 | 149.4 | 127.2 | 10.0 | 1.5 | 42.1 | 7.4 | 0.6 | / |
| | 1978 | 579.5 | 63.8 | 130.0 | 186.9 | 119.4 | 27.6 | 8.7 | 40.5 | 1.2 | 0.9 | 0.5 |
| | 1979 | 700.6 | 74.4 | 146.7 | 242.4 | 128.0 | 2.0 | 29.0 | 75.5 | 1.1 | 0.7 | 0.6 |
| | 1980 | 810.4 | 85.9 | 159.1 | 403.4 | 63.8 | 0.7 | 12.3 | 83.5 | 0.2 | 0.6 | 0.9 |
| | 小计 | 2 932.9 | 339.1 | 632.2 | 1 084.8 | 465.6 | 49.3 | 53.7 | 286.5 | 16.8 | 2.9 | 2.0 |
| 六五时期 | 1981 | 583.4 | 107.0 | 168.8 | 162.8 | 42.5 | 5.9 | 6.5 | 20.0 | 59.6 | 8.8 | 1.5 |
| | 1982 | 710.2 | 113.3 | 203.3 | 178.9 | 85.1 | 1.6 | 13.0 | 38.4 | 72.0 | 3.5 | 1.1 |
| | 1983 | 781.8 | 148.2 | 217.1 | 167.8 | 75.0 | 9.4 | 1.0 | 87.0 | 70.7 | 1.5 | 4.1 |
| | 1984 | 952.0 | 151.5 | 288.9 | 239.4 | 115.4 | 14.3 | 26.6 | 73.3 | 40.2 | 0.3 | 2.1 |
| | 1985 | 982.0 | 192.5 | 289.5 | 253.1 | 60.9 | 17.2 | 32.0 | 48.6 | 87.7 | 0.3 | 0.2 |
| | 小计 | 4 009.4 | 712.5 | 1 167.6 | 1 002.0 | 378.9 | 48.4 | 79.1 | 267.3 | 330.2 | 14.4 | 9.0 |
| 七五时期 | 1986 | 1 426.3 | 264.9 | 418.9 | 352.8 | 102.7 | 24.6 | 25.0 | 179.3 | 50.9 | 0.8 | 6.4 |
| | 1987 | 1 618.1 | 303.7 | 401.2 | 504.8 | 106.6 | 16.3 | 24.0 | 122.2 | 130.9 | 1.6 | 6.8 |
| | 1988 | 1 671.3 | 408.6 | 469.3 | 355.6 | 82.9 | 38.3 | 52.3 | 154.8 | 101.6 | 3.0 | 4.9 |
| | 1989 | 1 859.5 | 465.0 | 570.9 | 303.3 | 109.2 | 46.3 | 47.5 | 164.8 | 132.9 | 7.0 | 12.6 |
| | 小计 | 6 575.2 | 1 442.2 | 1 860.3 | 1 516.5 | 401.4 | 125.5 | 148.8 | 621.1 | 416.3 | 12.4 | 30.7 |
| 总计 | | 17 361.5 | 3 316.6 | 4 435.2 | 4 480.6 | 1 724.5 | 314.9 | 447.8 | 1 626.8 | 924.0 | 49.4 | 41.7 |

（第十五篇第一章《财政》，第713—715页）

## 第五节　知识青年安置

张家川县 1968 年接收、安置兰州市社会青年 271 人、上海知识青年 162 人。为搞好知识青年上山下乡安置工作,1969 年 1 月,县革命委员会成立知识青年、城镇居民下乡安置领导小组,下设办公室,有主任 1 人、副主任 2 人、专职干事 10 人。1971 年至 1972 年接收、安置兰州机车厂知青 102 人。1973 年至 1974 年接收、安置兰州机车厂、兰州铁路局知青 132 人、甘肃省张家川钢铁厂知青 12 人、张家川县知青 87 人。1975 年至 1976 年接收安置兰州铁路局知青 134 人、兰州铁路设计院知青 205 人、甘肃省张家川钢铁厂和张家川县知青 127 人。这些知青和社会青年,均被安置在 12 个人民公社 39 个生产大队的 64 个知识青年点上。1973 年给每人发放安置费 480 元,1979 年给每人发放安置费 580 元(包括建房费、医药费、生活补助及生产工具、灶具购置费等)。1968 年至 1976 年,国家拨付知识青年上山下乡安置费 19.80 万元。其口粮第一年由当地粮食部门按城镇居民供应标准供给,第二年开始自食其力,按劳分配,由所在社队按当地社员的口粮标准或高于社员的口粮标准分配;其食宿,开始由于人数少,分散吃住在社员家里,其后由于人数增多,各青年点建立知青大院,修房屋,办食堂,成为一大户。1975 年 3 月,在全县上山下乡、回乡知识青年代表大会上,评选先进青年点 10 个、先进个人 53 人。至 1978 年底,上山下乡知识青年除 4 人与当地农民结婚落户外,其余全部返城,并分别被甘肃省建筑公司、兰州铁路局、甘肃绒线厂、天水长城低压开关厂、西北铁路设计院、省燃化局、省国防工业办公室、省轻工局、长庆油田等 36 个单位招工。1980 年全县知青点全部撤销,所建房屋全部移交当地生产队使用。1981 年知识青年上山下乡安置办公室撤销。1977 年至 1989 年,全县共支出城镇青年就业安置费 29.6 万元。

(第二十一篇第二章《优抚安置》,第 986—987 页)

# 《徽县志》

甘肃省徽县县志编纂委员会编,陕西人民出版社 2003 年

(1968 年)12 月 20 日,毛主席关于"知识青年到农村去,接受贫下中农的再教育,很有必要"的指示发表后,徽县六六、六七、六八届(俗称老三届)初、高中学生一次性毕业离校。城镇户口的上山下乡插队锻炼,农村户口的回乡务农,厂矿同期恢复招工,部分学生由学校直接招工。同时,徽县接收上海、兰州、天水等地来徽上山下乡的学生。(《大事记》,第 49 页)

(十五)知识青年上山下乡　1968 年 9 月 14 日,毛泽东主席先后发出"知识青年到农村去,接受贫下中农的再教育,很有必要"指示后,全国知识青年上山下乡活动普遍开展。徽县首先将"文革"开始以来的六六、六七、六八届(俗称老三届)初高中毕业生一次毕业离校。城市户口的上山下乡到农村安家落户,接受贫下中农再教育,农村户口的直接回乡务农。1968

年 1 月徽县首批接收了天水师范、天水市一中和二中等校的应届初、高中毕业生 222 名,同年 11 月 6 日又接收上海纺织工业学校半工半读知识青年 450 名。外地知识青年来徽,受到了江洛、泥阳、榆树、伏家镇、栗川、银杏树、水阳、永宁、柳林、城关、水阳、嘉陵等公社干部群众的欢迎和支持。此后每年陆续有兰州、天水和县内的知识青年到全县农村安家落户。到 1978 年先后有外地及县内插队落户的知识青年 8 批 3 242 名,分别安排在 16 个公社的 107 个大队,共建"知识青年点"183 个。

知识青年点的建设,主要是修建住房、购置农具和生活日用灶具等。当时天水地区财政处分期给徽县拨款 83 391 元,用于建房、购物以解决知青的诸多困难。徽县本着公助民帮的原则,以国家出钱群众投工的办法,共修建知青住房 1 200 余间。每个知青点都建有瓦房 5 至 10 间,每个点安排知青 10 人左右。

知青在生活上由所在的生产队按社员生活标准分给口粮,并由队上选派思想好手艺巧的社员当炊事员,后逐步过渡为知青们自己轮流做饭。知青们在政治思想和组织上受县、公社、大队及带队干部的领导,个别情况与家庭联系。同社员在一起劳动,按出勤天数评记工分,年终分配。

为了加强对知青上山下乡工作的领导,徽县于 1968 年 1 月成立了"知识青年上山下乡工作领导小组"。1973 年 7 月召开了全县上山下乡知识青年安置工作会议,1973 年 12 月又成立了"知识青年上山下乡安置工作办公室"。1974 年 8 月至 1975 年 8 月先后召开了两次全县知青代表大会,出席代表 723 名,其中上山下乡知青代表 581 名,回乡知青代表 9 名,带队干部和家长 25 名,公社、大队、生产队干部 108 名。树立先进知青点 42 个,评选先进知青 98 名,其它先进个人 5 名,先进带队干部 16 名。并对知青安置工作中存在的问题做了妥善解决。

知青在农村插队劳动锻炼 3 至 5 年后陆续被推荐升学或招工进城,至 1980 年全部回城。党的十一届三中全会后,知青上山下乡工作停止。知青上山下乡中存在的问题较多,许多青年远离家乡和亲人,生活上造成了诸多困难,一些青年在人生中遭受了挫折。但同时也使他们体验到了广大农村的艰辛,为以后人生道路产生了深远影响。

(第十二编第五章《解放后部分政事纪略》,第 612—613 页)

从 1978 年开始,安置工作(招工)由知识青年上山下乡办公室办理。

(第十四编第二章《人事劳动》,第 687 页)

# 《礼县志》

礼县志编纂委员会编,陕西人民出版社 1999 年

是年(1969 年)底,县革委会统计,1968 年以来,全县已有 500 多名机关干部和知识青

年,472户、1800多名城镇居民上山下乡,到农村安家落户,本县接待、安置兰州市、天水市等外地城镇居民、知识青年355名。 (《大事记》,第47页)

1979年对下乡知青和高中等学校毕业生参军和入伍后家庭户口迁入城镇及符合其他规定条件的农村退伍军人安排工作。 (第四编第七章《民政》,第499页)

1968年,全国知识青年上山下乡。为适应此一形势的需要,礼县于1973年9月成立知识青年上山下乡办公室,根据当时政策,组织城镇知识青年上山下乡、劳动锻炼和分期分批安排就业。1978年,国务院对城镇知识青年上山下乡政策进行调整。1980年又提出了新的就业方针和政策,为适应改革的需要,1981年9月知青办撤销。之后,成立县劳动服务公司,隶属县劳动局,城镇知识青年就业的工作由劳动服务公司管理。 (第四编第八章《劳动人事》,第528页)

# 《武山县志》

武山县地方志编纂委员会编,陕西人民出版社2002年

(1969年)2月,首批知识青年去农村插队落户。至1978年底共计1946名。

(《大事记》,第38页)

1969年2月,县革委开始组织城市知识青年上山下乡,接受贫下中农再教育。至1978年前的10年中,全县共下放知识青年1946名(至1982年全部安排就业)。

(第四编第八章《重大活动纪略》,第159页)

## 第三节　知　青　安　置

1968至1987年,有1946名县内外知识青年在本县农村插队落户。由国家投资20.69万元,在11个社(镇)建知青点51个,修建土木结构房屋663间。1973年9月,武山县知识青年上山下乡安置办公室成立,负责知青安置日常工作。1976年至20世纪80年代中期,通过采取升学、招工、招干等形式,全部安置就业。知青办于1981年4月撤销,业务并入县劳动局。 (第十编第二章《劳动》,第249页)

# 《秦安县志》

秦安县志编纂委员会编纂,甘肃人民出版社2001年

(1968年)10月20日,县城镇知识青年开始上山下乡,接受贫下中农的再教育。

(《大事记》,第42页)

（1969年）1月4日,全县迅速掀起城镇居民和知识青年到农村安家落户的热潮。至年底,全县城镇居民共下放969户,3 955人。有400名知识青年上山下乡,插队落户,并接收上海支边劳动锻炼青年230人。

(《大事记》,第42页)

1966年9月,取消文化考试……此后,大学、中专均未招生。1971年,大学、中专开始招收20岁左右,有一定实践经验的优秀工人、贫下中农、解放军战士和青年干部(包括劳动锻炼两年以上、表现好、贫下中农欢迎的上山下乡和回乡未婚知识青年)入校学习,要求政治思想好、身体健康,具有初中、高小文化程度。有丰富实践经验的老工人、贫下中农和革命干部入学,可以根据情况放宽年龄和文化程度的限制。1971年—1976年,全县共推荐选拔工农兵大学生266人,中专生688人。

(第四编第三章《普通中学教育》,第210页)

1984年,县科委对33户农民专业户,分别进行果树、养殖、科学种田等技术培训;县林业局对回乡知识青年230人进行林业园艺技术培训;农牧局组织回乡知识青年1 527人参加甘肃农业广播学校学习。……同年(1988年),县职业技术培训中心举办种植、果树栽培、预防免疫、农村医生培训、缝纫裁剪等10余种培训班162期,参加学习2.92万人,其中对回乡知识青年培训51期,参加学习5 200人次。1989年,全县大力开展扫盲工作,县内共办起205个班(点),参加学习1.67万人,共脱盲3 193人,出现脱盲村30个,兴国镇基本上达到了扫除文盲的标准。同年,全县共举办各种技术培训班160期,培训回乡知识青年1.87万人。

(第四编第五章《成人教育》,第218页)

1973年底,在全县312名上山下乡的知识青年中,有11人加入中国共产党,134人加入共青团,25人被选派为社队干部,42人担任社请教师、农村医生、农业技术员。在农业学大寨群众运动中,全县广大团员、青年发挥了突击队的作用。

(第十五编第四章《群众团体》,第733—734页)

## 第三节 知识青年安置

1956年2月,有78名上海、天津知识青年来秦安支援西北文化建设。他们被分配到全县各主要乡镇任教,为发展秦安的文化教育事业做出了贡献。刘静敏、徐曾旺、金顺余、郑立德、徐保珍等同志坚持工作到退休,并在秦安安家落户。

1968年12月,《人民日报》发表了"知识青年到农村去,按受贫下中农的再教育,很有必要"的号召后,全国掀起了知识青年下乡上山,到农村安家落户的热潮。1969年1月,县上成立了知识青年、城镇居民下乡安置领导小组,下设办公室(简称安置办)。到1969年底全县有下乡上山知识青年603人,其中来自上海的238人;兰州市的294人;天水市的11人。发放安置经费2.9万元。1973年10月,县革委会召开了知识青年下乡上山安置工作会议,传达了中央和省、地会议精神,讨论和安排秦安县知青工作,建立知青点,食宿集中,劳动分散。同年 11 月,全县下乡上山知识青年 99 人,分别安置在 9 个知青点,叶堡公社的岳楼大队 16 人,牌楼大队 14 人;莲花公社的郭河大队 10 人,冯沟大队 11 人;西川公社的宋场大队 12 人,李堡大队 10 人;五营公社的邵店大队 9 人,何屲大队 9 人;安伏公社的龚川大队 8 人。下拨安置经费 2.7 万元。1974 年,分配知青点建房木材 135 立方米,发放安置费 1.5 万元。并成立了知青下乡上山领导小组。1975 年 3 月,县革委会召开了知青下乡上山安置工作会议,重申了安置经费的管理和使用,建房费每人 200 元,生活补助费每人 144 元,农具、家具、学习资料补助费每人 76 元。社队都要专人管理,不准乱支乱用。据统计,自 1973 年至 1977 年,下拨知识青年安置费 6.8 万元,生活补助费 5.4 万元。1979 年下拨知识青年建房费 8.4 万元,建房 363 间。1980 年 6 月,根据省、地知青工作的精神,认真总结检查了知青安置工作。对安置在郑川、西川、叶堡、郭嘉、五营、莲花、安伏等 7 个公社 17 个大队、42 个生产队(知青点)的 653 名知识青年,经过锻炼,陆续招生、招工,已全部安置就业。对发放的 28.1 万元安置经费和财产进行了全面清理。撤销知青点,所建房屋财产全部移交当地生产队使用。知青安置结束,县知青办撤销。　　　　　　　　(第十七编第四章《安置》,第 786 页)

1963 年 11 月天水专署规定,城市就业"统筹安排,城乡并举",并以下乡生产为主。"文化大革命"期间,采取政治运动的办法,动员城镇的初、高中毕业生,即知识青年"上山下乡"、"接受贫下中农的再教育"。上级规定,企业招工不能从农村招收,只能从城镇招收居民。"上山下乡"锻炼到一定年限的知青可以招收。

1980 年 8 月,对长期执行的"统包统配"的劳动就业制度进行了改革,中央提出劳动部门介绍、自愿组织、自谋职业"三结合"的劳动就业制度。重点是自愿组织和自谋职业。此时秦安"上山下乡"所剩的 200 多名知识青年全回县城,安排就业。

(第十八编第二章《劳动》,第 826 页)

1973 年,县革委会将农村招工对象改为以"上山下乡"知识青年和城镇居民落户农村的初、高中毕业生为主。1976 年"文化大革命"结束后,除煤矿工外,其他企业厂矿不准再在农村中招收工人,而招工对象主要是城镇待业青年,初、高中毕业生。

(第十八编第二章《劳动》,第 827 页)

待业青年的安置是个历史问题。从 1954 年开始动员知青"上山下乡",到 1969 年起的大动员,使农村积累了较多知识青年。从 1971 年起,通过招工、大专院校招生、应征入伍、转干等途径,安置了相当一部分。但当时,一边安置,一边继续动员学生"上山下乡",问题仍然存在。1979 年,县革委会决定停止动员城镇知识青年"上山下乡"。从 1981 年起,采取多种形式,全面安置就业。企业单位招收工人,包干安置自己系统的"上山下乡"知识青年;无归属单位的劳动部门统包统配,年龄放宽到35周岁。自谋职业,有专长的就近开业,乡镇企业安置已婚知识青年等。 (第十八编第二章《劳动》,第827页)

# 《清水县志》

清水县地方志编纂委员会编,陕西人民出版社2001年

(1966年)4月22日,兰州市1 000名知识青年来清水县下乡插队锻炼。

(《大事记》,第32页)

(1968年)4日,第一批城镇高中毕业生共22名奔赴农村,安家落户,县城举行隆重欢送会。 (《大事记》,第33页)

(1975年)1月1日,县委召开全县上山下乡知识青年带队干部座谈会,了解知青生产生活情况,协商解决具体问题。 (《大事记》,第34页)

1974年5月,成立知识青年上山下乡办公室,负责初、高中毕业生的插队落户等工作。……1981年5月,撤销知识青年上山下乡办公室。 (第十一篇第一章《机构》,第365页)

"文化大革命"时期,招工以农村青年为主。1973年后,招工对象调整为上山下乡知识青年和城镇居民中下放农村落户的初、高中毕业生。1977年10月,除煤矿用工外;其它单位不再从农村招收工人,招收对象调整为城镇待业青年。

(第十一篇第二章《劳动》,第368页)

## 知识青年上山下乡

1968年12月,毛泽东主席发出"知识青年到农村去,接受贫下中农再教育,很有必要"的号召后,全县掀起知识青年上山下乡高潮。其后几年,全县共接收安置到农村插队锻炼的城镇知识青年2 131人,其中兰州市知青1 839人,本县知青292人,分别安置在51个大队235个知青点和2个农(林)场。1978年开始,根据劳动表现,所在社队推荐,劳动部门审批,逐年招收、分配工作。至年底,全县实有知青878人。到1979年,由国家投资,社队负责,给知青建房720间5 760平方米,并购置生产生活用具,按月发给一定生活补助费。1981年,下乡的知识青年先后被招工、招干,有的考入大中专学校或参军等。同年5月,知青点随着知青的全部返城取消。在接收安置知青的12年里,国家共开支安置费66.03万元,业务费1.99万元。 (第十一篇第二章《劳动》,第368页)

# 《两当县志》

甘肃省两当县志编纂委员会编,甘肃文化出版社 2005 年

(1969 年)1 月,天水市首批知识青年来两当插队锻炼。至 1978 年 11 月共有 1 593 名外地和本县初高中毕业学生到两当农村接受贫下中农再教育。 (《大事记》,第 28—29 页)

从 1968 年开始城镇人口下放农村,知识青年插队接受贫下中农再教育,共支出各种费用 54.9 万元,占这一时期总支出的 3.5%。 (第二十一章《财政》,第 365 页)

1973 年至 1975 年县革命委员会撤销 1 室 3 部,先后恢复和设立了部分单位,有:办公室(与县委办公室一套班子)、计划委员会、物价委员会、物资局、农机局、公安局、民政局、知识青年上山下乡办公室……等 24 个单位,同时撤销各委、办、局、行、社的革命委员会和革命领导小组,恢复主任、局长、行长制。 (第二十八章《政府机构》,第 473—474 页)

1968 年,知识青年上山下乡,接受贫下中农再教育。从 1968 年 10 月至 1978 年底由上海、天水、兰州及本县初高中毕业生共 1 362 人(其中上海知青 6 人,本县 269 人,其余为天水、兰州知青)分期分批来两当县插队劳动锻炼。为适应此项工作的开展,两当县于 1969 年成立知识青年上山下乡办公室,从 1970 年起对下乡知青和城镇待业青年分批招工、招干,进行安置就业,其中少数回原籍就业,除 2 人亡故外,共安排就业 1 360 人。1978 年,国务院对城镇知识青年上山下乡政策进行了调整。1980 年又提出了新的就业方针和政策,1981 年 11 月知青办撤销。1982 年 10 月成立县劳动服务公司,隶属县计委,城镇待业青年就业工作由劳动服务公司管理。 (第三十二章《劳动人事》,第 523—524 页)

**知识青年接待安置** 1969 年县上成立"安置办公室",1974 年元月更名为"知识青年上山下乡工作办公室",1981 年 11 月 14 日知青安置完毕,机构撤销。

"文化大革命"期间(1968 年),为贯彻毛主席提出的"知识青年到农村去,接受贫下中农再教育"的号召,1969 年元月全县开始接收安置由上海、兰州、天水市和本县上山下乡插队劳动锻炼的初、高中毕业学生和社会知识青年。止 1977 年共安置男女知青 810 人,分配到城关、杨店、左家、鱼池、显龙、站儿巷、兴化、张家、西坡等 10 个公社 74 个生产队参加集体生产劳动,称为知青点,每点 1—2 名干部或老师带队,参加生活管理和思想教育。初到时暂住民房,以后因人数增加,国家拨款补助,由生产队专修知青住房。止 1974 年共投资 114 873 元建住房 450 间,购置各种灶具、家具、农具投资 20 000 元,解决知识青年食宿、劳动中的困难,知青每人每月由国家补助油盐及照明生活费,全县 6 年各种费用共计支出 218 349 元。

知青插队一年后按照劳动表现,由贫下中农推荐招工招干,到 1980 年全部招完,所有房屋、用具折价处理给生产队或社员个人。 (第三十七章《民政》,第 581 页)

# 《西和县志》

西和县地方志编纂委员会编,陕西人民出版社 1997 年

(1969 年 1 月)学习推广会宁县下放知识青年及城镇居民的经验,县城开始下放知识青年及城镇居民,强行收缴粮油供应证,到农村安家落户,接受贫下中农再教育。

(《大事记》,第 93 页)

(1969 年 8 月)25 日,下放知识青年及城镇居民工作结束,全县共下放知青 620 人,居民 187 户、796 人。 (《大事记》,第 93 页)

为了适应体制改革和四个现代化建设的需要,逐步实现干部队伍的革命化、年轻化、专业化、知识化,县委、政府针对本县具体情况,为了山区建设的需要,1980 年 12 月从边远山区的回乡知识青年中,经过德、智、体全面考核、选拔,录用干部 16 人。

(第四编第十章《劳动人事》,第 556 页)

"文化大革命"期间,就业安置工作处于半停滞状态。城镇毕业生大多数走上山下乡"接受贫下中农再教育"的道路,参加农业生产劳动。

1970 年始,主要安置解决城镇上山下乡知识青年的就业,县政府于 1975 年 2 月,设知识青年上山下乡办公室,解决返城青年的就业安置工作。职工子女和城乡复员军人的就业安置,仍然由民政局负责。职工就业主要看政治表现,实行严格的政审工作。

(第四编第十章《劳动人事》,第 558 页)

# 《甘谷县志》

甘肃省甘谷县县志编纂委员会编,中国社会出版社 1999 年

是年(1966 年),组织动员知识青年和闲散劳力 71 户,334 人到山区参加农业生产。

(《大事记》,第 24 页)

(1971 年)11 月,开展城镇居民、知识青年"上山下乡,安家落户"运动。

(《大事记》,第 25 页)

(1975年)5月4日—6日,召开全县"上山下乡、回乡知识青年"代表大会,参加代表201人。

(《大事记》,第26页)

"文化大革命"期间在甘谷插队落户,接受再教育的青年学生后来也陆续返回原籍。

(第三编第三章《人口变动》,第110页)

1950年,党中央、国务院号召全国人民支援大西北建设,1956—1958年全国各地大批青年来甘谷落户,尤以上海、北京籍青年居多,促进了甘谷经济、文化建设。1970—1976年省内外大批知识青年来甘谷插队落户、劳动锻炼。 (第三编第四章《人口构成》,第119页)

1950年后,党和政府在加速城市建设的同时,非常重视农村建设,动员工人、干部、知识青年、城市居民支援农业。据不完全统计,仅1970至1972年,城市居民下乡落户7 054人。文化大革命期间初、高中毕业生中的相当一部分上山下乡接受贫下中农的再教育,这部分人后来被陆续招工、招干或落实政策返回城镇。 (第三编第四章《人口构成》,第120页)

1966年,动员组织知识青年和闲散劳力71户,334人,到山区参加农业生产。

(第十三编第一章《政权》,第404页)

1971年5月,动员城镇居民、知识青年"上山下乡,安家落户"。

(第十三编第一章《政权》,第404页)

1975年,撤销政治部和生产指挥部,取销各局革命领导小组。召开上山下乡知识青年代表大会,参加代表201人。 (第十三编第一章《政权》,第405页)

上山下乡是把城镇人口迁移到农村安家落户,从事农业生产的简称,包括城镇居民上山下乡、职工干部家属和精减下放干部回农村、知识青年上山下乡三个方面。

上山下乡的领导机构,1973年前称甘谷县革命委员会上山下乡安置办公室,与民政局合署办公。1974年更名为甘谷县革命委员会知识青年上山下乡工作办公室,建制为局级。1978年中共十一届三中全会后,随着党和国家的工作重点转向经济建设,知识青年上山下乡工作停止,知青办公室于1981年5月撤销,上山下乡工作结束。

(第十五编第七章《上山下乡》,第437页)

## 第三节　知识青年

五十年代中期,北京、上海、沈阳等大城市的知识青年,响应国家号召到大西北和边远地区安家落户,支援大西北和边疆建设。这些青年也称为"支边青年"。甘谷县共有 98 名上海等地的支边青年在本县安家落户,成为教育战线上的骨干力量。

1968 年 12 月 22 日,毛泽东主席发出"知识青年到农村去,接受贫下中农的再教育,很有必要"的号召,全国知识青年上山下乡掀起高潮。

从 1969 到 1979 年,全县先后接收安置本地和外地知青 1 847 人,建起知青点 82 个,修房 860 间,11 261 平方米。起初本县知青与城镇居民上山下乡融为一体,外地知青采取分散插队形式。1969 年 10 月,上海市来甘谷知青 217 名,按知青系统安置在六峰、金川、金山、白家湾、康家滩、武家河、八里湾等 7 个公社;去金川公社的上海市电机厂技校知青 46 名安置在 7 个生产大队。后来,改直接插队为建立知青点,实行"三集中一分散",即食、宿、学习集中,劳动分散的办法。1977 年底,在农村实有插队知青 863 名,担任基层各种职务的 78 人,其中民办教师 55 人,赤脚医生 4 人,拖拉机手 3 人,保管 7 人,会计 8 人。1975 年,全县招工三次,招工人数 166 人,其中省级企业 143 名,地区 23 名;招生 208 名,其中高校 58 名,中专 133 名,技校 17 名,以后几年,城镇下乡知青除已婚外,通过招工、招生,全部进入企事业单位安排工作。1980 年,对已婚的下乡知青全部安排为县属企事业单位职工,历时 11 年的知识青年上山下乡工作从安置到安排全部结束。 　　　　　(第十五编第七章《上山下乡》,第 438 页)

# 《漳县志》

《漳县志》编纂委员会编,甘肃文化出版社 2005 年

是月(1969 年 1 月),县革委设立知识青年上山下乡安置办公室。(《大事记》,第 89 页)

(1974 年)7 月,召开全县知青工作会议暨知青代表会议,安排部署进一步做好知识青年上山下乡工作。　　　　　　　　　　　　　　　　　　(《大事记》,第 98 页)

(1974 年 11 月)28 日,漳县革命委员会知识青年上山下乡安置工作领导小组成立。
　　　　　　　　　　　　　　　　　　　　　　　　　　(《大事记》,第 98 页)

(1976 年)5 月 4 日至 9 日,漳县第二次上山下乡、回乡知识青年代表大会召开。
　　　　　　　　　　　　　　　　　　　　　　　　　　(《大事记》,第 101 页)

是年(1981 年),知识青年上山下乡安置办公室并入计划委员会;设立了劳动人事局、农业区划办公室、畜牧局;农牧局重新改为农业局。　　　　　　(《大事记》,第 113 页)

1969年1月,为响应毛泽东"知识青年到农村去,接受贫下中农的再教育,很有必要"的号召,县革委成立知识青年上山下乡安置办公室,全县掀起知识青年上山下乡高潮。截至1978年5月,全县10个公社48个大队及2个县办良种场共建知青点90个,共安置来自省出版局、省财政厅、四冶公司及本县知识青年1434人,进行农业生产劳动和农村生活锻炼。

(第四编第二章《中国共产党地方组织》,第698—699页)

20世纪70年代,三岔、新寺两个良种繁育场,共有技术人员15人;25个大队良种实验基地中,从事科学实验的干部、知青和农民技术员150多人。

(第六编第二章《科技》,第935页)

# 《武都县志》

武都县志编纂委员会,生活·读书·新知三联书店1998年

(1968年)12月5日,武都县中队从肃南县换防到武都县,进驻城关派出所,编制3个步兵班,39人,3名干部。武都县发动知识青年和城市居民到农村安家落户。

(《大事记》,第70页)

(1975年)1月,贯彻中共甘肃省委知识青年上山下乡工作会议精神,武都县开始制定1975年—1980年集体安置知识青年的规划。
(《大事记》,第73页)

1966年至1970年第三个五年计划时期,全县财政累计支出1759.8万元,其中……城镇人口下乡经费支出49.2万元,占2.7%,其它支出137.6万元,占7.4%,年度累计结余172.3万元,占累计总支出的9.7%。　　　　(第五卷第一章《财政》,第415页)

## 第四节　就业安置

1968年10月,武都县城镇知识青年和部分居民开始下乡上山到农村插队劳动锻炼。由县生产指挥部统一安置,武都县城关有居民1116户,1253人下放农村安家落户,同时有647名知识青年随父母到农村插队劳动锻炼。1976年,成立了知识青年上山下乡领导小组办公室,全县21个公社建立知青点110个,修建知青住房330多间。当时,年满18岁,初中、高中毕业的青年,由城关镇和机关单位造册登记,县知识青年上山下乡领导小组办公室统一分配,派出带队干部带领,下到农村各公社知青点集体插队,在生产队和社员一起参加生产劳动。从1968年至1978年底,全县陆续安置到农村插队劳动锻炼的知识青年达2226人。其中集体插队知青1415人;随家落户插队知青505人,零星插队306人。按照省上的

规定,知识青年到农村插队劳动锻炼,县上每人按480元标准拨出专款作为修建住房,购买农具、安置生活费用。安置办公室给每个知青一次性发给安置费250元。有领导有组织集体插队的,每人每月发给生活补助费13元,口粮由生产队按每人600斤安排,生产队安排不足者,由国家粮食部门补足。在武都县上山下乡的知青中,有70人参加了社队领导班子,有126人担任了民办教师,有64人担任了农村医生,有24人当上了拖拉机手,有42人当上了农业技术员。1979年,中共中央发出(1979)51号文件,作出了"城镇知识青年不再下放农村劳动锻炼,按待业青年对待"的规定。上山下乡插队劳动锻炼的知识青年全部返城,知青点的房产及闲置的农具、生活用具等按现价处理。1980年,根据中央召开的劳动就业会议精神,武都县成立了城镇待业青年劳动就业领导小组,并设立办公室,配备专职干部负责具体工作。城关镇成立了劳动服务社,在中央提出的"劳动部门介绍就业,自愿组织起来就业和自谋职业相结合"的方针引导下,全县共安置在农村插队的知识青年就业人数2 220人。1982年,随着城镇非农业人口的不断增长和文化教育事业的发展,武都县待业青年人数逐年上升。每年新增930人,增长率为9.19%,对社会,对家庭带来了很大压力。1984年,计划安置就业1 000人,实际安置1 220人。1986年,安置计划为1 000名,实际安置1 228名。其中国营单位招工招干190名;区县以上集体企业安置64名;大中专、技校升学127名;各类集体企业安置160名,参军107名;临时安置310名;办理一次性就业160名。1987年,安置计划1 000名,实际安置1 065名。1988年,安置计划1 050名,实际安置1 565名。1989年,安置计划1 126名,实际安置1 363名。1990年,安置计划1 189名,实际安置1 290人。年底,尽管在深化改革,加强协调、疏通渠道,每年均超计划安置,但仍然满足不了就业人数的迅猛发展。到1990年底,全县仍有1 840名待业青年亟待安置就业。

**武都县知识青年上山下乡安置情况表**　　　　　时间:1968—1979年

| 名　称 | 知青人数 | 其中: | | 名　称 | 知青人数 | 其中: | |
| --- | --- | --- | --- | --- | --- | --- | --- |
| | | 男 | 女 | | | 男 | 女 |
| 武都县良种场 | 59 | 17 | 42 | 隆兴公社 | 155 | 90 | 65 |
| 角弓公社 | 111 | 50 | 61 | 鱼龙公社 | 70 | 42 | 28 |
| 石门公社 | 65 | 38 | 27 | 马街公社 | 150 | 76 | 74 |
| 两水公社 | 52 | 26 | 26 | 月照公社 | 97 | 38 | 59 |
| 汉王公社 | 49 | 27 | 22 | 桔柑公社 | 45 | 31 | 14 |
| 东江公社 | 104 | 61 | 43 | 琵琶公社 | 98 | 54 | 44 |
| 安化公社 | 55 | 30 | 20 | 1. 集体插队小计 | 1 415 | 768 | 647 |
| 柏林公社 | 34 | 22 | 12 | 2. 随父母落户插队 | 505 | 303 | 202 |
| 熊池公社 | 137 | 92 | 45 | 3. 零星插队 | 306 | 136 | 120 |

(第六卷第四章《劳动工资管理》,第534—536页)

**社会劳动保险局**　1971年10月设县知识青年上山下乡领导小组办公室,1982年10月改称县待业青年办公室;1984年改称劳动就业安置办公室;1986年3月改称城镇集体企业办公室;1986年9月改称社会劳动保险局。

(第七卷第七章《县人民政府(县人民委员会)》,第653页)

20世纪70年代后教育又有新的发展,从回乡知识青年中又选配了一批民办教师。

(第九卷第八章《教师》,第846页)

# 《宕昌县志》

宕昌县县志编纂委员会编,甘肃文化出版社1995年

(1973年)6月,成立宕昌县知识青年上山下乡办公室,1982年10月撤销。

(《大事记》,第36页)

# 《康县志》

《康县志》编纂委员会编,甘肃人民出版社1989年

(1955年)6月15日,北京18名支边青年分配来康县工作。

7月30日,北京应届毕业生18名(男16名、女2名)响应党中央号召,支援西北建设,分配康县工作。　　　　　　　　　　　　　　　　　　　　　(《大事记》,第19页)

(1956年)7月,天津28名知识青年(其中男18名、女10名)支援西北建设。

(《大事记》,第19页)

(1968年)10月7日,兰州市六六届首批高、初中毕业生222名,遵照毛泽东主席关于"知识青年到农村去,接受贫下中农再教育很有必要"的指示,来康县插队落户,被安排到豆坪、平洛、长坝3个公社。　　　　　　　　　　　　　　　(《大事记》,第23页)

(1973年)11月29日,省建一局87名知识青年来康县插队落户。(《大事记》,第23页)

(1974年)5月至翌年4月,兰化公司、省国防工办、银光厂、五一〇等单位知识青年442名,先后来康县插队落户。　　　　　　　　　　　　　　(《大事记》,第23页)

1950 年至 1985 年,（劳动人事部门）共招收录用干部 697 名,"以工代干"转干 91 名,充实了干部队伍。其中:从农村青年中招收 387 名,从工人队伍中录用 126 名,从外省知识青年中吸收 19 名,从本县社会待业青年中吸收 165 名。　　　（政治志第九章《劳动人事》,第 513 页）

本县待业人员的劳动就业,1979 年前由"知识青年上山下乡安置办公室"（简称知青办）具体办理。1968 年至 1979 年共有待业人员 1 274 人（城镇待业青年 927 人,城镇居民 347 人）。除对 850 名招收为企业工人外,其余均作了妥善安置。

党的十一届三中全会以后,随着城乡经济体制改革的逐步深入,为了广开就业门路,妥善解决城镇青年的劳动就业问题,1981 年撤销"知青办",对非农业户口待业人员实行民政部门介绍就业、自愿组合起来就业和自谋职业相结合的方针。……

1983 年 7 月成立了"县劳动服务公司",负责办理城镇知识青年的就业工作。1983 年至 1985 年,共安排在城镇待业的青年 575 名,通过招工、招干已有 214 名走上工作岗位。尚余 361 人继续从事第三产业的服务工作。　　　（政治志第九章《劳动人事》,第 514 页）

# 第九节　知识青年支援西北及上山下乡
## 一、京、津青年支援西北建设来康工作

1955 年北京、天津、上海的一大批刚从初中毕业的男女青年学生,响应党中央"到西北去,到边疆去,把青春献给祖国最需要的地方"的号召,奔赴大西北,献身大西北的社会主义建设。先后有两批被分配到康县工作。

第一批是北京青年。1955 年 6 月 15 日,有 800 多名男女青年首批登程,乘列车到达兰州。受到中共甘肃省委、省人民委员会领导们的热情接待和欢迎。其中有 200 多人被分配到武都地区。6 月 24 日他们乘长途汽车到达武都。后经一个月时间的政治学习,分配到文、武、成、康、西、礼、岷及西固八个县。有 18 名(男 16 名、女 2 名)青年被分配到康县,康县县委派专人赴武都迎接他们。7 月 30 日,这批男女青年来到康县。县上专门为他们举办了隆重的欢迎会和联欢晚会。县委书记林柏青、县长郝建宁都分别讲了话,勉励他们安心康县山区,努力学习,积极工作,在艰苦的环境中锻炼成长,为建设康县作出贡献。

第二批是天津青年。1956 年元年 23 日,有 1 600 名天津男女青年,以邢燕子为榜样来到甘肃,其中有 160 多名被分配到武都地区。在武都进行了半年时间的师资培训,后于 7 月分配到全区各县。康县共分来 28 名,其中男 18 名,女 10 名。县上召开欢迎会、舞会和篮球友谊赛欢迎他们。一月后,被分到各小学当教师。

同期,上海等地也有少数青年分来康县工作。

近 30 年来,这些京、津、沪青年在康县努力工作,做出了贡献。他们中一些人加入了中国共产党,有的已多年担任领导工作。虽然因种种原因,部分离康返回或调外地,但有许多至今仍在康县各个不同岗位上勤奋努力地工作着,为康县的社会主义建设献出了各自宝贵

的青春年华。有的被中央和省上树为先进工作者。

## 二、知识青年上山下乡

1968年9月14日,毛泽东主席向全国发出了"知识青年到农村去,接受贫下中农的再教育,很有必要"的指示。康县于10月7日接收兰州市首批上山下乡的六六届高、初中毕业生222名,到豆坪、平洛、长坝三个公社插队落户。此后,于1973年又动员本县七二届县直各单位高、初中毕业生,及此前历届毕业的高、初中尚未分配工作的学生共36名,于3月29日到大南峪公社的4个生产队插队落户。同年11月29日又接收省建一局来康县插队落户的知识青年87名。县革委会组织县直单位及中、小学师生两千余人,举行了隆重的欢迎仪式。

为管好这项工作,1973年1月3日正式成立了"康县知识青年安置办公室"。配备办公室主任、副主任各1名,工作人员3名。县革委会指定1名副主任兼管此项工作,各公社还成立了由3—5人组成的"知青领导小组"。

1974年5月至1975年4月,先后接收兰化公司、省国防工办、银光厂、"五一〇"所、第五研究所等单位知识青年442名来本县插队落户。1974年至1975年间,兰化公司对康县接收该公司大批知青插队表示谢意,给康县无偿支援了化肥、水泥、钢筋、玻璃、水泵、电动机、人力车等价值万元以上的物资。

1968年至1976年间,康县共接收安置兰州和本县知识青年1057名,其中兰州的751名,本县的306名,均分别安排到嘴台、三官、王坝、碾坝、岸门口、阳坝、平洛、豆坪、李山、大堡、寺台、巩集、长坝、云台、大南峪、两河16个公社的75个生产队插队落户。广大知识青年和社员群众一起,通过一段时间的田间劳动后,不少担任了民办教师、赤脚医生、农业技术员、拖拉机手等,少数青年加入了中国共产党,有的还被选进了"三结合领导班子"。

后来,在农村插队劳动的大部分知识青年,被陆续推荐、保送上学、参军、当工人;也有在农村结婚安家的。如兰州壮族女青年黄土秀与寺台马家庄一农村青年结婚,在农村安家落户。1985年,她成为县政协委员。插队期间有少数青年因串点、斗殴,扰乱了社会秩序,在群众中造成不良影响。还有一名青年,因对某些问题想不通,思想苦闷而轻生自杀。

粉碎"四人帮"后,康县根据中央"调整知青政策,逐步缩小上山下乡范围,今后不再搞插队"的指示精神,从1977年底开始逐步将带队干部撤离知青点,调回原单位工作,并把还在农村插队的城镇青年陆续安排到厂矿企事业单位就业。

(政治志第十章《建国后重大政治运动纪略》,第532—534页)

# 《岷县志》

《岷县志》编纂委员会编,甘肃人民出版社1995年

(1967年)6月,首批知识青年到农村插队落户,接受贫下中农再教育。

(《大事记》,第36页)

1968 年，毛泽东主席发出了"知识青年到农村去，接受贫下中农再教育，很有必要"的指示后，知识青年上山下乡形成制度。1969 年至 1977 年上山下乡知识青年共有 1 998 人，其中兰州市知青 352 人。从 1972 年起至 1980 年止，陆续通过招干、招工、参军、升学全部安置完毕。

（第二章《劳动就业》，第 587 页）

# 《成县志》

成县志编纂委员会编，西北大学出版社 1994 年

（1965 年 8 月）14 日，设城市知识青年上山下乡领导小组办公室。

（卷首二《纪事》，第 83 页）

（1973 年 5 月）5 日，设上山下乡安排工作领导小组暨办公室。

（卷首二《纪事》，第 95 页）

（1973 年 8 月）26 日，上山下乡办公室《关于全县知识青年上山下乡工作情况的报告》说，9 月中旬以来，本县有 90 名城镇知青下到农村。接待安置兰州知青 215 名，全县 32 个安置点建房 46 间，借用民房 86 间，购置农具 3 520 件。　（卷首二《纪事》，第 95—96 页）

（1974 年）本县及兰州市上山下乡知青共 596 人。　（卷首二《纪事》，第 97 页）

（1976 年 10 月）30 日，《关于我县知青工作的情况汇报》说，从 1969 年至现在，上海、兰州、武都及本县知青已达 1 262 人，分别在 16 个公社的 70 个大队，95 个生产队劳动锻炼。此外，还有 300 余名高、初中毕业生回乡参加农业生产。　（卷首二《纪事》，第 99—100 页）

**劳动就业**　50—70 年代末，国家机关、企事业单位工作人员除大、中专毕业生外，一般视其需要，经民政、人事部门政治审查，录用分配。用人单位接收后，安排具体工作。是时，录用对象一为旧时之遗留人员，一为城镇居民，一为复员军人。此外，偶有农村社员。70 年代中、后期至 80 年代初，主要为城镇上山下乡知识青年、职工子女及城乡复员军人。80 年代始，政治审查放宽，录用对象仅及城镇待业青年及复员军人，农村之人于是仅走大、中专考试之一途。

（卷十一《劳动人事》，第 418 页）

### 上山下乡知识青年安置

1968 年设上山下乡办公室，1972 年 4 月改上山下乡知识青年安置办公室。1973 年接

收甘肃省建筑七局之高、初中毕业生 150 人。至 1976 年,接收甘肃省建七局、粮食局、冶金设计院、兰州铝厂、东方红铝厂之上山下乡知识青年凡 8 批,1 360 余人及 106 队、本县知青 680 余人,分别安置于城关、陈院、支旗、抛沙、红川、店村、小川、纸坊、苏园、王磨、黄渚、水泉、大坪、两河、南康 16 个公社的 3 个农场和 96 个知青点。安置费 57 万余元。其后,陆续从中录用国家固定职工。至 1982 年,已录用 1 368 人。　　（卷十一《劳动人事》,第 419 页）

# 《文县志》

文县志编纂委员会编,甘肃人民出版社 1997 年

　　1973 年,法院机构恢复,至 1978 年,审结"破坏农业学大寨"、"破坏知识青年上山下乡"和"反革命挂钩"、"反革命报复"、"反革命翻案"等案件 70 件。

（第四编第五章《司法》,第 708 页）

## 第三节　知青安置

　　1968 年 10 月,文县革命委员会成立了安置领导小组,下设办公室,具体办理知识青年上山下乡工作。同年 12 月,毛泽东主席发出"知识青年到农村去,接受贫下中农再教育,很有必要"的指示后,知识青年上山下乡形成高潮。1969 年 1 月,安置办公室除安置知青外,并承担城镇居民在农村的安置工作。1974 年 3 月,改称知识青年上山下乡领导小组办公室。至 1978 年 12 月,全县共设置知青点 103 个,安置省、地、县和驻文单位知识青年共 1 000 余人,分布在 21 个公社、农场;共建知青房 669 间,开支建房费 27.14 万元,安家费 65 万元。随着形势发展,知青均陆续回城镇安置了工作,下乡居民也逐步返回城镇。

（第四编第七章《劳动人事》,第 773 页）

# 《甘南藏族自治州志》

甘南州州志编纂委员会编,民族出版社 1990 年

　　是月(1971 年 8 月),甘南州革委会政治部和生产指挥部发出"关于招收中、小学教员的通知",计划全州招收 170 名,其来源为退伍军人、劳动锻炼达两年以上的插队知识青年、职工子女。

（《大事记》,第 120 页）

　　城镇青年就业经费,是由城镇人口下乡安置费和知识青年上山下乡经费最后演变而成。甘南州自 1965 年至 1972 年支出城镇人口下乡安置费 130.8 万元。根据州财政局、劳动局

1981 年 1 月统计,1973 年至 1979 年共安置上山下乡知识青年 4 087 人,分布在 7 个县、55 个人民公社、141 个大队、181 个生产小队、193 个知青点、4 个集体场队、2 个国营农场。给知青建房 1 585 间,建筑面积达 21 342 平方米。这 7 年,甘肃省给甘南安置经费 201.6 万元(财政决算银行支出数为 180.3 万元),年均 28.8 万元,人均 493.27 元。根据上级规定,于 1980 年全州农村插队知识青年全部招工安置。从 1980 年到 1990 年财政支出城镇青年就业经费 185.5 万元,年均 16.86 万元。并规定将各县经费结余及房屋变价款 69.4 万元,一并用于安置待业青年经费。 (财政志第二章《财政支出》,第 896—897 页)

1961、1962、1963 年人口净迁出率分别为 14.95%、0.38%、2.45%。这一时期迁出州外的部分人口还包括返回原籍的河南支边青年。 (人口志第二章《人口变迁》,第 1036 页)

甘南州城乡之间的迁移大致可分为四个阶段:

……

第三阶段为 1964—1977 年。由于国民经济的恢复和发展,城镇人口不断增加。七十年代初,全州组织大批知识青年上山下乡。据州公安局统计,1973—1977 年的 5 年中,共安置了 3 400 多名知识青年,平均每年 680 人。到 1979 年总数达到 3 848 人,这些上山下乡的知识青年,都被安置到全州各县农村、牧区,形成了一个从城镇向农村迁移的高潮。这批上山下乡的知识青年,在 1979—1981 年间基本上全部返回了城镇,并安排了适当工作。

1973 年—1977 年,通过招工、征兵、上学(大学或中专)以及病残回城的人数,每年平均约 800 余人。

…… (人口志第二章《人口变迁》,第 1037 页)

六十年代,甘南地区抽调大批干部参加张掖地区社会主义教育运动,以后在玛曲、临潭等县开展的二、三期四清(清政治、清经济、清组织、清思想)运动中吸收了一批农牧区积极分子参加,进行培养锻炼,运动结束后,绝大多数吸收录用为干部。七十年代,将"文化大革命"中上山下乡的知识青年,全部陆续录用。八十年代以后,主要是解决城镇待业青年就业问题,从 1982 年到 1987 年的 6 年时间内,从城镇待业青年中,吸收录用干部 385 人。

(劳动人事志第二章《人事》,第 1205 页)

### 职工子女顶替上岗

1978 年 6 月国务院发布了《关于安置老弱病残干部的暂行办法》和《关于工人退休退职的暂行办法》。1979 年 3 月甘肃省革委会以甘革发 74 号《通知》规定工人、干部退休或死后,家庭生活确实困难的或多子女上山下乡,子女就业少的,原则上可招收其一名符合招工条件子女参加工作;本人户口迁回农村的,可招收他们在农村的一名符合招工条件子女;在职职工死亡后,可招收一名符合招工条件子女。按照上述规定,1981 年全州顶替招工 103 人。1981 年 6 月 30 日甘肃省政府发文取消了子女顶替规定。

(劳动人事志第三章《劳动》,第 1216—1217 页)

# 《临潭县志》
临潭县志编纂委员会编,甘肃民族出版社 1997 年

(1969 年)2 月 20 日,临潭县成立了安置办公室,负责全县城镇居民和知识青年上山下乡工作。

3 月,临潭县动员知识青年和城镇人口上山下乡。安排下乡城镇人口 1 210 户,3 680 人。

(《大事记》,第 35 页)

(1970 年)11 月,临潭县安置知识青年 300 人到各点插队劳动。　(《大事记》,第 35 页)

(1971 年春)临潭县将兰州来临插队的 38 名知青,分别安置在新城公社 4 个点上。

(《大事记》,第 36 页)

(1973 年)7 月 4 日,临潭县成立了上山下乡知识青年安置领导小组。同日,成立了计划生育领导小组。
(《大事记》,第 36 页)

**城镇人口下乡安置经费**　包括城镇居民和知识青年下乡上山经费。1966 至 1990 年,累计支出 51.3 万元。
(第十一卷第三章《财政支出》,第 335 页)

1971 年,国家下达临潭县招固定工指标 249 人,其中从退伍军人中招工 32 人,从插队两年以上的知识青年中招工 77 人,职工子女 49 人,农村青年 91 人。招收临时工 2 180 人,其中从城镇闲散劳力中招收 44 人,从农村劳动力中招收 2 136 人。1972 年后,临潭县成立了"临潭县上山下乡知识青年办公室",劳动就业对象主要是上山下乡知识青年和回乡知识青年。从 1975 到 1979 年的 5 年内,从知识青年中招工分别为 37 人、96 人、30 人、44 人、32 人。1979 年,全县工人数为 2 415 人,其中生产部门工人 1 148 人,占工人总数的 47.54%。1980 年,撤销了"临潭县知识青年上山下乡办公室",重新组建了"临潭县劳动服务公司"。自此,城镇青年的劳动就业途径从"上山下乡"转入了"待业"的新形式。

(第二十二卷第二章《劳动管理》,第 580 页)

## 第二节 知识青年上山下乡

1968年开始动员城镇知识青年上山下乡,参加农业生产。1969年2月,临潭县成立安置办公室。1974年5月14日,临潭县革命委员会知识青年上山下乡办公室成立,专门办理知识青年上山下乡事宜。动员下乡的对象是:1972届中学毕业生;1971年前历届毕业生尚未分配工作的;城镇中闲散的社会青年。凡属下列情况之一者不予动员:病残不能参加劳动的;独生子女;多子女在本县范围内只有1个子女的;父母年老病残,生活不能自理,需要1个子女照顾的。是年,动员75名知识青年上山下乡。1971年接待了兰州市分到临潭县插队劳动的知识青年38名,其中男16人,女22人。1972年,知识青年下乡人数83人。1973年下乡知识青年48人,其中兰州市知识青年30人。1974年下乡知识青年75人,1975年117人,1976年134人,1977年36人,1978年29人。全县10年间共计上山下乡知识青年609人。建立知识青年下乡点28处,分布于7个人民公社。安置经费每人补助520元,其中给每人建房8至10平方米,建房补助费每人200元,生活补助费每人220元,生产补助费、学习材料费、医疗补助费、旅运费等每人100元。全县共拨出知青安置费37万余元。口粮标准,凡插队、回乡青年第一年内由国家供给口粮和口粮款,每人每月发菜金3元。第二年参加社队分配,每人每年达不到540斤标准的,由国家补助。1979年4月后,临潭县非农业人口的中学毕业生再未列入上山下乡、插队劳动的计划。原在农村的知识青年就业问题至1980年全部解决完毕。

(第二十二卷第二章《劳动管理》,第581页)

# 《舟曲县志》

甘肃省舟曲县地方志编纂委员会编,生活·读书·新知三联书店1996年

1969年列有城镇人口下乡安置费支出。　　　　(第三编第二十二章《财政》,第298页)

## 第三节 知识青年上山下乡

### 一、支建青年

1955年7月与1956年6月,首批刚从初中毕业的北京青年学生和上海等地职业青年,响应党中央“到西北去,到边疆去,把青春献给祖国最需要的地方”的号召,志愿献身甘肃社会主义建设,有10名北京男青年和22名上海职业青年(男19名、女3名,实际报到9名)分配到舟曲县。县上为他们举行隆重欢迎会,分配县属单位工作。

1959年5月,河南省尉氏等县4 200名男女知识青年(15名干部)响应党中央支援西北建设的号召,志愿报名来龙迭县参加建设。7月18—20日分批到达县城,受到党政部门与群众的热烈欢迎和接待。这批青年被分配到瓜咱、洛大农场和城关砖瓦厂、陶瓷厂、耐火材料厂等企业劳动,另有县师范(一年制)师训班招收20名支建青年,毕业后分配小学任教。

另外,从中挑选演员组建豫剧团。在三年生活困难时期,部分支建青年调四川省和县内一些林场,部分自回或调回原籍,剧团人员调和作。余 20 多人,绝大部分陆续参加工作。

30 多年来,北京、上海、河南支建知识青年在舟曲艰苦条件下勤奋工作。他们中的一些人加入中国共产党,有的已多年担任各级领导工作,有的被省、州树为先进工作者,为舟曲建设事业作出一定的贡献。

## 二、知识青年插队

为贯彻毛泽东关于"知识青年到农村去,接受贫下中农再教育,很有必要"的指标,舟曲县于 1973 年开始安置上山下乡知识青年(简称"知青"),第一批安排瓜咱良种场。1973 年 7 月,县委成立知识青年上山下乡领导小组(后改为知识青年上山下乡办公室),统一负责办理知识青年上山下乡的动员和安置工作,在峰迭乡的杜坝、武都关、瓜咱城内、峰迭城外、城内、好地坪,憨班乡黑峪寺村,巴藏乡各皂坝,坪定乡九原,武坪乡哑下等乡村设立知识青年点,修建专用房屋。有关单位先后派出带队人员,协助社队管理教育知识青年。1979 年 6 月,依照全省知识青年上山下乡工作会议精神,停止动员城镇知识青年上山下乡,至此,动员到农村插队劳动的城镇知识青年有 298 名,其中男 148 名,女 150 名。

城镇知识青年插队期间,在人民群众的热情接待和多方照顾下,大多数能和当地群众打成一片,积极参加生产劳动,协助生产队举办农民夜校,参加农业科学实验,有的被评为"五好"社员,有的还加入中国共产党和共青团。

插队知识青年上学、招工、招干,均由知青点全体知识青年民主评定和所在大队领导按其政治、劳动、生活、学习诸方面表现进行推荐。1985 年,全县插队知识青年通过招工、招干等渠道全部离开农村,上山下乡知识青年工作结束。

(第四编第十四章《劳动人事》,第 433 页)

# 《玛曲县志》

玛曲县志编纂委员会编纂,甘肃人民出版社 2001 年

(1974 年)4 月 1 日,中共玛曲县委恢复办公室、组织部、宣传部、统战部,并成立中共玛曲县直机关委员会和知识青年办公室。　　　　　　　　　　　　　　(《大事记》,第 72 页)

(1977 年)6 月下旬,全县知识青年上山下乡和回乡代表会议在县城召开。会上奖励上山下乡和回乡知识青年先进个人及安置管理优良的公社、大队负责人共 30 余名。

(《大事记》,第 75 页)

(1980 年)10 月 9 日,县劳动服务公司、科技干部技术职称评定委员会成立。同时,撤销

县知识青年上山下乡办公室和知识青年"上山下乡"服务站,其业务由劳动服务公司办理。

(《大事记》,第 79 页)

　　70 年代初,甘南州的知识青年响应中国共产党的号召,开展"上山下乡"运动,有一部分被安置到玛曲各乡,形成了一个从城镇向农村迁移的高潮。1978—1981 年基本上全部返回城镇,并适当安排了工作。

(第五卷第四章《人口变动》,第 257 页)

　　1974 年国家实行"知识青年上山下乡"运动后,对城镇上山下乡的知识青年,进行了统包分配的政策。据统计,从 1975 年—1980 年玛曲县先后接待、安置州、县知识青年 482 名,其中州上 287 名,本县 195 名。

(第十七卷第一章《劳动人事》,第 619 页)

　　(二)离职学习:从 1976 年开始由社队推荐知识青年(当时主要是民办教师)、单位选送干部职工上大学深造。

(第二十卷第二章《全民教育》,第 722 页)

# 《夏河县志》

甘肃省夏河县志编纂委员会编,甘肃文化出版社 1999 年

　　(1968 年)9 月 2 日,县革委会"上山下乡青年安置办公室"成立。　(《大事记》,第 95 页)

　　(1974 年)10 月 24 日,县上山下乡青年安置办公室改为"夏河县知识青年上山下乡办公室"。

(《大事记》,第 97 页)

　　到 1976 年 10 月,县革委会共设有办公室、民政局、财税局、公安局、粮食局、商业局、农牧局、水电局、工交局、文教局、卫生局、邮电局、物资局、农机局、社队企业与手工业管理局、广播事业管理局、经济计划委员会、体育运动委员会、宗教事务科、计划生育办公室、知识青年上山下乡办公室、气象站、人民银行夏河县支行等 23 个工作部门。

(第五编第三章《地方行政机关》,第 672 页)

　　1966 年至 1976 年"文化大革命"时期,一批贫下中农(牧)代表被录用为国家干部,并走上各级领导岗位。这一时期的干部来源主要有:初中以上文化程度的少数民族青年、大中专学校毕业生、复员转业军人、上山下乡知识青年等。1976 年 10 月,全县共有干部 1 304 人,其中少数民族干部为 399 人,计占干部总数的 30.6%。

(第五编第六章《劳动人事》,第 705 页)

1971年，临时工制度被全面否定，全县行政事业单位有213名临时工改为固定工。1974年，在城镇上山下乡知识青年中首批招工14人。1976年8月，由州食品公司在夏河招用临时工380名。是年11月，根据州革委会(76)108号文件精神，在城镇上山下乡知识青年中招工51名。

　　1977年2月，由于集体制工业企业的兴起，在职工家属和城镇居民中招收集体所有制工人98名。当年10月起，对城镇上山下乡知识青年依照"统包分配"的政策，分两批招工109人。

（第五编第六章《劳动人事》，第715页）

# 《卓尼县志》

卓尼县地方史志编委会编，甘肃民族出版社1994年

　　1969年1月中旬，首批知识青年上山下乡。　　　　　　　　　　（《大事记》，第30页）

　　1969年至1979年，对城镇上山下乡知识青年，依照"统包分配"的政策，全部得到安置就业。此外，1979年恢复高考制度后，对大中专毕业生，实行在国家统筹计划的指导下，由劳动部门负责安排就业。1981年对待业青年有计划的进行招工、招干，先后安置就业206人。

（民政志第三章《劳动管理》，第155页）

### 知识青年上山下乡

　　1969年响应党和国家号召，实行知识青年上山下乡制度在广大农牧村插队锻炼。是年，全县共有下乡知识青年134人，其中省、地、插队青年78人，县内插队56人。其中纳浪乡29人，木耳乡26人，城关镇2人，大族乡49人，卡车乡28人。至1978年增加到146人，其中男79人，女67人，同年设立了知青点，并筹措资金修建了土木结构住房。1979年年底，依照有关劳动就业规定，知识青年回城通过招工、招干、升学、参军、顶替等渠道陆续进行了安置就业，其中在合作、夏河等地就业的有11人，应征入伍的9人，考入中等专业学校的16人，被录用为人民教师的2人，在国家机关行政事业单位和企业就业的108人。

（民政志第三章《劳动管理》，第156页）

　　1963年后，除国家统一分配的师范院校毕业生外，从县内初、高中毕业的回乡知识青年中陆续吸收了一部分民办教师，其待遇是民办公助，本地教师国家月补助15元，在生产队按同等劳力参加分配，外地教师国家月补助25元，同时参加学校所在地社队年终分配。到1978年，全县民办教师有336人，约占全县教师总数的52％。1981年，这部分民办教师经考评，一部分转为公办，部分发了任用和留用证，基础太差不能胜任工作者被辞退。

（教育志第五章《教师队伍建设》，第554—555页）

# 《迭部县志》

迭部县志编纂委员会编,兰州大学出版社 1998 年

(1968 年)12 月 21 日后,开始掀起了城镇知识青年上山下乡的热潮。

(《大事记》,第 42 页)

(1975 年)4 月 15 日—19 日,县委召开迭部县上山下乡知识青年、回乡青年代表会。

(《大事记》,第 45 页)

1968 年成立了县革命委员会知识青年安置办公室,负责上山下乡知识青年的安置和管理。1972 年 7 月 23 日,又成立了迭部县劳动服务公司,管理和安置城镇待业青年的劳动就业。……1981 年 4 月,知青办并入劳动服务公司。 (第四编第五章《劳动人事》,第 378 页)

### 知识青年安置

1968 年—1979 年间,全县共接收和安置上山下乡知识青年 478 名,其中男 289 人,女 189 人;本县的 395 人,合作的 22 人,兰州的 61 人。到 1979 年 10 月,停止动员城镇知识青年上山下乡。

从 1972 年起,通过企业招工,大、中专院校招生,应征入伍,转干等途径,逐步安置下乡知识青年。到 1984 年,全县 400 多名知识青年基本安置完毕。

(第四编第五章《劳动人事》,第 578—579 页)

1969 年后,由于知识青年上山下乡,招工对象发生了变化,主要在插队知青和留城待业青年中招收。 (第四编第五章《劳动人事》,第 579 页)

# 《碌曲县志》

碌曲县地方志编纂委员会编,甘肃文化出版社 2006 年

(1969 年)10 月 11 日,据统计,全县有 576 名知识青年响应号召上山下乡,投入农村“三大革命”(即阶级斗争、生产斗争、科学试验)。 (《大事记》,第 35 页)

(1975 年)5 月 8 日,碌曲县上山下乡知识青年代表大会召开。 (《大事记》,第 36 页)

1966 年至 1976 年“文化大革命”时期,这时期的干部来源主要有:退伍军人、专业学校、

技工学校、半工半读学校毕业生,上山下乡知识青年。

(第二十五卷第一章《人事管理》,第 415—416 页)

20 世纪 50 年代末,为响应国家"支援大西北社会主义建设"号召,一大批河南知识青年来到碌曲支援地方建设,之后又有一部分人因各种原因迁出返回原籍。在 1964 年至 1977 年,知识青年"上山下乡"来碌曲插队落户,被安置到牧区参加生产劳动,80 年代初相继离开碌曲被招工进城或返回原籍。 (第二十六卷第一章《人口规模》,第 432 页)

# 《临夏回族自治州志》

临夏州志编纂委员会编,甘肃人民出版社 1993 年

是月(1968 年 10 月),动员城镇居民、知识青年到农村落户,全州先后有 2 000 余户、1.6 万人被迁到农村。 (《大事记》,第 60 页)

(1973 年)9 月 9 日,全州知识青年上山下乡工作会议召开。 (《大事记》,第 62 页)

**特定经费**

即在特定时间发生的其他经费列支,主要有:从 1971 年起,每年安排人民防空经费,到 1984 年累计支出 14.6 万元;1968—1975 年期间支"五·七"干校和干部下放劳动经费137.6 万元;1973—1985 年支知识青年上山下乡安置费 478 万元,城镇人口下乡返城安置费共支 296.2 万元;1979—1985 年共支工商行政管理费 168 万元;1956—1985 年支自治州、自治县成立等庆祝活动费 220.3 万元;1985 年 7 月至 12 月支职工、居民肉食补贴 211.3 万元等。

(财税志第三章《财政支出》,第 577—578 页)

1970 年至 1981 年共招收工人 16 204 人,其中从农村招收 9 322 人。招收对象主要是下乡插队劳动两年以上的知识青年及少量的留城待业青年。农村招收对象主要是回乡知识青年和复退军人,规定年龄是 16 至 25 周岁,并具有一定的文化程度。搬运、矿山、林区、井下等工种,文化条件适当放宽。 (劳动人事志第三章《劳动》,第 993 页)

## 第六节 知识青年上山下乡

1968 年开始动员城镇知识青年上山下乡,参加农业生产。动员下乡的对象是:1968 年起城镇历届年满 17 周岁的高、初中毕业生和社会闲散青年;对于家住农村的初中毕业生,除升入高中者外,均动员回社队参加生产。凡属下列情况之一者不予动员:病残不能参加劳动

1623

的;独生子女;多子女在县城范围内只有一个子女的;父母年老病残生活不能自理需一个子女照顾的。凡不动员对象,经学校、街道居委会审查,县(市)革委会批准,发给留城证明。1968年至1979年初,全州共动员上山下乡的城镇知识青年有6 289人,并安置兰州市上山下乡知识青年3 808人。知识青年上山下乡工作开始由州安置办公室管理。1973年8月成立中共临夏州委知识青年上山下乡工作领导小组。1973年9月成立临夏回族自治州革命委员会知识青年上山下乡工作办公室,原刘家峡水库移民局和州安置办公室合并为州知识青年上山下乡工作办公室。

　　知识青年上山下乡的形式一般有三种:以组为单位集体插队;单独建立知青点;有条件的回老家落户或在亲友所在地安家落户。至1976年,对已上山下乡的5 047人分别安置在6个县的59个人民公社、244个大队、633个生产队,建立知青点630个。安置经费在东乡县每人补助520元,其他县每人补助480元。其中规定给每人建房8至10平方米,建房补助费每人200元。至1974年7月,有285个知青点修建住房2 226间,占应建房2 967间的75.02%。口粮标准,凡插队、回乡青年第一年按每人每月成品粮45斤供给,第二年起参加社队分配,达不到45斤标准的,由国家补足。1968年至1975年,全州用于安置上山下乡知识青年的经费实际支出351.9万元。1979年3月后,临夏市和各县再未列入知识青年上山下乡范围,停止动员。原在农村的知识青年就业问题至1981年5月全部解决完毕。

(劳动人事志第三章《劳动》,第999—1000页)

# 《积石山保安族东乡族撒拉族自治县志》

甘肃省积石山保安族东乡族撒拉族自治县志编纂委员会编,甘肃文化出版社1998年

　　(1968年)9月,按照"知识青年到农村去,接受贫下中农再教育"的精神,在乩藏、居集、寨子沟、吹麻滩、石塬、刘集、大河家公社安置城镇知识青年126人插队落户,劳动锻炼,至1980年,先后返城。
(《大事记》,第49页)

　　1963年后,劳动就业逐步转向对上山下乡知识青年的安置。至1979年,共安置下乡知识青年和城镇待业人员7 401名。
(政治编第九章《劳动人事》,第289页)

　　1968年9月14日,毛泽东发出"知识青年到农村去,接受贫下中农再教育"的指示后,临夏县革委会分批动员县城高、初中毕业生到农村插队劳动,接受再教育。(至1979年底,所有下乡知识青年,除应征入伍、选送上学的外,全部陆续招工招干返回城镇。)并在"我们也有两只手,不在城里吃闲饭"的口号下,安置从临夏市、兰州等地迁来的城镇居民3 006人,发放安置费25.5万元。至1980年底绝大部分陆续返回城市。

(政治编第十一章《政事纪略》,第297页)

# 《临夏市志》

临夏市地方志编纂委员会,甘肃人民出版社1995年

(1968年)废高考升学制度,中学毕业生上山下乡劳动锻炼,是年开始至1979年累计3 049名知识青年插队,后被陆续招工、招干或上学、参军,照顾回城3 046人,在农村落户3人。

(《大事记》,第51页)

1969年开始,动员城市居民上山下乡和知识青年到农村插队锻炼。成立"上山下乡安置办公室",分批组织城市居民向州内各县农村落户。接收外地插队青年100余人到本市落户。截至1970年全市有城镇居民2 479户,10 254人迁往农村,之后又有知识青年分12批,共计2 913人到农村插队落户。从70年代始至1985年迁到农村的城镇居民基本上都返回城镇。

(《建置 人口》第三章《人口》,第79页)

1952年(干部录用)从基层积极分子中选拔23人,从社会上录用42人。1953年上级从北京为本市招收知识青年(以下简称知青)40名。1956年2月接受上海支边青年97人,分配到市直机关和文教系统。1963年从外地调入干部32人。1965年社会主义教育运动中,抽调了一批农村骨干参加社教队伍,后从"社教"积极分子、知青和大、中专毕业生中吸收干部19人。翌年从农村积极分子中给每个人民公社选调一名半脱产干部。1971年后,从工农、知青、复退军人中吸收干部和接收大、中专毕业生增加干部。

(《民政 劳动 人事》第二章《人事》,第649页)

从1970年开始,招收知青和部分农村青年到国营企业当工人。

(《民政 劳动 人事》第三章《劳动》,第653页)

## 知青安置

1968年起动员城镇知识青年上山下乡,至1970年共动员809名城镇知青下乡,被安排在本市、临夏县、东乡县、和政县农村插队劳动。1973年8月根据全国知识青年上山下乡工作会议精神,建立了95个知识青年点,将分散插队的知青采取集中插队。翌年,成立临夏县知识青年上山下乡领导小组,下设办公室。每个点都派有干部,进一步加强对知青管理。到1979年共动员3 049名知青插队劳动,其中省轻工局、测绘局72人,同本市知青一起安置到23个公社,82个生产大队的148个知青点上。根据有关规定不动员上山下乡的325人,其中包括应下而未下去的64人。

知青安置办法,根据劳动表现,所在社队推荐,劳动部门审批,招收分配工作。从1975

1625

年开始,逐年招工安置到 1981 年后,先后招干、招工、考入大中专学校、参军等共安置 3 046
名。对已与农村青年结婚的 3 人未招收安置,但在生产及生活上给予补助照顾。同年 3 月
26 日撤销知识青年上山下乡安置办公室。(《民政 劳动 人事》第三章《劳动》,第 655 页)

# 《永靖县志》

永靖县志编纂委员会编,兰州大学出版社 1995 年

(1969 年)2 月,全县首批 14 名知识青年,响应毛主席"知识青年到农村去,接受贫下中
农再教育"的号召,赴川城公社冯家山等生产大队插队落户。　　　　(《大事记》,第 26 页)

是年(1974 年),全县 302 名知识青年上山下乡,接受贫下中农再教育。

(《大事记》,第 27 页)

## 第五节　知识青年下乡

1968 年 9 月 14 日毛泽东发出"知识青年到农村去,接受贫下中农再教育"指示后,翌年 2
月县革委首批动员县城高、初中毕业生 14 名,到川城公社冯家山等队参加劳动,接受贫下中农
再教育。同时,在刘家峡公社的大川、白川大队安置张掖卫校毕业学生 5 名。从 1974 年开始,
除独生子女、身边无子女、父母有病需照顾、本人病残不能劳动的予以照顾外,其余一律上山下
乡。至 1978 年全县先后动员上山下乡知识青年 1 442 名,分别安排在自然条件较好的刘家峡、
三塬、盐锅峡、西河、陈井等公社的 23 个大队、105 个生产队和县水保站劳动,接受再教育。
1974 年成立知青办公室,配有 7 名工作人员,专管知青下乡工作。从这年起,由国家拨款供料,
先后在 24 个知青点修建宿舍、灶房 1 130 间。至 1980 年末,所有下乡知识青年,除应征入伍、
选送上学外,全被陆续招工招干。　　　　(第十篇第十二章《"文化大革命"》,第 374 页)

共和国建立后的干部主要来源:一是 1949 年冬上级从老区选派干部到永靖开辟工作,
同时审查录用一批旧职人员;二是 1950—1985 年,先后从土改、合作化、社教积极分子、农村
青年、基层干部及城乡知识青年中选拔录用;三是 1952—1985 年,从复转军人中进行选配;
四是 1953—1985 年,接收各类大专院校、中等专业学校毕业生充实干部队伍;五是从外地陆
续调进一部分和从长期"以工代干"的工人中经考试审查合格转为干部。

(第十二篇第一章《人事》,第 403 页)

1973—1985 年,在县缝纫厂、印刷厂、旅游公司等集体企业中,先后安排城、乡知识青年
145 名。　　　　　　　　　　　　　　　　　　　(第十二篇第二章《劳动》,第 406 页)

# 《和政县志》

和政县志编纂委员会编,兰州大学出版社 1993 年

(1969 年)9 月 22 日,开始贯彻毛泽东关于"知识青年到农村去,接受贫下中农再教育"的指示,动员城镇居民、知识青年、职工家属下农村。并接受兰州市、临夏市的知识青年和城镇居民在和政农村插队落户。 （《大事记》,第 28 页）

## 知识青年下乡安置

1968 年,根据"知识青年到农村去,接受贫下中农再教育"的指示,成立县上山下乡知识青年安置办公室。为解决"六七"和"六八"两届毕业生安置问题,州革命委员会下达和政县指标 4 500 人,安排知青建房木料 356 立方米、经费 6 万元。1971 年底,全县已安置上山下乡知识青年 352 人,到 1974 年底增至 529 人,1975 年 11 月增至 1 115 人,1976 年达 1 408 人,分别安置在 13 个公社、67 个大队、175 个知青点。社队用国家拨款 55.42 万元先后为知青修建房屋 1 293 间。知青多数来自兰州市和临夏市。

从 1970 年开始到 1978 年,每年都有一部分知识青年在招工招干中被录用。据 1978 年统计,全县安置在农村的知青尚有 353 人,按年度计,分别为:1972 年 2 人,1973 年 4 人,1974 年 5 人,1975 年 46 人,1976 年 164 人,1977 年 100 人,1978 年 32 人。在推广株洲经验时,将 175 个知青点集中为 9 个大点,办有农、林、牧场和砖瓦厂。1980 年,插队落户的所有知识青年均被招工招干,知青点的财产变价处理,知识青年上山下乡安置工作结束。

（第八章《民政》,第 161—162 页）

# 《东乡族自治县志》

东乡族自治县地方史志编纂委员会编,甘肃文化出版社 1996 年

是年(1969 年)秋,全县安排下乡知识青年,城镇居民。 （《大事记》,第 28 页）

1971 年国家招收工人,主要对象是:退伍军人,劳动两年以上的插队知识青年,家居城镇或农地的职工子女及农村地少人多社队的知识青年。1972 年对原在常年性生产、工作岗位上的 107 名临时工改转为固定工。1978 年招工主要对象为:1975 年以前下乡插队的城镇知识青年,1977 年以前毕业生按规定发给不动员上山下乡证明的城镇知识青年中属独生子女的,家中无一子女就业和农村人多地少农户的知识青年。1955 年至 1979 年,国家在本县共招收临时工、合同工、固定工 8 580 人。 （第二十一章《劳动人事》,第 436 页）

# 《康乐县志》

康乐县志编纂委员会编，生活·读书·新知三联书店出版 1995 年

1969 年，安置兰州市、白银市、临夏等地上山下乡知识青年 1 147 人，城镇居民 377 户，1 179人。

（《大事记》，第 21 页）

1969 年以后，每年有一批兰州知识青年来本县插队。县上成立知识青年上山下乡安置办公室。在八松、鸣鹿、苏集、五户、草滩、景古公社的部分大队设立知识青年点，安置知识青年劳动生产。下乡知识青年第一年口粮由国家供应，第二年参加生产队分配，不足部分由国家补供。知识青年劳动锻炼两年以后，由生产队、生产大队、公社推荐，可参加招工和上学。至 1976 年，共接待安置兰州市插队知识青年 1 147 人，1980 年全部安置完毕。

（第十九章《民政》，第 231 页）

1969—1976 年安置上山下乡知识青年 1 147 人。到 1980 年后，大部分城镇居民和下乡知识青年返回城市。

（第三十一章《人口》，第 402 页）

# 《广河县志》

广河县志编纂委员会编，兰州大学出版社 1995 年

1978 年，从农村招工 42 名，其中上山下乡青年 23 名。

（第二十七章《劳动人事》，第 438 页）

**知识青年安置**

自 1964 年起，广河县开始动员城镇知识青年上山下乡。从 1966 年到 1969 年，全县下乡插队的知识青年共 24 人，男女各 12 人，知青点设在 6 个公社的 9 个大队。

1969 年，有 3 名兰州市回族学生来广河县插队。

1970 年，下乡插队的知识青年只有 1 人。1973 年，全县上山下乡插队知识青年 108 名，其中在庄窠集 52 名。

自 1973 年 10 月到 1974 年 10 月，已动员本县城镇知青 18 名，安置临夏、兰州等地的知青 184 名，其中男 126 名，女 76 名，分别在 8 个公社，23 个大队，42 个生产队。经过一年锻炼，有 9 人加入共青团，3 人担任生产队记工员，5 人社请教师，11 人担任"铁姑娘突击队"的文化教员，5 人当了赤脚医生，198 人为基干民兵。到 1974 年 10 月，全县共有 33 个知青点，建房 199 间，计 1 791 平方米。

1973 年 12 月,广河县设立知识青年上山下乡工作办公室,1980 年撤销。

1974 年 10 月 31 日至 11 月 2 日,广河县召开了全县知识青年上山下乡工作经验交流会,共有知青代表 39 人,其它代表 21 人参加了会议。会上表彰了先进集体 4 个(古城大队党支部、中寨大队党支部、官坊大队党支部和庄窠集公社党委),先进青年点 4 个(古城青年点、上沟青年点、庞家崖青年点和中寨青年点),先进个人 28 名。

1975 年,安置下乡知青 134 人。1976 年,安置下乡知青 149 人。对知识青年的安置一般采取以下三种形式:(1)集中建点,集体生活和劳动。(2)集中建点,分散劳动(将知青分散到各生产队)。(3)投靠亲友。

到 1977 年 5 月,全县共有插队知青 398 人,其中男 215 人,女 183 人。

1978 年,又有知识青年 28 人,其中男 10 人,女 18 人。

从 1978 年开始,广河县通过招工、招干、应征入伍,以及鼓励知识青年自谋职业等途径,逐步解决知青返城及就业等问题,到 1979 年底,共有 400 多名知识青年陆续被招干、招工、应征入伍或进入高等院校学习。 （第二十七章《劳动人事》,第 438—439 页）

# 《武威地区志》

武威市地方史志编纂委员会,(内部刊行)2010 年

(1969 年 7 月)18 日至 22 日,专区革命委员会召开上山下乡动员安置工作会议。年底,全区有 3 984 户,21 609 人到农村插队落户。其中知识青年 4 847 人;城市居民 1 642 户、7 704 人;职工家属 2 342 户、9 058 人。还有外地知识青年、居民和职工家属共 1 088 户、4 939 人来本区插队落户。 （《大事记》,第 80 页）

(1975 年)5 月 25 日,全区上山下乡回乡知识青年代表大会召开,出席大会的代表共 487 人。 （《大事记》,第 85 页）

到第三个五年计划末期,全区城镇待业人员和插队知识青年达 2.5 万人左右,失业人数之多前所未有。

……1980 年,全面停止城镇知识青年上山下乡,当时从农村招收回乡青年和上山下乡知青 2 425 人,其中上山下乡知识青年招收 1 238 人,从此结束了知识青年上山下乡的历史。

（第十五编第二章《劳动》,第 1305 页）

### 知识青年上山下乡

知识青年(简称知青)上山下乡,是特定的历史条件下产生和发展起来的,在当时是安置

城镇待业青年的一种临时措施。

1964 年武威地区根据中共中央、国务院《关于动员和组织城市知识青年参加农村社会主义建设的决定》，开始动员宣传安排知识青年上山下乡。在招工安置的同时，地委、专署联系驻武农业生产建设兵团团场，兴办农林场安置知识青年，先后组建了武威石羊河林场、天祝林场。武威县专门办起了太平滩知识青年林场，当时安排知青近 800 多名从事农业、林业生产。

1968 年 12 月，毛泽东向广大知识青年发出了"知识青年到农村去，接受贫下中农的再教育很有必要"的号召，使全区知识青年上山下乡插队劳动达到了高潮，同时天津市、北京市、山东省、兰州市等外地知青也到武威农村插队。这一时期，主要采取分散插队的形式，下乡知青食、宿在农民家中或生产队的公用房。

1972 年至 1978 年，武威地区采取了厂社挂钩的方法安置知识青年，改变分散插队和由生产队单独管理的办法，实行按县、系统和单位与各县协商挂钩，建立"知识青年点"，下乡知青集中在知青点食、宿、学习和分散劳动（简称"三集中一分散"）。动员安置工作按照"单位定向，对口动员"的原则，采取"知识青年对口下，带队干部对口派，管理教育对口抓，支援农业对口帮"的办法，各单位从动员、建房、安置到管理，统一归口负责。知识青年下乡后，由各单位选派出的带队干部和生产队共同负责安置管理，改变了过去"城市管动员、农村管安置"的脱节局面。

1979 年，武威地区根据国务院"调整政策逐步缩小上山下乡的范围"、"有安置条件的城市，可以不动员知识青年上山下乡"和"按照国家计划从社会上招工时，对留城知青和下乡知青应当统筹安排"的精神，调整了知识青年上山下乡政策，在武威全区范围内实行了上山下乡和扩大留城相结合的办法，集中安置在农、林、牧、副业基地，不搞分期插队。

1980 年 8 月后，根据国务院知识青年工作重点由上山下乡转为安置就业的精神，武威地区通过招工、参军、上学等途径，对知识青年安排就业。1980 年下半年招工时，对 1968 年以来下乡的知青作了全面的调查和处理，1981 年将最后留在农村的 30 名知识青年进行了安置。1981 年，知识青年上山下乡工作基本结束，工作机构亦随之撤销。

（第十五编第二章《劳动》，第 1306—1307 页）

# 《武威市志》

甘肃省武威市市志编纂委员会编，兰州大学出版社 1998 年

（1968 年）12 月，武威县大批知识青年（高初中毕业生），响应毛主席"知识青年到农村去，接受贫下中农再教育"的号召，分期分批，"上山下乡"，插队劳动锻炼。

（《大事记》，第 30 页）

从 1968 年 12 月开始至 1978 年,先后共组织城镇知识青年 1.01 万名到农村插队劳动,接受贫下中农再教育。其中武威县区域内的初、高中毕业生 7 707 名,接受安排上海、兰州等外地知识青年 2 410 名。这部分青年到 1978 年 12 月后,才被陆续安置到厂矿、企事业单位工作。

(第五编第一章《民政　劳动　人事》,第 191 页)

1971—1978 年,从复员退伍军人、上山下乡知识青年、工人、农民中选拔干部 557 人。

(第五编第一章《民政　劳动　人事》,第 195 页)

# 《民勤县志》

《民勤县志》编纂委员会编,兰州大学出版社 1994 年

  1968 年 9 月 14 日,毛泽东主席向全国发出"知识青年到农村去,接受贫下中农的再教育,很有必要"的指示。民勤于 1968 年 10 月接受兰州市首批上山下乡的六六届、六七届高、初中毕业生近 200 名,被安排在各公社部分大队插队落户。县成立了知识青年上山下乡安置办公室(1973 年 3 月 28 日,改为知识青年上山下乡办公室),配备主任 1 人、副主任 1 人,工作人员 4 人;各公社有知青带队教师 1 人。1972 年接受下乡知青 79 人。1973 年又动员本县城镇七二届高、初中毕业生到薛百、红沙梁公社插队落户。

  1968 年至 1978 年间,民勤共接受兰州三五一二厂、兰动厂、油器厂、省银行、窑街矿务局、武威福利院等单位及本县知识青年 1 800 多人插队落户。1978 年,农村还有下乡知青 648 人,其中女知青 420 人。广大知识青年和社员群众一起生活、生产、劳动,思想感情发生了很大变化;通过田间劳动,学得不少农业知识。还有部分知青在实践中增长了才干,被选拔担任了民办教师、赤脚医生、拖拉机手、基层干部。有的加入了共青团、中国共产党。后来,在农村插队落户的大部分知识青年被陆续推荐保送上大学、参军、当工人。1974 年,招工的知识青年 466 名;1975 年招工 472 名。有 7 人同农民结婚,在农村安家落户。知识青年在插队落户期间,也有极少数人不思生产劳动,乱串点,甚至打架斗殴,扰乱社会秩序,群众对这些知青很不欢迎。

  ……

  从 1978 年开始,根据中央"调整知青政策,逐步缩小上山下乡范围,今后不再搞插队"的指示精神,知青带队干部逐步撤离知青点,调回原单位工作。在农村插队的知识青年陆续安排到厂矿企事业单位就业。城镇居民也大部分回城。1980 年,全县还有老知青 20 人,均作了适当安排。1981 年,县对农村安家的 7 名老知青做了一次性安置,视不同困难情况,每人发给生活补助费 500—1 500 元,医疗费 300—500 元。共发生活补助费 7 000 元,医疗费 1 600 元。知青点的房屋折价处理生产队,知识青年上山下乡办公室随之撤销。

(第六编第九章《民政　劳动》,第 560—561 页)

# 《古浪县志》

古浪县志编纂委员会编,甘肃文化出版社1996年

（1968年）11月,全县城乡知识青年（高初中毕业生）,"上山下乡"接受贫下中农"再教育"。

（《大事记》,第32页）

## 第三节　知识青年下放与安置

"文化大革命"中,城镇知识青年下放农村安家落户,接受贫下中农再教育。1968年12月有91名（男52名,女39名）县一中、二中、三中的66、67、68届毕业生,分别下放到古浪、定宁、泗水、土门、大靖、民权、裴家营、黄羊川等公社落户,借住民房或大队集体公房,开始劳动锻炼。1969年下放25人,其中男14人,女11人。1970年下放22人,其中男12人,女10人。

1973年下放知青掀起高潮,全县设安置点29个,安置知识青年300人,其中:大靖公社在大庄、东关、樊家滩、龙岗、沙河塘、长城等大队设7个点,共安置60人;民权公社在台子、民权、峡口等大队设4个点,安置30人;裴家营公社在蔚家滩、塘坊、李家窝铺、龙泉等大队设4个点,安置50人;土门公社在永丰、新胜、三官庙、保和、胡家边、和乐等6个大队设8个点,安置60人;泗水公社在周庄、下四坝、上四坝、三坝、铁门5个大队设7个点,安置50人;定宁公社在曙光、肖营、双庙3个大队设3个点,安置30人;黄羊川公社在周家庄大队设1个点,安置10人;龙沟公社在秤沟台大队设1个点,修建住房3间,安置10人。以上各点共修建知青住房55间。

1974年铁路系统的33名知识青年下放落户到定宁公社的曙光、长流大队。长流大队在大庄、东庄小队各修建知青住房7间。

1975年,全县安置知识青年750人（男394人,女356人）,共有知青点67个,建房456间。这750人中,白银公司208人,兰州万里机械厂113人,甘肃省军区35人,独立师20人,铁路系统81人,兰州市131人,本县162人。

1976年新开知青点26个,安置278人。1977年安置370人,其中本县知青107人,兰州市知青262人,其他地方1人,当年新建12个点。至此,全县实有知青点88个,分布在9个公社49个大队88个生产队及4个集体所有制场队和6个国营农林场里。本年底,累计插队知识青年889人,其中在知青点824人,集体场队65人,共建房630间,约6300平方米。1978年又下乡52人,1979年下乡74人,1980年下乡96人,1981年下乡88人,1982年下乡80人,1983年下乡56人,1984年下乡80人,1985年下乡68人。

知识青年经费,每人每年510元,其中建房费200元,生活费220元,工具农具灶具费91元,均由县财政如数拨发。另外,每年还拨过冬费、房屋维修费和奖励费等。

为了搞好知识青年下乡上山,接受贫下中农再教育工作,县上于 1968 年成立知青办公室,专门负责、管理、安排、协调知识青年上山下乡诸方面的事宜。

知识青年下乡插队后,参加本队的一切活动,从事各种劳动,生活自理,大多数通过锻炼,招干、招工、上学深造而离开农村,少数陆续回城。

(卷二十一第七章《移民下放》,第 918—919 页)

"文化大革命"中,正常用工制度被打乱,从 1968 年起本县城镇市民和待业青年被下放农村劳动,并接受兰州、白银等大中城市待业青年,安排到农村劳动,每年如是。进入 70 年代以后,国家招工对象改变为农村劳动力,形成了城镇知识青年上山下乡与农业人口进城镇就业的对流局面,给就业安置工作造成了困难和被动。(第二十二第二章《劳动》,第 943 页)

根据上级指示,66 级、67 级、68 级三届高中生同时毕业,上山下乡,接受贫下中农再教育。

(卷二十三第四章《普通中学教育》,第 963 页)

# 《永昌县志》

永昌县志编纂委员会编,甘肃人民出版社 1993 年

同年(1971 年),自从 1968 年贯彻"知识青年到农村去,接受贫下中农再教育"的指示后,全县陆续建立知识青年点 39 个,接受兰州,金川公司等地知识青年 1 244 人,安置在农村劳动。

(卷二《大事记》,第 58 页)

同年(1980 年),自 1973 年 6 月 4 日,成立安置知识青年上山下乡领导小组,至 1978 年,全县建立知识青年点 299 个,办农场 61 个,安置省、地、县知识青年共 8 227 人。于 1980 年全部招工,机构撤销。

(卷二《大事记》,第 64 页)

1977 年至 1978 年的招工对象仍然是 1976 年底前上山下乡插队知识青年;1978 年底以前按政策办了留城手续的青年;农村社队中的一部分社员及矿山井下、野外勘探、森林采伐单位的部分职工子女。

(卷二十七第三章《劳动》,第 905—906 页)

1968 年 12 月根据毛泽东"知识青年到农村去,接受贫下中农的再教育,很有必要"的指示,开展知识青年上山下乡活动。除升学、独生子女、多子女在本市县范围内只有 1 个子女、中国籍的外国人子女、父母年老病残生活不能自理需要 1 个子女照顾和病残不能参加劳动的外,其他包括城镇中闲散的社会青年一律动员下乡。

永昌县革命委员会生产指挥部于 1969 年初设安置组负责办理上山下乡知识青年安置工作。1973 年 6 月正式成立知识青年上山下乡工作办公室。从 1968 年开始至 1978 年 10 年间,共接受安置知识青年 8 227 名,其中县城知青 704 人,其余为铁路系统、金川公司、八冶公司。省地驻县其它单位和兰州有关单位的知识青年。全县共建知识青年点 338 个、农林场 61 个,修建住房 3 180 间,每人每年发安置费 520 元。至 1978 年共开支知青安置经费 1 634.59 万元。知识青年下乡初期,各单位派干部管理,政治上、生产上、生活上均管理得较好,大部分人都能参加劳动。1979 年甘肃省委决定,知识青年再不到农村插队劳动。1980 年所有知识青年返城招工,县知识青年工作办公室同时撤销。1981 年 6 月起,实行劳动部门招工就业、自愿组织起来就业和自谋职业三结合的就业办法,拓宽了就业门路,减轻了城镇待业青年就业和国家招收全民职工的压力。1970 年以来每年招收的工人数目见表 233。

表 233　永昌县 1970 年以来招收工人统计表

| 项目<br>年份 | 国营企业 | | | | | | | | | 集体企业 | |
| | 招工人数 | | 招工来源 | | | | 分配去向 | | | 县体属企集业 | 其他 |
| | 合计 | 其中女性 | 城镇 | 上山下乡知青 | 农村劳力 | 职工子女 | 中央省属企业 | 地区级企业 | 县属企业 | | |
| 1970 | 1 300 | 461 | 944 | | 356 | | 1 300 | | | | |
| 1971 | 612 | 71 | 149 | | 463 | | 612 | | | | |
| 1972 | 788 | 67 | 196 | 160 | 132 | 300 | 664 | 25 | 99 | 150 | |
| 1974 | 735 | 135 | 378 | 70 | 150 | 137 | 330 | 225 | 30 | 130 | |
| 1975 | 2 153 | 771 | 130 | 1 721 | 192 | 110 | 1 976 | | 47 | | |
| 1976 | 1 215 | 519 | | 737 | 277 | 201 | 1 101 | 2 | 3 | 300 | |
| 1977 | 826 | 163 | 324 | 462 | 40 | | 388 | 50 | 88 | | |
| 1978 | 667 | 249 | 25 | 620 | 22 | | 549 | 48 | 79 | | |
| 1979 | 1 522 | 838 | 427 | 1 095 | | | 930 | 151 | 441 | | |
| 1980 | 1 219 | 570 | | 1 003 | 20 | 196 | 1 219 | | | | |
| 1981 | 2 024 | 1 048 | 316 | 1 356 | | 352 | 1 543 | | 425 | 56 | |

……

(卷二十七第三章《劳动》,第 906—907 页)

1950 至 1960 年,干部录用,除分配的少数大中专毕业生外,大部分是从城镇社会知识青年和农村回乡知识青年中录用,或从在校的中学生中吸收,其中 1950—1953 年从外省的复员转业军人和上海、天津支边青年中吸收了一批,1960 年以后,主要是从农村积极分子和基层干部中间选拔录用。1970 年后从社请教师、复退军人和下乡知识青年中招收录用了一批干部。

(卷二十七第四章《人事》,第 916—917 页)

# 《金昌市志》

金昌市地方志编纂委员会编,中国城市出版社1995年

### 省部级先进模范人物表

| 姓　名 | 籍　贯 | 出生年月 | 工作单位及职务 | 获奖时间及称号 | 授奖单位 |
|---|---|---|---|---|---|
| | | | …… | | |
| 张莉(女) | 甘肃兰州 | 1951 | 红山窑夹河村插队知青 | 1974年甘肃省先进知识青年 | 省革委会 |
| | | | …… | | |

(第二十六篇第三章《人物表录》,第776页)

# 《阿拉善右旗志》

阿拉善右旗地方志编纂委员会编,内蒙古教育出版社2000年

(1973年)11月16日,全旗首批知识青年开始下乡,截至1976年12月,共有下乡知识青年327名。　　　　　　　　　　　　　　　　　(《大事记》,第39页)

### 阿拉善右旗部分年份财政支出表(1)①

单位:万元

| 项目　金额　年份 | 1969 | 1971 | 1975 | 1979 | 1981 | 1985 |
|---|---|---|---|---|---|---|
| 支出总计 | 120.5 | 137.9 | 284.8 | 728.2 | 705.7 | 1 179.6 |
| 城市人口安置费 | 4.8 | 3.0 | 3.5 | 1.8 | — | — |
| 城镇青年就业经费 | — | — | — | — | 3.3 | 4.4 |

(第十编第一章《财政》,第331页)

1968年,知识青年开始上山下乡。1978年结束,期间,全旗有773名知识青年上山下乡,有113人离开阿拉善右旗。1969年开始,每年对下乡知识青年进行招工安置,主要采取按下乡年限顺序推荐安排工作。1978年以后,按国家政策有关规定下乡知识青年转入留城待业,每年继续对留城待业知识青年推荐安排工作。至1985年,全旗历年下乡知识青年安置完毕,共安置660人。　　　　　　　　(第十五编第二章《劳动人事》,第478页)

---

① 本表内容为节选。——编者注

1972年,阿拉善右旗革命委员会下设知识青年上山下乡工作办公室。1982年2月,知识青年上山下乡办公室撤销,设立阿拉善右旗劳动服务公司。

(第十五编第二章《劳动人事》,第481页)

# 《景泰县志》

《景泰县志》编纂委员会编,兰州大学出版社1996年

是年(1969年),兰州、白银、省水电工程局及景泰县知识青年响应"上山下乡"的号召,到县内农村参加生产劳动。
(《大事记》,第25—26页)

## 第三节　知识青年安置

"文化大革命"中,城镇青年响应毛主席"上山下乡"、"到农村去锻炼"的号召,奔赴农村,接受贫下中农的再教育。

1969年至1978年,有来自兰州、白银、省水电工程局及景泰县的3620名知识青年先后到农村参加生产劳动。1973年10月,县政府设立知识青年上山下乡办公室,专办知识青年的就业安置业务。其具体安置办法有:一是单位自办农场8个,安排1380名知青在场劳动;二是建立知青点224个,安排知青2240名,在农村落户,参加劳动。知识青年下乡后,国家和社队从各方面给予必要扶助。1969年至1978年,国家共下拨建房及其他经费109万元,木材700多立方,以及钢材、水泥等其他物资。社队支援部分建材、生产工具、生活用品,并抽调劳动力,帮助知青建造房屋,传授农业技术等,扶持他们独立生活。

1978年10月,国务院规定:县以下城镇知识青年不再列入上山下乡范围。县上对原城镇和单位的下乡青年做了统筹安排。根据知青下乡时间的长短和劳动表现,分期、分批迁回城镇安排工作。在1976年底以前,全县有1272名知青招干、招工、参军、升学,其余于1981年底全部迁离农村,安置工作。
(第三编第八章《劳动与工资》,第531页)

# 《天祝藏族自治县志》

天祝县志编纂委员会编,甘肃民族出版社1994年

是年(1968年),首批知识青年共75人上山下乡,到1978年插队知识青年达1574人,分布在全县8个公社83个知青点上。到1981年末,全部安置了工作。　(《大事记》,第30页)

1980年2月,干部管理及有关部分业务移交人事科,增加知识青年上山下乡工作。

(第十七篇第一章《机构沿革和职责》,第545页)

1959 年迁来支边青年 1 444 人,安置在国营松山农场和满家滩农场。

(第十七篇第二章《救灾救济》,第 551 页)

### 知识青年安置

自 1968 年开始,动员和组织知识青年上山下乡,到农村、牧区插队落户。是年安置初、高中毕业生 75 人,其中有兰州知青 2 人。1970 年 5 月,共安置上山下乡知识青年 96 人,其中接受兰州等地知青 12 人。1973 年成立县知识青年安置办公室,隶属民政局。至 1978 年,城镇知识青年共 1 478 人插队落户,主要安置在全县 8 个公社、83 个知识青年点上。在知识青年插队劳动期间,病退 5 人,判刑 6 人,死亡 5 人,参军 48 人,考入大、中专院校 9 人,其余均陆续招工。至 1981 年,全县下乡插队知识青年的就业安置工作基本完毕。

(第十七篇第二章《工人》,第 574 页)

# 《张掖市志》

《张掖市志》编纂委员会编纂,甘肃人民出版社 1995 年

是年(1969 年),全县第一批 248 名城镇知识青年上山下乡,到农村接受贫下中农再教育。
(《大事记》,第 31 页)

### 城镇安置就业费

1962—1967 年,列"城镇人口下乡安置经费"。1968—1976 年,列为"城镇知识青年上山下乡经费"。1977 年以后,列为"城镇青年就业经费"。到张掖农村插队的知识青年安置费标准,1964 年每人为 225 元,1973 年为 520 元,1979 年为 620 元。1965—1990 年共支出 395.5 万元。
(第十四卷第二章《财政》,第 432 页)

"文化大革命"期间,刑事审判工作是以公安工作六条为依据,着重审理所谓"破坏文化大革命"、"破坏农业学大寨"和"破坏知识青年上山下乡"等案件。共受理各类刑事案件 660 起,审结 633 起。这一时期,刑事审判工作无法按法定程序进行,酿成冤假错案多起。
(第十九卷第三章《法院》,第 604 页)

### 知识青年上山下乡

1964 年,根据中共中央、国务院《关于动员和组织城市知识青年参加农村社会主义建设的决定》,张掖县开展了动员城镇知识青年上山下乡工作。至 1965 年 11 月,共有 294 名知识青年到农村安家落户。1966—1967 年,张掖县应届高、初中毕业生 895 人,社会青年 528 人,共计

1637

1 432 人,统一组织上山下乡。其中,安置到农村集体插队落户的 896 人,安置在国营农林场的 225 人,到农村小学任民办教师的 114 人,分配到工矿企业农林场的 106 人。到 1978 年 12 月,全县上山下乡知识青年总数 5 697 人。绝大多数经 1—4 年劳动,先后招工、上学、参军。1979 年起,不再动员知识青年上山下乡。

(第二十八卷第一章《劳动》,第 832 页)

1966—1970 年为解决干部不足,在只重视政治的条件下选拔 371 人到干部岗位上从事工作。其中:贫农 146 人,知青 96 人,其它 88 人。这批人员中有 301 人到中小学任教,占总数的 81%。

(第二十八卷第二章《人事》,第 841 页)

# 《民乐县志》

民乐县志编纂委员会编,甘肃人民出版社 1996 年

(1967 年)11 月,接待安置兰州"上山下乡"知识青年 113 名。 (《大事记》,第 36 页)

(1970 年)1 月,接待安置上海"上山下乡"知识青年 44 名。 (《大事记》,第 37 页)

是月(1973 年 8 月),县知识青年上山下乡办公室成立。 (《大事记》,第 38 页)

新中国成立以后,因工作调动、征兵、升学、结婚、就业安置、接受外省移民以及知识青年上山下乡等原因,人口的迁入、迁出经常发生。1956 年 4 月,共青团中央和甘肃省联合从河南省动员支边青年,来大西北支援社会主义建设。 (第三篇第二章《人口》,第 174 页)

1979 年,国家提高粮、油统销价格后,给城镇居民、缺粮农牧民、上山下乡知识青年及食品业、酿造业、饲料加工业等供应的平价粮油,其差价由国家补助给粮食企业,全县补贴 25.16 万元。 (第十九篇第一章《物价》,第 557 页)

## 第三节　下乡知识青年安置

1968 年 11 月,兰州 113 名知识青年,响应毛泽东主席"知识青年到农村去,接受贫下中农再教育"的号召,来民乐县插队落户,安置在南丰、民联公社的部分大队。1970 年春,来自上海的 44 名知识青年安置在永固公社八卦营大队。县革命委员会成立知识青年上山下乡工作办公室,负责接待安置工作。

从 1968—1978 年的 11 年间,全县累计安置下乡知识青年 2 307 人,其中外籍 2 168 人,本县 139 人。先后建知青点 114 处,兴办知青林场 19 个,建房 1 672 间,使用木料 1 615 立

方广,开支生产生活费用 118.8 万元。止 1979 年底,大部分知青通过招工、参军和招生陆续离开民乐,仅有少数被安置在县城企事业单位。1980 年 6 月,撤销县知识青年上山下乡工作办公室。

(第二十四篇第二章《安置》,第 667—668 页)

# 《临泽县志》

临泽县县志编纂委员会编,甘肃人民出版社 2001 年

(1977 年)8 月 26—31 日,临泽县首次上山下乡、回乡知识青年代表大会召开。自 1973 年,先后有 2 162 名兰州市等处中等学校毕业学生到临泽县下乡,1 357 名本籍中等学校毕业学生下乡回乡参加农业生产。

(《大事记》,第 26 页)

城镇知识青年上山下乡经费。包括扶持生产周转金、安置费、就业补助费。1968 年列项,至 1976 年(1971 年缺)共支出 91.5 万元,年均支出 11.4 万元。1977—1979 年共支出 23.9 万元,年均 7.97 万元。随安置工作结束而终止。

(经济编第十二章《财税》,第 306 页)

1984 年 5 月,根据省人民政府规定,乡镇税务、计生、文化等单位招聘了部分合同制干部,招聘对象为基层不脱产干部、复员军人和回乡知识青年。至 1990 年,全县共招聘 179 人。

(政治编第七章《民政 人事》,第 422 页)

1968 年,农村小学下放生产大队,由社请或兼职教师开展教学。1969 年统计,全县从回下乡知识青年中聘请中小学社请教师 198 人,工农兵兼职教师 389 人。1970 年后,社请、民办教师取代了兼职教师。

(《文化编》,第一章《教育》,第 466 页)

### 知识青年安置

知识青年上山下乡是在特定的历史条件下对城市初中及以上毕业、肄业学生的安置措施。自 1968 年 9 月—1977 年,全县建知识青年点 127 个,安置下乡知识青年 2 211 人,其中兰州市的 1 341 人;安置回乡知识青年 1 375 人。国家拨安置经费 121.6 万元,其中建房费 42.2 万元,生活费 36.4 万元,用具购置费 13.8 万元,学习费 0.7 万元,医药费 9.2 万元。至 1980 年,下乡知识青年全部返回城市或安置就业。

(社会编第三章《社会保障》,第 604 页)

# 《山丹县志》

山丹县地方志编纂委员会编纂,甘肃人民出版社 1993 年

(1969 年)1 月,兰州等地"上山下乡"知识青年、城镇居民及职工家属共 1 246 人来山

丹,分别安置在生产队或农场劳动。 （第一编《大事记》,第 42 页）

# 《肃南裕固族自治县志》

甘肃省肃南裕固族自治县志编纂委员会编,甘肃民族出版社 1994 年

肃南县 1955—1989 年财政支出汇总情况一览表　　　　　　单位:万元

| 支出主要项目 | 35 年共支出总数 | 支出总年份 | 年均支出数 | 支出最高年份及金额 | | 支出最低年份及金额 | |
|---|---|---|---|---|---|---|---|
| | | | | 年份 | 金额 | 年份 | 金额 |
| …… | | | | | | | |
| 城市人口下乡及知青费 | 77.97 | 21 | 3.71 | 1977 | 18.5 | 1988 | 0.1 |
| …… | | | | | | | |

（第三编第十三章《财政》,第 203 页）

1954 年,用工实行固定工制度,招工对象由基层择优推荐,县上审批,统一招用。1973 年以后招工范围改变为:上山下乡知识青年,城镇居民下放农牧村落户同去的初、高中毕业学生,批准免下乡知识青年、复退军人,有其它特殊情况的城市和农牧村青年。1977 年以后,除煤矿外,其他单位不再从农牧村招工。　　（第四编第八章《劳动人事》,第 286 页）

1973 年 8 月,在民政局设知识青年上山下乡安置领导小组办公室。1976 年 7 月,知识青年上山下乡领导小组办公室从民政局分设,专门管理知识青年安置工作。国家和省上按每个插队知识青年拨款 500 元,作为建房、购置农具、灶具等费用,由县知青办公室统一安排使用。截止 1978 年底,全县共接受安置本县和兰州等外地知识青年 975 人,分别安置在 6 个区,17 个公社,47 个生产队,设知青点 53 个。1978 年以后,停止了知识青年上山下乡工作,原有知识青年经所在生产队贫下中（牧）农推荐,公社审查批准,通过招工、考学、参军等渠道陆续返回城市。　　（第四编第八章《劳动人事》,第 286—287 页）

(1959 年)10 月,河南省 2 167 名支边青年迁入本县,进行开荒种地,毁坏了一些草原植被。　　（《大事记》,第 422 页）

是年(1975 年),康乐区赛定村回乡知青肖克有研制出小型风力发电机。

（《大事记》,第 426 页）

# 《高台县志》

高台县志编纂委员会编，兰州大学出版社1993年

1956年，上海支边青年61人分配本县，大多从事教育工作。1957年教师队伍发展到271人。1968年开始从农村青年和上山下乡知识青年中大量选民办教师，教师人数猛增。

（第四编第一章《教育》，第396页）

1976年招工133名，其中插队知识青年90名，复退军人10名，农村回乡知识青年33名。1977、1978年，全县招工51名，其中本县知识青年37名，复退军人11名，批准免于下乡知识青年3名。1974—1980年，协助省、地有关部门招收在本县插队的知识青年2 464名。

（第五编第四章《社会保障》，第515页）

### 知识青年上山下乡

1968—1979年，城市知识青年响应毛泽东主席"上山下乡"号召，到农村安家落户。1973年，县革命委员会成立知识青年上山下乡领导小组。下设办公室，具体负责安置工作。1968—1972年，安置上海、兰州知识青年242名。1973—1979年，共安置2 615名，其中兰州知识青年2 122名，本县493名。1973—1978年，国家共拨安置费95.67万元，其中建房费40.13万元，修建房屋1 614间；"三具"（生产工具、家具、用具）费17.9万元；医药费、学习费、补助费37.64万元。知识青年插队落户采取集体食宿，集中学习，由生产队统一组织劳动，评记工分，参加集体分配的办法。插队地点是条件较好的六坝、巷道、南华、宣化、黑泉、罗城、正远7个公社的67个生产大队、182个生产队和县良种场、园艺场。知识青年经过两年以上劳动锻炼后，由国家根据需要统筹安排，陆续迁离。其中，招工2 702名，考入大中专学校34名，参军71名，选拔为干部的18名，因其它原因迁走的32名。　（第五编第四章《社会保障》，第516页）

（1974年）1月8日，全县知识青年上山下乡工作会议在县城召开，会期3天。

（《大事记》，第三章《现代》，第621页）

# 《玉门市志》

玉门市地方志编纂委员会编，新华出版社1991年

（1968年）10月5日，城市首批初、高中毕业生奔赴农村落户，市区万人集会欢送。

（《大事记》，第37页）

是年(1977年),知识青年继续下乡劳动。到本年底止,全市下乡知识青年共达7999人。从1979年起,在3年内,通过招工、招生、参军等途径,将下乡知青基本安排完毕。

(《大事记》,第39页)

中华人民共和国建国后,人口增长速度加快,1949—1987年,增长3.2倍,年递增率为8.65%。其原因……三是50年代以来,来自西安、上海、天津、青岛、兰州等城市的知识青年和河南、上海及本省定西等地的移民,亦为玉门人口发展的重要源流。

(人口志第一章《人口源流》,第139页)

自1968年起,开始动员城镇知识青年上山下乡。至1968年底,全市共动员城镇知识青年1338人上山下乡支农。1969年接受上海、兰州等下乡知识青年993人。1973年以后,每年有1000多名知识青年下乡。由于上山下乡的城镇知识青年逐步回城和"文化大革命"期间就业门路的严重阻塞等原因,至1978年全市有10085名知识青年下乡,病残及留城待业青年1774人,给社会、家庭带来了困难,增大了劳动部门的压力。从1973年开始,全市通过全民、集体企事业招工和补员,劳动服务公司、城镇街道乡镇企业的安置,大中专和技校招生,扶持待业人员个体开业及参军、考学等途径,至1979年对10085名知识青年全部进行安置,同时还解决了1410名城镇"五不下"(独生子女、孤儿、家中无一子女工作的、病残青年、中国籍外国人子女)人员和部分的待业、病残人员就业,提前实现了党中央提出的"到1985年以前大体上解决好历年积累下来的待业青年的就业问题"的要求。(人事劳动志第一章《职工》,第545页)

# 《酒泉市志》

酒泉市史志办公室编,兰州大学出版社1998年

是年(1968年),酒泉县有1055名城镇知识青年到农村插队落户。接受贫下中农再教育。

(《大事记》,第54页)

(1969年)7月28日,上海市首批上山下乡知识青年1700人被安置在酒泉县红山、东洞、总寨、上坝4个公社插队落户。

(《大事记》,第54页)

# 《酒泉市志》

《酒泉市志》编纂工作委员会编,方志出版社2008年

### 知识青年返城

1964—1979年,农建十一师接管来自天津、北京、西安和省内兰州等城市的知识青年

5 298人。1974年,山东、天津、北京、陕西等省市相继制定类似的"病退"文件,对知识青年返城作出规定。1975年,申请"病退"、"困退"的人数显著增加,不符合病、困退条件的人员与不符合规定的证明材料成倍增长,大量青年回流。自1976年,停止通过省、市知青口办理原支边青年的病、困退回城和转迁手续。1978年4月,知青下乡病退、困退,公安机关不再签发准迁证,均以酒泉市"知青办"发出的《天津市下乡知识青年困退通知书》或《天津市下乡知识青年病返通知书》为返津落户凭证,简化手续,酒泉农垦刮起"知识青年回城风",在"知青回城风"中回城的北京、青岛、济南、兰州知青约占军垦时期各单位接收知青总数的98%,天津占95%,西安占90%。

（第二十一编第三章《新中国酒泉军垦》,第1008页）

1968年后,大学、中专、技校停止招生,企业停止招工。大批城镇知识青年、应届毕业生上山下乡。1974年恢复招工,招工对象是1974年前上山下乡知青和农村社员、矿山井下、野外勘探、森林采伐单位的职工子女,当年共招工1 086人。

（第三十一编第二章《劳动与社会保障》,第1440页）

# 《额济纳旗志》

额济纳旗志编纂委员会编,方志出版社1998年

（1968年）8月5日,天津市176名知识青年,于1日从天津市起程,此日,到达旗政府所在地达来呼布镇。

（《大事记》,第25页）

中华人民共和国成立后,党和上级政府为加速额济纳旗各业发展,随区划变动,从宁夏、甘肃、内蒙古自治区等省区调入干部,由国家统一分配大专院校毕业生,从邻近省区招收工人,安置复退军人,接受天津、兰州、国防科工委等市区的上山下乡知识青年。

（第二编第二章《民族　人口》,第129页）

（六）三五时期(1966—1970年)

正值"文化大革命"混乱时期,财政部门被当做"经济衙门"批判,提出"反对管、卡、压"、"打倒条条专政"等荒谬口号,财政管理监督职能被削弱,致使财政支出比调整时期增长154%。据统计,5年累计支出62 890 000元,年均支出12 578 000元。其中:经济建设费1 854 000元,占总支出的29%;社会文教费1 186 000元,占总支出的19%;行政管理费1 365 000元,占总支出的21%;支农生产支出493 000元,占总支出的0.8%;"五七"干校经费330 000元,占总支出的0.5%;社会救济费6 000元;科技三项经费1 000元;城市维护费5 000元;城镇人口下乡安置费138 000元,占总支出的0.2%;其它支出468 000元,占总

支出的 0.7%。

（七）四五时期（1971—1975 年）

进入国民经济建设第四个五年计划时期,经济建设费用、支农生产费用和文教事业费的支出比例加大。据统计,这一时期累计支出 12 477 000 元,年均支出约 2 495 400 元。其中,经济建设费 2 380 000 元;占总支出的 19%;支农生产支出 2 640 000 元,占总支出的 21%;文教卫生事业费 2 429 000 元,占总支出的 19%;行政管理费 2 891 000 元,占总支出的 23%;干部下放劳动锻炼经费 253 000 元;企业流动资金 701 000 元;企业挖潜改造补助 323 000 元;社会救济费 77 000 元,城镇人口下乡安置费 353 000 元,其它支出 269 000 元。

（八）五五时期（1976—1980 年）

这一时期,国家加大支援农业生产、基本建设、文教卫生事业的投资比例。由于机构设置增多,相应地行政管理费比例上升。据统计,5 年累计财政支出为 41 738 000 元,年均 8 347 600 元。其中,支援农业生产支出为 9 381 000 元,占总支出的 22%;文教卫生事业费 4 502 000 元,占总支出的 11%;行政管理费 4 519 000 元,占总支出的 11%;基本建设投资 18 652 000 元,占总支出的 45%;企业流动资金 800 000 元,占总支出的 0.2%;城镇人口下乡安置费 211 000 元;城市维护费 229 000 元;其它支出 2 993 000 元,占总支出的 0.7%。

（第三编第十四章《财政》,第 435—436 页）

### 1949—1990 年全旗财政支出统计表

单位:元

| 年份 \ 项目数量 | 经济建设 | 文教科卫 | 抚恤救济 | 行政支出 | 其它支出 | 合 计 |
|---|---|---|---|---|---|---|
| | | | …… | | | |
| 1966 | 490 000 | 367 000 | — | 414 000 | 94 000 | 1 365 000 |
| 1967 | 381 000 | — | — | 620 000 | 68 000 | 1 069 000 |
| 1968 | 178 000 | 267 000 | — | 401 000 | 104 000 | 950 000 |
| 1969 | 722 000 | 286 000 | 4 000 | 266 000 | 278 000 | 1 556 000 |
| 1970 | 617 000 | 266 000 | 2 000 | 284 000 | 190 000 | 1 359 000 |
| 1971 | 409 000 | 341 000 | 13 000 | 409 000 | 169 000 | 1 341 000 |
| 1972 | 603 000 | 380 000 | 14 000 | 401 000 | 229 000 | 1 627 000 |
| 1973 | 1 226 000 | 504 000 | 11 000 | 618 000 | 112 000 | 2 471 000 |
| 1974 | 1 843 000 | 545 000 | 39 000 | 697 000 | 210 000 | 3 334 000 |
| 1975 | 1 978 000 | 659 000 | — | 766 000 | 301 000 | 3 704 000 |
| 1976 | 2 170 000 | 624 000 | 23 000 | 862 000 | 133 000 | 3 812 000 |
| 1977 | 3 312 000 | 702 000 | 10 000 | 784 000 | 227 000 | 5 035 000 |

| 项目<br>数量<br>年份 | 经济建设 | 文教科卫 | 抚恤救济 | 行政支出 | 其它支出 | 合　计 |
|---|---|---|---|---|---|---|
| 1978 | 12 103 000 | 825 000 | 9 000 | 765 000 | 1 193 000 | 14 895 000 |
| 1979 | 8 791 000 | 895 000 | 204 000 | 1 143 000 | 1 070 000 | 12 103 000 |
| 1980 | 2 773 000 | 1 456 000 | 32 000 | 965 000 | 847 000 | 6 073 000 |

……

注:1. 经济建设栏含:①基本建设投资,②企业挖潜改造资金,③企业流动资金,④科技三项费用,⑤简易建筑费,⑥支援农业生产支出。
　　2. 其它支出栏含:①城市维护费,②城市人口下乡安置费,③城镇青年就业经费,④人防民兵建设费,⑤各部门事业费,⑥干部下放劳动锻炼费,⑦国家批准的差价补贴支出。

(第三编第十四章《财政》,第 437—438 页)

## 支边下乡

　　1968 年,首批天津知识青年赴额济纳旗巴彦陶来农场插队。之后,天津知识青年、额济纳旗知识青年、兰州知识青年、国防科委 20 基地知识青年相继下乡落户。当时安置下乡知识青年的方法主要有两种,一是赴农场插队,二是在各公社的农业生产点根据实际情况设知青点安排,每名知识青年的安家费为 700 元。至 1978 年,全旗共安置知识青年 1 204 人。

　　1979 年,根据国务院关于知识青年回城就业政策。凡在额济纳旗下乡的知识青年,根据本人志愿,通过参加考试上学深造、入伍当兵,招干招工,均予安排工作。

(第五编第五章《民政劳动》,第 629 页)

# 《阿克塞哈萨克族自治县志》

阿克塞哈萨克族自治县地方志编委会编,甘肃人民出版社 1993 年

　　(1973 年)10 月,在县城召开知识青年上山下乡动员大会,有 7 名知识青年到多坝沟插队落户。

(第一编《大事记》,第 25 页)

　　(1974 年)3 月 24 日,县城召开欢送第二批知识青年下乡插队落户大会,25 日清晨,县城广大干部和群众冒着大雪上街欢送 24 名知识青年下乡插队落户。

(第一编《大事记》,第 25 页)

| 年　度 | 年度预算 | 其　中 | |
| --- | --- | --- | --- |
| | | 实际完成 | 知青安置 |
| 1966 | 721 133 | 605 207 | 7 500 |
| 1969 | 713 231 | 631 748 | 1 091 |
| 1970 | 563 521 | 460 693 | 90 |
| 1973 | 884 136 | 868 731 | 3 527 |
| 1974 | 1 013 852 | 963 422 | 16 975 |
| 1975 | 1 275 626 | 1 167 117 | 17 804 |
| 1976 | 1 519 162 | 1 388 711 | 16 705 |
| 1977 | 1 720 328 | 1 501 498 | 15 437 |
| 1978 | 2 043 503 | 1 940 294 | 9 009 |
| 1979 | 2 839 793 | 2 633 551 | 138 |
| 1980 | 3 856 603 | 2 997 856 | −7 461 |
| 1984 | 6 365 847 | 5 867 130 | 2 000 |
| 1985 | 6 728 007 | 6 104 618 | 4 296 |
| 1986 | 6 508 948 | 5 893 546 | 2 600 |
| 1987 | 6 485 000 | 5 742 000 | 24 000 |
| 1988 | 6 988 000 | 6 869 000 | 3 000 |

（第四编第九章《财政》,第 250 页）

1979 年 10 月 7—10 日。阿克塞哈萨克族自治县第六次妇女代表大会在县城召开。应出席代表 100 人,实到 78 人。正式代表中不脱产代表 71 人,占 17%;知识青年代表 2 人,占 2%;其他代表 3 人,占 3%。　　　　　　（第五编第二章《群众团体》,第 309 页）

从 1973 年开始,初、高中毕业的城镇学生动员上山下乡,到全县唯一的农业地区多坝沟插队落户,参加集体生产劳动,接受贫下中农再教育。1974 年 2 月,县里成立知青办公室(与民政局合署办公),专门负责知识青年上山下乡的安置和管理工作。国家拨专款为插队落户知识青年修建住房,购置生产工具,并安排一定的学习时间,1973 年首批上山下乡知识青年 7 名。此后,每年下乡插队的知识青年 20 至 30 名,劳动锻炼两年以上,经政治审查,贫下中农推荐,有计划、有步骤地招工招干或推荐上学。到 1980 年底,全县上山下乡的知识青

---

① 本表内容为节选。——编者

年全部招工招干，返回城市。这一时期，也从农村回乡知识青年中招工招干，或推荐上大中专院校。

（第五编第八章《劳动人事》，第 360—361 页）

1966—1976 年间，小学升中学，初中升高中，均无严格的考试计划和分数限制，由贫下中农（牧）推荐同意，均可升学。初高中毕业后，属农（牧）户口的，回乡务农放牧，属城镇户口的，下乡接受贫下中农（牧）再教育。

（第六编第二章《教育》，第 424 页）

# 《敦煌市志》

敦煌市志编纂委员会编，新华出版社 1994 年

（1960 年）2 月 19 日，成立接待支援社会主义建设青年委员会，将先后由河南来本县 6 000 名支边青年除国棉农场接纳 1 000 名，新华、墩湾农场各接纳 500 名外，其余全部安置在党河水库。

（卷二《大事记·中华人民共和国》，第 34 页）

1968 年，县专设知青办公室，负责城镇知识青年下乡安置和管理工作，国家拨出专款，解决插队落户知识青年的住房、部分农具及生活。并选派知识青年带队干部 31 人，期限 1—3 年，分批轮换，进行管理、教育和学习、劳动的具体指导。

……

1968 年至 1977 年，下乡插队落户知识青年达 4 043 人，其中兰州知青 2 140 人，上海知青 101 人，本县知青 1 802 人。

……

1973 年至 1978 年，县财政拨款 142.53 万元，其中建知青点 174 个，建房 2 025 间，耗资 47.64 万元，生活补助 51.66 万元，购生产工具 15.98 万元，其它 1.8 万元，困难补助 20.41 万元，维修费 5.03 万元，1979 年，停止知青下乡。

1980 年，知青点房产作价处理，回收款 15.33 万元。

（卷二十六《劳动人事·劳动就业》，第 463 页）

# 《敦煌志》

《敦煌志》编纂委员会编，中华书局 2007 年

（1968 年）10 月，本县 170 多名知青下乡接受再教育。兰州市 180 多名知青也来敦煌插队。

（卷一《大事记·中华人民共和国》，第 42 页）

1965 年,"文化大革命"开始,敦煌就业工作执行国家"统筹安排,城乡并举,以下乡上山"为主的就业方针,实行四个面向,即对城镇中学毕业生采取升学,下乡上山,支援边疆建设,城镇安置四种办法,动员一部分下乡上山,到 1966 年下半年,全市下乡的知识青年达108 人。

1966 年—1976 年,国家经济严重受到挫折,劳动就业逆向流动,一方面城市劳动力下乡上山插队落户,另一方面大量招收农村青年进城做工,造成城乡劳动力对流,城镇劳动力待业不断增加。1975 年到 1978 年,下乡插队知识青年达 4 043 人,其中兰州知青 2 140 人,上海知青 101 人,本县知青 1 802 人。

十一届三中全会以后,下乡上山知识青年陆续返城,城镇就业压力不断加大,从中央到地方各级政府加强对知识青年安置工作,大力发展集体经济进一步拓宽就业渠道。1975年,全县招工 1 073 人,应征入伍的 57 人,大专学校招生 36 人。

（卷九《居民物质精神生活·人事劳动》,第 771 页）

# 《金塔县志》

金塔县地方志编纂委员会编,甘肃人民出版社 1992 年

(1968 年)11 月,兰州市首批下乡知识青年 547 名来金塔插队落户。

（《大事记》,第 23 页）

(1969 年)5 月,本县已有 590 名知识青年和 198 户、821 名城镇居民、职工家属到农村安家落户。

（《大事记》,第 24 页）

(1976 年)12 月 10—27 日,中央在北京召开了第二次全国农业学大寨会议,金塔县委书记李宝峰、金塔县下乡知识青年代表黄耀荣赴京参加了会议。

（《大事记》,第 26 页）

## 第八节　知识青年上山下乡

1968 年 12 月,首批来本县插队的兰州知识青年 547 人,在金塔、三合、东坝、大庄子公社落户。1969 年上海知识青年 179 人在大庄子等公社落户。同年底,全县下乡知青达到726 名。之后,知青下乡插队落户持续到 1976 年终止。

本县安置下乡知青采取两种形式:一是在农林场(站)集体落户。先后安置 77 人。二是在生产队建立知青点。从 1968 年开始,先后在 9 个公社 235 个生产队建立知青点 257 个,安置知青 3 836 人(其中本地知青 151 人)。安置过程中,政府给每人拨付安置费 500 元,总计拨款 192 万元。修建房屋 1 115 间,供给知青食宿之用。从 1970 年开始,对下乡劳动锻

炼的知识青年有计划有步骤地安排工作,至 1972 年,已安置 711 人(其中选入基层领导班子 10 人,上大学 1 人,参军 2 人),大部分被招收为工人,少部分从事教育和医务工作。1975 年安排 322 人,1976 年安排 407 人,1980 年安排就绪(包括回原籍)。至此下乡知识青年除个别在本县农村就业外,其余分别以招工、考学、参军等方式全部回城。

**1968 年—1976 年城镇知青下乡统计表**

| 年 份 | 人 数 | 其　　　　中 | | | |
| --- | --- | --- | --- | --- | --- |
| | | 本地知青 | 兰州插队本县 | 上海插队本县 | 部队插队本县 |
| 1968—1969 | 726 | | 547 | 179 | |
| 1970—1972 | 20 | | 20 | | |
| 1973 | 243 | 14 | 207 | | 22 |
| 1974 | 709 | 47 | 642 | | 20 |
| 1975 | 1 117 | 36 | 1 019 | | 62 |
| 1976 | 1 021 | 54 | 880 | | 87 |
| 合计 | 3 836 | 151 | 3 315 | 179 | 191 |

(第十七篇第二章《劳动人事》,第 524—525 页)

# 《肃北蒙古族自治县志》

肃北蒙古族自治县人民政府编,(内部刊行)1989 年

　　1979 年下半年,自治县民族贸易公司将原设在党城公社东山湾的 1 座商店,连同房屋、商品等一并折价出售给党城公社,由国营商店变成党城公社所属的集体所有制商店,党城商店雇用 2 名回乡知识青年经营。　　　　　　　　　　　　　　(第十三章《商业》,第 275 页)

# 《安西县志》

安西县志编纂委员会编,知识出版社 1992 年

　　(1968 年)12 月 21 日,为了贯彻毛泽东主席"知识青年到农村去接受贫下中农再教育"的指示,县革委动员知识青年和城镇居民下农村安家落户。从此,每年的城镇初、高中毕业生都得下农村锻炼。　　　　　　　　　　　　　　　　(第一编《大事记》,第 31 页)

　　是月(1976 年 11 月),召开全县上山下乡知识青年代表大会。

(第一编《大事记》,第 37 页)

1968年以后,大批知识青年响应毛泽东主席"知识青年到农村去,接受贫下中农再教育,很有必要"的指示,每年的城市初、高中毕业生都要到农村安家落户,这已经成为制度。安西各公社大队,除安排该县的城市知青外,还安排了柳园铁路单位和甘肃省部分单位以及兰州化工公司的知青,他们对建设新农村起了好的作用,但由于他们远离父母,不会务农,给农民增加了不少麻烦。

(第十四编第七章《人事劳动》,第535页)

# 《白银市志》

白银市地方志编纂委员会编,中华书局1999年

(1969年)1月11日,甘肃省革命委员会在会宁县召开现场会议,总结推广会宁城镇居民和知识青年到农村安家落户经验,要求在全省掀起上山下乡新高潮。在此前后,仅景泰县就接待来自各城市到景泰农村安家落户知识青年3 620名。

(《大事记》,第31页)

1949年,经公安部门统计,白银地区共有5.833 4万户,39.74万人……人口密度19人/平方公里。1950至1990年的41年中,全市净迁入26.9万人,年平均迁入率7.33‰。人口迁入过程可分三个阶段。

……

第三阶段(1976—1990年)。1980至1982年知青返城,人口净迁入率为4.85%。……15年中,白银净迁入7.69万人,占41年净迁入总数的28.59%。

(第三篇第一章《历代人口概况》,第92页)

"文化大革命"中,城镇居民下乡落户,城市知识青年下放农村接受贫下中农再教育,职工人数增加缓慢,城镇就业问题并不突出。70年代后期,城镇居民和知识青年陆续返城,1979年非农业人口占总人口16.44%,待业青年逐年增加,城镇就业安置工作被提到重要议事日程。

(第十七篇第五章《劳动》,第646页)

# 《白银区志》

白银市白银区地方志编纂委员会编,北京中华书局2002年

(1968年)12月,白银区首批下乡知识青年到农村去,接受贫下中农再教育。

(《大事记》,第20页)

(1973年)26日,区知识青年上山下乡领导小组及办公室成立。　(《大事记》,第22页)

(1977 年 1 月)27 至 30 日,白银区首次上山下乡知识青年代表大会召开,210 名代表参加大会。

(《大事记》,第 23 页)

1979 年底,白银地区待业人员达 1.04 万人,累计安置持证留城青年及返城知识青年、待业人员 7 894 人。

(第五编第五章《政务》,第 347 页)

知识青年安置。1968 至 1976 年,全区先后动员 1 104 名城镇知识青年上山下乡。自 1973 年起,通过全民、集体、企事业单位招工补员、大中专和技校招生、参军等途径陆续安置,同时还解决了城镇"五不下"人员(独生子女、孤儿、家中无一子女工作、病残青年、中国籍外国人子女)和部分病残人员就业。

(第五编第五章《政务》,第 347 页)

# 《白银市平川区志》

白银市平川区地方志编纂委员会编,中华书局 2000 年

(1967 年)12 月 20 日,安排城镇非农业人口和知识青年到农村参加劳动。

(《大事记》,第 19 页)

宁夏回族自治区

# 《宁夏通志·党派社团卷》

宁夏通志编纂委员会编,方志出版社 2008 年

(1968 年)12 月 25 日,自治区革委会和银川市革委会联合召开知识青年、城市居民上山下乡誓师大会。各市、县掀起知识青年、城市居民上山下乡热潮。 　　　(《纪事》,第 22 页)

(1973 年)8 月 29 日—9 月 11 日,自治区党委召开全区知识青年上山下乡工作会议,制定《关于知识青年上山下乡若干问题的试行规定》。 　　　(《纪事》,第 25 页)

最典型的做法,就是对毛泽东在"文化大革命"中公开发表的最新指示,不隔夜地大造声势进行宣传。……毛泽东发出"知识青年到农村去,接受贫下中农再教育"的最新指示,革委会就组织动员上万名知识青年上山下乡,到农村插队落户,接受贫下中农再教育。

　　　(第二篇第四章《思想建设》,第 196 页)

3. 黄新,银川市掌政公社春林二队下乡知识青年。他双手冻残,依然到农村插队落户,虚心接受贫下中农再教育,加强自身锻炼,作出了成绩。1975 年 5 月,自治区团委、自治区知识青年上山下乡领导小组作出《关于开展向优秀知识青年黄新同志学习的决定》。《宁夏日报》刊登了《黄新日记摘抄》。 　　　(第二篇第四章《思想建设》,第 257 页)

# 《宁夏通志·综合政务卷》

宁夏通志编纂委员会编,方志出版社 2008 年

(1964 年)3 月 22 日,银川市 45 名城市知识青年到掌政公社落户。 　　(《纪事》,第 30 页)

(1965 年)6 月 7 日,首批北京知识青年 600 多人到暖泉、平吉堡等农场落户。至 11 月 10 日,北京知识青年分 7 批共 4 300 多人到达宁夏。 　　　(《纪事》,第 30 页)

9 月 11 日,天津首批知识青年 400 多人到达宁夏。12 日,杭州知识青年 600 多人到达永宁县集体插队落户。 　　　(《纪事》,第 31 页)

(1966 年)7 月 11 日,浙江省舟山专区知识青年 224 人到达青铜峡县插队落户。9 月 28 日—30 日,又有 576 人到达青铜峡县。 　　　(《纪事》,第 31 页)

8 月 26 日,浙江省杭州市知识青年 300 多人到达永宁县插队落户。

(《纪事》,第 31 页)

(1968 年)12 月 25 日,自治区革命委员会和银川市革委会,在银川联合召开动员知识青年、城市居民上山下乡誓师大会。会后各市县知识青年、城市居民开始大批上山下乡。

(《纪事》,第 32 页)

(1971 年)10 月 7 日,自治区在固原县召开上山下乡知识青年工作现场会。

(《纪事》,第 33 页)

是年(1973 年)春,为加强城镇知识青年上山下乡工作,自治区城镇知识青年上山下乡工作领导小组成立,由自治区革委会副主任陈养山兼任组长。此后,宁夏各地(市)、县(旗)城镇知识青年上山下乡工作领导小组陆续成立。1974 年 4 月,在自治区民政局安置组(负责管理全区的移民和城镇知识青年上山下乡等工作)的基础上,成立了自治区城镇知识青年上山下乡工作领导小组办公室,办公室仍设在自治区民政局。1978 年 9 月,自治区城镇知识青年上山下乡工作领导小组办公室升格为厅局级。任命张晰东为办公室主任。1961年—1978 年,宁夏城镇知识青年上山下乡的共达 49 100 人,加上接收来自北京、天津、杭州等地的 8 300 名知识青年,实际安置 57 400 人。　　　　(《纪事》,第 34 页)

8 月 4 日,中共中央转发国务院《关于全国知识青年上山下乡工作会议的报告》(中发[1973]30 号文件),提出"子女顶替"和招工的"内招"政策。规定"矿山井下,野外勘探、森林采伐等行业补充减员或按国家计划增加工人时,可由退休的职工子女顶替,或者从本单位职工的子女中招收"。

8 月 19 日,银川市集会欢送 1 200 多名知识青年上山下乡。几年来,全区共有 2.2 万名知识青年上山下乡。　　　　　　　　　　　　　(《纪事》,第 34—35 页)

(1974 年)3 月 20 日,银川市 1 400 多名知识青年上山下乡。　　(《纪事》,第 35 页)

(1980 年)12 月,自治区人民政府决定,在 1980 年招生、招工、招干、征兵等工作结束后,对仍留在农村的上山下乡知识青年,由公安、粮食、知青办等部门共同审查,区别不同情况,分期分批地办理回城手续,然后由自治区人民政府拨给劳动计划指标,分别给予一次性安置就业。1981 年上半年,宁夏的上山下乡知识青年全部得到妥善安置。城镇知识青年上山下乡工作宣告结束。　　　　　　　　　　　　　(《纪事》,第 37—38 页)

**1963 年—1978 年全区城镇待业人员安置就业情况统计表** 单位：人

| 年 份 | 待业人员总数 | 长期安置人数 | | | | 从 事 上山下乡 | 年末尚临时性工作 | 年末未安置的人数 | 待业率 |
|---|---|---|---|---|---|---|---|---|---|
| | | 合 计 | 人民单位职工 | 集体单位招工 | 个体劳动者 | | | | |
| 1963 年 | 7 000 | 4 062 | 2 763 | 466 | 599 | 234 | 5 073 | 5 712 | |
| 1964 年 | 10 684 | | 1 246 | | | | | | |
| 1965 年 | 11 777 | | 1 864 | | | | | | |
| 1973 年 | | | 114 | | | 6 300 | | | |
| 1974 年 | | | 90 | | | 6 000 | | | |
| 1975 年 | | | 1 318 | | | 10 600 | | | |
| 1976 年 | | | 1 510 | | | 8 700 | | | |
| 1977 年 | | | 882 | | | 6 300 | | | |
| 1978 年 | | | 1 320 | | | 1 200 | | | |

（第九篇第一章《改革开放前劳动就业》，第 278—279 页）

1979 年 10 月，自治区根据中央精神，决定全区城镇中学毕业生不再实行下乡上山政策，毕业后根据情况在城镇安置就业。原先已下乡的逐步返城安排就业。1979 年，全区城镇待业人员达 5.9 万人，约占城镇社会劳动者总人数的 13%。

（第九篇第二章《新时期劳动就业》，第 289 页）

1979 年 8 月自治区党委、革委会作出决定，从当年起城镇知识青年不再上山下乡。当时，全区返城知青和城镇待业青年约有 6 万多人，急需安置就业。9 月 4 日、5 日，自治区劳动局召集各地、市、县劳动部门进行座谈和交流经验。9 月 12 日，自治区革委副主任李力召集区直有关部门和各地、市、县负责人，针对安置待业人员出现的问题进行了讨论，研究了解决办法。9 月 15 日自治区党委第一书记李学智召集银川市区直机关有关部门负责人听取了汇报并讲了话。10 月 4 日自治区党委、革委会转发了《广开就业门路，安置待业人员就业座谈会纪要》的通知(宁党发[1979]157 号、宁发[1979]219 号文件)。《纪要》主要阐述了兴办集体所有制经济和个体经济的意义及政策。在这种形势下，银川市、石嘴山市、银川城区、西吉县率先成立劳动服务公司，组织待业青年从事力所能及的简单的生产经营和服务活动。

1980 年 9 月 21 日—28 日，在银川市召开了有自治区党、政各部门、各地、市、县(区)及知青、计划、教育部门的负责人共 170 多人参加的全区劳动就业会议，学习中共中央《关于转发全国劳动就业会议文件的通知》(中发[1980]64 号文件)和万里在全国劳动就业会议上的总结讲话，着重研究了 1980、1981 两年全区劳动就业的计划和实施的具体办法，产生了《全区劳动就业会议纪要》等文件。12 月 4 日自治区党委印发了这个《纪要》(宁党发[1980]117

号文件）。凡是有条件的国营企业、事业、机关、部队，都要积极支持待业人员办集体企业，成立劳动服务公司。

（第九篇第三章《劳动就业服务》，第 299 页）

### "文化大革命"时期机构（1966 年—1976 年）

1966 年 5 月"文化大革命"开始，各级党政机构先后受到冲击，处于瘫痪状态。1968 年，民政厅干部被下放到干校劳动，同年 10 月，自治区革命委员会批准在自治区生产指挥部的领导下设立民政组，1971 年批准成立宁夏回族自治区革委会民政局，管理全区部分民政工作。自治区革委会民政局设置为：政办组、社会组、民政组、房管组、劳资组、知识青年上山下乡办公室，后又成立了退伍军人安置办公室。

1973 年，自治区革委会民政局的房管组、劳资组先后移交有关部门管理。这一时期民政局机构设置为：政办组、社会组、民政组、退伍军人安置办公室、知识青年上山下乡办公室。

（第十四篇第一章《机构沿革》，第 415—416 页）

1980 年 1 月，将原革委会民政局恢复为宁夏回族自治区民政局。这一时期民政机构设置为：办公室、社会处、民政处、优抚处、知识青年安置办公室、复员退伍军人安置办公室、侨务办公室。

1982 年底—1983 年 4 月，……知识青年上山下乡安置工作移交自治区人事厅。

（第十四篇第一章《机构沿革》，第 416 页）

# 《宁夏财政志》

宁夏财政志编纂委员会编，中国城市出版社 1993 年

### 城镇青年就业经费

此项经费是用于城镇青年就业的专项拨款。1962 年，为贯彻国民经济调整方针，精简城市人口，自治区财政在其他支出类相应设"城市闲散人口安置补助费"。当年支出 42.2 万元，1963 年 142.3 万元。1964 年安置工作以组织城镇知识青年上山下乡为主，并在经济建设费类设置"城市人口下乡安置支出"款，下设城市青年下放生产队安置费、城市青年下放农场安置费、城市青年下放林场安置费三项。当年安置 2 820 人，支出 71.6 万元。1965 年均改为城市人口安置，计 10 057 人，支出增至 370.9 万元，是 1964 年的 5.2 倍。1966 年又增加到 411.7 万元，1967—1972 年下降为 340 万元，年均 56.7 万元。1973 年由于提高城市人口上山下乡安置经费标准，支出大幅度增加。1973—1977 年共计支出 1 473.5 万元，年均 294.7 万元。1979 年自治区作出今后一般不再动员知识青年上山下乡的规定后，安置经费支出大幅度下降。1978—1981 年共计支出 354.7 万元，年均 88.7 万元。1982 年开始，随着

城镇知识青年改在城镇多种就业方式以后,此项经费也同时改称城镇青年就业补助费,下设扶持生产资金、安置费、业务费三项,1984年增设就业训练费和其他费用两项。其中以扶持生产资金支出一款为最大。1982—1990年共计支出1 292.5万元,占同期城镇青年就业补助费的47%。1988年开始,就业训练费增加,比重增大。1988—1990年共计支出329.4万元,占同期城镇青年就业补助费的37.7%。 (第二篇第一章《经济建设费》,第255页)

# 《宁夏供销合作社志》

宁夏供销合作社联合社编,宁夏人民出版社1994年

各地在招收新职工时,必须进行全面考核,择优录用,保证质量。并根据供销社地处农村、点多面广、网点分散等特点,为巩固供销社职工队伍相对稳定,应尽量就地选招,就地使用。具有初中以上文化程度,年龄27岁以下,按政策规定之留城和上山下乡知识青年;已成为领导骨干和有技术专长的临时工,年龄可放宽到30岁以下;个别有技术专长的炊事员、理发员等,文化程度也可以放宽。 (第三篇第十一章《劳动人事管理》,第145页)

城市下乡青年冬装补助用棉:凡是安置到本区人民公社生产队和国营农林牧渔场安家落户的支宁人员和区内上山下乡青年,衣、被确有困难的,每人补助棉衣一件,棉花1.25公斤,棉被一床,棉花2.5公斤,上述供应项目之供应办法,到1983年末棉花实行敞开供应时自然消失。 (第三篇第二十章《农副土特产品经营》,第312页)

1966—1976年,宁夏新建、扩建工程逐年增多,工人增加,"知青"插队落户,干部下放等,火炉购销两旺。但因生铁、钢材奇缺,供需矛盾突出。

(第二十三章《生活日用杂品经营》,第579页)

# 《宁夏农垦志》

宁夏农垦志编纂委员会编,宁夏人民出版社1995年

(1965年)6月至10月,平吉堡、暖泉、前进农场先后安置北京、天津、银川知识青年4 486人。 (《大事记》,第16页)

是年(1978年),北京市和天津市决定接收下乡知识青年,宁夏农垦的京津知识青年陆续回城。 (《大事记》,第24页)

农垦人口由复员转业军人,浙江支宁青年,北京、天津来宁知识青年,国家分配的大、中专学生,当地干部、农民,工矿下放职工,银川上山下乡知识青年,来宁投亲靠友的人员及职工子女,劳改、劳教期满释放人员等组成。 （第一篇第四章《人口》,第 72 页）

职工队伍的形成与发展主要经历了四个阶段。

······

第二阶段:为组建农建十三师,1965 年至 1966 年安置北京、天津知识青年 4 486 人;安置南京、兰州、北京等军区一批复转军人及其配偶,其后零星安置少量银川市知识青年,职工人数逐年上升,至 1973 年底,职工人数增至 29 120 人。

······

第四阶段:1978 年,京津知识青年陆续返城,至 1980 年,尚留北京知识青年 335 人,天津知识青年 192 人。······ （第五篇第九章《劳动工资管理》,第 467—468 页）

1974 年,根据自治区计委宁计劳(1974)055 号文件《关于安置到国营农场、生产建设兵团知识青年工资待遇问题的通知》,新参加工作的职工,第一年发生活费 24 元,第二年 28 元,工作满两年定农三级 32 元。 （第五篇第九章《劳动工资管理》,第 479 页）

1976 年 12 月,暖泉农场在二队挖沟会战爆破冻土时,一块冻土飞落到 200 公尺外正休息的兽医防疫员、北京知识青年康学录的头上,康当即死亡。

（第五篇第九章《劳动工资管理》,第 491 页）

1965 年,大批京津知识青年到农场后,各场陆续选派知识青年作幼儿教师或保育员。70 年代初在场部和部分生产队建起幼儿园,配备少量的玩具,教唱歌、游戏和识字。

（第六篇第一章《教育》,第 496 页）

从 1965 年起,主要从城市下乡知识青年中挑选教师,并抽调一些技术干部任中学教师。1978 年以后,任教的大部分知识青年返城,各农场只得从本场职工中招考选拔教师。

（第六篇第一章《教育》,第 510 页）

建场初期,女职工较少,没有妇女组织。1959—1960 年,大批浙江青年支边来宁,充实了农垦职工队伍,其中将近一半是女职工。1965 年和 1966 年,北京、天津等城市的上山下乡知识青年来场,其中半数为女青年,加上原有的职工家属转为正式职工,老职工子女陆续就业,女职工队伍不断发展壮大,农垦所属各单位相继成立妇女联合会。

（第七篇第三章《群众组织》,第 546 页）

# 《宁夏审判志》

宁夏审判志编纂委员会编，宁夏人民出版社1998年

1966年5月至1976年10月，……严厉惩办了一批杀人、抢劫、盗窃以及强奸迫害上山下乡女知识青年的犯罪分子，同时还惩办了一些在文革中利用派性进行报复、私设公堂刑讯逼供打死人命的犯罪分子，对保护公民和上山下乡知识青年的人身权利起了重要作用。

（第三篇第四章《中华人民共和国成立后的刑事审判》，第203页）

1970年4月29日由固原地区革委会保卫部判处的周家河湾"现行反革命轮奸"案……1977年8月16日，根据中共中央领导的批示，由国务院知青办、公安部、北京市知青办、自治区落实政策办公室、固原地区公安、法院、知青办等单位联合组成复查组对此案进行了复查。经复查，原"受害人"未被轮奸，原证据材料和口供是采取引诱威胁和刑讯逼供造成的。

（第三篇第四章《中华人民共和国成立后的刑事审判》，第230—231页）

# 《宁夏农业志》

宁夏农业志编纂委员会编，宁夏人民出版社1999年

（1968年）11月21日，银川、平罗、固原1 000多名知识青年下乡插队落户，"接受贫下中农再教育"。

（《大事记》，第26页）

70年代根据建立四级农科网的要求，经县人民政府批准，从下乡或回乡知识青年中招收了一批户口粮食关系在农村不变，享受国家补贴，在公社（即后来的乡）农技站从事农技推广工作的农民技术员。

（第四篇第七章《农业技术推广》，第227页）

1965年6月—10月，平吉堡、暖泉、前进等3个农场安置北京、天津知识青年5 820人。

（第七篇第一章《农垦和军垦农场》，第281页）

# 《宁夏军事志》

宁夏军事志编纂委员会编，宁夏人民出版社2001年

1965年6月至10月，平吉堡、暖泉、前进等3个农场安置北京、天津知识青年4 486人。

（第十篇第二章《兰州军区机关直属驻宁部队》，第1025页）

1964 年,中共中央、国务院决定,从林业部所属单位抽调一批人员,并动员一批上山下乡知识青年,到黄河中游地区从事水土保持工作,治理水土流失。

(第十篇第二章《兰州军区机关直属驻宁部队》,第 1027 页)

# 《宁夏人事劳动志》

宁夏人事劳动志编纂委员会编,方志出版社 2002 年

(1992 年 3 月 27 日规定)由国家以统销价供应口粮,在乡镇企业工作的职工和老知青安置人员,每人每月补贴 5 元,由本人现工作单位随工资计发,列入成本(费用)。

(第七篇第一章《职工福利》,第 308 页)

## 第二章　城镇知识青年上山下乡

知识青年上山下乡是在一定的历史条件下产生和发展起来的。

1959 年到 1961 年,宁夏同全国一样,国民经济发生了严重困难,集中表现为工农关系严重失调,农业可能提供的商品粮(油、肉)太少,城镇人口过多。1960 年,宁夏城镇非农业人口达到 408 477 人,比 1957 年增加了 2.31 倍,而粮食总产量只有 46 701 万公斤,比 1957 年下降了 16.6%。为了渡过这种暂时的困难,1961 年五月,中共中央、国务院发出关于精简职工和压缩城镇人口的指标。从 1961 年到 1962 年,宁夏先后动员和组织家居城市的 3 000 多名职工、青年学生和闲散人员到国营农、牧场参加农业生产。

当宁夏的精简职工任务完成后,宁夏回族自治区党委鉴于城市人口自然增长率很高,在今后一个很长的时期内,城市里每年将有一批知识青年不能就业的情况。1963 年下半年,制定出全区以安置城市知识青年为中心的安置工作规划,开始动员和组织城市知识青年上山下乡插队落户。

### 第一节　宁夏知识青年上山下乡工作机构

1961 年 7 月,宁夏回族自治区党委精简领导小组正式成立。区党委书记甘春雷兼任精简领导小组组长,自治区组织、民政、公安、粮食、农垦、农业、财政、计委、财办等部门负责人为组员。精简领导小组下设两个办公室,设在组织部和民政厅。精简领导小组办公室的职责是:在区党委的直接领导下,负责全区职工的精简、安置和动员、组织城市知识青年和闲散人员到国营农、林、牧、渔场安家落户。

1963 年春,宁夏回族自治区党委专门成立了安置大、中城市精简职工和青年学生领导小组及其办公室。领导小组组长由农办主任金浪白兼任。自治区农垦局、人事局、工业厅、团委等单位负责人为组员。领导小组办公室作为常设办事机构。设在自治区农垦局。

1964年4月,根据中央《关于动员和组织城市知识青年参加农村社会主义建设的决定(草案)》的精神,自治区安置领导小组在原有基础上加以扩大,吸收农办、民政厅、农垦局、文教厅、农业厅、共青团、妇联等单位领导人参加,并有一位书记亲自挂帅。有动员安置任务的银川、石嘴山、吴忠等市、县也成立了安置领导小组及办公室。各级安置领导小组办公室所需的工作人员是按照1964年到1965年计划插队总人数的千分之六的比例来配备的,列为行政编制,从安置经费中开支。

1966年秋,根据自治区党委的决定,自治区安置领导小组办公室由自治区农垦局移交自治区民政厅领导。

1967年1月27日,"造反派"夺了宁夏区级党政大权。第二年4月,宁夏回族自治区革委会成立。自治区安置领导小组办公室随着原区级机关的撤销而撤销。同年9月,自治区中学毕业生分配办公室成立,原自治区安置领导小组办公室的多数干部被调到那里工作。

1969年1月,自治区革委会生产指挥部民政组成立。撤销了自治区中学毕业生分配办公室,在民政组内设立了一个安置组,负责管理全区的移民和城镇知识青年上山下乡等工作。

1973年春,为了加强城镇知识青年上山下乡工作,成立了自治区城镇知识青年上山下乡工作领导小组,由自治区革委会副主任陈养山兼任组长,自治区革委会生产指挥部副主任席凤洲,自治区计委副主任复似萍,自治区民政局副局长马予真,自治区教育局副局长王世英等人兼任副组长。第二年4月,在自治区民政局安置组的基础上,又成立了自治区城镇知识青年上山下乡工作领导小组办公室,这个办公室仍设在自治区民政局。

1978年9月,自治区城镇知识青年上山下乡工作领导小组办公室升格为厅局级,张晰东任命为办公室主任。

1973年以后,宁夏各地(市),县(旗)城镇知识青年上山下乡工作办公室陆续成立。截至1977年11月,除同心、西吉、陶乐等三个县的知青工作由民政部门兼管外,全区两地、两市和14个县的知青办都已成立,共有86名工作人员。

1979年以后,随着城镇知识青年不再上山下乡和劳动就业工作的广泛开展,宁夏各级知青工作机构陆续被撤销,知青工作机构中的工作人员,大部分被调到各级劳动服务公司工作。

## 第二节 上山下乡对象的确定

对城镇知识青年中上山下乡的对象和范围,1962年以来,中共中央、国务院先后下达过许多文件,做了具体规定。

1962年11月23日,中共中央、国务院批转《农林办关于国营农、林、牧、渔场安置家居大中城市精简职工和青年学生的报告》中规定:国营农、林、牧、渔场的"安置对象,应限于家居大中城市、在这次精简中减下来的、具有下乡条件的职工和应届毕业生未能升学或就业、年满18周岁有独立生活能力的青年学生,以及下放的闲散人员。闲散人员系指以往几年精简下来未得到安置的职工和毕业生未能升学和就业的青年学生。"

1963年8月19日,中共中央、国务院批转了《中央安置工作领导小组关于城市精简职工和青年学生安置工作领导小组会议的报告》中规定:"安置下乡的学生,年龄可以由18周岁放宽到16岁,条件是能够独立生活。主要是安置大中城市的学生,县城里不能升学和就业的学生也可以安置一些。""对城市闲散人员,安置下乡生产的条件不能规定过死,家庭生活比较困难、急需就业又自愿下乡、下场的,都可以安置。"

1964年1月16日,中共中央、国务院发布了《关于动员和组织城市知识青年参加农村社会主义建设的决定(草案)》中规定:"对家居城市的复员、退伍军人,应主要安置到国营农、林、牧、渔场去,但有的也可以插到人民公社生产队中去。"

1973年8月3日,中共中央批转《国务院关于全国知识青年上山下乡工作会议的报告》中规定:"城镇中学毕业生的分配,以上山下乡为主,除根据有关规定和国家计划直接升学和不动员下乡的几种人之外,其余的,可以都动员下乡,也可以分配一部分到其他行业。""病残不能参加农业劳动的,独生子女,多子女身边只有一个子女的,中国籍外国人子女,不动员下乡"。

根据中央的以上规定,结合宁夏的实际,宁夏回族自治区于1975年作出以下几条补充规定:

1. 各单位使用的临时工和在家属工厂、机关农场、街道企业中工作的人员,如系上山下乡的对象,不管是何时使用的,都不能算为正式分配工作,应由使用单位立即辞退,并动员他们上山下乡。对拒不执行这一规定的单位领导,要以破坏上山下乡论处,情节严重的,要给予纪律处分。

2. 凡属上山下乡对象,未经批准免予上山下乡的,一律不准招工(包括临时工)、招生、征兵。

3. 凡属下列情况之一者,免予上山下乡:

(1) 独生子女;

(2) 多子女身边只有一个子女的;

(3) 中国籍外国人子女;

(4) 身体残废,不能参加农业劳动的;

(5) 身患严重疾病,不能参加农业劳动的;

(6) 父母双亡,无依无靠的孤儿;

(7) 虽系多子女,但与原配偶离婚,经法院判决,一方抚养的独生子女;

(8) 虽系多子女,但多数子女都系严重病残者,生活不能自理。只有一个子女是身体健康的;

(9) 华侨子女;

(10) 多子女中,可以选留一个不上山下乡。

4. 凡属下列情况之一者,暂缓上山下乡:

(1) 身患疾病,需要治疗观察的;

(2) 一家只有两个子女,一个在外省、区上大学,在家的一个可以暂缓上山下乡,但不得招收为正式职工;

(3) 父母年老多病,一方瘫痪在床,虽已有一个子女留在身边,但因本人拖累大,不能照顾父母者,可以再留一下,但不得安排任何工作。

5. 免缓上山下乡的审批办法:

(1) 凡七五届毕业生,由本人填写申请表,经全班学生民主评议,学校留城领导小组审查后,公布第一榜,然后征求学生家长所在单位意见,公布第二榜,最后上报市知青办审批。

(2) 从 1975 年起,凡社会青年和历届毕业生,由家长填写申请表,经家长所在单位评议小组评议,公布第一榜,然后上报大口评议小组评议,并征求街道办事处意见,公布第二榜,最后上报市知青办审批。

(3) 经市知青办审查批准后,由学校或大口统一办理免缓上山下乡的手续。

粉碎"四人帮"之后,经过拨乱反正,我国对城镇中学毕业生的分配,实行更为灵活的方针。1978 年 12 月,国务院颁发的《关于知识青年上山下乡若干问题的试行规定》指出:"城镇中学毕业生,实行'四个面向'(进学校、上山下乡、支援边疆、城镇安排)。矿山、林区、分布在农村有安置条件的企事业、上城镇、一般县城等单位和地区非农业户口的中学毕业生,不列入上山下乡对象,由本系统或本地区自行安排。"

**全区批准留城知识青年统计表**

| 年限 | 应该上山下乡的人数 | 免缓上山下乡人数合计 | 免予上山下乡人数 | 暂缓上山下乡人数 | 免缓上山下乡人数占应该上山下乡人数的％ |
|---|---|---|---|---|---|
| 总　计 | | 12 444 | 11 994 | 450 | |
| 1973 | 14 300 | 755 | 649 | 106 | 5.30 |
| 1974 | 13 100 | 1 156 | 1 113 | 43 | 8.80 |
| 1975 | 16 100 | 732 | 711 | 21 | 4.50 |
| 1976 | 15 500 | 2 813 | 2 688 | 125 | 18.10 |
| 1977 | 15 400 | 2 280 | 2 233 | 47 | 14.80 |
| 1978 | 18 000 | 4 708 | 4 600 | 108 | 26.10 |

# 第三节　上山下乡后的安置

知识青年上山下乡,经历了几个不同的历史阶段。由于各个历史阶段的条件不同,上山下乡知识青年的安置也不尽一样。

1961 年到 1962 年,宁夏的上山下乡知识青年,全部由国营农、牧场来安置。

从 1963 年起,宁夏上山下乡知识青年的安置,主要方向是插入人民公社生产队,其次才是插入国营农、林、牧、渔场。

　　1973年以后,宁夏城镇知识青年上山下乡,主要采取以下四种形式:(1)插入人民公社生产队,在人民公社生产队中建立青年点;(2)以下乡知青为主,由带队干部和部分贫下中农参加,在人民公社里建立集体所有制的青年队;(3)在土地比较多的地方,单独建立以下乡知识青年为主,由带队干部和部分贫下中农参加的集体所有制农场;(4)到国营农、林、牧、渔场。

全区上山下乡知识青年安置情况统计表

| 年　　　限 | 总　　　计 | 插队 | | 集体场队 | | 国营农、林、牧、渔场 | |
|---|---|---|---|---|---|---|---|
| | | 合计 | 占下乡知青人数的% | 合计 | 占下乡知青人数的% | 合计 | 占下乡知青人数的% |
| 总　　　计 | 57 400 | 41 300 | 71.95 | 5 600 | 9.75 | 10 500 | 18.30 |
| 1962—1966 | 11 200 | 4 400 | 39.30 | | | 6 800 | 60.70 |
| 1967—1968 | 3 700 | 3 700 | 100 | | | | |
| 1969 | 1 900 | 1 900 | 100 | | | | |
| 1970 | 1 000 | 1 000 | 100 | | | | |
| 1971 | 200 | 200 | 100 | | | | |
| 1972 | 300 | | | | | 300 | 100 |
| 1973 | 6 300 | 5 300 | 84.12 | | | 1 000 | 15.87 |
| 1974 | 6 000 | 4 300 | 71.66 | 1 200 | 20.00 | 500 | 8.33 |
| 1975 | 10 600 | 7 400 | 69.81 | 2 000 | 18.86 | 1 200 | 11.32 |
| 1976 | 8 700 | 7 000 | 80.45 | 1 300 | 14.94 | 400 | 4.60 |
| 1977 | 6 300 | 5 000 | 79.36 | 1 100 | 17.46 | 200 | 3.17 |
| 1978 | 1 200 | 1 100 | 91.67 | | | 100 | 8.33 |

# 第四节　安置经费及开支

　　为了解决城镇下乡人员在生产、生活等方面的实际困难,国家每年拨付一笔安置经费。安置经费的使用范围和开支标准,根据各个时期的实际需要和国家可能提供的财力,中央有关部门先后下达过若干具体规定。

　　1962年11月21日,财政部、农垦部《关于国营农场安置大中城市精简职工和青年学生的经费平均定额》中规定:"顶替安置一个带家属的职工560元,单身职工460元,学生210元,带家属的闲散人员130元,单身闲散人员30元;增补安置一个带家属的职工1 062元,单身职工602元,学生352元,带家属的闲散人员632元,单身闲散人员172元;扩建、新建农场安置一个职工给以工资补贴430元,安置一个学生给以生活补助费180元。定额计算的依据如下:

　　1. 工资补贴

　　在职职工下放到农场的第一年,给以工资差额补助,差额是按城市精简职工年平均工资

500 元,农场职工年平均工资 270 元计算的。第二年平均按下放职工原工资标准的 40% 给以工资补贴。已退职的不给工资补贴。

2. 学生生活补助费

城市学生初到农场,除本人劳动收入外,每月给以生活补助费 15 元,补助一年。但加上本人劳动收入,不应超过所在农场的最低工资水平。

3. 建房费

采取增补方式安置的补充建房费,带家属的每户 20 平方米,单身的每人 5 平方米,每平方米造价 30 元。顶替安置的补充建房费按顶替劳力总数的 20% 的面给以建房补充。其标准与增补安置的相同。

4. 小农具购置费

每个劳力按 12 元计算。

5. 家具补充费

采取增补安置的,带家属的每户 20 元,单身的每人 10 元;顶替安置的,带家属的每户 10 元,单身不给。

1964 年 5 月 31 日,中共中央、国务院转发《关于安置城市下乡青年领导小组关于落实 1964 年安置城市下乡知识青年和闲散劳动力计划的报告》中对安置经费的开支标准规定为:插队的,北方每人 225 元;农场增补安置的,西北平均每人 450 元,农场新、扩建安置的,本省的平均每人 900 元,跨省的平均每人 1 000 元;林场增补安置的,平均每人 1 050 元,林场新、扩建安置的,平均每人 1 150 元;渔场增补安置的,平均每人 800 元,渔场新、扩建安置的,平均每人 1 500 元;水土保持专业队安置的,平均每人 1 327 元。

1965 年 4 月 28 日,国务院转发《中央安置城市下乡青年领导小组关于 1965 年安置计划的报告》中规定:"插队安置经费每人平均定额(包括建房费、旅运费、生活补助费、小农具、家具购置费等):单身插队的,北方每人 250 元;成户插队的,北方每人 180 元。到外省插队的每人另加旅运费 20 元。回乡人员的补助每人平均 50 元。国营农、林、牧、渔场和水土保持专业队安置下乡人员的经费标准,仍按去年的规定执行"。

1965 年 12 月 18 日,国务院批转《一九六六年城市下乡青年安置计划》中规定:"安置经费每人平均定额除国营农、林、牧、渔场新扩建安置降至 500 元,老场新补安置降至 250 元外,其他仍按一九六五年度规定执行。到外省插队安置的,在插队定额以外加路费,跨省的平均每人 20 元,跨大区的平均每人 40 元。跨省、跨大区到东北、西北和内蒙古高寒地区插队的,加寒衣补助费平均每人 30 元"。

1973 年 8 月 4 日,中共中央转发《国务院关于全国知识青年上山下乡工作会议的报告》中规定:"以前下乡插队的青年,生活不能自给的,每人补助 100 元,没有建房的,每人补助 200 元"。

1973 年起,经费开支标准提高如下:城镇知识青年回农村老家落户的,到农村插队和建立集体所有制场（队）的，北方各省每人补助 500 元；到生产建设兵团和国营农场的，每人补助 400 元。

按新标准计算，全国平均每人补助将近 500 元。

（1）建房补助费 200 元左右。主要用于木材、砖瓦等基本材料开支。给每个青年建房 8 至 10 平方米。

（2）生活补助费 200 元左右。主要用于购置吃、穿、用等生活必需品。

（3）农具、家具补助费、学习材料费、医疗补助费、旅运费和其他费用共 100 元左右。

京、津、沪、浙的青年到外省下乡的车船费，可按实支数另报；到高寒地区的，每人另加 40 元冬装补助费；到宁夏等边远地区插队的，国家补助两次探亲路费。

1978 年 12 月 18 日，中共中央转发《全国知识青年上山下乡工作会议纪要》和《国务院关于知识青年上山下乡若干问题的试行规定》中规定：从 1979 年起，知青费中的安置费，按下列标准拨付：

（1）到国营农、林、牧、渔场和机关、学校、部队、企事业单位农、林、牧、副、渔业基地、五七干校的，每人补助 400 元。

（2）到集体所有制知青场、队和知青点的，北方各省，每人补助 600 元；到牧区的，每人补助 800 元。主要用于知青的建房、农家具、生活、医疗、学习材料补助以及旅运费和其他费用。

（3）下乡到单程超过 500 公里地区的知识青年，未婚的每二年国家补助一次探亲路费，已婚的国家共补助三次探亲路费探望父母。

（4）跨省、区下乡的知识青年，从动员城市到达安置地点的车船费，由动员城市按实际支数另报。到高寒地区的，每人加冬装补助费 40 元。

（5）在农村结婚安家的下乡知识青年，其住房应先从知青空房中调剂，解决不了的，每人补助建房费 300 元，由知青部门统一掌握使用。

按照中央上述一系列规定，在 1962 年到 1979 年的十七年中，宁夏共支出知青经费 2 596.2 万元，平均每个下乡知识青年支出 452.3 元。

### 全区知青经费拨付使用情况统计表

单位：万元

| 年　限 | 应拨经费数 | 实 际 支 出 数 | | | | |
|---|---|---|---|---|---|---|
| | | 合　计 | 建　房 | 生　活 | 其　他 | 业务费 |
| 总　计 | 2 844.6 | 2 596.2 | 1 206.4 | 1 129.0 | 180.4 | 80.4 |
| 1962—1972 | 908.0 | 880.0 | 440.0 | 400.0 | 40.0 | |
| 1973 | 306.3 | 288.4 | 188.4 | 100.0 | | |
| 1974 | 292.0 | 364.8 | 150.0 | 150.0 | 64.8 | |
| 1975 | 493.2 | 385.8 | 180.0 | 205.8 | | |

| 年　　限 | 应拨经费数 | 实　际　支　出　数 | | | | |
|---|---|---|---|---|---|---|
| | | 合　计 | 建　房 | 生　活 | 其　他 | 业务费 |
| 1976 | 405.8 | 337.5 | 150.0 | 167.5 | | 20.0 |
| 1977 | 333.5 | 213.1 | 71.4 | 74.7 | 47.0 | 20.0 |
| 1978 | 85.8 | 100.3 | 26.6 | 31.0 | 22.7 | 20.0 |
| 1979 | 20.0 | 26.3 | | | 5.9 | 20.4 |

**全区知青住房情况统计表**

| 年　　限 | 建　　房 | | 年　　限 | 建　　房 | |
|---|---|---|---|---|---|
| | 间　数 | 平方米 | | 间　数 | 平方米 |
| 总　计 | 11 269 | 137 530 | 1976 | 2 577 | 40 490 |
| 1974 | 4 241 | 51 431 | 1977 | 1 515 | 22 725 |
| 1975 | 2 513 | 16 833 | 1978 | 423 | 6 051 |

# 第五节　知识青年上山下乡的生活福利待遇

中央粮食部 1964 年 3 月 20 日《关于城市下乡青年粮油供应工作的几项规定》、国务院 1978 年 12 月 7 日《关于知识青年上山下乡若干问题的试行规定》和中央劳动人事部 1985 年 6 月 28 日《关于解决原下乡知识青年插队期间的工龄计算问题的通知》等文件,对上山下乡知识青年的有关待遇,作了如下规定:

(1) 下乡青年到人民公社生产队参加农业生产的,由原在城市粮食部门按照本人原定量发给旅途用的粮票和到达接收地点后第一个月所需的粮票。从到达接收地点的第二个月起,直到接上当季或下季的粮油分配时止,由当地粮食部门供应粮油。以后又改为:下乡知识青年的口粮,第一年由国家供应,从第二年开始,由社队和知青场、队分配口粮。正常出勤的,应不低于当地单身整劳力的实际吃粮水平。所在场、队口粮水平过低的,由国家从统销粮中给予补助。

(2) 插队青年要和当地社员同工同酬,男女同工同酬;分配要兑现。不得克扣他们的劳动工分和应分配的粮款;要分给和社员同等数量的自留地(自留畜)或集体菜地,并帮助他们种好、管好。

(3) 下乡知识青年患有严重疾病,开支医疗费用较大,合作医疗确实负担不了的,从知青的安置费中酌予补助。长期不能治愈、不能从事农业劳动的,由安置地区与动员地区协商,可以回城。回城后的医疗费用,原则上由家长负担。因为治病家庭生活有困难的,家长所在单位予以补助,家长无工作的,由民政部门给予救济。

(4) 下乡知识青年因公负伤,其医疗费用和在治疗期间的生活费,由所在单位负担,确有困难的,可从知青的安置费中给予适当补助。因公致残不能从事农业劳动的,由安置地区和动员城市协商,可以在当地安置,也可以回动员城市,并由民政部门和街道、社队负责,安排力所能及的工作;完全丧失劳动能力的,经县以上革委会批准,由民政部门按照职工全残后的最低标准,每月发给 35 元的生活费,生活不能自理需要人扶持的,另发护理费。在指定的医疗单位治疗,医疗费用实报实销。

(5) 下乡知识青年被派出做临时工或民工期间,发生病残伤亡时,其医疗、生活、抚恤、丧葬等全部费用,由用工单位按照国家和地方有关规定办理。

(6) 下乡知识青年死亡的丧葬费,每人不超过 150 元,因公死亡的,由所在单位开支;因病死亡的,从知青的安置费中开支;其他原因死亡的,视其情况区别处理。

(7) "文革"期间下乡插队的知识青年,在他们到城镇参加工作后,其在农村参加劳动的时间,可以与参加工作后的时间合并计算为连续工龄。他们参加工作的时间,从下乡插队之日起计算;返城后等待分配工作的时间,不计算工龄。

(8) 已安排工作的原下乡插队的知识青年,对于他们与工龄有关的福利待遇问题,过去的不算老帐,今后的按计算的工龄对待,与同工龄的职工一视同仁。

(9) 1962 年至"文革"前,由国家统一组织下乡插队的知识青年,他们到城镇参加工作后,在工龄计算上可以仿照上述办法处理。

## 第六节　停止上山下乡与回城安排就业

1978 年 12 月,中共中央转发了《全国知识青年上山下乡工作会议纪要》和《国务院关于知识青年上山下乡若干问题的试行规定》。文件指出:"粉碎'四人帮'之后,各项事业发展很快,为城乡广开升学和就业门路安排知识青年,创造了有利条件。今后,留城政策、下乡范围、都要从实际出发,作适当调整。城市中学毕业生的安排,实行'进学校、上山下乡、支援边疆、城市安排'四个面向的原则。留城面要逐步扩大。矿山、林区、分布在农村的有安置条件的企事业单位、小集镇和一般县城非农业户口的中学毕业生,不再列入上山下乡范围,由本地区、本系统自行安排。有安置条件的城市,也可以不动员上山下乡。"根据上述精神,宁夏回族自治区党委和宁夏回族自治区人民政府研究决定:从 1979 年起,宁夏不再动员城镇知识青年上山下乡。

从 1961 年开始,到 1978 年年底止,宁夏城镇知识青年上山下乡的共达 49 100 人,加上接收安置来自北京、天津、杭州等地的 8 300 名下乡知识青年,实际安置的共计为 57 400 人。1963 年以后,宁夏的上山下乡知识青年,通过升学、招工、征兵、提干等途径,多数人陆续离开农村,走上了新的岗位,到 1980 年 9 月底,全区仍留农村的只剩 4 500 余人。

1980 年 12 月,宁夏回族自治区人民政府决定:在 1980 年招生、招工、招干、征兵等工作结束后,对仍留在农村的上山下乡知识青年,由公安、粮食、知青办等部门共同审查,区别不同情况,分期分批地办理回城手续,然后由自治区人民政府拨给劳动计划指标,分别给予一次性安置就业。具体办法是:

1. 对有安置条件的知青家长所在单位,拨给专项指标,让其包干安置本单位职工的下乡子女。

2. 对没有安置条件的党政群机关和关、停、并、转单位的职工的下乡子女,以及街道居民的下乡子女,由当地政府统筹安排,条块结合,将专项指标拨给有安置条件系统或单位,让他们负责安置。

3. 知青家长在农村,以及知青和农民结婚的,可以就地就近安排到社队企业或工交、财贸、卫生、文教等企事业中去,恢复其城镇户粮关系。也可以随同其配偶一同到当地国营农、林、牧、渔场工作。

4. 对愿意留在农村安家落户的上山下乡知识青年,应给以鼓励和支持,并根据他们的实际情况,由知青部门在经济上给予一次性的补助,帮助他们解决好生产、生活等方面的实际问题。

5. 对刑满释放的上山下乡知识青年,应尽量留场就业,如不能留场就业,可退回原动员的城镇安置。

6. 对个人开业的上山下乡知识青年,应给以鼓励和支持,并恢复其城镇户粮关系。

由于各地区、各部门认真贯彻执行上述的方针和办法,宁夏的上山下乡知识青年于1981年上半年全部得到妥善安置,各级知青工作机构陆续撤销。从此,知识青年上山下乡工作宣告结束。

全区知识青年上山下乡人数统计表

| 年　限 | 应该上山下乡的人数 | 实际上山下乡的人数 | 实际上山下乡的人数占应该上山下乡人数的% |
|---|---|---|---|
| 总　计 | | 57 400 | |
| 1962—1966 | | 11 200 | |
| 1967—1968 | | 3 700 | |
| 1969 | | 1 900 | |
| 1970 | | 1 000 | |
| 1971 | | 200 | |
| 1972 | | 300 | |
| 1973 | 14 300 | 6 300 | 44.00 |
| 1974 | 13 100 | 6 000 | 45.80 |
| 1975 | 16 100 | 10 600 | 65.83 |
| 1976 | 15 500 | 8 700 | 56.12 |
| 1977 | 15 400 | 6 300 | 40.90 |
| 1979 | 18 000 | 1 200 | 6.70 |

**外省、市知识青年来宁夏上山下乡人数统计表**

| 动员地区 | 年　限 | 来宁夏上山下乡人数 | | |
|---|---|---|---|---|
| | | 合　计 | 插　队 | 国营农、林场 |
| 总　计 | | 8 300 | 2 100 | 6 200 |
| 北　京 | 1965 年 | 4 500 | | 4 500 |
| 天　津 | 1965 年 | 2 000 | 300 | 1 700 |
| 杭　州 | 1966 年 | 1 800 | 1 800 | |

**全区上山下乡知识青年调离农村人数统计表**

| 年　限 | 合　计 | 招　生 | 征　兵 | 招　工 | 提　干 | 其　他 |
|---|---|---|---|---|---|---|
| 1974 | 1 563 | 345 | 13 | 965 | 17 | 223 |
| 1975 | 6 098 | 391 | 29 | 5 531 | 9 | 138 |
| 1976 | 3 447 | 380 | 53 | 2 790 | 54 | 170 |
| 1977 | 2 544 | 490 | 49 | 1 770 | 65 | 170 |
| 1978 | 7 120 | 1 580 | 594 | 4 669 | 7 | 270 |
| 1979 | 10 210 | 431 | 370 | 6 597 | 25 | 2 787 |

**全区历年上山下乡知识青年中党团员人数和参加领导班子人数统计表**

| 年　限 | 共产党员 | | 共青团员 | | 参加领导班子人数 | |
|---|---|---|---|---|---|---|
| | 合计 | 占在乡知青人数％ | 合计 | 占在乡知青人数％ | 合计 | 占在乡知青人数％ |
| 1974 | 226 | 1.4 | 2 897 | 17.7 | 501 | 3.1 |
| 1975 | 319 | 1.5 | 2 692 | 22.2 | 338 | 1.6 |
| 1976 | 515 | 2.1 | 7 141 | 29.3 | 392 | 1.6 |
| 1977 | 384 | 1.4 | 6 499 | 23.3 | 409 | 1.5 |
| 1978 | 197 | 1.1 | 3 024 | 16.1 | 183 | 1.0 |
| 1979 | 55 | 0.62 | 1 509 | 17.2 | 38 | 0.4 |

（第九篇第二章《城镇知识青年上山下乡》，第 383—393 页）

1979 年 10 月，自治区召开全区知识青年上山下乡工作会议，根据中央精神，决定全区城镇中学毕业生不再实行下乡上山政策，毕业后根据情况在城镇安置就业。原先已下乡的逐步返城安排就业。

（第九篇第三章《改革就业制度》，第 393 页）

1979 年 8 月自治区党委、革委会作出决定，从当年起城镇知识青年不再上山下乡。当时,全区返城知青和城镇待业青年约有 6 万多人,急需安置就业,青年待业成为"一触即发"的严重社会问题。自治区劳动局 9 月 4、5 日召集各地、市、县劳动部门的同志进行座谈和交流经验。9 月 12 日自治区革委副主任李力同志召集区直有关部门和各地、市、县负责同志,针对安置待业人员出现的问题进行了讨论,研究了解决办法。9 月 15 日自治区党委第一书记李学智召集银川市区直机关有关部门负责同志听取了汇报并讲了话。10 月 4 日自治区党委、革委会转发了《广开就业门路,安置待业人员就业座谈会纪要》的通知(宁党发〔1979〕157 号、宁发〔1979〕219 号)。《纪要》主要阐述了兴办集体所有制经济和个体经济的意义及政策。在这种形势下,银川市、石嘴山市、银川城区、西吉县率先成立劳动服务公司,组织待业青年从事力所能及的简单的生产经营和服务活动。1980 年 9 月 21 日至 28 日在银川市召开了有自治区党、政各部门、各地、市、县(区)及知青、计划、教育部门的负责同志共170 多人参加的全区劳动就业会议。会议期间,学习了中共中央《关于转发全国劳动就业会议文件的通知》(中发〔1980〕64 号)和万里同志在全国劳动就业会议上的总结讲话,总结了全区劳动就业工作经验,着重研究了 1980、1981 两年全区劳动就业的计划和实施的具体办法,产生了《全区劳动就业会议纪要》等文件。12 月 4 日自治区党委印发了这个《纪要》(宁党发〔1980〕117 号)。《纪要》根据中央会议的精神,着重论述了解决城镇就业问题的根本出路是,全区劳动战线解放思想,放宽政策,发展生产,广开门路,实行在政府统筹规划和指导下劳动部门介绍就业,自愿组织起来就业和自谋职业相结合的方针。积极鼓励待业人员自愿结合,自筹资金办集体所有制企业。凡是有条件的国营企业、事业、机关、部队,都要积极支持待业人员办集体企业,成为劳动服务公司。

(第九篇第四章《劳动就业服务企业》,第 400 页)

# 《宁夏公安志》

《宁夏公安志》编纂委员会编,宁夏人民出版社 2008 年

1979 年 4 月,自治区党委组织部、民政局、财政局、公安局、劳动局发出落实政策中几个问题的通知,对文化大革命中被错误处理人员,精简职工、下乡知青等的落户问题作了具体规定。

(第十二章《户政管理》,第 322 页)

# 《宁夏邮电志》

宁夏邮电志编纂委员会编,宁夏人民出版社 1995 年

1965 年开始,知识青年和城镇人口下放农村,衣物食品包裹增多,又有 6 年增长。1971 年以后下乡人员逐渐返城,衣物包件减少,9 年中,有升有降,幅度不大,但增加数不抵下降数。

(第四篇第一章《邮政业务》,第 313—314 页)

# 《前进农场志》

《前进农场志》编纂委员会编,宁夏人民出版社1992年

  (1959年)5月,首批浙江支宁青年1 027人到农场。    (《大事记》,第9页)

  (1960年)5月,第二批浙江支宁青年4 111人到农场。   (《大事记》,第10页)

  (1975年)6月3日,天津市革命委员会慰问团到农场慰问支宁天津知识青年。

                    (《大事记》,第15页)

  (1976年)2月28日,宁夏农垦局党的核心小组副组长刘奇功为团长的知识青年慰问团,对本场的北京、天津、银川知识青年进行慰问。   (《大事记》,第16页)

**上山下乡知识青年。**

  天津、北京、银川等地知识青年,积极响应党和政府关于知识青年上山下乡接受再教育的号召,到农场安家落户。1965年9月农场接受安排第一批天津知识青年446名;1966年6月14日,又安排第二批天津知识青年614名;1965年还安置了140名银川知青及为数不多的北京知青。这一时期出现了农场人口的第二次高峰,据1966年年底统计,当时农场的总人口达7 692人(含部队复员转业军人家属)。在这以后的10年(1966—1976)中,上山下乡知识青年大部分在农场结婚安家,使农场人口不断增长,据1976年末统计全场总人口为8 194人。            (第一章《概况》,第30页)

  1977年以后,天津、北京等地知识青年返城,农场人口逐年缓慢下降。

                   (第一章《概况》,第30页)

  1966年以后,各基层核算单位除配备专职财务会计1人,业务较多的单位还配有专(兼)职出纳1人。由于"社教"运动后,一批具有实际业务工作能力的财会人员离开了财会队伍,又从复员军人和京、津知识青年中挑选了一批人员从事财务会计工作,逐渐成为农场财会队伍中的骨干。       (第十五章《财务管理》,第208页)

  其它专用拨款。1978年后国家拨给农场的专用拨款还有"简易建筑费"(用于简易结构的仓库、棚圈、晒场等),科研费,上山下乡知识青年生活补贴和专项农业建设费等。农场根据拨款的使用范围和用途,按有关规定安排使用资金,并检查验收资金的使用效果。

                (第十五章《财务管理》,第215页)

# 《银川市志》

银川市志编纂委员会编，宁夏人民出版社1998年

（1965年）8月25日，银川一中和银川女中的68名高初中应届毕业生赴平吉堡农场落户，参加农业生产建设。 　　　　　　　　　　　　　　　　（《大事记》，第28页）

9月11日，到永宁县农村集体插队落户的634名杭州知识青年到达银川。

9月19日，银川市65名知识青年到固原县黄峁山落户，参加林业建设。

（《大事记》，第28页）

（1966年）1月16日，天津市、杭州市慰问上山下乡知识青年代表团到达银川。

（《大事记》，第28页）

2月26日，银川市252名知识青年到固原参加山区建设。 　　（《大事记》，第29页）

8月26日，来宁夏参加社会主义建设的浙江省杭州市知识青年300多人到永宁县农村插队落户。 　　　　　　　　　　　　　　　　　　　（《大事记》，第29页）

（1968年）10月20日，银川市首批200多名高初中毕业生分赴海原、泾源山区插队落户。

10月29日，银川市第二批知识青年450多人到固原地区插队落户。

（《大事记》，第32页）

（1973年）8月18日，银川地区热烈欢送1200多名知识青年奔赴农村安家落户。

（《大事记》，第34页）

（1974年）3月20日，银川市欢送1400名知识青年上山下乡。 　（《大事记》，第34页）

（1975年）3月3日，共青团银川市委员会在银川召开大会，授予在郊区掌政公社春林二队下乡的女知识青年黄新"模范共青团员、优秀知识青年"的光荣称号，表彰这位手残志坚，以顽强的革命毅力，战胜各种困难，积极劳动的知识青年。 　　（《大事记》，第34—35页）

5月2日，自治区团委、自治区知识青年上山下乡领导小组在银川召开向优秀知识青年

黄新同志学习的大会。 （《大事记》,第 35 页）

8 月 18 日,银川市欢送 2 800 名知识青年上山下乡。 （《大事记》,第 35 页）

**第三个时期(1967—1985 年)** 在这 18 年中,银川市区总户数平稳增长,由 1967 年的 41 530 户增加到 1985 年的 98 288 户,增长了 136.67％,平均每年递增 5.59％,同时期内的 1979 年,由于安置了大批的回城青年,当年户数增加了 10 678 户,增长率为 15.50％。

（第二编第二章《人口构成》,第 156 页）

1979 年,银川市"上山下乡"的城镇知识青年纷纷返回城市,与城镇新成长的劳动力适龄人口汇为一体,使城镇待业青年增至 3 万余人。 （第二编第二章《人口构成》,第 156 页）

三年调整时期(1963—1965 年),全市预算内总支出 3 129 万元。其中支农支出 491.6 万元,占 15.71％;文教卫生科学事业费支出 887.2 万元,占 28.35％;行政管理费支出 327.1 万元,占 10.45％;城镇人口下乡安置费支出 14.1 万元,占 0.45％。该时期支农支出继续增长,且在支农支出中对水利方面的投资明显增加。工交商事业费支出从工交商业支出中分离出来。为了安置"下马"企业和行政事业单位精简人员,从 1964 年开始,财政预算内有城镇人口下乡安置费支出。

（第九编第一章《财政》,第 535 页）

"六五"时期(1981—1985 年),银川市预算内总支出 2.67 亿元。其中……城镇人口下乡安置费 238.5 万元,占 0.89％;城镇青年就业经费支出 139.3 万元,占 0.52％;价格补贴 565.3 万元,占 2.12％;其它支出 1 639.2 万元,占 6.15％。这一时期文教卫生科学事业费支出增长较快,所占比重最大,城市市政建设支出也有较大增长。支出增加了价格补贴和城镇青年就业经费两项。

（第九编第一章《财政》,第 536 页）

1976 年,银川市又冻结了各单位存款。对各机关、团体、学校、企业、事业单位 1976 年 10 月底各项经费和资金的结余存款,除计划内的未完工程基本建设拨款、企业流动资金、当年提取的大修理和更新改造资金、当年安排的技改措施费、农田水利、优抚救济、知识青年上山下乡经费以及 11—12 两个月的人员工资外,一律按银行存款的账面数字实行冻结。

（第九编第一章《财政》,第 555 页）

1979 年,由于银川市上山下乡知识青年办公室撤销,劳动局增设知识青年安置科,负责知识青年的就业安置工作。1981 年知识青年安置科转为银川市劳动服务公司,隶属劳动局管辖。

（第十二编第三章《劳动管理》,第 745 页）

1676

在三年国民经济调整时期,劳动力的需求受到较大的限制。根据国务院对安置城镇待业人员采取的"统筹安排,城乡并举,以上山下乡为主"的方针,银川市对城镇待业青年安排的主要措施是:国营企事业单位,按照自治区批准的增人计划,在原定人数内补充自然减员需要,适当扩大女职工的招收比例;组织城镇待业人员从事临时性的工作;对退休、退职、因工残废和死亡的职工,可以允许其子女进厂顶替工作;组织各种集体所有制的手工业和商业服务业企业,为待业人员提供就业机会。1963年4月,根据国务院《关于全国大中城市建立劳动力介绍所的通知》精神,银川市相应成立了知识青年上山下乡待业安置办公室,负责安置知识青年上山下乡,掌握待业人员的具体情况,监督用人单位和工人双方履行劳动合同,对待业人员进行思想政治教育,组织必要的技术业务培训。

(第十二编第三章《劳动管理》,第 746 页)

1968—1976年,共招工 2.8 万人,其中在农村招收的职工约占 1/3。与此同时,城镇有近万名知识青年到农村插队落户。

(第十二编第三章《劳动管理》,第 746 页)

1979年,银川市上山下乡知识青年纷纷返回城市,与城镇新成长的社会劳动力汇合一起,使城市待业人员猛增至近 3 万人。

(第十二编第三章《劳动管理》,第 746 页)

1966年初,银川市劳动部门对全市待业人员情况进行摸底,共登记待业人员 6 061 人,其中男 1 559 人,女 4 502 人。为解决这些人的就业问题,银川市劳动部门办 3 个劳动力讲习所和 3 个劳动力服务队。组织 223 人参加了讲习所学习,895 人参加劳动服务队从事生产劳动;动员 486 名知识青年到农业生产第一线参加劳动;创办了 85 个街道企业,安置待业人员 1 605 人。

(第十二编第三章《劳动管理》,第 754 页)

1965年,随着上山下乡、支援边疆运动的开展,北京、天津、杭州知识青年纷纷来到银川。仅 1965年6月至8月,在平吉堡、暖泉农场就安置北京知识青年 2 523 人。同年,银川市区农垦系统和永宁、贺兰两县对北京、天津、杭州三地的知识青年做了妥善的安置。

(第十二编第三章《劳动管理》,第 757—758 页)

## 知识青年上山下乡

1964年,银川市有 1 042 名知识青年上山下乡,奔赴农业生产第一线。1966年,银川又动员 468 名知识青年下乡参加农业生产。1968年,毛泽东发出了"知识青年到农村去,接受贫下中农的再教育"的号召,上山下乡成为知识青年就业的一条出路。1972年,银川知识青年上山下乡工作领导小组成立,下设办公室,配备了专职干部和工作人员,在永宁县、贺兰县、郊区分别建立了知识青年上山下乡办公室,配备 3—5 名专职干部,由一名书记主管知识青年上山下乡工作。当时政策规定：凡年满 17 岁的应届高中毕业生、未升高中、初中的应届毕业生，及社会上年满 17 岁未升学就业的青年，均为上山下乡的动员对象。城市知识青年在未下乡之前，任何单位和部门都不得招工（包括临时工、招生或征兵）；已经招了的要立即辞退，否则，银行拒付工资，劳动局收回指标，粮食局不予补粮。此政策出台后，1973—1979年，银川市上山下乡的知识青年数达到 2 万余人。

对独生子女和多子女的父母身边只一个子女的规定不动员上山下乡，但需经银川市上山下乡办公室核准，发给免去上山下乡证明书。

1979 年，银川市撤销了知识青年上山下乡办公室，知识青年大批返回城市，知识青年上山下乡工作结束。 （第十二编第三章《劳动管理》，第 758—759 页）

60 年代末，70 年代初，大批知识青年上山下乡，为农村文艺、体育活动增添了新生力量，各公社都成立了篮球队，并进行定期训练。1973 年 10 月，银川市举行郊区社员和知识青年篮球赛，郊区各公社和市"五七"青年农场等 7 个单位的 12 个男女篮球队参加了比赛。银新、良田、"五七"青年农场 3 个队获男子组前三名；"五七"青年农场、大新、红花等 3 个队获女子组前三名。 （第二十一编第二章《群众体育》，第 1288 页）

1965 年为适应形势的需要，银川市大力动员闲散劳动力、知识青年及随行家属 2 005 人上山下乡，参加农业生产劳动。 （第二十二编第四章《民政》，第 1350 页）

# 《银川城区志》

银川城区志编纂委员会编，宁夏人民出版社 2002 年

(1965 年)6 月 7 日，北京市 600 多名支宁青年到达银川，受到全市各族各界人民的热烈欢迎。 （《大事记》，第 22 页）

8 月 25 日，银川一中和银川女中的 68 名高初中应届毕业生赴平吉堡农场落户，参加农业生产建设。 （《大事记》，第 22 页）

9 月 11 日，到永宁县农村集体插队落户的 634 名杭州知识青年到达银川。
9 月 19 日，银川市城区、新城区 65 名知识青年到固原县黄峁山落户，参加林业建设。
 （《大事记》，第 22 页）

(1966 年)2 月 26 日，银川市城区、新城区 252 名知识青年到固原参加山区建设。
 （《大事记》，第 22 页）

（1968 年）10 月 20 日,银川市城区、新城区首批 200 多名高初中毕业生分赴海原、泾源山区插队落户。

10 月 29 日,银川市第二批知识青年 450 多人到固原地区插队落户。

（《大事记》,第 24 页）

（1973 年）8 月 18 日,银川地区热烈欢送 1 200 多名知识青年奔赴农村安家落户。

（《大事记》,第 25 页）

（1974 年）3 月 20 日,银川市欢送 1 400 名知识青年上山下乡。　　（《大事记》,第 25 页）

（1975 年）8 月 18 日,银川市欢送 2 800 名知识青年上山下乡。　　（《大事记》,第 26 页）

1980 年,按照银川市劳动局批准使用临时工计划的调配通知,共给 125 个自治区、银川市工厂企业单位调配了季节性和临时性工人 4 804 人次,城区从事临时性工作的待业人员约有 1 004 人。另外,大约还有 200 名下乡知识青年在城区各单位干临时工。

（第十三编第二章《就业安置》,第 495 页）

# 《银川市西夏区志》

《银川市西夏区志》编纂委员会编,宁夏人民出版社 2010 年

"文革"时期曾停止招工,待业人员增多。1979 年后,上山下乡知识青年返城,总人数达 21 431 人,失业人员近 3 万人,使银川市失业率高达 6.5％,形成第一次待业高潮。银川市实行"广开门路,积极组织发展待业青年服务队"。新城区为更好、更便利地安置城镇待业青年,各大企业相继成立劳动服务公司(队),主要安置返城知识青年和家属职工子女就业。1979 年,上山下乡知识青年返城,与城镇新成长起来的社会劳动力汇合在一起,使城镇待业人员骤增。国家为了安置上山下乡的城镇知识青年,各国有大中型企业相继成立了劳动服务公司、青年服务队,其性质属于集体企业,主要安置返城知识青年和各企业家属职工子女就业。

（第十五篇第三章《劳动就业》,第 554 页）

# 《银川市郊区志》

宁夏回族自治区银川市郊区志编纂委员会编,方志出版社 2002 年

（1973 年）8 月,郊区先后安置上山下乡知识青年 429 人。　　（《大事记》,第 29 页）

是年(1975年),郊区先后安置知识青年2 120人到农村落户。　　（《大事记》,第30页）

(1976年)12月13—15日,郊区召开首届上山下乡知识青年先进集体、先进个人代表大会。　　（《大事记》,第31页）

(1979年)9月10—14日,郊区召开上山下乡知识青年工作会议,出席会议代表190人。　　（《大事记》,第33页）

知识青年安置多以设知青点集体安置。区、公社设知识青年上山下乡安置办公室,配备专职干部负责知识青年工作。1958—1979年,郊区共安置下乡知识青年1万多名。他们中有74人入党,680人入团,17人进入大队、公社领导班子,1 231人担任了民办教师、会计、保管员、赤脚医生、拖拉机手,也有相当一部分被推荐到大中专学校学习等。有416人先后推选出席公社和郊区知识青年积极分子代表会,61人出席市知识青年积极分子代表大会,22人出席自治区知识青年积极分子代表大会。掌政公社春林二队社员、下乡知识青年黄新被共青团银川市委授予模范共青团员、优秀知识青年光荣称号,还光荣出席了全国第二次农业学大寨会议,并受到华国锋主席接见。　　（卷五第一章《民政》,第242—243页）

建国初期,郊区以农牧业为主。1955—1978年,郊区农村先后接受和安置外地移民和支边青年2 686人,银川市失业而又有劳动能力的小商贩和贫民373户,1 685人,银川市上山下乡知识青年2 120多人,为缓解城市就业压力做出了积极的贡献。

中共十一届三中全会以后,党中央、国务院调整了城镇知识青年上山下乡政策。1979年,上山下乡知识青年返城,与城镇新成长起来的社会劳动力汇合在一起,使城镇待业人员骤增。银川市实行"广开门路,积极组织和发展待业青年服务队"。郊区根据辖区实际情况,仍由劳动部门介绍就业为主,通过招工、招干、参军、考学等途径,到1981年底,郊区下乡知识青年和待业人员全部安排就业,知识青年办公室撤销。　　（卷五第二章《劳动人事》,第273页）

# 《永宁县志》

永宁县志编审委员会编,宁夏人民出版社1995年

(1965年)9月15日,浙江省杭州市知识青年634人来永宁县插队落户,分到杨和、胜利、增岗、李俊公社和永宁县农场(东升)安置。

是月,永宁县首批本地知识青年6人(永中毕业),下乡到红星五队落户。　　（《大事记》,第27页）

（1968年）8月29日，永宁县革命委员会贯彻毛泽东主席"知识青年到农村去，接受贫下中农再教育"的指示精神，欢送各中学1966、1967两届初、高中毕业生回乡，下乡到农村插队落户。宁夏回族自治区革命委员会、永宁县革命委员会向知识青年赠送了《毛泽东选集》和毛泽东像章。

（《大事记》，第30页）

（1974年）1月，永宁县知识青年上山下乡安置办公室成立。　　（《大事记》，第32页）

（1976年3月）22日，永宁县上山下乡知识青年农业学大寨积极分子代表大会召开。

（《大事记》，第33页）

（1981年1月）3日，县委纠正某些领导干部为下乡知识青年办理假证明转户招工的错误。已经招工的26人中有22人被辞退，并注销了城镇粮户关系。《宁夏日报》头版头条作了报道。

（《大事记》，第38页）

1959—1960年安置浙江青年2189人。1965—1966年安置浙江知识青年924人。县境内西部山区创办国营黄羊滩、玉泉营等农场先后落户复员转业军人和农场家属职工等若干人。

（第三篇第一章《数量分布》，第68页）

1973年裁政治处、保卫处、农业学大寨办公室，成立公安局、知识青年办公室、计划生育办公室，并邮政局、电信局称邮电局，并工商局入商业局，改战备人防办公室和人防办公室。1974年增设多种经营办公室，人民银行改称人民银行永宁支行。1976年县革命委员会辖……知识青年上山下乡办公室24个工作部门。1981年恢复县人民政府称谓至今，其工作机构设……知识青年安置办公室、人民防空办公室、地震办公室、科学技术委员会、体育运动委员会33个工作部门。

（第十四篇第二章《政府》，第324页）

**浙江移民安置**　1959年5、6月间，从浙江省平湖、安吉、临安三县迁入支宁青年2189人，其中男劳力1120人，女劳力771人，小孩298人，分别安置在11个大队（农场）内，其中望洪283人、东风156人、胜利213人、杨显151人、新银176人、塔桥160人、政权394人、板桥189人、掌政156人、燕鸽163人、王太农场148人。1965年、1966年，先后从杭州迁入924名知识青年，县成立安置城市下乡青年领导小组，下设办公室，采取集中插队、建立知青点的安置办法，安置在县农场和李俊、增岗、胜利等公社。　　（第十七篇第一章《民政》，第386页）

1965年，杭州知识青年支宁。1973年，为加强对知识青年上山下乡工作的领导，成立了永宁县知识青年上山下乡工作领导小组，下设办公室（简称知青办），设主任1人、副主任1

人、工作人员 2 人。此后至 1977 年,知识青年上山下乡已成为制度,全县所有公社、大队都安插了一批知识青年。自 1969—1978 年,全县共接收插队知识青年 3 759 人(不包括 924 名杭州知识青年),其中接收银川市知识青年 3 584 人,共使用安置经费 178.6 万元、木材 1 200 立方米、建房 1 413 间、购置桌凳 706 套,广大知识青年在建设新农村中起了好的作用,但由于远离父母,许多人又不会务农,给农民增加了不少麻烦。从 1974 年起,对下乡知识青年与留城待业青年分批安置就业。1978 年,开始实行"职工退休、退职后可以招收一名符合招工条件的子女参加工作"的政策,解决了部分待业青年的安置问题。1979 年国家实行由劳动部门介绍就业、自愿组织起来就业和自谋职业相结合的劳动就业方针,永宁县根据自己的实际情况,仍以实行由劳动部门介绍就业为主,至 1981 年底,全县下乡知识青年(包括杭州知识青年),通过招工、招干、考学、参军等途径全部安排就业,知青办撤销。

(第十七篇第二章《劳动人事》,第 405 页)

# 《贺兰县志》

中共贺兰县委志史编纂委员会编,宁夏人民出版社 1994 年

(1965 年 5 月)暖泉农场安置北京知识青年 1 613 人。　　　　　　(《大事记》,第 16 页)

(1973 年)2 月,成立贺兰县上山下乡知识青年安置领导小组及办公室和贺兰县计划生育委员会。　　　　　　　　　　　　　　　　　　　　(《大事记》,第 21 页)

是年(1977 年),全县安置上山下乡知识青年 500 多名。　　　　(《大事记》,第 24 页)

## 第三节　知识青年上山下乡安置

1966 年 9 月 14 日,毛泽东发出"知识青年到农村去,接受贫下中农的再教育"的指示,全国性的知识青年上山下乡运动迅速开始。

1969 年贺兰县革命委员会组织动员 1966—1968 届的城镇初、高中毕业生,全部到各公社插队落户,参加农业劳动。出发时县革委会组织群众敲锣打鼓热烈欢送,并给每人赠送《毛泽东选集》一套、《毛主席语录》一本、毛主席像章一枚。每人带搪瓷杯子一个,白毛巾一条,身穿黄军装,脚穿解放球鞋,腰系棕色皮带,有的还备有军用水壶,奔向农村。接受知青的社队也举行了热烈的欢迎会。以后每一年高、初中毕业生都相继到农村插队落户,接受贫下中农再教育。到 1972 年,共安置上山下乡知识青年 37 人。

知识青年的口粮由粮食部门按每人每月 19.5 公斤定量标准供应,接上新粮后,参加其所在队的分配。给每人建房费 90 元,每人每月生活费 11 元(解决 12 个月)。

知识青年插队落户能与群众打成一片，学会了许多农活，不少人在社队入了党、入了团，当上了社队领导。1976 年，上山下乡知识青年由分散插队改为集体落户，全县组织了青年点，并配备有带队干部，专司其事。1979 年春，县委根据中发(78)74 号文件《关于小集镇和一般县城非农业户的中学毕业生不再列入下乡范围》的规定，停止了知识青年上山下乡插队落户，并对在农村的上山下乡知识青年，通过招生、招工等途径进行安置。1981 年贺兰县知识青年办公室撤销，成立了贺兰县劳动服务公司，负责知识青年的就业安置，在各集镇办起了青年商店等行业，为知识青年开辟就业门路。通过国家投资、银行贷款兴办各项事业，由知识青年自己经营，自负盈亏。到 1981 年底，全县共有下乡知识青年 2 039 名，其中本县知识青年 1 963 名，外地转入 150 名，落实政策补办 196 名。　　（第二十六编第一章《劳动管理》，第 393—394 页）

1968 年秋，在"复课闹革命"的声浪中，工人毛泽东思想宣传队进驻各中学。同年 10 月份，各校高、初中的 66 届、67 届、68 届学生一齐毕业，城镇户口的学生上山下乡，插队落户，农村学生一律回乡。　　　　　　　　（第二十八编第三章《中学教育》，第 431 页）

从 50 年代中期到 60 年代，贺兰县的中、小学教师，除来自大学本科、专科和中师的毕业生外，尚有天津支宁初中毕业生、浙江支宁知识青年、北京支宁初中毕业生、河南支宁高中毕业生以及上海支宁的文教大队。这些来自天南地北的知识分子扎根贺兰，和本县教师融为一体成为贺兰县教师队伍中的骨干。　　　　　（第二十八编第六章《教师》，第 439 页）

# 《阿拉善左旗志》

阿拉善左旗地方志编纂委员会编，内蒙古教育出版社 2000 年

(1974 年)7 月 21 日，阿拉善左旗首届上山下乡知识青年代表大会在巴彦浩特召开。

（《大事记》，第 53 页）

(1976 年)6 月 20 日，阿拉善左旗召开知识青年上山下乡工作会议。据会议统计，1973 年以后，全旗共有 1 769 名知识青年奔赴农村牧区插队落户。　　（《大事记》，第 54 页）

1976 至 1984 年，全民所有制单位用工仍由劳动部门统一掌握，工人来源主要是城镇待业青年、下乡知识青年，以及农、牧、林场内具有牧区户口的职工子女，同时也接收少量的技工学校毕业生和复员退伍军人。

"文化大革命"期间，未招工达 7 年之久。对城镇待业人员采取了知识青年上山下乡的办法。至 1978 年，知识青年陆续回城就业，给劳动就业造成压力。

（第二章《人事劳动》，第 750—751 页）

1975 年后，上山下乡知识青年陆续回城和城市待业青年被安置工作，到 1982 年末，全民所有制企业人数增至 10 457 人。1990 年末达到 15 817 人。随着改革的深入，受企业改制的影响截至 1999 年全民所有制在岗职工 9 375 人。　　（第二章《人事劳动》，第 752 页）

**知识青年安置**　1968 年 10 月，阿拉善左旗各国营农场、各公社（1983 年改为苏木）、各场（矿）农场先后接收知识青年插队落户。1973 年，旗革命委员会对下乡知识青年插队安置经费的标准有明文规定：单身插队的，牧区每人平均 400 元，农区每人平均 240 元；成户插队的，牧区平均每人 230 元，农区平均每人 130 元；对跨省市安置的知识青年，除享受以上标准外，另享受旅差费、运费 20 元、冬装补助费 30 元。安置费主要用于知青点的建房补助、生活补助、购置工具和生活用品以及下乡途中的费用。知青到农牧区的第一年由国家供应粮、油、煤，每人每月发给 8 元生活补贴，第二年参加生产队收益分配。1968 至 1978 年，共有 2 942 名青年上山下乡。1981 年，上山下乡青年全部返城或就近分配了工作。

**1973 至 1981 年全旗知识青年上山下乡及安置情况表**　　　　　　单位：人

| 年度 \ 类别数量 | 下乡人数 | | | | 安置人数 |
| --- | --- | --- | --- | --- | --- |
| | 总数 | 场（矿）办农场 | 公社 | 国营农场 | |
| 1973 | 413 | 127 | 131 | 155 | 412 |
| 1974 | 558 | 335 | 150 | 73 | 556 |
| 1975 | 755 | 269 | 432 | 54 | 726 |
| 1976 | 575 | 137 | 407 | 31 | 526 |
| 1977 | 525 | 155 | 314 | 56 | 403 |
| 1978 | 116 | 78 | 28 | 10 | 66 |

**待业人员安置**　1980 年，安置上山下乡返城知识青年，致使城镇初、高中毕业生 4 288 人待业。旗人民政府对企事业单位计划外用工及时进行清退，同时成立就业领导小组，多渠道安排就业。当年安置待业青年 824 名。至 1983 年，共安置待业青年 2 622 人，尚有 3 526 人待业。……　　（第二章《人事劳动》，第 754—755 页）

# 《石嘴山市志》

石嘴山市志编纂委员会编，宁夏人民出版社 2001 年

（1969 年）1 月，根据毛泽东关于"知识青年到农村去"的指示，全市首批 370 多名初中、高中毕业生下乡安家落户。至 1979 年，石嘴山市（不包括平罗、陶乐县）共组织知识青年 13 337 人下乡、场（农场）参加农业生产。　　（《大事记》，第 36 页）

**知识青年安置**

1964 年,石嘴山市根据宁夏回族自治区的统一部署,动员当年初、高中毕业生 165 名下乡下场。1966、1967、1968 年动员初、高中毕业生 1 181 人下乡。至 1979 年,市区共组织知识青年 13 337 人下乡参加农业生产(不含平罗、陶乐县)。为加强领导,于 1968 年成立"市知识青年上山下乡工作领导小组",下设办公室,配干部 7 人。各县、区均设相应组织,各人民公社、农场等安置单位配备专职干部,专管此项工作。

知识青年上山下乡范围:"凡城镇户口,年满 17 周岁的初、高中毕业生,不论婚否,均属下乡对象"。但有严重疾病,或独生子女和多子女而身边无子女照顾老人的,属免下范围。安置形式:到人民公社生产大队插队,分散住宿,国家按每人 250 元经费拨给人民公社;到国营农林牧场和厂矿办农场,每人 900 元,主要解决住房、口粮、生产工具、灶具等开支。

知识青年上山下乡,在农村经受了锻炼,发挥了一定作用。但有部分青年吃粮,烧煤和住房方面的问题解决不及时,思想政治工作薄弱,使部分青年不安心;在招工中,少数不按政策办事,"走后门"引起青年不满;安置人数过多的生产队给农民增加负担。这些问题,市知识青年上山下乡领导小组办公室虽经常派出工作组下乡调查解决,但解决不彻底。

根据国家招工指标,每年招收部分青年回城就业,至 1981 年 8 月,除参军升学外,其余全部回城安排工作。　　　　　　　　　　　(第二十二篇第二章《劳动管理》,第 930—931 页)

1969 年 1 月,在市区开展了"知识青年上山下乡"运动,到 1979 年市区共组织 1.3 万城镇青年下乡、场(农场)参加农业生产劳动。　　(第三十一篇第七章《文化大革命运动》,第 1412 页)

1968 年"复课闹革命"。但中小学校没有教材,主要是学习毛主席著作。……又根据毛泽东主席"知识青年到农村去,接受贫下中农再教育"的指示,初、高中毕业生到农村安家落户。

1971 年,中断招生 5 年的大中专院校恢复招生。废除考试制度,在回乡、下乡的知识青年中,实行由生产队推荐、招生学校审查、人民公社批准的招生制度。

　　　　　　　　　　　　　　　　　　(第三十三篇第一章《综述》,第 1471 页)

# 《大武口区志》

大武口区地方志编纂委员会编,宁夏人民出版社 1995 年

## 第一节　知识青年安置

1972 年,根据中共中央、国务院有关文件精神,开始动员城镇知识青年上山下乡,至 1978 年大武口地区上山下乡的知识青年共有 7 781 人。1979 年 10 月,按照上级部署区政府决定停止动员城镇知识青年上山下乡。

从 1974 年起,通过企业单位招工、大中专院校招生、应征入伍、转干等途径,逐步安置下乡知识青年。当时,一面安置,一面继续动员城镇知识青年下乡,故到 1979 年尚在农村的下乡知识青年仍有 7 520 人。1980 年起,分别以不同形式安排就业,全民所有制单位招收新工人时,在考分上优先照顾下乡知识青年;集体单位招工时,对本系统的下乡知识青年包干安置就业;无归属单位的,由劳动部门统招统配,年龄可放宽到 35 周岁;下乡知识青年参军从部队复员、退伍后,由劳动部门安置就业;凡外省、市在大武口地区的未婚下乡知识青年,原则上回原地安置;对无法招工的,均允许回城待业;已和农民结婚的下乡知识青年,均由本区照顾回城;婚后有子女的知识青年,可带其子女一起解决城镇户口;对丧失劳动力的下乡知识青年,可根据本人情况进行安置;对少数犯罪、判刑或劳动教养的下乡知识青年,刑满释放后,按下乡知识青年政策对待。至 1981 年底,全地区上山下乡的知识青年基本安置完毕。

(第十五编第五章《劳动就业》,第 318 页)

# 《石嘴山区志》

惠农区地方志编纂委员会编,宁夏人民出版社 2005 年

(1969 年)1 月,贯彻毛泽东主席的"知识青年到农村去,接受贫下中农再教育很有必要"的指示,动员城区初、高中毕业生上山下乡,到农村插队落户,或到企业农场劳动,接受贫下中农"再教育",首批有 370 人。

(《大事记》,第 30 页)

1975 年 12 月 11 日,石嘴山市二区革委会成立,下设民政局、计劳局(计划劳动局)、城建局、科卫局(科技卫生局)、文教局(文化、教育局)、工商局、财税局、农水局(农业、水利局)、粮食局、手管局(手工业管理局)、商业局、体委(体育运动委员会)、战防办(战备防空办公室)、知青办(知识青年上山下乡办公室)、革委会办公室与党委办公室合署,一套班子,计 16个部门。

(第十三篇第二章《人民政府》,第 621 页)

1975 年 12 月,二区成立后,设计划劳动局,负责招工和用工管理。用工除招收固定职工外,还招收临时工和计划外用工。至 1978 年,主要招收在农村锻炼两年以上的,在"文化大革命"中"上山下乡"的知识青年和留城的待业青年,安置就业,还办理了部分退休、退职职工的子女顶替工作手续。1979 年起,主要招收回城知识青年中无职业者。

(第十六篇第一章《劳动》,第 736 页)

### 知识青年安置

1964 年,石嘴山市根据自治区统一部署,动员当年初、高中毕业生 165 名下乡下场(农

场）。1966 年—1968 年共动员 1 181 人下乡。

1972 年,根据中央指示,规定"凡城镇户口、年满 17 周岁的初、高中毕业生不论婚否,均属下乡对象"。需"上山下乡",但有严重疾病或独生子女或多子女却身边无其他子女照顾老人的除外。

1976 年,区政府成立知识青年上山下乡工作领导小组,设办公室,配备干部 3 人,专管知识青年上山下乡工作。到人民公社生产队插队落户的,国家一次性按每人 250 元的经费拨给人民公社;到国营农林牧场或厂矿办农场插场落户的按每人 900 元拨给,主要解决住房、口粮、劳动工具、灶具等开支。至 1979 年,三年共组织 1 025 名待业青年"上山下乡"插队(场)落户,参加农业生产。由于部分经济效益差的生产队解决知识青年的吃、住等问题不及时或生活条件差,劳动艰苦,或因劳动技术、态度等问题与当地社员的关系不太协调,特别是陆续有个别"下乡"青年返城安置工作,致使部分青年不安心。为此,知识青年上山下乡领导小组办公室经常派员下乡调查解决问题。

根据上级下达的招工指标,每年招收部分知识青年回城就业,至 1981 年,除参军、升学者外,其余全部回城安排工作。此后,根据中央批示,知识青年停止上山下乡,在家待业,为待业青年,"上山下乡"机构随即裁撤。　　　　　　　(第十六篇第一章《劳动》,第 736—737 页)

# 《石炭井区志》

大武口区地方志编纂委员会编,宁夏人民出版社 2008 年

是年(1973 年),……根据中央[1973]21 号和 30 号文件精神,深入细致地开展了做了"知识青年上山下乡"工作,检查出了一些在"知青"工作中存在的问题,研究制定了"统筹解决"的措施办法。要求"把全部够条件的知识青年送到农村去"。对一些因为种种原因和"走后门"招工返城的知识青年,一律给予退回处理;对一些领导干部为其子女"走后门"返城的,坚决进行了纠正处理。　　　　　　　　　　　　　　　　　　(《大事记》,第 24 页)

从 20 世纪 80 年代初期开始,经国务院批准,大批老矿工的家属农转非进入矿区。但随之而来的却是:大批未升学的"农转非"职工子女留在矿区;大批上山下乡知识青年纷纷返回矿区;大批轮换工、协议工加入矿区队伍,使许多职工子女不能就业。

(第二十三章《人事·劳动》,第 378 页)

# 《石嘴山市邮电志》

石嘴山市邮电志编纂委员会编,宁夏人民出版社 2000 年

1980 年以后,为改善全区农村邮电服务工作,根据自治区劳动人事厅和邮电管理局以

(84)宁邮人字第 971 号文件发布《关于乡邮员和驻段线务员从农民中招用合同制工人的规定》。在宁夏邮电管理局统一下达的招工指标内,招收了下乡知识青年和回乡知识青年。

（第四章《管理》,第 388 页）

# 《平罗县志》

平罗县志编纂委员会编,宁夏人民出版社 1996 年

(1965 年)9 月 10 日,天津知识青年 446 人,北京知识青年 86 人,到前进农场工作。

（《大事记》,第 15 页）

(1968 年)10 月,组织动员 1966—1968 年城镇高、初中毕业生共 1 700 人到农村插队落户,接受贫、下中农再教育。

（《大事记》,第 16 页）

**知青安置**

1971 年 3 月,县民政局附设"知识青年上山下乡办公室",局长杨群兼知青办主任。根据国家对上山下乡知识青年安置规定,当年支付每人生活费 180 元(每月 15 元),建房费每人 300 元,计 480 元,一次性安置。为利于生产、学习及便于统筹建房,由分散安置逐步采取划片集中安置。截至 1979 年 7 月 1 日,全县共安置知青 2 164 人。

1981 年元月,根据国家政策,平罗县人民政府对上山下乡知识青年采取一次性安排:凡符合招工条件的一律招收为国家职工(上山下乡期间连续计算工龄);自愿留农村者,政府一次性发给安置费 400 元;失去劳动能力原为城镇户口者,均恢复城镇户口。是年 9 月,县知识青年上山下乡办公室撤销。 （第二十一篇第三章《其他政务》,第 452—453 页）

**下乡知识青年安置**

平罗县于 1964 年开始动员城镇闲散劳动力和知识青年下乡参加农业生产。1968 年底开始宣传毛泽东主席关于知识青年到农村去,接受贫下中农再教育的指示,号召知识青年上山下乡。1971 年 3 月,平罗县知识青年上山下乡办公室成立,对上山下乡知识青年采取插队分散安置,支付当年每人每月生活费 15 元,建房等安置费 300 元。1975 年,采取划片集中安置的办法。凡知识青年到农村超 100 人的单位,指派 1 名干部常住公社,领导知识青年劳动和学习。1976 年 6 月,对 1962 年以来随精简、退休、退职家长到农村年满 16 周岁以上,25 周岁以下的初、高中毕业生,均补办知识青年上山下乡证明书,按 1973 年上山下乡知识青年对待。1978 年停止知识青年上山下乡,1981 年 9 月平罗县知识青年上山下乡办公室撤销。截至 1978 年底,全县安置上山下乡知识青年 2 164 人(含安置外地转入平罗县的知

识青年 125 人)。共支出建房、灶具、生活补助等安置费 138.1 万元。从 1970 年开始,上山下乡知识青年通过招工、招干、招生等途径陆续回城就业。到 1981 年 1 月,对上山下乡知识青年采取一次性安置:凡符合招工条件的知识青年,一律招收为职工;自愿留在农村的,县人民政府发给一次性安置费 400 元;失去劳动能力,农村无人料理的均恢复城镇户口。

(第二十二篇第三章《劳动管理》,第 462 页)

# 《陶乐县志》

陶乐县县志编纂委员会、平罗县县志编纂委员会编,宁夏人民出版社 2006 年

是年(1970 年),县城镇首批高、初中毕业生 64 人到农村插队落户。

(《大事记》,第 23 页)

# 《灵武市志》

灵武市志编纂委员会编,宁夏人民出版社 1999 年

(1973 年)4 月 11 日,县城各单位干部、工人高举红旗,敲锣打鼓,欢送城市第一批知识青年 68 人上山下乡。
(《大事记》,第 40 页)

1968 年,贯彻毛泽东"知识青年到农村去,接受贫下中农再教育"的指示,9 月至 12 月,有 240 多名"老三届"(1966 届、1967 届、1968 届)城市户口的初高中毕业生首批到农村安家落户,参加农业生产劳动。此后每年初、高中毕业生,除个别政策允许外,无论男女均要到农村插队务农。主要分布在梧桐树、新华桥、崇兴、杜木桥、郝家桥、郭家桥、东塔、城镇、石沟驿(今白土岗)等 10 个公社和大泉农场、机关农场、白芨芨滩林场、长庆石油三分部农场、园艺场、新华桥种子示范场等 6 个国营农林牧场。1968 年到 1978 年,全县知识青年上山下乡2 053 名。城镇居民迁入农村的 345 名。安置知青,全县共拨木材 922 立方米,建知青住房418 间,拨安置经费 67.9 万元。为加强对知识青年的管理,1973 年成立县城市知识青年复退军人安置领导小组,并设知青办公室。至 1974 年全县共建知青安置点 33 个,配备知青带队干部 10 名,制定了知青定期学习制度。同时成立招工委员会,每年有计划地从知青中招生、招工。1979 年,根据自治区知青办"以后一般不再动员上山下乡","对仍在农业第一线的知识青年,争取 2 至 3 年内逐步安排就业"的精神,到 1982 年,全县上山下乡知识青年全部收回安置就业,县知青办公室随之撤销,知识青年上山下乡工作全部结束。

(卷二十三第二章《人事劳动》,第 612 页)

# 《盐池县志》

盐池县县志编纂委员会编，宁夏人民出版社1986年

（1960年）为充实农业第一线劳力，全县各学校精减超龄学生，即让18周岁以上的初中学生和15周岁以上的小学生共779人，回乡参加农业生产。 （《大事记》，第54页）

（1968年10月）县革委会根据"知识青年到农村去，接受贫下中农的再教育"的"最新指示"，组织动员1966年"文化大革命"开始至1968年秋的城镇高、初中毕业生到农村插队落户，参加农业劳动。 （第二编第四章《社会主义建设时期》，第59页）

## 第五节　知识青年安置

1968年9月14日，毛泽东主席发出："知识青年到农村去，接受贫下中农再教育"的指示，全国性的知识青年"上山下乡"运动由此开始。

9月26日，自治区革委会发出了《关于知识青年上山下乡安置待遇的通知》，盐池县革委会立即组织动员1966年至1968年秋的城镇户高、初中毕业生全部到各公社插队落户，参加农业劳动。出发时，县革委会组织群众敲锣打鼓，热烈欢送。并给每人赠送《毛泽东选集》一套，《毛主席语录》一本，毛主席像章一枚。接受知青的社队也组织群众热情欢迎。以后每年的毕业生都相继到农村去。从1968年到1972年的四年中，全县共安置上山下乡知识青年191个。

关于上山下乡青年的口粮、物资、经费标准规定为：插队青年由接受地区的粮食部门按每月39斤（贸易粮）供给，供应时间到新粮下来参加分配为止。食油供应与社员同等待遇，由社队解决；住房问题，知识青年3人建房一间，6人以上建伙房1间，建房费每人90元；生活补助费每月11元，补助12个月；其他小型购置、寒衣补助、医药费用等，如有不足，社队协助解决。外省区市县到本县插队落户者，安置费用由接受地区安排。

知识青年插队落户后，绝大多数能与群众打成一片，学会了多种农活，得到社员群众的好评。不少人在农村中加入了党、团组织，有的进入了社队领导班子。

1972年以前，本县的上山下乡知识青年都由社队干部代管。1973年3月27日，县革委会成立城镇下乡知识青年安置领导小组，县革委会副主任苏克兼主任，下设办公室负责日常工作。

1974年正式成立知识青年上山下乡安置办公室，设主任和副主任，并配备几名专职带队干部，负责管理下乡知识青年。

1976年改分散插队为集体落户，全县共设14个知青点。

1979年春，县革委会根据中发(78)74号文件"关于小集镇和一般县城非农业户的中学毕业生不再列入下乡范围"的规定，盐池即停止城镇知识青年上山下乡，并发出"关于1978年动员上山下乡中学生收回城镇的通知"，通过招生、招工等途径，将原下放农村的知识青年

给予安排或收回县城。知青点的房屋财产交由当地生产队代管。

1981年,县知识青年安置办公室撤销,成立待业青年安置服务公司。

(第五编第七章《民政》,第327—328页)

# 《吴忠市志》

吴忠市地方志编纂委员会编,中华书局2000年

(1965年)首批城市知识青年上山下乡。　　　　　　　　　　　(《大事记》,第37页)

(1969年)1月7日,县革命委员会城镇居民知识青年上山下乡安置办公室成立,每年安置城镇知识青年到农村(场)安家落户。　　　　　　　　　　　(《大事记》,第38页)

(1982年)5月18日,吴忠县知识青年上山下乡工作办公室撤销。(《大事记》,第44页)

地方财政支出表(一)(1949—1983年) 单位:万元

| 年份 | 合计 | 基本建设投资 | 流动资金 | 科技三项费用 | 工交商事业费 | 支农支出 | 城市维护费 | 人民防空费 | 文教卫生事业费 | 抚恤和社会救济费 | 城市人口下乡经费 | 行政管理费 | 五小企业投资 | 其它支出 |
|---|---|---|---|---|---|---|---|---|---|---|---|---|---|---|
| | | | | | | ...... | | | | | | | | |
| 1964 | 272.9 | 29.7 | 0.3 | — | 0.6 | 66.5 | 8.8 | — | 88.2 | 12.8 | 3.6 | 44.0 | 3.2 | 15.2 |
| 1965 | 322.9 | 14.1 | — | — | 0.3 | 108.7 | 11.4 | — | 92.2 | 11.5 | 26.0 | 40.3 | 3.5 | 14.9 |
| 1966 | 352.1 | 38.8 | — | 14.5 | 5.2 | 84.2 | 13.2 | — | 95.8 | 6.8 | 22.5 | 40.6 | — | 30.5 |
| 1967 | 289.9 | 68.6 | 3.0 | 0.1 | 5.4 | 66.2 | 6.6 | — | 95.5 | 9.3 | 2.0 | 36.3 | — | 21.3 |
| 1968 | 273.2 | 68.8 | — | 0.3 | 2.1 | 19.4 | 16.9 | — | 100.3 | 7.3 | 6.2 | 40.2 | — | 11.7 |
| 1969 | 615.1 | 362.2 | 31.4 | 2.7 | 0.5 | 18.9 | 12.1 | — | 112.0 | 7.9 | 9.5 | 35.2 | — | 11.7 |
| 1970 | 600.6 | 338.1 | 45.0 | 3.5 | 0.3 | 24.2 | 6.0 | — | 106.3 | 8.5 | 6.6 | 42.8 | — | 19.3 |
| 1971 | 647.9 | 273.0 | 31.0 | 4.0 | — | 68.0 | 12.0 | — | 130.0 | 8.0 | 4.5 | 74.0 | 35.0 | 9.2 |
| 1972 | 645.9 | 203.5 | 20.0 | 10.3 | 1.0 | 88.1 | 19.1 | 19.2 | 142.1 | 8.3 | — | 61.1 | 64.8 | 8.4 |
| 1973 | 659.3 | 81.8 | 116.0 | 11.9 | 1.5 | 114.3 | 18.6 | 26.1 | 155.4 | 9.7 | 27.5 | 66.5 | 8.0 | 11.2 |
| 1974 | 712.2 | 89.6 | 115.0 | 22.4 | 2.5 | 94.5 | 29.8 | 26.8 | 168.4 | 8.8 | 26.1 | 78.2 | 27.0 | 31.1 |
| 1975 | 938.8 | 340.3 | 78.0 | 9.0 | 2.5 | 118.1 | 12.7 | 19.5 | 178.8 | 11.8 | 38.3 | 85.3 | 26.0 | 18.5 |
| 1976 | 804.4 | 132.3 | 105.0 | 18.8 | 2.7 | 120.1 | 20.3 | 11.2 | 191.5 | 11.8 | 32.5 | 91.6 | 42.8 | 23.8 |
| 1977 | 849.9 | 121.3 | 152.0 | 6.0 | 2.2 | 132.3 | 15.1 | 11.4 | 207.6 | 47.1 | 13.7 | 95.5 | 18.5 | 26.7 |
| 1978 | 962.1 | 178.0 | 48.0 | 8.7 | 2.4 | 202.6 | 11.0 | 1.4 | 260.6 | 39.0 | 4.8 | 102.8 | 57.8 | 45.0 |
| 1979 | 1 284.6 | 313.1 | 21.0 | 20.7 | 3.3 | 269.9 | 25.7 | 5.5 | 322.2 | 25.5 | 4.2 | 116.1 | 66.2 | 2.6 |
| 1980 | 1 243.8 | 76.0 | 7.0 | 5.6 | 2.5 | 397.5 | 62.3 | — | 318.8 | 35.2 | 6.7 | 141.1 | 74.3 | 103.7 |
| 1981 | 1 155.1 | — | 32.0 | 9.6 | 1.0 | 237.5 | 36.9 | — | 437.2 | 41.9 | 17.5 | 144.6 | 24.9 | 155.1 |
| 1982 | 1 401.9 | 77.0 | 50.0 | 3.4 | 1.8 | 278.8 | 54.9 | — | 497.3 | 48.7 | 14.0 | 167.3 | 32.3 | 176.4 |
| 1983 | 1 162.8 | 45.0 | 40.0 | 7.8 | 1.7 | 175.5 | 38.9 | — | 502.5 | 30.1 | 16.4 | 182.1 | 22.0 | 100.8 |

(卷十二第一章《财政》,第448页)

**城镇青年就业费**　1974 年前为城镇人口下乡安置费。1975 年改列城镇知识青年就业费,1994 年停支。1955—1993 年,累计支出 428.5 万元。其中包括精减职工及城镇无业人员下乡安置费 72.7 万元,城镇知识青年下乡安置费 158.3 万元,城镇待业青年就业补助费 183.5 万元。

(卷十二第一章《财政》,第 450 页)

**知识青年上山下乡**　1964 年国务院下达《关于动员和组织城市知识青年参加农村社会主义建设的决定》,本市按照组织动员和个人志愿相结合的原则,组织知识青年下乡。1965 年,290 名应届高中、初中毕业生应召到金银滩农场、县良种繁殖场和农村插队落户,参加农业生产。1966—1968 年的 3 届高、初中毕业生,除少数严重病残和家庭有特殊困难的外,全部动员下乡。1969—1980 年间,对毕业学生实行"四个面向"(面向工厂、农村、边疆、基层)教育,除少数被招工、征兵,或因病、因家庭特殊情况留城外,其余一律安置下乡。1980 年以后再未动员知识青年下乡上山。

1968—1980 年间,本市为动员和安置知识青年下乡,国家财政支付经费 143 万元,主要解决知青的建房费,生活补助费,灶具及劳动工具购置费等。

(卷十四第二章《劳动管理》,第 499—500 页)

1977—1978 年,就业安置执行"统筹规划,归口安置"的政策,择优录用,主要解决"文革"中遗留的大批知青回城就业和城镇新成长的待业青年就业问题。

(卷十四第二章《劳动管理》,第 500 页)

1970—1974 年,各公社、大队均先后成立以知识青年为骨干的毛泽东思想宣传队 67 个,其中陈袁滩公社袁滩大队宣传队坚持时间最长,1974 年成立,至 1982 年解散,在全县文艺汇演中多次获奖。

(卷二十三第二章《戏曲》,第 790 页)

1976 年 6 月,举办城镇群众文艺汇演。8 月,举行全县知识青年文艺调演大会。

(卷二十三第二章《戏曲》,第 791 页)

新中国成立后,本市先后接收北京、河南、上海、安徽等省市移民及浙江等地知识青年落户。

(卷二十六第一章《民族》,第 867 页)

# 《青铜峡市志》

青铜峡市志编纂委员会办公室编,方志出版社 2004 年

60 年代后期由外省迁入的大部分知识青年和下放干部又陆续返城,10 年间净迁移增加

人数 4 851 人。 （第三篇第二章《人口变动》，第 85 页）

1949 年到 1966 年的 17 年间临时性办事机构主要有：……1965 年的知识青年安置办公室。 （第五篇第一章《中国共产党》，第 247 页）

### 知识青年下乡及移民安置

中滩乡有移民乡之称，境内人口来自全国各地。50 年代至 60 年代，国家有计划地将一些外地移民安置在中滩。主要有河南、北京、山东、天津、浙江、陕西、甘肃、内蒙古、四川等移民。

知识青年下乡　1968 年 9 月 14 日，毛泽东主席发出"知识青年到农村去，接受贫下中农再教育"的指示，知识青年"上山下乡"运动开始。同年 9 月 26 日，自治区革委会发出了《关于知识青年上山下乡安置待遇的通知》，青铜峡县将 1966 年至 1968 年秋的城镇户高初中毕业生全部安排到各公社插队落户，参加农业劳动。

在 1975 年底前插队落户的方式为分散落户，每个生产大队指定 2 至 3 个生产队为知识青年安置点。至 1976 年改为集体落户。全公社共设青年点 14 个（即每个大队 2 个）。1979 年，根据有关规定，停止城镇知识青年"上山下乡"，原下放到农村的知识青年陆续返城。中滩公社青年点的房屋财产交当地生产队代管，后折价处理给所在生产队。

（第八篇第四章《中滩乡》，第 559—560 页）

1980 年，（干部队伍）录用下乡知识青年 385 名，社会科技人员 52 名（农村 12 名）。翌年，又招收知青 71 名，加强人民公社一级经营管理。

（第二十六篇第一章《人事管理》，第 1305 页）

# 《同心县志》

同心县地方志编纂委员会编，宁夏人民出版社 1995 年

（1964 年）6 月 11 日，下马关回乡知识青年田凤歧当选为团代表在北京参加中国共产主义青年团第九次全国代表大会。 （《大事记》，第 22 页）

（1968 年）9 月下旬，组织城镇知识青年上山下乡，接受贫下中农再教育。

（《大事记》，第 26 页）

1970 年开始从上山下乡知识青年中招工招干。到 1979 年下乡青年全部返城，就业问题日渐突出。 （卷九《经济管理志·劳动管理篇》，第 463 页）

# 《中宁县志》

中宁县志编纂委员会编，宁夏人民出版社1994年

（1968年）8月，1966届和1967届高、初中学生毕业。

10月，根据毛主席"知识青年到农村去，接受贫下中农的再教育"的指示，本县1966、1967、1968三届城镇户的中学毕业生73人到农村插队。 （《大事记》，第23页）

### 上山下乡青年安置

1968年12月22日，县革委和支左领导小组在全县城乡宣传贯彻毛主席关于"知识青年到农村去，接受贫下中农的再教育"的指示，号召知识青年上山下乡。上山下乡有三种形式：1.在大队一级建立知青点，集体食宿，分散到各生产队参加劳动。2.在公社一级设核算单位，集中安置。3.投亲靠友、分散插队，或回原籍落户。全县先后有624名知识青年到白马、长滩、关帝、枣园等公社插队落户。1978年，根据中共中央"调整知青政策，缩小上山下乡的范围，今后不再搞插队"的指示，再未动员知识青年上山下乡，已上山下乡的未婚知青也陆续返城就业，知青点逐步撤销。 （第七卷第四篇《劳动人事》，第178页）

# 《中卫县志》

中卫县志编纂委员会编，宁夏人民出版社1995年

是年（1968年），开始动员城镇高初中毕业学生上山下乡、插队落户，接受贫下中农再教育。 （《大事记》，第33页）

（1973年10月）19日，成立县知识青年上山下乡领导小组，下设办公室，年内动员安置城镇知青661名。

11月28日，自治区团委在中卫召开万人大会，授予孟启民"优秀知识青年"和"模范共青团员"称号。 （《大事记》，第36页）

是年（1979年），全县城镇待业青年已达3300人（包括下乡回城青年）。

（《大事记》，第39页）

（1981年）2月12日，全县上山下乡知识青年均办理回城待业证书，上山下乡终止。

（《大事记》，第40页）

1963 年后,贯彻国民经济"调整、巩固、充实、提高"的方针,全县工业企业职工队伍逐步扩大。但是由于人口发展过快,城镇待业青年逐年增加。尤其 10 年大动乱的"文化大革命"时期,劳动就业计划受到冲击而失控。1969 年起,实行城镇知识青年上山下乡,至 1978 年全县共有下乡知识青年 2 268 人待业,成为劳动就业安置的重点。

(卷二十第二章《劳动人事》,第 597 页)

## 孟启民(1955 年—1973 年)

孟启民　城关镇雍楼村人。农民家庭出生。

小学读书时,喜看英雄故事小书。把父母给的零花钱积攒买书,常常读到深夜。

1972 年中卫中学初中毕业后回乡参加集体农业生产劳动,重活苦活抢着干,无论插秧、拉羊粪,都能出色地完成任务,赢得群众信赖。1973 年他当选为生产队保管员。一天晚上,孟从 10 多里外的新滩劳动回来,看到队里 7 头牲口严重中毒,顾不上吃饭,急忙去请兽医。经过连夜抢救,6 头大牲畜得救。有的社员收工时常把农具忘在地里,孟就擦净扛回来。农具坏了,自动修理,对事公私分明、一丝不苟。对五保老人的疾苦关怀备至,队里有个年近八旬的老奶奶,家里没炭烧,孟知道后立即把自己的 5 元钱给老人,队上分的粮食,也由他帮着磨成面、碾成米给老人送到家里。

高超的烹艺得到客人、代表的好评。在县招待所主灶期间,也多次为省军政领导人皮定均、张达志、汪锋、马玉槐、朱声达、霍士廉等人做各具特色的饮食,汪锋、皮定均等人特别表扬他做的"三鲜汤",朱声达等喜品他的窝窝面和春饼,袁金章等人亦为他的烤乳猪叫绝。

(《人物》,第 943 页)

# 《固原地区志》

固原地区地方志编纂委员会编,宁夏人民出版社 1994 年

新中国成立后,在中国共产党领导下,各级人民政府大力扶助民族地区的文化教育事业。还有不少外来的知识分子,自愿奔赴贫困山区,和当地回汉族人民一起,共同为发展本地区、本民族的教育、文化、科技、卫生、体育、新闻、文艺等事业而努力;不少人扎根山区,教书育人,传授科学技术,改善医疗卫生条件,有的献出了宝贵的生命。上海籍知识青年陈乃瑜、凌贻勋就光荣献身于山区科技、教育事业,为当地人民所歌颂。　　(《概述》,第 8 页)

(1968 年)9 月 16 日,杭州市 67 名知识青年在固原县什字公社东山坡、刘沟、灯塔三个大队插队落户,接受贫下中农的再教育。　　(《大事记》,第 41 页)

11月19日,银川市首批上山下乡的200多名应届高、初中毕业生和部分教师,分赴海原、泾源农村。

29日,银川市第二批上山下乡知识青年450多人来到本地区农村。

(《大事记》,第41页)

是年,有1966—1968年在校的2721名高、初中毕业生全部返乡或插队落户。

(《大事记》,第41页)

(1971年)10月7日,自治区上山下乡知识青年工作现场会在固原县召开。

(《大事记》,第43页)

1965年至1973年,先后有10370名(其中回乡青年7722名、城市下乡青年2648名)知识青年响应毛泽东"知识青年到农村去"的号召,到农村"接受贫下中农的再教育"。

(《政治志·群众团体篇》,第201页)

# 《固原县志》

固原县志编纂委员会编,宁夏人民出版社1993年

(1968年)9月10日,60余名杭州知识青年在什字公社插队落户。

(《大事记》,第50页)

是月(1968年10月),固原首批知识青年到农村插队落户。　　(《大事记》,第50页)

1973年后,不断扩大吸收回族干部的比重。同时,随着农村教育的发展,不断从下乡、回乡知识青年和民办教师中大批吸收公办教师。　　(民政人事志第二章《人事》,第350页)

## 第二节　林　场

1966年2月,由北京、天津、银川等地知识青年组成的中国人民解放军西北林业建设兵团宁夏林业建设第三师成立,师部及第二团团部驻固原。除沈家河、九龙山园艺场和深沟苗圃留县外,其余林场全部移交林三师管理。同年林三师又建头营、石岘子、田洼林场。1969年,又建黄铎堡、鸦儿沟林场,张家山林场改名扇子湾林场。1970年,林三师建卧羊川林场。1974年,林三师二团移交县管。全县有林业职工642人。同年,又成立东山坡、东岳山林场,扇子湾场并入马都山林场。撤销黄峁山林场。1976年,撤销林三师(此后,原兵团战

士、京、津、银知识青年绝大部分调离林业队伍),成立六盘山林管局,境内的和尚铺、东山坡、卧羊川林场划归林管局。 (林业志第三章《经营体制》,第446页)

"十年动乱"期间,从1968年开始城市知识青年实行上山下乡,凡初、高中毕业未升学的知识青年,户口迁往农村,参加集体农业生产。1969年又动员城市无固定职业的居民迁往农村,参加集体农业生产。1970年始从下乡上山知识青年中招工招干,下乡居民开始返城。1973年下乡居民全部迁回城镇。至1979年,全县累计2 672名上山下乡知识青年全部返回城镇就业。 (经济综合管理志第二章《劳动工资管理》,第711页)

# 《固原市志》

固原市地方志编审委员会编,宁夏人民出版社2009年

(1965年)9月19日,银川市第一批知识青年65名来到固原县黄峁山落户,参加山区经济建设。 (《大事记》,第30页)

(1966年)4月9日,泾源县王化南农场、秋千架农场、凉殿峡农场,固原县彭堡农场、黄峁山知青点的人员、物资和土地,统一移交林建第三师经营和领导。 (《大事记》,第31页)

(1968年)8月,银川知识青年373人到泾源县插队落户。

9月2日,固原专区革命委员会作出知识青年上山下乡插队落户的安排。

9月16日,根据毛泽东知识青年上山下乡的指示,知识青年到农村去锻炼已蔚然成风。杭州市67名知识青年在原州区什字公社东山坡、刘沟、灯塔三个大队插队落户。

(《大事记》,第34页)

11月19日,银川市首批上山下乡的200多名应届高、初中毕业生和部分教师,分赴海原、泾源农村。 (《大事记》,第34页)

11月29日,银川市第二批上山下乡的知识青年450多人来到固原地区农村。

(《大事记》,第34页)

12月22日,《人民日报》发表毛泽东关于"知识青年到农村去,接受贫下中农再教育,很有必要"的指示后,固原专区立即掀起了知识青年上山下乡的热潮。到年底,1966年以来三届高初中毕业生全部安置完毕,共安置2 721名,还安置杭州、银川知识青年927名。

(《大事记》,第34页)

(1970年)6月27—29日,固原专区革命委员会召开知识青年上山下乡工作座谈会。自治区革命委员会副主任张怀礼参加会议。据统计,自1968年10月以来,固原地区先后有4 293名知青上山下乡,其中有杭州知青60名,银川知青885名。　　　（《大事记》,第35页）

(1971年)10月7日,自治区上山下乡知识青年工作现场会在固原县召开。

（《大事记》,第35—36页）

(1976年)5月17—25日,固原地区革命委员会召开教育革命现场会。文化大革命以来,有7 000多名贫下中农代表直接管理学校,有3 500多名工农兵被推荐到大、中专学校学习,有3 000多名知识青年上山下乡,走与工农兵相结合的道路。　　　（《大事记》,第39页）

1955年和1958年,上海、天津、北京知识青年支宁来到固原,前后约300人。1968年的"文化大革命"中,杭州知识青年54人来到六盘山区接受贫下中农再教育。

（第三编第一章《人口变动》,第240页）

1973年(特殊粮供应)……增加上山下乡知识青年补助粮。

（第六编第三章《粮油购销》,第526页）

1965—1973年,先后有10 370名(其中回乡青年7 722名、城市下乡青年2 648名)知识青年响应毛泽东"知识青年到农村去"的号召,到农村"接受贫下中农的再教育"。

（第十三编第三章《群众团体》,第993页）

在"接受贫下中农再教育"的口号下,1968年,全地区有2 721名高、初中毕业生全部返乡或到农村插队落户;银川市和杭州市先后有1 056名知识青年来固原地区上山下乡当农民。　　　　　　　　　　　　　　（第十四编第三章《人民政府》,第1053页）

1973年后,扩大吸收回族干部的比重。不断从下乡、回乡知识青年和民办教师中大批吸收公办教师。　　　　　　　　（第十四编第三章《人民政府》,第1090页）

**知识青年安置**　　1967、1968年,根据宁夏回族自治区的统一部署,动员初、高中毕业生上山下乡(场)。成立"固原地区知识青年上山下乡工作领导小组",下设办公室。各县均设相应组织,有上山下乡任务的公社配备干部,专管此项工作。1966—1968年,在校的2 721名初、高中毕业生全部返乡或插队落户。1968年,银川市上山下乡知识青年650人分两批来到固原地区农村。杭州市67名知识青年到固原县什字公社插队落户。

知识青年上山下乡范围:"凡城镇户口,年满 17 周岁的初、高中毕业生,不论婚否,均属下乡对象"。有严重疾病,或独生子女和多子女而老人身边无子女照顾,属免下范围。安置形式:到人民公社生产大队插队,分散住宿。到农场的,集中住宿。均由国家拨入经费,解决口粮、生产工具、灶具。

知识青年上山下乡,在农村经受了锻炼,有部分青年吃粮、烧煤和住房方面的问题解决不及时,思想政治工作跟不上,在招工中,少数不按政策办事,"走后门"引起青年不满;安置人数过多的生产队给农民增加负担。根据招工指标,每年招收部分青年回城就业,至 1980 年,除参军升学外,其余全部回城安排工作。

(第十四编第三章《人民政府》,第 1098—1099 页)

(1981 年)10 月 21 日,根据国务院和自治区政府今后不再动员知识青年上山下乡的指示精神,固原行署决定撤销地、县知识青年上山下乡办公室机构。(《历史纪要》,第 2674 页)

# 《彭阳县志》

彭阳县志编纂委员会编,宁夏人民出版社 1996 年

(1968 年)9 月,城镇知识青年开始下乡接受贫下中农再教育,银川、固原知识青年先后到红河、王洼、草庙等公社安家落户。 (《大事记》,第 21 页)

1969 年后实行由主管部门分配招工名额,基层单位推荐招工。招工对象主要为下乡回乡知识青年。1977 年后改推荐招工为主管单位和用工单位按招工条件招收,主要招收境内上山下乡知识青年。1980 年后,劳动用工实行"计划管理、统筹安排"。

(政治编第十二章《劳动人事》,第 329 页)

# 《泾源县志》

泾源县地方志编纂委员会编,宁夏人民出版社 1995 年

是月(1968 年 8 月),银川知识青年 373 人来泾源插队落户,接受贫下中农再教育。

(《大事记》,第 26 页)

(1973 年 5 月)县城第一批知识青年 9 人下乡。到 1977 年,分五批共 74 人于新民公社杨堡大队及泾河滩农场插队落户。 (《大事记》,第 27 页)

**知识青年安置**

1968 年,银川市上山下乡知识青年 325 人响应毛泽东主席"知识青年到农村去,接受贫下中农再教育很有必要"的号召,到泾源落户,分别安插于泾北、泾河源、兴盛 3 个公社的 13 个大队。次年,又有 48 人落户泾源,每人安置费 280 元。是年,本县城有知识青年 92 人到农村落户。两年内,自治区共拨安置经费 17.4 万元,用于知识青年的建房、购置工具、生活用品等。口粮不低于所在队单身劳力吃粮标准。同时,各社队做到了政治上有人抓,生产上有人教,生活上有人管。1973 年,泾源县革命委员会安置领导小组成立,到 1979 年,有 83 名本县知识青年先后安置在向阳农场、泾河滩农场、新民公社杨堡大队,每人安置费 400 至 500 元。知识青年在农村与群众同吃、同住、同劳动,学会了生产知识和劳动技能,他们政治上要求进步,生活上艰苦朴素,协助大队开展文化、体育活动,活跃了农村的文化生活。到 1973 年,银川知识青年中有 3 人加入了中国共产党,27 人加入了中国共产主义青年团,县内外招工 283 人,招干 7 人,参军 3 人,大中专院校招生 14 人,经组织批准返城 62 人。截至 1979 年,泾源县知识青年中招工 61 人,大中专院校招生 47 人,招干 4 人,参军 5 人。是年底,留在农村的知识青年已全部返城。

(第十二编第一章《民政》,第 262 页)

1970 年 11 月文化馆组织上山下乡知识青年排练的秦腔移植现代剧《沙家浜》参加自治区革命样板戏会演。

(第十六编第一章《群众文化》,第 314 页)

# 《隆德县志》

宁夏隆德县地方志编纂委员会编,宁夏人民出版社 1998 年

(1958 年)9 月 8 日,县首批上海、北京、天津等地支宁青年来县安家落户。

(《大事记》,第 19 页)

(1968 年)9 月 14 日,外地知识青年来县"下乡上山",在城关、沙塘、神林、联财等公社设点安置。

(《大事记》,第 25 页)

1968 年至 1976 年,全县安排"下乡上山"知识青年 327 人,陆续返回原籍或安排工作。

(第二编第六章《人口》,第 68 页)

60 年代,县内大多数社队农机管理人员、拖拉机驾驶员、修理工等均系招自回乡知识青年,一般在实践中边学边干,提高技术。

(第四编第一章《农业》,第 153 页)

1968 年 9 月,毛泽东主席发出"知识青年到农村去,接受贫下中农再教育"的指示,自治

区及县城知识青年 219 人到城关、沙塘、神林、联财等公社插队落户。1976 年停止插队，插队青年被分批分期安排就业。 （第十一编第三章《人民政府》，第 438—439 页）

# 《西吉县志》

西吉县志编纂委员会编，宁夏人民出版社 1995 年

　　贫困救济　……70 年代后，又把病退回乡长期无工作、生活困难的和下乡因公负伤全残的知识青年、计划生育中因医疗事故造成生活困难的人员等，列入不定期的贫困救济对象。 （第十四编第三章《民政》，第 395 页）

　　70 年代，随着"农转非"和上山下乡的城镇知识青年陆续回城，城镇待业问题日趋突出。1982 年，县政府计划委员会下设劳动服务公司，具体负责城镇待业青年登记、就业培训和安置工作。 （第十四编第四章《劳动人事》，第 410 页）

# 《海原县志》

《海原县志》编纂委员会编，宁夏人民出版社 1999 年

　　(1968 年)11 月，银川市 100 余名应届高、初中毕业生和部分教师到本县农村，接受贫下中农再教育。 （《大事记》，第 29 页）

　　12 月 26 日，在县政府礼堂召开知识青年"上山下乡"动员大会。 （《大事记》，第 29 页）

　　(1970 年)25 日，县革委向区、专区革委呈报了《关于全县安置上山下乡知识青年工作的报告》。从 1968 年 10 月以来，共安置银川铁中、三中、宁大附中和县育红中学上山下乡、返乡知识青年 594 人，其中上山下乡知识青年 286 人，主要安置在西安、贾塘、兴仁、蒿川、城关、李俊、李旺六个公社 20 个大队 51 个生产队。 （《大事记》，第 31 页）

　　是年(1972 年)，全县共安置上山下乡知青 318 人，居民 173 人，其它人员 43 人。
（《大事记》，第 32 页）

　　(1973 年)1 月，成立海原县"上山下乡、复员安置"领导小组，并在西安公社堡子大队、贾塘公社曹洼大队、兴仁公社西里和东滩大队、树台公社二百户大队建起知青集中点。
（《大事记》，第 32 页）

1979 年,招收上山下乡知识青年 35 名,落实政策回收干部 101 名。

(卷三十第二章《干部》,第 771 页)

## 第三节　知识青年安置

60 年代后期,为响应毛主席号召,凡年满 16 周岁以上的初、高中知识青年和城镇待业青年纷纷上山下乡,支援农业建设。至 1972 年,共安置银川铁路中学、银川三中、宁大附中和海原育红中学(海中)的知识青年 318 人。

为了妥善解决这些知识青年的生产、生活问题,于 1973 年 1 月成立海原县上山下乡、复员安置领导小组,并在西安公社堡子和白吉大队、贾塘公社曹洼大队、兴仁公社西里和东滩大队、树台公社二百户大队建起知青集中点,统一食宿,专人负责管理,至 1978 年,共安置下乡知识青年 196 人。

由于客观条件,知识青年初到农村,均先在生产队的公房或社员家居住,然后由民政局拨专项安置费(每人 250 元),在所在生产队建房和购买生活用具。下乡后第一年口粮由国家供应,第二年本着"各尽所能、按劳分配"的原则,评工记分,与当地男女劳动力同工同酬。

知识青年下乡参加集体生产劳动锻炼两三年后,表现突出者,由生产队、大队推荐,公社党委审查批准参军、招工、招干或保送上学深造;有的被充实到生产队和生产大队担任队长和党支部书记。至 1988 年底,上山下乡知识青年全部被安置工作。

(卷三十第六章《劳动就业》,第 787—788 页)

# 《惠农县志》

惠农县志编纂委员会编,宁夏人民出版社 1999 年

是年(1967 年),首批城市知识青年上山下乡插队落户,接受贫下中农的再教育。

(《大事记》,第 14 页)

(1974 年)4 月 26 日,石嘴山市 384 名知识青年奔赴农村插队落户,接受贫下中农的再教育。

(《大事记》,第 16 页)

1967 年—1974 年,(招工)主要招收农村青年和下乡参加劳动锻炼 2 年以上的知识青年。1975 年—1978 年,招收在农村锻炼 2 年以上的"上山下乡"知识青年和留城的待业青年,并办理了部分职工退休退职后子女顶替的安置工作。1979 年起,主要招收回城知识青年中的待业青年。

(第二十编第三章《劳动》,第 494 页)

青海省

# 《青海省志·大事记》

青海省地方志编纂委员会编,青海人民出版社2001年

(1965年)9月至10月,山东省3 000名城市青年分4批到达青海参加农业生产。后与西宁市部分知识青年、复员军人组建为中国人民解放军生产建设兵团农业生产第12师,在格尔木、马海等地从事农业生产。　　　　(《中华人民共和国(1949—1985年)》,第282页)

是月(1966年3月)下旬,西宁市第二批800名知识青年参加生产建设兵团。

(《中华人民共和国(1949—1985年)》,第285页)

(12月)20日,青海省革委会召开5万多人的群众大会,欢送西宁地区300多名知识青年"上山下乡",前往天峻、乌兰、都兰等县农村(牧区)安家落户。

(《中华人民共和国(1949—1985年)》,第305页)

(1973年6月)4日,中共青海省委召开五届四次全委(扩大)会议,会期12天。会议根据中共中央指示精神检查知识青年上山下乡工作中出现的问题,研究提出改进措施。

(《中华人民共和国(1949—1985年)》,第316页)

(12月)18日,西宁10万群众集会,欢送1973年400名知识青年到农业区8县插队落户。1968年至1973年12月,西宁地区共有8 880多名知识青年上山下乡。

(《中华人民共和国(1949—1985年)》,第318—319页)

(1974年7月)1日,中共青海省委召开全省第二次知识青年上山下乡工作会议,会期11天。　　　　(《中华人民共和国(1949—1985年)》,第320页)

(1977年10月)17—26日,省革委会就全省高等学校招生工作有关问题作出规定:凡政治历史清楚,具有高中毕业或相当于高中毕业文化水平,身体健康的工人、农民、上山下乡知识青年、复员军人、干部均可自愿报考,择优录取。

(《中华人民共和国(1949—1985年)》,第333页)

(1980年11月)18日,省人民政府批转省劳动局《关于在城镇郊区举办知青场队的意见报告》、《关于大力发展集体经济,做好城镇劳动就业工作的意见报告》、省工商行政管理局《关于发展城镇集体企业和个体工商业的暂行规定》。

(《中华人民共和国(1949—1985年)》,第362页)

# 《青海省志·经济贸易志》

青海省地方志编纂委员会编，中华书局 2000 年

1968—1975 年，上山下乡的 40 600 名城镇知识青年，也以"三招"（招工、招干、招生）方式全部安置。 （第七章《职工队伍与职工教育》，第 532 页）

# 《青海省志·统计志》

青海省地方志编纂委员会编，青海人民出版社 1995 年

中国共产党十一届三中全会以后，党和政府采取了一系列措施，在发展经济的前提下，广开多种就业门路，实行劳动部门介绍就业、自发组织起来就业和自谋职业相结合的就业方针，（全省）解决了 4 万多名上山下乡知识青年的就业问题…… （第二章《专业统计》，第 121 页）

# 《青海省志·财政志》

青海省地方志编纂委员会编，黄山书社 1995 年

"文化大革命"期间，国家动员城镇知识青年下乡插队劳动，青海省安置费支出迅速增加。1974 年将城市人口下乡经费改为"城镇人口下乡经费"，下设城镇知识青年下乡补助费和城镇居民下乡补助费两项。其中，城镇知识青年下乡补助费款支出标准为：插队劳动的补助费，农业区每人一次性补助（下同）500 元，牧业区每人 700 元，回乡的每人发 200 元生活费；插入集体农牧场的标准与插队相同；插入国营农牧场的每人 400 元；跨省区安置插队的每人 50 元。1979 年补助费标准增加，农业区每人 600 元，牧业区每人 800 元。

（第二章《财政支出》，第 291 页）

# 《青海省志·冶金工业志》

青海省地方志编纂委员会编，西安出版社 2000 年

青海省各大中型国营冶金企业的工人队伍，由两部分组成，一是建厂初期，由内地省（区）有关企业调入的技术工人，……；二是中、青年工人，这部分工人中有 1968 年开始的知识青年上山下乡后又返城就业的人员；……。由于这部分职工在读初中或高中时正值"文化大革命"，一般文化知识基础不牢。 （第十章《管理体制与冶金队伍》，第 241 页）

西宁钢厂技工学校。成立于1968年,主要是解决支援"三线"来青的老职工随迁子女的学习及满足入厂条件的要求,为西宁钢厂投产储备和培养后备力量。招收的学生大多为初中未毕业在辽宁省下乡的青年,文化基础较差。进校后先补习半年初中文化课,学1年专业基础理论知识,实习4—5个月。毕业后全部分配到厂内工人岗位。1974年为支持和响应知识青年必须经过"上山下乡"接受贫下中农再教育的号召,致使1973年招收的学生没有毕业,就于1975年初全部下乡,而学校停办。1968—1974年招收炼钢、轧钢、电工、钳工、车工、铸造、仪表、护士等8个专业学生计1053人,毕业763人。 （第十四章《教育与职工培训》,第382页）

# 《青海省志·农业志、渔业志》

青海省地方志编纂委员会编,青海人民出版社1993年

## 第三节 青年农场

1955年8月,中共青海省委制定1956—1964年移民垦荒计划。当年12月,从北京等地移民1000多人来青。1956年2月,河南省青年志愿垦荒队1000人抵西宁。当年3月,青海省垦荒移民接待委员会成立,安排移民到海西等地进行垦荒生产,河南青年移民在托勒台建立了青海第一个青年集体农庄;北京等地青年移民在察汗乌苏建立了第二个青年集体农庄。当年全省共安置青年移民2.7万多人。

1957年,农业部提出把发展国营农牧场的重点放在青海等6个省、区。1958年,中共中央作出《关于动员青年前往边疆和少数民族地区参加社会主义建设的决定》。当年,河南青年移民7000人到青海,除少部分分配到工交系统外,有5039名安置在农垦系统进行垦荒生产。当年新建和改建青年农场24个,开荒21万亩。

1959年,农垦系统共安置河南青年移民4.1016万人,其中4.0954万人从事农业垦荒生产。……到1960年,农垦系统共安置青年移民8万多名,国家累计投资1.1亿多元,调给粮食4625万公斤(包括种子1800万公斤)。

1961年7月,中共中央批转农垦部党组《关于青海省整顿青年农场几个问题的请示报告》。根据报告精神,从8月开始,全部农场暂时停止开荒。集中力量搞平整土地与兴修水利,重点转向全面整顿。当年10月,撤销了10个农场,3.2万名青年移民中,大多数送回河南原籍。…… （第七章《农垦》,第215—217页）

# 《青海省志·人口志》

青海省地方志编纂委员会编,西安出版社2000年

第二次(移民垦荒)是1958—1961年。……1958年,经与河南省协商,用"支援边疆社

会主义建设青年突击队"名义,动员河南省青年来青海开荒建农场,先后从河南省夏邑、沈丘、项城、淮阳4个县动员了知识青年7027人(其中男5165人,女1862人)到青海的海南、海西、海北、黄南4个州开荒办场。1959年又从河南省迁来青年45003人,到牧区6个州建起了29个国营青年农场。1960年,又从河南省迁来青年31000人,从丹江水库移民区迁来29520人,分别安排到各青年农场。这次移民垦荒从外省迁入人口12万人,共建立32个国营青年农场,在牧区开荒70余万亩。根据省农垦厅1960年统计,当年32个青年农场共播种粮食作物70.96万亩,收获粮食899.4万公斤,平均亩产12.7公斤,还不够种子的投入量,农场职工生活发生严重困难,加之三年自然灾害到来,迫使大部分移民被迫迁返,到1960年底陆续返回原籍人数达到6万余人,32个农场仅剩53044人,这次移民垦荒主要是在牧业区实施的,开荒的结果造成了草原生态环境的极大破坏,教训十分深刻。1961年以后,这些青年农场陆续解散,大部分人返回原籍,留在青海未移返的人员有6420人参加工业建设,5009参加湖滨水利工程建设。①

第三次是1965年。这一年,青海仿效新疆建设兵团的做法,以隶属省劳改局的格尔木农场为基础,建立农建四师(后改称农建十二师),从山东省的8个城市招收知识青年7204人,实行军垦。其中来自青岛市5100人、济南市800人、烟台市304人、淄博市400人、潍坊市200人、枣庄市100人、海州市100人,男女基本各半。这批知识青年62%为高中毕业生,年龄在15—17岁的4000余人,18—20岁的1000余人,其余在20岁以上,这批知识青年由于文化素质较好,实行军事建制后采取供给制办法,每月发补助24元,零用津贴6元,生产积极性比较高。但第二年"文化大革命"开始,无政府主义思潮泛滥,严重干扰了正常生产,导致农建师在生产建设工作尚未走上正轨、未见成效的情况下就出现经营管理上的巨大困难,生产长期上不去。从1965年到1981年,格尔木农建师累计生产粮食4647万公斤,平均每人每年生产粮食不足350公斤。16年内,国家投入资金2亿多元,而农场经营亏损累计达到1.4亿元,平均每年亏损851万元,农工生产的粮食价值仅为国家支付人员补助与津贴的7%左右,使这次移民垦荒陷入十分艰难的困境,以后在贯彻知青返城政策的过程中,自1980—1983年返回山东3502人,未离开青海的安排到其他行业参加工作。

(第三章《人口迁移与流动》,第48—49页)

## 城镇人口上山下乡迁移

1966—1976年的"文化大革命"期间,在"我们也有一双手,不在城里吃闲饭"的口号影响下,一些城镇居民举家迁往农村。1968年起,每年约有1000余名中学毕业生"上山下乡"、插队落户,形成了由城镇迁往农村的人口群体。上述由城镇迁往农村的人口80年代初基本返回城镇。

(第三章《人口迁移与流动》,第57页)

---

① 《中国人口》青海分册,1989年,中国财政经济出版社。——原书注

# 《青海省志·劳动人事志》

青海省地方志编纂委员会编,西安出版社 2001 年

1966 年元月,省安置领导小组根据当时西宁市城镇社会闲散劳动力不断增加和"三五"期间劳动力自然增长等情况,确定安置的措施是:动员一批知识青年参加军垦(生产建设兵团);有计划地组织城市青年上山下乡插队;开展手工业生产。1966 年初西宁地区有社会闲散劳动力 1.37 万人,当年一季度组织从事各种生产劳动 9 051 人,占闲散劳动力 66.2%,其中动员青年参加军垦建设 800 人,地方工业厂社吸收 1 092 人,开荒种地 159 人,组织街道劳动 3 600 人,从事临时性劳务 3 400 人。 (第三章《劳动就业》,第 66—67 页)

1970—1990 年(职工)主要招收城镇待业青年、复员退伍军人,经过上山下乡劳动锻炼的城市知识青年以及当年退休、死亡和因丧失劳动能力退职职工的子女,艰苦行业的职工子女和艰苦地区农村的多余劳动力。 (第三章《劳动就业》,第 67 页)

## 城镇知青上山下乡

青海省知识青年参加农业生产工作始于 1955、1956 年,当时北京、河南、河北、山东、安徽等省、市青年来青海参加农垦建设。1955 年中共青海省委制定 1956—1964 年移民垦荒计划,当年 12 月北京等地 1 000 名青年来青海;1956 年 2 月河南青年志愿垦荒队 1 000 人抵达西宁。当年全省共接收外省青年 2.7 万多人。1958 年中共中央作出《关于动员青年前往边疆和少数民族地区参加社会主义建设的决定》,当年河南省青年 7 000 人分期分批来青海。截至 1959 年 12 月 31 日,8 万多名男女青年抵达柴达木、海南、玉树、黄南、果洛等地,新建、改建青年农场 24 个。

1963 年 11 月,劳动部《关于城市需要就业的劳动力的安置意见》,确定了城乡并举以上山下乡为主的城市劳动就业的方针。1965 年 4 月,中共中央批准青海省成立农业生产建设兵团第十二师,同年山东省 3 000 名城市青年来青参加农建师,开发柴达木盆地。1965 年在西宁地区开展了组织城市知识青年上山下乡工作,当年有 200 多名知青参加军垦建设,在格尔木建立了军垦基地。1966 年 3 月,西宁市又有 800 多名知识青年到达格尔木农建师。

1968 年 12 月 21 日,毛泽东主席发出指示:"知识青年到农村去,接受贫下中农的再教育很有必要,要说服城里的干部和其他人,把初中、高中、大学毕业的子女,送到乡下去,来一个动员。各地农村的同志应当欢迎他们去。"由此,全省城镇知青上山下乡热潮迭起。

(一)管理机构 1968 年 9 月 15 日,中共青海省核心小组、青海省革委会要求凡是有知青上山下乡任务的地区,县以上党委都要建立知青上山下乡领导小组和办公室,并由一名书记分工主管。11 月 11 日省革委会成立了城市知青上山下乡安置领导小组,下设办公室,抽

调工作人员 12 名,负责全省知青安置工作。1973 年 8 月 19 日,省革委会决定知青上山下乡领导小组由 7 人组成,杨岩任组长,马万里、要平任副组长,办公室由省民政厅代管,州、市、县也成立相应办事机构,由民政部门代管。

1975 年 5 月 19 日,省革委会决定,民政厅不再代管省知青上山下乡办公室工作,由办公室独立办理。1979 年 3 月 19 日,城镇知青安置工作由原来全部动员上山下乡调整为多留少下,多种渠道安置就业,知青下乡任务相对减少,省革委会决定省知青办与省劳动局合署办公,并由省劳动局代管。1986 年 10 月省知青办改称青海省劳动服务公司,1987 年 1 月 15 日劳动服务公司改为青海省劳动就业服务局,为劳动人事厅所属县级事业单位。

(二)安置 1968 年 12 月 24 日,省革委会批转省安置工作领导小组《关于动员知识青年和社会青年上山下乡插队落户和干部下放劳动意见的报告》要求各级革委会和有关部门要做好上山下乡青年及家长的思想政治工作,成熟一批,送走一批,安置一批,巩固一批,防止简单急躁,草率从事,强迫命令。青年上山下乡一律当普通农民,以搞农业为主。

1968 年的知识青年上山下乡,以农村插队为主,组织知青集体所有制场队和参加国营农牧场、建设兵团相结合的形式进行安置。1969~1980 年先后安置知青 4.24 万人,其中插队 3.63 万人,青年场队 3 000 人,回乡 84 人,参加农建师、国营农牧场建设 3 000 人,先后建立知青点和场队 650 个。

1. 生产、生活 知青上山下乡安置费用、生活费用及住房等问题,由省上统筹安排,以保证其生产、生活的基本条件。

安置费(包括生活补助、安家费等):1968 年规定:到农业区人均 250 元,牧区人均 350 元(包括御寒装备);1969 年规定:州、县境内插队落户的,农业区人均 230 元,牧区人均 250 元;1973 年规定:到国营农牧场人均 400 元;到农村插队、回原籍农村落户、建立知青场队的:农业区人均 500 元,牧区 700 元(包括建房、生活补助、农具、家具、医疗费补助等)。从 1973 年开始,在安置经费中按下乡人数每人提出 15 元由省上掌握,用于知青特殊开支。1974 年调整为县上 5 元,省上 10 元;1979 年提高为 20 元,县上 10 元,州、地、市和省上各 5 元。

生活费(包括口粮):1968 年规定,本着不高于当地贫下中农一般生活水平的原则,农业区每人每月 12 元,牧区 15 元,到国营农牧场的,参照当地普通农工的生活水平或稍低于农工生活水平安排,第 1、2 年只管生活不发工资。1973 年规定,在此以前下乡,生活不能自给的,每人补助 100 元,当年下乡的每年每人农业区 200 元,牧业区 220 元,主要用于吃、穿、用等生活必需品;1974 年调整为:农业区每人每月由 12 元提高为 14 元,牧区每人每月由 15 元提高到 17 元;1979 年调整为每人每年农业区 240 元,牧区 280 元。

口粮供应:1968 年规定一律按每人每月 30 市斤成品粮供应到新粮分配为止,最多不超过 1 年;1973 年规定第 1 年每人每月按成品粮 42 市斤标准由国家统销供应到参加社队分配口粮;1974 年规定参加社队分配,口粮不足 500 市斤的,由国家统销补足。

御寒装备、棉布:1968 年规定到牧区上山下乡的每人加发大衣 1 件、皮帽 1 顶、棉鞋或毡靴 1 双,开支掌握在 75 元以内;1979 年规定到牧区的每人另加 40 元;1973 年规定知青衣被确有困难的,酌情给予布、棉票证补助。

住房:1968 年规定,在保证安全的条件下,尽量利用一切可以利用的房屋,如必须修建时,应本着因陋就简、勤俭办事的原则,由大队、生产队解决,队上不能解决时,由州、县酌情从安置费内解决;1973 年规定,在此前下乡没有建房的,每人补助 200 元,同时规定从当年起,上山下乡知青住房补助农业区每人 200 元,牧区每人 300 元;1979 年又调整为农业区每人 220 元,牧区每人 320 元。

劳动计酬:下乡知青和当地社员同工同酬,男女同工同酬,分配兑现,分给与社员同等数量和质量的自留地、自留畜。

其他:1973 年规定女青年例假期间给予照顾,对重伤、重病的青年,经县、场级领导批准,持当地医院转院证明,可以到城市就医;1974 年规定给女知青每人每月发卫生费 0.50 元。

2. 经费管理使用  1962—1979 年,国家和青海省财政共拨付知青上山下乡专项经费 3 338.6 万元,实际支付 2 792.6 万元。对这笔费用的管理使用,中央和省上制订了相应的政策。1973 年 9 月 20 日,省革委会《关于下乡知青安置经费开支标准和使用管理的试行规定》,要求下乡青年安置经费的使用要做到年初有预算,年终有决算,花钱按计划,拨款按进度;坚持专款专用,实行民主管理;要指定专人管理,建立帐目,防止帐目不清,乱支乱用。当年 4 月 23 日,国务院知青办、财政部颁发《关于知青经费管理使用的暂行规定》,对知青经费管理使用作出具体的政策规定。7 月 13 日,省财政厅、省知青办根据中共青海省委关于今后不再动员安排知青上山下乡,对已下乡的知青分期分批回城安置就业的指示精神,发出《关于知青点撤销合并财产处理问题的通知》,要求各地对于撤销合并的知青点,由所在县知青、财政部门和动员单位及当地社队抽人组成知青经费和财产清理小组,负责清查帐目、经费、财产。对于腾出的房屋,按国家投资部分适当折价处理给社队或国家企事业单位,财产变价收入和标准内经费结余,由县知青办统一收回。1980 年 11 月 17 日,省财政厅、省知青办就此问题再次通知:凡撤销的知青点,由有关部门及社队共同做好清理财产经费工作,知青点的危房按国家投资的 30—40% 作价,农具家具按质论价,处理给社队或社员,财产变价收入由县知青办统一收回,不上交财政,留知青部门用于安排城镇待业青年和举办知青场队。

(三)政策调整  1970 年 8 月 11 日,省革委会生产指挥部决定凡劳改系统所属农场职工和刑满就业人员、解教人员的当年初、高中毕业子女,在当地有常住户口的,同意按知识青年上山下乡办法安置在农场。

1972 年 12 月 26 日,省安置领导小组办公室规定:从 1972 年起,每年城市高、初中毕业生除留一部分不满 16 周岁者外,其余全部动员下乡。从上山下乡知青中招工、招生的指标由省安置领导小组办公室统一安排,未经批准不许安置上山下乡青年。

1974 年 8 月 5 日,全省第二次知青工作会议确定,严重病残不能参加农业劳动的知青,经县以上知青部门批准可办理回城手续,外省城镇知青要求来青的原则上不接收。

1978 年 4 月 30 日,省知青办在《关于知识青年上山下乡工作调查报告》中提出:城镇中学毕业生,除动员下乡外,还可下厂矿企业作临时工、合同工,仍享受上山下乡知青待遇,但不发安置费。凡子女多、子女残疾、父母分居两地等均可选留一个子女不下乡。

1978 年 10 月 25 日、1979 年 3 月 3 日,省劳动局、省知青办根据中共中央 1978 年 72 号文件精神规定,各地区、各部门要积极兴办集体厂矿、服务行业,建立农副业基地,安排知青就业,逐步缩小下乡范围,扩大留城面,并允许归国华侨子女不下乡。

**青海省 1965—1980 年知识青年安置情况统计表**  单位:人

| 年　份 | 合　计 | 插　队 | 回　乡 | 集体所有制场　队 | 国营农牧林场建设兵团劳改农场 | 合计中接收外省市人数 | 安置到外省市人数 |
|---|---|---|---|---|---|---|---|
| 1965—1980 | 50 972 | 36 255 | 84 | 3 022 | 11 611 | 8 091 | 11 |
| 1965—1966 | 8 600 | | | | 8 600 | 7 400 | |
| 1968 | 119 | 119 | | | | | |
| 1969 | 1 824 | 1 179 | | | 645 | | |
| 1970 | 513 | 63 | | | 450 | | |
| 1971 | 1 383 | 44 | | | 1 339 | | |
| 1972 | 261 | | | | 261 | | |
| 1973 | 855 | 723 | 7 | 119 | 6 | | |
| 1974 | 4 998 | 3 689 | 26 | 1 236 | 47 | | |
| 1975 | 13 109 | 12 899 | 21 | 158 | 31 | 22 | 1 |
| 1976 | 10 702 | 10 256 | 16 | 286 | 144 | 568 | 8 |
| 1977 | 7 752 | 6 906 | 14 | 744 | 88 | 58 | 2 |
| 1978 | 141 | 127 | | 14 | | 43 | |
| 1979 | 350 | 250 | | 100 | | | |
| 1980 | 365 | | | 365 | | | |

注:1. 缺 1979 年数,按 350 人估列,其中插队 250 人,知青农场 100 人。
　　2. 1965—1966 年系农建师知青,其中山东青年 7 400 人,本省青年 1 200 人。

**青海省 1968—1980 年调离农村的上山下乡知青情况统计表**  单位:人

| 年　份 | 合　计 | 招　生 | 征　兵 | 招　工 | 提拔国家干部 | 其　他 |
|---|---|---|---|---|---|---|
| 1968—1980 | 39 875 | 2 232 | 551 | 35 562 | 394 | 1 136 |
| 1969 | 1 042 | 74 | | 914 | | 54 |
| 1970 | 1 302 | 32 | 5 | 1 179 | | 86 |
| 1971 | 1 249 | 45 | | 1 041 | | 163 |

| 年　份 | 合　计 | 招　生 | 征　兵 | 招　工 | 提拔国家干部 | 其　他 |
|---|---|---|---|---|---|---|
| 1972 | 1 267 | 129 | | 876 | | 262 |
| 1973 | 64 | 16 | | 45 | 3 | |
| 1974 | 233 | 96 | | 126 | 2 | 9 |
| 1975 | 7 662 | 155 | | 7 387 | 99 | 21 |
| 1976 | 7 260 | 98 | 5 | 7 055 | 54 | 48 |
| 1977 | 2 261 | 204 | | 1 902 | 15 | 140 |
| 1978 | 10 477 | 1 256 | 391 | 8 397 | 114 | 319 |
| 1979 | 5 517 | 127 | 150 | 5 099 | 107 | 34 |
| 1980 | 1 541 | | | 1 541 | | |

（第三章《劳动就业》，第 76—83 页）

从 1969 年开始，每年通过招工、征兵、招生，对上山下乡知青进行安排，并从 1975 年起将安置知青作为劳动就业的重点。　　　（第三章《劳动就业》，第 83 页）

1973—1979 年上山下乡的 5 万余名知青，到 1981 年全部安置完毕。

（第三章《劳动就业》，第 84 页）

知青场、队。1980 年 11 月 18 日，省人民政府提出，凡是有条件的地区、系统和部门，都应在城市、县、镇郊区兴办以知青为主的农、林、牧场（队）和农工商联合企业。其原则是：坚持从本单位实际出发、因地制宜，或单位办或联合办，或农或工或副或商或以一业为主，多种经营；生产基建资金采取主办单位有偿投资，财政有偿扶持，银行低息贷款，群众自筹等办法解决；所需土地统筹规划，合理安排，适当照顾；参照中央扶持知青场队的规定，在 5 年内实行不交税、不上交利润、不担负农产品统购、派购任务；产、供、销一般由主办单位负责解决。

（第三章《劳动就业》，第 85—86 页）

50、60 年代，在海南、海北、海西等州相继建立多处农、牧、渔场，大批本省和外省知青参加"屯垦戍边"。1972 年 5 月，省计委劳资组对农建兵团和国营农牧场工人调动作出规定：凡要求调离农建兵团青年，由调用单位直接与农建兵团联系协商同意后，报经省计委批准，办理调动手续。属本省国营农牧场工人与建设兵团青年相互调动，可由调入和调出的主管部门直接协商办理调动。青海省国营农牧场工人与外省国营农牧场工人之间的调动一律由主管部门报省计委审批办理。　　　（第四章《劳动力管理》，第 107 页）

1979 年 1 月,省劳动局对下乡知识青年招工后的工资待遇做出规定:下乡满 2 年的,享受学徒第 2 年生活补贴待遇;满 3 年的,享受学徒最后 1 年的待遇;满 5 年以上的,享受 1 级工待遇。

(第十五章《职工工资》,第 455—456 页)

# 《青海省志·审判志》

青海省地方志编纂委员会编,黄山书社 1999 年

对"破坏知识青年上山下乡"案件,经复查核实后,是什么问题就按什么问题处理。凡是定"反革命"罪的,要改变性质;利用职权,以招工、招生、招兵等进行引诱奸污女知青,或者以揭发隐私相威胁奸污女知青的,以强奸罪论处;对打伤知识青年的,视情节伤势程度,以伤害罪论处;对与女知青恋爱中的越轨行为或发生不正当的两性关系,原以奸污女知青定罪判刑的,予以纠正。

(第四章《刑事审判》,第 235 页)

# 《青海省志·武警志》

青海省地方志编纂委员会编,黄山书社 1995 年

1967 年至 1977 年,(公安部队)征集对象和范围主要是农村家庭劳动力较充裕、出身于贫农、下中农的男女青年,"上山下乡"经过 2 年锻炼的城镇知识青年,部分应届初高中毕业生。

(第二章《军事》,第 47 页)

# 《青海省志·劳动改造志》

青海省地方志编纂委员会编,青海人民出版社 2000 年

1972 年以后,经青海省革命委员会批准,劳改农场知识青年自行安置,不再上山下乡,从此工人数大量增加。

(第七章《干警、工人》,第 188 页)

# 《青海省志·群众团体志》

青海省地方志编纂委员会编,陕西人民出版社 2001 年

1956 年 1 月,中共中央印发的《1956 年到 1967 年全国农业发展纲要》通知要求:"城市的中、小学毕业的青年,除了能够在城市升学就业的以外,应当积极响应国家的号召,下乡上

山去参加农业生产,参加社会主义农业建设的伟大事业。"同年,青年团第三次全国代表大会号召"没有升学的知识青年,自觉地愉快地走上生产劳动的岗位,特别是到农村去,做一个有文化、有知识的农民……"根据这一精神,全省部分大中专院校的学生都纷纷写申请,奔赴乐都、民和等县的广大农村之中参加农业生产,许多农村中学生也投入了回乡参加生产的行列。

(第二章《共青团暨其他青年团体》,第 250 页)

(1968 年)12 月 18 日,省革委会召开知识青年上山下乡和 1968 年大、中专毕业生分配工作会议,要求全面落实"四个面向"(面向农村、基层、工矿、边疆)的号召,勉励他们走与工农相结合的道路。1969 年 1 月 18 日,西宁地区有初高中生 358 人到乌兰、都兰等县插队落户。1973 年 8 月 25 日—9 月 9 日,省革委会召开全省知识青年上山下乡工作会议,统筹研究解决知识青年上山下乡的有关问题。9 月 20 日,省委转发了《关于全省知识青年上山下乡工作会议的报告》,要求各地认真贯彻执行,切实做好上山下乡工作。1973 年 12 月 18 日,西宁地区 10 万群众在西门外体育场隆重集会,热烈欢送西宁地区首批知识青年 400 人奔赴农村。1974 年 2 月 12 日,第二批知识青年 400 人分赴民和、乐都、大通等地上山下乡,接受贫下中农的再教育。截至 1976 年 8 月 19 日,全省 13 000 名知识青年响应毛主席号召上山下乡,到农村去插队落户,直到粉碎江青反革命集团后,全省院校的知识青年上山下乡工作才告一段落。

(第二章《共青团暨其他青年团体》,第 253—254 页)

# 《青海省志·报业志》

青海省报业志编委会编,青海民族出版社 1999 年

(二)知识青年上山下乡  1967 年 5 月初开始,《青海日报》先后转载了《人民日报》社论《知识青年必须同工农相结合》、《坚持知识青年上山下乡的正确方向》、《坚定地走上同工农兵相结合的道路》等社论。根据《人民日报》传播的中央精神,全国掀起了知识青年上山下乡的热潮。

1968 年 11 月 27 日,《青海日报》发表社论《必须来一个动员——认真做好知识青年上山下乡工作》,为知识青年上山下乡进行舆论引导。1968 年 12 月,毛泽东发出"知识青年到农村去"的号召,青海省积极贯彻这一号召。12 月 20 日,省、市革命委员会召开群众大会,欢送西宁地区首批知识青年 300 多人去海西蒙古族藏族哈萨克族自治州天峻、都兰、乌兰县农村插队落户。《青海日报》在一版显著位置对此作了报道。从此,知识青年上山下乡活动,在西宁地区和各地城镇普遍展开,对此,该报均作了动态报道。1969～1971 年间,《青海日报》对这方面的活动继续有所报道。1971 年 9 月林彪反革命集团覆灭以后,知识青年上山

下乡活动减少,报纸宣传也相应较少。

1973 年起,知识青年上山下乡活动增多。1973 年 8 月 25 日至 9 月 9 日,全省知识青年上山下乡工作会议在西宁召开。《青海日报》对会议作了报道并配发社论。报道说,全省先后有 1 万多名知识青年上山下乡,其中 216 人入党,2 327 人入团,321 人参加了各级领导班子。1974 年和 1975 年,知识青年上山下乡工作继续在全省各地开展,《青海日报》先后报道:省委召开全省第三次知识青年上山下乡工作会议,强调要以批林批孔为纲,继续坚持知识青年上山下乡的正确方向,并配发本报评论员文章;1974 年 7 至 12 月之间,全省公安系统和湟源、都兰、尖扎、贵南、循化、同仁以及西宁地区等共有 2 200 多名知识青年下乡,插队落户;西宁市召开第三次知识青年上山下乡工作会议,全市已有 4 300 多名知识青年到 11 个县 51 个公社 211 个大队插队落户,其中有 41 人入党,300 多人入团;西宁地区召开群众大会,20 000 多人欢送 4 000 多名知识青年上山下乡;全省上山下乡知识青年积极投入农业学大寨运动等。同期,《青海日报》还报道了门源西滩公社老龙湾大队党支部等重视做知识青年思想政治工作的做法和经验,发表了表扬下乡优秀知识青年的通讯,刊登了一些上山下乡知识青年撰写的体会性文章等。 （第二章《报纸宣传》,第 126—128 页）

# 《中国共产党青海地方组织志》

中共青海地方组织志编纂委员会编,青海人民出版社 1999 年

(1958 年)8 月,中共中央根据青海省委报告,决定在第二个五年计划期间,从河南省动员 65 万名青年到青海参加社会主义开发建设工作。9 月 18 日,省委二届九次全委会确定这 65 万名河南青年除少部分参加工业建设外,大部分将去牧业区建立国营农场和集体农庄,从事屯垦。10 月,省长袁任远就此事去河南商谈。双方议定,这批青年的迁移安置工作预定于 1961 年底完成。1958 年冬 7 000 人,1959 年、1960 年各 20 万人,1961 年 24.3 万人。

同年 12 月,首批河南青年 7 027 人到达西宁。除 2 000 人参加工业建设外,其余分别安置在海北、海西、海南、黄南 4 州。 （第七章《农村工作》,第 431 页）

1968 年 12 月,毛主席发出指示:"知识青年到农村去,接受贫下中农的再教育,很有必要。"此后,动员组织知识青年上山下乡成为一件大事。12 月 20 日,省革委会召开 5 万多人大会,欢送西宁首批 300 多名知识青年到天峻、乌兰、都兰等地插队落户。

1969 年 1 月 18 日,西宁地区又有 358 名初高中毕业生到乌兰、都兰、天峻、兴海等县插队落户。

1973 年 12 月 18 日,西宁地区 10 万群众在西门外体育场集会,欢送西宁地区 1973 年

度首批 400 名知识青年奔赴农村。

　　1974 年 2 月 12 日,西宁地区各界群众在省人民礼堂举行欢送大会,欢送西宁地区 1973 年度第二批近 400 名知青上山下乡。

　　同年 3 月 26 日,西宁地区 1973 年度第三批 400 多名知青奔赴农村。

　　1974 年 10 月 15 日,西宁地区 1974 年度首批知青 400 多人奔赴农村插队落户。12 月 18 日,1974 年度第二批知青 600 多人奔赴农村。

　　1975 年 8 月 31 日,西宁 2 万多群众在西门体育场举行大会,欢送 4 000 多名知青上山下乡。

　　1976 年 5 月中旬,西宁地区 1 600 名知青陆续奔赴农村插队。

　　同年 8 月 19 日,西宁各族群众隆重集会,欢送 5 000 余名应届毕业生下乡。

(第十一章《工青妇工作》,第 610 页)

　　12.21(1968 年 12 月 21 日),省革委会召开 5 万人大会,热烈欢送 358 名知识青年到海西和海南等地插队落户。此后,城镇高初中毕业生分期分批上山下乡。

(第十六章《大事记》,第 726 页)

# 《青海电影志》

青海省文化厅、中国电影发行放映学会青海分会编,(内部刊行)1989 年

　　(集中排映影片)26."革命样板戏"影片汇映,1974.5.1—5.23,省文教局、省总工会、省妇联、团省委、省知识青年上山下乡领导小组联合举办。

(第三章《电影发行放映宣传工作成绩巨大》,第 118 页)

# 《西宁市志·商业志》

《西宁市志·商业志》编纂委员会编,兰州大学出版社 1990 年

　　1983 年,根据国发(1983)65 号、劳动部(83)365 号及青企调办(83)008 号文件规定,对符合调资升级要求,1978 年底以前参加工作的固定工,下乡满 5 年的知识青年在 1979 年 1 月 1 日以后参加工作到 1983 年 9 月底的正式职工(包括全民、集体企业单位)共 6 637 名调升一级工资,月增资额为 58 402 元,平均级差 8.50 元,其中,再升一级的有 96 人,月增资额 933 元,平均级差 9.72 元。

(第五篇第二章《企业管理》,第 121 页)

# 《西宁市志·公安志》

西宁市志编纂委员会编,陕西人民出版社1999年

1976年在全市开展了两次打击流氓犯罪活动的战役······

8月中旬开展的第二战役,查破了王青平、安文梅等一批流氓犯罪集团。以王青平为首的流氓团伙,有男流氓32人、女流氓29人,其中青工8人、在校学生6人、上山下乡知识青年3人,社会青年44人。他们结伙打架斗殴、奸宿鬼混、偷盗抢劫,无恶不作,是危害当地安宁的一群违法犯罪分子。 （第七篇第二章《专项斗争》,第333—334页）

# 《城东区志》

西宁市城东区区志编纂委员会编,青海人民出版社2000年

(1973年)11月23日,城东区知识青年上山下乡办公室成立。 （《大事记》,第34页）

本年度(1975年),全区有180名知识青年上山下乡。 （《大事记》,第35页）

1972年7月成立城东区知识青年上山下乡办公室,先附属于区革委会民政科。1973年1月,成立城东区知识青年上山下乡领导小组,由区革命委员会直属。同时,辖区内省、市属县以上单位,也相应成立知识青年上山下乡工作机构。1979年1月,改区知青上山下乡办公室为知识青年安置办公室,1981年底撤销。 （第十二篇第一章《机构》,第319—320页）

## 第五章 知识青年上山下乡

1965年,根据中共中央《关于动员和组织城市知识青年参加农村社会主义建设的决定》,开展动员城市知识青年上山下乡工作。到1967年,全区共计动员知青248人去农村参加农业生产和去格尔木参加农业生产建设兵团第12师。1973年1月大规模组织知识青年下乡工作全面展开。凡在城东地区居住的本届和历届初、高中毕业生,年满16周岁未参加工作的,均属上山下乡的范围。但属独生子女、父母身边只有1个子女、中国籍的外国人子女、归侨学生、病残知识青年和家庭有特殊困难者,经批准可以免下。到1977年底区内有924人属于免下范围,办理了《免下证》。10 078人按规定全部下到农村。其中区属机关及各街道办事处知青1 406人,前往民和县马场垣、磨湾子、湟中县汉东、拦隆口和西宁沈家寨、南酉山等地落户。区内省市属各大单位知青8 627人,分别到大通、互助、贵德、湟中、湟

源、平安、市郊等 8 个县区,40 个公社,164 个生产队插队落户。

知识青年安置费 1973 年按每人 500 元拨付,1976 年增加为每人 600 元。每 20 名下乡知青配备 1 名带队干部,城东地区先后抽调带队干部 855 人。城东区委和知青办公室先后 4 次组团,到各县知青点进行慰问,了解知青和带队干部的生产、生活、学习情况,及时解决存在问题。1976 年起学习湖南省株洲市集体安置的经验,兴建永久性定居点。此后,60%以上的知青点盖起了砖木结构的房子,大大改善了知青的居住条件。

动员知识青年上山下乡,在当时虽搞得轰轰烈烈,但无论是知青本人或带队干部,真正自愿下去者为数较少,大多因形势所迫。因为从其时起招工、招生、征兵,一律改为在下乡知识青年和办理了免下证的城镇青年中招收,故上山下乡多属无奈。是时,不正之风盛行,辖区内省、市属单位中知青,人在城市,只是户口下乡者有之,个别乡村干部借推荐知青"三招"(招干、招工、招兵)回城之机,营私舞弊者亦有之。这些丑恶现象虽属少数,但影响极坏。1978 年起,贯彻国务院决定,停止动员知识青年上山下乡,已在农村的也开始逐步回城安置。到 1981 年底,区内下乡的 1 万余名知青,除已"三招"回城和在农村结婚安家,参加社、队企业等工作者外,其余全部撤点回城,陆续安置工作。所建房屋和用具等,无偿移交所在生产队。从 1967 年开始至 1981 年结束,知识青年上山下乡一事历时 15 年。

(第十二篇第五章《知识青年上山下乡》,第 329—330 页)

# 《城西区志》

西宁市城西区志编纂委员会编,陕西人民出版社 1993 年

(1973 年)12 月,城西区知识青年上山下乡工作办公室成立。　　(《大事记》,第 18 页)

1971 年 12 月,城西区革命委员会生产处设立计划劳动科,负责管理劳动力的计划和安排、工资福利、劳动保护、居民生产、知识青年上山下乡等项工作。

1973 年成立城西区知识青年上山下乡领导小组,下设办公室。到 1980 年底,共组织安排城市知识青年 7 297 人,分别到大通、循化、化隆、湟源、湟中、民和、乐都、贵德等县农村插队落户。

(第十一篇第二章《劳动》,第 216 页)

## 第二节　知识青年上山下乡

1963 年,党中央和毛主席向全国知识青年发出"面向工矿、面向农村、面向基层、面向边疆"的号召,宣传动员城镇知识青年上山下乡,到农村(含边疆)去。招工、招生、招兵(简称)三招,主要在农村下乡知识青年中招收,凡未经批准的未下乡知青不能享受"三招"。

1973 年,城西区知识青年上山下乡领导小组成立,具体负责安置城镇知识青年上山下

1719

乡工作。同年,全区动员家居城镇而未就业的 17 岁以上的知青下乡,共计有 410 名。分别下放到各县。贵德县 31 人,大通县 8 人,乐都县 98 人,湟中县 183 人,民和县 11 人,湟源县 46 人,化隆县 42 人,到河北省丰南县原籍 1 人。

1974 年至 1980 年,全区先后组织知青 7 297 人去贵德、乐都等 9 个县区的 38 个公社,128 个知青点插队落户,并抽调带队干部 1 047 人,分别担任各知青点所在地的县委副书记、公社党委副书记、大队副书记(非党员干部任革委会副主任),与知青同吃、同住、同学习、同劳动,协同做好知青工作。在这期间,城西先后组织三批下乡知识青年慰问团,对下乡知青慰问,解决下乡知青在学习、劳动、生活、安置及就业等方面的困难和问题。

1975 年,对城西地区下乡知青所在的知青点修建房屋 4 万平方米,较好地解决了下乡知青食宿和冬季取暖问题。

1978 年,国务院发布了《关于知识青年上山下乡问题的试行规定》,规定中指出:“一般县城……非农业户口的中学毕业生,不列入上山下乡范围……有安置条件的城市,也可以不动员知识青年上山下乡”。城西区根据这些精神,调整了知青留城政策,严格了下乡范围;改变了安置形式。由动员知青下乡逐步转为广开门路,走劳动部门介绍就业,本单位组织起来就业,自谋职业的就业道路(简称三结合)。

1979 年起,调整留城政策,逐步缩小下乡范围,留在乡下的知青逐步减少,知青点房屋、家具、农具,大部分闲置,区知青办又协助各县知青办进行了折价处理。

在动员知青上山下乡的同时,根据有关知青留城政策,对独生子女,多子女而父母身边只留一人的、归侨学生、中国籍的外国人子女、孤儿、家庭特殊困难、病残青年等办理了留城免下手续 791 人。

知青下乡要经本人自愿申请,街道或单位同意,又符合条件的才能下乡,由区知青办公室办理有关手续,插队的知青至少由三至五人组成一个小组,在农村各生产队分散插队落户。对下乡知青,除国家负责解决部分住房、家具农具外,还供给一年的口粮及部分生活费用。对缺衣少被者给予实物补助,要求一年后生活自给,确有困难不能自给者,国家酌情给予补贴。

1980 年,知青上山下乡工作全面停止。1981 年,城西地区下乡的 7 297 名知青,除已在农村结婚安家或安排工作者外,全部“三招”(招工、招兵、招生)回城。

(第十一篇第二章《劳动》,第 217—218 页)

1979 年,由城西区劳动服务公司,具体负责待业青年及城市劳动力就业工作,并负责组织生产、服务、进行职业技术培训等。同年,对留城免下知青和返城知青,由各街道办事处劳动服务站安置。除少量的招工(包括内招、社招、顶替)外,大部分由知青家长所在单位扶持创办知青场、队,组织起来生产劳动。

(第十一篇第二章《劳动》,第 218 页)

# 《城中区志》

《西宁市城中区志》编纂委员会编，青海人民出版社 2000 年

　　1969 年，成立城中区知识青年上山下乡领导小组，下设办公室，干部 5 名，负责办理城中地区知识青年的上山下乡工作。　　　　　　　（第十二篇第一章《劳动》，第 207 页）

　　1979 年 4 月，在原知青办公室基础上成立城中区劳动服务公司，编制 5 人，属区计委领导。

　　1981 年 4 月，经西宁市编委批准，城中区劳动服务公司由大集体所有制转为全民所有制，事业编制，企业管理，编制 8 人，负责办理地区性劳动就业、安置培训和闲散劳动力调配使用、招收新工人等。同时，区委决定，城中区知青办公室与城中区劳动服务公司合署办公，对外两个牌子，对内一套人马，知青办行政编制 1 名。　（第十二篇第一章《劳动》，第 207 页）

**劳动服务管理局各知青队开办初、高中文化补习班情况**　　　　计算单位：班、人

| 年　　度 | 举办待业青年初、高中文化补习班 | 参加初、高中文化补习班人数 | |
|---|---|---|---|
| 1981 | 18 | 1 089 | |
| 1982 | 24 | 1 304 | |
| 1983 | 8 | 400 | |
| 1984 | 62 | 2 412 | |
| 1985 | 27 | 644 | |
| 1986 | 42 | 2 006 | |
| 合　　计 | 181 | 7 855 | |

（第十二篇第一章《劳动》，第 213 页）

## 一、上　山　下　乡

　　1964 年元月，中共中央发出《关于动员和组织城市知识青年参加农村社会主义建设的决定》（草案）后，1965 年城中区动员 161 名知识青年参加格尔木生产建设兵团农建十二师。1966 年 5 月又动员 105 名城镇青年参加省林业建设兵团独立团。

　　1968 年 12 月，毛泽东发出"知识青年到农村去，接受贫下中农再教育"的号召，城中区在西宁市委、市革命委员会统一部署下，开始了知识青年上山下乡的全面动员工作。

　　上山下乡的对象是：凡在城中地区居住的本届和历届初中、高中毕业生，年满 16 周岁以上、未参加工作的知识青年，一律属于上山下乡对象。

独生子女、虽多子女但身边只有一个子女、中国籍的外国人子女、归侨学生、病残或家庭有特殊困难的,经批准可以免于上山下乡。1973年至1977年城中地区经审查,批准806人免于上山下乡。

1973年12月,城中区上山下乡知识青年和带队干部及家长参加了省、市机关首批知识青年上山下乡万人欢送大会,为下乡知青和家长披红戴花,首批上山下乡知识青年在各安置县的领导迎接下奔赴农村。

1964年到1978年,城中区共有上山下乡知识青年8 420人,分别下到互助、大通、贵德、市郊、湟中、湟源、化隆、循化、民和、乐都等10个县,40多个公社,132个生产队插队落户。

城中区和辖区单位抽调带队干部1 100名,分别参加县、社、队的领导班子,共同管理知青点,与知青同吃、同住、同劳动、同学习。在当地党政部门领导下,协同各方面做好知青工作。

按省革命委员会关于上山下乡知青有关经费规定,城中区革命委员会每年拨出专项经费解决知青的生产、生活费用。1973年至1975年农业区下乡知青每人补助500元,牧区每人补助700元。1976年后,农业区每人补助600元,牧区的每人补助800元,用于生产生活建设费用。

城中区知识青年办公室给知青生活补贴,第一年每人每月补贴10元,第二年每人每月补贴15元。口粮第一年每人每月42斤,青油每人每月半斤,由国家统一供应,三年之后,参加生产队集体分配。要求争取一年建成队,二年能自给,三年对国家有贡献。知青经费,由省、市财政和知青办根据人数直接拨给各州、县或公社。

1973年至1975年,各知青点均盖有简易平房,由所在生产队帮助进行修建,以解决知青住房问题。

1976年推广珠海经验,实行厂、社挂钩,由各安置社队,安排一定劳动力。知青住房基本上由建点单位负责施工,有三分之一以上知青点盖有砖木结构的平房或二层楼房。

1974年起,省劳动局每年下达招工指标到下乡知青所在县,由县、公社、队逐级推荐,劳动部门批准,招工单位录用。

1980年,知青上山下乡工作全面停止,城中地区下乡的8 420名知识青年,除极少数在农村结婚安家,在当地参加社队企业或另行安排工作外,其余知青全部回城就业。

## 二、返 城 安 置

中共十一届三中全会后,中共中央,国务院调整知青安置政策,发布了《关于知识青年上山下乡问题试行规定》。1979年6月,城中区根据青海省委关于《全省知识青年工作会议纪要》精神,结束了知青上山下乡工作,改为城镇安置,统筹解决劳动就业。

1979年6月,区委、区革命委员会成立区劳动服务公司,负责管理社会待业人员。

根据中共中央提出的,"在国家统筹规划指导下,实行劳动部门介绍就业,自愿组织起来就业和自谋职业相结合"的方针,城中区从实际出发,办好基层劳动服务公司和知青服务队,接纳城镇待业人员就业。从1979年至1989年,城中区累计安置就业或参加临时劳动

46 050 人次。其中:国营招工 7 741 人,集体招工 744 人。

1980 年至 1986 年,中央和省、市财政给城中区劳动服务公司下拨知青生产扶持资金 213 万元,分别扶持省机械科研所、市副食厂、青年副食厂、省工商联益寿堂药店、西宁毛毯厂等 40 多个劳动服务企业,安置了一批待业青年。

知青企业生产的主要产品有:钢窗、钢门、灯具、汽车配件、生铁铸件、机械配件、罗栓、罗母、铝制品、塑料制品、预制构件、拔毛机、包装箱、涂料、菱镁粉、各种皮鞋、皮衣、服装、帐篷、皮带、明胶、车马挽具、纸箱、纸花、工艺制品等 200 多种产品。

1983 年,根据劳动人事部指示精神,城中区劳动服务公司开始进行就业前培训,在经费上采取国家给一点、单位补一点、个人拿一点的办法,先后开办各种就业前培训班 88 期,培训学员 4 614 名,培训专业工种 31 个。

培训办法是面向社会、公开报名、统一考试、择优录取。合格学员在招工中给予优先推荐。后城中区知青企业转为大集体的 10 个,职工 342 名。

(第十二篇第一章《劳动》,第 213—215 页)

(1969 年)城中区知识青年上山下乡办公室成立,负责全区知识青年的安置和管理工作。首批上山下乡知识青年 545 人。　　　　　　　　　　　　(《大事记》,第 380 页)

# 《城北区志》
西宁市城北区志编纂委员会编,陕西省人民出版社 1996 年

(1973 年)7 月,城北地区安排 400 余名知识青年上山下乡,接受贫下中农再教育。

(《大事记》,第 26 页)

进入 80 年代,由于农转非人口猛增和上山下乡知识青年大批返城,劳动管理任务加重,郊区计委便于 1980 年底成立劳动服务大队,专门负责安置待业人员就业;1983 年 11 月,劳动服务大队扩大改为劳动服务公司;1986 年 6 月,城北区成立后,郊区劳动服务公司更名为城北区劳动服务公司。　　　　　　　　(第十篇第一章《机构》,第 337—338 页)

城北地区知识青年上山下乡始于 1973 年。同年 7 月郊区办事处成立知识青年上山下乡领导小组,下设办公室,专门负责组织动员工作。从 1973 年 11 月到 1976 年底,曾先后在大堡子公社的陶南、陶北、吴仲、巴浪、严小和鲍家寨大队,马坊公社的西杏园和马坊大队,二十里铺公社的花园台、下孙家寨、双苏堡、郭家塔和二十里铺大队建起 13 个知青点,共安排郊区、城中区、西宁市农牧局、西宁市财政局和西宁市政法系统的上山下乡

知识青年 721 人,各知青点采用国家投资、大队出工和知青所在单位支援的办法,建造宿舍、学习室、伙房及仓库等共 7 500 多平方米。凡下乡知识青年都和社员一起劳动,要求一年后做到自食其力。为加强对下乡知识青年的教育和管理,由有关单位向各知青点选派了 13 名带队干部(其中,有 3 名兼任公社党委副书记),在公社的统一领导下,负责知识青年的劳动、学习和生活。

1975 年,根据有关政策规定,开始从上山下乡知识青年中招工、招干,当年有 15 人被招为工人,10 人招为教师。到 1980 年,在郊区插队的 721 名知识青年,全部回城安置。从此,上山下乡工作终止。 (第十篇第三章《劳动》,第 342—343 页)

# 《大通县志》

大通回族土族自治县志编纂委员会编,陕西人民出版社 1993 年

(1973 年)7 月 3 日,成立大通县知识青年上山下乡领导小组,由 11 人组成。秦青荣任组长,下设办公室,负责全县知识青年安置和管理工作。至 1978 年,共安置 4 153 名知识青年到农村插队。 (《大事记》,第 39 页)

1973 年,根据中共中央"21 号文件"和省知青工作会议精神,成立大通县上山下乡知识青年办公室,安置 4 153 名城镇知识青年到农村插队(包括省、市单位)。1978 年后逐步对待业知识青年办理就业,43 人招为国家干部,151 人考取大中专院校,3 689 人安排到全民和集体所有制单位工作,72 人参军,166 人顶替父母工作。 (第十八篇第二章《劳动》,第 427—428 页)

# 《互助土族自治县志》

互助土族自治县志编纂委员会编,青海人民出版社 1993 年

(1973 年)西宁第一批知识青年来县"接受贫下中农再教育"。至 1978 年全县各社、队共安置 1 399 人,后于 1980 年陆续返城。 (《大事记》,第 25 页)

## 第三节 知识青年安置

1968 年,毛泽东主席发出"知识青年到农村去,接受贫下中农的再教育"的号召,到 1978 年,全县共有省、县知识青年 1 399 名,分别安置在 13 个公社 79 个知青点上。县成立知青办公室,省委先后派赵德英、杨振海为知青总带队,并任命为县委副书记专管知青工作。

初期,知青分散在社员家食宿,参加集体生产劳动。之后,由省、县与各知青所在单位协

商,以大队为单位建立知青点,每点安置知青 20 至 30 名,由所在单位派带队干部 1 至 2 名负责管理。知青点采取国家投资、大队出工、知青单位支援的办法,共建房 931 间。每点有单独庄院,建有宿舍、伙房、学习室、储藏室等,划给知青与社员同等数量的自留地,种粮、种菜、养猪、养鸡。到 1980 年底,所有知青先后通过升学、招工、招干、参军等全部离开农村。知青离开农村后,知青点房屋降价处理给所在大队。县知青办公室于 1980 年 3 月并入劳动服务公司。

(第九编第六章《劳动》,第 386 页)

# 《湟中县志》

《湟中县志》编纂委员会编,青海人民出版社 1990 年

## 第二节　知识青年安置

1974 年 9 月开始,安置知识青年插队劳动,县成立知青办公室。省派崔延贵为知总青带队,并任命为县委副书记,专管知青工作。

初期,知青分散在社员家食宿,参加集体劳动。之后,由县与各知青动员单位共同协商,以大队为单位建立知青点每,点安置知青 20 至 35 名。动员单位派带队干部 1 至 2 人负责管理。全县建立 113 个知青点(含平安县 18 个点),其中知青农场 2 个。知青点采取国家投资、大队出工、知青单位支援的办法,共建房 1 601 间,每个点有单独庄院,建有宿舍、伙房、学习室、储藏室等。划给知青与社员同等数量的自留地,种粮、种菜、养猪、养鸡。

1977 年开始,逐步减少下乡知青人数。知青点亦有撤并,带队干部回原单位工作。自 1974 年 9 月到 1979 年底,共安置省级 34 个单位和本县知识青年 6 324 名(不含平安县 1 304 名)。到 1980 年底,通过历年招工、招干、招生、参军等,全部离开农村。其中招工 5 928 名,考入大专学校 222 名,参军 142 名,因病等回城 28 名,死亡 4 名。

知青离开农村后,知青点房屋降价 30—40% 处理给所在大队,共作价 9.5 万元,收回 2.3 万元,其余订立合同逐年还清,其他财产全部收回。国家历年累计拨付知青经费近 300 万元,节余 45.2 万元,如数上交县财政,继续留作城镇待业青年安置之用。知青下乡安置工作于 1981 年 4 月全部结束。

(第三编第六章《劳动》,第 276 页)

# 《平安县志》

青海省平安县志编纂委员会编,陕西人民出版社 1996 年

### 知识青年上山下乡

"文化大革命"期间,毛泽东主席号召"知识青年到农村去,接受贫下中农再教育很有必

要"。1974年,湟中县成立知识青年上山下乡办公室,在平安地区4个公社设20个知青点。其中,平安公社10个,小峡公社7个,三合公社2个,沙沟公社1个。沙沟公社大寨子生产大队知青点,平安公社青年农场知青点,小峡公社下红庄生产大队知青点以农场形式设置。每点种地30—50亩,单独核算加补助,吃、住、劳动三集中。其余17个知青点实行吃、住二集中,劳动插在生产队社员中进行,统一记工分,按劳分配加照顾。知青管理由派往单位和贫下中农代表负责。

知识青年插队劳动1至3年后,根据劳动与政治表现,陆续选送上大学、参军或招工、招干。至1981年,全地区共下乡知青903人(其中男372人,女531人),带队干部25人。其中先后选送大中专院校学习58人,参军19人,招工招干815人,转点、回城、死亡、法办11人。

动员知识青年上山下乡工作中,省、县和知青动员单位拨出建房、农具和生活补助等项专用资金12.18万元,人均135元,共建平房400间。1979年平安建县后,平安县拨款12.6万元,为每个知青点增设学习室,储藏室等。1981年知青点撤销,固定财产变价处理给社员,带队干部回原单位工作。 (第三编第六章《劳动人事》,第462—463页)

# 《乐都县志》

乐都县志编纂委员会编,陕西人民出版社1992年

遵照毛主席"知识青年到农村去,接受贫下中农再教育"的指示精神,乐都县于1973年至1979年先后在高庙、雨润等川水地公社设知青点69个,安置西宁地区知青2 966名;在高店、碾伯等4个公社设知青点19个,安置乐都知青322名。各点知青均于1983年前陆续回城安排了工作。 (《大事记》,第26页)

1975年设知识青年上山下乡办公室(1983年撤销)。(第三编第四章《政权》,第340页)

# 《民和县志》

民和回族土族自治县地方志编纂委员会编,陕西人民出版社1993年

是年(1973年),开始城镇(包括从省城来的)知识青年上山下乡的安置工作。1979年,除省级各单位自行拨款外,县拨安置费计132.219 7万元,建点47个,安置知青累计3 712人。 (《大事记》,第31页)

1975年,从下乡知青中吸收干部39名,从职工子女中吸收干部13名。1976年,从

职工子女中吸收干部 13 名。1977 年,从下乡知青中吸收干部 25 名。1978 年,从下乡知青中吸收干部 36 名。1979 年,知青下乡上山工作停止,从这年开始,干部吸收对象为城镇待业青年。

(政治编第五章《人事劳动》,第 425 页)

1972—1979 年,为招回上山下乡知识青年,西宁等地一些单位,在民和县招工 2 000 余人;与此同时,民和镁厂及县工交、商业、服务业以及文化教育单位等共吸收 1 800 余人,全县全民所有制单位职工总数达 4 357 人。

(政治编第五章《人事劳动》,第 432 页)

### 城镇知青安置

1973 年,民和县开始城镇知识青年的安置工作。这些知识青年,都是初、高中毕业生,或属县内,或来自西宁等地,均为户口在城镇的干部、工人及军人的子女,安置在生产队劳动。截止 1979 年,被安置的知青累计 3 712 人,建设安置点 47 个,分布在川口、马场垣、巴州、核桃庄、松树、官亭、中川、总堡等 9 个人民公社的 45 个生产大队。在组织上由带队干部统一领导,生活上由知青点统一管理。年终,在其所参加劳动的生产队享受收益分配。这些知识青年,经过几个月至两年时间的劳动锻炼,通过招工、招干、参军或报考大学、中专等途径安置就业。7 年间,全县拨出知青安置费共 132.219 7 万元。

(政治编第五章《人事劳动》,第 433 页)

# 《化隆县志》

化隆回族自治县志编纂委员会编,陕西人民出版社 1994 年

(1973 年)8 月,县成立知青上山下乡领导小组,下设办公室。知识青年上山下乡工作全面展开,持续 6 年,共有省、县 1 900 多名城镇知识青年上山下乡插队劳动。至 1980 年均返回城镇就业或升入大、中专学校学习。1981 年 2 月 23 日知青领导小组及所属办公室撤销。

(《大事记》,第 35 页)

### 知识青年安置

1969 年元月,化隆接收第一批西宁二中初中毕业上山下乡知识青年 19 人,安置在塔加公社。第一年分散吃、住社员家,由国家供应口粮,每人每月生活费 12 元。第二年盖房 15 间,集体居住、开伙,参加社员分配。1970 年 5 月以后,陆续推荐上了中专。

1973 年,上山下乡工作全面展开。8 月,县成立知识青年上山下乡领导小组,下设办公室,省派娄新江、崔永林为知青总带队,兼任县委副书记,专管知青工作。

最初,知青分散在社员家食宿,参加集体劳动。后由县与各知青所属单位共同协商,以

1727

大队为单位建立知青点,每点安置 20—30 人,所属单位派带队干部 1 至 2 人负责管理。全县在 11 个公社建知青点 41 个,知青点采取国家投资,大队出工,知青单位支援的办法建成,每个点有单独院子,建有宿舍、伙房、学习室、储藏室等。知青下乡第一年国家供应口粮,第二年参与生产队分配。每人每月生活费 12 元,1974 年增至 14 元,女青年加发 5 角卫生费。划给和社员同等数量的自留地种菜、种粮、养鸡。其中有 25 个知青点蔬菜、肉食、口粮可以自给。口粮不足的,国家适当补助。至 1976 年初,全县共安置知青 890 人,其中化隆本县知青 180 人,分系统建立牙什尕、若加、群科园艺场、甘都街 4 个知青点,带队干部由各系统选派。

1977 年开始,逐步减少下乡知青人数,撤并人数少的知青点,1973 年至 1979 年底全县安置知青 1 900 多人,其中本县知青 630 人。至 1980 年底,通过历年招工、招干、参军等途径转走一批,其余全都回城。1981 年 2 月,知青领导小组及所属办公室撤销。

(第三编第八章《劳动人事》,第 495—496 页)

# 《循化撒拉族自治县志》

循化撒拉族自治县志编纂委员会编,中华书局 2001 年

(1973 年)11 月,省机关首批下乡知识青年 18 名到道帏公社多哇大队插队落户。

(《大事记》,第 62 页)

(1974 年)1 月 15 日,县首批下乡知识青年 18 名到红旗公社阿河滩大队插队落户。

(《大事记》,第 63 页)

**知识青年安置** 1973 年 6 月 19 日,根据中共中央(1973)21 号文件,贯彻"知识青年到农村去,接受贫下中农的再教育,很有必要"的精神,成立县知识青年上山下乡领导小组及办公室,开始安置知识青年下乡插队。中共循化县委和县革命委员会规定:1.在经济条件较好的社队设点;2.凡有知青落户的社、队由 1 名书记专管知青工作。1973 年 12 月 19 日,省首批下乡青年 18 名到道帏公社多哇大队插队;1974 年 1 月 5 日,县首批下乡青年 18 名到红旗公社阿河滩大队插队。至 1977 年,先后在道帏乡设多哇、贺隆堡、宁巴、古雷、多什则 5 个点;文都乡设拉雄、相玉、毛玉、拉龙哇、日忙、哇库 6 个点;查汗都斯乡设阿河滩、赞卜乎、哈大亥、中庄、大庄 5 个点;白庄乡设麻日、格大、红旗 3 个点;清水乡设下滩 1 个点;国营企事业单位赞卜乎园艺场和河北良种场各设 1 个点。全县共设 22 个点,5 年来共安置知识青年 952 名,仅县投放安置费 46.8 万元,人均 492 元。省、县曾先后派 19 位同志负责带队。知识青年参加生产队劳动,与当地社员同工同酬,以"知青点"为单位集体住宿,办食堂,

还分给和社员等量的自留地粮食。安置工作都经检查验收，要求做到"家长看了放心，青年满意安心"。

知识青年插队劳动锻炼 1—3 年后，根据本人的劳动与政治表现，从 1975 年 5 月开始，陆续推荐上大学、参军、招工、招干。至 1979 年，省、县下乡知青全部安排到国家行政、事业单位和工矿企业工作，下乡插队结束。全县设点时修建的 13 处知青点房屋登记归所在社队，其中部分房屋无偿调拨给当地学校使用。

1973—1977 年知识青年下乡安置情况表

| 年　　份 | 建立知青点数 | 下乡插队知识青年人数 | | |
|---|---|---|---|---|
| | | 合　　计 | 本县知识青年 | 省级单位知识青年 |
| 1973 | 1 | 18 | | 18 |
| 1974 | 4 | 92 | 47 | 45 |
| 1975 | 8 | 405 | 65 | 340 |
| 1976 | 9 | 218 | 70 | 148 |
| 1977 | | 219 | 52 | 167 |
| 合计 | 22 | 952 | 234 | 718 |

（第四编第七章《民政》，第 542—543 页）

1972—1979 年，共招干 209 名，其中经过农村实践锻炼的青年干部 81 名、上山下乡的知识青年 30 名、大专毕业生 27 名、中专毕业生 46 名、军队转业干部 6 名、工人转干 19 名，少数民族 136 名，占吸收干部总数的 65.1％。　　（第四编第八章《人事劳动》，第 547 页）

1979 年，劳动就业人数是历年中最多的一年，就业总人数达 640 人，其中城镇待业青年 149 人，上山下乡知识青年 173 人，从农村招收 138 人，大中专毕业生 8 人，从格尔木调入 75 人，落实政策复工复职 97 人；省和外州、县安置 212 人，本县安置 428 人。

（第四编第八章《人事劳动》，第 552—553 页）

# 《河南蒙古族自治县志》

河南蒙古族自治县方志编委会编，甘肃人民出版社 1996 年

（1959 年）3 月，河南省新蔡县 2 007 名支边青年来县支援河南县经济建设，同时成立青海省香扎寺青年农场，又名克树青年农场，开荒种地，发展农业。

（第二编《大事记》，第 32 页）

(1960年)6月,河南省上蔡县支边青年1050人到达香扎寺青年农场,参加河南县经济建设。

(第二编《大事记》,第33页)

同年(1985年),根据青海省有关规定,将插队知识青年的插队时间确认为正式工龄,办理了38名以工代干工人的转干手续,并兑现了相应工资。

(第五编第五章《政务》,第697页)

# 《湟源县志》

湟源县志编纂委员会编,陕西人民出版社1993年

(1968年)12月8日,成立县知识青年下乡安置办公室。城关地区开始动员知识青年下乡上山,参加农业劳动。这一工作持续6年,共有1782名知识青年(内省文卫系统知青766名)下放农村插队劳动。至1980年,均返回城镇就业或进入大中专学校读书。

(《大事记》,第28页)

## 知识青年上山下乡

"文化大革命"期间,从中央到地方,层层号召,"知识青年到农村去,接受贫下中农再教育"。1973年县革委会成立知识青年上山下乡领导小组。经济条件较好的大队、生产队建立"知青点"和知青小组。这一工作持续六年之久,到1979年停止,县知青领导小组撤销,1980年基本结束安置工作,翌年撤销知青办公室。

1973年至1978年,先后在农村公社和池汉农场建"知青点"37个,去农村插队知青1782人(含省文卫系统知青766人)。作为社员参加劳动,同工同酬。插队青年以大队"知青点"或生产队知青小组为单位办灶、集体吃住,对知青分给和当地社员等量自留地。

知识青年插队劳动一至三年后,根据劳动与政治表现,陆续选送上大学、参军或招工、招干。1980年底,全县1782名插队劳动的知青除1名外,均先后迁离农村。其中选送上大中专院校学习的140人,参军的17人,招收为国家干部的29人,省、县招收为工人的1544人。因病退回原籍(外省籍)安置的12人,随下放单位外迁转点的39人,与当地青年结婚长期安家落户的只有1人。

动员安置青年上山下乡工作中,省、县共拨出建房、农具购置和生活补助等专项经费74万元,人均485元,共建平房635间,事后对固定财产作了变价处理,共收回变价款6.85万元。转作安置城镇待业青年费用。

## 知识青年下乡安置情况

### (1973—1980)

| 年 份 | 插队人数 | | | 各年迁离农村人数 |
|---|---|---|---|---|
| | 合 计 | 本县知青 | 省级单位知青 | |
| 1973 | 36 | 36 | | |
| 1974 | 257 | 141 | 116 | 9 |
| 1975 | 644 | 354 | 290 | 403 |
| 1976 | 501 | 240 | 261 | 400 |
| 1977 | 330 | 231 | 99 | 102 |
| 1978 | 14 | 14 | | 516 |
| 1979 | | | | 327 |
| 1980 | | | | 24 |
| 合 计 | 1 782 | 1 016 | 766 | 1 781 |

(第三编第八章《劳动人事》,第 485 页)

# 《海北藏族自治州志》

海北藏族自治州地方志编纂委员会编,甘肃人民出版社 1999 年

(1968 年)12 月,全州城镇知识青年开始上山下乡。　　　　　(《大事记》,第 69 页)

(1973 年)10 月 9 日—15 日,海北州召开知识青年上山下乡工作会议。

(《大事记》,第 74 页)

1975 年以后,社会招干主要从州内招收经过上山下乡锻炼的城镇知识青年。

(第三编第八章《劳动人事》,第 615 页)

## 城镇知识青年安置

1973 年,全州城镇知识青年上山下乡,接受劳动锻炼。州、县成立知识青年上山下乡办公室,同年 11 月,首批知识青年 155 人(男 88 人,女 67 人),到生产队插队落户,参加集体生产劳动,参与收益分配。先后有知青 1 109 人插队和参加知青农场劳动。1981 年,插队知青全部招回安置。　　　　　(第三编第八章《劳动人事》,第 620 页)

# 《门源县志》

门源回族自治县志编纂委员会编，甘肃人民出版社 1993 年

(1973 年)4 月，成立上山下乡知识青年办公室，负责全县知识青年安置和管理工作。

(《大事记》，第 38 页)

1968 年，第一批城镇知识青年到克图公社红卫村和东川公社尕牧农两村插队劳动。1973 年县成立上山下乡知识青年办公室，在克图、东川、胜利、大滩、西滩、北山 6 个公社建立 9 个知青居住点。组织州、县(含祁连山铜矿等单位)811 名城镇青年插队劳动。1973 年至 1978 年，全县共投资 38 万余元，为各知青点建住房 186 间，其中瓦房 124 间。1975 年，开始分期分批在下乡知识青年中招干、招工和推荐上大学。1979 年将全部知青撤回浩门镇，组建窑沟槽知青农场，投资 23.20 万元，修建房舍 52 间，经营土地 580 亩。截至 1987 年先后下场的知青 491 人，1987 年改为劳动服务公司，县财政先后拨发展生产周转资金 9 万元，开展多种经营，安置知识青年。

(政治编第八章《劳动》，第 426 页)

## 知识青年待业、就业一览表

| 年 份 | 待 业 数 | | 合计 | 安 置 数 | | 合计 | 其他 | 备 注 |
|---|---|---|---|---|---|---|---|---|
| | 下乡下场 | 免下 | | 国营 | 集体 | | | |
| 1973 | 54 | | 54 | | | | | |
| 1974 | 120 | 7 | 127 | | | | | |
| 1975 | 170 | 13 | 183 | 255 | 27 | 282 | | |
| 1976 | 132 | 9 | 141 | 147 | | 147 | | |
| 1977 | 60 | 8 | 68 | 79 | 14 | 93 | | |
| 1978 | 275 | 1 | 276 | 13 | 7 | 20 | | |
| 1979 | 63 | 30 | 93 | 200 | 20 | 220 | | |
| 1980 | 169 | 48 | 217 | 214 | 15 | 229 | | |
| 1981 | 183 | 42 | 225 | 164 | 25 | 189 | | |
| 1982 | 79 | 39 | 118 | 120 | 5 | 125 | | |
| 1983 | 49 | 36 | 85 | 137 | 7 | 144 | | |
| 1984 | 13 | 109 | 122 | 137 | | 137 | | |
| 1985 | 39 | 229 | 268 | 216 | | 216 | | |
| 1986 | 8 | 274 | 282 | 156 | 5 | 161 | | |
| 1987 | 13 | 308 | 321 | 92 | 7 | 99 | | |
| 1988 | | | | | | | | |
| 1989 | 34 | 630 | 664 | 100 | 30 | 130 | | |
| 合 计 | 1 461 | 1 783 | 3 244 | 2 030 | 162 | 2 192 | 211 | 结余 418 人 |

(政治编第八章《劳动》，第 426—427 页)

1978—1979 年按省人事局下达的补充教师指标,招收 12 名上山下乡青年任教。

(文化编第一章《教育》,第 484 页)

# 《海晏县志》

《海晏县志》编纂委员会编,甘肃文化出版社 1994 年

是年(1968 年),城镇知识青年开始"上山下乡"。　　　　(《大事记》,第 36 页)

(1973 年)2 月 13 日,成立知识青年"上山下乡"领导小组。　　(《大事记》,第 38 页)

(1977 年)4 月 4 日,成立海晏县知青农场。　　　　　　(《大事记》,第 41 页)

(1981 年)7 月 18 日,撤销知识青年下乡办公室。　　　(《大事记》,第 44 页)

各乡耕地面积统计表①

单位:亩

| 亩　数　地　区<br>年度、耕地 | | 哈勒景乡 |
|---|---|---|
| 一九八五 | 耕地面积 | 2 217 |

说明:哈勒景乡耕地内,含县知青农场 1 030 亩。

(第二编第二章《农业》,第 187 页)

# 《刚察县志》

青海省刚察县志编纂委员会编,陕西人民出版社 1997 年

1968 年 12 月 24 日,成立县安置知识青年、城镇居民下乡落户参加生产办公室。1969 年 6 月 27 日,海北州下放给县 15 名知识青年,分配安置到沙柳河公社红山村 9 名,泉吉公社 6 名,每人分配安置经费 350 元。1970—1973 年,铁路、热水煤矿、县属单位招工就业人数达 967 人。1974 年,全县知识青年上山下乡工作全面展开,凡年满 17 周岁的初、高中毕业生,在城镇没有固定职业的社会青年,全部动员上山下乡,参加生产劳动。

(第二编第六章《劳动人事》,第 518 页)

---

① 本表内容为节选。——编者注

1974 年 4 月,县干部农场改为知青农场,统一安置全县城镇待业青年参加生产劳动,冬季组织知识青年在农场学习政治理论、文化科学知识、专业技术知识等内容。每年评选先进劳动者,对劳动好、表现好的知识青年优先推荐参加工作。1986 年 9 月 26 日,撤销县知识青年农场,成立县劳动服务公司,就业培训工作逐步走向正规化。 （第二编第六章《劳动人事》,第 518 页）

# 《祁连县志》

祁连县志编纂委员会编,甘肃人民出版社 1993 年

### 知识青年上山下乡

知识青年上山下乡是响应毛泽东主席"知识青年到农村去,接受贫下中农的再教育,很有必要"的号召,1973 年 10 月 19 日成立知识青年上山下乡领导小组和办公室。当年 11 月 26 日首批知识青年 25 人到八宝公社黄藏寺大队插队落户,从事农业生产劳动。1975 年 8 月在八宝公社拉洞台、阿力克公社草大坂增设两个知青点,1977 年 7 月 19 日撤销,成立祁连县知青农场。耕地 370 亩,拖拉机 2 台,牲畜 208 头(只),国家投资修建住房 60 间,建筑面积 1 680 平方米。自 1973—1980 年先后 8 批 398 人(其中女 190 人)奔赴农业第一线。其中 4 人加入中国共产党,46 人加入共产主义青年团,12 人在劳动期间参加大队的领导班子,96 人担任理论辅导员、民办教师、赤脚医生、团小组长、生产组长、治保委员等。110 人参加基干民兵,16 人任民兵排班长,69 人升入高等院校和中等专业学校,156 人安置在党政机关和企事业单位。

1982 年根据省财政厅、知青办公室《关于撤销知青点,做好财产清理工作的通知》精神,撤销县知青领导小组、办公室和县知青农场,同年 12 月 8 日移交县计划委员会管理。

**知识青年上山下乡情况统计表**

| 年份 | 知青人数(人) | | | | | | 带队干部人数(人) | | | |
|---|---|---|---|---|---|---|---|---|---|---|
| | 合计 | 男 | 女 | 团员 | 文化程度 | | 合计 | 男 | 女 | 其中:党员 |
| | | | | | 初中 | 高中 | | | | |
| 1973 | 25 | 13 | 12 | 6 | 25 | | 2 | 1 | 1 | 1 |
| 1974 | 18 | 10 | 8 | 2 | 10 | 8 | 2 | 1 | 1 | 1 |
| 1975 | 74 | 41 | 33 | 11 | 46 | 28 | 3 | 1 | 2 | |
| 1976 | 62 | 32 | 30 | 13 | 41 | 21 | 2 | 1 | 1 | 1 |
| 1977 | 124 | 66 | 58 | 25 | 89 | 35 | 8 | 7 | 1 | 6 |
| 1978 | 22 | 9 | 13 | 3 | 19 | 3 | 6 | 4 | 2 | 4 |
| 1979 | 14 | 7 | 7 | 3 | 6 | 8 | 6 | 4 | 2 | 4 |
| 1980 | 59 | 30 | 29 | 13 | 39 | 20 | 5 | 3 | 2 | 3 |

（第五编第四章《民政》,第 390 页）

# 《黄南藏族自治州志》

黄南藏族自治州志编纂委员会编，甘肃人民出版社 1999 年

（1973 年）12 月 17 日，欢送同仁地区 92 名知识青年下乡劳动锻炼。

（《大事记》，第 46 页）

1974 年知识青年下乡插队劳动支出 1 261 万元。1980 年后下乡人员回城就业，又增设劳动服务公司补助费，共支出 162.6 万元，年均 6.5 万元。

（第十六编第一章《财政》，第 615 页）

## 第二节  知识青年上山下乡

### 一、安置情况

1968 年 12 月，全州首批知识青年到尖扎县农村插队落户劳动锻炼，到 1972 年，同仁、尖扎两县下乡青年仍分别到农村插队，与贫下中农（牧）实行"三同"（同吃、同住、同劳动）。从 1973 年起，在农业区选择条件较好的地方修建知青农场和知青点，派出干部负责领导管理，知青集体生活、劳动和学习。至 1975 年，全州办知青农场 3 处、知青点 4 处，建有住房 134 间。同时，省"五七"干校、民院、师范学校在黄南分别办有知青点 3 处。泽库、河南两个牧业县的知青，原则上在县办工业企业劳动锻炼。农村的高中毕业生回队劳动锻炼。1973 年，全州共安置于知青农场和知青点劳动锻炼的 119 人，1974 年为 140 人，1975 年为 487 人。从这年起，每年在经过 3 年劳动锻炼的城镇知青中开始招工、招干、参军。至 1977 年，尚在知青农场和知青点劳动锻炼的共有 537 人，至 1981 年底，还有 109 人。1982 年后知青农场改为他用，知青点分别交原地生产队。

### 二、经费补贴

青海省劳动局和知青办联合发文为上山下乡知识青年的经济补助费作了具体规定：建房补助费：农业区每人 220 元，牧业区每人 320 元。生活补助费：农业区 240 元，其中，第一年每人每月补助 16 元。牧业区 280 元，其中第一年每人每月补助 20 元。下余的钱可留作第二、三年酌情补助。下乡女知识青年第一年每人每月卫生费 0.5 元；农具、家具、灶具、医疗补助费以及学习材料费、旅途费：农业区每人 120 元，牧业区每人 180 元。到牧区下乡的知识青年，每人另加冬装补助费 40 元；其他费用 20 元统一掌握（县掌握 10 元，州、地、市各掌握 5 元），省上掌握 5 元，用于知识青年的特殊开支。

1973—1976 年上半年省上给黄南拨付各项补助费 34.4 万元，州财政安排 0.83 万元，计 35.23 万元，其中尖扎县 13.03 万元，同仁县 22.20 万元。1977—1981 年，省、州、县三级财

政,为知青拨出的各项补助款累计为 52.22 万元。

(第二十二编第五章《移民安置》,第 894—895 页)

从 1974 年开始,全州招工中着重解决上山下乡知识青年就业问题。1975 年在同仁县、尖扎县的两个集体所有制知青农场和三个知青点,从 1973—1975 年间上山下乡的 427 名知青中,先后招工 179 人、招生 30 人。是年,根据省革委会下达的招干招工指标,州内招干 46 人,招工 154 人。另外,省气象局在黄南招工 7 人;省邮电局招工 10 人;省石油管理局从农村招工 25 人;西宁铁路分局从农村知识青年中招工 50 人(同仁县 25 人,尖扎县 10 人,泽库县 8 人,河南县 7 人)。

(第二十四编第二章《劳动》,第 948 页)

知识青年下乡上山后,一些农村以知青为骨干开展群众文化活动。

(第二十七编第七章《文艺活动》,第 1159 页)

"赤脚医生"都经过群众推荐或选举有一定文化的贫下中农(牧)担任,其中有些是上山下乡青年。

(第二十八编第四章《医疗服务》,第 1244 页)

# 《同仁县志》

同仁县志编纂委员会编,三秦出版社 2001 年

(1982 年)4 月 9 日,经县政府研究决定撤销县知青农场。 (《大事记》,第 62 页)

**知青下乡** 同仁县委遵照毛主席关于"知识青年到农村去,接受贫下中农的再教育,很有必要"的教导,于 1973 年 12 月在郭么日建立同仁县青年农场,10 月 8 日成立同仁县知识青年上山下乡安置领导小组,县委一名书记,一名常委兼管领导小组工作,民政科一名科长专管此项工作。12 月 17 日,92 名知青到农场安家落户。1974 年又在吾屯上庄和吾屯下庄设两个知青点,安排 60 名知青建点劳动。是年泽库县的 12 名应届毕业生安排在同仁青年农场。农村知青全部回家乡,对知青农场和知青点生产实行"三不"(即不交税、不上缴利润、不负担农产品统购任务),县青年农场和两个知青点,自 1973—1980 年共安置知青 480 名。

青海省劳动人事厅和知青办联合发文为上山下乡知识青年的经济补助费作了具体规定,建房补助费:农业区每人 220 元,牧业区每人 320 元;生活补助费:农业区 240 元,其中第一年每人每月 16 元,牧业区 280 元,其中第一年每人每月 20 元。其余部分留作第二、三年酌情补助;农具、家具、灶具、医疗补助费及差旅费等,农业区每人 120 元,牧业区每人 180 元。到牧业区下乡的知识青年,每人另加冬装补助费 40 元,女知青下乡第一年每人每月给

1736

卫生费 0.50 元。其它费用每人 20 元,县掌握 10 元,州掌握 5 元,省掌握 5 元,统一使用。自 1973 年至 1980 年同仁县共拨知青经费 394 441 元。1980 年同仁县青年农场在场人数 104 人,占有耕地 125 亩,林园 2 亩,生产粮食 66 000 斤,大豆 3 600 斤,洋芋 1 万斤,蔬菜 800 斤,猪肉 650 斤,副业收入 36 930 元,生产费用 12 915.93 元,工日值 0.61 元。

(第五编第三章《政权》,第 641—642 页)

一些学校组织的宣传队改称为"毛泽东思想宣传队",深入农村边劳动锻炼,边开展文艺宣传。知识青年上山下乡后,一些农村以知青为骨干开展群众文化活动。1970 年以后电影队下乡,在农村、牧区演"样板戏"影片,每年演出在 200 多场(次)以上。

(第六编第一章《文化》,第 746 页)

"赤脚医生"都经过群众推荐或选举有一定文化的贫下中农(牧)担任,其中有些是上山下乡青年。对"赤脚医生"都由公社卫生所或医院负责培训,一般一年 1—2 次,每期半月左右,长则 1 月以上。"赤脚医生"的报酬采取评工记分办法,参加所属生产队年终决算分配,一般不低于或高于同等劳动力的年终收入。　　(第六编第四章《医药 卫生》,第 864 页)

# 《尖扎县志》

尖扎县地方志编纂委员会编,甘肃人民出版社 2003 年

是年(1970 年),黄南州永红中学 20 名毕业生响应毛泽东主席"接受工农兵再教育"的指示,到昂拉公社如什其大队集体插队劳动。　　　　　　　　　(《大事记》,第 27 页)

### 上山下乡知识青年安置

"无产阶级文化大革命"中,学校停课,初、高中毕业生不能及时升学和就业。1968 年 12 月 22 日,根据毛泽东主席"知识青年到农村去,接受贫下中农的再教育,很有必要"的号召,黄南永红中学首批接受再教育的 20 名中学毕业生被安排在昂拉公社的如什其生产大队落户。1973 年 10 月 20 日,县革委会决定将县农科所 4 公顷实验园地和农机具划拨给本县知识青年农场使用,计有手扶拖拉机 1 台,知青 15 名。至 1974 年共安置尖扎县知青 89 名。1974 年,在康杨公社的格曲、城上生产队再建知青点 2 个,至 1976 年先后接收州下乡知识青年 148 名。1976 年将家属队、民警中队等 3.67 公顷耕地划拨给尖扎县知青农场耕种。

1975 年开始,陆续从锻炼满 1 年以上,表现好的知青中招干、招工、参军和推荐上大学(称工农兵学员),至 1978 年底共推荐 100 名。格曲尚留 25 名,城上 23 名。1981 年前后撤销。

上山下乡知识青年锻炼期间全部经费开支规定为:农业区建房补助每人 220 元,生活补助费 240 元,其中第一年每人每月 16 元,所余部分留作第二、第三年机动补助用;冬装 40 元;农具、家具、炊具、医疗补助、学习材料费及旅差费 120 元;其他费用 20 元。县民政掌握 10 元,省、州各掌握 5 元,以备知青特殊使用。 　　（第三编第四章《人民政府》,第 461 页）

# 《泽库县志》

青海省泽库县地方志编纂委员会编,中国县镇年鉴出版社 2005 年

（1973 年）11 月 26 日,泽库县"知识青年上山下乡安置领导小组"成立。

（《大事记》,第 30 页）

# 《海南州州志》

青海省海南藏族自治州地方志编委会编著,民族出版社 1997 年

### 知识青年安置

1968 年 8 月,上海市知识青年梁小浣(女)、刘丽莎(女)、黄伟超、李晓明、张玲玲(女)、高亚平(女)、贺练平等 7 人响应毛泽东主席"知识青年到农村去,接受贫下中农再教育"的号召,来到共和县恰卜恰公社上塔买大队安家落户,揭开了海南地区知识青年上山下乡的序幕。同年底,南京、北京、西宁和州属各县的 74 名知识青年,也到曲沟、恰卜恰、沙珠玉三公社安家落户。1973 年,州、县政府分别成立知识青年上山下乡办公室。至 1977 年,共接纳安置西宁市、"151"厂、水电部四局及州属各县知识青年 3 006 人,1976 年为高峰年达 955 人;安置地点有共和县恰卜恰公社索吉亥、尕寺、上塔买、下塔买,东巴公社团结、下梅,沙珠玉公社珠玉、耐海他,曲沟公社前菊花、后菊花、加什达、次汗土亥、苏乎拉、曲沟、德胜,贵德县河东公社贡巴、麻巴、王屯、杨家,河西公社先锋、黎明,东沟公社上兰角、下兰角、周屯、山坪园艺场,贵南县茫拉公社上洛哇、下洛哇、五星、加土乎、关塘、上江当、格达麻、却旦塘,兴海县唐乃亥公社勤俭、前进,同德县巴沟公社上巴、下巴等 37 个生产大队;安置形式以建立集体知青点为主,也有少数人分散居住在社员家中的,其生活费、建房费、装备费和生产工具费均由国家提供,州、县两级财政累计支付知青安置费 169.06 万元。1978 年,除少数人招工、招干、参军、升学外,其余全部回城。 　　（卷十五第二章《劳动》,第 581 页）

1975 年后,招工的主要对象是经过劳动锻炼的上山下乡知识青年。1979 年,从农村招收工人 322 人,其中上山下乡知识青年 102 人;从城镇招收工人 602 人。

（卷十五第二章《劳动》,第 581—582 页）

# 《共和县志》

共和县地方志编纂委员会编，青海人民出版社 1991 年

是月(1968 年 8 月)，上海知识青年梁小浣(女)、刘丽莎(女)、黄伟超、李晓明、张玲玲(女)、高亚平(女)、贺练平，来共和县恰卜恰公社上塔买大队安家落户。1969 年 2 月，以上青年的弟妹李晓华(女)、李晓群、张志群、高亚莉(女)、贺次平(女)、贺幼平(女)、贺雅平(女)，也来恰卜恰公社恰藏生产队安家落户。后来除个别留共和工作外，均陆续返回原籍或入学深造。 （第二编《大事记》，第 32 页）

(1969 年)8 月，掀起城镇知识青年上山下乡高潮。到 1977 年，全县(包括外地城镇)共有下乡知青 873 人。至 1984 年底陆续回城。 （第二编《大事记》，第 33 页）

1969 年至 1976 年，全县先后安排 873 名省内外知识青年在农村落户。从 1975 年起，有少数返回原籍，或参军、升学，其余另行分批安排就业。1976 年至 1985 年，全县共安置城镇待业青年和农村知识青年 649 人。

共和县历年从知识青年中招收工人统计表　　　　单位:人

| 数量分类 \ 年份 | 1976 | 1977 | 1978 | 1979 | 1980 | 1981 | 1982 | 1983 | 1984 | 1985 | 总计 |
|---|---|---|---|---|---|---|---|---|---|---|---|
| 上山下乡青年 | 17 | 18 | 88 | 1 | | | | | | | 124 |
| 城镇待业青年 | 12 | 1 | 1 | 109 | 186 | 25 | 17 | 31 | 96 | 107 | 585 |
| 农村知识青年 | 13 | 3 | | 20 | 8 | 12 | 4 | 4 | | | 64 |

（第九编第七章《劳动人事》，第 359—360 页）

## 知识青年上山下乡

1968 年，响应毛泽东主席"知识青年到农村去，接受贫下中农再教育"的号召，全县先后接纳来自上海、南京、北京、西宁和州属各单位的知识青年 81 人，其中女青年 39 人，分别安插在曲沟、恰卜恰、沙珠玉公社落户。1970 年至 1976 年，又有"151"厂、水电部四局及州、县知识青年 792 人，先后到曲沟公社的加什达、前菊花、德胜、次汉土亥、苏乎拉，沙珠玉公社的珠玉、耐海他，东巴公社的下梅、团结等大队，或组建"知青点"，或居住在社员家中，参加集体生产劳动。知识青年的生活费、建房费、装备费和生产工具费等均由国家提供；1968 年至 1978 年全县为安排知识青年耗资 45.5 万元。1978 年，上山下乡知识青年全部回城，除少数参军、升学外，大部分就业于水电部四局、"151"厂和青海省第二毛纺厂。

（第九编第十一章《民政》，第 368 页）

# 《贵德县志》

贵德县志编纂委员会编,陕西人民出版社 1995 年

(1969 年)2 月,根据青海省革命委员会"关于动员知识青年,城镇居民,职工家属上山下乡和干部下放劳动"的指示,县上成立安置办公室,至 6 月份,到农村参加农业生产的居民和职工家属 137 户,插队落户的知识青年 39 名,县政府为城镇居民、职工家属安排公房442 间。 （《大事记》,第 28 页）

(1973 年)11 月,西宁地区及县城知识青年 141 名,先后到河西、东沟公社 7 个大队插队落户,接受"贫下中农再教育"。 （《大事记》,第 30 页）

### 城乡知识青年安置

解放初期,城镇知识青年,除少数参军、升学者外,一部分通过招工和录用干部安排就业,招收办法由用人单位推荐,县人民政府批准。1958—1960 年,全县大办地方工业,先后安排县内外劳力 859 人,其中大部分为城乡知识青年。1968 年开始,城镇知识青年到农村插队落户,贵德县于 12 月 31 日成立知识青年安置领导小组,负责组织知青的上山下乡工作。1973 年起,省级机关及西宁市知青到贵德插队落户,县革委会于同年 9 月重新调整知识青年上山下乡领导小组,在民政科内设知青办公室。1973—1979 年,全县先后安排县内外知识青年 1 161 人到农村落户,其中省级单位 841 名,县内 320 名,共建知青安置点 19 个,分布在河西、河东、东沟公社的 14 个大队。知识青年由带队干部统一领导,生活统一管理,分别插入各生产队劳动,参加生产队收益分配。他们经过不同时间的劳动锻炼后,从 1975 年起,分别被招工、招干、参军,报考大学、中专等途径安置就业。至 1979 年末全县尚有城镇待业青年 431 人(其中省驻县知青 289 人)。中共十一届三中全会后,调整知识青年安置政策,城镇知识青年由下乡插队锻炼后安置转向城镇安置。1983 年成立劳动服务公司起,实行劳动部门介绍就业,自愿组织起来就业和自谋职业相结合的方针,改变了只有一条单纯依靠国家招工的就业渠道,广开集体、个体经济就业门路,促进了劳动就业制度的改革。1980年至 1985 年,全县安置到全民所有制单位的城镇待业青年和农村知识青年 383 人,其中城镇待业青年 337 人,占 87.99%。县计划经济部门筹办地毯、针织厂等安置了一批待业青年。

（第三编第八章《劳动人事》,第 406 页）

# 《贵南县志》

贵南县志编纂委员会编,三秦出版社 1996 年

(1969 年)2 月 4 日,贵南县安置办公室成立,负责知识青年,城镇居民,职工家属上山下

乡的思想动员和安置工作,孙玉舟任主任。　　　　　　　　　（第二编《大事记》,第 24 页）

（1973 年）10 月 8 日,知识青年上山下乡工作开始,安置在茫拉乡上洛哇、下洛哇、那然、却旦塘 4 个大队。　　　　　　　　　　　　　　（第二编《大事记》,第 25 页）

是年（1980 年）,安置待业青年知识青年 223 人于县属企业事业单位就业。
　　　　　　　　　　　　　　　　　　　　　　　（第二编《大事记》,第 26 页）

# 《同德县志》

同德县志编委会编,（内部刊行）1984 年

在“知识青年到农村去,接受贫下中农再教育”的号召下,1972 年至 1978 年间,凡 17 周岁以上的初中、高中毕业学生,征得本人及其家长同意后,均安置在农村“知识青年点”参加农业劳动,每批劳动一年左右,然后由国家择优录取。为了做好这项工作,县上成立“知识青年上山下乡领导小组”,由国家按每人 685 元的费用标准拨款,在巴沟公社上巴、下巴、松多、班多等生产队设立 4 处知青点,并修建住房。每批调配 1 至 3 名干部带队。知青历年下乡数如下:

1972 年共 6 名插队劳动;

1973 年第一批 16 名,男 8 名、女 8 名;1974 年第二批 22 名,男 11 名、女 11 名;

1975 年第三批 37 名,男 19 名、女 18 名;1976 年第四批 34 名,男 17 名、女 17 名;

1977 年第五批 41 名;1978 年第六批 10 名。
　　　　　　　　　　　　　　　（第五编第二十九章《民政》,第 216—217 页）

# 《同德县志》

青海省同德县地方志编委会编,民族出版社 1999 年

（1972 年）9 月,在国家“知识青年到农村去,接受贫下中农再教育”的号召下,首批知识青年下乡。至 1978 年到巴沟公社插队劳动的知识青年共 167 人。
　　　　　　　　　　　　　　　　　　　　　　　（第二编《大事记》,第 22 页）

**知识青年安置**

1972—1978 年间,在“知识青年到农村去,接受贫下中农的再教育”的号召下,凡年满 17 周岁以上的城镇初中、高中毕业生,都到农村“知识青年点”参加农业生产劳动,接受贫下中

农的再教育。每批劳动时间一年左右,然后由国家择优录用,安置就业。

"知识青年到农村去,接受贫下中农的再教育",一开始搞得热火朝天,县上成立知青办公室,派乔治功为知青带队,并由县委书记专管知青工作。初期,知青到农村分散在社员家食宿,参加集体劳动,之后,由县政府投资,以生产大队为单位建设知青点 4 处,建有宿舍、伙房、学习室等。划给与社员同等数量的自留地种粮、养猪、养鸡,和群众一起参加农业生产劳动。从 1977 年开始,逐年减少知青人数,到 1979 年底,通过招工、招干、参军、高考等渠道,所有知青基本上都离开了农村。至此,知青下乡安置工作结束。

(第五编第六章《劳动人事》,第 348 页)

# 《兴海县志》

《兴海县志》编纂委员会编,三秦出版社 2000 年

1968—1969 年,全县接纳湖南、河南省、西宁市和海南州的知识青年 141 名,分别安插在曲什安、大河坝、桑当、唐乃亥、河卡公社农村落户。 (《大事记》,第 33 页)

(1974 年 10 月),兴海县首批知识青年上山下乡,接受贫下中农再教育,被安置在唐乃亥公社前进大队参加劳动。 (《大事记》,第 36 页)

### 上山下乡知识青年安置

1968—1969 年,全县先后接纳来自湖南、河南、西宁和海南州各单位上山下乡的知识青年 141 名,(其中女知识青年 36 名)分别安置在曲什安、大河坝、桑当、唐乃亥、河卡等公社农村落户。1970—1976 年,来自西宁、湟源及本县城镇知识青年 155 人(其中女知识青年 55 人),到唐乃亥中村、上村组建知识青年点,或居住在社员家中,参加集体生产劳动。知识青年的生活费、建房费、装备费和生产工具等均由国家负担。1968 年至 1978 年 10 年间,全县为安置知识青年共耗资 67.9 万元。这些知识青年除少数参军、升学外,均回原籍就业。

(第三编第六章《民政》,第 318—319 页)

70 年代,土建、皮革及集体所有制工业兴起,从城镇居民中择优录用全民和集体所有制工人 140 人,从回乡、上山下乡知识青年中招收工人 123 人。

(第三编第七章《劳动人事》,第 326 页)

50 年代初,兴海全县没有无业劳动力。个别有劳动能力的职工家属,从事轮换工、采砂、采药、打土块等自谋生计。60 年代后期,安置西宁市知识青年、社会青年 96 人在河卡、

1742

莫多、塔洞、大河坝农业区插队落户。1974年县知青办组织县城13名待业青年到唐乃亥劳动锻炼。至1977年,全县共安置131名知识青年就业。

从1975年,通过企业招工,大中专院校招生,应征入伍参军等,安置下乡和回乡知识青年就业政策。从1978年起,县革委会决定停止动员知识青年上山下乡,并于当年将知青全部安排到全民所有制单位就业。 (第三编第七章《劳动人事》,第326—327页)

# 《久治县志》

《久治县志》编纂委员会编,三秦出版社2005年

同年(1975年),根据毛泽东主席关于知识青年上山下乡,接受贫下中农再教育的指示,11名知识青年到班玛县农区参加生产劳动。 (《大事记》,第27页)

# 《班玛县志》

班玛县地方志编纂委员会编,青海人民出版社2004年

1969—1975年,班玛全面开展划分阶级成分工作,农业学大寨运动在县内展开。响应党的号召,县内知识青年到农村接受贫下中农再教育。 (第四编第四章《人民政府》,第145页)

# 《玉树州志》

《玉树州志》编纂委员会编,三秦出版社2005年

(1969年)2月10日,成立州革委会清理安置办公室,负责做好干部下放和知识青年、干部职工家属上山下乡到农村、牧区安家落户工作。 (《大事记》,第41页)

12月22日,州革命委员会决定为全面落实毛主席最新指示,组织干部下放劳动,动员知识青年、城镇居民到农村参加劳动。 (《大事记》,第42页)

(1974年)8月10日,成立玉树州知识青年上山下乡领导小组。同时,成立州革委会招生领导小组。 (《大事记》,第46页)

1964年国家进行劳动制度改革,实行固定工和合同工(即临时工)两种用工制度,严格控制从农村招工。"文化大革命"期间,一方面将一批城镇居民和知识青年下放农村,

一方面又扩大基本建设规模,致使城镇劳动力不足而大量从农村招工,企业乱雇乱用临时工现象增多。 (第三编第八章《劳动人事》,第 630 页)

# 《海西州志(卷一)》

海西蒙古族藏族自治州地方志编纂委员会编,陕西人民出版社 1995 年

(1965 年)9 月 21 日—10 月 22 日,山东省参加青海农业生产的城市知识青年先后 4 批共 3 000 人全部到达格尔木,同 5 000 多名解放军复转军人、西宁部分城市青年组成中国人民解放军生产建设兵团农业生产第 12 师,分别在格尔木、马海等地进行农业生产。次年,又迁入山东青年 7 500 名。 (《大事记》,第 48 页)

(1969 年)3 月 3 日,州革委会召开了知识青年上山下乡安置工作会议。

(《大事记》,第 51 页)

(1973 年)7 月 2 日,州革委会决定成立海西州上山下乡知识青年工作领导小组。

(《大事记》,第 52 页)

(1975 年)5 月底,自 1973 年 11 月以来,海西州已有 1 547 名知识青年上山下乡,建立知青点 38 个。 (《大事记》,第 53 页)

# 《海西州志(卷二)》

海西蒙古族藏族自治州地方志编纂委员会编,陕西人民出版社 1996 年

1966 年 5 月成立中国人民解放军生产建设兵团农业建设第十二师,辖第一、二、三团和工程团,实行兵团与中共青海省委双重领导,当年垦种 8 200 亩;1969 年 12 月,易名为中国人民解放军兰州军区生产建设兵团农业建设第四师;1974 年 2 月,又改为青海省农业建设师,归青海省军区和青海省委直接领导,所辖机构未变。全师有山东省、青海省西宁市知识青年及退伍、转业军人和地方干部 8 129 人。 (第二编第三章《农业》,第 39 页)

1966 年 5 月,中国人民解放军生产建设兵团农业建设第 12 师成立。原格尔木劳改农场的土地、房屋、水利设施等移交给军垦。同年,安置城市知识青年、退伍士兵 13 500 人,干部 1 150 人。 (第二编第三章《农业》,第 91 页)

# 《海西州志(卷三)》

海西蒙古族藏族自治州地方志编纂委员会编,陕西人民出版社1998年

1969年,西宁应届毕业生和城市待业青年上山下乡,海西州财政预算支出59.5万元。1970年海西州革命委员会组织动员德令哈地区的应届初、高中毕业生和待业青年上山下乡,并选派国家干部带队管理并兼管财务开支,当年财政预算支出12.7万元。1981年为解决回城青年和待业青年问题,海西州成立劳动服务公司,并在财政预算中增设"劳动服务公司补助费"科目,当年支出0.2万元。1984年,海西州财政将此项各种资金、补助费统一合并为城镇青年就业补助费,1964—1990年累计支出423.3万元。

(第六编第一章《财政》,第171页)

# 《海西州志(卷四、卷五)》

海西蒙古族藏族自治州地方志编纂委员会编,陕西人民出版社1999年

1979年4月,海西蒙古族藏族哈萨克族自治州知识青年上山下乡办公室与州计划委员会劳动工资科合署办公。　　　　(第十一编第二章《劳动人事》,第211页)

1975年,全州从城镇招工285人、农村招工567人(其中,上山下乡知识青年422人),补充自然减员176人。1976年,全州从城镇招工410人、农村招工235人(其中,上山下乡知识青年150人),补充自然减员128人。1977年,全州从城镇招工30人、农村招工70人(均为上山下乡知识青年)。1978年,全州从城镇招工366人、农村招工712人(其中,上山下乡知识青年700人),补充自然减员52人,落实政策安置25人。

1979年,海西州人民政府规定,全民所有制单位招工,首先招收经过劳动锻炼的、1977年前上山下乡的知识青年;其次,按政策经过审报批准留在城镇的独生子女、归国华侨子女、具有中国籍的外国人的子女,以及退休、死亡、丧失劳动力而退休的职工子女,可招收1人;对死亡职工的子女或退职回原籍职工的农村子女,可不受城镇、农村的限制招收1人。不属于上山下乡动员对象和按政策留城免下的其他社会青年(指年满16岁以上,没有升入中学和中途退学的无业青年),招收到集体所有制单位工作;对于应该上山下乡而未下或缓下的,以及已下乡而未转户口、私自返回城镇的知识青年和在校学生一律不准招工。招工年龄一般为16—25周岁的未婚青年。是年,从城镇招工1170人、农村招工16人(均为上山下乡知识青年),补充自然减员96人,落实政策重新安置187人,石油局在海西招工948人。

(第十一编第二章《劳动人事》,第232页)

同时(1974年12月),还采用"就地选拔、就地培训"的办法,选拔和吸收有一定文化基础的贫下中农社员担任教员,并大量招收下乡、回乡知识青年担任民办教师,补充教师队伍。

(第十四编第三章《教育管理》,第376页)

"赤脚医生"由群众推荐,经队季会讨论同意,担任"赤脚医生"职务。也有部分上山下乡、回乡知青担任。　　　　(第十八编第二章《农村牧区乡级卫生组织》,第525页)

# 《乌兰县志》

《乌兰县志》编纂委员会编,三泰出版社2003年

1968年12月20日,西宁地区300多名知识青年到乌兰县插队落户,1971年陆续返回原籍。

(第三编第七章《民政》,第422页)

1971—1979年,组织知识青年下乡,先后400人下乡参加劳动锻炼。

(第三编第八章《劳动人事》,第432页)

# 《天峻县志》

天峻县县志编纂委员会编,甘肃文化出版社1995年

(1969年)1月18日,省民族中学70名知识青年来县,在快尔玛、生格、木里、舟群、关角5个公社插队落户。

(《大事记》,第35页)

1968年百名藏族知识青年到天峻上山下乡,后来这批知青大部分成为天峻县的职工。

(第一编第四章《人口》,第115页)

# 《都兰县志》

《都兰县志》编委会编,陕西人民出版社2001年

是年(1968年)底,都兰县革命委员会在察汗乌苏召开千人大会,热烈欢迎到都兰插队落户的西宁地区知识青年。　　　　(《大事记》,第34页)

### 知识青年安置

1958年后,全县高、初中毕业生除少数参军、升学外,大多数由国家通过招工、招干安排

就业。"文化大革命"期间,号召"知识青年到农村去,接受贫下中农再教育"。1973年,县革命委员会成立知识青年上山下乡领导小组,下设办公室,负责安排知识青年下乡事宜。1974—1979年,都兰县先后在经济条件较好的生产大队、生产队建立"知青点"13个,每个点安置知青15—20人,共安置知青519人(含西宁地区知青100人),县选派带队干部负责管理,"知青点"采取国家投资、生产队出工、知青单位支援的办法,建房修院,各点办灶,集体吃住,知青作为社员参加生产劳动,同工同酬。知青插队劳动1—2年后,根据其劳动与政治表现,陆续选送上学或招工。1979年底,来自西宁地区的知青分批迁离农村返回原籍,其余419名知青均先后被安排就业。1980年,应届高、初中毕业生下厂劳动锻炼,不再下乡,年底安排就业224人(含外地在县招工人数)。是年,县知青办公室被撤销,各"知青点"财产收回处理,对固定财产变价处理给当地生产大队、生产队,持续6年之久的知识青年上山下乡运动宣告结束。从1981年开始,高、初中毕业生除了考入高(中)等学校、参军或自谋职业者外,均为待业青年,交县劳动服务公司管理。 (第三编第七章《民政》,第462—463页)

1975—1978年,都兰县从上山下乡知识青年和农村知识青年中招工283人。

(第三编第八章《劳动人事》,第473页)

# 《格尔木市志》

格尔木市地方志编纂委员会编,方志出版社2005年

(1965年)9月28—10月20日,参加军垦建设的山东省知识青年先后4批共3000人到达格尔木,受到党政军民的欢迎。翌年又迁入山东青年7500名。 (《大事记》,第20页)

12月,省党政军慰问团56人到农建师慰问山东省和西宁市知识青年。

(《大事记》,第20页)

(1979年)9月15日,举行青藏铁路铺轨至格尔木庆祝大会,青海省党政领导谭启龙、梁步庭、张国声、扎西旺徐及西藏、新疆、甘肃、宁夏、陕西等省区主要领导和参与铁路建设的各部队领导出席。格尔木农场知识青年抬着纸糊的棺材冲击会场,并卧轨要求解决实际问题。

(《大事记》,第24页)

1965—1966年,由于大批山东知识青年来格尔木参加农业开发,迁移人口净增8740人。其中,1965年净增5767人,1966年净增2973人。

(第八编第八章《人口与计划生育》,第620页)

1965 年 9—12 月和 1966 年 4 月,为开发格尔木土地资源,发展农业生产,成立中国人民解放军生产建设兵团农业建设第十二师,大批山东知识青年迁入格尔木。由山东省 8 个城市迁入知识青年 7 204 人。其中,青岛市 5 100 人,济南市 800 人,烟台市 304 人,济宁市 200 人,淄博市 400 人,潍坊市 200 人,枣庄市 100 人,德州市 100 人。从文化结构分:1965 年的应届初、高中毕业生 4 400 多人,约占 62%;失学一年以上的社会青年及少数文盲约 2 800 人,约占 38%。从年龄结构分:15—17 岁约有 4 000 人,约占 56%;18—20 岁约有 1 000 人,约占 14%;20 岁以上约 2 200 人,约占 30%。

(第八编第八章《人口与计划生育》,第 620 页)

# 《德令哈市志》

青海省德令哈市地方志编纂委员会编,方志出版社 2004 年

(1968 年)12 月 20 日,西宁地区首批知识青年到德令哈地区的宗务隆、戈壁公社插队落户。 (《大事记》,第 17 页)

# 《大柴旦镇志》

《大柴旦镇志》编纂委员会编纂,中国县镇年鉴出版社 2002 年

(1973 年)10 月 20 日,大柴旦地区知识青年上山下乡领导小组及办公室成立。于 1973 年至 1979 年先后在水泥厂、建工队、七二七化工厂设知青点。安置知识青年 723 名。 (《大事记》,第 26 页)

(1974 年)8 月,首批 64 名知识青年分赴水泥厂、建工队,七二七化工厂锻炼。 (《大事记》,第 26 页)

# 《茫崖行政区志》

茫崖地方志编纂委员会编,青海民族出版社 2003 年

(1973 年)9 月 11 日,107 名知识青年赴阿拉尔牧场劳动锻炼。　(《大事记》,第 12 页)

(1974 年)8 月 23 日,100 名知识青年上山下场,进行劳动锻炼。　(《大事记》,第 13 页)

1975 年 8 月 14 日,87 名知识青年赴阿拉尔牧场锻炼。 　　　　　(《大事记》,第 13 页)

(1983 年)5 月 13 日,茫崖镇第二届知青代表大会召开。 　　　　　(《大事记》,第 15 页)

　　1973 年,成立知青安置办公室,按照先锻炼后就业的方针,动员广大知识青年响应毛主席"上山下乡接受贫下中农再教育"的号召,首批 107 名知青插队到牧场农业队生产劳动,1973—1975 年共有 294 名知青上山下场参加锻炼。1975 年 9 月 23 日成立"茫崖镇革命委员会知识青年安置领导小组"下设三个知青队,同时在阿拉尔牧场开办"知青农场",开荒造田 120 多亩。至 1977 年,共有 352 名知识青年到农场参加锻炼,走与工农相结合的道路。为进一步拓宽就业渠道,1979 年以后,开始实行在国家统筹规划和指导下劳动部门介绍就业、自愿组织起来就业和自谋职业相结合的方针。劳动部门介绍就业的对象主要是上山下场的知识青年及城镇待业青年,通过招工、招干、参军、自然减员、顶替等途径安置就业。

　　　　　　　　　　　　　　　　　　　(第三编第二章《政权》,第 204 页)

　　精减下放、自动离职、逮捕法办、上山下乡知青、死亡干部、死亡干部工人的档案、工人的档案由档案局保管。 　　　　　　　　　　(第四编第二章《文化》,第 231 页)

新疆维吾尔自治区

# 《新疆通志·人口志》

新疆维吾尔自治区地方志编纂委员会、《新疆通志·人口志》编纂委员会编,新疆人民出版社2008年

　　1963年7月至1966年10月,经国务院批准,新疆生产建设兵团计划从上海、北京、天津、武汉四市和江苏、浙江两省招收支边青年12.67万人。有资料记载,仅从上海就招收了15万人。①这说明城市支边青年成为这一时期新疆迁移人口的主流。

(第二篇第二章《人口迁移与分布》,第115页)

　　1963—1966年迁入新疆的12.67万城市知青,在1985年以前已有8.55万人返迁,返迁率为67.48%,形成了1981和1982年新疆省际迁出人口15.06万和12.27万的最高值。剩余的1/3城市支边青年在1985年以后也有一些陆续返回,其中返迁上海的知青最多。

(第二篇第二章《人口迁移与分布》,第116页)

　　第四阶段:"文化大革命"期间。

　　在此期间,主要的迁移人口就是知识青年上山下乡,当时上山下乡的高峰在1969—1973年。从1974年开始,城市的知青又出现了返迁高峰。此阶段区内迁移主要表现为农村和城市间人口频繁交流。

(第二篇第二章《人口迁移与分布》,第121—122页)

# 《新疆通志·共产党志》

新疆维吾尔自治区地方志编纂委员会编,新疆人民出版社2001年

　　(1965年)7月4日,周恩来总理和陈毅副总理结束对阿拉伯联合共和国(今埃及)的友好访问,乘专机回到乌鲁木齐。周恩来总理、陈毅副总理在新疆停留期间,视察了石河子总场、二十三团农场、兵团八一毛纺织厂、兵团农学院等单位的生产和工作,接见了内地支援新疆建设的知识青年代表和农学院全体师生,勉励兵团全体职工进一步发展生产,加强国防建设,巩固各族人民的团结,为建设社会主义的新新疆而努力。7月6日,在乌鲁木齐市接见了自治区党、政、军负责干部,作了重要讲话。

(《大事记》,第42页)

　　(1969年)2月3日,乌鲁木齐地区首批2 000多名知识青年响应毛泽东主席"知识青年

---

① 应为9.7万人。——编者注

到农村去，接受贫下中农的再教育很有必要"的号召，奔赴农村安家落户。

（《大事记》，第 46 页）

1973 年 6 月，自治区知识青年上山下乡办公室成立党的核心小组，1978 年 4 月改称党组。1983 年 3 月，知识青年上山下乡办公室及其党组撤销。

（第一篇第七章《厅局级机关、事业单位党组、党委》，第 134 页）

# 《新疆通志·政务志·政府》

新疆维吾尔自治区地方志编纂委员会、《新疆通志·政务志·政府》编纂委员会编，新疆人民出版社 2006 年

是月（1963 年 7 月），生产建设兵团开始接收、安置上海、北京、天津、武汉等地知识青年。至 1964 年[①] 10 月，共接收、安置 12.67 万人，其中上海市 9.7 万人，天津市 0.7 万人，武汉市 0.79 万人，浙江省 0.48 万人，江苏省 0.29 万人，北京市 0.44 万人。　　（《大事记》，第 79 页）

（1966 年）3 月 10 日，陈毅副总理在石河子垦区接见上海等地的 19 名知识青年代表，表扬他们在参加边疆社会主义建设事业中起了带头作用，树立了把知青组织与生产劳动相结合的好榜样。

（《大事记》，第 82 页）

（1969 年）2 月 3 日，自治区革命委员会召开大会，欢送乌鲁木齐地区首批 2 000 多名高、初中毕业生到农村安家落户，接受贫下中农再教育。　　（《大事记》，第 86 页）

5 月 13 日，自治区革命委员会发出《关于认真做好大（专）、中学毕业生接受工人阶级、贫下中农再教育工作的通知》，要求各级革委会必须加强领导，当作一项重要的政治任务来抓，知识青年要努力活学活用毛主席著作，深入开展革命大批判，安下心，扎下根，艰苦奋斗，把自己锻炼成为共产主义红色接班人；任何地区和单位都"应当欢迎他们去"，不得以任何借口拒绝接收，也不得擅自将毕业生退回。

（《大事记》，第 86 页）

11 月 20 日，自治区革命委员会和乌鲁木齐市革委会举行晚会，欢送乌鲁木齐地区第二批知识青年下乡。据统计，一年来自治区已有 7 万多名知识青年奔赴天山南北农牧区安家落户。

（《大事记》，第 87 页）

---

① 应为 1966 年。——编者注

（1974 年）12 月 21 日，自治区革命委员会、新疆军区、乌鲁木齐市革委会就知识青年上山下乡问题召开报告会。据统计，全区上山下乡知识青年已达 20 多万，有 3 000 多人加入中国共产党，1 万多人加入共青团，1.4 万多人被选入各级领导班子。 （《大事记》，第 93 页）

（1976 年）1 月 23 日，自治区党委、自治区革命委员会发出《给全区下乡和回乡知识青年的慰问信》。 （《大事记》，第 95 页）

（1977 年）6 月 23 日至 7 月 10 日，自治区召开处理迫害上山下乡知识青年案件座谈会。自治区共发生各类性质迫害上山下乡知识青年的案件计 1 003 起，已结案的 480 起。

（《大事记》，第 97 页）

9 月 5 日，自治区革命委员会和乌鲁木齐革委会在南门体育馆联合召开欢送乌鲁木齐地区 1 300 多名应届高中毕业生下乡大会。翌日，自治区领导及 10 万群众欢送这批毕业生到农村、牧区去。 （《大事记》，第 97 页）

（1979 年）7 月 9—15 日，自治区在石河子召开知青工作会议。研究广开就业门路，妥善解决下乡知识青年的安置问题。 （《大事记》，第 101 页）

（1980 年）1 月 12 日，自治区人民政府决定，由副主席谢高忠陪同国务院工作组赴阿克苏解决和处理部分上海知青闹事问题。 （《大事记》，第 103 页）

1 月 21 日，自治区人民政府发出通告，立即解散"阿克苏垦区上海青年联络总部"和"上海青年联合委员会"。

是月，在全国下乡知青回城风的影响下，阿克苏垦区 3 700 名上海支边青年聚集阿克苏游行，要求回上海。自治区党委、人民政府会同上海座谈协商，做出《关于做好稳定新疆垦区农场上海支边知识青年工作的座谈纪要》，提出《关于解决新疆垦区农场上海支边青年问题的具体规定（送审稿）》，通过大量思想政治工作，使问题暂时得到缓和。 （《大事记》，第 103 页）

1973 年 8 月 15 日，成立新疆维吾尔自治区革命委员会知识青年上山下乡工作办公室，为自治区党委知识青年上山下乡工作领导小组的办事机构，负责组织高、初中毕业生上山下乡接受贫下中农再教育和大中专毕业生分配工作。

（第二篇第三章《中华人民共和国时期（截至 1995 年底）职权》，第 425 页）

1979 年 9 月，自治区人民政府恢复成立后，自治区劳动局、自治区知青办保留存在。

1979年10月30日,自治区知青办并入自治区劳动局,保留自治区知青办名义,内设机构保留知青办的综合处和动员安置处。

(第二篇第三章《中华人民共和国时期(截至1995年底)职权》,第452页)

# 《新疆通志·人事志》

新疆维吾尔自治区地方志编纂委员会、《新疆通志·人事志》编纂委员会编,新疆人民出版社2002年

(1973年8月)自治区革委会对其办事机构进行了一次重大改组调整,撤销了原设立的办事、政工、生产指挥、人保四大组。成立了工交、农林牧、财贸、文教卫生、外事、知识青年上山下乡等办公室。

(《大事记》,第40页)

(1985年)6月28日,劳动人事部发出《关于解决原下乡知识青年插队期间工龄计算问题的通知》。《通知》规定:凡在"文革"期间由国家统一组织下乡插队的知识青年,他们参加工作后,其在农村参加劳动的时间,可以与参加工作后的时间合并计算为连续工龄。

(《大事记》,第56页)

**兵团职工及城镇知识青年就业工龄计算**

1975年8月,根据国家规定,兵团、农场职工,因生产、工作需要,经组织调到国家机关、企业、事业单位工作的,其在兵团、农场工作的时间,计算连续工龄。

1978年2月,国务院规定,国营农场的职工,包括按国家计划分配在农场工作的城镇知识青年、农场职工子女,其参加农场工作的时间,计算连续工龄。同年8月又规定,原分配在农场、垦殖场当职工的知识青年,经县以上知青办批准按病退、困退离开农场、垦殖场后,又重新参加工作的,其在农场、垦殖场的连续工龄与重新参加工作后的连续工龄可合并计算。

1979年7月,根据国务院通知精神,知识青年参加生产服务合作社的,从参加之日起,计算工龄。他们以后被招收到全民所有制或其他集体所有制单位工作,其在生产服务合作社期间的工作时间,计算为连续工龄。翌年底,自治区作出规定,安排在城镇郊区知青场(厂)和农工商联合企业就业的城镇知识青年,从到场(厂)工作之日起,计算工龄。

1985年6月,国家统一规定,"文化大革命"期间,由国家统一组织下乡插队的知识青年,他们到城镇参加工作后,其在农村参加劳动的时间,可与参加工作后的工作时间,合并计算为连续工龄。1962年到"文化大革命"开始前,由国家统一组织下乡插队的知识青年,他们到城镇参加工作以后,其在农村参加劳动的时间,与参加工作后的工作时间,合并计算为连续工龄。

(第八篇第四章《工龄 福利补助》,第393—394页)

## 自治区劳动人事厅、公安厅、新疆生产建设兵团计财局、教委转发上海市《关于1990年办理在新疆原上海支边青年子女来沪就读入户工作的意见》的通知

新劳人字〔1990〕5号

现将上海市劳动局、公安局、教育局《关于1990年办理在新疆原上海支青子女来沪就读入户工作的意见》转发给你们。此《意见》已征得我区同意,请各地、各部门遵照执行。

解决原上海支青子女去沪就读入户问题,是党和政府关怀广大支青所采取的一项重要措施,各地区、各部门、各单位要按照已定的政策规定认真组织落实。鉴于绝大部分支青在新疆生产建设兵团,这项工作主要由兵团承办。各地、州、市劳动人事部门要积极配合,有关支青资料的收集、呈报,各地统一向同级的兵团师(局)报送,并由兵团师(局)汇总后报兵团。工作中的重大问题,由自治区协调小组进行协调。

有关迁户、招生考试工作,按公安厅、兵团教委的具体安排办理。

## 上海市关于1990年办理在新疆原上海支青子女来沪就读入户工作的意见

沪劳访发〔90〕8号

各区县劳动局、公安(分)局、教育局:

为了继续贯彻把原上海支青稳定在新疆的精神,按照沪劳访发〔1989〕23号《关于解决在新疆原上海支青子女来沪就读入户问题的通知》规定的范围、条件和手续,对做好1990年原支青子女来沪就读入户工作提出如下意见,请遵照执行。

一、经初步调查,预计1990年符合来沪就读入户条件的原上海支青子女约有4 000人。按照沪劳访发〔1989〕23号文件规定的条件,1990年办理1974年12月31日以前出生的或初中毕业未婚、未就业、身体健康的原上海支青子女(1990年应届初中毕业,尚未到领取毕业证书时间的,可由所在学校出具初三年级学历证明)。

二、为了方便群众,节约人力和经费,对1990年来沪就读入户的原上海支青子女原则上在上海审批。对一些有疑问,需进行补充了解的,上海可派出精干的审批小组去疆就地审核。

三、1990年在疆原上海支青子女升学,仍在新疆统一报名、统一考试,由新疆生产建设兵团教委进行组织;评卷、登分和录取工作在上海进行,上海招生部门不再专派招生组去疆。

招生录取指标,按照在疆的报名人数,参照1989年度的安排,切块下达给各类学校,并根据实际情况,作必要的调整。已在沪借读的原上海支青子女,经审批入户后,参加上海市的统一招生考试、统一录取。

在疆高中毕业生报考上海高校的,一律来沪报名,参加全国的统一考试。

四、为了有利于原上海支青子女参加升学考试,1990年的审批工作提前进行。打算:

1 月份开始向支青及其亲属进行宣传;2 月份开始接受申请,进行审批;4 月初各区、县将疑难问题集中,由市劳动局、公安局组织力量去新疆就地审批。

五、对 1980 年 11 月至 12 月底,从阿克苏、巴州、喀什地区和兵团农一师、农二师、农三师迁出户粮关系,目前尚滞留在沪的原上海支青,其符合来沪就读入户条件的子女,经上海市劳动部门审查批准,由上海市公安部门审签"准予迁入证明",随附原"户口迁移证"复印件,个别原"户口迁移证"已遗失的,由上海市公安部门审查后,在"准予迁入证明"上注明"据报,原户口迁移证已遗失"字样,新疆有关公安派出所凭上海市公安部门签发的"准予迁入证明",重新办理其子女的户口迁移证。

（一九九〇年一月二十日）

（《附录》,第 562—563 页）

# 《新疆通志·劳动志》

新疆维吾尔自治区地方志编纂委员会、《新疆通志·劳动志》编纂委员会编,新疆人民出版社 1996 年

(1966 年)3 月 10 日,陈毅副总理在石河子垦区接见上海等地的 19 名知识青年代表,表扬他们在参加边疆社会主义建设事业中起了带头作用,树立了把知青组织与生产劳动相结合的好榜样。

（《大事记》,第 27 页）

(1968 年)12 月,毛泽东主席发出"知识青年到农村去,接受贫下中农的再教育,很有必要"的号召。截至年底,全区共动员 10 万余名大中专毕业生和初、高中毕业生到农村安家落户。

（《大事记》,第 28 页）

(1973 年)3—9 月,上海市和浙江省分别派慰问团赴新疆慰问支边青年。上海市慰问团历时 3 个月,浙江省慰问团历时达半年,分别走访了上海市、浙江省支边青年。

（《大事记》,第 29—30 页）

8 月 15 日,自治区党委和革委会决定恢复自治区劳动局建制,同时成立自治区知识青年上山下乡工作办公室。

10 月 6 日,自治区党委在乌鲁木齐召开知识青年上山下乡工作会议,与会代表 390 多人。会议总结 1968—1973 年知识青年上山下乡工作经验与教训,研究讨论了《关于知识青年上山下乡若干问题的试行办法》,成立了自治区知识青年上山下乡工作领导小组。

（《大事记》,第 30 页）

(1974年)3月22日,自治区党委批转组织部、知识青年上山下乡领导小组《关于抽调上山下乡知识青年带队干部问题的报告》。 （《大事记》,第30页）

(1975年)6—9月,天津市派慰问团赴新疆慰问天津支边知识青年,为天津支边知识青年所在的团(场)赠送大、中、小型农机具及汽车等价值达11万元的物资。

7月8—18日,自治区党委在乌鲁木齐召开第三次知识青年上山下乡工作会议。知青办主任惠奋作了题为《总结经验,发扬成绩,巩固和发展知识青年上山下乡大好形势》的报告。 （《大事记》,第30—31页）

(1976年)2月17—27日,自治区党委和革命委员会在乌鲁木齐召开知识青年上山下乡先进集体、先进个人表彰大会,参加会议的代表825人,表彰奖励先进集体52个,先进个人152名。 （《大事记》,第31页）

6月3日,为解决1963—1966年安置到兵团农牧团场的上海、天津等地的1.4万余名支边青年夫妻分居两地问题,自治区革委会根据国务院知青办、国家劳动总局和农林部的指示,提出了具体解决方案:其配偶是国家职工,可以调到支边青年所在团场工作;其配偶是知识青年或其他青年,由所在团场安置,按国营农场自然增长劳动力对待,为农场新增职工。 （《大事记》,第31页）

(1977年)6月23日至7月10日,自治区召开处理迫害上山下乡知识青年案件座谈会。自治区共发生各类性质迫害上山下乡知识青年的案件计1 003起,已结案的480起,其中判死刑的9人,20年以上徒刑11人,10—19年徒刑123人,5—9年徒刑144人,5年以下徒刑82人,免予刑事处分的111人。 （《大事记》,第32页）

(1978年)3—5月,自治区抽调379人组成98个调查组,对全疆知识青年下乡问题进行了调查研究。5月初向自治区党委呈报了《自治区知识青年问题调查报告》,报告内容包括自治区下乡知识青年人数、安置形式、生活状况、管理教育以及处理各类迫害知识青年案件等基本情况。 （《大事记》,第33页）

9月3日,华国锋、赵紫阳、纪登奎等中央领导人在自治区党政负责人汪锋、刘震、铁木尔·达瓦买提等陪同下,视察石河子垦区143团,接见了知识青年代表并同他们一起照像。 （《大事记》,第33页）

(1979年)7月9—15日,自治区在石河子召开知青工作会议。知青工作部门负责人,自治区劳动、计划、粮食、财政、公安、教育、新闻等有关部门的人员参加了会议。会议传达了中央召开的知青工作会议精神。根据中央提出的"缩小上山下乡范围,逐步做到多留少下,有条件的地区和单位也可以不下乡"的原则,结合新疆的实际,研究讨论了自治区的贯彻意见,要求积极办好独立核算的知青农场,发展城市集体经济和个体经济,广开就业门路,妥善解决下乡知识青年的安置问题。

(《大事记》,第 34 页)

11 月 8 日,自治区财政厅、知青办作出决定,对独立核算的知青场、队和安置知青为主的农、工、林、牧、副、渔业基地给予扶持政策,即在 1985 年以前,"不交税,不上缴利润,不担负农产品统购、派购任务"。

12 月 6—15 日,自治区在乌鲁木齐召开全区知青场、队经验交流会。会议传达了中央领导同志接见省、市、自治区上山下乡知青先进代表时的讲话和全国安置下乡知识青年经验交流会精神;总结交流办好知青场、队的经验;讨论研究知青场队今后发展问题;表彰奖励一批先进知青场、队。

(《大事记》,第 35 页)

12 月,自治区人民政府决定,自治区知青办与自治区劳动局合署办公。

(《大事记》,第 35 页)

(1981 年)6 月 9 日,自治区人民政府批转自治区计委、劳动局、知青办《关于解决下乡插队知青问题的报告》。从此,1978 年以前下乡的知青,允许其户粮关系转回城镇。符合招工条件的,由自治区计委下达专项指标,经当地劳动部门批准,由知青父母所在单位或系统进行安置。1979 年以后下乡插队的知青由知青部门集中安置到知青场队,其户粮关系在农村的,亦可转为城镇户粮关系。

(《大事记》,第 37 页)

"文化大革命"期间,劳动就业工作正常秩序被打乱,正常安置渠道遭到破坏,解放后出生陆续到达就业年龄的人员得不到妥善安置,造成诸多问题。1968 年 12 月 21 日,毛泽东主席发出号召:"知识青年到农村去,接受贫下中农再教育,很有必要。"自治区革命委员会当年成立了毕业生分配办公室,按照"四个面向"的原则,安置城镇高初中毕业生。1973 年 8 月,自治区党委成立知识青年上山下乡领导小组,原毕业生分配办公室改为知识青年上山下乡工作办公室。1973 年 10 月 6 日,自治区召开知识青年上山下乡工作会议,传达中央知识青年上山下乡工作会议精神。此后,新疆城镇知识青年基本上被动员到农村接受贫下中农再教育。1968 年至 1977 年,自治区共组织动员近 40 万名城镇高初中毕业生上山下乡,其中分散插队的 20 万余人,分配在国营农牧团(场)的 10 万余人,安置在各系统建立的知青场队的 5 万余人。

从 1978 年开始,上山下乡到农村去的知识青年陆续返回城镇,致使城镇待业人数剧增,形成新疆第二次待业高峰。自治区党委和人民政府对此高度重视,一方面加强对劳动就业工作的领导,批准自治区劳动局增设劳动就业处;另一方面,突破由国家安排计划招工的单一作法,动员全社会力量,积极创办知青集体企业,开拓就业新路子。1979 年 10 月,自治区党委批转了乌鲁木齐市委《关于广开门路安置待业青年的具体实施意见》。在党中央"全党动手,各方支持,发展集体经济,安置待业人员"的号召下,自治区劳动局成立了自治区劳动服务公司,各地区各部门各单位的劳动服务公司也相继成立,安置待业青年为主的集体经济组织——知青厂、店、组普遍成立。国家为扶持发展知青集体企业,拨给专款资助,税务部门给予 3 年免税的优惠政策,劳动部门对知青集体企业从业人员有关工资福利、工龄计算、招工、参军、上学等制定了具体优惠政策。1980 年 8 月,国务院召开了全国劳动就业工作会议,提出了"在国家统筹规划和指导下,劳动部门介绍就业,自愿组织起来就业和自谋职业相结合"的"三结合"就业方针,进一步拓宽了就业门路。1978—1985 年,自治区各地区、各部门、各单位共建立劳动服务公司 819 个,创办各类知青集体企业、网点 6 431 个,安置城镇待业青年近 60 万人。这样,不仅解决了历年积压的 34 万余名知青的就业问题,而且使当年新增长的劳动力大部分也得到安置,全区城镇待业率由 1979 年的 4.9% 下降到 1985 年的1.6%,城镇就业矛盾基本得到缓解。 (第一篇《劳动就业》,第 46 页)

# 第三章 城镇知识青年上山下乡
## 第一节 动 员

1964 年,自治区安置工作领导小组根据中央、西北局和自治区党委、人委的有关指示,在新疆几个主要城市,动员了 846 名知识青年到国营农、牧场和人民公社生产队落户,参加农村的社会主义建设。

1968 年 12 月,毛泽东主席发出"知识青年到农村去,接受贫下中农的再教育,很有必要"的号召。为落实这一号召,自治区各部门和城镇街道居民委员会对城镇知识青年及其家长进行了广泛的思想动员工作。当年,全区共动员 10 万余名大中专毕业生和初、高中毕业生到农村安家落户,其中大中专毕业生 3.5 万余人,初、高中毕业生 6.5 万余人。

1969 年 9 月至 1971 年底,自治区又从城镇动员 36 328 名大中专和初高中毕业生到人民公社和农牧团(场)接受再教育,其中国家统一分配到新疆军垦农牧场接受再教育的大中专毕业生 1 328 人。

1973 年 11 月 5 日,自治区党委根据中共中央〔1973〕30 号文件精神,制定了《中共新疆维吾尔自治区委员会关于知识青年上山下乡若干问题的试行规定》。《试行规定》要求,凡应届或历届高、初中毕业生均应列入动员下乡回乡的范围,但对动员范围内具备下列条件之一者,可不予下乡:第一,独生子女;第二,多子女但父母身边无子女工作或子女上大学、上中专、参军的,可留一人;第三,父母分居两地,而无子女工作的,可在父母身边各留一人;第四,父母双亡,弟妹年幼需要照顾的,经组织证明,其兄或姐可不动员下乡;第五,盲、聋、哑、瘫或有其他重病残不能参加农业生产劳动,经组织评议,领导审查、医院出据证明的;第六,中国籍的外国人子女。从1973年开始,自治区各地、州、市、县知青工作部门,各学校及毕业生父母所在单位,对列入上山下乡范围的知识青年进行了广泛的动员组织工作。从1968年到1977年底,全区有25.8万名城镇高初中毕业生上山下乡,其中到农村分散插队的10万余人,到国营农牧团场的10万余人,到各系统各单位建立的知青场队的5万余人(见表1-10)。

表1-10 1968—1973年自治区部分地区知识青年下乡人数统计表　　　　单位:人

| 地　区 | 1968—1973年下乡人数 | | | | | 1973年底实有人数 | | | | |
|---|---|---|---|---|---|---|---|---|---|---|
| | 合计 | 外省支边青年 | 女青年 | 少数民族青年 | 社来社去场来场去人员 | 合计 | 外省支边青年 | 女青年 | 少数民族青年 | 社来社去场来场去人员 |
| 昌吉州 | 24 418 | 3 576 | 11 015 | 1 621 | 11 480 | 14 860 | 553 | 6 292 | 1 217 | 9 863 |
| 哈密地区 | 4 906 | | 1 329 | 183 | 1 235 | 3 613 | | 1 689 | 821 | 1 777 |
| 博　州 | 2 267 | 164 | 1 071 | 819 | 810 | 1 277 | 15 | 571 | 486 | 592 |
| 塔城地区 | 9 586 | 557 | 3 522 | 2 615 | 4 093 | 4 771 | | 1 931 | 1 460 | 1 795 |
| 阿勒泰地区 | 4 588 | | 2 100 | 2 300 | 2 792 | 3 093 | | 1 400 | 1 600 | 2 011 |
| 阿克苏地区 | 22 429 | 90 | 8 101 | 19 725 | 19 487 | 16 667 | | 6 314 | 15 896 | 15 577 |
| 克　州 | 4 575 | 555 | | | | 3 341 | | | | |
| 喀什地区 | 53 168 | | | 49 334 | 45 310 | 48 471 | | 26 451 | 44 121 | 44 121 |
| 和田地区 | 15 039 | | 6 500 | 13 780 | 12 798 | 12 764 | | 5 700 | 12 467 | 12 122 |

1978年,自治区党委、革委会根据《国务院关于知识青年上山下乡若干问题的试行规定》及“统筹兼顾,全面安排”的方针,调整了城镇中学毕业生动员安置政策。父母身边虽有一子女,但已成家与父母分居多年,且又患有严重疾病,生活不能自理的,经群众评议,领导批准,可允许再留一人;孤儿或群孤亦不上山下乡。1978年,全疆共动员知识青年下乡3万余人,留城比例为30%左右。1979年,自治区再次调整知识青年上山下乡政策,按照“多留、少下”的原则,规定对于矿山、林区和分布在农村有条件安置的企事业单位、小城镇、一般县镇等单位和地区非农户口的中学毕业生,不再列入上山下乡范围,由本系统或本地区自行安排;有条件安排知识青年就业的县,也可不列入下乡范围。1979年全区动员上山下乡的知识青年有7 391人,留城就业的中学毕业生1.6万余人。

1980年起,自治区停止了对城镇知识青年上山下乡的动员,对确实不能在城镇安排的,不再分散插队,由各系统或单位建立知青场(队)或安排到机关、厂矿企业的副业基地,实行独立核算,自负盈亏。到1980年底,自治区在农村生产队的下乡知识青年尚有41 343人。

## 第二节　下乡安置
### 一、安置地点

新疆城镇知识青年上山下乡安置,以集中安排在生产建设兵团各团(场)和地方国营农牧场单独建立生产队(小组)或分散到人民公社插队落户接受贫下中农再教育为主要形式,其次是由单位举办知青农场或与生产队共办知青点。由农场和农村考入城镇中学的毕业生,仍实行场来场去、社来社去的原则回乡(场)参加农业生产。

（一）农牧场

1964年,自治区动员上山下乡846名知识青年,安置到地方国营农牧场的有579人。1968—1978年,自治区组织上山下乡的20余万知识青年中,安置在地方国营农牧场的有10.4万人。由国家统一分配到新疆的大、中专毕业生,主要安置在军垦农场或地方国营农牧场劳动锻炼。自治区城镇上山下乡安置在农牧场接受再教育的知识青年,后来基本上都抽调回城安置就业,到1979年底,仅剩3 400人。

（二）人民公社

1964年,自治区安置到人民公社生产队的知识青年有267人。他们多数被集中安排在社办农场,以便加强领导和照顾其生活和学习。

1968年以后,安置到农村、牧区社队的知识青年日益增多。至1977年底,自治区插队落户知青超过10万人,仅伊犁地区就安置城镇知识青年8 300余人。1978年以后,根据政策规定,插队知识青年陆续抽调返回城镇,到1979年5月,自治区在人民公社插队的知识青年尚有6.7万余人。

原户口在农村、牧区人民公社和农牧团(场)的高初中毕业生,实行社来社去,场来场去。1968—1977年,回乡知识青年共计达98 005人,仅阿克苏地区回场安置的知青就有10 420人。

（三）知识青年农场（队）

1974年以后,自治区通过学习湖南省株洲市"厂社挂钩"集体安置知识青年的经验,对分配到人民公社插队的部分知识青年,采取了适当集中办"知青点"的形式,陆续创办了一批以安置知识青年为主,实行评工记分、单独核算的知青队、知青农场。到1977年底,自治区共组建各种形式的知识青年安置点2 000余个,知青队、知青农场165个。安置在各知青点的知识青年计45 300人,占自治区下乡插队知青总数的45％;安置到青年队、场的计22 300人,占下乡知青总数的22.5％。知青队、场一般由公社或大队领导,耕地由社队拨给,以知识青年为主,派少数农民参加,传授农业生产技术知识。

1979年以后,随着知识青年上山下乡政策的调整,城镇下乡知识青年的安置逐步转向以在近郊举办知青场队安置为主要形式。到1979年底,全区组建独立核算知青场(队)215个,安置知识青年1.1万人,拥有耕地26万多亩,种植各种作物12万亩,有大中小型拖拉机333台,汽车12辆,年粮食产量1 470万斤,油料60万斤,棉花6万斤,有牲畜1.4万头,总收入481万元,其中副业收入73.8万元,占总收入的15％。

为了办好知青场队,妥善安置城镇知识青年,减轻城镇就业压力,自治区知青办于1979年12月召开了自治区知青场队经验交流会。会议交流了经验,研究了如何广开就业门路,进一步妥善安置城镇待业青年就业等有关问题。

## 二、生产生活安排

各级知青工作部门和安置单位,在知青上山下乡接受再教育的过程中,做了大量细致的工作,创造了较好的生产和生活条件。

### (一)生产安排

为了使城镇下乡知识青年安心农业生产,自治区下拨了专项经费购买农机具。据1964年统计,有安置任务的14个国营农牧场,当年购置农具335台(件),共开荒造田6万亩,改造农田5.97万亩,兴修水利增加灌溉面积6万余亩,扩大种植面积33万亩,粮食产量比1963年增加6000余万斤。1973年后,国家从安置经费中拨出一定数额资金,用于给下乡知识青年购置农具。1973—1980年,自治区共拨出1374万元,给下乡知青购买农具、炊具、家具,为其在生产、生活上创造必备的条件,使下乡知青安心,知青家长放心。下乡知识青年与当地社员和农场职工一起学习科学种田技术。伊宁市红旗公社四大队由15名维吾尔族女知识青年组成的"铁姑娘小组",在果园试验套种小麦,获得成功,小麦亩产平均达到700多斤。新源县红光公社知识青年科研小组,试种新品种大胡麻,单产达147斤,比原胡麻亩产翻了一番。阿勒泰地区10个知青场队,1973—1977年,生产粮食377万斤,上缴国家95万斤。自治区各有关部门和对下乡和支边知识青年给予大力物资支援,1975年,仅自治区供销社就无偿支援挂钩生产队16500元农用物资。

### (二)生活安排

#### 1. 口粮

上山下乡城镇知识青年的口粮,第一年由国家统销供应,供应标准为每人每月一般不低于成品粮40市斤,原则上由各知青点集体伙食单位统一掌握使用,不搞平均分配。第二年以后,下乡知识青年评工记分,参加集体分配,所在社队口粮水平过低的,由国家从统销粮中给予适当补助。安置在兵团农牧团场的,按所在团场职工的供应办法和同工种定量标准执行。上山下乡知识青年经批准到外地探亲或治病,所需全国通用粮票,由当地粮食部门兑换。1980年,自治区知青办和自治区劳动局发出《关于上山下乡知识青年粮食供应问题的联合通知》规定,安置到知青场队和农副业基地的知识青年,凡户粮关系已迁至农村的,第一年口粮每人每月按成品粮40市斤,由迁入地粮食部门供应;从第二年开始,由场队分配口粮,如场队粮食不能自给,由粮食部门核实产量和留粮标准,不足部分由国家回销。对于户粮关系未迁至农村的知识青年,其粮食关系由本人所在地的县(市)粮食局或粮食分局、中心粮店集中管理。安置到外县的知识青年,应迁转临时粮食关系,由安置地粮食部门凭临时粮食关系衔接供应口粮,第一年按每人每月40市斤成品粮供应,从第二年开始,按当地市(镇)居民的粮食定量标准供应口粮,并由所在场队予以补差。

知识青年上山下乡后,自治区虽在各个时期对其生活问题,尤其是口粮供应都有过具体规定,但仍有不少安置地区社队未能贯彻落实,知青劳动工分低,吃粮困难,生活不能自给。据调查,1972年10月至1973年10月,伊犁地区特克斯县各公社知识青年口粮,一般每人每月只有20市斤左右的原粮,有的还只有18市斤,个别的社队甚至只给12市斤,这点粮食还要分期发放,下乡知青断粮三五天,甚至七八天的现象时有发生。迫于生计,有些知识青年不得已向父母写信要钱要粮票,买高价粮吃,增加了知识青年家长负担。一些家庭生活困难的知识青年,只得帮助社员种自留地、洗衣被换一些饭吃。昭苏县三公社一大队三小队的下乡知识青年,从1973年8月到1974年11月,断粮3次,断粮最长的一次达23天。

　　2. 生活费

　　1964年,城镇下乡知识青年的生活费用,按照当时国家的有关规定统一配发,其生活用具主要是靠群众互助或借用的办法解决,所以生活补助费较低。1968年以后,城镇下乡知识青年的生活补助费有所增加。1973年,自治区规定,下乡知识青年的生活补助费,平均每人一次性按200元左右安排,主要用于吃、穿、用等生活必须品。经济条件好的地区可以少补助一些,经济条件差的地区可适当多补助一些。上山下乡的头一年,先补助100—120元,剩余部分如何补助视劳动收入情况和生活自给程度,由各地区酌情掌握。据统计,1973—1980年,自治区共支付下乡知识青年生活补助费680万元,探亲路费172万元。

　　3. 住房

　　根据国家规定,城镇知识青年下乡以后,人均住房面积应达到8—10平方米(包括宿舍厨房和库房)。1973年,自治区《关于知识青年上山下乡若干问题的试行规定》(草案)中规定,上山下乡知识青年的建房补助费为每人200元左右,主要用于购置木材、砖、瓦等基建材料的开支。这笔经费一般由自治区拨给各县,各县再根据上山下乡知青人数、所建房屋面积,核实拨给各公社掌握,不得挪作他用。多数县和公社对知青建房补助费使用情况是好的,知识青年的住房问题得到妥善解决。但仍有少数地区没有认真按国家和自治区有关城镇下乡知识青年住房规定执行,特别是一些基层社队,将县知青办拨给的建房补助费全部挪作其他用途,不给下乡知识青年盖房,致使不少知青长期住在生产队办公室、仓库或社员家里。吐鲁番县火焰山公社一个生产队,在知青春节回家时,拆除了他们的住房,将其被褥搬进牲口棚,知识青年春节后返回无处安身。莎车县一公社发生了因住房倒塌压死一名知识青年的事件。为此,自治区党委于1973年底再次下发文件,要求各级党委切实认真落实知识青年建房经费,杜绝类似事件的发生,否则必须追究领导责任。此后,城镇下乡知识青年的住房条件逐步有所改善。1973—1980年7月,自治区共下拨知识青年建房补助费1 666万元,建房25 514间,建房面积为489 919平方米。

## 三、医 疗 保 健

　　1974年以前,下乡知识青年的医疗费用由所在社队解决,如所需医疗费较多,社队无力负担全部费用的,由所在社队报县民政、卫生部门,从贫下中农医疗减免费中给予解决。对于个别重病、重伤的下乡知识青年,医疗终结后,经县以上医院证明,当地贫下中农和知青小组评议,确认已丧失劳动能力,且生活不能自理,家长要求迁回原城镇抚养的,报安置县知青工作部门审查,并征得原城镇知青工作部门同意,可准予在原城镇落户、供粮。1974年后,下乡知识青年实行合作医疗,医疗补助费每人每年5元,由县知青办统一掌握使用。1974—1980年,自治区共为城镇下乡知识青年开支医疗费、学习费197万元。

## 第三节 管 理

### 一、管 理 机 构

1964年,根据中央、国务院《关于动员和组织城市知识青年和其他闲散劳动力下乡、回乡参加农村社会主义建设工作的决定》,及中共中央西北局的有关要求,新疆成立了自治区安置工作领导小组,负责全区城镇知识青年和其他社会劳动力下乡、回乡参加农村社会主义建设的宣传教育、组织领导工作,办事机构设在劳动局。1968年,全国出现了知识青年上山下乡的热潮。自治区革命委员会成立了自治区革委会毕业生分配领导小组,下设办公室。各地、州、市、县及学校也都成立了相应机构,具体负责大中专毕业生和高、初中毕业生的下乡安置和留城分配工作。

1973年8月,自治区知识青年上山下乡工作领导小组成立,自治区革委会副主任刘星任组长,沈少星、林忠、铁木尔·达瓦买提、祁果任副组长(后自治区革委会副主任宋致和任组长,铁木尔·达瓦买提、张思明、巴岱、贾那布尔任副组长),下设办公室(简称自治区知青办),同时撤销自治区革委会毕业生分配办公室。自治区知青办工作人员陆续增至53人,受自治区知识青年上山下乡工作领导小组和自治区革命委员会的领导,并受国务院知识青年上山下乡工作办公室的指导。其主要任务是负责大中专院校毕业生分配和动员组织自治区高、初中毕业生上山下乡。各地、市、州、县也相继成立了知识青年上山下乡工作办公室。地、市、州知青办的编制为6—12人,县3—6人,并配备一定数量的女干部。知识青年较多的公社,配备知青工作专职干部。自治区知青办下设行政秘书处、宣传教育处和动员安置处。1979年10月30日,自治区人民政府根据知识青年上山下乡工作情况的变化和精简机构的精神,决定自治区知青办与自治区劳动局合署办公。合署后,知青办行政秘书处和宣传教育处撤销,这两个处的部分业务并入自治区劳动局办公室,其余业务由新设立的综合处管理。1981年2月,自治区知识青年上山下乡工作办公室改名为自治区知识青年工作办公室,原辖综合处撤销,其业务并入劳动局办公室,动员安置处仍保留。知识青年工作办公室的工作任务为负责城镇高、初中毕业生和待业青年的就业安置。1983年6月,自治区劳动局与人事局合并,自治区知青办随之撤销。

### 二、经 费 管 理

知识青年安置经费,是国家为了支持城镇知识青年上山下乡的专项补助经费。1974年,自治区财政局、知青办和人民银行联合制定下发了《自治区关于城镇知识青年上山下乡经费管理的实施办法》。各级知青工作部门根据规定要求,加强了经费开支使用的管理,一般都配有专职或兼职财会人员。据1979年底不完全统计,全区共配有专职或兼职经费管理人员200余名,并有一名领导同志负责分管。与此同时,还健全了预算、决算、报表等项制度。1974—1980年,自治区知青办每年召开一次知青财务管理工作会议,检查知青安置专项经费使用情况,以加强检查监督工作。一些地区知青办还专门举办了财务训练班,组织基层财会人员学习知青经费管理与使用的规定,以提高其业务水平。

1968—1972年,城镇知识青年上山下乡一次性补助标准是:到农村插队的每人250元,到国营农牧场的每人400元。1974年,自治区根据国家规定,将知识青年上山下乡经费标准调整为:到农村生产队或集体所有制青年农场的,每人一次性补助500元;到国营农、林、牧、渔场和生产建设兵团的,每人补助400元;到牧区从事流动放牧的,每人补助700元。其具体使用范围是:按每人补助500元计算,建房补助费200元,生活补助费180元,农具家具补助费75元,医疗费、学习费各5元。下乡前衣着困难补助费和旅运费乌鲁木齐市15元,其他城镇10元。上述经费,除建房补助费、农具家具补助费由县知青办拨付公社和生产队外,其他费用由县知青办统一掌握调剂使用。按规定分配到国营农、林、牧、渔场和生产建设兵团的知青经费,除组织动员地区留30元作为旅运费、下发衣着困难补助费和其他费用外,其余由地、州、县(市)知青办拨给农场统一掌握,包干使用。据统计,1973—1979年,共拨付下乡知识青年安置经费8 826.8万元。其中中央拨款8 441.5万元,地方财政拨款385.3万元(见表1-11—1-15)。另调拨建房木材112 356立方米。

1979年后,知识青年下乡政策调整为集中力量办好集体所有制知青场队、农副业生产基地和农工商联合企业。这样以来,除少数下乡知青转入集体所有制知青农场或农工商联合企业继续从事农副业生产以外,大部分知识青年从原插队农村、牧区抽调回城镇,原建知青点分别予以撤销或合并,从而使原来所建房屋大量闲置。经请示自治区人民政府同意,从1980年底开始,自治区知青办会同自治区财政部门,开展了清理下乡知青经费和折价处理闲置知青财产的工作。清理原则是:1.对社队过去领取的安置经费和建房木材结余的部分收回;闲置的知青房屋、"三具"(农具、炊具、家具),除留足已婚知青继续使用外,大型农机具由知青部门收回;属于国家投资部分,兼顾国家、集体、群众三方面的利益,合理作价处理,处理价款一律收回;在清理中,发现挪用的知青经费和木材如数追回,贪污的严肃处理。2.房屋、"三具"的处理,先公后私,优先处理给文教、民政等国家单位,然后是生产队,也可以处理给个人。3.房屋、"三具"的折价,一般按原价的50%至70%,由知青、财政部门和社队共同评定。南疆地区和北疆地区的穷队可以低于上述幅度。4.房屋、"三具"的折价款,原则上一次收回;其款可以给所在公社5%、生产队10%的留成;对参加清理工作的社队干部和下乡知青,在工作期间,适当发给补贴,由折价款中支付,并可拿出1%奖励工作好的单位和个人。5.房屋、"三具"的折价款项和清理经费收回的款项,不再上缴,留给县继续作为知青经费使用。自治区清理节余经费和"三具"折价工作于1982年结束。

## 表1-11 新疆维吾尔自治区1968—1972年城镇人口下乡经费结算表

| 项　目 | 顺序号 | 单　位 | 总　计 | 城镇知识青年 | | | | 城镇闲散人员 | | | |
| --- | --- | --- | --- | --- | --- | --- | --- | --- | --- | --- | --- |
| | | | | 合　计 | 插　队 | 去集体所有制青年场、队 | 去国营农牧场 | 合　计 | 无业居民 | 集体所有制人员 | 其他人员 |
| 一、实际安置人数 | 1 | 人 | 189 772 | 115 910 | 95 869 | 547 | 14 562 | 73 862 | 71 741 | 1 535 | 580 |
| 二、平均补助标准 | 2 | 元 | | 250 | 250 | 250 | 400 | 150 | 150 | | |
| 三、应拨经费数 | 3 | 万元 | 4 224 | | | | | | | | |
| 四、中央财政拨付经费数 | 4 | 万元 | 4 200 | 3 116 | 2 397 | 17 | 582 | 1 108 | 1 076 | 23 | 9 |
| 五、地方财政拨付经费数 | 5 | 万元 | 365 | | | | | | | | |
| 六、银行支出数 | 6 | 万元 | 4 401 | 2 508 | 1 643 | 17 | 728 | 1 893 | 1 861 | 23 | 9 |
| 七、财政结转数 | 7 | 万元 | 521 | | | | | | | | |
| 八、1967年底经费结转数 | 8 | 万元 | 357 | | | | | | | | |
| 九、主管单位实际支出数 | 9 | 万元 | 4 401 | | | | | | | | |
| 十、主管单位结存数 | 10 | 万元 | | | | | | | | | |

## 表1-12 1973年新疆维吾尔自治区城镇人口下乡经费决算表

单位：千元

| 顺序号 | 项　目 | 实际安置人数(人) | 应拨经费数 | 地方财政安排数 | 上年结转经费数 | 银行支出数 | 财政结转数 | 主管单位实际支出数 | | | | | | | 建房数 m² | |
| --- | --- | --- | --- | --- | --- | --- | --- | --- | --- | --- | --- | --- | --- | --- | --- | --- |
| | | | | | | | | 合计 | 建房补助费 | 生活补助费 | 农家具补助费 | 学习医疗费 | 路费 | 其他 | 应建数 | 已建数 |
| 1 | | 2 | 3 | 4 | 5 | 6 | 7 | 8 | 9 | 10 | 11 | 12 | 13 | 14 | 15 | 16 |
| | 合　计 | 6 394 | 3 038 | 3 049 | 5 210 | 1 829 | 6 429 | 1 829 | 384 | 305 | 118 | 38 | 51 | 933 | 51 152 | |
| | 知青下乡数 | 6 394 | 3 038 | 3 049 | 5 210 | 1 829 | 6 429 | 1 829 | 384 | 305 | 118 | 38 | 51 | 933 | 51 152 | |
| | (1)插队 | 4 797 | 2 399 | | | 1 270 | | 1 261 | | | | | | 365 | 38 376 | |
| | (2)集体所有制场、队 | | | | | | | | | | | | | | | |
| | (3)国营农牧场 | 1 597 | 639 | | | 457 | | 475 | | | | | | 475 | 12 776 | |
| | (4)路费及其他 | | | | | 93 | | 93 | | | | | | 93 | | |

单位:千元

**表 1-13　1974 年新疆维吾尔自治区城镇人口下乡经费决算表**

| 顺序号 | 项目 | 实际安置人数(人) | 应拨经费数 | 中央财政拨款数 | 地方财政安排数 | 上年结转经费 | 银行支出数 | 财政结转数 | 合计 | 建房补助费 | 生活补助费 | 农家俱补助费 | 学习医疗费 | 路费 | 其他 | 应建数 | 已建数 |
|---|---|---|---|---|---|---|---|---|---|---|---|---|---|---|---|---|---|
| | | | | 财政拨款数 | | | 银行 | 财政 | 主管部门实际支出数 | | | | | | | 建房数 m² | |
| 1 | 合计 | 31 123 | 14 064 | 6 000 | 20 | 6 429 | 6 521 | 5 928 | 6 521 | 2 073 | 2 021 | 777 | 155 | 63 | 192 | 241 544 | 72 524 |
| 2 | 知青下乡部分 | 30 193 | 13 924 | | | | 6 381 | | 6 381 | 2 073 | 2 021 | 777 | 155 | 63 | 192 | | 72 524 |
| 3 | (1) 插队 | 9 364 | 4 682 | | | | 2 600 | | 2 600 | 1 040 | 1 013 | 390 | 78 | | | | 68 000 |
| 4 | (2) 集体所有制场队 | 9 164 | 4 576 | | | | 2 583 | | 2 583 | 1 033 | 1 008 | 387 | 77 | | | | |
| 5 | (3) 国营农牧场 | 11 665 | 4 666 | | | | 1 045 | | 1 045 | | | | | | | | |
| 6 | (4) 路费及其他 | | | | | | 153 | | 153 | | | | | | 63 | | 90 | 4 524 |
| 7 | 城镇闲散人口下乡部分 | 930 | 140 | | | | 140 | | 140 | | | | | | | | |

单位:万元

**表 1-14　1978 年自治区城镇人口上山下乡经费年度决算表**

| 项目 | 实际安置人数(人) | 应拨经费数 | 离队知青抵顶经费数 | 财政拨款数 | 上年结转经费数 | 银行支出数 | 财政结余数 | 合计 | 建房补助费 | 生活补助费 | 家俱炊具补助费 | 学习医疗费 | 探亲路费 | 其他 | 业务费 | 应建数 | 已建数 |
|---|---|---|---|---|---|---|---|---|---|---|---|---|---|---|---|---|---|
| | | | | | | | | 主管单位实际支出数 | | | | | | | 主管单位结存数 | 建房数(米²) | |
| 合计 | 16 440 | 708.99 | | 570 | 2 192.36 | 1 096.9 | 1 675.4 | 1 048.6 | 232.53 | 304.7 | 87.56 | 27.83 | 12.05 | 270.93 | 113 | 116 080 | 37 260 |
| 一、当年下乡部分 | | | | 500 | | | | 1 855 | 232.53 | 181.3 | 87.56 | 20.33 | 12.05 | 208.23 | 113 | | |
| 1. 本地区的安置 | 14 510 | 708.99 | | | | | | 855 | 232.53 | 181.3 | 87.56 | 20.83 | 12.05 | 208.23 | 113 | | |
| (1) 插队 | 4 376 | 218.80 | | | | | | 342.43 | 102.7 | 53.8 | 32.5 | 12.8 | 7.95 | 132.68 | | | |
| (2) 集体所有制农场 | 8 303 | 425.15 | | | | | | 860.53 | 312.07 | 124.5 | 55.03 | 7.03 | 3.6 | 35.35 | | | |

1769

| 项目 | 实际安置人数(人) | 应拨经费数 | 离队知青抵预算经费数 | 财政拨款数 | 上年结转经费数 | 银行支出数 | 财政结余数 | 主管单位实际支出数 | | | | | | | | 主管单位结存数 | 建房数(米²) | |
|---|---|---|---|---|---|---|---|---|---|---|---|---|---|---|---|---|---|---|
| | | | | | | | | 合计 | 建房补助费 | 生活补助费 | 家具炊具补助费 | 学习医疗费 | 探亲路费 | 其他 | 业务费 | | 应建数 | 已建数 |
| (3) 国营农牧场 | 1 771 | 70.84 | | | | | | 82.5 | 43.3 | | | | | 39.2 | | | | |
| (4) 牧区 | 60 | 4.2 | | | | | | 5 | | 3 | | 0.5 | 0.5 | 1 | | | | |
| (5) 知青业务费 | | | | 70 | | | | 113 | | | | | | | 113 | | | |
| 二、上年补助 | | | | | | | | 152 | | 123.4 | | 7.5 | | 21.1 | | | | |
| 三、城镇居民下乡补助费 | 1 930 | | | | | | | 41.6 | | | | | | 41.6 | | | | |

表 1-15 1976—1978 年各地知青安置费审核情况表

单位:人,万元

| 项 目 地 区 | 1976—1978 年拨款情况 | | | | 已拨经费中含衣机补助费 | 扣除衣机补助费后多拨(+)或欠(一) |
|---|---|---|---|---|---|---|
| | 下乡人数合计 | 应拨安置费 | 已拨经费 | 多拨(+)少拨(一) | | |
| 合　计 | 86 064 | 3 960.15 | 4 424 | +458.55 | 765 | -591.5 |
| 乌鲁木齐市 | 8 580 | 384.8 | 386 | +1.2 | 80 | -19 |
| 克拉玛依市 | 8 360 | 330 | 1 60 | -170 | 210 | -170 |
| 石河子市 | 9 762 | 444.5 | 465 | +20.5 | 210 | -189.5 |
| 伊犁自治州 | 18 298 | 857.1 | 1 017.5 | +160.4 | 130 | +30.4 |
| 博　州 | 1 161 | 54.55 | 67.5 | +12.95 | 5 | +7.95 |

| 项 目 地 区 | 1976—1978 年拨款情况 | | | | 已拨经费中含农机补助费 | 扣除农机补助费后多拨（＋）或欠（－） |
|---|---|---|---|---|---|---|
| | 下乡人数合计 | 应拨安置费 | 已拨经费 | 多拨（＋）少拨（－） | | |
| 昌吉州 | 9 043 | 423.9 | 575 | ＋151.1 | 70 | ＋81.1 |
| 吐鲁番地区 | 2 037 | 93.3 | 227 | ＋133.7 | 70 | ＋63.7 |
| 巴 州 | 7 066 | 327.4 | 274 | －53.4 | 25 | －28.5 |
| 克 州 | 962 | 42.5 | 73 | ＋30.5 | 5 | ＋25.5 |
| 喀 什 | 7 302 | 357.9 | 446 | ＋88.1 | 60 | ＋28.1 |
| 阿克苏地区 | 5 970 | 287 | 300 | ＋13 | 30 | －17 |
| 和田地区 | 2 798 | 138.4 | 226 | ＋87.6 | 40 | ＋47.6 |
| 哈密地区 | 4 725 | 224.2 | 207 | －17.2 | 40 | －57.8 |

## 三、表彰奖励

知识青年上山下乡后,经受了锻炼。1968—1978 年的 10 年间,全区下乡知青先后有 6 000 多人加入了中国共产党,5 万多人加入了共青团,4 万多人参加了各级领导班子。到 1977 年底,尚在农村的有 17.46 万人,其中有党员 1 675 人,团员 36 527 人,有 6 500 多人担任了民办教师、医生、拖拉机手、会计、保管员,成为农村的一支重要力量,同时,涌现出一批先进人物。1976 年 2 月,自治区党委在乌鲁木齐召开了首届上山下乡知识青年代表大会。会上自治区党委、自治区革命委员会表彰了在知识青年上山下乡运动中涌现出的 50 个先进集体和 103 名先进个人。1978 年,有十几名代表出席了全国知识青年工作会议。

## 四、处理迫害知青案件

1968—1977 年,全疆共发生迫害下乡知识青年案件 1 003 件,其中奸污女知青的案件占全部案件的 91%。迫害下乡知青的案犯中,干部(包括基层干部)占 40%。博乐县红旗公社原革委会副主任徐学斌,在 1972—1975 年中,利用职权奸污、猥亵、调戏女知识青年 10 名。石河子地区 141 团场原政委王歧岳,原团长郭苗文,原后勤处副处长王瑞才等,从 1970—1975 年,共奸污、猥亵女知识青年 30 人。使受害知识青年精神和身体受到极大摧残。受害知青中,有的被迫自杀,有的被逼疯,广大知青家长极为愤慨,要求政府予以严惩。自治区公安、知青工作部门非常重视,对罪犯进行了严肃处理。1977 年 6 月,自治区党委和革委会召开了处理迫害上山下乡知识青年案件座谈会,对迫害知青案件的处理工作进行了检查督促。自治区党委副书记贾那布尔到会讲了话。会后,自治区公安、司法部门加强了对迫害知青案件的处理工作,到 1977 年底,共处理 698 起,打击罪犯(包括逮捕拘役)958 人,严厉打击了奸污迫害下乡知识青年的犯罪分子。同时,自治区加强了对上山下乡知青工作的领导,从管理制度方面采取了一些措施,对下乡知青以集中安置为主,每年派出近千名带队干部,以加强管理教育工作,从政治上、生活上予以关心和帮助。

**表 1-16　1971—1980 年自治区知识青年上山下乡会议召开情况**

| 会议名称 | 召开时间 | 参加人数 | 参加人员 | 会议主要内容 | 开会地点 |
|---|---|---|---|---|---|
| 自治区下乡知识青年再教育工作会议 | 1971 年 1 月 8 至 17 日 | | 地州市县革委会领导,农牧场代表,下乡知青,贫下中农代表 | 交流再教育工作经验,检查总结再教育工作中存在的问题提出改进办法和措施 | 伊　宁 |
| | 1971 年 2 月 9 至 25 日 | | 地州市县革委会领导,农牧场代表,下乡知青,贫下中农代表 | 交流再教育工作经验,检查总结再教育工作中存在的问题提出改进办法和措施 | 阿克苏 |
| 自治区知识青年上山下乡工作会议 | 1973 年 10 月 6 日 | 400 | 地州市县知青,部门负责人、知青代表,军区、兵团领导 | 学习贯彻中央 21 号、30 号文件,贯彻全国知青工作会议精神,检查自治区知识青年上山下乡工作,总结交流经验,并提出贯彻全国知青会议措施 | 乌鲁木齐 |

| 会议名称 | 召开时间 | 参加人数 | 参加人员 | 会议主要内容 | 开会地点 |
|---|---|---|---|---|---|
| 自治区知青工作会议 | 1975 年 7 至 18 日 | 96 | 地州市主管知青工作的领导,知青办负责人,贫下中农代表、带队干部代表、知青代表 | 贯彻落实中央(1973)30 号文件精神,研究 1975 年城镇中学毕业生动员安置工作和一些政策性问题 | 乌鲁木齐 |
| 自治区首届上山下乡知识青年代表大会 | 1976 年 2 月 17 至 27 | 825 | 下乡知青代表、回乡知青代表、先进集体代表、知青家长、地州市负责人、安置单位、动员单位代表 | 总结交流工作经验,表彰先进个人和先进集体 | 乌鲁木齐 |
| 自治区知青工作会议 | 1979 年 7 月 9 日 | 232 | 地州市县负责同志,各级知青办负责人、计划、劳动部门负责人,下乡知青代表,部队代表 | 贯彻全国知青工作会议和中发〔1978〕74 号文件精神,总结知青工作经验,研究统筹解决知青问题的具体措施 | 石河子 |
| 自治区知青场队经验交流会 | 1979 年 12 月 6 至 15 日 | 110 | 地州市县知青办负责同志,37 个知青场队代表 | 传达中央领导同志关于知识青年上山下乡的讲话和全国安置下乡知青经验交流会精神,总结交流自治区办好知青场队的经验,研究今后措施 | 乌鲁木齐 |

# 第四节  回 城 安 置

截至 1973 年,自治区城镇下乡知识青年中,先后因招工、升学、参军、提干等离开农村的有 25 979 人,还有少数知识青年因照顾家庭困难和其他原因被批准迁回城镇。从 1974 年开始,国家每年给自治区下达专项招工指标,招收对象是下乡劳动锻炼满二年以上的知识青年。招收办法是,由知识青年评议,所在社队推荐。到 1978 年 5 月,全疆共招收下乡知识青年 15.8 万人,约占下乡知识青年总人数的 61%。1980 年 5 月 23 日,自治区人民政府批转了自治区计委《关于下达专项劳动指标妥善安置 1976 年以前下乡知青就业问题的请示报告》,对 1976 年以前下乡尚未回城的 1 万余名知青下达了专项劳动指标,解决其回城就业问题。回城就业条件是:1976 年以前上山下乡的,本人身体健康,拥护党和社会主义。回城以后,由本地区、本系统、本单位安置。不限年龄,不规定男女比例,不进行文化考试。但对无故不服从分配的,不予招收。对已婚知青的安置,视具体情况进行,如知青与知青结婚,可安排在社队企业,也可安排在城镇;知青与城镇职工结婚的,一般可安排到配偶所在城镇;知青与国营农牧场职工结婚的,可安排在配偶所在场队;知青与农民结婚的,一般不再安置,但对其实际困难要积极设法解决。文件还规定,对于已安置的已婚女知青,其子女可以随迁。到 1981 年,自治区 1976 年以前下乡知识青年的返城安置基本结束。同年 6 月,自治区人民政府批转了自治区计委、劳动局、知青办《关于解决下乡插队知青问题的报告》,对 1978 年以前(含 1978 年)下乡的未婚知青、下乡知青之间结婚的、知青与城镇职工结婚的,允许将户粮关系转回城镇,凭知青部门证明,公安、粮食部门予以落户、供粮。同时还规定符合下列条件之一者,可由父母所在单位(或街道)和当地知青部门共同提出名单,报自治区知青办审核汇总后,由自治区计委下达专项劳动指标,当地劳动部门按规定办理招收录用手续,由知青父母所在单位或系统进行安置:一、未婚知青兄弟姐妹无在全民所有制单位工作的;二、下乡知青之间结婚的,夫妻双方可安排一个;三、劳动表现突出,受过公社以上单位表彰奖励的;四、下乡以来平均每年在农村劳动出勤150天以上的;五、爱国知名人士的子女。对在1979年以后下乡插队的知青,一般由知青部门集中安置到知青场队,如果其父母所在单位同意,也可以将他们的户粮关系转回城镇参加知青合作社或自谋职业;与农民结婚的下乡知青,本着"就地就近安排有固定收入工作"的原则,在当地县、社企业和县办国营农、林、牧、渔场安置;担任民办教师和供销、商业网点代销员等职的,如有转正指标,予以转正;个人自愿开业和扎根农村的,除按规定给本人发给300元建房费外,还可根据其生活困难情况,予以适当补助,但不得超过1 000元。1982年底,自治区对1979年以前下乡插队的城镇知识青年,通过回城和其他安置方式,基本上都解决了就业问题。　　（第一篇第三章《城镇知识青年上山下乡》,第70—83页）

1973—1976年,自治区社会招工的对象是:按规定留城的中学毕业生、已下乡的独生子女和多子女家长身边无人照顾的子女,以及中国籍的外国人子女;经过劳动锻炼两年以上的城镇上山下乡知识青年;矿山井下、野外勘探、森林采伐、盐业生产、高山养路5个行业的职工子女;经过劳动锻炼两年以上的回乡少数民族知识青年和复员退伍军人。在招工中,自治区结合各年度的招工人数,规定了招收少数民族职工和女职工的比例,每年度招收少数民族职工要占总招工人数的30%—50%。招工审批手续是:1.属于上山下乡知识青年的招工对象应由贫下中农(牧)、带队干部、知识青年共同评议推荐,公社革委会审查签署意见,招工单位和县(区)劳动部门同意,地州市劳动部门批准办理录用手续;2.城镇持有免予上山下乡证明的招工对象,应经街道委员会、家长工作单位的主管部门共同评议推荐,县(区)劳动部门审查签署意见,招工单位同意,地州市劳动部门批准办理录用手续。……

1977年,自治区劳动局、计划委员会、粮食局、知青办以及乌鲁木齐市劳动局共同组成招工领导小组,研究确定招工中的政策和原则,统一安排招工计划,统一录取分配。统一招工的原则是:先城市、后农村,在用工地区就近招收和有利于对按政策规定享受照顾者的安置;有利于城镇知识青年上山下乡进行统筹安排;在招工中尽量多招收少数民族人员,原则上不能少于招工总人数的50%。招工对象是:用工地区城镇免于上山下乡的留城知识青年;矿山井下、野外勘探、森林采伐、盐业生产、高山养路5个特定行业的职工子女;农村少数民族回乡复员军人和回乡劳动锻炼两年以上的少数民族知识青年。自治区招工领导小组为推行社会统一招工办法,在重工业局、机械局、建工局、轻工业局、商业局、粮食局、石化局、外贸局、供销社等9个驻乌鲁木齐地区的部门进行了试点,1978年开始在全区普遍推广。

1979年后,为了适应社会主义建设的需要,对劳动力的招收制度进行改革,社会统一招工的原则、对象、条件、录取办法等都有新的规定。招工原则是统筹兼顾，全面安排；自愿报名、公开招收，德智体全面考核，择优录用；先城市后农村，严格控制招收农民，就近安排；同等条件下择优录用少数民族人员。1979—1981 年，招收经过两年以上锻炼的上山下乡知识青年；中学毕业两年以上的未婚知识青年；家庭生活困难家长又无参加工作的子女（但不能招收应届毕业生）；5 种特定行业的职工可招收一名符合条件的子女。1982—1985 年，招工对象放宽，属于城镇户粮关系未婚的历届和应届城镇中学毕业生、各少数民族未婚待业青年都可以报名。招工对象须是政治思想好、身体健康、具有初中以上文化程度的未婚男女青年，年龄一般在 16—22 周岁，上山下乡知识青年可放宽到 25 周岁，特殊情况可放宽到 28 周岁。从 1979 年起，招收新工人均须进行德、智、体全面考核。

（第二篇第三章《工人的招收录用》，第 123—124 页）

1975 年 11 月，自治区劳动局发出通知，允许各国营企事业单位对本年度的自然减员进行顶替补充。补员范围、条件是当年退休职工家庭生活确有困难的允许招收其家居城镇的（包括上山下乡青年）符合用工条件的子女 1 名。

（第二篇第三章《工人的招收录用》，第 126 页）

1975—1979 年，自治区劳动部门将一部分全民所有制单位的减员指标，用于解决家庭生活有困难的职工子女或符合招工条件的上山下乡知识青年，以及留城知识青年的就业。

（第二篇第三章《工人的招收录用》，第 128 页）

1972—1976 年，自治区规定技校招生对象为经过一至两年劳动锻炼，具有初中以上文化程度的未婚上山下乡知识青年。

1978—1981 年，技校的招生对象是有城镇户口的 15—22 周岁的应届高、初中毕业生和具有同等文化程度的城镇待业青年，以及上山下乡的知识青年，不招收国营农、林、牧、渔场（劳改农场）及农村的高、初中应届和历届毕业生，也不招收复员回乡、回场和其他有职业的青年。

（第三篇第一章《技校培训》，第 163 页）

1979 年 5 月，自治区对国营农牧场（团）已婚的知识青年职工探亲问题作出规定。凡由城镇统一分配到国营农牧场（团）下乡已婚知识青年职工，与父母分居两地的，可以享受 3 次探亲假待遇，每次探亲的间隔时间不少于 5 年。已享受过 3 次探亲假的，今后不再享受 10 年一次探望父母的探亲假。

（第五篇第四章《职工探亲》，第 383 页）

1973 年 8 月 15 日，根据工作需要，自治区革委会决定撤消自治区革委会计划局，分别恢复自治区计划委员会、自治区劳动局，成立自治区知识青年上山下乡工作办公室（以下简称知青办)。知青办列厅级单位,下设行政秘书处、动员安置处、宣传教育处。

(第七篇第一章《自治区劳动管理机构》,第 466 页)

1979 年 10 月 30 日,自治区人民政府决定,自治区知识青年上山上乡工作办公室与自治区劳动局合署办公,保留知青办动员安置处、综合处。

(第七篇第一章《自治区劳动管理机构》,第 466 页)

1982 年 2 月,报经自治区人民政府批准,自治区劳动局社会劳动力管理处与原知青办保留的动员安置处合并,成立劳动就业处。至此,有关上山下乡知识青年返城就业安置,由自治区劳动局负责。 (第七篇第一章《自治区劳动管理机构》,第 466 页)

1973 年,根据党中央规定,自治区党委决定成立自治区党委知识青年上山下乡工作领导小组。自治区革委会副主任刘星任组长,沈少星、林忠、铁木尔·达瓦买提、祁果任副组长,哈吉也夫、薛光、周健、司马义·买合苏提、惠奋、阿比提·吾守尔为领导小组成员。领导小组下设自治区知识青年上山下乡工作办公室,惠奋任主任,阿比提·吾守尔、张生才、文林任副主任。领导小组主要负责组织高、初中毕业生上山下乡接受贫下中农再教育和大、中专毕业生分配。 (第七篇第二章《自治区非常设劳动工作领导机构》,第 481 页)

1981 年 4 月,自治区人民政府决定,自治区党委知识青年上山下乡工作领导小组改名为自治区党委知识青年工作领导小组,自治区副主席宋致和任组长,铁木尔·达瓦买提、张思明、巴贷、贾那布尔任副组长,毛乃舜、冯士义、托乎提·艾力、惠奋、王礼荃、薛光、努尔提也夫、王殿俊、沈月华、谢玉田、迪牙尔、刘跃明、林夫、郭应奎、何德尔拜、安定一、朱家胜为领导小组成员。 (第七篇第二章《自治区非常设劳动工作领导机构》,第 481 页)

# 《新疆通志·群众团体志·共青团》

新疆维吾尔自治区地方志编委会、《新疆通志·群众团体志·共青团》编纂委员会编,新疆人民出版社 2006 年

(1968 年)4 月 3 日,《新疆日报》转载上海《文汇报》2 月 23 日社论:《回新疆去战斗》,号召离疆返沪的上海支边青年回新疆去,为人民立新功。 (《大事记》,第 50 页)

(1969 年)2 月 3 日,自治区革命委员会召开"热烈欢送乌鲁木齐地区首批革命知识青年到农村落户"大会。2 000 多名高、初中毕业生响应毛主席的伟大号召,到农村安家落户,接

受贫下中农再教育。

5月3日，在"五四"运动50周年到来之际，乌鲁木齐地区的厂矿企业、人民公社、机关、学校等各条战线上的知识青年，热烈欢呼毛主席《青年运动的方向》重新发表，欢呼《人民日报》、《红旗》杂志、《解放军报》重要社论《五四运动五十年》的发表，并进行了讨论和座谈。

7月7日，乌鲁木齐地区第二批高中、初中毕业生开始陆续到农村安家落户。

（《大事记》，第50页）

（1970年）6月2日，乌鲁木齐市当年首批上山下乡知识青年奔赴农牧区插队落户，接受贫下中农再教育。

6月22日，自治区召开"进一步做好上山下乡知识青年工作"电话会议。一年多来，自治区已有10余万各族知识青年，奔赴天山南北，到广阔的农村牧区安家落户。自治区党委第一书记赛福鼎·艾则孜在电话会上讲话。

12月12日，自治区革委会召开大会，欢送新疆首批工农兵大学生180人去上海复旦大学、同济大学、华东师范大学学习。 （《大事记》，第50页）

（1971年）12月22日，自治区革委会给各地上山下乡知识青年发出慰问信：祝贺他们所取得的成绩，希望他们再接再厉，在建设社会主义新农村的伟大斗争中更加朝气蓬勃地前进。

（《大事记》，第51页）

（1972年）3月11日，乌鲁木齐地区22所中等学校3 000多名应届毕业生陆续奔赴农村、牧区接受贫下中农再教育。 （《大事记》，第51页）

（1973年）5月初，兵团10万名知识青年锻炼成长，已有2 000多人入党，2万多人入团，11 000多人当了干部、教师、技术人员和医务人员。 （《大事记》，第51页）

11月4日，兵团党委在乌鲁木齐举行大会，授予兵团103团二连知识青年周春山模范共青团员称号，追记一等功，并批准为烈士。

11月6—9日，自治区党委召开知识青年上山下乡工作会议，参加会议的有各地、州、市、县的负责人和自治区有关局及新疆军区、兵团有关人员、上山下乡知识青年代表共400多人。会议总结交流经验，检查存在的问题，研究统筹解决的办法。自治区党政军领导赛福鼎·艾则孜、杨勇、曹思明、刘星、宋致和等出席大会。宋致和在大会上讲话，刘星作了总结发言。

11月7日，自治区团委作出《关于在全区共青团员和各族青少年中开展向周春山同志学习活动的决定》。

12月22日,全疆已有25万名各族知识青年上山下乡,加上"文化大革命"前到兵团的10万支边青年,共达35万人。

12月26日,自治区党委、自治区革委会给上山下乡知识青年发出《慰问信》,要求各族知识青年树雄心立壮志,扎根农村,向周春山学习,虚心接受贫下中农(牧)的再教育。

(《大事记》,第51—52页)

(1974年)3月12日,上海革命干部上山下乡学习慰问团抵达乌鲁木齐,向积极参加边疆社会主义革命和建设的上海知识青年学习和慰问。自治区党委、自治区革委会的领导曹思明、刘星、司马义·艾买提和自治区团委领导及500多名上海知青到车站欢迎。

(《大事记》,第52页)

(1975年)7月22日至9月13日,天津慰问知识青年代表团对在新疆工作的近万名知识青年进行慰问,先后在乌鲁木齐、石河子、昌吉、喀什、伊宁等地看望了知识青年,受到了热烈欢迎。 (《大事记》,第54页)

(1975年)11月28日,自治区和乌鲁木齐市总工会,贫协(筹)、团委、妇联、知识青年上山下乡工作办公室联合召开大力支持农业,为普及大寨县作出新贡献誓师大会。3 000多名各族工人、贫下中农(牧)妇女和青年代表参加大会。自治区党委书记张世功、自治区革命委员会副主任胡良才、杨立业及自治区和乌鲁木齐市总工会,贫协(筹)、妇联、团委和知青办的负责同志出席大会,自治区党委书记张世功在会上讲话,自治区团委书记努尔提也夫也在会上讲话。 (《大事记》,第54页)

(1976年)2月17—21日,自治区首届上山下乡知识青年代表大会在乌鲁木齐举行。会议听取了宋致和代表自治区党委和自治区革委会所作的题为《以阶级斗争为纲、坚持上山下乡的正确方向、保卫和发展无产阶级文化大革命的胜利成果》的报告,表彰了在上山下乡运动中做出显著成绩的36个先进集体和90名先进个人。大会通过了给全疆上山下乡、回乡知识青年的倡议书和给伟大领袖毛主席的一封信。 (《大事记》,第54页)

(1977年)1月19日,自治区党委、自治区革委会发出《给全区各族上山下乡和回乡知识青年的慰问信》。 (《大事记》,第55—56页)

9月6日,乌鲁木齐市首批下乡的1 300名应届高中毕业生到农村、牧区接受再教育,自治区党政领导汪锋、刘震、宋致和、张世功和乌鲁木齐市的领导同志以及10万名群众热烈欢送。 (《大事记》,第56—57页)

（1978年）1月1日，自治区党委、自治区革委会发出《给全区上山下乡、回乡知识青年的慰问信》。

（《大事记》，第57页）

12月8日，《新疆日报》以《舍身抓逃犯，壮歌震天山》为题，报道了模范共青团员、优秀知识青年赵诚舍身同敌人搏斗的英雄事迹。

（《大事记》，第59页）

（1979年）3月8日，《新疆日报》发表自治区团委副书记、上海知青杨永青给王任重副总理要求重返农业建设岗位的信，并配发了《艰苦奋斗，献身四化》的短评。

（《大事记》，第59页）

4月7日，自治区团委召开大会，欢送自治区团委副书记杨永青重返农业第一线，乌鲁木齐地区的基层团干部、团员和青年代表200余人参加会议，自治区党委常委、革委会副主任兼自治区团委党组书记、团委书记阿木冬·尼牙孜到会讲话，自治区团委副书记王殿俊主持会议。

（《大事记》，第59页）

7月24日，自治区知识青年工作会议在石河子召开，出席会议的代表有各地、州、市、县的领导及有关部门的负责同志共252名。会议研究讨论当前知识青年工作，部署了今后的任务，自治区党政领导宋致和、张思明出席会议并讲话。

（《大事记》，第61页）

10月24日，自治区团委召开"新长征突击手"命名表彰大会。大会作出《关于命名、表彰新长征突击手（队）的决定》，命名杨永青等6人为新长征突击手标兵，莎车县三公社六大队青年科研队等5个单位为新长征突击队红旗；表彰649名新长征突击手，26个新长征突击队，并分别颁发奖旗、奖状、奖章和奖品，自治区党委书记张世功到会作重要讲话。

（《大事记》，第62页）

（1980年）2月11日，自治区党委、自治区人民政府发出《给全疆上山下乡知识青年的慰问信》。

（《大事记》，第62页）

1968年，知识青年上山下乡接受贫下中农的再教育。1973年11月，自治区党委召开知识青年上山下乡工作会议。自治区团委贯彻工作会议精神，加强对上山下乡知识青年的教育工作，表彰刻苦学习毛主席著作的积极分子，抓党的基本路线教育；进行理想前途教育；批判资产阶级世界观，树立远大的共产主义理想。……1978年，贯彻党的"十一"大和全国五届人大精神，在青少年中开展新时期总任务教育；向模范共青团员、优秀知识青年赵洪学习。

（第四篇第二章《青农工作》，第379页）

## 周春山

周春山,男,汉族,1946 年出生。1965 年从天津支边来疆。在新疆工作的 8 年时间里,他立志务农,艰苦磨炼,与农场各族职工心心相印,建立了水乳交融的感情。在身患白血病以后,他放弃了在天津治疗的机会,毅然返回新疆,坚持在农业生产第一线,甘为军垦事业而献身,最后心力交瘁,牺牲在工作岗位上,年仅 27 岁。

1965 年,周春山高中毕业,被分配到一〇三团农业二连当农工,他干的是普普通通的农活,可他把自己所从事的工作看成是磨炼自己意志的最好机会,向祖国和人民贡献青春的最好战场。他虚心向老军垦战士学习农业生产技术,不断用老一辈军垦战士的先进模范事迹激励自己,使自己早一天成为军垦农场合格的接班人。周春山在农场的头一年,样样农活拿得起,放得下,老职工个个竖起大拇指,"春山这孩子,真是咱农场的娃"! 年底,周春山被评为团"优秀支边青年"。

正当周春山在人生的道路上意气风发前进的时候,1968 年春天,他突然病倒了,经医院诊断,他得的是白血病。农场领导和职工群众闻讯后,焦急万分,派专人护送他到天津专科医院治疗。

"不治之症",这对于一个正在成长的青年人说来,确实是个晴天霹雳。面对死神的挑战,周春山想了很多、很多。他想:自己的人生道路刚刚开始,还未来得及为党和人民贡献出青春和才华,生活对自己真是太残酷了。但是,人的一生有长有短,为自己而活着,纵然是长命百岁,也是虚度的一生;为人民,为他人活着,即使是几天,几个小时,自己也死而无憾。想到这里,他心里十分坦然。他不顾医院和家人的劝阻,毅然离开天津,返回了一〇三团。

周春山以顽强的毅力同病魔斗争,以旺盛的精力和乐观豁达的态度,对待生活,面对死神。支边 8 年,他连年受上级表彰,他的事迹报纸上登过,电台上播过,一〇三团及农六师几乎家喻户晓,可他从不居功自傲,总是那样谦虚谨慎。他专门建立了两本记事簿,记载二连涌现出来的好人好事,并及时利用连队的黑板报热情宣传这些先进事迹,同时也鞭策自己前进。他在日记中写道:"为自己活着,虽生犹死,为他人活着,青春永驻。"周春山就是这样,为了社会主义建设事业,耗尽了生命的最后一滴血。

1973 年 5 月 9 日,周春山像往常一样,提着马灯,扛着铁锹,巡视在渠堤上。干渠水量已达最大限量,水面离堤面只差十几厘米。周春山借着灯光,一步一步地检查着堤面。突然,他听到一阵哗哗的流水声。跑过去一看,有段堤面地势比较低,渠水漫过堤面涌出来了。周春山忘记了班长的叮嘱,立即跳下渠堤,挖土往上甩。渠堤太高,土甩不上去,他就一锹一锹地往上端。不一会儿汗水就把全身的衣服湿透了,周春山觉得心脏剧烈地跳动,气力在一点一点地减弱,突然眼前一黑,就晕了过去,拍堤的河水声把春山惊醒,他慢慢地睁开双眼,艰难地爬起来,又端起一锹土……从半夜 3 点到清晨 7 点,周春山一直不停地端呀端呀,把一锹锹的土从堤下搬到堤面。水堵住了,渠道脱险了。当同志们来接班时,他已经没有力量走回连队了。大家含着眼泪把他送进了医院。但由于内脏和大脑血管均已破裂出血,抢救无效。1973 年 5 月 21 日凌晨 2 时,周春山不幸逝世。新疆维吾尔自治区人民政府批准授予周春山"革命烈士"称号。

**赵诚**

赵诚,男,1957 年出生在乌鲁木齐一个工人家庭。父亲是老党员,又是单位的老治保委员。早在求学时代,他就 3 次帮助解放军捉拿逃犯。1976 年高中毕业以后,组织上考虑他体弱多病,让他留在城里待业,但他却谢绝这种照顾,毅然于 1977 年 11 月到乌鲁木齐县东风公社小渠子大队天山生产队插队落户当社员。由于他刻苦学习、积极劳动、乐于助人,不到半年,就被评为生产队和大队的劳动模范。

1978 年 8 月 7 日晚,3 名持枪越狱的逃犯路经他所在的生产队,被他的慧眼识破。在盘问扭送过程中,逃犯凶相毕露,向与他们展开殊死搏斗的赵诚连开 3 枪。越诚倒在血泊之中,仍高呼捉拿罪犯。

根据赵诚同志生前要求和他的一贯表现,中共乌鲁木齐县委追认他为中国共产党正式党员。

为了表彰他的英雄事迹,自治区团委、自治区知青办和乌鲁木齐市团委、市知青办分别授予他"模范共青团员"和"优秀知识青年"光荣称号。

(第八篇第一章《青年英烈传略》,第 508—509 页)

**荣获全国新长征突击手个人一览表①**

| 获奖时间 | 姓　名 | 单位及职务 | 备注 |
| --- | --- | --- | --- |
| 1979 年 | 杨永青 | 农八师石河子垦区一四五团场知青、自治区团委副书记 | 标兵 |

(第八篇第二章《国家级先进集体和个人》,第 536 页)

# 《新疆通志·群众团体志·妇联》

新疆维吾尔自治区地方志编纂委员会、《新疆通志·群众团体志·妇联》编纂委员会编,新疆人民出版社 2007 年

(1973 年)11 月 15 日,自治区妇联发出《关于做好女知识青年上山下乡工作的意见》,要求各级妇联把落实党对上山下乡知识青年政策作为妇女工作的一项重要任务,加强对女知识青年的思想政治教育。

(《大事记》,第 23 页)

---

① 本表内容为节选。——编者注

# 《新疆通志·公安志》

新疆维吾尔自治区地方志编纂委员会、《新疆通志·公安志》编纂委员会编,新疆人民出版社 2004 年

(1974 年)5 月,在乌鲁木齐国际机场施工的兵团工建师五团再教育知青与机场警卫发生争执,百余人冲击营房,1 人遭枪击死亡、2 人受伤。次日,千余知青冲击警备区和新疆军区,在市区游行、静坐、绝食达一星期之久,后经有关部门做工作平息。(《大事记》,第 61 页)

(1977 年)6 月 23 日—7 月 1 日,自治区公安局、法院、知青办联合组织的处理迫害下乡知识青年案件工作座谈会在乌鲁木齐市召开。据不完全统计,全区共发生迫害上山下乡知识青年案件 1 003 起,91%为奸污案件。已对 836 起案件进行查处,打击处理 886 人,其中判处死刑 9 人。 (《大事记》,第 63 页)

是月(1979 年 8 月),阿克苏地区上海支边青年 69 人来乌鲁木齐集体上访,并拟赴京上访,在有关部门多方劝阻无效的情况下,根据国务院指示和自治区革委会批准,乌鲁木齐市公安局将上访人员遣返阿克苏。 (《大事记》,第 64 页)

(1980 年)12 月 26 日,经国务院批准,阿克苏地区公安局将"上青联"总部的欧阳联[①]等 9 名为首分子依法逮捕,将 43 名骨干分子收审,平息部分上海支边青年为迁回原籍自 1979 年 2 月以来的闹事。 (《大事记》,第 65 页)

## 阿克苏地区上海支边青年请愿事件

1979 年 8 月,阿克苏地区上海支边青年 69 人来乌鲁木齐集体上访,并拟赴京上访,在有关部门多方劝阻无效的情况下,根据国务院指示和自治区革委会批准,乌鲁木齐市公安局将上访人员遣返阿克苏。

阿克苏地区农垦团场部分上海支边青年为了返回原籍,从 1979 年 2 月至 1980 年 12 月,闹事时起时伏。1980 年 11 月 8 日至 12 月 25 日闹事高峰时,各团场 7 000 余名上海支边青年集结到阿克苏市城区,强占地委和农一师领导机关,围攻、绑架、扣留领导干部,冲击监狱和政法机关,静坐绝食,阻塞交通,造成 2 人死亡,经济损失 140 余万元。经国务院批准,阿克苏地区公安局于 1980 年 12 月 26 日将"上海支边青年联合会"总部的欧阳联[②]等 9 名为首分子依法逮捕,将 43 名骨干分子收容审查,彻底平息闹事。

(第五篇第四章《处置各类聚众闹事、骚乱事件》,第 382 页)

---

[①][②] 应为欧阳琏。——编者注

# 《新疆通志·审判志》

新疆维吾尔自治区地方志编纂委员会、《新疆通志·审判志》编纂委员会编，新疆人民出版社 1993 年

(1973 年)8 月 25 日，自治区高级法院向所属各级法院下发《关于认真贯彻中央(73)30 号文件，坚决打击破坏知识青年上山下乡的犯罪活动的通知》。　　　　(《大事记》，第 34 页)

(1977 年)6 月 23 日—7 月 1 日，自治区公安局、自治区高级法院、知识青年办公室在乌鲁木齐市联合召开处理迫害上山下乡知识青年案件工作座谈会，参加 70 余人。会议报告指出，据不完全统计，全疆自 1973 年以来发生此类案件 1 003 起，已处理 860 起，打击犯罪分子 886 人。　　　　(《大事记》，第 35 页)

# 《新疆通志·机械电子工业志》

新疆维吾尔自治区地方志编纂委员会、《新疆通志·机械电子工业志》编纂委员会编，新疆人民出版社 2000 年

(1975 年)3 月 15 日，为加强对知识青年上山下乡工作的领导，机械局成立知识青年上山下乡领导小组，副局长李有衡任组长，各企业成立上山下乡知识青年办公室。

　　　　(《大事记》，第 32 页)

(1981 年)10 月 12—14 日，机械局召开首届知青工作会议，黄铭副局长主持会议。1980 年以前，全局共安置待业青年 2 592 人，自然减员补员 1 311 人，尚有 1 409 人待安置就业，各厂知青社已安置 803 人，安置率占 58％，1981 年新增毕业生 670 人，全系统尚需安置 1 276 人，全局共派干部和老工人 67 人，加强对知青工作的领导，各知青社自有资金达 28.8 万元。　　　　(《大事记》，第 38 页)

# 《新疆通志·民政志》

新疆维吾尔自治区地方志编纂委员会、《新疆通志·民政志》编纂委员会编，新疆人民出版社 1992 年

经中共中央和国务院批准，1963 年 7 月—1966 年 10 月，新疆生产建设兵团分别从北京、上海、天津、武汉 4 市和江苏、浙江 2 省接运并安置支边青壮年 126 700 人。后因国家调

整安置政策,通过知青转点、顶替、工作调动、退职等途径有 85 500 人先后返回原籍,其中因顶替或知青转点返回原籍的有 35 500 人。截至 1985 年底,继续在兵团参加社会主义建设的支边青壮年共计 41 200 人,他们的分布状况是:

北京市 3 100 人,分布在农二师、农三师、自治区建工局、兵直 221 团。

上海市 30 000 人,分布在农一师的有 11 500 人,农二师的 5 900 人,农三师的 1 600 人,农四师的 1 500 人,农五师的 600 人,农六师的 500 人,农七师的 800 人,农十师的 700 人,乌鲁木齐地区及兵团直属单位的 3 300 人。

天津市 3 100 人,分布在农五师、农六师、农十师及石河子地区。

武汉市 2 300 人,分布在农四师、农七师及石河子地区。

江苏省 1 300 人,分布在农一师、农三师、农六师及和田地区。

浙江省 1 400 人,分布在农三师、农四师及石河子地区。

(第四篇第三章《支边青壮年安置》,第 125 页)

# 《新疆通志·综合经济志》

新疆维吾尔自治区地方志编纂委员会、《新疆通志·综合经济志》编纂委员会编,新疆人民出版社 2006 年

(1981 年)6 月 9 日,自治区人民政府批转自治区计委、劳动局、知青办《关于解决下乡插队知青问题的报告》。从此,1978 年以前下乡的知青,允许其户粮关系转回城镇。

(《大事记》,第 54 页)

1980 年国家安排自治区全民所有制增人指标 4.2 万人,安排全区城镇待业人员 12 万多人,从知青中招收职工 2 万人,教育部门招收职工 2.4 万人。

(第三篇第二章《计划编制与执行》,第 490 页)

1971 年 11 月,自治州(伊犁哈萨克自治州)革命委员会大中专毕业生分配办公室更名为自治州革命委员会知识青年上山下乡接受贫下中农再教育办公室(简称知青办),由州计划局分管,配备工作人员 7 人,高凤友(军队干部)、商庆典任办公室副主任。

……

1979 年 9 月,知识青年上山下乡接受贫下中农再教育办公室与自治州革委会计划委员会劳资处合并,成立自治州革命委员会劳动局,从州革委会计委序列中划出。

(第四篇第二章《地、州、市计划工作机构、队伍》,第 594—596 页)

# 《新疆通志·林业志》

新疆维吾尔自治区地方志编纂委员会、《新疆通志·林业志》编纂委员会编,新疆人民出版社
2002 年

1966 年全国林业工作会议提出"林粮结合,多种经营"的方针,使林业企业的农副业生产得到新的发展,充分利用自然资源,大搞多种经营。不少林场纷纷成立家属"五·七"队和知青队,林场家属和知识青年成为林业企业开展多种经营的主力军,投入农副业生产,增加了农副业产品的品种和质量,满足了职工生活和林场生产的需要。

(第三篇第二章《封禁育林及多种经营》,第 257 页)

林场的家属,知识青年是建设社会主义新林区的重要力量,他们组成的"五七"队和"知青队"都属于集体所有制,在全民所有制的林业企业领导下,实行单独核算,成为林业经济的补充和发展,是林业经济的重要组成部分。

(第三篇第二章《封禁育林及多种经营》,第 258 页)

到 1978 年,自治区林业企业中已有集体所有制单位 42 个,从事农副业生产人数 2 643 人,从事工业生产人数 155 人,其中知识青年 648 人。

(第三篇第二章《封禁育林及多种经营》,第 259 页)

据自治区林业厅劳动服务公司统计,到 1985 年 3 月,林业系统 45 个全民企事业单位中,已成立 18 个劳动服务公司 26 个知青社队,兴办了地毯、刺绣、木器加工、印刷、啤酒、建筑、维修、运输、商店、饭店、旅馆、理发、造林、种植、养殖等 100 多个生产服务网点,公共积累达 184 万多元,累计上交管理费 4.2 万元,拥有固定资产 338.5 万元,上交税金 12.7 万多元。

(第三篇第二章《封禁育林及多种经营》,第 259 页)

# 《新疆通志·财政志》

新疆维吾尔自治区地方志编纂委员会、《新疆通志·财政志》编纂委员会编,新疆人民出版社
1999 年

(1974 年)1 月 10 日,自治区财政厅、知青办转发财政部《加强城镇知识青年上山下乡经费管理暂行办法》并颁布自治区的补充规定。 (《大事记》,第 61 页)

(1979 年)5 月 26 日,自治区知青办、财政局转发并执行国务院知青办、财政部《关于知

青经费管理使用暂行规定的通知》。 （《大事记》，第 65 页）

1971 年 10 月，经自治区革命委员会批准，在巴音郭楞州清水河"五七干校"，开办了自治区财会人员训练班，培训学员 150 名，其中自治区各局选送 50 名，乌鲁木齐市 50 名，各地州选送 50 名上山下乡知识青年，学习 4 个月，1972 年 2 月结业。后因训练班距离乌鲁木齐市路远，各方面诸多不便，办了一期即行停止。 （第四篇第一章《财政教育》，第 535 页）

# 《新疆通志·金融志》

新疆维吾尔自治区地方志编纂委员会、《新疆通志·金融志》编纂委员会编，新疆人民出版社 1994 年

1978 年 12 月，中共十一届三中全会以后，随着商品经济的发展，合作商店扩大经营，集体商店增加，特别是知青集体商业发展更为迅速。银行根据自治区的安排，大力支持兴办的为生产生活服务的集体商业，支持城镇待业青年广开就业门路，开设商业网点，方便群众，活跃市场。 （第五篇第二章《商业贷款》，第 382 页）

1981 年，自治区城乡个体商业、饮食业、服务业的网点达 17 824 个，银行本着"积极支持，慎重对待，适量贷款，管紧搞活"的原则，支持城镇个体经济发展，扩大知识青年就业。知青个体企业在开业 2 年内，贷款利率按月息 3.6 厘计息。个体户突破贷款限额，经县（市）支行行长批准即可。对有亏损的经营户不贷款。同年，继人民银行后农业银行开始发放个体商业贷款。支持农村集镇个体商业，促进了集市贸易的迅猛发展。

（第五篇第二章《商业贷款》，第 386 页）

从 1979 年开始，银行还对上山下乡知青农场和知青队发放了贷款。1984 年起对农场职工兴办的家庭农场发放了贷款。 （第六篇第一章《沿革》，第 395 页）

1981 年末，建分行请示自治区人民政府批准，停止开办挖革改零星贷款，用这笔资金开办自治区级扶持知识青年就业贷款，原切块给各地州市中心支行的贷款指标移作扶持知识青年就业贷款指标，并增拨贷款指标 150 万元，共 650 万元。

（第七篇第四章《固定资产投资贷款管理》，第 504 页）

1955 年以后，除总行分配上海银行学校学员 117 人、天津银行学校学员 30 人、苏州银行学校学员 65 人、保定银行学校学员 107 人、分配干部 30 人、支援新疆县支行行长级干部

30 人、分配复转军人 600 人外,其余人员都是新疆各分行和保险公司自己招收和大中专院校毕业分配的。

经自治区党委批准,新疆人分行于 1955 年在安徽招收 423 人,1956 年在广东招收 529 人,1964 年在天津招收 764 人,在上海招收 500 人(为在兵团建立银行机构,自治区党委批准新疆生产建设兵团在招收的上海支边青年中挑选 500 人),在河北、河南、山东招收 300 人。

(第十一篇第四章《干部管理》,第 666 页)

# 《新疆通志·粮食志》

新疆维吾尔自治区地方志编纂委员会、《新疆通志·粮食志》编纂委员会编,新疆人民出版社 2000 年

1964 年 3 月,全自治区执行粮食部规定,城市知识青年下乡途中和到达目的地后的第一个月,按每人每天 0.5 公斤发给粮票,从第二个月起到新粮收获前,由到达地粮食部门按当地社员平均吃粮水平供应。到国营农牧渔场(队)的知青,其口粮从到达后第二个月起,按所在场(队)职工及家属的口粮标准由场(队)解决,到缺粮场(队)的由国家供应。1980 年 7 月,自治区粮食局、自治区知青办《关于上山下乡知识青年粮食供应问题的联合通知》规定,上山下乡知青,下乡第一年每人每月供应成品粮 20 公斤,第二年由社队分配口粮,不足部分国家给予回销。1981 年 10 月,改为第二年按当地市镇居民定量标准供应,不足时由所在社队补差。

(第二篇第四章《农牧区计划销售》,第 186 页)

# 《新疆通志·统计志》

新疆维吾尔自治区地方志编纂委员会、《新疆通志·统计志》编纂委员会编,新疆人民出版社 2004 年

1980 年,人口统计年报在继续保留 1975 年人口统计年报的基础上又增加了 2 种表,共 9 种表,季报与 1975 年相同,表的部分指标与统计范围有所变化。增加的表有《非农业人口增、减情况》和《人口出生、死亡、自然增长情况统计》,主要指标有非农业人口增加原因(包括出生、迁入、招工、招生、职工家属投靠、随军家属、知青病困退、复员转业、释放解除劳教)、非农业人口减少原因(包括死亡、非农业人口迁出、上山下乡、服兵役、逮捕)、出生率、死亡率、自然增长率等。

(第四篇第三章《人口与劳动工资统计》,第 217—218 页)

《全民所有制单位固定职工增加来源和减少去向变动情况表》,设本年新增加和调入的固定职工人数合计数,并按来源分为从农村招收、从留城知青中招收统一分配的转复退军

人、统一分配的大中专技工学校毕业生、临时工转为固定工、城镇集体单位转入、国营农场安置的城镇知青等 13 项。为了适应编制和检查劳动计划的需要,在新增人员的总计下列出国营农场新增人数;为了观察上山下乡知青回城就业情况,在从农村招收人员项下列出上山下乡知青人数。

(第四篇第三章《人口与劳动工资统计》,第 222 页)

# 《新疆通志·标准计量志》

新疆维吾尔自治区地方志编纂委员会、《新疆通志·标准计量志》编纂委员会编,新疆人民出版社 2003 年

《1978—1985 年自治区计量事业发展规划纲要》将成立自治区计量测试学会提上议事日程。规划要求:1980 年以前成立自治区计量测试学会,团结组织本学科的科学技术工作者和工、农群众、知识青年中有创造发明或在科学实验活动中有一定成就的人员,发扬民主,开展学术活动,以促进本领域内科学技术的发展。

(第四篇第三章《学会 协作交流》,第 473 页)

# 《新疆通志·教育志》

新疆维吾尔自治区地方志编纂委员会、《新疆通志·教育志》编纂委员会编,新疆教育出版社 2006 年

(1963 年)8 月,自治区从北京、天津、保定、济南、徐州、南京、上海等地未升学的高中毕业生中选招 960 名,在新大及各地师范学校培训半年、一年或两年后,分配做小学和民族中学汉语教师。

(《大事记》,第 59 页)

(1968 年)12 月 22 日,《人民日报》发表毛主席关于"知识青年到农村去接受贫下中农的再教育,很有必要"的指示。由此,自治区也形成中学毕业生上山下乡的热潮,多年的高中、初中毕业生于 1970 年起相继下到农(牧)区接受贫下中农(牧)的再教育。

(《大事记》,第 64 页)

(1970 年)6 月 2 日,乌鲁木齐首批上山下乡知识青年奔赴农牧区。

(《大事记》,第 65 页)

(1975 年)10 月 24 日,自治区教育局、总工会、团委、妇联、知青办、文字改革委员会联合发出《关于进一步开展工农业余教育的通知》,提出要特别抓好上山下乡知识青年的业余教

育,大力扫除文盲。积极办好各种类型的业余教育,妥善解决好师资、教材、经费、设备等问题。

(《大事记》,第 69 页)

(1976 年)8 月 23 日,乌鲁木齐市高中毕业生 700 多人奔赴农村干革命。

(《大事记》,第 71 页)

(1980 年)自治区边境县 1.4 万名民办教师和非边境县 7 000 名民办教师转为公办教师。吸收 1 200 名符合条件的知识青年补充教师队伍。 (《大事记》,第 80 页)

(1968 年)12 月 22 日,《人民日报》发表毛泽东的最新指示:"知识青年到农村去,接受贫下中农再教育,很有必要。"从此,全区掀起了一个知识青年上山下乡的高潮,多年积压下的初高中毕业生(有相当一批初高中生没有上过一年课)分期分批地开往农村、牧区,参加农牧业生产劳动,接受农牧民的再教育。 (第一篇第三章《中学教育》,第 247 页)

1970 年,出现了各种形式的县、社办的"五七"学校。……回乡下乡知识青年参加学习,以知青为主体,在知青较为集中的队、点,创办业余大学或各种专业训练班,学政治,学农业技术。 (第五篇第三章《成人中等教育》,第 524 页)

1965 年 9 月,自治区教育厅在《1964 年冬及 1965 年春自治区农牧民业余教育工作总结》中,对业余教师的来源开辟了新的途径,总结指示:"去冬以来,各地普遍地挑选了一批政治思想好的知识青年,由县、社两级分别培训成新文字教师和业余教师。"

(第九篇第四章《成人教育教师》,第 690—691 页)

# 《新疆通志·广播电视志》

新疆维吾尔自治区地方志编纂委员会、《新疆通志·广播电视志》编纂委员会编,新疆人民出版社 1995 年

1979 年,新疆广播局为安置待业青年,成立知青办公室,1980 年改为知青联社,1982 年在知青联社基础上成立劳动服务公司。1985 年,劳动服务公司先后设立知青综合服务部、中山路无线电经销部、友谊电器经销部、胜利路家用电器经销部、光明路无线电联营经销部、电视台劳动服务公司、房产局小十字联营点等 7 个独立核算的商店和服务机构,主要经销广播电视设备和器材,并承担广播电视设备维修以及厅内房屋维修等服务项目。到 1985 年,营业总额 2 570 多万元,盈利 180 多万元;安置知识青年 207 人,对其中 117 人进行了无线

电、财会、打字、汽车驾驶等专业技术培训。

1985年，劳动服务公司就业人员121人，培训待业青年109人。

（第六篇第一章《直属机构》，第330页）

# 《新疆通志·体育志》

新疆维吾尔自治区地方志编纂委员会、《新疆通志·体育志》编纂委员会编，新疆人民出版社2002年

（1970年）10月24日，自治区革命委员会、新疆军区下发《关于选调、集训运动员的联合通知》，决定在学校、知识青年中选调人才，进行短期集训。通过集训，发现人才，充实体育专业运动队伍。

（《大事记》，第35页）

# 《新疆维吾尔自治区人民医院志》

新疆维吾尔自治区地方志编纂委员会、新疆维吾尔自治区人民医院志编纂委员会编，新疆人民出版社2004年

1982年，医院党委根据"国务院关于广开门路，搞活经济，解决城镇就业"有关政策，成立医院劳动服务社（知青社），安排待业青年58名（在卫生局知青点11名）。陈富勇兼任知青社主任，瞿光伍任副主任。1983年，医院劳动服务社共有待业青年47人，就业率达98%。

1984年8月，阚之俊任知青社主任，申吉利任副主任。1985年，全院共安排待业青年58人。1985年共安置青年58人。1986年，共安置知青32人。1987年，知青社有待业青年58人，其中当年安置30人。

1988年7月，经医院院长办公会研究决定，撤销总务科、生活科、知青社，组建劳动服务公司，统一管理。由阚之俊负责原知青社的工作。1990年，知青社安排待业青年7名。1991年，知青社解决46名待业知青的工作，被评为全市劳动就业先进单位。后来，知青社工作由苏晓琦负责直至知青社人员解散。

（第五篇第一章《后勤保障部》，第492页）

# 《乌鲁木齐市志（第1卷）》

乌鲁木齐市党史地方志编纂委员会编，新疆人民出版社1994年

是月（1963年6月），全市大批知识青年走向农业战线，决心把青春献给新农村。

（《大事记》，第98页）

（1969年2月）3日，自治区革委会召开"热烈欢送乌鲁木齐地区首批革命知识青年到农村落户大会"，欢送乌鲁木齐市2 000多名高、初中毕业生到农村安家落户，接受贫下中农再教育。至1970年11月，已有10 179名学生（含回乡知识青年）到乌鲁木齐县、托克逊县、吐鲁番县农村和西郊农场、团场插队落户。　　　　　　　　　　（《大事记》，第105页）

（1972年3月）11日，乌鲁木齐地区22所中等学校3 000多名应届毕业生上山下乡，赴农村牧区接受贫下中农再教育。　　　　　　　　　　　　　（《大事记》，第108页）

（7月）9日—9月10日，乌鲁木齐市组织由贫下中农代表、知青家长代表等70人组成的上山下乡青年慰问检查团，赴市属三县两场（农场）慰问并检查工作。慰问检查团先后召开慰问大会、座谈会76次，举行慰问演出41场。　　　　　（《大事记》，第108—109页）

（1973年11月）13日，乌鲁木齐市知识青年上山下乡领导小组成立，由市委副书记王其人任组长。　　　　　　　　　　　　　　　　　　　　（《大事记》，第110页）

（1977年9月）6日，乌鲁木齐市1 300名应届高中毕业生下乡，到农村、牧区接受贫下中农再教育。乌鲁木齐10万群众和自治区党政军负责同志汪锋、刘震、宋致和、张世功以及乌鲁木齐市的领导热烈欢送。　　　　　　　　　　　　　（《大事记》，第114页）

# 《乌鲁木齐市志（第4卷）》

乌鲁木齐市党史地方志编纂委员会编，新疆人民出版社1997年

**【城镇青年就业经费】**　　1969年以前是用于安置自流人员、压缩城市人口的经费，当时称"城镇人口下乡安置费"。1969年城市知识青年大规模上山下乡，经费也随着大幅度增加，改称"城市青年上山下乡安置补助费"。1980年开始有步骤地建立劳动服务公司，安置城镇青年就业和技术培训，1982年改为"安置城镇青年就业补助费"；并逐渐把无偿补助改为有偿周转金，限期收回。1964—1985年城镇青年就业经费（包括城市人口下乡安置费）共支出3 472.6万元，占财政总支出的2.28%，是经济建设费的4.53%。"六五"期间城镇青年就业经费支出1 890.8万元，占同期财政总支出的3.4%，占同期经济建设费的8.24%。1979—1985年实际安置知识青年就业1 968人。截至1985年累计用于扶持生产的周转金1 747万元，为城镇青年就业经费的50.31%。　　　　（《财政·财政支出》，第60页）

1963年根据党中央、国务院关于"统筹安排，城乡并举、上山下乡为主"的方针，对城市

中学毕业生实行"四个面向"（进学校、上山下乡、支援边疆、城镇安排），全市安置闲散劳动力和城镇青年4 571人。

1964年3月，乌鲁木齐市成立安置办公室，办公室设在市劳动局，负责调查城市闲散人口情况，动员城市闲散劳动力和失学青年下乡参加生产，编制劳动力需求计划，以及安置下乡经费的管理使用等工作。7月市委提出"全面整顿，分别组织，消灭劳动力自由市场"，全市开展安置闲散劳动力的宣传动员和摸底调查工作。1965年24个街道办事处成立劳动服务站。1964年、1965年共在城市组织生产安置就业21 069人次，农村安置2 055人。在此期间，城镇集体经济有所发展，城镇集体所有制职工由1961年的5 240人增加到1965年的18 834人。

1965年5月市劳动局建立青年劳动学校，将具有本市常住户口的16—25岁未婚社会青年组织起来半工半读。当年，市青年劳动学校招生1 000余人。1967年6月大部分学生走上生产岗位。7月由于"文化大革命"的干扰，学校瘫痪，剩余的学生于1969年7月安排上山下乡。

（《劳动工资·劳动就业》，第603页）

1966年"文化大革命"开始以后，乌鲁木齐市的劳动就业工作陷入停顿状态。1969年在毛泽东主席关于"知识青年到农村去，接受贫下中农再教育"的号召下，全市大规模地组织知识青年上山下乡。市革命委员会成立毕业生分配办公室，负责大专院校、中专、高中、初中毕业生的上山下乡安置工作。1966、1967、1968届高、初中毕业生一律到农村安家落户；因严重伤残失去劳动能力的，经批准可回家休养、病愈后再安置。上山下乡知识青年以学校为单位进行安置，主要是分散到农村人民公社和国营农林牧场插队，分布在乌鲁木齐市郊区、伊犁、阿勒泰、昌吉、哈密、吐鲁番等地。上山下乡插队的知识青年生活不能自给的，每人补助100元，没有建房的每人补助200元。

1973年自治区党委规定：根据国家计划直接上学的、病残不能参加农业劳动的、独生子女、多子女身边只有一个子女的、中国籍的外国人子女，均不动员上山下乡，办理免分手续，由城市安排就业；年龄不满16岁周岁的中学生暂缓动员上山下乡；其余的全部动员上山下乡。对到农村插队建立集体所有制场（队）及回农村老家落户的，每人补助500元；到生产建设兵团和国营农牧场的每人补助400元；到牧区从事流动放牧的每人补助700元。补助费主要用于建房、吃、穿、用生活必需品以及农具家具补助。1974年乌鲁木齐市学习湖南省株洲市经验，实行"系统对口，厂（单位）队挂钩，集体安置"的办法，主要形式有：集体插队，建立青年点；建立社办集体所有制青年队；兴办青年农场。安排到国营农林牧场的，在知识青年比较集中的地方，一般按1%—2%的比例配备带队干部。1978年中央调整知识青年上山下乡政策，逐步缩小上山下乡的范围，城市中学毕业生实行"进学校、上山下乡、支援边疆、城市安排"四个面向的安置原则，留城的知识青年面逐步扩大。

1979年知识青年上山下乡工作逐步纳入城镇劳动就业的轨道。知识青年不再搞分散插队。对 1979 届不能升学、未满 17 周岁的初中毕业生，一般不动员上山下乡，也不办理留城手续，允许参加升学考试。对铁路局、铁路工程局、地质局、煤炭工业局、盐湖化工厂、阿拉沟各厂、交通局养路段、有色地质公司、林业局林场、乌鲁木齐县、跃进钢铁厂、柴窝堡林场、南山矿区、市耐火材料厂、市工业局所属煤矿等单位的知识青年，不列入上山下乡范围，由本系统自行安排。

1969—1981 年，全市共组织动员近 5 万名城市知识青年上山下乡，动员 6 789 名农村青年回乡参加生产。1975—1978 年全市建立集体所有制知青场队 6 个，建立集体青年点 786 个。1974—1979 年 6 395 名城市知识青年按政策留城。自治区共拨给乌鲁木齐市知识青年上山下乡安置经费 665.9 万元，木材 6 480 立方米。又据不完全统计：1972—1979 年，因招工、招生、征兵、提干等原因陆续调离农村（国营农林牧场）的上山下乡知识青年共 19 565 人。

1979—1982 年，根据中央提出的"统筹兼顾、全面安置"的方针，上山下乡知识青年基本都被招调回城市安排工作；对个别在农村成家的，补助了一些安家费。

（《劳动工资·劳动就业》，第 603—604 页）

从 1978 年起，乌鲁木齐市不再大规模组织知识青年上山下乡。到 1979 年上半年，全市约有 46 960 人在城市待业，已下乡的 11 266 名知识青年也要求回城市安排，就业形势十分严峻。1979 年 5 月乌鲁木齐地区知识青年工作会议根据"统筹兼顾、全面安排"的方针，制定《乌鲁木齐地区统筹解决 1978、1979 两年知识青年问题的方案》。9 月成立乌鲁木齐市待业人员安置领导小组。10 月市委制定《关于广开门路安置待业青年的具体实施意见》，号召全党动手，各方支持，发展集体经济，安置待业人员。各区、各机关企事业单位本着有利生产、方便群众的原则，因地制宜，因陋就简，兴办各种小型多样、灵活机动的合作社，积极安置知识青年、社会青年和 45 岁以下的待业人员，对按政策留城和批准回城的知识青年优先安排。五个多月的时间共建立合作社(组)600 多个，安置就业 35 700 人。

（《劳动工资·劳动就业》，第 604—605 页）

乌鲁木齐市知识青年上山下乡安置情况表

单位：人

| 年份 | 上山下乡知识青年 | 同乡知识青年 | 免下留城知识青年 | 下乡知识青年调离农村情况 | | | | | | 建立集体所有制知青场(个) | 建立集体青年点(个) |
|------|------|------|------|------|------|------|------|------|------|------|------|
| | | | | 合计 | 招生 | 征兵 | 招工 | 提干 | 其他 | | |
| 1969 | 22 000 | | | | | | | | | | |
| 1970 | | | | | | | | | | | |
| 1971 | 10 000 | 6 668 | | 7 296 | 2 746 | 119 | 4 431 | | | | |
| 1972 | 3 500 | | | | | | | | | | |

| 年份 | 上山下乡知识青年 | 同乡知识青年 | 免下留城知识青年 | 下乡知识青年调离农村情况 | | | | | | 建立集体所有制知青场(个) | 建立集体青年点(个) |
|---|---|---|---|---|---|---|---|---|---|---|---|
| | | | | 合计 | 招生 | 征兵 | 招工 | 提干 | 其他 | | |
| 1973 | | | | | | | | | | | |
| 1974 | 2 382 | | 484 | 2 406 | 1 322 | 316 | 571 | 9 | 188 | | |
| 1975 | 2 236 | 89 | 612 | 1 817 | 788 | 35 | 953 | 24 | 17 | 1 | 80 |
| 1976 | 4 399 | 32 | 1 318 | 1 196 | 327 | 22 | 648 | 194 | 5 | 2 | 227 |
| 1977 | 3 511 | | 803 | 613 | 4 | 5 | 518 | 2 | 84 | 1 | 161 |
| 1978 | 670 | | 3 178 | 3 555 | 984 | 253 | 2 179 | 3 | 136 | 2 | 318 |
| 1979 | 397 | | | 2 682 | 109 | 103 | 1 367 | 2 | 1 101 | | |
| 1980 | 501 | | | | | | | | | | |
| 1981 | 53 | | | | | | | | | | |
| 合计 | 49 649 | 6 789 | 6 395 | 19 565 | 6 280 | 853 | 10 667 | 234 | 1 531 | 6 | 786 |

〔注〕1969—1981年下乡知识青年调离农村情况未作统计。

(《劳动工资·劳动就业》,第607页)

　　1967年7月,劳动力招收工作停顿。1970年开始在城市社会青年中招收工人。1972年补充自然减员,招工对象为城市社会青年、缓分留城的学生和下乡知识青年。1976年自治区劳动局在乌鲁木齐市成立3个由工人、业务干部和领导干部参加的招(调)工小组,实行统一招收、统一分配。

　　粉碎江青反革命集团以后,城市就业问题得到重视,招工对象重点为城镇待业青年。1977年招工首先考虑按政策留城的待业知识青年,全年共招收全民所有制工人1 832人,其中留城待业青年1 611人,上山下乡知识青年221人,补充自然减员1 406人;招收集体所有制工人2 000人,补充自然减员345人;安排计划内临时工21 865人次,计划外用工4 392人次。

　　1979年招工工作贯彻"统筹兼顾,适当安排"的方针和先城市后农村、严格控制招收农民和就地就近安排的原则,实行通过招工考试择优招收和德智体全面审查、吸收、录用相结合的办法。招工对象主要为按政策留城和上山下乡两年的知识青年。矿山井下、野外勘探、森林采伐、盐业生产和高山养路五种特定行业可指名招收符合招工条件的本单位职工子女。少数民族在同等条件下优先照顾。

　　1980年根据国家劳动局《关于招工实行全面考核的意见》,对按政策留城的知识青年实行德智体全面考核,统一文化考试,择优录用;并尽量扩大女工招收比例,规定女工比例一般不得低于40%,轻纺、商业、饮服业不低于60%—70%。对补充自然减员实行随退随补,改变过去半年补一次的办法。

　　1981年允许在招工指标中45%招收本单位子女,民族比例不得低于25%,各单位无子女顶替的自然减员指标,由减员单位按招工条件解决本单位劳动就业中的一些突出问题。1982年市劳动局将统一分配招工指标改为分配招工考试名额,由各单位择优推荐待业青年参加统一招工考试,择优录用。

1983年新招工人,除国家规定的矿山井下等五种特定行业可招收本单位职工子女外,其他行业一律不准企业招收内部职工子女。　　　（《劳动工资·劳动力管理》,第609—610页）

# 《乌鲁木齐市志（第5卷）》

乌鲁木齐市党史地方志编纂委员会编,新疆人民出版社1999年

1959年受理信访515件,比1958年增加1倍。内地大批青年学生纷纷来信,要求来边疆参加建设。根据劳动力统一由国家调配的精神,向他们复信解释,劝他们听从分配,在当地就业或安心学习,不要盲目自流。　　　（《政府·信访》,第217页）

1970年4月随着市革委会机构的调整,信访工作交办事组下设的秘书组负责,设专职信访干部2人,其中维吾尔族干部1人,恢复《信访简报》和各项规章制度。至年底仅8个月时间,受理信访达1356件次,反映的主要是对"文化大革命"期间斗批改运动中和历次政治运动中被处理的申诉,被疏散、精简人员要求回城以及房产纠纷、知识青年上山下乡等方面问题,比重在78%以上。这些案件大部分因时间较久,问题复杂,原单位经办人员变动,在当时条件下没能得到妥善解决。

1971—1973年受理信访数逐年增长,每年都在2500件次以上。1974年和1975年信访出现成倍增长的趋势。信访内容:一是历次政治运动中受处分人员的申诉控告;二是城市居民和知识青年上山下乡要求回城落户、就业和解决住房、生活困难等问题……

（《政府·信访》,第218页）

# 《天山区志》

天山区志编纂委员会编,上海社会科学院出版社1994年

1965—1970年,由于大批知识青年上山下乡和疏散城市人口,人口机械变动几经起伏。其中,1966年和1968年迁出大于迁入,负增长4641人,是第二个负增长时期。其余年份均为迁入大于迁出。　　　（第一篇第二章《人口》,第51页）

1979年底,按市委《乌鲁木齐市广开门路安置待业青年的具体实施办法》精神,于1980年元月组建了15个知青建筑社。　　　（第六篇第一章《机构》,第160页）

1980 年为安置待业青年组建的 13 个知青建筑社(队)有:解放北路街道建筑施工一、二队,解放南路街道建筑社、预制厂,和平路街道工程队、建筑社、建材社,东门街道建筑工程队,六道湾街道建筑社,新华北路街道工程队,胜利路街道知青建筑社,团结路街道建筑工程队、建材社等,共有 1 420 人。

(第六篇第二章《建筑施工》,第 161 页)

1974 年 4 月,设立天山区知识青年上山下乡工作办公室。

(第十九篇第三章《劳动 人事》,第 420 页)

1963 年,对城市中学毕业生实行"四个面向"(即:升学、上山下乡、支援边疆、城镇安排)的政策,当年安置闲散劳动力 671 人;安置城镇青年 117 人。

(第三章《劳动 人事》,第 421 页)

1969 年开始,动员知识青年上山下乡,接受贫下中农再教育。

1974 年 4 月,天山区知识青年上山下乡工作办公室与乌鲁木齐县安宁渠公社挂钩,组织区属系统按规定应上山下乡的知识青年插队锻炼,当年动员下乡知青 27 人。1975 年下乡知青 80 人。1976 年下乡知青 88 人。1977 年下乡知青 65 人。截止 1977 年,组织知青下乡累计达 260 人。

1978 年后,扩大知识青年留城面,天山区地区留城待业青年为 2 256 人。

1979 年对应届初中毕业生中不能升学,未满 17 周岁的一般不动员上山下乡,允许继续参加升学考试或以招工、参军、兴办集体经济的办法给予安置。各街道办事处也本着"有利生产,方便群众"的原则组织各种小型合作社,优先对留城和批准回城的待业知识青年和 45 岁以下的待业人员予以安置,当年安置就业 3 901 人。

1979—1987 年,全区共安排知识青年就业 4.33 万人。

(第十九篇第三章《劳动 人事》,第 422 页)

# 《乌鲁木齐市头屯河区志》

乌鲁木齐市头屯河区史志编纂委员会编,新疆人民出版社 2002 年

是年(1964 年),天津知识青年 21 人、上海技术人员 8 人、江苏技术人员 14 人,先后到五一农场参加生产建设。

(《大事记》,第 25 页)

是年(1965 年),19 名江苏常州知识青年到头屯河农场参加生产建设。

(《大事记》,第 25 页)

(1966年)7月,江苏常州支边青年60人到五一农场一、二、三、四队参加生产建设。

(《大事记》,第26页)

是年(1970年),三坪农场成立知识青年上山下乡工作办公室,协调安置知青和解决知青再教育中出现的问题。 (《大事记》,第27页)

是年,乌鲁木齐市首批知识青年60人到五一农场五队、六队接受贫下中农再教育,实行评工记分,按劳取酬。 (《大事记》,第27页)

是年(1971年),八钢从伊犁地区招收下乡锻炼知识青年700余人为职工。

(《大事记》,第28页)

(1973年)7月21日,头屯河农场中学高中部与三坪农场中学合并,由三坪农场中学集中办高中,并在农场接受再教育的1966届高中学生中招收一批教师以补充师资力量。

(《大事记》,第28页)

(1975年)4月27日,中共乌鲁木齐市委、市革命委员会在三坪农场召开知识青年上山下乡工作现场会。 (《大事记》,第29页)

1966年,八钢分4批招收上海青年进厂684人。年末,全厂职工7 127名。

1970—1976年,先后从伊犁、昌吉等地招收上山下乡知识青年,安置复员转业军人。1976年末,全厂职工8 427名。 (第六编第四章《职工队伍》,第177页)

1979—1982年,八钢从社会招工3 059人,其中农村招工2 091人,占招工总数的67.30%。1983年起,实行招工考试,择优录用制度,招收城镇知青为主,并接收离退休职工子女顶替进厂。1985年末,八钢职工14 000名。

1980年,成立头屯河区属单位的知识青年联合社,简称知青社。1982—1983年,驻区各单位知青社亦相继成立。

头屯河区知青社1980年销售37 832元,利润13 895元,有职工20人、网点3个。1981年销售461 108元,利润13 007元,有职工30人、网点5个。

1982—1985年,辖区知青社及个体商业发展较快。1982年,区知青社有网点5个,人员30人,销售534 762元,利润6 429元。当年,驻区单位知青社主要有6家,即:贸易公司知青社、八钢钢花商店、7008工厂知青社、储油所知青社、器材库知青社、铁路知青商店,共有人员近百人,次年销售额3 974 144元、利润97 215元。1984年,头屯河区知青社人员减为

20人,销售451 265元、利润11 284元。至1985年,头屯河区境知青社(店)主要有7家,有十几个网点,全年销售额为477万元,其中区属知青社35万元、八钢108万元、贸易公司30万元、铁路系统280.4万元;利润97 400元,其中区属知青社8 000元、八钢1万元、铁路系统7.18万元。1985年后,随着改革的深入,知青商业企业、集体商业企业逐步转为个体承包经营,自负盈亏,个体独立核算。　　　　　　　　　　(第八编第一章《商贸》,第217页)

# 《乌鲁木齐市沙依巴克区志》

沙依巴克区史志办公室编,新疆人民出版社2004年

(1974年)5月,知识青年上山下乡办公室成立,顾敬、刘桂香担任副主任。负责全区下乡知识青年的分配、安置、接受教育等工作。　　　　　　　　(《大事记》,第29页)

**知识青年就业安置**

1969年后,大批从农村接受再教育后返城和刚从学校毕业的知识青年的安置问题十分突出。为了安置待业青年,沙依巴克区成立了知青生产生活服务联社,开办店、厂、社、组、站,扩大就业门路。

据1979年9月统计,全区有待业知青10 249人。到年底,组建基层知青生产生活服务社、组213个,安置知青9 940人,占知青总数的91.8%。

1980年上半年,组建社、组69个,安置知青1 263人。1980年下半年,调整了知青联社的隶属关系,市级以上驻区单位的知青安置不再由沙依巴克区管理,到年底区属实有知青社、组68个、1 059人。全年完成生产销售233万元。1980年10月,在知青联社的基础上,组建区、街两级劳动服务公司。1981年安置333人,到年底全区有知青店、组88个、1 152人,完成生产销售579.49万元。1982年安置331人,组建店、组13个,知青企业实现收入647万元。1983年底,区劳动服务公司有店、组87个、1 035人,完成收入633.38万元。

(第十四编第二章《人民政府》,第453页)

1976年粉碎“四人帮”以后,除安排应届毕业生外,还解决了“文化大革命”期间知识青年上山下乡的遗留问题,普遍建立劳动服务公司,开展职工技术训练,实行劳动部门介绍、自愿组织就业和自谋职业相结合的方针,发展集体所有制经济,发展商业、服务性行业。

1980年,区劳动服务公司成立,是区政府的事业管理部门。其上级主管部门是市劳动局、市劳动服务公司。主要管理全区商业、饮食服务业,还兼营社会劳动就业介绍、安置待业青年就业、收缴待业保险基金,办理待业证、发劳务证,收劳务费等业务。从1985年至1993年年末,共介绍安置到全民所有制单位工作2 211人,集体所有制单位2 367人,安置知识青

年就业 230 人。1993 年,全年发放劳务许可证 100 047 个,办理待业证 834 个,收缴待业保险基金 151 万元。

(第十五编第二章《劳动、人事》,第 474—475 页)

1958—1963 年,上海、北京、江苏、安徽、山东、河北、河南、湖北、四川等省市的汉族青壮年响应党中央和国务院支援新疆社会主义建设的号召,有 2 万余人分三批先后迁来乌鲁木齐(包括陆续迁来的家属),绝大多数落户于农村牧区,从事农牧业生产。

(第二十一编第一章《民族》,第 632 页)

### 赵诚(1957—1978)

赵诚,男,回族,乌鲁木齐市沙依巴克区人,共青团员。1976 年 8 月高中毕业,1977 年 11 月,他不要组织上留他在城市的照顾,毅然报名到乌鲁木齐县东风公社小渠子天山生产队插队锻炼。在农田劳动中,在兴修水利工地上,各种脏活累活他都抢着干,还经常帮助生产队农民家盖房子、打柴禾;下乡十几个月,他仅回过几次家,每次回家进城,都要帮社员办事、购买物品,深受队里男女老少的欢迎,不到半年就被生产大队评为劳动模范。他还先后 3 次协助公安战士擒拿罪犯。1978 年 8 月 7 日晚,在生产队夏收临时食堂门前窜来 3 名满脸灰尘、身着黑衣的形迹可疑人员,赵诚怀疑他们是越狱逃犯,立即提醒生产队长和在场社员,将 3 人引至食堂旁边的宿舍询问,3 人逐渐暴露身份。这时,一名逃犯急忙窜出门外,一些社员立即紧跟追捕。留在房中的两名逃犯身上藏有武器。赵诚拦腰抱住一名逃犯,另一逃犯开枪射击,赵诚身中三枪,不幸牺牲。自治区团委、自治区知青办于 9 月 23 日联合发出通知,授予赵诚"模范共青团员"、"优秀知识青年"称号。1978 年 10 月 7 日被自治区人民政府追认为烈士,并授予"模范共青团员"、"优秀知识青年"称号。

(第二十二编第一章《传记》,第 647 页)

# 《乌鲁木齐县志》

新疆地方志编委会编,新疆人民出版社 2000 年

(1969 年)2 月,县中专和高中、初中毕业生安置办公室成立。3 月,市高级中学、一中、二中和八中的 300 余名毕业生被安置在红光(七道湾)、工农兵(安宁渠)等公社接受再教育。

(《大事记》,第 43 页)

(1975 年)12 月 24—28 日,乌鲁木齐县首届知识青年代表大会召开,有 17 个先进集体、15 名先进个人受到表彰。

(《大事记》,第 46 页)

是年(1977年),全县建成水西沟知青农场、乌拉泊知青农场、地窝堡知青队和189个知青点,有知识青年4 665人。

(《大事记》,第47页)

是年(1983年),全县共成立知识青年安置企业46个,已有516名知识青年就业。

(《大事记》,第52页)

## 第十四节　知识青年上山下乡

1968年12月,毛泽东主席发出"知识青年到农村去接受贫下中农的再教育"的指示后,乌鲁木齐县广大知识青年开始奔赴农村,上山下乡;同时,乌鲁木齐县接受安置了自治区和乌鲁木齐市一大批知识青年。

乌鲁木齐县武装部生产办公室于1968年8月成立毕业生分配办公室,将首批北京、上海、新疆等地的68名大专院校毕业生分别安置在工农兵(安宁渠)、东方红(地窝堡)、永丰、板房沟等公社接受再教育,国家给每人每月发见习工资68.28元。

1969年3月,乌鲁木齐县革命委员会政工组下设大中专和高初中毕业生分配办公室,专门负责办理各类毕业生分配、插队及安置工作。是年,乌鲁木齐市农业高中(中专)120名毕业生及市高级中学、一中、二中、八中等300余名高初中应届毕业生率先奔赴工农兵(安宁渠)公社、红光公社、天山公社等地插队落户。农业高中的120名知青,每人每月发见习工资32.76元。

1970年,乌鲁木齐县共动员安置下乡知青2 116人(其中回乡知青196人),分别安置在东方红(地窝堡)、天山(达坂城)、红太阳(水西沟)、永丰等公社和反修(萨尔乔克)、红旗(托里)牧场。此后,每年都有不同数量的知识青年上山下乡插队落户,一直到1977年。自1978年起,乌鲁木齐县再未分配本县中学生下农村。

1968—1980年,乌鲁木齐县农村、牧区先后分批接受、安置上山下乡及回乡知识青年共21 312人。

1968—1972年,给上山下乡知识青年每人一次性发给安家费250元,给回乡知青50元补助费,用于生活和生产用具的购置。从1973年起,安家费增加到每人一次性发给500—700元。同时,分给自留地和自留畜,享受合作医疗,与社员同工同酬。

1973年11月,贯彻执行中共中央《关于知识青年上山下乡若干问题试行规定》,县革委会成立知识青年上山下乡工作领导小组,加强对知识青年上山下乡工作的领导,领导小组下设办公室,配备知青工作专职干部,负责处理日常事务。各社(场)都有一名主要领导负责知青工作,公社、大队还成立由专职干部、贫下中农(牧)、知青代表组成的"三结合领导小组",使知青管理工作做到政治上有人抓、生产上有人教、生活上有人管。

1974年4月,县革委会成立知识青年上山下乡办公室,负责知识青年插队落户、宣传教育、政治学习、生活安排、安置费发放、安全保卫等工作。9月,学习推广湖南省株洲"厂社挂钩,集体安置,干部带队"的经验,实行知识青年对口下、带队干部对口派、管理教育对口抓、支农任务对口包,插队知青管理工作出现新局面。乌鲁木齐市 29 个单位与乌鲁木齐县 11 个社(场)的 40 个大队建立挂钩关系,并派出 80 名带队干部负责插队知青的管理工作。

1975 年 12 月 24—29 日,乌鲁木齐县召开首届上山下乡知识青年先进集体、先进个人表彰大会,出席大会代表 215 人。县委、县革委会表彰了 17 个先进集体、15 名先进个人,推选出 19 名知青代表出席自治区上山下乡知识青年代表大会。参加大会的知青代表还向全县知识青年发出了《扎根农村学大寨,铁心务农创大业》的倡议书。

1976 年 3 月,市委、县委召开带队干部工作会,汇报交流知青点的建设和知识青年管理的经验。

1969—1980 年底,全县共拨出知青安置费 400 余万元。对知识青年比较集中的生产队,由县财政拨款及木材指标,由生产队负责修建知青点 189 个、建知青农场 2 个、修建住房 1 646 间。各知青点与 43 个单位建立了挂钩关系,挂钩单位先后派出带队干部 134 名。

县委、县革委会十分重视上山下乡知识青年回城就业问题,凡下乡接受再教育满 2 年,身体健康,在生产队劳动表现好,经贫下中农推荐、公社考察合格者优先招工。1970 年,少量招工。1971 年,开始大批招工。当时,此项工作先后由县革委会生产指挥组综合组及县计划委员会负责;1972 年,由县招工领导小组及下设的办公室负责。

自 1971 年下半年开始,首批到乌鲁木齐县接受再教育的大学生由乌鲁木齐市统一分配,先后有 53 名被分配在市党政机关和教育系统工作,有 15 名因工作需要留在乌鲁木齐县党政机关、新闻单位及县属中学和基层人民公社工作。同年 10 月,将在乌鲁木齐县插队的市农业高中全体知青分配到县属工交、财贸、文教、基层社场等系统工作。下乡知识青年从 1970 年起,分别由县综合组、县计委、县招工领导小组和自治区及市属工交、财贸、文化教育、医药卫生、城市建设、政法、石油化工等系统招工招干,少量留乌鲁木齐县有关单位工作。1970—1980 年,全县先后共招收进城工作本县下乡知青 11 811 名,其中包括回乡知青 438 名。乌鲁木齐县回乡知识青年,部分通过招工、招干、招生和参军离开农村,多数在乡务农。

1980 年 4 月,县知识青年办公室撤销,其业务移交县劳动人事科管理。

1980 年底,县劳动人事科将 30 余名因种种原因未能返城的下乡知青,报市知青办核实,由市劳动服务公司审批招工,分别安排在市、县两级企业工作。

1980 年,全县有已婚上山下乡知识青年 72 名,与当地农民结婚的 61 名,其中 16 名担任民办小学教师,为鼓励在农村的下乡知识青年,允许本人及其子女转为城镇户口。对与当地农民成婚安家的知识青年,根据生活情况,一次性发给 500—1 000 元生活费。此外,在抽调社办企业劳动力时,优先照顾安排已婚知识青年。1981 年,县教育局优先将担任民办教师的下乡知识青年转为公办教师。

1980 年,知青种苗场移交县林业局管理。1982 年,乌拉泊知青农场交归县农业局管理。至此,乌鲁木齐县上山下乡知青全部安置就业完毕。

知识青年在上山下乡期间,带头搞科学实验,积极参加兴修水利、农田基本建设、植树造林,对乌鲁木齐县农牧业生产的发展起了极大的推动作用,做出了突出贡献。

(第二十一编第二章《新中国成立后重大政事》,第619—621页)

### 知青合作社(组)

1981年5月11日,乌鲁木齐县劳动就业工作会议后,县知青合作联社成立,同时,县属粮食、商业、农机、工商、农林和部分社场等系统和单位也兴办各种类型的知青合作社(组)21个,安排待业青年230余人。当年,全县各类知青合作社(组)完成营业收入11.8万元,实现盈利3.3万元。

1983年,全县共兴办知青社(组)46个,总计安置待业知青516人,年营业收入449万元,实现利润21万元。经营范围从商业到饮食服务、生产加工、生活服务、土建工程和水电安装等项目。兴办的知青社(组)已由市区、近郊向边远乡镇、牧场发展。当年,达坂城公社和萨尔乔克牧场相继办起知青商店。是年,针对知青社在经营过程中存在的问题,县有关部门对部分知青社进行整顿,其中整顿完毕的知青社(组)6个。

1984年,全县兴办的各类知青社(组)达47个,安置待业青年600人,县农机局、农机公司两个知青社大力开展商品流通活动,效益较显著。对经济效益较好的知青社(组),经县人民政府批准,转为集体企业。

1985年以后,县供销社、农业银行、工商行政管理局、公安局等部门和单位的知青社,先后扩大规模,成立劳动服务公司,继续安置待业青年就业。其他部门和单位的知青社(组),或因待业青年减少,或因就业机会增加,或因经营不善,先后停业。

(第二十四编第三章《劳动管理》,第671—672页)

60年代末至70年代中期,乌鲁木齐县下乡女知识青年被强奸案发生增多。1969年,发生强奸案10起(其中女知青被强奸7起,占70%),破案9起;1974年,发生20起(其中女知青被强奸13起,占65%),破案20起。翌年,发案13起(其中女知青被强奸8起,占61.5%),破案13起。

(第二十五编第一章《公安》,第692页)

# 《吐鲁番地区志》

吐鲁番地区地方志编委会编,新疆人民出版社2004年

(1969年)2月3日,乌鲁木齐市2000余名知识青年来吐鲁番县接受贫下中农再教育。3月,乌鲁木齐、哈密的知识青年到鄯善县接受贫下中农再教育。(《大事记》,第45页)

8月19日,托克逊县将720名知识青年分配到农村、场、矿接受再教育。

(《大事记》,第46页)

(1976年)3月26日,吐鲁番地区知识青年上山下乡领导小组成立,下设办公室(简称知青办)。

(《大事记》,第48页)

60年代末70年代初,吐鲁番地区3县共接受了6 000余名主要是来自乌鲁木齐地区的知识青年。70年代末80年代初他们大部分返回乌鲁木齐市,只有少部分留在地区及3县(市),分布在地区的各个战线,成为各行业的骨干力量。

(第三编第一章《人口状况》,第127页)

1975年,全地区共安置知青1 800人,1976年安置1 450人,1977年安置3 643人,1978年安置3 680人。到1979年12月,外地知青尚有748人留在吐鲁番,他们分布在独立核算的知青农场(队)472人,国营农、林、牧场170人,机关场矿农副业基地106人。

(第三十编第一章《劳动》,第755页)

# 《托克逊县志》

托克逊县史志办编,新疆人民出版社2005年

(1971年)8月,县内召开上山下乡知识青年首次活学活用毛泽东思想积极分子代表大会,与会代表80人。

(《大事记》,第40页)

(1973年)12月3—10日,召开托克逊县知识青年上山下乡工作会议。

(《大事记》,第41页)

(1974年)12月11日,托克逊县第二批高、初中毕业生上山下乡知识青年共168人奔赴农村、工厂和矿山第一线,接受工人、贫下中农的再教育。

(《大事记》,第41页)

(1975年)4月9日,县委举办第一期无产阶级专政理论学习班,各单位负责人和各人民公社大队以上党支部书记和5名接受再教育的知识青年代表共100人参加。学习毛主席"关于要反修防修,要安定团结,把国民经济搞上去"的三项指示及关于"备战、备荒、为人民"、"深挖洞、广积粮、不称霸"、"要准备打仗"的指示。

(《大事记》,第42页)

**县知青农场**

　　1977年，为安排知识青年就业，成立县知青农场，由县知青办公室负责管理，1990年，知青农场交由劳动就业局管理。知青农场位于县城以南2千米处，以开荒种地为主，最多时开荒1000亩，耕种面积600亩。最多接受知青40多人，每年有进有出。1993年由县委出面协调，知青农场以29万元卖给县种子公司，作为种子良繁基地。　　（第五编第八章《机构》，第243—244页）

## 第十二节　知识青年上山下乡

　　1968年12月，毛泽东主席发出"知识青年到农村去，接受贫下中农的再教育"的号召。1969年县革委会政工组下设毕业生分配办公室，安置县内和乌鲁木齐来的首批初、高中毕业生及分配来县工作的大、中专毕业生共720人（其中乌鲁木齐地区240人），到各人民公社、县良种场、煤矿接受贫下中农及工人阶级的"再教育"。知识青年的安置，第一年由国家拨款，从第二年开始自力更生。到农村的知识青年和社员一起劳动，评工计分，参加年终分配；到工厂的知识青年按工作表现支付工资。

　　1973年12月县革命委员会成立知识青年上山下乡办公室（即知青办），由国家拨款先后建起了国营知青农场、知青林场，红旗公社园艺场、先锋公社园艺场、县"五七"大学知青队，以及前进、跃进公社社办知青农场。

　　1974年，安置第二批初、高中毕业生168人，以后每年都安置一些知识青年。1977年起，下乡的知识青年不再安置到公社生产队，一律安置在县办、社办的知青农场，以前分散在小队的知识青年集中到社办知青农场。知识青年的工资待遇，死级活评，第一年的工资标准是24.5元，第二年是28元，第三年是32元，另加当地生活补贴。

　　1974年起，知识青年开始返城，按照知识青年的工作表现和再教育时间，分期分批通过招工、招干、招生、参军等途径返回城里，但也有少数因各种原因留在了农村。

（第十八编第五章《重大政事》，第597页）

　　1969—1971年，安置知青12名。70—80年代，返城的"上山下乡"知识青年和城镇其他无业人员主要安置在工商营销、饮食服务、农林建筑、公路养护等单位。1979年按照统筹兼顾，全面安排的原则，城镇高、初中毕业生不再"上山下乡"，原下乡的通过各种渠道分期分批回城安置。

（第二十二编第一章《劳动》，第684页）

# 《吐鲁番市志》

新疆地方志编委会编，新疆人民出版社2002年

　　(1969年)2月3日，乌鲁木齐分配来吐鲁番接受再教育的知识青年到达吐鲁番，受到热

情欢迎接待并予以安置。（《大事记》,第 63 页）

(1974 年)8 月,自治区革命委员会主任赛福鼎·艾则孜视察吐鲁番红柳河园艺场,并看望接受再教育的乌鲁木齐知识青年。（《大事记》,第 64 页）

1959—1962 年,先后接受安置 4 批江苏支边青壮年及家属 4 806 人,关内还有部分自流人员来本地谋生。

20 世纪 70 年代又接纳接受外地再教育知识青年 4 560 人。

（第六编第七章《计划生育》,第 214 页）

**知识青年上山下乡** 1969 年 2—3 月间,乌鲁木齐市知识青年分配来吐,同时与吐鲁番各学校的高、初中毕业生一起作为上山下乡知识青年予以安排。至年底,共分配下乡知青 780 人(其中大、中专毕业生约 210 人,其余为 1966 年以来城镇高、初中毕业生)到全县各农牧区从事生产劳动,接受贫下中农"再教育",下乡知青的生产、生活均由各社(场)生产队干部或贫下中农代表管理。1969—1972 年,给下乡的知青每人发价值 100 多元的生活用品和农具。从 1973 年起,到农村插队的知青每人补助 500 元,到国营农场的知青每人补助 400 元,到牧区从事放牧的知青每人补助 700 元。上述款项作为建房和购置生产、生活、学习用品的补助费。从是年开始,下乡知青逐渐由过去插队落户的方式改为建立"知青点",实行小集体安置。

从 1969—1978 年,先后安置县城知识青年 1 051 人、乌鲁木齐市和铁路局等单位的知识青年 4 560 人。

1976 年 10 月,吐鲁番县知识青年上山下乡工作办公室成立。1981 年 6 月,知青办撤销,知青管理业务由劳资科兼管。

1971—1980 年 9 月,国家先后共拨给吐鲁番县知青安置费 185.1 万元;各农牧场生产队拨耕地 1 800 亩、可垦地 1 200 亩,作为知青农场的生产基地,还派出一定数量的老农帮助指导生产,各单位也派出专职带队干部,带领本单位下乡知青。下乡知识青年,先后被招工、招干返城。（第二十三编第一章《中国共产党吐鲁番市地方组织》,第 662—663 页）

**知识青年上山下乡办公室** 1976 年 10 月成立。1976 年底,地、县知青办合署办公。1978 年 2 月,地、县知青办分设,恢复县知青办。1979 年 6 月,县知青办撤销,知青管理业务由县劳资科兼管。（第二十四编第二章《地方政府》,第 697 页）

## 第三节　知识青年上山下乡

1969 年,成立县知识青年上山下乡办公室,配置专职人员。当年接受安置 296 名(外地

194 名、吐鲁番县 102 名)知识青年下乡插队。

1970 年,乌鲁木齐市 2 606 名知识青年来到吐鲁番县,分别安置各乡、场知识青年点,少则十几人,多则几十人。根据上级有关规定,每个青年拨发 400 元安置费,统一拨发到所在公社、大队,用于修建房屋、配备生活用品和生产工具。知识青年下乡初期,统一规定每月 22.5 公斤口粮,每人分菜地 5 厘。部分知识青年在农村劳动满两年以上且表现突出的,被推荐并经有关部门政治审查合格,则可进入大专院校学习、参军和被招工。

1972 年,自治区按计划在吐鲁番县下乡、回乡知识青年中招工 533 名,其中 120 名安排在县内,县手工业联社等集体单位也招工 80 名。

1974 年,县企事业单位相继在知青中招收部分工人学员和亦工亦农人员,自治区在县内招收工人 161 人。

1978 年,停止知识青年上山下乡。全市先后共安置农村下乡知识青年 5 611 人。1979 年后,下乡知识青年通过招工、招干、参军以及自动返城待业等离开农村。80 年代返城待业知识青年相继被安置于厂矿、企事业单位工作。

1990 年,下乡知识青年被安置于全民所有制单位的有 1 699 人,安置于集体所有制单位的有 2 244 人。

**1969—1978 年吐鲁番县知识青年上山下乡人数表**

| 年　份 | | 1969 | 1970 | 1971 | 1972 | 1973 | 1974 | 1975 | 1976 | 1977 | 1978 | 总计 |
|---|---|---|---|---|---|---|---|---|---|---|---|---|
| 合　计 | | 296 | 2 801 | 466 | 462 | 111 | 359 | 496 | 362 | 12 | 246 | 5 611 |
| 其　中 | 外地人数 | 194 | 2 606 | 379 | 441 | 90 | 224 | 385 | 239 | 2 | | 4 560 |
| | 当地人数 | 102 | 195 | 87 | 21 | 21 | 135 | 111 | 123 | 10 | 246 | 1 051 |

(第二十七编第一章《劳动》,第 767—768 页)

# 《鄯善县志》

新疆地方志编委会编,新疆人民出版社 2001 年

是月(1969 年 2 月),全县知识青年到农村接受贫下中农再教育,随之,乌鲁木齐、哈密、三道岭的部分知识青年被分配到鄯善接受再教育。　　　　　　　　(《大事记》,第 42 页)

1966—1978 年,外省区来鄯善上山下乡的知识青年 395 人。

(第三编第一章《人口变化》,第 124 页)

1971—1973 年在县革命委员会的统一安排下,对下乡知识青年、回乡知识青年采取群

众推荐、民主评议、劳动部门审批的办法实行计划招工,共招收工人 70 名,其中自治区七一棉纺织厂招收 30 名,哈密电厂、哈密钢铁厂等单位招收 40 名。1974—1978 年在县革委会政工组和劳动部门的具体安排下,哈密矿务局、地区建筑公司、县煤矿、县工程队共招收工人 526 人,其中下乡知识青年 252 人、回乡知识青年 167 人、城镇待业青年 107 人。

(第二十八编第二章《劳动》,第 717 页)

1969—1980 年,仅上山下乡知识青年有 2 092 人。中共十一届三中全会以后,在落实招工政策的同时,贯彻执行劳动部门介绍就业、自愿组织就业和自谋职业"三结合"的方针,广开门路安置就业人员。1982 年 2 月 28 日,成立劳动服务公司,公司下设知识青年工程队和 3 个知青农场。1990 年,劳动服务公司改为劳动就业管理局,下设退休统筹办、职业介绍所、3 个知青农场,主要职责是统筹管理社会劳动力,实行从就业到保险"一条龙"服务。

(第二十八编第二章《劳动》,第 718 页)

# 《哈密地区志》

哈密地区地方志编纂委员会编,新疆大学出版社 1997 年

(1969 年)3 月,地区首批知识青年 2 118 人上山下乡,接受贫下中农"再教育"。

(《大事记》,第 52 页)

## 七、知识青年安置

"文化大革命"中,1969 年,地区成立中学生临时分配办公室。1974 年 4 月,改称哈密地区知识青年上山下乡办公室,按照自治区人民政府通知,大规模地动员知识青年到农村安家落户。1969 年 3 月,首批知识青年 2 118 人上山下乡,截至 1979 年底,共安置哈密地区、乌鲁木齐和北京等地知识青年共 13 350 人,其中伊吾军马场安置乌鲁木齐知识青年 512 人、安置北京知识青年 108 人。下乡知识青年分散在哈密、巴里坤、伊吾和鄯善 4 县 26 个公社的 313 个生产队、11 个国营农牧场以及集体所有制农场。

1973 年,地区按国家政策规定,对病、残、独生子女、中国籍的外国人子女、归侨学生、父母死亡或父母体弱多病的子女不动员上山下乡,年龄不满 16 周岁的中学毕业生暂缓动员上山下乡,截至 1978 年底,按政策办理留居城镇的知识青年 640 人。1978 年,中央调整知识青年上山下乡政策,逐步缩小知识青年上山下乡的范围,城镇毕业生实行"统一招生进校,上山下乡,支援边疆,城市安排"四个面向的原则,地区又根据自治区的有关文件精神,在三道岭、七角井、雅满苏矿等边远用工地区用知识青年代替民工。

1979 年,根据中央关于"广开门路,妥善安排知识青年就业"的精神,地区基本上不再动

员知识青年上山下乡,也不办留城手续,一些系统和单位相继在城郊建起知青农场、知青队及农副业基地,安置知识青年参加劳动。至此,不再组织上山下乡。

安置在农村的知青,以学校为单位,集体到农村人民公社或国营农牧场插队,同时试行"系统对口,厂(单位)队挂钩,集体安置"的办法:(一)集体插队,建立知青点,巴里坤和伊吾县相继在农村建立知青点,对知青进行集体安置;(二)建立社办集体所有制青年队;(三)兴办青年农场,三道岭矿务局、哈密铁路办事处相继建立知青农场,集体安置本系统知青。与此同时,在知青比较集中的地方,配备带队干部,主管知青工作。

国家对上山下乡的城镇知识青年发放安置补助费。1973年底,知青已有住房但生活暂不能自给的,每人补助100元;尚无住房的增拨建房补助费100元,人均补助200元。1974年后,提高补助标准,安置在国营农牧场的,人均补助400元;建立知青集体所有制场(队)或回农村安家落户的,人均补助500元;到牧区从事流动放牧的,人均补助700元。1969—1978年的10年间,自治区人民政府先后给哈密地区共拨付知识青年安置费429万元,建房木材1 273立方米,累计建房1 545间,约13 413平方米。同时,从1974年至1978年的5年间,为下乡知青购置小型农具4 015件、中小型拖拉机9台、马车3辆、磨面机4台、粉碎机3台、榨油机2台。

从1970年开始,地区对历届下乡的知青根据下乡的年限进行招工、招干、征兵和上学,到1978年底,全地区陆续调离农村的上山下乡知青6 553人。1979年后,根据中央关于"统筹兼顾,全面安排"的方针,对未婚下乡知青陆续下达从农村招调的专项指标;同时,对未婚的1972年以前下乡的老知青和大龄女知青(汉族25周岁以上,少数民族23周岁以上),在招工中实行优先照顾的政策。1981年,按自治区文件规定,对1978年底以前下乡的知青全部招工或抽调到城镇安排工作;外地知青通过招工、征兵、招生和迁回原籍等途径全部安置和迁走。

1990年,政府给760名特困待业青年和160名"五大"自费毕业生安置工作。

**1969—1979年哈密地区知识青年上山下乡安置情况表**  单位:人

| 项目／年份 | 下乡安置 | | | | | 调离农村 | | | | | | 知识青年按政策免下乡人数 |
|---|---|---|---|---|---|---|---|---|---|---|---|---|
| | 合计 | 插队 | 国营农牧场 | 集体所有制知青场队 | 外省市自治区转来 | 合计 | 招工 | 升学 | 征兵 | 招干 | 其他 | |
| 1969—1970 | 2 625 | | | | | 1 579 | 1 431 | | 148 | | | |
| 1971 | 1 954 | | | | | 1 812 | 1 755 | 6 | | | 51 | |
| 1972 | 1 076 | | | | | 370 | 76 | 223 | | | 71 | 463 |
| 1973 | 799 | | | | | | | | | | | |
| 1974 | 2 374 | 1 027 | 118 | 1 229 | 8 | 769 | 5 | 503 | 261 | | | |
| 1975 | 1 572 | 822 | 216 | 534 | 214 | 678 | 390 | 265 | 1 | 14 | 8 | |

| 年份\项目 | 下 乡 安 置 | | | | | 调 离 农 村 | | | | | | 知识青年按政策免下乡人数 |
|---|---|---|---|---|---|---|---|---|---|---|---|---|
| | 合计 | 插队 | 国营农牧场 | 集体所有制知青场队 | 外省市自治区转来 | 合计 | 招工 | 升学 | 征兵 | 招干 | 其他 | |
| 1976 | 483 | | | | | | | | | | | |
| 1977 | 1 444 | 505 | 274 | 665 | 2 | 244 | 235 | | 9 | | | 177 |
| 1978 | 944 | 141 | 90 | 713 | 1 101 | 462 | 365 | 84 | 13 | | | |
| 1979 | 79 | | | | | | | | | | | |
| 合计 | 13 350 | | | | | 5 914 | 4 257 | 1 081 | 432 | 14 | 130 | 640 |

## 八、劳动服务公司

1978年下半年,按党中央、国务院的政策,地区不再大规模地组织知识青年上山下乡,全地区有5 000余人留城待业,另有3 989名历届下乡知青等待回城安置。

1979年9月,地区商业、工交系统和哈密市因地制宜,因陋就简,采取多点分散的原则,组织知青创办修缮、商业服务、养殖,以及装卸、搬运、建筑维修等小型多样的知青队。商业系统组织7个知青服务队,安排81名待业青年就业。哈密市政府在市区南郊建立知青园艺场,地区工交系统建立"五七"知青农场以及亦工亦农的知青队。12月,哈密市成立劳动服务公司。1980年,地区劳动处下设劳动就业办公室;行署召开首届劳动就业会议,拓宽劳动就业新途径,抽调有经验、懂业务的100多名干部、工人带领知青兴办各种类型的服务行业,到1981年底,共兴办知青集体合作社(组)118个、知青农场4个、农工商联合公司1个,共安置待业青年3 435人。1982—1985年,巴里坤县、伊吾县和地区工交、外贸、农村系统相继在原合作社的基础上建立劳动服务公司。到1983年底,全地区共建立劳动服务公司15个,其中县(市)劳动服务公司3个,企、事业单位劳动服务公司12个;劳动服务公司兴办的知青集体所有制生产、服务网点186个,安置待业青年7 171人,拥有固定资产177.5万元,总产值5 509万元,税利276万元,流动资金139.7万元,劳动生产率人均1 768.2元。1982年5月,地区召开第二届劳动就业工作会议,鼓励扶持知青自谋职业,有关部门相应的放宽政策。从1979—1985年的7年间,地、县两级劳动部门向知青集体和个体发放生产扶持资金302万元,知青个体户发展到1 689人(户)。

1983年12月,召开首届全地区知识青年集体经济企业先进集体和先进个人代表大会,哈密市知青地毯厂等29个先进集体、9个先进工作单位、52名先进个人、31名带队干部和3名知青个体户受到表彰和奖励。哈密市东河区李月兰高中毕业后,毅然选择自谋职业的道路,脚踏机动三轮车热情为顾客服务,被推荐出席自治区知识青年先进集体、先进个人代表大会。

(第二十二编第一章《民政》,第966—968页)

# 《哈密县志》

哈密市地方志编纂委员会编，新疆人民出版社 1989 年

(1969 年)6 月，首批知识青年 700 余人下乡接受贫下中农再教育。

（《大事记》，第 23 页）

1978 年，全国知识青年上山下乡工作会议提出，各单位、政府部门要协助城市待业青年广开门路，自食其力，为社会服务。1979 年底，哈密县成立知青服务站，设有商店、照相馆、书店、运输队等，有知青 30 名就业。后来，县各直属单位也相继建立知青服务社。1981 年，成立知青园林场。

1980 年，知青办公室和劳动科合署办公。1982 年，成立劳动服务公司，除知青站原有行业外，又增加粉条加工、建筑等行业，共有 15 个网点，吸收 120 名青年就业。

（第十五编第二章《劳动人事》，第 307 页）

# 《巴里坤哈萨克自治县志》

巴里坤县地方志编纂委员会编，新疆大学出版社 1993 年

是年(1969 年)，城镇知识青年"上山下乡"。　　　　　　　　　（《大事记》，第 32 页）

(1971 年)8 月，县召开首次上山下乡青年活学活用毛主席著作积极分子大会。

（《大事记》，第 33 页）

(1975 年)6 月，召开县首届知识青年代表大会。　　　　　　　（《大事记，第 34 页》）

1969 年 8 月，县革命委员会政工组成立中学生毕业分配办公室(1973 年改组为知识青年上山下乡领导小组办公室)，在县城组织动员高中、初中毕业生上山下乡，到农村牧区插队落户，从 1969 年 8 月—1979 年 11 月，先后共安置本县和哈密地区地直机关、乌鲁木齐市、三道岭矿务局、哈密铁路分局的知识青年 3 636 人，其中外地插队的 1 646 人。10 年间，国家共发放知识青年安置经费 117.5 万元、建房木材 1 273 立方，修建房屋 339 间(8 136 平方米)。

1971—1979 年，通过招工、招干、参军、大中专学校招生和迁回原籍等途径，外地来巴里坤县插队的 1 646 名知识青年已全部安置和迁走。到 1980 年，巴里坤县尚有本县下乡的1 316名知青和留城待业青年没有安置，根据"劳动部门介绍就业、自愿组织起来就业和自谋

职业相结合"的方针,广开就业门路,到 1982 年 6 月,共安置 1 307 人,其中国营企业招工 651 人,行政事业单位招干 168 人,集体安置 488 人,基本上解决了 1979 年以前的待业青年的就业问题。

(第十五编第二章《劳动　人事》,第 396—397 页)

# 《伊吾县志》

伊吾县地方志编纂委员会编,新疆大学出版社 1994 年

(1968 年)9 月 14 日,根据毛泽东主席"知识青年到农村去,接受贫下中农再教育很有必要"的指示,开始组织知识青年上山下乡,至 1970 年先后上山下乡的知识青年共 198 人(男 113,女 85)。

(《大事记》,第 16 页)

## 第五节　知识青年就业

1967—1970 年,哈密知识青年上山下乡到伊吾县插队落户的共 198 人(男性 113 人,女性 85 人),其中 26 名被安置在伊吾县工作,其余均先后调回哈密。

1979—1980 年,全县共有知识青年 313 名(男性 168 人,女性 145 人),安置 142 人,其中:招工招干 76 人、补员 25 人,考学或参军被安置在全民所有制单位的 101 人,大集体的 16 人。

1981—1985 年,在知青中招工 35 人,招干 23 人,考学 30 人,参军 15 人,顶班 5 人,知青点 105 人,临时工 23 人。

每年国家为知青拨专用款项 50 000 元扶持集体生产。1985 年,成立伊吾县发展集体经济安置城镇青年就业领导小组,负责抓城镇青年集体企业的巩固、发展及人员培训工作。

1982 年 8 月,经县人民政府批准,成立伊吾县劳动服务公司,建立了 14 个集体企业及网点,从业人员 176 人(包括城镇闲散人员),知青的月平均工资 80 元,1985 年下半年累计总收入达 941 000 元,比 1984 年猛增 793 600 元;固定资产为 181 000 元,比 1984 年增加 14 000 元;上缴税金 24 000 元,比 1984 年增加 21 000 元。

(第三编第十章《劳动人事》,第 223—224 页)

# 《巴音郭楞蒙古自治州志》

巴音郭楞蒙古自治州地方志编纂委员会编　当代中国出版社 1994 年

1964—1966 年,大批上海、北京支边青年分配到巴州,仅农垦系统就增加 17 473 人,其中上海青年 16 273 人、北京青年 1 200 人。　(第七卷第一章《人口数量与分布》,第 228 页)

1964 年,巴州成立安置城镇青年领导小组,至 1966 年,巴州地方共安置 3 728 人在城镇就业。在此期间,还组织城镇知识青年和社会闲散劳动力 1 121 人到农村插队务农。

1968—1978 年,全州共拨知识青年安置费 517 万元,接收乌鲁木齐市、自治区驻州单位、州直单位和各县城镇高、初中毕业生 2.09 万人,分别安置在各县的人民公社和乌拉斯台、清水河、阿瓦提等国营农牧场插队务农。此后,又陆续从人民公社和农场插队务农的知识青年中,抽调 5 749 人到城镇全民所有制单位工作,抽调 500 人到集体所有制单位工作,招收 1 623 人上大中专学校,征集 416 人参军,其他安置 255 人。1979 年,按照统筹兼顾、全面安排的原则,决定城镇高、初中毕业生不再上山下乡,原已下乡的,通过各种渠道分期分批回城安置。在此期间,仅国营企事业单位就兴办 101 个集体所有制企业,安置城镇待业青年 1 879 人。
　　　　　　　　　　　　　　　　　　　　　（第四十九卷第一章《劳动管理》,第 1757 页）

### 1968—1978 年巴州地方知识青年上山下乡安置情况表
单位:人

| 项目<br>人数<br>年份 | 知识青年上山下乡人数 | | | | | | | 当年调离农村 | | | | | |
|---|---|---|---|---|---|---|---|---|---|---|---|---|---|
| | 合计 | 插队 | 回乡 | 集体所有制场队 | 国营农林、牧渔场 | 接受外省区 | 安置到外省区 | 合计 | 招工 | 招生 | 征兵 | 提拔国家干部 | 其他 |
| 1968—1972 | 8 532 | 4 434 | 2 532 | | 1 566 | | | 3 155 | 2 444 | 91 | 9 | | 611 |
| 1973 | 1 164 | 91 | 999 | 74 | | | | 200 | | | | | |
| 1974 | 819 | 317 | 4 | 374 | 80 | 43 | 1 | 507 | 163 | 302 | 32 | 8 | 2 |
| 1975 | 2 727 | 1 167 | 381 | 147 | 1 032 | | | 928 | 489 | 282 | 45 | 23 | 89 |
| 1976 | 3 375 | 1 660 | 1 434 | 251 | | 3 | 27 | 1 275 | 644 | 465 | 140 | 25 | 1 |
| 1977 | 2 612 | 1 218 | 3 | 543 | 704 | 2 | 142 | 747 | 640 | | 8 | 28 | 71 |
| 1978 | 1 656 | 470 | 610 | 152 | 424 | | | 1 842 | 1 075 | 483 | 182 | 10 | 92 |
| 总计 | 20 885 | 9 357 | 5 963 | 1 541 | 3 806 | 48 | 170 | 8 654 | 5 455 | 1 623 | 416 | 94 | 866 |

　　　　　　　　　　　　　　　　　　　　　（第四十九卷第一章《劳动管理》,第 1758 页）

1978 年,城镇企业开始接收上山下乡知识青年回城安置。是年,安置回城上山下乡知识青年 1.34 万名,年底全州职工人数达 15.3 万名。（第四十九卷第一章《劳动管理》,第 1759 页）

# 《库尔勒市志》

库尔勒市史志编纂委员会编,新疆人民出版社 1995 年

(1969 年)3 月,县首批知识青年到农村插队,接受贫下中农再教育。各族干部职工敲锣

打鼓,热烈欢送。 （《大事记》,第 28 页）

（1971 年)6 月 24—27 日,召开县首次上山下乡知识青年学习毛主席著作积极分子代表大会。 （《大事记》,第 28 页）

（1974 年)11 月 22—26 日,县召开知识青年上山下乡工作座谈会。 （《大事记》,第 29 页）

（1986 年)8 月 13 日,由上海市副市长谢丽娟率领的慰问团抵达库尔勒,慰问上海支边青年。 （《大事记》,第 37 页）

# 《和静县志》

和静县史志编纂委员会编,新疆人民出版社 1995 年

（1971 年)7 月 8 日,县首次知识青年学习毛主席著作积极分子代表大会召开。 （《大事记》,第 36 页）

（1973 年)11 月 12 日,县知识青年上山下乡工作领导小组成立。 （《大事记》,第 37 页）

（1976 年)年底,县知识青年乌鲁玛,代表全州知识青年赴北京参加第二次全国农业学大寨会议。 （《大事记》,第 38 页）

（1977 年)5 月 30 日,东方红公社四大队八队插队知识青年尹新顺因脚伤感染化脓,引起败血症,经抢救无效死亡。县委对不关心知识青年的有关领导通报全县。 （《大事记》,第 39 页）

## 上山下乡知识青年就业

上山下乡　1969 年 10 月,县革委会发出关于《做好知识青年上山下乡接受贫下中农再教育工作》的通知,并成立学生分配办公室,专门负责知识青年下农村工作。

1970 年,和静县共接收安排和静县和自治区、自治州各族初、高中毕业的知识青年 1 100多名(其中乌鲁木齐知识青年 70 多人),并在入冬前解决知识青年的住房、生活用具及劳动工具等问题,县革委会向接收单位按每人每月 3 元标准拨知识青年补助费 34 150 元。

为了解决以往知识青年上山下乡工作中暴露的政治没人抓、生活没人管的问题,县委

1974年4月决定,建立固定的知识青年户和知识青年点,把以前分散安排的知识青年集中起来,每个知识青年点不得少于15～20名知识青年,根据各知识青年点的情况,委派带队干部,配合当地干部进行统一管理。

到1977年底,经过调整,全县共有知识青年点36个,在点知识青年875人,在点带队干部36人。

1975—1979年,自治州共拨知识青年经费47.22万元,县知识青年办公室共支出44.12万元,知识青年下乡插队总人数1 086人。

1978年4月,全国恢复高考,县知识青年办公室及时提出组织报考大中专知识青年参加文化课辅导的意见,同时,1978年应届高中毕业生也可直接参加中考统考(当年知识青年下乡较晚)。

1978年是知识青年上山下乡的最后一年,城镇应届初、高中毕业生400名,其中318人按政策留城待业,其余82人按时安置下乡。此后,上山下乡运动结束。

1968—1978年,全县共安置上山下乡插队知识青年2 800多名,其中自治区、州等兄弟县市1 300多名,大部分安置到乌拉斯台农场,少部分安置在人民公社;和静县知识青年1 500多名,基本上到人民公社插队务农。

知识青年就业　在安排知识青年走向农村不久,从知识青年中招收新职工的工作也逐步开展起来。1972年5月,首次从下乡知识青年中招收职工51名。

1975年,从下乡满两年的知识青年中,经推荐选拔招生40名,招工127名。

1972—1979年,招工1 300人,招生410名,征兵240名,吸收为正式干部的300名,其他安置96名。1975—1979年,共安置集体插队的知识青年1 156人(其中招工、招生1 008人),仍留在农村的142名。到1980年底,原下乡的知识青年通过各种渠道分期分批基本回城安置。

1979年,上山下乡运动结束,县知识青年办公室业务转到城镇待业青年就业安置上来,此后下乡知识青年通过招生、招工、招干等渠道陆续回城工作。

(卷二十三第一章《劳动管理》,第541—542页)

# 《焉耆回族自治县志》

焉耆回族自治县地方志编纂委员会编,新疆人民出版社1998年

## 第六节　知识青年安置
### 一、知识青年上山下乡

1970年6月5日,按照中央"知识青年上山下乡接受贫下中农再教育"的指示,当年安置乌鲁木齐市知青200人、县内1966—1969年历届初中毕业生150人到农村。

1973 年,成立县革委会知识青年上山下乡领导小组,下设工作办公室。

1974 年,改变以往分散安排知青的办法,把知青集中起来,经费集中使用,全县各知青点均为知青盖起新住房,分给菜地,办起食堂;县革委会派带队干部抓知青的思想工作,解决生活困难,活跃文化生活,广大下乡知青很快成为各公社生产和文艺宣传的骨干。

1966—1978 年,全县初中、高中共毕业学生 4 706 名,到农村插队 1 647 名、回乡 2 809 名、留城 250 名。

1979 年,知识青年不再上山下乡。

## 二、知识青年重新就业

1970 年,开始在知青中招工、招兵;当年,40 名在农村接受再教育的大中专毕业生参加劳动一年后,被分配在县各中小学担任教师。

从 1973 年起,大专院校开始在下乡知青中招收工农兵学员,由基层单位选送。到 1979 年,所余的上山下乡的城镇知识青年全部返城。(详见《劳动卷》)

(第二十七卷第四章《安置》,第 702 页)

1969—1979 年,焉耆县共有 4 706 名知识青年"上山下乡"。

1979 年,知识青年不再"上山下乡",城镇中学毕业生增多,城镇待业青年增加。

1970 年以后,通过招工、招生、招干、招兵等途径,安置了大批下乡知青。但由于"文化大革命"对焉耆县经济的严重破坏,经济的发展远远满足不了就业的需求,到 1979 年,仍有待业青年 1 800 名。

1981 年,焉耆镇、县供销社等 26 个单位为本单位的知识青年办起知青旅社、知青商店、"五七"小组等,安排知识青年 306 名就业。

1982 年,全县有待业青年 1 270 人,其中汉族 699 人、维吾尔族和回族 571 人,城镇知青 624 人、下乡未婚知青 214 人、社会知青 432 人。 (第二十八卷第一章《劳动》,第 709 页)

1988 年,全县共有知青集体企业 22 个,从业人员 607 人,生产经营额累计 2 671.98 万元,累计实现纯利润 170.43 万元,上缴税金 31.23 万元,拥有固定资产 197.01 万元,拥有流动资金 321.7 万元,公积金 92.46 万元,从业知青人均月工资 79 元。

1989 年,解决上海支边青年回沪入户问题,县劳动部门经过认真调查,全县共有上海青年 27 户(30 人),通过审查 12 名上海青年符合回沪条件,为他们办理了回沪手续。

(第二十八卷第一章《劳动》,第 710 页)

1991 年底,全县有知青集体企业 12 个,从业人员累计 728 人;生产经营额累计 3 960.3 万元,累计实现利润 203.78 万元,上缴税金 45.63 万元,固定资产总计 259.48 万元,拥有流动资金 98.92 万元、公积金 105.6 万元、公益金 28.51 万元,从业知青人均月工资 87 元。

(第二十八卷第一章《劳动》,第 710 页)

# 《和硕县志》

和硕县地方志编纂委员会编,新疆人民出版社 1999 年

　　1972 年,开始在上山下乡的优秀知识青年中吸收干部。1972—1979 年,在知识青年中吸收 26 人为国家干部。　　　　　　　　(卷二十七第二章《人事》,第 590—591 页)

　　1973 年,根据自治区革委会关于《做好知识青年上山下乡接受贫下中农再教育工作的通知》精神,成立县知青分配办公室,隶属县革委会政工组,专门负责知识青年上山下乡的安置工作。

　　1969—1977 年,和硕县共接受安置知识青年 834 人,其中自治区分配 472 人、自治州分配 176 人、和硕县知青 186 人。认真解决知青的住房、生活用具和劳动工具,向接受单位每人每月拨发 3 元知青补助费,共 11.7 万元。开始安置时,将知识青年分散安置到每个生产(连)队。1974 年后,县革委会做出决定,建立固定的知青点,每个点不少于 15—20 名,并根据知青点的情况,委派带队干部,配合基层干部进行统一管理。

　　1977 年底,全县共有知青点 7 个,知青住房 34 间,计 610 平方米,在点知青 130 人,在点带队干部 6 人。1975—1979 年,巴州共拨给和硕县知青经费 13.4 万元。

　　1977 年是知青上山下乡最后一年,城镇有应届初、高中毕业生 180 名,安置 96 人下乡。此后,上山下乡结束。　　　　　　　　(卷二十八第三章《安置》,第 610 页)

　　是年(1979 年),巴州知青篮球赛在县广场举行。　　(卷三十六《大事简录》,第 825 页)

# 《博湖县志》

《博湖县志》编纂委员会编,新疆大学出版社 1993 年

　　(1973 年)11 月 21 日,博湖县知识青年上山下乡领导机构成立,博湖县历届初中毕业生下乡接受贫下中农再教育。　　　　　　　　(《大事记》,第 19 页)

　　(1975 年)11 月 14 日,博湖县委抽调县委常委 5 名、一般干部 28 名、知识青年 40 名,组成路线教育工作队到各公社、生产队开展普及大寨县运动。

　　12 月 6 日,召开博湖县首届上山下乡知识青年代表大会。　　(《大事记》,第 20 页)

（1982 年）4 月 19—21 日，召开全县城镇知识青年就业会议，讨论布置博湖县知青就业问题。　　　　　　　　　　　　　　　　　　　　　　　　　　（《大事记》，第 23 页）

1972—1979 年，接受博湖县及库尔勒地区上山下乡知识青年 349 名，到 1988 年，这批知识青年，除已与农村社员结婚、自愿申请扎根农村，或就地农转非安排工作者外，经劳动部门有计划地组织参军、升学、返城，绝大部分已离开农村。　　（第十一编第三章《劳动》，第 300 页）

# 《若羌县志》

若羌县地方志编纂委员会编，新疆大学出版社 1992 年

（1968 年）12 月 18 日，安置回乡、下乡知识青年 314 人。　　　　（《大事记》，第 34 页）

（1971 年）6 月 12 日，全县安插下乡知识青年 153 人。　　　　　（《大事记》，第 35 页）

"文化大革命"期间，城镇每年都有大批大、中专和高、初中毕业生等待就业。自 1966 年以来，若羌县接受分配来的大专毕业生 14 名、中专毕业生 47 名。截至 1978 年底，全县有 322 名知识青年上山下乡。1979 年后，通过招生、招工、参军、退休顶替等途径就业 254 名，其余 68 名知识青年到 1980 年已全部返城安置。　　　　（卷四第二章《劳动》，第 118 页）

# 《尉犁县志》

尉犁县地方志编纂委员会编，新疆大学出版社 1993 年

（1970 年）5 月 27 日，尉犁县首批知识青年到塔里木公社七大队接受再教育。

（《大事记》，第 25 页）

中共十一届三中全会以后，县人民政府积极扶持城镇集体经济和个体经济，鼓励和支持待业人员组织起来广开门路，自谋职业。县劳动科在首先安排留城待业青年的基础上，会同县知识青年上山下乡办公室对 1978 年以前下乡、尚未回城的 276 名知识青年，进行就业安置。1984 年以前，全县共安置待业青年 288 名。　　（第十二编第二章《劳动》，第 301 页）

## 一、城市知识青年下农村

1973 年 11 月 14 日，县成立知识青年上山下乡办公室（1980 年与劳动科合署办公），办

理尉犁县和一部分外地初中、高中毕业生下乡接受贫下中农"再教育"工作。在尉犁县农村接受"再教育"的知识青年,除尉犁县城的知青外,还有乌鲁木齐市工交系统和乌市五中知青,以及巴音郭楞蒙古自治州工交系统、国防工办驻巴州地区"红旗"和"前进"两厂的知青。

这些知识青年下乡插队落户大体有以下几种安置形式:

1. 建立知青点　知青在集体食堂吃饭,就近分散到生产队劳动;

2. 建立知青农场、生产队　办有集体食堂,参加集体劳动;

3. 投亲靠友　分散插队或回原籍落户。

尉犁县知识青年到农村劳动落户始于1968年7月,第一批有高中、初中毕业生32人(其中维吾尔族8人),分别安置到塔里木公社一大队、二大队五小队、七大队二小队、八大队和兴平公社三大队。

从1969年起,国家拨发知青安置经费76.6万元,为知青修建房屋3 271平方米。

**1970—1975 年尉犁县知青点统计表**　　　　　　　　　　单位:人

| 建点时间 | 知青点所在地名称 | 知青来源 | 人　数 | 说　明 |
|---|---|---|---|---|
| 1970 年 4 月 | 塔里木公社七大队 | 县中学 | 20 | 1972 年撤销 |
| 1971 年 3 月 | 琼库勒牧场 | 县中学 | 32 | 1973 年撤销 |
| 1974 年 3 月 | 县良种场 | 县中学 | 45 | 1981 年撤销 |
| 1975 年 9 月 | 兴平公社园艺场 | 县中学 | 137 | 1981 年撤销 |
| 1975 年 9 月 | 塔里木公社二大队三小队 | 库尔勒工交系统 | 33 | 1981 年撤销 |
| 1975 年 4 月 | 塔里木公社二大队五小队 | 库尔勒工交系统 | 25 | 1981 年撤销 |
| 1975 年 9 月 | 塔里木公社二大队一小队 | 库尔勒工交系统 | 16 | 1981 年撤销 |
| 1975 年 9 月 | 塔里木公社二大队二小队 | 库尔勒工交系统 | 37 | 1981 年撤销 |
| 1975 年 9 月 | 塔里木公社二大队三小队 | 库尔勒工交系统 | 24 | 1981 年撤销 |
| 1975 年 9 月 | 塔里木公社二大队五小队 | 库尔勒工交系统 | 18 | 1981 年撤销 |
| 1975 年 9 月 | 塔里木公社二大队六小队 | 库尔勒工交系统 | 18 | 1981 年撤销 |
| 1975 年 9 月 | 塔里木公社四大队 | 库尔勒工交系统 | 51 | 1981 年撤销 |
| 1975 年 9 月 | 塔里木公社园艺场 | 库尔勒工交系统 | 3 | 1981 年撤销 |

**1969—1979 年尉犁县知青人数统计表**　　　　　　　　　　单位:人

| 年　份 | 人　数 | 分　配　情　况 | | | |
|---|---|---|---|---|---|
| | | 合　计 | 升　学 | 入　伍 | 招　工 |
| 1969 | 78 | 62 | | | 62 |
| 1970 | 183 | 175 | | | 175 |
| 1971 | 34 | 26 | | | 26 |
| 1972 | 19 | 16 | 3 | | 13 |
| 1973 | 16 | 15 | 9 | 5 | 1 |

| 年 份 | 人 数 | 分配情况 | | | |
|---|---|---|---|---|---|
| | | 合 计 | 升 学 | 入 伍 | 招 工 |
| 1974 | 30 | 27 | 13 | | 14 |
| 1975 | 204 | 156 | | | 156 |
| 1976 | 97 | 10 | | | 10 |
| 1977 | 122 | 50 | | 1 | 49 |
| 1978 | 122 | 92 | 18 | 13 | 61 |
| 1979 | 283 | 143 | | 11 | 132 |

## 二、下乡知青去向

下乡知识青年,无论集体落户或单独插队,生活和劳动都很艰苦,他们给农村带去了知识,丰富了农村文化生活,他们积极参加劳动,为发展农业生产作出了一定的贡献,但是也给社队增加许多负担。有一小部分知青托亲戚靠朋友"走后门",或以"病退"等名义返城。但绝大多数知青坚持在农村劳动,以后通过各种正当手续离点,如被大专院校和中等专业学校录取上学,参军,国家机关、企事业单位招干、招工,"两退一补"顶替接班等。到1981年,下乡知识青年全部回城就业,或升学、参军。　　　　　　(第十二编第二章《劳动》,第308—310页)

# 《且末县志》

且末县地方志编纂委员会编,新疆人民出版社1996年

(1976年)3月14日,县委在露天电影院欢迎优秀知识青年杜万平、吐逊·尼牙孜和优秀转业军人董兆国来且末县工作。　　　　　　　　　　　(《大事记》,第30页)

新中国成立以后,为了支援开发西北边疆,国家曾动员内地青壮年有组织地迁入边疆安家落户。1959—1960年,先后有广东、湖南、上海等地的青壮年273人迁来且末县,分别被安置在且末县的红旗、红星、胜利和跃进公社,从事农业生产劳动。以后,又接迁家属13人。为妥善安置支边青壮年的生活,巴州曾先后拨给且末县支边青壮年安置费4 000多元。1961—1965年,因种种原因,有一部分支边青壮年外流,至1965年年底,留在且末县的支边青壮年有69户、197人。到1993年,且末县有支边青壮年及其后代370人。

(第二十四编第二章《安置》,第353页)

**干部录用**

新中国成立初期,主要吸收录用青年知识分子、农民积极分子、城镇社会青年等为干部。

1972 年以后,逐步从上山下乡知识青年、机关行政事业单位中的"以工代干"人员中录用干部。1981 年,共招收社会青年、回乡知青、大中专毕业生等 97 人为干部。1990—1992 年,共录取干部 384 人。
(第二十五编第一章《干部》,第 364 页)

# 《轮台县志》

轮台县党史、县志编纂委员会编,新华出版社 1991 年

(1970 年)4 月,首批知识青年上山下乡。 (《大事记》,第 19 页)

(1971 年)7 月 27 日,召开上山下乡知识青年积极分子代表大会。(《大事记》,第 19 页)

(1973 年)11 月 13 日,成立知青工作办公室。 (《大事记》,第 20 页)

新中国成立以后,开始有计划地吸收本地干部。1950 年共吸收青年知识分子、农民积极分子 180 人,分别安排在县直单位、区、乡机关工作,其中一部分选送地区干训班培训后使用。同期还在城镇社会青年中吸收干部,到 1953 年已吸收干部 413 名。1972 年以后,逐年从上山下乡知识青年中吸收干部,到 1981 年共吸收知识青年 330 余人。
(第二十九编第一章《干部》,第 353 页)

1969 至 1981 年共有 1 384 名知识青年上山下乡。1982 至 1985 年增加待业人员(主要是中学毕业生)1 520 人。两项共计 2 906 人。1972 年开始安置上山下乡知识青年和新增待业人员就业,到 1985 年共安置 1 818 人为全民所有制和集体所有制职工,还有一部分待业人员通过升学、参军和参加知识青年企业解决了就业问题。到 1985 年末,仍有 522 名待业人员。

1980 年以来,兴办知青合作社(组)20 个,1985 年调整为 15 个,其中的县知青农场 1983 年被评为自治区知青就业先进单位。

**1970 年以来知识青年下乡、就业及待业人数**

| 年份 | 项目 | 上 山 下 乡 | | | 安置就业 | 新增待业 | 年末待业人数 |
| | | 小计 | 轮台知青 | 库尔勒知青 | 乌鲁木齐知青 | | |
|---|---|---|---|---|---|---|---|
| 1970 | | 81 | 5 | 39 | 37 | | |
| 1972 | | 83 | 83 | | | 3 | |
| 1974 | | 106 | 106 | | | 55 | |
| 1975 | | 162 | 125 | 37 | | 18 | 1 |

| 年份 \ 项目 | 上 山 下 乡 | | | | 安置就业 | 新增待业 | 年末待业人数 |
|---|---|---|---|---|---|---|---|
| | 小计 | 轮台知青 | 库尔勒知青 | 乌鲁木齐知青 | | | |
| 1976 | 108 | 108 | | | 24 | | 3 |
| 1977 | 168 | 128 | 40 | | 23 | | 5 |
| 1978 | 103 | 97 | 6 | | 31 | | 21 |
| 1979 | 45 | 45 | | | 167 | | 68 |
| 1980 | 150 | 150 | | | 134 | | 398 |
| 1981 | 378 | 378 | | | 86 | | 303 |
| 1982 | | | | | 290 | 800 | 813 |
| 1983 | | | | | 313 | 248 | 748 |
| 1984 | | | | | 138 | 211 | 821 |
| 1985 | | | | | 536 | 261 | 522 |
| 合计 | 1 384 | 1 225 | 122 | 37 | 1 818 | 1 520 | |

（第二十九编第二章《工人》，第 354—355 页）

# 《和田市志》

和田市地方志编纂委员会编，新疆人民出版社 2006 年

（1969 年）10 月 10 日，首批知识青年开赴农村安家落户，接受贫下中农再教育。

（《大事记》，第 28 页）

（1975 年）11 月 25—28 日，地区召开首届上山下乡知识青年代表大会。

（《大事记》，第 29 页）

# 《和田县志》

和田县地方志编纂委员会编，新疆人民出版社 2006 年

（1976 年）7 月 19 日，地区直属机关及和田县各机关 3 000 多人，在县群众电影院集会，欢送地、县直机关 800 多名知青上山下乡。　　　　　　（《大事记》，第 50 页）

1962 年 11 月至 1965 年,和田县共安置支边青年 270 人、下放人员 446 人、自流人员 1 042 人。支边青年大多来自上海、南京、苏州、无锡,下放人员来自上海、南京、山东、广东等地;自流人员来自四川、安徽、河南和甘肃等地。　　　　　　(第十九编第一章《民政》,第 527 页)

1974 年,成立和田县知识青年办公室,下设知识青年服务社,主要安置待业知识青年,有门市部、知青地毯厂等自负盈亏单位。1984 年,改为和田县劳动服务公司。1990 年撤销。
　　　　　　　　　　　　　　　　　　　(第十九编第二章《劳动人事》,第 530 页)

20 世纪 80 年代初期,和田县主要从转业军人,内地调入大、中专毕业生,支边青年,当地上山下乡知识青年,工人、农民中涌现出来的积极分子,招考以工代干等方面录用干部。
　　　　　　　　　　　　　　　　　　　(第十九编第二章《劳动人事》,第 539 页)

1978—1984 年,和田县上山下乡接受贫下中农再教育的知识青年陆续返城。返城知青在县内、县外同时安置。县内主要安置在水泥厂、粮食局、修造厂、喀拉格尔水电站、供销社、运输公司、二轻局等厂矿企业。县外安置人员较少,大都安置在和田地区棉纺织厂、和田地区丝绸厂、和田地区建筑公司、杜瓦水泥厂、泽普石油基地等厂矿企业。

上山下乡知识青年中,有不少人通过推荐上大学和恢复高考后考入大专院校。毕业后,成为和田县及各厂矿企业领导,有的成为专家、教授。
　　　　　　　　　　　　　　　　　　　(第十九编第二章《劳动人事》,第 553 页)

# 《民丰县志》

《民丰县志》编委会编,新疆人民出版社 2007 年

(1969 年)10 月中旬,和田地区第一批上山下乡知识青年 17 名来到民丰县,被安置在东方红人民公社五星生产大队落户。　　　　　　　　　　　　(《大事记》,第 36 页)

## 第一节　知识青年上山下乡

1968 年 8 月,按照毛泽东主席关于"知识青年到农村去,接受贫下中农的再教育很有必要"的指示,民丰县的中学毕业生开始到农村接受"再教育"。1972 年,民丰县成立知识青年办公室(简称知青办),民丰县主要接纳本县各单位工作人员的子女与和田地区财贸系统(财政、银行、粮食、外贸)工作人员的子女,到农村参加农业生产劳动。县支青办负责人先后有王秀芝、卡斯木·肉孜、李玉平。全县建立知青安置点和青年农场 2 处(一处是东方红五星农场,一处是红星大队)。截至 1976 年底,全县共有上山下乡知识青年 328 人(鼎盛时期),

以后随着招工、招干和"返城风",留在农村的知识青年数逐年减少。

1981年,知识青年上山下乡工作结束,撤销知识青年办公室,成立知青服务公司(又称为劳动服务公司,即现在的县劳动就业保险管理局的前身),负责人为卡斯木·肉孜。

到1984年,在民丰县的下乡知识青年(地区财贸系统和民丰县各单位工作人员的子女)通过招工、招干,已全部回城安置工作。　　　（第二十编第五章《劳动就业》,第511—512页）

# 《策勒县志》

策勒县史志办编,新疆人民出版社2005年

是年(1974年),自1968年始,策勒县共接收安排各族上山下乡知识青年1956名。

（《大事记》,第26页）

(1975年)8月,策勒县在达玛沟公社一大队创办知青队,75名民、汉知识青年接受贫下中农再教育。　　　　　　　　　　　　　　　　　（《大事记》,第26页）

(1976年)4月12—19日,县革委会召开知识青年上山下乡工作会议。

（《大事记》,第27页）

纵观50年代至80年代干部队伍的发展,干部的主要来源有七个方面:一是军队转业干部;二是内地调入干部;三是大、中专毕业生分配就职;四是本地选拔录用优秀分子充实干部队伍;五是上山下乡知识青年选用;六是历次运动中表现突出的积极分子选拔使用;七是以工代干工作多年的工人,经过组织、人事部门考核审查录用转干。

（第二十五编第三章《干部》,第543页）

## 第一节　知识青年上山下乡

从1968年至1970年6月,策勒县共接收外来大中专毕业生180名,这些大中专毕业的青年学生,由于国家停止分配,响应号召到农村接受贫下中农的再教育,他们被分期分批分配到全县的5个公社11个大队"插队落户"。

1970年10月,策勒县城首批知识青年共20人,到固拉哈玛、达玛沟两个公社插队落户。

1974年10月策勒县成立了知识青年上山下乡领导小组及其办公室,专门负责接收和安置本县和外地来策勒的知识青年,其中知青办也负责安置大批家在农村的回乡知识青年的生产和锻炼。知青办第一任主任阿布都卡地尔·赛迪,1978年4月,知青办主任何荣久。

1980年与劳动科合署办公。

从1970年至1977年,策勒县共接收安置大中专毕业生和城市下乡知青1 956名,共接收和安置上山下乡及回乡各族知识青年5 674名。

**1970—1978年策勒县城镇知识青年上山下乡基本情况表**　　　　　　单位:人

| 年份 项目 | 知青去向 | | | | 安置情况 | | | | 年底在农村实有人数 |
|---|---|---|---|---|---|---|---|---|---|
| | 上山下乡人数 | 其中插队 | 留城人数 | 其中病残 | 招生 | 征兵 | 招干 | 招工 | |
| 1970—1972 | 337 | 337 | 1 | 1 | 57 | | | 60 | 219 |
| 1974 | 63 | 63 | 4 | | 8 | | 12 | 65 | 193 |
| 1975 | 199 | | 8 | 4 | 18 | | 8 | 182 | 176 |
| 1976 | 198 | | | | 21 | | 4 | 70 | 279 |
| 1977 | 122 | | | | 4 | | 21 | 105 | 271 |
| 1978 | 65 | | | | 29 | 22 | 18 | 68 | 198 |

注:表中安置情况不只限计划内招工、招干数额。

## 第二节　招工就业

策勒县有计划地从农村和城镇知识青年中招工1975年开始。

1975年,新疆石油管理局从策勒各族知识青年和复员退伍军人中招收工人50名,其中初中毕业生45人,高中毕业生4人,小学毕业生1人;50名知识青年中1968—1970年上山下乡接受再教育的有12名,1971—1974年上山下乡接受再教育的有31名,其余7人是复员军人,50人中有5名女性。

1975年县水泥厂从东方红公社(今策勒镇、策勒乡)和固哈玛公社共招收19名青年当工人,其中插队知青11人,回乡知青7人,复员军人1人。

1976年10月,自治区建安总公司在策勒县招工18人,其中男10人,女8人,高中毕业生7人,初中毕业生11人。

1976年上半年,策勒县革委会综合组根据全县企业单位自然减员名额,批准在全县新招收8名职工,其中高中毕业的4名,初中毕业的4名,男2人,女2人。

1977年1月,从1976年下半年自然减员指标中招工10名,其中顶替父母的3人。

从1976年11月至1978年3月,先后由新疆石油管理局、和田纺织厂、地区第一、第七运输公司、地区水电站、地区饮食服务公司、和田报社、和田棉纺厂及本县自然减员指标共在策勒县招工341名。

以上在"文革"中通过接受再教育后,由招工参加工作的知青中,后来有通过高考成为大学毕业生进入干部队伍的,有成为地、县级领导干部的,有成为厂矿企业负责人的,也有个别成为专家、教授的。

(第二十五编第七章《劳动就业》,第552—553页)

# 《于田县志》

于田县史志办编,新疆人民出版社 2006 年

(1967 年)7 月 20 日,新园农场 200 多名知青绝食,县人武部、和田地区军分区派专人处理。　　　　　　　　　　　　　　　　　　　　　　　　　　　（《大事记》,第 33 页）

1975 年 5 月县知青办公室成立,负责安排知识青年劳动就业。1984 年 10 月知青办公室更名为县劳动服务公司,副科级单位,主要负责待业青年的培训和再就业安置工作,1987 年增加社会保险工作。　　　　　　　　　　　　（第二十一编第一章《机构》,第 584 页）

70 年代,各项事业特别是教育事业迅速发展,干部队伍不断壮大。逐年从上山下乡知识青年中招收青年积极分子加入干部队伍。　　（第二十一编第二章《干部管理》,第 585 页）

70 年代,工人的招收纳入计划管理的范围,由县革委会下达招工指标,主要在接受再教育满 9 个月以上的下乡知青中招收。　　（第二十一编第三章《劳动就业》,第 591 页）

1965 年 3 月经县委研究成立"城市知识青年和闲散劳动力安置办公室"。1965 年 8 月,接收江苏支边知识青年 1 000 多名,新园农场设有一个场部、四个中队予以安置。1966 年接收中专毕业生上山下乡 4 人。1967 年接收中专毕业生上山下乡知青 66 人。1968 年接收中专毕业生上山下乡知青 55 人。

1969 年是知识青年上山下乡运动高潮,当年接收中专学校毕业生上山下乡知青 145 人(汉族 22 人,维吾尔族 123 人),大专学校毕业生上山下乡知青 90 人,初高中毕业生上山下乡知青 40 人,和田要武中学毕业生 106 人,向阳学校毕业生 10 人,红星中学 34 人。

1970 年接收上山下乡接受再教育的大中专知识青年 138 人(含插队落户毕业生 80 人)。1971 年接收上山下乡知识青年 95 名。1972—1974 年接收上山下乡知青 126 名。全县知青点有十月公社七大队知青点、九大队知青点、拉依苏大队知青点、国营羊场二大队知青点、红旗公社四管区四大队知青点等。

1974 年安排下乡知青 69 人。1975 年 9 月至 1978 年共有 666 名知青分配到十月公社、农场等,其中县内知青 67 名。

1976 年 1 月,县知识青年上山下乡办公室成立,1986 年撤销。截至 1979 年,全县共安置 1 499 名知识青年上山下乡参加生产劳动。

1979 年根据中央 79 号文件精神,不再动员知识青年下乡。

　　　　　　　　　　　　　　　　　（第二十一编第三章《劳动就业》,第 591—592 页）

# 《洛浦县志》

新疆洛浦县志编纂委员会编,新疆美术摄影出版社 2001 年

(1970 年)7 月 25 日,160 名城镇知识青年下乡,接受贫下中农再教育。

（《大事记》,第 31 页）

1965 年 8 月,江苏支边知识青年 800 多人来洛浦县拜什托格拉克乡（当时称洛浦红旗农场）屯垦。1973 年 2 月,洛浦县红旗农场撤点,江苏支边知识青年先后调离洛浦,分散到地区有关单位。80 年代初他们中的绝大多数人调回江苏。

（第三编第一章《人口发展》,第 99 页）

从 50 年代到 80 年代中期,干部的主要来源,一是军队转业干部,二是内地调入干部,三是大、中专毕业分配的学生,四是内地支边青年,五是当地上山下乡知识青年,六是历次运动中从工人、农民中涌现出来的积极分子,七是以工代干多年的工人,经过人事部门的考核,审查录用的干部。

（第二十一编第二章《干部》,第 518 页）

1968 年 12 月 22 日,毛泽东同志发出"知识青年到农村去,接受贫下中农的再教育很有必要"的指示,将知识青年上山下乡运动推向高潮。洛浦县"再教育办公室"负责知青上山下乡工作。1972 年,成立了知识青年上山下乡办公室,负责安排知识青年的上山下乡。

从 1970 年至 1981 年,全县共建成 10 处知青安置点和知青农场,动员 1 245 名城镇知识青年上山下乡。

根据知识青年上山下乡工作的需要,县革委会先后派出 13 名国家干部到知青安置点带队,负责知识青年的组织和教育工作。1976 年以后,带队干部陆续返回城镇。1981 年以后,上山下乡知青通过招工、招干全部安置了工作。1981 年 12 月,撤销上山下乡知识青年安置办公室。至此,知识青年上山下乡工作结束。　　（第二十一编第五章《劳动就业》,第 526 页）

# 《墨玉县志》

墨玉县地方志编纂委员会编,新疆人民出版社 2008 年

(1966 年)7 月 20 日,首批苏州市支边青年邓安鹏、杨瑞玺、张建保、吴相玲、吴寿根等到达墨玉县。

8 月 5 日,第二批苏州市支边青年阮跃华、陆洪生、沈嘉娴等到达墨玉县。两批支边青年共有 350 人。

（《大事记》,第 38 页）

1968 年 12 月,成立县知识青年上山下乡再教育办公室。1977 年,成立县知识青年上山下乡回城安置办公室,1983 年 12 月撤销。1984 年 1 月,成立县劳动服务公司,1990 年 7 月撤销。 （第二十四编第一章《机构》,第 604 页）

"文化大革命"期间,除少数知识青年在城镇就业外,大批知识青年上山下乡,到农村接受教育。

1968 年 12 月,为更好的组织知识青年上山下乡,进行再教育,墨玉县成立再教育办公室,负责安排知识青年上山下乡工作。将 1966 年、1967 年、1968 年毕业的初中、高中毕业生共 345 名,分配下乡接受贫下中农再教育。截至 1976 年,全县共分配下乡知识青年 2 706 人。

同时,县革命委员会先后派出国家干部到知青安置点负责知识青年的组织教育和管理工作。1976 年后,管理干部陆续返回城镇,此后,墨玉县不再安排中学生上山下乡,接受贫下中农再教育。

1977 年后,再教育的知识青年纷纷返城,墨玉县出现就业难的问题。是年 1 月,为安置回城知青,县委成立知识青年上山下乡安置办公室,在国家统筹规划和指导下,贯彻执行劳动部门介绍就业、自愿组织起来就业和自谋职业相结合的就业的方针,通过招工、招干等方式,逐年安置返回城镇的知识青年。随着安置工作的完成,1983 年 12 月,撤销墨玉县知识青年上山下乡安置工作办公室。 （第二十四编第三章《工人状况》,第 622 页）

# 《阿克苏地区志》

《阿克苏地区志》编纂委员会编,新疆人民出版社 2008 年

(1964 年)9 月 17 日,阿克苏城区 400 余名干部、职工、市民和学生夹道欢迎支援塔里木建设的上海支边青年。 （《大事记》,第 58 页）

(1965 年)8 月 29—31 日,上海市各界人士赴(新)疆慰问团第一分团 80 人,在团长、上海市副市长宋日昌率领下抵达阿克苏慰问。 （《大事记》,第 59 页）

(1973 年)7 月 25 日,地区成立知识青年上山下乡工作领导小组。（《大事记》,第 63 页）

(1975 年)9 月 9—16 日,地区召开首届知识青年先进集体和先进个人代表会议,会议表彰先进集体 30 个、先进个人 166 名。 （《大事记》,第 65 页）

1961 年冬—1966 年底,接收上海知识青年 45 375 人、上海技工 790 人,各地转业军人 3 000 多人。　　　　　　　　　　　　(第十编第二章《中华人民共和国成立后屯垦》,第 635 页)

## 第三节　支边青年安置

1965 年 7—8 月,专区接收安置江苏省城市知识青年 2 611 人,其中南京市 1 612 人,镇江市 421 人,常州市 578 人。全部安置在地方国营农场,其中红旗坡农场 421 人(全系镇江市);阿瓦提县丰收三场 1 071 人,库车县二八台农场 299 人,温宿县水稻农场 222 人(全系南京市);拜城县大宛其农场 598 人(除南京市 20 人外,全系常州市)。

1966 年 7 月 20 日至 8 月 31 日,地区接收安置南京市支边青年 1 583 人,其中男青年 688 人,女青年 895 人;大学文化程度 2 人,高中文化程度 97 人,初中文化程度 702 人,小学文化程度 782 人。安置沙雅县新垦农场 404 人,阿瓦提县丰收农场 350 人,实验林场 234 人,温宿县共青团农场 219 人,阿克苏县阿音柯农场 376 人。

1966 年 8 月 2 日至 10 月 6 日,地区接收安置上海市支边青年 1 131 人,其中男青年 579 人,女青年 552 人;大学文化程度 1 人,高中文化程度 61 人,初中文化程度 457 人,小学文化程度 612 人。安置拜城县察尔其农场 318 人,大桥农场 265 人;温宿县水稻农场 316 人;新和县先锋农场 232 人。　　　　　　　　　　　(第二十六编第五章《安置》,第 1628 页)

1969—1974 年,兵员征集对象以农村贫下中农(牧)家庭富余劳力和上山下乡知青劳动满两年表现好的男青年为主;城镇以在职职工为主,有时也征集部分中学毕业未分配工作的学生。……

1976—1982 年,征集的主要对象是农村、团场具有初中以上文化程度的富余劳动力和下乡知青,城镇征集具有高中以上文化程度的待业青年,职工和在校生不征集,对有港台和海外关系的可优先征集。　　　　　　　　　　(第二十八编第二章《兵役》,第 1775 页)

**做上海支边青年工作**

1980 年,地区内发生“上海支边青年要求回沪事件”。农垦团场的少数上海支边青年,借垦区工作中长期存在的一些问题,挑动上海支边青年强行返沪,严重影响当地社会秩序。12 月,驻阿部队奉命派人做知识青年的思想和劝导工作。经过教育,1981 年 1 月恢复正常的社会秩序、生产秩序和工作秩序,受到中共中央、国务院、中央军委领导表扬。

(第二十八编第七章《拥政爱民》,第 1803 页)

1958 年开始以社队记工分的形式,由回乡知识青年中选用人员充实教师队伍。这种不拿财政教育拨款的教师称为民办教师。1975—1992 年,地区每年吸收一定数量的民办教师,以补人员之缺。　　　　　　　　　　(第二十九编第十三章《教师》,第 1851 页)

# 《阿克苏市志》

阿克苏市史志编纂委员会编,新华出版社1991年

是年(1962年)冬,农一师在上海成立工作组,分期分批地动员上海青年进疆参加边疆建设。 （《大事记》,第46页）

(1964年)9月17日,支援塔里木建设的一批上海青年来到阿克苏,受到阿克苏专、县机关职工、学校师生、城镇居民4 000多人的夹道热烈欢迎。 （《大事记》,第47页）

(1970年)7月7日,阿克苏城镇首批居民和知识青年500余户2 000余人,到农村落户。1977年前后他们又纷纷返回城镇落户或参加工作。 （《大事记》,第52页）

(1974年)10月19日,阿克苏地、县联合召开大会,欢送阿克苏城镇300多名知识青年到农村去。 （《大事记》,第54页）

(1980年)12月26日,经国务院批准,依法逮捕农垦团场进城闹事的"上青联"总部为首分子9人,收审骨干分子43人,部分上海支边青年闹事平息。 （《大事记》,第59页）

1956年7月—1966年,河南、山东、江苏、湖南、湖北、上海等地的青壮年农民和支边青年,大批复员转业军人和国家分配的大中专毕业生、科技人员等参加农一师,成为农垦事业的接班人,改变了农一师队伍的知识、年龄结构。1956年7月—8月,参加农一师的河南青壮农民4 950人;1963—1966年参加农一师的上海支边青年4万余人。

（第六编第一章《沿革》,第291页）

知识青年上山下乡办公室　1974年成立,1980年10月撤销。

（第十二编第二章《政府》,第518页）

1979—1984年,城区共开办知识青年集体经济单位19个,网点36个,安置城市待业青年2 038人,自谋职业179人,共2 217人,占全部待业人数的72.4%。

（第十三编第二章《劳动》,第549页）

1966年接收南京支边青年322人,其中蚕种场安排157人,东方红农场安排118人,水泥厂安排47人。

1968年,知识青年上山下乡形成潮流,阿克苏县城区部分知识青年到依干其公社和拜什吐格曼公社参加生产劳动,由文教卫生部门负责组织工作。1974年成立阿克苏县知识青年上山下乡办公室,按党政、文卫、工交、财贸系统组织初、高中毕业生下乡,并按系统派带队干部,负责管理知识青年的生产、生活、学习等事务。先后成立依干其、拜什吐格曼、哈拉塔、托普鲁克和阿音柯等5个知青队,和浑巴什、托海、市煤矿、磷肥厂、依干其公社渔场和阿克苏镇知青点。

1968—1980年,上山下乡知识青年共1 585人,按政策留城176人,后招工783人,招干54人,招生423人,征兵169人。

1975年以前,每个下乡知识青年从国家领取下乡安置费250元,1975年以后领取400元,下到边远地区的领取600元。

1979—1980年,陆续撤销离城较远的拜什吐格曼、哈拉塔、托普鲁克和阿音柯知青队,只保留依干其知青队,783名下乡知识青年招工回城。依干其知青队从1982年开始,以种植啤酒花为主,改名为啤酒花知青农场,1985年有国家职工4人,队员30人,土地总面积550亩,耕地350亩。

阿克苏市上山下乡知识青年人数统计表　　　　　　　　单位:人

| 年　份 | 合计 | 依干其 | 拜什吐格曼 | 哈拉塔 | 托普鲁克 | 浑巴什 | 阿音柯 | 托海 | 磷肥厂 |
|---|---|---|---|---|---|---|---|---|---|
| 1974年前 | 628 | 244 | 133 | 101 | 44 | 3 | 103 | | |
| 1975 | 281 | 29 | 33 | 85 | 52 | 9 | 73 | | |
| 1976 | 319 | 14 | 86 | 77 | 73 | | 69 | | |
| 1977 | 239 | 89 | 75 | 7 | 34 | | 34 | | |
| 1978 | 40 | | | | | | | 15 | 25 |
| 合　计 | 1 507 | 376 | 327 | 270 | 203 | 12 | 279 | 15 | 25 |

(第十三编第二章《劳动》,第550页)

# 《温宿县志》

温宿县志编纂委员会,新疆大学出版社1993年

(1968年)12月,首批知识青年96人到克孜勒、阿热勒、佳木、吐木秀克、博孜墩、托乎拉6个公社和塔格拉克煤矿插队,接受贫下中农再教育。　　　　(《大事记》,第45页)

1971年开始,逐步将全民所有制单位的临时工改为固定工。1975年,开始实行顶替制度,下乡满两年以上知识青年,其家长退休后可以顶职。1978年,将1971年以来遗留下来的临时工改为固定工。　　　　(卷二十一第二章《工人》,第625页)

## 第一节　支边青壮年安置

1965年,山东商河农场青壮年职工164人(其中国家职员6人),支边分配到水稻农场。南京青年446人,支边分配到水稻农场和共青团农场。1966年,上海支边青年309人,分配到水稻农场和水稻二场。两年共安置支边青年919人。

1976年,有支边青年876人,其中山东商河农场支边青壮年职工160人,南京支边青年419人,上海支边青年297人。安置在水稻农场374人,水稻二场121人,共青团农场221人。这些人中有35人加入中国共产党,151人加入共青团,48人担任连级干部。80年代,南京、上海支边青年大都通过招工、顶替等形式,返回原籍。

## 第二节　知识青年上山下乡

1968年11月,温宿县根据毛主席关于"知识青年到农村去,接受贫下中农的再教育很有必要"的指示,掀起知识青年上山下乡运动。到年底,共有96名知识青年(其中大专毕业生6人,中专毕业生28人,高、初中毕业生62人)到克孜勒、阿热勒、佳木、吐木秀克、博孜墩、托乎拉6个公社和塔格拉克煤矿插队,参加生产劳动,接受贫下中农的再教育。县财政部门按每人250元标准给知青所在生产单位拨款,作为知青购置生产工具、生产用品补助费,由生产队掌握使用。下乡知青的生产劳动和生活,由生产队长或贫下中农代表管理。1969年7月—1973年7月,又有582名知青下乡插队。

1973年10月3日,成立温宿县革命委员会知识青年上山下乡办公室,筹建知青队和知青点,将过去的分散插队落户改为小集体安置。1974—1977年,先后办7个知青队、5个知青点。1978年,县革命委员会决定,撤销知青点、知青队,在原知青2队基础上成立县知青农场。

从1979年起,逐步缩小下乡范围。由原来单位动员下乡,转为单位统筹安排就业。无接收单位的知青,由县知青办负责分配。

在知青上山下乡运动中,温宿县(包括地区直属单位)下乡知青共有1721人,其中908人入团,21人入党,10余人被提拔为队干部。

1968—1981年,国家拨给温宿知青安置费455 500元,温宿县累计拨补助费423 000元。社队无偿划给知青队土地17 730亩,其中耕地4 286亩,可垦荒地12 024亩,草场1 420亩。为知青队购置农机具21台(其中拖拉机10台,推土机1台,插秧机5台,圆盘耙3个,5铧犁2部),建房112间,1 792平方米。1978—1979年,知青农场共生产粮食378.5吨,植树110万株,建18千瓦小水电站1座,经济收入达360 779元,经济上年年自给有余。1979年,被自治区评为先进集体。

1970—1982年5月,温宿县上山下乡知青全部分配工作,县知青农场随之解散。

(卷二十一第六章《劳动就业》,第635—636页)

# 《拜城县志》

拜城县史志办编,新疆人民出版社 2004 年

(1965 年)7 月,常州市、南京市 500 余名支援新疆社会主义建设知识青年分三批来县落户。
(《大事记》,第 24 页)

(1969 年)春,县首批知识青年下乡接受再教育。
(《大事记》,第 25 页)

1981 年 6 月县人民政府恢复,8 月 13 日知识青年上山下乡办公室与劳动科合并。
(第五编第三章《县人民政府》,第 173 页)

1969 年春,县革命委员会安排首批学生到农村落户(即上山下乡),"接受贫下中农再教育"。至 1979 年,全县初、高中毕业生 2 619 人下乡,分别在大宛其农场、察尔齐农场、大桥农场、米吉克公社、亚吐尔公社和托克逊公社设立知青点安置青年。
(第八编第十六章《"文化大革命"》,第 242 页)

## 二、支边青壮年安置

1964 年,江苏省常州市进疆支边青年 30 人,由劳动部门安置在城镇各单位工作,1965 年 8—9 月,江苏省常州市支边青年 650 人和南京市支边青年 20 人,由劳动部门安置在县大宛其农场,极少数人安置在城镇各单位工作。……1966 年 10 月安置上海支边青年 623 人在察尔齐农场、大桥农场、国营羊场。自 1980 年开始,江苏、上海支边青年中 80％都通过招工、顶替等形式,陆续返回原籍。1983 年新和县先锋农场的部分上海支边青年迁至拜城县大宛其农场。

## 三、知识青年安置

1969—1979 年在察尔齐、大桥、米吉克、大宛其、亚吐尔、托克逊等公社有接受再教育的知识青年 2 619 名。1970 年始通过招工、招干或推荐参军、上中专、大学等形式陆续在城镇安排工作。1981 年,将 1978 年前下乡劳动的知识青年全部安排就业。
(第九编第一章《劳动》,第 252 页)

# 《库车县志》

库车县志编纂委员会主编,新疆大学出版社 1993 年

**知识青年安置** 1969 年始,城镇知识青年上山下乡"接受贫下中农再教育",至 1978 年

10 年间,下乡知识青年计 2 521 人。1970 年 3 月,开始从下乡知识青年中招工,第一批 70 人,分配在县钢铁厂。此后,历年招工、招干、参军、上中专、大学,都从下乡知识青年中招收。其手续是,经群众推荐,民主评议,社队领导批准,报劳动部门审定。1979 年,知识青年下乡工作终止,当年在农村的知识青年有 695 人,1981 年,将 1978 年前下乡劳动的知识青年 520 人全部安置就业。

(卷二十三《劳动人事·劳动》,第 496—497 页)

# 《新和县志》

《新和县志》编纂委员会编,新疆人民出版社 1997 年

(1966 年)10 月 6 日,上海支边青年 240 余人到达新和县,群众夹道欢迎。随后,建立以上海支边青年为主的先锋农场。

(《大事记》,第 26 页)

是月(1967 年 1 月),先锋农场 200 多名上海支边青年,在县委大院造反,要求"回沪闹革命"。其后,离新和,返上海,留下者极少。

(《大事记》,第 26 页)

(1969 年)2 月,城镇第一批知识青年下乡接受"再教育",共 73 人。　　(《大事记》,第 27 页)

(1975 年)8 月 15 日,新和县首届知识青年代表大会召开。　　　(《大事记》,第 29 页)

"文化大革命"后期,上山下乡的知识青年,经过 1—3 年的再教育,多数都安排了工作。以后,有些知青进入干部队伍,有少数人在父母离(退)休之后,顶替父母工作。

(第九编第三章《职工队伍》,第 255 页)

"文化大革命"时期,全县经济十年徘徊,发展缓慢,但人口日益增多,出现富裕劳力,并日积月累,与年俱增。广大知识青年,特别是城镇知青,上山下乡,参加农业生产劳动。

从 1968 年开始,阿克苏地区首批知青 30 余名,来新和县插队落户。接着,新和县 264 名高、初中毕业生到农村(农村学生回乡)插队落户,另有 30 余名汉族学生到先锋农场劳动。

1969—1972 年,又有阿克苏、乌鲁木齐和本县学生 164 人,分到农村插队劳动。

1973 年 11 月,县革命委员会成立知青办公室,专管知青事务。1975 年,召开全县知青代表大会,1976 年,150 名城镇知青安置到知青点劳动。其时,全县共建知青点 18 个,安置知青 764 人,建立独立核算的知青队 5 个。

1973—1978 年,上山下乡的知青队伍,越来越大,人数最多时达到 2 000 余人(含外地分来学生),其中 764 人分配在公社农场和知青点。

1978年12月,国务院规定,县以下城镇知青不再下乡。原在乡下的知青,多数由新和县或外地招工录用,如县轴承厂曾3次共招工80余名左右,地区火电厂、运输公司招工近50名,另有少部分人经大队推荐,升入大、中专学校学习,一些人流向外地,只有极个别人长期在农村。

1981年,下乡知青基本安置完毕,所余人员统一安排在知青农场(五一水库)劳动。1986年,该场有知青30人。

1983年夏,知青办撤销,知青工作交县劳动服务公司管理。

……

**新和县知青设点情况统计表**                                                                单位:人

| 知青点地址 | 设点时间（年·月） | 在点知青人数 | | | | | | 在点发展党员 | 说　　明 |
|---|---|---|---|---|---|---|---|---|---|
| | | 合计 | 其　　中 | | | | | | |
| | | | 男 | 女 | 少数民族 | 汉 | 团员 | | |
| 种畜场 | 1973.9—1981.12 | 92 | 52 | 40 | 87 | 5 | 41 | 1 | 带队人:牙生·依米尔、买买提·尼牙孜、阿西木·奴尔 |
| 波斯坦大队 | 1973.9—1980.1 | 108 | 50 | 58 | 96 | 12 | 72 | 6 | 带队人:再乃甫、阿尤甫·热合满、马木提·买合木提、日西提·拉西 |
| 库木西力克大队 | 1974.7—1979.10 | 74 | 35 | 39 | | 74 | 32 | 1 | 带队人:徐书礼、韩秉须、袁双勤、刘国平、刘志远 |
| 小尤都斯果园 | 1974.4—1978.9 | 102 | 53 | 49 | 43 | 59 | 59 | 2 | 带队人:徐书礼、王维胜、王忠贵、黄河根、李自胜 |
| 奇浪大队 | 1974.4—1980.1 | 64 | 34 | 30 | 64 | | 47 | | 带队人:玉山江、艾塔尔·塔力浦、艾尼·阿地力、买合木提·库尔班、尼牙孜·沙木沙克 |
| 白力克斯大队 | 1975.7—1979.5 | 95 | 54 | 41 | 1 | 94 | 53 | | 带队人:王维胜、黄西林 |
| 塔什力克啤酒花场 | 1974.4—1978.9 | 15 | | | | 15 | | | |
| 镇公社 | 1969.3—1974.4 | 2 | | 2 | 2 | | | | |
| 大尤都斯公社 | 1969.2—1974.4 | 73 | | | | | | | 分布点:白力克斯提、和其吐鲁斯、阿孜巴扎、吐尔艾力克、阿恰大队 |
| 小尤都斯公社 | 1969.2—1974.4 | 43 | | | | | | | 分布点:牙瓦西浪大队 |
| 塔什力克公社 | 1969.2—1974.4 | 26 | | | | | | | 分布点:阿孜买力、吐格曼巴西 |
| 依其力克公社 | 1969.2—1974.4 | 27 | | | | | | | 分布点:永丰庄、托玛 |
| 知青农场 | 1980.8—1986.4 | 45 | | | | | | | 带队人:托合提·牙合甫 |

(第九编第六章《劳动就业及保险》,第263—265页)

1960年后,科技人员逐年增加,"文化大革命"时期,大专院校的一批知识分子和城市知青来新和接受再教育,科技队伍逐年壮大。 　　　　　　　　(第二十编第二章《科技》,第650页)

**新和县在全国受表彰的先进人物表①**

| 姓　　名 | 工作单位 | 授奖年份 | 颁奖单位 | 荣誉称号 |
|---|---|---|---|---|
| 潘筱琴 | 先锋农场 | 1969 | | 全国优秀支边青年 |
| 赛来木·依明 | 托玛村 | 1982 | 团中央 | 新长征突击手 |
| 再冬兰木·沙衣木 | 塔乡小学 | 1983 | 全国妇联 | "三八"红旗手 |

　　　　　　　　　　　　　　　　　(第二十三编第二章《人物表》,第747页)

# 《沙雅县志》

沙雅县史志编纂委员会编,新疆人民出版社1995年

1966年,南京支边青年403人,安置到新垦农场。80年代,这些人都陆续通过招工、顶替等形式,基本上返回原籍。 　　　　　　　　(第十五编第二章《工人》,第506页)

### 知识青年上山下乡

1968年,根据毛泽东主席关于"知识青年到农村去,接受贫下中农再教育很有必要"的指示,掀起知识青年上山下乡运动。至1975年,共有421名知识青年分别到托依堡勒迪公社二农场,县园艺场、县良种场参加劳动生产,接受贫下中农再教育。

1974年,县革委会成立知识青年上山下乡办公室,具体负责安置知识青年上山下乡工作。1976—1980年,共安置553名知识青年上山下乡参加生产劳动。

1978年,全国知识青年上山下乡工作会议提出:要求"积极为城镇待业青年广开就业门路,自食其力为社会服务"的精神。为此,1979年末,成立沙雅县知识青年服务社,解决部分知识青年的就业问题。1980—1982年,通过招工、招干、参军、升学、自谋职业等形式,全县上山下乡知识青年基本解决了就业问题。 　　　(第十五编第二章《工人》,第506页)

# 《阿瓦提县志》

新疆维吾尔自治区地方志编委会编著,新疆人民出版社1999年

(1965年)9月,来自南京的1 200名初、高中毕业生被安置在丰收一、三场务农。

　　　　　　　　　　　　　　　　　　　　　　　(《大事记》,第21页)

---

① 本表内容为节选。——编者注

（1966 年)7 月,组织丰收三场五、七、八连的南京支边青年到五连参加开荒"大会战"。

（《大事记》,第 22 页)

是年(1968 年),开始安置县内知识青年到各公社"知青点"劳动。1977 年将未抽调的上山下乡知识青年全部集中到县知青农场。1981 年底,知识青年全部回城恢复城镇户粮关系。

（《大事记》,第 23 页)

是年(1980 年),南京支边青年返回南京。　　　　　　（《大事记》,第 28 页)

革委会的主要政务活动有:改革教育制度、缩短学制;清理阶级队伍;动员知识青年上山下乡。　　　　　　（第十六编第二章《行政机构》,第 365 页)

1979 年后,吸收在农村接受贫下中农再教育的城镇下乡知识青年充实干部队伍。

（第十九编第二章《干部》,第 406—407 页)

1965 年 5 月,第一批来自山东泰安农场的 300 名农工,携带家属共 500 多人,安置在丰收三场落户。是年 9 月份第二批来自南京的 1 200 名高初中未婚学生中,1 100 人安置在丰收三场,100 人安置在丰收一场,成为农业工人。

"文化大革命"期间,大学和中专停办,高初中毕业生无法升学而待业。1968 年后,知识青年响应号召上山下乡,统一安排到农村参加农业生产,接受贫下中农再教育。开始县内几个公社都设有"知青点",乌鲁却勒公社的阿依库勒大队,阿依巴格公社的柯坪大队,拜什艾日克公社的霍加瓦斯喀克二大队、墩克什拉克四大队和英艾日克电站,安置过一批批城镇知识青年。知青起居、劳动、学习都过集体生活。征兵、招工和后来招干、大中专学校招生都首先从知青点选拔。后来各点人数减少,居住、伙食、医疗、学习和文娱活动都感困难,知青们不断互相往来,路程又远,影响劳动。为此县委决定成立知青农场,1977 年建成,有耕地 700 余亩。各公社支青点的知青都移集到农场。知青农场发展迅速,连年增产。历年均有城镇待业青年去务农,由于政策优惠,收入高于一般农民,部分青年已在农场成家,是阿克苏地区内唯一保持下来的安置城镇待业青年的农场。1983 年自治区人民政府授予"先进青年农场"称号,1986 年被地区评为"先进青年集体企业"。到 1990 年,有用材树 5 万余株、果园 200 亩、大型拖拉机 3 台、小拖拉机 1 台、联合收割机 1 台、24 行大型播种机 1 台。自 1984 年原有知青撤完后,农场人员为城镇、农场其他人员,仍以青年为主。

1979 年终止知识青年上山下乡工作。1981 年底以前在农村的知青全部回城恢复城镇户粮关系。1984 年知青农场原有知青撤完,陆续安置在教育、卫生、工业、交通等各个部门,均为全民所有制企业单位。参加工作后,在农村"接受再教育"时的年限计算为工龄。

(第十九编第四章《知识青年安置及就业》,第411—412页)

# 《柯坪县志》

《柯坪县志》编纂委员会编,新疆大学出版社1992年

　　县革委会成立后,县城知识青年开始下乡,到阿热阿依马克村接受贫下中农再教育,后改去县良种场(上山)和喀拉马大队(下乡)接受再教育。

(卷十五第二章《新中国时期重大政事》,第286页)

　　1977年,成立县知识青年办公室。1980年,在知青办公室的基础上成立劳动服务公司,开设缝纫、理发、饭店、冷饮店、商店等服务项目和店铺。1989年,县劳动服务公司开展的工作有:1.全民企业职工退休费统筹;2.主办培训中心;3.开办职业介绍所;4.开办职工、待业青年保险业务。

(卷十六第二章《劳动　人事》,第295页)

# 《乌什县志》

乌什县地方志编纂委员会编,新疆人民出版社2003年

　　(1968年)12月10日,高、初中毕业生200多名响应上山下乡的号召,到农村安家落户,接受贫下中农再教育。

(《大事记》,第36页)

　　1978年后,大批"上山下乡"知青返回城市,开办"知青商店"、"知青服务社"。1980年劳动局成立县劳动服务公司,全县各机关纷纷组建"知青商店"、"知青服务社"。知青商店资金来源,一是入店(社)知青自筹,数量不大,多在100—500元之间;二是单位暂借,随借随还,作为周转;三是银行贷款,由单位作担保。1981年,知青商店拥有资金56万元(其中自筹17万元,暂借14万元,贷款25万元)。根据国家当时政策,凡知青商店3—5年不纳国税,有些工商税、营业税也可减免。

　　1983年,知青商店和服务社由1980年的2家37人发展到3家59人,经营百货、五金、服装、饮食、小农具等,是年营业额达73万元。知青商店分配方式,一般是较低的定额工资在30—50元左右,经营较好的商店除工资外补给一些福利。1986年后,知青陆续就业,国家取消对知青免税和优惠条件,知青商店开始拍卖或转手承包给私人经营。1997年底,知青商店消亡。

(卷十第一章《商业体制》,第293页)

1969 年始,城镇知识青年响应"知识青年到农村去接受贫下中农再教育"的号召,掀起知识青年上山下乡高潮。是年 3 月第一批初高中毕业生 38 人到阿合雅公社、火箭公社、红旗公社、前进公社、洋海公社插队落户,接受贫下中农再教育。下乡知青的生产劳动和生活,由生产队或贫下中农代表管理。1969—1973 年,下乡知青 220 人。1974 年 9 月,成立革委会知识青年上山下乡领导小组,下设办公室,具体负责知识青年上山下乡安置工作。1975 年 9 月,召开知青大会,表彰先进并评出 18 名地区级上山下乡知识青年先进个人。

1974 年,开始从下乡知识青年中招工、招生、征兵,第一批招工 1 人,招生 24 人,征兵 3 人。其程序是:群众推荐、民主评议、主管领导批准、报劳动部门审定。到 1980 年,陆续安置知青 877 人(其中招生 157 人,招工 454 人,征兵 58 人,招干 71 人,其他 137 人)。1978 年,贯彻全国知识青年上山下乡工作会议关于"积极为城镇待业青年广开就业门路,自食其力为社会服务"的精神。1979 年 9 月,将原大桥、前进公社和青年农场改为县办知青农场。1980 年安置到农村的下乡知青 62 人。1982 年 3 月,知识青年安置工作由劳动服务公司负责。1987 年,全县上山下乡知识青年全部安置就业,共安置上山下乡知识青年 1 682 人。

#### 1969—1982 年乌什县知识青年安置情况表

单位:人

| 年 份 | 下乡知青总数 | 待业知青 | 招 生 | 招 工 | 征 兵 | 招 干 | 其 他 |
|---|---|---|---|---|---|---|---|
| 1969 | 38 | | | | | | |
| 1970 | 79 | | | 1 | 7 | | |
| 1971 | 183 | | | 21 | 4 | | |
| 1972 | 170 | | 7 | 12 | 3 | | |
| 1973 | 220 | | 38 | 2 | 13 | | 16 |
| 1974 | 124 | | 24 | 1 | 3 | | 11 |
| 1975 | 277 | 3 | 11 | 19 | 11 | 2 | 38 |
| 1976 | 301 | 39 | 23 | 58 | 1 | 10 | 27 |
| 1977 | 155 | 27 | 2 | 58 | 1 | 3 | 5 |
| 1978 | 63 | 54 | 59 | 25 | 5 | 16 | |
| 1979 | 73 | 102 | 5 | 223 | 5 | 52 | 23 |
| 1980 | 62 | 72 | 1 | 39 | 11 | | |
| 1981 | | 77 | 5 | 25 | 8 | 2 | 2 |
| 1982 | | 189 | 7 | 59 | 5 | 23 | 13 |

(卷二十一第二章《劳动》,第 529—530 页)

# 《喀什地区志》

喀什地区地方志编纂委员会编,新疆人民出版社2004年

(1964年)1月11日,喀什地委、专署在喀什布"五一"剧场举行欢迎晚会,欢迎天津市第一批支援边疆社会主义建设来喀什的75名知识青年。　　　　　　　　　（《大事记》,第98页）

(1966年)7月5日至8月6日,农三师从上海招收支边青年4 971人,分批安置到各团场。

9月至10月,浙江省温州、宁波、绍兴等地支边青年3 462人支援边疆建设,分批到农三师各团安家落户。　　　　　　　　　　　　　　　　　　　（《大事记》,第99—100页）

年底,农三师安置北京社会青年2 109人。　　　　　　　　　　　（《大事记》,第100页）

(1969年)7月15日,喀什市首批知识青年到农村安家落户。　　　（《大事记》,第101页）

(1973年)11月14—20日,喀什地委召开会议,传达自治区战备疏散、畜牧业、上山下乡知识青年会议精神。　　　　　　　　　　　　　　　　　　　　（《大事记》,第103页）

(1975年)5月4—9日,喀什地委和地区革委会联合召开首届上山下乡知识青年先进集体、先进个人代表大会。　　　　　　　　　　　　　　　　　　（《大事记》,第103页）

1968年12月,毛泽东主席发出"知识青年到农村去接受贫下中农再教育"的指示后,喀什专区广大城镇青年开始奔赴农村,上山下乡。

1972年4月1日,地委成立知识青年上山下乡工作领导小组,配备知青工作专职干部,负责处理日常事务。各社(场)都有一名主要领导负责知青工作,公社、大队还成立由专职干部、贫下中农、知青代表组成的"三结合"领导小组,使知青工作做到政治上有人抓、生产上有人教、生活上有人管。

1974年,地委成立知识青年上山下乡办公室,负责知识青年插队落户、宣传教育、政治学习、生活安排、安置费发放(每人900元)、安全保卫等工作。实行知识青年对口下、带队干部对口派、管理教育对口抓、支农任务对口包,插队知青管理工作出现新局面。

1975年,喀什地委召开首届上山下乡知识青年先进集体、先进个人代表大会,表彰20个先进集体、60个知识青年先进个人、9个先进安置单位、8个先进动员单位。

到1978年4月,地区知识青年办公室撤销,其业务移交劳动人事部门管理,知识青年上

山下乡活动至此结束。1968—1978年,全地区先后设了151个知青点,225个知青生产队,共安置7万余名下乡知识青年,共计拨安置费249.6万元。

知识青年在上山下乡期间,带头搞科学实验,积极参加兴修水利、农田基本建设、植树造林,对全地区农业生产的发展起了极大的推动作用。 (第二十二编第七章《重大政事》,第1125页)

同月(1974年10月),地区召开知识青年上山下乡经验交流会。知识青年上山下乡开展8年来,全地区已有3.4万名各族青年到农牧区接受贫下中农再教育。

(第二十三编第二章《政府》,第1166页)

1963年,中央号召知识青年上山下乡缓解城镇劳动就业问题,专区从1969—1978年,动员7万余名知识青年上山下乡。

1976—1979年,由于4年不招工,加之大批知识青年返城,造成严重的就业问题。1980—1983年,地区各县(市)先后成立劳动服务公司,安置待业青年数万名,为解决城市待业青年就业问题开辟了新途径。 (第二十六编第一章《劳动》,第1256页)

喀什地区从1969年开始动员知识青年上山下乡,先分散插队落户,后改为集中办知识青年点(知青点),指派专职干部带队管理,统一安排生活、生产和学习,拨每人安置费900元(包括一年生活补助费、5平方米的房屋修建费、小农具购置费)。1974年4月1日,喀什地区革命委员会决定成立知识青年上山下乡领导小组,动员和组织知识青年上山下乡工作。当年,知青点合并成单独核算的知青生产队。截至1978年,先后设了151个知青点、225个知青生产队,共安置7万余名下乡知识青年,共计拨安置费249.6万元。

1978年8月,知识青年上山下乡工作停止,随后几年,通过招工、招干、上学等途径,这些知识青年均返城就业。 (第二十六编第一章《劳动》,第1257页)

1975—1986年,招工对象主要是城镇上山下乡知识青年,城镇未婚待业青年,实行"统包统配"招工制度。 (第二十六编第一章《劳动》,第1259页)

1979年,主要从接受贫下中农再教育2年以上,初中毕业以上文化程度、劳动好、表现突出的优秀知识青年(含按政策留城知青)中择优录用。(第二十六编第二章《人事》,第1275页)

# 《喀什市志》

新疆维吾尔自治区喀什市地方志编纂委员会编,新疆人民出版社2002年

(1981年)10月30日下午,喀什地区土产公司知青门市部叶欣等人与喀什市红旗公社

二大队三小队社员阿不都克里木·卡德尔等人因挖污水沟引起纠纷,叶欣用猎枪打死阿不都克里木·卡德尔。一小撮坏人抢走尸体,抬尸游行,煽动不明真相的群众,用木棒、皮鞭、短刀、卵石等殴打下班回家的汉族群众;先后冲击市公安局、市银行、天南饭店、师范学院、四十一团招待所、养路段等单位;毒打无辜的汉族群众631人,打死2人,重伤200人,终身致残30余人。

(《大事记》,第56页)

## 一、知识青年插队

1969年7月15日喀什一中、二中的113名各族初中和高中六六、六七、六八届(老三届)毕业生赴巴楚、泽普农村插队落户。至1970年初,喀什市内"老三届"毕业生,除个别因病或特殊困难者,几乎全部下乡插队,接受贫下中农的再教育。这些学生最小的15岁,最大的22岁左右,自报插队县后由喀什专区知识青年上山下乡管理办公室统一分配至疏勒、疏附、莎车、泽普、叶城、巴楚、岳普湖、英吉沙、伽师等县,再由各县知青办公室下分到各公社、生产大队。1973年,市知识青年上山下乡领导小组成立,下设知青办公室。1979年,知识青年不再上山下乡。同时,由于几年来通过招工、招干、招兵,在农村的上山下乡知青不断减少,喀什市开始撤并知青点,知青工作由上山下乡转为城市安置。1980年市知青办公室并入劳动局。

1969—1979年喀什市下乡、回乡知识青年统计表

| 年 份 | 上山下乡知青(人) | | | 拨安置经费<br>(万元) | 建房情况<br>(平方米) |
|---|---|---|---|---|---|
| | 合 计 | 城镇下乡知青 | 回乡知青 | | |
| 1969—1970 | 700 | 5 | 695 | | |
| 1971 | 91 | 86 | 5 | | |
| 1972 | 446 | 77 | 369 | | |
| 1973 | 233 | 120 | 113 | | |
| 1974 | 564 | 129 | 465 | | |
| 1975 | 630 | 551 | 79 | | |
| 1976 | 696 | 542 | 154 | 25.3 | 4 072 |
| 1977 | 686 | 686 | | 32.2 | 4 229.5 |
| 1978 | 281 | 281 | | 27.2 | |
| 1979 | 28 | 28 | | 17.5 | |

## 二、喀什市知青点

1973年下半年开始,喀什市知青办公室在郊区3个公社中条件较好的几个大队以及市良种场、瓦甫奶牛场设立知青点,集体安置下乡知识青年。由于上学、招工等,在点知青逐年减少,至1979年撤并知青点。

1980 年,喀什市有两个农村知青点:瓦甫知青农场和东方红公社(即多来特巴格乡)知青队,有耕地 219 亩,78 人参加劳动,全年投入 10 499 个工,总收入 14 056.63 元,其中农业收入 9 043 元,副业收入 4 375.38 元,平均工值 0.69 元。1982 年,两个知青点共安置 28 人,收入 16 806元,支出 1.4 万元,积累 2 806 元。瓦甫知青农场工值 1.20 元,东方红知青队工值 2.50 元。

1981 年驻市各单位纷纷成立劳动服务公司,分别自行安排本单位知青就业。在点知青随之回城,知青点自行撤销。　　　　　　　　　　(第十四编第二章《劳动　人事》,第 460—461 页)


"文化大革命"中,动员知青下乡,在一定程度上缓解了就业问题,但闲散人员的就业未彻底解决。1979 年不再动员知青上山下乡,大批返城知青和高、初中毕业生"待业"。

1979 年安置待业人员 1 331 名,全市办起饮食、修理、加工、理发等 40 多个服务行业(项目)的百余个集体所有制企业,以缓解就业问题。在 1980 年、1981 年招工中,着重解决 1978年以前下乡的老知青和独生子女、多子女户无一人就业的困难户及街道居民子女的就业,占招工数的 80% 以上。

1981 年 8 月,喀什市劳动服务公司和各单位劳动服务公司纷纷成立,分别自行安排本单位的知青就业。1986 年,市属基层劳动服务公司发展到 28 个,青年集体企业(网点)发展到 203 个,有职工 2 894 名,其中待业青年 1 513 人,累计安置待业青年 4 490 人。1990 年,市区劳动就业服务企业有 45 个单位、110 个网点,从业人员 1 556 人,其中待业青年 921 人,知青人均月收入 35—90 元。　　　　　　　　(第十四编第二章《劳动　人事》,第 462 页)


为解决喀什市各小学教员缺额,1972 年 1 月 30 日市革委会决定办喀什市小学教师师范班,招 80 名(少数民族、汉族各一半)初中以上上山下乡知识青年,学制一年。分别责成喀什市第六中学(即现在喀什地区高级中学)、喀什市第二中学(即现喀什文化路中学)负责培养、管理。学习期间伙食费由国家负担,毕业后由市革委会统一分配工作。1972 年 1 月,喀什地区革委会批准市革委会办喀什市中教师范班(汉语授课),学制一年,招 40 名(30 名汉族,10 名少数民族)上山下乡满 2 年的高中毕业知识青年。学习期间和毕业后享受与中等师范学生同等待遇。教学计划由喀什二中制定,辅导老师由二中承担。教学经费和学生生活费由地区教育局一次拨给二中使用,毕业后由市文教局分配工作。

(第十八编第六章《专业(职业)教育　特殊教育》,第 536 页)


# 《巴楚县志》

巴楚县地方志编纂委员会编,新疆大学出版社 1998 年


(1974 年)1 月 2 日,巴楚县知识青年上山下乡工作办公室成立。(《大事记》,第 48 页)

（1980年）8月1日，县革命委员会决定县革命委员会知识青年办公室与县革命委员会劳动科合署办公。

（《大事记》，第52页）

1979年从贫下中农中吸收2人，从工人中吸收2人，从再教育知识青年中吸收11名为国家干部。

（卷二十二第三章《干部》，第674页）

## 第一节　知识青年接受再教育

巴楚县首批知识青年接受再教育始于1966年，这批知识青年是当年的大、中专毕业生。高、初中毕业生开始再教育始于1971年。县知识青年办公室（以下简称知青办）成立于1970年。知识青年下乡（回乡）接受再教育由县知青办统一分配，再教育时间一般为两年，期满后，表现好的予以分配工作或回原单位工作。在巴楚接受再教育的学生除本县的高、初中毕业生外，还有乌鲁木齐、喀什纺织厂、喀什一中、喀什地质大队来的高、初中毕业生。喀什来的每百名有2名带队干部。本县的支青队每年有1名科级干部带队。1977年，大、中专学校恢复了招生，县知青办随之被撤销，知识青年再教育也被停止。知识青年下乡接受再教育8年间，每年有再教育学生400名左右，8年内约有3 000余名，安置工作的约80%，20%回乡当了农民。

全县8个人民公社设15个知青点，其中阿纳库勒1个点设在卡哥布孜，多来提巴格1个点设在卡江；阿克沙克毛拉公社5个点，分别设在六大队、九大队、十一大队、十二大队、十五大队；色力布亚2个点，分别设在英买力、英瓦克2个大队；群库恰克2个点，分别设在四大队、十二大队；英吾斯坦1个点设在七大队，阿瓦台1个点设在六大队。县良种场、园艺场、夏马勒牧场、夏河林场、恰尔巴格公社、夏马勒公社各设1个点。县粮食局、食品公司、水电局、百货公司、修造厂、糖醛厂也有部分知识青年接受再教育。

知识青年经费，每人按500元拨给，开支范围包括建房补助费每人200元，生活补助费每人180元，农具购买费75元，医疗补助费5元，学习材料补助费5元等。

（卷二十二第六章《劳动就业》，第685页）

50年代末60年代初，关内一些地方遭灾，大批灾民来巴楚县谋生，为安置管理好自流人员，县人民委员会成立了专门机构。农场、企事业单位根据上级有关规定吸收了一大批流动人员，并为他们解决了粮户关系。1960—1963年，农垦厅在县境内建立的5个国营农场安置流动人口984人、支边青年236人，第一工程大队安置4 125人，县城各单位安置147人，有的公社还建立了汉族生产队，组织他们搞生产。

（卷二十三第一章《公安》，第695页）

1978年中共十一届三中全会后，对"文化大革命"中疏散的城镇居民，下乡落户的知识青年,平反冤假错案中落实政策的干部、知识分子、民办转公办的教师,宽释的国民党党政军特人员等,都按规定解决户粮关系,一时城镇人口骤增。

(卷二十三第一章《公安》,第 694—695 页)

# 《伽师县志》

伽师县地方志编纂委员会编,新疆人民出版社 2006 年

(1980 年)8 月 11 日,县革委会批转县知青办《关于 1980 年知识青年上山下乡的意见》。

(《大事记》,第 34 页)

1968 年,伽师县开展知识青年到农村接受贫下中农再教育工作。县知青办成立,编制为 5 人,实有人数 4 人。1968—1974 年,共有知青 3 287 人(含回乡青年,下同)。1974 年,全县安排工作 83 人。1975 年,全县在第二次上山下乡知青中累计有 3 387 人,其中 242 人入党,626 人入团,85 人被选进各级领导班子,95 人当赤脚医生,154 人担任农村教师,2 289 人担任了农村会计、保管员、记工员等。

1978 年,为进一步贯彻落实知识青年上山下乡工作的指示,组织知识青年投入农业学大寨运动,按照无产阶级革命事业接班人的五项条件培养教育知识青年,5 月有 237 人下乡接受再教育。1979 年 8 月,全县有下乡知识青年 73 人。

(第二十二编第三章《工人》,第 568—569 页)

# 《岳普湖县志》

岳普湖县地方志编纂委员会编,新疆人民出版社 1996 年

(1968 年)年内,根据毛泽东主席"知识青年到农村去接受贫下中农再教育"的指示,有 200 余名大中专毕业生来县农村插队落户。 (《大事记》,第 27 页)

(1974 年)2 月 4 日,成立县农业机械局和知识青年上山下乡工作办公室。

(《大事记》,第 29 页)

(1976 年)9 月 2 日,县举办各社、场文艺宣传队和知青业余宣传队联合会演,有 400 余人参加演出。 (《大事记》,第 30 页)

70 年代后,干部来源发生变化,分配来的大、中专毕业生和从知青中招干的人员比例明

显增加,干部队伍文化素质提高,年龄结构形成老、中、青梯次。

（第十六编第二章《劳动　人事》,第 428 页）

# 《麦盖提县志》

《麦盖提县志》编纂委员会编,新疆大学出版社 1994 年

(1970 年)6 月,首批城镇大学、中专、高中毕业生 100 多人下乡,奔赴农业第一线,接受贫下中农的再教育。

（《大事记》,第 21 页）

随着各项事业的发展和党政机构的增设,干部队伍不断扩大,其主要来源,一是军队转业干部,二是内地调入干部,三是大、中专毕业分配的学生,四是内地支边青年,五是当地上山下乡知识青年……

（第十八篇第一章《干部》,第 415 页）

1970 年 6 月 6 日,1967 年以来的历届大中专、高中毕业学生 180 人,奔赴农业第一线,接受劳动锻炼,至 1974 年,有 2 600 多名知识青年从事农业生产。

2 600 多名知识青年中,属于回乡参加农业生产的知识青年 1 600 人,占 61.5％;城镇知青 1 000 人,占 38.5％。全县有 7 个知青点,分布在巴扎结米公社博孜大队、英阿瓦提公社良种场、央塔克公社奥依希格达依大队、胡杨林场、商业局基地(现五一林场三队所在地)、尕孜库勒公社巴格阿瓦提大队、克孜勒阿瓦提公社良种场、库木库萨尔公社良种场。

商业局基地为县知识青年接受再教育基地,克孜勒阿瓦提公社良种场是喀什地区工交系统知识青年基地。商业局基地的知识青年后来搬到吐曼塔勒公社二农场,后又和克孜勒阿瓦提公社知识青年一同搬到园艺场知青点。1980 年为止,这些知识青年全部走上工作岗位。

其他各点是国家分配的大中专学生,1977 年全部走上工作岗位,自此,知青点自然消失。

（第十八篇第五章《知青工作》,第 428 页）

# 《莎车县志》

莎车县地方志编纂委员会编,新疆人民出版社 1996 年

(1968 年)年底,莎车县知识青年开始"上山下乡",接受贫下中农、工人阶级再教育。

（《大事记》,第 52 页）

(1980年)2月21日,合并知青队,成立知青农场。 （《大事记》,第55页）


是年(1983年),县知识青年上山下乡办公室撤销,成立劳动服务公司。

（《大事记》,第57页）


1969年7月,莎车县开展知识青年到农村接受贫下中农再教育的工作。第一批下乡的有402人,有喀什和莎车县的初高中毕业生。第二批是1970年,共安置下乡知青822人。鉴于各公社知青分散,生活难以管理等困难,办起知青点,指派专职干部带队管理,在生活和生产上统一安排。1971年,县知青办公室成立,具体管理知青上山下乡工作。1971年后,每年都有一批应届初高中毕业生下乡插队,每年下乡知青400人左右。1978年,根据中央"调整知青政策,逐步缩小上山下乡的范围,今后不再搞插队"的指示精神,莎车县停止知识青年上山下乡插队工作。从1973—1978年,国家下拨知青安置费共78.7万元。截至1986年,全县通过招工、招干和招生等途径,将下乡插队的知青全部收回,安置就业。

（第二十一编第二章《劳动人事》,第588—589页）


# 《泽普县志》

泽普县志编纂委员会编,新疆大学出版社1992年

(1969年6月)喀什第一批知识青年79人来本县亚斯墩林场插队劳动锻炼。

（《大事记》,第23页）


(1974年)8月,县第一批知识青年到县良种场插队劳动锻炼。 （《大事记》,第25页）


(1980年1月)改变知青安置办法,实行城乡结合,举办知青集体所有制企事业单位。

（《大事记》,第27页）


1969年6月,由喀什地区革委会分配下乡的首批知识青年79人,到达泽普县亚斯墩林场从事生产劳动,接受再教育。之后,又有3批学生分配到本县。其中有大中专毕业生40余人,他们来后各地指定生产队干部或贫下中农代表接待安置。

1973年4月,县成立知识青年上山下乡工作办公室,变插队落户为建"知青点",实行小集中安置的办法,在县园艺场、良种场建立了知青点。是年8月本县72名应届毕业生(其中汉族28名,民族44名)到良种场安家落户。喀什和县上都派出带队干部,负责知青的生活、劳动安排,"知青点"实行单独核算,自负盈亏。1978年,本县停止知识青年上山下乡,并通

过招工、招干和招生的方式,逐年将下乡知青收回,安置就业。

在上山下乡运动中,全县共安置各族知识青年 1 831 名,其中喀什地区的 308 名。本县各族知识青年 1 523 名,国家下拨安置费 102 113 元。

(第三编第十章《劳动人事》,第 341—342 页)

# 《叶城县志》

叶城县地方志编纂委员会编,新疆人民出版社 1999 年

(1973 年)12 月 28 日,第二批城镇初中毕业生 48 人去林场、良种场、园艺场安家落户,接受贫下中农再教育。
(《大事记》,第 40 页)

(1974 年)1 月 17 日,成立县知识青年上山下乡领导小组和办公室。至此,叶城县已有 4 000 多名知识青年在农村接受"再教育"。
(《大事记》,第 41 页)

(1976 年)6 月 15 日,县委、县革命委员会召开第二次上山下乡知识青年代表会。当时全县有下乡和回乡知识青年 10 680 人。
(《大事记》,第 42 页)

### 知识青年上山下乡

1969 年 7 月,首批由喀什专区分配来叶城接受贫下中农"再教育"的大、中专和高中、初中毕业生知识青年 32 名,在依提木孔公社菜队插队接受"再教育"。后来,又有 2 批喀什学生分配到叶城县林场、良种场、园艺场等地接受"再教育"。在"文化大革命"中,高、初中生毕业后就"上山下乡"。

1973 年 5 月,成立县知识青年上山下乡工作办公室。1975 年,知识青年插队落户又变为建"知青点",实行小集中安置,先后在依提木孔公社、夏合甫公社、铁提尔公社筹建知青点,县革委会派出干部带领知青,并负责知青的生活、劳动安排。1969—1980 年,叶城县先后安置上山下乡接受"再教育"的大、中专和高、初中毕业生 1 908 名,其中本县毕业生 1 821 名、外地毕业生 87 名。由地方财政拨"再教育"经费,在国营农牧场接受"再教育"的每人经费 500 元,下农村插队落户的每人 250 元,由接收单位掌握使用。1980 年后,调整知青政策,叶城县逐步停止知识青年"上山下乡";同时通过招工、招干、招生、参军等方式逐年将下乡知青收回,安置就业。
(第十九编第一章《劳动》,第 503—504 页)

70 年代,经过推荐或考试,在"上山下乡"知识青年中吸收干部。
(第十九编第二章《人事》,第 508—509 页)

1975 年,举办知识青年篮球赛,参加人数 150 人。

……

1975 年,参加地区选拔赛和比赛,参赛运动员有足球队 20 人、田径 20 人,农民排球队 20 人,农民摔跤队 50 人,知青足球队 20 人。　　　　（第二十四编第二章《体育》,第 627 页）

# 《疏勒县志》

新疆维吾尔自治区地方志编委员会,新疆人民出版社 2001 年

(1968 年)8 月 14 日,县八一中学首批知识青年奔赴农村,接受贫下中农的再教育。

（《大事记》,第 45 页）

(1974 年)3 月 12 日,县知识青年上山下乡工作办公室成立(简称知青办)。

（《大事记》,第 47 页）

1968 年 8 月,疏勒县开展知识青年到农村接受贫下中农再教育工作,第一批有喀什农校、喀什师专、师范学校及部分喀什和疏勒县的初高中毕业生。当时地区统一分配到疏勒县知青的名额为 100 名,由于各种原因,只有一部分知青到了指定知青点报到。1968 年 12 月,毛泽东主席发出了"知识青年到农村去,接受贫下中农再教育很有必要"的号召,为落实这一号召,各部门和街道居委会对城镇知识青年及其家长进行了广泛的思想动员,从年底到 1969 年 5 月期间,疏勒县知青达到 130 人。1969 年以后每年都有下乡插队知青 440 人。1975 年,全国掀起学习株洲经验,按系统较集中地集体安置知识青年,并开始建立知青队。当时全县共有知青点 7 人,累计下乡知青 785 人,安置经费人均 485 元,计 38 万余元。还指派专职干部进行管理,生产、生活实行统一安排。到 1980 年全县各青年点,合并为巴合齐羊场青年点和城镇青年点两个,并停止了对城镇知识青年上山下乡的动员。至 1986 年后,通过招工、招干和招生等途径陆续将下乡的知青全部收回,安置就业。

（第二十四编第二章《劳动人事》,第 783 页）

# 《英吉沙县志》

英吉沙县史志办公室编,新疆人民出版社 2003 年

是月(1974 年 8 月),县第一批知识青年下乡接受贫下中农"再教育"。

（《大事记》,第 41 页）

是月(1977年4月),县委成立知识青年上山下乡领导小组,加强对上山下乡知识青年的管理。

(《大事记》,第42页)

为了管理待业青年和解决知识青年就业问题,1980年4月县成立劳动服务公司,属于股级事业单位。在此之前曾于1974年9月成立知识青年办公室,属县革命委员会的一个工作机构,负责上山下乡知识青年的安置。1979年12月,建立县劳动局,知青办公室合并入劳动局,业务归劳动局管理。劳动服务公司成立后,为劳动局下属事业单位,主要工作职责是向用人单位介绍知青就业、办理待业证和就业前人员的培训等。公司初建时,配备7名干部,其中经理1人、副经理1人。

(第十编第七章《劳动就业　劳动保险》,第452页)

县劳动服务公司成立前,知青办曾于1975年在苏盖提公社建立知青农场,在乌恰公社建立知青园艺场,在乌恰公社包孜洪十五大队、二十大队、十二大队、良种场建立知青点,安置英吉沙县和喀什市来的知识青年1 635人。后这些知识青年中的1 283人被招收为工人、干部,233人被招收上大学、中专、技工学校,52人参军,其余转往外地。县劳动服务公司成立后,为给知识青年创造就业条件,广开门路,积极开展就业培训工作,培训项目主要有缝纫、木工、油漆工、理发、饮食、商店经营、汉语学习、维吾尔语学习、法律、会计、家电维修、地毯编织、农用科学技术等,培训人数逐年增加。1980—1990年,举办培训班16期,培训人员3 160人。经过培训的待业知识青年大多就业于县果品厂、第二水泥厂、二轻系统、建筑行业等第二产业,一部分从事个体经营、理发、缝纫、餐饮、维修等第三产业,一部分从事农业生产。

(第十编第七章《劳动就业　劳动保险》,第453页)

# 《塔什库尔干塔吉克自治县志》

塔什库尔干塔吉克自治县地方志编纂委员会编,新疆人民出版社2009年

(1972年)3月4日,自治县解决知识青年城镇落户问题。　　　　(《大事记》,第25页)

(1973年)9月5日,自治县成立知识青年上山、下乡领导小组。　　(《大事记》,第26页)

(1980年)4月17日,自治县知青点撤销,原知青点的土地全部移交塔什库。

(《大事记》,第29页)

"文化大革命"开始后,共青团工作一度中断。1973年恢复工作后,在全县团组织中开展整团建团工作,积极动员团员青年参加"农业学大寨"、"工业学大庆"、"批林批孔"运动贯彻执行毛泽东主席关于"知识青年上山下乡"的指示,动员初、高中毕业生上山下乡。

(第十四编第三章《群众团体》,第380页)

1969年,自治县开展知识青年到农村接受贫下中农再教育运动。至1975年,全县共有知识青年580人,设4个知青点。1980年,各知青点合并,并停止对城镇知识青年上山下乡的动员。至1987年,通过招工、招干等途径陆续将下乡知识青年招回,安置就业。

(第十七编第一章《劳动与社会保障》,第458页)

# 《疏附县志》

新疆维吾尔自治区地方志编委会编著,新疆人民出版社1999年

1968年9月,毛泽东主席发表"知识青年到农村去接受贫下中农再教育"的指示,同年分配到疏附县的大、中专毕业生第一批下乡插队,接受再教育。此后,知青"上山下乡"一度形成制度,中学毕业生必须接受"再教育"两年才能升学、参军或就业。至1980年,知识青年"再教育"制度停止。

## 一、组 织 领 导

1969年,县革命委员会政工组设知识青年分配办公室,1981年归属劳动科管理。1982年,撤销知青办公室,成立劳动服务公司,成为知识青年劳动就业的经济实体。

1968年分配到疏附县的大学(含大专)、中专毕业生163名,其中大专院校毕业生50名。第一批下到各公社插队,接受贫下中农再教育,接着高、初中毕业生开始"上山下乡"。1973年,贯彻中央[1973]30号文件精神,对"上山下乡"的知识青年要求做到"政治上有人抓,生产有人教,生活上有人管"。知识分子分配办公室在塔什米里克公社五大队、乌帕尔公社八大队设知识青年接受再教育的知青点2处。同时,喀什地区、喀什市各单位派到县内的知识青年也都由本单位干部带队,在各公社建立"青年点"。1968—1980年,先后接受再教育的高、初中毕业生3 061名,其中本县1 235名,地区、喀什市各单位的1 826名。1980年后,停止知识青年"上山下乡"再教育制度。到1982年,所有接受再教育的知识青年先后上学、参军、就业分配完毕。

## 二、经 费

为搞好知识青年"再教育",同时不给接收知识青年的单位造成经济负担,均按规定由地方财政拨给知识青年"再教育"经费。凡到国营农牧场接受"再教育"的,每人经费500元,下农村插队落户的每人250元,均由接收单位掌握使用。

<table>
<tr><td align="center" colspan="6">1968—1980 年疏附县知识青年"上山下乡"情况表　　　　单位：人</td></tr>
<tr><td rowspan="2" align="center">年　份</td><td rowspan="2" align="center">"上山下乡"<br>总　数</td><td colspan="2" align="center">中学毕业生</td><td rowspan="2" align="center">年　份</td><td rowspan="2" align="center">"上山下乡"<br>总　数</td><td colspan="2" align="center">中学毕业生</td></tr>
<tr><td align="center">本　县</td><td align="center">地区、喀什市</td><td align="center">本　县</td><td align="center">地区、喀什市</td></tr>
<tr><td>1968</td><td>562</td><td>549</td><td>13</td><td>1975</td><td>517</td><td>124</td><td>393</td></tr>
<tr><td>1969</td><td>191</td><td></td><td>191</td><td>1976</td><td>880</td><td>270</td><td>610</td></tr>
<tr><td>1970</td><td>239</td><td></td><td>239</td><td>1977</td><td>200</td><td>40</td><td>160</td></tr>
<tr><td>1971</td><td>110</td><td>2</td><td>108</td><td>1978</td><td>62</td><td>27</td><td>35</td></tr>
<tr><td>1972</td><td>42</td><td>42</td><td></td><td>1979</td><td>68</td><td>41</td><td>27</td></tr>
<tr><td>1973</td><td>46</td><td>46</td><td></td><td>1980</td><td>88</td><td>38</td><td>50</td></tr>
<tr><td>1974</td><td>56</td><td>56</td><td></td><td>合计</td><td>3 061</td><td>1 235</td><td>1 826</td></tr>
</table>

（第七章《劳动　人事》，第400—401页）

# 《克孜勒苏柯尔克孜自治州志》

克孜勒苏柯尔克孜自治州史志编纂委员会编，新疆人民出版社2004年

是月（1973年7月），全国10多所高校在自治州招收工农兵和知识青年学员72名。

（《大事记》，第40页）

12月18日，州知识青年上山下乡工作领导小组成立，张建国任组长。

（《大事记》，第41页）

（1976年）1月7日，首届上山下乡、回乡知青代表大会在阿图什举行。会上宣布了州党委、革委会《关于表彰知识青年先进集体、先进个人和热情支持知识青年工作的先进单位的决定》。

（《大事记》，第42页）

1969年，自治州财政支出城镇人员下乡安置费15.1万元。此后，州财政每年均有此项支出。到1976年，自治州财政的此项经费支出达到34.3万元。

1977年以后，"上山下乡"的知青陆续返城。1980年，国家财政增拨了城市劳动服务公司补助费，主要以有偿方式用于扶持发展以城镇青年为主体兴办第三产业的生产经营资金。从1984年起到1993年，自治州财政累计支出城镇青年就业经费859.6万元，安置待业人员近5 000人。1994年，财政停止此项支出。

（第二十六编第三章《财政支出》，第735页）

## 第二节　知青上山下乡

1973年12月18日,州党委成立州知识青年上山下乡工作领导小组。1974年,知识青年上山下乡办公室成立。1975年成立哈拉峻知青点,1978年建成吾合沙鲁知青二队,1982年撤销。1981年,撤销知青办,合并到劳动局。

1970年10月26日,乌鲁木齐市100多名知识青年到阿图什县上山下乡接受贫下中农再教育。从1968年至1976年1月,全州共有1 300多名初、高中毕业的知青到农村牧区,接受贫下中农的再教育。从20世纪80年代初开始,知识青年陆续回城安排就业。

(第四十一编第二章《劳动就业》,第1059页)

60年代中期到80年代中期,自治州干部主要来源于"知识青年",也有少量大中专毕业生和转业退伍军人。这些知识青年一部分是当地干部、职工和城镇居民的子弟,一部分是少数民族干部在农村的子女,也有一部分是自治州干部在外地外省的亲属。这部分人先作为上山下乡知识青年安置在自治州办的"知青点"上,尔后在招工招干时被吸收录用。

(第四十一编第五章《干部管理》,第1071页)

# 《阿图什市志》

阿图什市地方志编纂委员会编,新疆大学出版社1996年

(1970年)10月26日,乌鲁木齐市100多名知识青年到阿图什县农村接受再教育。

(《大事记》,第29页)

### 知识青年上山下乡办公室

1977年10月,县革委会将知识青年上山下乡办公室从县文教科析出,单独设置,为公社级建制。1981年3月,改为县人民政府知识青年上山下乡办公室。1984年5月,知识青年上山下乡办公室撤销。　　　　　(第十八编第三章《人民政府》,第525页)

1977年10月,阿图什县成立知识青年"上山下乡"办公室,开始安置知识青年"上山下乡"接受"再教育"。阿图什县按照国家有关知识青年上山下乡的政策,制定了一系列具体措施,规定"上山下乡"知识青年第一年的粮油由国家按定量供应;第二年口粮不足的部分,由粮食部门补给。"上山下乡"知识青年,主要被安置到县经济羊场青年队、园艺场、红旗一场、县林场等地。1978年,"上山下乡"的知识青年正式奔赴各知青点,接受贫下中农(牧)的再教育。经过知识青年的辛勤劳作,各知青点的粮食均实现了自给。

自1980年起,"上山下乡"的知识青年开始陆续返城。阿图什县认真贯彻执行国家和自

治区的知青安置政策,采取多种措施安置"上山下乡"知识青年,一部分知青考取了各类中专以上的学校回城,一部分知青通过劳动人事部门的招工、招干返城。到 1984 年,知青返城安置工作全部结束。

(第二十二编第五章《安置》,第 620 页)

# 《阿合奇县志》

阿合奇县志编纂委员会编,新疆大学出版社 1993 年

(1976 年)1 月 11 日,县委决定在全县分期分批进行党的基本路线教育,从县直机关抽调 200 名干部和一批知识青年,组成工作团先后进驻各社场和机关单位。

(《大事记》,第 26 页)

"文革"初期,各科室均处于解体状态。1969 年县革委会成立,下设办事、政工、生产指挥、人保 4 大组作为工作机构。1973 年 7 月撤销 4 大组,重建部分科室,计有办公室(与县党委办公室合一)、农林科、财政科、工交科、计委(含统计、城建、物价、计量)、文卫科、知青办公室、农机科、战备办公室(1980 年改为外事办公室)。

……1980 年增设劳资科(知青办并入劳资科)、社队企业科、司法科。

(第十三编第二章《行政机构》,第 323 页)

阿合奇县安置知识青年工作从 70 年代初开始。1968 年 12 月,毛泽东主席发出"知识青年到农村去,接受贫下中农再教育很有必要"的指示,阿合奇县于 1971 年开始有计划有组织地安置知识青年到农村去接受再教育。首批安置去农村插队落户的是"五七"中学初中毕业生共56 名。经过几年劳动锻炼分别推荐上大学或就地分配工作。另外自治区于 1970 年下放 160名学生来县良种场接受再教育,1 年后陆续调回乌鲁木齐,其中一部分留县内安置工作。

1975 年又有县中学 50 名初、高中毕业生,分别安置到县园艺场、色帕巴依公社和县良种场接受再教育。当年国家拨出专款 15 万元,在良种场修建 1 处知青点,建有宿舍、食堂、库房、会议室、办公室等,作为长期安排知青的定点设施,由县知青办公室管理。1977 年,在这里接受再教育的 20 名知青回城参加"文革"后的首次高考,其中 5 名被吸收为干部。以后,知青点移交良种场作小学校舍,知识青年接受再教育至此结束。

1980 年开始,知识青年改称"待业青年"。待业青年和其他待业人员的工作移交县劳动服务公司管理。

(第十八编第一章《民政》,第 377 页)

"文革"时期,有一大批上山下乡接受贫下中农再教育的学生扎根阿合奇,以后成为干部队伍的一部分,其中大中专毕业生 164 名(先后调走 80 名)。70 年代初,从乌鲁木齐市下放

接受再教育的 160 名学生中,有 96 名先后加入阿合奇县的干部队伍。后来绝大部分陆续调离。

(第十八编第二章《劳动　人事》,第 384 页)

解放后,除留用 42 名教师外,由各学校选拔一批思想进步、学习好的青年到阿克苏地区师范学习,毕业后回县任教。此外,陆续招收和选用一批知识青年,国家逐年分配来一批大中专毕业生,教师队伍不断壮大。

(第二十三编第三章《教师》,第 473 页)

# 《阿克陶县志》

《阿克陶县志》编委会,新疆人民出版社 1996 年

为了支援开发边疆,1950—1968 年,国家有组织地动员内地支边青年来边疆安家落户,阿克陶县先后安置了 6 批。

第一批 8 人,1950 年到阿克陶境内,来自山东。

第二批 6 人,1954 年到阿克陶县,来自上海。

第三批 15 人,1956 年到阿克陶县,来自广东。

第四批 187 人,1959 年到阿克陶县,来自安徽。

第五批 30 余人,1964 年到阿克陶县,来自天津。

第六批 100 余人,1968 年到阿克陶县,来自北京、乌鲁木齐市的知识青年。

根据"保证重点,适当照顾"的原则,对支边人员主要安置在红旗二场、玉麦公社、皮拉勒公社农场及山区厂矿。在当地部门的照顾和当地群众关心帮助下,支边青年大部分安心扎根边疆,为建设边疆做出了很大贡献。

(第二十三编第四章《安置》,第 456 页)

1978 年,根据全国知识青年上山下乡工作会议精神,要求社会各界广开门路解决知识青年就业问题,到 1979 年底,全县上山下乡知识青年全部返回县城安排工作,到 1980 年,全县干部总数猛增至 2 094 人。

(第二十四编第二章《职工队伍》,第 465 页)

1968 年为响应"知识青年上山下乡"的号召,县 200 余名初高中毕业生奔赴农牧区接受贫下中农再教育,参加农牧业生产劳动。知识青年下乡后,主要集中两处:一处在县机关农场(今食品公司草料基地),另一处在今原种场和苗圃。1978 年,根据全国知青上山下乡会议精神,要求各行各业广开门路,解决知青就业问题。到 1979 年,阿克陶县全部知青返回县城。1982 年,县劳动服务公司成立后,全县知青就业问题由劳动服务公司主管。对待业两年以上的知青进行上岗前业务培训,然后安排工作。培训项目有会计、家电维修、裁缝、织地毯、开商店等。1982—1991 年,共培训 1 003 人次,建立知青劳动服务网点 7 个,累计经营收

入 12.8 万元,纯收入 4.5 万元。　　　　（第二十四编第六章《劳动就业保险》,第 473—474 页）

# 《乌恰县志》

乌恰县地方志编纂委员会编,新疆人民出版社 1995 年

(1971 年)7 月 14 日,乌恰县召开首次上山下乡知识青年积极分子代表大会。

（《大事记》,第 24 页）

解放初期,乌恰县干部的来源主要是中国人民解放军转业干部和关内调入人员,以后在民主改革、农业合作化及人民公社化等运动中吸收了大量本地各族积极分子,以及各类学校的毕业生、支援边疆的青壮年、知识青年等。　　　（第十八编第二章《干部》,第 512 页）

1984—1990 年,共吸收知识青年 1 234 人。　　　（第十八编第二章《干部》,第 513 页）

## 知识青年安置

1973 年 12 月,乌恰县成立知青办公室,主要负责上山下乡知识青年的安置工作。1974 年 4 月,知青办公室由县体育运动委员会兼管。1980 年 7 月,撤销知青办公室,其工作交县劳动科管理。1982 年 2 月,成立县劳动服务公司,劳动科将知青工作移交给劳动服务公司。

乌恰县知青办公室主任表

| 姓　名 | 性　别 | 族　别 | 职　务 | 任职时间 |
|---|---|---|---|---|
| 刘剑锋 | 男 | 汉 | 副主任 | 1973.11—1979.9 |
| 巴斯巴依·马提 | 男 | 柯尔克孜 | 主任 | 1974.4—1978.8 |
| 高润元 | 男 | 汉 | 主任 | 1979.9—1980.7 |

乌恰县设了 4 个知青点、6 个知青队,安置下乡知识青年。安置的知识青年,除了本县的外,还有来自阿图什县和乌鲁木齐市的知识青年。

部分年份乌恰县知识青年上山下乡人数表

| 年　份 | 知青来源 | 知青人数 | 安置地点 |
|---|---|---|---|
| 1970 | 乌鲁木齐市 | 80 | 县内 |
| 1975 | 乌恰县 | 41 | 县内 |
| 1977 | 乌恰县 | 49 | 县羊场 |
| | | 46 | 县二牧场 |
| | | 28 | 县良种场 |
| | 阿图什县 | 56 | 吾合沙鲁乡 |

| 年　份 | 知青来源 | 知青人数 | 安置地点 |
|---|---|---|---|
| 1978 | 乌恰县 | 8 | 县内 |
| 1979 | 乌恰县 | 2 | 县内 |
| 1980 | 乌恰县 | 88 | 县内 |
| 1981 | 乌恰县 | 96 | 县内 |
| 1982 | 乌恰县 | 15 | 县内 |

乌恰县知青经费管理情况(包括劳动就业经费)表　　　　单位:元

| 年　份 | 上级拨款 | 支出数 | 用　途 |
|---|---|---|---|
| 1982 | 4 400 | 28 000 | 生活费 |
|  |  | 386 | 业务费 |
|  |  | 1 130 | 其他费用 |
| 1983 | 94 413.89 | 60 000 | 购固定资产 |
|  |  | 480 | 新建门市部 |
|  |  | 3 000 | 业务费 |
|  |  | 2 355.74 | 办砖厂 |
|  |  | 8 | 电话费 |
| 1984 | 50 000 | 3 151.97 |  |
| 1985 | 50 000 |  |  |
| 1986 | 100 000 | 100 000 |  |
| 1987 | 34 000 | 35 000 |  |
| 1989 | 28 000 | 28 000 |  |

(第十八编第三章《劳动管理》,第515—517页)

为了管理待业青年和解决知识青年就业问题,1982年6月成立乌恰县劳动服务公司,属副科级单位。公司初建时,配备7名干部,其中经理1人、副经理1人。1989年,有干部6人,其中少数民族3人,汉族3人。1990年5月,县劳动服务公司改称县劳动就业保险管理局,共有职工9人。　　　　　(第十八编第三章《劳动管理》,第518页)

1982年乌恰县劳动服务公司成立后,经几年的艰苦创业,自办企业有了很大的发展。设知青队、修缮队、砖厂、商业门市部,共有固定资产21.4万元,销售总额33.7万元。有待业知识青年68人,其中少数民族49人、汉族19人;办起知青农场,有耕地80亩、草地60亩,产粮1万公斤,总产值1.5万元。　　　　(第十八编第三章《劳动管理》,第519页)

# 《昌吉回族自治州志》

昌吉回族自治州地方志编纂委员会编,新疆人民出版社2002年

（1970年）12月13日,昌吉州首批18名在农村接受再教育的知识青年经贫下中农推荐和各级革委会审查、批准,分赴上海复旦大学、同济大学、华东师范大学学习。

（《大事记》,第52页）

（1975年）7月29日,以马瑞华为团长的天津市慰问知识青年代表团到达昌吉州。对2300名落户昌吉的天津知青进行慰问。

（《大事记》,第54页）

（1976年）8月10日,武汉市赴新疆慰问知识青年代表团到达昌吉进行慰问活动。

（《大事记》,第54页）

【城镇青年就业经费】 60年代后期,大批知识青年上山下乡接受"再教育",在"清队"、"一打三反"中,又有一批干部被遣送农村监督劳动,州、县还办起了"五七"干校,组织机关干部到干校劳动锻炼。为了安排这些下乡人员,州财政从1969年开始设立"城市人口下乡安置费"支出项目。1981年后,这项费用改为城镇青年就业经费,用于解决城镇待业青年就业问题。仅1984年,就用此项资金扶持185个企业,安置5867名城镇青年就业。1987年,又扶持51个企业安置待业青年4568人。自1969—1995年,昌吉州财政共支出城镇人口下乡安置费和城镇青年就业经费3987万元（包括"五七"干校经费支出149万元）。

（第二十五编第三章《财政支出》,第1048页）

"文化大革命"以后,中央规定病退回城知青,家长无工作、生活有困难的;下乡知青因公负伤致残的……被列入救济对象。 （第三十四编第三章《社会救济》,第1505页）

1964—1986年,天津市先后有2300多名知识青年来昌吉州国营农、牧场和工厂、矿山落户安家。 （第三十四编第五章《安置 优抚》,第1515页）

1968—1978年,昌吉州因安置上山下乡知识青年,一些全民所有制单位陆续从农村大量招工,兵团农六师划归昌吉州管辖,出现了城乡劳动力的大量"对流",造成职工人数、工资总额、商品粮供应"三个突破",给昌吉州的劳动工作造成了积重难返的严峻局面。10年"文化大革命"期间,昌吉州安全事故多发,伤亡人数上升。

（第三十四编第八章《其他工作》,第1532页）

1974年2月,昌吉州革委会设立劳动局、知识青年上山下乡办公室(以下简称"知青办"),分别管理劳动业务。1979年,知青办与劳动局合署办公。

(第三十五编第一章《机构》,第1533页)

**【知识青年上山下乡】** 从1968年底开始,广大知识青年积极响应毛泽东主席关于"知识青年到农村去,接受贫下中农的再教育,很有必要"的号召上山下乡。至1976年4月,全州共有2.79万余名知识青年上山下乡。为了做好知识青年上山下乡工作,昌吉州、县和公社以上党委普遍成立了知识青年领导小组,配有知青专干,生产大队、生产队成立了三结合的管理教育小组。全州各地普遍推广湖南株洲"厂社挂钩、集体安置知识青年"经验,自治区所属的175个工矿企业、机关、学校、军事单位和州、县直属单位与全州56个公社(场)、107个大队(分场)、350个生产队建立了安置知识青年的关系,先后选派带队干部147人,建立知青点350个。广大上山下乡知识青年满怀希望地到"广阔天地炼红心,决心扎根农村一辈子",从上山下乡那天起,就没有再回城的打算,决心沿着"与工农相结合"的路子一直走到底。

1970年以后,随着国家各项事业的不断恢复和发展,开始有了社会性的"三招一征"(即招工、招干、招生和征兵)。1980年3月,全州除奇台、昌吉两县外,其他各县及州直历届上山下乡知识青年都被招工回城或集中到知青农场,一些挂钩单位也都相继"拔点"。此时,历经12年的知识青年上山下乡运动宣告结束,"上山下乡知识青年"名称被"城镇待业青年"名称取代。
(第三十五编第二章《劳动就业》,第1535页)

1978年,昌吉州就国家职工在高等院校和中等专业学校学习期间的工龄和工资待遇问题作出规定:国家职工(包括国营农、林、牧场中的上山下乡知识青年),进入高等院校和中等专业学校,无论是普通班,还是进修班,其学习时间,都应计算连续工龄。

(第三十五编第四章《劳动工资》,第1559页)

1966—1971年,各县从工人、农民、上山下乡知识青年及复员退伍军人中吸收录用干部756名。1973年,各县从工人、农民、上山下乡知识青年中吸收录用干部69名。

1974—1975年,全州从工人、农民、上山下乡知识青年和复员退伍军人中吸收录用干部394名。

1976—1977年,全州从工人、农民、上山下乡知识青年和复员退伍军人中吸收录用干部248名。

1978—1979年,全州从工人、农民、上山下乡知识青年、复员退伍军人和社会招收录用

干部 791 名。　　　　　　　　　　　（第三十六编第二章《干部管理》，第 1584—1585 页）

# 《昌吉市志》

昌吉市地方志编委会编，新疆人民出版社 2003 年

（1972 年）2 月，六工知青农场被自治区评为"知识青年上山下乡先进集体"，六工公社被评为"动员安置先进单位"。
　　　　　　　　　　　　　　　　　　　　　　　　　　　　（《大事记》，第 38 页）

（1974 年）4 月，中共昌吉县委、县革命委员会进行机构调整，撤销县革命委员会的四大组，恢复设立工业交通科、农林牧业科、农业机械化管理科、水利电力科、商贸科、计划统计科、财政科、科学技术委员会、交通安全委员会、卫生科、民政科、信访办公室、知识青年上山下乡办公室。
　　　　　　　　　　　　　　　　　　　　　　　　　　　　（《大事记》，第 38 页）

（1975 年）7 月 29 日，天津市慰问知识青年代表团到县慰问。　　（《大事记》，第 39 页）

（1976 年）8 月 10 日，武汉市赴新疆慰问知识青年代表团来县慰问。
　　　　　　　　　　　　　　　　　　　　　　　　　　　　（《大事记》，第 39 页）

是月（9 月），县首届上山下乡知识青年代表大会召开。大会表彰上山下乡知识青年先进个人。
　　　　　　　　　　　　　　　　　　　　　　　　　　　　（《大事记》，第 39 页）

1974 年 3 月成立知识青年上山下乡安置办公室，负责知青工作。1981 年知青办撤销。同年设劳动工资科。1984 年 3 月设劳动局，负责管理昌吉市劳动就业工作。
　　　　　　　　　　　　　　　　　　　　　　（第三十一章《劳动　人事》，第 530 页）

"文化大革命"期间，劳动就业渠道基本堵塞，城镇知识青年上山下乡，到农村牧区插队，城镇闲散、无业人员疏散到农村安家落户。

中共十一届三中全会后，城镇工商业、饮食服务业、建筑维修业开始恢复发展。1979 年成立昌吉县劳动服务公司，管理、统筹社会劳动力和待业青年，兴办城镇知青企业，为社会蓄存、吞吐闲散劳动力，缓和就业矛盾。至 1987 年，全市有知青企业 15 个，从业人员 803 人。
　　　　　　　　　　　　　　　　　　　　　　（第三十一章《劳动　人事》，第 535 页）

| 年份 \ 类别 | 新增固定职工人数 | | | | | | | | |
|---|---|---|---|---|---|---|---|---|---|
| | 合计 | 农村招收 | 城镇招收 | 复转军人 | 大中专学生 | 非职工吸收 | 知青安置 | 其他 | 省外调入 |
| 1972 | 319 | 103 | 6 | | 7 | 57 | 106 | 12 | 28 |
| 1973 | 390 | 15 | 5 | 12 | 15 | 67 | 134 | 3 | 39 |
| 1974 | 674 | | 2 | 12 | 87 | 25 | 500 | 48 | |
| 1975 | 470 | | 16 | 7 | 90 | | 286 | 6 | 65 |
| 1976 | 1 326 | 28 | 19 | 16 | 174 | 47 | 151 | 891 | |
| 1977 | 533 | 19 | 22 | 25 | 126 | | 341 | 5 | 61 |

（第三十一章《劳动　人事》,第536页）

**知青安置**　1968年底,昌吉县召开"知识青年上山下乡"欢送大会,响应毛泽东主席关于"知识青年到农村去,接受贫下中农再教育很有必要"的号召,第一批知识青年到农村安家落户。1969年,县革委会成立"昌吉县上山下乡知识青年领导小组",下设办公室,简称知青办,负责此项工作。至1977年,全县在园丰、三工、二六工、榆树沟、大西渠、佃坝、滨湖、六工、阿什里等9个公社和园艺场、牧场及六工、滨湖两个知青农场,共安置上山下乡知识青年4 800人。

昌吉县对上山下乡知识青年遵循"党委领导、统一规划、全面安排、集体安置、集中到点、户口到队"的安置办法,除安置昌吉县知青外,还有自治区、昌吉州共80多个单位,分为四大系统,同6个社、场,19个生产大队,38个生产队挂钩,建立集体知青点。

为做好知青安置工作,昌吉县革命委员会在安置经费上给予保证。1975—1977年共拨安置费149万元,知青每人发给500元—1 000元的安家费和其他生活用品,交给接受知青的生产队、场点、主要用于建房、生活、农具、炊具、医疗、学习费及其它补助,由生产队、点指定专门干部或贫下中农管理。对安置知青较多的生产队由上级拨专款,生产队负责修建房屋。全县仅在六工、园丰、滨湖、佃坝、大西渠、三工、榆树沟等7个公社的110个生产队修建房屋833间,造价14.6万元。

为加强对知青的管理,昌吉县知青领导小组每年不定期召集会议,研究部署知青的安置、生活、思想教育等工作。知青办定期对知青点进行巡回检查,各社场相应配有专职干部,各场、点、队由队长或贫下中农进行管理,有的场点派国家干部进行管理。每年春节,派慰问团对各知青点进行慰问。1975年召开昌吉县上山下乡知识青年代表大会,对知青工作成绩突出的场、点和知青先进个人给予表彰奖励。1978年,县革委会停止动员城镇知识青年上山下乡。

---

①　本表原分增减两部分,减员部分无知青内容省略,增员部分内容为节选。——编者注

从 1971 年起,通过企业单位招工、大中专院校招生、应征入伍、转干途径,逐步安置下乡知识青年。当时,一面安置,一面仍然动员城镇知识青年下乡。1975 年,县革委会成立专门领导小组,开始办理上山下乡知识青年的回城安置就业工作。至 1977 年,除每年零星的参军、招工回城外,吸收为国家职工知青 2 850 人,70 人吸收为国家干部。1978 年,昌吉县通过全民和集体单位招工及国营农牧场自然减员补充,安置知青 380 人。至此,1977 年以前下乡知青就业问题全部解决。到 1981 年春,除已婚的知青转为城市户口,国营农牧场吸收为职工,公社就地招用外,其他知青全部回城安置。昌吉县上山下乡知青安置工作结束,县知青办撤销。 (第三十一章《劳动　人事》,第 537 页)

1973 年 3 月,文卫组撤销,恢复文教科、卫生科,主管文化、教育、体育,推广维吾尔、哈萨克新文字,负责知识青年上山下乡安置工作。1974 年 5 月,知识青年上山下乡办公室从文教科分出。 (第三十三章《教育》,第 558 页)

# 《阜康县志》

阜康市党史地方志编纂委员会编著,新疆人民出版社 2001 年

(1969 年)1 月 6 日,县革命委员会召开欢送大会,欢送 122 名城镇知识青年下乡落户。由此开始知识青年上山下乡工作,历时 10 年,到 1978 年结束。 (《大事记》,第 31 页)

(1973 年)11 月 12 日,县革委会增设知识青年上山下乡工作办公室、农业机械化科、水电科。 (《大事记》,第 33 页)

12 月 11—21 日,召开知识青年上山下乡工作会议,到会各级领导干部和知青代表 10 人,会议传达全国知识青年上山下乡工作会议精神和自治区《关于知识青年上山下乡若干问题的试行规定(草案)》。 (《大事记》,第 33 页)

1969 年,开始知识青年上山下乡工作,一直到 1978 年,待业青年到农村去,成为一种特殊的、主要的就业方式。累计有 2 024 名(含区、州知青)青年分配到农村,这期间,全民所有制单位只在计划内招收临时工,1971 年起,逐步将临时工转为固定工,累计 686 人转为固定工。

1978 年,中共十一届三中全会以后,知识青年上山下乡工作停止,农村的知青纷纷返城,加之人口的快速增长,就业问题十分突出,政府一方面在全民所有制单位全力吸收返城知青,另一方面利用国家政策扶持集体企业的发展,创办以知青为主的集体所有制企业,1981 年,政府成立劳动科,管理就业工作,采取"劳动部门介绍就业、自愿组织就业、自谋职

业"三结合的就业措施,集中力量组织城镇待业青年兴办集体经济企业。到 1985 年,共安置知青 1 421 人。

(第二十八编第一章《劳动》,第 553 页)

**知识青年安置**

1969 年 1 月起,号召城镇知识青年下乡插队,有 304 名知青分配在天峰、天山、天池 3 个公社。1973 年,成立县知识青年上山下乡工作领导小组,管理知识青年上山下乡工作。同年,昌吉州革委会计划处知青办拨给阜康县 150 立方米木材,修建知青点。1974 年,州财税局、知青办拨给阜康知青工作经费 32 万元。1976 年,接收区、州、县下乡知识青年 871 人,安置在农村知青点,1977 年,州财税局、知青办再次拨给知青建房经费 25 万元及木材 100 立方米。同年,接收各地知识青年 849 人。1978 年,知识青年上山下乡工作停止。

(第二十八编第一章《劳动》,第 554 页)

1971 年,又开始吸收录用干部,从接受再教育的知识青年中录用干部,仅此一年干部增加 188 名,其中录用接受再教育的知识青年 120 名,大、中专毕业生 38 人,退伍军人 16 人,农民 5 人。

(第二十八编第三章《人事》,第 563 页)

# 《奇台县志》

奇台县史志编纂委员会编,新疆大学出版社 1994 年

(1970 年)3 月 13 日,县城 720 名初高中毕业生上山下乡。 　　(《大事记》,第 38 页)

(1980 年)8 月 31 日,县革委会决定,1976 年前上山下乡的未婚知识青年,由县安置工作。

(《大事记》,第 42 页)

仅 1982 年,就在县劳动服务公司的组织下,有 47 个单位办起知青服务社 134 个,安排就业人员 1 596 名。

(第三章《人口》,第 81 页)

1968 年 12 月 22 日,《人民日报》发表毛泽东主席关于"知识青年到农村去,接受贫下中农的再教育"指示。国务院针对在"文化大革命"中尚未分配工作的大中院校毕业生和各地的初、高中毕业生,作出了面向农村、面向边疆、面向基层,走上山下乡光明大道的规定,自此,知识青年上山下乡在全国形成热潮。

1969 年 4 月 14 日,奇台县革命委员会成立后,在政工组下设"大中专和高初中毕业生分配办公室",专门负责分配和动员自治区、自治州来奇台县的大中专毕业生以及奇台县初、

高中毕业生上山下乡或回乡务农。每年7月,县内凡年满17岁以上的初、高中毕业生,均动员下乡或回乡务农,其中属城镇户口的,由县革委会有关部门出具介绍信,一次性发给每人245元安置费,用于基本生活和生产用具的购置。

1973年12月,县革委会设立知识青年上山下乡工作办公室(简称"知青办"),作为动员安置知识青年的专门机构。各社场也配备有知识青年专职干部和知识青年带队干部,负责安置知识青年的大队和生产队,普遍建立"知青点",以逐步做到政治上有人问、思想上有人抓、生活上有人管。从1968年开始到1975年底,全县7社3场先后安置4 000名左右的奇台县城镇和乌鲁木齐等地的知识青年,建立知识青年点80个,青年队1个,共计建房136间。在知识青年安置中,本县工交、财贸、农林牧、党政群、文教卫生5个系统和自治区钢铁公司、电力安装公司、邮电管理局、交通设计院、政法干校、新疆大学等10个单位与奇台县农村有关社队相互挂钩,并给予了必要的物资支援。

1976年6月,知识青年上山下乡形成高潮,县革委会召开300人参加的首届上山下乡知识青年代表大会。会后又布置开展知识青年工作检查评比,并组织慰问团分赴各地慰问知识青年。

从1977年下半年开始,虽然知识青年上山下乡工作仍在进行,但有关政策略有调整,如对家庭确有实际困难的高、初中毕业生,可由单位出具证明免予下乡;单位有能力"内招"下乡知识青年的,可以陆续"拔点"。当时,由于党内和社会上不正之风的影响,奇台县曾出现知识青年及部分家长上街游行等一些错综复杂的问题。

1979年9月,县革委会召开知识青年工作会议,总结10年来安置自治区、州和本县城镇5 200多名知识青年所取得的成绩,提出统筹解决本县知识青年问题的十点意见,使知识青年工作出现重大转折,这十点意见是:(1)1978、1979两年内年满17周岁的城镇知识青年,凡能自行安置的单位,均不列入上山下乡范围,由所在单位广开门路予以安置,若所在单位无能力安置的,由县知青办发给"留城证",由县劳动部门逐步择优录用。(2)1978、1979两年内不满17周岁的城镇知识青年,由县教育部门协助其父母所在单位帮助他们搞好学习,准备参加来年的升学考试。(3)各单位或各系统为安置知识青年而举办的待业知识青年集体所有制企事业,所需资金、物资、设备,以本单位或本系统筹划为主,有困难的可提出申请,由地方财政予以解决。(4)到县知青农场和所在单位农副业基地接受再教育的知识青年,户粮关系按城镇户口对待。(5)县成立招工委员会,对1972年以前下乡的未婚知识青年和年龄大的女知识青年(汉族25周岁以上,少数民族23周岁以上)予以优先安排。(6)凡下乡已婚知识青年,按照就地安置的原则予以安排,已担任民办教师或赤脚医生的,经县教育、卫生部门考核,待有指标时转为公办教师或安排到公社卫生院工作;对与城镇职工结婚已生孩子,或有严重疾病、生活难以自理的,经县革委会批准从农村迁回城镇。(7)知识青年点人数在5人以下、生产及生活条件差的予以合并或撤销。(8)带队干部制度必须继续执行,凡下乡知识青年在15人以上的动员单位都要选派1名带队干部。(9)对倒流回城的下乡知识青年,动员单位要尽快动员他们回农村生产队接受再教育,仍不回队的,在招工中不予招取。(10)各公社、场均要有1名领导干部负责知识青年工作,建立知识青年管理小组。

1980年1月,县革委会劳动科与县知识青年上山下乡工作办公室合署办公。1984年3月,机构改革中,撤销知青办,知青工作由县劳动服务公司办理。

(第二十六章《重要政事》,第400—402页)

奇台县基本路线教育,从1975年下半年开始,至1977年底结束,先后在全县11个社(场)、81个大队、431个生产队和城镇34个单位分4期进行。……

4期基本路线教育共抽调干部、职工、知识青年2 486人组成工作队组,结合开展"农业学大寨"、普及大寨县运动。(第二十六章《重要政事》,第403页)

不久(1966年后),城乡社会青年就业停止,城镇高中、初中毕业生一律按知识青年对待,分配农村插队落户,农牧区高中、初中毕业生则回乡参加生产劳动。

(第三十章《劳动 人事》,第443页)

**知识青年就业**

1963年,一些高中、初中毕业生上山下乡到农村插队落户,当时仅为少数。

1964年,100名天津市高初中毕业生来奇台插队落户。中共奇台县委、县人委非常重视这批支援边疆社会主义建设的知识青年,将他们中的22人安置到县城企事业单位,78人安置到地方国营奇台农场,分别从事政治工作、农业生产、文教卫生和其他工作。这批知识青年积极生产,努力工作,为奇台县的各项事业做出了自己的贡献。1977年和1978年,在全国范围内刮起的知青回城风中,这批知识青年中除2人因在本地结婚外,其他人先后返回天津市。

"文化大革命"时期,从1968年起,高中、初中毕业生一律上山下乡到农村去接受贫下中农再教育。1973年底,县革委会知识青年上山下乡工作办公室成立,负责知识青年的插队落户工作,同时推荐一些知识青年升学、参军、招干、招工。到1982年,全县4 000多名下乡知识青年陆续回城安置工作。1982年以后,在县劳动服务公司的管理下,全县47个单位,兴办知青服务社134个,安排就业人员1 596名。国家规定,上山下乡知识青年的劳动年限准许计算为工龄。(第三十章《劳动 人事》,第443页)

# 《吉木萨尔县志》

吉木萨尔县史志编纂委员会编,新疆人民出版社2002年

(1972年)4月23日,首次召开知识青年活学活用毛泽东思想讲用会。

(《大事记》,第49页)

(1973年)12月28日,成立知识青年上山下乡工作办公室。 （《大事记》,第49页）

(1974年)4月上旬,第一批290名知识青年,分别安置到知青点接受贫下中农再教育。

（《大事记》,第49页）

11月底,第二批407名知识青年上山下乡接受贫下中农再教育。

（《大事记》,第50页）

"文化大革命"后期,知识青年上山下乡到农村接受再教育,全县人口猛增。

（第二章《人口》,第80页）

1970年,按照上级关于疏散城市人口的指示,开始将城镇无正式职业的居民,社会青年和无常住户口的人员,分期分批疏散到各公社,参加农业生产。到1972年,全县共疏散上述人员3 208人。其中县属家属等568人,接受乌鲁木齐市的疏散人员2 145人,自治州的疏散人员495人,疏散安置时按一定标准发放安家费。接受再教育的知识青年每人安置费250元,城镇居民150元,职工家属每人70元。共拨发安置费48.21万元。解决住房1 802间,解决木料指标250立方米。 （第十七章《民政》,第220页）

## 知青办

知青办是吉木萨尔县知识青年上山下乡办公室的简称,成立于1974年1月,是县委和县革命委员会管理知识青年上山下乡工作的职能部门,副科级建制,核定编制3人。1979年归属人事科,1984年3月撤销。知青办主要负责自治区、乌鲁木齐市以及本县城市户口的下乡知识青年的分配和安置,负责知青工作专项经费的支配,督促各公社团场知青点的建设,管理知青的生活、生产,合理使用分配到基层的知青专项经费,办理知青返城的有关手续。 （第十八章《编制 劳动 人事》,第225页）

1979年,吸收干部76人,其中下乡知识青年32人,留城知青9人,回乡知青7人,社来社去毕业生24人,其他4人。 （第十八章《编制 劳动 人事》,第230页）

1966—1976年"文化大革命"中,教育虽受挫,但仍呈发展之势,教师缺额较大。1971—1976年,选拔政治觉悟高、有一定文化水平的复转军人和接受再教育一年以上的下乡知识青年336人为民办教师。 （第三十八章《教育》,第452页）

# 《木垒哈萨克自治县志》

新疆维吾尔自治区地方志编纂委员会编,新疆人民出版社 2003 年

(1977 年)6 月 14 日,县委召开文教、卫生、体育和上山下乡知识青年先进代表大会。

(《大事记》,第 28 页)

(1980 年)6 月 20 日,中共昌吉州委批转州委宣传部、州文教局、总工会、团委、妇联、贫下中农(牧)协会、知青办公室等 7 个单位《关于进一步深入开展向优秀少先队员努尔古丽和雷锋式的好青年哈斯木学习活动的安排意见》的通知。

(《大事记》,第 30 页)

1973 年,县知识青年上山下乡办公室成立,负责安置城镇上山下乡知识青年及招工录用工作。

(第五编第八章《劳动人事》,第 338 页)

"文化大革命"期间,城镇知识青年上山下乡到农村牧区插队,城镇闲散、无业人员疏散到农村安家落户。大中城市的知识青年和闲散人员也分期分批进入木垒农村牧区安家落户,劳动就业渠道基本堵塞。

1973 年,县革命委员会知识青年上山下乡办公室成立,负责知识青年的插队落户工作,同时推荐一些知识青年升学、参军、招工、招干。到 1982 年,全县上山下乡知识青年陆续回城安置工作,疏散下来的城镇人员也陆续回城工作。

1982 年以后,县劳动服务公司具体管理劳动就业。1983 年,兴办大集体企业 3 个,小集体 33 个,安置知识青年 323 人。

1985 年,国家对知青企业给予了重点扶持,昌吉州拨给木垒县扶持金 15.3 万元,木垒县知青企业达 104 个,从业人员 654 人,知青企业总收入 78.2 万元。

(第五编第八章《劳动人事》,第 341 页)

# 《米泉县志》

米泉县地方志编纂委员会编,新疆人民出版社 1998 年

(1968 年)12 月,米泉县开始接受上山下乡知识青年,当年安置 25 人。

(《大事记》,第 34 页)

(1973 年)12 月,知识青年上山下乡领导小组成立。自 1968—1973 年底,共有 1 620 名知识青年在米泉县插队落户。

(《大事记》,第 36 页)

是年（1975年），根据湖南省株洲市"厂社挂钩、集体安置"的经验，县建立11个知青点、1个知青队，安置262人。　　　　　　　　　　　　　　　　（《大事记》，第37页）

同月（1980年10月），接收知青再教育工作终止。自1968年12月开始，13年中全县共接收城市知青2871人。　　　　　　　　　　　　　　（《大事记》，第40页）

70年代初，大办"地方五小工业"，县办地方国营工业企业发展到76家，职工600多人，主要招收下乡知识青年进厂。到1985年，县办国营工业企业有8家，年末职工总数1226人。　　　　　　　　　（第十四编第二章《劳动管理》，第426页）

**1971—1985年米泉县招干情况统计表**

| 年份 | 招干总人数 | 性别 | | 民族 | | 招干来源 | | | | | | | |
| --- | --- | --- | --- | --- | --- | --- | --- | --- | --- | --- | --- | --- | --- |
| | | 男 | 女 | 汉族 | 少数民族 | 工人 | 农民 | 复员退伍军人 | 下乡知青 | 社会知识青年 | 闲散科技人员 | 落实政策后复职 | 招聘 |
| 1971 | 49 | | 5 | | 7 | 3 | 4 | 30 | 12 | | | | |
| 1972 | 12 | | 1 | | 4 | 1 | 4 | 5 | 2 | | | | |
| 1973 | 13 | | 3 | | 2 | 3 | 2 | | 8 | | | | |
| 1975 | 2 | | | | | 2 | | | | | | | |
| 1976 | 2 | | 1 | | 2 | | 2 | 1 | 2 | | | | |
| 1977 | 16 | | 1 | | 2 | | 1 | | 4 | | | | |
| 1975 | 17 | | 5 | | 3 | | 9 | 2 | 6 | | | | |
| 1979 | 204 | | | | | 1 | 188 | 3 | 12 | | | | |
| 1980 | 188 | | 22 | | 24 | | 31 | 1 | 29 | 5 | 22 | 100 | |
| 1981 | 95 | | 19 | | 61 | 30 | 34 | 1 | | 8 | 6 | 16 | |
| 1982 | 31 | | 7 | | 6 | 10 | | 2 | 18 | | | 1 | |
| 1983 | 95 | | 29 | | 16 | 76 | | | | 18 | | 1 | |
| 1984 | 40 | | 7 | | 9 | 15 | | 4 | | 5 | 10 | 1 | 6 |
| 1985 | 110 | | 15 | | 39 | 36 | 29 | 1 | | 10 | 10 | 1 | 23 |

（第十四编第三章《人事管理》，第437页）

# 《玛纳斯县志》

玛纳斯县地方志编纂委员会编，新疆大学出版社1993年

1966—1969年的历年高、初中毕业生响应毛泽东主席"知识青年到农村去，接受贫下中

农的再教育"的号召,走向农村从事农牧业生产。1973 年,县革委会成立"知青办",负责上山下乡知识青年的安置,及知青的升学、参军、招工、招干的推荐等工作。1979 年,在农村未升学、参军、招工、招干的知识青年,返城要求工作,给县上安置工作造成一定压力。

(《民政、劳动、人事·劳动管理》,第 375 页)

自 1980 年国务院召开的劳动就业会议后,县委、县人民政府发动城镇各部门各企事业单位广开门路,解决待业青年就业困难,在税收、办照、货源、资金、贷款、场所等方面给予优惠和照顾。并明文规定,凡在部门办的知青点就业的,凡有招工等机会仍可报考应招,录用后在知青点工作年限计入工龄。当年,全县办知青商店 25 个,安置就业 318 人。到 1982 年 9 月,全县共办商业、修理、加工、制造、建筑、缝纫及其他服务性网点 32 个,安置待业人员 1 142 人,其中待业知识青年 839 人,社会劳动力 303 人。

(《民政、劳动、人事·劳动管理》,第 375 页)

1979 年规定:在农村征集家庭劳动力比较充裕的青年和上山下乡知识青年,城镇征集应届和历届中学毕业生,厂矿企业单位的青年职工和在校学生不征。

(《军事·兵役》,第 399 页)

# 《呼图壁县志》

呼图壁县县志编纂委员会编,新疆人民出版社 1992 年

是月(1968 年 12 月)27 日,县首批百余名知识青年到农村落户,"接受贫下中农再教育"。县城军民千余人集会欢送。　　　　　　　　　　　　(《大事记》,第 32 页)

1979 年,为解决企事业单位和党政群机关待业青年就业,办知青商店 6 个。1980 年,发展到 24 个,年营业额 71 万元,实现利润 8.13 万元。

1981 年,全县知青商店已发展到 40 个,从业人员 215 个,商品购进额 285.32 万元,销售额 251.8 万元,实现利润 10.8 万元。1985 年,知青商店经整顿调整为 35 个,从业人员 316 人,商品购进额 548.65 万元,销售额 693.7 万元,实现利润 26.16 万元。

知青商店由县劳动服务公司管理。县知识青年安置办公室,从资金上给予扶持,各承办单位都抽调得力干部帮助管理。知青商店开办后,国家免征前三年的营业税和所得税。

(卷十四第三章《集体商业》,第 283 页)

1980—1982 年,从农村牧区共招干 240 人,其中大部分是上山下乡知识青年。

(卷二十一第一章《人事》,第 439 页)

中共十一届三中全会后,县人民政府积极扶持城镇集体经济和个体经济,广开就业门路,采用"劳动部门介绍就业、自愿组织就业、自谋职业"三结合的就业措施,对下乡知识青年和城镇待业青年进行一次性地就业安置。1979—1982年,全县共安置下乡知识青年和城镇待业青年2 236人,其中全民所有制单位招干、招工1 278人,集体所有制企业招工478人,知青合作社就业456人,自谋职业24人。 　　　　　　　　(卷二十一第二章《劳动》,第447页)

1968年2月27日,县召开首次知识青年上山下乡欢送大会,一批知识青年率先赴农村安家落户。至1979年,全县农村、牧区共接收安置上山下乡知识青年3 016人。其中,1974—1977年安置上山下乡知识青年1 888人,占上山下乡知识青年总数的62.6%。

1968—1971年,县有关部门给下乡知识青年每人发500—1 000元的安家费和其他一些生活用品。

1972年,对于安置知识青年比较多的生产队,由县上拨款,生产队负责修建知识青年点。到1977年,全县共建知识青年点72个,盖房595间,除已婚知识青年外,所有知青都集中到知青点过集体生活。知青点设1名负责人,协助生产队进行管理工作。

### 1968—1979年上山下乡知识青年人数统计表

单位:人

| 年份 \ 项目 | 合　计 | 下乡前户口所在地 | | | | 年终知青人数 |
|---|---|---|---|---|---|---|
| | | 呼图壁县 | 昌吉州（含该地区） | 乌鲁木齐市（含自治区范围） | 外省市 | |
| 1968 | 8 | 2 | 6 | | | |
| 1969 | 383 | 256 | 98 | 29 | | |
| 1970 | 229 | 69 | 3 | 154 | 3 | |
| 1971 | 127 | 103 | 2 | 21 | 1 | |
| 1972 | 128 | 56 | 7 | 11 | 54 | |
| 1973 | 88 | 29 | 7 | 22 | 30 | 66 |
| 1974 | 377 | 200 | 14 | 152 | 11 | 128 |
| 1975 | 444 | 98 | 16 | 322 | 8 | 357 |
| 1976 | 463 | 164 | 5 | 290 | 4 | 790 |
| 1977 | 603 | 151 | 4 | 444 | 4 | 1 263 |
| 1978 | 146 | 111 | 1 | 34 | | |
| 1979 | 20 | 7 | 3 | 5 | 5 | |
| 总　计 | 3 016 | 1 246 | 160 | 1 484 | 120 | |

1974年,县革命委员会成立知识青年上山下乡领导小组。为加强知识青年管理工作,派出知识青年带队干部4人。1975年,县革命委员会设立知识青年办公室,知青带队干部

增加到 36 人,各公社设知识青年专职干部 1 人。

1976 年 5 月,县革命委员会召开知识青年带队干部座谈会,总结汇报知青点的建设和知识青年的管理工作。10 月,召开县首届上山下乡知识青年代表大会。

1977 年春节前,县、社、队三级组织对知识青年进行了一次规模较大的慰问活动。

中共十一届三中全会以后,县委和县人民政府十分重视上山下乡知识青年的回城就业问题。1979 年 8 月,县人民政府成立招工领导小组,上山下乡知识青年开始陆续回城。到 1982 年 1 月,呼图壁县 1977 年以前下乡的知识青年,全部回城就业;对 1978—1979 年下乡的知识青年,也都安排了工作。已婚知识青年,转为城市户口,由所在公社就地招用在行政、企事业单位和社办企业单位工作。

1982 年,县知识青年办公室撤销。　　　　　　　　　　(卷二十二第二章《安置》,第 461—462 页)

# 《博尔塔拉蒙古自治州志》

博尔塔拉蒙古自治州地方志编纂委员会编,新疆大学出版社 1999 年

(1969 年)1 月 27 日,自治州首次分配 206 名初、高中毕业生到农村接受贫下中农再教育。　　　　　　　　　　　　　　　　　　　　　　　(《大事记》,第 50 页)

(1973 年)全年已有 7 800 多名知识青年下乡接受贫下中农再教育。

　　　　　　　　　　　　　　　　　　　　　　　　　　　　(《大事记》,第 53 页)

(1974 年)5 月,自治州知识青年上山下乡办公室成立。　　(《大事记》,第 53 页)

(1975 年)8 月 16—24 日,天津知识青年慰问团来自治州慰问。　(《大事记》,第 53 页)

(1981 年)11 月,博乐知青地毯厂开工生产。　　　　　　　(《大事记》,第 59 页)

是年,自治州 1976 年以前上山下乡的知识青年全部回城就业。　(《大事记》,第 59 页)

1974 年,自治州对招工工作作出明确规定,主要招收城镇上山下乡两年以上的知识青年和城镇未婚待业青年。　　　　　　(第二十五编第二章《劳动管理》,第 727 页)

1968 年 12 月 22 日,毛泽东主席发出"知识青年到农村去,接受贫下中农再教育,很有必要"的指示。根据这一指示精神,1969 年,大批知识青年开始上山下乡,到农村接受贫下

中农再教育。1974 年 3 月 2 日和 8 月 20 日,自治州先后成立知识青年上山下乡分配办公室和知识青年上山下乡领导小组。知识青年上山下乡的范围:凡属城镇户口、粮食关系,年满 16 周岁的高中和初中毕业生,国家统一分配的大中专院校毕业生,经当地知识青年上山下乡机构介绍来的外地知识青年,均属上山下乡范围。选择领导班子较强、生产形势较好、人少地多的社队插队落户。落户形式有分散居住、集中建点和建立知青场、队三种形式。每个公社建立 1—2 个知青点,每个点安排 10—15 人。有条件的国营农牧场及农垦团场,根据自治州计划会议分配指标,有计划地安置回场及下乡城镇知识青年;有条件的县社,组织建立以下乡知识青年为主,并由部分带队干部及贫下中农参加的集体所有制青年队、青年农场。

1969—1972 年,全州累计下乡接受再教育的知识青年共 2 589 人,其中城镇下乡 1 450 人,社来社去 1 139 人,少数民族 769 人。1973—1974 年,全州又有 1 007 名知青下乡,其中城镇 352 人,社来社去 655 人。

到 1977 年底,全州下乡知青除招工、参军、上大中专院校,还有 1 156 人分布在基层,其中绝大部分是社来社去知青。1980 年,自治州下达 68 名劳动指标,用以解决城镇下乡知青回城就业。
（第二十五编第三章《劳动就业》,第 730 页）

1974 年 3 月 2 日,自治州革命委员会成立知识青年上山下乡办公室,负责上山下乡青年的安置,编制 5 名,张宪三任副主任。1981 年,与州劳动局合署办公,主要负责安置城镇待业青年的就业。
（第二十五编第六章《机构》,第 739 页）

1978—1980 年,对"文化大革命"期间判处的 651 起案件进行全面复查,……复查结果:……(6)破坏知识青年上山下乡有 32 起 32 人,复查免予刑事处罚 2 起 2 人,改判 6 起 6 人,维持原判 24 起 24 人。
（第二十六编第三章《审判》,第 763 页）

# 《博乐市志》

博乐市志编纂委员会编,新疆人民出版社 1992 年

1965 年以前,因城镇青年不存在就业难的问题,故未设立城镇待业青年就业安置机构,只是在 1965 年 5 月,由民政科代办几名知青插队落户事宜。随着知识青年上山下乡增多,1969 年 9 月,县革命委员会决定由文教卫生组负责知识青年的分配和管理。1973 年 4 月,正式成立知识青年上山下乡办公室,对知识青年实行群众推荐,民主评议,社、队领导同意,报劳动人事部门审批安置。1969—1976 年,全市通过各种形式共安置知青参加工作 845 人,还有一部分青年作为工农兵学员被推荐上大学。1980 年 10 月撤销知青办公室,其业务

交计委。1981 年 1 月，知青工作交劳动科管理。1982 年 10 月 29 日成立县劳动服务公司，负责待业青年就业培训、推荐。 （政治编第九章《劳动人事》，第 209 页）

1965 年，博乐县逐步开展城镇待业知识青年上山下乡工作，当年安置第一批插队落户知青 9 人。1968 年秋，接受安置由国家统一分配下乡的大、中专毕业生 28 人。同年 12 月，博乐县及州直各有关单位，凡持有正式城镇户粮关系的高中毕业生和不能继续升学的初中毕业生，进行插队安置。同时还接收安置一批国家统一分配来本市接受再教育的大、中专毕业生和外地县以上知青办介绍来本地接受再教育的高、初中毕业生。1965—1977 年，全市安置知青 2 017 人，其中，下乡知青 1 243 人，回乡知青 637 人，大中专毕业生 137 人。知青上山下乡的形式，由开始的分散单个安排，发展到集体插队落户，又由插队落户过渡到社队挂钩，按系统分配，统一管理。至 1977 年，全市给知青点调拨木材 407 立方，共建知青点 39 个，拨知青安家补助费 604 650 元。 （政治编第九章《劳动人事》，第 215 页）

1972 年安置上山下乡知识青年 34 名，均分配到各学校、企事业单位当教师或干部。
（政治编第九章《劳动人事》，第 215 页）

同年（1979 年）9 月，从在乡接受再教育的知识青年和年龄在 35 岁以下的农村骨干中录用一批干部，充实社（场）基层干部队伍。 （政治编第九章《劳动人事》，第 216 页）

# 《精河县志》

精河县地方志编纂委员会编，新疆人民出版社 1998 年

是月（1966 年 8 月），从南京接来支边学生 170 名，安置在精河牛场生产劳动。
（《大事记》，第 39 页）

（1969 年）1 月，精河县应届初中毕业生遵照毛泽东主席关于"知识青年到农村去，接受贫下中农再教育"的指示，首批 61 人下农村插队落户。到 1977 年，全县累计有 695 名城镇知青下到农村，还有上级分配到精河的下乡知青 199 名。自 1978 年起，不再下农村。
（《大事记》，第 40—41 页）

（1974 年）1 月，县革委会设置知识青年办公室，专管知青安置工作。（《大事记》，第 43 页）

3 月 5—9 日，县分别召开治保工作代表会议和上山下乡知识青年代表会议。
（《大事记》，第 43 页）

(1981年)3月1日,上游人民公社八大队三队15岁回乡知青闵铁成,用小口径步枪打死、打伤胜利农场维吾尔族农工各1名,闵铁成当场自杀身亡,以此为导火线,发生数百名维吾尔族群众在大河沿子街上抬尸游行事件。

(《大事记》,第49页)

1966年,迁入一批南京支边青年学生。

1968年,首批"接受贫下中农再教育"的城市青年学生落户精河。

(卷三第一章《人口变动》,第142页)

根据毛泽东主席关于"知识青年到农村去接受贫下中农再教育"的指示,1969—1977年,精河县共有695名知识青年(初高中毕业生)被安置到3个公社24个知青点接受再教育,建住宅120间,面积2919平方米。

1969—1970年,上级分配到精河县农村接受再教育的大中专毕业生199名。

1974年,县办1个知青农场,地点在原良种繁育场的乌—伊公路北,安置知青18人,拨耕地120亩、马车2辆、牛4头、马4匹,并拨款8730元作为生产建筑和生活补助费用。后来因亏损,1975年知青农场撤销。

由于知识青年下乡人数多,不仅加重了公社、生产大队和生产队及社员的负担,而且知识青年的升学、就业等问题均得不到合理解决,使上山下乡工作出现了许多问题和困难。

1973年以前,下乡的每人年250元,高寒地区每人冬装补助40元;知青结婚生活费每人300元,另发安家费1000元。1973年以后,下乡的经费标准又有所提高,分散插队的每人580元,国营农场每人400元,牧区每人750元。1978—1981年,共拨发知青经费12.78万元。

1978年以后,知识青年上山下乡虽然停止,但上级安置知识青年的各项经费仍陆续拨发。

1969—1977年精河县知识青年上山下乡情况表

| 年 份 | 中学毕业生下乡数(人) | 分配来县的大中专毕业生下乡数(人) | 拨发知青经费(元) |
|---|---|---|---|
| 1969 | 61 | 90 | |
| 1970 | 47 | 109 | |
| 1971 | 114 | | |
| 1972 | 58 | | |
| 1973 | 62 | | |
| 1974 | 67 | | |
| 1975 | 78 | | |
| 1976 | 99 | | |
| 1977 | 109 | | |

| 年　份 | 中学毕业生下乡数(人) | 分配来县的大中专毕业生下乡数(人) | 拨发知青经费(元) |
|---|---|---|---|
| 1978 | | | 46 697 |
| 1979 | | | 16 825 |
| 1980 | | | 10 000 |
| 1981 | | | 54 300 |
| 合　计 | 695 | 199 | 127 822 |

（卷二十二第三章《安置》,第597—598页）

1980年5月,设置劳动科(兼管知识青年工作)。1981年11月,改称劳动局。

（卷二十三《劳动人事》,第608页）

"文化大革命"期间,由于极左路线的干扰,就业渠道堵塞,待业人员骤增。1969—1977年,全县共有695名初、高中毕业生下到农村接受贫下中农再教育。

（卷二十三第二章《劳动》,第609页）

1975年,大兴"五小"工业,先后建起水泥厂、磷肥厂,推行"亦工亦农"用工制度。在招收工人上,实行贫下中农推荐,不管是城镇的还是回乡知识青年,都可录用。

（卷二十三第二章《劳动》,第609页）

1979年前后,通过国家机关、企事业单位、大专院校和部队的几次较大规模的招工、招干、征兵、招生之后,1977年以前下乡的老知识青年基本录用完毕。

（卷二十三第二章《劳动》,第609页）

1987年,根据自治区关于解决已婚下乡老知识青年的有关规定,将4名已婚老知青转为固定工;对21名与农民结婚的老知青,按规定一次性给他们每人发生活费300元、安家费1 000元,共计27 300元。

（卷二十三第二章《劳动》,第609—610页）

# 《温泉县志》

温泉县地方志编纂委员会编,新疆人民出版社2003年

是月(1974年4月),温泉县知识青年上山下乡办公室成立。开始安置知青在农村劳动,接受贫下中农的再教育工作。 　　　　　　　　　　　　　　　　（《大事记》,第39页）

1969年2月,对自治区革委会拨来的1966年、1967年初、高中毕业生安置费,县革委会生产指挥组研究决定:先发给十月公社1 215元、猛进公社540元、前进公社1 845元。

在安置费中,留10%作为机动费用和差旅费,安置补助单身插队的每人平均定额标准225元,回乡人员每人补45元。

由于这次拨的费用不够,1969年3月12日又给安置知青的社场补拨安置费,其中十月公社1 710元、猛进公社115元、前进公社656元。这些补拨的安置费不发给本人,由生产队统一掌管。

1973年,上山下乡知识青年补助由原来225元增为500元,县革委会就其安置费使用作出如下规定:

将安置费485元拨到公社,由公社掌握使用,安置费必须专款专用,不得挪作他用。其中每人建房补助为200元,主要用于所在村基建开支;生活补助费200元,主要用于吃、穿、用(其中吃为100元,冬装为45元,剩下55元留在第二年根据生活自给情况处理);农具、学习、医疗、旅途和其他补助费85元。

其他补助费85元中,自治区掌握5元,县掌握5元,用于上山下乡知青特殊开支。

(第二十三编第三章《安置》,第557—558页)

## 知识青年上山下乡办公室

1974年4月,温泉县革命委员会成立知识青年上山下乡办公室,负责上山下乡青年的安置工作,编制3名。

1980年5月,知青办公室与劳动局合署办公,主要负责安置城镇待业青年的就业。

(第二十四编第一章《机构》,第571页)

## 知识青年就业

1968年12月,毛泽东主席发出"知识青年到农村去,接受贫下中农再教育,很有必要"的指示。1969年,全国大批知识青年开始上山下乡到农村接受贫下中农再教育。1974年4月温泉县成立知识青年上山下乡办公室。1969—1977年共接受再教育的知识青年400余名,分别安置在前进公社五大队、十月公社、猛进公社和羊场6个知青点。1985年底,上山下乡知识青年回城安置完毕。　　(第二十四编第二章《劳动》,第571—572页)

1975年,推行"亦工亦农"用工制度,在招收工人上实行贫下中农推荐,不管是城镇,还是回乡知识青年,都可录用。

1976年,根据国务院有关招收工人的具体规定,对病故及退休人员工人子女可以顶替招工。1977—1979年,招收新工人183人,主要招收城镇上山下乡知识青年和城镇未婚待业青年。

(第二十四编第二章《劳动》,第572页)

1976 年 10 月后,干部来源主要是上山下乡的知识青年回城安置、大中专毕业生分配及落实政策返回岗位的干部和温泉县与农五师八十八团合并时从该团抽调的干部。至 1980 年,全县干部总数 899 人,其中少数民族干部 424 人,占干部总数的 47%。

(第二十四编第三章《人事》,第 578 页)

# 《伊犁哈萨克自治州志》

伊犁哈萨克自治州地方志编纂委员会编,新疆人民出版社 2004 年

是月(1970 年 6 月),伊犁州直属县(市)已分配安置“上山下乡”知识青年 12 500 多人,伊犁州革委会发出指示,要求各县(市)进一步做好知识青年再教育工作。 (《大事记》,第 55 页)

(1972 年)4 月,伊宁市 890 多名应届毕业生集体分配农村、牧区插队落户。

(《大事记》,第 55 页)

1963 年—1966 年,上海、北京、天津、浙江、武汉等省市城镇知识青年支援新疆建设,伊犁州辖区内的农四师接收安置 5 000 余名,农十师接收安置 2 800 余名,基本都分配到各团场。 (第九编第二章《劳动》,第 409 页)

1968 年—1973 年,伊犁州集中动员 25 978 名知识青年到农村上山下乡、插队落户,其中伊犁州直属县(市)11 804 名、塔城地区 9 586 名、阿勒泰地区 4 588 名。此后数年每年仍有一定数量的高、初中城镇毕业生插队落户。对上山下乡的知识青年(简称知青),伊犁州补助每人建房款 200 元,每人口粮第一年为每月不低于 20 千克,次年起参加集体分配,医疗费由(公)社(大)队解决或实行合作医疗。

1974 年,国家每年给伊犁州下达专项招工指标,经分解后落实到各地、县、市,招收对象是下乡劳动满两年以上的知青。至 1978 年 6 月,全州约有 1.7 万余名知青走上新的工作岗位,约占下乡知青总人数的 61%,加上在此前返城、招工、升学、参军、提干等离开农村的,留在农牧区的下乡知青约为 2 000 余名。

1980 年,伊犁州专门对 1976 年以前下乡尚未回城的知青下达专项劳动指标,解决其回城就业问题。到 1981 年,全州范围内 1976 年以前下乡知青的返城安置工作基本结束。

(第九编第二章《劳动》,第 409 页)

1972 年,自治区和自治州的工业、交通、商业、粮食企业开始招收经过 2 年以上锻炼的上山下乡知识青年,招工由贫下中农、带队干部和知青共同评议推荐,本人自愿,公社党委会审查

签署意见,招工单位同意,劳动部门批准办理用工手续。　　　（第九编第二章《劳动》,第 411 页）

1980 年,州劳动局正式成立,下设办公室、工资福利科、劳动调配科、劳动保护科、知识青年上山下乡办公室等 5 个处室。1983 年劳动人事局合并。　　（第九编第二章《劳动》,第 420 页）

# 《伊宁市志》

新疆维吾尔自治区地方志编纂委员会编,新疆人民出版社 2002 年

(1969 年)4 月上旬,第四中学的数百名初、高中毕业生赴霍城县、新源县、伊宁县农村牧区插队落户、上山下乡,接受贫下中农(牧)再教育。此后,全市各中学"老三届"毕业生陆续到各县插队落户。　　　　　　　　　　　　　　　　　　　　　　　（《大事记》,第 44 页）

是月(1970 年 7 月),全市各中学的 69 届初、高中毕业生分配到伊宁县、昭苏县、特克斯县等农牧区,上山下乡,接受贫下中农的再教育。　　　　　　（《大事记》,第 45 页）

11 月 5—15 日,伊犁州直属县市上山下乡知识青年活学活用毛泽东思想积极分子代表大会在伊宁市召开,来自各地哈萨克、汉、维吾尔、蒙古、回、满、锡伯等各个民族的近 400 名上山下乡知识青年代表出席了大会。　　　　　　　　　　　（《大事记》,第 45 页）

(1973 年)11 月 22 日,市革命委员会成立知识青年上山下乡办公室,撤销原毕业生分配办公室。　　　　　　　　　　　　　　　　　　　　　　　　　　（《大事记》,第 46 页）

1972 年,自治区和伊犁州的工业、交通、商业粮食企业开始招收经过 2 年以上锻炼的上山下乡知识青年。招工条件是:家庭主要成员政治历史和社会关系清楚、本人政治思想进步、身体健康、初中以上文化程度,18—25 周岁的未婚男女青年。招工手续:由贫下中农、带队干部和知识青年共同评议推荐,本人自愿,公社革委会审查签署意见,招工单位同意,市劳动科批准办理录用手续。　　　　　　　　　　　　（第十五编第二章《劳动》,第 627 页）

## 知识青年上山下乡

1968 年,按照毛泽东"知识青年到农村去,接受贫下中农的再教育,很有必要"的指示,伊宁市开始组织初中、高中毕业生到本市和伊犁州直属的外县去插队落户。从 1968 年到 1970 年 8 月共分配 969 名;其中插队 561 名(大中专毕业生 84 名),社来社去 408 名,占郊区农牧民总数的 3.4%。向插队知青每人发给 250 元的安家费,用来购置生产和生活用具。

1973年11月,市革委会成立"知识青年上山下乡办公室",编制5人,负责知识青年上山下乡工作。1983年,知青办撤销,并入劳动局。十几年中,全市共动员5 470名知识青年上山下乡(其中有回乡知识青年516名)。

1978年12月,国务院颁发《关于知识青年上山下乡若干问题的试行规定》,指出:"城镇中学毕业生的分配,实行'四个面向'(进学校、上山下乡、支援边疆、城镇安排)。根据国民经济发展的需要,广开门路,逐步扩大城镇安置能力"。同时,还规定了有安置条件的城市,也可以不动员知识青年上山下乡。

城市知识青年上山下乡,造成城市劳动力和农村劳动力大对流,打乱了工交企业和事业单位招工用工的传统方式和秩序,给城市人口就业带来更大的压力。1980年,停止知识青年上山下乡的政策。到1981年底,伊宁市1978年以前插队农村的知识青年,除有种种原因的12人没安排工作以外,其余全部在伊宁市就业。

80年代以来,实行"劳动部门介绍就业,自愿组织起来集体就业和自谋职业"相结合的"三结合"就业方针,广开就业门路,大办"知青商店"、"知青工厂"和"知青服务社",大大提高了知识青年的就业率。1982—1985年,共安排就业11 956人,加上1979—1981年安排就业的6 976人,共计安排就业18 882人,占待业总人数22 277人的85%;其中,安排在集体单位的5 826人、国营单位的8 537人、自谋职业的3 619人、安排临时工(一年期限)的900人。

上山下乡知识青年插队补助费,1975年以前每人250元,其中50元作为购置炊具费,200元作为建房费。1975年以后,每人发500元,100元作为购置炊具、小农具和生活用品费,400元作为建房费。

**1968—1978年伊宁市上山下乡知识青年情况表**　　　　　　　　单位:人

| 安置社(场)名称 | 安置数 | 其　中 | | |
| --- | --- | --- | --- | --- |
| | | 插队知青人数 | 回乡知青人数 | 外地转来知青人数 |
| 红旗人民公社 | 529 | 346 | 187 | 1 062 |
| 红星人民公社 | 521 | 367 | 234 | 1 122 |
| 东方红人民公社 | 725 | 423 | 176 | 1 324 |
| 东风人民公社 | 428 | 116 | 56 | 600 |
| 巴彦岱人民公社 | 415 | 191 | 53 | 659 |
| 综合农场 | 402 | 65 | 60 | 527 |
| 伊犁各直属县 | 168 | 8 | | 176 |
| 合　　计 | 5 470 | 3 188 | 1 516 | 766 |

(第十五编第二章《劳动》,第629—630页)

# 《伊宁县志》

伊宁县史志办公室编,新疆人民出版社 2003 年

(1968 年)12 月 22 日,《人民日报》发表毛泽东主席关于"知识青年到农村去"的指示,伊宁县城乡集会庆祝。 （《大事记》,第 35 页）

是年(1969 年),县革委会成立知识青年上山下乡办公室。1985 年 1 月撤销,业务归并县劳动局。 （《大事记》,第 36 页）

(1976 年)7 月 6 日,城镇下乡知识青年集中到五一公社安置。斯时全县应届高、初中毕业生 195 人,其中回乡知青 114 人,回场 8 人,照顾 10 人,城镇知识青年下乡接受再教育63 人。 （《大事记》,第 39 页）

同年(1982 年),撤销知识青年上山下乡办公室,有关业务及人员全部归并劳动科。1984 年 12 月县劳动科更名为县劳动局。 （第十六编第二章《劳动》,第 555 页）

1969 年,伊宁县被列为知识青年上山下乡重点县之一,县委、政府成立上山下乡知青办公室,专门负责上山下乡及回乡知青管理工作。当年来县上山下乡知青 608 名,到 1978 年末各地来县、乡(社)场接受再教育的知青累计 3 703 名。10 年间根据国家需要被招工、招生、参军及分配至兵团国营农场的知青有 2 970 名,留在伊宁县的有 733 名(不包括回乡知青)。上山下乡知青一开始是分散安排,后改为集体插队落户,又由集体插队落户到和社、队挂钩,按系统分配、统一管理。国家对知青集体所有制企事业单位政策上给予优惠扶持,对办得好的独立核算知青场(队)的知青,经上级批准承认其为集体所有制企业职工,还拨出一定经费扶持知青场(队)发展生产。1973 年以前国家拨给每个知青安置费是 250 元,以后增至 500 元。

中共十一届三中全会以后,伊宁县进入全面安置知识青年和新增待业人员就业工作时期。1981 年终止知青上山下乡,城镇历届高、初中毕业生除有一部分升学进入大中专院校外,大部分学生仍在家待业。1982 年,县人委撤销知青办,业务划归县劳动局,对大批返城青年的就业安排一部分是通过各种渠道被安置在银行、水泥厂、化肥厂、医院、广播站或成为民办教师(这些人员后陆续转为国家正式职工),另一部分通过招工及组建知青点集体企业安排;对待业人员就业安置采取分系统安置为主,劳动部门组织安置相结合原则,劳动部门积极组织兴办各种类型自负盈亏的合作社,如由国营企业、行政单位扶持兴办或由国营企业和集体企业及个人投资合股经营兴办各类合作社,鼓励和扶持城镇个体经济发展,广开就业门路。从业人员从入社起即计算工龄,允许符合招工、招生条件人员报名参加大中专学校、

技校考试。最先兴办的知青企业是由国家投资 20 万元的县粮食局加工厂,此后陆续兴办的有县水泥厂知青点、党政系统知青点、工商局知青运输队、印刷厂知青食堂及商店、计委系统知青第一服务社,石油公司知青综合商店,广播站知青无线电修理部,农机修造厂集体车间等。从 1980—1990 年,全县共兴办县城集体企业 17 个,通过招工、招干、参军、大中专及技校招生、自谋职业等渠道安置待业知识青年 4 313 名。　　　　　(第十六编第二章《劳动》,第 557—558 页)

# 《尼勒克县志》

新疆地方志编委会编,新疆人民出版社 2000 年

(1970 年)5 月 14 日,县革命委员会党的核心小组召开会议,传达中共中央《关于进一步做好知识青年上山下乡工作》的文件,要求各级革委会、党的核心小组认真做好这一工作。

(《大事记》,第 35 页)

在"知识青年上山下乡,接受贫下中农再教育"过程中,尼勒克县共有 287 名城镇知识青年和一些行业青年下放农村插队落户。1970 年后,曾一度恢复招工,对象是下乡知识青年,10 年间,共招收下乡知识青年 202 人。　　　(第十九编第一章《劳动》,第 423 页)

# 《新源县志》

新源县地方志编纂委员会编,新疆人民出版社 2007 年

(1969 年)3 月 4 日,新源县上山下乡知识青年安置办公室(简称知青办)成立。

3 月 12 日,伊宁市一批高中、初中应届毕业学生响应毛主席关于"知识青年到农村去,接受贫下中农再教育,很有必要"的号召,来新源县红光公社插队落户、参加农业生产。

(《大事记》,第 35 页)

(1976 年)夏,新源县第二次上山下乡知识青年代表大会召开。　　(《大事记》,第 38 页)

1968—1977 年,城市知识青年响应毛主席"上山下乡"号召,到农村安家落户。1968 年 12 月,新源县成立毕业生分配办公室,负责全县高初中毕业生分配。1969 年春,新源县专门成立上山下乡知识青年安置办公室,并接收安置首批 21 名伊犁上山下乡知识青年。1974 年 10 月成立红光公社一大队知青队,即新源县上山下乡知识青年生产队,划地 53.4 公顷。年底,共安置知识青年 121 人。1975 年,安置下乡知识青年 256 人,其中来自伊犁州党政群机关 60 人、伊犁州公安系统 60 人、伊犁州工业系统和伊犁钢铁厂 40 人、驻军部队 21 人、新

源县 75 人。

1976—1979 年,共安置上山下乡知识青年 333 人,其中征兵 38 人、招干 45 人、招工 237 人、教师 13 人、全民所有制单位 197 人、大集体单位 136 人(其中外地 55 人)。1979 年 10 月,新建新源县知识青年园林场,安置知识青年就业。　　(第二十三编第二章《安置》,第 925 页)

1969 年 3 月,成立新源县上山下乡知识青年安置办公室(简称知青办),负责全县知识青年上山下乡的分配与管理。　　(第二十四编第二章《工人管理》,第 949 页)

县劳动就业保障管理局的前身是 1969 年 3 月成立的新源县上山下乡知识青年办公室,主要负责知识青年的就业安置工作。1979 年建立知青园林场。1982 年 6 月,撤销知青办,更名为新源县劳动服务公司。　　(第二十四编第二章《工人管理》,第 949 页)

从 60 年代末期开始,大批知识青年上山下乡来县插队落户。后来这些知识青年有的回城、有的转为国家干部,但大部分被安排在集体所有制商店、粮店。

(第二十四编第二章《工人管理》,第 950 页)

# 《巩留县志》

巩留县县志办公室编,新疆人民出版社 2005 年

是年(1968 年),知识青年上山下乡运动开始,除巩留县知青外,乌鲁木齐、伊犁等地的知识青年也陆续来巩留县接受再教育。　　(《大事记》,第 34 页)

是月(1970 年 10 月),巩留县首次召开下乡知识青年积极分子代表大会。

(《大事记》,第 35 页)

(1973 年)12 月 7 日,成立县上山下乡知识青年领导小组。　　(《大事记》,第 37 页)

(1974 年)3 月 8 日,东方红公社建立上山下乡知识青年队。　　(《大事记》,第 37 页)

(1976 年)1 月 22 日至 2 月 27 日,县委召开开门整风会议,县委委员、县革委会常委、各社场和县级机关负责人、工人、知识青年、妇女、贫下中农 100 多人参加会议。县委书记赵忠国作《以阶级斗争为纲,搞好县委整风》的动员报告。　　(《大事记》,第 38 页)

1950年以后,人口外流有一次,1972年知识青年回城,全县人口减少4 222人,为全县人口的十九分之一。 　　　　　　　　　　（第三编第一章《人口数量与变化》,第121页）

汉族人口有两个时期增长比较快:一是三年自然灾害时期,大量汉族支边和自流来巩留县落户。……二是"文化大革命"中知识青年上山下乡,乌鲁木齐、伊宁等城市大量知识青年来巩留县接受再教育而落户。1968年汉族人口16 922人,至1969年增加到24 667人,一年中增加7 745人。 　　　　　　　　　　（第四编第一章《民族》,第149页）

1980年1月,县政府成立劳动科,负责劳动管理、劳动工资等业务,并兼管知识青年回城安置工作。 　　　　　　　　　　（第十八编第一章《劳动》,第568页）

50年代初到1990年,全县干部来源主要有5种:……五是招聘。……50—70年代,主要从城镇招收一批有文化的青年,同时也从农村中选拔一批回乡初高中毕业生当干部。这部分人主要从事财会、教育、卫生和基层政工工作。由于当时手续不完备,这批人中有一部分人转为正式干部,另一部分人一直是以工代干。 　　　（第十八编第二章《人事》,第575页）

# 《特克斯县志》

特克斯县地方志编纂委员会编,新疆人民出版社2004年

(1970年)10月,乌鲁木齐市近千名初、高中学生被安排到特克斯县插队落户,接受贫下中农再教育。 　　　　　　　　　　　　　　　（《大事记》,第28页）

(1974年)7月,截至是月,在特克斯县接受再教育的知识青年,有800多人被招干、招工走上工作岗位,500多人迁转外地。 　　　　　　　　（《大事记》,第29页）

1970—1978年,全县下乡知识青年累计1 743人。1976年后,通过考学、返城顶替工作、厂矿招工,至1980年全县下乡知识青年全部返城工作。

　　　　　　　　　　　　　　　（第十八编第二章《劳动》,第400页）

1970年,特克斯县成立了知识青年上山下乡办公室(简称知青办),隶属县革命委员会政工组,具体负责安置及管理知识青年的工作。特克斯县城镇知识青年开始到农村插队落户,接受贫下中农的再教育。本县历年安置知青人数:1970年651人;1971年405人;1972年23人;1973年8人;1975年318人;1976年159人;1977年102人;1978年77人,累计1 743人。全县

每个公社、农牧场都设立了知青点,二公社、六公社设立了知青队。1973年后,部分知青因病、独生子女、顶替父母工作等原因返城。1976年经贫下中农和组织推荐到中专学校上学的33人。1977年有28人到克拉玛依油田。二公社30名知青是全县知识青年的典范,1979年生产粮食26.5万公斤,每个劳动日工值8.5元,被自治区评为知识青年先进单位,奖励解放牌汽车1辆。1980年1月,二公社知青队团支部被团中央授予"新长征突击队"称号。

1978年10月31日至12月10日,中央召开了知识青年上山下乡工作会议,会议决定调整政策,改进做法,城乡广开就业门路,采取多种形式,妥善安排知识青年。1980年,县内安排了108名,至此1976年以前下乡知青全部返城。　　　　　　(第十八编第二章《劳动》,第400—401页)

# 《昭苏县志》

昭苏县地方志编纂委员会编,新疆人民出版社2004年

(1970年)10月20日,昭苏县革委会召开知识青年活学活用毛泽东思想积极分子代表大会。表彰了宋天泰等33名知识青年。　　　　　　　　　　(《大事记》,第33页)

(1973年)12月22日,县知识青年上山下乡办公室成立。任命冰拜为副主任。
　　　　　　　　　　　　　　　　　　　　　　　　　　　(《大事记》,第36页)

(1979年)5月4日,接受再教育的下乡知识青年和1978年高、初中毕业生,统一安排在县城就业。知识青年上山下乡结束。　　　　　　　　　　(《大事记》,第39页)

## 上山下乡知识青年安置

1969年开始安置来自乌鲁木齐市、伊犁地区及昭苏县的上山下乡的知识青年。

1970年5月,接收安置来自乌鲁木齐市等地区的初高中毕业生400余人,9月又安置237人。

1973年12月22日,县成立知识青年上山下乡办公室,并对昭苏县城镇中学生到农村插队作了具体规定:从1973年开始,城镇中学生到农村插队,每人补助500元安家费(包括建房费200元、生活补助200元、其他补助100元),第一年口粮由国家发给,每人每月不少于20公斤。

1975年1月,昭苏县召开首届上山下乡知识青年代表大会。据统计,从1968—1974年,已有1706名来自各地的知识青年奔赴县内各社、场。到1974年底,他们中已有党员19名,团员232名,有13人担任大队长以上职务,有234人担任了治保员、农业技术员、会计、医生等职务。还根据国家建设的需要,给各行各业输送了新生力量,其中入伍140人,进入

厂矿企业 370 名,上大中专学习 299 人。

1975—1977 年,县各社、场共安置昭苏县初高中毕业生 866 人,其中城镇插队知青 406 人,农村回乡知青 460 人。

1977 年 7 月 26—31 日,在灯塔牧场召开首届昭苏县知青工作经验交流会,有 14 名代表在大会上发言。至 1977 年,全县共接收安置知识青年 2 112 人。

1978 年以后,城镇中学生留城待业,不再下乡。

(第二十一编第二章《安置》,第 405—406 页)

### 知识青年就业

1968 年以后,全县分配的知青共 692 人,其中由城镇分配的 248 人,回乡的 444 人,除招工、招生、征兵、调走外,到 1974 年 6 月 8 日,还有 165 名知青在农村接受再教育。

1974—1977 年昭苏县知青上山下乡人数表

单位:人

| 年份 \ 项目 | 自治区分配到县 | 伊犁州分配到县 | 昭苏县 | |
|---|---|---|---|---|
| | | | 城镇知青 | 回乡知青 |
| 1974 | 100 | | 70 | |
| 1975 | | | 200 | 260 |
| 1976 | | | 106 | 150 |
| 1977 | | 100 | 100 | 110 |

1973 年,城镇中学毕业生到农村去插队,每人补助建房费 200 元,生活补助费 200 元,其他补助 100 元,共计 500 元。第一年每月补助 10 元,共 120 元。1974 年每人每月补助 6—7 元。建房费等由各单位统一使用,不发给本人。

1973 年 12 月 22 日,昭苏县成立知青上山下乡领导小组,下设办公室实施安置工作。

1974 年 6 月,县知青办抽调 5 名干部,分别派到知青较集中、工作较薄弱的一公社、羊场、灯塔牧场、阿克牙孜牧场、五公社管理知青。

为了加强对知青工作的领导,昭苏县分别在 1972 年 7 月、1976 年 6 月、1977 年 3 次召开了全县知青工作会议。1976 年 7 月县召开了知青工作经验交流会。

部分年份昭苏县知青就业情况表

单位:人

| 年份 \ 就业地点 | 1971 | 1972 | 1973 | 1974 | 1975 | 1976 | 1980 | 1981 | 1984 | 1988 |
|---|---|---|---|---|---|---|---|---|---|---|
| 在自治区、州就业 | 94 | 56 | | | | | 3 | | | |
| 在昭苏县就业 | | 104 | 7 | 99 | 71 | 9 | 37 | 34 | 177 | 10 |

1981 年 3 月,昭苏县知青农场、县百货公司开办知青门市部,县水电局成立知青杂货商

店,县体委成立知青招待所及小吃部和小商店,多渠道解决知青就业。

1985年6月,国家劳动人事部劳人字[1985]23号文规定:凡在"文化大革命"期间由国家统一组织下乡插队的知青,在他(她)们到城镇参加工作后,其在农村参加劳动时间可以与参加工作后的时间合并计算为连续工龄。他(她)们参加工作的时间,在下乡插队之日起算起。返城后等待分配工作的时间,不计算工龄。 （第二十二编第一章《劳动》,第411页)

# 《察布查尔锡伯自治县志》

《察布查尔锡伯自治县志》编委会编,新疆人民出版社2007年

(1969年)1月26日,首批知识青年700多人,响应号召"上山下乡,接受再教育"。

（《大事记》,第37页)

(1974年)3月12日,出席新疆维吾尔自治区首届上山下乡知识青年代表大会的5名代表返县,受到县级机关干部和数百名群众欢迎。 （《大事记》,第39页)

1968年10月,毛泽东主席发出"知识青年到农村去,接受贫下中农再教育很有必要"的号召。县革委会成立"毕业生分配办公室",负责知识青年到农村社队劳动的分配工作。1969年1月26日,首批知识青年700多人下农村牧场接受"再教育"。

1974年3月1日,自治县成立知识青年"上山下乡"工作领导小组,对知识青年上山下乡工作加强领导,以集体安置为主,适当集中,建立知青点。各社场革命委员会有1名副主任管知青工作,知青所在大队、生产队成立有干部、贫下中农和知青代表参加的"三结合"再教育领导小组。依靠贫下中农做好对知识青年的"再教育"工作,要求做到政治上有人抓,生产上有人教,生活上有人管。

1970—1977年,全县先后有3 000多名青年"上山下乡"和回乡。1977年有212名城镇知识青年安置到农村,454名农村知识青年回乡务农。全县建立16个知识青年点,每个知青点成立团支部,组织业余宣传队和理论学习小组。在农村中,有80名知识青年入党,10多名知识青年走上乡村领导工作岗位。

1969—1972年间,国家规定发给知识青年每人安置费250元。1973年起每人发给400—700元。

1978年在东方红公社阿帕尔大队创建知青队,将原阿帕尔大队至"七一"五队为界的全部土地,以及牧业队水井、马(6匹)、牛(1头)、大车(1辆)、小车(1辆)支援给知青队。

1969—1980年,全县1 320多名城镇知识青年分批按插农村、牧区公社的大队小队落户,城镇待业人员也被疏散到农村。

1980 年 6 月县知青办公室撤销,其业务并入县劳动局。1981 年底,全县下乡知识青年全部回城安置。　　　　　　　　　　　　　　　（第十四编第四章《重大政事》,第 345 页）

1968 年县革命委员会设劳动科,后称计委管理劳动科。1980 年 6 月在知识青年办公室基础上组建劳动局,主管劳动就业工作。　　　　　（第十六编第二章《劳动》,第 388 页）

1969 年 3 月至 1980 年初,全县 1 320 多名城镇知识青年一批批到农村、牧区插队落户,城镇待业人员疏散去农村。

1970 年恢复招工。1972 年末,全县共招收全民所有制职工 210 多人(含自然减员补员),招工对象主要是插队落户知识青年。

……

1973—1978 年,全县共招收全民所有制工人 89 人,自治区、自治州和地区级单位在县城下乡知识青年中招收工人 323 名。

1980 年,县委、县人民政府扩大就业门路,采取"劳动部门介绍就业,自愿组织就业和自谋职业"三结合的就业措施,缓解就业难的矛盾,重点解决下乡知识青年回城安置问题。采取以国家下达的专项指标,由父母所在单位包干安置,重点用工单位统一分配的办法。至 1981 年末,全县下乡知识青年全部得到安置。　　　　（第十六编第二章《劳动》,第 389 页）

# 《霍城县志》

《霍城县志》编纂委员会编,新疆人民出版社 1998 年

(1969 年)3 月,县内首批知识青年响应毛主席号召,下乡接受贫下中农再教育。到年底,全县已有 1 073 人下乡。　　　　　　　　　　　　　　　（《大事记》,第 35 页）

是年(1973 年),全县有近 2 000 名知识青年到农村接受再教育,其中有 500 余人担任干部、教师等工作。　　　　　　　　　　　　　　　　　　　　（《大事记》,第 36 页）

"文化大革命"期间,劳动就业渠道基本堵塞。从 1969 年 3 月—1979 年初,全县 2 454 名城镇知识青年一批一批地到农村、牧区插队,城镇待业人员也被疏散去农村。

1970 年开始恢复招工,到 1972 年末,全县共招收全民所有制职工 228 名(含自然减员补员),招工对象主要是下乡知识青年。

……

1973—1978 年,全县共招收全民所有制工人 146 人。自治区、自治州和地区级单位在

霍城县下乡知识青年中招收工人 542 名。

1979 年,县委、县人民政府广开就业门路,采取"劳动部门介绍就业、自愿组织就业和自谋职业"三结合的就业措施,缓解了就业难的矛盾。从当年起重点解决下乡知识青年回城安置问题,采取"以国家下达的专项指标,由父母所在单位包干安置,重点用工单位统一分配"的办法,到 1981 年末,全县下乡知识青年全部得到安置。

(第十四编第二章《劳动》,第 409 页)

# 《塔城地区志》

塔城地区地方志编纂委员会编,新疆人民出版社 1997 年

(1983 年)1 月 10 日,地委发出通知,指出解决知青就业问题,必须广开门路,因地制宜地创办多种形式的集体企业、个体经营。(《大事记》,第 49 页)

1968 年 12 月,毛泽东主席发出"知识青年到农村去,接受贫下中农再教育"的号召。1969 年,塔城专区在地区革委会综合组下设"毕业生分配办公室"。1973 年,根据中共中央关于加强对知识青年工作的指示,地委成立上山下乡知识青年领导小组,下设知青办公室。1981 年,撤销知青领导小组及办公室,成立地区劳动服务公司。从 1968—1980 年,塔城地区上山下乡的知识青年总人数达 36 062 人,其中来自福建省的知识青年 77 人、自治区党政机关和乌鲁木齐市的知识青年 87 人、乌鲁木齐铁路局的知识青年 5 000 人、塔城地直机关和各县的知识青年 30 898 人。这批知识青年以后除极少数在农村成家立业并自愿留在农村外,其他通过"两招,一参"(招工、招生,参军),都进入机关、工厂等工作岗位和大中专院校。

1981 年,不再动员知识青年上山下乡。

## 一、动　　员

1969 年 1 月,全专区掀起知识青年上山下乡动员高潮,对 1966—1968 年毕业的城镇中学生达到上山下乡年龄的,以及原来应下乡而未下乡的城镇知识青年,进行全面的动员。大力宣传毛泽东主席"农村是个广阔的天地,在那里是可以大有作为的"号召。同时,还给知青的家长做工作,让知青家长做"教子务农、送子下乡"的促进派。

## 二、安　　置

1969 年后,每年上山下乡的知青成倍增长。1979 年,塔城地区上山下乡知识青年 4 559 人。为了妥善解决上山下乡知识青年的食、宿,各县知识青年办公室负责选点,在农村修建知识青年的住房、食堂。知识青年集中下乡,集中安排。1968—1972 年,知识青年主要到农牧区的生产队插队落户,由生产队管理。1973 年,改为知青点、知青队和知青农场,知青点

最少有 10 名以上知青。1979 年,将还未返城的知识青年集中安排在知青点、队或农场。

截至 1980 年,全地区共建知青队 85 个,并从贫下中农中和城镇机关单位抽调一部分思想作风正派的干部带队。

1974—1978 年,全地区共建知识青年农场 10 个。1978 年以后,将原来的 10 个知青农场合并成 7 个知青农场:塔城县知青农场、额敏县东风知青农场、额敏县红旗知青农场、托里县老风口知青农场、乌苏县甘河子知青农场、沙湾县金沟河知青农场、和布克赛尔蒙古自治县知青农场。这 7 个知青农场有知识青年近 6 000 多人(其中沙湾县金沟河知青农场安置乌鲁木齐铁路局上山下乡知识青年 5 000 人),有可耕地 9 万多亩。1978 年,播种 27 160 亩,有大型农机具 31 台、农用车辆 6 辆。1979 年,总产粮食 180.5 万公斤、油料 9 万公斤,经济总收入 140 余万元。1978 年,自治区召开全疆先进知青农场会议,塔城地区有 4 个知青农场被评为先进。会后,沙湾县金沟河知青农场、乌苏县甘河子知青农场、额敏县东风知青农场被自治区确定为重点知青农场。

### 三、经　　费

1969 年,每个知青由国家一次性拨给安家费 500 元。自 1973 年开始,国家对到农牧业公社的知识青年每人发给 450 元,对到国营农场的每人发给 400 元。1979 年,下到农业公社的知识青年每人 600 元,下到牧业公社的 800 元。在 1979 年以前,自治区共拨知青经费 1 390.4 万元;1979 年,还专拨大型农具购置费 25 万元。这批经费一部分用于知识青年本人购买生活和生产用品,其余为知青盖住房。此外,自治区拨给塔城地区知青盖房用木材指标 16 000 多立方米,实际运至塔城地区 1 000 立方米。

### 四、留　　城

根据自治区党委 1973 年有关文件精神,塔城地区于 1974 年开始办理知青留城。塔城地区规定:独生子女;病残不能参加农业劳动者;多子女家庭,但父母身边只有一个子女者;父母年老多病已丧失劳动能力,弟妹残废或年幼(12 周岁以下),又无兄姐在本市区,确实需要人照顾者;中国籍的外国人子女,以及归侨学生可以留城。1974—1979 年,全地区留城的知识青年共 3 634 人。

(第十五编第四章《重大政事纪略》,第 577—578 页)

# 《塔城市志》

塔城市地方志编纂委员会编,新疆人民出版社 1995 年

(1969 年)9 月,塔城县 2 899 名知识青年陆续到农村插队落户,接受贫下中农再教育。

(《大事记》,第 28 页)

(1979 年)9 月,塔城县到农村接受再教育的知识青年陆续返城,安置就业。

(《大事记》,第 31 页)

1965—1966 年,塔城县国营博孜达克农场从江苏省无锡市前后 3 批招收支边知识青年 100 余人,充实农场职工队伍。　　　　　　　　　　（第三编第二章《人口流徙》,第 97 页)

1978—1985 年,原由江苏省无锡市来塔城县支援边疆建设的 100 余名知识青年除 8 人仍留本市外,其余陆续返回无锡市定居。这批人大部分因已成家,有了子女,故迁走时人数在 300 人左右。　　　　　　　　　　　　　　（第三编第二章《人口流徙》,第 98 页)

"文化大革命"开始后,很长时间没有招工,职工队伍变化不大。1969 年开始,大批城市知识青年上山下乡。1972 年后,县革委会每年给各社、场下达部分招工指标,在接受再教育 2 年以上的下乡知青中选拔,补充职工队伍。　　　　（第十八编第二章《劳动》,第 517 页)

1968 年毛主席发出:"知识青年到农村去,接受贫下中农再教育很有必要"的号召,1969 年塔城县有 423 名知识青年下乡,很快形成高潮。以后每年都动员(城镇)知识青年上山下乡,城镇高初中毕业生除按有关政策留城者外,大部分被安置在农牧区。开始时县革委会配有 1 名干部负责此项工作,1974 年 3 月县革委会成立知识青年上山下乡领导小组,下设办公室,专门负责知识青年上山下乡工作。

下乡知识青年,开始时是分配到各社、队或是"投亲靠友"零星安置。1975 年起,按上级有关指示,各社、场建立知识青年点,与城镇各系统挂钩,集体安置,并要求各系统派带队干部,驻各知青点,协助社、队干部共同管理下乡知识青年。1969—1979 年国家共拨给塔城县知识青年安置经费 118.4 万元,建房木料 530 立方米,为知识青年建房 293 间,面积 4 414.4 平方米。1981 年停止动员城镇知识青年上山下乡工作。10 多年间塔城县上山下乡知识青年共 2 899 人。

1972 年后,县革委会每年给各社场下达部分招工、招干指标,在接受再教育 2 年以上的知青中选送,并推荐部分下乡知识青年到高等学校深造,被称为"工农兵学员"。1977 年高考制度恢复,一些企事业单位也开始招工。1978 年开始,职工退休允许子女顶替就业。下乡知识青年通过招工、招干、招生等途径,至 1985 年全部得到安置就业。

　　　　　　　　　　　　　　　　　　　　（第十八编第二章《劳动》,第 518 页)

# 《和布克赛尔蒙古自治县志》

新疆维吾尔自治区地方志编委会编,新疆人民出版社 1999 年

(1969 年)2 月 26 日,县武装部生产办公室决定,从 3 月 1 日起动员城市知识青年到农村去劳动锻炼,接受贫下中农的再教育。全县第一批下乡知青 24 人。(《大事记》,第 23 页)

（1970年）5月，第一批外地下乡知识青年250名来县插队落户，接受贫下中农再教育。

（《大事记》，第23页）

（1973年）9月22日，县委成立知识青年上山下乡领导小组，阿亚·加甫（蒙古族）任组长。

（《大事记》，第24页）

12月5—15日，县委召开知识青年上山下乡工作会议。截至是日，全县有接受再教育的知识青年900多名。

（《大事记》，第24页）

是月（1981年10月），成立县办知青地毯厂，安排70余名城镇知青就业。

（《大事记》，第27页）

### 知识青年就业

1969年2月26日，为响应毛泽东主席关于知识青年到农村去的号召，县人民武装部生产办公室决定从3月1日起实行知识青年到农村锻炼，是年第一批下乡知识青年有24名。1970年5月，自治区分来一批安家落户的高初中毕业生，共计250名。"文化大革命"结束后，停止了知识青年下乡工作。此期间全县共有900多名知识青年上山下乡接受再教育。1972年开始安置知青返城，当年安置34人在全民所有制企业。1979年后，集中精力安排回城待业青年，将他们安置于全民或集体单位。截至1981年8月底，全县共有待业青年397名，其中1976年以前36名，1978年以前64名，1981年以前297名。

1981年县知青办在各单位协助下，开办了镇委知青旅社，建成县办知青地毯厂、县粮食局小集体加工房，开办商业网点以拓宽知青就业渠道。各厂矿企业视本单位情况，安置本单位待业青年。1981年共安置知青219名，其中全民132名，集体87名。至1992年，全县共安置441名知青为全民所有制和集体所有制职工，还有一部分待业人员通过升学、参军解决了就业问题。

（第二十四编第二章《工人》，第469—470页）

# 《额敏县志》

新疆维吾尔自治区额敏县地方志编委会编，新疆人民出版社2000年

根据毛泽东主席知识青年接受贫下中农再教育指示，1969—1975年，全县共有1 864名城市知识青年下乡插队。1980年知识青年绝大部分返城。

（第二十一编第二章《安置》，第450页）

1969 年起,城镇知识青年高、初中毕业生到农村、牧区插队,接受"贫下中农再教育"。1972 年后,县革命委员会每年给公社、牧场下达招收职工指标,从接受再教育 2 年以上的知识青年中选拔补充职工队伍。到 1974 年,额敏县全民所有制职工 7 996 人,集体所有制职工 2 683 人。

1978 年,执行职工退休后子女顶替政策,机关企事业单位也开始正常招工,职工队伍不断发展壮大,县人民政府还积极扶持城镇集体经济和个体经济,广开就业门路,采用"劳动部门介绍就业、自愿组织就业、自谋职业"三结合的就业措施,对下乡知识青年和城镇待业青年进行一次性就业安置,1979—1982 年全县共安置知识青年和城镇待业青年 1 986 人。

(第二十二编第二章《劳动》,第 459 页)

# 《沙湾县志》

新疆维吾尔自治区地方志编委会编,新疆人民出版社 1999 年

(1968 年)12 月,全县知识青年掀起上山下乡的热潮,至 1969 年,全县六六、六七、六八届初高中和大中专毕业生相继被县武装部生产办公室分配到农牧区插队落户,接受贫下中农再教育。

(《大事记》,第 34 页)

(1974 年)5 月 31 日,沙湾县成立自治区规模最大的八家户知识青年农场,接收乌鲁木齐铁路局、八一钢铁厂等单位的知识青年接受再教育,在八家户规划农业用地 3 333.3 公顷、牧场 1 333.3 公顷,作为知识青年劳动基地。同时抽调 50 名贫下中农与知青部门共同参与农场的管理。从 1974 年起,先后有 5 300 多名知青与全县抽调的 3 000 多名社场民工及机关干部投入了综合治理金沟河的艰苦奋战。

(《大事记》,第 35 页)

### 知青商店

中共十一届三中全会后,取消知识青年上山下乡的制度,大批知青回城,为解决党政机关、企事业单位、群众团体待业青年就业,成立县劳动服务公司,县知青安置办公室在资金上给予扶持。各单位都抽调得力干部帮助管理,知青社、店开业 3 年内免征营业税和所得税。1980 年青年农场首先建设沙湾知青饭店,投资 69 万元,建筑面积为 3 982 平方米,1982 年 2 月开业,安置知青 48 人。

1981 年全县共建立 42 个知青社,64 个营业点,就业人员 374 人;到 1983 年发展到 51 个,就业人员 588 人。县知青办重点扶持知青社 10 个,投入资金 11.9 万元。1981—1983 年商品购进额 784.6 万元,销售额 511.2 万元,实现利润 36.8 万元。1985 年知青商店整顿为 48 个,就业人员 469 人。1987 年增加到 53 个,人员 868 人,营业额 403.9 万元,上缴税金

13.84万元。1990年知青社大部分解体,仅存9个(其中招待所1个、门市部8个),资金10.5万元。

（卷九第一章《商贸发展概况》,第336页）

**知识青年安置**

（一）规模及管理

1968年,根据毛泽东主席提出的"知识青年到农村去接受贫下中农再教育很有必要"的号召,沙湾初、高中毕业生除按政策留城的外,全部上山下乡,安排到各农牧生产队接受贫下中农再教育。

1970年,沙湾成立上山下乡知识青年办公室,全县建知识青年点39个,选派贫下中农代表75人担任"三员"(政治辅导员、生产技术传授员、生活管理员),对下乡知识青年进行集中管理。

1974年,沙湾成立自治区规模最大的八家户知识青年农场,接收沙湾县和乌鲁木齐铁路局、新疆八一钢铁厂的知识青年3321人。至1979年共有上山下乡知识青年3638人,其中来自乌鲁木齐铁路局、新疆八一钢铁厂的知青共2738人。

（二）安置

1978年,开始在上山下乡知识青年中招工、招干、招生,乌鲁木齐铁路局、新疆八一钢铁厂的知识青年相继被召回在本系统安置,并招收沙湾146名知青在新疆铁路部门工作。

1979年,根据上级指示,沙湾停止知识青年上山下乡活动,开始对上山下乡的知识青年进行安置。1981年有478名下乡知青被石油、铁路、沙湾县企业招工或参军。1982—1983年安置823人,1984年安置1060人,至此,已上山下乡的知识青年全部安置,全县各知识青年点撤销。至1990年全县共安置知识青年8486人,其中全民企业安置405人,集体和大集体企业安置3761人,个体就业573人,各企事业临时工3747人,农村安家落户19人。

附:

*沙湾县八家户知识青年农场*

1974年5月3日,沙湾成立自治区规模最大的八家户知识青年农场,接受沙湾县、乌鲁木齐铁路局、新疆八一钢铁厂等单位的知识青年接受再教育,在八家户规划农业用地3333公顷、牧场1333公顷,作为知识青年劳动基地。同时抽调贫下中农50名,沙湾县派干部11名,乌鲁木齐铁路局派干部10名共同参与农场的管理。

从1974年起,先后有5300多名知青与全县抽调的3000多名社场民工及机关干部投入了综合治理金沟河的奋战和农田开垦。1977年8月1日,沙湾县金沟河红旗渠引水工程竣工通水到八家户,共开凿盘山干渠7.5公里,填平大沟3条,削平石山两座,浇铸大拱涵3座,修建公路桥1座,挖填拉运砂石50万立方米。

在农田建设方面,沙湾县与乌鲁木齐铁路局投入资金150万元,购置大型拖拉机15台,汽车6辆,工业设备12台,开垦土地798公顷,植树22.53公顷,建房7935平方米。

1978年,农场收获小麦53万公斤,油菜3.5万多公斤。知青粮油达到自给有余。同年,金沟河红旗渠一级电站竣工发电,沙湾投资880万元。

1980年,农场总产值100.3万元,纯收入66万元,知青人均收入1040元,公共积累185万元。同年,受到国务院知青办的表彰,沙湾县被评为自治区知识青年安置工作先进单位。

随着知青的相继回城,1983年,知青农场更名为青年农场。1984年,改建为八家户乡。

（卷十五第二章《劳动》,第572—573页）

# 《乌苏县志》

乌苏县党史地方志编纂委员会编,新疆人民出版社1999年

（1962年)9月24日,团县委召开第一次回乡知识青年代表大会。(《大事记》,第26页)

（1970年)8月22—26日,首届下乡知识青年活学活用毛泽东思想讲用会召开,92人参加。　　　　　　　　　　　　　　　　　　　　　　　　(《大事记》,第30页)

### 知青农场

位于国道312线285公里北侧(甘河子乡境内),面积约8平方公里。1980年8月成立,辖4个农业队、1个副业队和1个砖厂,总人口1445人,有耕地5100亩,大中型拖拉机5台、牲畜3580头(只),是年农业产值18万元。1981年成立建筑公司,同时将一、二、三农业队划归甘河子公社,经营方向改以农为主为多种经营。1983年建乌苏饭店营业大楼,1984年成立砂石料厂,1985年又建起建材门市部、珍珠岩厂、涂料厂、轮胎翻新厂和钢窗厂(后2厂未投产)。由于经营不善,1986年6月将砖厂售予地区劳教所。1988年初归属县劳动服务公司管理,5月以恢复农场建制。1990年,下辖农业队、建筑公司、乌苏饭店和建材厂各1个,有职工499人,耕地0.1亩。产粮269吨、油粒22吨,年底存栏牲畜884头(只)。农业总产值31.38万元、工业总产值4.05万元、建筑业产值210万元、饮食服务业营业收入26.71万元。总利润1.1万元。　　　　　　　　(第六编第六章《机构》,第235页)

1971年10月28日,县革委会指示在东方红公社(现甘河子乡)拨出3500亩土地予伊犁第三运输公司作农场,安置该公司压缩的城镇人口和上山下乡的知识青年。20年来,该场不断自行扩大占地面积,到1990年已占地5997亩。　　(第十七编第四章《土地管理》,第477页)

1969年起,动员县城知识青年上山下乡,到农村插队落户。1970年起,政府每年安置部分城镇知青就业。1982年,各单位办起知青门市部、食堂等服务性集体企业55个,安置

1893

1 441人就业。1979—1990年全县安置8 205人就业,其中,全民和大集体企业招工4 964名,知青集体企业安置3 241名。 （第二十一编第一章《劳动就业》,第562页）

# 《托里县志》
新疆维吾尔自治区地方志编委会编,新疆人民出版社2002年

(1981年)8月5日,县委成立安置下乡插队知识青年领导小组。 （《大事记》,第36页）

同年(1979年)8月,根据自治区《关于配备和招收农村人民公社计划生育专职人员的通知》,招收按政策留城和上山下乡接受再教育满两年以上的知识青年,加上已雇用的合同工计17名,经过文化考核,于同年11月分配到各乡、场、镇做计划生育专职工作。

（第三编第四章《计划生育》,第107页）

1968年,毛泽东主席提出"知识青年到农村去接受贫下中农的再教育"后,1969年3月,一批知青从乌鲁木齐、塔城来到托里分赴各公社、牧场接受再教育。1970年6月,从乌鲁木齐又来45名中学毕业生到农村锻炼。随后,托里县的知识青年开始上山下乡,到农村去。1975年,托里县在阿克别里斗公社建立一个知青农场,专门接收下乡的知识青年,先后到农场接受再教育的知识青年有260余人。1978年,又在加尔巴斯建立一个青年农场,县中学的各族初、高中毕业生95%都在这里劳动。1980年后,根据中央对知识青年返城安置的有关文件精神,政府对返城知识青年作了妥善安置,先后安置的知识青年242人。

（第十六编第一章《民政》,第321页）

"文化大革命"后期,从上山下乡知识青年中招收一批工人。1976年,县劳动服务公司成立,招收待业青年到公司开办的砖瓦厂等单位就业。

"文化大革命"结束后,县委、县政府对回城的上山下乡知识青年进行统一安排。除一部分通过招干考试被吸收为干部外,绝大多数都安排在企业、事业单位当工人,有极少一部分知识青年被推荐到高等院校学习成了工农兵学员。 （第十六编第二章《劳动 人事》,第326页）

# 《裕民县志》
裕民县史志办公室编,新疆人民出版社2003年

是月(1970年7月),乌鲁木齐一批知识青年到裕民县接受贫下中农再教育。

（《大事记》,第25页）

12月,全县共安置上山下乡知识青年306人。 (《大事记》,第25页)

是月(1974年2月),上山下乡知识青年有2名加入党组织、86名加入团组织。

(《大事记》,第26页)

(1981年)3月,县知青农场成立,首批20名应届毕业生进场工作。

(《大事记》,第30页)

### 知识青年安置

裕民县1966年、1967年、1968年三届高初中毕业生,被分配到国营农林牧、园艺场参加农牧场生产劳动,实行工资制。至1970年,全县共安置上山下乡知识青年306名。以后每年都动员并安置城镇知识青年"上山下乡":开始时分配到各社队,或是投亲靠友零星安置。1975年起,按上级有关指示,各社、场建立知青点,与城镇各系统挂钩,集体安置,并要求各系统带队干部驻点,协助社、队干部共同管理下乡知识青年。1975年安置近180名城镇知识青年(不包括回乡知识青年),分配到东风公社100名,东方红公社50名,五星公社30名。1976年,安置120名,在红旗公社库萨河大队、江格斯大队、种羊牧场新建知青点;回乡的知识青年近100名(包括国营牧场的知青),原则上各回原队。同年,按下乡青年的人数向各安置单位拨给建房木料,除此之外并决定凡是到农村插队落户的每人补助500元,大体安排是建房费200元,生活补助费200元,购置农具、家具、炊具费及医疗费85元,其余用于知青的特殊开支。

70年代末工厂招工,其中接受再教育两年以上的知青可以选送。部分下乡知识青年到高校深造,称为选送"工农兵学员"。

1977年,恢复高考制度,一些企事业单位开始招工。1979年增加全民所有制职工700多人。1978年,允许职工退休后由子女顶替就业。下乡知识青年通过招工、招干、招生等途径得到就业安置。1981年3月成立知青农场,安排20多名知青参加工作,同时停止城镇知识青年的上山下乡,知识青年分期分批予以回城安置,至1984年知识青年安置工作基本完毕。

(第十八编第二章《劳动》,第448—449页)

# 《阿勒泰地区志》

阿勒泰地区地方志编委会编,新疆人民出版社2004年

(1969年)4月12日,专区红卫兵中学66、67届毕业生109人奔赴农村,阿勒泰军分区召开大会热烈欢送。这是专区首批知识青年上山下乡。 (《大事记》,第40页)

(1973 年)6 月 25—29 日,中国共产主义青年团阿勒泰地区第一次代表大会在阿勒泰召开,出席大会的代表 205 名。会议总结团的工作和知识青年上山下乡工作,通过了给全地区青少年的号召书,选举产生共青团阿勒泰地区第一届委员会。 　　　　(《大事记》,第 42 页)

1965 年 7 月,从徐州接来支边知识青年 1 776 人,分配到阿勒泰县、布尔津县、专区一牧场、专区二牧场和富蕴、青河两县的牧场(公私合营),其中阿勒泰县接收较多,为 984 人,布尔津县次之,为 329 人。

1966 年 7 月,专区从徐州接来第二批知识青年,共计 1 000 余人,分别安置在阿勒泰、福海、哈巴河、吉木乃 4 县及专区二牧场。

自治区、专区领导对支边工作十分重视,在接送、安置方面都拨出了专门资金,1965 年 9 月,专区为徐州支边青年购买农机具拨专款 59 万元。

　　　　　　　　　　　　　　　　(第二十三编第二章《安置》,第 839 页)

1968 年,城镇知识青年积极响应毛泽东"知识青年到农村去,接受贫下中农的再教育,很有必要"的号召,专区掀起城市知青上山下乡热潮。同年 8 月 5 日,阿勒泰军分区生产办公室成立大中专毕业生分配办公室,把专区 1966 年以来毕业的大中专学生,送到部队、社场接受再教育。1969 年 4 月 7 日,专区红卫兵中学的学生首先行动,66 届、67 届 109 名毕业生兴高采烈奔赴农村,此为专区第一批上山下乡的知识青年。1969 年年末,全专区上山下乡的总人数达到 576 人。此后,每年组织知识青年上山下乡。其中人数较多的有:1971 年阿勒泰城区 270 余名知青奔赴农村,1974 年地直单位 200 名知青下到农村,1975 年 1 000 余名,1976 年 1 500 余名,1977 年 1 700 余名,1978 年 1 000 余人上山下乡。到 1978 年末,全地区上山下乡知青总人数达到 1.2 万余人。

1973 年,地区成立知青上山下乡办公室。之后,各县也相继成立知青上山下乡办公室,社场一级有一副职兼管知青工作。1975 年,地区成立知青上山下乡领导小组,加强对知识青年工作的领导。对知识青年的安排采取适当集中与分散相结合、统一安排与按系统安排相结合的办法。1971 年,地区把地直单位的知青,分派到几个县的农村:东方红中学 83 名学生全部到吉木乃县,红卫兵中学 133 名学生全部到哈巴河县,可可托海矿学生 89 名,去青河 40 名、富蕴县 49 名,专区煤矿子校的学生全部去福海县农村。1975 年,采取知青父母所在工作系统与基层单位直接挂钩的办法定向下乡。地区党政群单位的知青去阿勒泰县,军队、文教卫生系统的知青去布尔津县,农林水牧、财贸单位的知青去哈巴河县,工交单位的知青去吉木乃县,自治区驻阿单位的知青去福海县,可可托海矿知青去富蕴县、青河县。1978 年 12 月中共十一届三中全会以后,知青上山下乡工作停止,知青逐步返城。1982 年末知青办并入劳动人事机关。

为解决返城知青劳动就业问题,地区采取多种措施。1970 年,全专区从知青中招收 110

名工人,1971年为320名,1979年为3 113名。1980年,知青办、劳动人事部门广开知识青年就业门路,如:升学、参军、招工、招干;各单位组织知青经济组织,并借贷部分启动资金;劳动人事部门创办劳动服务公司;提倡个体经济、自谋职业。此外,劳动人事部门积极开拓就业领域、范围,联系外地学校,创办干校、技工学校,开办训练班,增加入校学生;创办劳动力市场,职业介绍所。

1970年,专、县安排复员转业军人,在基层劳动锻炼一年以上的66届初中毕业生和67届、68届大中专毕业生在采掘业、养路业就业。1971—1979年,各年均有安排。1980年劳动人事部门采取各种措施,安排知青就业。同时,提倡知青自谋职业。1986—1990年,全地区累计安置城镇待业人员17 415人,知识青年待业率由1985年的6.4%,下降到1990年的5.6%。

此外,地区劳动人事部门还与自治区一些高等院校、中等专业学校、社会办学单位联系办委培班、自费班,招考待业知青去学习。联系自治区部分企业到地区招收工人和服务人员,向外介绍一批待业人员就业,扩大就业范围。至1995年全地区包括知识青年在内的失业率降为4.7%。

(第二十四编第三章《职工》,第869页)

1979年10月,地区劳动服务公司成立。1982年地区知青办撤销,劳动服务公司业务加重。1984年初,公司由科级升格为副县级,并设一室一科(办公室,计划生产科)。1985年10月设培训中心。1986年设待业保险及劳动合同制工人养老保险科,同年调整内部机构,设1室(办公室)3科(企业科、安置就业科、社会保险科)1中心(培训中心)。1987年5月成立社会劳动保险公司,与劳动服务公司两块牌子,一套人马。1990年5月,公司更名为地区劳动就业保险处,1992年11月成立地区劳动服务总公司。

1978年12月,知青上山下乡停止。之后,地、县劳动服务公司成立。1979年知青返城,劳动人事部门安置1 644名。1980—1981年,全地区各劳动服务公司开办饮食、缝纫、建筑、修缮、木器加工等服务性行业和进行织毯、针织、制鞋等手工业生产,组织起集体所有制合作社83个、知青场6个,安置接纳知青就业2 517人,占当时待业青年的56%。此后,地、县劳动服务公司年年安置人员,扩大业务。1985—1988年,全地区安置知青9 743人,缓解了知青劳动就业的压力。据统计,1979—1992年,全地区累计安置2.9万多人中大多数是知识青年。1992年全地区大小104个劳动服务企业,年产值7 000多万元,年利税实现400多万元。

地、县市劳动服务公司贯彻"先培训、后就业"的原则,以多种形式、多个层次、多种渠道的培训方式培训知青,提高业务素质。1985—1992年,办各类培训班累计培训1.1万人次,为知青就业创造了有利条件。

(第二十四编第三章《职工》,第869—870页)

1969—1974年,兵员征集的对象以农村贫、下中农(牧)家庭富余劳力和上山下乡知青劳动满两年、表现好的男青年为主;城镇以在职职工为主,有时也征部分中学毕业未分配工作的学生。年龄以当年 12 月 31 日前年满 18—22 岁为限。体格条件以国防部《应征青年体格条件》为标准,政治条件按公安部、总参谋部、总政治部《关于征集兵员政治条件的规定》执行。1976 年和 1978 年春、冬两季各征集 1 次,而 1977 年未征集。这段时间征集的对象主要是农村(团场)具有初中以上文化程度的富余劳力和下乡知青……

(第二十六编第三章《兵役》,第 923 页)

1966 年"文化大革命"开始,专区广大教师受到冲击。1970 年复课时严重缺员,各县大量抽选下乡知识青年经短训后充任教师。　　(第二十八编第五章《教师》,第 998 页)

## 模范知识青年

唐洪新 1967 年毕业于阿勒泰地区第二中学。1970 年响应党的号召到富蕴县幸福公社(今库尔特乡)插队落户。1971 年 5 月 14 日,乌伦古河洪水暴涨,在帮助社员群众渡河返回时,被接踵而来的浪涛吞没。牺牲时年仅 24 岁,被誉为"模范知识青年"。

(第三十三编第二章《先进典型事例》,第 1193 页)

# 《阿勒泰市志》

新疆维吾尔自治区阿勒泰市党史、地方志编纂委员会编,新疆人民出版社 2001 年

(1965 年)7 月,江苏徐州市首批知识青年 1 000 余人来到阿勒泰县。600 余人安排在盐池公社,400 余人安排在克木齐公社。　　　　　　　　　(《大事记》,第 26 页)

(1966 年)5 月 3 日,江苏省徐州市慰问团来阿勒泰慰问徐州支边青年。

(《大事记》,第 26 页)

1960—1965 年,有计划地接收支边青年参加阿勒泰建设。一批批安徽、湖北、山东、江苏、上海、天津等省市支援边疆的知识青年先后来到阿勒泰县。

(第三编第一章《人口变化与分布》,第 79 页)

## 知识青年上山下乡

1968 年 9 月 1 日,毛泽东同志发出"知识青年到农村去,接受贫下中农再教育很有必要"的指示,知识青年上山下乡运动由此兴起。

1970 年起,县首批知识青年上山下乡、插队落户以后,全县的高初中毕业生每年均有

70—100人上山下乡。1979年,成立县知识青年办公室,知青陆续调回城里安排工作。1983年下乡知青已全部安排完毕,县知青办也随之撤销。

(第十六编第四章《重大政事》,第302—303页)

1965年7月,由江苏省徐州市接来支边青年1 000名。其中600名安置在盐池公社,400名安置在克木齐公社从事农业劳动。

1966年6月,又从徐州市接来支边青年250名,安置在阿苇滩公社参加农业劳动。

以上两批徐州支边青年,于70年代大批返徐,留在阿勒泰的已不足百人。除一部分仍留在良种繁育场当农工外,大部分已担任教师或干部。(第十九编第三章《安置》,第341页)

**知识青年安置**

1970年3月全县第一批高、初中毕业生首次下乡插队落户。到1978年底,全县共动员城镇知识青年607人上山下乡,接受贫下中农再教育。1982年,县委决定停止动员城镇知识青年上山下乡。

从1971年起,通过企业单位招工,大中专院校招生,应征入伍,转干等途径,逐步安置下乡知识青年。当时一面安置,一面仍继续动员下乡再教育。故至1978年底,尚在农村的下乡知识青年仍有100余人。

1981年起,分别以不同情况安置就业:按系统成立知青农场、林场,统一安排管理知识青年。鼓励知识青年立志务农,对申请终身务农的知识青年给予奖励、表扬。全民所有制单位招收新工人时,在考分上,优先照顾下乡知识青年;集体企业招工时,对本系统的下乡知识青年包干安置就业。无归属单位的,由劳动部门统招统分,年龄放宽到35岁。下乡知识青年参军从部队复员退伍后,由劳动部门安置就业。提倡知识青年自谋职业,对有专长的已婚知识青年,支持他们就近开业,并在税收等方面予以减免照顾。本人仍保持城市户口。

经采取以上措施,到1984年,70年代下乡的知识青年基本安置完毕。

(第二十编第二章《工人》,第352页)

# 《青河县志》

青河县史志办公室编,新疆人民出版社2003年

是年(1965年),青河县接收江苏南京支边青年142人,安置在县第一、二牧场。

(《大事记》,第26页)

(1975年)5月6日,县委在红旗公社乔夏生产队和卫东公社塔拉特作业组分别设立少

数民族和汉族知识青年再教育工作点。

（《大事记》，第 29 页）

（1976 年）5 月 21—25 日，青河县召开首届上山下乡知识青年、赤脚医生代表大会，出席代表大会的代表 81 人。大会表彰了 4 个知识青年先进集体、21 名先进个人。

（《大事记》，第 30 页）

（1979 年）1 月，青河县成立劳动服务公司，负责县直单位知青安置工作。

（《大事记》，第 31 页）

1965 年接收江苏支边青年 150 人，安置在县一、二牧场。

（第三编第一章《人口变化与分布》，第 88 页）

1974 年 4 月青河县知识青年办公室成立知青服务社，主要安置待业知识青年，下设知青农场、修配厂、知青门市部，属自负盈亏单位。1982 年 2 月，成立劳动服务公司。1990 年，成立县劳动就业保险管理局后，县劳动服务公司撤销。

（第二十一编第一章《机构》，第 394 页）

1968 年，国家号召知识青年到农村去，城镇知识青年纷纷"上山下乡"。至 1978 年，全县"上山下乡"知识青年约 1 200 人。1982 年，县委决定停止动员城镇知识青年"上山下乡"。

1981 年后，分别按不同方式安置知青就业。按系统成立知识青年农牧场，统一安排管理知识青年；鼓励知识青年立志务农，对申请终身务农的知识青年奖励、表扬；全民所有制招收新工人时，在考分上，优先照顾下乡知识青年；集体企业招工时，对本系统的下乡知识青年包干安置就业；无归属单位的，由劳动部门统招统配，年龄放宽到 35 岁。下乡知识青年参军从部队复员退伍后，由劳动部门安置就业。同时，提倡知识青年自谋职业，对有专长的已婚知识青年，支持他们就近就业，并在税收等方面予以减免照顾，本人户籍仍保留城镇户口。

经采取以上措施，到 1984 年底，青河县在 70 年代下乡的知识青年基本安置完毕。

（第二十一编第二章《劳动管理》，第 396 页）

# 《富蕴县志》

富蕴县党史地方志编纂委员会编，新疆人民出版社 2003 年

（1965 年）9 月，安置南京支边青年 117 人。

（《大事记》，第 18 页）

(1966年)3月17日,3名南京支边青年从县城返回喀拉布勒根牧场途中,遭遇暴风雪丧生。

(《大事记》,第18页)

(1968年)11月16日,县第一批约300名知识青年上山下乡接受再教育。

(《大事记》,第19页)

(1971年)7月15日,富蕴县首次妇女和上山下乡知识青年活学活用毛泽东思想积极分子代表大会召开。

(《大事记》,第20页)

(1974年)7月,以南京支边青年为骨干,在巴拉额尔齐斯建立富蕴县良种繁育场,直属县领导。

(《大事记》,第20页)

## 支边青年安置

富蕴县于1965年接收安置南京支边青年117人(男68人,女49人),除安置在县机关2人外,其余分别安置在县一牧场和县二牧场。对安置在县一、二牧场的南京支边青年在生活、生产等方面给予关照,按每人每月25元、28元、30元三种工资标准,于1969年给他们评定了工资级别。1974年,在杜热公社巴拉额尔齐斯建立良种繁育场,安排了部分支边青年,但大部分人员安置在县城机关、厂矿、企事业单位。 (第十九编第四章《安置》,第381页)

从1968年起,在全县范围内动员初、高中毕业生下乡或回乡务农。是年,全县共300余名各族高、初中毕业生下乡参加农业生产。除此之外,还安置了地区安排来的40名知识青年参加农业生产。

1970年,富蕴县成立了知识青年上山下乡办公室。1975年以后,逐年抽调知识青年分配到县直工商企业和行政事业单位工作。

1978年以后,知识青年的去向大致有以下几个方面:一是转为国家正式干部,二是招收为企业固定职工,三是录取为大专院校中专学生。四是参加中国人民解放军。原下乡的知识青年基本上全部得到安置。 (第二十编第二章《劳动》,第405页)

# 《福海县志》

福海县史志编纂委员会编,新疆人民出版社2003年

(1966年)6月18日,江苏徐州支边青年113人来县,分别安置在福海牧场和跃进公社。

(《大事记》,第32页)

是月(1969年3月),知识青年上山下乡接受贫下中农再教育工作开始,月内登记,在农牧区设立10个安置点。 (《大事记》,第33页)

(1975年)6月20日,县"五七"农业专科学校在东风公社成立,招收45岁以下具有初中或高小文化的插队、回乡知识青年入学,学员"社来社去,半耕半读"。 (《大事记》,第36页)

新中国成立后,为了加强边疆建设,国家有计划地从内地省市招调一批又一批知识青年来到新疆。60年代初开始,福海县每年安置数量不等的支边人员。据不完全统计,1960—1976年,先后共安置支边青年、自动迁入人员、复员退伍军人计2 155人。新疆生产建设兵团农十师先后在县境建立5个团场,县境人口快速增长。

(第四编第二章《人口变化》第121页)

1974年,全县有170余名女知识青年先后上山下乡,接受贫下中农再教育。

(第二十七编第三章《妇女团体》,第562页)

15. 知识青年上山下乡办公室   1972年设立,1981年撤销。

(第二十八编第二章《政府》,第587页)

1969年3月,福海县知识青年上山下乡,全县设立10个安置点,进行登记和安置。1969—1979年,共安置本县及外地初、高中毕业生475人。1978年中共十一届三中全会以后,上山下乡知识青年陆续回城就业,但新毕业的初高中毕业生还是先分配到农村劳动锻炼。1981年起,知青毕业后均到知青园艺场报到,再行安置,安置方向基本上是城镇企事业单位。1981—1983年,共安置知青166人。 (第三十一编第三章《安置》,第645页)

(二)知识青年安置   1968年,城镇知识青年纷纷"上山下乡"(在农村安置)。至1978年,全县上山下乡知识青年约1 688人。1982年,县委决定停止城镇知识青年"上山下乡"。

1981年后,区别情况多种形式安置"上山下乡"知识青年就业:成立知青园林队、劳动服务公司,统一安排管理知识青年;鼓励知识青年立志务农,对申请终身务农的知识青年奖励、表扬;全民所有制招收新工人时,在考分上,优先照顾下乡知识青年,集体企业招工时,对本系统的下乡知识青年包干安置就业。无归属单位的,由劳动部门统招统配,年龄放宽到35岁。

提倡知识青年自谋职业,对有专长的已婚知识青年,支持他们就近开业,并在税收等方面予以减免照顾,保留本人城镇户籍。经采取以上措施,至1984年底,在70年代下乡的知识青年基本安置完毕。 (第三十二编第二章《劳动管理》,第657—658页)

# 《吉木乃县志》

吉木乃县史志办编，新疆人民出版社 2005 年

1959—1962 年，共安置支边青年 187 人，其中有 48 人返回原籍。1966 年安置江苏省徐州市支边青年 76 人。

(第十七编第一章《民政》，第 452 页)

1974 年 4 月设知识青年上山下乡办公室，负责对上山下乡知识青年的管理。1979 年 5 月设劳动科。1980 年 8 月分设人事科，归口政府管理。

1984 年 6 月，劳动科、人事科合并重组为县劳动人事局，同时撤消知识青年上山下乡办公室。

(第十七编第二章《劳动人事》，第 465 页)

中共十一届三中全会以后，县人民政府积极扶持城镇集体经济和个体经济，在此期间，对下乡知识青年和县城待业青年进行一次性地安置。

(第十七编第二章《劳动人事》，第 469 页)

# 《布尔津县志》

《新疆维吾尔自治区地方志丛书》编纂委员会编，新疆人民出版社 2002 年

是月(1965 年 7 月)，布尔津县安置江苏支边青年 526 人，其中分配给一牧场 323 人、二牧场 203 人。

(《大事记》，第 32 页)

(1973 年)11 月 22 日，县委、县革委会成立上山下乡知识青年领导小组，下设办公室。

(《大事记》，第 39 页)

1965 年，为响应党中央号召，开发建设新疆，江苏淮阴地区、徐州市的 526 名支边青年来布尔津县安家落户，他们分别被安置在一牧场(今也格孜托别乡)和二牧场(今阔斯特克乡)。

(第四编第一章《人口数量与分布》，第 120 页)

20 世纪 80 年代，从江苏来布尔津县的支边青年陆续返回原籍，至 1988 年，迁走人数累计达 500 人。

(第四编第一章《人口数量与分布》，第 121 页)

知识青年上山下乡办公室　1971 年设立，1980 年撤销。

(第十八编第二章《政府》，第 446 页)

### 知识青年就业

1969—1978 年 10 年间,布尔津县上山下乡"接受贫下中农再教育"的城镇知识青年共计 77 人。随着中共十一届三中全会的召开,下乡知青陆续回城。1980 年 9 月,民劳局将 1976 年前下乡劳动的知识青年 52 人全部安置就业。1981 年,落实政策后,将下乡知青 7 人安置在县重点企业,成为企业骨干。 (第二十一编第一章《劳动》,第 492 页)

1949 年,全县只有教职工 66 人。新中国成立后,教师队伍不断充实壮大,有国家逐年分配的大、中专师范院校毕业生;有招考录用的高、初中毕业生直接任教;有从农牧区吸取具有一定文化知识的回乡、下乡青年和农牧民担任代课教师,并在以后逐步转为公办教师,但这些师资队伍满足不了当前的教育状况。 (第二十三编第一章《教育》,第 535 页)

# 《哈巴河县志》

哈巴河县地方志编纂委员会编,新疆人民出版社 2004 年

(1966 年)7 月 3 日,接收安置江苏省徐州支边青年 310 人。 (《大事记》,第 26 页)

(1970 年)10 月 18 日,初、高中毕业生开始分配到农村接受贫下中农再教育。

(《大事记》,第 27 页)

是月(1981 年 3 月),知青农场成立。 (《大事记》,第 30 页)

### 知识青年安置

"文化大革命"后期,全县每年都有 100 余名学生和青年待业。1968 年政府号召知识青年到农村社、队当社员。1979 年全县上山下乡的知识青年累计 1 060 人。1982 年停止动员城镇知识青年上山下乡。

从 1971 年起,通过企业单位招工、大中专院校招生、应征入伍、转干等途径,逐步安置下乡知识青年。当时一面安置,一面继续动员下乡再教育,1979 年底,尚有 124 名下乡知识青年留在农村。

1981 年后,分别按以下不同情况安置就业:

按系统成立知青农牧场,统一安排管理知识青年。鼓励知识青年立志务农,对申请终身务农的知识青年奖励、表扬。

全民所有制招收新工人时,在考分上,优先照顾下乡知识青年,集体企业招工时,对本系统的下乡知识青年包干安置就业。无归属单位的,由劳动部门统招统配,年龄放宽到 35 岁。

下乡知识青年参军从部队复员退伍后,由劳动部门安置就业。

提倡知识青年自谋职业,对有专长的已婚知识青年,支持他们就近开业,并在税收等方面予以减免照顾,本人户籍保持城镇户口。经采取以上措施,至 1984 年底,70 年代下乡的知识青年基本安置完毕。 （第二十六编第二章《劳动管理》,第 628 页）

# 《新疆通志·生产建设兵团志》

新疆维吾尔自治区地方志编纂委员会、《新疆通志·生产建设兵团志》编纂委员会编,新疆人民出版社 1998 年

(1963 年)7 月,兵团开始接收、安置上海、北京、天津、武汉等地知识青年。至 1964 年[①] 10 月,共接收、安置 12.67 万人,其中上海市 9.7 万人,天津市 0.7 万人,武汉市 0.79 万人,浙江省 0.48 万人,江苏省 0.29 万人,北京市 0.44 万人。 （《大事记》,第 28 页）

(1973 年)11 月 4 日,兵团党委决定授予一〇三团职工周春山模范共青团员称号,追记一等功,周春山是天津支边青年,在工作中以身殉职。 （《大事记》,第 37 页）

(1976 年)8 月 3 日,武汉市慰问代表团抵达乌鲁木齐。分赴原兵团各垦区慰问支援新疆建设的武汉知识青年。 （《大事记》,第 38 页）

4 月 25—28 日,农垦总局受自治区委托,在二十九团召开上海支边青年工作座谈会。

（《大事记》,第 42 页）

11 月上旬,喀什、阿克苏、巴州等地数千名上海支边知识青年再次聚集阿克苏,要求办理回沪手续。自治区派出工作组,进行劝阻教育和细致的思想工作,劝其返回农场,恢复了正常的生产和生活秩序。 （《大事记》,第 42 页）

(1983 年)8 月,1.5 万名离疆返沪上海知识青年重返新疆。 （《大事记》,第 46 页）

(1985 年)7 月 25 日,胡耀邦来新疆考察,在阿克苏接见了塔里木垦区上海支边青年,并题词:"历史贡献与托木尔峰共存,新的业绩同塔里木河长流。" （《大事记》,第 48 页）

---

① 应为 1966 年。——编者注

1954 年起,兵团陆续从山东、河南、河北、甘肃、江苏、上海、天津等地招收大批知识青年、支边青壮年以及吸收大批转业复员军人参加边疆建设,至 1960 年末,总人口已达 72.41 万人,为 1954 年兵团成立时的 4.1 倍。

(第一篇第一章《屯垦沿革》,第 61 页)

## 内地知识青年支边

　　1963 年 7 月—1966 年 10 月,兵团先后派遣工作组分赴上海、天津、武汉、北京及江苏、浙江等省、市动员招收知识青年支边,共安置 12.67 万人。其中上海市 9.7 万人,天津 7 900 人,武汉市 7 900 人,浙江省 4 800 人,江苏省 2 900 人,北京市 4 400 人。

(第七篇第四章《劳动管理》,第 590 页)

**中共新疆生产建设兵团委员会常委名表①**

**(1983.4—1987.4)**

| 姓　名 | 职　务 | 性别 | 族别 | 籍贯(省县) | 出生年月 | 文化程度 | 参加工作(入伍)时间 | 入党时间 | 任职起止时间 |
|---|---|---|---|---|---|---|---|---|---|
| 曹国琴 | 副书记 | 女 | 汉 | 上海南市区 | 1942.11 | 大学 | 1968.8② | 1964.10 | 1983.4—1987.4 |

(第八篇第一章《中国共产党新疆生产建设兵团组织》,第 637 页)

## 周春山(1946—1973 年)

　　周春山,男,汉族,天津市人。1965 年,周春山高中毕业后,说服家人放弃继续升学招工机会,支边来到新疆,在兵团农六师一〇三团场农业二连当农工。

　　在生产连队,周春山埋头苦干,刻苦钻研农业科学技术,虚心地向老职工学习,很快学会了农场里的大部分农活,当年被评为团"优秀支边青年"。1968 年,周春山回天津看病,经医院检查确诊他已患上白血病,周春山不顾医生和家人劝阻,毅然离开天津,返回连队,继续在农业生产第一线工作。他还谢绝了连队领导留他在家养病的决定,每天早下地,晚收工,并抓紧一切时间为连队职工做好事,连队职工无不为之感动。

　　1973 年 5 月 9 日,周春山参加春灌工作,在工地上病发,以身殉职,年仅 27 岁。

(第十五篇第一章《人物传》,第 1043 页)

---

① 本表内容为节选。——编者注
② 应为 1963 年 9 月。——编者注

# 《新疆生产建设兵团劳动和社会保障志》

新疆生产建设兵团史志编纂委员会、《新疆生产建设兵团劳动和社会保障志》编纂领导小组编,新疆生产建设兵团出版社 2007 年

(1965 年)7 月 5 日,周恩来总理、陈毅副总理在出访回国途经新疆时,到石河子垦区视察,亲切接见部分团以上领导干部、军垦战士、劳动(工作)模范、上海支边知青代表。并为兵团题词"高举毛泽东思想的胜利红旗、备战防边、生产建设、民族团结、艰苦奋斗、努力革命,奋勇前进!"

(《大事记》,第 32 页)

(1973 年)5 月 10 日,据有关单位公布,来兵团工作的沪、京、津 10 余万知青,已有 2 000 人入党,1.1 万人提拔为干部,55 人任团级以上干部。

(《大事记》,第 36 页)

(1980 年)1 月,在全国下乡知青回城风的影响下,阿克苏垦区 3 700 余名上海知青聚集阿克苏游行,要求回上海,自治区党委、革委会会同上海市委、农垦部、国家劳动总局、国务院知青办公室,经紧急座谈协商,作出《关于做好稳定新疆垦区农场上海支边知识青年工作的座谈纪要》,提出《关于解决新疆垦区上海支边知识青年问题的具体规定》(送审稿)。经过大量细致的政治工作,问题得到缓解。

(《大事记》,第 40 页)

(1981 年)3 月 12—30 日,自治区政府和上海市政府在北京召开如何解决新疆垦区农场上海支边知识青年问题,共同商定《关于解决新疆垦区农场上海支边知识青年问题的具体规定》共 10 条。

4 月 25—28 日,农垦总局党委在巴州农垦局二十九团召开上海知青工作会议,会议传达国务院《关于解决新疆垦区农场上海支边青年问题的具体规定》,农垦局领导阳焕生、谢高忠和石河子、巴州、喀什、昌吉、奎屯、伊犁、阿勒泰地区农垦局领导共 163 人参加会议,并下发了自治区人民政府《关于做好返疆上海支边知识青年接收安置工作的通知》。

(《大事记》,第 41 页)

(1985 年)12 月 20 日,兵团党委指派农一师政治部主任倪豪梅等去上海,协同上海有关部门调查了解滞留在上海的支边青年问题。

(《大事记》,第 46 页)

(1986 年)1 月 30 日,兵团党委发出《关于切实做好返疆上海知青工作的通知》,要求:由兵团和农一、二、三师劳资部门派人赴沪配合上海市有关部门一起动员滞留上海知青返疆工作。对已返疆的上海知青,要热情欢迎,政治上一视同仁,工作上要妥善安排,生活上给予照顾。

(《大事记》,第 46—47 页)

(1987 年)1 月 10 日,王震电话指示上海市委:上海知识青年在新疆屯垦大方向是对的,兵团是稳定新疆的力量,对上海支边青年要教育疏导,支持他们发展生产,搞好生活,把他们稳定在新疆。11 日兵团司令员陈实赴沪,与上海市委副书记黄菊、杨堤就上海知青问题进行商谈。 (《大事记》,第 48 页)

(1989 年)6 月 15 日,兵团 9 529 名上海支边青年的子女,根据国务院有关规定,核准到上海落户就读。 (《大事记》,第 50 页)

(1990 年)8 月 27—28 日,中共中央总书记江泽民,中央军委秘书长杨白冰在自治区和兵团领导王恩茂、铁木尔·达瓦买提、刘双全、郭刚陪同下,视察石河子总场、八一棉纺织厂,接见部分支边青年代表,走访农工家庭,听取兵团的工作汇报,江总书记作重要讲话。
(《大事记》,第 52 页)

(2000 年)12 月 22 日,兵团劳动和社会保障局与上海市劳动和社会保障局协商,同意在上海成立"兵团自动离岗返沪人员养老、医疗问题服务站兵团分站"。 (《大事记》,第 69 页)

(2001 年)10 月,兵团与上海签订《兵团委托上海银行发放兵团回沪定居离退休(职)人员养老金协议书》和《实施细则》。2002 年底已为 1.3 万名回沪定居离退休(职)人员发放了领取养老金的储蓄卡,每月发放养老金 700 余万元。 (《大事记》,第 71 页)

1963 年,根据《中共中央关于动员青年前往边疆和少数民族地区参加社会主义建设的决定》和中央安置工作领导小组《关于城市精减职工和青年学生安置工作领导小组长会议的报告》精神,兵团成立安置办公室,各师成立工作组。在当地政府大力支持下,兵团于 1963 年 5 月至 1966 年 10 月,分别派工作组在上海、天津、武汉、北京、浙江、江苏等省市动员招收知识青年,共计 12.67 万人来兵团农牧团场参加社会主义建设,其中上海知青 9.7 万人。兵团接运和安置支边青年的经费由中央和自治区按规定予以报销。来兵团的支边青壮年主要被安置在农牧团场工作,也有一部分安置在文教、卫生、机关、工厂工作。

在安置支边青壮年工作中,多数安置单位都能认真落实国家的各项政策,关心支边青壮年的生产、生活,充分发挥他们的聪明才智,使他们安心投入兵团建设。据 1973 年 5 月统计,来兵团工作的京、津、沪 10 万余名知青中,已有 2 000 余人光荣加入中国共产党组织,1.1 万人提拔为干部,55 人任团级以上职务。11 月,兵团司令部授予在工作中以身殉职的一〇三团天津支边青年周春山模范共青团员称号,追记一等功。但是,也有一些支边青年来疆后不安心工作,加之个别安置单位未能认真执行中央和兵团有关支边青壮年的政策规定,对他们的实际困难不能认真及时解决,致使部分支边青壮年思想波动较大。为让支边青壮年安心兵团建设,兵团党委和兵团各部门在中央有关部门和兄弟省市的协助下,在解决支边青壮年的生产、生活、婚姻等方面做了大量工作,基本稳定支边青壮年队伍。一些支边青壮年来源省市来兵团开展慰问支边青壮年活动,也有力地稳定了他们在边疆工作。

1973年,浙江省派慰问团慰问在兵团安置的浙江籍支边青壮年。1975—1976年,天津市和武汉市相继派出慰问团来兵团,分别对天津市和武汉市支边青年进行慰问。

上海市分别于1974年3月至1975年1月和1986年3月两次慰问上海支边青年。第一次慰问团一行74人,带3个电影放映队。慰问团在将近一年的时间里,走访兵团的100多个团场,600多个连队和车间,共召开座谈会1 000余次,有1万多名支边青年参加;走访1.2万多户支边青年家庭,放电影300多场次,赠送图书3万册,赠送电影放映机3架。同时慰问团处理大量的来信来访,整理先进支边青年和单位的典型材料30余份。1986年8月,上海市再次派慰问团来兵团慰问支边青年,带来1个演出队,主要在乌鲁木齐地区、农一师、农二师慰问演出20余场。慰问团的活动,对于稳定上海支边青年队伍起到积极作用。1986年9月中旬,山东省慰问团一行43人在省委副书记陆懋曾的率领下,到兵团慰问山东支边妇女。

随着年龄增大和身体状况的变化,当年来兵团支边的上海、武汉、北京等地的支边人员,工作和生活遇到困难,有的患严重的疾病,有的夫妻长期分居,有的父母年老身边无人照料等,要求组织给予照顾。1974年,经自治区、兵团支边青年工作部门和上海市劳动、知识青年工作部门商定,本着从严掌握的原则,对上海支边青年中确实患有严重疾病、不适应继续在新疆工作的少数人,经医院证明,安置单位审核,报上级支青安置部门同意,可按病退处理回上海安置。天津、武汉、北京等城市的支边青年也按此办理。从1974—1977年,上海支边青年中按病退处理的近1 000人。1976年① 6月,国务院下发的《关于工人退休退职的暂行办法》规定,工人退休退职后,可照顾招收其1名符合招工条件的子女参加工作,支边青年中一些符合照顾条件,纷纷要求回原籍城市顶替。1976年底,自治区制定解决上述问题的办法:对于家庭有特殊困难,在新疆未成家,本人系独生子女,或系多子女但父母身边无人必须返回原籍照顾家庭的,可按国家有关农牧工调动办法,由双方劳动部门协商处理;对于个别已在新疆结婚的独生子女,父母年老或患有严重疾病,生活需要人照料,或虽不属于独生子女,但父母双亡,弟妹年幼必须返回照顾而又不宜做调动处理的,可经地区一级劳动部门双方商妥后,允许其返回原籍城市作短期安置,离岗期间不转户粮关系,停发工资和口粮,也不连续计算工龄,待困难解决后,仍然回原单位。从1977年开始,一些符合照顾调动的支边青年均迁回原籍安置。

1979年,自治区劳动局、新疆农垦总局与上海市劳动局、知青办在协商一致的基础上,制定《关于上海支边人员有关问题的处理意见》,同时确定对各农场的500多名家庭确有实际困难的上海已婚支边青年,由上海市劳动局逐步通过占指标抽调的办法,调回上海安置。

---

① 应为1978年。——编者注

在工、交、建、商企业工作的上海知青,原籍家庭有特殊困难,或为照顾夫妻关系,需要调回上海者,按正常商调手续办理,其中夫妻双方都在新疆工作者,如需调动必须同时办理,不得调一方留一方,其联系商调手续以上海知青办为主,对于擅自回上海逗留达10余年之久的1500多名支边青年,区别情况予以处理,对其中确有困难的400余人,分别由上海市办理落户手续,并由劳动部门逐步安置。1978年11月至1980年2月,有2700多名符合商调条件的上海支边青年调回上海安置工作。

这些办法和措施,解决支边青年本人及家庭的特殊困难和实际问题,受到广大支边青年、家长及社会的拥护。但执行过程中,有的单位把关不严,也有一些不符合照顾返城的支边青年及其家长弄虚作假,骗取医院和单位证明迁回原籍城市,造成留下来的支边青年思想上的波动。1977年6月,经与上海市劳动局、知青办协商,当年9月底停止办理病退和困难退职。

1979年开始办理退休、退职职工子女顶替以后,因有少数单位没有认真执行国务院和自治区革委会的规定,将一些不符合条件的支边青年按"病退"等方式联系返回原籍,引起大批支边青年的不满。昌吉农垦局新湖农场个别干部违反原则,擅自向支边青年原所在城市发出"病退"、"困退"商调函,全场无锡支边青年共529人,为299人发出商调函,天津支边青年36人,为29人发出商调函,引起全场支边青年思想波动,有的不经批准就自动离场返回原籍。在两个多月中,该场有149名支边青年回城,生产受到严重影响。为此8月11日自治区革委会召集农垦总局相关领导召开会议,研究解决新湖农场支边青年回城问题。会议决定:(1)调整新湖农场领导班子,并对违反政策的人员追究责任;(2)坚决刹住"回城风",稳定农场局势;(3)派人到无锡市联系,争取他们的支持和配合;(4)积极解决该场安置工作中存在的问题和困难,改善职工的生活和居住条件,由农垦局提前下拨1979年的计划亏损指标10万元,解决该场支边青年住房问题。这些措施使新湖农场的支边青年思想情绪逐步趋于稳定。1979—1980年冬,阿勒泰地区一七八团和阿克苏地区九团、十四团、十六团的部分天津、上海、徐州、浙江的支边青年也相继要求按"病退"、"困退"返回原籍城市。新疆农垦总局十分重视,配合自治区派工作组到阿克苏、阿勒泰、库尔勒等垦区各团场支边青年中做耐心细致的疏导工作,广泛听取他们的意见,采取积极措施解决他们生产生活中的实际困难,并恢复对已持有上海商调函的上海支边青年办理回沪手续。

1980年1月,国务院针对上述事件下发《关于做好稳定新疆垦区上海支边青年工作的座谈会纪要》,决定从开发边疆、建设边疆和巩固国防的重大战略意义出发,要把大多数上海支边青年稳定在新疆。1981年3月,国务院又组织自治区、新疆农垦总局和上海市的有关领导在北京召开会议,就如何解决新疆垦区农场上海支边青年问题进行研究。25日,国务院总理赵紫阳到会并讲话。经双方协商,共同制定《关于解决新疆垦区农场上海支边青年问题的具体规定》,并经国务院批准。《具体规定》从保证安定团结的大局出发,充分考虑当时农场和上海支边青年本人或家庭的实际困难,决定在当时政策的范围内,分期分批地把一部分符合条件的上海支边青年商调回沪,或迁回上海落户,或调剂到上海市所属的外地农场。

其具体条件是:(1)符合《国务院关于工人退休退职的暂行规定》和《国务院关于知识青年上山下乡若干问题的试行规定》,在沪的父母退休退职,其子女是未婚的新疆农场工人(含1978年底以前离婚及丧偶的,不含退干的人员),可以商调回沪;已婚的,如配偶也是上海支边青年,并符合这种条件,或符合"特殊困难"和"特殊照顾"条件,也可同时商调。(2)家庭符合"特殊困难"条件之一的可以商调回沪,已婚的,其配偶是上海支边青年,也可随调回沪。第一,父母在沪的独生子女;第二,父母在沪,身边没有子女或虽有子女但子女均已丧失劳动能力、生活不能自理的;第三,在沪父母十年动乱中受迫害致死现已平反昭雪的。(3)家庭有下列情况之一的未婚新疆农场上海支边青年工人(含1978年底以前离婚及丧偶的),可作为"特殊照顾"商调;已婚的如配偶也是上海支边青年,并符合这种条件,也可以同时商调。①父母双亡,弟妹在沪均未成年,需要照顾的;②在沪父母身边虽有子女,但在远郊成家,实际无法经常照顾父母的;③兄弟姐妹有二人以上在新疆的,准予商调一名农场工人;④父母长期(三年以上)在国外工作,家庭有困难需要照顾的;⑤革命烈士子女;⑥中国籍外国人,外国籍中国人,港、澳、台胞或华侨子女。个别已担任农场干部的上海支边青年,如果符合上述条件,困难较大的也可以参照办理。(4)因公、因病致残,经地、州医院证明,团场领导审核,完全丧失劳动能力或患有精神病、呆痴、严重残缺,不能参加劳动的,在新疆无人照顾,在沪父母或亲戚愿意接受的,经商得到上海市同意,发给准迁证,可按国务院〔1978〕104号文件的有关规定,经新疆地、州农垦局批准,因公致残的办理退休手续,因病致残的,办理退职手续,由原单位按月发给退休费或生活费,迁回上海落户,不再安排工作。(5)本人原是上海郊区农村青年的,已婚配偶也是上海支边青年,自愿全家回原籍参加劳动,而原所在社、队同意接受的,经新疆地、州农垦局批准,迁入地区公安部门发给准迁证后,可办理离职手续,回原籍落户。(6)从1979年1月1日至1980年1月1日至,已批准调回上海的支边青年,其配偶也是上海支边青年现留在新疆农场的(含离婚后又复婚的),可将其配偶商调到上海市所属农场。(7)已婚夫妇,一方符合上述(1)、(3)两项商调条件,另一方不符合上述(1)、(3)两项商调条件的上海支边青年,不能商调回沪。但考虑到新疆垦区农场和上海支边青年的具体困难,新疆、上海商定作为特殊问题处理,在本人自愿的原则下,可从1982年开始,将夫妇双方逐步调剂到上海市所属外地农场。对目前已返回上海的支边青年,要区别不同情况予以处理:符合上述规定所定各项商调、迁回或调剂到上海市所属外地农场条件的,办理合法手续,由上海市逐步加以安置;不符合条件的,一律动员返回新疆农场。至1980年2月底,上述垦区返沪的上海支边青年有7 394人,戒严令解除后,又有2 206人返沪,共计9 600人。

1981年4月25—28日,新疆农垦总局在巴音郭楞蒙古自治州农垦局九团召开阿克苏、巴音郭楞蒙古自治州、喀什、石河子、昌吉、奎屯、伊犁和阿勒泰8个垦区领导参加的上海支边青年工作会议。会议传达学习胡耀邦总书记对新疆垦区上海支边青年问题的两次重要批示,赵紫阳总理接见新疆、上海参加座谈会全体人员时的讲话,传达国务院召开的新疆上海支边青年座谈会精神,自治区党委书记办公会议纪要,检查上海支边青年安置工作存在的问

1911

题。5月,为做好返疆支边青年的接收安置工作,农垦总局与自治区协商,由自治区调 500 立方米木材解决安置返疆上海支边青年所需。其中阿克苏地区农垦局 250 立方米,巴州地区农垦局 175 立方米,喀什地区农垦局 30 立方米,奎屯、昌吉地区农垦局和石河子联合企业各 15 立方米。6月,按农垦部部长王震指示,从南疆十四团调 1 000 人(500 户)去北疆,农垦总局按每户 40 平方米,每平方米 80 元的标准,给每户拨款 3 200 元。当月,阿克苏、巴音郭楞蒙古自治州、喀什三地农垦局迅即成立上海支边青年接待安置领导小组,阿克苏垦区各团场成立接待办公室,三垦区还抽出干部到大河沿成立接待站。同年 10 月,农垦总局又召开阿克苏、巴音郭楞蒙古自治州、石河子、昌吉和奎屯等 6 垦区领导人和上海安置办公室负责人的座谈会。会议研究决定:(1)阿克苏、巴音郭楞蒙古自治州两垦区要召开一次团场领导工作会,认真学习上级相关文件精神,对返回新疆的上海支边青年要做到热情接待,妥善安置,从政治上、生活上关心帮助;(2)对返回新疆上海支边青年的工资待遇根据不同情况给予处理:①凡 1981 年 3 月 31 日前走的和第一批返疆的,从参加工作之日起,一律按原工资待遇发放工资。②凡 1981 年 4 月 1 日后走的和安置后不经批准擅自离疆的,返回新疆后均不得享受原工资待遇,按国家有关规定办理。(3)继续做好对上海支边青年的培养教育工作,要把那些表现好的、有真才实学的上海支边青年(包括返回新疆的上海支边青年),在可能的条件下尽快恢复本人的原工种。(4)凡姊妹两人在一个垦区而不在一个单位的,如本人提出需要调到一处相互照顾的,给予解决。(5)从阿克苏垦区返回新疆的上海支边青年中,调出 500 户分别安置到生产、生活条件较好的石河子、昌吉、奎屯三垦区,总局拨出 160 万元建房投资。至 1982 年底,兵团各团场已调回上海市符合《具体规定》条件的上海支边青年 1.01 万人,支付调迁费 4 004.01 万元,发离职费 39.4 万元。其中,农一师 6 050 人,农二师 2 261 人,农三师 679 人,其他各师共 1 111 人。此次返回上海的有 2.73 万人。至 1982 年,滞留上海,不符合条件的上海青年有 2 600 人。

1988 年,为进一步贯彻兵团和上海市人民政府《关于坚决贯彻党中央指示精神把原上海支边青年稳定在新疆的商谈纪要》,上海市中专、技校、职校在原上海支边青年子女中招生 920 人。1989 年,国家经与上海、兵团协商决定,允许在新疆的原上海支边青年每户有 1 名子女回沪就读入户以及对有些特困的原上海支边青年可办理商调回上海市。期间,北京、武汉等城市也相继发文允许其支边青年的子女回原籍城市就读入户。

1999 年 3 月,为解决部分兵团滞留在沪原上海支边青年有关问题,兵团和上海人民政府再次协商达成:凡符合国家退休政策,经兵团、市劳动部门批准,办理正常退休退职手续或回沪安置的原上海支边青年,其养老金、退职生活费由兵团按规定发放;经单位批准长期病假休息回沪的原上海支边青年,其病休时间超过有关规定时间逾期不归的,企业可不再承担其病假工资待遇,但保留养老保险关系,待达到退休年龄时可回兵团所在地单位办理退休手续,由师(局)社会保险机构直接发放养老金;凡按正常退休后回沪安置的原上海支边青年,上海方面为其办理回沪落户手续,不受时间限制;对 1990 年 1 月 1 日至 1998 年 6 月 30 日期间,由师(局)或企业擅自放宽退休条件办理和出具退休证件,而实际不发养老金、退职生活费的原上海支边青年,本着"谁办理谁负责"的原则进行清理纠正。

这些支边青年怀着"好儿女志在四方"、"到边疆去,到祖国最需要的地方去"的雄心壮志,告别父母,离开繁华的城市,来到新疆,来到兵团,经受许多考验和艰苦锻炼,他们中的许多人已成为社会主义建设的人才。在兵团屯垦事业中做出很大的贡献,一些优秀分子已被选拔担任领导职务。如上海支边青年的优秀代表倪豪梅、王崇久先后任兵团副政委,华士飞任兵团司令员。

### 1963—1966 年兵团安置各省市支边青年情况统计表 单位:人

| | 合计 | 上海 | 天津 | 武汉 | 北京 | 浙江 | 江苏 |
|---|---|---|---|---|---|---|---|
| 人数 | 127 156 | 97 048 | 9 901 | 7 952 | 4 409 | 4 888 | 2 958 |

### 1964 年兵团安置上海支边青年情况统计表 单位:人

| 项目 单位 | 人数 | 性别 | | 共产党员 | 共青团员 | 工种情况 | | | | |
|---|---|---|---|---|---|---|---|---|---|---|
| | | 男 | 女 | | | 农工 | 机务工人 | 连排以上干部 | 文教卫生业务人员 | 其他 |
| 总 计 | 70 862 | | | 2 633 | 18 025 | 43 766 | 12 284 | 1 281 | 11 249 | 1 411 |
| 农一师 | 33 320 | 17 898 | 15 422 | 1 464 | 8 187 | 24 482 | 5 047 | 769 | 3 022 | |
| 农二师 | 14 912 | 7 808 | 7 104 | 424 | 3 999 | 9 756 | 2 336 | 329 | 1 734 | 757 |
| 农三师 | 6 041 | 3 116 | 2 925 | 145 | 1 588 | 3 711 | 1 106 | 105 | 919 | |
| 农四师 | 3 025 | 1 573 | 1 452 | 153 | 726 | 1 058 | 736 | 8 | 1 111 | 112 |
| 农五师 | 1 390 | 679 | 711 | 57 | 471 | 568 | 231 | 4 | 531 | 56 |
| 农六师 | 1 013 | 450 | 463 | 53 | 307 | 275 | 247 | 5 | 442 | 44 |
| 农七师 | 3 653 | 1 831 | 1 822 | 74 | 994 | 1 548 | 458 | 23 | 1 282 | 242 |
| 农八师 | 2 799 | 1 380 | 1 419 | 98 | 641 | 1 246 | 573 | 5 | 867 | 100 |
| 农九师 | 578 | 320 | 258 | 36 | 246 | 114 | 139 | 3 | 310 | 12 |
| 农十师 | 1 833 | 1 097 | 736 | 72 | 455 | 713 | 424 | 9 | 570 | 47 |
| 建工师 | 254 | 137 | 117 | 18 | 61 | 5 | 86 | 2 | 156 | 5 |
| 石指 | 207 | 100 | 107 | 15 | 45 | 8 | 59 | 1 | 125 | 14 |
| 哈密农场管理处 | 175 | 96 | 79 | 7 | 58 | 22 | 30 | 15 | 94 | 14 |
| 非金属公司 | 735 | 26 | 709 | 16 | 219 | 3 | 655 | 3 | 77 | |
| 矿务局 | 160 | 144 | 16 | 1 | 28 | | 157 | | | |
| 化工厂 | 300 | | | | | | | | | |
| 兵团机关 | 467 | | | | | | | | | |

**1964 年兵团安置武汉市支边青年情况统计表**　　　　　　　单位:人

| 安置地点 | 人数 | 安置地点 | 人数 |
|---|---|---|---|
| 合　计 | 2 354 | 机务运输处 | 103 |
| 农四师(伊犁) | 987 | 云母厂 | 71 |
| 农六师(米泉) | 168 | 勘测大队 | 235 |
| 农八师(沙湾) | 79 | 基建办公室 | 261 |
| 建筑工程第一师<br>(乌鲁木齐市) | 186 | 政治部 | 62 |
| 铁门关水电站 | 136 | 兵团直属单位 | 66 |

注:包括技术工人 73 人

**1982 年 3—12 月兵团商调回沪人员情况统计表**　　　　　　　单位:人

| 时　　间 | 批　次 | 人　　数 | 其中调到海丰农场 |
|---|---|---|---|
| 总　　计 | 9 | 6 262 | 3 850 |
| 1982 年 3 月 1 日 | 第一批 | 1 055 | 734 |
| 1982 年 4 月 7 日 | 第二批 | 435 | 146 |
| 1982 年 5 月 17 日 | 第三批 | 645 | 20 |
| 1982 年 7 月 2 日 | 第四批 | 434 | |
| 1982 年 8 月 4 日 | 第五批 | 539 | 480 |
| 1982 年 9 月 2 日 | 第六批 | 956 | 880 |
| 1982 年 10 月 18 日 | 第七批 | 181 | |
| 1982 年 10 月 27 日 | 第八批 | 844 | 844 |
| 1982 年 12 月 21 日 | 第九批 | 1 173 | 746 |

(第一编第二章《就业人员安置》,第 132—139 页)

　　1966 年[1],毛泽东主席提出"知识青年'上山下乡',去接受贫下中农的再教育"、"走与工农相结合的道路"的要求,自治区范围内家居城镇的知识青年纷纷被动员到兵团各农牧团场接受再教育。兵团接受再教育的知识青年无论是城镇还是农场的,在再教育劳动生产期间,一般实行供给制,并发给一定的零用钱。1969—1975 年,包括自治区知识青年在内,兵团共安置上山下乡知识青年 5.67 万人,其中 1969—1972 年 2.86 万人,1973 年 5 231 人,1974 年 8 749 人,1975 年 1.41 万人。

　　1975 年 8 月,兵团撤销,成立农垦总局,原兵团家居城镇的职工子女就业开始实行劳动

---

[1]　应为 1968 年。——编者注

计划指标管理,工、交、建、商企业和行政事业单位需要增加人员,由自治区劳动人事厅审批下达增人指标,实行"自然减员补员"的办法解决城镇职工子女就业。1978年6月,国务院发布《关于工人退休退职暂行办法》规定工人退休、退职后,家庭生活确实困难的,或多子女上山下乡、子女就业少的,原则上可以招收其中一名符合招工条件的子女参加工作。12月,国务院召开全国知识青年"上山下乡"工作会议,做出《关于知识青年上山下乡若干问题的试行规定》,规定在政府的统筹安排下,全民和集体单位都可以从下乡知识青年中招工。1978年以后,"文化大革命"期间动员上山下乡安置在农牧团场接受再教育的知识青年,以本人或家庭有特殊困难和"顶替"等理由要求回城。农垦总局根据自治区下达的农调工指标,以下乡时间长短为依据,分期调兵团家居城镇的职工子女回城,到全民所有制企业工作;少数家庭确有困难需要照顾的,则不受时间限制,安排到城镇集体所有制企业工作。

(第一编第二章《就业人员安置》,第154—155页)

兵团第二个五年计划期间,根据国家下达给兵团的安置任务,又按"统包统配、各得其所"的就业政策安置大批集体和零星复员转业军人、刑满释放人员、上海等省市的支边青年及自动支边青壮年,他们中除自动支边人员外,其他均是集体进兵团统一分配。1963年11月,兵团与自治区联合发出通知,对于兵团家居城镇和家居农牧团场的职工子女初、高中毕业后,不能再升学,年满16周岁,身体健康,均可安置到兵团农牧团场就业。家居城镇的工、交、建、商企业职工子女也可以按自然减员补员的办法安置就业,工、交、建、商企业一般不能从农牧团场招工。

1966年以后,兵团停止招收外省区人员,主要集中安置职工子女。"文化大革命"期间,兵团继续执行"统包统配"政策,安置大、中专、初高中毕业生,并响应毛泽东主席"知识青年上山下乡"的号召,积极组织动员兵团家居城镇的初、高中毕业生到农牧团场参加集体劳动。这部分"上山下乡"知青中的绝大多数都在1976—1980年按知青返城政策在城镇给予安置工作,"上山下乡"期间的劳动时间一并计算工龄。1974年,兵团重申上述就业政策。

(第一编第三章《就业服务》,第167—168页)

在招用职工方面,主要方式有统一招工、补充自然减员、安置复员退伍军人、劳改劳教释放人员安置、政策性安置、农牧团场子女自然增长就业和临时工转固定工。1954—1959年,兵团先后在山东、河南、四川、广东、江苏、安徽、河北、湖北等省统一招收妇女、知识青年、初高中毕业生15万人,1963年7月—1966年10月,兵团先后派遣工作组赴上海、天津、武汉、北京及江苏、浙江等省市招收知识青年12.67万人,1959—1970年,招收内地农民、工矿企业精减人员和自动流入人员21.5万人。"文化大革命"期间,招工工作比较混乱。

(第二编《劳动力管理》,第181页)

1963—1966 年，根据国务院安排，兵团接收安置上海知识青年 9.7 万人，知青来的头三年实行供给制，三年之后，改为工资制。 （第三编第一章《工资制度》，第 295 页）

**上海支边知青的供给制**

供给范围、标准

1. 伙食标准（每月实物供给量）

| | | |
|---|---|---|
| 成品粮 22.5 千克 | 豆腐 1 千克 | 食油 0.3 千克 |
| 烧碱 0.025 千克 | 混合肉 1 千克 | 炊具费 0.2 元 |
| 蔬菜 30 千克 | 公杂费 0.08 元 | 柴火（煤）30 千克 |
| 其他 0.35 元 | 海带 0.05 千克 | 食糖 0.05 千克 |
| 过节费 0.3 元（五一、十一、元旦、春节） | | 调料 0.1 千克 |

2. 服装费标准

单衣　1 套/年　三年三套，控制单价 9 元，用布 5.2 米，包括帽子 1 顶。

棉服　三年 1 套，控制单价 22 元，用布 9.5 米，包括棉帽 1 顶，棉手套 1 双。

棉被　三年 1 床，控制单价 24 元，用布 9 米，用棉 3.5 千克，包括加工费。

草褥　三年 1 床，控制单价 6 元，用布 4 米，包括加工费。

床单　三年 1 床，控制单价 3 元，用布 2 米，包括加工费。

布鞋　第一年 3 双，（第二年、第三年另定）控制单价 2.5 元。

合计　年控制总价 64 元，三年控制用布 29.75 米。

3. 津贴费

第一年　3 元/月，第二年 5 元/月，第三年 8 元/月。

（第三编第一章《工资制度》，第 297 页）

2000 年 12 月 22 日，兵团劳动和社会保障局和上海市社会保障局协商决定，在上海成立"新疆生产建设兵团自动离岗返沪人员养老、医疗服务站兵团分站"。

2001 年 7 月 26 日，关于兵团返沪人员养老、医疗服务站兵团分站的工作经费问题，兵团劳动和社会保障局致函上海市劳动和社会保障局：随着工作的逐步理顺和工作业务的进一步拓展，各项工作开支也随之增大，为保障分站工作的正常开展，特申请以下费用：聘用工作人员的工资每年需要 5.04 万元；工作用车费每年 3.84 万元；租用办公场地费每年 1.2 万元；会议、办公、差旅费每年 8 200 元；各师兼职人员补贴费每年 5.04 万元；其他费用 2 万元。以上六项合计：25.32 万元。

2001 年 8 月 6—10 日，兵团劳动和社会保障局、兵团医疗保险制度改革领导小组办公室、上海市劳动和社会保障局、上海市医疗保险局在乌鲁木齐市就妥善解决兵团退休（职）回沪定居职工医疗保险问题进行商谈，形成如下意见：（1）双方一致认为，对兵团退休（职）回沪定居职工的医疗保险问题要给予高度重视,共同研究妥善处理的办法,使他们的基本医疗得到保障,以利于维护兵、沪两地的社会稳定。(2)兵团在沪设立"兵团退休(职)回沪定居职工医疗费结算站(点)",专门负责具体的结算管理;上海市提供相关工作条件,并在业务上给予积极配合和支付。(3)为便于结算和管理,兵团将根据兵团职工基本医疗保险水平统一所辖各师统筹区退休(职)回沪定居职工的医疗保险费筹资标准。(4)上海抓紧研究解决兵团退休(职)回沪定居职工基本医疗保险待遇较低的矛盾,积极创造条件,逐步将兵团退休(职)回沪定居职工纳入上海各个历史时期支援外地建设退休(职)后返沪定居的各类人员医疗互助、救助范围,通过上海补充医疗保障,特殊医疗救助等措施,减轻他们的医疗负担。(5)建立兵沪两地有关兵团退休(职)回沪定居职工基本医疗保险问题工作协调制度,共同研究商量处理相关事宜。上述意见已经兵沪两地领导原则同意,实施细则由两地主管部门进一步协商。

2001年10月22日,兵团劳动和社会保障局向兵团编委请示成立"兵团退休回沪定居人员医疗保险工作站",对退休回沪定居人员实行单独管理,以保证他们的基本医疗,维护社会稳定;工作站的职责是负责退休回沪定居人员基本医疗保险基金的筹集、管理、结算,负责与上海方面进行医疗保险方面的协调与合作;工作站共需核拨编制10人,拟配站长1人,副站长2人,业务6人,司机1人;工作站隶属兵团劳动和社会保障局,上海市劳动和社会保障局和医疗保险局协管。

2002年1月18日,兵团劳动和社会保障局、上海市劳动和社会保障局和上海市医疗保险局在乌鲁木齐市召开会议,兵团方面参加会议的有王维、汤华辉、张悦华、潘良才、王华萍、宋子罳;上海方面参加会议的有周海洋、沙忠飞、倪守根。会议讨论由兵团劳动保障局起草的《兵团退休(职)回沪定居人员医疗保险实施办法》;会议决定成立兵团退休(职)回沪定居人员医疗保险工作协调小组,组长由兵团劳动和社会保障局局长王维担任,副组长由上海市医疗保险局局长周海洋、上海市劳动保障局副局长闫友民、兵团财务局副局长汤华辉担任,成员有上海市医保局副局长郑树忠、兵团劳动和社会保障局副局长张悦华、上海市劳动和社会保障局社会事务管理处处长沙忠飞、兵团医改办副主任潘良才、上海市医疗保险局业务处副处长倪守根、兵团社保中心副主任王华萍、兵团退休(职)回沪定居人员医疗保险工作站站长宋子罳。上述人员若因组织原因发生岗位变动,由新任该岗位人员相应替换。双方工作中的重要问题都要提交协调小组讨论决定,协调小组每年至少召开一次工作会议;关于医疗保险基金的筹集,会议决定由兵团按照兵团退休人员养老金平均额的9%和退休回沪定居人员实际人数提取(如低于500元,按人均500元筹集),并按季度由兵团社保中心划转到兵团退休(职)回沪定居人员医疗保险基金专户。鉴于筹资水平与上海医疗消费水平悬殊差异,由上海方根据兵团退休(职)回沪定居人员实际人数,按每人350元的标准给予补助。如统筹资金不足使用时,由双方研究提出解决办法。双方商定,兵团退休(职)回沪人员医疗保险工作原则上从2002年4月1日启动。

2002年3月20日,兵团编委下达《关于核定兵团退休回沪定居人员医疗保险工作站社保经办人员编制的批复》(兵编发〔2001〕85号),明确兵团退休回沪定居人员医疗保险工作站"人员编制暂定10名,所需人员采用聘用的办法解决"。为加强对该工作站聘用人员的管理以及与上海市有关方面的协调与合作,同意给兵团社会保险基金管理中心再增加社保经办机构人员编制3名,用于配备该工作站的领导、会计和出纳。

2002年4月1日,兵团劳动和社会保障局党组决定宋子罡任兵团退休回沪定居人员医疗保险工作站站长,韩俊卿任副站长兼出纳。5月20日,兵团回沪定居人员医疗保险工作站在上海正式挂牌。

2002年4月9日,兵团办公厅印发《兵团退休(职)回沪定居人员医疗保险暂行办法》(以下简称《办法》)。《办法》规定:兵团退休(职)回沪定居人员是指在兵团正式办理退休或按国发〔1978〕104号文件办理退职手续,在上海市落户定居并由兵团社保中心委托在上海银行发放养老金或退职生活费的人员;兵团退休(职)回沪定居人员基本医疗保险工作协调小组负责工作运行过程中的协调与决策,兵团劳动和社会保障局负责兵团退休(职)回沪定居人员医疗保险管理工作,其所属兵团退休(职)回沪定居人员医疗保险工作站负责处理日常工作;兵团退休(职)回沪定居人员医疗保险参保程序为:本人提出书面申请,统筹区社保中心审查,劳动和社会保障局批准,报兵团劳动和社会保障局备案,由兵团工作站管理;基本医疗保险基金按照兵团上年度退休人员养老金平均额的9%和退休(职)回沪定居人员实际人数提取,由各师社保中心每年1月10日和7月10日前分两次划转到兵团社保中心,再由兵团社保中心划转到兵团退休(职)回沪定居人员医疗保险基金支出专户;基本医疗保险个人账户用于支付门诊所发生的医疗费用,统筹基金用于住院和门诊大病所发生的医疗费用,基本医疗保险基金划入个人账户的比例为:70岁以下(含70岁)的按上年度个人养老金收入的3%划入,71岁以上的按4%划入;住院或急诊观察室留院观察所发生的由统筹基金支付费用,起付标准为:一个统筹年度首次住院为700元,第二次为400元,第三次为200元,起付标准以上的医疗费用由统筹基金支付85%(经批准在三级医疗机构就医的由统筹基金支付80%),起付标准以下的医疗费用按规定由统筹基金支付后的其余部分由个人自付,统筹基金的最高支付限额为3万元,最高支付限额以上的医疗费用,按兵团大额医疗补助相关办法由兵团有关统筹区负责解决;需要在门诊进行重症尿毒症透析、恶性肿瘤化疗的人员,凭医疗机构的证明,经兵团工作站确认后可在门诊进行治疗,治疗费用不设起付标准,由统筹基金支付85%,其余部分由个人自负;兵团退休(职)回沪定居的国家公务员、医疗照顾人员的医疗补助由兵团有关统筹区负责执行;兵团退休(职)回沪定居人员实行住院定点医疗管理,并按照上海市确定的基本医疗保险药品目录、诊疗项目和医疗服务设施以及支付标准的规定执行;统筹基金的年度预决算由兵团工作站负责编制,兵团社保中心审核,报兵团劳动和社会保障局、财务局审批执行。

2003年7月9日,兵沪两地领导及业务部门有关领导,就有关兵团退休回沪定居人员医疗保险相关问题,在上海市进行座谈协商。参加座谈的有上海市政府副市长周太彤、副秘书长柴俊勇,上海市劳动和社会保障局祝均一、沙忠飞,上海市医疗保险局周海洋、郑树忠,兵团党委常委马荣,兵团劳动和社会保障局王维、宋子罡,兵团驻沪办杜斌鹏,座谈会就解决兵团退休回沪定居人员医疗保险有关问题达成以下共识。(1)同意兵团结合实际,适时调整兵团退休回沪定居人员医疗保险个人账户划入比例。(2)建立稳定的兵团退休回沪定居人员医疗保险基金筹措机制。兵团方面要切实按照上年度兵团退休人员平均养老金的90%和实际在沪参保人数征缴基金;上海方面暂按实际参保人数每人每年补助350元,但以后可逐步过渡到扣除个人账户的余额进行1∶1的配套补助。兵团退休回沪定居人员医疗保险工作站负责兵团方面基金的征缴,上海市医疗保险局负责上海方面配套补助资金的落实。(3)为保证兵团退休回沪定居人员医疗保险工作站与兵团各师工作的衔接、征缴基金和做好基础工作,同意在新疆建立兵团退休回沪定居人员医疗保险工作站乌鲁木齐联络处。联络处的办公场所由兵团劳动和社会保障局提供,开办经费由上海方面提供。(4)兵团退休回沪定居人员医疗保险工作站每年所需工作经费,从2003年开始纳入上海市劳动和社会保障局处理历史遗留问题经费,统一由上海市劳动和社会保障局向市财政局提出预算解决,上海市医疗保险局参照公费管理的做法,从补助资金中给予一定的经费补助。

2003年8月6日,兵团劳动和社会保障局发出通知,为进一步做好兵团退休(职)回沪定居人员的医疗保险工作,解决门(急)诊医疗费偏低的矛盾,经兵团领导同意,从2003年1月1日起,将70岁以下(含70岁)人员的医疗保险个人账户的划入比例由原来的3%提高至3.6%,71岁以上人员的划入比例由4%提高至4.6%,提高比例后全年个人账户资金仍低于200元的补足至200元。

自2002年4月《兵团退休(职)回沪定居人员基本医疗保险暂行办法》实行之后,各师能按照《办法》规定和各师承诺书中的承诺缴纳医疗保险费。据统计,2006年退休(职)回沪定居参保人员已达2.06万人,基金收入与支出详细情况见下表。

**2002—2006年兵团退休(职)回沪定居人员医疗保险基本情况表**

| 年度 | 参保人数(人) | 基金收入(万元) | | | 基金支出(万元) | | | 住 院 | | 门诊大病 | |
|------|------|------|------|------|------|------|------|------|------|------|------|
| | | 合计 | 征缴 | 补助 | 合计 | 个人账户 | 统筹支出 | 人次 | 人数 | 人次 | 人数 |
| 2002年 | 11 958 | 956.81 | 606.81 | 350.00 | 652.56 | 246.45 | 406.11 | 739 | 549 | 752 | 82 |
| 2003年 | 13 272 | 1 258.92 | 803.60 | 455.32 | 1 119.87 | 364.52 | 755.52 | 1 278 | 975 | 1 961 | 130 |
| 2004年 | 17 256 | 1 831.61 | 1 081.95 | 749.66 | 1 698.13 | 617.98 | 1 080.15 | 1 777 | 1 204 | 3 000 | 203 |
| 2005年 | 19 263 | 2 213.66 | 1 297.53 | 916.13 | 2 068.98 | 782.94 | 286.04 | 2 148 | 1 401 | 3 824 | 245 |

2003年12月24—25日,就兵团退休回沪定居人员不断集访反映医疗困难问题,兵团劳动和社会保障局、上海市劳动和社会保障局、上海市医疗保险局在上海市进行商谈,对兵

团退休回沪人员生活中遇到的问题,尤其是医疗方面的具体困难,上海方面给予帮助。2004年5月20日在上海市,上海市劳动和社会保障局、上海市医疗保险局、兵团劳动和社会保障局,对兵团退职回沪定居人员的社会保险遗留问题进行了协调,达成《关于兵团退职回沪定居人员社会保险遗留问题的处理意见》:(1)按照兵团劳动和社会保障局、上海市劳动和社会保障局 2000 年 10 月《关于对办理"假退休"滞留在沪上海知青有关问题的处理意见》办理退职手续的人员,参加兵团退休(职)回沪定居人员基本医疗保险的缴费标准高于兵团医疗保险平均缴费标准的差额部分,从 2005 年 1 月起由上海市承担。上述人员中,未参加兵团退休(职)回沪定居人员基本医疗保险的,可按有关规定参加兵团退休(职)回沪定居人员基本医疗保险。(2)对"假退休"来沪定居的上海知青非沪籍配偶,由兵团为其办理退职手续,退职生活费所需资金由上海市承担。办理退职手续后,可参加兵团退休(职)回沪定居人员基本医疗保险,参加兵团退休(职)回沪定居人员基本医疗保险的资金由上海市承担。

2004 年 2 月 10 日,兵团劳动和社会保障局下达《关于处理兵团退休回沪定居人员医疗保险有关问题请示的批复》。明确同意工作站提出调整医疗保险个人账户划入比例及两年补足个人账户金额的意见。从 2004 年 1 月 1 日起,兵团退休(职)回沪定居人员个人医疗账户计发标准由原来养老金水平的 3.6% 提高到 3.8%。比例调整后,个人账户不足 320 元/人·年的补足到 320 元/人·年。同意回沪定居参保人员增加一所一级医院,继续执行因医疗需要急诊、转院就医的有关规定;同意住院预交金从 2004 年起由原来的 2 000 元、3 000 元、5 000元(视病种病情定)的标准分别调整为 1 500 元、2 500 元、3 500元。

2004 年 5 月 31 日,兵团劳动和社会保障局根据新兵发〔2002〕21 号文件精神和两年来工作中出现的一些问题,制定并下发《兵团退休(职)回沪定居人员医疗保险有关业务操作规范》,规定报送新增参保人员资料的内容和具体要求,明确提供养老金标准、缴纳医疗保险费的具体要求,对退保程序、报送减员情况的内容和时间也做出明确规定。

2004 年 7 月 2 日在乌鲁木齐市,上海市劳动和社会保障局、上海市医疗保险局、兵团劳动和社会保障局,就兵团退休(职)回沪定居人员社会保险问题处理意见中涉及有关资金的预算口径和拨付办法进行商谈,达成《关于来沪定居上海知青非沪籍配偶退职生活费资金测算口径和拨付办法》和《关于兵团退休(职)回沪定居人员医疗保险费因政策原因调整增加资金的预算的意见》。参加商谈的人员有上海市劳动和社会保障局金群、董莉,上海市医疗保险局周云飞、李建梅、胡晓梅,兵团劳动和社会保障局王维、张悦华、王国福、郝进寿、车强、徐中华、曾林、魏学强、刘争玲。

兵团各统筹区按照《兵团退休(职)回沪定居人员基本医疗保险实施办法》的规定,每半年向兵团社保中心上缴一次医疗费,以保证兵团退休(职)回沪定居人员医疗保险工作的顺利开展。2006 年 5 月 12 日,兵团劳动和社会保障局通知要求各统筹区于 7 月 10 日前将2006 年下半年退休(职)回沪定居人员医疗保险费缴到兵团社保中心。

**2006 年度下半年兵团退休(职)回沪定居人员医疗保险费缴费表**

单位:元

| 项目 \ 师别 | 2006 年建档人数(人) | 2006 年度缴费标准(元/人) | 2006 年应缴费用 | 2006 年上半年预缴款 | 2006 年下半年应缴款 |
|---|---|---|---|---|---|
| 农一师 | 8 827 | 708 | 6 249 516 | 2 817 230 | 3 432 286 |
| 农二师 | 4 455 | 708 | 3 154 140 | 1 386 814 | 1 767 326 |
| 农三师 | 819 | 708 | 579 852 | 243 698 | 336 154 |
| 农四师 | 974 | 708 | 689 592 | 302 848 | 386 744 |
| 农五师 | 307 | 708 | 217 356 | 88 218 | 129 138 |
| 农六师 | 490 | 708 | 346 920 | 160 550 | 186 370 |
| 农七师 | 661 | 708 | 467 988 | 211 926 | 256 062 |
| 农八师 | 2 629 | 708 | 1 861 332 | 844 324 | 1 017 008 |
| 农九师 | 153 | 708 | 108 324 | 49 686 | 58 638 |
| 农十师 | 589 | 708 | 417 012 | 186 238 | 230 774 |
| 农十二师 | 37 | 708 | 26 196 | 11 830 | 14 366 |
| 农十三师 | 42 | 708 | 29 736 | 10 816 | 18 920 |
| 农十四师 | 33 | 708 | 23 364 | 10 140 | 13 224 |
| 兵　直 | 530 | 708 | 375 240 | 162 240 | 213 000 |
| 合　计 | 20 546 | 708 | 14 546 568 | 6 486 558 | 8 060 010 |

注:兵直含建工师 278 人

(第五编第二章《医疗保险》,第 608—613 页)

　　为规范兵团回沪定居离退休(职)人员养老金发放,2002 年 4 月 18 日兵团下发《兵团回沪定居离退休(职)人员养老金发放结算办法》(兵劳社发〔2002〕31 号),制定兵团回沪离退休(职)人员发放养老金的办法。

　　1. 兵团社会保险基金管理中心根据各师上报回沪定居离退休(职)人员整理的具体数据负责汇总并上报兵团财务局,经兵团财务局审核后,将各师具体发放养老金的额度按不同资金渠道划入兵团社会保险基金管理中心养老金支出户,兵团社会保险基金管理中心负责将养老金汇入上海银行委托代为发放。

　　2. 各师实际发放养老金的具体数额由兵团社会保险基金管理中心负责与各师社会保险基金管理中心进行结算。

　　3. 各师社会保险基金管理中心按资金筹集渠道的不同与同级财务部门进行资金结算。

　　结算方式:(1)各师财务局养老保险财政专户接到预算户拨付中央补助资金时,借:"暂付款、财政专户"，贷：财政补助收入，每月各师财务局根据社会保险基金管理中心上报兵团离退休(职)人员养老金实际支付数据交换确认单，借："养老金支出"，贷："暂付款"。(2)各师社会保险基金管理中心收到各师财务局社会保障处拨付中央补助资金拨款单据时，借："暂付款、财政专户"，贷：财政补助收入，每月根据上报兵团离退休(职)人员养老金实际支付数据交换确认单，借："养老金支出"，贷："暂付款"。(3)兵团财务局每月扣拨各师中央补助资金全年扣拨数额不变，年终，兵团社会保险基金管理中心根据兵团回沪定居所有离退休(职)人员实际发放养老金数额一次与各师财务局清算，将结余资金退还各师财务局，并通知社会保险基金管理中心冲销账务，借："财政专户"，贷："暂付款—垫付退休养老金"。(4)兵团人事局、老干局系统所管辖的行政事业单位回沪定居后的离退休(职)人员，分别由各师人事局、老干局将有关数据报各师财务局和社会保险基金管理中心。由各师社会保险基金管理中心汇总后上报兵团社会保险基金管理中心。所需资金有兵团财务局根据兵团社会保险基金管理中心提供回沪定居离退休(职)人员具体发放额划入兵团社会保险基金管理中心养老金支出户。每月各师财务局根据各师社会保险基金管理中心提供的兵团回沪定居离退休(职)人员养老金数据确认金额《附花名册》，由兵团财务局如数划转有关行政事业单位。年终，兵团社会保险基金管理中心与各师财务局一次清算。《兵团回沪定居离退休(职)人员养老金发放结算办法》自 2002 年 1 月 1 日起执行。

(第五编第七章《基金运行与监督》，第 679—680 页)

2001 年 11 月 16 日，兵团编委下发〔2001〕85 号文件批准成立兵团退休回沪定居人员医疗保险工作站，站长宋子罡，副站长韩俊卿，为兵团劳动和社会保障局直属事业单位，人员编制 13 名，主要负责兵团退休职工回沪定居的医疗保险业务工作。根据工作需要，2003 年 7 月 9 日又成立兵团退休回沪定居人员医疗保险工作站乌鲁木齐联络处，聘退休的原兵团劳动局局长王维全面负责两地业务的协调工作，所需经费由上海方面解决。

(第八编第一章《劳动保障管理机构》，第 860 页)

# 《新疆生产建设兵团计划志》

新疆生产建设兵团计划委员会编，新疆人民出版社 2003 年

同月(1981 年 1 月)，王震在乌鲁木齐先后两次接见阿克苏、巴音郭楞蒙古自治州、石河子垦区支边知识青年代表，勉励他们树雄心、立大志、发扬艰苦奋斗的革命光荣传统，加强纪律性，为四化建设创造一个安定团结的局面。2 月 16 日，农垦部下发了《王震同志在新疆同上海支边青年的谈话要点》。

(《大事记》，第 51 页)

(1981年)3月12—30日,新疆维吾尔自治区人民政府和上海市政府,在北京召开如何解决新疆垦区农场上海支边知识青年问题会议。赵紫阳在会上讲了话,会议研究了解决新疆垦区上海支边知识青年问题的方针、措施、方法、步骤,取得一致意见,并商定了《关于解决新疆垦区农场上海支边知识青年问题的具体规定》,共十条,其基本精神是:坚决贯彻把大部分"上海支边知识青年"稳定在新疆的方针,分期分批地把一部分符合条件的"上海支边知识青年"商调或迁回上海。

(《大事记》,第 52 页)

# 《新疆生产建设兵团粮食志》

新疆生产建设兵团粮食志编纂领导小组编,新疆科技卫生出版社 1996 年

1988年5月,为解决上海支边青年子女回沪借读学生 6 440 人的粮票兑换问题。经上海粮食局、自治区粮食局和兵团商业局三方协商同意,以新疆粮票兑换上海市粮票,供应学生口粮、口油。

(《概述》,第 13 页)

(1988年)5月13日,兵团办公厅发出《关于解决兵团上海支边青年子女回沪借读期间口粮供应问题的通知》,凡属吃商品粮人口一律凭本人"购粮证"向所在地粮店一次领取学生半年新疆地方粮票,并由当地县市粮食局出具原定量证明;团场支边青年子女一律由团场统一向当地粮食部门交售学生全年粮油,以粮换票,并出具粮票数量证明。上海市粮管所凭新疆粮票兑换上海市粮油票,购买粮油。共解决 6 440 人粮票兑换问题。

(《大事记》,第 44—45 页)

1988年,为解决上海支边青年子女回沪就读期间口粮供应问题,经上海工作组、兵团商业局与自治区粮食局三方达成协议,由上海市教育局提供兵团在上海就读的支边青年子女名单,兵团商业局提供学生家长所在师(局)及各地、州、市人数,再由自治区粮食局通知所在地粮食部门发放新疆粮票并出具本人定量证明,上海市粮食局凭证明换发上海市粮票购买粮油。经两次审核共办理 6 440 人的口粮供应手续。

(第三篇第二章《供应办法》,第 150 页)

根据国务院(1978)20号文件,关于"国营农场的职工,包括国家计划分配在农场工作的城镇知识青年、农场职工子女,都是国家职工,是工人阶级的组成部分"的精神,国营农业企事业单位的职工,如因工作需要调往城镇和符合条件退职退休安置在城镇的,凭调出、调入地组织、劳动、人事等部门的调动证明,应准予办理户口和市镇粮食供应关系转移手续。符合国家政策规定随迁的职工家属应准予一并办理户口和市镇粮食关系的转移手续。

(《附录》,第 270 页)

# 《新疆生产建设兵团共青团志》

共青团新疆生产建设兵团委员会编,新疆人民出版社 2005 年

(1955 年)7—8 日,兵团派人赴河北省唐山、保定、石家庄三地区招收青年学生 1 000 余人,进疆参加边疆建设。 (《大事记》,第 12 页)

(1957 年)6 月 21 日,兵团团工委下发《关于做好知识青年工作的几点意见》。指出1955 年到 1957 年,兵团进疆的青年学生共有 6 000 多人,仅 1956 年一年从内地各省招收4 000 余人。 (《大事记》,第 14 页)

(1961 年)8 月 20 日,上海市 2 460 名知识青年应招到兵团各类学校学习。

(《大事记》,第 17 页)

(1963 年)6 月中旬至 8 月中旬,1.5 万名上海青年到兵团参加建设。

(《大事记》,第 19 页)

8 月中旬至 9 月底,4 800 名上海应届初、高中毕业生到兵团参加建设。

(《大事记》,第 19 页)

(1973 年)11 月 4 日,兵团党委决定授予农六师一〇三团职工周春山"模范共青团员"称号,并追记一等功。

是年,兵团政治部组织部青年科组织开展向模范共青团员周春山学习的活动;召开了兵团青年工作座谈会;组织参加了自治区上山下乡知识青年工作会议;参与了自治区团员代表大会的筹备工作。 (《大事记》,第 23 页)

(1976 年)9 月 3 日,武汉市慰问代表团抵达乌鲁木齐市。之后,代表团分赴全疆各地慰问支援新疆建设到兵团工作的武汉知识青年。 (《大事记》,第 24 页)

(1979 年)9 月 19 日,自治区召开全疆农垦系统知青工作座谈会议,自治区农垦总局局长谢高忠出席会议并讲话。这次会议的中心内容是交流经验,了解情况,讨论进一步做好农垦系统的知青工作。 (《大事记》,第 24 页)

(1994 年)9 月,由上海市委副书记陈至立、上海市副市长蒋以任率领的上海市赴疆代表

团一行 15 人,到兵团机关看望上海支边知识青年代表。　　　　（《大事记》,第 36 页）

20 世纪 60、70 年代,由于兵团生产发展和大批上海等地青年进疆,许多团员充实到各个行业中去,各行各业的团员数量都略有增加。1963 年,仅调入工交战线的团员就达 6 699 人。　　　　（第一章《共青团组织》,第 68 页）

# 《新疆生产建设兵团林业志》

新疆生产建设兵团史志编纂委员会、新疆生产建设兵团林业志编纂委员会编,新疆人民出版社 2007 年

(1962 年)11 月,王震部长书面报告周恩来总理和谭震林副总理,要求组织一批上海中学生到农一、二师参加蚕桑建设,得到了批准,决定在第三个五年计划期间,以农一、二师为主,预计接收上海知青 8.5 万人,以发展兵团的粮、棉和蚕桑生产。　　（《大事记》,第 16 页）

(1966 年)年底,自 1962 年至此,农一师接收上海知青及部分青年学生共 4.5 万余人,占实际来新疆上海知青总数近一半(47.2%),其余上海知青分配到农二师等垦区。

（《大事记》,第 18 页）

# 《新疆生产建设兵团农业机械志》

新疆生产建设兵团史志编纂委员会编,新疆人民出版社 2004 年

1954 年兵团成立后,山东、河南、湖北、江苏、安徽等省的大批青年来新疆支援兵团经济建设,从中选拔有一定文化程度、工作积极、身体健康的,采用师傅带徒弟或短期集训等办法进行培训,转入农机队伍。1964 年,又从上海、天津、武汉支边的知识青年中,挑选一批人充实农机队伍。70 年代,这批人已成为兵团直接操纵农机的主要力量。

（第三章《农业机械管理》,第 133 页）

# 《新疆生产建设兵团教育志》

新疆生产建设兵团史志编纂委员会编,新疆人民出版社 1999 年

(1972 年)4 月,兵团发出《关于 1972 年中小学应届毕业生分配的通知》,规定应届中小

学毕业生(年满16周岁以上者)原则上就地、就近分配到农牧团场,接受贫下中农的再教育。

(《大事记》,第21页)

兵团中等师范学校、师范班通过德、智、体全面考核,择优录取。1966年以前,各师(处)所办中师校(班)的招生计划由各师(处)制定,由兵团政治部宣传部审批下达招生指标。各办学单位(师、处),对本师(处)自愿报考或单位推荐的考生进行面试和文化考核后,择优录取。主要招收本师(处)所属单位的初中毕业生,学制三年。有的中师校(班)也从支边青年(当时主要是上海、武汉、天津等地支边青年)中,招收部分高中毕业生,学制一年。基本实行定向招生,按需培养,招生、培养、分配紧密结合的招生办法。

(第三篇第一章《中等师范教育》,第260页)

# 《农一师志》

农一师史志编纂委员会编,新疆人民出版社1994年

(1961年)9月13日至11月7日,农一师首次安置上海学生382名。

(《大事记》,第11页)

(1963年)7月13日至8月中旬,15 030名上海青年分三批到达农一师。截至1965年底,到农一师参加垦区建设的上海支边青年共40 962名。 (《大事记》,第12页)

(1964年)4月24日至5月9日,农垦部部长王震在兵团副参谋长陈实等人陪同下视察沙井子一管处,塔河二、三管处,喀什、和田四管处及师直部分农场、工厂。5月6日,王震在全师上海青年积极分子代表大会上讲话。 (《大事记》,第12页)

(1965年8月)上海市各界人民赴疆慰问团来师,并到团场慰问演出。

林海清带领师文工团及上海青年代表240人到上海进行慰问汇报演出,历时3个月。

(《大事记》,第13页)

(1966年)1月18日,农一师各单位上海青年丰产组长、五好工人代表307名,组成赴沪参加团抵达上海。 (《大事记》,第13页)

(1967年)2月,上海支边青年家长造反团40余人来农一师串联"点火"。

(《大事记》,第14页)

(1980年)1月初,3 700余名上海支边青年聚集阿克苏要求回沪,经过细致的思想政治工作,事态得到平息。事后,新疆维吾尔自治区人民政府和上海市人民政府共同协商,向中央写出解决"上青"回沪问题的报告,其基本内容:大部分稳定在新疆。(《大事记》,第19页)

　　(1983年)8月11日,赵紫阳和随行的胡启立、郝建秀、王恩茂、司马义·艾买提、祁果、陈实等到一团视察并接见了部分上海支边青年,走访了部分上海支边青年和老职工家庭。

　　　　　　　　　　　　　　　　　　　　　　　　　　　　　　　(《大事记》,第21页)

　　(1985年)12月20日,农一师政治部主任倪豪梅等人,去上海会同兵团驻沪办事处组成工作组,协助上海有关部门,调查了解滞留上海支青的情况,共同做好上海支边青年在兵团的稳定工作。　　　　　　　　　　　　　　　　　　　　　　　　　　(《大事记》,第26页)

　　(1986年)2月7日,农一师下发《关于继续认真做好上海青年稳定工作的通知》,并成立返疆支边青年接待安置办公室。　　　　　　　　　　　　　　　　(《大事记》,第26页)

　　8月13日至20日,由上海市副市长谢丽娟率领的上海市赴疆慰问团,在兵团副政委曹国琴的陪同下,来师慰问。同来的还有上海经济协作团和慰问演出团。慰问团参加了阿拉尔电视录像转播台移交仪式。该台于1982年由上海市无偿支援全部电视转播设备。上海市委、市政府先后拨款97万元,农一师集资168万元。农一师向上海电视台赠送"高塔树丰碑,微波传深情"的锦旗。　　　　　　　　　　　　　　　(《大事记》,第28页)

　　(1987年)6月19日至8月15日,根据上海和兵团有关协议,1987年上海地区中专、技校、职校招收兵团系统原上海支青的子女。上海招生工作组一行7人,于7月29日来农一师,对送报1 104名考生材料投档审收,录取454人,其中中专188人,技校163人,职校103人。　　　　　　　　　　　　　　　　　　　　　　　(《大事记》,第30页)

　　(1988年)7月,全师有496名应届毕业生被大、中专院校录取,其中本科323人,专科120人,中专53人,其中22名上海支边知识青年子女由上海院校定向招收。

　　　　　　　　　　　　　　　　　　　　　　　　　　　　　　　(《大事记》,第33页)

　　8月3日至4日,上海支边青年的子女516名(初中毕业)分别被上海中专、技校、职校录取。　　　　　　　　　　　　　　　　　　　　　　　　　　　(《大事记》,第33页)

　　(1989年)5月16日至6月17日,上海工作组一行12人来疆,办理上海支边青年子女

到上海落户手续。全师有 2 950 名上海支边青年子女获准迁证。 （《大事记》，第 36 页）

（1990 年）11 月 3 日至 5 日，以河北省副省长张润身为团长的河北省赴疆慰问团，慰问在师工作的 80 余名 1955 年支边进疆的河北籍学生，并参观一团、二团。

（《大事记》，第 91 页）

（1993 年）1 月 2 日，农一师返沪"知青"联谊座谈会在农一师驻沪联络处招待所召开。师政委张长坤主持座谈会。 （《大事记》，第 49 页）

1987 年，上海市政府与兵团签订《关于坚持贯彻党中央指示，把原上海支表稳定在新疆的商谈纪要》，上海市中专、技校、普通高中、职业高中开始在农一师招收 60 年代支边进疆上海青年子女。到 1992 年在农一师招收学生 1 184 人。

农一师上海支边青年子女报考上海市学校情况统计表 （单位：人）

| 年　份 | 考　生 | 录　取　人　数 | | | | |
|---|---|---|---|---|---|---|
| | | 中　专 | 普通高中 | 职业高中 | 技　校 | 合　计 |
| 1987 | 1 107 | 188 | | 103 | 163 | 454 |
| 1988 | 957 | 141 | | 34 | 341 | 516 |
| 1989 | 537 | 136 | 16 | 31 | 311 | 494 |
| 1990 | 269 | 47 | 8 | 6 | 127 | 188 |
| 1991 | 242 | 53 | 26 | 10 | 114 | 203 |
| 1992 | 198 | 24 | 9 | 9 | 76 | 118 |
| 合计 | 3 310 | 589 | 59 | 193 | 1 132 | 1 184 |

（第二十四篇第一章《普通教育》，第 441 页）

**戴根发（1948—1974）** 男，汉族，原名李洪海，江苏丹阳县导士乡人。因家庭经济拮据，1951 年被送给上海一家铁厂主戴某作养子。1964 年 6 月支边进疆，先后在农一师胜利十四场、十六场任农工、配水员、代理上士、水文观测员。1974 年夏季，为抢测塔里木拦河闸下泄的洪水流量时，因小船被巨浪吞没，咆哮的河水夺去了戴根发年仅 26 岁的生命。

戴根发生前热爱党、热爱社会主义，他服从组织分配，不管什么岗位，始终忠于职守，先后被评为"开荒能手"、"行军模范"、"学习毛主席著作积极分子"。1974 年 8 月 8 日中午，经过三天三夜疾风暴雨的袭击，阿克苏河水位急剧上涨，洪水以每秒 1 000 多立方米的流量,3米的流速向东冲去。戴根发和另3名水文观测员划着小舟,在抢测量大一次洪峰流量时,船被巨浪吞没。当人们从下游把戴根发救上岸时,他的心脏已停止了跳动。戴根发牺牲后,人们发现他已写下了15万余字的日记。戴根发生前总是默默无声地工作,曾跳进大水中救过落水老人,曾冲进火海抢救过国家财产,曾抱着被褥、铺板堵过冲垮的渠道,曾把新发的棉鞋送给有困难的同事,而他自己一套褪了色的军装,却补上了第四十八个补丁。

1975年2月,经中共新疆军区生产建设兵团委员会批准,授予戴根发"烈士"、"优秀水文战士"称号,并追记一等功。农一师十六团党委根据戴根发同志的生前愿望,追认其为中国共产党党员。

(第三十篇第一章《人物传记》,第537页)

**薛惠芬** 女,江苏武进县人。生于1947年3月。1965年6月从上海支边进疆,1981年入党,在农一师二团六连先后任农工、班长、代理副指导员、副指导员,荣立二等功2次、三等功一次。1981—1983年,带领妇女班,3年累计管理水稻153.3公顷,同时自己另管水稻7.47公顷,单产10 567.5公斤,总产7.75万公斤。1984年她管理水稻6.85公顷,总产达6.9万公斤,当年被兵团授予"劳动模范"称号。她带领的妇女班被自治区授予"三·八"红旗集体。1985年她管理水稻和长绒棉各2.08公顷,水稻总产1.9万公斤,棉花总产2 000公斤。同年获全国"五·一"劳动奖章和全国"优秀技术工作者"称号,1988年当选为全国七届人大代表。

(第三十篇第二章《人物简介》,第550页)

(1964年)4月24日下午,王震在师部听取师党委常委的汇报后说:"农一师要奋发图强,……人家能达到目的,你们也要能够做到。要抓棉花,全师棉花要搞高产。今年种13万亩棉花,搞10万亩平均亩产皮棉100斤,争取总产1 000万斤。粮食要争取高产,水稻单产500斤,玉米单产600斤,高粱单产500斤,小麦300斤是可以达到的,今年要努力完成总产粮食18 000万斤。……要搞增产节约,田边地角都要充分利用。……生活要搞好,粮食要安排好,所有机关就是要多吃些玉米,玉米也好吃,让连队,特别是上海青年多吃点细粮……"

(《附录》,第597页)

# 《农一师教育志》

农一师史志办公室编,新疆人民出版社2000年

(1972年)4月,根据兵团指示,农一师1972年中小学应届毕业生原则上全部在所在团场分配就业,接受贫下中农再教育(指年满16周岁以上)。 (《大事记》,第7页)

(1980年)各学校上海籍教师卷入"回城风",相当多的班级被迫停课,个别团场部分学生去内地上学。教师大量外调,仅四团就调走105人。 (《大事记》,第8页)

## 上海支边知识青年教师名单

上海支边知识青年,在农一师教育战线上占有不小的比例,对农一师的教育事业起着不可低估、不可忽视的作用。农一师教育战线上的上海支边知识青年,一部分(五团占20%多、十五团占81.55%、四团约占87%)已调动或停薪留职而离开了该师的教育岗位。这里记录的是,一至六团、八团、十团、十二至十六团、工二团、建化厂、良繁场、师直属学校与幼儿园、师教委等单位的上海支边知识青年在农一师教育战线上尚在工作,已经退休和已逝世的同志。截至1995年,上述单位的这些同志共有422人,其中男的201人,女的221人,在岗的291人,退休和病休的121人,病故的10人,名单如下:

| | | | | | | | |
|---|---|---|---|---|---|---|---|
| 丁 涓 | 丁玉妹 | 丁胜德 | 卜广云 | 于彩娣 | 万祥珍 | 马飞娟 | 马玉兰 |
| 马怡慈 | 马俊文 | 马樟桂 | 王 瑜 | 王巧云 | 王凤珠 | 王冬英 | 王尔琨 |
| 王百平 | 王兴发 | 王兴祥 | 王全宝 | 王如山 | 王怀富 | 王秀荣 | 王治民 |
| 王妙根 | 王利生 | 王春华 | 王桂海 | 王家娟 | 王海生 | 王雪凤 | 王菊珍 |
| 王锦成 | 王德顺 | 方玉倩 | 方根兰 | 卞惠芬 | 文乐耕 | 丰红英 | 牛桂贞 |
| 毛泰生 | 邓 润 | 邓云华 | 邓克刚 | 孔秀琴 | 孔祥敏 | 甘美霖 | 厉洪琴 |
| 石金荣 | 左庭悦 | 史丽敏 | 叶天真 | 叶照明 | 卢世平 | 冯 萍 | 冯庆门 |
| 冯根娣 | 冯海生 | 付建龙 | 包爱珍 | 乐南华 | 吉瑞芳 | 邢东明 | 匡次衡 |
| 吕 琦 | 吕云花 | 吕燕玲 | 曲淑仙 | 庄永娣 | 刘 瑾 | 刘文益 | 刘申祥 |
| 刘同谊 | 刘春华 | 刘维臻 | 刘婉珍 | 刘朝阳 | 刘德保 | 许双参 | 许泰生 |
| 朱 芸 | 朱小毛 | 朱广莉 | 朱长国 | 朱玉珍 | 朱龙娟 | 朱庆仙 | 朱明强 |
| 朱宗沛 | 朱美丽 | 朱静芬 | 伍贻跃 | 任建芬 | 成少华 | 邬孟雄 | 毕国英 |
| 纪美凤 | 孙又康 | 孙月华 | 孙月英 | 孙志芬 | 孙宏良 | 孙林光 | 孙明海 |
| 孙建华 | 孙栋梁 | 孙勇振 | 孙桂花 | 苏根娣 | 严 晨 | 严角喜 | 严根兰 |
| 严爱珍 | 严惠华 | 严鑫康 | 杜玉珍 | 杨 华 | 杨天翀 | 杨克承 | 杨连英 |
| 杨寿康 | 杨启华 | 杨鸿义 | 杨福郎 | 杨琪琪 | 李 雍 | 李 群 | 李丁和 |
| 李巧生 | 李玉和 | 李玉珍 | 季民杰 | 李有生 | 李运强 | 李杏霞 | 李国胜 |
| 李建国 | 李美英 | 李信森 | 李振华 | 李海鲁 | 李培荣 | 李基龙 | 李葆华 |
| 李惠霞 | 李景奎 | 李成娣 | 李静玉 | 李翠英 | 连 群 | 吴丹庆 | 吴仁慧 |
| 吴弘道 | 吴纠雄 | 吴纪更 | 吴佑龙 | 吴诗银 | 吴佩洁 | 吴桂英 | 吴继成 |
| 吴梅林 | 吴惠敏 | 应天佑 | 汪任华 | 汪树源 | 汪洪验 | 汪爱仁 | 沈凤仪 |

沈伟强　沈明珠　沈依萍　沈爱娣　沈勤余　沈耀妹　完绍曾　宋植智
宋德元　宋慧珠　谷英　余启泰　余彩娥　邱文琴　邱吉静　张伟
张毅　张小芬　张四维　张圣谋　张庆全　张来娣　张连成　张明德(男)
张明德(女)　张金宝　张金珠　张佩佩　张珉瑶　张国华　张洪芳　张根娣
张淑梅　张敬方　张惠芳　张敦厚　陆中屏　陆文德　陆月芳　陆可墨
陆永发　陆志毅　陆春娣　陆维平　陈婵　陈琴　陈然　陈一平
陈丁文　陈云华　陈月敏　陈玉元　陈达三　陈延坤　陈自堃　陈丽良
陈丽瑛　陈妙忠　陈佩佩　陈金娣　陈玲娣　陈树德　陈珠凤　陈益权
陈祥云　陈颂娟　陈淑萍　陈清泉　陈敏仁　陈福娟　陈雅清　陈嘉元
邵秀锦　邵学娟　林昆　林国芬　林绍萍　林惠珠　顾阳宝强　罗以端
周才希　周凤英　周自保　周苗春　周佩君　周美英　周哥娣　周家琪
周琳宝　庞金美　於佑仁　郑元兴　郑杏翠　郑彼得　郑秋霞　郑珑珠
房荣林　金玉梅　金坤武　金梅芬　承善美　荣关龙　荣琳霞　赵萍
赵子希　赵仲颐　赵荣娣　赵素珍　赵桂珍　赵银凤　赵富堂　赵韫宝
赵霓婷　柳秀珍　胡尔强　胡美娜　胡继常　胡朝梁　胡穗芝　郦国芳
施琼　施玉珍　施步金　施莲云　施祥生　施嘉隆　姜峰　姜永娣
姜根生　姜琳玲　洪兰羽　洪福海　祝永华　钟慧珠　俞汉钜　俞宝娣
费云芳　贺国伟　姚敏　姚长庚　姚兴宝　姚国青　姚慧玲　秦金娣
秦嗣珍　秦嗣梅　莫国跃　袁自力　袁信娣　袁维凯　贾树森　耿雄娥
夏寒英　顾大龙　顾友珍　顾丽娟　顾其謇　顾宣凤　顾根秀　柴松年
高京　高为群　高丽君　郭风璋　唐素琴　唐逢源　诸承治　侯美玉
侯玲玲　奚财宝　奚珊珊　钱小奋　钱心芝　钱永顺　钱金芳　钱惠君
钱紫云　翁珍英　翁玲芳　徐天健　徐春梅　徐宪新　徐祖萍　徐爱华
徐藏琳　徐燕君　陶宝仙　陶海康　陶裕民　桑学玲　黄俊　黄月琦
黄双玉　黄应龙　黄玲珍　黄寅娣　黄锦玮　曹建芳　曹建舫　曹春荣
曹翠红　梅培常　商和富　章文秋　章忠云　章金莲　梁晓玲　盛银珍
蒋快利　蒋玮德　蒋荣仁　蒋菊英　蒋黎明　董文海　董抗武　董富云
葛洪喜　彭伟娟　彭鸣玉　韩景象　景凤刚　喻顺　童新荣　阎淑娴
谢玉玲　谢永祥　谢丽丽　谢国荣　谢维萍　谢筱康　焦惠珍　舒菊娣
虞万勇　简德娟　解德仁　鲍继环　廖月琴　谭怡　熊俊龙　蔡同生
蔡秀梅　臧永康　颜伟庆　颜宝妹　潘招娣　潘国兴　黎建平　薛杏珍
戴自全　戴荣生　戴根福　戴祥娣　魏金尧　魏琪琪

（第二章《教师》，第 92—93 页）

1931

农一师上海支边青年子女报考上海市学校情况统计表　　　　（单位：人）

| 年份 | 考生 | 录取人数 | | | | |
|---|---|---|---|---|---|---|
| | | 中专 | 普通高中 | 职业高中 | 技校 | 合计 |
| 1987 | 1 107 | 188 | | 103 | 163 | 454 |
| 1988 | 957 | 141 | | 34 | 341 | 516 |
| 1989 | 537 | 136 | 16 | 31 | 311 | 494 |
| 1990 | 269 | 47 | 8 | 6 | 127 | 188 |
| 1991 | 242 | 53 | 26 | 10 | 114 | 203 |
| 1992 | 198 | 24 | 9 | 9 | 76 | 118 |
| 合计 | 3 310 | 589 | 59 | 193 | 1 132 | 1 184 |

（第五章《中学教育》，第 177 页）

　　1987 年 3 月 9 日，上海市人民政府和新疆生产建设兵团签定了《关于坚决贯彻党中央指示，把原上海支青稳定在新疆的商谈纪要》。根据《纪要》，当年上海地区的中专、技校、职业高中在兵团招生。农一师报考者 1 107 人，最后录取 454 人，其中：中专 188 人，技校 163 人，职业高中 103 人。

　　1988 年，上海地区三校继续在农一师招生，报名 957 人，共录取 516 人，其中：中专 141 人，技校 341 人，职业高中 34 人。同年上海高校在兵团招收原上海支青子女 50 人，农一师被录取 22 名。

　　1989 年，上海地区四校在农一师招收符合在上海落户条件的原"上青"子女入学，报考 537 人，被录取 494 人，其中：重点高中 8 人，普通高中 8 人，职业高中 31 人，中专 136 人，技校 311 人。

　　1990 至 1992 这三年中，上海地区四校连续在农一师招收原"上青"子女入学。录取人数，三年分别为 188 人、203 人和 118 人，其中：中专分别为 47 人、53 人、24 人，高中分别为 8 人、12 人、9 人，职高分别为 6 人、10 人、9 人，技校分别为 127 人、114 人、76 人。

（第十二章《招生工作》，第 433—434 页）

　　顾其睿，1944 年 1 月出生，上海人，1965 年支边进疆，1969 年毕业于塔里木农垦大学，中共党员，中学高级教师。他先后任农一师二团一中校长，农一师教师进修学校副校长、农一师教育处教研室主任等职，现任农一师中学校长。

　　顾其睿在 20 多年的教育工作中，锐意进取，不断开拓，成绩突出。1982 年被评为自治区青少年优秀科技工作者和全国青少年优秀科技辅导员，1983 年被评为师先进教育工作者和全国儿童少年先进工作者，1989 年被评为师先进教育工作者和全国优秀教师。他任农一师中学校长后,与校党委一起,领导全体师生员工,同心同德抓校园建设、抓教育教学,使该校面貌一新,教学质量全面提高。1991年他被评为师先进教师,1994年被评为师先进教育工作者,1995年被评为师劳动模范。 （第十四章《人物　先进集体》,第451—452页）

张惠芳,浙江宁波人,1946年2月出生,中专学历,中共党员,中学一级教师。她于1964年由上海支边进疆,1971年进农一师中学师范文科班学习,1973年毕业后留该校教初中语文,并一直担任班主任工作。

张惠芳,始终把学生的思想教育作为班级工作的头等大事来抓。她精心研究和实验教书育人的艺术和方法。她平时与学生和家长建立广泛的联系,详细记载每个学生在校内外的情况,并在此基础上分析学生的各自特点和确定教育措施。她利用一切可以利用的时间与学生一起钻研学习方法,利用班会、课余时间开展各种形式的教育活动,做到寓教于乐。她带的班级,由乱变好、差生变优等生,她所带的班级在学校各项活动中屡屡获奖,学习成绩在全年级中名列前茅。1983年,她被评为全国优秀班主任。

（第十四章《人物　先进集体》,第453页）

曹美莉,女,上海人,1963年支边到二团,初中学历,1978年被招聘为英语教师。她刻苦钻研业务和自学英语知识,能虚心向有经验的教师请教。1978至1981年,她所教的初中英语在全团统考中成绩名列前茅。1982年被派出进修,每门功课优秀。1985年高考,她所教的外语成绩为全师第三,1986年、1987年两届高考中,她教的英语分别获全师第二名、第一名,1988年高一英语会考,她获全师第一。她多次被评为团先进工作者,"三八红旗手",1988年被评为全团学习标兵、获师"园丁奖"和自治区优秀教育工作者称号,1989年被评为全国优秀教师。 （第十四章《人物　先进集体》,第453—454页）

孙强烈,上海人,1946年11月出生,大专文化程度,中学一级教师,1965年由上海支边进疆在七团工作。他1979年从教,自1984年起,一直任高中毕业班的英语教师。他十分注意自身业务素质的提高,保持着谦逊求学的工作作风。他积累了一套行之有效的工作方法和教学经验,教学成绩突出。他任高中毕业班英语教学,高考成绩年年在全师名列前茅。他1989年被评为师先进教师,1997年被评为全国优秀教师。

（第十四章《人物　先进集体》,第454页）

邵定家,男,1963年由上海支边进疆,1981年开始任教,任十二团一中的音乐教师。他到校后,努力学习党的教育方针,学习教育学心理学、声学等。他工作任劳任怨,不计报酬,每周有时任课多达22节课,还有星期二、四、六的课外小组活动以及寒暑假期的文娱辅导,除课堂教学外每年的训练时间在300小时以上。经他的训练,许多8、9岁的小学生会识五线谱,11—12岁的四年级学生能合奏世界名曲,自1982年以来每次团内文艺演出均获第一。他改革、创新的路子得到农一师教育处的肯定和高度评价。他本人1989年被评为农一师先进教育工作者新疆维吾尔自治区优秀教师。 （第十四章《人物　先进集体》,第456页）

# 《一团志》

一团史志编纂委员会编,新疆人民出版社1996年

　　(1964年)7月22日,一团作安置上海青年工作总结。上海青年来团总人数1 131人(男570人,女561人)。　　　　　　　　　　　　　　　　　　（《大事记》,第18页）

　　(1965年)6月16日,上海支边青年第二批600名启程离沪,7月3日分到一团连队。
　　　　　　　　　　　　　　　　　　　　　　　　　　　　（《大事记》,第18页）

　　10月,上海市副市长宋日昌带领上海市人民慰问团来一团慰问上海支边青年。
　　　　　　　　　　　　　　　　　　　　　　　　　　　　（《大事记》,第18页）

　　(1966年)3月,陈毅副总理、胡耀邦、胡启立、张仲瀚等同志在北京接见兵团上海支疆青年,支疆青年中有一团的吴德章。　　　　　　　　　　　　　（《大事记》,第19页）

　　(1973年)12月17日至22日,团召开了知识青年上山下乡工作会议。
　　　　　　　　　　　　　　　　　　　　　　　　　　　　（《大事记》,第22页）

　　1953年3月,一团人口2 425人,主要是部队集体转业官兵,及随军家属。1956年至1966年,人口大量增加。主要来源有:1956年接收河南、四川青壮农民;1959年至1960年接受湖北支边青壮年;1963年至1966年接受上海知识青年2 400人和南京军区、福州军区复员转业军人及家属;接收甘肃八一农场迁来农工、哈密尾亚青壮年;安置内地自动支边人员。　　　　　　　　　　　　　　　　（第三篇第一章《人口数量》,第68页）

　　1963年起,对上海支边青年实行3年供给制,津贴费第一年月3元,第二年月5元,第三年月8元;月伙食标准12元;其他费用3年共计201.99元。1965年后,经兵团批准,对上海支青转正一律定为农工级,一般农工定为新一级,部分定为新二级(原一级)。
　　　　　　　　　　　　　　　　　　　　　（第十六篇第二章《工资》,第262页）

# 《二团志》

二团史志编纂委员会编,(内部刊行)1993年

　　河南支边青年和上海支边青年是二团人口的主体。……1963年至1966年4年中,上海支边青年2 153人。　　　　　　　　　　　　　　　　　　　　（第二章《人口》,第7页）

　　**薛惠芬**　女,汉,生于1947年,江苏无锡人,初中文化程度。中共党员。全国七届人大代表,曾受到王震接见。现任二团中心幼儿园指导员。1965年7月,从上海支边进疆,在农田干了21年。1984年,承包102.8亩水稻,实行科学种田,单产1 342斤,总产13.8万斤,是全国农业系统产粮最高的女工;她带的班组人均产粮12万斤,被评为自治区"红旗集体"。1985年,获得兵团"劳动模范"称号。　　　　　　（第二十六章《人物集体》,第357页）

　　**曹美莉**　女,汉,生于1946年,浙江人,初中文化程度。中共党员。1963年从上海支边进疆。1978年,招聘为外语教师。1985年师统考,所教班成绩名列第三。1986年获自治区教育系统优秀教育工作者称号。1986年、1987年两次高考中以优异的成绩分别获师第一、二名。1989年,获全国农垦系统"优秀教育工作者"称号。1978年至1989年,5次被团评为"先进工作者",4次被团评为"三八红旗手"。　　　　　（第二十六章《人物集体》,第360页）

## 1992年末在二团的上海支边青年名录

| | | | | |
|---|---|---|---|---|
| 徐顺兴 | 朱小娟(女) | 付顺喜 | 黄国坚 | 陈加友 |
| 陈金荣 | 周克明(女) | 钱洪根 | 王乔良 | 杨有珍(女) |
| 吴光华(女) | 沈启隆 | 杨玉华(女) | 程桂里(女) | 陈月娣(女) |
| 许生英(女) | 张建雄 | 朱伟国 | 周玉珍(女) | 王祖根 |
| 陈毛领 | 唐伯远 | 王国详 | 沈鸿元 | 周成安 |
| 徐振红 | 罗美玲(女) | 郭莲桂(女) | 吴红珍(女) | 洪仁坡 |
| 任金坤 | 徐海狗 | 张丽娥(女) | 朱成龙 | 吴其生 |
| 朱爱莲(女) | 盛美英(女) | 袁松梅(女) | 朱长安 | 钱嘉和 |
| 金翠宝 | 丁金毓 | 张根北 | 宣妙生 | 胡充丰 |
| 袁庆生 | 王桂珍 | 谭静君 | 金　凤 | 马俊凌 |
| 郭尊柱 | 关红珍(女) | 张立均 | 高卫琴(女) | 徐宏根 |
| 刘　英(女) | 王霞芹(女) | 沈美林 | 陆扣英(女) | 孙金林 |
| 刘阿小(女) | 李普庆(女) | 徐凤仙(女) | 刘春秀(女) | 王燕华(女) |
| 郑家华 | 许金林 | 滕小红(女) | 唐春伟 | 董福根 |

| | | | | |
|---|---|---|---|---|
| 芳 生 | 王树根 | 魏烈扬 | 杨振德 | 王树怀 |
| 吴菊云 | 张秀英 | 胡德宝 | 邹杏妹 | 侯佩荣 |
| 李东娣 | 赵连柱 | 王德文 | 张根宝 | 陶美丽(女) |
| 陈兆宏 | 曹小妹(女) | 龚明华 | 朱凤英(女) | 陈玉英(女) |
| 陆玲娣(女) | 沈国华 | 陈小翠(女) | 朱 爱 | 顾存英(女) |
| 龙粉红(女) | 朱卫竟 | 杨洪伟 | 王秀娟(女) | 孙中红 |
| 王 漪(女) | 邵万新 | 程金妹(女) | 陆立宏 | 刘 华 |
| 孔繁珍(女) | 赵宗道 | 王良巧(女) | 铁 汉 | 王根兴 |
| 王洪才 | 吴金福 | 苏美芳(女) | 王洪定 | 任桂英(女) |
| 蔡三妹(女) | 杨晓伟 | 吴祥荣 | 彭玉兰(女) | 王万照 |
| 马运良 | 刘须振 | 张小喜 | 朱文艳(女) | 殷志强 |
| 马兰珠(女) | 许顺英(女) | 刘志宝 | 韩法根 | 许根英(女) |
| 孙玉华(女) | 祖维群 | 袁维凤(女) | 朱晓琴(女) | 吉亚民 |
| 陆霞妹(女) | 金翠宝(女) | 项茂康 | 周士芬(女) | 黄云培 |
| 李扣英(女) | 黄金凤(女) | 朱继英(女) | 郑其英(女) | 朱湘琪(女) |
| 王守凯 | 任长新 | 刘松山 | 翟明星 | 周兰女(女) |
| 朱长春 | 张继志 | 赵毛弟 | 张兆群 | 赵美英(女) |
| 刘新荣 | 唐仁涣 | 许胜才 | 邹国民 | 张惠英(女) |
| 陈秀英(女) | 陶 兰(女) | 杨金娣(女) | 芦来娣(女) | 严玲娣(女) |
| 任毛头(女) | 袁锡兴 | 宋留代(女) | 陈士芳 | 宋翠珠(女) |
| 薛付康 | 刘万顺 | 洪春林 | 杨建良 | 刘桂成 |
| 张承德 | 沈惠珍(女) | 马红政 | 周祖成 | 姚胜富 |
| 何小忠 | 杨如明 | 陶其国 | 于和清 | 张毓芬(女) |
| 李国林 | 林立全 | 谭付林 | 金新义(女) | 孙开学 |
| 邬松丽(女) | 李宽红 | 庄小兰(女) | 吴继成 | 孙玉洁(女) |
| 顾根秀 | 杨桦(女) | 郎庆平(女) | 李玉和 | 高 京 |
| 姜永娣(女) | 蒋其凤(女) | 陈丁文 | 罗以端 | 王兴祥 |
| 连 群(女) | 杨琪琪(女) | 英国跃 | 荣琳霞(女) | 陈树德 |
| 汪树源(女) | 姜根生 | 戴志萍(女) | 叶照明 | 马怡慈(女) |
| 马玉兰(女) | 顾宣凤(女) | 高为群 | 谭胜利(女) | 刘宝云(女) |
| 刘凤英(女) | 顾稼宝(女) | 石韫青(女) | 刘婉如(女) | 潘照英(女) |
| 杨福郎 | 姜玲玲(女) | 曹美丽(女) | 徐久思 | 王兰珍(女) |
| 吴金山 | 卞金国 | 王吉仁 | 孙红英 | 孙久林 |
| 骆付康 | 张建国 | 汤贵牛 | 王美芬(女) | 仲根娣(女) |

| | | | | |
|---|---|---|---|---|
| 马士连(女) | 蒋文英 | 赵振华 | 吴志廷 | 王引娣(女) |
| 芮巧凤(女) | 周文华(女) | 毛三妹(女) | 孔庆妹(女) | 郑阿寿 |
| 孙润琪 | 周正国 | 金伯敏(女) | 金海林 | 杜菊珍(女) |
| 高翠华(女) | 李志仁 | 张国顺 | 王岳章 | 孙公民 |
| 孙明娟(女) | 陆锦凯 | 黄顺光 | 姚兰娣(女) | 王益甫 |
| 徐根宝 | 魏阿林 | 左听华(女) | 戴小凤(女) | 王扣珍(女) |
| 邬照庆 | 孙景春 | 许兰英(女) | 段宝珍(女) | 刘根生 |
| 梅淑章(女) | 邵玲妹(女) | 高莲红(女) | 戴志仁 | 王保忠 |
| 包金娣(女) | 王宝娣(女) | 何小海 | 项志敖 | 魏建珍(女) |
| 王秀娣(女) | 林朋敏(女) | 肖元强 | 薛清贤 | 郑家华 |
| 姚 勤(女) | 吴秀琴(女) | 王彩芳(女) | 叶 华(女) | 谢松浩 |
| 金根娣(女) | 徐 龙 | 黄三北 | 靳竹丽 | 赵玉华 |
| 范荣兴 | 朱金囡 | 龚培国 | 李国方 | 周三喜 |
| 赵文珍(女) | 徐达铭 | 蔡文昌 | 王惠珍(女) | 李解放(女) |
| 沈文祥 | 沈雨兴 | 陶林宝 | 周桂娣 | 沈宝康 |
| 高兆根 | 张海林 | 赵玉龙 | 姜尚定 | 徐今赛(女) |
| 高文文(女) | 龚锦山 | 徐文杰 | 刘丰跃 | 史棉芳 |
| 刘忠奚 | 张岚秀(女) | 张虎林(女) | 钟月娣(女) | 蔡梅娣(女) |
| 丁荣发 | 孙根娣(女) | 糜振珠(女) | 刘洪福 | 张阿才 |
| 宋文娣(女) | 吴小翠(女) | 于未东 | 钱文奎 | 韩本芝 |
| 李正才 | 都基才 | 付长海 | 徐秀芳 | 罗德鲸 |
| 孙秀兰(女) | 洪 宝(女) | 邹龙娣(女) | 江凤仙(女) | 胡九妹(女) |
| 朱莉莉(女) | 刘钱发 | 吴金祥 | 孙公德 | 任有根 |
| 蒋根宝 | 姚关庆 | 王琼芳(女) | 崔志平 | 熊惠群 |
| 俞荣根 | 李秋明(女) | 陈小妹(女) | 李毓英(女) | 马家伟 |
| 刘宝忠 | 俞宝珍(女) | 潘其昌 | 张淑花(女) | 叶韵仪(女) |
| 孙爱梅(女) | 周世杰 | 史端宝(女) | 林西泉(女) | 余伯英(女) |
| 杨素红(女) | 朱金发 | 吴玉珍(女) | 陈忠良 | 陶林龙 |
| 李秀红(女) | 刘守俊 | 崔同根 | 孙兴芬(女) | 王妙根(女) |
| 朱宝珍(女) | 张明德(女) | 万祥珍(女) | 李海鲁(女) | 魏琪琪(女) |
| 孙建华(女) | 解德仁 | 赵龙海 | 朱春蕾 | 肖庆春 |
| 杨守银 | 陆珍宝(女) | 汪慧敏(女) | 曹顺华(女) | 彭金坤 |
| 姚敏敏 | 陈秀珍(女) | 肖根荣(女) | 周湘莲 | 徐维国 |
| 扬如明 | 林才良 | 刘永福 | 李维康 | 张辛北 |

| | | | | |
|---|---|---|---|---|
| 沈立基 | 宋敬远 | 吴利芳(女) | 徐凤英(女) | 包龙成 |
| 王国巾(女) | 江秀云(女) | 尤毛头 | 金关林 | 王跃平 |
| 朱长荣 | 李春荣 | 蔡亚良 | 张桂英(女) | 范桂花 |
| 那永华 | 王菊娣(女) | 陈留柱 | 王明启 | 龚金娣(女) |
| 杨喜凤(女) | 张本英(女) | 宋阿珍(女) | 胡继宏 | 姜伟善 |
| 刘龙祥 | 朱仲英(女) | 吴海宝 | 章 志 | 潘小妹(女) |
| 吉志国 | 钱芙蓉(女) | 沈国华 | 沈作宽 | 王开芳 |
| 陈跃祖 | 李光禄 | 米学生 | 万祥生 | 徐明亮 |
| 许连江 | 聂忠根 | 呈阿四 | 黄立兴 | 张福俊 |
| 施庆海 | 树金兰(女) | 王其珍(女) | 王丁兄(女) | 万桂凤(女) |
| 张兰花(女) | 万阿娣(女) | 滕秀芬(女) | 秦帮生 | 李海东 |
| 周仁娣(女) | 史先跃 | 程永锡 | 段剑敏 | 严国兴 |
| 王身宏 | 袁锡强 | 钱永宏 | 曹松涛 | 陈芬汝 |
| 杜崇斌 | 陈玉琴(女) | 虞佩琴(女) | 王本海 | 徐国民 |
| 许荣生 | 于彩根 | 张全保 | 赵金妹(女) | 红 花 |
| 李琳琳 | 陈贵奇 | 唐付根 | 苏坚荣 | 黄九顺 |
| 金五星 | 赵根娣(女) | 柯百侯 | 王长宝 | 薛瑞岭 |
| 龚金山 | 刘松香 | 王洪宝 | 扬仁财 | 陆兴荣 |
| 刘龙宏 | 石志定 | 张凤妹(女) | 王国峥 | 施凤君 |
| 许林珍 | 忻元龙 | 张国琴(女) | 侯小妹(女) | 黄菊芳(女) |
| 顾照勤(女) | 万忠林 | 徐招娣(女) | 秦福明 | 樊国华 |
| 郁道德 | 聂春华 | 余新生 | 孙正茂 | 朱永康 |
| 付立忠 | 单惠英(女) | 程根宝 | 胡忠孝 | 纪庆生 |
| 尤毛头 | 朱有桃 | 秦九海 | 徐招娣(女) | 姚扣兰(女) |
| 顾俊福 | 范国华 | 盛培丽(女) | 张瑞华(女) | 王玉珍(女) |
| 秦付明 | 陈明霞(女) | 程晓荣(女) | 王宝丰 | 陆莉芳(女) |
| 张桂花(女) | 刘元付 | 吴东娣(女) | 蒋根娣(女) | 李解生 |
| 周桂英(女) | 王柏莹(女) | 姚海云 | 薛永元 | 张祥妹(女) |
| 董宝华(女) | 黄寅娣(女) | 彭水仙(女) | 汤贵顺 | 郭祥余 |

(第二十六章《人物集体》,第 369—374 页)

(1963 年)7 月 16 日,首批上海支边青年 806 人到胜利四场。　　(《大事记》,第 392 页)

10 月 14 日,场成立以上海支边青年为骨干的业余演出排,排长干星星(女)。

(《大事记》,第 392 页)

(1964 年)11 月,上海青年 724 人来场。　　　　　　　(《大事记》,第 393 页)

(1965 年)10 月,上海支青李梅英在喀什受到贺龙元帅的接见。(《大事记》,第 394 页)

是年,上海支边青年 594 人来场。　　　　　　　　　(《大事记》,第 394 页)

是年(1966 年),上海支边青年 288 人来场。　　　　(《大事记》,第 395 页)

(1986 年)5 月 10 日,薛惠芬参加"上海优秀知识青年回沪报告团",回沪演讲。

(《大事记》,第 408 页)

7 月 26 日,薛惠芬参加"全国农垦系统先进人物报告团",在北京汇报演讲。

(《大事记》,第 408 页)

是年,一中教师曹美丽被评为"全国农垦教育系统先进教师"。(《大事记》,第 409 页)

(1988 年)3 月 25 日—4 月 13 日,薛惠芬去北京参加七届人大一次会议。

(《大事记》,第 411 页)

是年,薛惠芬荣获全国五一劳动奖章。　　　　　　(《大事记》,第 411 页)

# 《三团志》

农一师三团史志编纂委员会编,新疆人民出版社 1996 年

1963 年至 1966 年间,上海青年大批支边进疆,4 年中共有 2 958 人来场,其中男 1 459 人。　　　　　　　　　　　　　(第三章《人口》,第 34 页)

从 1963 年起,上海知识青年响应党的号召,自愿参加边疆建设。胜利七场于 1963 年迎进二批,计 1 537 名,1964 年又安排 483 名。1965、1966 两年来场 938 人,共计分配上海青年 2 958 人(其中女 1 499 人),壮大了职工队伍。　　(第十八章《劳动人事》,第 243 页)

1965 年 1 月 6 日下午 5 时，场武装股负责人在带领 4 名民兵班长进行冲锋枪实弹射击时，流弹打中正在 295 米开外劳动的上海支青王永妹头部，经抢救无效死亡。

（第二十六章《安全生产》，第 331 页）

1965 年冬，上海支边青年王某因患精神病，跑入戈壁滩 2 天，被一名素不相识的维吾尔族牧民救回。 （第二十七章《社会》，第 336 页）

**刘成栋（1968.11）** 男，汉族，上海支边青年，原六连职工。1968 年 7 月，胜利七场派出 260 多人随农一师统一参加由新疆维吾尔自治区和新疆军区组织的施工部队赴巴基斯坦，援建中（国）巴（基斯坦）分界的红其拉甫达板至巴国境内的哈利格希镇公路。同年 11 月，刘成栋在开山劈路、爆破后排石险时，乱石滚落，被砸压在石下，不幸牺牲，被南疆军区授予烈士称号。

（第二十九章《人物》，第 372 页）

**崔保民（1942—1986.8）** 男，汉族，祖籍山东平度，1942 年生。1966 年 7 月由上海支边进疆参加工作，大学文化程度，1960 年 10 月加入中国共产主义青年团，1976 年 6 月加入中国共产党。历任见习排长、排长、政治工作员、副政治指导员、政治指导员兼党支部书记、团政治处副主任等职。1986 年 8 月 9 日在团组织机关工作人员挖树时，被倒树砸中，不幸当场殉职，年仅 44 岁。农一师政治部发唁电悼念，团党委发出了在全团范围内向崔保民学习的决定。

（第二十九章《人物》，第 373—374 页）

**朱桂达** 女，汉族，祖籍江苏常州，自幼父母双亡，随叔父生活，后移居上海，1964 年 5 月支边进疆在胜利七场参加工作。1966 年加入共青团，1981 年 9 月加入中国共产党。先后兼任连工会副主席、农一师女工委员会委员、团工会常委，1988 年 8 月在中共三团第七次代表大会上当选为党委委员。1992 年 12 月退休。

朱桂达参加工作后一直从事生产一线工作，曾八次被团评为先进生产者，两次荣立三等功，三次被评为优秀共产党员。1982 年被农一师树为先进标兵，1984 年 12 月受到兵团通令嘉奖，奖升一级工资。1985 年被兵团授予"劳动模范"称号，1986 年被农一师评为优秀共产党员。

1979 年至 1983 年的五年中，她为国家生产皮棉 13 913.5 公斤，上缴利润 3.5 万元。1984 年承包 78 亩土地，当年生产粮食 6 630 公斤，产皮棉 4 200 公斤，光荣地出席了兵团"双先"代表大会。1990 年她领导一个由 14 人组成的生产班，承包棉田 486 亩，总产皮棉 14.6 万公斤，上交利润 61 440 元，全班有 11 人达到万斤拾花能手，其中 8 人达到拾花特级能手。

（第二十九章《人物》，第 378 页）

（1963 年）7 月 18 日，首批上海支边青年来场。至 1966 年，共接纳安置上海支边青年 2 958 人，其中男 1 459 人。

（《大事记》，第 412 页）

（1964 年）5 月上旬，著名科学家彭加木来场考察，和青年代表进行了座谈，并为上海支边青年题词：“在革命化道路上共同前进”。

（《大事记》，第 413 页）

（1965 年）9 月 29 日，上海市各届人民赴疆慰问团到场慰问上海支边青年。

（《大事记》，第 414 页）

# 《农一师四团志》

农一师四团史志编纂委员会编，新疆人民出版社 1997 年

（1963 年）7 月至 9 月，上海支边青年四批共 892 人，先后来到八场。其中男 463 人，女 429 人。

8 月 9 日，农一师党委批转胜利八场接待安置上海青年的工作经验，发给全师各场。

（《大事记》，第 13 页）

11 月 17—20 日，八场召开上海青年劳动积极分子大会，194 人参加。涌现出七个上海青年先进班，142 名上海青年被评为五好工人，19 人入了团。

（《大事记》，第 14 页）

（1964 年）4 月 5 日，八场成立接待安置上海青年领导小组。组长赵国胜、彭金龙，副组长陈恩恒、任晋恒，组员 13 人。接待安置上海青年 926 人，其中男 484 人、女 442 人。

5 月 8 日，出席农一师上海青年积极分子代表大会代表 18 人回场，并带回王震部长和农一师首长的指示向场党委汇报。

（《大事记》，第 14 页）

（1966 年）3 月 17 日，农一师决定给 1963 年进疆的上海青年由供给制改为工资制。定二级的比例为 15％（场直和值班连队）和 10％（其他单位）。新工资从 7 月 1 日执行。

（《大事记》，第 16 页）

（1975 年）9 月，四团召开首届上山下乡知识青年积极分子代表大会。两年来有 25 名青年立了三等功，390 人评为先进生产工作者，650 人受到嘉奖。

（《大事记》，第 22 页）

（1980 年）12 月 15 日，上海支边青年自行成立纠察队，将政治处主任、劳资科科长、供销

科科长带到阿克苏,办理迁返户口手续。并自行规定,按上海青年"上访"表收取户口费用5—50元不等。 （《大事记》,第26页）

(1989年)4月22日,团转发上海市劳动局《关于解决新疆原上海支青子女来沪就读、入户问题的通知》。 （《大事记》,第34页）

1963年7月到9月,第一批上海支边青年892人来到八场,其中男463人,女429人。1964年4月,第二批上海支边青年926人来到农场,其中男484人,女442人。1965年第三批上海支边青年261人来到八场。以上三批上海青年共计2 079人。 （第二章《人口》,第52页）

从1976年[①]开始,上海青年实行顶替政策,夫妻双方都有顶替条件的回上海,夫妻一方有顶替条件的到海丰等地,到1982年底,上海青年已迁出1 200余人。 （第二章《人口》,第53页）

1973年6月10日,十四连上海支边青年朱胜龙赶马车到二支渠拉砂砾土,回来时拉了一车木料,过桥时马惊,将朱胜龙压伤,即送医院抢救无效死亡。 （第十六章《经营管理》,第237—238页）

四团十四连职工景伟德、夏冬梅都是上海支边青年。夫妻两人生一女儿景莉莉,长期寄养在上海爷爷家中。1972年6岁的景莉莉回到父母身边,开始还好,后来父母越看她越不顺眼,经常打骂。1973年9月14日早晨,景莉莉被父亲活活打死。景伟德也被依法惩处。 （第十七章《政法》,第249页）

### 女知青红十班

步兵一连十班由班长张艳荣、副班长高建民和战士田建惠、郭惠英等十人组成,见照片。

她们年龄小,个头小,都是接受贫下中农再教育的女青年。在完成生产任务的基础上,还抓紧时间进行军训,各项工作都走在前,成绩突出,经过师和兵团张司令员的检查,射击优秀。该班从1969—1972年连续四年荣获师"红十班"的光荣称号。班长张艳荣被选为农一师党委委员。 （第二十七章《人物·集体》,第341页）

---

① 应为1978年。——编者注

# 《五团志》

农一师五团史志编纂委员会编,新疆人民出版社1998年

(1962年)12月21日,首批上海支边青年200人到场,其中分配到蚕桑队120人,林园队80人。 （《大事记》,第8页)

(1963年)7月19至9月15日,1 417名上海支边青年分6批到场。其中团校青年16名(男4名,女12名)。 （《大事记》,第8页)

9月22日,场召开首届上海支边青年积极分子大会。 （《大事记》,第8页)

(1964年)11月26日,接待安置上海支边青年1 507名。 （《大事记》,第8页)

(1967年)12月,场内某派群众组织,蓄意制造"黑地图"事件,大搞"逼、供、信",打伤70余人(重伤10多人),上海女青年教师张冠君被迫害致死。 （《大事记》,第10页)

(1980年)9月,23名上海支边青年干部,写报告申请退干,回沪顶替,团党委批准了他们的报告。 （《大事记》,第15页)

(1986年)5月12日,吴月英(女)代表上海支边青年赴沪,参加优秀上海支青报告团,巡回演讲。 （《大事记》,第18页)

1963年至1965年,接收上海支边青年2 940人,转业军人205名,大中专毕业生60人。到1979年,全团总人口17 108人。1980年至1990年,上海青年回沪顶替迁回上海1 949人,离退休迁入内地43人,迁出五团在自治区内384人。 (第三章《人口》,第45页)

1963至1965年,大批上海支边青年来场,壮大了团组织。 (第十九章《群众组织》,第233页)

**文艺创作** 60年代初,场开展诗歌创作活动,作品大都流传于口头,有的登在板报上。1974年,四连上海支边青年章德益创作诗歌"大汗歌",在师"胜利报"和上海诗歌出版社出版。 (第二十章《文化　体育》,第237页)

**教师队伍** 1958年,教师是团内知识青年中选派录用。1964年,从上海支边青年择优录用20人。 (第二十二章《教育》,第254页)

# 《六团志》

农一师六团史志编纂委员会编，新疆人民出版社 1997 年

（1963 年）8 月 24 日，首批上海市川沙县支边知识青年 212 人，到达胜利十场，组建新二连。

9 月，第二批上海市奉贤县支边知识青年 50 人，到达胜利十场，补充到园林队（现四连）。

（《大事记》，第 8 页）

（1964 年）3 月 5 日，召开"胜利十场英模大会"，历时 5 天，参加大会的五好工人 187 人，五好战士 16 人，上海支边青年 34 人，五好干部 26 人。　　　　（《大事记》，第 8 页）

5 月 2 日，王震第二次到达胜利十场视察工作，到二连看望上海支边青年，同时到农田检查桑园，并对发展蚕桑事业作了重要指示。

6 月 15 日，第三批上海市虹口区（包括南市区 26 人，静安区 1 人）支边知识青年 423 人到达胜利十场，补充到各个生产队。

9 月 2 日，上海市南汇县支边知识青年 259 人，到达胜利十场，补充到各个生产队。

10 月 6 日，上海市青浦县、奉贤县支边知识青年 40 人，到达胜利十场，补充到三队。

（《大事记》，第 8 页）

（1965 年）9 月 10 日，上海市普陀区（包括杭州 2 人，常州 1 人，苏州 1 人，无锡 1 人）支边知识青年 142 人，到达胜利十场，补充到各生产单位。　　　　（《大事记》，第 9 页）

9 月，上海市各界人民赴疆慰问团来胜利十场，慰问上海支边知识青年。

（《大事记》，第 9 页）

**王国兴**　上海川沙县人，男，汉族，1946 年出生，系烈士后代。1963 年 7 月，由上海支边进疆，在农一师胜利十场（现六团）二连及机耕队等单位工作。1965 年调值班连任战士。1970 年 1 月 31 日，农一师现役部队和值班部队，集中在阿塔公路以东四公里处，进行轻重武器打靶实弹演习。农一师领导及师作战科领导亲临现场指挥、观看。六团值班一连阵地有炸药 100 多公斤，"八二"炮及"六〇"迫击炮各 2 门，各类炮弹 200 余发。参加演习的战士 20 名。当作战演习进行到"八二"炮送炸药时，"八二"炮发生了故障，装填手衣服扣子挂住了导火索，当即引火索燃烧，马上会引起炮口 11 公斤重的炸药包爆炸的严重后果，连长立刻

指挥全连战士卧倒隐蔽,这时瞄准手王国兴临危不惧,冲上前去,猛力抢起冒烟的炸药包,跑出五步外,用力甩进附近的凹坑内,几秒钟后,轰燃爆炸。王国兴的英雄行为,保护了阵地上20多名战士的生命和4门火炮的安全。使演习继续进行。王国兴被农一师授予"王杰式的民兵英雄"荣誉称号,记三等功一次。1970年农一师首次召开"四好连队"代表大会,主席团一致讨论通过,授予王国兴为农一师五好战士标兵。1972年保送到上海同济大学学习。后分配到新疆铁路局设计单位工作。 　　　　　　(第二十八篇第二章《人物简介》,第301—302页)

**吴克芬**　江苏省阜宁人,女,汉族,1942年出生。1963年毕业于上海卫生学校,分配到新疆农一师胜利十场(现六团)卫生队工作。历任医师、科主任,1984年任六团职工医院第一任院长。进疆二十多年,曾连续十几次被评为场(团)医务战线上的先进工作者,曾多次出席兵团、师、团场的各级英模大会。1975年加入中国共产党,多次被评为优秀党员。在抢救病重患者时,查阅大量资料,攻克疑难病症,同时亲手为重病患者洗头、擦身、修指甲、端尿端屎、按摩等,崇高的医德深受患者称颂,在担任职工医院院长期间,以身作则,主动帮助护士打针、配药、打扫病房卫生,改善医护质量。医院职工把她称为"不知疲倦的人"。1984年被评为兵团先进工作者。1985年被评为农牧渔业部先进卫生工作者。1990年调农一师医院。

**邹文娟**　上海市人,女,汉族,1948年出生,1964年6月由上海支边进疆,长期在农一师胜利十场(现六团)工作。历任生产连队工人,毛泽东思想宣传队(演出队)队员,机耕队保育员等职。在担任机耕队保育员期间,重视儿童智力开发,加强学龄前儿童的启蒙教育。各项文体活动和智力竞赛,托儿所环境建设,名列全团第一,也受到师工会领导的好评。配合连队的农忙季节,对入托儿童生活细心照料,延长服务时间,使家长安心第一线生产。历次保育工作检查,托儿所各项工作达标,多次评为师、团先进单位。1987年被评为自治区优秀保育员,同年又被评为兵团劳动模范。1989年被评为农一师劳动模范。1989年调内地工作。

　　　　　　(第二十八篇第二章《人物简介》,第304页)

#### 荣获自治区、兵团劳动模范及国家部委、全国行业先进个人人物表①

| 姓　名 | 性别 | 族别 | 籍　贯 | 何时授何荣誉 |
|---|---|---|---|---|
| 邹文娟 | 女 | 汉 | 上海 | 1987年兵团劳模 |
| 乔根娣 | 女 | 汉 | 上海 | 1983年全国三八红旗手 |
| 周金辉 | 男 | 汉 | 上海 | 1985年全国农垦系统优秀教师 |
| 吴克芬 | 女 | 汉 | 上海 | 1985年卫生先进工作者(农牧渔业部) |

　　　　　　(第二十八篇第三章《人物表》,第323页)

① 本表内容为节选。——编者注

# 1963 年至 1965 年上海支边进疆青年名录

| | | | | | | | |
|---|---|---|---|---|---|---|---|
| 瞿祖庠 | 瞿光婉 | 瞿福山 | 赵红珍 | 赵志明 | 赵文香 | 赵小狗 | 赵八斤 |
| 赵玉英 | 赵银凤 | 赵师财 | 赵勇生 | 赵崇坤 | 赵秀宝 | 赵丽娟 | 赵玲妹 |
| 赵雪根 | 赵秋娥 | 赵玲英 | 赵长根 | 赵光田 | 赵宝林 | 赵国玲 | 赵才英 |
| 杨月芳 | 杨美娟 | 杨仁孝 | 杨廷新 | 杨杏生 | 杨晓中 | 杨风新 | 杨震修 |
| 杨春年 | 宋惠珠 | 宋兰英 | 宋孝兰 | 宋秋芳 | 宋立元 | 施金星 | 施瑞瑾 |
| 施励林 | 施来法 | 施　敏 | 施　亮 | 沈佩君 | 沈得明 | 沈林妹 | 沈伯年 |
| 沈桂兴 | 沈伟根 | 沈光义 | 沈君达 | 沈惠珍 | 沈雪芳 | 沈四海 | 沈志明 |
| 沈秀宝 | 沈才兴 | 沈玲珍 | 沈义新 | 沈水官 | 沈正邦 | 沈美霞 | 沈桂英 |
| 沈佩娟 | 沈玉茹 | 沈杏英 | 沈谓清 | 沈乐庆 | 苏秋萍 | 苏林芳 | 苏六官 |
| 佘贵林 | 佘妙珍 | 唐才春 | 唐志远 | 唐新宝 | 唐瑞勤 | 唐美珍 | 唐和娣 |
| 唐才根 | 唐云标 | 唐明敏 | 唐福生 | 唐涛孙 | 唐傅麦 | 唐志华 | 唐美玉 |
| 唐仁祥 | 唐太林 | 唐三年 | 唐金荣 | 周金来 | 周双娣 | 周英玉 | 周培连 |
| 周一杰 | 周新娟 | 周钰美 | 周震芳 | 周慈德 | 周伟恩 | 周宝肴 | 周留娟 |
| 周士忠 | 周忠益 | 周刘根 | 周正通 | 周建全 | 周宝元 | 周良福 | 周国定 |
| 周基鸿 | 周竞良 | 周善英 | 周林欣 | 周秋根 | 周玉兰 | 周秀芬 | 周爱华 |
| 周维德 | 周志祥 | 周国强 | 周妹宝 | 周惠民 | 周华新 | 周培芳 | 周振邦 |
| 周金辉 | 周素英 | 周战君 | 周金锁 | 周秀玲 | 周秀兰 | 文子林 | 季森林 |
| 季明园 | 季建业 | 季振德 | 季国良 | 季立清 | 季惠芳 | 季思聪 | 季惠珍 |
| 潘美琴 | 潘才娣 | 潘维忠 | 潘荣庆 | 潘德仁 | 潘天一 | 潘自力 | 潘春英 |
| 潘国强 | 潘玲娣 | 潘秀娟 | 潘中青 | 潘根源 | 庄玲芳 | 庄得利 | 庄玉鸣 |
| 庄梅芳 | 历根娣 | 艾雪林 | 毛玉春 | 郑志同 | 郑珊珍 | 郑佩珍 | 郑金凤 |
| 郑阿宝 | 郑凤娟 | 巫永胜 | 胡秀雄 | 胡庆良 | 胡招妹 | 胡爱芳 | 胡燕琴 |
| 胡怡怡 | 胡申萍 | 胡佩芳 | 胡银才 | 胡永亮 | 胡方叶 | 胡运彪 | 胡建华 |
| 胡杏宝 | 胡世梅 | 胡坤龙 | 胡翠玉 | 胡翠钧 | 胡金喜 | 胡惠玉 | 胡惠玲 |
| 胡敏敏 | 何金妹 | 何永康 | 何惠芳 | 何林璋 | 何世铮 | 何阿娣 | 何礼凤 |
| 何　进 | 邢如和 | 邢温玉 | 邢勇妹 | 傅琼忆 | 傅鹤平 | 傅鹤龄 | 傅庆华 |
| 傅公平 | 傅林仙 | 傅志坚 | 傅桂芳 | 傅国平 | 傅　浩 | 傅蓉蓉 | 叶家龙 |
| 叶桂仙 | 叶兔根 | 叶宝宗 | 叶崇俊 | 叶瑞蓉 | 叶　金 | 叶大坤 | 叶顺生 |
| 叶月增 | 尚春荣 | 尚韵坤 | 高亿建 | 高惠英 | 高寿鹏 | 高金宝 | 高华新 |
| 高紫梅 | 高美娟 | 高淑妍 | 高庆兰 | 陆逊奇 | 骆图强 | 陆敬华 | 陆宝林 |
| 陆海荣 | 陆祖弟 | 陆祖伟 | 陆亚明 | 陆品华 | 陆兆安 | 陆小金 | 陆润仁 |
| 陆新奎 | 陆祥兴 | 陆为发 | 陆惠珍 | 陆荆明 | 陆雅萍 | 陆行翔 | 陆蕾行 |
| 陆根美 | 陆佩英 | 耿惠玉 | 耿冠中 | 陶中山 | 陶志华 | 陶德根 | 陶永根 |

| | | | | | | | |
|---|---|---|---|---|---|---|---|
| 祝梅凤 | 祝佩芳 | 祝长林 | 肖美娟 | 肖怀忠 | 肖卫国 | 肖培红 | 肖纪男 |
| 缪平波 | 戴顺妹 | 戴明娣 | 戴佰仁 | 戴国栋 | 戴丽荷 | 戴国梅 | 戴小毛 |
| 戴胜宝 | 戴光喜 | 戴金秀 | 戴祥德 | 林秀萍 | 林仪南 | 林仲伟 | 林旦清 |
| 林颂荣 | 林风祥 | 葛昌亮 | 葛素玲 | 严国生 | 严晓周 | 严风珍 | 严中枢 |
| 严水彬 | 班自进 | 殷兰英 | 殷德龙 | 殷年宝 | 殷菊兰 | 马招兄 | 马金标 |
| 马建平 | 马祖估 | 马阿根 | 马奇惠 | 马恭庭 | 马国良 | 马惠洲 | 马美新 |
| 马福兴 | 马小傲 | 马福标 | 卢俊忠 | 卢春英 | 卢文鹊 | 卢从溢 | 曹金妹 |
| 曹永祥 | 曹雨小 | 曹银娣 | 曹燕燕 | 曹慕良 | 曹锡义 | 曹根发 | 曹长根 |
| 钱文珍 | 钱立华 | 钱建华 | 钱玲娣 | 钱锡文 | 钱 宜 | 钱 江 | 来煜明 |
| 翁岳华 | 翁志盛 | 于吉文 | 于忠和 | 吕玉琴 | 吕龙妹 | 吕国晶 | 吕 辉 |
| 吕菊英 | 吕阿娣 | 吕根宝 | 吕正星 | 孔庆莲 | 吴 莉 | 吴振琴 | 吴舜华 |
| 吴红芳 | 吴乐云 | 吴银龙 | 吴文清 | 吴文法 | 吴大均 | 吴大基 | 吴宏才 |
| 吴新霞 | 吴宝娣 | 吴霞芳 | 吴蓓蓓 | 吴阿娣 | 吴洪财 | 吴小忠 | 吴阿菊 |
| 吴志鸣 | 吴福培 | 吴惟宾 | 吴仲良 | 吴品芳 | 吴梅林 | 吴兰芳 | 吴振康 |
| 吴福娟 | 吴水芳 | 吴海龙 | 吴爱良 | 吴大规 | 吴华景 | 吴鸿云 | 吴扣锁 |
| 吴美琳 | 吴芬娣 | 吴翠英 | 任昌奇 | 任巨善 | 任文龙 | 任文斌 | 凌小平 |
| 凌丙南 | 凌美风 | 凌元香 | 姜廉都 | 姜兴广 | 姜水根 | 蔡桂平 | 蔡一鸣 |
| 蔡 璇 | 蔡建华 | 蔡美华 | 蔡志强 | 蔡同生 | 蔡成林 | 冯秀红 | 冯晶宝 |
| 冯光明 | 冯素珍 | 冯业伟 | 冯金初 | 冯玉娣 | 张秀萍 | 张永奎 | 张惠忠 |
| 张文英 | 张仲芳 | 张敏官 | 张根玲 | 张全珠 | 张新琴 | 张永法 | 张秀英 |
| 张治岗 | 张阿根 | 张天芳 | 张菊芳 | 张建华 | 张 春 | 张德春 | 张延玲 |
| 张淑琴 | 张新光 | 张小妹 | 张国发 | 张德山 | 张囡囡 | 张正娣 | 张元福 |
| 张晓初 | 张谷雨 | 张福强 | 张国英 | 张同煜 | 张复平 | 张文龙 | 张纪如 |
| 张竹本 | 张顺斌 | 张林芳 | 张秀均 | 张信初 | 张新伯 | 张宝华 | 张金初 |
| 张文宝 | 张企和 | 张永森 | 张节如 | 张福英 | 张立正 | 张云芳 | 张连福 |
| 张国平 | 张云清 | 张义品 | 张永刚 | 张庆年 | 张菊星 | 张仟华 | 张月华 |
| 张富林 | 张红玲 | 张 建 | 张寿香 | 张万惠 | 张学曾 | 张光岭 | 张松涛 |
| 张金桃 | 张文华 | 张雪珍 | 张梅仙 | 张秋萍 | 朱玉辉 | 朱勋正 | 朱根妹 |
| 朱根生 | 朱文妹 | 朱明怀 | 朱鎏林 | 朱爱玲 | 朱金囡 | 朱永根 | 朱福娣 |
| 朱梅芳 | 朱振东 | 朱静芬 | 朱凤林 | 朱国华 | 朱元发 | 朱彤云 | 朱登发 |
| 朱锡良 | 朱兰香 | 朱乃敏 | 朱连娟 | 朱丽娟 | 朱梦兰 | 朱世安 | 朱新莲 |
| 朱水琴 | 朱玉章 | 朱才火 | 朱正国 | 朱林初 | 朱 礼 | 朱龙宝 | 朱玲娣 |
| 朱金梅 | 朱菊香 | 朱福仙 | 王照娣 | 王树华 | 王玲宝 | 王风英 | 王威令 |
| 王富英 | 王品莲 | 王惠英 | 王玉珍 | 王敬堂 | 王国兴 | 王生宝 | 王培明 |

| | | | | | | | |
|---|---|---|---|---|---|---|---|
| 王怀龙 | 王月亮 | 王水明 | 王美娥 | 王治平 | 王拾金 | 王芙萍 | 王梅英 |
| 王怀帼 | 王杏娟 | 王小喜 | 王恩兰 | 王党珍 | 王银娣 | 王同邦 | 王玉鸢 |
| 王永林 | 王剑云 | 王小珍 | 王来娣 | 王泽温 | 王文斌 | 王 全 | 王立德 |
| 王六吉 | 王光喜 | 王伟德 | 王正明 | 王国光 | 王丽娥 | 王明章 | 王敏冠 |
| 王杏仙 | 王喜华 | 王爱懿 | 王国斌 | 王银才 | 王忠明 | 王桂英 | 王红娣 |
| 王桂兰 | 王世平 | 王新宝 | 王年宝 | 王臣宝 | 王玲珍 | 王二云 | 王爱珍 |
| 王蒂芹 | 王招娣 | 王根娣 | 王佩佩 | 王浩俊 | 王鸿炎 | 朱 家 | 朱生奎 |
| 朱桂珍 | 朱明天 | 朱德辉 | 王扣宝 | 王文武 | 王才林 | 刘 娣 | 刘巧龙 |
| 刘志忠 | 刘锦根 | 刘云飞 | 刘寿康 | 刘来娣 | 刘杰江 | 刘有娣 | 刘金妹 |
| 刘金英 | 刘八明 | 刘传禄 | 刘裕华 | 刘惠亚 | 刘梅芳 | 刘新昌 | 刘秀云 |
| 刘莲珍 | 刘冠华 | 刘道俊 | 刘同有 | 刘金华 | 刘世茂 | 刘世于 | 刘小五 |
| 刘锦华 | 刘德宝 | 李美英 | 李 奇 | 李秋英 | 李瑞康 | 李钰泰 | 李佩兰 |
| 李可亲 | 李双英 | 李阿荣 | 李文义 | 李水娣 | 李美丽 | 李步运 | 李树兰 |
| 李作栋 | 李根林 | 李存玉 | 李金娣 | 李从宝 | 李森观 | 方玲娣 | 方惠君 |
| 方东海 | 李志芹 | 李惠芹 | 李新春 | 李国成 | 李妙凤 | 李彩林 | 李锦楼 |
| 李德伟 | 李飞君 | 李丽君 | 方爱娣 | 方逸平 | 方亿敏 | 方碧荣 | 方士杰 |
| 方贤海 | 黄勇强 | 黄海滨 | 黄春囡 | 黄根生 | 黄兆生 | 黄仁良 | 黄芹芳 |
| 黄跃坤 | 黄月仙 | 黄菊兰 | 黄志先 | 黄金涛 | 黄瑞仙 | 黄毓汀 | 黄连发 |
| 袁胜福 | 袁微霞 | 袁根娣 | 袁 华 | 袁 忠 | 袁国强 | 袁琴华 | 袁渭民 |
| 袁雅谷 | 袁菊英 | 袁月娅 | 袁水村 | 韩淑琴 | 韩金荣 | 韩国梅 | 韩明山 |
| 阮龙虎 | 阮辉江 | 孙秋珠 | 孙爱仙 | 孙爱花 | 孙巧英 | 孙根娣 | 孙德强 |
| 孙冠泳 | 孙林宝 | 孙同山 | 孙荣禄 | 孙武炳 | 孙祥礼 | 孙希明 | 孙家训 |
| 孙珊珊 | 孙春兰 | 孙秀英 | 孙士英 | 孙庆荣 | 孙金龙 | 孙爱珍 | 孙桂根 |
| 孙引仙 | 孙国英 | 孙瑞仙 | 孙泉根 | 孙洪齐 | 孙金芳 | 孙婉女 | 孙福妹 |
| 孙金妹 | 孙金根 | 孙尧兴 | 孙宝林 | 孙江林 | 孙正明 | 康得利 | 康少君 |
| 康历敏 | 钟梦珠 | 钟芝利 | 奚明温 | 奚红妹 | 奚康明 | 奚良宝 | 奚龙德 |
| 奚玉蕴 | 相亚琴 | 陈招金 | 陈晓妹 | 陈志华 | 陈大新 | 陈 根 | 陈铁金 |
| 陈荣根 | 陈克明 | 陈静园 | 陈莲心 | 陈仁禄 | 陈镇祥 | 陈艳芬 | 陈国英 |
| 陈迪凤 | 陈云跃 | 陈锦根 | 陈长林 | 陈宝铃 | 陈雅珍 | 陈 玮 | 陈大中 |
| 陈小均 | 陈树炬 | 陈国芳 | 陈书法 | 陈勇英 | 陈文达 | 陈惠珍 | 陈金水 |
| 陈菊官 | 陈宝根 | 陈惠章 | 陈军国 | 陈福林 | 陈美芳 | 陈永福 | 陈文娟 |
| 陈忠英 | 陈孝林 | 陈永定 | 陈大发 | 陈安民 | 陈培磁 | 陈星芬 | 陈小海 |
| 陈天才 | 陈索明 | 万乃清 | 万玉林 | 万 禧 | 万根仙 | 梁家友 | 梁亚英 |
| 徐佩洪 | 徐 健 | 徐林兴 | 徐秀宝 | 徐正荣 | 徐生泉 | 徐聪明 | 徐照娣 |

| | | | | | | | |
|---|---|---|---|---|---|---|---|
| 徐惠芳 | 徐慧敏 | 徐菊英 | 徐正喜 | 徐 风 | 徐立孝 | 徐金龙 | 徐恒泰 |
| 徐秀珍 | 徐佩彩 | 徐林根 | 徐梅芳 | 徐红芳 | 徐玲芳 | 徐剑斐 | 徐林将 |
| 徐正中 | 徐敏惠 | 徐明辉 | 徐燕华 | 徐明义 | 徐春华 | 徐秀英 | 徐振江 |
| 徐杉清 | 徐茂荣 | 徐伟利 | 姚文才 | 姚晋源 | 姚志章 | 姚福官 | 姚春明 |
| 姚银正 | 姚小妹 | 姚建邦 | 姚雪祥 | 姚菊红 | 汤根法 | 汤邦祥 | 汤国良 |
| 顾国安 | 顾明初 | 顾银华 | 顾新康 | 顾丽玉 | 顾佩秋 | 顾林娟 | 顾 熙 |
| 顾金龙 | 顾根妹 | 顾家驹 | 顾根宝 | 顾金山 | 顾树娟 | 顾树海 | 顾朝义 |
| 顾范祥 | 顾宝娟 | 顾爱娥 | 顾卫中 | 顾黛玉 | 顾锦尔 | 顾玉维 | 顾仁章 |
| 顾美娟 | 顾召明 | 顾建中 | 顾文龙 | 顾祥明 | 顾克俭 | 顾风仙 | 顾东荪 |
| 顾国锋 | 乔国良 | 乔泳秋 | 乔裴萍 | 乔桓发 | 汪道成 | 汪邦发 | 汪静芬 |
| 汪风英 | 金惠珍 | 金长根 | 金善文 | 金玉梅 | 金德成 | 金银才 | 金林根 |
| 金秀珍 | 夏香如 | 夏沉祥 | 夏伟海 | 夏美娟 | 夏忠义 | 夏宝德 | 夏伟强 |
| 夏风琴 | 夏明娟 | 夏友高 | 夏余兴 | 夏建纲 | 夏亚萍 | 谢定国 | 谢坤麒 |
| 谢建明 | 谢蓉蓉 | 谢美华 | 谢剑锷 | 谢载中 | 谢森清 | 许月姣 | 许艮弟 |
| 许谈兴 | 许燧人 | 许英美 | 许建忠 | 许国栋 | 许文琴 | 许来宝 | 许扣虎 |
| 戚冰洁 | 戚宝祥 | 秦金先 | 秦洪生 | 秦天雄 | 秦桂新 | 秦志强 | 秦仁南 |
| 秦 奋 | 罗宗希 | 罗森林 | 罗秋珍 | 罗小雅 | 罗玉珠 | 俞静芳 | 俞小云 |
| 俞鸿生 | 俞维明 | 龚国英 | 龚飞祥 | 龚家芬 | 龚野囡 | 龚 璐 | 龚美泉 |
| 章文凯 | 章 丙 | 章丽发 | 章敏华 | 章吉华 | 蒋天华 | 蒋桂良 | 蒋秀福 |
| 蒋丙寅 | 蒋风妹 | 蒋长康 | 范一寒 | 范金娣 | 范梅珍 | 范秀娟 | 范维忠 |
| 董立达 | 董毓桂 | 董惠锡 | 宣伟星 | 宣水芹 | 邵芬晓 | 邵扣才 | 邬忠根 |
| 邬小华 | 邬桂鑫 | 邬烈麟 | 邬月琴 | 候仁英 | 候菊仙 | 常银喜 | 常宏妹 |
| 应松康 | 应才佐 | 应国泰 | 应素芬 | 屠保庆 | 屠明观 | 彭保保 | 彭章萍 |
| 谭毛毛 | 谭海宝 | 谭日昌 | 薛绍儒 | 薛建川 | 薛阿锭 | 薛国伟 | 丁文冰 |
| 丁林春 | 丁福根 | 丁文才 | 郝 雁 | 郝 堂 | 郝明喜 | 郝根娣 | 华南林 |
| 华 生 | 喻国荣 | 喻风娣 | 於崇康 | 於秋英 | 乌慧芳 | 卫国锋 | 卫荣佳 |
| 盛银珍 | 盛福根 | 盛爱礼 | 柏新强 | 柏栋根 | 柏建芳 | 邹红兴 | 邹文娟 |
| 邹克明 | 杜招娣 | 杜志诚 | 杜四娣 | 郭伯珍 | 郭正家 | 郭林芳 | 郭佩娟 |
| 邱金发 | 邱孟芳 | 邱永祥 | 邱永芳 | 邱根生 | 冀美玲 | 吉海娣 | 倪风仙 |
| 倪素琴 | 倪雪玲 | 洪杜琴 | 洪荣根 | 江同其 | 全丙与 | 孟金殿 | 焦瑚珊 |
| 焦美芬 | 尹同弟 | 柯美容 | 卓素琴 | 从金发 | 刁大同 | 楚茂俊 | 伊当香 |
| 乐金美 | 闪 梅 | 管国新 | 霍娟娟 | 熊树香 | 樊莉信 | 柳松宝 | 虞明章 |
| 包永根 | 纪维兴 | 贴松云 | 涂 浚 | 束文秀 | 连 博 | 饶宝昌 | 骆春国 |
| 苗桂芳 | 丛 强 | 毕生幸 | 符玉仙 | 贾文菊 | 闻风英 | 申新如 | 谈金国 |

| | | | | | | | |
|---|---|---|---|---|---|---|---|
| 谈顺华 | 史美华 | 娄纪新 | 成家康 | 房兰花 | 房海蛮 | 尤剑英 | 计德才 |
| 程鹏南 | 程春渠 | 鲍建芳 | 裴福楼 | 廖丽舟 | 嵇金安 | 单玲娣 | 桂舜兰 |
| 风银兰 | 魏风翔 | 魏典成 | 居松泉 | 穆妙根 | 待财寇 | 费翠风 | 费翠娣 |
| 诸银仙 | 鲁华强 | 兰从智 | 余宝娣 | 游洪亮 | 励娟 | 栾龙华 | 丰洪英 |
| 贝赛花 | 田广义 | 田根发 | 屈永敏 | 郦根富 | 江同其 | 汪道成 | 汪凤英 |

（第二十八篇《人物　集体》附录，第 347—351 页）

# 《七团志》

农一师七团史志编纂委员会编，新疆人民出版社 1997 年

（1963 年）7 月上旬—8 月中旬，第一批上海支边青年来团，共 723 人，其中男 376 人，女 347 人，主要分配在二连、七连。　　　　　　　　　　　　　（《大事记》，第 8 页）

（1964 年）6 月 10—7 月 10 日，第二批上海支边青年进疆，共 646 人，其中男 281 人，女 365 人，主要分配在九连、十连。　　　　　　　　　　　　　（《大事记》，第 8 页）

（1965 年）6 月—7 月，第三批上海支边青年到场人数 765 人，其中男：358 人，女：407 人，主要分配在一连、十三连。1963 至 1965 年上海青年三次到场总人数 2 134 人，其中男：1 015 人，女：1 119 人。　　　　　　　　　　　　　（《大事记》，第 9 页）

同月（9 月），上海市各界人民代表赴疆慰问团，来场慰问上海支边青年。

（《大事记》，第 9 页）

（1980 年）1 月，"上青"闹回城，团集中力量作"上青"思想工作。　（《大事记》，第 16 页）

（1989 年）4 月 20 日，团召开各单位指导员、会计会议，布置"上青"子女回沪就读落户工作。成立上报落户"上青"子女回沪就读协调小组。组长赵长根，副组长马秋里、申玉光。截至 5 月 31 日已办"上青"子女回沪就读 162 名。　　　　　　　　　（《大事记》，第 24 页）

1963 年 7 月—1965 年 7 月将 2 134 名上海支边知识青年，大部分编到生产连队。一连 76 名、二连 119 名、三连 149 名、四连 6 名、五连 96 名、六连 101 名、七连 137 名、八连 93 名、九连 147 名、十一连 93 名、十二连 257 名、十三连 256 名，一至五队 8 名，护林队 2 名，房建

队14名,机耕队82名,加工队185名,场直卫生队22名,商店、幼儿园20名。

(第十八篇第一章《职工》,第262页)

1963年后,上海支边知识青年来团活跃了职工的文体生活。

(第二十三篇《文化体育》,第319页)

1963年7月七团正式成立了业余演出队,全由上海知青组成,共23人,余银书任队长,程伯熙任副队长。 (第二十三篇第二章《群众文艺》,第323页)

**上海支边青年①**

一 连:朱成奇(女)　郭世芳(女)　张凤芝(女)　龚伟芳(女)　姚玉英(女)
　　　闫如芹(女)　费金兰(女)　张际元(女)　贺桢(女)　　金完军
　　　石林根　　　王锅女(女)　毛宝妹(女)　爽祖劬　　　施明华
　　　汪仁健　　　宋大佐　　　陈良明　　　陈志义　　　周世根
　　　卢春供

二 连:赵木英　　　范国　　　　俞惠雄　　　王聪疗　　　杨林根
　　　陈四维　　　肖海珍　　　林　兴　　　陆启良　　　朱定宝
　　　董代友　　　秦福康　　　宋二宝(女)　吴尤娣(女)　王根娣(女)
　　　张文娟(女)　洪秀英

三 连:盛小珍　　　陶跃军　　　刘全娣(女)　项仁娥(女)　孙桂荣(女)
　　　刘文珍　　　褚恒玖　　　孙全华　　　李金尤　　　何林西
　　　潘红娣(女)

四 连:邹永芳(女)　蔡　良　　　密洪涛　　　王梅萍(女)　袁富林
　　　李书晴(女)　陈惠娟(女)　陈文兴　　　翟毛林　　　章启宝
　　　陈洪山　　　陈　建(女)　刘金保　　　龚美娟(女)　吴惠霞(女)

五 连:沈福才　　　张丽芳(女)　阮伯寿　　　刘加林　　　唐明宗
　　　景以淑(女)　肖丽娟(女)　张华仙(女)　尹正安　　　钱维才
　　　任美珍(女)

六 连:郑子文　　　吴国基(女)　周金榜　　　刘巧珍(女)　王福章
　　　谢彩兰(女)　狄忠良　　　万国粱　　　周国庆　　　孙华强
　　　张翠英(女)　李政明　　　张宪堂

七 连:张太平　　　杨双喜　　　吴菊英

---

① 1995年仍留在七团名录。——编者注

| 八　连: | 潘荣德 | 马素英(女) | 方恒星(女) | 姜方才 | 虞雅娣(女) |
|---|---|---|---|---|---|
| | 沈行劳 | 汪留红(女) | 王恒福 | 胡万德 | 陆泉荣 |
| | 杜顺海 | | | | |
| 九　连: | 张庭元 | 许金娣(女) | 章亲亲 | 王如意(女) | 吉临照 |
| | 董礼明(女) | 顾仁芳(女) | | | |
| 十　连: | 张为贵 | 丁维康 | 郁明芳 | 吴龙成 | 陆红秀(女) |
| | 陈全芳 | 魏本凡 | 江和鹤 | | |
| 十一连: | 耿玉富 | 陈根华 | 陈秀兰(女) | 张容英(女) | 徐秀英(女) |
| | 杨林萱 | 陈新贤 | 郑金娣(女) | 宋恩慧 | |
| 十三连: | 李林栋 | 柳国良 | 张荣忠 | 张伯祥 | 赵锦荣 |
| | 唐月敏(女) | 王公权 | 姚吉珍(女) | 钱美朝(女) | |
| | 姜玲芳(女) | 周鹤亭 | 付碧君(女) | 江根娣(女) | 邹全英(女) |
| | 王国珍(女) | 李名玖 | 陆照娣(女) | | |
| 一中队: | 张尤林 | 张彩发 | | | |
| 二中队: | 刘金根 | 乐嘉禄 | 沙春祥 | 刘明芳 | 沈传荣 |
| | 蒋利民 | 廖柏松 | 徐勇翔 | | |
| 三中队: | 谭锡清 | 刘光有 | 沙　华 | 唐德炎 | 周正坤 |
| | 赵大根 | | | | |
| 四中队: | 许金国 | 张金根 | 孙顺华 | 王定荣 | 戴福根 |
| | 吕金鹤 | | | | |
| 修造厂: | 罗国祥 | 郭顺才 | 张秀珍(女) | 徐秀章 | 黄锦珍(女) |
| | 章德新 | 周良华 | | | |
| 商　店: | 常荣玉 | 郭丽虹(女) | 顾珍娣(女) | 陈美芳(女) | |
| 加工连: | 孙新琪 | 王桂珍(女) | 李岳林 | 范国华 | 章若萍(女) |
| | 张美荣(女) | 钟国昌 | 朱国铭 | 汪静珠(女) | 姜根娣(女) |
| | 周六娟(女) | 杨世英(女) | 掌梦和(女) | 吴荣花(女) | 陈燕玲(女) |
| | 高秀珍(女) | 李美凤(女) | 曹世云(女) | 王家筠(女) | 阮　勤(女) |
| 医　院: | 宣水忠 | 陈红英(女) | 池祖修 | 袁步周 | 夏召娣(女) |
| 工程连: | 赵小妹(女) | 徐兰芝(女) | 高金媛(女) | 刘家妹(女) | |
| 水管所: | 夏明德 | 李永伦 | 崔金林 | 张玉娣(女) | 张兴保 |
| | 张百祥 | 俞永祥 | 刘英杰 | 徐玉青(女) | |
| 园林公司: | 黄　敏 | 陆应殿 | 宋彩英(女) | 李兆枝(女) | 王保泰 |
| | 刘美玲(女) | | | | |
| 开荒连: | 王金荣 | | | | |

| 团 部: | 叶光亮 | 包运宝 | 姚桢华 | 陈爱菊(女) | 蒋慧铭(女) |
|---|---|---|---|---|---|
| | 王秀霞(女) | 朱静霞(女) | 袁正英(女) | 陈正福 | 杨冬青 |
| | 朱勇明 | 丁根发 | 施有华 | 朱家祥 | 蔡文忠 |
| | 朱仲伟 | 沈　风(女) | 赵凤娟(女) | 洪家复 | |
| | 陶英英(女) | 金迪芳 | | | |
| 一 中: | 顾龙德 | 朱凤娟(女) | 匡汉堂 | 沈时俊 | 陆　琛 |
| | 蒲菊芬(女) | 岳光旭 | 夏玉芳(女) | 魏新华(女) | 蔡诗廉 |

(第二十八篇第四章《人名录》,第402—404页)

# 《八团志》

八团史志编纂委员会编,(内部刊行)1995年

(1963年)8月14日—9月16日,三批上海支边青年682人来场,经短期休整后到三连(现一连)和五连(现六连)工作。　　　　　　　　　　　　　　　　　　(《大事记》,第6页)

(1965年)7月15日,自1963年8月至当日,分6批接待安置了上海支边青年1 433人(男性802人,女性631人),场党委对上海支边青年注重培养使用,两年出席各级先进代表会的有403人次(其中兵团级2人,师级12人,场级389人),发展新党员24人,团员197人。

8月,由张浩波副市长率领的上海市各界人民赴疆慰问团来场慰问上海支边青年。

(《大事记》,第7页)

1963年至1965年,1 433名上海知识青年支边来场。　(第三篇第一章《人口源流》,第38页)

## 第九节　上海支边青年名单

1963年8月4日(杨浦区平凉街道)

| 王安国 | 陈苗发 | 周玲芳(女) | 杨荣发 | 李鹤令 |
|---|---|---|---|---|
| 吴爱菊(女) | 周玉珍(女) | 史仁德 | 朱美琪(女) | 开根娣(女) |
| 徐德新 | 徐少君 | 周福娣(女) | 沈惠根 | 仇巧云(女) |
| 徐国富 | 戎妙松 | 江来顺 | 尹金才 | 韩翠菊(女) |
| 曹梅芳(女) | 袁鑫根 | 沈致铭 | 蒋一超 | 张雪龙 |
| 张春香(女) | 刘德义 | 庄培恩 | 庄培基 | 童和发 |
| 董宝逊 | 葛云才 | 王维章 | 王荣庆 | 孙锦强 |
| 钟兴隆 | 诸根发 | 吴锁荣 | 张礼祥 | 兰海梅(女) |

| | | | | |
|---|---|---|---|---|
| 胡兰英(女) | 俞小毛(女) | 邵明浩 | 赵燕珍(女) | 王荣华 |
| 陆祖杰 | 冯毛囡(女) | 谢金卯(女) | 史佩芝(女) | 瞿招娣(女) |
| 李袁理 | 王善玉(女) | 华国寅 | 段惠民 | 戎继昌 |
| 胡金娣(女) | 王克定 | 黄桂林 | 张庭观 | 殷超古 |
| 顾维君 | 陈福成 | 陈宝禄 | 肖寿祖 | 陈天恩 |
| 程接成 | 曹金伟 | 应善国 | 余庆和 | 陈明海 |
| 韦木英(女) | 周钱荣 | 崔根娣(女) | 贾觉民 | 谢二琴(女) |
| 庄贤敏(女) | 孙张妙 | 黄雪娟(女) | 杜琴妹(女) | 邢阿毛(女) |
| 屠跃松 | 张正梅(女) | 蒋快利 | 邵金花(女) | 邵银花(女) |
| 陈　荣(女) | 左叔康 | 许拾麟 | 钱兰娣(女) | 过炳才 |
| 贺根喜 | 秦金发 | 王祥祺 | 王松云 | 王鑫明 |
| 苏金富 | 方再浩 | 刘金芳 | 周坚清 | 辛旭昌 |
| 奚金妹(女) | 奚银妹(女) | 奚林娣(女) | 许重芝(女) | 张金龙 |
| 李风敬 | 秦如洋 | 马明辉(女) | 陈荣英(女) | 翁福林 |
| 韩国辉 | 钱永宏 | 王桂兰(女) | 周和平 | 葛春荣 |
| 杨於珍(女) | 李国梅(女) | 刘汉朝 | 卞绕棋(女) | 高小霞(女) |
| 秦莲安(女) | 高春香(女) | 成建坤 | 周根生 | 杜清元 |
| 朱国开 | 许宝珍(女) | 张荣林 | 夏红妹(女) | 王化章 |
| 蒋琴芳(女) | 张悦清 | 蔡正国 | 袁丽珍(女) | 潘胜利 |
| 王长年 | 周保定 | 王根生 | 殷佳良 | 郭金发 |
| 郑云龙 | | | | |

（杨浦区江浦街道）

| | | | | |
|---|---|---|---|---|
| 袁培德 | 杨培英(女) | 许建民 | 孙妙富 | 令小喜 |
| 薛招娣(女) | 刘冬娣(女) | 刘秀花(女) | 陈虎兰(女) | 陈素莉(女) |
| 邢小妹(女) | 李利堂 | 胡珠安(女) | 夏阿强 | 何长发 |
| 陈剑平 | 徐正木 | 强龙汉 | 许妙弟 | 王美英(女) |
| 陈永书 | 管宝珍(女) | 姚守根 | 戴小毛(女) | 田小贾子(女) |
| 胡芳兰(女) | 陈宝林 | 吴荣炳 | 李玉兰(女) | 李明久 |
| 刘绕柱 | 陈丽华(女) | 张丽华(女) | 韩小芳(女) | 王秀英(女) |
| 朱小毛 | 郭桂英(女) | 邵万顺 | 何金秀(女) | 程金宝 |
| 施怀宝(女) | 曹叔中 | 魏宏林 | 陈鸿宝 | 孙绍梁 |
| 戴凤云(女) | 邵国义 | 曹海根 | 孙建华 | 刘忠仁 |
| 陈洁(女) | 张宏全 | 张金跃 | 付茂永 | 陈宝福 |
| 王春霞(女) | 海兆友 | 刘清云(女) | 屠庆岚 | 孙有珍 |
| 丁永康 | 范永桂 | 华纯林 | 陈益祥 | 陈海珍(女) |

| | | | | |
|---|---|---|---|---|
| 郁海龙 | 朱品贤 | 李永漠 | 钱宠祥 | 李桂宝(女) |
| 闫听子 | 王文新(女) | 王宝珠(女) | 戚明英(女) | 王金根 |
| 金鸿财 | 陆红英(女) | 韩福海 | 汤志林 | 翁林芳(女) |
| 卢存女(女) | 祁洪英(女) | 兰宜慧(女) | 沈荣法 | 江素芳(女) |
| 童海金 | 裘金良 | 计琴琴(女) | 王调花(女) | 徐佩舒 |
| 王翠菊(女) | 姚忠义(女) | 徐福久 | 王金囡(女) | |

（杨浦区龙江街道）

| | | | | |
|---|---|---|---|---|
| 邵海林 | 徐素梅(女) | 钱阿宝(女) | 孔玲凤(女) | 陈允成 |
| 许祥荣 | 黄金法 | 孟向平(女) | 周荷英(女) | 唐银龙 |
| 王关根 | 汪忠兴 | 张林康 | 陆凤珍(女) | 陈凤英(女) |
| 张世仪 | 刘翠兰 | 丁学林 | 陈胜国 | 张三弟 |
| 王星生(女) | 彭秀英(女) | 忻康泰 | 李宏宝(女) | 阚来喜 |
| 阚连喜 | 吴鸿英(女) | 成金锁 | 刘美英(女) | 濮彩凤(女) |

1963 年 8 月 20 日（杨浦区控江街道）

| | | | | |
|---|---|---|---|---|
| 孙凤英(女) | 刘广兰(女) | 朱士妹(女) | 沈云仙(女) | 宋莲妹(女) |
| 陆红妹(女) | 鲍金娣(女) | 杨秀英(女) | 胡金英(女) | 胡凤仙(女) |
| 李根娣(女) | 徐学英(女) | 陈来凤(女) | 陈小清(女) | 任荷娣(女) |
| 姜美英(女) | 许美仙(女) | 王云娣(女) | 王银娣(女) | 唐荷红(女) |
| 姜锡珍(女) | 黄惠英(女) | 王如兰(女) | 沈芳芳(女) | 陈文君(女) |
| 舒云英(女) | 董惠敏(女) | 周丽珍(女) | 倪凤仙(女) | 张爱珍(女) |
| 何翠英(女) | 王 伟(女) | 李红妹(女) | 沙根英(女) | 谢文清(女) |
| 韩妹妹(女) | 廖雪芳(女) | 吴顺秀(女) | 葛 好(女) | 王金妹(女) |
| 姚宝珍(女) | 金荣宝 | 岳泰东 | 岳正仙 | 杨叔平 |
| 孙 训 | 刘有敖 | 毛正贵 | 邬忠亮 | 徐贵荣 |
| 朱荣高 | 汪洪验 | 殷有福 | 王锡海 | 程金元 |
| 朱义弟 | 盛安全 | 杨华庭 | 韩乃泽 | 赵云鹤 |
| 陈贵江 | 唐雄根 | 李诚奇 | 陈仲月 | 刘志祥 |
| 李宝珍 | 何小柱 | 王炳元 | 胡源伟 | 姜林祥 |
| 徐志祥 | 张雷发 | 张吉挺 | 陈德才 | 李国英 |
| 张建安 | 陈冬儿 | 郝洪香 | 沈厚发 | 王正荣 |
| 朱明山 | 陈云能 | 曾德胜 | 刘阿毛 | 俞新根 |
| 蒋 永 | 杨明德 | 戴运建 | 蔡仁红 | 郑扣子 |
| 王思中 | 张小庭 | 卫国华 | 刘善贵 | 顾玉林 |
| 张福明 | 王贤银 | 陈金保 | 陈海龙 | |

（杨浦区沪东街道）

| | | | | |
|---|---|---|---|---|
| 叶美龙（女） | 包美英（女） | 李凤娣（女） | 孟标琴（女） | 赵玲玲（女） |
| 唐雍新（女） | 贾雪云（女） | 陈莉芳（女） | 郁美芳（女） | 徐桂英（女） |
| 薛松英（女） | 冯　芳（女） | 孙玉珍（女） | 余凤英（女） | 陈宝珍（女） |
| 钱萍一（女） | 高珠扣（女） | 徐仁娣（女） | 冯美娟（女） | 陶如妹（女） |
| 夏扣女（女） | 徐根娣（女） | 魏菊子（女） | 胡示华（女） | 陈玉仙（女） |
| 顾凤芳（女） | 谭玲娣（女） | 邹燕蓉（女） | 焦巧珠（女） | 王凤珠（女） |
| 莫桂英（女） | 陈亚南（女） | 王宗银 | 叶其龙 | 苏芳林 |
| 陈祥永 | 孟伟林 | 居心祥 | 李正明 | 杜金富 |
| 严小伟 | 龚国强 | 沈培庆 | 许国胜 | 潭胜利 |
| 高扣喜 | 聂秋平 | 孙椿源 | 应善岳 | 李金标 |
| 丁荣华 | 林国勇 | 何金富 | 费宝弟 | 占荣光 |
| 丁国林 | 王鹏皋 | 毛国胜 | 奚妙根 | 严文龙 |
| 张双喜 | 贾国定 | 沈鸿章 | 魏和昌 | 姚锦蓉 |
| 刘仁宗 | 范文溪 | 龚龙宝 | 杨小红 | 周洪喜 |
| 周洪发 | 朱志言 | 匡洪根 | 禹根发 | 彭根生 |

（杨浦区长白街道）

| | | | | |
|---|---|---|---|---|
| 严爱明（女） | 何秀芳（女） | 刘飞飞（女） | 董亚莲（女） | 林锡琴（女） |
| 李林美（女） | 袁金凤（女） | 夏宝娣 | 包锦凤（女） | 何宝英（女） |
| 戴　玉（女） | 祁冬兰（女） | 赵　莉（女） | 汤金凤（女） | 朱龙娟（女） |
| 陈士英（女） | 陆翠锦（女） | 赵金芳（女） | 黄瑜莉（女） | 赵铭华（女） |
| 胡瑜英（女） | 陈林娣（女） | 张妙娣（女） | 陈福玲（女） | 方玉英（女） |
| 姜玉林（女） | 周大英（女） | 武铮铮（女） | 赵菊新（女） | 施莲云（女） |
| 胡宏寿 | 林启友 | 叶文龙 | 王芝（女） | 郑惠康 |
| 江　禹 | 石莉卿 | 林维森 | 杨根宝（女） | 于成忠 |
| 张凡会 | 赵志刚 | 许爱娣（女） | 费思铭 | 陈华平 |
| 支声海 | 夏镇麟 | 蔡宝荣 | 帅建银 | 陈公强 |
| 周达林 | 徐永善 | 张宏网 | 藏红根 | 童天翔 |
| 陈金松 | 陆锦文 | 胡淦林 | 赵能平 | 唐美昆 |
| 吴宋正 | 陈金福 | 施云祥 | 万德元 | 王善静 |
| 李关宝 | 张庙根 | 钱永兴 | 戴朝宝 | 张秋生 |
| 俞炳生 | 俞根生 | 袁金宝 | 费正光 | |

1963 年 9 月 6 日（杨浦区平凉街道）

| | | | | |
|---|---|---|---|---|
| 周天才 | 吴三林 | 陈杏妹（女） | 邵福祥 | 张金芳 |

| | | | | |
|---|---|---|---|---|
| 韩德洪 | 顾爱珍(女) | 张其民 | 张允文 | 丁久林 |
| 鲁来发 | 孙小富 | 庄来娣(女) | 王志民 | 施妙富 |
| 虞锡其 | 吴燕凤(女) | 邵惠根 | 蒋秀琴(女) | 胡鸿发 |
| 应任森 | 邵明浩 | 朱海明 | 韩德仁 | 任友木 |
| 黄能雄 | 刘宝莲(女) | 姚关根 | 吴长生 | 付淑瑾(女) |
| 杨银娣(女) | 楼裕弟 | 王金标 | 崔宪祥 | 邱宏才 |
| 张贵年 | 金新江 | 王德安 | 马铃铃(女) | 李聚富 |

(宁国街道)

| | | | | |
|---|---|---|---|---|
| 王云斌 | 傅海生 | 郭振勋 | 费维贵 | 游广有 |
| 张国范 | 冷明礼 | 顾忠德 | 吴智森 | 吴和信 |
| 王维舟 | 邹浩荣 | 孙来勇 | 朱宗正 | 王双喜 |
| 沈忠义 | 魏沛芳 | 金仁杰 | 张静娟(女) | 是雅琴(女) |
| 邓琴芳(女) | 沈桂珍(女) | 黄菊妹(女) | 戴朝珍(女) | 高月华(女) |
| 辛月娟(女) | 常玲凤(女) | 刘余英(女) | 钱福莲(女) | 薛德娣(女) |
| 王芬香(女) | 俞惠芳(女) | 张桂芳(女) | 陈于玲(女) | 黄雅珍(女) |
| 李芬女(女) | 秦秀霞(女) | 郑广仁 | 胡伯民 | 韩金女(女) |
| 杨公义 | 范文荣 | 陈龙成 | 张玉坤 | 徐志洪 |
| 陈天佑 | 张家斌 | 高留钢 | 娄国襄 | 祁芬娣(女) |
| 吴双妹(女) | 王林小 | 林美娣(女) | 沙治卫 | 李涌涛 |
| 杨龙喜 | 杜长怀 | 徐乃根 | 吴振东 | 陆忠厚 |

(隆昌街道)

| | | | | |
|---|---|---|---|---|
| 贾小毛(女) | 陈恒富 | 陈德从 | 奚民荣 | 丁长根 |
| 管维福 | 许俊奇(女) | 白明均 | 王陈静(女) | 胡爱芳(女) |

(昆明街道)

| | | | | |
|---|---|---|---|---|
| 夏传辛 | 李重义 | 李明蓉(女) | 黄国荣 | 桂山云 |
| 王翠兰(女) | 王定心 | 许之生 | 王达泉 | 董林发(女) |
| 万小土 | 阮学文 | 胡根祥 | 陆启良 | 王万春 |
| 李小东 | 袁红珍(女) | 沙子敖 | 汤惠君(女) | 柳青华(女) |
| 朱莉英(女) | 陈玉芬(女) | 陈月香(女) | 刘龙妹(女) | 王金亮 |
| 刘正国 | 史黎明 | 陈锡坤 | 吴双明 | 孙 福 |
| 张庆祥 | 朱如麟 | 姜玲妹(女) | 袁士根 | 陈建国 |
| 王德洪 | 彭达正 | 王起英(女) | | |

1963 年上海团校青年：

| | | | | |
|---|---|---|---|---|
| 马 俊 | 金玉珍(女) | 周荷珍(女) | 吴秋月(女) | 朱雅琴(女) |

王康安　　　　郑声鹤(女)　　贾安琪(女)

1964 年 6 月 7 日(南市区小北门街道)

| | | | | | |
|---|---|---|---|---|---|
| 周锡章 | 陈寿根 | 陈连根 | 胡小荣 | 胡小中 | 刘怀楼 | 宋群燕 |
| 祝德义 | 丁扣林 | 马坚钢 | 乐木根 | 姚润林 | 徐孟南 | 刘万里 |
| 崔维柏 | 包松年 | 李和鸣 | 徐柏民 | 王均恒 | 王均龄 | 倪敬昌 |
| 朱君强 | 刘万根 | 徐三元 | 顾新华 | 沈卫玉 | 顾仲华 | 张妙庭 |
| 郑自成 | 金世忠 | 姚伟江 | 赵关玉 | 李德明 | 吴国胜 | 季长德 |
| 仇忠斌 | 邬泰通 | 严信伟 | 陆超群 | 劳豹源 | 沈志强 | 戴家俊 |
| 李振家 | 张重发 | 张鸿清 | 邹浩生 | 陈炳鸿 | 陈荣宝 | 王春华 |
| 楼嘉清 | 徐永康 | 楼重卫 | 薛俊强 | 高小荣 | 王剑平 | 诸国华 |
| 高关福 | 黄清云 | 沈岳益 | 陆根富 | 陈然 | 王竞文 | 陈效忠 |
| 潘永祥 | 陆伟成 | 吕雄昌 | 李金发 | 陈荣贵 | 祁大新 | 徐惠民 |
| 黄志武 | 卫凌章 | 毛时坤 | 陆之言 | 蒋彭年 | 许良保 | 王良德 |
| 陈家衡 | 王文生 | 陈文炳 | 王士臣 | 姚永胜 | 汪明 | 王家骅 |
| 杜荣寿 | 周志耕 | 金德成 | 陆定益 | 钱双龙 | 金幼刚 | 戎龙明 |
| 金幼声 | 楼宝发 | 李有生 | 孙中华 | 李金龙 | 章显福 | 沈世寿 |
| 罗小庆 | 李家仁 | 汤国昌 | 汤国强 | 刘平华 | 蒋志雄 | 叶森龙 |
| 黄勤锡 | 李庆彪 | 王连根 | 张仁志 | 薛重光 | 陈章元 | 鲍善根 |
| 张卫芳 | 蒋璋 | 陈建生 | 周胜成 | 何刚敏 | 周春民 | 王欣辉 |
| 黄癯诚 | 钱炳龙 | 房荣林 | 陈布军 | 陈关澄 | 李冶强 | 张兴康 |
| 刘仁节 | 陈金山 | 陈善标 | 俞春根 | 章宗亮 | 金文刚 | 朱明炎 |
| 邱景泗 | 任昌泉 | 李树云 | 杨宗环 | 舒善存 | 汪增志 | 徐建奇 |
| 周诚 | 刘来根 | 陈英杰 | 夏金扣 | 蔡琼鹤 | 肖维玲(女) |

| | | | | |
|---|---|---|---|---|
| 陈金秀(女) | 候玲玲(女) | 陈平川(女) | 吴华英(女) | 张惠靖(女) |
| 姚素琴(女) | 顾颜梅(女) | 顾雪(女) | 郑香凤(女) | 林赛清(女) |
| 陆仁珠(女) | 顾文娟(女) | 刘厚兰(女) | 高芳秀(女) | 姜福娣(女) |
| 虞惠芬(女) | 程家兰(女) | 黄林云(女) | 应丽君(女) | 张玲娣(女) |
| 高根弟(女) | 郁月英(女) | 王文英(女) | 殷翠珍(女) | 金孝鸿(女) |
| 朱明珠(女) | 周惠珠(女) | 刘碧雁(女) | 杜兰英(女) | 丁玉英(女) |
| 徐婉珍(女) | 乐仁云(女) | 陈小蓉(女) | 哈慧君(女) | 包亚明(女) |
| 徐云珠(女) | 孙佩玉(女) | 陈培兰(女) | 厉燕萍(女) | 孙金江(女) |
| 唐明华(女) | 潘葆葆(女) | 曹幼鸿(女) | 戴爱珠(女) | 蒋桂红(女) |
| 周雅佩(女) | 曹敏娟(女) | 夏琪玉(女) | 黄蓉蓉(女) | 唐月星(女) |
| 陈爱娟(女) | 谢剑英(女) | 黄厚英(女) | 宗根娣(女) | 陈逸敏(女) |

| | | | | |
|---|---|---|---|---|
| 陈秋萍(女) | 叶义芬(女) | 杨阿宝(女) | 高月蟾(女) | 沈丽丽(女) |
| 张妙娣(女) | 章钟妹(女) | 姚小妹(女) | 黄素君(女) | 腾银凤(女) |
| 孙毓仙(女) | 沈元贞(女) | 应萍君(女) | 陆和云(女) | 陈伯女(女) |
| 黄三妹(女) | 顾玉英(女) | 李珊多(女) | 程志云(女) | 刘根娣(女) |
| 朱家梅(女) | 蒋菊娣(女) | 诸君芳(女) | 濮彩娣(女) | 顾洁如(女) |
| 高培君(女) | 余金妹(女) | 陆美华(女) | 陆吉娣(女) | 屠玉妹(女) |
| 戴培莉(女) | 钟燕萍(女) | 葛云珠(女) | 江咏蓉(女) | 沈孝珍(女) |
| 恽玉凤(女) | 童珠芬(女) | 诸幼敏(女) | 朱云华(女) | 朱素琴(女) |
| 沈美英(女) | 许美娟(女) | 王康伟(女) | 陈明娣(女) | |

1964年上海团校青年：

| | | | | |
|---|---|---|---|---|
| 钟荣娣(女) | 顾弘恕(女) | 柯雪珠(女) | 沃良娥(女) | 高林福 |

（豫园街道）

| | | | | |
|---|---|---|---|---|
| 付玉宝(女) | 王银花(女) | 刘桂芬(女) | 付玉琴(女) | 王惠芬(女) |
| 方镟龄(女) | 谢金妹(女) | 吴联英(女) | 周华瑾(女) | 陈梅仙(女) |
| 王云娣(女) | 丁凤娣(女) | 徐有娣(女) | 黄美华(女) | 唐家兰(女) |
| 唐红娣(女) | 夏云珠(女) | 夏赛娣(女) | 梁冠玉(女) | 缪秀英(女) |
| 胡秀珍(女) | 陶六妹(女) | 薛云瑾(女) | 徐菊香(女) | 刘渝兰(女) |
| 王丽娥(女) | 周秋生(女) | 李宝珍(女) | 张秀芳(女) | 辛瑞芬(女) |
| 徐根仙(女) | 朱爱玉(女) | 余彩英(女) | 王安玉(女) | 张凤娟(女) |
| 俞梅娟(女) | 郭金妹(女) | 辛惠芳(女) | 余鸿玲(女) | 刘婵娟(女) |
| 黄新娣(女) | 周福娣(女) | 周雪华(女) | 奚秀珍(女) | 曹月娣(女) |
| 何蓉敏(女) | 张洪娣(女) | 赵月英(女) | 郁珠凤(女) | 沈月娥(女) |
| 戎嘉妮(女) | 陈玮丽(女) | 阮美娟(女) | 常雪女(女) | 钱　洁(女) |
| 贾蓉蓉(女) | 金彩英(女) | 张佩兰(女) | 何树英(女) | 陈同豪 |

| | | | | | | |
|---|---|---|---|---|---|---|
| 沈建仁 | 沈景昌 | 赵明强 | 管根虎 | 王福定 | 徐世朝 | 李德明 |
| 仇惠丰 | 李贵富 | 吴福根 | 魏彩宝 | 洪坤华 | 顾金福 | 钱恒雄 |
| 钱伟峰 | 谢鸿庆 | 蔡　浩 | 鲍雄章 | 曹明刚 | 张鸿楚 | 陈立本 |
| 唐焱椿 | 熊春荣 | 陈定宝 | 陈林福 | 郑元龙 | 闵华豹 | 辛羊宝 |
| 周金宝 | 乔国田 | 陈正权 | 冯孝康 | 许强贤 | 徐雄国 | 朱天仪 |
| 卢俊良 | 龚文龙 | 章伯诚 | 高华明 | 胡文涛 | 郁季良 | 郑德灵 |
| 陈遇春 | 谢振卿 | 陈鹤鸣 | 李永庆 | 周京生 | 金汉生 | 倪明华 |
| 戚均柔 | 陆　鸣 | 王盛再 | 殷德林 | 许金富 | 乔慰宗 | 贾少华 |
| 林小毛 | 吴财宝 | 严金福 | 刘财宝 | 刘金宝 | 陆文魁 | 乔长来 |
| 汪泰忠 | 朱关成 | 潭如海 | 马炳良 | 陈国平 | 谷传印 | 谭国胜 |

陈　埤

1964 年 9 月 23 日（杨浦区控江街道）

| | | | | |
|---|---|---|---|---|
| 俞妙凤（女） | 邵冯娣（女） | 罗小瑛（女） | 邵雅君（女） | 方长珍（女） |
| 张　珩（女） | 杨全妹（女） | 孙素华（女） | 方月芬（女） | 龚苗英（女） |
| 林立琴（女） | 薛金凤（女） | 陈月华（女） | 刘必兰（女） | 张云芸（女） |
| 王兰燕（女） | 戴美珍（女） | 杜松珍（女） | 蒋招凤（女） | 孔珍珠（女） |
| 陈同玉（女） | 陶晓莺（女） | 付美芳（女） | 郑伯网（女） | 刘　杰（女） |
| 陈彩芳（女） | 陆汉珍（女） | 钱改珍（女） | 杨宇清（女） | 孔芬春（女） |
| 黄菊英（女） | 张红妹（女） | 周福保（女） | 郁梅珍（女） | 朝秀兰（女） |
| 徐静梅（女） | 乔宗华（女） | 王根娣（女） | 赵兰宝（女） | 黄美银（女） |
| 周惠兰（女） | 高兰芳（女） | 陈桂英（女） | 马保妹（女） | 曾彩娣（女） |
| 王冀名（女） | 陈友珍（女） | 朱秀华（女） | 瞿红英（女） | 刘殿武 |

| | | | | | | |
|---|---|---|---|---|---|---|
| 王荣平 | 贺师孟 | 俞杨新 | 刘同玉 | 庞嘉利 | 鞠治万 | 戴福祥 |
| 杨新华 | 胡小弟 | 王光灿 | 陆明宫 | 任国容 | 邓伯贤 | 王纪先 |
| 赵瑞昌 | 徐济东 | 周博文 | 姜永华 | 吴川生 | 曹林发 | 左庭悦 |
| 唐国选 | 支亦亮 | 刘柱泉 | 王永林 | 蔡庆云 | 王学文 | 王希尚 |
| 杜智伟 | 苏培根 | 顾荣根 | 陈道道 | 李思文 | 徒中发 | 陆可墨 |
| 张顺明 | 顾月荣 | 李步高 | 万象华 | 李家都 | 韩国兴 | 王远祥 |
| 许志康 | 沈松镇 | 吕钧衡 | 戴富财 | 丁永勇 | 柏斗华 | 张嘉林 |
| 刘金富 | 曹恒建 | 马德昌 | 马金贵 | 范仁泉 | 周财发 | 徐长生 |
| 张承通 | 周根根 | 王龙庆 | 杜鹤亭 | 倪守申 | 林新德 | 柯诚强 |
| 毛鼎国 | 唐小九 | 史浩寿 | 杨瑞根 | | | |

1965 年 7 月 14 日（虹口区唐山街道）

| | | | | | | |
|---|---|---|---|---|---|---|
| 费开康 | 吕昶达 | 叶良驷 | 卞耀祖 | 蔡永年 | 陈仁杰 | 沈维均 |
| 严元康 | 顾夏强 | 刘庆元 | 汤俊民 | 黄云财 | 陈兰亭 | 梁玉成 |
| 江希源 | 高余成 | 孙宗权 | 汪斌章 | 郑奉宝 | 庞学明 | 陈建东 |
| 王英侠 | 李伟文 | 赵来群 | 朱忠良 | 曹国平 | 陈国强 | 李宗先 |
| 谢伯良 | 韩永贵 | 李允标 | 陈汝春 | 刘执和 | 戴一梁 | 蒋重五 |
| 丁仁耀 | 倪龙昌 | 戴建生 | 曹星根 | 赵富根 | 陈洪海 | 蔡康全 |
| 陈国胜 | 周振邦 | 柴俞兴 | 陈永康 | 徐金龙 | 颜惠国 | 韩树忠 |
| 苏诗兵 | 王秋林 | 杨肇栋 | 郑泰生 | 邹余德 | 陈礼宝 | 杨洁桢 |

| | | | | |
|---|---|---|---|---|
| 徐国强 | 陈连康 | 李钧善 | 陈祖宏 | 吴阿均（女） | 王杏娟（女） |
| 盖惠英（女） | 徐慧珍（女） | 张曼萍（女） | 胡幼琴（女） | 钱汉雯（女） |
| 沈家琴（女） | 沈绣纹（女） | 唐美珍（女） | 鄢蓓蓓（女） | 林美珠（女） |

付雪飞(女)　　　韩生丽(女)　　　陆兴妹(女)　　　王国萍(女)　　　王兰英(女)
赵美英(女)　　　陆晓丽(女)　　　沈桂英(女)　　　胡秀英(女)　　　忻雅珍(女)
陈月华(女)　　　李莉莉(女)　　　徐慧芝(女)　　　庄荷珠(女)　　　刘庆华(女)
杜珊栅(女)　　　黄宝娣(女)　　　仇根娣(女)　　　仲伟萍(女)　　　张玲弟(女)
胡瑞丽(女)　　　刘莜芳(女)　　　吴钦妹(女)　　　李莉亚(女)　　　林伟娟(女)
刘　梅(女)　　　房诗萍(女)　　　岑爱华(女)　　　潘玉珍(女)　　　林国芬(女)
王齐娟(女)　　　朱妞妞(女)　　　倪金花(女)　　　孙家英(女)　　　徐根娣(女)
李　青(女)　　　薛惠洁(女)　　　王福丽(女)　　　赵素琴(女)　　　路小妹(女)
陆明月(女)　　　姚芬仪(女)　　　周丽华(女)　　　林　洁(女)　　　冯白珍(女)
袁亦山(女)　　　祝小妹(女)　　　沈小柳(女)　　　忻秀芳(女)　　　张秀珍(女)
金明珠(女)　　　赵桂仙(女)　　　王小毛(女)　　　王善丽(女)　　　陈素萍(女)
罗海珍(女)

（虹口区嘉兴街道）

余亚萍(女)　　　姜启芳(女)　　　翁芝妹(女)　　　董恒英(女)　　　武秀芳(女)
夏兰英(女)　　　丁财珍(女)　　　丁月珍(女)　　　陆薇薇(女)　　　王党兰(女)
周巧兰(女)　　　徐春香(女)　　　辛秀英(女)　　　龚兰英(女)　　　李桂英(女)
荣筛娣(女)　　　胡大怀(女)　　　王莲娟(女)　　　刘必妹(女)　　　徐育青(女)
姜春霞(女)　　　俞小瑜(女)　　　徐木兰(女)　　　徐兰芳(女)　　　韩书巧(女)
纪根妹(女)　　　曹正英(女)　　　袁桂芳(女)　　　沙银娣(女)　　　黄彩贞(女)
仓顺林　　　　潘再辛　　　　顾宝根　　　　潘树林　　　　张建伟　　　　朱学径　　　　曹建恒
支阿强　　　　张永龙　　　　江锦荣　　　　俞康年　　　　秦长海　　　　曹根山　　　　王玉成
杨金忠　　　　胡小卿　　　　魏　雄　　　　赵荣华　　　　吴耀忠

（虹口区虹镇街道）

周朝英(女)　　　陈阿娥(女)　　　蒋　娣(女)　　　朱丽君(女)　　　秦华雯(女)
杨慧英(女)　　　刘都都(女)　　　丁美娟(女)　　　周兰珍(女)　　　钱云娣(女)
石小玉(女)　　　蔡书香(女)　　　金瑞芝(女)　　　张玲妹(女)　　　刘雪莲(女)
顾大妹(女)　　　寿玉观(女)　　　刘毛囡(女)　　　孙左娣(女)　　　倪若娣(女)
潘牛英(女)　　　金惠芳(女)　　　胡玉华(女)　　　肖巧女(女)　　　李家莲(女)
钱文琪(女)　　　宋晓暇(女)　　　徐球英(女)　　　周莲芳(女)　　　王金芳(女)
周文君(女)　　　冯根妹(女)　　　章文秋(女)　　　吴镜玲(女)　　　张玲娣(女)
裴葆瑾(女)　　　郑浓娣(女)　　　伍丽丽(女)　　　顾爱珠(女)　　　张小妹(女)
毛兰娣(女)　　　冯美菊(女)　　　秦金华(女)　　　舒和娣(女)　　　陈玲娣(女)
胡淑贞(女)　　朱庙福　　　　蔡根宝　　　　陈学清　　　　李步林　　　　朱国庆　　　　梅小根
顾瑞棣　　　　张涌和　　　　汤文劳　　　　胡栋才　　　　朱余生　　　　李全康　　　　陈国梁

| | | | | | | |
|---|---|---|---|---|---|---|
| 范金宝 | 宋荣华 | 戴阿根 | 沈同慎 | 王德发 | 童　泉 | 昌仁泉 |
| 柴景彬 | 刘根生 | 顾　鸿 | 胡扣宝 | 王汝悉 | 刘训天 | 刘三十 |
| 高三十 | 孙秋夫 | 陈　铄 | 李小鸟 | 孙有虎 | | |

（第二十五篇第四章《人名录》，第 310—319 页）

# 《九团志》

农一师史志办公室编，新疆人民出版社 2000 年

（1963 年）8 月 3 日，第一批上海知青 260 人来场。场成立安置接待办公室。

（《大事记》，第 5 页）

9 月，第二批上海知青 526 人来场。

是年，全场共接待安置上海知青 786 人，其中男性 479 人，女性 307 人。

（《大事记》，第 5 页）

（1964 年）5 月，第三批上海知青 839 人来场，其中男性 459 人，女性 380 人。

（《大事记》，第 6 页）

（1965 年）7 月，上海市各届代表赴疆慰问团来场，深入基层连队举行座谈会和慰问演出。

9 月，场接待安置一批上海知青 345 人，其中，女性 193 人。　　（《大事记》，第 6 页）

（1990 年）10 月 27 日，九团七连职工、上海支边青年张根妹获自治区"劳动模范"称号。

（《大事记》，第 18 页）

（1993 年）8 月 9 日，九团纪念上海知识青年进疆 30 周年座谈会在招待所会议室召开。

（《大事记》，第 21 页）

1963—1965 年三年中，共接收上海支边知识青年 1 970 人。　（第三章《人口》，第 48 页）

1973 年，六连上海支边青年职工杜志坚，因与该连有夫之妇潘××长期通奸，造成女方夫妻吵架、打架闹离婚，杜志坚因此被团保卫部门拘留审查。杜志坚在禁闭室与其他在押犯合谋挖洞逃跑。在脱逃过程中，有 1 人不愿走，杜志坚因怕出逃后他去报案，就强行劫持出

监,在塔里木河滩上将其杀害就地掩埋。不久,杜志坚等人被缉拿归案。1976年8月,杜志坚经自治区高级法院核准,被阿克苏地区中级法院以流氓罪和越狱逃跑杀人罪判处死刑,立即执行。

(第十七章《政法》,第 247 页)

1963—1965年,上海知识青年来到团场,团员青年成为农场生产的主力军。他们虚心好学,以高昂的革命斗志闯过了思想关、劳动关、生活关三大关。1964年、1965年,团委连续两年召开青年积极分子表彰大会,大力表彰广大青年中的好人好事。并对他们进行人生观、理想观、劳动观教育,使广大支边青年立志扎根边疆,为建设边疆作贡献。

(第二十章《共青团》,第 272 页)

建场初期,教师仅有6人,随着农场规模扩大,生员人数的增加,教师队伍也在不断扩大。70年代初,一大批上海知青走上教育工作岗位,给教育战线带来生机和活力,成为九团教育工作的主要力量。80年代初,上海知青大批返沪,一些上海知青教师也返回故里,教师数量减少,生员大幅度递减。

(第二十二章《教育》,第 307 页)

60年代初,上海知青大批来疆,1964年,上海市委向九团赠送书籍 2 000 余册,职工也纷纷捐书,全场共建立8个图书室,藏书有1.2万册,1965年增加到1.4万册。"文化大革命"中,图书室遭到破坏,大量书籍被毁。

(第二十四章《文化 体育》,第 335 页)

**盖玉兰** 女,汉族,1963年上海支边青年,入疆分配在八连任棉花丰产班长,她安心边疆建设,积极带领全班大搞棉花丰产攻关,1965年被评为兵团五好职工,国庆节期间赴和田受到中央代表团贺龙副总理接见。"文化大革命"后调十连任小学教员,1984年顶替回上海。

(第二十六章《人物 集体》,第 352 页)

**吴惠君** 女,汉族,1964年从上海支边进疆,先后在十五连、三连当农工。现为九团组织科科员。

1964年进疆后,年年评为团先进生产者,两次荣立团三等功。1976年参加全团第二次农业学大寨经验交流大会,1977年带领铁姑娘班10名女同志管理小麦225亩,单产183.8公斤,水稻380亩,平均单产443.15公斤。她自己管理的113亩水稻,平均单产高达527公斤。铁姑娘班被授予自治区"三八"红旗集体。1978年她调三连后,继续搞水稻丰产,带领5名女同志承包240亩水稻,平均单产1 651斤,总产19.8万公斤。同年被评为阿克苏地区优秀党员,九团妇女标兵。1978—1979年,连续2年评为农垦部先进生产者。她的模范事迹1979年3月17日在《人民日报》、《中国青年报》发表后,她当选为全国第五届青联委员,自治区第三届青职常委。

(第二十六章《人物 集体》,第 353 页)

# 上海支青名录

（1997 年底在册人员）

| | | | | | |
|---|---|---|---|---|---|
| 陈文国 | 孙 红 | 马如林 | 李祥生 | 邹兴隆 | 周栋良 | 江冬梅 |
| 孙正伟 | 付秀珍 | 沈小英 | 朱根芳 | 樊秋宝 | 励德贞 | 吴慧君 |
| 张伟国 | 李邦思 | 吕玉龙 | 陈银妹 | 仇莲英 | 蔡绍清 | 张贵宝 |
| 张贵敏 | 吴有芳 | 陶罗英 | 王大宝 | 陈怀佩 | 张小元 | 周国良 |
| 顾伯达 | 邓来宝 | 吴天仁 | 徐海元 | 蒋琴华 | 郑宏宝 | 潘家风 |
| 徐建中 | 袁新兰 | 谢根才 | 戚巧宝 | 唐月华 | 蒋任凤 | 赵玲珠 |
| 腾久森 | 郁庆权 | 张来娣 | 王建珍 | 陈 达 | 盛福英 | 李金根 |
| 赵光本 | 程志英 | 朱海毛 | 王钧云 | 唐尔勤 | 徐长林 | 袁寿开 |
| 张来侯 | 付德明 | 杨家麟 | 邵宏宝 | 张玉环 | 肖成勋 | 徐月娥 |
| 李义顺 | 苑 琼 | 刘元琼 | 邱永根 | 张孝良 | 魏明珠 | 唐永诗 |
| 李友根 | 连振荣 | 沈利洁 | 沈利昌 | 闻阿娣 | 张秀玉 | 潘菊利 |
| 曾锡坤 | 洗令先 | 吴森发 | 董大权 | 郑玉琪 | 陈宝祥 | 蒋再良 |
| 王善明 | 王志芬 | 陈维新 | 代积林 | 周吉琼 | 付金元 | 徐良青 |
| 倪根生 | 甘翠娣 | 徐礼其 | 朱鸿海 | 孙少鹏 | 朱寿根 | 达美珍 |
| 李凤美 | 潘巧玲 | 溪必华 | 谢安平 | 杨根娣 | 郎国华 | 葛顺根 |
| 吕广生 | 唐菊妹 | 孔大宝 | 章桂花 | 鲍静伟 | 张顺高 | 谭德玲 |
| 苏信娣 | 唐章娣 | 邱庆山 | 胡扣娣 | 陈必华 | 郁扣宝 | 朱福兴 |
| 张西玲 | 郑来娣 | 张根妹 | 王成史 | 欧小英 | 顾勤艺 | 叶孝华 |
| 陈素萍 | 刘振华 | 方国强 | 肖龙海 | 周文元 | 夏庸男 | 姚淑祥 |
| 王海卫 | 戴元祥 | 陈剑飞 | 陈漳潮 | 张奇伟 | 祝招娣 | 藏木金 |
| 李阿义 | 廖留新 | 石博光 | 徐美玲 | 黄 胜 | 周维进 | 余瑞娣 |
| 潘金生 | 周德义 | 陈农鑫 | 毛菊征 | 梅瑞兴 | 蔡德发 | 杨秀玲 |
| 马兰生 | 雍志强 | 赵荷根 | 陈兆荣 | 曹荣光 | 张洪庆 | 叶小毛 |
| 陈 沛 | 潘翠花 | 张敬华 | 祁德芳 | 周继君 | 马清泉 | 曹燕慈 |
| 王双顶 | 夏慧芳 | 高学可 | 高玲娣 | 向子良 | 季彩风 | 沈阿山 |
| 余阿四 | 金贵珍 | 金先明 | 姚建新 | 朱小弟 | 蒋秀根 | 陈志兰 |
| 陈根娣 | 华凤兰 | 黄志民 | 曹小毛 | 于星娣 | 芦芳英 | 肖明珠 |
| 代善芬 | 张祖轩 | 谢祖跃 | 赵宝娣 | 应会娣 | 周玉珍 | 董菊华 |
| 单志和 | 钱杰庆 | 殷华胜 | 王顺堂 | 黄小珍 | 徐静芬 | 汪桂娣 |
| 程卫国 | 顾为森 | 陆福才 | 周国珠 | 曹玲娣 | 严连良 | 陈维敏 |
| 顾成铭 | 盛根林 | 符财洪 | 俞小弟 | 赵素娟 | 沈秋香 | 蒋朝凤 |
| 杨长标 | 顾学启 | 严荣明 | 沈林法 | 顾国华 | 周付芬 | 杜素娣 |

| | | | | | | |
|---|---|---|---|---|---|---|
| 华慧芳 | 姚兴华 | 邵小宝 | 沈友平 | 姜红林 | 李坤金 | 洪亚琴 |
| 章炎珍 | 沈寿坤 | 夏林付 | 赵玉勤 | 潘兆国 | 徐云花 | 居有芳 |
| 王荣英 | 朱方娣 | 祝妙生 | 刘兆宏 | 陈妙珍 | 代瑞芳 | 吕清英 |
| 邹家熙 | 包桂芳 | 瞿文毛 | 黄书昌 | 吴秀会 | 韩春香 | 蔡志强 |
| 宋金根 | 王修龙 | 刘金华 | 金丽娟 | 沈粉马 | 丁传富 | 瞿金生 |
| 董承喜 | 姜大伟 | 李 杰 | 叶厚伟 | 王炳南 | 王建兰 | 韩光伟 |
| 朱 云 | 沈金康 | 周龙兴 | 符庆余 | 吴礼平 | 叶宝珍 | 唐凌云 |
| 曹桂娣 | 张友义 | 刘国范 | 孙兰娣 | 贝四珍 | 许志雄 | 周银仙 |
| 胡美华 | 顾伯雷 | 元小榆 | 沈酒鼎 | 张树民 | 唐华白 | 黄惠芬 |
| 程荣富 | 陆爱娜 | 陆兰英 | 金义鼎 | 周宗金 | 乔守信 | 刘福生 |
| 张忠义 | 周存宝 | 周星余 | 岑苗来 | 唐凡风 | 胡小康 | 倪元标 |
| 王忠表 | 钮丽清 | 祝巧珍 | 杨兰英 | 王芬玲 | 周志英 | 窦国英 |
| 梁明丽 | 张学君 | 吴保弟 | 何依朗 | 刘锦良 | 李更新 | 曾德新 |
| 江家珍 | 诸伯恩 | 李玉柱 | 蒋龙祥 | 陈德新 | 付国芬 | 潘匡定 |
| 庄鸿娣 | 包苗君 | 周礼忠 | 谈锁庚 | 许涵芬 | 田惠炎 | 陆玉珍 |
| 仇志华 | 沈延传 | 缪庭益 | 姚元凤 | 徐广如 | 陈正盛 | 经惠英 |
| 张兰英 | 金秉华 | 沈美娥 | 彭怀娣 | 陈全德 | 李红娣 | 郭冬英 |
| 朱金苗 | 盛宝珍 | 徐雅媛 | 王寿余 | 崔根娣 | 黄守琴 | 蒋强华 |
| 顾爱珍 | 施佐女 | 吴顺发 | 陈守根 | 顾兴霞 | 孙 崎 | 胡佩芬 |
| 向海珍 | 杨建英 | 张玲宝 | 施海山 | 朱根娣 | 吴文芳 | 吴雅美 |
| 朝荡芳 | 高趣英 | 李春英 | 邓小海 | 单红梅 | 许克雄 | 徐恒先 |
| 董立章 | 陆殿风 | 朱振国 | 谭明和 | 杜烈明 | 刘光全 | 蒋佩英 |
| 王焕荣 | 徐凌波 | 韩三红 | 李福康 | 胡惠君 | 胡惠强 | 何玲玲 |
| 刘文兰 | 陈招娣 | 周丽茹 | 陈洪烈 | 张惠生 | 周新民 | 徐俊兰 |
| 陈来娣 | 毛金芳 | 王兰英 | 朱月英 | 蔡月英 | 包富升 | 陈海京 |
| 费云芳 | 汪根宝 | 魏洪英 | 刘群永 | 邵红珠 | 桑万适 | 蒋启国 |
| 代树国 | 颜兰英 | 汪根生 | 赵文才 | 杨留根 | 颜月荣 | 陈兰娣 |
| 鞠福华 | 高苗根 | 顾阿国 | 黄秀兰 | 林宝生 | 李金阳 | 姚桂仙 |
| 王培荣 | 张兴如 | 夏永清 | 孙三媛 | 沈金福 | 赵其昌 | 龚根发 |
| 吴冬梅 | 张红媛 | 张严凯 | 陈效民 | 王祖根 | 邵志强 | 苗鲁云 |
| 张禹忠 | 张关康 | 王炳林 | 倪庙才 | 万妙荣 | 戴国清 | 朱良庆 |
| 徐福兰 | 周正风 | 诸国珍 | 杨根宝 | 朱育良 | 费明通 | 徐吉人 |
| 张苗根 | 韩登友 | 吴小南 | 陆雪宝 | 吴双娣 | 林伯刚 | 刘 尊 |
| 王心刚 | 周国荣 | 陆德祖 | 万小刚 | 汪益堂 | 刘光涛 | 瞿宝根 |
| 赵福顺 | 柯长妹 | 昌兆扣 | 王二男 | 周金彪 | 徐茂荣 | 宋长安 |

| | | | | | | |
|---|---|---|---|---|---|---|
| 张志林 | 刘彦文 | 毛永根 | 王利敏 | 蒋良根 | 徐庭荣 | 刘阿根 |
| 陈永根 | 常 江 | 王荣根 | 倪才初 | 张泉贤 | 吴友泉 | 吴季国 |
| 张启龙 | 张凤朝 | 朱济民 | 郭素琴 | 谢金凤 | 吴桂珍 | 毛孝凤 |
| 徐惠玉 | 陈宝琴 | 许翠茹 | 查纪敏 | 陆素华 | 张爱卿 | 巩彩雯 |
| 刘素梅 | 叶永茹 | 葛熙瑜 | 余申生 | 茆留女 | 孙国珍 | 任尕英 |
| 王志芬 | 程云兰 | 陈巧珍 | 姚婉莲 | 卜红英 | 王林宝 | 邵庆鸿 |
| 徐瑞娣 | 陈扣娣 | 陆殿虎 | 戚富根 | 曹金海 | 陆培生 | 吕正明 |
| 孔庆华 | 顾维成 | 胥新妹 | 高招娣 | | | |

**备注**:1963—1964年九团共安置上海支边青年1 970人,其中男青年1 060人,女青年910人,除调走或回沪、死亡外到1997年底统计在册人员522人

(《附录》,第409—411页)

# 《十团志》

十团史志编纂委员会编,(内部刊行)1992年

(1964年)6月20日,上海支边青年764人到场。     (《大事记》,第12页)

(1965年)7月11日,本年度上海支边青年257人到场。

8月,上海市赴疆慰问团,由张浩波(副团长)率领来场慰问上海支边青年。随同来场的上海市越剧团演出越剧"沙漠王子"。     (《大事记》,第12页)

(1986年)8月14日,上海市赴疆慰问团成员、上海市南市区区长王伸达在团领导陪同下,到连队看望上海支边青年,并召开了座谈会。    (《大事记》,第26页)

1963年至1965年分8批共接受安置了上海支边青年2 173人,至1965年底,上海支边青年占全场总人口的32.7%。     (第二章《人口》,第46页)

1963年上海支边青年进疆,到1965年胜利十五场青年达2 374人,基层团支部由15个增加到28个,各支部组织团员和青年进行增种农作物、积肥、植树、挖甘草、打饲草、运土块等义务劳动,利用业余时间挖潜力。1965年,胜利十五场召开青年社会主义建设积极分子大会,表彰了256名积极分子,其中,上海青年187名。三年来上海支边青年被评为各级能手的3 954人次,被评为五好工人的682人次,被评为五好干部的28人次,有31人入党,302人入团。     (第十八章《共青团》,第243页)

1963 年起,随着上海支边知识青年陆续来到农场,场党委决定抽调 30 人组成以上海青年为主的业余文艺宣传队,晋桐枫任队长,贾泽义任副队长,业余文艺宣传队编制设在场试验站。这一时期的团场文艺活动非常活跃。宣传队农忙时参加农业生产,农闲时排练节目,经常到连队巡回演出。节目内容主要是宣传党的路线、方针、政策和颂扬在农场建设中涌现出来的先进人物事迹,起到了宣传、鼓励和教育群众的作用。有些剧目,如《送你一枝沙枣花》、《十五场有个葡萄园》等,在师文艺调演中获奖。 (第十九章《群众文化》,第 247 页)

1964 年,上海市委向上海支边青年赠送了大批图书,胜利十五场分得 2 000 余册,在全场上海青年单位办起了图书室。场政治处专门为连队图书室购买分发了各类图书,并给图书室、各班组公费订了《军垦战报》、《胜利报》、《中国青年》等报刊。

(第十九章《群众文化》,第 251 页)

1961 年—1966 年,胜利十五场先后从知识青年(主要是上海支边青年)中,选拔了 10 余人担任教师,教师队伍的文化素质有了明显提高。 (第二十一章《教育》,第 265 页)

**倪豪梅**,女,汉族,生于 1944 年 5 月,浙江绍兴人,大专文化程度,1964 年 6 月由上海支边到新疆,1965 年 3 月入党,1979 年 5 月至 1981 年 4 月任十团党委副书记,1976 年 7 月至 1981 年 4 月任副政委,1981 年 4 月调离,现任新疆生产建设兵团副政委。

(第二十七章《人物 集体》,第 316 页)

**陆美英**,女,汉族,生于 1938 年 7 月,浙江上虞人,高中文化程度,1963 年 9 月从上海到新疆支边,1959 年 10 月入党,1981 年 2 月至 1985 年 11 月任十团副政委,现任农一师大光毛纺厂纪委书记。 (第二十七章《人物 集体》,第 317 页)

## 1963 年至 1964 年分配到十团的上海支边青年名录

| | | | |
|---|---|---|---|
| 周鸿岩 | 李桂莲(女) | 王 蓉(女) | 邓凤珍(女) |
| 黄跃明 | 石 云(女) | 方 芳(女) | 郭兰娣(女) |
| 朱 展(女) | 姚玉兰(女) | 朱玉庭(女) | 蔡良弟 |
| 赵翠兰(女) | 龚秀珍(女) | 顾秀珍(女) | 顾盛明 |
| 韩汝明 | 王小宝 | 王小粉(女) | 张招娣(女) |
| 陈秀英(女) | 樊悦云(女) | 许冬妹(女) | 吴兰珍(女) |
| 曹毛珍(女) | 李正友 | 张岩萍(女) | 薛祖德 |
| 汤惠红(女) | 张宝珍(女) | 张宝英(女) | 赵燕芳(女) |
| 郭贵女(女) | 汪 英(女) | 项裕芳(女) | 杨锡君 |

| | | | |
|---|---|---|---|
| 竺祥飞(女) | 陆妙英(女) | 钱家林(女) | 孙秋琴(女) |
| 华芬万(女) | 丁文龙 | 陈风弟(女) | 解胜桂 |
| 徐益兴 | 刘厚良 | 王文祥 | 刘金雨 |
| 潘根发 | 季影辉(女) | 董怀锁 | 吴财发 |
| 陈洪弟(女) | 孙秀荣(女) | 陆元胜 | 殷进坤 |
| 夏鸿义 | 丁铁胆 | 吴卓铭(女) | 钱来根 |
| 王克平 | 周全福 | 秦嗣针(女) | 谢金凤(女) |
| 蔡苗荣(女) | 赵凤珍(女) | 吴毛头(女) | 陈美娟(女) |
| 张礼萍(女) | 蔡富生 | 袁永华 | 袁五庆 |
| 吕翠霞(女) | 陈玉兰(女) | 卢振满(女) | 刘士珍(女) |
| 陆华文 | 孙文龙 | 王璟 | 王秀英(女) |
| 刘凤英(女) | 汪秀珍(女) | 蔡秀兰(女) | 许守珍(女) |
| 何治汉 | 郭恒森 | 吴银巧(女) | 陆秀珍(女) |
| 吴小玉(女) | 梁百萍 | 朱文绍 | 张玉英(女) |
| 冯福宝 | 唐建国 | 刘步友 | 黄桂花 |
| 张步玖 | 王生新 | 苏良坤 | 王秀英(女) |
| 殷仁兴 | 于金头 | 龚发根 | 忻永祥 |
| 杨金根 | 徐正彬 | 陈宝林 | 王俊东 |
| 许建明 | 黄翠英(女) | 余月珍(女) | 赵明珍(女) |
| 张梅珍(女) | 田文俊 | 濮秀芬(女) | 章金富 |
| 黄吉兰 | 谭达海 | 侯秋凤(女) | 郑洪根 |
| 张金林 | 车振福 | 徐大雄 | 张玲珍(女) |
| 陈秀康 | 罗新根 | 姚秋华(女) | 包其妹(女) |
| 俞玉霞(女) | 章万里 | 周长友 | 黄根林 |
| 土益钦 | 张发祥 | 章阿龙 | 周汉妹(女) |
| 尹祥发 | 黄玉芳(女) | 唐素珍(女) | 朱保银 |
| 时秋莲(女) | 王锡华(女) | 王发才 | 芦春妹(女) |
| 金德训 | 胡盛启 | 王大中 | 钱小毛 |
| 陈金姝(女) | 项金枝(女) | 栗随安 | 吴世海 |
| 顾庆章 | 杨毛毛 | 彭继平(女) | 邱美贞(女) |
| 王秀英(女) | 李文娣(女) | 李文兰(女) | 王馨年 |
| 陈奕全 | 王长宝 | 周京镐 | 史福康 |
| 严爱宝(女) | 强华兴 | 郁如宝(女) | 包长林 |
| 夏惠康 | 林胜利 | 徐长水 | 汪烨 |

| | | | |
|---|---|---|---|
| 张鹤松 | 周英龙 | 华天明 | 徐秀英(女) |
| 唐丽娟(女) | 屠金狗 | 岳珍贞(女) | 金宏源 |
| 郑红娣(女) | 谢淑英(女) | 李茂生 | 孙美菊(女) |
| 张其昌 | 苏正普 | 王玉琴(女) | 谢淑贞(女) |
| 毛鸿宝 | 任炽伦 | 项明珍(女) | 何国强 |
| 张仁安 | 洪金仙(女) | 邵根涛 | 邵根新 |
| 陈春林 | 李招娣(女) | 张来娣(女) | 夏小妹(女) |
| 马仁忠 | 朱夏妹(女) | 沈桂珍(女) | 纪维君(女) |
| 稽金龙 | 汤文新(女) | 沈信康 | 田桂娣(女) |
| 陈敏华(女) | 陈桂英(女) | 陆翠珍(女) | 袁月珍(女) |
| 薛金平(女) | 王吉祥 | 徐兴德 | 宁宝庆 |
| 袁忠荣 | 沈忠伟 | 陈定标 | 夏安琪(女) |
| 袁长安 | 陈兴发 | 郑婉贞(女) | 韦庭争 |
| 洪秀英(女) | 李庭才 | 王保南 | 贺忠良 |
| 孙美很 | 吴庆本 | 李兰芳(女) | 沈锦春 |
| 孙秀英(女) | 虞顺根 | 袁自力(女) | 成秀英(女) |
| 范根娣(女) | 朱金根 | 詹存富 | 李阿娣(女) |
| 蔡恒汝 | 陈双喜 | 肖筱英(女) | 章玲妹(女) |
| 董根成 | 王二毛 | 郑利华 | 范 雨 |
| 钱星石 | 李如松(女) | 沈鸿林 | 赵益礼 |
| 王开秀(女) | 姚定芝(女) | 徐益东 | 罗巧玉(女) |
| 陆怀子 | 房荣余 | 夏志诚 | 姜红英(女) |
| 朱广富 | 告国森 | 周成女(女) | 夏桂荣(女) |
| 吴开伟(女) | 胥学富 | 王 武 | 薛杏珍(女) |
| 张秀宝(女) | 郁阿宝(女) | 莫冬志 | 江海梅(女) |
| 王介正 | 向又明 | 汤巨涛 | 金巧关(女) |
| 刘一丽(女) | 朱宝生 | 李金英(女) | 吴财狗 |
| 王双喜 | 周瑞兰(女) | 胡爱清(女) | 李阿珍(女) |
| 杜建国 | 何小扣 | 姜洪连 | 赵同春 |
| 朱巧华(女) | 黄德美 | 张桂英(女) | 王兰花(女) |
| 王舅生 | 张春秀 | 周玉莲(女) | 孙鸣妹(女) |
| 叶少华 | 郑根林 | 张贵岭 | 李金生 |
| 周志勇 | 赵小林 | 唐成功 | 范庆荣 |
| 徐泉基 | 张开余 | 陈根妹(女) | 邹玲殊(女) |

| | | | |
|---|---|---|---|
| 李向前 | 吕碗喜 | 王根民 | 鲍孝义 |
| 忻忠祥 | 王凤英(女) | 魏玉丽(女) | 宋文英(女) |
| 曹锡英(女) | 沈二小(女) | 金继强 | 毛重生 |
| 周根宝 | 潘美芝(女) | 陈俊华 | 周念根 |
| 丁根娣(女) | 徐粉玲 | 王健兰(女) | 李振清(女) |
| 汪照英(女) | 平家骐(女) | 赵关绿 | 唐成忠 |
| 张银富 | 周燕浩 | 周立民 | 孟洪年 |
| 张惠芳 | 蒋桂萍(女) | 宋清华(女) | 赵金娣(女) |
| 赵寿堂 | 薛久田(女) | 李贵增(女) | 马林贞(女) |
| 李翠花(女) | 李荷芬(女) | 王绍年(女) | 孙怀镜 |
| 孙鸿富 | 张春和 | 陈文林 | 邵振帮 |
| 陆思聪 | 朱弟弟 | 丁伯均 | 韩文波(女) |
| 徐　萍(女) | 王扣生 | 王瑞家 | 李和弟(女) |
| 董兆和 | 李寿春 | 周才良 | 潘学标 |
| 王景水 | 裴新华 | 徐新江 | 于瑞根 |
| 王月芳(女) | 李坤男 | 董　用 | 韩忠德 |
| 薛兰英(女) | 王树林 | 洪荷生 | 蔡保弟(女) |
| 张根保 | 张长河 | 刘德焕(女) | 蒋彩林(女) |
| 马如林 | 李国栋 | 潘文耀 | 周金妹(女) |
| 盛臣娣(女) | 朱海英(女) | 许客贞(女) | 吴静芬(女) |
| 王道芳(女) | 安凤英(女) | 齐桂芸(女) | 王和清(女) |
| 钱小毛(女) | 惠为国 | 颜守发 | 姚宝怀(女) |
| 邱长芝(女) | 邬荣发 | 胡星芬(女) | 张根儿 |
| 刘广华 | 史宝庆 | 史学梅(女) | 赵六民 |
| 吴明珍(女) | 傅金凤(女) | 蒋龙英(女) | 陈小毛(女) |
| 黄月兰(女) | 陈红妹(女) | 华玉祥 | 徐秀珍(女) |
| 夏林荣 | 孙连成 | 张亚敏(女) | 邵生荷(女) |
| 范玉妹(女) | 吴晓薇(女) | 莲毛头(女) | 俞宝娣(女) |
| 潘美林(女) | 李忠娥(女) | 李浩华(女) | 徐丽娟(女) |
| 王小妹(女) | 胡金凤(女) | 蔡　瑛(女) | 王兰英(女) |
| 应凤兰(女) | 忻万金 | 张玲珍(女) | 张素梅(女) |
| 杨菊珍(女) | 陈志浩(女) | 夏美丽(女) | 钱国荣(女) |
| 刘佩芬(女) | 张亚英(女) | 张根娣(女) | 王翠娥(女) |
| 陈义芝(女) | 陆瑞娟(女) | 沈爱珍(女) | 余菊萍(女) |

| | | | |
|---|---|---|---|
| 陈秀云(女) | 韩美娜(女) | 李金妹(女) | 何西华(女) |
| 谢松盛 | 贺殷康 | 陈吉利 | 陈德铭 |
| 沈忠良 | 顾无云 | 陈 敏 | 顾金德 |
| 钱国兴 | 王钦云 | 王金良 | 应新之 |
| 胥士福 | 金长飞 | 王仁发 | 陈志鸿 |
| 薛小虎 | 倪明强 | 倪根强 | 汤文杰 |
| 常志成 | 严福俊 | 王文国 | 王惠明 |
| 李国华 | 叶德生 | 王嗣华 | 孙国标 |
| 张伯炎 | 陈永麟 | 魏孟达 | 王志民 |
| 章森彪 | 吴钱林 | 李进明 | 俞咬齐 |
| 王炳芳 | 徐关玉 | 俞振强 | 林国猷 |
| 俞国君 | 张明生 | 代惠德 | 朱福瑾 |
| 朱佑瑾 | 朱小瑾 | 姚文华 | 叶锡林 |
| 高仁根 | 陈令翔 | 章创雄 | 章永潮 |
| 朱进新 | 潘家骅 | 缪 铃 | 陈洪生 |
| 林初鼎 | 朱英豪 | 夏志良 | 吴士夫 |
| 陈培良 | 戴首生 | 张国源 | 李国章 |
| 宋子平 | 黄来好 | 陈志庆 | 陈德康 |
| 周银水 | 经孝先 | 戴指玉 | 冯宝利 |
| 汪杏村 | 陈财根 | 徐文桂 | 俞小荣 |
| 陶二尧 | 徐正愚 | 蔡继中 | 徐国胜 |
| 徐光荣 | 陈有宝 | 李泰山 | 吴留英(女) |
| 宫 涛 | 陈象伟 | 杨全林 | 吴贵海 |
| 李世元 | 朱小根 | 陈大耀 | 周宝康 |
| 陈一清 | 王三宝 | 任伟知 | 李 华 |
| 陈家适 | 乐德海 | 韩玉发 | 陈良兰 |
| 王志强 | 顾后礼 | 范永林 | 林 春 |
| 聂满魁 | 屠志强 | 范惠驾 | 卢六保 |
| 范鹤林 | 王园祁 | 刘惠昌 | 方荣华 |
| 朱万有 | 马明宝 | 林贤忠 | 徐炳豫 |
| 陈先桢 | 陈河清(女) | 方北熊 | 高美萍(女) |
| 曾鹏飞 | 江海涛 | 钱根发 | 吕永义 |
| 何友樟 | 黄绳四 | 陈海安 | 乐耀华 |
| 张龙宝 | 余惠云 | 黄丽蓉(女) | 孙莉莉(女) |

| | | | |
|---|---|---|---|
| 何欢容(女) | 吴丽娟(女) | 夏美君(女) | 金秀凤(女) |
| 刘美莉(女) | 程志华(女) | 吴文娟(女) | 宣根娣(女) |
| 陆秀慧(女) | 朱又鸣(女) | 徐宝娥(女) | 华凤芳(女) |
| 朱凤英(女) | 裴小凤(女) | 潘凤娥(女) | 朱阿凤(女) |
| 汪慧珠(女) | 王荣仙(女) | 石金妹(女) | 密敏英(女) |
| 陈丽娟(女) | 王林珍(女) | 陈文恩(女) | 王梅芳(女) |
| 石虹霞(女) | 姚淑玲(女) | 姜栋英(女) | 陆丽华(女) |
| 王德凤(女) | 杨菊娣(女) | 曾六英(女) | 徐丽芬(女) |
| 艾媛弟(女) | 李明花(女) | 张雨芳(女) | 丁永兴 |
| 王文娟(女) | 史纪舟(女) | 刘志华 | 李长生 |
| 赵长茂 | 余海福 | 周珠凤(女) | 潘凤鸣(女) |
| 虞梅宝(女) | 成秀华(女) | 沈德珍(女) | 曹玲娣(女) |
| 郭梅香(女) | 顾灶福 | 刘元宝 | 金林兴 |
| 赵正元 | 芮国良 | 王维龙 | 王荣根 |
| 陈庆贵 | 全 德 | 龚建勇 | 李经明 |
| 江寿涛 | 彭瑞章 | 樊登九 | 王远月 |
| 周永善 | 李经龙 | 邵绍生 | 陆文德 |
| 王德福 | 张明光 | 孙成生 | 崔庚昌 |
| 钱国弟 | 陆顺法 | 周德林 | 黄盘忠 |
| 陈新宝 | 张长江 | 吴国清 | 马新昌 |
| 严文跃 | 蔡永良 | 朱志民 | 汤顺林 |
| 顾幼顺 | 崔根发 | 张启龙 | 陆荣富 |
| 俞长根 | 蔡正其 | 张腊狗 | 周九金 |
| 沈金海 | 孙凤沽 | 沈铭森 | 唐金康 |
| 徐本忠 | 张益忠 | 李路加 | 张顺元 |
| 陆长根 | 游击良 | 周诚銮 | 周瑞銮 |
| 王和之 | 高文元 | 汪介懋 | 傅春发 |
| 董存富 | 杨立才 | 蔡振康 | 凌毛毛 |
| 彭根弟 | 王志华 | 何胜利 | 邹忠树 |
| 常镇江 | 林国标 | 王秀来 | 张宝飞 |
| 陈关兴 | 杜连群 | 万裕明 | 程声发 |
| 秦海涛 | 王天安 | 沈福昌 | 田永源 |
| 丁忠和 | 侯仲华 | 吴顺发 | 梁 诚 |
| 肖 诚 | 徐海龙 | 梅克忠 | 龚国章 |

| | | | |
|---|---|---|---|
| 赵明德 | 许伯堂 | 潘山云 | 汪根福 |
| 陈健民 | 徐凤鸣 | 陈秋堂 | 孙镇澜 |
| 林财宝 | 沈颂兴 | 沈土达 | 周振良 |
| 刘维新 | 居建民 | 徐宝明 | 仇大君 |
| 罗二虎 | 杨鸿义 | 沈龙发 | 孙树雄 |
| 朱臣良 | 楼福民 | 郑克剑 | 李长城 |
| 马贵林 | 王福玉 | 夏金祥 | 陆宝兴 |
| 蔡振华 | 汤大卫 | 叶少华 | 徐国鹏 |
| 薛　明 | 孙克励 | 斯式全 | 张金德 |
| 周永薇 | 陆约翰 | 丁忠和 | 王宽明 |
| 安振发 | 沈铭森 | 张纪风（女） | 李玲娣（女） |
| 胡桂琴（女） | 方玉珠（女） | 沈连娣（女） | 费玉珍（女） |
| 蔡美英（女） | 沈招娣（女） | 程菊香（女） | 刘金妹（女） |
| 蔡爱娟（女） | 姜胜利（女） | 吴桂新（女） | 孙小华（女） |
| 郑惠珍（女） | 刘锁珍（女） | 曲宝芳（女） | 胡富娟（女） |
| 顾宝娣（女） | 朱正品（女） | 吴六妹（女） | 谢翠香（女） |
| 张林宝（女） | 潘双喜（女） | 吴凤妹（女） | 张兰英（女） |
| 李小妹（女） | 柏方香（女） | 孙小妹（女） | 庄小文（女） |
| 胡韵娣（女） | 汤桂琴（女） | 蔡月红（女） | 姜巧意（女） |
| 刘平芳（女） | 蔡香风（女） | 陈告娣（女） | 凌凤仙（女） |
| 杨美英（女） | 滕巧红（女） | 陈小妹（女） | 洪杏仙（女） |
| 陈隆妹（女） | 王阿妹（女） | 郁文珍（女） | 龚秀玲（女） |
| 祁巧宝（女） | 吴惠娟（女） | 李惠秀（女） | 方金素（女） |
| 栾菊娥（女） | 王根娣（女） | 苏根娣（女） | 沈秀芸（女） |
| 刘桂英（女） | 沈桂英（女） | 管国英（女） | 石霞凤（女） |
| 顾桂凤（女） | 袁来珍（女） | 杨美华（女） | 徐燕君（女） |
| 扈小妹（女） | 顾英珍（女） | 陆林娣（女） | 陈小妹（女） |
| 周仲华（女） | 马　玲（女） | 朱玉芳（女） | 吴孝山（女） |
| 周秀兰（女） | 端木美娣（女） | 端木玲娣（女） | 段秀兰（女） |
| 唐敬漕（女） | 郑爱玲（女） | 朱秀珍（女） | 汪国秀（女） |
| 沈雪珠（女） | 丁红娣（女） | 桑苗风（女） | 马文娟（女） |
| 赵凤英（女） | 卞来娣（女） | 潘根娣（女） | 印月华（女） |
| 王玉珍（女） | 卞招娣（女） | 赵葆翔（女） | 黄琪英（女） |
| 何巧喜（女） | 翁红玲（女） | 林惠芳（女） | 夏德瑶（女） |

| | | | |
|---|---|---|---|
| 夏德英(女) | 姜翠花(女) | 沈培晶(女) | 仇秀英(女) |
| 江菊珍(女) | 胡雪琴(女) | 陆忠美(女) | 沈四囡(女) |
| 薛秀岳(女) | 史美金(女) | 张风娟(女) | 张彩英(女) |
| 杨品花(女) | 方静波(女) | 胡静霞(女) | 赵秀娟(女) |
| 王丽芳(女) | 杜招娣(女) | 周小妹(女) | 傅绿琦(女) |
| 任秋香(女) | 王春芳(女) | 黄震南(女) | 王静霞(女) |
| 钱宝妹(女) | 蒋明玉(女) | 吴雪珍(女) | 吴雪娟(女) |
| 左倩明(女) | 胡美丽(女) | 周林娣(女) | 吴根先(女) |
| 周惠珍(女) | 龚桂芬(女) | 王宝娣(女) | 孙福林(女) |
| 杨振华 | 黄玉珍(女) | 耿爱珍(女) | 陆七妹(女) |
| 钱丽华(女) | 强海娣(女) | 邓莲英(女) | 葛胜林(女) |
| 李淑琴(女) | 缪世平(女) | 沈良发 | 李 宾 |
| 蒋龙祥 | 赵维民 | 吴文元 | 张伟申 |
| 孙志国 | 仇光国 | 方心梁 | 李国金 |
| 周福囡 | 张连胜 | 邹金子 | 顾纯良 |
| 励洪福 | 谢嗣馨 | 蒋财元 | 周修根 |
| 任荣生 | 周钰雄 | 谢锦余 | 邵宗礼 |
| 胡云生 | 李希平 | 王 復 | 徐芦生 |
| 张金宝 | 陈夏初 | 胡银生 | 谢公强 |
| 陈伟方 | 吕乾福 | 张永才 | 毛仁德 |
| 张一鸣 | 郁汉铭 | 任国良 | 盛国庆 |
| 王志方 | 乌孟雄 | 余志泉 | 陆慕洲 |
| 姜国兴 | 周宝民 | 阮信义 | 刘根生 |
| 刘振民 | 徐瑞光 | 杨大伟 | 冯修德 |
| 李明亮 | 撒汉魂 | 沈国良 | 戚关福 |
| 汤长顺 | 李信华 | 刘根弟 | 金平平 |
| 贺森炎 | 姜天宝 | 赵吉男 | 赵国卿 |
| 杨小龙 | 谢金虎 | 陈仁义 | 徐福如 |
| 朱慈照 | 於崇海 | 张金涛 | 韩国维 |
| 田远昭 | 徐冬狗 | 张苏群 | 王和尚 |
| 刘进德 | 祝庆胜 | 罗正泉 | 任孟刚 |
| 郭长龙 | 张国兴 | 赵启玉 | 陈芝明 |
| 宋小弟 | 李大照 | 俞天佑 | 俞小妹(女) |
| 朱德茂 | 周祥金 | 刘连仲 | 朱文荣 |

| | | | |
|---|---|---|---|
| 丁理连 | 周　华 | 叶妙法 | 宋关根 |
| 贡友根 | 黄　则 | 陈友琳 | 马关林 |
| 张仁德 | 周国芳 | 穆懿道 | 余忠宝 |
| 杨曾廉 | 吴元和 | 樊剑平 | 金　财 |
| 许克勤 | 夏定国 | 周祥兴 | 陈志荣 |
| 叶　盛 | 戴立樵 | 王星德 | 章鹤林 |
| 沈国正 | 朱志思 | 储有林 | 张子洪 |
| 王忠厚 | 沈崇法 | 杜祖培 | 孙炳森 |
| 徐声平 | 冯顺宝 | 张健成 | 王小福 |
| 吴根元 | 吕新根 | 李长林 | 裘增林 |
| 叶海宝 | 张建国 | 周阿根 | 丁锡华 |
| 戚贵龙 | 王四宝 | 林儒耀 | 王锡平 |
| 汤仁财 | 傅才山 | 孙振家 | 诸天乐 |
| 朱国望 | 高小狗 | 张菊妹(女) | 方惠玲(女) |
| 张荣娣(女) | 张世萍(女) | 李惠莉(女) | 沈家凤(女) |
| 吴玖胤(女) | 谷锦雯(女) | 李银香(女) | 范纪珍(女) |
| 郑兰娣(女) | 陈萤珍(女) | 郑绍凤(女) | 奚珊珍(女) |
| 顾粉红(女) | 周孝萍(女) | 王一萍(女) | 戴玉华(女) |
| 赵文英(女) | 张彩芬(女) | 徐志梅(女) | 江九妹(女) |
| 戚玉英(女) | 马雀萍(女) | 袁金娥(女) | 黄其荣(女) |
| 谢翠风(女) | 金至瑛(女) | 王福梅(女) | 陈玲娣(女) |
| 吴国英(女) | 陶桂芳(女) | 黄阿珍(女) | 冯天恩(女) |
| 忻钰香(女) | 陈菊芳(女) | 王纯姐(女) | 钱尚蔺(女) |
| 张文娟(女) | 潘宏英(女) | 邱幼娣(女) | 吴美玉(女) |
| 丁淑芳(女) | 曹永升(女) | 张志芳(女) | 舒信娣(女) |
| 吴秀菊(女) | 郏楚媛(女) | 潘妙娣(女) | 赵雪女(女) |
| 宋阿掉(女) | 孙金妹(女) | 周新珍(女) | 陈玲珂(女) |
| 柴秀琴(女) | 吴玉花(女) | 郁慧娟(女) | 张静贤(女) |
| 顾美丽(女) | 胡锦云(女) | 沈锦娣(女) | 马桂英(女) |
| 李云娣(女) | 吴佩芳(女) | 张凤姣(女) | 程蓓文(女) |
| 南惠芳(女) | 姜冬妹(女) | 章爱凤(女) | 陈银娣(女) |
| 邓平香(女) | 刘宝珍(女) | 黎咬祺(女) | 李根元(女) |
| 罗传正(女) | 杨凤英(女) | 顾银珠(女) | 钱文秀(女) |
| 魏毓秀(女) | 陈冬瑛(女) | 成　雅(女) | 徐伟芳(女) |

| | | | |
|---|---|---|---|
| 陈阿菊(女) | 秦连娣(女) | 张俊兰(女) | 李林度(女) |
| 傅金荣(女) | 王艳芳(女) | 刘培英(女) | 徐桂芳(女) |
| 谢文英(女) | 吴若英(女) | 黄琴芳(女) | 韩慧玲(女) |
| 李翠娥(女) | 徐翠珍(女) | 廖阿囡(女) | 钱美娟(女) |
| 杨庆华(女) | 潘照英(女) | 刘明英(女) | 王腊梅(女) |
| 张秀慧(女) | 丁爱玉(女) | 奚宝娣(女) | 林毓美(女) |
| 卞兰娣(女) | 江秋菊(女) | 邱丽君(女) | 叶燕韵(女) |
| 刘琴燕(女) | 陈　玲(女) | 王良梅(女) | 赵爱民(女) |
| 郑珠娣(女) | 李贵贞(女) | 马继雅(女) | 沙乐月(女) |
| 秦佩英(女) | 王丽萍(女) | 朱桂芳(女) | 马乃芳(女) |
| 刘金红(女) | 黄芳正(女) | 李风英(女) | 池幼常(女) |
| 沙静莉(女) | 沈妙玲(女) | 陈秀娥(女) | 汪秀宝(女) |
| 丁兰娣(女) | 蔡爱珍(女) | 赵小凤(女) | 戎秀竹(女) |
| 丰双娣(女) | 顾佩华(女) | 王玉凤(女) | 吕雪珠(女) |
| 王桂宝(女) | 金宏远(女) | 林美文(女) | 孙小珍(女) |
| 韩小瑛(女) | 盛　瑛(女) | 奚彩频(女) | 陈佩芬(女) |
| 马君梅(女) | 魏三梅(女) | 吕小文(女) | 徐蔓华(女) |
| 李　雍(女) | 方慧君(女) | 吴珊珊(女) | 李宝妹(女) |
| 洪爱凤(女) | 孙罗萍(女) | 陆佩华(女) | 张之娟(女) |
| 陈妙风(女) | 陈惠芬(女) | 陈正环(女) | 谢红叶(女) |
| 邱佩佩(女) | 石莲英(女) | 周美月(女) | 余英蓉(女) |
| 韩佩英(女) | 吴美龄(女) | 屠美英(女) | 倪玉梅(女) |
| 陈咸佩(女) | 李澄秀(女) | 周林香(女) | 徐伟娟(女) |
| 柴根妹(女) | 朱剑秋(女) | 罗吉娣(女) | 周赛蓉(女) |
| 赵国美(女) | 许斐斐(女) | 陈木花(女) | 刘家坤(女) |
| 沈金娣(女) | 王掌明(女) | 徐珏蕊(女) | 丁爱凤(女) |
| 李澄汇(女) | 秀慧珍(女) | 倪美玲(女) | 过凤彩(女) |
| 任莉文(女) | 潘露珠(女) | 钟月梅(女) | 张林光(女) |
| 许涵芳(女) | 夏富英(女) | 朱雪芹(女) | 沈慧芬(女) |
| 何文灿(女) | 邵爱仙(女) | 杨庆祺(女) | 赵小妹(女) |
| 何玉珍(女) | 赵志明 | 陈荣康 | 陈和国 |
| 丁文庆 | 傅德宝 | 郑元兴 | 章福山 |
| 翟崇榄 | 徐静富 | 吴益旭 | 蔡林聪 |
| 顾学鸿 | 陈金明 | 陈仁华 | 林椿琪 |

| | | | |
|---|---|---|---|
| 吴训成 | 盛文运 | 沈晓义 | 周忠兴 |
| 张安国 | 高一国 | 姚喜祖 | 杨寿康 |
| 刘念宋 | 黄人龙 | 王根生 | 陈国庆 |
| 盛帮忠 | 许腾飞 | 蒋禄尔 | 李信宝 |
| 金 科 | 傅胜国 | 王红妹(女) | 全似兰(女) |
| 孙东林(女) | 蒋根芳(女) | 解金桃(女) | 肖 君(女) |
| 汤妙菊(女) | 张金花(女) | 张柏青(女) | 余金弟(女) |
| 段秀英(女) | 王秀珍(女) | 潘凤秀(女) | 胡珍莉(女) |
| 吴雪花(女) | 计龙珍(女) | 朱根英(女) | 朱慧芳(女) |
| 寿淑清(女) | 施金娣(女) | 李叶莲(女) | 陈美娟(女) |
| 泰菊英(女) | 胡林妹(女) | 张小坡(女) | 何阿妹(女) |
| 杨龙宝(女) | 石英娣(女) | 丁扣娣(女) | 华幼芬(女) |
| 陆慧萍(女) | 解岱贞(女) | 兰玲珍(女) | 蔡兰芳(女) |
| 苏顺兰(女) | 金小妹(女) | 郭莉敏(女) | 陈云霞(女) |
| 奚财宝(女) | 唐国珠(女) | 王林弟(女) | 孙桂莲(女) |
| 丁多妹(女) | 陆成珍(女) | 陈秀芳(女) | 蔡根弟(女) |
| 虞桂娥(女) | 李燕瑾(女) | 魏红群(女) | 庄红娣(女) |
| 张桃英(女) | 钱爱华(女) | 孙桂兰(女) | 江燕萍(女) |
| 孙 霞(女) | 顾流女(女) | 张林弟(女) | 童琳珍(女) |
| 忻彩仙(女) | 梅宝英(女) | 王国旗(女) | 洪仁女(女) |
| 李惠芬(女) | 杨秀英(女) | 张宝珍(女) | 班先菊(女) |
| 俞世毅(女) | 施降玲(女) | 吴薇薇(女) | 王雪梅(女) |
| 任端顼(女) | 林皑云(女) | 王雅芳(女) | 许爱萍(女) |
| 方爱凤(女) | 秦丽贞(女) | 吕瑞芳(女) | 陈树人(女) |
| 王玉华(女) | 冷玉珍(女) | 张慧铺(女) | 赵慕萍(女) |
| 谢蓉理(女) | 杨云华(女) | 冯莲芬(女) | 徐雪芳(女) |
| 沈月玲(女) | 江志清(女) | 刘慧珠(女) | 贾爱娣(女) |
| 廖中兰(女) | 徐积蕊(女) | 王凤英(女) | 严蓉珍(女) |
| 楼崇玲(女) | 张云花(女) | 还 君(女) | 宋金梅(女) |
| 徐玉珍(女) | 朱玉莉(女) | 黄玉梅(女) | 童跃华(女) |
| 徐珍芳(女) | 郑雅珍(女) | 杨玲娣(女) | 罗海珍(女) |
| 王美珍(女) | 张秀英(女) | 汪雅君(女) | 王亚飞(女) |
| 韩小林(女) | 张阳女(女) | 黄林娟(女) | 徐小荣(女) |
| 易燮琴(女) | 郭美玉(女) | 陆紫人(女) | 蒋福英(女) |

| | | | |
|---|---|---|---|
| 裘信娣(女) | 许淑秋(女) | 徐亚美(女) | 张德宝(女) |
| 金长华(女) | 冯锦秀(女) | 汪慧娟(女) | 王荣娣(女) |
| 陈国英(女) | 孙金菊(女) | 胡玉娣(女) | 金兰芳(女) |
| 郝阿凤(女) | 林茂生 | 方玉麟 | 曹 坤 |
| 郑晓勤 | 周福康 | 陈三国 | 张建云 |
| 张永华 | 方晓白 | 邵德龙 | 李耀伟 |
| 徐福东 | 赵金圻 | 金志疆 | 马金发 |
| 陆金林 | 庄惠潮 | 方建可 | 田银生 |
| 李庭炳 | 叶国平 | 赵志南 | 朱金道 |
| 何家栋 | 吴兴生 | 蒋荣山 | 丁伟诚 |
| 徐义斌 | 唐正中 | 石光耀 | 毛水泉 |
| 纪正荣 | 盛荣义 | 郭华强 | 何国章 |
| 周关兴 | 金孝华 | 徐锡麟 | 谢长柱 |
| 姜省山 | 吕阿华 | 陈甲申 | 郑盛楼 |
| 傅关林 | 何 飞 | 严关月 | 冯金根 |
| 胡国荣 | 陈德鑫 | 陈仲信 | 李保国 |
| 沈林初 | 毛华才 | 王有忠 | 陆明德 |
| 沈裕德 | 张红宝 | 倪昌焘 | 金永明 |
| 方长兴 | 方丽和 | 方双寄 | 奚雷雨 |
| 徐有杰 | 戴根才 | 张根发 | 朱德发 |
| 顾人杰 | 章圣贤 | 鲍如成 | 恽志明 |
| 陈身锐 | 沈鹤云 | 张福康 | 施德胜 |
| 王凤宝 | 姚鹏仑 | 仓鹤鸣 | 叶自堂 |
| 崔大和 | 朱秋福 | 沈培栽 | 郭小弟 |
| 徐文元 | 朱民雄 | 卢耀树 | 郭金园 |
| 周胜康 | 周利康 | 蔡昌平 | 潘仁忠 |
| 沈晋苏 | 居志良 | 忻宝元 | 王兆良 |
| 冯 骅 | 汤益钧 | 凌顺利 | 施定扬 |
| 杨家憬 | 谢开府 | 郭新根 | 张莲莲 |
| 袁来根 | 徐宏业 | 刘思洁 | 徐国金 |
| 庄金吉 | 刘同生 | 仓宏源 | 周荣福 |
| 李明荣 | 黄斌堃 | 孙思龙 | 余茶来 |
| 章忠芳 | 张宏宽 | 王荣贵 | 陆有礼 |
| 陈菊生 | 陈志良 | 姚振成 | 徐营潮 |

| | | | |
|---|---|---|---|
| 顾永明 | 张寿根 | 陈申元 | 李存基 |
| 贺金根 | 曹为镪 | 江明刚 | 张连明 |
| 楼雅庭 | 金仲华 | 郁元德 | 毕传立 |
| 王　烽 | 王桂荣 | 江和鹤 | 吕根发 |
| 王天海 | 陈忠义 | 俞海根 | 徐伯成 |
| 徐伯堂 | 朱少石 | 洪中德 | 张文祥 |
| 徐意雄 | 周慕泰 | 徐　达 | 李德遥 |
| 袁德祥 | 曹盛福 | 陈家狗 | 何志财 |
| 周向荣 | 费文德 | 徐光荣 | 张志强 |
| 王惠忠 | 黎永康 | 顾福友 | 潘春林 |
| 严国华 | 孙立鹤 | 戚大鱼 | 陈伟鑫 |
| 王根宝 | 何光华 | 王兴吾 | 李如新 |
| 屈小毛 | 刘军宝 | 费嘉麟 | 陈士林 |
| 王怀英 | 唐文久 | 陈国昌 | 陈以庆 |
| 徐建生 | 滕亚东 | 潘俊豪 | 黄银华 |
| 沈寅来 | 顾文龙 | 汤鹏程 | 田　平 |
| 印国尧 | 丁关雍 | 魏新宝 | 任金福 |
| 张逸德 | 李志安 | 郁有春 | 周永鸿 |
| 丁纪根 | 程根生 | 娄旭初 | 马福明 |
| 王长山 | 顾伯根 | 沈宝祥 | 周银根 |
| 张孝明 | 周玉根 | 徐丫头 | 孙维年 |
| 张国枫 | 王玉成 | 冯云田 | 褚甘生 |
| 范谷兴 | 丁宝龙 | 陈坚敏 | 汤锁生 |
| 张金山 | 顾财生 | 赵福明 | 马高祥 |
| 张桃根 | 张国财 | 殷双喜 | 郑芬珠 |
| 周逸明 | 严连根 | 张浦生 | 于弟弟 |
| 吴达来 | 韩科子 | 孙小培 | 黄领弟 |
| 李寄根 | 严毛囡 | 孔洪新 | 朱复兴 |
| 应旭初 | 张钢鑫 | 陈　龙 | 沈国龙 |
| 杨金德 | 茹关金 | 徐八家 | 陆晓优 |
| 罗巧宝 | 钱文荣 | 尤胜平 | 吴锦元 |
| 张修松 | 殷紫英(女) | 马玲娣(女) | 邱宝珍(女) |
| 应承基 | 孙惠媛(女) | 李来宝(女) | 陆承惠 |
| 朱爱娣(女) | 倪豪梅(女) | 陈友祥 | 王永奇 |

| | | | |
|---|---|---|---|
| 周永平 | 李九江 | 盛品权 | 戴松元 |
| 沈加金 | 史晓明 | 谢逸 | 鞠树强 |
| 叶德良 | 孙之宜 | 康忠秀 | 董敏 |
| 黄振平 | 钱福顺 | 张正才 | 陈一飞 |
| 周栋梁 | 俞国光 | 储川根 | 汤石清 |
| 严惠明 | 王荣春 | 胡茶官 | 金可牛 |
| 周元生 | 赵金和 | 吴悦俊 | 邹维翰 |
| 俞来根 | 侯大雄 | 殷扣庄 | 顾洪年 |
| 成来发 | 盛龙根 | 汪卫民 | 仇士林 |
| 李宝其 | 黄芸书 | 戎葳光 | 唐逢源 |
| 韦福良 | 杨承祖 | 费小毛 | 张义荣 |
| 朱培根 | 叶生加 | 盛志康 | 徐景才 |
| 强毛弟 | 沈阿三 | 汤礼治 | 吴君明 |
| 李健华 | 孙加林 | 严松茂 | 徐蔚林 |
| 朱跃庭 | 高芝龙 | 张铺林 | 李伟民 |
| 沈福华 | 刘小弟 | 张兆清 | 陆欣英(女) |
| 罗来飞(女) | 金明华(女) | 张永宪(女) | 翁顺芳(女) |
| 蒋金新(女) | 丁吉英(女) | 张英歧(女) | 盛桔芳(女) |
| 朱蕴怀(女) | 严茸生(女) | 吴玉英(女) | 谢菊萍(女) |
| 韩粉珠(女) | 厉顺芳(女) | 沈锦莲(女) | 俞丽华(女) |
| 秦淑仇(女) | 秦淑琪(女) | 吴永均(女) | 虞慕卿(女) |
| 吴达英(女) | 张秀国(女) | 柴玉萍(女) | 姜金娣(女) |
| 朱根娣(女) | 冯秀英(女) | 王翠娟(女) | 赵秋芳(女) |
| 陈之国(女) | 寿礼芳(女) | 赵美芳(女) | 王花亭(女) |
| 章明珠(女) | 王剑萍(女) | 唐勇义(女) | 陆锁英(女) |
| 陈钟甫(女) | 钱美贤(女) | 冯山凤(女) | 陆淑华(女) |
| 刘雅芳(女) | 沈九娣(女) | 张阿宝(女) | 沈梁珍(女) |
| 沈星慧(女) | 钱来珍(女) | 范凤娣(女) | 陈明娟(女) |
| 朱永仙(女) | 雷家珍(女) | 周美玲(女) | 陆庆明(女) |
| 金丽聪(女) | 沈字华(女) | 金毓芳(女) | 方玉倩(女) |
| 邵红玉(女) | 顾凤英(女) | 夏尔纯(女) | 唐瑛(女) |
| 贾凤玲(女) | 周银风(女) | 林德敏(女) | 吴近仁 |
| 胡松年 | 丁世一 | 陈海根 | 鲁全根 |
| 陈定政 | 康正荣 | 冯明华 | 沈国荣 |

| | | | |
|---|---|---|---|
| 陆祥生 | 朱耀亭 | 戴来喜 | 卜永林 |
| 蔡庆桓 | 钟明全 | 顾国林 | 周嘉彰 |
| 丁福年 | 宋宝德 | 朱祥观 | 彭德忠 |
| 李大鹏 | 陈天禄 | 褚学民 | 金体定 |
| 钱 斌 | 杨仁贤 | 金玉龙 | 蒋伯龙 |
| 张金富 | 阮国光 | 孟海根 | 叶雪均 |
| 郁德林 | 陈永南 | 沈来法 | 马继忠 |
| 姚国权 | 仲萃杰 | 汤继祖 | 寿建行 |
| 姚新生 | 蒋 伟 | 沈顺荣 | 徐铁钢 |
| 王小弟 | 林伯弟 | 孙一冲 | 彭永贤(女) |
| 徐丽华(女) | 张锦莽(女) | 陈淑萍(女) | 倪凤英(女) |
| 吴新如(女) | 郑林宝(女) | 徐菊华(女) | 周小莲(女) |
| 苏家茹(女) | 倪微兰(女) | 张大义(女) | 刘美丽(女) |
| 胡开懿(女) | 董极原(女) | 倪吉华(女) | 陈蓓莉(女) |
| 邬池华(女) | 武爱琴(女) | 王柳絮(女) | 胡美芳(女) |
| 杨顺娣(女) | 朱 瑛(女) | 严秀珍(女) | 孙雅贤(女) |
| 胡鑫鑫(女) | 薛囡囡(女) | 褚琴璋(女) | 杨明凤(女) |
| 唐菊妹(女) | 张宏洁(女) | 周美华(女) | 卫 珏(女) |
| 朱才珍(女) | 徐红莲(女) | 林慧华(女) | 汤似晞(女) |
| 缪桂华(女) | 徐顺芳(女) | 张红弟(女) | 钱 玮(女) |
| 胡志爱(女) | 沈杏观(女) | 蔡小妹(女) | 张素琴(女) |
| 黄引芳(女) | 钮方云(女) | 张亚仙(女) | 高淑令(女) |
| 汪珊珊(女) | 王卫芳(女) | 沈婉芳(女) | 陆亚仙(女) |
| 王培章(女) | 周正霞(女) | 徐芝兰(女) | 杨瑞华(女) |
| 陆善芳(女) | 马云芳(女) | 周志娟(女) | 沈 旦(女) |
| 蒋安如(女) | 蒋安全(女) | 周秀兰(女) | 宓爱萍(女) |
| 蒋桢凤(女) | 陆 璇(女) | 沈培英(女) | 计亚梅(女) |
| 董夔芳(女) | 查吉明(女) | 沈亚玲(女) | 张太妹(女) |
| 邢玉珍(女) | 孙一冰(女) | 嵇祖才 | 常士尖 |
| 陈光慈 | 姚忠达 | 储品康 | 王平生 |
| 景德林 | 封明道 | 陈少平 | 朱良治 |
| 管维刚 | 林瑞瑶 | 吴汝炜 | 钮怀远 |
| 刘惠元 | 陈尚龙 | 刘岳峰 | 容国忠 |
| 金钟效 | 方嘉敏 | 杜志强 | 杨其印 |

| | | | |
|---|---|---|---|
| 王福康 | 高文华 | 沈良伯 | 严鑫涌 |
| 华大富 | 薛树中 | 任昌忠 | 施荣京 |
| 周金涛 | 熊威仪 | 王铁成 | 尹正元 |
| 汪治 | 胡春安 | 魏开董 | 季大中 |
| 王喜鹤 | 王世清 | 王鸣奎 | 江南尧 |
| 邵荣华 | 季云福 | 徐勇敏 | 杨大为 |
| 茅勇才 | 张国良 | 赵无畏 | 钱德钧 |
| 马宇中 | 张重坚 | 曹葆华 | 黄其炯 |
| 房荣冠 | 余德树 | 姚季清 | 陶裕民 |
| 龙乾栓 | 沈小严 | 闵崇海 | 李金发 |
| 陈长敖 | 任朵英(女) | 钱谷华(女) | 张伟平(女) |
| 严妙翠(女) | 潘玉如(女) | 李曾民(女) | 姚露露(女) |
| 李妙雅(女) | 施梅玲(女) | 茅惠华(女) | 汤兰兰(女) |
| 蔡晓梅(女) | 朱玲(女) | 浦容娣(女) | 黄小蛮(女) |
| 罗迎娣(女) | 盛小芳(女) | 陈国菁(女) | 吴玲龄(女) |
| 张爱丽(女) | 顾雅萍(女) | 余遐玲(女) | 王爱陵(女) |
| 王薇薇(女) | 顾屏禹(女) | 肖燕(女) | 洪嫦媛(女) |
| 马玉妹(女) | 陈美芬(女) | 成维华(女) | 华剑群(女) |
| 郭步云(女) | 傅月香(女) | 朱秋瞻(女) | 郭明明(女) |
| 王云玲(女) | 朱金妹(女) | 刘美玲(女) | 李美玲(女) |
| 陈百延(女) | 邱月如(女) | 茅纪萍(女) | 陈彩照(女) |
| 顾怡惠(女) | 唐淑娟(女) | 唐韶娟(女) | 龚玲妹(女) |
| 晁桂芳(女) | 吴坦弥(女) | 许宁宁(女) | 邓群仙(女) |
| 丁瘦菱(女) | 曾素贞(女) | 张巧云(女) | 张文英(女) |
| 曹愉(女) | 葛柳琴(女) | 王惠芬(女) | 贺秀梅(女) |
| 洪燕(女) | 李翠华(女) | 俞志洁(女) | 涂来晖(女) |
| 朱佩珠(女) | 蒋慈华(女) | 董琦(女) | 顾彩华(女) |
| 沈桂芳(女) | 饶芳影(女) | 袁慧君(女) | 孙文娟(女) |
| 张丽娟(女) | 沈碧芬(女) | 王志美(女) | 淡杏妹(女) |
| 高新美(女) | 朱美娣(女) | 顾国英(女) | 金方定(女) |
| 徐春梅(女) | 叶习之(女) | 吴金荣(女) | 马宏慈(女) |
| 宋绍娣(女) | 余奇英(女) | 刘群珠(女) | 荣薇华(女) |
| 李馥(女) | 金翠娣(女) | 贾淑祥(女) | 盛金梅(女) |
| 邵芝芬(女) | 王惠琴(女) | 居金娣(女) | 卢宝林(女) |

| | | | |
|---|---|---|---|
| 曹刚秀(女) | 苗德娣(女) | 曾翠红(女) | 徐彭明(女) |
| 赵德萍(女) | 祝宝芝(女) | 全梦凌(女) | 章祖俞(女) |
| 杨育华(女) | 张玉琴(女) | 周蔚平(女) | 董金妹(女) |
| 傅莉霞(女) | 张新民(女) | 黄爱芳(女) | 胡秀丽(女) |
| 李贵宝(女) | 王 瑾(女) | 周丽静(女) | 刘剑云(女) |
| 郑香荣(女) | 周静英(女) | 周美群(女) | 徐国英(女) |
| 周世盟 | 陈海林 | 蔡建民 | 贺志恒 |
| 高瑞宝 | 周良才 | 赵仲颐 | 朱增新 |
| 郭振东 | 袁富根 | 陶锦森 | 韩孟虎 |
| 陆志明 | 焦锡林 | 马大正 | 肖照成 |
| 杨德友 | 袁灿林 | 陈志年 | 全顺福 |
| 罗菊荣 | 张三伍 | 乐 融 | 汤伯平 |
| 刘国忠 | 孙惠耕 | 马在道 | 蔡明德 |
| 徐正顺 | 樊黎凯 | 全永良 | 王一德 |
| 李伟良 | 蒋永荣 | 李德佑 | 谢 涛 |
| 杨达伟 | 房求善 | 苏益润 | 沈祥贞 |
| 郭来柱 | 张秋鹤 | 杨永华 | 吴兆德 |
| 胡尔朴 | 吴 襄 | 王金木 | 陈永忠 |
| 章名君 | 吴永祥 | 钱学声 | 周承新 |
| 章关德 | 董根生 | 沈德宏 | 罗福林 |
| 雷小可 | 潘 和 | 颜武昌 | 徐克诚 |
| 吴 讷 | 刘仲言 | 谢新华 | 王阿毛 |
| 王祖生 | 夏金猷 | 郎文武 | 王永勤 |
| 庄英范 | 邓大根 | 孙有海 | 吴太龙 |
| 赵兴贵 | 赵小冰 | 王龙海 | 薛美英(女) |
| 吴祖江 | 徐为芳 | (第二十七章《人物 集体》,第330—356页) | |

# 《十一团志》

十一团史志编纂委员会编,新疆人民出版社2000年

(1964年)6月17日,分配来农一师的第33批上海支边知识青年354人来工程大队。

(《大事记》,第4页)

(1965 年)7 月 28 日,工程二支队 260 名上海青年调入工程一支队。

(《大事记》,第 5 页)

(1966 年)7 月 25 日,为 1963 年进疆的上海支边青年评定工资定级。

(《大事记》,第 6 页)

(1996 年)11 月,返沪的上海知青自发为团教育事业损(捐)款 6 380 元。

(《大事记》,第 23 页)

1998 年,十一团对上海支边青年,年龄 50 周岁以上,可办理团内退养手续。

(第十六章《经营管理》,第 263 页)

## 1964 年在册上海支边青年 661 人名录

| | | | | | | | |
|---|---|---|---|---|---|---|---|
| 强根源 | 陈菊娣 | 宋铸钦 | 李富兴 | 荣洁成 | 唐明跃 | 沈竹华 | 唐锦芳 |
| 唐龙江 | 韩志勇 | 陈琴芬 | 唐淑平 | 刘永清 | 袁荣泉 | 葛文中 | 朱朝满 |
| 李国兴 | 曹国华 | 王宝宝 | 徐婷宝 | 江国雄 | 吴兴华 | 戚建刚 | 张忠仁 |
| 杨惠珠 | 蔡成荣 | 杨庆福 | 潘乃勇 | 姜祖越 | 何月英 | 陈小隆 | 胡士杰 |
| 裴善明 | 徐世庆 | 季培德 | 尤中显 | 马企民 | 王志平 | 缪振华 | 刘信民 |
| 郎志良 | 孙一中 | 王翠英 | 丁家瓒 | 沈东福 | 张 新 | 程兆江 | 阮乐佈 |
| 邱国良 | 丁永平 | 顾明发 | 付文清 | 马小平 | 姚培文 | 张智觉 | 盛彭年 |
| 任端芳 | 李玉柱 | 赵剑平 | 应明浩 | 孙柏桐 | 付文秀 | 徐志坚 | 方德彝 |
| 范文琪 | 金存鼎 | 徐光琴 | 刘小福 | 刘光有 | 林新平 | 欧阳炳根 | |
| 刘宝树 | 王敬贤 | 谢予仁 | 朱银花 | 嵇留所 | 姚金贤 | 徐善芳 | 江幼曾 |
| 陈 芳 | 王 云 | 夏长寿 | 方 中 | 徐小弟 | 李惠莉 | 范以谦 | 倪志永 |
| 严惠忠 | 吴锡顺 | 程玲玲 | 韩兆金 | 孙志坚 | 应金龙 | 孟铿然 | 朱荷青 |
| 何国珍 | 虞国宝 | 李之雄 | 陈绍钿 | 赵林妹 | 杨易成 | 郁其新 | 芦柏根 |
| 王家林 | 梁世匡 | 田耕法 | 吴国昌 | 王伟国 | 阮爱玲 | 沈黄寿 | 裘复根 |
| 吴阿兴 | 薛兴裕 | 钱根娣 | 倪宗连 | 朱和平 | 王素知 | 刘仁昌 | 杨言珠 |
| 李洋和 | 莫关锦 | 蒋麟庚 | 凌云忠 | 李佩珍 | 成福兴 | 陈家星 | 王远程 |
| 周富林 | 许阿英 | 曹海全 | 刘洪禄 | 方文元 | 马飞祥 | 戎启玉 | 蔡伯一 |
| 陈任一 | 蔡乾康 | 朱正群 | 张华娟 | 姚步留 | 朱光超 | 胡勋元 | 刘家勇 |
| 蒯红才 | 倪植林 | 施龙兴 | 郑王毓 | 邹宗熊 | 胡吉庆 | 王国良 | 王家福 |
| 桂英奇 | 何永继 | 沃国元 | 黄家宁 | 宋文龙 | 薛志平 | 王桂林 | 姜雪娟 |
| 孟乘江 | 朱长根 | 刘金奇 | 杨炳忠 | 陈恩豪 | 张桂炳 | 叶龙生 | 尤芳元 |

| | | | | | | |
|---|---|---|---|---|---|---|
| 徐高发 | 陆齐文 | 胡杨根 | 费高祥 | 陈跃楚 | 史美针 | 张炳蓉 | 孙克雄 |
| 王金林 | 魏正明 | 董金宝 | 周大德 | 蔡国才 | 王嘉庆 | 李谋田 | 谢光荣 |
| 黄忠义 | 张维尔 | 陈国荣 | 戴古路 | 陈之桢 | 沈荣庆 | 顾迪良 | 郑树鹏 |
| 李知勤 | 徐立铮 | 邓宏根 | 赵坤生 | 田顶然 | 陈兆根 | 王秉忠 | 徐胜利 |
| 杜辛明 | 张克礼 | 李玉贵 | 马一鸣 | 羌林祥 | 吴长根 | 黄玉余 | 厉志安 |
| 陈守渝 | 唐兆美 | 章仁义 | 沈齐立 | 昂朝勤 | 冯生态 | 王大喜 | 桂世华 |
| 张继华 | 王湘民 | 陈芬娣 | 沈宪光 | 夏禹伟 | 陈大鑫 | 陈百福 | 吕恒子 |
| 毛金福 | 李鹏程 | 姜胜利 | 何喜根 | 伏儒海 | 吴志廷 | 郑锦林 | 陶小二 |
| 殷才根 | 庄 斌 | 董元瑞 | 戴荣锦 | 张杏松 | 竺炳初 | 邱建平 | 杨泉水 |
| 陈炳坤 | 秦正荣 | 侯毛毛 | 顾祖光 | 刘治华 | 徐五四 | 程圣德 | 叶家兴 |
| 朱洪福 | 胡振声 | 厄水达 | 赵淑伟 | 彭正丁 | 白根宝 | 梁洪生 | 李传昌 |
| 秦克基 | 陈桃元 | 王瑞英 | 刘启才 | 劳育华 | 王新民 | 王德忠 | 张文亮 |
| 薛国新 | 顾解连 | 殷克忠 | 张德康 | 秦淑泉 | 王本海 | 苏维勤 | 陈忠良 |
| 章德海 | 许连江 | 薛祖安 | 黄安全 | 余阿华 | 朱建昌 | 陈勇达 | 张景清 |
| 林忠源 | 张厚华 | 朱明卫 | 杨如明 | 顾建忠 | 闻正荣 | 张保国 | 韩金祥 |
| 赵林芳 | 李有洪 | 康云生 | 魏刘杨 | 陆勤福 | 王胜利 | 朱昌根 | 汤永琪 |
| 张伟桑 | 祝东来 | 唐金龙 | 傅春华 | 赵林如 | 端木海宝 | | 陈国栋 |
| 王志恒 | 杜长根 | 姚海钩 | 茅义平 | 殷连玉 | 周绍龙 | 杨明福 | 袁家生 |
| 闫长江 | 董沪森 | 潘金台 | 俞齐昌 | 周明华 | 顾洪余 | 姚根才 | 张龙龙 |
| 黄永康 | 李冬生 | 曹三毛 | 应政林 | 曹立顺 | 王 瑾 | 夏林福 | 陈北松 |
| 顾惠刚 | 李小狗 | 胡乃文 | 朱卫竞 | 王风炎 | 陈四娣 | 鲁梅生 | 王文兴 |
| 王树根 | 董风山 | 袁洪栋 | 张 放 | 魏松茂 | 张扣宝 | 聂忠根 | 陈宣忠 |
| 王信孚 | 潘建成 | 杜忠玉 | 李巧生 | 陶恒义 | 李连宝 | 朱明来 | 陈忠良 |
| 夏基惠 | 许吉月 | 孙小珠 | 蔡采法 | 曾大兴 | 耿如福 | 杨柳根 | 夏志尧 |
| 丁福成 | 吉南楼 | 王林根 | 高鹤年 | 蒋乃镕 | 林宝娣 | 李小弟 | 刘宝根 |
| 胡 晨 | 肖雷洪 | 吴巧录 | 张希伟 | 毛金福 | 荣保康 | 郭泰艺 | 孔令凡 |
| 徐孝岳 | 吴巧龙 | 范国栋 | 王太平 | 姜美华 | 袁古月 | 王 珩 | 李竹平 |
| 彭冈善 | 奚笠影 | 王恒德 | 韩式均 | 杨炳忠 | 郑玉虎 | 张志瑛 | 包东来 |
| 胡炎源 | 曹福萍 | 许胜荣 | 张寿娣 | 郑国良 | 曹式群 | 路一心 | 戴光孚 |
| 唐伟利 | 余昌连 | 时长青 | 姚培兰 | 桂乐意 | 叶国芬 | 薛松柏 | 曹福田 |
| 夏 静 | 钱紫云 | 葛雪珍 | 朱良根 | 俞静影 | 兰毓全 | 叶爱珍 | 段玉珍 |
| 陆海钩 | 郑美玉 | 王永风 | 蒋富权 | 邓菊珍 | 左敏安 | 华秋明 | 王秀华 |
| 李承才 | 杨连云 | 管仲义 | 水新梅 | 李秀娟 | 徐传军 | 陆漪华 | 朱永林 |
| 夏佩华 | 罗慧仪 | 区汉梁 | 曹丽多 | 朱文青 | 王依星 | 周秀清 | 陈良鸣 |
| 郑鸿妹 | 胡德品 | 刘金保 | 朱雪萍 | 陈宝兴 | 洪惠民 | 钱年年 | 宋安顺 |

| | | | | | | | |
|---|---|---|---|---|---|---|---|
| 刁中林 | 董国连 | 刘桂林 | 徐鹤廷 | 顾耐凤 | 沈林根 | 韦天宝 | 陈兆善 |
| 顾国铨 | 杨彔宝 | 王雨扣 | 周庆嫪 | 于紫娟 | 蒋逸民 | 吴美娟 | 胡振翔 |
| 于宗绣 | 刘当英 | 沈百利 | 张娟英 | 陈洪喜 | 朱燕燕 | 杨幸子 | 杨龙保 |
| 沈雅珍 | 田洪奎 | 刘源来 | 朱雪芬 | 高惠民 | 杜林森 | 张中和 | 赵阿毛 |
| 陈霖英 | 赵国平 | 朱天福 | 韩云刚 | 郑宝荣 | 赵荷英 | 王五庆 | 范善康 |
| 高汉云 | 胥来珠 | 姜红明 | 张贵柱 | 金志清 | 李时余 | 张学洲 | 阮日明 |
| 陈铁铭 | 黄懋南 | 刘其新 | 庞阿宝 | 蔡春纲 | 王以良 | 张国良 | 吴文奎 |
| 丁才根 | 章甫兆 | 张树清 | 古孝智 | 冯小明 | 陈三洪 | 袁三小 | 唐保发 |
| 赵士雄 | 于中良 | 夏春林 | 周宝琪 | 马锦荣 | 袁贞华 | 包维芳 | 王钟林 |
| 杨枝安 | 沈德滋 | 刘忠汉 | 袁醒鹏 | 钱英鹏 | 陈来娣 | 代金喜 | 王树鹤 |
| 沈纪根 | 余国根 | 丁粉娣 | 陆三碗 | 王扣三 | 葛开广 | 王仲浩 | 金美凤 |
| 邱永福 | 章跃忠 | 徐如涛 | 戴梅英 | 忻幼强 | 赵永德 | 曹秋能 | 孙雅珠 |
| 宋党妹 | 曾关宝 | 金文彬 | 张 升 | 郑巧妹 | 王永芳 | 王安国 | 唐云才 |
| 范玉龙 | 潘文雅 | 黄金妹 | 赵自宝 | 于德好 | 邹石平 | 陈 慧 | 张莉英 |
| 陈鑫甫 | 胡明忠 | 沈才根 | 顾三妹 | 薛珍娣 | 林玉礼 | 代扣宝 | 徐宝达 |
| 杨玲扣 | 吴婷芳 | 刘建华 | 顾溥兴 | 钱元瑞 | 田 桦 | 黄素静 | 张选三 |
| 张精熊 | 鲍知义 | 徐根娣 | 张霖芳 | 陈金奎 | 张跃明 | 邱汉涛 | 徐金凤 |
| 蔡莉芳 | 徐永洁 | 黄仁奔 | 赵之莽 | 王才红 | 芦慧珍 | 贾忠良 | 周敬磊 |
| 刘君行 | 唐宜扣 | 王彦兰 | 顾佩君 | 尤惠君 | 徐巧兰 | 李智娟 | 侯彦金 |
| 董禅锦 | 周 愔 | 杨培云 | 朱亚萍 | 吕兰妹 | 姜美朗 | 忻 卫 | 王荷芬 |
| 李惠丽 | 周洁如 | 凌兰娣 | 郭 丽 | 程家妹 | 戎启玉 | 周肇明 | 朱晓虹 |
| 陈雅娣 | 陈桂兰 | 朱荷青 | 吴春芳 | 王亦骅 | 乔丽萍 | 吴根英 | 龚国民 |
| 鲍梅村 | 梁胜宽 | 宋 娜 | 朱银花 | 蒋铁燕 | 傅赤兰 | 郑美娣 | 赵林妹 |
| 柴雅莉 | 黄彩娟 | 孙美云 | 陈月娥 | 张华娟 | 王熙珍 | 陆爱珍 | 李小妹 |
| 嵇丽丽 | 谭 怡 | 陈登娣 | 王琴芳 | 杨言珠 | 徐秀珍 | 曹国英 | 黄毓英 |
| 熊少林 | 余宝昌 | 金桂宝 | 张雅芳 | 洪杏宝 | 杨忠堂 | 戴迎粟 | 龚三妹 |
| 刘洪妹 | 孙溷梅 | 孙德喜 | 李荷香 | 颜宝妹 | 程玲玲 | 金小根 | |

(《附录》,第 427—429 页)

# 《十二团志》

农一师十二团史志编纂委员会编,新疆人民出版社 1997 年

(1963 年)5 月,上海知青进疆首批到场。　　　　　　　(《大事记》,第 4 页)

（1980年）11月初，部分上海知识青年停工赴阿克苏聚集，要求返回上海。

（《大事记》，第9页）

是年（1981年），部分上海知青自动返沪。　　　　　　　　　（《大事记》，第9页）

（1986年）8月中旬，上海市副市长谢丽娟在兵团副政委曹国琴的陪同下来团视察，与上海知识青年代表座谈。

（《大事记》，第11页）

1958年5月，共青团农场建场初总人口1 306人。1959年7月，胜利十九场建场初总人口409人。1960年，一批江苏青年支边进疆，农场人口逐渐增加。1963年至1965年上海知青大量进疆，总人口增加到8 196人。

（第三章《人口》，第34页）

1963年到1965年，上海知识青年来到塔里木，团员青年成为农场主力军。

1965年，上海青年朱新珍、李世亭、顾玲玲、张新娣、杨月琴等虚心向老同志学习，以高昂的革命斗志，闯过了思想、劳动、生活三大关，经受了严峻的考验，在大灾三年，精心管理作物，106亩长绒棉，平均亩产皮棉52.5公斤，总产值30 051元，人均产值6 332.75元，被场党委树为青年标兵。

（第二十章《共青团》，第275页）

## 第七节　上海知青名录

（1997年在册人员）

| | | | | | | | |
|---|---|---|---|---|---|---|---|
| 王资生 | 彭壮瑜 | 柏文亮 | 徐星海 | 赵永康 | 韦 方 | 黄仁豪 | 葛恒芳 |
| 董奕强 | 印万利 | 傅一萍 | 赵坤生 | 史承庆 | 罗筱仙 | 冯金根 | 张毛头 |
| 曾海如 | 陈雅敏 | 蔡尚禹 | 陈尧铭 | 朱忠元 | 蒋雪荣 | 张佩英 | 吴霞珍 |
| 江 涛 | 李桂莲 | 胡继常 | 姜玉华 | 傅关忠 | 陈翠娣 | 严郑德 | 严盛才 |
| 赵一飞 | 张沛芳 | 卢贤昌 | 王 玮 | 邵定家 | 朱成珍 | 张月英 | 俞友谊 |
| 罗宗铭 | 罗伟丰 | 金福中 | 朱梅生 | 沈耀祖 | 杨政权 | 虞根娣 | 于文明 |
| 张俊豪 | 杨云龙 | 王阿宝 | 陈梅娣 | 郭耕锁 | 王英宝 | 陈忠德 | 陈根娣 |
| 朱益民 | 吴正荣 | 朱敦庆 | 赵扣珍 | 王金林 | 沈惠敏 | 朱惠莉 | 孙付亮 |
| 赵传林 | 王春元 | 杨奇安 | 潘萍梅 | 冯成珍 | 李劲康 | 王明山 | 周国桢 |
| 周长生 | 赵留海 | 黎启英 | 方照华 | 吴志敏 | 姚锡根 | 林超兰 | 郑彩云 |
| 贺锡增 | 吴振华 | 杨海根 | 董国财 | 宋志刚 | 王宁发 | 虞 风 | 秦金秀 |
| 王惠珍 | 陆月芳 | 顾荷莲 | 孙年小 | 赵仁德 | 杨凤娣 | 钱玉梅 | 廖燕娟 |
| 柴福寿 | 周金奎 | 杨亚琴 | 陆永良 | 郑关荣 | 竺定国 | 陈静如 | 郭景欣 |
| 赵根清 | 章来娣 | 周兰娣 | 邵镜候 | 戎维根 | 薛忠福 | 沈君采 | 陈祖星 |

| | | | | | | | |
|---|---|---|---|---|---|---|---|
| 孙连江 | 尹声根 | 杨锡华 | 谢龙扣 | 熊开强 | 叶伟英 | 王琼瑶 | 陈胜良 |
| 诸树范 | 张忠娥 | 周美英 | 王静华 | 杨存娣 | 吴士芬 | 倪汉钧 | 张先高 |
| 李盛纪 | 尹成玉 | 宋翠芳 | 陈俊德 | 夏应珍 | 徐永辉 | 姚长根 | 邵学领 |
| 舒南屏 | 陈友根 | 谈钱根 | 薛菊英 | 马美玲 | 许宣达 | 郅金桃 | 赵金妹 |
| 许坤宝 | 吴春祥 | 王震宝 | 仇海英 | 郑巧珍 | 俞海心 | 张永贵 | 严留弟 |
| 郭笑林 | 方文瑾 | 胡一心 | 应珠球 | 李翠娥 | 林木水 | 蔡兆涛 | 陆考国 |
| 倪金福 | 徐玲娣 | 高海林 | 吴宝康 | 罗宝珍 | 刘阿六 | 赵鑫林 | 邱爱兰 |
| 徐德林 | 齐可瑞 | 袁荣华 | 姚国宝 | 张锦岳 | 陈璋 | 艾洪生 | 吴来生 |
| 王吾昌 | 邱国森 | 崔沛林 | 李志新 | 鞠青 | 曹永芳 | 唐金德 | 罗永金 |
| 莫宝森 | 胡德品 | 陆家本 | 王联根 | 施捷升 | 陈丽丽 | 王金娣 | 胡顺忠 |
| 曹国勇 | 夏美虹 | 刘启弟 | 祝元奎 | 邱安玲 | 吴志英 | 顾丰琪 | 丁培均 |
| 仇征京 | 倪维洲 | 胡跃庭 | 钱水英 | 邵坤玉 | 曹梅珍 | 张花一 | 何志宝 |
| 王国珍 | 沈建国 | 杨渡妹 | 许国儿 | 万友发 | 王昌顺 | 徐熙娣 | 魏悠蝶 |
| 朱仪娟 | 陈金凤 | 王龙生 | 朱玲娣 | 姚予行 | 谭志峰 | 袁士硅 | 林福兰 |
| 陈菊芳 | 周海林 | 余小珠 | 张永祥 | 郭金堡 | 陈金凤 | 汤克英 | 樊怀荣 |
| 魏宝柱 | 章小卿 | 陈长裕 | 詹安帮 | 陆瑞良 | 王明娣 | 谢彩凤 | 杭锡荣 |
| 宋林妹 | 章兰英 | 蒋罗山 | 曹茂铭 | 周国文 | 高传君 | 周荣方 | 苏锦芳 |
| 赵荣德 | 王慧珠 | 邱金申 | 陈慈良 | 姚鸿根 | 王冬宝 | 李娟娟 | 冯建祥 |
| 贾巧秀 | 鲍素琴 | 杨月慧 | 滕加乐 | 王爱琴 | 吴淑珍 | 金杏宝 | 沈志励 |
| 徐宜观 | 李月英 | 周玉龙 | 钱梅珠 | 周雪娣 | 秦孝伟 | 徐瑞珍 | 万百花 |
| 王凤珍 | 张宝珠 | 张宝勋 | 张良华 | 殷金娣 | 何宝妹 | 顾毓菁 | 沈霞梅 |
| 刘渊桢 | 郭志福 | 朱学华 | 吴荣观 | 唐扣居 | 诸葛镇 | 刘爱林 | 倪四小 |
| 沈伟民 | 时毛清 | 朱荣德 | 吴荣林 | 吴大桐 | 黄胜贤 | 徐根土 | 徐培林 |
| 许伟民 | 周岳兴 | 徐海平 | 包志南 | 金海华 | 胡国华 | 陈阿明 | 汤华铭 |
| 葛镇基 | 王新军 | 李洪昶 | 张月明 | 苑友生 | 姜雪珍 | 钟小情 | 严淑娴 |
| 陆雅芳 | 李天喜 | 马俊文 | 吕云花 | 谢莉莉 | 徐文彩 | 张敬方 | 顾国琴 |
| 赵霓婷 | 张桂屏 | 臧永康 | 傅建龙 | 唐新宝 | 任建芬 | 刘惠娟 | 刘菊琴 |
| 杨德明 | 董文海 | 彭伟娟 | 黄源源 | 陈四弟 | 程嘉元 | 王尔琨 | 吕琦 |
| 柴松年 | 卞惠芬 | 余翠卿 | 王锦华 | 徐祖平 | 姚鑫宝 | 茹美华 | 陈达三 |
| 刘朝阳 | 费云芳 | 陶宝仙 | 韩景豪 | 张顶天 | 陈根林 | 应广言 | 徐林坤 |
| 苏新陵 | 张介新 | 汤松林 | 沈根娣 | 胡银 | 徐宝元 | 范永杰 | 程明权 |
| 阮万金 | 蒋扣宝 | 王小庆 | 周玲玲 | 袁伦云 | 王国辉 | 陈文金 | 王国华 |
| 周承方 | 唐瞻 | 屠玉茹 | 施翔元 | 丁宝兴 | 刘元宝 | 孙惠莉 | 徐恩年 |
| 朱文虎 | 董宝康 | 张谓铭 | 沈秋君 | 徐长兰 | 沈保光 | 邵海林 | 周文娟 |

| | | | | | | | |
|---|---|---|---|---|---|---|---|
| 刘宝娣 | 芦霞宝 | 沈佩英 | 胡国强 | 应宝苓 | 王志民 | 杨长昌 | 储德民 |
| 马小英 | 杜学云 | 方林浩 | 张瑞兰 | 徐家乐 | 吴仑 | 马菊芳 | 周荣发 |
| 杨根华 | 彭先祥 | 赵桂清 | 徐惠平 | 傅议平 | 周定娟 | 周志娣 | 张美琴 |
| 徐双喜 | 吴杏华 | 林柱慈 | 张锡炳 | 过梅娣 | 贾振东 | 叶永华 | 谭祖禄 |
| 连明华 | 张玉芳 | 叶玲玲 | 翁巧华 | 王企生 | 尹根元 | 蒋文元 | 徐利珍 |
| 徐如真 | 刘宝风 | 董秀英 | 方柏龄 | 顾玲玲 | 田财洪 | 林祖梅 | 曾宪如 |
| 刘佩英 | 赵秉孝 | 陆金梅 | 张继豪 | 张国荣 | 吴根芝 | 鲍培德 | 裘梅仙 |
| 高志安 | 舒佩兰 | 沐兰钧 | 顾家福 | 华南昌 | 张林庆 | 刘怀忠 | 石国强 |
| 褚胜其 | 蒋永林 | 何开菊 | 毕宝才 | 夏高明 | 陈祖芳 | 周根生 | 王云国 |
| 黎龙定 | 刘平波 | 陈遂华 | 周惠琴 | 曹刘宝 | 沈炳炎 | 马国新 | 郭爱华 |
| 王建民 | 陆明 | 汤永虎 | 许剑文 | 唐林林 | 王明生 | 梁应伦 | 刘关胜 |
| 郭士根 | 汪洪福 | 储玉清 | 李大富 | 王熙琴 | 徐连华 | 陆玲芳 | 许连娣 |
| 符桂珍 | 戴元标 | 曹桂林 | 马海萍 | 张发财 | 周敬华 | 朱菊清 | 徐翠菊 |
| 叶丽华 | 朱存娣 | 龚阿炳 | 陆成矿 | 颜士俊 | 胡其爵 | 瞿林富 | 陈莉莉 |
| 马富禄 | 葛茜荪 | 沈小华 | 包翠娣 | 周水英 | 陈志云 | 彭任侠 | 徐林根 |
| 林常春 | 朱初文 | 耿宝生 | 张卓君 | 李永康 | 王银炳 | 韩龙贵 | 冯卫国 |
| 竺树亮 | 孙依新 | 包金龙 | 沃和芳 | 陆玉英 | 宣益三 | 顾桂英 | 杨希春 |
| 余惟德 | 任蕊芬 | 秦春霞 | 薛佩云 | 范孟生 | 高小明 | 顾德兴 | 周正林 |
| 黄孝福 | 郑金培 | 吴文军 | 冯财芬 | 董培玲 | 赵根才 | 王德康 | 严胜益 |
| 沈为民 | 戴浩云 | 殷伯祥 | 蒋丽君 | 郭洪涛 | 王文海 | 闫镇华 | 陆顺发 |
| 庄和生 | 王崇道 | 李森 | 郑志伟 | 丁萍 | 潘国梁 | 章互平 | 施惠莉 |
| 林素贞 | 潘云华 | 孙美芳 | 金跃珍 | 胡萍花 | 滕佩佩 | 宋玉华 | 虞丽珍 |
| 丁志英 | 毛珊珊 | 张君华 | 凌菊芳 | 童进权 | 赵观慈 | 赵崇英 | 高冬女 |
| 谢洪生 | 沈六一 | 胡文 | 顾长水 | 袁成伟 | 胡妙明 | 李金花 | 冯道达 |
| 陈云珍 | 龚章荣 | 唐竹英 | 林兰英 | 许跃明 | 刘惠芹 | 许文华 | 孙有福 |
| 王秀英 | 姚雪芹 | 孙阿毛 | 陈阿明 | 严妙祥 | 陈永康 | 王若娟 | 王美珍 |
| 刘雪英 | 金世留 | 陈绍坤 | 高小珍 | 唐长根 | 崔桂英 | 毛有根 | 吕学沛 |
| 丁志芳 | 胡仁根 | 唐素琴 | 王湘荣 | 戴佩兰 | 万鹤珍 | 张来珍 | 杨诚 |
| 张世光 | 汪水祥 | 方丽华 | 傅恩宠 | 吕国海 | 俞兴祥 | 徐成管 | 朱洪观 |
| 金惠琴 | 赵兴大 | 黄家琴 | 李惠丽 | 唐明珍 | 席文良 | 郭书海 | 章福英 |
| 陆放 | 孙锡禄 | 毛素安 | 张华筠 | 邵宏宝 | 杨兴国 | 叶阿素 | 支彩萍 |
| 赵爱莉 | 张三妹 | 钱存林 | 林云芳 | 王树君 | 彭维华 | 陆骥贞 | 王美英 |
| 叶金囡 | 朱润祥 | 梁安珍 | 翁志清 | 周丽萍 | 任凤英 | 张国瑛 | 卢林发 |
| 曹爱群 | 徐钰珍 | 高云霞 | 经学兰 | 巫韵敏 | 刘兰珍 | 刘林根 | 沈维英 |

姚传霞　　徐红梅　　郑美伦　　汪惠英　　王锦玉　　倪玲娣　　孙树风　　朱敦国
陈国栋　　王　荣　　刘大风　　　　（第二十六章《人物　集体》，第 344—346 页）

# 《十三团志》

十三团史志编纂委员会编，新疆人民出版社 1997 年

（1963 年）7 月 31 日至 10 月，十六场安置 6 批共 1 416 名上海支边青年参加农场生产建设。
　　　　　　　　　　　　　　　　　　　　　　　　　　　　　　　（《大事记》，第 8 页）

（1964 年）5 月 4 日，农垦部部长王震，在兵团参谋长陈实等人陪同下视察十六场。王震一行观看了文艺汇报演出，与上海青年座谈。上海青年施玉丽、蒋美玉、屠文超、金花娇、马成英等受到王震部长接见。
　　7 月 30 日，十六场安置 1964 年度来疆上海青年 1 184 人。　　（《大事记》，第 8 页）

（1965 年）7 月 25 日，场安置 1965 年度来疆上海青年 634 人参加农场生产建设。
　　8 月，上海市各界人民赴疆慰问团，来场慰问上海支边青年。　　（《大事记》，第 9 页）

（1980 年）11 月 6 日至 12 日，十三团部分上海支边青年聚集阿克苏要求回沪。经过细致的思想工作，大部分人愿意继续在团工作，少数人回沪。　　（《大事记》，第 14 页）

（1982 年）4 月 2 日，十三团一批上海青年按政策回沪，安置在海丰农场。
　　　　　　　　　　　　　　　　　　　　　　　　　　　　　　　（《大事记》，第 14 页）

# 《十四团志》

农一师十四团史志编纂委员会编，新疆人民出版社 2000 年

是年（1964 年），场安置上海支边青年 2 批 634 人，其中女青年 347 人。
　　　　　　　　　　　　　　　　　　　　　　　　　　　　　　　（《大事记》，第 9 页）

（1968 年）5 月 31 日，三营上海青年吴迪、邵维尧、李自正 3 人，在探亲返场途中，行至托克逊 13.9 公里处翻车身亡。　　　　　　　　　　　　　（《大事记》，第 11 页）

(1975 年)8 月 21—23 日,团在二营营部召开首届知识青年先进集体、先进个人代表大会。与会代表 142 人。 　　　　　　　　　　　　　　　　　　　　　　　(《大事记》,第 14 页)

(1979 年)2 月,受回城风影响,部分上海青年开始相互串联,组织集会,要求落实政策回上海。 　　　　　　　　　　　　　　　　　　　　　　　　　　(《大事记》,第 15 页)

6 月 27 日,农垦部办公厅主任刘济民带领调查组到十四团了解上海支边知青情况,在十一连与来自各连队及外团部分上海青年对话,被强留 3 天。

9 月 21 日,十四连果园遭上海支青哄抢,损失水果 1 500 公斤。　　(《大事记》,第 15 页)

(1980 年)1 月,十四团部分上海青年离开团场聚集阿克苏城区,到阿克苏地区农垦局上访,提出"回沪"要求。

2 月 15 日,十四连上海青年要求解决工资发放问题,团领导王兴华、邵春云、陆美英在十四连被强留 15 小时。 　　　　　　　　　　　　　　　　　　(《大事记》,第 15 页)

11 月上旬,上海青年大批离开团场,再次聚集于阿克苏上访。

12 月 26 日晚,阿克苏行署公安处、阿克苏县公安局发出公告,逮捕带头闹事的 8 名上海知青代表(其中十四团 4 名)。

12 月 28 日晚,部分上海青年围困团长王兴华等领导,有过激行为,团广播站被"上青"擅用。

12 月 29 日,阿克苏地区行署、阿克苏军分区发布戒严令,对阿克苏城区、农垦十四团、塔里木河渡口实行戒严。

12 月 30 日,奉军委命令,30165 部队的 1 个营进驻十四团执行军事戒严。

　　　　　　　　　　　　　　　　　　　　　　　　　　(《大事记》,第 16 页)

1963—1965 年,先后有 10 批上海市卢湾区城市知青 1 891 名来农场落户。

　　　　　　　　　　　　　　　　　　　　　　　　(第二章《人口》,第 34 页)

垦区人口流动的总体情况是流入大于流出,……1963 年 6 月,接收少数民族无业人员569 人,同年安置上海青年 998 名,当年人口增至 3 710 人。1964 年有 800 余人调离,同年又接纳一批职工亲属,1964 年、1965 年两年,相继有 893 名上海青年来到团场,到 1965 年末,人口增至 3 869 人。1979—1982 年,由于大部分上海知青按政策回沪或调迁其他地方,人口从 6 170 人减至 5 172 人。 　　　　　　　　　　　　(第二章《人口》,第 34 页)

# 附：上海支边青年名录

## 上海支边青年统计表

| 批　次 | 离沪时间 | 到场时间 | 中队数 | 小队数 | 人数 | 其　中 | |
|---|---|---|---|---|---|---|---|
| | | | | | | 男 | 女 |
| 农一师蚕桑试验站调入 | 1963 年 1 月 12 日 | 1963 年 5 月 1 日 | | | 44 | 33 | 11 |
| 第一批 | 1963 年 7 月 19 日 | 1963 年 7 月 29 日 | 1 | 17 | 262 | 129 | 133 |
| 第二批 | 1963 年 7 月 29 日 | 1963 年 8 月 8 日 | 1 | 17 | 259 | 146 | 113 |
| 第三批 | 1963 年 8 月 8 日 | 1963 年 8 月 18 日 | 1 | 17 | 259 | 179 | 80 |
| 第四批 | 1963 年 9 月 1 日 | 1963 年 9 月 11 日 | 1 | 10 | 160 | 97 | 63 |
| 上海市团校分配来 | 1963 年 10 月 17 日 | 1963 年 10 月 27 日 | | | 14 | 5 | 9 |
| 上海市团校分配来 | 1964 年 5 月 25 日 | 1964 年 6 月 4 日 | | | 5 | 1 | 4 |
| 第五批 | 1964 年 6 月 3 日 | 1964 年 6 月 13 日 | 3 | 22 | 377 | 174 | 203 |
| 第六批 | 1964 年 9 月 17 日 | 1964 年 9 月 27 日 | 2 | 16 | 252 | 112 | 140 |
| 第七批 | 1965 年 7 月 7 日 | 1965 年 7 月 17 日 | 2 | 16 | 259 | 144 | 115 |
| 合　计 | | | 11 | 115 | 1 891 | 1 020 | 871 |

注：第一批至第七批上海支青全部由上海市卢湾区进疆。

## 上海支边青年名录

### 从农一师蚕桑试验站调入

| | | | | |
|---|---|---|---|---|
| 丁家旺 | 尤士芬(女) | 邓　丹 | 史习龙 | 叶毛生 |
| 申秋生 | 朱玲玲(女) | 庄巧生 | 刘寿昌 | 齐家昆 |
| 江鹏根 | 关海强 | 李伟南 | 李顺新 | 沈　珉(女) |
| 沈善民 | 张兰甫 | 张顺志 | 张顺娣(女) | 陆　为 |
| 陆黎洁(女) | 陈乐安 | 陈成林 | 陈益文 | 陈德明 |
| 杨联山 | 周维英(女) | 姜雪芬(女) | 施强英(女) | 费培明 |
| 夏　云 | 钱德祥 | 徐国兴 | 徐根生 | 唐勇泉 |
| 陶婷婷(女) | 曹丽娟(女) | 黄传国 | 谈广荣 | 梁子敬 |
| 董学良 | 蔡培康 | 潘国强 | 薛根娣(女) | |

### 第一批

带队干部：谢国瀚　郭蕴瑜　护送干部：万里鸿

中队长：黄金宝　王德燕(女)　副中队长：劳鸿顺　李新珍(女)

| | | | | |
|---|---|---|---|---|
| 张国伟* | 张慈贤*(女) | 张裕康* | 钱永庆 | 傅金铎 |
| 孙伯生 | 刘桂英(女) | 姚志丽(女) | 毛仁英(女) | 周学文 |
| 周学艺(女) | 王明忠 | 张家起 | 郑思萍(女) | 傅菊芬(女) |

| | | | | |
|---|---|---|---|---|
| 李明虎* | 曹美娜*（女） | 罗杏琴*（女） | 咸镛妹（女） | 周洪喜 |
| 廖福海 | 戴充琪 | 汤国斌 | 严丽娟（女） | 岳惠玲（女） |
| 阮延康 | 王志苹（女） | 沈荷月（女） | 沈明月（女） | 张雪芳（女） |
| 刘美琪（女） | 朱秀娣*（女） | 袁林珠*（女） | 罗丽珠（女） | 万锦娴（女） |
| 梅玲琍（女） | 平月珍（女） | 李根娣（女） | 王秋萍（女） | 鲍文浩（女） |
| 沃国元 | 沙素珍（女） | 李书德 | 胡安花（女） | 陈中心 |
| 巫 俊*（女） | 罗妙英*（女） | 宋美兰*（女） | 严学卿 | 陈勉强 |
| 符扣珍（女） | 周卫民 | 丁贞朵（女） | 冯海成 | 刘月红（女） |
| 张淑林 | 陈莲美（女） | 许志刚 | 梅丽娟（女） | 侯荷女（女） |
| 许 义* | 开维宁*（女） | 许丽英*（女） | 姜小花（女） | 周富珍（女） |
| 刘禹春 | 崔静芳（女） | 张鸿秀（女） | 吴根喜 | 石景妹（女） |
| 张来珍（女） | 梁成增 | 汤乃友 | 徐秀英（女） | 杨林娣（女） |
| 杨存元 | 印凤女*（女） | 陈敬攀*（女） | 李杏美*（女） | 王兆松 |
| 余丽敏（女） | 盛玉芳（女） | 娄月培（女） | 葛正友 | 蔡登保 |
| 黄开全 | 宋金龙 | 毛裕才 | 徐鸿琪 | 曹放林 |
| 夏荣兰（女） | 周月美*（女） | 龚有生* | 吴玉锦* | 郝树春 |
| 张关寿 | 高建龙 | 吴根妹（女） | 朱桂香（女） | 黄爱珍（女） |
| 李冠萍（女） | 唐鸣凤（女） | 王秀芳（女） | 朱宜胜 | 竺兴娣（女） |
| 黄海凤（女） | 何进发* | 贺祖成* | 胡大钧* | 邵小春 |
| 李兴发 | 彭永康 | 孙英娜（女） | 钱家车 | 单兴龙 |
| 刘小毛 | 贺亦伟 | 刘菊英（女） | 吴振华 | 姚其芳（女） |
| 徐玉英（女） | 范汝莉*（女） | 朱文清* | 谢雅琴*（女） | 徐仲元 |
| 梁敏华（女） | 施宗德 | 周宏珍（女） | 范小瑛（女） | 沈宏兴 |
| 朱 苇（女） | 金官华（女） | 陈幼初 | 许志强 | 陈建华 |
| 金永良 | 杨禄鹰* | 刘敏娜*（女） | 黄明德* | 董凤娟（女） |
| 姚佩英（女） | 黄馨国 | 胡彩云（女） | 朱静华（女） | 洪中侠 |
| 段国荣 | 许文清 | 王鑑道 | 王泰来 | 周龙泉 |
| 吴鹤祥 | 袁萝敏*（女） | 张姿秀*（女） | 陈国平* | 项建华（女） |
| 胡佩菊（女） | 沈永林 | 王大妹（女） | 陈关福 | 李莹莺（女） |
| 陈国祥 | 王子藻（女） | 裘忆华（女） | 吴志文 | 吴立君 |
| 滕宝珍（女） | 倪孟端* | 张文菊*（女） | 焦 柔*（女） | 奚桂芬（女） |
| 吴桂芳（女） | 陈基芳 | 梅根娣（女） | 朱玲华（女） | 郑一奋（女） |
| 查宝云（女） | 朱雪珍（女） | 包麒麟 | 张香生 | 陈宝林 |
| 郑兰钿（女） | 朱忠义* | 何美珍*（女） | 荣宏仪*（女） | 胡英才（女） |

| | | | | |
|---|---|---|---|---|
| 俞慈儿 | 孙金凤(女) | 郁玉娣(女) | 朱松琳(女) | 曹宝忠 |
| 黄丽萍(女) | 屠宝成 | 张阿林 | 张春林 | 詹满仙(女) |
| 胡凯如 | 梁焯洪* | 徐鑫缦*(女) | 陈学美*(女) | 赵慧芳(女) |
| 毛正翔 | 毛砚英(女) | 段万德(女) | 陈鸿庆 | 陶秀勇 |
| 柯君妹(女) | 傅忠忠 | 卞俊应 | 杨福盛 | 凌锦康 |
| 韩小妹(女) | 黄光炎 | 鲍吉民* | 周学容*(女) | 张贤芳*(女) |
| 丁治平 | 汤光荣 | 佟全英(女) | 徐坤生 | 胡天赐 |
| 邬人望 | 沈锡范 | 张小妹(女) | 蔡华敏(女) | 徐国桢 |
| 马秋根 | 王雁平 | 莫联君(女) | 钱佩瑶*(女) | 李良安* |
| 陈萱华*(女) | 周慧娟(女) | 魏杏生 | 黄一新 | 韦德康 |
| 汪勤元 | 陈明鼎 | 敦凤妹(女) | 潘荷萍(女) | 费小妹(女) |
| 朱茂林 | 浦根娣(女) | 王绍民*(女) | 邬淑卿*(女) | 刘文康* |
| 林志恩 | 何玉珍(女) | 侯志器 | 舒忠定 | 罗立公 |
| 程学时(女) | 蔡寿铭 | 席德晋 | 席德茂 | 陈射祥 |
| 梁振新 | 姜立芬(女) | 季文根 | | |

## 第二批

带队干部:陈之河　许绿平(女)　护送干部:郭正国

中队长:吴培娟(女)　王有德　金洁芬(女)

副中队长:邵金蔚　杨婉芬(女)　朱　琼(女)　高自伟　莫松妹(女)

| | | | | |
|---|---|---|---|---|
| 刘月莉*(女) | 张琴芳*(女) | 刘淑琴*(女) | 王祖良 | 邹　尼 |
| 陈秀英(女) | 李菊英(女) | 陈思豪 | 吴晋英(女) | 徐兰花(女) |
| 张惠良 | 成守兰(女) | 彭小春 | 吕阿娣(女) | 王小妹(女) |
| 石文英*(女) | 张素琴*(女) | 唐秀薇(女) | 许锦盛 | 杨开文 |
| 桂清泉(女) | 华　宏 | 丁其珍(女) | 张慧娟(女) | 施妹英(女) |
| 潘志清 | 林家麟 | 周家琪 | 宋云芳(女) | 丁　炳 |
| 李仪型* | 周士新*(女) | 唐　瞻* | 张建德 | 朱乃旺 |
| 刘友汉 | 茆如喜 | 李维宏 | 童来娣(女) | 刘红所 |
| 唐许根 | 蒋宝连 | 李维纫(女) | 崔易国 | 陈炳生 |
| 龚妙凤*(女) | 钟茂生* | 夏镇昌* | 任乾坤 | 吴桂兰(女) |
| 谭阿清(女) | 洪春鸾(女) | 胡洪妹(女) | 姚福妹(女) | 赵善发 |
| 徐森良 | 闵玲琍(女) | 张林兴 | 李荣发 | 李德发 |
| 李自正* | 陈国珍*(女) | 朱毛毛* | 韩仁义 | 王土根 |
| 陆贯裕 | 吴国新 | 张以来(女) | 方翠兰(女) | 张美英(女) |
| 陈素兰(女) | 张成来 | 郭伯金 | 张福康 | 刘鸿英(女) |

| | | | | |
|---|---|---|---|---|
| 沈有良* | 王翠华*（女） | 姚凤至*（女） | 王春兰（女） | 朱正荣 |
| 连明善 | 曹金娣（女） | 邹小民（女） | 纪小林 | 胡兴秀（女） |
| 闫树云 | 钱梅珍（女） | 沈小毛（女） | 李信兰（女） | 陆洪才 |
| 祁和铎* | 林赛电*（女） | 李翠宝*（女） | 钱根娣（女） | 蒋宝年 |
| 吴玲娣（女） | 徐国芳（女） | 张莉莉（女） | 沈余国 | 王福金 |
| 史祯福 | 王根娣（女） | 王小妹（女） | 李秋华（女） | 徐宝财 |
| 王衍农 | 陈勤泰* | 张斌墉* | 杨根娣*（女） | 林荣根 |
| 朱冬蓉（女） | 张国华（女） | 冯孟中 | 李杏霞（女） | 解双芬（女） |
| 崔世林 | 陶国良 | 许增樑 | 周宝根 | 赵京生 |
| 韩贞宝 | 谢永航* | 耿娃娃*（女） | 王长水* | 康华玲（女） |
| 王仁义 | 蒋建国 | 王泰来 | 王方国 | 杜蓓蒂（女） |
| 章根福 | 徐祥青 | 许文娟（女） | 朱文珠（女） | 杨咪咪（女） |
| 吴桂珍（女） | 王宝珍*（女） | 竺家骏* | 黄延康* | 翟克明 |
| 余根发 | 孙宏狗 | 惠纪英（女） | 宋金贵 | 陆 文（女） |
| 田 征 | 周 君（女） | 王明霞（女） | 苏佩蓓（女） | 杨文斌 |
| 沈华庆*（女） | 钱心芝*（女） | 郑耀君* | 沈 洁（女） | 沈 凤（女） |
| 吕 平 | 冯必文 | 冯必武 | 陈伟康 | 朱克仁 |
| 沈月香（女） | 秦培明 | 朱悦芳（女） | 陈珠美*（女） | 周雪冬*（女） |
| 陈菊英*（女） | 王文渔（女） | 朱伟华（女） | 吴桂芬（女） | 王忠生 |
| 许秀珍（女） | 金健施 | 任福良 | 范存信 | 王克戈 |
| 丁志忠 | 赵钰英（女） | 王爱珍（女） | 李步兰（女） | 杨美菊*（女） |
| 唐忠狱* | 庄伟珍*（女） | 胡尔强 | 陈根弟（女） | 赵正希 |
| 潘建春 | 高自强 | 王智钱 | 金厚裕 | 李德钧 |
| 刘体仁 | 郭威利 | 焦国栋 | 沈金樑* | 庄筱珍*（女） |
| 傅振康* | 沃美珍（女） | 苏印康 | 钱光炬 | 邵维圭 |
| 蔡星尧 | 胡毓沛 | 劳宗铎 | 高莲芳（女） | 陈玉全 |
| 胡土敏 | 陆杏菊（女） | 陈夏法 | 曹若凤* | 丁文英*（女） |
| 吴钰君* | 吴阿品 | 许耀君 | 任根香（女） | 王来富 |
| 周有恒 | 张振宇 | 陶庙新 | 何全生 | 周柏康 |
| 李勇汉 | 陈志林 | 陈良勇（女） | 李焕莲*（女） | 张耀岑*（女） |
| 方晋礽* | 金庆芳 | 黄璇璋 | 钱玉麟 | 陈国勇 |
| 高美芬（女） | 钱宇杨 | 高美萍（女） | 闵有能（女） | 钱明君（女） |
| 陆齐雯 | 吴竹青 | 李丽华（女） | 白声皋 | 张维屏*（女） |
| 应美容*（女） | 白明忠 | 韩振利 | 杨雯香（女） | 李云更 |

| | | | | |
|---|---|---|---|---|
| 沈建中 | 朱子榕(女) | 李柳玉 | 俞秀华(女) | 李德甫 |
| 任　康 | | | | |

**第三批**

带队干部:陈振元　乐俊华　护送干部:夏成源

中队长:胡关涛　副中队长:沈长文　周秀琴(女)　陆咪咪(女)　华钟琳

| | | | | |
|---|---|---|---|---|
| 朱佩莲*(女) | 刘勇卿*(女) | 冯士德* | 周春红(女) | 孙传钟 |
| 孙琴娣(女) | 任多利 | 李思明 | 奚仲安 | 张正言 |
| 钱建国 | 林培荣(女) | 沈鑫龄 | 骆德成 | 夏云嶓 |
| 王奎东* | 傅余根* | 叶方娟*(女) | 邱爱香(女) | 崔玉兰(女) |
| 赵　坚 | 丁福增 | 郑俊涛 | 管仲义 | 孙秀娟(女) |
| 钱月英(女) | 孙红妹(女) | 张海娣(女) | 袁冬月(女) | 钱富生 |
| 计金元 | 蒋素娥*(女) | 梁才贵* | 王蓉贞*(女) | 沈菊珍(女) |
| 刘阿根 | 周柱炳 | 顾正世 | 丁桢泉 | 赵应云 |
| 程祖芳(女) | 金早富 | 时腊梅(女) | 沈金山 | 崔金娣(女) |
| 钱根宝(女) | 葛秀英(女) | 贾锡峰* | 戴国华* | 陈钦全* |
| 王树香 | 陈国富 | 胡根祥 | 王水根 | 佟为国 |
| 储德明 | 祁水虎 | 宋伯黎 | 何永海 | 王斯美 |
| 朱距山 | 赵玲娣(女) | 徐正本* | 吴雍康* | 沈兰娣*(女) |
| 李　元 | 曹二小 | 姚元昌 | 傅雪生 | 朱桂清(女) |
| 王民芳 | 张国华 | 张日华 | 袁词龙 | 王月珍(女) |
| 孙董英(女) | 李景仁* | 邹泉生* | 严富英*(女) | 陈妙英(女) |
| 谢德敏 | 陆金娣(女) | 周梦儿 | 杜　勇 | 陆贵林 |
| 顾根娣(女) | 熊根娣(女) | 李秀英(女) | 张明旺 | 陈荣根 |
| 王家林 | 陆德义 | 陈英南*(女) | 吴时钟* | 刘栋庆* |
| 潘顺亮 | 陈思明 | 陈绪家 | 曹清云 | 吴金娣(女) |
| 杨　萱 | 张美琴(女) | 王聚明 | 许小狗 | 郑延杰 |
| 王海虎 | 朱品德* | 黄守国* | 周慧芳*(女) | 郑一青(女) |
| 翁源森 | 钱福根 | 马国强 | 孙　涛 | 严鸿福 |
| 宣锡荣 | 刘明顺 | 赵荣康 | 赵世勤 | 王重玲(女) |
| 朱贤亮* | 胡灿宝*(女) | 赖金娣*(女) | 王陵昆 | 王稼松 |
| 沈惠民(女) | 陈连德 | 范致能 | 曹襄源 | 李时余 |
| 陈国强 | 邬杨华 | 张万麒 | 杨宛平(女) | 蒋慧蓉*(女) |
| 岳培成* | 陈荷苹*(女) | 范来娣(女) | 庄海南(女) | 叶梅玲(女) |
| 蔡大钧 | 高宝林 | 邱荣富 | 何永泉 | 谢炳森 |

| | | | | |
|---|---|---|---|---|
| 罗全禄 | 孙令鑫 | 孙令勤 | 朱宏杰 | 竺连珠*(女) |
| 吴万祥* | 陈作诚* | 徐文浩 | 殷 瑛(女) | 胡 森 |
| 赵文昌 | 李 慰(女) | 徐君夫 | 郑幼卿(女) | 徐留发 |
| 张毓森 | 陈瑞昌 | 钱福明 | 李为民(女) | 胡士鸿* |
| 李荣义*(女) | 唐银花*(女) | 陈开贵 | 滕宝荣 | 洪恒珍(女) |
| 蒋正风 | 石裕芳(女) | 王士豪 | 姚茂虎 | 朱菊妹(女) |
| 何明生 | 王一新 | 孔关金 | 沈丕显 | 管仙鸣*(女) |
| 黄宝玉*(女) | 柳启琴*(女) | 冯瑞祥 | 陈惠达 | 吴纪耀 |
| 胡志桐 | 李士雄 | 徐永义 | 张建中 | 丁双葆 |
| 王国红(女) | 马小英(女) | 宋美华(女) | 刘贤康 | 陈明德 |
| 张 华*(女) | 何立豪* | 沈惠玲*(女) | 范金元 | 顾为兰(女) |
| 吴洪庚 | 陆荣华 | 毛一心 | 费嘉桐 | 严麟康 |
| 陈玉梅(女) | 王美凤(女) | 陈本理 | 朱小弟 | 张连昇 |
| 宋志发* | 杨其伟* | 沈美丽*(女) | 张连梅(女) | 吕慧泉 |
| 赵凤珠(女) | 王仲皓 | 沈建国 | 陈相国 | 张耀章 |
| 吴振民 | 舒翰清 | 忻寿年 | 朱可瑛(女) | 高云珍 |
| 戴慧丽*(女) | 周耀林* | 周伟英*(女) | 应鸿樑 | 蔡阿狗 |
| 俞四福 | 杨自忠 | 章云根 | 朱 根 | 吴国荣(女) |
| 陈文杰 | 朱鸿生 | 韩长群 | 陈国柱 | 孙德仁 |
| 蔡翠英(女) | 朱荫佩* | 沈佐秋* | 朱宝炎*(女) | 褚常青 |
| 王焕章 | 包文亮 | 沈西乾 | 徐文玉 | 陈积荣 |
| 马金贵 | 石丰源 | 姜信华 | 王 梅(女) | |

**第四批**

带队干部:蹇炳南 刘友桂

中队长:杨清良 副中队长:姚 新(女) 汪光华

| | | | | |
|---|---|---|---|---|
| 黄世柒* | 姚家煌* | 许建民* | 冯世通 | 罗以祥 |
| 柳启惠(女) | 徐敏云 | 卢潮安 | 范书兰(女) | 赵良夫 |
| 柳启珍(女) | 张定成 | 顾树兴 | 韩伟华 | 杨月莉(女) |
| 冯德富* | 陈云财* | 唐正良* | 曹庄坤 | 裘惠民 |
| 宋连城 | 沈 亚 | 董连海 | 程银良 | 何招娣(女) |
| 苏金娣(女) | 张玉秋(女) | 张年裕 | 邵炳高 | 吴同宝 |
| 李雯兰(女) | 朱国成* | 刘翠英*(女) | 王伟春*(女) | 丁德银 |
| 沈柏昌 | 戚宝秀 | 陈邦宽 | 崔连芳 | 娄长根 |
| 史彩霞(女) | 邓宝灿 | 王家振 | 陈辰娟(女) | 李言功 |

| | | | | |
|---|---|---|---|---|
| 姚月英(女) | 胡德品 | 吴秀英*(女) | 沪玲娣*(女) | 周水祥* |
| 秦凤娣(女) | 刘国庆 | 甘金凤(女) | 沈剑芳(女) | 夏震标 |
| 唐桢发 | 张福弟 | 陈鹏志 | 钟舒珍(女) | 胡振鹤 |
| 曹月琴(女) | 吕前霁(女) | 李德亚 | 罗明明* | 庄月珍* |
| 方树歧* | 曹玉君(女) | 周莉瑾(女) | 王文正(女) | 徐恩德 |
| 冯君惠(女) | 徐根福 | 王乃喜 | 姚鲜萍(女) | 郑杏珍(女) |
| 孙林玲(女) | 张小弟 | 邵瑞冲 | 张美珍(女) | 张佩清*(女) |
| 娄来兴* | 徐嘉龙* | 叶伯康 | 宋仲年 | 陈伯浓 |
| 陶华森 | 徐玉川(女) | 杨小宝 | 鲁玲雄(女) | 庄文娟(女) |
| 吴伟媛(女) | 黄芝玲(女) | 倪孟晋 | 陈忠伟 | 张小南 |
| 胡孝棣* | 韩金宝* | 李惠德* | 曾鸿年 | 陈志良 |
| 傅锦文 | 许承官 | 陈佩华(女) | 李文娟(女) | 张福宝 |
| 杨耀康 | 杨红玲(女) | 王瑞根 | 张莉莉(女) | 蔡根梅(女) |
| 沈为大 | 俞治中* | 胡新民* | 林美芳*(女) | 朱福明 |
| 周馥珍(女) | 陈克恩 | 沈菊英(女) | 周雄翔 | 王凤娣(女) |
| 陈毛弟 | 朱复兴 | 黄琏荣 | 蔡海龙 | 沈立醉 |
| 刘雨生 | 张赛珠(女) | 陈根娣*(女) | 陶蕙云*(女) | 陈乾寿* |
| 尹慧芳(女) | 陈国兰(女) | 沈国范(女) | 夏敏 | 张小红(女) |
| 慕梦祥 | 孙元中 | 顾二囡(女) | 周惠根 | 罗志超 |
| 夏娟娟(女) | 林宝秋 | 罗惠娣*(女) | 丁洪新*(女) | 宋兰春*(女) |
| 苏南滨 | 卢慧芬(女) | 范偓武(女) | 管理 | 周煜志 |
| 冯爱伦(女) | 陈静筠(女) | 王虎涛 | 吴兰兰(女) | 李尚未 |
| 陈运鹏 | 朱宝三 | | | |

### 上海市团校分配

| | | | | |
|---|---|---|---|---|
| 陈双全 | 宋安尼(女) | 杨念宗 | 周玲章(女) | 俞二申(女) |
| 祝永华(女) | 胡伟民 | 郭永年 | 柴玉梅(女) | 凌寿芸(女) |
| 徐 郁(女) | 董妙龄(女) | 谭金妹(女) | 缪德全 | |
| 石凤娣(女) | 乐申丽(女) | 宋业纯(女) | 杨启时 | 柳光凤(女) |

### 第五批

带队干部:李应才 李尊楷 李洪洲 郑培成 护送干部:王志勇 罗德顺

一中队中队长:叶志敕(女) 副中队长:陈芸华(女) 邱银标

| | | | | |
|---|---|---|---|---|
| 邵敏珠*(女) | 郑牙宝*(女) | 施关玲*(女) | 查吉云(女) | 吕宝金(女) |
| 黄美荣(女) | 马宁宁(女) | 陈爱娥(女) | 杨义芳(女) | 肖克成(女) |
| 董飞飞(女) | 胡 屏(女) | 杜桂枝(女) | 沈雪英(女) | 徐雪英(女) |

| | | | | |
|---|---|---|---|---|
| 虞莲春(女) | 石嫦娥*(女) | 励素琴*(女) | 潘 云*(女) | 刘招娣(女) |
| 沈翠玲(女) | 花通三(女) | 高巧囡(女) | 竺彩玲(女) | 李玉华(女) |
| 薛扣宝(女) | 李木兰(女) | 杨凤妹(女) | 徐林妹(女) | 王耀娣(女) |
| 顾宛萍(女) | 马挺玉(女) | 徐 爽*(女) | 张蓓铭*(女) | 许心淑*(女) |
| 贺金囡(女) | 吴焕行(女) | 曹双美(女) | 郁惠莉(女) | 李美政(女) |
| 欧阳凤英(女) | 沈宏妹(女) | 殷奇云(女) | 王瑞芳(女) | 陈惠玲(女) |
| 林文秀(女) | 叶聪英(女) | 李鸿华(女) | 朱思策*(女) | 潘筱芝*(女) |
| 徐金娣*(女) | 盛炜文(女) | 林雪景(女) | 李继松(女) | 宋兔珍(女) |
| 包燕灵(女) | 胡仟侬(女) | 罗丽君(女) | 包燕萍(女) | 朱秀英(女) |
| 王菊芬(女) | 吴根娣(女) | 耿菊娣(女) | 吴鸿妹(女) | 王城孝* |
| 董善良* | 方林浩* | 王炳华 | 陈贤良 | 王成果 |
| 徐永安 | 吕宝清 | 毛纪元 | 包明华 | 王金贵 |
| 李君甫 | 王尧明 | 王志强 | 卞增生 | 王伟强 |
| 张晓春* | 朱伯明* | 陈毛头* | 谢林根 | 姜龙弟 |
| 吕长根 | 夏明渭 | 邢海东 | 茆中元 | 路宝祥 |
| 王金才 | 劳祥荣 | 黄伯红 | 吴小牛 | 施忠兴 |
| 陈晓夫 | 李学思* | 张金财* | 陈欧荣* | 陈佐群* |
| 高成信 | 钱东生 | 王生财 | 周心良 | 沈伟民 |
| 俞金荣 | 蔡文猷 | 陈学康 | 赵文理 | 朱家星 |
| 袁 智 | 孙翔云 | 黄民厚 | 马申龙 | 冯亚林 |
| 王国强 | 王伯弟 | 华钢基 | 吴 旸 | 王恒生 |

二中队中队长:顾德音(女)　副中队长:沈南瑛(女)　王丽云(女)

| | | | | |
|---|---|---|---|---|
| 沈德利* | 李兴饶* | 程国荣* | 潘福荣 | 李国民 |
| 倪立君 | 沈水琪 | 林云富 | 谌向群 | 周家良 |
| 胡益鹏 | 史发新 | 丁惠民 | 李纪生 | 桂鹤良 |
| 魏忠华 | 刘德慈* | 丁方骐* | 杨承志* | 丁 熊 |
| 孙武康 | 周金荣 | 王福林 | 陆经国 | 张家万 |
| 徐达君 | 樊森林 | 张家和 | 朱伟国 | 印尚德 |
| 费荣富 | 李虹福 | 徐爱娟*(女) | 殷爱囡*(女) | 钱扣娣*(女) |
| 沈伊丽(女) | 胡佩娟(女) | 钱春娣(女) | 汪晴云(女) | 徐海蓉(女) |
| 朱沛娟(女) | 端兰芳(女) | 贺兰宝(女) | 吴 琦(女) | 孙志芬(女) |
| 陈秀贞(女) | 李玲珍(女) | 储红珍(女) | 蔡金华*(女) | 林珊珊*(女) |
| 范翠娣*(女) | 王小纹(女) | 王梅琴(女) | 刘祥英(女) | 石爱珠(女) |
| 章惠琴(女) | 汪国芬(女) | 陈小英(女) | 孙良英(女) | 陆忠美(女) |

| | | | | |
|---|---|---|---|---|
| 张爱金(女) | 徐秀珍(女) | 马如玲(女) | 张素兰(女) | 吴英琪* |
| 张先福* | 张靖平* | 韩阿明 | 周明生 | 何竹泉 |
| 黄　宁 | 季君贤 | 刘云德 | 沈阿根 | 凌兆一 |
| 孙勇振 | 李祖章 | 李祖昭 | 周本康 | 王永明 |
| 沈　洸* | 胡平量* | 江建杰* | 何立凡 | 江维明 |
| 沈　颐 | 汪昌江 | 朱超君 | 安盘石 | 金传乾 |
| 王建东 | 沈禹凯 | 沈子毅 | 沈子刚 | 张维刚 |
| 杨金根 | 许芳芳*(女) | 程玉英*(女) | 江建华*(女) | 田韫玉(女) |
| 王海燕(女) | 陈敏敏(女) | 吴品梅(女) | 王瑞堇(女) | 王芝玲(女) |
| 王开凤(女) | 沈明维(女) | 赵巧云(女) | 王莉娟(女) | 高金梅(女) |
| 金仲芳(女) | 张翊敏(女) | 徐亚珍(女) | 童幽莺(女) | 俞泳琳(女) |
| 朱玉敏(女) | 徐胜平 | 印心群 | 汪昌涛 | 赵莲宝 |

三中队中队长:徐路琪(女)　副中队长:江觉绮(女)　王百平

| | | | | |
|---|---|---|---|---|
| 陈小蓓*(女) | 马华楠*(女) | 傅珺玉*(女) | 沈宏平(女) | 夏澄华(女) |
| 陈　玉(女) | 朱天玉(女) | 陈桂菊(女) | 周桂珍(女) | 戴问华(女) |
| 王迎辉(女) | 李美玉(女) | 高明琴(女) | 黄兆琳(女) | 高美玉(女) |
| 魏素贞(女) | 罗莉莉*(女) | 江宗德*(女) | 褚银秀*(女) | 丁关美(女) |
| 缪美娟(女) | 郑芳芳(女) | 陈允华(女) | 孙绍华(女) | 盛伟筠(女) |
| 周筑昆(女) | 桂浩泉(女) | 张　瑾(女) | 陆巧琴(女) | 王　燕(女) |
| 郑蕙蕙(女) | 胡文君(女) | 伍玲珠*(女) | 吴守瑚*(女) | 陈安妮*(女) |
| 林明瑛(女) | 钱佳一(女) | 王小蝶(女) | 杨国琴(女) | 章征亮(女) |
| 钱惠凌(女) | 虞岫瑾(女) | 钱国妹(女) | 郁蕴熙(女) | 汪莺鸣(女) |
| 董国莉(女) | 尤惠琴(女) | 屠若飞(女) | 方美云(女) | 莫维群*(女) |
| 傅文芳*(女) | 縻伟文*(女) | 陈美娟(女) | 朱月慧(女) | 柏红英(女) |
| 施春妹(女) | 刘紫霞(女) | 卞行知(女) | 金淑君(女) | 邵亚梅(女) |
| 杨芬英(女) | 王美仙(女) | 徐　衍(女) | 李政英(女) | 陈三美*(女) |
| 金明芳*(女) | 王忆嫱*(女) | 张佩兰(女) | 汪庭芳(女) | 李兴娣(女) |
| 高群德(女) | 乐月英(女) | 钱巧珍(女) | 陈明珠(女) | 汪恩辉(女) |
| 吴志文(女) | 沈文玉(女) | 孙小文(女) | 楼玉华(女) | 王佩芳(女) |
| 刘建德* | 刁守根* | 王士吉* | 邱则亮 | 吴　玎 |
| 刘曾华 | 邱慈熙 | 秦仁钧 | 翁传源 | 盛斌佳 |
| 吴高伟 | 孙绍基 | 李德华 | 姚国威 | 顾耀华 |
| 盛宝兴 | 蔡伟廉* | 丁福铭* | 王元威* | 徐瑾佰 |
| 周惠忠 | 潘伟年 | 窦家鹤 | 徐锦标 | 孙学良 |

| | | | | |
|---|---|---|---|---|
| 张 炫 | 薛冰如 | 薛冰林 | 汪体仁 | 孙步金 |
| 王弘毅 | 霍永基 | 王传铭* | 江亦平* | 陈延庆* |
| 钟洪圣 | 盛涌翔 | 金忠斌 | 顾金才 | 杨国强 |
| 吴 伟 | 万本伟 | 徐惠忠 | 方 倍 | 姜 峰 |
| 宁书信 | 胡光陆 | 周经邦 | | |

## 第六批

带队干部:许凤起　许小狗　杜蓓蒂(女)　潘荷萍(女)　护送干部:刘　剑
朱溜亭　医生:叶其臻
一中队中队长:周百年　副中队长:孙肇宏

| | | | | |
|---|---|---|---|---|
| 郭世芳* | 樊瑞荣* | 杨贤康 | 许其忠 | 张金棠 | 张幼德 |
| 吕正夫 | 法曾丹 | 蒋自清 | 祭国强 | 沈祖华 | 杨家思 |
| 杨鑑国 | 陈克京 | 沈德兴 | 范春桂 | 冯飞立 | 张玉高 |
| 曹顺铭* | 颜国华* | 应行义 | 方新福 | 竺永昌 | 张公铃 |
| 张宗荣 | 王海鹤 | 陈聿新 | 鲍匡震 | 陈敏麟 | 沃卫东 |
| 王培德 | 王祥初 | 王德法 | 姜连生* | 戚盛雄* | 徐金生 |
| 周伯龙 | 陈祯祥 | 杜维春 | 刘小文 | 徐平华 | 丁武林 |
| 金锵锵 | 杨志新 | 夏国良 | 吴 勇 | 林 祥 | 史福生 |
| 蔡钧康 | 蓝 宁 | 孙恩霖 | 黄汉江* | 邱忠强* | 毛祖利 |
| 朱望根 | 黄隆根 | 李文元 | 李昌麟 | 钱生林 | 杨卫珉 |
| 钱永祥 | 陈逐初 | 朱黎堃 | 董立义 | 叶民耀 | 周建德 |
| 邓嘉龙 | 卢晓明* | 范井元* | 徐在果 | 陈文汇 | 梁维国 |
| 朱国华 | 钱炳福 | 杨志成 | 忻斐华 | 张庭宣 | 杨尚德 |
| 周永欣 | 忻鸣晓 | 朱亚东 | 吴 迪 | 赵弘光 | 荣勤诚 |
| 陈 聪* | 丁 义* | 席恒颐 | 邵维尧 | 乐备军 | 沈永奎 |
| 温业溥 | 何国经 | 郦复光 | 何钧甫 | 黄建民 | 顾志敏 |
| 钟岳云 | 谢家胜 | 董云鹤* | 俞尘瀚 | 张骧祥 | 倪杰义 |
| 高孝臣 | 张齐生 | 王荣生 | 王宗林 | 俞启厦 | 高尚云 |
| 水敦初 | 吴圣德 | | | | |

二中队中队长:石韫玉(女)　副中队长:周国娟(女)

| | | | | |
|---|---|---|---|---|
| 吴孖玉*(女) | 王银丽*(女) | 毛国香(女) | 张亚敏(女) | 常正婉(女) |
| 柳剑云(女) | 任苏苏(女) | 董榴芬(女) | 顾淑君(女) | 贝聿湘(女) |
| 李蔚苓(女) | 邵春云(女) | 皇甫华(女) | 顾宝贤(女) | 韩小英(女) |
| 赵爱丽(女) | 刘桂珍(女) | 方爱珍(女) | 薛美麟(女) | 李启秀*(女) |
| 姜莉莉(女) | 陆澄生(女) | 虞彦玲(女) | 张妙芳(女) | 蔡大兰(女) |

| | | | | |
|---|---|---|---|---|
| 许宝珠(女) | 陈树蓓(女) | 常莉君(女) | 刘亚兰(女) | 王佩玲(女) |
| 潘黛玉(女) | 曹永梅(女) | 陆玉芝(女) | 杨嘉韧(女) | 施林娣*(女) |
| 周红芳*(女) | 李德珠(女) | 章维芳(女) | 黄霞英(女) | 陈美钰(女) |
| 沈家钰(女) | 李玉芳(女) | 李胜华(女) | 朱珍妮(女) | 陈苑华(女) |
| 莫丽美(女) | 李佩芳(女) | 周金囡(女) | 倪佩佩(女) | 金凤鸣(女) |
| 李一芬(女) | 姚国炜*(女) | 何惠蓉*(女) | 孙红娣(女) | 周桂英(女) |
| 顾惠芬(女) | 何红珍(女) | 廖培英(女) | 王来娣(女) | 乐家梅(女) |
| 章根英(女) | 魏凤仙(女) | 刘珉(女) | 吴雯琳(女) | 马继华(女) |
| 李坚(女) | 徐鸿燕(女) | 夏惠丽*(女) | 郑莉*(女) | 王林妹(女) |
| 蔡尔恬(女) | 丘佩佩(女) | 王玫(女) | 林耀南(女) | 蔡燕(女) |
| 黄纪月(女) | 韩菊芳(女) | 鲁美玲(女) | 廉美君(女) | 廉兰君(女) |
| 陈烨(女) | 潘惠芬(女) | 顾洁敏(女) | 高和珍(女) | 周欣楠*(女) |
| 胡钧英*(女) | 孙安妮(女) | 陈梅秀(女) | 袁来蘅(女) | 严玉敏(女) |
| 黄静贞(女) | 钱文菊(女) | 沈敏敏(女) | 洪一平(女) | 陈梅新(女) |
| 林玉兰(女) | 唐云妹(女) | 杨泰康(女) | 朱慧芳(女) | 金萍(女) |
| 吴佩伦*(女) | 俞尘谦*(女) | 万秀英(女) | 凌淑青(女) | 吴尧英(女) |
| 邱之华(女) | 杜安惠(女) | 应菊华(女) | 王明(女) | 张元贤(女) |
| 童静珠(女) | 赵薇薇(女) | 谭齐欣(女) | 钱程(女) | 朱爱娥*(女) |
| 董芝影*(女) | 刘穗兰(女) | 方玲玲(女) | 张慧仙(女) | 葛裘丽(女) |
| 章敏雅(女) | 陆尧明(女) | 周宁珍(女) | 孙惠理(女) | 陈正珠(女) |
| 胡均炎(女) | 沈慧芳(女) | 何雯韵(女) | 蒋萍萍(女) | 杨绵春(女) |
| 杨文瑾(女) | 姜月英*(女) | 杨嘉芋(女) | 候小贞(女) | 汤银龙(女) |
| 陈天生(女) | 浦斑珠(女) | 王家娴(女) | | |

第七批

带队干部:宫正钧 周维英(女) 董妙龄(女) 宋兰春(女) 护送干部:崔兆明 孙忠培 医生:苗振里

一中队中队长:华萌(女) 副中队长:姚孝良

| | | | | |
|---|---|---|---|---|
| 殳蓓蓓*(女) | 郑薇霞*(女) | 郑全琴(女) | 凌健(女) | 王莲秋(女) |
| 陈小萍(女) | 张丽丽(女) | 韩和平(女) | 胡倩倩(女) | 卫静仪(女) |
| 张承芳(女) | 张秀珍(女) | 张鸿宝(女) | 吴玉林(女) | 张佩玲(女) |
| 陈莉萍(女) | 沈芝萍*(女) | 郭金英*(女) | 华菁芳(女) | 刘薇(女) |
| 钱珏琳(女) | 张雅茹(女) | 仰培露(女) | 张莉娟(女) | 谭玉梅(女) |
| 任银秋(女) | 吴小翠(女) | 张如珍(女) | 郝士珺(女) | 华茵芳(女) |
| 王阳(女) | 邹万英(女) | 张宗俊*(女) | 黄丽珍*(女) | 卢其蓉(女) |

| | | | | |
|---|---|---|---|---|
| 江学义(女) | 赵一妹(女) | 张顺囡(女) | 郑思苓(女) | 袁红英(女) |
| 王芝瑞(女) | 叶庙珍(女) | 盛美兰(女) | 徐慧菁(女) | 杭慎兰(女) |
| 徐大丽(女) | 谢 萍(女) | 王津文(女) | 施承嘉* | 徐 巍*(女) |
| 余爱丽(女) | 傅育华 | 王国良 | 陆海林 | 乐美瑜 |
| 王凤祥 | 王靖东 | 竺凤珍(女) | 赵俏琴(女) | 冯文英(女) |
| 胡慧敏(女) | 夏慧芳(女) | 张瑜生 | 金德芳 | 纪福星* |
| 毛子文* | 朱超杰 | 陆培德 | 朱圣永 | 金 冕 |
| 沈林法 | 杨克勤 | 易志达 | 林 国 | 辛炽荣 |
| 陈和君 | 林跃溪 | 彭诺望 | 张方中 | 吕复兴 |
| 杨其欣* | 谢松韵* | 潘裕可 | 陆金胜 | 鲍 俊 |
| 周福庆 | 孔昭瑜 | 范国强 | 徐天健 | 沈季安 |
| 郑学良 | 何德基 | 关玉忠 | 沈 阳 | 屠明敏 |
| 田 禾 | 焦志正* | 崔 平* | 左亚光 | 田根发 |
| 傅 训 | 冯士筑 | 帅 锋 | 励沪生 | 周惠庆 |
| 周惠国 | 屠洪富 | 邵小华 | 颜成发 | 史扣雄 |
| 杨克勤 | 吴懋圻 | 吴祚明* | 胡国滨* | 伦锦英 |
| 李德明 | 朱柏园 | 宋鑫康 | 夏冠文 | 周纬山 |
| 方国顺 | 潘锦舫 | 王德伟 | 李文铮 | 高临凯 |
| 孙书栋 | 江崇熙 | 谈健康 | | |

二中队中队长:朱小马　副中队长:李志清

| | | | | |
|---|---|---|---|---|
| 徐翠玉*(女) | 王克君*(女) | 张小娟(女) | 杨洁华(女) | 成玉珍(女) |
| 陈俊芳(女) | 傅伶俐(女) | 路荷妹(女) | 徐四宝(女) | 张爱珍(女) |
| 王丽芳(女) | 吴雅琴(女) | 陈玉凤(女) | 周菊英(女) | 施玉萍(女) |
| 崔翠花(女) | 沙丽华*(女) | 袁菊英*(女) | 陈杏梅(女) | 钟惠芳(女) |
| 张 侯(女) | 孙丽琴(女) | 葛荣娣(女) | 周玉莲(女) | 李春娣(女) |
| 万蓓芬(女) | 倪林妹(女) | 张福英(女) | 张丽春(女) | 周希静(女) |
| 周妹珍(女) | 司徒秀娣(女) | 王爱珍*(女) | 傅美芳*(女) | 李家兴 |
| 周宝玉(女) | 傅宝妹(女) | 王桂花(女) | 施雁萍(女) | 王玉珍(女) |
| 潘招娣(女) | 张小玉(女) | 张宝娣(女) | 侍冬妹(女) | 孙绍祺 |
| 崔爱民 | 张百祥 | 胡月根 | 周德华 | 冯 雄* |
| 李人良* | 刘庆根 | 罗继理 | 施金全 | 舒建乐 |
| 陶建民 | 董小牛 | 唐虞吉 | 何平康 | 周国勇 |
| 顾良臣 | 马 骐 | 程定华 | 封金春 | 顾国成* |
| 何 方* | 张小康 | 施国强 | 路荷生 | 方福根 |

| 顾宝玉 | 倪宏虎 | 施增麒 | 王长高 | 杨伟业 |
|---|---|---|---|---|
| 邹振斌 | 张德良 | 潘马坠 | 马以玉 | 何玉书 |
| 钱丽娟*(女) | 吴伟琪*(女) | 蒋凤玲(女) | 王建川(女) | 王招娣(女) |
| 支阿琴(女) | 陈丽君(女) | 张雅娣(女) | 周才珍(女) | 张 辛(女) |
| 邹国芳(女) | 姚扣芬(女) | 俞鹤年 | 夏文明 | 朱留宏 |
| 许发扬* | 沈雷生* | 储福生 | 许一江 | 史伟立 |
| 荣鸿维 | 汪振世 | 王其良 | 张华德 | 韩晋陛 |
| 孟立明 | 缪国强 | 张孟己 | 许金男 | 王福根 |
| 徐桂生 | 毛国光* | 张敷蓉*(女) | 刘秋蓉(女) | 张尹芳(女) |
| 季学政 | 王明华 | 杨永顺 | 刘金元 | 祝海山 |
| 庄蓉芳(女) | 唐健美 | 唐颂尧 | 孔繁禾 | 陆元熊 |
| 何聚义 | 朱志鸣 | | | |

**注**:本名录不含外单位上海支青零星调入。姓名后有 * 是正副小队长。

## 上海支青非正常死亡统计表[1]

### (1998 年末统计)

| 单 位 | 姓 名 | 籍 贯 | 性别 | 职务 | 出生年月 | 进疆时间 | 死亡时间 | 死 亡 原 因 |
|---|---|---|---|---|---|---|---|---|
| 原十八场 | 张家起 | 天津市 | 男 | 农工 | 1942.10 | 1963.7.29 | 1963.7.30 | 南干渠游泳淹死 |
| 原十八场 | 傅金铎 | 江西广昌 | 男 | 农工 | 1943.12 | 1963.7.29 | 1963.7.30 | 南干渠游泳淹死 |
| 原一连 | 陈云财 | 上海市 | 男 | 农工 | 1947 | 1963.9 | 1964.4.18 | 想骑马被马踢中头部致死 |
| 原三连 | 吴国新 | 上海市 | 男 | 农工 | 1945 | 1963.7 | 1964.7.13 | 塔里木河游泳淹死 |
| 原一营二连 | 方福根 | 江苏无锡 | 男 | 农工 | 1949.7 | 1965.7 | 1967.7.26 | "7.25"武斗中被打成重伤致死 |
| 原畜牧队 | 沈善民 | 上海松江 | 男 | 炊事员 | 1945.3 | 1963.1 | | 1967.12.28擅自回沪失踪 1968.6.9 在塔里木河发现尸体 |
| 原三营九连 | 吴 迪 | 浙江杭州 | 男 | 农工 | 1948.1 | 1964.9 | 1968.5.31 | 回沪探亲返场旅途中车翻身亡 |
| 原三营九连 | 邵维尧 | 浙江鄞县 | 男 | 农工 | 1947.6 | 1964.9 | 1968.5.31 | 回沪探亲返场旅途中车翻身亡 |
| 原三营七连 | 李自正 | 山东阳信 | 男 | 农工 | 1945.8 | 1963.7 | 1968.5.31 | 回沪探亲返场旅途中车翻身亡 |
| 原场机关 | 周茂铣 | 浙江绍兴 | 男 | 工作员 | 1943.11 | 1961.9 | (1968.6) | "文革"中被逼含冤失踪至今下落不明 |

---

① 本表内容为节选。——编者注

| 单 位 | 姓 名 | 籍 贯 | 性别 | 职务 | 出生年月 | 进疆时间 | 死亡时间 | 死 亡 原 因 |
|---|---|---|---|---|---|---|---|---|
| 原一连 | 侯小贞 | 浙江诸暨 | 女 | 农工 | 1947.12 | 1964.9 | 1968.7.2 | "文革"中被逼投井，含冤而死 |
| 原三营七连 | 管 理 | 安徽寿县 | 男 | 农工 | 1947.2 | 1963.9 | 1968.8.5 | "文革"中被刑讯逼供致死 |
| 加工队 | 徐玉英 | 江苏宝应 | 女 | 工人 | 1947.4 | 1963.7 | 1969.11.24 | 癫痫病发作掉厕所而死 |
| 七连 | 李勇汉 | 上海市 | 男 | 农工 | 1942.6 | 1963.7 | 1970.7.18 | 放牛过塔里木河时淹死 |
| 原十七连 | 甘金凤 | 上海嘉定 | 女 | 农工 | 1946.9 | 1963.9 | 1971.10.18 | 被上海支青叶伯康杀害 |
| 原良繁连 | 王金木 | 浙江鄞县 | 男 | 农工 | 1947.9 | 1965.6 | 1973.1.16 | 过塔里木河拉柴火坠入冰窟中淹死 |
| 原良繁连 | 陈 忠 | 江苏建湖 | 男 | 农工 | 1948.8 | 1965.6 | 1973.1.16 | 过塔里木河拉柴火坠入冰窟中淹死 |
| 原汽车排 | 贾锡峰 | 江苏宿迁 | 男 | 修理工 | 1942.10 | 1963.8 | 1974.4.3 | 氧焊时乙炔桶爆炸致死 |
| 原农科所 | 朱贤亮 | 江苏江都 | 男 | 农工 | 1939.8 | 1963.8 | 1979.6.8 | 因公过塔里木河拉柴淹死 |
| 原十八连 | 黄惠芳 | 广东南海 | 女 | 农工 | 1947.12 | 1964.5 | 1980.10.22 | 因丈夫打牌发生争执后自杀 |
| 二连 | 莫联君 | 浙江宁波 | 女 | 农工 | 1944.8 | 1963.7 | 1983 | 自杀 |
| 原电站 | 周洪喜 | 江苏东台 | 男 | 电工 | 1943.5 | 1963.7 | 1987.5.31 | 驾驶小四轮翻车致死 |
| 劳改一中队 | 沈明维 | 浙江镇海 | 女 | 农工 | 1947.12 | 1964.5 | 1988.10.17 | 被犯人李国璋杀害 |
| 二连 | 张树林 | 天津市 | 男 | 指导员 | 1946.11 | 1963.7 | 1997.9.21 | 被树意外压死 |

# 1998 年在岗上海支青名录

## （按姓氏笔划为序）

| | | | | |
|---|---|---|---|---|
| 马一鸣 | 王长高 | 王水根 | 王忠生 | 王宗林 |
| 史福生 | 冯德富 | 刘明顺 | 刘根成 | 朱留宏 |
| 孙翔云 | 陈毛弟 | 陈丽君（女） | 陈明德 | 应行义 |
| 张齐生 | 张成来 | 杨自忠 | 吴佑龙 | 李君甫 |
| 李家兴 | 沈金梁 | 沈信元 | 沈鑫龄 | 邹泉生 |
| 陆贯裕 | 严慧华（女） | 金永庆 | 金庆芳 | 周永林 |
| 周百年 | 周国娟（女） | 周欣楠（女） | 季伟民 | 茆如喜 |
| 法曾丹 | 洪发光 | 赵正希 | 胡尔强 | 施金全 |
| 姜 峰 | 郭利民 | 殷国庆 | 徐国兴 | 徐鸿琪 |
| 钱致荣 | 唐许根 | 顾福根 | 黄建民 | 盛斌佳 |
| 董善良 | 蔡龙桥 | 缪国强 | 颜国华 | |

魏祥鑫（计 55 人）　　　　　　　　　　（第十七章《劳动　工资》，第 283—298 页）

**叶伯康杀人移尸案** 1971年10月18日,在326#玉米地发现女尸一具,经辨认,死者是上海青年甘金凤,头部遭钝器敲击致死。据现场痕迹分析,行凶地点在三支渠一闸门处,凶手行凶后将尸体拖进玉米地隐蔽。经排查,死者生前男友叶伯康作案嫌疑最大,且叶已逃离连队,去向不明,有迹象表明最可能潜逃阿克苏。办案人员立即追捕,于第二天在阿克苏某招待所将叶抓获。经审讯,叶对甘另结新欢,愤恨在心,在甘调离团场之际,约见甘以言重好,遭甘拒绝后顿生恶念,以锒头敲击甘头部,致甘身亡。叶于1972年11月6日被判处死刑,当场执行。

(第二十二章《政法》,第330页)

**上海知青"回城风"** 70年代末,粉碎"四人帮"后,知青政策得以落实,各地知青纷纷回城,这种大气候直接冲击了兵团上海知青的情绪。彼时,团场经济落后,各方面条件都很差,生活尤为艰苦,加之上海知青中确实存在着一些问题未能妥善解决,致使在团场的上海知青渴求改变目前的境遇,回城愿望十分强烈,从而引发了颇具影响的上海知青"回城风"。

1978年末,少数上海知青通过各种途径办理调遣手续,使得绝大部分仍在团场工作的知青人心浮动,工作失去热情,出现消极怠工的先兆,生产受到影响。1979年春节前夕,数百名知青两次在团部集会,提出落实知青政策,解决上海知青问题的主张。此后,各连队相互串联,成立知青联合会,继而扩散到全师。是年3月,成立"阿克苏上海青年联合会",并组建赴京上访团。农垦部接待了上访团,并作了大量劝导和解释工作,对上访团提出的一些问题表示将要妥善解决,并说明目前国家处于困难期间,解决问题还需要过程。同年6月底,农垦部办公厅主任刘济民到十四团调查工作,被知青强留3天。1980年1月,各团场上海知青结集于阿克苏达半月之久,毫无结果。1980年5月,上青联再度开始活动并酝酿更大行动。1980年11月,十四团数百名上海知青以落实知青政策为由,挟持团长聚集于阿克苏并与阿克苏地区农垦局各团场数千名上海知青汇合,造成轰动全疆的知青大请愿的"阿克苏事件"。1980年12月23日,结集于阿克苏的知青开始撤离。12月26日,原定参加谈判的8名上海知青代表被拘捕。12月29日,阿克苏行署、军分区发布戒严令,对十四团实行军事戒严。

自1981年起,上海、新疆、农垦部达成的关于解决上海知青问题的三方协议得以落实,大批上海知青按各项政策和各个解决渠道调回上海市和上海海丰农场工作。

(第二十二章《政法》,第449页)

# 《十五团志》

十五团史志编纂委员会编,新疆人民出版社1999年

(1963年)8月1日,首批上海知识青年进场。本年共进上海青年5批1290人,其中男

708 人,女 582 人,年龄最小不满 16 岁的 45 人,最大的 26 岁至 35 岁的 15 人。

(《大事记》,第 8 页)

(1964 年)3 月 16 日,夜 10 点半,场部种籽库房隔墙倒塌,砸死上海青年夏黄妹和黄双妹。场政治处和场团委根据二人生前表现追认夏黄妹为优秀共青团员,黄双妹为共青团员。

(《大事记》,第 8 页)

(1965 年)7 月 2 日,场召开社会主义建设青年积极分子代表大会。出席代表 238 人,上海青年列席代表 5 人。选举鱼珊玲为出席自治区第二次青年社会主义建设积极分子代表大会的代表。大会向全场青年发出倡议。

(《大事记》,第 9 页)

8 月份,上海市各界人民赴疆慰问团在副总团长共青团上海市委书记张浩波率领下来场慰问。

(《大事记》,第 9 页)

1963 至 1965 年,安置上海支边青年 12 批 2 700 多人。……1980 年至 1983 年 1 200 余名原上海知青及家属迁往沪、苏两地。

(第三章《人口》,第 50 页)

# 《十六团志》

十六团史志编纂委员会编,新疆人民出版社 1997 年

1990 年,上海知青子女返沪落户 357 名。

(第三篇第一章《人口状况》,第 28 页)

**戴根发(1948—1974)** 男,汉族,原名李洪海,江苏丹阳县导士乡人。因家境贫苦,1951 年被送给上海一家铁厂主戴某作养子。1964 年 6 月支边进疆。先后在农一师胜利十四场、十六场任农工、配水员、代理上士、水文观测员。1974 年夏季,为抢测塔里木河拦河闸下泄的洪水流量,因小船被巨浪吞没,咆哮的河水夺去了戴根发年仅 26 岁的生命。

戴根发生前热爱党、热爱社会主义。他服从组织分配,不管什么岗位,始终忠于职守。先后被评为"开荒能手"、"行军模范"、"学习毛主席著作积极分子"。1974 年 8 月 8 日中午经过三天三夜疾风暴雨的袭击,阿克苏河水位急剧上涨,洪水以每秒 1 000 多立方米的流量,3 米的流速向东冲去。戴根发和另三名水文观测员划着小舟,在抢测最大一次洪峰流量时,船被巨浪吞没。当人们从下游把戴根发救上岸时,他的心脏已停止了跳动。戴根发牺牲后,人们发现他已写下了 15 万余字的日记。戴根发生前总是默默地工作。曾跳进大水救过落水老人。曾冲进大火中抢救过国家财产,曾抱着被褥铺板堵过冲垮的渠道,曾把新发的棉

鞋送给有困难的同事,而他自己一套褪了色的军装却补上了第 48 个补丁。1975 年 2 月,经中共新疆军区生产建设兵团委员会批准,授予戴根发"烈士"、"优秀水文战士"称号,并追记一等功,农一师十六团党委根据戴根发同志生前的愿望追认他为中国共产党党员。

(第二十六篇第一章《人物传记》,第 246—247 页)

十六团上海支边青年统计表

单位:人

| 地区＼分类 | 总人数 | 其中 | | 地区＼分类 | 总人数 | 其中 | |
|---|---|---|---|---|---|---|---|
| | | 男 | 女 | | | 男 | 女 |
| 虹口区 | 95 | 65 | 30 | 杨浦区 | 38 | 30 | 8 |
| 青浦县 | 50 | 39 | 11 | 南市区 | 22 | 14 | 8 |
| 嘉定县 | 18 | 13 | 5 | 松江县 | 53 | 43 | 10 |
| 黄浦区 | 20 | 14 | 6 | 上海县 | 24 | 19 | 5 |
| 卢湾区 | 38 | 28 | 10 | 长宁区 | 9 | 8 | 1 |
| 普陀区 | 8 | 4 | 4 | 南汇县 | 3 | 2 | 1 |
| 静安区 | 18 | 14 | 4 | 徐汇区 | 6 | 4 | 2 |
| 闸北区 | 9 | 7 | 2 | 崇明县 | 2 | 2 | |
| 金山县 | 31 | 29 | 2 | 浦东区 | 1 | 1 | |
| 奉贤县 | 4 | 2 | 2 | 总　计 | 449 | 330 | 119 |

注:上表中上海支边青年来疆时间为 1963 年至 1966 年。

(第二十六篇第四章《人名录》,第 277 页)

# 十六团 1995 年底上海知识青年名单

| | | | | |
|---|---|---|---|---|
| 吕雄昌 | 包亚明(女) | 楼世永 | 阙宝玲(女) | 杜培杰 |
| 王根娣(女) | 俞玉英(女) | 汪仁心 | 许崇侠 | 徐顺连 |
| 戴维孝 | 陈友山 | 徐彩珍(女) | 孙根兄(女) | 宋受理 |
| 周林宝 | 陶美娟(女) | 金美玲(女) | 王先春 | 席玉良 |
| 戴树和 | 朱正明 | 任渭清(女) | 黄正明 | 程春云 |
| 付瑞新(女) | 陆志钰(女) | 姚健祥 | 张妙发 | 陆炳荣 |
| 王福弟 | 王仰宽 | 朱嬿婵(女) | 虞雪妍(女) | 吴国英(女) |
| 郑明德 | 吴来宝 | 张娟英(女) | 王文芳(女) | 张延宝 |
| 金玉英(女) | 刘汉中 | 沈晓清(女) | 鲍包娟(女) | 叶玲媛(女) |
| 周龙官 | 朱根梯(女) | 杨清华(女) | 鲍永年 | 朱龙娟(女) |
| 王金保 | 朱小毛(女) | 石金荣 | 吴仁慧(女) | 章金莲(女) |
| 谢国荣 | 葛秀英(女) | 刘长胜 | 孙栋梁 | 苏德惠(女) |

| | | | | |
|---|---|---|---|---|
| 姚 敏(女) | 马永平(女) | 朱达梅(女) | 邬静芬(女) | 张慧英(女) |
| 毛泰生 | 陆鸿耀 | 李杜芳 | 杨天冲 | 范崇益 |
| 王全宝(女) | 凌慧慈(女) | 李国然 | 沈泳涛 | 黄守之 |
| 陆 凯 | 费 明 | 唐思敬 | 沈加仕 | 王顺尧 |
| 陆秀英(女) | 金增祥 | 朱贵荣 | 王永源 | 张洪发 |
| 胡维多 | 樊敬晶 | 杨再兴 | 王长发 | 沈景渔 |
| 张志鸿 | 陈瑞铮 | 黄 强 | 付玉琦 | 俞瑞林 |
| 钱 昕 | 钱文美(女) | 蒋利民 | 顾龙弟 | 奚林妹(女) |
| 陆金龙 | 冯小林 | 张爱珍(女) | 关燕平(女) | 陈鑫祥 |
| 王发仁 | 顾照明 | 应华梅(女) | 李云霞(女) | 孙雨仁 |
| 纪美珍(女) | 徐亚珍(女) | 陶春燕(女) | 张妙侯 | 陆长华 |
| 顾均权 | 丁昌荣 | 李明江 | 钟美英(女) | 詹上影(女) |
| 张仲皋 | 吕秀娣(女) | 马贵宝 | 魏肇焕 | 王韵彪 |
| 宋仕增 | 张达仁 | 张志永 | 陆永华 | 高徒荣 |
| 董林根 | 陈志雄 | 陈长发 | 曹林宝 | 陆德根 |
| 张炉娣(女) | 陈美丽(女) | 沈月芳(女) | 孙家良 | 方心亮(女) |
| 许家琪 | 陆根生 | 张国梅(女) | 余 海 | 严小丽(女) |
| 田金妹(女) | 黄家富 | 胡 同 | 郑浦芳 | 唐逸明 |
| 殷相洲 | 许庆云 | 虞剑文 | 张兰英(女) | 郑丽丽(女) |
| 胡春林 | 张祖厚 | 方仕根 | 周新国 | 陈亦成 |
| 沈仕权 | 胡大怀 | 岳振华 | 吴仁德 | 余巧云(女) |
| 吉洪亮 | 吴荣中 | 阮祖宏 | 肖红根(女) | 陆阿福 |
| 孙怡仁 | 王和生 | 谭尧芳 | 汪浩奋 | 蔡美英(女) |
| 汪孟夫 | 范小青 | 吉风继 | 高翔龙 | 戴阿根 |
| 赵 怡(女) | 顾杏娟(女) | 吴欣德 | 蔡 杰 | 陈林妹(女) |
| 崔小山 | 陆贵福 | 姚爱丽(女) | 韩亦芳(女) | 张林成 |
| 李玉珍(女) | 姚根富 | 邓维贤 | 徐世群 | 刘运生 |
| 康龙官 | 周佩萍(女) | 刘仁杰 | 王平良 | 夏新才 |
| 张飞龙 | 朱兆华 | 刘万堂 | 葛荷英(女) | 叶小英(女) |
| 陆金仙(女) | 曹和女(女) | 俞水娥(女) | 诸玉芳(女) | 徐晓芳(女) |
| 陈美玲(女) | 王桂珍(女) | 黄小风(女) | 陶鸿昌 | 宋莲妹(女) |
| 杨甫林 | 王骥梁 | 梁振刚 | 徐 仁 | 赵燕英(女) |
| 汤维林 | 鲍德良 | 顾惠芳(女) | 李华珠(女) | 徐文明 |
| 李翠金(女) | 陈福兴 | 金银花(女) | 孙小梅(女) | 胡美英(女) |
| 蔡明澡 | 刘桃国 | 付毛囡(女) | 陈丽华(女) | 麦康镁(女) |

| | | | | |
|---|---|---|---|---|
| 芦惠瑛(女) | 俞根发 | 凌锦宗 | 张成保 | 刘永福 |
| 梅培蒂(女) | 秦嗣梅(女) | 赵玲玲(女) | 李恒喜 | 王汝祥 |
| 邵金康 | 陈经伟 | 姚维瑞 | 陈鸿良 | 许贾培 |
| 张妙新 | 陈付荣 | 周锦良 | 戴林坤 | 杨跃忠 |
| 黄中敏 | 湛桂珍(女) | 邓怀定(女) | 王秀琴(女) | 曹汝妹(女) |
| 夏守林 | 乔晓明(女) | 王福权 | 李公琪 | 唐秀林 |
| 张登楼 | 林　瑛(女) | 薛长春 | 朱旺祥 | 楼干富 |
| 李建新 | 王晓发 | 江兴仁 | 马福宝 | 洪桂兴 |
| 严国茂 | 张小林 | 张加林 | 孙大洪 | 袁恒山 |
| 孟如金 | 江　亚 | 郑荣华(女) | 丁月玲(女) | 李国华 |
| 吴根荣 | 陈品芳 | 徐建成 | 陈华民 | 孙茂良 |
| 鲍其荣 | 乔忠明 | 郑祖荣 | 常大伟 | 张子元 |
| 陈宝瑛(女) | 赵美娟(女) | 吴光艳(女) | 王永林 | 江建平 |
| 葛桂平 | 李扣宝 | 毛洪泉 | 陈达宝 | 刘思远 |
| 陈宝德 | 唐永泉 | 王妙根 | 高耀明 | 张宝其 |
| 张　数 | 唐海鹏 | 宋冬巧 | 陈阿根 | 李芬芝(女) |
| 骆传芳(女) | 夏月琴(女) | 刘玲妹(女) | 陈忠华 | 陈永康 |
| 杨忠华 | 金学恒(女) | 韩多多(女) | 金亚梅(女) | 瞿光婉(女) |
| 陈菊花(女) | 任江泉 | 盛宗义 | 方伯明 | 姚　风(女) |
| 李德昌 | 王　健 | 路永金 | 杨惠珍(女) | 李生根 |
| 杨永连 | 魏新其 | 王文英(女) | 杨仁根 | 周永海 |
| 沈梅雄 | 刘春香(女) | 郁乐观 | 陶　玲(女) | 柴西荣 |
| 姚建明 | 卞颜瑞 | 许吉浦 | 章炳炎 | 袁金鑫 |
| 杜恒吉 | 马汝川 | 闫桂珍(女) | 陈桂珠(女) | 陈国美(女) |
| 赵宝仙(女) | 代文华(女) | 陶春喜 | | |

(第二十六篇第四章《人名录》,第277—280页)

# 《农二师志》

农二师史志编纂委员会,新疆人民出版社1995年

(1963年)9月24日,上海首批支边青年2 173名到达农二师。　　　《大事记》,第21页)

(1964年)6月初,第二批上海支边青年4 818名到师。　　　《大事记》,第22页)

同月(1965 年 6 月),上海支边青年 6 142 人到达农二师。　　　　　（《大事记》,第 23 页）

1950—1990 年全师人口来源统计表

| | | |
|---|---|---|
| ...... | | |
| 1963—1966 | 上海支边青年 | 16 273 |
| 1969 | 北京支边青年 | 1 200 |
| ...... | | |

（第三编第二章《人口来源及变动》,第 123 页）

1980 年,由于历史潜在因素和阿克苏地区上海支边青年闹回城风的诱发因素,上海支边青年大批量地回沪,使农垦系统人口外迁 7 887 人,总人口较上年减少 12 517 人,下降 5.9％。　　　　　（第三编第二章《人口来源及变动》,第 124 页）

1968 年 12 月 22 日,《人民日报》传达毛泽东主席的指示:"知识青年到农村去,接受贫下中农再教育,很有必要。"农二师于次年 2 月,解散派性斗争激烈、不能复课的八一中学,全体教师下放农场劳动,高、初中学生共 641 人,全部上山下乡,接受贫下中农再教育。1973—1976 年,师将工矿企业、文教卫生单位的知识青年 901 人,也以"上山下乡"名义,分配到农场接受再教育。计分配焉耆垦区 187 人,库尔勒垦区 214 人,塔里木垦区 446 人,米兰垦区 54 人。　　　　　（第十八编第七章《重大政事记略》,第 487 页）

1963—1966 年,上海知识青年分 4 批到达农二师。他们文化素质较高,进取性强,经过短暂劳动锻炼,大部分成为文教、卫生、科技战线的骨干,部分成为团、营、连级干部。

（第二十一编第一章《工人》,第 541 页）

1961 年,农二师从上海招收了 40 名中学生,1967 年,又从上海支边青年中挑选了 45 人,这两批青年经过八一中学培训,都分配到各学校任教。不足部分,由就业的青年中选拔充任。1980 年,阿克苏地区的上海青年"回沪风"波及到农二师垦区,少数在职教师离职返沪,给团场教育事业造成危机。　　　　　（第二十六编第四章《教师队伍》,第 640 页）

# 《二十一团志》

兵团农二师二十一团史志编纂委员会编,新疆人民出版社 1997 年

(1963 年)9 月 29 日,首批上海支边青年 222 人到达五团农场团部肉孜和田。

（《大事记》,第 18 页）

同月(1964年6月),第二批上海支边青年到达五团农场。　　　　　(《大事记》,第19页)

(1965年)7月,上海第三批支边青年抵达肉孜和田。至此全团共接收上海支边青年
1 221人。

8月18日,上海市副市长宋日昌率领上海市慰问团在兵团司令员陶峙岳和农二师师长
谢高忠的陪同下,来农五团农场慰问上海青年。　　　　　(《大事记》,第19页)

同月(1973年5月),团长钱□□因奸污上山下乡女青年被判刑。(《大事记》,第23页)

(1976年)4月6日,二十一团场召开上山下乡知识青年代表大会。
　　　　　　　　　　　　　　　　　　　　　　　　　(《大事记》,第24页)

(1980年)12月13日,部分上海青年受外来"回沪风"的影响,向二十一团场提出回沪
要求。　　　　　　　　　　　　　　　　　　　　　　(《大事记》,第26页)

(1981年)6月,二十一团场召开经营管理工作会议,传达贯彻自治区经营管理工作会议
精神,落实执行国务院批复新疆和上海市《关于解决新疆农垦团场上海支边知识青年问题的
报告》和《关于解决新疆垦区农场上海支边知识青年问题的具体规定》。
　　　　　　　　　　　　　　　　　　　　　　　　　(《大事记》,第27页)

1963—1965年的3年间,1 221名上海知识青年支边进疆,不仅缓解了当时上海市大批
青年的就业问题,在改变职工文化、年龄结构方面所起的作用更为显著。

进疆的上海知识青年,属于徐汇区的222名,闸北区的483名,川沙县的260名,南市区
的256名。其年龄结构:15岁以下的88名,16—25岁的1 118名,26岁以上的15名。
　　　　　　　　　　　　　　　　　　　(第三编第一章《人口规模》,第77页)

1963—1965年,在兵团驻沪办事处的协助下,五团农场从上海分三批接引1 221名上海
知识青年到场。这批知识青年参加边疆建设,改变了团场职工队伍的文化结构,促进了团场
文化教育事业的发展。　　　　　　　　　(第二十一编第一章《工人》,第434页)

团场的老军垦子女的就业安置始于60年代中期。1970—1979年,共安置初中毕业或
高中毕业生1 759人。在此期间,自治区176名"上山下乡"知识青年到二十一团插队落户。
　　　　　　　　　　　　　　　　　　　(第二十一编第一章《工人》,第434页)

# 《二十二团志》

农二师二十二团史志编纂委员会编,(内部刊行)2001 年

(1963 年)9 月,第一批上海支边青年 241 名到达农四团。　　　　(《大事记》,第 9 页)

(1964 年)9 月,第二批上海支边青年 361 名到团。　　　　　　　(《大事记》,第 9 页)

(1965 年)6 月,第三批上海支边青年 497 名到团。　　　　　　　(《大事记》,第 9 页)

1963—1966 年,团先后 4 次安置上海支边青年 1 312 人。

　　　　　　　　　　　　　　　(第三编第一章《人口规划》,第 61 页)

1963—1966 年,在上海市人民政府和兵团驻沪办事处的协助下,农四团分 4 批接引了 1 312 名上海知识青年到场。这批知识青年参加边疆建设,改变了团场职工队伍的文化结构,促进了团场文化教育事业的发展。　　　(第二十编第一章《职工队伍》,第 472 页)

二连七班 14 名女青年安心农场,热爱农业,在两个文明建设上取得突出成绩,1981 年,被中国共青团中央委员会命名为"全国新长征突击队"。二连七班是 1967 年由 18 名上海支边女青年组建,经过 20 余年,一批又一批(共 200 多人)农场女青年融入七班,在农场建设中,发挥了妇女半边天的作用。　　　　　(第二十一编第一章《工会》,第 494 页)

1963 年 9 月,241 名上海支边青年来到农四团,单独组建蚕桑连,派有生产技术的老工人当班长,给他们传授农业生产知识和劳动技能。

　　　　　　　　　(第二十三编第三章《科技引进与推广》,第 550—551 页)

二十二团中小学教师绝大多数是从职工中选拔培养,少数由上级分配或调入。20 世纪 60 年代末 70 年代初,从上海支边知识青年中选拔了一批,从江苏太仓师范学校分配来 4 名,从兵团勘测设计院和农二师八一中学调进教师 10 余名。80 年代初有不少上海、武汉籍的教师回城,加之一些老教师退休,教师缺乏,团逐年从团内招聘了部分教师。

　　　　　　　　　　　　　(第二十四编第二章《教师队伍》,第 566 页)

1964—1965 年,从上海支边青年中选拔 8 人进入卫生队,从老职工子女中在八一中学毕业的学生招收 5 人。以上人员经过培训及师傅带教后,一部分留在卫生队,一部分到连队当卫生员。　　　　　　　　　　(第二十六编第一章《医疗》,第 595 页)

# 《二十三团志》

兵团农二师二十三团史志编纂委员会,(内部刊行)1998年

1965—1966年,先后安置三批上海支边青年519人。

(第三编第一章《人口规模》,第63页)

1963、1965、1966三年中,有上海知识青年519人分三批到达农二师二十三团。这批青年是响应党中央的号召,到边疆参加建设。上海知识青年文化素质较高,进取性强,经过劳动锻炼和短期培训后,不少人成为文教、卫生、财会、政工等部门的骨干,有的进入营、连职领导岗位。

(第十九编第一章《职工队伍》,第403页)

马玲娟(1949.2—　),女,上海市人,出身工人家庭,大专文化。1965年7月从上海支边来到农二师种羊场,1966年加入中国共产主义青年团,1966—1973年在二十三团(场)卫生队任护理员,1975年加入中国共产党。1974—1986年任护士,1987年转为医士,1991年任医师,1994年任二十三团医院副院长、主治医师。

马玲娟性情谦和,待人坦诚,工作勤恳踏实,聪慧好学。1973—1980年间,曾多次受团通令嘉奖,1982年荣获团、师、兵团三级优秀护士称号,并出席兵团优秀护士代表大会。1983—1985年,连年被二十三团授予先进工作者、优秀党员、三八红旗手称号。1990—1993年连续4年荣获二十三团最佳合格主人称号。 (第二十六编第二章《人物简介》,第546页)

## 上海支边青年名录
### (按姓氏笔划为序)
### 一、1961年(7人)

仇明发　陈瑞英　周银娣　董玉强　蔡芝兰　黄振荣　戴富兴

### 二、1962年(6人)

卞海贵　毕长贵　陈永贵　陈来丰　金志良　余存美

### 三、1964年(10人)

毛淑娟　甘海泉　朱玉英　李月华　刘龙娣　陈宝娟　严妙祥　邵范红　金秀囡　虞宁兴

### 四、1965—1966年(704人)

丁景阳　丁淑英　丁蓓蓓　丁志范　丁国军　丁伍仁　马玲娟　马同良　马基民　马来发
马帮端　马长云　马秀英　马淑华　马大妹　马小林　万跃生　尤决良　王吉庆　王道珍
王金祥　王卫民　王玲娣　王炎茵　王桂林　王金生　王顺发　王立娟　王召康　王慰祖
王林发　王茹燕　王加胜　王宪祖　王吉青　王德府　王美英　王洪亮　王渭源　王惠善
王仁宝　王兆秀　王素兰　王根发　王　坚　王民妹　王金根　王世宜　王志琦　王威新

| | | | | | | | | |
|---|---|---|---|---|---|---|---|---|---|
| 王瑞珍 | 王杏珍 | 王友林 | 王国盛 | 王昌建 | 王扣英 | 王立人 | 王振华 | 王振荣 | 文世珍 |
| 殳计珍 | 邓安超 | 邓荣根 | 邓正琪 | 邓柏明 | 孔祥娣 | 尹洪福 | 仇国平 | 仇天国 | 仇建国 |
| 毛兰凤 | 毛旭英 | 毛琴兰 | 方丽珍 | 石桂全 | 石方琴 | 石如鑫 | 石崇义 | 石桂香 | 冯成勇 |
| 兰志远 | 乐琪凤 | 叶金林 | 叶翠玲 | 叶云珍 | 叶台彰 | 邝美仁 | 矛爱绢 | 印丽英 | 司马西平 |
| 田秀凤 | 田伟华 | 史常春 | 史德荣 | 史剑珍 | 纪雄德 | 纪来发 | 华家栋 | 庄红妹 | 庄义梅 |
| 庄建森 | 庄丽菊 | 李志华 | 李家保 | 李兰娣 | 李桂红 | 李福娣 | 李庆祥 | 李雪芬 | 李美菊 |
| 李康裕 | 李伟民 | 李佑乐 | 李玉艳 | 李文英 | 李加伦 | 李林福 | 李传国 | 李治娟 | 李全宝 |
| 李芳华 | 李林根 | 李庆坤 | 李彩娣 | 李珊英 | 李建国 | 李佩惠 | 孙元璋 | 孙美珍 | 孙德明 |
| 孙开棣 | 孙扣成 | 孙佩珍 | 孙九皋 | 孙 华 | 孙桂兰 | 朱伟懿 | 朱荣炎 | 朱阿菊 | 朱志刚 |
| 朱晓霞 | 朱丽霞 | 朱保林 | 朱文忠 | 朱丽亚 | 朱兰娣 | 朱丽云 | 朱承民 | 朱从泉 | 朱巧珍 |
| 朱国琴 | 朱 英 | 朱祖杰 | 朱龙根 | 朱彭庆 | 朱杨妹 | 朱美月 | 朱学培 | 朱粉珍 | 刘兴华 |
| 刘基安 | 刘静芳 | 刘扣珍 | 刘福华 | 刘兰珍 | 刘奕珍 | 刘芬英 | 刘玉芳 | 刘网元 | 刘松美 |
| 刘桂平 | 刘陶根 | 刘伟敏 | 刘阿芳 | 刘华奋 | 刘金妹 | 邢维新 | 邢妙珍 | 邢和和 | 邢迎绪 |
| 祁洪才 | 祁汉民 | 祁士敏 | 祁茶仙 | 乔国富 | 乔美玲 | 江爱华 | 江天霞 | 江剑萍 | 江志诚 |
| 江立伟 | 许家培 | 许胜良 | 许冬英 | 许根兄 | 许竞成 | 许年德 | 许礼明 | 阮根妹 | 阮树澄 |
| 成国伟 | 成淑英 | 戎之鸾 | 吕成功 | 吕永江 | 伍祖华 | 任小宝 | 夷毛根 | 沈钊云 | 沈雅宝 |
| 沈银凤 | 沈瑞花 | 沈华明 | 沈玲珍 | 沈慧芬 | 沈惠德 | 沈惠忠 | 沈伟宗 | 沈家馨 | 沈老虎 |
| 沈世顺 | 沈美芳 | 沈金龙 | 沈佩林 | 沈志强 | 沈桂卿 | 忻妙珍 | 忻海菊 | 吴苗训 | 吴国英 |
| 吴小丽 | 吴素莲 | 吴翠芸 | 吴超群 | 吴宏宝 | 吴凤宝 | 吴伟民 | 吴贤才 | 吴秀玉 | 吴美郎 |
| 吴亚兰 | 吴根华 | 吴超英 | 巫根林 | 陈佩华 | 陈建华 | 陈逸芬 | 陈剑敏 | 陈文生 | 陈丽珊 |
| 陈福安 | 陈来娣 | 陈招娣 | 陈根娣 | 陈月英 | 陈国裕 | 陈宝珍 | 陈习珍 | 陈绍良 | 陈桂兰 |
| 陈 震 | 陈 淼 | 陈翠平 | 陈春娣 | 陈英凤 | 陈福林 | 陈福根 | 陈月清 | 陈秀英 | 陈海英 |
| 陈洪娣 | 陈四珍 | 陈志豪 | 陈效敏 | 陈少铮 | 陈 妹 | 陈桂宝 | 陈惠英 | 陈银根 | 陈鹤芳 |
| 陈小华 | 陈根友 | 陈碧珍 | 陈齐根 | 陈建国 | 陈继英 | 陈传祥 | 陈志训 | 陈粉根 | 陈云珍 |
| 陈阿大 | 陈小霖 | 陈月凤 | 陈平之 | 陈洪根 | 陈守伟 | 陈桂林 | 陈荣荣 | 陈楚连 | 陈网根 |
| 陈群毅 | 陈积华 | 陈剑鸣 | 陈丽蓉 | 陈国宝 | 岑文现 | 肖云娣 | 肖毛娣 | 肖蔚莉 | 肖美英 |
| 肖富英 | 迎春梅 | 寿惠昌 | 冷福林 | 应雄辉 | 应小萍 | 劳鹤定 | 余伟富 | 杜美玲 | 杜志芳 |
| 杜晓娟 | 杜小妹 | 芦金娣 | 芦冬妹 | 汪孝勇 | 汪伟承 | 汪云龙 | 汪 琳 | 汤五寿 | 汤永才 |
| 汤幼珠 | 谷正海 | 孟运如 | 孟振芳 | 孟国梁 | 何雅芳 | 何佩芳 | 何菲菲 | 何礼培 | 宋庭农 |
| 宋嘉禾 | 宋加敖 | 宋金根 | 宋留珍 | 陆宝华 | 陆根娣 | 陆惠康 | 陆鸿锅 | 陆国强 | 陆佩华 |
| 陆栋良 | 严爱珠 | 严小妹 | 严龙妹 | 季巧珍 | 邵杏娣 | 邵申玉 | 邵尧康 | 邵美英 | 邵瑞发 |
| 邵银宝 | 苏岭超 | 苏红生 | 苏清英 | 苏长福 | 沙小岳 | 邹金媛 | 邱爱珍 | 武春容 | 张网娣 |
| 张秀云 | 张兴培 | 张仁华 | 张和跃 | 张洪宾 | 张金凤 | 张福民 | 张莲香 | 张明娟 | 张德珍 |

| | | | | | | | | |
|---|---|---|---|---|---|---|---|---|
| 张德凤 | 张嘉珍 | 张永春 | 张月明 | 张志贵 | 张秀清 | 张卫秋 | 张红妹 | 张丽娟 | 张美蟾 |
| 张 跃 | 张关林 | 张宣玲 | 张湛佰 | 张国华 | 张仲彪 | 张义清 | 张惠芳 | 张惠萍 | 张福新 |
| 张建民 | 张 蕊 | 张培钧 | 张爱珍 | 张韵珍 | 张荣沃 | 张文英 | 张素珍 | 张家仁 | 张三成 |
| 张云秀 | 张文清 | 周惠兰 | 周丽雯 | 周国昌 | 周宜怀 | 周娟珍 | 周根英 | 周亚萍 | 周鹤其 |
| 周慧菊 | 周平安 | 周家荣 | 周瑞铭 | 周水更 | 周宝妹 | 周小妹 | 周勤仙 | 周雅芳 | 周丽琴 |
| 周 瑾 | 周玉琼 | 周毓静 | 金 锋 | 金 磊 | 金伟民 | 金小毛 | 金纲哥 | 金龙贵 | 金德虎 |
| 金莉莉 | 郑国英 | 郑瘤生 | 郑德根 | 杨宝英 | 杨凤娣 | 杨阿荣 | 杨卫民 | 杨海根 | 杨国瑛 |
| 杨振球 | 杨凤英 | 杨永珍 | 郁小丽 | 郁华英 | 单德忠 | 庞 豹 | 房嘉芬 | 林瑞莲 | 林宣德 |
| 林文德 | 官三定 | 范建华 | 范明珍 | 范红银 | 胡玉华 | 胡巧玲 | 胡文娟 | 胡凤妹 | 胡仙梅 |
| 胡燕珍 | 胡崇珍 | 胡红薇 | 钟佩鑫 | 钟福生 | 钟美娟 | 钟玉珍 | 钮福康 | 胥兰女 | 胥红星 |
| 骆玲娣 | 姚润美 | 姚金凤 | 姚淮成 | 施汉鼎 | 施来娣 | 施凤珍 | 施为光 | 施留英 | 施德海 |
| 施金海 | 晏清英 | 梁家傲 | 洪 国 | 洪雨扣 | 赵发娣 | 赵建康 | 赵宝珍 | 赵爱光 | 赵德平 |
| 夏美琴 | 夏秀梅 | 夏雨根 | 夏加林 | 夏志友 | 夏明明 | 夏根录 | 夏志丹 | 夏双凤 | 荣根女 |
| 封佩菊 | 封明霞 | 祝寿玉 | 姜汪生 | 姜玉英 | 姜根红 | 俞盛珍 | 郭六八 | 郭增娣 | 郭奕慧 |
| 郝迎梅 | 徐惠莉 | 徐香莲 | 徐大坤 | 徐玉林 | 徐申生 | 徐德威 | 徐国芬 | 徐虎扣 | 徐林万 |
| 徐玉珍 | 徐辉珍 | 徐加佩 | 徐志娟 | 徐长发 | 徐菊芳 | 徐国珍 | 徐水娣 | 徐新华 | 徐庭荣 |
| 徐永妹 | 徐鹤明 | 徐小佐 | 徐贵权 | 徐家英 | 高云凤 | 高素琴 | 高素珍 | 高春涛 | 高敏敏 |
| 高建平 | 高爱珠 | 高美珍 | 高汝兰 | 高春桃 | 高白荷 | 秦福祥 | 翁龙根 | 顾哲明 | 顾鹤琴 |
| 顾希平 | 顾祥才 | 顾月珍 | 顾长青 | 顾志成 | 顾根妹 | 顾文孝 | 顾金齐 | 顾小琴 | 顾招妹 |
| 钱新丽 | 钱凤霞 | 钱 坤 | 钱杏生 | 钱妙英 | 钱美玲 | 唐招英 | 唐美芳 | 唐才华 | 唐炳荣 |
| 唐剑星 | 唐民信 | 唐金官 | 唐国忠 | 唐菊英 | 莫金红 | 倪雀妹 | 殷树功 | 殷光辉 | 殷启渡 |
| 殷洪发 | 殷扣虎 | 袁 高 | 袁义宏 | 陶国渠 | 陶花藕 | 凌小牛 | 凌秀金 | 奚幼功 | 奚志强 |
| 聂增芳 | 贾桂花 | 贾金妹 | 耿照娣 | 黄红女 | 黄金妹 | 黄佰生 | 黄连善 | 黄卫珍 | 黄宝山 |
| 黄庆云 | 黄秋香 | 黄禄根 | 黄 英 | 黄加林 | 黄红金 | 黄小水 | 黄建勇 | 黄来娣 | 黄宝英 |
| 盛佩英 | 盛佩兰 | 盛刘奎 | 盛鸿骏 | 盛国伟 | 康正范 | 梅宏生 | 龚林珍 | 常丽珍 | 鲍文英 |
| 鲍德祥 | 鲍佰兴 | 鲍岳龙 | 强燕松 | 蒋金芳 | 蒋礼行 | 蒋永金 | 蒋志明 | 蒋志良 | 蒋俊生 |
| 蒋金莲 | 蒋玲玲 | 蒋正萍 | 谢幼英 | 谢招娣 | 谢志刚 | 彭 华 | 彭小英 | 彭国强 | 董根妹 |
| 董筱英 | 董汆来 | 董信平 | 董普金 | 傅凤珠 | 傅惠琴 | 葛传宏 | 葛冷英 | 曾松华 | 曾有成 |
| 韩秋芳 | 韩宏云 | 韩玉林 | 程文汉 | 蒲生网 | 蒲桂媛 | 蒲世敦 | 裴笛梅 | 曹福珍 | 曹怡祥 |
| 曹智勇 | 曹金妹 | 曹福根 | 赖丽珍 | 蔡冬梅 | 蔡惠琴 | 蔡金生 | 蔡小虎 | 蔡丽珍 | 蔡美娣 |
| 蔡淑媛 | 缪双喜 | 缪国富 | 缪顺女 | 熊美珍 | 翟生贵 | 翟亨龙 | 潘冬鼠 | 潘龙英 | 潘荣根 |
| 潘世芳 | 潘宝妹 | 穆家云 | 穆志明 | 霍中莲 | 霍中培 | 霍销定 | 薛宝凤 | 縻益珠 | 戴阿福 |
| 戴祥元 | 戴如海 | 濮祥茂 | 瞿林海 | | | | | | |

（第二十六编第七章《上海支边青年名录》，第 581—583 页）

# 《二十四团志》

兵团农二师二十四团史志编纂委员会编,(内部刊行)1999 年

(1965 年)7 月 12 日,第一批上海支边青年 250 人到场,组建成学生一队,队长曹克敏、指导员马建华。

8 月 13 日,第二批上海支边青年 145 人到场,组建成园林队,队长史连绪、指导员申水离。

(《大事记》,第 6 页)

(1966 年)6 月,第三批和第四批上海支边青年 411 人到场,分配到生产三队和五队。

(《大事记》,第 7 页)

(1981 年)1 月 9 日,团传达州革命委员会、军分区命令,认真学习中央关于解决上海青年回沪问题的 13 条规定,平息闹事。二十四团上海青年在回沪风中共走 103 人,带走小孩 121 人。

(《大事记》,第 13 页)

1965—1966 年的两年间,来自上海市杨浦区和闸北区的八百余名男女支边青年,不但缓解了上海市劳动力就业安置矛盾,对农场职工的文化、年龄、性别结构的改变起到尤为突出的作用。

(第二编第二章《人口》,第 54 页)

1964 年中秋基建五队一知识青年在墙报上贴了这样一首三字经式的顺口溜:红旗飘,人如潮;篝火旁,决心表;大会战,显英豪;夜露营,风餐饮;瓜菜代,油点唇;好女男,全不惧;披星战,带月奔;战荒原,献忠诚;造良田,富国民;戍边塞,青史垂。成为当时的真实写照。基建五队指导员冯振帮曾在全队工人大会上朗读,以鼓动情绪。争创全团竞赛第一。

(第五编第一章《土地开垦》,第 106 页)

1968 年,在上海支青徐理华带领下,在原手工加工饼干,麻花之类的糕点加工的基础上,扩展了月饼、蛋糕等花色品种多样的糕点生产线,产品供给团商店经销,活跃了市场,丰富了职工的生活。

(第十编第一章《工副业》,第 221 页)

1965 年、1966 年,上海知识青年 806 人到场,这一批人文化素质较高、上进心强,经过劳动锻炼和培训,不少人成为教育、卫生、财会、政工等行业的骨干。

(第十七编第一章《职工》,第 413 页)

# 《二十五团志》

兵团农二师二十五团史志编纂委员会编,(内部刊行)2000年

(1965年)7月5日,首批上海支边知识青年256人到达解放三场。

7月26日,第二批上海支边知识青年201人到场。　　　　　　　　（《大事记》,第8页）

是月(1966年6月),第三批上海支边知识青年152人到达解放三场。

　　　　　　　　　　　　　　　　　　　　　　　　　　　（《大事记》,第9页）

10月1日,第四批上海支边青年44人到农场。前后四批共计有上海知青653人。

　　　　　　　　　　　　　　　　　　　　　　　　　　　（《大事记》,第9页）

70年代国家、兵团又规定了解决上海等三大城市男青年择偶困难者可择内地女青年结婚来团场可以落户,安排就业等措施,使团场女性人口骤然上升。

　　　　　　　　　　　　　　　　　　（第三编第二章《人口结构》,第49页）

1965年7月上海黄浦区支边来团256人,上海闸北区支边青年来团206人;1966年6月至10月,先后又有二批计196名上海支边青年来团。

　　　　　　　　　　　　　　　　　（第二十一编第一章《职工》,第303页）

1965—1967年,对上海支边青年实行了三年供给制。其标准是3、5、8,即第一年每人每月发零用费3元,第二年5元,第三年8元(女职工多发0.5元)。服装、伙食费由团统一供应。　　　　　　　　　　　（第二十一编第二章《劳动工资》,第306页）

1976年12月21日,建材厂工人潘玲娣(女上海支青)在菜窖整理菜时菜窖塌落,不幸身亡,时年27岁。　　　　　　（第二十一编第三章《劳保福利》,第316页）

# 《二十七团志》

兵团农二师二十七团史志编纂委员会编,(内部刊行)1999年

(1965年)5月,师分配上海支边青年292名到达解放四场。　　（《大事记》,第6页）

(1966年)7月20日,师分配的200名上海支边青年到场。　　（《大事记》,第6页）

(1967 年)8 月,场部分上海支边青年返沪闹革命。 　　　　　(《大事记》,第 7 页)

(1973 年)7 月 10 日,二十七团召开接受再教育青年代表大会,表彰先进。

(《大事记》,第 10 页)

10 月,团成立知识青年上山下乡领导小组。 　　　　　(《大事记》,第 10 页)

(1974 年)3 月 19 日,上海慰问团到二十七团慰问上海支边青年。(《大事记》,第 10 页)

(1976 年)2 月 11 日,二十七团场召开共青团第三届代表大会暨第二次知识青年代表大会,到会代表 200 名,其中团员代表 100 人,知青代表 50 人,红卫兵代表 15 人,老工人代表 5人,带队干部 22 人。 　　　　　(《大事记》,第 11 页)

10 月 3 日,二十七团场首批适龄知识青年 4 名应征入伍。 　　　(《大事记》,第 11 页)

(1980 年)11 月 21 日,上海支边青年闹回沪风刮到二十七团场,上海青年人心浮动,处理家具等物品。全团 200 余名上海支边青年弃职回沪。 　　　(《大事记》,第 14 页)

1965—1969 年间上海支边青年,每人曾实行了三年的供给制,其标准是 3、5、8 元,即第一年每人每月零用费 3 元,第二年 5 元,第三年 8 元(女同志每人每月卫生费 5 角)。

(第十八章《劳动工资》,第 276 页)

从 1965—1966 年上海支边青年和成都军区退伍军人来场后,干部的文化素质发生较大的变化。1970 年大专文化程度 26 人,占干部总数 13.98%;高中文化程度 27 名,占干部总数的 14.51%;初中文化程度 45 名,占干部总数的 24.19%;高小初小以下 88 名,占47.31%。

(第十九章《中国共产党二十七团组织》,第 303 页)

1972 年 10 月 10 日,共青团二十七团第二届代表大会暨第一次知识青年代表大会在团部召开。参加这次大会的代表 103 人,其中各基层团支部书记 23 人。

(第二十一章《群众团体》,第 341 页)

毛阿福,上海市人,1949 年生,男,汉族,1965 年 8 月 2 日支边进疆,历任农业班长、值班二连班长。

毛阿福从小立志要像雷锋一样全心全意为人民做好事。1965 年 8 月 2 日响应党的保卫边疆、建设边疆的号召,离别了繁华的上海市,来到新疆博湖县农二师种马场,投身屯垦戍边,1965年至1975年连年被评为"学习毛主席著作积极分子"、"优秀团员"、"青年标兵"、"畜牧标兵"、"先进工作者"、"三夏红旗手"等,1974年6月光荣地加入了中国共产党。

1975年10月10日下午,值班二连班长毛阿福在夏拉苏木草原训练烈马,再教育青年郑建平一跨上马背,马就顺着大路奔跑,郑建平被烈马的奔跑吓得惊慌失措,在马背上左摇右晃,在即将摔下马的危急时刻,毛阿福临危不惊,纵身上马,疾速赶到郑建平的骑马前头,挡住烈马,郑建平脱险下马后,要把马赶回,但惊马被突然挡住后,死死站着一动不动,毛阿福叫开郑建平,在自己的骑马上,把套绳摔向惊马,就在这刹那之间,毛阿福的骑马又受惊向前飞奔,毛阿福在这出其不意的狂奔中,被摔下马身,右脚套进马蹬,被马拖了二百多米远,头部、胸部均受重伤,中枢神经也遭受了严重损伤。终因伤势严重,经抢救无效牺牲,时年仅26岁。为表彰毛阿福舍己救人的高尚品德,自治区农垦总局追记二等功。

(第二十九章《人物》,第423页)

(1965年)8月2日,师分配的上海支边青年151人到达种马场。

(第三十章《外编》,第468页)

# 《二十八团志》

新疆生产建设兵团农二师二十八团史志编纂委员会编,新疆大学出版社2000年

(1964年)9月22日,第一批上海支边青年207人到场。 (《大事记》,第11页)

是月(1969年4月),遵照国务院文件及兵团农二师通知精神,对1960年后来场复员退伍军人,对1964—1965年的上海支边青年,对1967年8月20日以前录用的试用工等共计1 224名进行了工资转正定级工作。 (《大事记》,第14页)

(1971年)4月15日,团场召开首次再教育学生座谈会。 (《大事记》,第15页)

(1974年)3月29—30日,上海慰问团来团慰问上海支边职工。 (《大事记》,第17页)

(1976年)5月4日,团场召开第四届知识青年代表大会。 (《大事记》,第18页)

是年(1980年),上海支边青年在阿克苏地区农垦系统掀起"回沪"风波,波及二十八团。

(《大事记》,第19页)

(1981年)1月4日,团场在转发自治区党委、自治区人民政府《关于处理部分上海支边青年闹事的通知》文件的同时,结合二十八团实际,对返沪回沪的上海知青分别进行妥善安置。

（《大事记》,第20页）

新沪村:Xinhucun,位于博古其镇西北14公里。最初由上海支边青年在此开发建设,上海简称沪,故名新沪村。现为八连驻地。 （第一编第二章《建制》,第44页）

1964—1966年先后三批从上海进疆青年有696人,其中南市、黄浦210人,杨浦307人,黄浦182人。 （第一编第七章《人口》,第80页）

农场知识青年较七八十年代就业率低,大多"跳农门"自谋职业,或从事商业活动,造成团场劳动力的供求矛盾。1991—1997年间,全团接纳季节性的劳务工多达1 802人。

（第一编第七章《人口》,第81页）

1964—1966年,三批上海支边青年来场,在696人中,女性为376人,高于男性18％,当年女性占总人口的39.27％,性别比失调现象,开始大为缓解。

（第一编第七章《人口》,第83页）

1964年,首批上海支边青年207人到场。根据王震部长的指示,发展养蚕业,安置上海青年。农场组织了林业队,在三连的三斗四农、四斗三农和四连连部附近定植桑树,到1965年已栽植桑树1 200亩,长势旺盛,郁郁成林。"文化大革命"开始后,在农业学大寨运动中,曲解"以粮为纲"的方针,毁林造田,将1 200亩桑林,砍伐殆尽。

（第二编第五章《林园业》,第148页）

### 1956—1966年安置支边青年人数统计表①

| 1964 | 1965 | 1966 |
|------|------|------|
| 上 海 | 上 海 | 上 海 |
| 207 | 293 | 196 |

（第二编第十一章《劳动工资》,第232页）

1975—1979年,巴州多次分配库尔勒市知识青年来农场接受教育。

---

① 本表内容为节选。——编者注

**1975—1979 年来场接受再教育的知识青年统计表**

| 年 份 | 1975 | 1976 | 1977 | 1978 | 1979 | 合 计 |
|---|---|---|---|---|---|---|
| 人 数 | 88 | 120 | 13 | 11 | 35 | 267 |

（第二编第十一章《劳动工资》，第 233 页）

1964 年上海支边青年来疆，根据上级规定，前 3 年实行供给制，每人每月分别发放零用津贴费，第一年为 3 元，第二年为 5 元，第三年 8 元，妇女加发 0.5 元的卫生费。满 3 年后转为工资制。1969 年 7 月，根据兵团规定，将 1966 年到场的上海支边青年人全部由供给制转为工资制，并实行下延级。　　　　　（第二编第十一章《劳动工资》，第 235 页）

1963 年以后，小学生人数增加，团场从上海知青中选拔 13 人充实教师队伍。到了 70 年代，学生人数急剧上升，小学由一所增加到 4 所，师资队伍奇缺，除国家分配来的大中专毕业生 9 人外，大部分教师来源于上海知青，补充了教师的不足。

（第五编第一章《教育》，第 405 页）

1982 年，上海支边青年职工李恺华自学中医成才，考取中医医士职称，开设了中医门诊。

（第五编第四章《医疗卫生》，第 450 页）

# 《二十九团志》

兵团农二师二十九团史志编纂委员会编，新疆人民出版社 1997 年

**二十九团国家级单项先进个人一览表①**

| 姓 名 | 籍 贯 | 称 号 | 时 间 |
|---|---|---|---|
| 刘君娣 | 上 海 | 全国模范教师 | 1980 |

（《荣誉》，第 9 页）

(1963 年)9 月，首批上海支边青年 200 人到达六团农场，分片安置于蚕桑连。

（《大事记》，第 16 页）

(1965 年)7 月 15 日，上海支边青年 250 人到团。　　　　（《大事记》，第 18 页）

---

① 本表内容为节选。——编者注

（1966年）6月，最后一批上海支边青年到达六团农场。　　　　　（《大事记》，第19页）

（1973年）12月14日，成立知识青年上山下乡领导小组，由刘春润、王德昌等7人组成，下设办公室，配备2名专职干部。　　　　　　　　　　　（《大事记》，第25页）

（1980年）12月中旬，阿克苏地区上海支边青年"回沪风"波及到二十九团，不少上海支边青年在连队串连，在公众场合演讲，聚集到团部闹事，围攻领导，此后不少人与阿克苏及农二师各团闹回沪的上海知青相呼应，纷纷返沪。由于中央及时采取了适当措施，风波才逐渐平息。

12月28日，二十九团场召开党委常委扩大会议。团长王德昌传达了巴州召开的紧急会议精神，传达了自治区文件和中央军委指示巴州州党委书记任仰山、农垦局领导刘双全的讲话，主要精神是：认真做好疏导工作，稳定上海支边青年的思想。　　（《大事记》，第30页）

（1981年）5月底，二十九团场根据国务院"坚决把上海支青的绝大多数稳定在新疆"的方针和上海《关于解决新疆垦区农场上海支边青年的具体规定》妥善做好上海支青的思想政治工作。　　　　　　　　　　　　　　　　　　　　　（《大事记》，第31页）

50年代初，大部分妇女为随军家属，干部人数极少。1953年，部队整编转业，对现有的474名妇女进行了适当调整，选用了67名文化水平高、工作能力强的妇女，从事文教、财会、通讯、医疗卫生等工作。同时，提拔了部分人员到基层管理生产。以后随着上海支青的到来，妇女干部队伍日渐壮大。　　　　　　（卷十七第五章《干部工作》，第354页）

### 历年接收安置支边青年统计总表

| 年　份 | 来　源 | 人　数 | 备　注 |
|--------|--------|--------|--------|
| 1963.8 | 上海 | 198 | |
| 1964 | 上海 | 658 | |
| 1965 | 上海 | 370 | |
| 1966 | 上海 | 147 | |

（卷二十第一章《职工来源》，第412页）

1963年上海支边青年来六团农场工作，根据上级规定，前三年实行供给制，每人每月分别发3元、5元、8元零用津贴，满三年后改为工资制。1969年7月，根据师司劳字〔1969〕006号文件精神，将1966年招收的上海支边青年由供给制转为工资制。至此，六团农场全面结束了供给制。

| 标准 ＼ 项目 | 伙食费 | 津贴费 | 服装费 | 妇女卫生费 | 公务部分 | | | | | | |
|---|---|---|---|---|---|---|---|---|---|---|---|
| | | | | | 办公杂支费 | 教育费 | 文化活动费 | 炊具维修费 | 医药费 | 过节费 | 烤火费 |
| 每人每月标准 | 12.27 | 3 5 8 | 6.14 | 0.5 | 0.3 | 0.2 | 0.6 | 0.2 | 0.6 | | |

其中:服装费按规定的标准发给实物,包括单衣、裤、衬衣、短裤、棉布鞋、线袜、棉鞋、布袜、毛巾、手套,每年发一次。棉衣及棉帽子每两年发一次,棉被、垫褥、床单三年发一次。每人每次过节费1元(新年、春节、国庆节)。在取暖期,按职工取暖费标准发放,集体宿舍、办公室定量供给。

　　　　　　　　　　　　　　　　　　　　　　　(卷二十第三章《工资管理》,第 419 页)

1975—1979 年,巴州二十九团场在农、林、牧、副业单位实行评工记分制度。评工记分实施的范围包括农牧业连队、果酒厂、副业连以及修造厂的农业排,但不包括在职和下放的连以上干部、业务人员、学校教师和未经转正定级接受再教育的青年。

　　　　　　　　　　　　　　　　　　　　　　　(卷二十第三章《工资管理》,第 420 页)

**刘君娣**　刘君娣(1944—　　),上海市闸北区汉中街人。1961 年参加共青团,1991 年参加中国共产党。

1964 年刘君娣高中毕业,即响应王震将军的号召支边进疆,在六团农场(二十九团前身)从事农业生产。1968 年调六团农场中学小学部任语文教师。

刘君娣从事教育工作近 30 年,一贯以强烈的进取心刻苦钻研业务,不断探索和改进教育教学方法。她从青少年心理特点出发,启发诱导学生积极思考问题,自觉勤学苦练,爱护集体荣誉。她特别重视对后进生的辅导,培养他们的上进心和荣誉感。她所带的班,在团场组织的统考中,一直名列前茅。她做辅导员工作,因材施教,教书育人,全面负责,取得良好的教育成果。1974—1984 年 11 年间,连续被评为师、团优秀教师。1984 年,农牧渔业部授予她模范教师的称号。　　　　　　　(卷二十八第二章《人物简介》,第 596—597 页)

# 《三十团志》

农二师史志办编,新疆人民出版社 1999 年

(1963 年)8 月 18 日,上海市虹口区首批支边青年 247 名到场。　　(《大事记》,第 14 页)

(1964 年)9 月,上海市宝山县、闸北区支边青年 537 名到场。　　(《大事记》,第 15 页)

(1965年)8月16日,上海市黄浦区、闸北区支边青年514人到场。

8月30日,上海慰问团来场慰问上海支边青年。 （《大事记》,第16页）

(1966年)8月,上海市黄浦区支边青年学生137人到场。 （《大事记》,第16页）

(1977年)9月,接纳安置工四团来三十团"上山下乡"知青122人,和静跃进钢铁厂来团知青60名。 （《大事记》,第21页）

1969年1月接纳安置农二师师直校、"八一"中学、二十九团中学再教育学生共125人,1974—1977年,接纳安置农二师塔什店煤矿学生、农二师工四团学生、农二师二十七团学生、和静跃进钢铁厂学生、巴州直属事业单位学生、工三团和铁路建设指挥部学生,共362人。这批知识青年70年代末80年代初绝大部分都已陆续返回原单位。 （第三章《人口》,第68页）

三十团主要迁入人口表[①]

| 年　份 | 人口迁入来源 | 人　数 |
|---|---|---|
| 1963—1966 | 上海支边青年 | 1 435 |
| 1969 | 师直校、八一中学、二十九团中学毕业分配"再教育"学生 | 125 |
| 1974—1977 | 塔什店煤矿、二十七团、巴州直属事业单位、铁指、工三团、工四团、跃进钢铁厂、来团"上山下乡"知识青年 | 362 |
| 合　计 | | 7 021 |

（第三章《人口》,第69页）

建场初期,人员文化程度偏低,文盲和半文盲人数约占全团总人数的70%。进入60年代,支边青年的到来,特别是大批上海支边青年的到来,以及兴办学校,人口文化结构发生较大变化。 （第三章《人口》,第73页）

# 《三十一团志》

兵团农二师三十一团史志编纂委员会编,新疆人民出版社1998年

(1965年)8月15日,第一批上海支边青年288人(男134、女154)到场,安置在林园队、六队。 （《大事记》,第5页）

---

① 本表内容为节选。——编者注

是月(1965 年 8 月),上海慰问团来场。 （《大事记》,第 5 页）

(1966 年)7 月,第二批上海支边青年 166 人到场,分别安置到畜牧队和六队。

（《大事记》,第 6 页）

(1974 年)3 月 4—5 日,上海市副市长谢丽娟①带队的慰问团到新疆,其南疆分团蔡副团长一行来三十一团。

4 月下旬,团召开为期 4 天的知识青年上山下乡工作会议。到会知青代表 41 名(女 12 名),11 名代表作了典型发言。 （《大事记》,第 10 页）

(1976 年)2 月 6—9 日,团场召开首次知青代表大会。参加会议 104 人,其中 92 名代表中有上海知青 13 人、再教育 33 人,特邀代表 11 人。会议传达了州首届知青会议的精神;巴州知青办副主任作指示。大会表彰 7 个先进集体和 6 个先进个人。 （《大事记》,第 11 页）

(1980 年)12 月,上海支青掀起返沪风,有 45 名干部退出干部队伍,办理手续。

12 月底,三十一团场老职工组成请愿团前往库尔勒要求增加福利待遇。

（《大事记》,第 13 页）

1965—1966 年两批上海知识青年 520 人,响应党"建设边疆,保卫边疆,到祖国最需要的地方去"的号召,高唱"塔里木来安家"的歌曲到农场安家落户。这 520 名上海知识青年,给农场带来了文化,为农场的两个文明建设贡献了聪明才智。 （第三章《人口》,第 49 页）

1976 年起,根据中央关于妥善安置京、津、沪三大城市支边青年从内地接来的配偶 189 人安排了工作。 （第十七章《劳动工资》,第 326 页）

### 上山下乡"知青"代表大会于 1974 年 4 月下旬在团部召开

参加代表 70 人,其中连队工人代表 41 人(男 29、女 12)、连队干部 20 人、机关干部 9 人。

（第二十章《共青团》,第 422 页）

### 首届"知青"代表大会于 1976 年 2 月 6—9 日在团部召开

参加代表 104 人,其中接受再教育青年 33 人,上海知青 13 人,特邀代表 11 人,先进集体代表 7 人,连队政工干部 21 人,列席代表 19 人,代表 583 名上海"知青"和 460 名接受再

---

① 文字有误。谢丽娟于 1985 年始任上海市人民政府副市长。——编者注

教育"知青"。

政委张炳山致开幕词;政治处主任陈绍虞作工作报告,传达巴音郭楞蒙古自治州首届"知青"代表会议精神;巴音郭楞蒙古自治州"知青"办公室副主任赵崇厚到会作指示。

大会表彰 7 个先进集体和 6 个先进个人。党委书记赵堂最后在大会上作总结。

(第二十章《共青团》,第 422 页)

1972—1976 年,团进行革命传统教育,在青年中开展"学雷锋、树新风"活动,批判林彪的"知识青年上山下乡是变相劳改"谬论,团组织请老贫农、老军垦作忆苦思甜报告会,批判"下乡镀金论"、"老职工是劳动党"等错误认识,在青年中树立安心边疆,安心农场思想,吃大苦、耐大劳、艰苦奋斗思想。八连上海女支青林素琴干一行爱一行,带领团员青年搞业余增产,自筹资金购买图书 200 多册,将连队图书室办到自己家里。二连团员、班长何心安敢于抵制歪风邪气,团结同志,扭转了班里无政府主义状态。一连青年班 11 名女青年种水稻获高产,荣获团场"三八"条田铁姑娘班称号。

1976 年,全团有上海支边青年 583 人,再教育知识青年 460 名。1973—1976 年有 14 人入党,330 人入团。有 74 人被选拔到各级领导岗位,67 人担任教师、财会、医务等工作。

(第二十章《共青团》,第 426 页)

1967 年在上海支边青年中选拔 10 名充实到护士队伍。

(第二十八章《医疗卫生》,第 529 页)

# 《三十二团志》

兵团农二师三十二团史志编纂委员会编,新疆人民出版社 1998 年

(1964 年)9 月 17—18 日,首批上海支边知识青年 281 人到达塔四场,被集体安置在新建的学生一队和二队。

(《大事记》,第 4 页)

(1965 年)7 月 3 日,上海支边知识青年 256 人到塔四场,被安置在生产八队。

(《大事记》,第 4 页)

(1966 年)7 月 30 日,上海支边知识青年 109 人到达塔四场,被安置在生产一队。

(《大事记》,第 5 页)

(1980 年)12 月 2 日,上海支边知识青年林赐福等 20 余人代表全团场上海知青,要求副

团长张志清、政治处副主任王风雨派车送他们去巴州农垦局上访。

12月15日,三十二团场上海支边青年首批40余人办理好粮户关系手续后乘车离场。

12月27日,巴州军分区1个步兵连进驻三十二团场。 　　　　　　　(《大事记》,第9页)

1964—1966年接收上海市知识青年5批共774人(其中1964年2批281人,1965年2批384人,1966年1批109人)。 　　　　　　　　　　(第三章《人口》,第50页)

1980年底至1981年初,受农一师阿克苏垦区上海支边知识青年返沪风潮影响,三十二团场上海知青及家属子女1126人办粮户手续离场返沪(其中大多数后又陆续返回农场)。

(第三章《人口》,第51页)

70年代中期,为解决上海支边青年中男性青年择偶困难的情况,兵团允许男性上海支边青年找的无工作配偶可以参加工作,不少内地农村女青年(以四川为多),来到农场同上海男支边青年结婚。……男女性别比例趋向正常和稳定。 　(第三章《人口》,第52页)

1964—1966年大批上海支边青年来到农场,使职工队伍整体文化结构得到提高。

(第三章《人口》,第53页)

1964—1966年,接收5批上海支边知识青年,2批沈阳和北京部队复员转业军人,支边知识青年和转业军人总数1100余人,从而改变了建场初期以刑满留场就业人员为主的职工队伍结构。其中以上海支边知识青年文化素质较高,经过短期劳动,不少人很快被调到文化教育、医疗卫生、科技等岗位上。 　　　　(第二十一章《劳动人事》,第311页)

1968年,场对接受"贫下中农再教育"人员,执行比下延级28元还低6元的工资标准。

(第二十一章《劳动人事》,第320页)

1964—1965年,学雷锋活动在上海支边青年中开展比较广泛。树立共产主义远大理想,树立革命人生活,安心农场,艰苦奋斗,关心集体,助人为乐,大做好事,是这一时期农场团员青年学雷锋活动的主流。 　　　　　　(第二十三章《群众团体》,第345页)

60年代中期,从上海支边知识青年中选拔10余人充实小学教师队伍。

(第二十六章《教育》,第381页)

1966年春,农场从1964—1965年支边的上海知识青年中选拔18名文艺骨干正式组建第一个专业文艺宣传队。

（第二十七章《文化》，第 391 页）

1965—1966 年,农场对上海支边青年和 2 批复员转业军人全面进行肠道寄生虫病检查,并对病患者进行治疗。（第二十八章《医疗卫生》,第 405 页）

郭莲琴,女,汉族,1942 年 11 月出生。上海市嘉定县(现嘉定区)人,家庭出身贫农,初中文化程度。

1964 年 9 月,郭莲琴响应党的"建设边疆,保卫边疆"的号召,从上海支边来到塔四场,被分配在值班五连任知青排排长。郭莲琴严格要求自己,在工作和生活中处处以身作则,重活累活带头干,赢得"铁姑娘"的美称。知青有困难,她总是尽力帮助解决,在知青中很快树立起威信。1965 年,郭莲琴作为支边青年的榜样,被树为塔四场五大标兵之一。

1973 年 1 月,团成立磷肥厂,郭莲琴被调到离团 70 多公里远的磷肥厂采矿连任排长,后任副连长。矿区远离出场,生产设施简陋,生活条件非常艰苦。郭莲琴同男职工一样采石钻坑道,经常两三个月不下山。同在农业连队时一样,她从不端干部架子,样样工作抢在头里干,受到矿工们的尊重和敬佩。

1978 年 10 月 15 日,郭莲琴率 3 名女工进坑道采矿,不幸坑道塌方,郭莲琴同另 2 名女工当场牺牲。（第二十九章《人物》,第 411 页）

## 第八节　塔四场上海支边知识青年人名录

### (1964—1966)

| | | | | | | | |
|---|---|---|---|---|---|---|---|
| 郦国兴 | 顾允康 | 郁文统 | 刘伯璋 | 俞福华 | 王洪珍 | 黄博韬 | 王桂鑫 |
| 陈明万 | 王永华 | 马素珍 | 陈美娣 | 仇莲英 | 田国付 | 吕正兴 | 余富强 |
| 沈启新 | 许佩英 | 缪阿弟 | 金德才 | 陈再英 | 卞秀明 | 费作新 | 徐勤国 |
| 王根兄 | 袁根兴 | 童惠民 | 陈长明 | 白尔强 | 沈兆东 | 朱跃兴 | 张文瑞 |
| 曹根山 | 何福荣 | 孙洪生 | 王根宝 | 陆冬华 | 金才康 | 周长根 | 尹英兰 |
| 王寅其 | 宗国伍 | 张妙珍 | 孙士芳 | 汪莲芬 | 周幼根 | 张凤珠 | 朱夏妹 |
| 朱文娟 | 王赞成 | 魏留根 | 唐明德 | 叶惠珍 | 庞志清 | 陆　忠 | 管华跃 |
| 周礼民 | 张大妹 | 李惠芬 | 陆庆森 | 朱鸿汀 | 金德彰 | 赵伟成 | 马凤南 |
| 陆小余 | 颜凤莲 | 沈　理 | 沈　仁 | 夏海蛟 | 乐教才 | 欧阳林芳 | 唐天根 |
| 宋九和 | 沈杏根 | 焦　斐 | 韩林妹 | 张毓智 | 樊新船 | 王锦泉 | 姚双顶 |
| 秦　平 | 张汉昌 | 王兴信 | 金菊根 | 李吟辉 | 徐启和 | 董根凤 | 忻义娥 |
| 黄裕鑫 | 杨洪金 | 金新华 | 周根娣 | 李德芹 | 朱凤珍 | 俞智者 | 陈晓芸 |
| 陆文英 | 赵玲妹 | 刘娟信 | 李世舒 | 庞栋梁 | 李从英 | 蔡保连 | 张世申 |

| | | | | | | |
|---|---|---|---|---|---|---|
| 严金球 | 陆兰娣 | 姚慧娣 | 高荣根 | 陈贵生 | 顾顺泉 | 杨华根 | 何长森 |
| 陈玉娣 | 方良治 | 赵翠丽 | 金凤娥 | 李桂兰 | 陈士忠 | 金永谷 | 王加华 |
| 马玉鸿 | 王恒民 | 王跃增 | 王克雄 | 沈锦宝 | 曹振华 | 刘金玉 | 张桂汀 |
| 孙秀英 | 陈柏丛 | 程济时 | 万毅伦 | 余秀华 | 姚文仙 | 周佩珍 | 杨悦影 |
| 张善明 | 张荣华 | 倪继红 | 杨永宪 | 刘卫东 | 李新声 | | |

（以上为 1996 年仍在团人员）。

| | | | | | | |
|---|---|---|---|---|---|---|
| 吴顺弟 | 莫兰英 | 郭莲琴 | 陆贵发 | 蒋金发 | 傅松德 | 连小宝 | 李志中 |
| 彭永华 | 周福兴 | 翰培丽 | 刘阿珍 | 叶宗强 | 尤富根 | 徐志瑛 | 侯惠敏 |
| 解兰英 | 陈秀秀 | 庄建英 | 李巧珍 | 韩建康 | 陆文龙 | 邱龙标 | 邵桂秋 |
| 冯金宝 | 林忠杰 | 顾金祥 | 周正天 | 梅基石 | 全友福 | 朱重 | 周惠成 |
| 马成龙 | 王金祥 | 庄妙根 | 马金波 | | | | |

（以上为在场死亡人员）。

| | | | | | | |
|---|---|---|---|---|---|---|
| 唐宗梓 | 杨寿根 | 戎锡章 | 阮小鹤 | 朱卫华 | 姚永亮 | 王振国 | 杨永华 |
| 刘振发 | 严惠芳 | 刘华 | 杨洪芬 | 童永年 | 黄月珍 | 吴友根 | 谭大牛 |
| 孙美容 | 朱床 | 宋文健 | 潘永堂 | 王群英 | 孟鼎宝 | 金自强 | 张召明 |
| 陈仁妹 | 欧阳坤英 | 余根发 | 余莉莉 | 康金秀 | 张会英 | 陈仁勇 | 许忠勤 |
| 张国宪 | 朱金生 | 贾殿呈 | 吴长生 | 陶俊芳 | 刘洪根 | 李功芳 | 秦前汉 |
| 唐秋英 | 姚国政 | 钱勤利 | 王雨祥 | 周妙英 | 庄永初 | 秦玛 | 王志杰 |
| 陈勇源 | 沈桂芳 | 郭伯欣 | 徐在隆 | 尹礼梅 | 王和山 | 何志威 | 李凤飞 |
| 张金书 | 陆树康 | 王洪奎 | 孙会民 | 徐德弟 | 周文荣 | 汪双喜 | 张一炳 |
| 刘德才 | 胡荣根 | 牟士慧 | 沈梅英 | 魏银凤 | 龚建祥 | 黄英 | 闵永祥 |
| 曹一飞 | 林正祥 | 庞林芳 | 李小牛 | 潘明权 | 黄玉明 | 傅财祥 | 岑新良 |
| 钱永正 | 张晓华 | 张水娟 | 朱英 | 吴玲宝 | 陈和平 | 张静怡 | 韩采霞 |
| 陈会良 | 马伟忠 | 周永祥 | 朱泽科 | 沈明康 | 陈志勇 | 刘春华 | 赵金兰 |
| 张学明 | 殷国斌 | 黄叶娣 | 沈莜妹 | 朱培娣 | 张顺法 | 吴庆林 | 朱美琴 |
| 金粹华 | 陈东来 | 王寅利 | 胡荣保 | 张哲东 | 朱仁国 | 陈一民 | 谈豪强 |
| 龚圣芳 | 张左元 | 周厚平 | 李立人 | 陈仝勇 | 朱韵 | 陈宗儒 | 陈正丽 |
| 周国芳 | 徐亦娟 | 郭文德 | 顾幼正 | 曹建炯 | 周秀峰 | 戴志英 | 乌兴芬 |
| 顾士芳 | 李美丽 | 杜月芳 | 陈静华 | 马士枚 | 叶丽华 | 陈桐荣 | 沈琴娜 |
| 倪慧君 | 李曼英 | 童凤梅 | 陈伯涨 | 戴丽英 | 陆银宝 | 韦玖瑜 | 郑翠英 |
| 张蓓琳 | 王志坚 | 张宝根 | 傅崇德 | 程顺清 | 徐九浩 | 郁佩珍 | 杨锦清 |
| 徐囡囡 | 曹天香 | 蔡利明 | 朱惠珍 | 姚灿 | 严珠英 | 江永明 | 沈明璋 |
| 顾方辉 | 潘纪荣 | 张培 | 杨兴才 | 顾桂珍 | 忻霓英 | 张品娟 | 印金元 |
| 吴开芳 | 张妙新 | 王彩琴 | 郑士兰 | 杨金江 | 赵金妹 | 范田丰 | 王爱芬 |

2030

| | | | | | | |
|---|---|---|---|---|---|---|
| 徐新生 | 程金珠 | 陈品弟 | 蔡跃良 | 张逸明 | 闵菊芳 | 葛永康 | 鲁水根 |
| 李德科 | 叶德福 | 沈耀祖 | 陆岳潮 | 钱达志 | 朱幼虹 | 万玉华 | 马嘉穗 |
| 印义森 | 翁礼华 | 廖银凤 | 何荣福 | 刘芸 | 周明柳 | 张蓉芳 | 马小弟 |
| 王文英 | 黄林生 | 王公伯 | 罗根娣 | 葛志坤 | 徐新娣 | 徐玲华 | 任雪英 |
| 祝惠玲 | 李章华 | 赵祖芳 | 艾明祥 | 张顺娣 | 陈升旗 | 赵露华 | 张财根 |
| 吴美芬 | 张正铜 | 李雅娟 | 马杏根 | 高玲 | 吕家新 | 程官明 | 娄定忠 |
| 史毓仙 | 栾国平 | 徐冬梅 | 许忠选 | 杨根娣 | 冯秀春 | 陈文遐 | 强为民 |
| 朱德彩 | 邱爱娣 | 沈慈 | 丁国汀 | 陈海伦 | 曹凤祥 | 周惠珍 | 潘孝峰 |
| 季凤英 | 陈兴才 | 高根妹 | 张伟德 | 徐阿毛 | 周小舟 | 刘芝凤 | 史玉娣 |
| 李吉华 | 钱南山 | 徐英仙 | 金德琴 | 曹南林 | 李大雄 | 蔡文进 | 丁育民 |
| 王洪珍 | 许根强 | 沈象贤 | 孙意烈 | 阮国珍 | 顾洪文 | 李仁浩 | 朱文娟 |
| 杨明坤 | 严学艺 | 余曼丽 | 王爱凤 | 蔡翠凤 | 黄菊英 | 沈三峰 | 周美丽 |
| 高怀端 | 马克信 | 施为扬 | 徐荣辉 | 杨芳清 | 王俊秀 | 徐祖喜 | 成荷芳 |
| 尹顺增 | 施秀珍 | 秦元兴 | 吕淑英 | 吴仲安 | 王慧珠 | 金跃琴 | 张国麟 |
| 姚国平 | 张铭芬 | 秦福兴 | 朱天明 | 黄心仁 | 胡学君 | 陈林发 | 王玉贞 |
| 凤杰飞 | 朱璐敏 | 张佩英 | 施志民 | 王培丽 | 许根喜 | 孙素珍 | 印宝娟 |
| 秦邦安 | 翁宗慕 | 高小妹 | 张璐璐 | 尹毓海 | 屠俊华 | 孙潼 | 凌赐福 |
| 陈会凤 | 陈德凤 | 陈国民 | 李永祥 | 王亚芳 | 朱兆泉 | 李新英 | 葛利民 |
| 朱未名 | 韩益麟 | 李立人 | 王金宝 | 吴玲凤 | 张蝶荣 | 杨渊亭 | 孙习妹 |
| 张翠凤 | 舒行华 | 柯康明 | 朱宝宝 | 娄有均 | 李梅林 | 孟林齐 | 董仁忠 |
| 张国良 | 章鸿森 | 茅玖芳 | 杨凤石 | 金惠珍 | 李纪英 | 孙怀定 | 张金凤 |
| 赵素珍 | 李凤英 | 袁金海 | 周凤娣 | 吴生来 | 许国锁 | 尤经伦 | 杨洪军 |
| 韩炳鑫 | 姚宝和 | 孟繁珍 | 张根发 | 朱荷英 | 钟海英 | 戴如意 | 徐玲娣 |
| 虞三妹 | 周银娣 | 王良国 | 王月明 | 盛永芳 | 金仁森 | 洪苏林 | 李毛头 |
| 张伟发 | 时根林 | 胡秀梅 | 陶联雅 | 邱志林 | 陈宝兴 | 徐寄权 | 傅慧薇 |
| 郑冬梅 | 严宝英 | 周根银 | 史月英 | 徐静汝 | 徐鸣荣 | 余金秀 | 蒋以庆 |
| 张中元 | 俞仁者 | 张扣娣 | 钱美丽 | 蒋美丽 | 陈芳琴 | 王玉兰 | 宋蕴德 |
| 曹桂芬 | 沈雪娣 | 范本雅 | 朱秀珍 | 许惠琴 | 邵白萍 | 唐水仙 | 袁兰珍 |
| 徐静登 | 沈荷芬 | 罗美金 | 张丽娟 | 张招兰 | 吴坚民 | 王宝妹 | 陆秀凤 |
| 吴芝妹 | 贺雅玉 | 柏青海 | 顾锦华 | 周惠娟 | 朱其兴 | 史国玲 | 张国忠 |
| 金林玉 | 胡龙法 | 沈志强 | 徐六娣 | 左喜梅 | 沈菊娥 | 姚凤英 | 陈莉茵 |
| 梁丽莉 | 金孝全 | 陈其元 | 周佩芬 | 周复兴 | 刘娟芬 | 李亦芳 | 袁拜发 |
| 谢根娣 | 杜逸群 | 杨鸿宝 | 徐云仙 | 邵奋林 | 郑学义 | 张洪发 | 何宝英 |
| 蒋杏珍 | 孔铮荣 | 高恩华 | 岑晓瑞 | 陈古夫 | 申士琴 | 顾梅珍 | 张福娣 |

| | | | | | | | |
|---|---|---|---|---|---|---|---|
| 张连德 | 熊慕良 | 金云高 | 芦 平 | 田小妹 | 黄小康 | 陈祥云 | 陈月明 |
| 赵小弟 | 周顺仙 | 侯秋琴 | 潘林福 | 桑镛海 | 陈惠芳 | 张金发 | 钱南松 |
| 胡雅芹 | 齐永豪 | 孙蓉芳 | 许立珍 | 庄三弟 | 袁阿妹 | 陆锦成 | 张淑芝 |
| 李志良 | 朱锦华 | 沈雪妹 | 陈建新 | 管 铭 | 史梅康 | 朱远之 | 江雨宝 |
| 明榴清 | 盛吉元 | 汪云娣 | 杜素芳 | 贺素梅 | 杨梦莲 | 倪若萍 | 唐维玫 |
| 何荣璋 | 陆秀娣 | 陈正辉 | 程君来 | 梅汝极 | 沈敏敏 | 韩兆娣 | 宣金荣 |
| 张爱珍 | 吴巧云 | 计 铭 | 潘小毛 | 戴亚娥 | 徐浩兵 | 吕东明 | 陈士华 |
| 王运亮 | 钱根根 | 申锦皓 | 李金山 | 张真玉 | 陈克明 | 傅芬英 | 王西苹 |
| 徐 凡 | 徐秀宝 | 王雅铭 | 沈文芳 | 杨慧芳 | 周美华 | 严玲芳 | 周珊珊 |
| 王蓓兰 | 张仲律 | 倪菊儿 | 杨继仁 | 沈利娟 | 左文宝 | 陈弋龄 | 席时熙 |
| 施必良 | 卞安林 | 杜巧芬 | 周其章 | 王兰英 | 栾承义 | 王国英 | 梁 景 |
| 陈秀英 | 吴慧琨 | 朱启文 | 陆炎华 | 张龙才 | 黄中礼 | 陈玉燕 | 杨大健 |
| 杨巧娣 | 徐加模 | 周启玲 | 赵银香 | 张国瑜 | 马沪华 | 郁连海 | 朱天忠 |
| 梅义忠 | 屠月香 | 伍玉莲 | 王凤凤 | 叶三涛 | 徐玉英 | 柳跃林 | 胡银仙 |
| 杨玉兰 | 王兴才 | 吴凤芝 | 顾才良 | 李 静 | 彭文会 | 赵紫薇 | 袁根宝 |
| 俞康定 | 张美琼 | 吴仲明 | 蔡美雅 | 蒋芹芳 | 夏秀安 | 许 枫 | 梅基涵 |
| 钟亚儒 | 顾菊妹 | 杨莲娣 | 施洪泉 | 刘金声 | 李爱宝 | 朱爱珍 | 瞿林海 |
| 姚争平 | 吴方汇 | 马蓓蓓 | 黄世豪 | 陈平南 | 马以渝 | 何宝珠 | 王仁刚 |
| 郑瑞萍 | 吴复生 | 李新生 | 张宝深 | 周尔兆 | 陈梦波 | 朱福兴 | 糜嘉治 |
| 丁余明 | 曹恒祥 | 魏楚芬 | 叶德荣 | 吴昆韦 | 王寅技 | 张洪发 | 潘美娣 |
| 张培琳 | 管珍华 | 孟繁康 | 祁荣娣 | 王旭增 | 廖春生 | 张林福 | 周慧珍 |
| 戴长林 | 沈建林 | 李志忠 | 吕冬妹 | 徐冬妹 | 娄定中 | 冯秀春 | 刘德宝 |

（以上为已离场人员）。

（第二十九章《人物》，第 439—442 页）

# 《三十三团志》

三十三团史志编纂委员会编，新疆人民出版社 1997 年

（1963 年）10 月 13 日，上海支边青年 270 人抵达塔六场。旋即组成蚕桑队从事蚕桑生产。　　　　　　　　　　　　　　　　　　　　　　　　　（《大事记》，第 15 页）

（1964 年 9 月）21 日，第二批上海支边青年 385 人抵达塔六场。　（《大事记》，第 15 页）

（1965 年）8 月 8 日，第三批上海支边青年 341 人抵达塔六场。　　（《大事记》，第 17 页）

（1966 年 6 月）30 日，第四批上海支边青年 252 人到场。　　（《大事记》，第 18 页）

（1980 年）3 月，上海青年回沪风遍及全团，闹回沪的头面人物，提出占用团广播站的无理要求遭拒绝。　　（《大事记》，第 26 页）

是月（1981 年 12 月），三十三团批准上海支边女青年谈三宝为 1981 年劳动模范。

（《大事记》，第 27 页）

1963 年—1966 年连续 4 年又先后接收 4 批上海知识青年共计 1 248 人

（第三章《人口　民族》，第 71 页）

1958 年 5 月建场时，除极少数老军工随疆家属外，基本是男性占绝大多数。据资料调查：1958 年 5 月建场初，全场 1 906 人（含劳改犯人），其中女性只有 50 余人。1959—1960 年场先后接纳湖北、江苏 2 批男女青壮年到场。全场性别比例严重失调状况得到初步缓解。1963—1966 年 4 批上海支边青年 1 248 人到场，至此从根本上扭转了场性别比例失调的严重状况。　　（第三章《人口　民族》，第 74 页）

1963—1966 年间的上海支边青年，每人曾实行了三年的供给制，其标准是 3、5、8 元，即第一年每人每月零用费 3 元、第二年 5 元、第三年 8 元。（女职工每人每月卫生费 5 角）伙食费每人每月 11.50 元，服装费每人每年 19.71 元。　　（第二十一章《劳动人事》，第 284 页）

1965 年上海女知青刘玉珍被评为兵团"五好工人"、"青年积极分子"，并出席了兵团学习毛主席著作积极分子代表大会。支边青年姬少南，1963—1965 年连续 3 年被评为场"五好工人"，1965 年被评为兵团"社会主义建设积极分子"，并获劳动奖章一枚。1964 年场开展了"向雷锋同志学习"的增产节约活动；开展了"千斤草、万斤肥、百元钱"的"千、万、百"劳动竞赛活动。一年来在各个阶段竞赛突击中共涌现出"红旗手"、"突击手"、"生产能手"220 余人，被评为"五好"的个人有 137 人。　　（第二十三章《群众团体》，第 299 页）

1965 年从大田劳动中抽出上海支边青年中部分高中毕业生任教。1976 年，团党委抽调了一批文化水平较高，热爱教育事业的人才充实到教师队伍中，1980 年后，由于大部分上海支边青年回城，致使团中学教师大量空缺，严重影响了学校的正常上课。

（第二十六章《教育》，第 323 页）

1964 年,在上海支边青年中抽调 11 名具有初中以上文化程度的 9 名青年进入医院跟随医士、护士学习医疗护理技术,2 名送入师二医院进修手术室护士及助产士。1965 年,又抽调 5 名青年进入医院学习医疗护理技术。　　　　　（第二十八章《医疗卫生》,第 341 页）

# 《三十四团志》

农二师三十四团史志编纂委员会编,新疆人民出版社 2001 年

(1963 年)9 月 26 日,首批上海支边青年 501 人到场。

10 月,为了便于对上海支边青年的领导和教育管理,场成立了 3 个学生队。

（《大事记》,第 7 页）

(1964 年)6 月,第二批上海支边青年 684 名到场。

是月,为了妥善安置上海支边青年,场成立了两个蚕桑队。　　（《大事记》,第 7 页）

(1965 年)7 月,上海第三批支边青年 258 名到场。

8 月,上海市副市长宋日昌率上海慰问团来新疆慰问上海支边青年,上海科学院研究员彭加木率分团来场慰问上海支边青年。　　　　　　　　　　（《大事记》,第 8 页）

(1966 年)5 月 25 日,第四批上海支边青年 250 人到场。　　（《大事记》,第 9 页）

(1980 年)1 月,三十四团上海支边青年因受农一师上海支边青年串联的影响,掀起了一股回城风。

1 月 31 日,巴州农垦局党委常委召开会议,研究解决三十四团上海支边青年“回城风”问题。　　　　　　　　　　　　　　　　　　　　　　　（《大事记》,第 14 页）

(1980 年)12 月 20 日,上海支边青年在“回城风”的影响下,800 多人纷纷离场回沪不归。

（《大事记》,第 15 页）

(1981 年)10 月,上海支边青年陆陆续续返团工作　　　　（《大事记》,第 15 页）

1963 年至 1966 年连续 4 年接收来自上海杨浦区、闸北区、芦(卢)湾区、南市区和川沙县的四批支边青年 1 693 人(第一批 1963 年 501 人,第二批 1964 年 684 人,第三批 1965 年 258 人,第四批 1966 年 250 人)。　　　　　　（第三编第一章《人口的形成》,第 71 页）

1956 年建场初期,绝大部分是男性青壮年,女性只有 88 人。河南农民支边青年五大队、六大队到场后,年底全场人口 2 339 人,其中:女性共 454 人,占总人口的 19.41％。男、女性别比例严重失调。1959 年和 1960 年,塔一场先后两次接收湖北、江苏支边青壮年 1 853 名,1963 年至 1966 年接收四批上海知识青年 1 693 人,以及老职工接迁家属,使男女性别失调得到缓解。70 年代,男、女性别比例基本平衡。

（第三编第一章《人口的形成》,第 73—74 页）

20 世纪 60 年代,上海知识青年到农场安家落户,团场人口文化素质迅速提高。

（第三编第一章《人口的形成》,第 77 页）

20 世纪 70 年代中期,一些上海知青回家探亲,从家乡带回尼龙袜、的确凉衬衣、的卡茄克外套,居民服饰较过去明显改观。　　（第三编第四章《人民生活》,第 91 页）

20 世纪 60 年代一批上海知识青年被选拔到机务工作中来。20 世纪 70 年代末至 80 年代,特别是 80 年代初上海知青返城,使机务人员缺额较大,这时从团场子弟学校毕业已在农业生产劳动中接受锻炼的一批具有初高中毕业文化的优秀青年被选拔充实农机队伍。

（第十一编第三章《经营管理》,第 277 页）

20 世纪 50 年代末至 60 年代,一大批支边青年和转业军人来到农场,各级党组织对这批新职工常抓不懈地坚持理想与传统教育。特别是在受教育后许多上海知识青年主动放弃了回大城市的机会,心甘情愿在农场与老职工同甘共苦,艰苦奋斗,建设农场。

（第十八编第四章《党组织建设》,第 418 页）

1963—1966 年,上海知识青年和复员转业官兵纷纷来场工作。从此,农场干部的文化水平、业务能力、领导艺术都有很大提高。三年中场党委从知识青年、复转官兵中选择、提拔各级各类干部 114 名,解决了农场干部十分短缺的矛盾。

（第十八编第七章《干部工作》,第 426 页）

20 世纪 50 年代妇女少,妇女干部也少。20 世纪 60 年代,大、中专毕业女学生陆续分配来农场工作,给选拔妇女干部带来了希望。尤其是上海支边知识青年的到来,为选拔妇女干部增添了新的广阔的潜力。1956 年全场只有妇女干部 19 名,到 1965 年妇女干部增加到 68 人。

（第十八编第七章《干部工作》,第 428 页）

三十四团在 1957—1963 年期间,只创办了小学教育。在这期间,教师由创办初期的 4

人增加到 23 人。……上海知青来疆后,选培了一批优秀者任教。……1966 年,"文化大革命"初期,团场又从上海知青中选择了 20 多人到中小学接任教师工作。

(第二十六编第三章《教师队伍》,第 606 页)

# 《三十五团志》

兵团农二师三十五团史志编纂委员会编,(内部刊行)1999 年

(1980 年)10 月,三十五团部分上海知青受阿克苏上海知青的影响,开始要求返沪,大部分知青大闹回城风。

(《大事记》,第 13—14 页)

1957—1997 年三十五团人口来源统计表①

| 年 份 | 人 口 来 源 | 数 量 |
|---|---|---|
| 1963—1965 | 安置上海知青 | 1 735 |

(第三编第一章《人口》,第 77 页)

在 60 年代,增加的人口中主要是随着生产的发展大量调进迁入的人口,其次为接纳上海知青,安置转业复员军人,以及刑满就业人员,1959—1965 年仅这两项就迁入 4 735 人。

(第三编第一章《人口》,第 78 页)

这一阶段人口大幅度减少是在 1980 年和 1981 年,这两年共减少 1 693 人。上海知青受回城风的影响,纷纷返沪。由于上海知青大批返沪,致使中学因教师奇缺而暂时停课,其他行业也都受到不同程度的影响。

(第三编第一章《人口》,第 79 页)

70 年代团场出台一项新政策:上海知青的配偶可以参加工作。由于老职工探亲或写信的介绍,不少女青年涌进团场,成为上海知青的配偶,仅 1976 年、1977 年上海知青的配偶参加工作的就近百人。

(第三编第二章《人口结构》,第 80 页)

1980—1981 年上海知青大批回城,共 1 017 人。

(第二十一编第一章《职工队伍》,第 467 页)

---

① 本表内容为节选。——编者注

值班战士主要由复员转业军人和政审合格的上海等支边青年组成。

（第二十三编第一章《组织》，第 500 页）

1958 年建校时，仅有 2 名教师，郭文钦系从河南调来……

1965 年，场陆续从上海知青中挑选了大批初、高中生充任教师……

进入 80 年代，受回城风的影响，大批上海知青回沪，流失了大量教师，致使中学部分科目停课，团只好从青年职工中选拔一批团内历届高中毕业生充实教师队伍，1980 年中小学代课教师多达 104 人。

（第二十五编第四章《教师队伍》，第 534—535 页）

1962 年 10 月，塔二场成立了宣传队……宣传队为排级建制，归农场宣教股直接领导。

1963 年，上海知青大批进场后，又陆续抽调了一批能歌善舞的青年男女和老军垦子女共 35 人充实了宣传队（改为连级），宋世俊任政指兼队长。

（第二十七编第三章《文艺演出》，第 576 页）

刘月琴，1949 年 12 月出生，上海市人，1964 年 5 月上海知识青年支边来疆工作，1977 年 7 月加入中国共产党。

刘月琴在团场工作期间曾担任班长、排长、副指导员、代指导员，多次被评为团先进工作者。1977 年被评为师"青年标兵"，1979 年被评为自治区"模范共青团员"，她是自治区第五届人大代表，尉犁县第八届人大代表。

（第二十九编第二章《人物简介》，第 614 页）

## 三十五团上海支边知识青年名录（1963—1965）

| | | | | | | | | | |
|---|---|---|---|---|---|---|---|---|---|
| 辛胜利 | 张锡达 | 宋瑞明 | 梅根生 | 何志良 | 黄栋霖 | 瞿尉严 | 朱国喜 | 王贵生 | 赵明德 王　复 |
| 吴盟成 | 何享生 | 陈新浩 | 曹旦恩 | 王成忠 | 王兴林 | 李长根 | 周来娣 | 梅根娣 | 李德磊 于永妹 |
| 唐美英 | 何秀惠 | 张国庆 | 朱耐波 | 张红扣 | 王佑锋 | 朱晓祖 | 朱来喜 | 何延瑾 | 郑大伟 陈开石 |
| 王国陈 | 翁栖生 | 徐付春 | 陈卫成 | 章荷芬 | 徐华梅 | 唐桂云 | 郁玉珍 | 汪银仙 | 王英娣 丁雪琴 |
| 刘存宝 | 蔡幼华 | 华春芬 | 陈连兄 | 陈寇凤 | 陈彩凤 | 周建新 | 余翠英 | 徐付珍 | 张国珍 胡宝娣 |
| 杨菊英 | 刘宗秀 | 诸阿毛 | 崔连德 | 陶根成 | 朱忠国 | 丁志忠 | 王关成 | 王明生 | 赵广福 李云飞 |
| 徐菊英 | 方素云 | 王树高 | 金兴强 | 夏来娣 | 李淑青 | 徐延俊 | 王克斗 | 李洁萍 | 邬爱娣 季祖辉 |
| 李在发 | 王龙全 | 汪锡华 | 蒋来娣 | 刘瑞华 | 张成忠 | 王兆成 | 芷根生 | 刘东京 | 余宝珠 金立新 |
| 吴良才 | 储金凤 | 陆国松 | 罗爱娣 | 杨　雷 | 瞿杏仙 | 徐伟娣 | 谢彭生 | 张庚文 | 孔祥森 成益珍 |
| 金民强 | 汪瑞莲 | 左干成 | 陈　谨 | 陈文开 | 赵生娣 | 谢俭青 | 钱玉珍 | 孙孝元 | 唐莲英 陈焕群 |
| 马金娣 | 陈凤金 | 王罗红 | 毛明苏 | 陈连生 | 张兰英 | 卢根娣 | 胡满生 | 洪孝和 | 宋宏跃 陈玉凤 |
| 陈关福 | 黄福娣 | 蔡承祖 | 陈莉芳 | 陈国兴 | 张春文 | 谭佩强 | 陈海萍 | 龚德金 | 叶莉芬 缪云海 |
| 史文文 | 李海林 | 孙筱妹 | 杨子喜 | 陶小黎 | 黄绍妹 | 李凤英 | 陈大庆 | 王　伟 | 王爱菊 蔡　炎 |

| | | | | | | | | | |
|---|---|---|---|---|---|---|---|---|---|
| 周三凤 | 陈国梁 | 王宝兰 | 王如才 | 杜爱妹 | 赵康安 | 叶思文 | 童兆龙 | 夏淑君 | 黄孚雄 | 戴根娣 |
| 张永生 | 项国珍 | 黄官清 | 吴明珠 | 许福根 | 童庆娜 | 马国良 | 鲍小妹 | 胡明珠 | 秦尧其 | 沈国龙 |
| 夏道杰 | 沈金元 | 安永昌 | 邬金保 | 陈宝荣 | 陆　明 | 崔永华 | 戚妙法 | 朱忠汇 | 陈美霞 | 刘幼霞 |
| 高行杰 | 余新民 | 赵广德 | 戴妙富 | 仉振信 | 李吉民 | 杨锡林 | 王维平 | 朱志轩 | 胡文义 | 罗贤信 |
| 潘林宝 | 陆佩玉 | 姚扣珠 | 陈海江 | 章松柏 | 邵积善 | 李玉娥 | 仉妙珍 | 杨华林 | 姚国民 | 史大金 |
| 任桂元 | 沈绍豪 | 朱小玲 | 周渊妹 | 蒋兰祥 | 范文秀 | 曹汝成 | 翁蔚蓉 | 毛明鹤 | 沈秀珍 | 陈来娣 |
| 徐立新 | 杨定和 | 杜崇福 | 王路英 | 梁声平 | 孟妙英 | 赵国英 | 金心秀 | 周志元 | 马根娣 | 王有年 |
| 万月仙 | 王祥国 | 沈明珍 | 金云芳 | 何新根 | 励海潮 | 王爱金 | 王相其 | 郑晓东 | 陈招娣 | 庞丁辉 |
| 陶庆祥 | 王顺康 | 黄亚军 | 胡丽娟 | 蒋建行 | 李月华 | 包金茂 | 刘正秀 | 俞树良 | 吴宜珍 | 林建新 |
| 朱　清 | 徐秀萍 | 邵荣根 | 颜正明 | 戴金兰 | 曹金娣 | 王林娣 | 孙跃忠 | 翁科文 | 吴宝英 | 俞志刚 |
| 徐才红 | 龚世丽 | 杨忠发 | 朱　勤 | 魏海青 | 陶双妹 | 王宗明 | 周忠豪 | 孙宝华 | 孙牛郎 | 王建忠 |
| 程国强 | 蒋永华 | 杜忠海 | 周清良 | 郁红妹 | 顾秀珍 | 段国桢 | 赵尊祥 | 吴扣珠 | 仉毛毛 | 杨云凤 |
| 陈国森 | 王菊芳 | 芮永林 | 郑文正 | 许　炜 | 汤八妹 | 陈建国 | 夏成浩 | 陈少获 | 徐宝林 | 金保根 |
| 黄业绿 | 董兰英 | 李慧敏 | 姜永国 | 王雅芬 | 沈德福 | 吴大春 | 屠思娣 | 王玉英 | 俞润三 | 包善提 |
| 武玲玲 | 陈长根 | 郑文秀 | 孙洪洲 | 成红妹 | 沈根才 | 季雪琴 | 博兴珍 | 邱明芳 | 王长江 | 赵金芳 |
| 邢伟清 | 俞志平 | 童金发 | 黄月琴 | 陈卫柱 | 吕文娟 | 张付林 | 陈明清 | 宋明华 | 张毛娣 | 余卫军 |
| 肖雪珍 | 孙大鹏 | 姚菊文 | 黄宝发 | 仉长发 | 王加祥 | 周生妹 | 沈履仁 | 杨克仁 | 张继发 | 顾爱丽 |
| 涂云昌 | 孙龙宝 | 杜卫明 | 王汉文 | 王淑义 | 李凤英 | 姚国祥 | 徐金龙 | 毕月鸿 | 余文英 | 江心鑫 |
| 陈立慧 | 沈骏伟 | 沈文卫 | 王月祥 | 孙学礼 | 朱玉林 | 王国华 | 石金娣 | 聂梓猛 | 陈国胜 | 林福伦 |
| 秦供生 | 余立新 | 徐月妹 | 时三妹 | 张洁敏 | 郑兰才 | 施银官 | 舒忠贤 | 袁小付 | 葛丽仙 | 周明书 |
| 张文彪 | 吉来宝 | 李桃芬 | 赵妙根 | 孙德宝 | 仉月琴 | 黄一峰 | 孙维芬 | 丁玲昌 | 张玉英 | 翁培勋 |
| 王四妹 | 丁亚萍 | 徐美珍 | 宋长花 | 刘采弟 | 聂美娟 | 唐卫君 | 穆范生 | 戴玉昌 | 周丽花 | 仉慕兰 |
| 周保莫 | 苏素珍 | 李利华 | 裴月英 | 余连方 | 常菊娣 | 曾红珠 | 张利珍 | 沈金跃 | 颜如喜 | 许培华 |
| 王胜开 | 高爱珍 | 李仁国 | 王小玲 | 丁荣生 | 任红芬 | 吴为雨 | 沈佩珍 | 贺民宇 | 周玲平 | 顾立星 |
| 王扣才 | 武政洪 | 童　英 | 李伟祖 | 严正芳 | 黄荣生 | 陈银珠 | 仉加乐 | 姚惠珍 | 赵　俊 | 黄丛青 |
| 何祖民 | 缪玉秀 | 李宪康 | 王龙娣 | 高邢孝 | 张惠菊 | 黄　坚 | 戈娟芬 | 史济瑾 | 顾唐梅 | 王立平 |
| 沈玲珍 | 潘根荣 | 夏培林 | 汪保发 | 宋非利 | 周保义 | 金　女 | 顾群杨 | 吴雪琪 | 郑二中 | 王春香 |
| 李允中 | 阮万英 | 陈根发 | 赵香玉 | 王中平 | 徐淑珍 | 王顺风 | 陈月英 | 郭贵春 | 樊清凤 | 阮正祥 |
| 胡少英 | 周德成 | 陈美多 | 陈连福 | 何志方 | 张洪方 | 水佳荣 | 吴正才 | 沈培珍 | 吴安民 | 黄凤兰 |
| 黄　超 | 黄民其 | 陈咬齐 | 孙金标 | 刘世义 | 陈金根 | 周国栋 | 仉菊花 | 顾新标 | 侯景兰 | 顾听根 |
| 王力群 | 毛丁岳 | 康民华 | 张栋元 | 顾杨林 | 卜义根 | 韦国兴 | 杨付昌 | 孙德祥 | 潘国光 | 凌荣兴 |
| 王林保 | 何国全 | 唐锡平 | 代子林 | 王海勤 | 蒋光成 | 徐礼明 | 朱龙根 | 付福根 | 华西根 | 张勇强 |
| 陆　正 | 陈志云 | 王洪付 | 朱天林 | 陆建方 | 杨伊正 | 钱学芬 | 邓凤珍 | 汪明方 | 李玉琴 | 潘昔保 |
| 王阿根 | 邢玉龙 | 高素香 | 李国玲 | 房仁辉 | 陆广毛 | 李德后 | 顾金付 | 吕　雄 | 刘洪明 | 陈标龙 |

郑世为　周一昌　沈洪全　李宗田　包金生　顾庆宪　陈兴国　抗久林　袁基平　周中权　谢其明
王伯林　谢一金　黄裕仁　江　同　卢金涛　朱梅英　马德华　陈丽珍　徐梅红　戴莲芬　沈菊娣
姚海娣　拍小红　杨美丽　俞慧云　刘桂英　吕慧钦　段银娣　王清培　韩桂凤　陈玉仙　陈忠妹
于小相　诸宝妹　刘吉娣　陈　强　乔红林　张荣官　孙才发　付云喜　陈德康　王汉清　陶　幸
誉祖坤　张德根　单玉崑　沈宏发　吕美琴　吴惠芹　王口珠　张小妹　张招娣　杨婉珍　虞金妹
董杏娟　姚建华　朱阿妹　薛来娣　金汉岗　高宝生　徐志良　陈金茂　张忠豪　高树怀　陈永成
张南正　陈顺荣　姚建成　王菊珍　夏春林　贺国强　段太平　许祖思　孙得贵　史金妹　常义妹
杨菊娣　张惠芬　朱汇南　朱玉太　徐长福　王庭柱　朱学云　孙木序　秦小牛　孙扣子　陈长根
张光墨　蒋中发　丁小宝　王顺根　沈义文　李国权　朱宝先　高金根　廖楚才　付纪全　秦士明
陈建芳　沈赛芬　范松梅　胡家驹　黄良龙　毛丙祥　汪得昌　姚志鸿　华富生　王义祥　吴文丽
赵桂芬　韩安国　冯雪强　杨彩凤　胡锦强　解留柱　陈松赞　张莉莉　杨秉芬　陈玉英　石杏娟
吴金远　王金文　董丽华　赵安芹　吴妙珍　张景良　周清泉　超启顺　吕付荣　张金海　徐文宝
张良祖　顾金生　王万兴　洪昌庭　毛节佩　李敏东　杨德山　疗珠凤　戈玲妹　吴　平　阮藉芳
李爱娟　陆金妹　邹占茹　陈佩秀　周卫英　刘成妹　熊德玲　密连珠　钱良栋　张春妹　王宝枝
王桂桢　茅山娟　徐家奇　邱春卫　冯仁章　周成发　钱永兴　汪仁林　颜世霖　顾宝国　林友德
凌顺为　刘立龙　孙　红　诸天仁　王家平　沈继生　陆国珍　方　维　章怀英　陆长官　朱惠珍
刘惠芳　陈长林　谢玲玲　杨卫国　王弘予　季永生　缪小弟　王虎培　侯丙元　王秀丽　陈祖基
徐忆清　项翠宝　时良芳　张雪英　黄雪芳　闫瑞芳　高德富　嵇晓林　钱为宝　孙红娣　嵇小妹
王美丽　洪益平　徐美叶　李丛娥　徐彩凤　徐爱英　王秀清　杨惠珍　周芬娣　韩盘珍　肖林英
季春云　王宝琴　胡玉康　张恩华　湛炎生　罗性云　邱文杰　沈维芳　赵德丽　张美英　田根娣
王新宝　施建草　赵玲娣　郝静秋　乔桂英　刘金坤　王金华　张万坤　姜礼平　王端文　余性虎
陈芬连　吴福琴　蒋工南　沈蔡康　赵玉明　王云珠　李自蓉　陈文凤　乔达昌　方国珍　尹兰君
王尧花　顾根娣　黄秀萍　顾成高　王青山　顾维新　张立柱　陈忠庆　诸汉良　黄学蓉　朱云芳
王建贤　陈怀娣　蔡秀珍　系秀珍　张美琴　陈芳兰　陈　英　王占良　王浩均　林小燕　张敏珍
朱国英　沈木生　郑培培　黄燕娟　蔡召美　余佩珍　蒋四妹　陈爱芳　陆金生　黄粉珍　施志芬
张锡恒　沈段元　徐传富　何秉清　郑茂忠　王广鑫　陈惠敏　林寿生　林乾斌　邵祉衍　肖玉才
张阿娣　姚文坚　刘采玲　徐再兵　矛根宝　朱秀玲　黄新元　郑崇顺　孙有勇　吕继东　杨冬兰
应国良　陈宝森　唐秀成　徐明达　宋文良　徐霞娟　王秋英　陆连玉　陈兰娣　冯玉华　俞金保
吴兰女　陶凤英　周桂英　黄俊娣　邵雪英　芦丽华　刘兰女　朱瑞珍　龚云玉　胡翠芬　陶红梅
孙大留　沈德宽　金惠忠　王　川　林宏根　项顶珠　葛连珠　黄兴元　龚卫本　程　童　姚根生
张连珠　王梅芳　程　镐　陆剑英　邹开宝　柏新林　宋菊文　沈美英　金绍兴　陈玉珠　程培均
毛永革　王荣荣　张国英　陆海森　李荣春　王世姣　翁志雄　陈一芬　舒金华　黄梅芬　何贵祥
杨小珍　章阳宝　李云花　唐正刚　侍道玉　蔡志强　杨秀萍　周家宝　戴为成　陈建英　徐阿根
顾小妹　阚福严　林书明　李爱玉　陆顺德　王定康　洪忠慷　张李福　王怀珍　陈成龙　董秀玲

| | | | | | | | | | |
|---|---|---|---|---|---|---|---|---|---|
| 孙国庆 | 姚粉红 | 史兰珍 | 徐罗娣 | 叶克明 | 朱伯生 | 卞三凤 | 刘胜利 | 张菊英 | 姜祖得 | 陈玉香 |
| 赵万喜 | 葛玉花 | 姚　宇 | 周　全 | 周藏女 | 张阿根 | 周秀英 | 王达喜 | 周京芝 | 张和平 | 范燕芬 |
| 王立东 | 王学涛 | 沈承炎 | 王方玉 | 冯小妹 | 杨小星 | 徐焕焕 | 杨小珍 | 唐忠男 | 郭小妹 | 吕兴忠 |
| 黄菊芳 | 刘贵勤 | 沈春妹 | 闪永跃 | 田荷娣 | 张国威 | 周照仙 | 姚学勇 | 金文龙 | 施其得 | 曹继高 |
| 龚大福 | 戴五琪 | 陆付龙 | 蒋同福 | 朱妙根 | 黄张奇 | 吴长荣 | 仉月娣 | 袁玉勤 | 高忠兴 | 张根娣 |
| 黄银官 | 杨银娣 | 王来宝 | 郑维芳 | 徐　境 | 殷秀珍 | 刘国强 | 石云妹 | 赵金仁 | 杨敏华 | 陈伯雄 |
| 张春霞 | 五志华 | 仉素珍 | 宋天得 | 施金荣 | 陈金福 | 张淇林 | 刘信涛 | 黄英英 | 饱世明 | 王得妹 |
| 毛明岳 | 邵志炳 | 徐　根 | 潘复杰 | 王香成 | 徐成志 | 沈警革 | 刘冬妹 | 张秀珊 | 杨思文 | 陆梦华 |
| 仲培洋 | 张德富 | 殷国览 | 芦海连 | 邱加安 | 卫星度 | 陈根祥 | 陈桂生 | 严　军 | 郑韦明 | 杨晓珠 |
| 顾菊英 | 董兆娣 | 胡金秀 | 娄月珍 | 盛龙贞 | 贞裕民 | 陆永林 | 卞炳福 | 斤培根 | 王蛇扣 | 黄科新 |
| 蒋关忠 | 严瑞忠 | 毛文芳 | 戚美君 | 赵新娣 | 江菊英 | 金梅玲 | 杜丽华 | 李继成 | 金惠宜 | 陈庆利 |
| 王　浜 | 周冬梅 | 陈小瑛 | 陈光明 | 蒋锦忠 | 高忠发 | 陶志刚 | 沈韦业 | 吴再明 | 蒋海珠 | 刘月琴 |
| 王小妹 | 蒋来娣 | 黄东娣 | 刘惠娟 | 谢顺兄 | 周彩芳 | 罗雅琴 | 段宝珍 | 沈明英 | 李　瑛 | 徐佳萍 |
| 张浩荣 | 何建华 | 邝明生 | 陆连珠 | 赵惠华 | 张明强 | 杨　政 | 陈光福 | 王　江 | 唐小瑛 | 熊开友 |
| 樊巧英 | 兰丽兰 | 李根发 | 张远银 | 何自力 | 陆　康 | 刘世豪 | 胡迪忠 | 夏加俊 | 谢留忠 | 钱福全 |
| 吴志芳 | 周妙祥 | 徐福寿 | 刘培武 | 朱佩文 | 陆锦东 | 王素兰 | 刘世根 | 徐定成 | 邵立芳 | 李长明 |
| 刘合年 | 金根根 | 任瑞华 | 杨志清 | 陈春林 | 刘正福 | 沈海兴 | 沈承基 | 邓根生 | 赵国洪 | 吴国友 |
| 丁传忠 | 朱六英 | 陆桂英 | 陆木根 | 张伯新 | 陈宝发 | 沈兴龙 | 宋福强 | 王金发 | 俞年康 | 闵立财 |
| 陈瑞宏 | 潘仁杰 | 毛荣生 | 王正福 | 施方林 | 霍　城 | 蒋童男 | 张玉花 | 周彩娥 | 季月英 | 丁宏翠 |
| 李国华 | 杨祥发 | 戴长根 | 杨敏法 | 朱之法 | 童正昌 | 郑妙海 | 邵永林 | 罗根海 | 王雨富 | 周金海 |
| 郁兴海 | 邵明宝 | 沈云虎 | 王化有 | 李召友 | 谢　洪 | 褚丽英 | 陈　梅 | 胡　乐 | 周宝珍 | 汤志祥 |
| 祁法旺 | 周矛文 | 朱根宝 | 胡鑫泉 | 宋关忠 | 高梅英 | 唐秀珍 | 汰菊丰 | 吴银华 | 王关宝 | 吕宏宝 |
| 崔友祥 | 左　沛 | 徐厚德 | 陈伟忠 | 张兰珍 | 吴国妹 | 戴惠琴 | 袁惠善 | 华志珍 | 张梅康 | 李国英 |
| 凌林英 | 葛林生 | 张树楣 | 刘召英 | 章正益 | 王柱宝 | 刘克玉 | 杨国平 | 杜仁寅 | 林鑫泉 | 汪召林 |
| 乔　阳 | 夏龙珍 | 郑紫萍 | 周香莉 | 马根生 | 仉红兰 | 林家宝 | 戴富珍 | 严虎根 | 王荷莲 | 吴开文 |
| 张彩芳 | 周体煌 | 蒯洪弟 | 冯杰东 | 徐宝棣 | 王来章 | 薛芬扣 | 赵庆华 | 蒋宝珠 | 王龙珍 | 崇庆山 |
| 周瑞玲 | 温捷环 | 郁云云 | 苗万民 | 李爱君 | 王淑珍 | 赵中跃 | 高桂珍 | 陆群芬 | 潘文琴 | 陈玉伦 |
| 张东平 | 康太富 | 姜祥华 | 朱德英 | 陈小红 | 陈招娣 | 瞿德昌 | 密尧泉 | 谭玲珍 | 莫洪喜 | 俞如宝 |
| 郑金宝 | 柴庆来 | 罗绪一 | 孙荣仁 | 朱永伯 | 天　亿 | 张学祥 | 杜金桂 | 米会珍 | 周宝华 | 赵洪勋 |
| 朱来宝 | 王德珠 | 高吉珍 | 夏桂珍 | 郑国庆 | 李民华 | 周德明 | 王金洪 | 胡顺荣 | 刘爱如 | 朱文妹 |
| 张金华 | 王美琴 | 刘根兄 | 王会民 | 苏云傲 | 曾来经 | 贺龙根 | 吴会珍 | 肖云芳 | 吴根娣 | 诸元妹 |
| 谢明珠 | 徐志凡 | 韩培培 | 胡荣富 | 李雨年 | 张国强 | 顾永兴 | 王大海 | 王洪妹 | 李守仁 | 吕英武 |
| 蔡明方 | 潘荣文 | 冯金祥 | 陈飞鹤 | 徐瑞清 | 肖福仕 | 吴国华 | 唐培祝 | 韩世林 | 毛来喜 | 姚嘉秉 |
| 仇福妹 | 郑超妹 | 李保珍 | 张海兰 | 李文革 | 韩丽霞 | 邬超金 | 张逸秀 | 俞金昌 | 李玉华 | 陈志红 |

吕红芳　陈可达　张贤华　郑童节　周琦文　徐根娣　富宝仙　崔万昌　仉友根　李茂麟　叶福忠
严德铨　胡错年　张国祥　金玉林　吕百如　韩国辉　王福昌　林胜正　黄长庚　崔秀芳　杨成梅
许德芳　王洪梅　于美珍　胡月珍　周铸兴　吴国兴　高金虎　金莫华　闫薇华　盛洁森　夏英松
徐三妹　张一林　王银娣　张崇喜　姜国志　李　群　诸福良　王　惠　张桃妹　贾民芳　周美华
顾慕荣　仉福春　邹敏华　丁凤珍　沈德英　陆顺才　杨志光　沈元亮　郑明德　卢玉林　付子良
张根桃　凌关华　陈其源　陈城爵　孟保乐　张妙生　杜永志　余振明　徐雪琴　郭来娣　宋利敏
范平群　曾国珍　戴芝灿　朱皓鹏　孟莉珍　高素珍　曾正友　王树萍　周炳强　田明龙　周锡荣
槐贵华　沈永祥　张学系　姚锦兰　王冬娣　族佩珍　陆瑞芳　田秀娟　高念理　密沛林　贺登国
费嘉麟　曹玲娣　王龙珠　李国梅　刘佩军　曾绍会　张炳发　魏兰珍　李明明　陈鹏英　陈森华
王静娟　丁云华　顾裕珍　孙翠兰　黄彩华　黄树珍　翁维君　复仁源　钱民惠　张　颖　应春珠
吴喜凤　顾久兰　王俊华　胡荣芳　许桂秋　黄银根　张传安　潘运海　严亚宝　仉月琴　乔洁慧
华金财　周桂英　叶明华　瞿炳荣　吴志明　朱爱娟　王龙彬　应爱芳　戴根娣　王秀珍　朱美英
孙凤英　赵志强　鲍小珠　黄尧珍　王敏华　邓秀琼　张国君　姚凤仙　许　伟　鲍根宝　贺正义
邵国语　杨荣春　黄玉英　傅惠珍　周妙珍　杨金凤　吉翠兰　黄兆福　钱义红　张石金　汤允华
贺胜华　任复华　李玲慧　陈松林　王　勇　余根强　郑家妹　徐瑞清　诸森庆　陈先学　黄照熙
刘杨林　王龙珍　葛慧林　吴兴根　冯金祥　莫少成

（第二十九编第三章《名录表》，第 651—654 页）

# 《三十六团志》

新疆生产建设兵团农二师三十六团史志编纂委员会编（内部刊行）1996 年

（1966 年）10 月，上海支边青年 296 人到场编成青年学生队，从事农业生产，实行供给制待遇。
（《大事记》，第 6 页）

同年 7 月，师分配来米兰农场，上海支边青年 296 人，场党委根据上级指示精神，对支边青年作了妥善安排，组建了支边青年队，党委指派王金宁任青年队副队长，杨福田任副政指。
（第十六章《劳资管理》，第 153 页）

# 《二二三团志》

新疆生产建设兵团农二师二二三团史志编纂委员会编，（内部刊行）1996 年

（1967 年）1 月，农场江苏省常州支边青年在上海"一月风暴"影响下，成立"红敢队"，并提出了"打回老家闹革命"的口号。
（《大事记》，第 9 页）

（1969年）4月5日,北京经济学院,新疆八一农学院等8所高等院校的22名知识青年"上山下乡"到农场。

6月,乌鲁木齐市240名知识青年来农场参加劳动锻炼,接受贫下中农再教育。

（《大事记》,第9页）

（1974年）1月30日,建工师钢铁厂40名知识青年来团,接受贫下中农再教育。

（《大事记》,第12页）

5月18日,建工师分配知识青年233人来团,接受贫下中农再教育。

（《大事记》,第12页）

10月,以知识青年为主组建农七连。

11月建工师分配160名知识青年来团接受再教育。　　（《大事记》,第12页）

1969年4月,北京经济学院、上海医大等8所大专院校的22名大学生响应毛泽东主席"上山下乡"的号召,到农场参加建设。同年6月,农场又安置乌鲁木齐市知识青年240名。8月,安置巴音郭楞州知识青年26人。1974年1月至11月份三批安置乌鲁木齐市知识青年442人,1976年10月安置巴州师范生7人。1977年8—9月安置巴州知识青年196人。1978年安置巴州各县市知识青年87人。以上各时期农场安置的知识青年千余人已大都返城。

（第三章《人口》,第45页）

（一）安置就业

35年来,团场共安置就业职工3031人。其中:安置社转场劳动力239人,安置支边青年450人,安置自愿支援农场建设的人员478人,安置城镇知识青年1020人,安置职工子女就业910人,90年代安置河南劳务工313人。

（二）职工调动

建场初中期,由外单位集体调入职工642人,后因支援外地区建设,集体调出职工1096人。1980年后,团场的少部分职工向内地流动。城镇支边青年和知识青年,通过各种渠道返城930人,占安置数的97.5%。　　（第十七章《综合经济管理》,第219页）

**陈定安(1949—1992)**　　男、汉族、上海市人,1963年9月支边来疆,在农二师34团农科所工作。1984年8月—1986年3月在34团劳教一队任内看守。1986年2月参加农二师政法委劳改处驻二二三团三中队工作组,任副组长,1986年至牺牲前在劳改三支队先生任教育干事、管教科科长等职。

1992年8月4日,劳改四中队发生了一起犯人脱逃未遂案。高烧40℃正在医院挂吊

2042

针的管教科科长,共产党员陈定安闻讯后,立即带病出院,赶到四中队,紧急部署防逃措施,并住在四中队督阵。8月6日上午,陈定安安排了工作以后,于11时10分进监舍与犯人谈话做思想政治工作,后又检查了犯人食堂和监舍,随后又到8号监舍门前看墙报。当陈定安专心致志看墙报时,突然被蓄谋已久,穷凶极恶的罪犯徐清一刀刺入腹部。陈定安在身负重伤的情况下,临畏不惧,奋起拼搏,与罪犯徐清搏斗。终因陈定安病后体弱,手无寸铁,被罪犯连捅数刀,倒在血泊中以身殉职,享年43岁。

陈定安自1963年支边进疆,参加工作30年来,他勤奋踏实,曾多次被评为先进工作者;在生活上,他艰苦朴素,严格要求自己。从事劳改工作后,他把全部心血和精力倾注给了党的劳改事业,他谦虚好学,努力钻研业务。他深入中队给干警谈心做工作,深入监舍给犯人上课。

他任劳任怨,处处以党的利益为重,不计较个人得失,无条件地服从组织分配。1990年9月,1992年7月,两度到四中队代理指导员工作。

陈定安为党的劳改事业一直战斗到生命的最后一息,团党委根据他生前表现,追认他为中国共产党优秀党员。1993年2月22日经新疆维吾尔自治区人民政府批准,追认陈定安为革命烈士。

1993年8月17日,中共二二三团委员会作出《关于开展向陈定安烈士学习活动的决定》。号召广大党员干部要以陈定安烈士为榜样,以高度的事业心和责任感,兢兢业业,踏踏实实工作,促进二二三团的改革和经济建设事业,为国家做出贡献。

(第二十八章《人物》,第315页)


# 《农三师志》

新疆维吾尔自治区地方志编委会编,新疆人民出版社2000年


(1966年)5月5日,师招收沪、浙青年工作组首批52人抵沪。经协商,确定农三师上半年在上海市杨浦、虹口和南市三区共招收5 300名青年,其中300名是因上海方面要求而增招的(注:下半年的招收工作因"文化大革命"而中止)。 (《大事记》,第7页)


(1966年)5—6月,师从喀什专区招收的社会青年1 423人(男982人,女441人)及其家属共1 590人,分批安置在前进三、四、五、七、八场和师直煤矿。这批青年分别来自喀什市、莎车县和疏勒县。其中维吾尔族1 407人,汉族180人,回族3人。(《大事记》,第7页)


7月5日—8月6日,师从上海招收的支边青年4 971人(男2 286人,女2 685人)分批到达前进二、三、四、五、六、七、八场、团结农场、工程二支队、师直云母厂等单位。

(《大事记》,第8页)

1966 年秋,浙江温州、宁波、绍兴和黄岩的支边青年 3 462 人,分批到达前进一、二、三、四、五、六、七、八、九场、团结农场、昆仑农场、工程一、二支队和前进二牧场。　　《大事记》,第 8 页)

　　是年,师安置北京社会青年 2 109 人。　　　　　　　　　　　　　　　(《大事记》,第 8 页)

　　(1973 年)8 月,四十五团 7 连班长、上海支边青年练顺敏被选为出席中国共产党第十次全国代表大会代表。　　　　　　　　　　　　　　　　　(《大事记》,第 18 页)

　　10 月,浙江省慰问团来师慰问浙江支边青年。　　　　　　　　　(《大事记》,第 18 页)

　　12 月 6 日,知识青年上山下乡工作会议召开,师副政委高诚作报告。报告指出:1966 年从北京、上海、浙江来农三师的青年和从兵团各师、地方农场调来农三师的上海、江苏、武汉青年共 1.1 万余人,其中有 277 人加入中国共产党,2 186 人加入共青团,1 664 人被提为干部。
　　　　　　　　　　　　　　　　　　　　　　　　　　　　(《大事记》,第 18 页)

　　(1980 年)4 月 30 日,四十八团 6 连兽医、文化教员兼军械保管员陈志华,因顶替回上海无望,于凌晨两点,用盗窃该连的枪枝打死该连干部、工人 8 名,打伤 1 名,然后携带武器逃跑,在追捕中被击毙。　　　　　　　　　　　　　　　(《大事记》,第 22 页)

　　(1981 年)12 月,据统计,喀什地区农垦系统仍有 1963—1966 年从上海、浙江、江苏、北京支边的知识青年 5 674 名,其中上海青年 3 772 名,浙江青年 859 名,江苏青年 346 名,北京青年 697 名。　　　　　　　　　　　　　　　　　(《大事记》,第 24 页)

　　(1986 年)8 月 18—19 日,由副市长谢丽娟率领的上海市赴疆慰问团,由兵团副政委曹国琴陪同来师慰问。会见了来自全师各团场的 13 位上海支边青年代表,并进行了座谈。
　　9 月 5—7 日,上海青年厂长(经理)东西互助洽谈团由上海团市委副书记张国民带队,兵团信息中心主任赵淑宇陪同,来师进行经济互助洽谈。草签了七项意向书和协议书。
　　　　　　　　　　　　　　　　　　　　　　　　　　　　(《大事记》,第 36 页)

　　上海支边青年是师工作组随兵团工作组于 1966 年 5 月在沪招收的,大多是杨浦区、虹口区和南市区的知识青年,共 4 971 人,其中:男 2 286 人,女 2 685 人。于同年 7 月 5 日—8月 6 日分批安置在前进二、三、四、五、六、七、八场、团结农场、工程二支队、师直云母厂。
　　浙江支边青年,是师工作组于 1966 年 8 月在温州、宁波、绍兴和黄岩招收的知识青年共3 462人,于同年 11 月分批安置在前进一、二、三、四、五、六、七、八、九场、团结农场、昆仑农

2044

场工程一、二支队、前进二牧场。

1966年,兵团分配给农三师北京社会青年1 098人,包括家属小孩共1 107人;劳改犯999人。

根据1966年7月16日自治区人民委员会批转的自治区安置办公室"1966年在兵团安置少数民族知识青年和闲散劳动力计划",喀什专署在农三师安置社会青年1 423人,绝大部分为维吾尔族,其中男982人,女441人,包括家属小孩及亲属共1 590人。这些青年主要来自喀什市、疏勒县、莎车县。安置在前进三场、四场、五场、七场、八场和师直煤矿。

(第三编第一章《人口规模》,第136页)

### 四十二团"阿訇协定"冤案

1967年5月间,该团一连二排全体上海支边男青年,在一连有块叫"阿訇地"的地里劳动时,相约三年内不谈恋爱。1967年10月,该团政法股个别人在处理一起所谓的"唱反动歌曲"事件中,采取残酷的逼供手段,把支边青年"阿訇地"相约,臆造为"阿訇协定"反动组织的冤案。此案涉及10人,1人自杀,9人被监督劳动,长期背着莫须有的罪名,直到1979年彻底平反。

(第十四编第六章《重大政治运动记略》,第443页)

**出席中国共产党全国代表大会代表名录表**

| 姓　名 | 性别 | 民族 | 籍贯 | 出生年月 | 参加工作时间 | 党、团员 | 文化程度 | 出席代表大会时间 | 所在单位 |
|---|---|---|---|---|---|---|---|---|---|
| 练顺敏 | 女 | 汉 | 上海 | 1940 | 1966 | 党员 | 文盲 | 1973年8月中国共产党第十次代表大会代表 | 四十五团 |

(第二十五编第三章《列表人物》,第645页)

# 《四十三团场志》

四十三团史志编纂委员会编,(内部刊行)1996年

(1964年)7月,接纳上海支边青年554人。　　　　　　　　　　　(《大事记》,第7页)

(1965年)10月,接纳南京支边青年305(人)。　　　　　　　　　(《大事记》,第7页)

(1966年)7月,接纳上海崇明县支边青年133人。　　　　　　　　(《大事记》,第8页)

是月(10月),接纳宁波、温州支边青年298人。　　　　　　　　(《大事记》,第8页)

60 年代,国家号召城市青年上山下乡,支援农业第一线,有志青年到边疆去,支援边疆建设。四十三团根据上级的指示精神,1963 年,接纳上海支边青年 150 人;1964 年,接纳上海崇明支边青年 554 人;1965 年,接纳南京支边青年 305 人、上海支边青年 250 人;1966 年 7 月,接纳上海青年 495 人;1966 年 10 月,接纳温州支边青年 298 人、接纳宁波支边青年 430 人。

……

1978 年,党的十一届三中全会以后,根据政策,符合条件的支边青年可以回城工作,出现了"返城热"。大部分支边青年通过各种渠道回到城里,团场人口减少。

(第三编第一章《人口变化》,第 53 页)

60 年代初至 60 年代中期,上海、南京、宁波、温州等地青年,积极响应国家的号召,支援边疆建设,陆续接纳 2 888 人。　　　　　　(第十二编第二章《工人》,第 262 页)

**劳力来源表①**

| 来源地 | 上海 | 南京 | 宁波 | 温州 | 武汉 |
|---|---|---|---|---|---|
| 人数 | 1 200 | 260 | 430 | 280 | 334 |

(第十二编第二章《工人》,第 263 页)

1966 年,为了加强本地的安全工作,前进三场和团结农场分别组建了两个值班连队,连级建制,配备连长、指导员和业务班子,下设班排,直属团党委领导。连队人员以复员军人为主,抽调一部分上海和南京的支边青年。　　(第十四编第二章《民兵组织》,第 280 页)

60 年代,大批来自上海、南京、宁波、温州、湖南、山东等地的支边青年和自流人员涌入团场,汉族人口剧增,最多时达 8 000 余人。党的十一届三中全会以后,根据有关政策,大批支边青年返城,汉族人口又逐年减少。　　(第十九编第一章《民族》,第 349 页)

# 《农四师志》

农四师史志编纂委员会编,中华书局 2000 年

(1965 年)9 月 29 日,上海市各界人民赴疆慰问团第三分团到师慰问。

(《大事记》,第 20 页)

---

① 本表内容为节选。——编者注

（1976 年）8 月 13 日，伊犁农垦局向武汉慰问团汇报武汉知识青年情况。农垦系统共有武汉青年 2 172 人，已有 92 人加入中国共产党，526 人加入共青团，644 人被选拔为连以上领导干部。

（《大事记》，第 27 页）

11 月 5 日，伊犁地区计委、伊犁地区知青办联合通知，要求农垦系统安置知识青年 500 人，新增劳动工资指标，按照有关规定批准。11 月 12 日，农垦局向各农牧团场发出《关于做好城镇知识青年上山下乡安置工作的通知》。

（《大事记》，第 28 页）

1961—1966 年，安置上海支边青年 2 260 人、武汉支边青年 1 677 人、温州支边青年 172 人。

（第四编第一章《人口》，第 133 页）

叶惠贤，自幼酷爱电影，初中后又爱上戏剧，参与演出话剧《年青一代》，演出过配乐诗朗诵《接班人之歌》。这一时期，除较好地完成学业外，还自学莎士比亚、莫里哀、易卜生等一些大师的主要戏剧作品及其理论。

1964 年高中毕业后，他从上海支边进疆，分配到农四师五〇农场，先后在五〇农场演出队、农四师文工团、兵团文工团工作多年。他勤奋好学，不仅参加演出，还从事文艺创作和编导工作。他创作的相声《一件棉袄》、《一字之差》、《野营好》、《处处有亲人》等受到好评。他演过话剧《请你保密》、京剧《沙家浜》等，他能说不少省区的方言，模仿能力极强，深受职工群众喜欢。

（第十四编第二章《人物简介》，第 666 页）

鲍国安，祖籍山东省掖县，自幼酷爱艺术，十三岁考进天津人民艺术剧院。1964 年 10 月，农四师在天津招干，鲍国安闻讯即向所在单位提出申请，自愿到边疆工作。同年 11 月调干到兵团农四师。他说："尽管我在新疆，在兵团四师只呆了 5 年，却学到了许多东西，没有那段生活，我是考不上中央戏剧学院的。军垦生活培养了我吃苦耐劳、坚韧不拔、勇于奋斗的良好品质，对我的个性和人生观的形成产生很大影响，对我的艺术创作和实践具有重要作用。"他在农四师工作 5 年，先后在五〇农场文工队，农四师政治宣传科工作。在宣传"党的好干部焦裕禄"的活动中，他是幻灯片的主要编制人，他用较多的时间深入基层，深入职工群众，利用业余时间热情为大家朗诵诗歌，表演节目，受到职工群众欢迎。

（第十四编第二章《人物简介》，第 666—667 页）

# 《六十一团志》

六十一团史志编纂委员会编，（内部刊行）2000 年

（1964 年）6 月初—9 月 22 日，接收安置了由师分配来的四批上海支边青年，共 259 人。

（《大事记》，第 7 页）

1963 年，从上海招生 22 人……

1964 年，接收上海支青 259 人……

1966 年，师分配上海、温州高中学生 10 人，武汉支青 239 人……

（第三章《人口》，第 74 页）

1963—1966 年，由上海、武汉、温州等地支边青年；济南、成都、武汉等地转业军人及其家属和国家分配大中专毕业生陆续来团。70 年代，老职工子女陆续就业，成为团场劳动力的主要来源。

（第十六章《劳动工资》，第 241 页）

60 年代初，进疆的上海支边青年执行了 3 年供给制，发放生活用品及津贴费。

（第十六章《劳动工资》，第 246 页）

1968 年 11 月 9 日，十三团良繁队职工，上海支青袁金根非法越境投靠苏联，泄露国家机密。归案后以反革命叛国投敌罪被判处有期徒刑 14 年。　　（第二十章《政法》，第 326 页）

1964—1967 年，上海、武汉支边青年来团，部分人员调进学校缓解了当时教师严重不足的状况。

（第二十二章《教育》，第 366 页）

1964—1977 年，群众性文艺表演政治性、革命性很强，文艺节目主要反映工农兵群众在三大革命中涌现出来的好人、好事，演出形式有维吾尔族、哈萨克族、藏族、阿瓦族舞蹈，有歌剧，话剧、山东快书、大实话、三句半、相声、独唱、器乐合奏、笛子、板胡独奏等。60 年代初，上海支青倪英娣的一曲《马儿啊，你慢些走》唱红了霍尔果斯河谷。阿力玛里城郊，在团宣传队的带动下，"兵写兵"，"兵演兵"的文艺活动广泛开始。演出节目有《阿瓦人民唱新歌》、《白毛女》、《血泪仇》、京戏《沙家浜选段》。当时排练的舞蹈"美丽的格干河"、"火车开到咱新疆"，深受职工群众喜爱，仅 1964—1966 年共排练节目 57 个。文工队深入 62 团、64 团、莫乎尔牧场、格干沟牧场、红卡子边防站及各连队进行巡回演出，演出 90 多场次。

（第二十五章《文化　体育》，第 408—409 页）

**王香冠**　女，汉族，江苏省武进县人。1945 年 12 月出生，1963 年 9 月毕业于上海嘉定县安亭师范学校。同年 10 月支边来疆工作，1982 年加入中国共产党。

1963—1973 年的 10 年间，她在连队当过小学教员、文教，参加过劳动锻炼，1973 年调团子校当教师。

1963—1997 年，15 次被团评为优秀教师，7 次被团评为优秀党员，1985 年农四师授予优秀教师称号。1989年,她被评为全国优秀教师。

1989年3月,她光荣出席了农四师第六次党员代表大会。

(第二十八章《人物　先进　集体》,第443页)

## 五、上海支边青年人名录(合计291人)

(一)1963年第一批22人

| | | | | | | | |
|---|---|---|---|---|---|---|---|
| 徐莉芳 | 邢金娣 | 徐德宝 | 王冠美 | 王发银 | 范一鸣 | 万瑞娣 | 任福生 |
| 唐关平 | 杨玲琴 | 王香冠 | 沈冠雄 | 黄祖纯 | 杨建新 | 孙八良 | 朱寅根 |
| 王国宣 | 赵志银 | 张银花 | 徐大成 | 陶桂花 | 祈爱菊 | | |

(二)1964年第二批80人

| | | | | | | | |
|---|---|---|---|---|---|---|---|
| 章春海 | 翟建文 | 潘文华 | 唐招根 | 杨贵龙 | 蔡德林 | 许金发 | 朱国英 |
| 王根娣 | 陈生娣 | 奚海珍 | 夏富珍 | 杨海英 | 张秉珍 | 马佩玲 | 张梅项 |
| 李素娣 | 刘成 | 孙兰芳 | 刘永芳 | 胡庆三 | 李光奎 | 江华强 | 周国镁 |
| 王泉生 | 刘兆生 | 仲祥云 | 姚丽月 | 茅兰英 | 陈陆英 | 韩金娣 | 徐珍妹 |
| 于文华 | 朱静安 | 范金秀 | 冷凤英 | 朱小妹 | 罗金花 | 罗招娣 | 张蓉玲 |
| 薛莉莉 | 王鹤兰 | 吴金宝 | 葛福华 | 张美丽 | 周美萍 | 蒋根妹 | 庄杏英 |
| 谢春兰 | 许素琴 | 黄桂英 | 吴翠兰 | 俞忠中 | 方志明 | 谭国民 | 苏银根 |
| 冯觉良 | 薛浩芳 | 薛跃芳 | 张忠叙 | 常志强 | 李世华 | 陈荣娟 | 蒋兰芬 |
| 钱菊娥 | 吴玉琴 | 颜承香 | 孙立波 | 王筱强 | 周平生 | 仲文华 | 胡永生 |
| 张大丁 | 顾旭初 | 姜志宝 | 姜金火 | 潘贤开 | 曹文玉 | 周何金 | 李如珍 |

(三)1964年第三批101人

| | | | | | | | |
|---|---|---|---|---|---|---|---|
| 程德 | 蔡伯宏 | 郑志芬 | 陈富根 | 肖立 | 杨静兰 | 王世豪 | 吴祥凤 |
| 陈志芳 | 张玉珠 | 朱惠玲 | 奚成法 | 陈根娣 | 陈傅贵 | 吴曼青 | 陈步阔 |
| 薛素珍 | 邓来娣 | 陈祖兴 | 吴曼贞 | 袁金根 | 王秀云 | 范玉兰 | 何家生 |
| 刘桂英 | 孙根发 | 王枝莲 | 时金霞 | 王学清 | 吴跃芳 | 韩发庭 | 刘彩华 |
| 赵凤娣 | 高思力 | 陈亚珍 | 施峰 | 周六妹 | 邵器均 | 张德良 | 刘静芳 |
| 白祖兴 | 任夏康 | 邱林生 | 蔡长根 | 蔡智根 | 张建中 | 李六根 | 宋春海 |
| 孙大和 | 张国和 | 高供硅 | 蒋海林 | 王阿银 | 蒋和珍 | 张阿英 | 孙凤英 |
| 张碧云 | 胡洁珍 | 李惠珍 | 陈小才 | 程大筛 | 赵如金 | 郑宝龙 | 周昌华 |
| 吴家海 | 毛芝芳 | 冯彩娣 | 倪瑛娣 | 沈根娣 | 朱爱菊 | 朱金囡 | 吴军师 |
| 张荣根 | 徐学桃 | 张玲明 | 李志芳 | 华国强 | 顾善胜 | 黄培生 | 朱祥福 |
| 衡小娣 | 任国祥 | 朱静沧 | 董泰伟 | 王德才 | 徐富兴 | 詹顺仙 | 范瑾琦 |
| 阮华 | 苏学娣 | 苏杏娣 | 叶观娟 | 吴仕青 | 刘秀芳 | 葛燕燕 | 朱惠芳 |
| 陆芝芬 | 顾玉林 | 徐龙兴 | 徐爱民 | 宋永康 | | | |

（四）1964年第四批 78 人

| | | | | | | | |
|---|---|---|---|---|---|---|---|
| 胡桃英 | 林静云 | 周根娣 | 王玉珍 | 黄金良 | 莫云凤 | 毛治华 | 徐金妹 |
| 杨荣仙 | 邵正明 | 唐长宝 | 王凝霞 | 孙吾海 | 朱云玲 | 高莲华 | 朱跃珍 |
| 殷春莲 | 龚步云 | 蒋来府 | 张玲凤 | 邹秀英 | 代燕萍 | 彭招娣 | 谢彩云 |
| 李金宝 | 陈印宝 | 高顺昌 | 王惠芳 | 尹春林 | 尹兴邦 | 张发忠 | 柳官禄 |
| 李金凤 | 陆秀清 | 薛琴霞 | 杨崇娟 | 张良珠 | 秦文彪 | 吴华信 | 王丽英 |
| 吴振兴 | 沈文勇 | 杨祥生 | 孔金银 | 季大云 | 刘友珍 | 周兰香 | 蒋福珍 |
| 李鹰珍 | 吴香珍 | 许祥银 | 王来付 | 胡雄雄 | 程小英 | 汤惠妙 | 王莲娣 |
| 赵锦昌 | 蔡玲龙 | 张连芳 | 吕兆珊 | 周泽有 | 桑秀英 | 华招娣 | 范毓虎 |
| 居根英 | 陈顺祥 | 王钱根 | 徐福祖 | 朱南强 | 韩根娣 | 孟 娟 | 吴和运 |
| 窦可元 | 吴扣娣 | 张海涛 | 顾世龙 | 钱林祥 | 李鸿坤 | | |

（五）1966年上海、温州高中学生 10 人

| | | | | | | | |
|---|---|---|---|---|---|---|---|
| 周丽丽 | 丁少敏 | 彭兆丰 | 丁士进 | 徐文娟 | 冯汉国 | 王人光 | 周兆熊 |
| 温以九 | 成永芬 | | | | | | |

# 六、1966年武汉支青来团工作人名录（合计 239 人）

| | | | | | | | |
|---|---|---|---|---|---|---|---|
| 王胜梅 | 吴桂英 | 龚继祥 | 姚环先 | 蔡桂兰 | 吴秋梅 | 胡小宝 | 晏以民 |
| 王玉珍 | 周敢英 | 孟凡珍 | 辛春娣 | 代国培 | 赵兰英 | 李宝珍 | 张 秀 |
| 张汉荣 | 李长海 | 秦乃照 | 沈秀云 | 金东华 | 李招娣 | 周兰芝 | 杜功产 |
| 沈玉兰 | 李淑珍 | 桂美玲 | 雷九芝 | 李善明 | 曾幼珍 | 李 平 | 曾成荣 |
| 陈菊珍 | 许转运 | 熊秀英 | 王稼祥 | 陈长贵 | 芦自强 | 王启才 | 余翠梅 |
| 魏敬诚 | 王师盛 | 黄平方 | 沈小建 | 胡兰英 | 王大和 | 周贤珍 | 孙望项 |
| 任少珍 | 唐基富 | 刘善功 | 魏运娥 | 程惠君 | 胡秀芳 | 韩时运 | 苏传熙 |
| 陈巧林 | 王桂英 | 宋元香 | 陈四喜 | 谢 香 | 徐利民 | 郭连珠 | 陈风美 |
| 余 方 | 刘振平 | 余佳时 | 邱菊香 | 周三菊 | 成桂花 | 徐芝仙 | 何宋文 |
| 吴金娥 | 代菊香 | 刘顺香 | 徐玉华 | 吴汉林 | 王新婉 | 梁全云 | 田腊珍 |
| 刘宝珍 | 左满山 | 右菊英 | 柯德莲 | 夏玉梅 | 李兆梅 | 赵 毅 | 高 荣 |
| 曾才英 | 李玉英 | 夏爱荣 | 张双英 | 袁汝善 | 李 萍 | 邓美玲 | 侯成香 |
| 曲秀琴 | 张永强 | 刘玉全 | 周春香 | 常 英 | 陈慕昭 | 袁丰厚 | 李银芳 |
| 黄再娣 | 崔凤兰 | 刁汉贞 | 闭冠球 | 王建国 | 黄运华 | 刘桂芳 | 郑元汉 |
| 李登梅 | 邵有文 | 杨芝兰 | 刘鄂麟 | 周德华 | 程秋荣 | 胡昌祥 | 丁元芬 |
| 龙凤萍 | 涂桂文 | 胡冬梅 | 陈延年 | 徐德金 | 王小文 | 王可开 | 李巧珍 |
| 相士中 | 黄淑玉 | 钱淑美 | 赵忠林 | 孙淑珍 | 胡宝珠 | 王少荣 | 蒋 角 |
| 杨幼生 | 胡家庆 | 马双恩 | 施品傲 | 熊汉水 | 徐大兰 | 陈春宝 | 吴正右 |
| 张和平 | 熊光楚 | 李年芳 | 龚晓秀 | 彭明亮 | 祁拍涛 | 刘贤斌 | 黄秀华 |

| | | | | | | | |
|---|---|---|---|---|---|---|---|
| 方桂芳 | 王家斌 | 江 定 | 代三喜 | 熊桂莲 | 康大兰 | 罗守龙 | 丁信勇 |
| 吴寿民 | 刘中华 | 丁少云 | 魏以明 | 胡 彪 | 蔡汉春 | 杨佩华 | 陈雪云 |
| 余丽华 | 梅刚强 | 陈 芹 | 张春梅 | 桂翠云 | 吴平珍 | 李本佑 | 高文学 |
| 程秋菊 | 王玉华 | 黄国芬 | 陶德武 | 胡汉民 | 夏咬脐 | 罗秀珍 | 杨儿玲 |
| 程斌生 | 胡学义 | 李宗文 | 曾双林 | 王群娣 | 方床生 | 俞校华 | 刘敬祥 |
| 杨寒生 | 黄桂芳 | 李玉莲 | 李良斌 | 陈昌明 | 熊其裕 | 范新华 | 张光荣 |
| 王镇安 | 熊方焱 | 李开华 | 杨东艳 | 李顺梅 | 闻淑燕 | 赵庚寅 | 罗义忠 |
| 王建华 | 王汉英 | 易翠兰 | 蔡德正 | 徐 强 | 张志义 | 黄金虎 | 吴贵宝 |
| 祝惠芳 | 谢新生 | 王茂银 | 盛焱林 | 余木香 | 胡桂香 | 徐声泉 | 祝华明 |
| 李小桂 | 范富贵 | 廖济乾 | 滕树全 | 岳志华 | 鲁道德 | 聂春梅 | 祁爱娣 |
| 余刚炳 | 黄拍顺 | 高小保 | 胡清保 | 吴素珠 | 贾书田 | 朱舜英 | |

(第二十八章《人物　先进集体》,第 451—454 页)

# 《六十二团志》

新疆生产建设兵团农四师六十二团史志编纂委员会编,新疆人民出版社 2000 年

(1964 年)4 月 7 日,安置来团工作的武汉支边青年 18 人。　　　　　(《大事记》,第 6 页)

(1965 年)6 月,安置来团工作的武汉支边青年 34 人。　　　　　(《大事记》,第 7 页)

(1966 年)7 月 11 日,安置来团工作的武汉支边青年 157 人。　　　　　(《大事记》,第 8 页)

(1975 年)3 月 13 日,四连知识青年杨海军于 1974 年 9 月 13 日为抢救落水羊只,英勇牺牲。为表彰他的功绩,六十二团党委决定追认他为中国共产主义青年团员。师党委追记二等功,树为全师青年学习的一面红旗。　　　　　(《大事记》,第 12 页)

(1976 年)4 月 27 日,团召开第二届上山下乡知识青年代表大会。会上,对 6 个单位、198 名青年授予青年先进集体和"三好"青年称号。　　　　　(《大事记》,第 13 页)

(1986 年)9 月 9 日,全国政协副主席王恩茂在自治区领导宋汉良、农四师政委祝庆江的陪同下,视察边防林,看望林管工人、上海支边青年蔡玲龙。　　　　　(《大事记》,第 19 页)

1963—1966 年,上海、武汉支边青年 240 人。　　　　　(第三章《人口》,第 65 页)

| 上海支青 | 武汉支青 |
| --- | --- |
| 32 | 220 |

（第十八章《经济综合管理》，第 235 页）

**李维城** 男，汉族，上海市人。1946 年 7 月生，1961 年 9 月支边进疆参加工作。1971 年 8 月 9 日，加入中国共产党。历任兵团农四师农业学校学员，兵团农四师清水河农场工人，宣传股工作员、连队统计、连队文教、保卫科干事、政治指导员，1976 年 7 月任兵团农四师六十五团政治处主任，1981 年 3 月兼任纪委副书记。　　　（第三十章《人物》，第 404 页）

# 《新疆生产建设兵团史志丛书·六十三团志》

农四师六十三团史志办编，新疆人民出版社 2000 年

（1966 年）4 月，副政委张隆、副场长蔡孝族一行接待 109 名武汉支边青年来场参加建设。　　　（《大事记》，第 8 页）

1965 年 4 月，接收武汉支边青年 109 人。　　　（第四章《人口》，第 62 页）

1965 年，支边青年进场，青年总数达 1 047 名。在青年中开展有利于生产的业余试验田活动，种玉米试验田 121 亩，单产 1 272 公斤，总产 15.39 万公斤，收获各类蔬菜 1.45 万公斤，折价 24 万元。在比、学、赶、帮竞赛中涌现出"五好"青年工人 541 人，团员 159 人。

（第十九章《群众团体》，第 222 页）

1960 年初建农场，职工队伍 80％是内地自动来疆人员，大部分为初中以下文化程度。1964—1966 年，3 批陆海军转业战士和武汉市支边青年来场使农场职工文化结构发生了变化。　　　（第二十五章《教育》，第 262 页）

1972 年，团宣教组干事宋家仁撰写反映团场武汉优秀支边青年周启元认真学习马列著作和毛泽东文选的感人事迹的长篇人物通讯《学习要打攻坚战》发表在兵团主办的《军垦战报》上，这篇通讯发表后，不久又被武汉《长江日报》转载。

（第二十九章《文化　体育》，第 292 页）

---

① 此表内容为节录。——编者注

## 1966 年分配到六十三团的武汉支边青年名录

| | | | | | | | | |
|---|---|---|---|---|---|---|---|---|
| 丁信生 | 方自不 | 包梦兰 | 王长庚 | 王仕长 | 冯真仁 | 马汝启 | 余淑蓉 | 任继才 | 林爱民 |
| 潘庆生 | 陈 杰 | 刘小风 | 张兴旺 | 刘敦让 | 周启元 | 蒋祖喜 | 赵慧君 | 姚 波 | 徐 宁 |
| 刘 斌 | 袁咬脐 | 徐步恩 | 张权平 | 杨鄂生 | 孙 岸 | 张昌汉 | 林芝玉 | 相 文 | 胡传昌 |
| 陈腊生 | 曹光本 | 陈基绍 | 周兴强 | 李顺芳 | 黄少华 | 周九如 | 丁有连 | 姜 焱 | 杨昌铭 |
| 董望安 | 潘淑华 | 董长春 | 程守义 | 黄小来 | 陶武昌 | 祁德荣 | 田 瑛 | 许世才 | 向瑜生 |
| 张从芝 | 胡爱华 | 方群利 | 周祥生 | 陈勇智 | 陈淑兰 | 范曙华 | 刘腊英 | 张润轩 | 吴衍生 |
| 梁文霞 | 詹志敏 | 李长玉 | 翟全贵 | 冻治国 | 邓艾雄 | 高光毕 | 胡桂兰 | 袁华琴 | 王凯珍 |
| 时承群 | 廖美英 | 王寻英 | 葛春梅 | 朱望香 | 唐得田 | 张桂周 | 董汉珍 | 芦冬梅 | 李桂云 |
| 钱孟年 | 江望云 | 张小娟 | 李又军 | 田玉文 | 钱秋菊 | 谢淑卿 | 汪先明 | 张绪英 | 罗业芬 |
| 陈世娟 | 童小玉 | 邱雪芳 | 刘明珍 | 柯汉英 | 杨树俊 | 秦桂芬 | 陈素梅 | 鲁小芬 | 江水珍 |
| 黄腊梅 | 崔素琴 | 吕多葆 | 田传勤 | 王祝清 | 黄有香 | 田玉娥 | 彭冬芝 | 许守英 | |

（第三十章《人物》，第 320 页）

# 《六十四团志》

六十四团史志编纂委员会编，新疆人民出版社 2002 年

1954 年建场时，职工主要来源于驻疆部队的转业官兵。以后，支边青壮年、知识青年陆续到场。1959—1961 年，迁入江苏、湖北支边青壮年。1963—1965 年，迁入上海、武汉支边知识青年和四川、山东转业复员军人。 （第十四章《经济综合管理》，第 165 页）

# 《六十五团志》

《六十五团志》编纂委员会编，新疆人民出版社 2002 年

（1958 年）3 月，在兵团卫校、护校学习后下放到农场的 60 名江苏、上海知识青年来到农场。 （《大事记》，第 6 页）

（1964 年）6 月，47 名上海支边知识青年来清水河农场。 （《大事记》，第 10 页）

（1965 年）6 月，60 名湖北武汉支边知识青年来清水河农场参加生产。

（《大事记》，第 10 页）

是年(1966年),60名湖北武汉支边知识青年来农场参加生产。　(《大事记》,第12页)

(1976年)4月27—29日,召开六十五团首届知识青年代表大会。(《大事记》,第16页)

是月(9月),湖北武汉杂技团来六十五团慰问武汉支边知识青年,舞台设在团中学大操场,盛况空前。　　　　　　　　　　　　　　　　　(《大事记》,第16页)

(1977年)7月7日,团派代表徐春棠参加全国薰衣草经验交流大会。

(《大事记》,第16页)

1963—1966年,199名上海、武汉、浙江支边青年,从沈阳、济南、成都等军区复员转业来约228名解放军官兵来农场。　　　　　　　　　(第四章《人口》,第78页)

1964—1966年"文化大革命"前,安置沈阳军区战士73人和转业干部15人、上海支边知识青年两批计66名、武汉支边青年两批计129名。　(第十六章《劳动工资》,第170页)

1965年10月,场组建毛泽东思想宣传队,张兰洲任队长,有队员18人,由武汉、上海支边青年和复员转业军人组成。　　　　　　(第二十六章《文化、体育》,第253页)

六七十年代,团业余演出队和毛泽东思想宣传队创作了大量的反映团生活和好人好事的文艺节目,不少节目如《看水一家》、《支边青年之歌》等还在农四师的文艺汇演中获奖。

(第二十六章《文化、体育》,第253页)

**李维城**,男,汉族,上海市人,1946年7月生,1961年9月支边进疆参加工作,高中文化程度,1971年8月加入中国共产党,历任农四师农业学校学员、清水河农场工人、宣传股工作员、连队统计、连队文教、团政法股干事、连队指导员等职。1976年7月任六十五团政治处主任,1981年兼任纪检委副书记。

李维城坚持原则,严守党纪党规,廉洁自律,以身作则,密切联系群众,关心群众疾苦,热心为群众办实事、解决问题。1985年,调任六十二团政委,1991年调任农四师检察分院检察长。　　　　　　　　　　　　　　(第二十七章《人物》,第272—273页)

### 十一、1958年上海市、江苏省支边青年

陈济川　唐慕英　顾龙生　鲁国良　蒋志坤　纪可芝　王永辉　陈雪民　沈俊贤
徐伯欣　顾秋华　奚秋涛　邹龙宝　邵兴元　陆蓉贤　金祥元　刘寿根　强荣箴

| | | | | | | | | |
|---|---|---|---|---|---|---|---|---|
| 沈欣一 | 沈雪志 | 钱正祥 | 凌祥兴 | 杨键芳 | 朱林昌 | 乔坤兴 | 沈冠群 | 丁逸尘 |
| 许尧南 | 陶伯荣 | 张晋升 | 郑宗杰 | 伍振兰 | 马西嘉 | 严明德 | 曹小弟 | 张成江 |
| 柴宪贞 | 顾惠珍 | 许霞芬 | 嵇仲华 | 苏龙娟 | 季建平 | 许 岚 | 方加荣 | 庄雪华 |
| 刘志宏 | 储 骏 | 乔保根 | 蔡锦涛 | 茅守芳 | 许金甫 | 钱文明 | 程吉祥 | 施文娟 |

### 十四、1964 年 6 月上海支边知识青年①

| | | | | | | | | |
|---|---|---|---|---|---|---|---|---|
| 尤德海 | 朱德标 | 王宝富 | 程龙根 | 吴海久 | 周鸿锦 | 陈兆喜 | 代金才 | 吴扣发 |
| 王兆富 | 徐 全 | 胡太安 | 李志坚 | 史柳君 | 唐 浩 | 邱国金 | 殷权修 | 寿志明 |
| 王洪宝 | 倪殿芬 | 黄克信 | 张丽萍 | 彭接英 | 周蔼如 | 张凤英 | 刘银娣 | 何秀勤 |
| 俞梅香 | 刘巧玲 | 胡华丽 | 刘国妮 | 马大芬 | 陈剑影 | 华和英 | 徐丽娣 | 代小凤 |
| 仇兰英 | 钱彩凤 | 朱亚艳 | 阮美芬 | 王金玲 | 黄顺娣 | 华美英 | | |

### 十五、1961—1964 年上海支边高中毕业生

| | | | | | | | | |
|---|---|---|---|---|---|---|---|---|
| 李维城 | 李鸿康 | 徐贵发 | 奚兰亭 | 张志江 | 李鹤庆 | 徐春棠 | 胡福英 | 吴衡芳 |
| 方 萍 | 陈丽妹 | 余红妹 | 陈佩珍 | 金贞玉 | 金玉仙 | 金惠兰 | 朱钟璧 | 孟丽娜 |
| 唐惠珠 | 冯益珠 | 唐文娟 | 杨京生 | 姚 宇 | 高 霞 | 鲁同丁 | 余开扬 | |

### 十六、1964 年 11 月 21 日武汉支边知识青年

| | | | | | | | | |
|---|---|---|---|---|---|---|---|---|
| 谢光云 | 陈莲英 | 张玉凤 | 史翠华 | 周金生 | 袁其君 | 李建华 | 陈汉文 | 张继祥 |
| 夏俊良 | 熊跃东 | 熊小海 | 常希贵 | 朱德生 | 任宣范 | 田广兰 | 岳群仙 | 丁琴华 |
| 樊国华 | 姚组成 | 黄鹏翔 | 潘怀贺 | 唐永芳 | 赵继祖 | 李年年 | 杨望娣 | 朱矩惠 |
| 张承媛 | 韩汝霞 | 吴正国 | 李梦道 | 黄转运 | 陈永生 | 鲍珊珊 | 王富惠 | 任克亚 |
| 陈敬钢 | 李就立 | 李遇奇 | 左汉元 | 胡早仙 | 汪英雄 | 肖爱华 | 吴正灵 | 代天龙 |
| 林庆泉 | 耿祥玉 | 高宝林 | 邱杏梅 | 李秀兰 | 吕玉珍 | 吕玉兰 | 王巧莲 | 何汉英 |
| 王安心 | 付莹珠 | 朱金莲 | 俞云裴 | 俞克莉 | 汪桃桃 | 马素珍 | 郭树兰 | 王凤琳 |
| 张少兰 | 徐仁瑾 | | | | | | | |

### 十七、1965 年 9 月 24 日武汉支边知识青年

| | | | | | | | | |
|---|---|---|---|---|---|---|---|---|
| 芦明顺 | 张高顺 | 刘双喜 | 李义顺 | 翟印信 | 王益明 | 肖德安 | 罗世恒 | 吴平平 |
| 孙汉英 | 王玉娥 | 吴玲玲 | 闵 利 | 李冠群 | 陈荣照 | 刘旭忠 | 杨多林 | 刘道全 |
| 杨树和 | 罗元忠 | 胡逢发 | 叶祖义 | 朱力生 | 曹树生 | 刘 群 | 喻艳芳 | 陈火煜 |
| 易合群 | 谢声兰 | 罗福利 | 王艳兰 | 李华汉 | 周其秀 | 张衡宝 | 毕小华 | 连华利 |
| 程葆珍 | 张多枝 | 胡宪文 | 蔡明亮 | 王雪林 | 陈鸣林 | 罗元国 | 于锁扣 | 孟宪宾 |
| 冯泽民 | 吴积秋 | 陈荣生 | 严必弟 | 赵义纯 | 易太岳 | 刘珍容 | 万智群 | 吴珍珠 |
| 吕汉仪 | 杨文艳 | 李慧玲 | 陈心泰 | 詹润珍 | 朱珍珍 | 陈晓菊 | 汤冀麟 | 汤冀珠 |
| 陈利纯 | 杨立行 | | | | | | | |

---

① 十二、十三省略。——编者注

## 十八、1965 年 11 月温州支边知识青年

林锦堂　胡璇璇　林可夫　刘光业　单炜华　金欧民　张立忠　王守贞　何秋筠
李　辉　叶茂桐　严红薇　李秀荣　陈玉瑚　吴平山

（第二十七章《人物》，第 340—341 页）

# 《六十六团志》

六十六团史志编纂委员会编，新疆人民出版社 1999 年

（1964 年）5 月，上海支边知识青年 218 人到场工作。　　　　（《大事记》，第 12 页）

（1965 年）4 月，上海慰问团到场慰问上海支边青年。
是月[①]，温州市支边知识青年 30 人到场工作。　　　　（《大事记》，第 13 页）

是月（5 月），武汉支边知识青年 27 人到场工作。　　　　（《大事记》，第 13 页）

（1989 年）6 月，上海支边青年的子女 74 人迁往上海落户。　　　　（《大事记》，第 23 页）

（1964 年）5 月，上海市支边知识青年 218 人到场。1965 年……湖北省武汉市支边知识青年 27 人到场，浙江省温州市支边知识青年 30 人到场。　　　　（第四章《人口》，第 54 页）

# 《六十七团志》

六十七团史志编纂委员会编，（内部刊行）2001 年

（1970 年）5 月 6 日，武汉支边青年李曙光、青年女工张昭在洪海干渠施工，因架板断裂，坠入激流、急救未及，不幸溺水殉职。　　　　（《大事记》，第 11 页）

**人口来源**

1963 年以前有 24 名上海知识青年来团工作，1964 年接收上海知青支边人员 32 人，其中女性 21 人；武汉知青支边人员 95 人，其中女性 44 人。

1965 年，上海调干知青支边人员 46 人，其中女性 27 人；武汉知青 72 人，其中女性 42 人。

---

① 应为 8 月。——编者注

1966 年武汉知青支边人员 143 人,其中女性 69 人;天津知青 3 人。

历年共接收三大城市知识青年支边人员 415 人,其中武汉 310 人,上海 102 人,天津 3 人。

(第三章《人口》,第 55—56 页)

进入 60 年代中期,由于上海、武汉知青以及复员转业军人来团,使职工的文化素质有所改变。

(第三章《人口》,第 58 页)

60 年代,接收五大城市支边青年 615 人(其中:武汉 488 人,上海 124 人,天津 3 人)。

(第十六章《劳动工资》,第 161 页)

1964 年随着复员转业军人和上海武汉支边青年加入农场建设,团场青年人数比例发生很大变化。

(第二十三章《群众团体》,第 240 页)

## 五、1961 年—1964 年上海支边青年名录:

朱洪江、胡永兴、黄根华、徐梅鑫、刘素英、徐秀英、赵尧大、濮云章、周捷、陈秀珍、帅金娣、徐银春、韩克平、方志龙、李根娣、王琴兰、李士华、曹云忠、蔡福林、沈庆祥、黄湘君、陆润逸、王金海、胡慧娟、李世超、夏秀琴、张树宝、董建英、程宝霞、柯克通、姜忠兴、史监亚、吴强、余巧云、陈鹤良、丁玲梅、蔡梅英、吴年才、袁雪真、马正平、丁宝奎、李国英、姚文根、周鸿康、蒋福臣、孙秋立、孟牛牛、郝世友、李有富、王冰析、高连昌、宋根英、陈国栋、张如英、徐祥姐、黄香云。

## 六、1965 年上海调干支边知识青年名录:

龚顶芳、陈士贤、朱培、季永良、龚志明、沈志安、秦志敖、汤华东、张月英、顾希乐、刘跃章、沈涧侠、汤永祥、蔡乐君、王玮、黄一飞。

**1995 年在团上海支边青年:**

胡永兴、徐梅鑫、刘素英、徐秀英、濮云章、陈秀珍、徐银春、韩克平、王琴兰、曹云忠、蔡福林、董剑英、姜忠兴、陈鹤良、丁宝奎、郝世友、陈士贤、朱培、季永良、沈涧侠、汤永祥、王玮。

## 七、1964 年—1966 年武汉支边青年名录:

袁玲、莲花香、龚联琼、祁翠玉、黄菊芳、腾久有、余美珍、夏碧琳、林明华、杨玉梅、范炎林、邱琦、肖新运、陈正峰、岳殿民、代凯兰、马桂花、熊晓燕、黄艳、陈上勇、蔡元美、雷艳芳、尹大华、韩全民、陈又清、张新华、王世辉、高德新、余燕珠、夏光平、陈江梅、吴菊英、顾国凤、童明忠、徐春梅、龙锦文、曾庆红、曾银成、耿旭东、谢海平、杨斯庆、郑焕龙、张润仙、刘树理、杨华真、乐翠珍、彭龙、孙新民、吕植传、黄铭书、冯晓华、吴明高、胡桂英、胡楚娟、张显玉、张怀芳、廖桂兰、陈丽华、涂万秀、罗汉华、袁桂芳、应伟华、蒋福臣、李清海、张运明、涂丽萍、刘丽芳、陈杰发、马金玲、程景如、刘小妹、贾秋风、孙炳强、孙咬其、徐承军、刘维平、李峰、袁启武、郭如英、刘友梅、熊六六、蔡娅霞、李华、陈辉叶、唐国珍、侯忠强、黄望连、匡友珍、魏开连、龚丽丽、黎新春、代金陵、韩勤明、金庆川、胡焕香、袁红梅、陈天锡、胡汉荣、阮文通、徐世堂、代顺和、刘环芝、刘志龙、屠三妹、腾功臣、李平、魏崇芳、汪秀兰、魏玲、方锦平、陈美凤、郭华松、周水英、王桂桂、陈如英、蔡新运、余宽才、丁光顺、周悦华、董元庆、张桂英、郭少华、李祝先、白明义、杨志如、余艳珠、张善享、王汉生、肖桃枝、赵保、王丽萍、王民俊、王广华、袁海香、韩汉真、黄春生、范小兀、王少荣、孙宝生、王新友、舒春喜、彭玲娣、许丽萍、孙庆珍、王洪明、姚路华、陈继云、王翠兰、罗汉华、姜德运、刘定江、刘忠富、刘正明、王光奇、徐晓明、李春兰、陈尚勇、尹春英、张英、王翠美、张桂兰、于宽才、魏响珍、王志远、赵洪明、李友新、孙建勇、王淑志、吕翠英、燕晓菲、张玉萍、刘启昌、童汉民、陈孝兰、张翠华、陈克伟、王小双、樊风鸣、闵良燕、张汉珍、李药森、黄菊芳、胡引娣、黄春生、周芳、杨和平、胡以勤、陈庆权、张喜娥、丁士宏、魏玉仙、周金楼、曾顺生、程方泉、张凡友、陈晓萍、董幼文、赵栋臣、匡友生、徐以英、陈育汉、宋小梅、万明新、宋光荣、程敢珍、孙继辉、谢桂林、王小明、谢仁才、曾冬梅、郭华松、赵志虎、李清海、彭剑秋、姚路辉、舒治英、杨绍兴、潘美华、吴仕炳、涂万秀、严惠珍、万家木、高振华、全仁峰、李小玉、余玉华、何胜万、刘文玲、代京陵、刘敏、范绪元、魏崇芬、韩兹林、曹继辉、杨宝庆、徐爱珍、李金荣、徐建汉、潘洪英、陈振峰、余美珍、李玉兰、彭兰英、王君、刘世坤、冯小华、曾长安、李曙光、吴梅芝、王光琦、胡曼、冯汉忠、陈金荣、彭照英、刘思伟、李九斤、孙兰玲、徐成洲、陈孝兰、刘少华、冯云、何玉华、尹春英、鲁美珍、彭丽芬、李兰香、许娟娟、冯岸英、姜翠兰、冯家发、代开南、沈淑华、胡翠华、陈小萍、齐秀英、李建超、胡义德、郑黔南、任敏。

### 八、1995年在团武汉支边青年：

阮文通、余美珍、郑焕龙、唐国珍、韩兹林、汪秀兰、舒春喜、周金楼、雷艳芳、林明华、尹大华、顾国风、胡楚娟、魏响珍、魏玉仙、曾顺生、高振华。

（第三十章《人物》，第 350—352 页）

# 《六十八团志》

六十八团史志编纂委员会编，（内部刊行）2000 年

（1964 年）6 月 15 日，上海市 165 名支边青年来农场，参加生产建设。

（《大事记》，第 8 页）

（1965 年）5 月 10 日，武汉市支边青年 96 人来农场，参加生产建设。

（《大事记》，第 9 页）

11 月 13 日，武汉市支边青年 45 人来场，参加生产建设。　　（《大事记》，第 10 页）

1959年年末,全团职工人数1 426人,随着农场生产规模的扩大,职工人数逐渐在增加。1964年,接受安置沈阳军区复员军人122人,上海支边青年165人。1965年安置武汉支边青年96人,1966年45人。 (第十四章《综合经营》,第206页)

1964年后,干部录用主要从上海、武汉、浙江等城市支边青年和退伍转业军人中选拔一批干部,充实到基层领导班子和业务中去。 (第十五章《中共六十八团组织》,第234页)

1963—1966年,上海支边青年167人,武汉支边青年126人怀着报国之志,投身边疆农场社会主义建设。 (第二十六章《人物、集体》,第352页)

## 七、上海市支边青年

| | | | | | | | | |
|---|---|---|---|---|---|---|---|---|
| 丁凤宝 | 丁阿毛 | 丁洪泉 | 于忠庄 | 万美琴 | 马红纪 | 王玉梅 | 王友悌 | 王余琪 | 王金保 |
| 王胜利 | 王桂珍 | 王银本 | 王颜康 | 方音 | 方根余 | 方荷花 | 毛兰瑛 | 尹云兄 | 仇永红 |
| 卢同发 | 代娇宝 | 代陶红 | 孙玉珍 | 孙志昌 | 孙培良 | 孙银发 | 车小同 | 车凤英 | 车席珍 |
| 帅才英 | 冯立康 | 冯定康 | 刘斌 | 刘爱新 | 朱世华 | 朱福康 | 巩志保 | 江金保 | 宋世华 |
| 宋银妹 | 沈鸿 | 沈亚菲 | 沈玲妹 | 沈根友 | 沈颖祥 | 汪福林 | 纪玉芬 | 许德英 | 吴三丙 |
| 吴国平 | 陆永康 | 陆孟华 | 陆善宝 | 邵佩春 | 余远根 | 余德发 | 金长武 | 闵国明 | 孟志华 |
| 劳若愚 | 林鲁 | 林一春 | 周志敏 | 周巧娣 | 周荣发 | 周秀英 | 周根富 | 周福妹 | 周惠琴 |
| 周银富 | 周胜华 | 陈英 | 陈娥 | 陈鹏 | 陈一撲 | 陈兴邦 | 陈来娣 | 陈怀英 | 陈志喜 |
| 陈阿陆 | 陈红英 | 陈显华 | 陈梅芳 | 陈素娟 | 陈媛媛 | 陈逸群 | 陈金凤 | 张瑜 | 张文玲 |
| 张玉珍 | 张国雅 | 张玲娣 | 张慈英 | 张晓明 | 郑本立 | 罗玉宝 | 罗燕芬 | 段年晓 | 范大宝 |
| 范发生 | 严友标 | 严家祥 | 杨广辛 | 杨尔炎 | 杨洪生 | 杨建芝 | 杨素红 | 杨露云 | 赵顺香 |
| 赵家棋 | 赵爱珍 | 赵慧君 | 胡长根 | 高怀德 | 高泰生 | 高松林 | 高金娣 | 高兰女 | 柯丽娟 |
| 欧阳林华 | 徐贵荣 | 徐惠珍 | 徐慧珍 | 倪国庆 | 倪美英 | 单维胜 | 谈玲玲 | 章爱文 | 娄惠玲 |
| 顾来顺 | 顾祖德 | 殷连生 | 施均 | 施贤 | 施文远 | 施安康 | 姚苗根 | 姚丽丽 | 唐根喜 |
| 夏志仙 | 陶建宁 | 龚翁富 | 强生林 | 强海仙 | 费瑞均 | 黄茵茵 | 彭宝霞 | 蒋仁贵 | 蒋成官 |
| 盛益公 | 雷振山 | 潘一文 | 詹元光 | 詹解放 | 蔡兰君 | 蔡如珍 | 蔡美英 | 蔡美珠 | 钱友贵 |
| 樊红玉 | 魏仙琴 | 陈洪芳 | 张善忠 | 蔡澄 | | | | | |

## 八、武汉市支边青年

| | | | | | | | | |
|---|---|---|---|---|---|---|---|---|
| 丁正华 | 丁寿晨 | 丁中亮 | 马莉 | 马琼娣 | 王超 | 王从元 | 王中欢 | 王群芝 | 方玲利 |
| 方继珍 | 毛若燕 | 邓德生 | 田克珍 | 代德邦 | 车昭和 | 兰子龙 | 叶尔娴 | 叶菊方 | 石金富 |
| 冯海琴 | 田利群 | 刘玉芳 | 刘永平 | 刘红军 | 刘国华 | 刘昌皇 | 刘凯 | 刘广汉 | 刘天任 |
| 刘桂花 | 刘菊香 | 刘爱利 | 刘梦仙 | 李汉琼 | 李华方 | 李月娟 | 李志成 | 李秋菊 | 李保华 |
| 李映芝 | 李淑玲 | 李梦兰 | 李慧珠 | 朱庆 | 朱世义 | 朱东连 | 朱慧仙 | 江国珍 | 毕国仁 |

2059

| 毕洪武 | 毕佩佩 | 吕良斌 | 陈双林 | 陈友清 | 陈先叔 | 余友胜 | 陈光碧 | 陈运华 | 陈昌醇 |
| 陈俊英 | 陈照娥 | 陈慧平 | 汪秉常 | 沈伟红 | 沈爱莲 | 吴恒元 | 吴胶莲 | 吴继华 | 肖仲平 |
| 肖策华 | 汤淑芳 | 孟桂英 | 周小艾 | 周月霞 | 周莲香 | 周根生 | 周桂珍 | 周尧林 | 周菊华 |
| 周华林 | 段 玲 | 杨战龙 | 杨琼玲 | 郭长生 | 郭志杰 | 郭家义 | 张香梅 | 张玉琦 | 张连生 |
| 张文翠 | 张光玲 | 张玉珍 | 张金梅 | 张玲梅 | 张易荣 | 赵淑英 | 胡小珍 | 郝演华 | 段 玲 |
| 高进武 | 高福明 | 徐祖右 | 徐运娥 | 徐昌郎 | 涂从石 | 袁汉菊 | 袁洁才 | 姚建方 | 梁国伦 |
| 曾月娥 | 曾宪树 | 黄玲玲 | 崔小和 | 章荣国 | 程 镇 | 程怀树 | 程承志 | 程培青 | 舒志应 |
| 傅玲利 | 韩玉贵 | 韩桂珍 | 彭大利 | 彭汉英 | 彭兴华 | 彭铁生 | 彭菊兰 | 彭德明 | 谢先方 |
| 谢志贵 | 詹强顺 | 蒋彬彬 | 黎双英 | 魏汉华 | 魏志柄 | 魏春玲 | 魏慧芳 | 鲍冰鑫 | 袁谐玲 |

（第二十六章《人物、集体》，第 373—374 页）

# 《六十九团志》

六十九团史志编纂委员会编，(内部刊行)2000 年

1964—1966 年为调整巩固阶段。在此期间，又接收沈阳军区、济南军区、兰州军区 4 批转业复员战士，上海、武汉 3 批支边青年，职工队伍增至 3 350 人。　　　　（《概述》，第 2 页）

(1963 年)10 月，上海首批支边青年 11 人到场。均为高中毕业学历。

（《大事记》，第 8 页）

(1964 年)6 月，上海支边青年 150 人来场，大部分为初、高中文化程度。

（《大事记》，第 9 页）

同月(11 月)，武汉支边青年 84 人至场。　　　　　　　　　　（《大事记》，第 9 页）

(1965 年)9 月，武汉支边青年 75 人到场，补充了职工队伍。　　（《大事记》，第 10 页）

(1969 年)4 月，兵团工交处知识青年 60 余人来团。　　　　　（《大事记》，第 12 页）

(1973 年)6 月 24 日，中国共产主义青年团六十九团第五次代表会召开。与会正式代表 55 人，列席代表中包括红卫兵代表 8 人，知识青年代表 7 人。　　（《大事记》，第 14 页）

1979 年,六连职工、上海支边青年王敦洋为报复职工胡启应,将其不满 10 岁女儿诱骗至营区外一幢无人居住房内,掐死后,埋于房内。凶手判处死刑,1980 年在察布查尔县枪决。

(第二十一章《政法》,第 221 页)

# 《七十团志》

新疆生产建设兵团农四师七十团史志编纂委员会编,新疆人民出版社 2002 年

(1964 年)6 月 20 日,上海支边青年 75 人来场工作,其中男 45 人,女 30 人。

(《大事记》,第 6 页)

是年(1965 年),安置武汉支边青年 61 人来场工作。男 17 人,女 44 人。

(《大事记》,第 7 页)

(1969 年)3 月,安置师子校、石河子、乌市等地再教育知识青年下连接受再教育。

(《大事记》,第 8 页)

1962—1968 年,安置了武汉、上海支边青年 136 人,转业军人 185 人。1969 年,师工程处两个连下放编入团场连队工作,同时还安置了石河子、师子校、乌市等地再教育知识青年下连接受再教育,1968—1976 年,安置再教育知识青年 841 人。

(第三篇第一章《人口变动》,第 55 页)

1958 年建场初期,农场职工主要由农四师其它单位调入的职工;湖北、江苏等地支边青年及从社会接收来疆青壮年 604 人。1963—1967 年,从上海、武汉、天津等大城市支边青年及从兰州、沈阳、济南等军区复员军人 560 人来场工作。从 1969 年开始安置城镇知识青年和农场职工子女就业。

(第十四篇第一章《劳动工资》,第 305 页)

**1969—1978 年城镇知识青年再教育到团人数统计表**

| 年度 | 1969 | 1970 | 1971 | 1972 | 1973 | 1974 |
|---|---|---|---|---|---|---|
| 人数 | 370 | 63 | 69 | 59 | 74 | 113 |
| 年度 | 1975 | 1976 | 1977 | 1978 | | |
| 人数 | 150 | 164 | 60 | 52 | | |

| 年度 | 1959 | 1962 | 1964 | 1965 |
|------|------|------|------|------|
| 籍贯 | 湖北 | 浙江 | 上海、天津 | 武汉 |
| 人数 | 76 | 10 | 85 | 61 |

（第十四篇第一章《劳动工资》，第 308 页）

# 《七十一团志》

农四师七十一团史志编纂委员会编，新疆人民出版社 1999 年

（1964 年）6 月，上海支边青年 124 人到团。　　　　　　　（《大事记》，第 13 页）

同月（11 月），武汉支边青年 139 人到团。　　　　　　　　（《大事记》，第 13 页）

1968 年—1969 年，河北、安徽、江苏、辽宁等地分配来团的大专院校学生 49 人；1969 年
4—8 月兵团工交部、供销部分配的上山下乡知识青年 300 余人……

1970 年 6 月，63 团调入 60 余人。1974 年 9 月，农四师子女学校和工矿厂子女学校分
配上山下乡知识青年 100 余人。　　　　　　　　　　　（第四章《人口》，第 65 页）

50—60 年代前期，职工文化程度很低，大部分是文盲、半文盲。只有极少数知识分子和
一些支边知识青年。60 年代，上海、武汉等城市知识青年、国家分配高等院校毕业生、兵团
工交部和供销部学生来团，文化构成发生较大变化。　　　　（第四章《人口》，第 79 页）

1961 年，团开始办初中班，急需中学教师。8 月底，从内地分配来一批大、中专毕业生，
充实到教师队伍中。1962 年，农四师一年制小学教师培训班结业，4 名学员分配到团。1964
年以后，沈阳军区、济南军区一批转业军人和上海、武汉支边青年到团，从中选择部分初中以
上文化程度的青年进入教育战线。

……

1969 年，300 余名兵团工交部、供销部以及师子校少数"上山下乡"高、初中学生来团，其
中部分从事了教育工作。　　　　　　　　　　　　（第二十二章《教育》，第 347—348 页）

1950 年卫生队人员 22 名。其中军医 4 人，兽医 3 人，调剂 3 人，护士 5 人。1951—1955
年陆续从部队抽调 8 名年轻人充实到卫生队。年底有人员 30 人，其中医护人员 20 名。
1962—1970 年，从兵团医专（卫生学校）分配来了学生和从农四师医院调来了少数医生，加

强了卫生队伍,同时还从上海、武汉支边青年,山东、四川转业人员中挑选了部分人员充实到卫生队伍。

(第二十五章《医疗卫生》,第 375 页)

# 《七十二团场志》

新疆生产建设兵团党史委编,新疆人民出版社 1999 年

(1963 年)10 月,11 名上海支边青年分配到团。       (《大事记》,第 20 页)

(1964 年 6 月)136 名上海支边青年分配到团。
9 月,15 名上海应届高中毕业生分配到团。       (《大事记》,第 21 页)

10 月至 11 月,两批共计 55 名武汉支边青年分配来团。   (《大事记》,第 21 页)

(1965 年)1 月 5 日,上海支边青年由供给制改为工资制。   (《大事记》,第 21 页)

(1966 年 9 月)温州、上海高中毕业生 17 人分配到团。   (《大事记》,第 22 页)

(1976 年)9 月 26 日,武汉慰问小组来团,召开团直武汉青年座谈会,并分别到各连队看望武汉支边青年。       (《大事记》,第 26 页)

1955—1963 年招收江苏、广东、四川、河南、浙江、湖南、湖北、辽宁、上海青年学生 174 人。1964 年接收上海支边青年 136 人,上海应届高中生 15 人,武汉支边青年 55 人。1966 年接收温州、上海高中毕业生 17 人。     (第四编第一章《人口规模》,第 153 页)

1964 年 5 月,团接收上海支边青年 155 人,对其实行供给制,每人发蚊帐 1 床、被褥 1 套,冬装 1 套,单衣 1 套,大头鞋 1 双,每人每月津贴费 3 元,在基层单位食堂就餐的实行包伙制,在团大食堂就餐的发给餐票(馍票、菜票),计值 12 元。1965 年 1 月 1 日起,供给制改为月工资制。     (第七编第四章《劳动工资》,第 369 页)

钟静珍,女,汉族,浙江省人,生于 1944 年 1 月。1964 年 5 月支边进疆。1965 年 8 月至 1988 年 8 月在七十二团子校任教。1989 年 6 月加入中国共产党。任教期间多次被团评为先进教师,1981 年被评为新疆农垦教育优秀教师,并出席了新疆农垦先进教师表彰大会。同年,被评为全国农垦先进教师。1982 年被评为农四师"三八红旗手"、师先进教师。1983

年被评为自治区少儿先进工作者,并出席自治区先进教师表彰大会。同年,被评为全国少儿先进工作者。

(第十五编第一章《人物》,第 600 页)

# 《七十三团志》

七十三团史志编纂委员会编,新疆人民出版社 2002 年

(1964 年)6 月 15 日,场安置 46 名上海支边青年到场直单位工作。(《大事记》,第 7 页)

10 月 3 日,首批 78 名武汉支边青年到场,场有关领导亲自接待并安排了他们的工作。

(《大事记》,第 7 页)

(1965 年)10 月 6 日,第二批 199 名武汉支边青年到场,分配到各单位参加生产建设。

(《大事记》,第 8 页)

(1966 年)8 月 10 日,第三批 237 名武汉支边青年到团,分配到各单位。

(《大事记》,第 8 页)

(1969 年)8 月,兵团跃进钢铁厂 146 名接受再教育青年来团。　(《大事记》,第 11 页)

(1976 年)3 月 3 日,团召开首届上山下乡知识青年代表大会,与会代表 60 人,历时 4 天,高和章到会讲话。

(《大事记》,第 13 页)

1971 年团从支边青年,本团或来团接受贫下中农再教育的知识青年中择优选拔 25 人参加卫生队举办的赤脚医生培训班。

(第二十七章《医疗卫生》,第 332 页)

## 支边青年名单

(一)1964 年武汉支边青年名单

| | | | | | | |
|---|---|---|---|---|---|---|
| 代三秀 | 简　芳 | 焦桂花 | 张允贤 | 江　兰 | 赵金枝 | 程新玲 |
| 许琼桂 | 张美玲 | 周淑兰 | 庞冬云 | 吴玉兰 | 李汉英 | 刘宝琦 |
| 赵丽珠 | 李结诚 | 李腊梅 | 郭晓梅 | 张宝娣 | 谢莲英 | 周淑华 |
| 周桂芳 | 童筱明 | 袁宏兰 | 郑亚平 | 徐惠兰 | 余大菊 | 刘桃桃 |
| 宋望云 | 邹金风 | 袁宏燕 | 祝桂兰 | 周玉珠 | 夏春枝 | 徐叶成 |
| 代菊梅 | 张淑芝 | 丁巧云 | 熊小丽 | 邱晓明 | 周素萍 | 陆春桂 |

| 聂金秀 | 娄凤英 | 陈世新 | 夏家义 | 顾大华 | 邓文虎 | 罗守斌 |
| 禹登营 | 陈孝根 | 魏国生 | 张四明 | 秦国民 | 李清厚 | 张厚祥 |
| 张兆君 | 王清芳 | 魏传华 | 朱宗汉 | 祁楚材 | 代立忠 | 叶鸿材 |
| 夏清海 | 何振祥 | 熊中秋 | 高仲英 | 吴国华 | 周振雄 | 吴国章 |
| 葛才运 | 张昌鹏 | 罗教成 | 张培元 | 梅望生 | 王才安 | 徐艰矩 |

（二）1964 年上海支边青年名单

| 刘凤刚 | 王家郁 | 缪梅全 | 孙华信 | 杨 英 | 王招娣 | 戚梅卿 |
| 王秀珍 | 张兆凤 | 陈如江 | 李祖德 | 黄宝玉 | 高冬英 | 华桂娣 |
| 王素珍 | 陈荷英 | 曾宪缨 | 曾丽健 | 王阿凤 | 何 娟 | 李国华 |
| 戚红风 | 孙红珍 | 曲 申 | 曾丽康 | 庄百雄 | 邓光礼 | 袁瑞琦 |
| 许淑瑜 | 徐根娣 | 李聚彬 | 李盛山 | 曹德章 | 毛荣娣 | 王雅琴 |
| 许美丽 | 陈德囡 | 刘鸿林 | 张华云 | 张瑞达 | 聂金乾 | 郑小龙 |
| 黄国良 | 鲁招娣 | 郝荷芬 | 夏家华 | 鲍园珍 | | |

（三）1965 年武汉支边青年名单

| 周胜琴 | 尹元章 | 肖绍雄 | 刘太宁 | 陶洪构 | 杨新华 | 苏占国 |
| 马幼卿 | 胡继芳 | 彭巧华 | 张贻惠等 199 人（因资料遗失，无法一一列出其 |

姓名）

（四）1966 年武汉支边青年名单

| 邓世雄 | 黄少华 | 庄秋萍 | 谭元真 | 黄 石 | 孙 斌 | 吴衍森 |
| 韩蓉蓉 | 毕启润 | 陈秋虹 | 张权平 | 魏树林 | 潘小云 | 甘惠芳 |
| 王秋生 | 周新祥 | 邓昌全 | 王连群 | 张雪梅 | 朱毅伟 | 陈勇智 |
| 吴利明 | 周秀珍 | 张鲁勤 | 姚贤民 | 陈 杰 | 贺世燕 | 华 凌 |
| 朱维坚 | 夏甘霜 | 高光毕 | 夏文珠 | 付席珍 | 梁有生 | 刘有道 |
| 任继才 | 朱惟玉 | 周香英 | 华德润 | 罗咏安 | 马汝君 | 卢建英 |
| 娄景欧 | 王振纲 | 侯正理 | 高自平 | 曾中石 | 魏秀兰 | 冯庚寅 |
| 曹祥华 | 孙 岸 | 高美英 | 王翠华 | 郑英杰 | 赵典保 | 张兴望 |
| 陈惠明 | 覃汉斌 | 欧阳湘衡 | 舒少然 | 狄桂秋 | 刘孝珍 | 张 玲 |
| 胡传彪 | 焦方午 | 马培芝 | 贺婉华 | 熊友远 | 赵广林 | 李洪达 |
| 刘智冰 | 易中叶 | 陈少英 | 刘七斤 | 王炳耀 | 马彩娣 | 宋莲枝 |
| 陈佩玮 | 张聚保 | 王荣元 | 张少毛 | 吴强生 | 王桂菊 | 董文萍 |
| 彭菊萍 | 竺桂生 | 马富松 | 麦嘉丽 | 王棣华 | 钱金汉 | 张汉春 |
| 黄满荣 | 夏正芝 | 万丽华 | 阮春桃 | 钟 仁 | 周珍菊 | 易巧云 |
| 肖爱群 | 李碧琴 | 张建民 | 丁民权 | 刘菊香 | 柳艳芬 | 王世春 |
| 朱力立 | 肖庆湘 | 黄少兰 | 王珍珠 | 叶才云 | 胡家仪 | 陈香荣 |

| | | | | | | |
|---|---|---|---|---|---|---|
| 张　荣 | 王福华 | 钱爱蓉 | 齐世珍 | 黄传珍 | 姚爱荣 | 郑书和 |
| 袁凤珍 | 赵光燕 | 高敬梅 | 夏桂兰 | 李正南 | 郑汉仙 | 吴汝娣 |
| 李静茹 | 彭香兰 | 鲍原济 | 沈少燕 | 贺荣芳 | 袁　地 | 谭礼华 |
| 肖世华 | 刘　蓓 | 邓泽汇 | 梁文祥 | 陈少萍 | 王国振 | 张慧敏 |
| 江小梅 | 梁文瑞 | 崔国理 | 宋幼民 | 陈桂香 | 李小毛 | 陈小荣 |
| 胡穗生 | 鲁庆平 | 陈少玲 | 郭银霞 | 朱砚华 | 陈百贵 | 曾志祥 |
| 田爱群 | 张华君 | 胡美娟 | 丁艾芳 | 项亭亭 | 武早清 | 熊大望 |
| 罗经祥 | 杨兆元 | 刘行芳 | 陈慧文 | 俞良爽 | 涂国强 | 胡宏慈 |
| 陈翠萍 | 刘洪荣 | 何　冰 | 刘新民 | 周桂算 | 陈焱娥 | 王顺英 |
| 栾友邦 | 兰学灿 | 谢翼经 | 彭富娥 | 吴佩君 | 陈庆仙 | 张家政 |
| 兰才生 | 张洪仙 | 张美珍 | 丁汉生 | 韦思正 | 李德才 | 李秀珍 |
| 聂若兰 | 薛科春 | 陈国松 | 戚文同 | 茅　薇 | 朱姗柏 | 陈德方 |
| 陈国强 | 姚传英 | 胡金荣 | 刘三见 | 邹善如 | 李盛汉 | 崔启建 |
| 徐玲玲 | 彭丽芳 | 杜春生 | 马维富 | 王启区 | 刘汉珍 | 胡明霞 |
| 魏国正 | 张火炯 | 王玲贻 | 邵　斌 | 曾东林 | 王少华 | 陈美美 |
| 潘明保 | 彭　勃 | 杨行交 | 袁淑芬 | 杨学宁 | 朱其华 | 李光汉 |
| 胡有娥 | 唐名华 | 陈江海 | 卢迪生 | 李汉明 | 易金明 | 文德昌 |
| 冷宜华 | 杨松有 | 孙光希 | 李焕运 | 胡传方 | 程　丽 | |

（第三十一章《人物》，第 400—402 页）

# 《七十四团志》

农四师《七十四团志》编纂委员会编，新疆人民出版社 2003 年

（1964 年）5 月，39 名上海支边知识青年到团工作。　　　　　（《大事记》，第 7 页）

是年（1969 年），第一批师直单位、新疆矿务局上山下乡知识青年 75 人到团工作。

（《大事记》，第 10 页）

（1976 年）6 月，上海慰问团一行 5 人来七十四团慰问上海支边知识青年。慰问团一行人在 5 天时间内，先后到一连、二连、三连、四连、五连、副业连、修造连、子校、卫生队、机关、林管站召开座谈会 8 次，走访了 65 名上海知青中的 58 人，主要了解上海知青在团场成长、安置情况。慰问团离开前，向团党委反馈了意见。　　　　　（《大事记》，第 13 页）

1964—1965 年……接受上海等地支边青年 59 人……

1969 年,接受农四师子校知识青年 38 人,矿务局学生 45 人。

1972 年,师分配来师直单位知识青年 48 人。

1976 年,师分配来城市学生 78 人。 （第十三章《劳动管理》,第 166—167 页）

70 年代初,抽调知识青年 8 人,经近 1 年的培训后从医。

（第二十四章《医疗　卫生》,第 303 页）

1970 年,选拔知识青年 8 人经过短训充实护理队伍。

（第二十四章《医疗　卫生》,第 307 页）

## 支边知识青年名录

（一）上海支边青年（65 人　1964 年　1965 年）

| | | | | | | |
|---|---|---|---|---|---|---|
| 殷海勤 | 施华英 | 黄锡珍 | 赵宝珍 | 张素琴 | 刘　萍 | 刘　英 |
| 朱焕娣 | 杨秀红 | 戴银富 | 徐忠香 | 高秀兰 | 陈桂芬 | 管昆香 |
| 赵莉莉 | 戴雪英 | 陈毛毛 | 秦小玲 | 张海国 | 庄　捷 | 陈留英 |
| 李丽娟 | 居智理 | 张惠芬 | 许顺英 | 张宝娣 | 张兰芳 | 吴惠豪 |
| 尤成南 | 蒋金华 | 王兴宝 | 徐嗣达 | 茹文康 | 戈绍贵 | 张三益 |
| 宋文龙 | 沈子思 | 黄惠泉 | 曹后瑾 | 朱怀秀 | 徐志杰 | 王卯坤 |
| 顾雅名 | 顾宝球 | 包文亮 | 余坚定 | 徐宋静 | 龙焕章 | 黄寅初 |
| 余松发 | 周有章 | 朱祥生 | 吴世代 | 袁美丽 | 陈桂芬 | 苏大方 |
| 李久经 | 花阿宝 | 夏章英 | 张周珍 | 雇明孔 | 杨梧培 | 卞桂香 |
| 崔洪海 | 袁仁瑞 | | | | | |

（二）浙江温州支边青年（4 人　1964 年）

| | | | |
|---|---|---|---|
| 陈金奎 | 李克岑 | 徐道德 | 钱是洪 |

（三）武汉支边青年（4 人　1964 年）

| | | | |
|---|---|---|---|
| 李雅琴 | 马建国 | 欧阳佩兰 | 黄永珍 |

（第二十五章《人物　先进集体》,第 332 页）

# 《七十五团志》

七十五团史志编纂委员会编,新疆人民出版社 2002 年

(1964 年)5 月,上海支边青年 65 人到场工作。 （《大事记》,第 6 页）

(1965年)6月,上海、温州、武汉等大城市支边青年115人来场工作。(《大事记》,第7页)

(1969年)5月,从兵团后勤部跃进钢铁厂分来61名知识青年接受再教育。

6月10日,从兵团后勤部汽二团,八一钢铁厂分来55名知识青年接受再教育。

7月,从石河子市、库尔勒市分来知识青年33人接受再教育。　(《大事记》,第9页)

1960—1965年,响应国家支援边疆建设的号召,从湖北、江苏、温州、上海、天津、北京、武汉等地以及复员退伍转业军人调入场的有977人。

1969—1976年,从石河子、库尔勒、跃进钢铁厂、兵团汽车第二团、八一钢铁厂、七三四矿、皮革厂、工矿厂再教育知识青年共计181名来场工作。　(第五章《人口》,第69页)

(四)1964年上海市支边青年人名录

| 周玲仪 | 周六林 | 徐亚玲 | 徐明珠 | 彭翠仙 |
| 陆祥娣 | 孙根娣 | 徐银珍 | 徐鹤廷 | 樊林根 |
| 缪红霞 | 戴根富 | 柳灿烂 | 丁财根 | 胥飞 |
| 石根英 | 邵龙妹 | 马晓妹 | 韩明荣 | 程进根 |
| 王玲兰 | 束胜宝 | 马新妹 | 谢福林 | 孙红兰 |
| 马巧宝 | 杨青 | 乔月霞 | 王根娣 | 陈桂宝 |
| 杨明 | 尤国强 | 徐金妹 | 魏晓航 | 贾荷香 |
| 伍苟根 | 孙佩林 | 陈国训 | 徐兰英 | 王秀珍 |
| 王献娣 | 鞠永凤 | 毛三红 | 陈明松 | 华攀云 |
| 周惠娟 | 陈金娣 | 赵来发 | 忻进康 | 徐占秋 |
| 林刚德 | 刘巧英 | 张顺明 | 姚宗德 | 刘彩兰 |

(五)1965年武汉支边青年人名录

| 张玉英 | 严国甫 | 安秀英 | 周友娣 | 熊桂花 |
| 毛定荣 | 邹玉兰 | 董知一 | 张望梅 | 保崇钦 |
| 夏德明 | 王德训 | 陈伯林 | 国威 | 胡明 |
| 严三元 | 张冬梅 | 李崇源 | 肖友运 | 童英 |
| 徐梅芳 | 童小莉 | 程雨安 | 沙丽慧 | 周素莹 |
| 张来琢 | 陈明祥 | 陈楚桥 | 何延顺 | 姚中文 |
| 周重新 | 高连贵 | 徐甲寅 | 喻君英 | 胡志朋 |
| 闵金海 | 李汉民 | 涂永华 | 黄长清 | 殷自延 |
| 许汉明 | 秦立生 | 张杏云 | 廖运萍 | 丁玉琴 |
| 万腊荣 | 刘澹 | 李会英 | 陈英 | 戚巧英 |

## （六）1965年上海崇明支边青年人名录

| | | | | |
|---|---|---|---|---|
| 倪欢祥 | 顾丰培 | 刘 冲 | 张奉先 | 宗青华 |
| 唐伟增 | 罗学兰 | 袁人瑞 | 张士芳 | 盛渭樵 |
| 钱士洪 | 郭 尧 | 龚学昌 | 黄超然 | 茅乃坤 |
| 顾帮文 | 王玉佳 | 李月娥 | 苏樊萍 | 王丽金 |
| 倪美仙 | 黄汉英 | 李振球 | 张钟娣 | 沈凤珍 |
| 龚雪萍 | | | | |

## （七）1965年浙江省温州支边青年人名录

| | | | | |
|---|---|---|---|---|
| 汪文荣 | 陈霄霞 | 洪葭霞 | 胡璇璇 | 毛玲华 |
| 汪文清 | 密乐琴 | 戴秀莲 | 李笑多 | 钱江雨 |
| 钱望宇 | 黄小筱 | 徐淑芳 | 戚佩珏 | 洪丽娜 |
| 何佩丽 | 毛巧秋 | 徐同德 | 余伯寅 | 陈金奎 |
| 黄如臻 | 金恒莹 | 金恒宗 | 奚德钊 | 黄孟忻 |
| 李瑞鸿 | 林春如 | | | |

## （八）新疆石河子市原兵团汽车第二团1969年上山下乡青年人名录

| | | | | |
|---|---|---|---|---|
| 穆德佑 | 申 鑫 | 白建华 | 陈泉生 | 申 铭 |
| 康新民 | 樊利君 | 黄海俊 | 段海英 | 张卫忠 |
| 侯光荣 | 谷保成 | 窦兴奋 | 窦金环 | 王新惠 |
| 翟要武 | 戴玉英 | 何春华 | 罗永红 | 褚忠红 |
| 李福生 | 王春海 | 王爱华 | 周伟雄 | 刘 勇 |
| 刘平生 | 包小勉 | 焦秀玲 | 张术云 | 窦金峰 |
| 康新民 | | | | |

（第二十八章《人物》，第387—389页）

# 《七十六团志》

《七十六团志》编委会编，新疆人民出版社2003年

（1964年）6—7月，143名上海支边知识青年到场工作。　　　　　（《大事记》，第5页）

（1973年）12月24日，团召开知识青年上山下乡工作会议，有32名青年代表参加，主要是开展向全国知识青年上山下乡标兵邢燕子、侯隽、周春山学习的活动。　　（《大事记》，第12页）

在此期间（1962年秋和1963年春），从兄弟农场调入干部职工和上海支边知识青年356人。1964年安排大量复转军人、城市知识青年、国家分配人员和其他人员，农场人口增长迅速。

（第五章《人口》，第70页）

1963 年 6—7 月，安置上海支边青年 143 人到团场工作。　　　　（第五章《人口》，第 71 页）

1965 年 5 月，上海支边知识青年 143 人来团场。

1967 年 5 月，兵团子校、昭管处子校、师子校等 98 名高中、初中毕业生来七十六团接受"再教育"。　　　　　　　　　　　　　　　　　　　　　（第五章《人口》，第 73 页）

1984 年，129 名上海支边知识青年调出团场返城。　　　　（第五章《人口》，第 73 页）

1964 年前后……接收上海支边知识青年 143 人。"文化大革命"初期，安置兵团工交部、农四师和昭管处上山下乡知识青年 436 人。　　　　（第十四章《经营管理》，第 177 页）

1973 年 12 月 24—29 日，召开知识青年上山下乡工作会议，出席代表 32 人。这次代表大会听取全国知识青年上山下乡标兵邢燕子、侯隽录音报告，总结"工业学大庆"、"农业学大寨"的成绩，进一步促进思想革命化，发挥青年在农场建设中的先锋队作用。

　　　　　　　　　　　　　　　　　　　　　　（第十七章《群众团体》，第 237 页）

1965 年后，新建学校增多，教师需求量大，吸收一批转业军人及其家属、知识青年充任教师。　　　　　　　　　　　　　　　　　　　（第二十一章《教育》，第 275 页）

# 《七十七团志》

农四师七十七团史志编纂委员会，伊犁人民出版社 2002 年

是年（1963 年），场安置上海支边青年 6 人。　　　　　　　　　　（《大事记》，第 9 页）

是年（1964 年），场安置上海支边青年 131 人。　　　　　　　　　（《大事记》，第 10 页）

是年（1965 年），场安置上海支边青年 208 人，天津支边青年 2 人。　（《大事记》，第 11 页）

# 《七十八团志》

《七十八团志》编纂委员会编，新疆人民出版社 2002 年

（1964 年）11 月 24 日，武汉支援边疆建设青年 58 人到场。　　　　（《大事记》，第 10 页）

12 月，上海支边青年 34 人从昭管处基建队调入场。　　　　　　　（《大事记》，第 10 页）

(1974 年)5 月 4 日,上海市赴疆上山下乡学习慰问团来场看望上海知识青年,深入连队开展学习慰问活动。 （《大事记》,第 14 页）

1963 年以前,有少数上海知识青年来场工作。1964 年,接收城市知识青年 107 人,其中:上海市 49 人,武汉市 58 人。 （第三章《人口》,第 67 页）

1969 年,按兵团规定,对到农场接受"再教育"的知识青年每月发给 17.50 元的生活费,一年后转为 24.20 元的工资待遇。 （第十八章《劳动管理》,第 182 页）

## 七、1961—1965 年上海支边青年名录

### （以姓氏笔画为序）

| | | | | | | | |
|---|---|---|---|---|---|---|---|
| 王世祁 | 王月娣 | 王志勇 | 王丽金 | 冯顺娣 | 冯美珍 | 刘晓华 | 刘凤娣 |
| 孙毛娣 | 孙玉娣 | 孙茂华 | 孙长明 | 朱宗鸿 | 朱广妹 | 江银善 | 许斌 |
| 陆华弟 | 陆瑞菊 | 张洪庆 | 张建福 | 张龙妹 | 张洪华 | 张仕勇 | 张玉梅 |
| 张仲伟 | 张奉先 | 杨银珠 | 杨希芹 | 李则民 | 李保玉 | 李振球 | 陈妙荣 |
| 陈伯年 | 陈岳年 | 陈娥 | 邱金根 | 余守卫 | 余家仁 | 严金妹 | 何瑶珍 |
| 何其芬 | 周来昆 | 林雪琴 | 林家明 | 金银宝 | 宣恒卫 | 荆舜瑛 | 荆梅芬 |
| 姜元珍 | 施大伟 | 赵应祐 | 赵志刚 | 洪建华 | 夏银珠 | 奚秀珍 | 高金妹 |
| 翁根富 | 徐伟 | 钱国浩 | 费转兰 | 顾秋月 | 袁子娣 | 唐玉蓉 | 郭春梅 |
| 郭尧 | 梁才生 | 曹根喜 | 盛渭樵 | 黄秀奎 | 鲍惠根 | 颜高明 | 潘钱英 |
| 戴蔚碧 | | | | | | | |

## 八、1964 年武汉支边青年名录

### （以姓氏笔画为序）

| | | | | | | | |
|---|---|---|---|---|---|---|---|
| 丁碧波 | 马素珍 | 王礼荣 | 王成华 | 王碧燕 | 王碧莲 | 王四莲 | 王为山 |
| 王小玉 | 邓环玉 | 申伯顺 | 刘兴发 | 刘桂兰 | 刘桂华 | 刘亚萍 | 刘亚芬 |
| 刘汉民 | 吕明秀 | 任桃生 | 汪克鸿 | 张汉生 | 张德鸿 | 张淑芳 | 花荣珍 |
| 余桂兰 | 吴现花 | 吴闯 | 吴允聪 | 杨黑皮 | 杨玉梅 | 杨桂玲 | 李琼珍 |
| 李跃嫒 | 陈长城 | 陈巧英 | 陈少郁 | 陈小荣 | 陈文斌 | 肖建芳 | 周启孝 |
| 周业鼎 | 建基英 | 夏家祥 | 夏爱华 | 项绍清 | 候玉琴 | 胡运霞 | 赵志芬 |
| 赵晓春 | 施幼琼 | 施元成 | 莫合清 | 袁宝琪 | 梁秋生 | 曹克汉 | 程掌珠 |
| 程贞祥 | 蔡玉珍 | 濮秀云 | | | | | |

（注:包括 1964 以后调进的）

（第三十章《人物 集体》,第 360—361 页）

知青标兵　哈桑拜(1976 年受团场表彰)　　　　　　（第三十章《人物　集体》,第 366 页）

# 《七十九团志》

七十九团史志编纂委员会编,(内部刊行)2000 年

(1964 年)6 月,上海支边青年 112 人到场。　　　　　　（《大事记》,第 10 页）

11 月 14 日,湖北武汉支边青年 106 人到场。　　　　　　（《大事记》,第 10 页）

(1969 年)2 月,成立民兵连,以上岗的知识青年为主。　　　　（《大事记》,第 12 页）

(1987 年)6 月,开始解决给上海知青子女办理去沪借读、户口迁移等手续问题。

（《大事记》,第 20 页）

1964 年 6—11 月,上海支边青年 112 人,武汉支边青年 106 人,温州支边青年 5 人。

（第四章《人口》,第 59 页）

1963 年 6 月 4 日,三连一名上海支边青年在参加挖土方休息时,因塌方被黄土埋在下面,当场窒息而死。　　　　　　（第十六章《劳动工资》,第 202 页）

1969 年,上级分配大批上山下乡知识青年来场接受再教育,到 1976 年已达 689 人,为做好青年工作,场临时党委批准各单位建立临时团支部 21 个。

（第二十二章《群众团体》,第 277 页）

60 年代中期,从职工中选拔教师,大多为上海、武汉、温州等城市支边青年,具有高初中文化。　　　　　　（第二十三章《教育》,第 286 页）

1964 年,对宣传队进行调整,吸收一批上海、武汉支边青年,队伍演出水平有了较大提高。

（第二十五章《文化　体育》,第 299 页）

1962—1980 年,从兵团医专,州卫校、师卫校,分来 34 人,加强了卫生队伍。同时,还从上海、武汉支边青年,职工子女,沈阳、成都、济南军区部队转业军人中共计 37 人充实到卫生队伍。　　　　　　（第二十六章《医疗卫生》,第 306—307 页）

# 《新疆生产建设兵团农五师志》

农五师史志编纂委员会编,新疆人民出版社 2005 年

　　(1955 年)8 月 22 日,南京青年学生 70 人到农五师工作。　　　　　(《大事记》,第 13 页)

　　(1961 年)11 月 18 日,上海市中学生 118 名(男 66 名,女 52 名),武汉市高中毕业生 62 名(男 55 名,女 7 名),分配到第五农校政治干部班学习。　　　　　(《大事记》,第 16 页)

　　(1963 年)9 月 21 日,上海支边青年 171 人、江苏中专毕业生 40 人到农五师工作。

　　　　　　　　　　　　　　　　　　　　　　　　　　　　　(《大事记》,第 17 页)

　　(1964 年)9 月 25 日,上海支边青年 137 名到农五师工作。　　　　(《大事记》,第 17 页)

　　(1965 年)7 月,天津支边青年 868 人到农五师,分配到哈密、博乐垦区。

　　　　　　　　　　　　　　　　　　　　　　　　　　　　　(《大事记》,第 18 页)

　　10 月 19 日,上海支边青年 113 人到农五师工作。
　　10 月 28 日,上海市慰问团在兵团司令员陶峙岳陪同下到农五师慰问上海支边青年。

　　　　　　　　　　　　　　　　　　　　　　　　　　　　　(《大事记》,第 18 页)

　　(1970 年)3 月 12 日,全师民兵野营拉练至北山出车祸,八十九团上海支边女青年沈雅琴等 3 人死亡。　　　　　　　　　　　　　　　　　　　　(《大事记》,第 20 页)

　　(1974 年)9 月 1 日,上海市赴新疆学习慰问三分团到农五师,对上海支边青年进行慰问活动。　　　　　　　　　　　　　　　　　　　　　　　(《大事记》,第 21 页)

　　1955 年,招收江苏南京第一至第八中学学生 70 名。
　　……
　　1961 年 9 月,接收上海学生 118 名和湖北武汉高中生 62 名分配师农校政治干部班学习。同年,招收湖北支边青年 498 人。1963 年 9 月 21 日和 26 日,招收上海支边青年 171 人,招收江苏镇江师范学生 40 人和其他学校学生 28 人。同年,安置河南、四川、浙江、湖北、安徽、内蒙、湖南、甘肃等省大中专毕业生 99 人。1964 年 9 月,招收上海青浦县、崇明县、宝山县支边青年 137 人。1965 年 6 月至 9 月,招收天津南开区、和平区支边青年 868 名。同

年 10 月 19 日,招收上海崇明县、宝山县、虹口区支边青年 113 人。1966 年 7 月,招收上海支边青年 987 人,其中,普陀区 826 人,宝山县 161 人。

(第三编第一章《人口来源及变动》,第 129 页)

1956—1964 年,农五师接收内地知识青年和大中专毕业生,兵团分配大中专毕业生,使文化程度构成发生变化。

(第三编第二章《人口构成》,第 135 页)

**教育支边青年** 50—60 年代,贯彻中共中央《关于动员青年前往边疆和少数民族地区参加社会主义建设的决定》,陆续接收了上海、天津、江苏、湖南、河南、湖北、广西等省市 7 573 名支边青年。他们从内地到西北边陲,很不适应极其艰苦的生产和生活环境。各级领导对他们进行安心边疆、安心农场、安心工作岗位和爱祖国、爱人民、爱劳动、爱科学等系统教育,组织学习英雄模范人物的无私奉献精神,帮助他们确立为人民服务的人生观和价值观。基层领导选派老职工、老先进担任他们的班排长,从体贴关心着手,通过老红军、老八路、老军垦战士的"传、帮、带",使他们很快安下心、扎下根,愿为农垦事业献青春。经一段时间劳动锻炼后,大部分支边青年安排到文教、卫生、财会、科技、农机等岗位。到 1966 年,支边青年中有 11 人立功受奖,有 14 人加入中国共产党,有 25 人加入共产主义青年团,有 158 人当了排以上干部。

(第十五编第二章《政治效能》,第 424 页)

## 第三节　南京、上海、天津集体支边青年学生

### 一、1955 年南京支边学生

张灵程　刘朝汉　李永康　刘贵民　张常利　朱秉才　敖桂林(女)　奚淑华(女)　李兴全
李锦荣　蒋珍仙(女)　徐　敏(女)　叶琪珊(女)　李秀琴(女)　钱佐君　沈有泉　吴学海
敖增湘　周宏凤(女)　吴正信　刘玉云(女)　张金顺　陈锦民　顾笃林　李秉恕
计传英(女)　鲍明丽(女)　张恒建　钱文治　周文新　史　毅(女)　吴发泉　陈梅英(女)
罗国林　刘寿华　侍庆华　李学琴(女)　王秀兰(女)　丛淑珍(女)　王凤祥　高　瑜(女)
陈祥根　钱传鑫　孙谨椿　王庆华　柳国熙　吴维成　张虎亭　王桂琴(女)　吴动生
郭德华(女)　范祖湘(女)　杨玉华　陆有保　魏殿有　经富楹　陈志祥　吴　禧
程宗国　徐双林　刘黑保　刘福民　张学奎　易邦生　孙远欧　戴金龙　姚世民　王明圣
王焕兰(女)　任贤良

### 二、1961—1966 年上海支边青年学生

**1961 年 1 月进疆**

朱葆龙　沈介芙(女)　荀冬妹(女)　王加路　吴瑞珠　吴仲康　姚武洲　贝　敏(女)
倪雪君　吴培耕　姚仁忠　叶强华　吴东南　王瑞利　龚海山　沈百川　周文斌

张小囡(女)　蒋剑虹(女)　邹翠珍(女)　钱红松　庞学龙　金善智　罗玉珍(女)

李庆英(女)　党桂英(女)　韩静如(女)　王菊仁(女)　赵忠振　周定交

张腊梅(女)　邬显才　经　纬　程永发　王全福　钱志芳(女)　张为苓(女)

耿福生　王丹书(女)　顾寿娣(女)　傅慧芳(女)　邬炳亮　吕玉华(女)　雷宏熊

邢永寿　王华英(女)　徐晋庆　简荣章　赵光新(女)　方洪夷　朱扣妹(女)

徐跃忠

## 1961 年 10 月进疆

陈爱莉(女)　周奚英(女)　陈润妹(女)　张玉妹(女)　吕桂英(女)　卜巧珍(女)

朱荣娣(女)　吴宝昆(女)　俞胜利(女)　黄静仪(女)　任海妹(女)　宋唯绳(女)

夏亚萍(女)　俞雪珍(女)　欧家顺(女)　阎玉琴(女)　龚关妹(女)　丛月英(女)

汪迪华(女)　张玉亭(女)　王华英(女)　张桂芳(女)　张崇建　龚德充　黄海林

刘　尧　顾友信　孙肇芳(女)　范汉成　邵　志　冯守林　成妙根　陈国范　徐庭来

沈款敏　汪潮海　朱海春　孙修候　王念先　毕镐玉　范钜康　李宏成　汤茂林　任振国

潘文春　沈马良　何国伟

## 1963 年 9 月进疆

孙莉莉(女)　潘黎明(女)　张玉君(女)　吴德静(女)　叶竞新　张凯伦(女)

魏芳芝(女)　马沁生(女)　邓德环　倪金山　许主俭　徐梅英(女)　章仲倩　徐致明

唐瑜生　汪宜蕾(女)　施和定　袁斐章　沈吉丽(女)　汤华容　顾文辉　李发春(女)

陈禅玉(女)　朱明屿　沈增康　黄阶茂(女)　褚慧芳(女)　王洪山　郑　竟　刘慧年(女)

李绍荘　盛幼治(女)　孙柏薇　陈世恩　汪家华(女)　仇惠莉(女)　姚锦霞(女)　孙为帮

郑保险　严家鹏　陶仁潜　江伟谨(女)　陈景芳(女)　邬发庭　谢厥问(女)　杨美芳(女)

孙宝珊　吴相吉(女)　潘婉华　沈玉麟　朱扬眉(女)　赵乐生　陆瑞剀(女)　冯祖明(女)

罗荣华(女)　李爱华(女)　郭有恒　金跃明　严中吾　祝玉凤(女)　郑薇娟(女)

周已生(女)　徐沛然　姚光龙　马自正　潘　平(女)　徐德英(女)　侯志荣　王国斌

杨美芬(女)　阮希贤　徐永珍(女)　冯茂林　王小小　郁升跃　韩友强　胡彩英

虞积努(女)　谢慧敏(女)　周可孟(女)　陈利亚(女)　赵国平　车文渝　程小波

方平安(女)　曹惠芳(女)　徐世福　马建华　刘瑞管　徐逸人(女)　沈国镇　朱小琼(女)

孙昌琴(女)　姜美华(女)　凌佩贞(女)　李家正　屠诚德　文秋萍(女)　施建新　朱　瑾

上官天明(女)　瞿　淮　黄人贤　陆苏娟(女)　蒋惠祥　杨观倩(女)　柴　伟(女)

陈志安　顾荣德　许鸿芳(女)　朱宗逸　赵金龙　洪怡雯(女)　卢康德　张位伦

甘书昆　张兴发　陈玲玲(女)　郭　昕　张西生　俞妙根　沈凯尔(女)　杨德佛

谷香照(女)　林欧平(女)　瞿义立(女)　沈炜珍(女)　高为泉　黄景贤　周柳春

朱茂善　余雨顺　冯寿琦　柳德康　雷中鼎　王晓棣(女)　蔡炜原　何中良　沈剑虹

于基澄　史济明　毕萝禅　沐莉芳(女)　周贵盛　樊教鹤　曹建萍　陈大祥　周光霞

田菊英（女）　施佩玲（女）　姜瑞芝（女）　陈宝娣（女）　赵水花（女）　谢翠则（女）

王玉山　郭大铭　颜玉君（女）　颜燕君（女）　金慧琴（女）　曹永超　范菊仙（女）

王根发　邬佩亩（女）　王光达　张鲁豫（女）　龚爱萍（女）　江伟枫（女）　史仙庭

俞慧珠（女）　戈大杨　刘大元

## 1964 年 9 月进疆

黄国新　王希贤　胡敬平　管泉　王能达　徐善昌　茅学明　陈岗　高茂高　朱锦明

杨绍仪　张栋梁　陈振华　沈德中　黄儒良　吴锡荣　李惠林　施恩德　王天成　陈伯生

黄志超　何文岐　沈文全　王其昌　黄达群　沈立群　沈洞光　梅宋如　丁荣达　高汉生

刘玉玲（女）　叶家仙（女）　王美蓉（女）　沈扁芳（女）　张丽囡（女）　许谣华（女）

陈金娣（女）　朱如秀（女）　高兰芳（女）　黄巧英（女）　倪亚芳（女）　吴秀英（女）　黄忠跃

季宪昌　汪伟武　朱孟达　陈德生　杨士国　季禅义　黄振华　沈致礼　费斌　郁臣

赵胜鹤　程乃良　马文驮　严志忠　吴诚一　李克群　盛久一　叶烈林　朱幼麟　凌国基

张玉瑾（女）　龚琴风（女）　茅静娴　黄礼珍（女）　黄小婉（女）　施增香（女）　施纯一（女）

顾瑞兰（女）　沈桂芳（女）　周锡琴（女）　叶美玲（女）　吴玉兰（女）　沈月琴（女）

韩丽娟（女）　腾兰英（女）　黄美英（女）　胡宝妹（女）　朱根娣（女）　陆爱英（女）

潘梅英（女）　任巧华（女）　黄明善（女）　金赞兴　徐玉明　陆洗东　张汉文　周祥同

曹亦明　黄奇雪　陈福昌　吕关兴　沈南屏（女）　沈佩娜（女）　李静莲（女）　陈强安（女）

郑汝豪（女）　张秀亭（女）　咸阳（女）　君婉珍（女）　施莲娟（女）　袁早娣（女）

刘君卓（女）　张学芳（女）　杨金妹（女）　须玉妹（女）　马玉琴（女）　刘浩良　袁兰芳

沈玉林　袁师德　张邓龙　许平　岑健民　沈惠邦　王能勇　陆洪飞　徐福元

申云娥（女）　宋金玲（女）　陶静怡（女）　胡美玲（女）　董桂娟（女）　倪昕（女）

顾美珍（女）　陈美云（女）　倪秀兰（女）　吴永娟（女）　徐吟梅（女）　黄雅英（女）

朱丽芳（女）　舒菊芳（女）　王中芳（女）　王丽棣（女）

## 1965 年 12 月进疆

朱贤珍（女）　张月娥（女）　相忆琴（女）　沈端雄（女）　郁敏（女）　宋雄（女）

相慕端（女）　肖淑英（女）　李莺（女）　刘仪（女）　有洪芳（女）　蔡国英（女）

季玉兰（女）　黄桂玉（女）　倪志兰（女）　徐平（女）　秦美琴（女）　朱美然（女）

施亚菊（女）　沙冠微（女）　杜静芳（女）　曹佳彩（女）　宋学娟（女）　赵静德（女）　沈云涛

顾国栋　徐凯家　张斌　刘显凌　陆明德　沈冠君　施晃　赵炳喜　沈浩然　包一平

黄锦忠　周学兴　陈松　黄兆昌　赵立言　胡中鼎　朱文焕　陆正鹏　施忠孝　沈益民

张友仁　陈爱娣（女）　徐国梅（女）　顾玲宝（女）　瞿美芳（女）　陈云江　江汉卿　李兆华

王宪教　陈永安　吴家林　张黎明　赵荣根　陆珊珊（女）　郭莉莹（女）　龚圣时　崔剑平

顾仁　陈维庆　刘晓容（女）　孙栋斌　乐胜利（女）　韩玉梅（女）　孙昌智　钱大威

彭爱伦（女）　郭祖根　丁培琴（女）　沈兰英（女）　林佐民　张寒韵　夏毓洪　余穗珍

朱　锦　蔡　勇　孙玉琴(女)　相妙芳(女)　钱莉君(女)　王清瑞(女)　刘碧婷(女)

顾　莉(女)　阚德琴(女)　相维正　周凯明(女)　徐泉堂　房力沁(女)　江觉奋(女)

凌　飞　邰飞凤(女)　马考恒　陈立华(女)　沈又娥(女)　张建民　李金龙　曹鸣凤(女)

王忆侬(女)　曲德芳(女)　肖自正　俞国华　杨绪臣　张大康　庄永荷(女)　施红梅(女)

朱宝琴(女)　蔡丽彬(女)　徐秀宝(女)　王学艺(女)　相竺芸

## 1966 年 7 月进疆

周坤夫　韩福祥　潘菊祥　沈祥庆　蒋昌荣　姚兴荣　凌成囡(女)　曹飞伟　郑阳驹

江金美(女)　陈玉华(女)　朱洪芹　陈庆珍(女)　汤连松　李凤娣(女)　袁志兰(女)

宣寅平(女)　张维珍(女)　孙丽珍(女)　吴加林(女)　沈达昌　黄佩英(女)　于美芬(女)

赵小弟　胡　海　吴新明　黄中元　秦友珠　施秀芳(女)　周新民　付文新　朱　明

王金美(女)　杜和珍(女)　陶代发　张振毫　徐继裘　周之兴　徐金荣　张锡滨

胡志明　薛龙成　张台生　吴四妹(女)　尹美玲(女)　盖文娟(女)　韩成华　吴奕刚

蒋巧银(女)　黄阿娣(女)　蒋正帮　唐日臻(女)　何日成　翁杏娣(女)　席稚行(女)

王玉英(女)　刘文勤(女)　祝金妹(女)　张锡汝(女)　君宝山(女)　倪如花(女)

张永芳　李　莺(女)　黄国忠(女)　宋晓梅(女)　李自强　黄秀容(女)　王少川

薛晓玲(女)　陈前文　毛美娣(女)　黄家树　张小凤(女)　严瑞红　王维安(女)

章德多(女)　许亚芳(女)　吴安贵　沈　伟　张明红　王家农　赵年松　韩文孝

关仲连　陈兰英(女)　李妙兰(女)　李庚文　刘金头　薛国良　李群弟　曹彬华(女)

陈兆妹(女)　董宝新(女)　周小牛　陈小圆(女)　陈爱娣(女)　徐林发(女)　杨秋年(女)

周宝林　毛福康　唐士伟(女)　吴恩典　姜顺娣(女)　黄刚萍(女)　刘粉根　陈文妹(女)

刘延安　叶　丽(女)　盛志华(女)　郑伟华(女)　贺　杰　姚瑞玲(女)　奥莉萍(女)

张雪珍(女)　李翠华(女)　吴宏基　虞同良　邵钦林　王　萍(女)　徐惠云(女)

吕瑞霞(女)　徐莲凤(女)　张惠玲(女)　刘阿月(女)　周玉娣(女)　徐莉莉(女)　范妙珍

杨俊杰　王阿年　朱　景(女)　薛燕君　王凤妹　邱惠珍(女)　陆翠娟(女)　周文全

缪莉华(女)　姚惠珍(女)　马珊妹(女)　陆秀媛(女)　张莉玉(女)　刘秀芳(女)

赵杨林(女)　孙燕萍(女)　马兰琴(女)　朱有才　周志祥　陈惠芳(女)　梅金凤(女)

朱久荣　薛宝康　朱雅华(女)　王信娣(女)　韩昌宝　章容妹(女)　沈秀芳(女)

徐小毛(女)　蒋年珍(女)　陶凤英(女)　赵巧珍(女)　吴桂英(女)　张秀珍(女)

万水珍(女)　王永祥　张金玉　刘玉英　吕毛毛　顾发奎　李伯兴　黄永朝　王根龙

叶惠珍(女)　王金玉　倪福慎　陈贵林　刘阿四　李龙庆　施新宝　朱勤英(女)　沈虎扣

袁惠珍(女)　王永发　斗招兄(女)　王金芝(女)　张亚新(女)　张丽美(女)　姚鲁平

周旦华　孙九斤　高士吾　丁吉林　吴彩云(女)　陶秋英(女)　戚虎英(女)　沈品生

侯德娣(女)　马玉梅(女)　袁付泉　李连顺　朱洪泉　徐加祥　夏忠和　王永康　刘国平

蔡永德　苏丽君(女)　唐阿贵　余否英(女)　邵叶玲(女)　叶瑞兰(女)　严阿英(女)

施或新　鲍康妹(女)　邵根英(女)　沈林娟(女)　陈其生　李根生　徐为民　徐忠华(女)

王婉玉　余桂英(女)　庄美娥(女)　陆凤娣(女)　杨海洲　蒋为森　李金海

汤荣娣(女)　朱家国　杨永芳(女)　裴成定　毛银秀(女)　朱惠忠　赵志祥　张涵春

王金宝　龚菊香(女)　管志银　刘兆娣(女)　韦纲娣(女)　韦凤娣(女)　张根娣(女)

张曼玲(女)　张永根　蔡建华　王银娣(女)　徐长富　庞素珍(女)　芦惠芳(女)　陈昌胜

许雪珍(女)　杨小江　许惠明　蒋弟福　谢玉定　胥银花(女)　陆志芳　陈佩芳(女)

宋连教　仑雅红　徐玲妹(女)　朱小花(女)　刘秀花(女)　张素珍(女)　项洪喜　潘春仪

顾文辉　潘金波　蒋慧仙(女)　田宗正　吴文美(女)　王彩林　孙爱晶　周国平　李金虎

周宝钧　梁联娣(女)　舒文娟(女)　朱妙凤(女)　周秀英(女)　陆美珍(女)　胡怀娣(女)

韦凤娣(女)　张雪根　薛成娣(女)　孙扣成　包春生　董金州　潘金妹(女)　李永顺

朱湘元　郑美娟(女)　张国华　周金美(女)　朱广林　江惠珍(女)　徐来根　邵荣贵

张良臣　高义发　王乃绵　张伟良　成瑞珍(女)　金锦堂　陆荣海　朱小强　张建山

周有才　沈金丽(女)　倪红英(女)　孙冬梅(女)　蒋娟华(女)　徐梅英(女)　钱春娥(女)

顾国英(女)　邵学伟　王金菊(女)　周国英(女)　郑美娟(女)　陈景顺　王崇久　唐金荣

周育芳(女)　陈能耀　蔡秀玲(女)　高美玲(女)　许章囡(女)　郭根娣(女)　李筱兰

石小花(女)　雷　荣(女)　王丹娣(女)　钱炳芳(女)　王　英(女)　周永胜　熊秀清(女)

徐美仙(女)　李红女(女)　沈敦海　包雅平(女)　朱培官　王洪珍(女)　黄福妹(女)

卞凤娣(女)　刘忠英(女)　周桂芳(女)　殷庆安　苏琴珍(女)　王美凤(女)　陈国庆

许大梅(女)　张育英(女)　刘小路(女)　杜云娥(女)　费润祥　严佩华(女)　江赢德

储月琴(女)　罗爱香(女)　刘恩兰(女)　朱杏芳(女)　姚金根　梁仪才　汤桂英(女)

刘文晓(女)　沈文枫(女)　王世贤(女)　代爱君(女)　陈全林　汪惠珠(女)　杨金辉(女)

潘　静(女)　黄菊芳(女)　唐明德　章天施　刘万高　孟玲妹(女)　胡友英(女)

徐育春(女)　陆友兰(女)　陈玉芳(女)　许仁玉(女)　王加良　黄英然　薛模法

潘桂芹(女)　刘昌林　于爱凤(女)　薛淑英(女)　李桂珍(女)　杨招娣(女)　宋英菊(女)

柏立世　李仁新　王根法　吴永法　夏文庆　吴金娣(女)　孙志敏(女)　邵爱珍(女)

柏秀英(女)　姚振芳(女)　钱菊英(女)　丁松华(女)　陈阿月(女)　贾秀珍(女)

葛兰香(女)　刘玉兰(女)　王苹芳(女)　吕雪芬(女)　周杏梅(女)　王桂香(女)

贾秀凤(女)　鲍余华(女)　华红娣(女)　方梅金(女)　李阿宝(女)　田菊蝉(女)

柏寿宝　周德胜　马义龙　胡文才　许美兰(女)　朱婉芝(女)　姜玲玲(女)　沈雅琴(女)

汤其坤　孙家洪　杜秀娣(女)　刘根娣(女)　徐红娣(女)　钱玉花(女)　朱蓉娣(女)

朱来娣(女)　王大英(女)　陆珊珊(女)　施保珍(女)　吴缘金　严梅芳(女)　邱红娣(女)

仲月兰(女)　肖龙英(女)　陈金凤(女)　陆德妹(女)　柏招娣(女)　朱蓉珍(女)

王虎英(女)　柏爱娣(女)　朱莲英(女)　陈金英(女)　程英爱(女)　柏桂香　余有贵

纪银生　梁开华　张健民　王民坤　王金刚　刘　琦　金　拍　邵国昌　张振保　王根保

夏世成　李三成　忍英荣　雷中丁　柏清华　王龙义　吴锦亮　归月英(女)　顾金凤(女)

李光华　赵荣鑫　袁海根　裴盛来　史培龙　朱仲海　程余生　徐洪芳　张小牛　孙庆安

王龙娣(女)　徐莲云(女)　王寿娟(女)　龚海英(女)　东红英(女)　贾淑良(女)

诸碧波(女)　李雪花(女)　汤银宝(女)　张银娣(女)　潘梅娣(女)　蒋继华(女)

袁洪喜　郁才龙　钱荣傲　陈宝如　葛伟庆　李定新　王兆鸾(女)　高小凤(女)

郁彩英(女)　王金辉(女)　田桂凤(女)　姚国珍(女)　缪宝琦(女)　郎巧林(女)

王振娣(女)　穆永成　移扣英(女)　范玲娣(女)　付秀祥(女)　杭惠贤(女)　刘金华(女)

徐　怡(女)　吉留英(女)　朗凤英(女)　金雅仙(女)　王桂芳(女)　顾玉珍(女)

吴寄珍(女)　相丽英(女)　张秋玲(女)　吴美娟(女)　丁海菊(女)　孙林生　吴宝山

周铁牛　相汗荣　袁礼仁　夏成德　柏金海　胥财宝　徐鹤鸣　张连起　唐巧根　唐志龙

徐荣宝　钟志贤　徐锡武　宋连红　翟修基　周新梅(女)　金美丽(女)　陈祥秀(女)

程学兰(女)　吴晓妹(女)　姚金娣(女)　张美芳(女)　朱妙生　吴志强　苏绍林　张同贵

孔庆海　方步发　岳成女(女)　赵国静(女)　柏银花(女)　徐艳君(女)　潘玉兰(女)

章翠珍(女)　郑春兰(女)　陈杏飞(女)　陈笃英(女)　陈瑾文(女)　牛庆恒(女)

朱扣荣　钟根鼠(女)　季保平　刘宝发　李德佑　阮凤春(女)　薛琳珍(女)　常存英(女)

徐月娣(女)　刘冀华　吴桃元　许疆林　黄德祥　柏锦金　柏翠花(女)　吴新娟(女)

刘久沙(女)　熊扣娣(女)　周补珍(女)　刘凤兰(女)　娄梅香(女)　潘惠娟(女)

董琼华(女)　蒋凤仙(女)　徐小锁(女)　施水娟(女)　王怡才　寿纪忠　胡家民

吴荣娣(女)　昌瑞国　丁来锦　叶福良　张联珠　顾寿荣　张岳良　范正强　程金祥

钱仁康　王孟达　吴茂德　祁进华　袁伟刚　邱小芳　何海宏　刘永新　周巧云　王晓梅

顾士荣　范兰珍(女)　巩兰俊(女)　肖荣保　寿恩宝(女)　张金秀(女)　李满金　马云吉

孙飞青　杨小牛　张锡凤(女)　杨永良　蒲丽芳(女)　丁明山　陈培珍　张解德

江宝娟(女)　刁忠发　黄月兰(女)　陈小怀　张寿礼　潘锡军　杨春林　刘根泉

魏雪芬(女)　刘慧娟(女)　曹嫦娥(女)　徐秀娟(女)　韩毛华(女)　魏春良　周国明

代书勤　陈阿林　董盘福　闻雅琴(女)　于振海　丁宏亮　刘文元　项庆华　张晓庆

王福娣(女)　朱贵芳(女)　梁如意(女)　殷雅芬(女)　沈志芳(女)　李铜宝　蔡扣秀(女)

张利平(女)　姚福成　陈月娥(女)　华晓英(女)　张金丽(女)　季志明　叶慧珠(女)

史伯庭　朱新娣(女)　顾炳福　芦瑞芳(女)　祁美琴(女)　李志明　张金莲(女)　陈伟人

徐　红(女)　蔡玉兰(女)　朱秀壁(女)　乔申玲(女)　刘双巧(女)　张学才

夏来娣(女)　钱兴华(女)　钱玲妹(女)　许千年　徐国富　陈超阳　沈聪旗　李明娥(女)

朱荣明　王成千(女)　姜有吉　陶怀妹(女)　陶辞修　鲁国瑞　梁玉虎　王海林

陈文仙(女)　杨康鹤　许凤星(女)　陈扣娣(女)　孙金梅(女)　张荣祥　葛来洪　任有根

周夏芳(女)　陆桂英(女)　蔡银宝(女)　杨翠金(女)　陈菊芳(女)　张美兰(女)

白云霞(女)　张大中　沈小华(女)　卢爱珍(女)　王素娥(女)　蔡明亮　刘梅英

2079

江绍光（女）　江秀英（女）　胡玲岳　吴秀良（女）　周年生　卢年生　卢申生（女）

陈福娣（女）　蔡兴华　耿加尔（女）　谢云琪　周美英（女）　陈兆芳（女）　史美杨

左宝玲（女）　韩念祖　吴凤仙（女）　张金芳（女）　沈华民　陆德康　陆兴森　袁洁寒（女）

徐新凤（女）　潘桂英（女）　曹文英（女）　刘巧云（女）　刘美娟（女）　李志泉　钟生喜

童志红（女）　巢杏金（女）　陈以倩（女）　吕村福　梁彩芳（女）　倪兰英（女）　徐冠福

林德昌　朱会明　陈宏达　王明发　曹开根　汤炳英（女）　蒋志清　王海英（女）

魏金英（女）　李建平　黄付英（女）　陈洁（女）　王正红（女）　陈文明　吕月华（女）

吴长宝（女）　杜惠英（女）　张兴发　杨莲珍（女）　王志成　徐爱珍（女）　叶兴国　李贝生

王成宝（女）　过桂英（女）　曹惠明　梁剑平（女）　徐宝珍（女）　蒋永华　沈小翠（女）

朱梅珍（女）　白亚民　胡家臣　唐季英（女）　俞国香（女）　许潞玲（女）　白庆生　商天右

许千仁　马大荣　宋大伦　吴耽发　张杏度　王禅生　葛保妹（女）　谢书铭　张文英（女）

关金成　金杏兰（女）　李美蓉（女）　唐登群　唐国良　谈成芳（女）　顾金牛　沈美英（女）

周丽娟（女）　吕二成（女）　刘本度　朱晓康　蔡锦平（女）　朱安全　冯爱君（女）

曹敏娣（女）　盛林生　顾国光　王金先　杜宝山　马建国　李敏智　沈翠娣（女）

马雪玲（女）　伍建平　于根发　侯根发　赵春茂　张根娣（女）　严扣宝　谢士勤

汪凤娣（女）　吴锡琴（女）　沈小琴（女）　欧阳金兰（女）　马慧敏　吴金芳（女）

叶福庆（女）　孙振芳（女）　罗中麒　汪联芳（女）　高代娣（女）　曹云娣（女）

### 三、1965年天津支边青年学生

罗来丽　张益明　李保森　唐洪玲（女）　王相臣　张恩生　赵世荣（女）　琚俊云（女）

黄素敏（女）　潘祥益　张少珍（女）　李崇敏　苏幼民　宁培艺　张秉礼　李德成　李保乐

李延荣（女）　崔岚　刘志会　高秀芬（女）　王丽芬（女）　刘成江　张喜燕（女）　王志英

赵凤云（女）　白元泰　啜福文　孟兆萍（女）　曹永宁　胡铁　邓统喜　金敏（女）

孔宪玲（女）　刘天佑　冀子正（女）　刘洪烈　王小军　张凤阁　付贵山　姚国文

方玉荣（女）　杨淑英（女）　苏秒萍（女）　孙国成　孙淑芬（女）　李际萍（女）　郭玉娟（女）

王子銮　王恩红　李秀花（女）　潘秀萍（女）　杨桂兰（女）　丁倩（女）　李红柔　王子礼

张长府　胡立华（女）　沈瑞庭（女）　赵光远　张富远　曹大英　高琪（女）　华家丽（女）

孙玉铭　魏淑琴（女）　王秀玲（女）　于淑敏（女）　杨淑敏（女）　李世民　陈立华（女）

沈鸿瑞（女）　王维玲（女）　刘桂兰（女）　刘庆远　王宝其　刘继奇　穆红光　张桂茹（女）

巢介华　李宝惠（女）　赵宁　孙胜武　贾双为　张越昆　王允民　刘振民　田金中

陈国柱　张长德　耿振中　顾万荣（女）　王淑静（女）　李惠琴（女）　卢忠元　李丽华

王步荣　于国芬（女）　李秀琴（女）　华克纯　杜苗生（女）　陈占慧（女）　吴庆荣（女）

杨颖良（女）　刘大翔　李美丽（女）　刘占芳（女）　杨敏昌　郭书华　谭凤祥　毕书礼

宋同绪　解永成　孙思洁（女）　孙家华　王清才　于泊（女）　胡毅（女）　腾杜林

王凯明　胡广水　陈占新（女）　史玉红　李维爱（女）　赵文华　刘建民　刘美英（女）

张家俊　袁锦露(女)　袁锡成　刘传林　纪秀红(女)　刘玉清(女)　王玉玲(女)　赵新传
李延明　李喜来　侯景云　张金池(女)　张同年　邓志英(女)　相淑萍(女)　王淑琴(女)
姚惠敏(女)　颜世昌　魏　红(女)　张凤羽(女)　辛孝勋　闻铁鎏(女)　王志辉(女)
张友兰(女)　王金岑(女)　张铁连　相家生　李明阳　赵金利　杨瑞兴　孙海荣(女)
严鸣泉　孙秀芬(女)　安世解　张东升　宋国利　孙增通　宋维喜　张国光　庞吉兴(女)
宋秀娟(女)　王文伦　陈青荣(女)　史冬梅(女)　佟桂芳(女)　王维萍(女)　王世华
王彤颖　赖生义　童淑英(女)　王玉珍(女)　安秋曾　张秀珍(女)　曹子会(女)　赵子杰
樊玉成　李秋生　贾振属　尹培德　李宝生　张洁琴(女)　李战疆　贾金元　黄树珍(女)
赵文秀(女)　刘萝芳(女)　柳良君　张红疆(女)　王玉珍(女)　赵家才　崔秀环(女)
李彬恕　贾文汉　张文桂(女)　刘　沛　李树谦　周延秋　杨立山　王宝长　王振玉(女)
窦广丽(女)　张思平　郭小娟(女)　黄郎泽　刘成义　于吉庆　高永奎　朱家田　明　浩
张高宝　阎玉兰(女)　王福建　刘远萍(女)　朱学璋　阎玉琪(女)　赵仍义(女)　罗士农
崔金宝　高瑞芳(女)　庞明香(女)　邓慕学　柳青明　刘华芳(女)　张玉琴(女)
高志敏(女)　高贺兴　刘龙芳(女)　孙志亮　杨景荣　海金玉(女)　林业恒　徐文忠
高国瑞　曹玉芬(女)　苏素新(女)　杨金桓　史国瑞　倪学礼　吴玉珍(女)　苏美玉(女)
钱学礼　刘春华　裴玉泉　刘金培　高学惠(女)　赵福山　刘文光　王明元　李树生
王　玲(女)　祁寿涛　刘学额　李庆林　张文革(女)　于　猛(女)　李德友　房淑英(女)
石淑萍(女)　刘配林　薛忠庆　刘斌泰　陈连仲　高天祥　高建江(女)　邢淑田(女)
杨振惠　王玉贵(女)　王桂琴(女)　陈庆芬(女)　韦延生(女)　王喜民　付玉英(女)
王玉红(女)　张岩松　李玉琴(女)　田　震　白义芳(女)　彭延新(女)　张　茄
许解富　刘连信　李树森　张云利　田玉楼　尚德环　李国森　李　萍(女)　阎美华(女)
黄惠芬(女)　朴月英(女)　李凤鸣　田亚茄(女)　朱秀坤(女)　陈素荣(女)　张学敏(女)
王光奎　高玉珍(女)　刘淑敏(女)　钱学忠　陈莲英(女)　阎书铭　齐凤露(女)　殷敬华
刘玉清　李金海　程志光　耿立长　宋双进　邱质泉　许树人　王团结　白家福
唐秀英(女)　王燕来(女)　曹振义　边世海　胡玉清　毕永彬　赵永新　何　云
倪凤琴(女)　刘丽雯(女)　赵景兰(女)　钱丽娟(女)　王金虎　李维庸　陈庆山　张志宏
孟祥伟　曹世华　蔡连海　许焕彩(女)　郭美江(女)　赵婉华(女)　屠恒志　王如意(女)
陈秀珍(女)　刘玉安(女)　赵世英(女)　郑立安　骆志军(女)　徐国良　石玉罗(女)
杨映章　刘志俭　郭立金　王立生　张俊来　张建疆　夏维康　刘家乐　朴志兰(女)
张金玲(女)　王秀森(女)　张国栋　贾福成　王红义　刘宝荣　李辉忠　高金香(女)
马桂兰(女)　刘敬敏　肖太平(女)　李俊亭　李　和　芦会来　刘宝荣　藏炳才
段桂生(女)　荣金仲　刘淑芳(女)　杨秀兰(女)　余有富　姬立军(女)　张同惠
陶　威(女)　卢淑桂(女)　万秀英(女)　王庆芳(女)　刘端华　王巧玲(女)　苗静如(女)
苏长贤(女)　李清海　叶新生　白志丹　卢和平　刘宗祥　李凤鸣　赵勇江　王淑琴

张继荣　沈智信　田顾娜(女)　任宏光　袁雪秀(女)　梁桂英(女)　靳加祥　张宝祥

武成风　王月荣(女)　贾金标　周镜成　李志建(女)　王有勋　刘金利　毛淑萍(女)

张家宝　张文海　刘爱天(女)　黄照英(女)　陈久义　任连成　李德明　石　凤(女)

王存荣(女)　常景新　沈克永(女)　张明杰　江延钰　左乐升　王文元　朴友庆　李文立

陈玉兰(女)　赵友川　张　一(女)　朴　莹(女)　赵　军　刘玉英(女)　贺景东(女)

李建静　洪志明　邓良亮　陈景喜　赵凤玲(女)　果炳华　宁勋成　吴国升　孙　祥

董玉珍(女)　石富生　薛金玲(女)　张寿荣(女)　石忠梅(女)　赵素玲(女)　穆洪煦

于庆玲(女)　张淑琴(女)　侯月萍(女)　马丽敏(女)　谷建生　张丽民(女)　房玉琪(女)

高淑惠(女)　路素珍(女)　时万权　李俊叶(女)　吴恩荣(女)　徐明珠(女)　李淑云(女)

高志海　王秀茹(女)　晨梅双(女)　王玉芝(女)　邓惠兰(女)　黄凤云　屈子兰(女)

王凤英(女)　李洁石(女)　孙家玲(女)　李　靖　徐秉华(女)　赵玉华(女)　郭　江

秦美艳(女)　徐　进　王卫生(女)　楚　建(女)　夏珉营(女)　黄润云(女)　叶俊彤

李加兰(女)　张丽华(女)　吴志芬(女)　苏会清(女)　安寿山　卢珍兰(女)　张淑华(女)

翟桂英(女)　姚春萍(女)　姚天成　林红江(女)　孙玉琳(女)　庄　洁(女)　张桂荣(女)

王福来　吴莲敏(女)　赵桂兰(女)　尚秀兰(女)　庞玉敏(女)　张成毅　张玉珍(女)

张淑华(女)　吴志芳(女)　杨玉兰(女)　赵昌海　毕乃玲(女)　关全民(女)　董月芬(女)

杨惠琴(女)　卢德荣　夏云丽(女)　邱家瑞(女)　贾西华(女)　王秋荣(女)　史建荣

孟兆喜(女)　董光吉　吕道新(女)　张蔓芝(女)　谭国放　朱炳辰　郑壮玄(女)

李雪玲(女)　庞瑞华(女)　易念贵　刘玉荣(女)　陆建华　崔荷贞(女)　庞玉玲(女)

苗文清　邱　江(女)　刘玉荣(女)　郭文彩(女)　范佩茹(女)　宋克家　赵　静(女)

满玉华(女)　周　娴(女)　包克卫(女)　董吉堂　肖俊华　夏晓茹(女)　张华珍(女)

陈　英(女)　韦玉贵　焦子琴(女)　殷淑娴(女)　皮树芸(女)　冯仕吾(女)　肖垣亮

李秀兰(女)　佟庆云　张伟民　黄寻珍(女)　穆金良　陈新刚　白子安　郑桂琴(女)

贾玉琴(女)　张述铭　付认连　郑慧芬(女)　叶家丽(女)　常慧荷(女)　陈俊峰　李元舜

陈少萍(女)　刘金峰　周慧昭(女)　宋志刚　许新复　梁永丽(女)　董希斌　李大申

魏　叶　商耘岩(女)　张吉芳(女)　黄树伦　蒋秀芝(女)　王洪图　姚碧华(女)　张金平

苗昆仲　张学敏(女)　高永祥　王莲英(女)　李秀华(女)　金　庚　徐　熙(女)　崔保友

于克宝　王　霞(女)　温　媛(女)　李秀萍(女)　华　建　朱家凤(女)　段敏茹(女)

高仲成　于志尼(女)　肖益之　狄彦祥　康　冈　沈光茹(女)　张振祥　魏华南

李　云(女)　张华智　王立本　邵玉荣(女)　郭泉起　翟正华(女)　钟新道　林玉兰(女)

王　英(女)　边加询　冯秀莹(女)　吴家珠(女)　金文礼　林来利　王鸿章　田登局

刘建利(女)　项　敏　王永惠(女)　宋春堂　贾义生　王淑芳(女)　庞焕堂　张德荣(女)

毕　杰　李丽茹(女)　兰庆芳(女)　史穗宝(女)　朴学义　杨文江　宫作毕　满金英(女)

杨树封　王文树　王德元　陈锡芝(女)　张毅敏(女)　马希平(女)　胡献平　徐　强

张秀岐　李　丽(女)　李德余　胡福存(女)　张宝成　刘学荣(女)　曹仕权　关秋兰(女)

刘国英（女）　王文荣　裴志英（女）　代世芝（女）　纪学东　陈连香（女）　肖洪丰　华道孚
杨淑芬（女）　张重智　刘　坚（女）　杨献江　宋永和　王静亭　王　凯　王立中　张金元
卢其来　王志江　袁殿玉　张　慧（女）　魏笛宝　高文华（女）　井　英（女）　曹秀琪（女）
李如勤（女）　景建国　叶俊英（女）　万伟英（女）　祝米茹（女）　曹志玲（女）　董乃光
张英秋（女）　张跃荣（女）　吴　玲（女）　亓媛姗（女）　徐志伟　陈佩霞（女）　赵建荣（女）
穆俊清　陈来风　相树林　刘淑荣（女）　仇宝林　米燕云（女）　陈延晶（女）　马　森
李国江　郎作成　刘国瑞（女）　殷志贵　李文林　张仙梅（女）　彭怀起　岳书生　董连义
刀恋成　邱惠新（女）　窦钧娴（女）　王孝云（女）　李翠莲（女）　李仲章　何玉芬（女）
崔国兰（女）　玉宝文　毛淑毕（女）　田宝宿　邰广华　王淑敏（女）　俞迎新（女）
李宏宜（女）　李克让　阎秀敏（女）　马桂芬（女）　吴长荣（女）　梁振勇　王进江　郑允泉
王学珍（女）　江庆芬（女）　陈永莲（女）　张金江　张玉珞（女）　王秀玲（女）　王秀萍（女）
阎少稳（女）　王文煜　王维鑫（女）　刘世苓（女）　胡莲琴（女）　王毓慧（女）　赵贺祥
张洁慧（女）　靳宝齐　王启江　许奇云（女）　尔宝瑛　彦文燕（女）　毕喜坤（女）
王　勇（女）　张慧敏（女）　刘部庆　刘国瑰　赵宝轰　郭洪江　曹秀清（女）　王文亮
石宝义　郑观石　郭秀元　唐秀琴（女）　包志强　王淑琴（女）　李淑敏（女）　王相人（女）
侯凤茹（女）　胡同祥　刁德路　孙会来　徐会芹（女）　尹玉芝（女）　陈加新　史国林
田素云（女）　田大杰　崔茹玲（女）　王元通　冯大星　冯吉忠　孙学珍（女）　孙玉凤（女）
孙成立　李俊生（女）　徐四宝　杨玉桥　卢白华（女）　蒋大舒　刘玉敏（女）　陈国良
李秀芬（女）　赵淑毕（女）　吕在然　李喜江（女）　蒋秀琴（女）　辛宝和　谢惠军（女）
殷凤歧　丁玉英（女）　丁玉英　汤泉生（女）　杨年凤（女）　卢志江　张海燕（女）　陈大成
张大和　张惠玲（女）　李　涛　陈　岩（女）　王冬和　曹化启　彭连启　刘　连
杨锦堂　李永水　杜全生　蔡小彩（女）　陈　月　崔永珍（女）　李连世　贾宝兰（女）
石素萍（女）　王志荣　姚金彪　张建中　杜　永　梅仙格　陈金元　刘桂荣（女）
赵雁鸣　张义祥　孟桂芳（女）　王燕敏（女）　朴咏会（女）　李金成　冯大民　朴富贵
阮　平　丁文海　邓　盘　吴世忠　周吉祥　董贵成　殷洪燕（女）　高　祥

（第二十七编第四章《名录》，第 836—844 页）

# 《八十二团志》

新疆生产建设兵团八十二团编委会编，新疆人民出版社 2000 年

　　1959—1964 年，艾比湖农场和精河农场相继有北大荒转业官兵、湖北和河南支边农民、上海知识青年、武汉知识青年、海军转业官兵、陆军转业官兵、大中专院校分配学生自愿支边人员源源而来。

（第三编第一章《人口规模》，第 77 页）

1960年，场初建简易复式1—3年级低段小学，教师1名，秋季发展为教师3人。1964年发展到23人。1965年"两场"合并，办初中，教师队伍扩大到47人。至1968年教师队伍达49人，主要来源于国家分配的大中专毕业生，另有从转业官兵、农场职工中录用的初高中青年。

（第七编第一章《教育》，第269页）

# 《八十三团志》

新疆生产建设兵团农五师八十三团史志办编，新疆人民出版社2000年

1965年7月，……天津支边青年280人（男151人，女129人）到场。

……

1966年7月13日，上海支边青年共256人来到红星三场。　（第三章《人口》，第67页）

60年代，部队转业官兵和城市知识青年到团场安家落户，国家每年按计划分配来的大中专毕业生来团场工作，改变了团场的文化结构。　　　　（第三章《人口》，第73页）

1960年，江苏、湖北支边青壮年来到农场，职工人数增多，有团员54人。1965年，红星九场与沙山子农场合并，天津支边青年到场屯垦戍边，青年人数猛增，当年有团员246人。

（第十九章《群众团体》，第275页）

1964年，部分江苏中师毕业生分配到学校任教。1965年以后，先后从天津上海支边青年和复员转业军人及家属中挑选一批人员充实到教师队伍。

（第二十二章《教育》，第302页）

同年（1966年），选送20多名优秀天津、上海支边青年外出进修，学习结业后充实到医疗队伍中。　　　　　　　　　　　　　　　（第二十四章《医疗卫生》，第320页）

（三）上海支边青年

| 王荣发 | 严阿英 | 邵根英 | 唐国良 | 王　静 | 沈金丽 | 蔡锦华 | 成瑞珍 | 宋大伦 |
| 王成宝 | 管志银 | 张温英 | 王美凤 | 陈贵林 | 曹敏娣 | 陈荣海 | 徐月娣 | 徐小毛 |
| 江胤德 | 许大梅 | 宋连教 | 郭文广 | 张根娣 | 周有才 | 沈林娟 | 王俊森 | 朱为忠 |
| 杨永芳 | 蒋荣华 | 卢慧芳 | 殷庆安 | 朱佳国 | 高士吾 | 张良臣 | 张秀珍 | 李荣生 |
| 王西锦 | 张涵春 | 马大荣 | 叶瑞兰 | 陈能跃 | 沈九斤 | 唐阿贵 | 王荣详 | 徐忠花 |
| 媵丙笑 | 管金良 | 韩长宝 | 梁建平 | 许璐璐 | 靳锦堂 | 沈文久 | 顾发奎 | 周秀英 |

| | | | | | | | | |
|---|---|---|---|---|---|---|---|---|
| 朱梅珍 | 张曼玲 | 邵荣桂 | 吕毛毛 | 吴文美 | 徐宝珍 | 王洪珍 | 李伯兴 | 顾桂英 |
| 唐秀英 | 郭根娣 | 徐为民 | 吴桂英 | 孟玲妹 | 刘世鸾 | 董进川 | 叶兴国 | 徐爱珍 |
| 袁惠珍 | 熊秀清 | 曹荣 | 谢树民 | 许章女 | 徐芬花 | 叶惠珍 | 沈虎扣 | 庄美娥 |
| 韦冈娣 | 王瑛 | 胡嘉臣 | 俞国香 | 王崇久 | 胡桂芳 | 徐美仙 | 陈齐生 | 沈小翠 |
| 白亚民 | 韦风娣 | 陆慧珍 | 李培华 | 邹凤英 | 刘文晓 | 潘春妹 | 王代娣 | 唐登详 |
| 周桂芳 | 邵叶玲 | 高美玲 | 陆凤娣 | 邵学伟 | 李根发 | 陈金凤 | 王银娣 | 曹惠明 |
| 孙冬妹 | 周永盛 | 鲍康妹 | 许玉珍 | 李长生 | 石以花 | 李金虎 | 钱炳芳 | 王成娣 |
| 朱培官 | 周桂芳 | 杨海洲 | 刘育英 | 杨孝宏 | 史荷珍 | 周爱珍 | 刘万高 | 杨玲珍 |
| 丁吉林 | 奚培培 | 朱琴英 | 严培华 | 沈爱金 | 黄义朝 | 王金枝 | 曹梅娣 | 徐美英 |
| 王金菊 | 张雪根 | 沈秀芳 | 包稚萍 | 徐蓓英 | 徐美珠 | 王永康 | 曹孝云 | 徐玲妹 |
| 舒文娟 | 汤荣娣 | 米孝强 | 刘本度 | 窦招风 | 倪红英 | 黄福妹 | 王金保 | 陶凤英 |
| 蒋慧仙 | 余桂英 | 朱洪全 | 刘阿四 | 胡怀娣 | 陈佩芳 | 陈洁 | 徐家祥 | 张建山 |
| 刘秀花 | 陆美珍 | 蔡秀玲 | 唐锦荣 | 张国华 | 张素珍 | 章容美 | 胥根兄 | 袁福全 |
| 朱湘元 | 朱小花 | 胡爱疆 | 卞凤娣 | 朱久荣 | 徐来根 | 周丽绢 | 余杏英 | 李筱芝 |
| 王金玉 | 任慧珠 | 陆宝娣 | 苏丽君 | 薛宝康 | 周旦华 | 李荣妹 | 沈丽枫 | 万水珍 |
| 汤桂英 | 蒋年珍 | 杜云娣 | 陶红英 | 庞素珍 | 周兰花 | 苏琴贞 | 刘晓露 | 陈佩芳 |
| 江惠珍 | 钱春娣 | 沈敦海 | 浦鑫涛 | 胡爱江 | 葛二平 | 强雅新 | 田崇正 | 费国详 |
| 陈元心 | 蒋娟华 | 陈昌盛 | 朱广林 | 陈景顺 | 周育芳 | 毛银秀 | 丁光坤 | 赵其林 |
| 郑美娟 | 张丽美 | 顾红英 | 包维红 | 张荣根 | 龚季香 | 宋英菊 | 李红女 | 陈长元 |
| 陈国清 | 沈品生 | 马欲梅 | 李龙庆 | 周国平 | 施成兴 | 侯德娣 | 易海周 | 周保钧 |
| 施新宝 | 吴彩云 | 陆志芳 | 倪福慎 | 张金玉 | 张玉英 | 裴成定 | 李连顺 | 吴金芳 |
| 陶秋英 | 赵林清 | 王根友 | 糜荷凤 | 蒋玉华 | 周梅珍 | 梁联娣 | 赵巧玲 | 吕二成 |
| 徐梅英 | 张美玲 | 刘宗英 | | | | | | |

## （四）天津支边青年名录

| | | | | | | | | |
|---|---|---|---|---|---|---|---|---|
| 李和 | 赵永新 | 王善民 | 仇宝林 | 王凯 | 刘玉安 | 尹世华 | 蔡连海 | 相家生 |
| 彭怀起 | 徐国良 | 李树森 | 尚德环 | 边世海 | 相树林 | 李庆林 | 李德有 | 王宝长 |
| 李明阳 | 陈连仲 | 刘玉清 | 王福高 | 李德明 | 李洪江 | 翟金宝 | 何新生 | 尹志贵 |
| 刘传林 | 张培基 | 杨金友 | 郭利泉 | 邓慕学 | 刘文光 | 王金虎 | 张全友 | 谭凤详 |
| 毕永彬 | 颜廷栋 | 明浩 | 李涛 | 张文起 | 荣金仲 | 赖声义 | 高天详 | 白家福 |
| 李维庸 | 孙增通 | 张国光 | 赵建疆 | 林世恒 | 李跃宗 | 邵广华 | 宋维淳 | 王静亭 |
| 曹振义 | 岳书生 | 胡玉德 | 曹隆起 | 田震 | 马云利 | 李国森 | 王团结 | 闻景桂 |
| 和志尧 | 谭世民 | 刘连信 | 曹世华 | 于有富 | 朱永茂 | 张明浩 | 李风鸣 | 张金江 |
| 罗世农 | 李连池 | 卢志疆 | 宋永和 | 耿立长 | 宋双进 | 张委智 | 史国瑞 | 张建疆 |
| 刘濂 | 华道学 | 杨阴章 | 李树生 | 阎书明 | 周书峰 | 徐衍荣 | 杨献疆 | 李曾华 |

| | | | | | | | | |
|---|---|---|---|---|---|---|---|---|
| 马英新 | 王冬和 | 马 森 | 李跃生 | 高永奎 | 张思平 | 张国栋 | 章孝勤 | 张同年 |
| 夏伟抗 | 李金海 | 刘延胜 | 刘志俭 | 刘成文 | 孟详伟 | 张俊来 | 贾福成 | 严鸣泉 |
| 许树人 | 张东升 | 杨立山 | 张义详 | 张国伟 | 朱学璋 | 王明元 | 贾文汉 | 徐文忠 |
| 徐志律 | 李勤恕 | 杨金恒 | 王树栋 | 赵金利 | 翟 臣 | 候景文 | 李树谦 | 樊玉成 |
| 芦会来 | 李克年 | 藏炳才 | 王彤颖 | 郎作成 | 陈庚山 | 王志魁 | 丁文海 | 宋国利 |
| 李宝生 | 李喜来 | 田金宿 | 贾金元 | 徐灰仁 | 高国瑞 | 段震鼠 | 陈修珍 | 刘春华 |
| 殷敬华 | 邱质泉 | 石玉罗 | 安世群 | 康文智 | 于吉庆 | 闻铁鎏 | 阎玉棋 | 阎玉兰 |
| 张玉琴 | 李桂芳 | 沈慧茹 | 苏素新 | 苏美玉 | 庞肃红 | 冠瑞金 | 高志敏 | 郭小娟 |
| 陶 威 | 李 平 | 宋泉兰 | 韩志兰 | 邓志英 | 张玉珞 | 刘 坚 | 刘华芳 | 华美兴 |
| 翟正华 | 陈连香 | 陈连英 | 刘惠玲 | 米燕云 | 赵景兰 | 张存琴 | 杨秀兰 | 祁美疆 |
| 贾宝兰 | 彭 明 | 朱 玲 | 杨秀兰 | 庞继兴 | 史冬梅 | 张金玲 | 王金玲 | 曹承萍 |
| 王维萍 | 杨淑芳 | 王燕来 | 卜金玲 | 王振玉 | 陈 岩 | 汤禄生 | 王志辉 | 魏 红 |
| 彭延春 | 姚惠敏 | 张海燕 | 陈玉兰 | 刘远萍 | 沈佩玲 | 王 玲 | 张惠玲 | 郑 华 |
| 祝米茹 | 张金池 | 芦淑贵 | 王玉珍 | 王玉红 | 赵延义 | 闫美华 | 来云生 | 张淑琴 |
| 赵婉华 | 高学惠 | 俞 志 | 相风兰 | 陈 芬 | 陈淑凤 | 周淑玲 | 吴宗英 | 庞桂敏 |
| 王桂琴 | 黄惠芬 | 许焕荣 | 倪风琴 | 肖太平 | 于 猛 | 李 萍 | 陈春荣 | 房淑英 |
| 邢淑田 | 付玉英 | 孙福荣 | 张凤羽 | 终桂芳 | 朝月英 | 唐秀英 | 王玉芝 | 崔秀环 |
| 曹玉芬 | 黄淑珍 | 吴玉珍 | 王汝义 | 张美琪 | 相景荣 | 马桂兰 | 王淑琴 | 闫秀敏 |
| 相淑萍 | 朱秀坤 | 赵文秀 | 曹子会 | 刘淑敏 | 冯秀珍 | 高建疆 | 刘 勤 | 刘淑芬 |
| 齐凤霞 | 张学敏 | 李茹霞 | 姬立军 | 庞大兰 | 李志建 | 张红疆 | 唐清兰 | 石淑萍 |
| 刘桂兰 | 段桂生 | 张文桂 | 陈淑芬 | 高金香 | 刘国瑞 | 刘丽文 | 刘玉楼 | 郭寿涛 |

（第二十七章《人物》，第364—366页）

# 《八十四团志》

新疆生产建设兵团八十四团史志办公室编，新疆人民出版社2000年

八十四团人口来源有：……上海、北京、天津、山东、湖南等地的知识青年。

（第二章《人口》，第35页）

1965年，红星十一场与红星三牧场合并后职工总数为3 001人，职工队伍的组成主要有北京军区、沈阳军区、河南公安总队的转业官兵，"三区"革命的民族军，上海、湖北、江苏、河南等地的支边青年和部分自动支边人员。

1969年，提倡知识青年接受贫下中农再教育，一批职工子女走向工作岗位，录用116人。

（第十五章《劳动工资》，第166页）

1959年至1960年,接收江苏、湖北、河南等地的支边青年和自动支边人员。1964年,接收北京警卫师、河南公安总队、六十三军的转业官兵和上海支边青年。1965年,接收了沈阳部队转业官兵。1969年后,就业对象以职工子女为主,大批知识青年走向生产第一线成为生产骨干。

(第十五章《劳动工资》,第168页)

## 60年代上海支边青年人员

| | | | | |
|---|---|---|---|---|
| 耿福生 | 刘大元 | 何国伟 | 戈大杨 | 张鲁豫(女) |
| 陆淑娟(女) | 马沁生(女) | 顾薇君(女) | 柴伟(女) | 黄景贤 |
| 郁升跃 | 陈利娅(女) | 俞苗耕 | 陈大祥 | 何忠亮 |
| 杨美芳(女) | 陶仁潜 | 汤华容 | 潘文华(女) | 章仲情 |
| 史河定 | 孙宝珊 | 郑竞 | 宋金玲(女) | 许平 |
| 刘浩良 | 吴成一 | 黄雅英(女) | 王忠芳(女) | 袁师德 |
| 徐吟梅(女) | 董桂娟(女) | 陆洪飞 | 胡美玲(女) | 沈艮涛 |
| 山璞 | 王丽棣(女) | 王能勇 | 倪秀兰(女) | 许鸿芬(女) |
| 孙美英(女) | 顾玉兰(女) | 倪学君 | 吴玉兰(女) | 盛幼治(女) |
| 邬发庭 | 沈玉林 | | | |

(第二十八章《人物　集体》,第337页)

# 《八十五团志》

八十五团史志编纂委员会编,新疆大学出版社1999年

(1972年)6月25日,团召开支边青年和接受再教育青年代表大会,出席代表47人。

(《大事记》,第13页)

(1985年)7月,上海知识青年教师朱杏芳荣获全国"边陲优秀儿女"铜质奖章。

(《大事记》,第18页)

1969年3月,师分配首批接受再教育的青年学生。　(第十四章《劳动工资》,第145页)

1969年,接受再教育的青年学生每月发5元津贴费,实行供给制;1970年改为工资制,月工资25—32.50元。

(第十四章《劳动工资》,第148页)

1960 年建校后,从职工中抽调 1 名有文化人员教学。1964 年,国家分配 3 名中师毕业生到校。60 年代后期,陆续分配大中专生和上海、天津知识青年到校工作。1969 年有教师17 名。1978 年,教师增至 43 人。 （第二十一章《教育》,第 207 页）

1975 年 4 月 9 日下午,团中学初三班 16 岁的学生张树山去水井打水。正巧,有一个妇女也在打水。在她弯腰提水的时候,背上的婴儿一下滑入井中。此情此景,万分危急。张树山一看,毫不犹豫地跳入竖井。扎入井底,摸到了孩子。浮出水面时,孩子闭气了。他踩着水,把孩子高举过头顶,但由于井壁太深太滑,井上的人一时无法拉起孩子。他辗转反侧冒着刺骨的凉水,坚持了半个多小时,井上的人才七手八脚把他们拉上来。张树山勇救落井婴儿的事迹传开后,受到了人们的赞扬。团党委于 4 月 15 日通报表扬了他,并记三等功。1976 年 11 月,他参加了自治区知识青年下乡代表大会。 （第二十五章《民风民俗》,第 237 页）

# 《八十六团志》

新疆维吾尔自治区地方志编委会编,新疆人民出版社 2000 年

(1974 年)3 月 25 日,上海慰问团第三分团来团,慰问上海支边青年。

60 年代来场工作的人员有:1961 年上海支边青年 29 人。

（第十五章《劳动工资》,第 134 页）

## 1961—1965 年上海支边青年

| | | | | |
|---|---|---|---|---|
| 徐晋庆 | 王福根 | 张云亭 | 张腊梅 | 朱杨媚 |
| 朱华春 | 杨观倩 | 马建华 | 汪家华 | 李平先 |
| 严中吾 | 张凯伦 | 张伟伦 | 徐永珍 | 郭大铭 |
| 徐沛然 | 沈 敏 | 潘振宝 | 黄旦丽 | 于基淦 |
| 周已生 | 罗荣华 | 朱昌善 | 王洪山 | 丁金良 |
| 陈施恩 | 纪宝庆 | 侯志荣 | 沈德忠 | 王其昌 |
| 冯寿其 | 须玉妹 | 陆平娣 | 沈凯尔 | 朱扣梅 |
| 陆振鹏 | 吕关兴 | 戴金莲 | 沈冠君 | 赵静德 |
| 沈浩然 | 孙端荣 | 黄兆昌 | 黄桂玉 | 陆明德 |
| 刘 仪 | 徐凯家 | 咸 阳 | 胡友英 | 徐玉春 |

（附录二《人名辑录》,第 252 页）

# 《八十七团志》

新疆生产建设兵团八十七团史志办公室编，新疆人民出版社 2001 年

八十七团人口主要来源为：……1963—1965 年，来场的上海、天津部分支边知青。

（第三章《人口》，第 54 页）

是年（1965 年）接收……41 名上海支边青年，21 名天津支边青年。1969—1971 年，共安置回场及下乡城镇知识青年 200 多人。

（第十五章《劳动工资》，第 154 页）

1972 年 6 月，第一次团代会召开，提出青年要与工农更好的结合，成为工农兵所欢迎的知识青年。

（第十八章《群众团体》，第 191 页）

车文渝，男，汉族，1945 年 3 月出生，浙江镇海人，高中文化程度。1963 年由上海市虹口区支边来疆。1984 年 7 月加入中国共产党，高级经济师。历任会计、出纳、副科长、团长。

支边来疆后，积极投身于边疆建设。1965 年被评为"五好"干部。1970 年评为学习毛主席著作积极分子、农五师青年代表大会代表。1975 年受团嘉奖。1976 年评为学大庆积极分子。1977 年、1980 年评为团先进工作者。1984 年，当选为温泉县人民代表、第八届常务委员会委员。1988 年当选为温泉县人民代表、第九届常务委员会委员、博尔塔拉蒙古自治州第八届人民代表大会人民代表。

在团任主要领导职务期间，大胆改革国营农场经济体制，完善家庭联产承包生产责任制，积极扶植、推广家庭农场。1985 年出台了《八十七团职工家庭农场建设管理章程》，解放了生产力，砸碎了"铁饭碗"，广大职工放心包地，生产热情空前高涨。1988 年 12 月调农五师任副师长。

（第二十七章《人物》，第 253 页）

## 五、天津知识青年名录

| 沈克泳 | 赵 军 | 陈玖英 | 黄念慈 | 赵有川 | 张明杰 | 冯 怡 | 张 燕 |
|---|---|---|---|---|---|---|---|
| 左东生 | 汪洋玉 | 陈玉兰 | 王守疆 | 任连成 | 王文源 | 李林茂 | 康文智 |
| 韩有庆 | 张鲜梅 | 李文利 | 李德明 | 黄洗英 | | | |

## 六、上海知识青年名录

| 甘书昆 | 卢申生 | 郁 匡 | 周柳春 | 蒋惠祥 | 李惠林 | 郁 敏 | 樊敬鹤 |
|---|---|---|---|---|---|---|---|
| 黄奇雪 | 左文才 | 高如泉 | 徐云明 | 曹惠芬 | 孙昌琴 | 邹菊娣 | 苏文华 |
| 吴相吉 | 车文渝 | 申云娥 | 张家凯 | 祝建璋 | 倪杏芳 | 柳德康 | 宋 雄 |
| 王能达 | 马文献 | 沈吉丽 | 陈玉芳 | 张敬德 | 文秋萍 | 沈凯尔 | 朱金明 |
| 杨金妹 | 史济明 | 吴秀英 | 吴永娟 | 刘君卓 | 徐梅英 | 任志成 | 陆友兰 |

赵年娣　　沈才宝　　周　萍　　宋学娟　　施纯一　　张丽囡　　滕兰英　　金占鑫
叶倩薇

# 《八十八团志》

新疆生产建设兵团农五师史志办编,新疆人民出版社2000年

　　八十八团人口来源为内地居民和团场人口自然增长两个方面,主要有:(1)1960年建场时从哈密搬迁来团712人。(2)60年代招收的自动支边和探亲人员。(3)1963年原农四师三牧场调入的两个连队。(4)由温泉前进公社划入团场的一个大队及一个小队人员。(5)上海支边青年。(6)由农五师其他团场调入的干部、工人。(7)国家统分的大中专毕业学生。(8)1963—1965年间集体转业的干部、战士。(9)自然增长人口,即上述人员生育的后代。

（第四章《人口》,第83页）

　　1981年以后,大批人员,特别是科技人员和干部调出团场,大多数都调回内地省区工作,上海、天津支边青年几乎全部返城。

（第四章《人口》,第84页）

　　1961年创办子女校时只有4名教师,中等师范毕业的转业军人杨启宗任副校长,武汉支边来的一名学生和从本场生产队调来的两名职工任教师……1965年下半年到1966年上半年,从本场和博乐调来7名上海支边青年和广西支边青年任教师,师资队伍有了较大的发展。

（第二十三章《教育》,第246页）

# 《八十九团志》

兵团农五师八十九团史志编纂委员会编,新疆人民出版社1998年

　　(1964年)9月15日,上海高中毕业生42人(男22人,女20人)分配到良种场劳动。

（《大事记》,第9页）

　　(1965年)7月下旬,天津支边青年331人分配来场。

（《大事记》,第9页）

　　10月,上海市副市长宋日昌在兵团司令员陶峙岳的陪同下,带领上海慰问团来场慰问上海支边青年。

（《大事记》,第10页）

　　(1966年8月)上海支边青年474人到场。

（《大事记》,第11页）

(1980年)8月,团党委研究解决零星落户的城市知青参加工作的有关问题。

(《大事记》,第16页)

(1985年)3月,团上海支青周铁牛、胥财宝和职工张光作3人集资3万元,贷款8万元,兴办一座废薄膜再生塑料颗粒加工厂,成为全团第一家私人合资企业。

(《大事记》,第20页)

原友谊农场职工主要是当地少数民族和湖北、江苏支边人员,文化素质较低,小学以下文化程度占50%以上。农五师接管后,国家分配来一批大、中专毕业生及一大批转业军人和天津、上海知识青年,职工文化素质有了明显提高。 (第三章《人口 民族》,第70页)

1976年和1977年,安置97名零星来场的城镇知识青年(后大部分回城)。

(第十四章《劳动工资》,第176页)

1965年以后,先后从上海、天津支边青年和自动来疆的知识青年中挑选一批人员充实教师队伍。 (第十九章《教育》,第236页)

沈雅琴(1949.11—1970.30),女,汉族,上海市闸北区人,初中文化程度,1966年5月加入共青团,1966年7月支边来团。生前任值班民兵二连四排排长。

来疆后,她在工作中吃苦耐劳,积极踏实,生活上节俭简朴,乐于助人,把自己有限的存款借给别人。由于工作中表现出色,1968年9月,她参加了工人毛泽东思想宣传队进驻团子女校。她不仅自己安心边疆建设,还善于做别人的思想政治工作,并把回家探亲的机会一次次地让给同伴。1970年2月,领导已批准她回沪探亲,可当时值班民兵连队已奉命正准备去拉练,她决定推迟探亲,克服身体的不适(经期),参加民兵拉练活动。1970年3月12日晚,在拉练结束的归途中,因车祸而不幸牺牲,年仅20岁。

在处理后事时,她的母亲深明大义,没有对组织上提出任何不适当的要求,相反,要求组织让自己在上海已工作的长子沈光泽接过姐姐手中的枪,继续建设边疆,保卫边疆。经上级党委批准,团在值班二连隆重举行了授枪仪式,沈光泽接过了姐姐沈雅琴曾经用过的枪。

(第二十二章《人物 集体》,第274页)

## 上海支边青年名录

| | | | | | |
|---|---|---|---|---|---|
| 丁培琴(女) | 丁海菊(女) | 丁松华 | 于峰 | 上官天明(女) | 马雪珍(女) |
| 马小恒 | 马义龙 | 方步发 | 方美金(女) | 方平安(女) | 牛新恒(女) |
| 王兆弯(女) | 王根发 | 王根宝 | 王清瑞 | 王桂芳(女) | 王平芳(女) |

| | | | | | |
|---|---|---|---|---|---|
| 王桂香(女) | 王振娣(女) | 王虎英(女) | 王金辉 | 王龙义 | 王龙弟 |
| 王明坤 | 王宪考 | 王晓棣 | 王金刚 | 王怡才 | 王忆侬 |
| 王大英(女) | 王龙刚 | 王根娣(女) | 付秀祥(女) | 左文彩 | 乐胜利(女) |
| 史培龙 | 卢中其 | 田桂凤(女) | 孙芝梅(女) | 孙连森 | 孙昌治 |
| 孙柏薇(女) | 孙扣成 | 孙庆海 | 孙玉琴(女) | 孙家洪 | 孙栋斌 |
| 纪银生 | 毕梦禅 | 江汉卿 | 江觉奋(女) | 齐虎英(女) | 汤银宝(女) |
| 汤其坤 | 阮凤春(女) | 华红娣(女) | 刘宝发 | 刘碧婷(女) | 刘福娣(女) |
| 刘玉兰(女) | 刘晓蓉(女) | 刘根娣(女) | 刘久沙(女) | 刘金花(女) | 刘冀华 |
| 刘 琦 | 刘凤兰(女) | 吉留英(女) | 朱莲英(女) | 朱杏芳(女) | 朱宝琴(女) |
| 朱仲海 | 朱扣荣 | 朱荣龙 | 朱 锦 | 朱雅华(女) | 朱又彩 |
| 朱根娣(女) | 朱桂花(女) | 朱来娣(女) | 朱梦珍(女) | 朱妙生 | 朱又林 |
| 朱容娣(女) | 朱凤娟(女) | 庄咏荷(女) | 曲德芳(女) | 邱红娣(女) | 佘有贵 |
| 寿纪忠 | 余 丰 | 余有炎 | 杨立士 | 杨爱娣(女) | 杨翠花(女) |
| 杨桂香(女) | 杨秀英(女) | 杨汉荣 | 杨世周 | 杨妙芳(女) | 杨韶毅 |
| 杨招娣(女) | 杨银花(女) | 杨庆华 | 杨金海 | 杨维正 | 杨红荣 |
| 杨绪臣 | 杨久松 | 杨丽萍(女) | 张招娣(女) | 张连起 | 张黎明 |
| 张学兰(女) | 张瀚运 | 张美芳(女) | 张小牛 | 张同贵 | 张正宝 |
| 张建民 | 张慧英(女) | 张秋玲(女) | 张大康 | 肖自力 | 肖龙英(女) |
| 严美芬(女) | 杜秀娣(女) | 束红英(女) | 陈阿月(女) | 陈祥秀(女) | 陈宝如 |
| 陈玉芳(女) | 陈金凤(女) | 陈景兰(女) | 陈立夏(女) | 陈立红(女) | 陈桂花(女) |
| 陈杏飞(女) | 陈维庆 | 陈云江 | 陈永安 | 陈艳君(女) | 陈丽雅(女) |
| 陈丽妞(女) | 陈吉雯(女) | 邵国昌 | 邵爱珍(女) | 邹菊娣(女) | 沈又娥(女) |
| 沈雅琴(女) | 李雪芳(女) | 李阿宝(女) | 李新华 | 李德佑 | 李永生 |
| 李金龙 | 李亚仙(女) | 李忠仁 | 李纪龙 | 李克群 | 李兆华 |
| 李梅香(女) | 李新华 | 李仁新 | 李三成 | 李小华 | 李菊英(女) |
| 李梅容(女) | 陆友兰(女) | 陆姗姗(女) | 陆德梅(女) | 陆爱英(女) | 陆翠娟(女) |
| 陆瑞月(女) | 吴寄珍(女) | 吴新娟(女) | 吴六金(女) | 吴桃元 | 吴志强 |
| 吴晓妹(女) | 吴成义 | 吴国良 | 吴加林 | 吴宝山 | 吴玉兰(女) |
| 吴美娟(女) | 林作民 | 林欧平(女) | 宗年红 | 岳成女(女) | 周新梅(女) |
| 周志强 | 周铁牛 | 周凯明 | 周补珍(女) | 周锡英(女) | 周杏妹(女) |
| 周德胜 | 季保平 | 季禅义 | 季宪昌 | 郎巧玲(女) | 郎凤英(女) |
| 房丽欣(女) | 忽志勇 | 范玲娣(女) | 杭慧英(女) | 金 杨 | 金美丽(女) |

| | | | | | |
|---|---|---|---|---|---|
| 金雅仙(女) | 郑春兰(女) | 郑薇娟(女) | 郁采龙 | 郁采英(女) | 姜美华(女) |
| 钟根鼠(女) | 钟月兰(女) | 钟志贤 | 姚国珍(女) | 胡极一(女) | 胡文彩 |
| 胡家民 | 胡宝妹(女) | 津玉兰(女) | 胥才宝 | 郜正凤(女) | 姚淑娟(女) |
| 姚振芳(女) | 姚根芬(女) | 姚玲娣(女) | 姚鲁平 | 施增湘(女) | 施水娟(女) |
| 施宝珍(女) | 施红梅(女) | 赵金芝(女) | 赵国静(女) | 赵永根 | 赵志祥 |
| 赵金龙 | 赵清珍(女) | 赵胜鹤 | 俞国华 | 宣永萍(女) | 夏至成 |
| 夏毓洪 | 夏成德 | 夏文庆 | 高玉发 | 高小凤(女) | 高代娣(女) |
| 诸碧波(女) | 陶淑娟(女) | 顾玲宝(女) | 顾 丽(女) | 顾玉珍(女) | 顾荣德 |
| 顾 仁 | 顾金凤(女) | 唐巧根 | 唐志伟 | 唐志农 | 唐小龙 |
| 袁宏喜 | 袁礼仁 | 秦长怀 | 凌 正 | 钱伯君 | 钱大伟 |
| 钱玉华(女) | 钱菊英(女) | 郭祖根 | 徐红娣(女) | 徐秀宝(女) | 徐会民 |
| 徐美兰(女) | 徐伟民 | 徐疆林 | 徐泉堂 | 徐荣芳 | 徐荣宝 |
| 徐小锁 | 徐月娣(女) | 徐 怡(女) | 徐莲玉(女) | 徐锡武 | 徐鹤民 |
| 贾淑良(女) | 贾秀凤(女) | 贾秀珍(女) | 常成英(女) | 移扣英(女) | 崔建华 |
| 崔建萍(女) | 黄小婉(女) | 黄美英(女) | 黄仁贤 | 黄秀琴(女) | 曹鸣凤(女) |
| 曹成英(女) | 梁开华 | 龚胜时 | 龚海英(女) | 龚凤琴(女) | 龚爱萍(女) |
| 章翠珍(女) | 葛爱娣(女) | 葛维庆 | 蒋继华 | 蒋金玲 | 蒋凤仙(女) |
| 蒋友生 | 彭爱伦(女) | 韩玉梅(女) | 程英爱(女) | 程学兰(女) | 程金生 |
| 傅秀祥(女) | 谢翠泽(女) | 谢慧敏(女) | 曾如晋 | 舒绍林 | 董永珍(女) |
| 董琼华(女) | 赖红英(女) | 裘盛来 | 鲍余华(女) | 雷中鼎 | 翟秀基 |
| 蔡 勇 | 蔡炜源 | 蔡建华 | 缪宝琪 | 谭成芳(女) | 阚德琴(女) |
| 熊扣娣(女) | 潘玉兰(女) | 潘慧娟(女) | 潘留娣(女) | 潘 平(女) | 潘 静(女) |
| 黎中礼 | 薛玲珍(女) | 瞿美芳(女) | 瞿义立(女) | | |

## 天津支边青年名录

| | | | | | |
|---|---|---|---|---|---|
| 马荣德 | 马桂芬(女) | 马惠芬(女) | 马丽敏(女) | 于庆玲(女) | 卞念贵 |
| 王海音(女) | 王文煜 | 王秋英(女) | 王小琴(女) | 王 强 | 王成文 |
| 王煜之 | 王福来 | 王立本 | 王若男 | 王泉来(女) | 王凤英(女) |
| 王秀茹(女) | 王美英(女) | 王宝文 | 王淑美(女) | 王立坚 | 王秀兰(女) |
| 亓爱珊(女) | 宁庆蒲 | 石 凤(女) | 包克卫(女) | 左 洁(女) | 左冬声 |
| 白素云(女) | 白文芳(女) | 史建勇 | 冯大明 | 冯式吾(女) | 田淑云(女) |
| 卢德荣 | 任连成 | 孙广忠 | 孙延荣(女) | 孙加玲(女) | 孙 祥 |
| 孙学真(女) | 孙三龙 | 孙玉玲(女) | 孙六年 | 孙淑英(女) | 刘三荣(女) |
| 刘新华 | 刘秀英(女) | 刘玉荣(女) | 刘淑兰(女) | 刘玉兰(女) | 毕乃玲(女) |

| | | | | | |
|---|---|---|---|---|---|
| 吕芷青(女) | 朱梦仪 | 安寿山 | 关全民(女) | 邱 江(女) | 杨慧勤(女) |
| 杨玉兰(女) | 杨汝江 | 肖玉泉 | 肖俊华 | 谷建森 | 陈 英(女) |
| 陈裴菲(女) | 苏惠清(女) | 苏 军 | 纪加留 | 邵玉荣(女) | 李俊叶(女) |
| 李崇敏(女) | 李汉卿 | 李加兰(女) | 李文来 | 李兰珠(女) | 李晓青(女) |
| 李学玲(女) | 李庆玲(女) | 李 静 | 李 健 | 李文林 | 时万权 |
| 吴国胜 | 吴慧娟(女) | 吴恩荣(女) | 吴连敏(女) | 吴 玲(女) | 吴会元(女) |
| 沈玉玲(女) | 张 洁(女) | 张春荣(女) | 张俊彤 | 张华珍(女) | 张丽华(女) |
| 张伟英(女) | 张淑华(女) | 张跃荣(女) | 张淑琴(女) | 张玉珍(女) | 张成毅 |
| 宋克家 | 希必得 | 别念贵 | 陆建华 | 庞瑞华(女) | 庞玉顺 |
| 庞玉敏(女) | 庞玉玲(女) | 武长英(女) | 屈学兰(女) | 房玉琪(女) | 果炳华 |
| 尚秀兰(女) | 周吉祥 | 周 娴(女) | 苗文清 | 郑壮玄(女) | 林红疆(女) |
| 罗义华(女) | 孟兆春(女) | 孟桂芳(女) | 孟艳群(女) | 孟宪晴(女) | 姚天成 |
| 姚春萍(女) | 侯月萍(女) | 胡朝羲 | 段海新(女) | 赵桂兰(女) | 赵玉花(女) |
| 赵长海 | 赵 静(女) | 赵淑珍(女) | 赵 钧 | 赵雁鸣 | 赵世荣 |
| 高淑慧(女) | 高志海 | 高秀芬(女) | 贾西华(女) | 崔荷贞(女) | 郭 江(女) |
| 郭文彩(女) | 唐红玲(女) | 袁 平 | 秦美艳(女) | 徐明珠(女) | 徐 进 |
| 徐秉华(女) | 夏芳萍(女) | 夏晓霞(女) | 夏云丽(女) | 崔荷珍(女) | 梁国黔(女) |
| 晨梅双(女) | 黄润云(女) | 黄丽坚 | 黄凤云 | 黄玉珍(女) | 董乃光 |
| 董月芬(女) | 董光杰 | 董洁堂 | 韩淑惠(女) | 景 英(女) | 程玉莲(女) |
| 满玉华(女) | 路淑珍(女) | 靳宝奇 | 翟贵荣(女) | 翟树荣(女) | 谭国启 |
| 蔡小彩(女) | 潘祥义 | 穆弘熙 | 魏炳臣 | | |

（第二十二章《人物 集体》，第 300—302 页）

# 《九十团志》

新疆农五师史志办编，新疆人民出版社 2000 年

(1965 年)7 月，天津市 62 名青年支边到场就业。　　　　　　　　　　　（《大事记》，第 13 页）

9 月，天津市 104 名学生支边到场安置工作。　　　　　　　　　　　（《大事记》，第 14 页）

(1966 年)7 月 7 日，上海支边青年共 246 名到场安置就业。　　　　　　（《大事记》，第 14 页）

(1967年)1月2日,七队因芦苇房子失火,上海支青黄永根被烧死,曹开根、王金华、项敏(天津支青)被烧伤。 (《大事记》,第14—15页)

(1972年)10月20日晚,三连上海支边青年牛金凤(农具手)在3支6斗1条田夜班作业时,不慎被犁架压死。 (《大事记》,第17页)

(1975年)8月,天津慰问团来九十团慰问1965年进疆的天津支边青年。

(《大事记》,第18页)

1965—1966年,从天津、上海集体支边来场的知识青年有412人。

(第三章《人口　民族》,第89页)

建场初期的职工主要是就地转业的解放军官兵和湖北、山东支边人员,文化程度较低,小学以下文化程度占80%。1964年以后,国家统分来一批大、中专毕业生,集体转业的军人和天津、上海知识青年,职工文化程度有了明显提高。 (第三章《人口　民族》,第92页)

1964—1966年,大批转业军人、上海和天津支边青年来团。到1970年职工人数增加到2 067人,比1960年增长3倍。 (第十五章《劳动工资》,第195页)

1961—1963年,先后安置了上海支边青年16名。
1965年……7—9月,先后安置了两批天津支边青年共166人。
1966年……6月安置了上海支边青年246人。 (第十五章《劳动工资》,第196页)

1966年以后陆续分配上海、天津的知识青年到场工作。

(第二十一章《教育》,第256页)

1965年以后,天津、上海支边青年来团工作,给团场的文化生活带来了生机和活力。1967年,团场选拔了一批能歌善舞的文艺骨干,组建了业余演出队,编制设在值班连队,边生产边排练边演出。在劳动实践中发掘素材,自编、自排、自演,深入基层、深入生产第一线,热情歌颂农场拓荒者的壮举与战天斗地的坚定信念,受到了群众的欢迎和好评。

(第二十三章《文化》,第271页)

# 1961年上海支边人员(3人)

徐人卓　　　　李达庆　　　　李宏成

## 1963 年上海支边人员(13 人)

| | | | | |
|---|---|---|---|---|
| 周贵盛 | 宗 方 | 史伯庭 | 曹志建 | 瞿 淮 |
| 施佩玲 | 赵国平 | 邱汉芝 | 张兴发 | 孙为帮 |
| 凌佩珍(女) | 方孟君 | 张玉君(女) | | |

## 1965 年 7 月天津支边人员(62 人)

| | | | | |
|---|---|---|---|---|
| 于志尼 | 方中成 | 王文元 | 王文树 | 王庆芳 |
| 王树芳(女) | 王玉花(女) | 马淑芬(女) | 兰庆芳 | 皮树云(女) |
| 边家询 | 傅庆连 | 田顾娜(女) | 包克卫(女) | 刘淑琴(女) |
| 刘志平 | 史建勇 | 毕 杰 | 冯仕吾(女) | 朱家凤(女) |
| 肖垣亮 | 肖垣峰 | 李秀萍(女) | 李达申 | 李保林 |
| 李秀兰(女) | 李云(女) | 李利茹(女) | 沈光茹(女) | 宋春堂 |
| 宋志刚 | 贡作华 | 纪学东 | 张华智 | 张俊同 |
| 张述铭 | 张晋忠 | 张宝成 | 张德荣(女) | 张振祥 |
| 庞换堂 | 陈俊丰 | 金文礼 | 项 敏 | 胡宪平 |
| 胡莲琴(女) | 赵淑华 | 赵利顾(女) | 高永祥 | 徐 西 |
| 崔保龙 | 曹福存 | 郭秋丽(女) | 董希斌 | 贾义生 |
| 贾玉琴(女) | 路来珍 | 温少鸡 | 温 媛(女) | 裴志英 |
| 魏 叶 | 魏华兰 | | | |

## 1965 年 9 月天津支边人员(104 人)

| | | | | |
|---|---|---|---|---|
| 丁 燕(女) | 王洪图 | 王洪章 | 王传元 | 王永惠(女) |
| 王志芸(女) | 王 勇(女) | 王莲英(女) | 王淑芬(女) | 邓 盘 |
| 马希平(女) | 白子安 | 田登局 | 刘 培 | 刘 工 |
| 刘瑞华 | 刘金锋 | 刘顾保(女) | 刘传荣 | 刘建利(女) |
| 尹苏贤(女) | 史穗保(女) | 齐桂森 | 华 建 | 孙书权 |
| 孙卫国 | 朱 萍(女) | 江庆芬(女) | 冯秀莹(女) | 沈克永(女) |
| 关秋兰(女) | 肖益之 | 佟庆云 | 吴家珠 | 李文立 |
| 李建群 | 李元舜 | 李永水 | 李伟爱(女) | 李德余 |
| 李 丽(女) | 李 萍(女) | 李玉兰(女) | 李翠玲(女) | 芦启来 |
| 汪延玉 | 许新复 | 邹玉荣(女) | 邱会芬(女) | 邱会新 |
| 苏长贤 | 苏元贵 | 张伟民 | 张秀岐 | 张义敏 |
| 张惠敏(女) | 张吉芳(女) | 张 燕(女) | 金 庚 | 郑永泉 |
| 陈新纲 | 陈希芝(女) | 陈少萍(女) | 林来利 | 林玉兰(女) |
| 阎绍稳 | 狄彦祥 | 段敏茹 | 周玉兰(女) | 夏淑琪(女) |

| | | | | |
|---|---|---|---|---|
| 袁殿玉 | 胡小忠 | 保家丽(女) | 钟新道 | 韩学义 |
| 郭泉起 | 姚碧华 | 徐灌 | 覃锐新 | 梁永丽 |
| 常会和(女) | 曹仕权 | 常景新 | 崔国兰(女) | 商家珍 |
| 黄守珍 | 黄树伦 | 钱永伦(女) | 曹秀琪(女) | 康凯 |
| 戴适文 | 朝友庆 | 杨文江 | 杨树森 | 杨振英 |
| 杨万英 | 翟士正 | 廖双驹 | 蔡品珍(女) | 蒋秀芝(女) |
| 蒋立梅 | 樊淑琴(女) | 穆金良 | 满金英(女) | |

## 1966 年 6 月上海支边人员(246 人)

| | | | | |
|---|---|---|---|---|
| 丁明川 | 丁来锦 | 丁宏良 | 刁忠发 | 于华昌 |
| 倪立人 | 王海林 | 王宏武 | 王孟达 | 王正红(女) |
| 王扣娣(女) | 王世贤(女) | 王家良 | 王素娥(女) | 王福娣(女) |
| 王爱珠(女) | 王成翰(女) | 王成巧(女) | 王海英(女) | 王金华 |
| 王明发 | 左宝玲(女) | 倪兰芳(女) | 尤金凤(女) | 马云吉 |
| 刘根泉 | 刘昌林 | 刘永新 | 刘文元 | 刘双巧 |
| 刘群(女) | 刘梅娟(女) | 刘巧云(女) | 刘梅英(女) | 刘惠娟(女) |
| 刘林妹(女) | 刘训成(女) | 刘秀芳(女) | 叶福良 | 叶惠珠(女) |
| 史美杨 | 代爱君(女) | 代树勤 | 白云霞(女) | 卢申生(女) |
| 卢爱珍(女) | 芦瑞芳(女) | 沈聪旗 | 吕林福 | 吕月华(女) |
| 吕瑞国 | 吕桂荣(女) | 孙龙山 | 孙小怀 | 孙正青 |
| 孙金姝(女) | 任宝潼 | 任有根 | 朱草明 | 朱安全 |
| 朱惠明 | 朱秀壁(女) | 朱忠芳(女) | 朱家荣(女) | 朱家娣(女) |
| 关金城 | 江秀英 | 江保娟(女) | 江雅琴(女) | 江绍忠 |
| 杜阿惠(女) | 祁美琴(女) | 巩兰俊(女) | 汪凤娣 | 冯爱金(女) |
| 华筱杉(女) | 吴茂德 | 吴有来 | 吴砀球(女) | 吴秀良(女) |
| 吴凤仙(女) | 吴长宝(女) | 李建平 | 李智明 | 李满堂 |
| 李志全 | 李玉梅(女) | 李秀兰(女) | 李明娥(女) | 李顺芳(女) |
| 许干年 | 许凤宝(女) | 肖荣保 | 祁进华 | 沈华明 |
| 沈其芳(女) | 沈凤仙(女) | 邱小芳 | 邱广义 | 何海宏 |
| 王联芳 | 计志明 | 寿思宝(女) | 阎巧云(女) | 幸来娣(女) |
| 闵雅琴(女) | 乔中玲(女) | 应发娣(女) | 狄家尔(女) | 苏桂花(女) |
| 张寿礼 | 张欢荣 | 张继德 | 张采才 | 张金友 |
| 张晓庆 | 张荣祥 | 张莲柱 | 张大忠 | 张月琴(女) |
| 张锡凤(女) | 张西萍(女) | 张美兰(女) | 张玉珍(女) | 张宝秀(女) |
| 张金丽 | 陈朝阳 | 陈文明 | 陈阿林 | 陈世德 |

| | | | | |
|---|---|---|---|---|
| 陈宏达 | 陈伟人 | 陈昌龙 | 陈扣娣(女) | 陈丽宝(女) |
| 陈以清(女) | 陈银娣(女) | 陈柄娣(女) | 陈菊芳(女) | 陈　浩(女) |
| 陈林娟(女) | 陈逃芳(女) | 陈惠芳(女) | 陈培珍(女) | 陈月娥(女) |
| 范正强 | 虞镇海 | 郑志新 | 项庆华 | 周国明 |
| 周年生 | 周容芳(女) | 周美英(女) | 周夏芳(女) | 林德昌 |
| 沈晓明(女) | 韩念祖 | 韩瀛东 | 韩毛华(女) | 郁秋珍(女) |
| 胡玲岳 | 祥述闲 | 谢云祺 | 袁伟刚 | 袁天燃 |
| 袁素珍(女) | 袁红娣(女) | 袁洁寒(女) | 夏来娣(女) | 殷雅芬(女) |
| 贺永珍(女) | 徐国富 | 徐冠福 | 徐秀娟(女) | 徐桂兰(女) |
| 徐新凤(女) | 徐红(女) | 徐艳君(女) | 徐玉春(女) | 姜宗舜 |
| 钟生喜 | 顾寿荣 | 顾柄福 | 顾仕荣 | 陆兴森 |
| 陆得康 | 陆桂英(女) | 陆文仙(女) | 梁玉虎 | 梁文才 |
| 梁采芳(女) | 梁如义 | 陶才华(女) | 陶辞修 | 陶怀姝(女) |
| 姜友吉 | 姚福顺 | 姚秀永(女) | 蒲利秀(女) | 钱兴华(女) |
| 钱汉民 | 钱仁康 | 钱玲姝(女) | 章关键 | 屠双范 |
| 崇庆华 | 章岳良 | 曹开根 | 曹文英(女) | 黄荣根 |
| 黄富英(女) | 曹长娥(女) | 黄菊芳(女) | 黄月兰 | 汤丙英 |
| 巢查全(女) | 梅金凤(女) | 鲁国瑞 | 章立保 | 童志红(女) |
| 葛来洪 | 程金祥 | 董盘福 | 杨春林 | 杨小牛 |
| 杨康鹤 | 杨永良 | 杨金辉(女) | 杨翠金(女) | 杨永华(女) |
| 蔡兴华 | 蔡艮宝(女) | 蔡扣秀 | 蔡玉兰(女) | 黎有根 |
| 储月郎(女) | 潘春义 | 潘桂英(女) | 潘国琴(女) | 潘锡钧 |
| 薛模法 | 魏玉芳 | 魏春良 | 魏金英 | 蒋志清 |
| 欧阳金兰(女) | | | | |

欧阳金兰(女)　　　　　　　　　　　　　　　（第二十八章《人物　集体》,第335—337页）

# 《农六师垦区·五家渠市志》

农六师史志编纂委员会编纂,新疆人民出版社2001年

　　1984年1月1日,上海农场管理局工会副主席王毓敏来师看望上海支青,勉励上海支青扎根新疆,为发展新疆农垦事业作贡献。　　　　　　　　（《地理篇·五家渠市建置》,第24页）

　　1986年8月27日,上海市赴新疆文艺分团成员来五家渠慰问上海支边青年。青年戏曲演员茅善玉、青年歌手沈小岑、电子琴演奏家浦琦璋、青年影视歌手陈海燕、芭蕾舞演员石

钟琴及欧阳云鹏、魔术家刘义民、电影演员于飞等为五家渠 6 000 名观众演出精彩节目。

（《地理篇·五家渠市建置》，第 24—25 页）

    1961 年 8 月上海学生 80 余人（陈林梅、陈永鑫等）到师农校学习（农学、植保、畜牧 3 个班）后，1962 年分配到十六团农场。1961 年 10 月上海学生 55 人（陈望汾、许焕初、黄能慧等），在师党校政训班短期学习后，1962 年春分配在师直及各团场。同年上海学生在兵团政干校、农学院学习后，有 10 余人（陆福贵、钟维汉等）分配来师。

    1963 年 9 月上海学生 306 人（吴毓秀等），分配在 12 个单位：猛进农场 42 人、八一农场 45 人、农十六团 38 人、天山二场 21 人、天山九场 15 人、共青团农场（一○八团场）20 人、马桥农场 18 人、枣园农场 27 人、师直 33 人、机运处 15 人、工程团 17 人、小洪沟煤矿 15 人。

    1964 年天津学生 152 人（葛宗英等）、江苏镇江学生 12 人到军户农场；上海、天津、江苏无锡学生 1 048 人（韩荣福、王光炳、王德发等）到芳草湖农场。天津学生 69 人到奇台农场。

    1965 年 9 月天津高中学生 271 人（李秀贞、靳惠玲等）；北京学生（初中）115 人；湖北武汉学生 129 人到各军垦农场。

    1966 年 6 月天津学生 1 000 余人（王玉柱、张玉奇等）到各军垦农场；江苏无锡学生 121 人到芳草湖农场。

    上海、天津等地支边青年 70 年代末，80 年代初有部分调回原籍，到 90 年代，有半数左右留在垦区，成为各条战线的领导、工作骨干。有 20 余人担任副处以上领导干部，有 4 人担任副厅以上领导干部。

（《屯垦人篇·屯垦成员》，第 148—149 页）

    1968—1972 年，乌鲁木齐市下乡知识青年 300 余人到军户农场。1963 年芳草湖农场安置乌鲁木齐市支农青年 400 多人，安置联合机械厂和十月拖拉机厂下放工人 40 余人。1969 年芳草湖农场安置乌鲁木齐市下乡知识青年 789 人。1972 年芳草湖农场安置八一钢铁厂下乡知识青年 2 136 人。

（《屯垦人篇·屯垦成员》，第 150 页）

    **胡惠基**  1938 年 4 月生于上海。1955 年初中毕业。1956 年给毛主席写信，决心参加边疆建设，后被兵团介绍到八一农场（一○二团场）二连当农工。喜读书，爱写作，五六十年代常参加基层文娱活动。1989 年 6 月，他双眼渐渐外鼓，眼底疼痛，兵团医院确诊为肿瘤。住院期间，医护人员没有告诉他实情。由于药物反应，出现头肿。他再三询问，医护人员见他心情开朗，便告诉他眼底长恶性肿瘤，最多能活 3 个月。胡惠基知道病情后坚决回家。在炎热的夏天用一个多月时间，盖好小房，垒起院墙后回上海，与老家亲人话别。返新疆后，医护人员见他还活着，很惊奇。回到连队，他有说有笑，照常上班劳动。1998 年退休后与妻子一起承包土地，养鸡喂猪，一天忙个不停。秋季连里拾棉花人力紧张，他与老伴天天下地拾

花,没把眼瘤放心上。 (《屯垦人篇·屯垦成员》,第 151 页)

**王冠英** 女,1945 年生于江苏无锡,中共党员。1964 年 10 月自愿支援新疆建设,任军户农场子女学校党支部书记。农场有汉、回、哈、维等 11 个民族,其中回族占总人口的一半,王冠英挨家挨户劝说回族老乡让孩子读书。回族小学生任贵家庭经济困难,严冬季节,还穿着单衣、短裤,王冠英拿出 20 元钱和几件衣物,打上手电筒半夜送到任贵家中。1978 年入学的哈族高中学生阿思汗,食宿无着,总想退学,王冠英几次登门找他长谈,帮他解决食宿等具体困难。阿思汗毕业后考入石河子农学院,成为农场自己培养的第一代哈族大学生。1983 年 4 月王冠英被师评为全国"五讲四美"为人师表先进代表。

(《屯垦人篇·屯垦成果》,第 155 页)

1966 年,16 岁的天津支边女青年郑祥春来到八一农场(一〇二团场)二分场畜牧队。1970 年与同队青年张振亚结为伉俪。1973 年一天,张突患重病,行动困难。畜牧队远离团部,郑祥春背着丈夫外出求医,经乌鲁木齐、天津等大医院,确诊为"小脑植物神经萎缩而瘫痪",憨厚的公婆和丈夫得知她可以调回天津,一致劝她回老家另过日子。她坚决表示丈夫瘫痪更需妻子服侍,要服侍振亚一辈子。她省吃俭用,为丈夫买收音机、电视机,攒钱为工作了的妹妹买自行车,把心爱的手表送给上技校的弟弟,有了好吃的东西让公婆先吃。她每天完成工作后,服侍丈夫,培育子女,承担繁重家务,还时常为丈夫寻医找药,帮他重新站起。 (《屯垦人篇·垦区风尚》,第 229 页)

1974 年,发出《关于接受再教育学生中以工代干转为正式干部问题的通知》,按编制缺额、工作需要及预提计划,可从直接参加劳动两年的接受再教育学生中选拔干部。由支部提名、群众评议、团党委审查填表上报,师党委审批。 (《政治篇·行政》,第 634 页)

(1965 年)8 月 15—22 日,师召开学习毛泽东著作积极分子、复员转业军人、支边青年代表大会。 (《大事记、丛录·大事年表》,第 879 页)

(1975 年)8 月 2 日,天津市慰问团到一〇三团场慰问天津支边青年并悼念周春山烈士。 (《大事记、丛录·大事年表》,第 882 页)

(1986 年)4 月 27 日,天津支边青年代表王春苔、宋马烈参加天津市组织的"好儿女志在四方"汇报团,分别到天津市各区、大专院校、中学,汇报自己在边疆奋斗成长的历程。

(《大事记、丛录·大事年表》,第 887 页)

# 《一〇一团志》

新疆生产建设兵团农六师史志编纂委员会编,新疆人民出版社2002年

随着军垦事业的不断发展,从事劳动生产的人数逐年增加,来源于转业军人、城市知青、自动支边人员、职工子女、大专院校分配学生,劳改队员及刑满留场就业人员。至1998年底,全团总人口15 432人,其中职工4 900余人。　　　　　（第十七章《劳动工资》,第271页）

### 一〇一团劳动力来源统计表①

| 类　　别 | 职　工　来　源 | 人　数 |
|---|---|---|
| 城市下乡知青<br>及自动支边人员 | 1963年由上海支边 | 42 |
| | 1965年由北京、天津支边 | 60 |
| | 1966年由天津支边 | 181 |
| | 合　　计 | 3 803 |
| 安置知青及统分大中专毕业生 | 60年代末,70年代初接受再教育知青 | 1 579 |
| | 合　　计 | 5 573 |
| 总　　　计 | | 13 588 |

（第十七章《劳动工资》,第273页）

60年代,又从北京、上海、天津、江苏招收大批城市知识青年,充实建设边疆的力量。在这些群体中,有不少大中专毕业生,经过实践锻炼,一部分走上领导岗位,不少人成长为科技骨干。　　　　　（第二十三章《科学技术》,第394页）

50年代初,从部队里选拔优秀知识分子充当教师;进入60年代,在上海、天津支边青年和转业军人中选拔教师;70年代以后,仅从外地招聘和大专院校分配,远远满足不了教育事业迅速发展的需要。　　　　　（第二十四章《教育》,第432页）

1964年,卫生队扩大规模,增加病床,举办第三期培训班,提前培训所需的临床护士学员14人,其中有3名上海支边青年,还有一部分是农场职工子女,培训时间为1年。1966年,由于调出8名卫生人员支援外地建设,导致卫生人员紧缺,为此,举办了第四期培训班,培训人数12人,大部分是天津支边青年。　　　　　（第二十五章《医疗卫生》,第445页）

---

① 本表内容为节选。——编者注

# 《一〇二团志》

新疆生产建设兵团农六师一〇二团编纂委员会编,新疆大学出版社 2000 年

(1956 年)6 月,志愿参加边疆建设的上海和南京学生 17 人到场。(《大事记》,第 10 页)

(1963 年)10 月 3 日,上海支边青年 45 人,由师分配到场参加工作。

(《大事记》,第 14 页)

(1965 年)9 月,第一批天津支边青年到农场 　　　　　　(《大事记》,第 15 页)

(1973 年)9 月 1 日,团党委发出认真贯彻国发〔1973〕第 104 号文件的通知,要求结合贯彻中发 21、30 号文件,揭发奸污、迫害、捆打等破坏知识青年上山下乡的犯罪活动。

9 月 22 日,团党委发出"关于开展向周春山同志学习的决定"(周春山为一〇三团天津支边青年,身患白血病,坚持农业第一线,一次巡渠因跑水,连续堵水 4 个多小时,病情恶化,抢救无效而殉职,兵团党委作出"授予周春山模范共青团员称号的决定")。 (《大事记》,第 18 页)

(1982 年)4 月 27 日,团建立联合公司,化工厂、建设营、煤矿营、农建食品厂五个知识青年工作点。

(《大事记》,第 21 页)

1963 年,上海青年 45 人,支边入疆,到农场。

1963 年至 1966 年,4 批天津和北京青年 560 人,支边入疆到农场。

其他还有 50 年代南京青年,60 年代,武汉青年,支边来场。 (第四章《人口》,第 95 页)

团场职工来源主要由:(1)建场初期部队就地转业的原编制人员和历年来陆续安置的复员转业军人;(2)50—60 年代参加边疆建设的支边人员和上山下乡知识青年;……

(第十六章《劳功工资管理》,第 255 页)

1974 年,知识青年上山下乡,团在东戈壁(现二十连)成立知识青年点,有男女青年 47 人,经老职工的传、帮、带,粮食喜获丰收,被昌吉回族自治州农垦局党委和昌吉州团委树为样板,赠送锦旗,组织参观。

1974 年,成立青年连,92 名知识青年,平均年龄只有 20 岁。他们利用农闲时间搞冬训,野营拉练,参加了修建乌鲁木齐青年渠引水工程,被自治区水利工程指挥部授予"红旗单位"称号。

(第十九章《群众团体》,第 330 页)

1976 年 6 月 18 日,一〇二团召开第五次共青团和首届知青代表大会,出席会议代表 372 人,其中共青团代表 119 人,知识青年 159 人,列席代表 88 人,特邀代表 6 人,张继勋作《以阶级斗争为纲,努力培养和造就无产阶级革命事业接班人》的工作报告;选举产生共青团一〇二团第五届工作委员会。经五届一次全委会选举团工委副书记张继勋、黄朝兰。表彰了 2 个先进集体和 263 个先进个人。 (第十九章《群众团体》,第 333 页)

1960 年后,从上海等地高校毕业生分配来场。如李文洲、徐中溇、华亚霖、王学江、何亚雄、冯莲芝、邓世禄、程祖基、谭毓富、秦溆、曹军、赵珍、杨柏勤等 14 人。从京津沪等地的支边青年中的中师和高中毕业生,如马辉清、翟中华、林薇薇、杨松发、周玺等 20 人,充实了师资力量,改变了原来教师队伍的年龄结构和知识结构,成为农六师中、小学部教师队伍中,力量较强的一支生力军。在他们之中有突出成绩者,如何亚雄被提拔为农六师教育处长,翟宗华被评为全国模范班主任,林薇薇被评为农垦部园丁奖。 (第二十三章《教育》,第 366 页)

从 1954 年起全国各地的青年,及转业战士纷纷支边来农场。1954 年山东妇女,1956 年南京知识青年、河南青壮年农民,58 年和 59 年全国各地自流入疆的青壮年;1963 年以后有北京、天津、上海、武汉等知识青年,1964 年以后有南京、广州、兰州、北京和武汉军区的转业战士转业来场,由于他(她)们的到来,把全国各地的传统的文化艺术带到了农场,大大地丰富了农场的群众文化艺术活动。 (第二十六章《文化艺术体育》,第 390 页)

# 《一〇三团志》

农六师一〇三团史志编纂委员会编,新疆人民出版社 2003 年

同期(1975 年)学习天津支边青年周春山烈士先进事迹,在兵、师党委支持下,兴建周春山烈士纪念牌、陈列室和接待室,建筑面积 157.59 平方米,投资 2.1 万元。

(经济篇第十八章《建筑业》,第 343 页)

60 年代初期,城市支边青年、复员转业军人、大中专院校毕业生陆续来到农场,一批优秀知识分子被吸收入党,使一〇三团党员文化结构得以改善。

(政治篇第二十章《中国共产党一〇三团组织》,第 375 页)

**韩丕先** 宣教科干事,上海支边青年。"文化大革命"初期被批判下放二连劳动,遭批斗后在菜窖自缢身亡。

(政治篇第二十一章《施政要略》,第 410 页)

1964年3—5月一批内地转业战士相继来团,有张庆海、郑树喜等6人调入。是年9月又从天津支边青年中选拔白美荣、代良芬等12名初、高中毕业生进入卫生行列。

1965年10月,从上海支边青年中选拔董湘仪、沈国民等7名初、高中毕业生充实医疗卫生战线,时有66人。 （文化篇第三十二章《医疗卫生》,第586页）

1962年团文工队整队下放农三连劳动,1963年下放团部附近的五连劳动,杨东华任队长,刘喃随队下放搞编导,重大节日和冬季农闲,文艺宣传活动仍然活跃。1964年回归政治处领导,整顿后只保留歌舞,又调来十几名上海、天津支边青年充实文艺队伍,更名为职工业余文艺演出队,调回徐和海重任队长,上海支青费慈洁任副指导员,刘喃担任节目编导,王全华任乐队队长,并逐步配备簧管弦乐器。节目以自创歌舞为主,在每次师、兵团文艺会演中获奖,演出队员足迹遍及每一个连队、工矿,并东到哈密垦区,西至芳新垦区的兄弟团场慰问演出。1965年,农六师党委授予十六团职工业余文艺演出队"天山下的乌兰牧骑"荣誉称号。 （文化篇第三十三章《文化艺术 体育》,第610页）

一连孤身退休工人何连生,1984年春节病倒,半身瘫痪,生活不能自理。天津支边青年宋义、严家修主动照料。他俩在何连生家内搭铺,晚上住在一起,给老人盖被、翻身、料理大小便。何老患气管炎,晚上咳嗽,吐痰不止。他俩从不嫌弃,定时给老人洗澡、换衣、服药,节假日也守在老人身边,使病瘫老人得到亲情的温暖。

（文化篇第三十四章《垦区风尚》,第638页）

1961年从上海招收学生沈骏、朱安等38人。

1963年上海支边青年学生叶毕华等126人。

1965年9月北京、天津支边青年、学生,周春山、纪钢等304人。

1966年6—9月天津支边青年学生杨美佳、董锡兰等491人。

1967年红卫兵串联学生赵兴模、刘志宏等留团47人。

1972年3月农六师子女学校下乡知识青年56人,农六师乌鲁木齐市东风锅炉厂下乡知识青年20人。 （屯垦人篇第三十五章《人口与计划生育》,第647—648页）

1950年全团总人口1 970人。其中,男性1 952人,女性18人,男女各占比例分别为99.09％和0.91％,在基层连队都是清一色的男性群体。1951—1952年间,国家有计划地从湖南、山东、河南、西安招收女青年参军来疆,人口增多,女性比例上升到11.84％,1953年整编为生产部队屯垦戍边,干部、战士扎根边疆,保卫边疆的思想明确,接来在原籍的家属来团落户,随后湖北、上海、北京、天津支边青壮年,转业退伍军人陆续来团,男女比重失调得到很大的改善。1982年全团总人口17 486人,男性8 909人、女性8 577人,男女各占比例为50.

95％、49.05％,女性比 1953 年提高 48.24％(少数民族的性别比例,一般男性高于女性)。

(屯垦人篇第三十五章《人口与计划生育》,第 653 页)

周春山,男,汉族,1946 年 1 月,出生在山东省长青县一个革命干部家庭,幼小时寄居天津市河西区姑母家上学。1962 年 10 月在天津第十三中学读书时,加入中国共产主义青年团。1965 年 9 月高中毕业,他决心走与工农相结合的道路,积极报名支援边疆建设。来疆后分配在新疆生产建设兵团农六师一〇三团(当时为十六团)二连,当了一名普通农业工人。

周春山同志从天津支边来到一〇三团,扎根连队,立志务农。八年来,他刻苦学习,积极工作,晚上在一盏自制的小油灯下通读了《毛泽东选集》一至四卷、《共产党宣言》、《哥达纲领批判》、《国家与革命》等马列著作,写下了三本读书笔记和两本《周春山日记》,不断用马列主义、毛泽东思想武装头脑,改造世界观。在工作中他勤勤恳恳,服从分配,无论干什么农活,他总是虚心向老职工学习,争干重活脏活,超额完成生产任务。在日常生活中,他艰苦朴素,从来不乱花一分钱,一条秋裤补了 20 几个补丁还舍不得丢掉,但是每次新华书店来了新书,他总是毫不吝啬地买来阅读。他热忱待人,关心他人比关心自己为重,经常帮助孤寡老人和伤病职工挑水、打柴、写家信、上房泥、扫院子,处处起到了一个共青团员的先锋模范作用。一〇三团先后授予周春山"优秀支边青年"、"学习毛主席著作标兵"、"先进生产者"、"优秀共青团员"等光荣称号。

1968 年春,他突然病倒了,经医生确诊是白血病。这种难治之症,随时都可能夺走他宝贵的生命。一〇三团党委立即把他送往天津专科医院治疗。他面对病魔的折磨和死亡的威胁,眼前涌动出张思德、雷锋、焦裕禄等光辉形象,他在日记中写下了"为公活一秒,胜似为私活到老"的誓言。1969 年 4 月,周春山不顾医生和家人劝阻,毅然离开天津,返回边疆。二连党支部根据医生诊断证明书研究决定,不让他下大田劳动,让他在连部看电话,收发报纸和信件,安心养病。但他一分一秒也不肯休息,经常干些义务劳动,休息时,他挑起水桶给大田农工送开水;吃饭时,他打开报纸给大家讲时事;午休时,他帮这家大娘打捆柴,帮那家大爷挑担水;晚上,他又在灯下教老职工识字,辅导小学生补习功课。

1973 年 4 月,周春山坚决要求参加春灌工作,连长仍然要他休息养病。5 月 9 日拂晓,他扛着铁锨到麦田灌水,不一会天刮起风下起雨来,突然风雨掀动渠水,大水把渠坝冲开一个缺口,渠水在淹没麦苗。他急了,立即跳进水中,用铁锨捞起泥土往上压,缺口终于被堵住了,但他也累倒在渠岸上了。

周春山重返农场四年多,以一个"全休病员"的身体,担任过二连团支部副书记,代理过连里的文教,当过子女学校的校外辅导员,负责过"五七"家属排的劳动生产,干一行爱一行,他的生命最后几年,基本上都是在紧张的劳动中度过的。渠道抢险晕倒之后,团党委立即把他送进兵团医院,经医生检查,他的白血球高出健康人的十几倍,病已垂危。由于病情恶化,抢救无效,1973 年 5 月 21 日凌晨 2 时,周春山同志不幸病故,年仅 27 岁。

中共一〇三团委员会根据周春山同志生前申请，追任他为中国共产党党员。中共农六师委员会决定，追任周春山同志为二等功。兵团党委作出决定，授予周春山同志模范共青团员称号。兵团党委、新疆维吾尔自治区团委、乌鲁木齐市团委及兵团农六师一〇三团团委都作出了向周春山同志学习的决定。一〇三团党委在二连建修了周春山烈士墓和周春山英列事迹陈列馆。

（屯垦人篇第三十六章《人物》，第 668—669 页）

## 中共新疆军区生产建设兵团委员会
## 关于授予周春山同志模范共青团员称号的决定

一九七三年十月三十一日

新疆军区生产建设兵团一〇三团二连军垦战士周春山同志，男，1946 年 1 月生于山东省长清县，出身革命干部家庭，本人成份学生。1962 年 10 月于天津第十三中学加入中国共产主义青年团，1965 年 9 月高中毕业，他决心走与工农相结合的道路，积极要求来到边疆军垦部队。几年来，他遵照毛主席的教导，在三大革命斗争中，虚心学习，磨练思想，干革命工作勤勤恳恳，为人民服务全心全意，曾被评为团的优秀支边青年，师的学习毛主席著作积极分子。1968 年春，周春山同志不幸患了白血病，这种难治之症，随时都可能夺走他宝贵的生命。在这严峻的考验面前，他没有被死亡的威胁吓倒，婉谢了组织和亲人的关怀与照顾，一颗红心为人民，再次离开天津，重返农业第一线，把有限的生命全部献给建设边疆、保卫边疆的伟大事业，依然坚守在农业生产第一线，忘我劳动，终于因病情恶化，抢救无效，于 5 月 21 日光荣殉职。

周春山同志短暂的一生，闪耀着马列主义、毛泽东思想的光辉，是一名优秀的军垦战士。他一心为公，扎根边疆，生命不息，战斗不止，把最后一口气都用到为人民服务上去了。为表彰周春山同志的模范事迹，发扬共产主义精神，加强部队革命化建设，兵团党委决定：授予周春山同志模范共青团员称号，追记一等功，批准为烈士，号召兵团全体同志向周春山同志学习。

学习周春山同志执行毛主席革命路线的坚定立场，要像他那样，牢记党的基本路线，坚定不移地走知识青年与工农相结合的道路，上山下乡，扎根边疆，立志务农，积极参加三大革命斗争。

学习周春山同志刻苦读书，发扬理论联系实际的革命学风。要像他那样努力学习马列主义、毛泽东思想，不断增强继续革命的自觉性，把改造客观世界和改造主观世界结合起来，把远大的共产主义理想同自己在革命工作中的实际行动联系起来。

学习周春山同志一心为公，谦虚谨慎，全心全意为人民服务的高贵品质。要像他那样，牢记毛主席关于对革命无限忠诚，为人民鞠躬尽瘁的教导，热爱人民，学习人民，时时处处为人民，"只要对人民有利的事就要坚决去干"。学习周春山同志"一不怕苦，二不怕死"的无产阶级彻底革命精神。要像他那样，那里艰苦那里去，那里需要那扎根，把自己的有限生命，全部贡献给建设边疆,保卫边疆的壮丽事业,"直到生命的最后一秒钟"。

在当前国内外大好形势下,我们要以十大精神为指针,认真开展向周春山同志学习的活动,推动部队紧密结合当前的形势和任务,深入学习贯彻十大文件,认真学习马列主义、毛泽东思想,把批林整风不断引向深入,增强革命团结,纠正不正之风,进一步掀起"工业学大庆"、"农业学大寨"的群众运动新高潮,"抓革命,促生产,促工作,促战备",为完成十大提出的各项战斗任务而努力奋斗。

(同年 8 月 10 日、11 月 7 日中共一〇三团委员会、自治区团委也分别作出向周春山同志学习的决定)　　　　　　　　　　(丛录·大事记第三十八章《丛录》,第 714—715 页)

(1973 年)5 月 21 日,天津支边青年周春山患白血病仍坚持一线工作,住院治疗无效病故。团党委授予模范共青团员称号。11 月 7 日自治区团委作出在全区共青团员和各族青少年中开展向周春山学习活动的决定。一〇三团党委、农六师党委、兵团党委也相继作出决定,兵团党委追记一等功,批准为革命烈士,学习周春山活动在全兵团深入开展。

(《大事记》,第 821 页)

# 《一〇四团志》

农十二师一〇四团史志办编,新疆人民出版社 2003 年

(1964 年)11 月 18 日,武汉支边青年 10 人分配到南山牧场工作。他们是:王书安、李荣阁(女)、袁蜀军、董汉清、王国翠(女)、乐宝珍(女)、宋荣华(女)、冯善鹏、熊宗义、李群娣(女)。

(《大事记》,第 19 页)

(1965 年)9 月 25 日,天津支边青年 10 人分配到南山牧场工作。他们是:郑义荣(女)、孙士兰(女)、赵惠琳(女)、汪曦(女)、刘庆武、狄广树、王振元、王亚民、梁钊、苗国治。

(《大事记》,第 20 页)

(1963 年)10 月 4 日,上海支边青年 15 人由师分配到天山九场,参加生产建设工作。

(《大事记》,第 26 页)

(1965 年)7 月,天津支边青年安置到天山九场参加生产建设工作。　　(《大事记》,第 27 页)

1960 年和 1963 年上海支边青年吴道光、吴肇础等 23 人调入天山九场工作。1964 年武汉支边青年李守诚、王书安等 25 人调入天山九场和南山牧场工作。1965 年天津支边青年

王建安、苗国治等 94 人调入天山九场和南山牧场工作。1966 年文化大革命时期,串联学生支边分配陈金奇等 95 人到天山九场工作。 （第三章《人口》,第 71 页）

### 三、上海支边青年名录（以姓氏笔划为序排列）

王玉英（女）　边阿群（女）　孙国庆　刘志成　吕翠华（女）　余光贞　陈华繁

陈国盛　巫道光　李慧娟（女）　吴肇础　郑礼廉　杨培裕　夏永吉　奚延玲

徐益善（女）　谈胜利（女）　董凤宝（女）　谢美娟（女）　薛元祥

### 四、武汉支边青年名录（以姓名笔划为序排列）

王书安　王国翠（女）　文惠珍（女）　乐宝珍（女）　冯善朋　乔永智　刘满莲（女）

李长征（女）　李守诚　李宝珠（女）　李冠华　李荣阁（女）　李群娣（女）　刘正祥

吴天真（女）　吴普汉　宋荣华（女）　张友珍（女）　徐淑茹（女）　袁蜀军　黄明华

程万卿　董焕清　曾菊香（女）　熊宗义

### 五、天津支边青年名录（以姓名笔划为序排列）

马美英（女）　于振兰（女）　王永发　王玉花（女）　王亚民　王志平　王建安

王金莲（女）　王树林　王振元　王振起　王焕文　冯景华　孙士兰（女）

许国志　许国祥　付连成　李玉军　李长明　李秀花（女）　李忠民

李承琴（女）　李国霞（女）　李润春　李振林　李惠荣（女）　刘久月

刘庆武　刘红星　刘学文　刘宝珍（女）　刘响应　刘淑华（女）　朱加坤

朱庆梅（女）　朱恩平　成玉林　邵月娟（女）　邵芝霞（女）　邵伯远

吴润霞（女）　吴淑兰（女）　吴锡朋　杜宝江　杜胜乔（女）　江　曦（女）

陈玉英（女）　孟庆菊（女）　严绍俊　沈秀英（女）　宋凤云（女）　苏海秋

狄广澍　肖金花（女）　肖金志　肖淑华（女）　肖喜岭（女）　苗国志

杨文化　杨文娟（女）　初利萍（女）　郑义荣（女）　郑道英（女）　张子琪

张双红　张文珍（女）　张毛娣（女）　张玉石　张秀体（女）　张作来

张国文　张洪书　张雪生　张富楼　郭士杰　郭加义　赵志红　赵惠琳（女）

贾文祥　贾玉芹（女）　贾明起　徐守德　徐绍青　翁恩来　聂增富（女）

梁　剑　崔纪然　崔作茂　崔树发　常立荣　董玉英（女）　廉松林　韩文德

韩凤琴（女）　韩树林 （第三十章《人物》,第 498 页）

# 《一〇五团志》

农六师史志编纂委员会编,新疆电子出版社 2004 年

（1963 年）9 月,27 名上海支边青年来农场参加工作。 （《大事记》,第 16 页）

同月(1965年9月)，首批天津支边青年27人到场参加工作。　　　《大事记》，第17页）

(1975年)8月，大黄山、十三户共339名知青分配到团工作。　　　《大事记》，第20页）

是年(1979年)，工二师、芳草湖知识青年304人来团参加工作。　（《大事记》，第22页）

1961—1970年，上海学生、天津学生、各地社会青年、转业战士、霍城县"三代"人员先后调入，同时陆续安置内地自动支边人员，到1970年底，全场共5181人。

1976年，接纳了五家渠地区、工一团、工五团上山下乡知识青年。1978年安置芳草湖青年300余名就业，1978年、1979年两年又安置103名转业战士，到1980年底，总人口增至6933人。　　　　　　　　　　　　　　　　　　　　　（第三章《人口》，第56页）

1960—1963年，人口中文盲和半文盲占大多数，随着农场教育事业的发展，和上海、天津等地支边知识青年来场，文化程度不断提高。　　　　　（第三章《人口》，第57页）

1963年9月，安置上海支边青年27名，23人为高中毕业生，4人为初中毕业生。

1964年，又招收上海支边青年54人，大多数为社会青年，文化程度大部分为初中毕业。

1965年，招收天津支边青年27人，文化程度大多为高中毕业。

到1967年为止，除少数青年返城外，留在场内的支边青年总共104人。

　　　　　　　　　　　　　　　　　　　　　　（第十三章《经营管理》，第140页）

1969年3月8日，农六师子校分来初中毕业生126人。1975年，农六师、一〇一团、工一师、大黄山、汽改厂、十三户化工厂等学校的初中毕业生来团428名。

1978年10月5日，芳草湖农场分配来团的初、高中毕业生456名。

1976年，开始分配团子校首届初、高中毕业生83人，以后逐年分配毕业生，至1988年共877人。　　　　　　　　　　　　　　　　　　（第十三章《经营管理》，第140页）

建团初期，在上海支边青年中选拔10人到农六师党校进行财会培训，为期1年。

　　　　　　　　　　　　　　　　　　　　　　（第十三章《经营管理》，第143页）

建场初期，场经营管理办公室配综合统计1人，负责全团共14个单位的统计工作。同时吸收有文化的青年担任基层统计员。1963年选派上海支边青年到农六师党校进行培训，毕业后从事基层统计工作。　　　　　　　　　　　　（第十三章《经营管理》，第149页）

1963—1965 年,一部分上海、天津支边青年,经过培训被分配在财务工作岗位上。

(第十三章《经营管理》,第 151 页)

1976—1979 年,团开办了"五七"农大,学校设在邓家庄(二连),学制 3 年,专设农业专业。由团场领导兼任校长、书记,教师为固定或兼职,聘任一些生产技术员。学员由全团各单位挑选知青和职工子女共 37 名,一边学习,一边劳动,学生在试验田里劳动时是工人,在课堂学习是学生,毕业后择优录用。 (第二十一章《教育》,第 222 页)

1965 年,相继从石河子医专分配来中专生,中专学历的医务人员共 10 人。

以后又从北京、武汉转业军人中和上海、天津支边青年中抽人到农六师卫校医助班、医士班、护士班进行专业培训,进一步壮大医疗队伍,全团卫生人员达 56 人。

(第二十四章《医疗卫生》,第 248 页)

# 《一〇六团志》

农六师史志编纂委员会编,新疆电子出版社 2004 年

(1963 年)9 月,20 名上海支边青年(应届初、高中毕业生)来场,其中男 11 人,女 9 人。

(《大事记》,第 12 页)

(1964 年)6 月 26 日、7 月 6 日,上海支边青年来场。两批合计 234 人,其中男 128 人,女 106 人。为集中统一管理,全部安置在新建的工程连。 (《大事记》,第 12—13 页)

9 月,农业一、二、三、八连分别开办小学,教师基本上从 1963 年来场的上海支边青年中选拔。 (《大事记》,第 13 页)

(1965 年)7 月 9 日,天津支边青年 31 人来场落户,其中女 20 人,男 11 人。

(《大事记》,第 14 页)

(1987 年)6 月,开始给上海支边青年子女办理去沪借读手续。 (《大事记》,第 29 页)

1963 年起,生产逐步趋向稳定,人员亦陆续增加,除接收部分自动支边人员外,对原有职工接家属及随同来疆亲友,也进行了安置。9 月第一批上海支边青年 20 人迁入农场,同月接收霍城东风农场内迁人员 80 余人。

1964 年 4 月接收南京军区复转军人 30 人、东海舰队复转军人 20 人,连同家属迁入百余人。6 月、7 月分别 2 次接收 2 批上海支边青年计 234 人来场。

1965 年接收北京军区复转军人 165 人及部分家属,同年接收天津支边青年 31 人。

……1966 年 12 月,红卫兵来团串联,不久大部分离去,仅留少数人在团就业;兵团非金属公司上山下乡知识青年 200 人来场,锻炼 5 年,仅有 2 人在团成家落户,其余均陆续返城。

(第三章《人口》,第 59—60 页)

# 《一〇七团志》

农六师史志编纂委员会编,新疆电子出版社 2004 年

(1961 年)10 月,上海市知识青年支边到牧场。 (《大事记》,第 14 页)

(1965 年)10 月 24 日,牧场安置 10 名天津支边知识青年。 (《大事记》,第 16 页)

(1969 年)4 月 9 日,天山牧场安排知识青年接受贫下中农再教育,下兴湖农场安置本单位知识青年和黄山煤矿数十名知识青年。 (《大事记》,第 18 页)

1959 年,上海青年 3 人(从养禽厂转来)参加完下兴湖水库修建任务后,于 1960 年加入下兴湖农场。

1964 年,武汉青年 11 人赴天山牧场,10 人赴下兴湖农场。1966 年,又有 6 名武汉青年分配到下兴湖农场。

1965 年,天津青年 10 人分配到天山牧场。 (第四章《人口》,第 74 页)

1960 年,天山牧场学校的哈萨克族教师有阿依田、三伯、哈比旦,汉族教师有杨本琼、赵淑范、杨松莲、施时勋;下兴湖学校教师有张满英、张成湘、杨三明等人。小学、初中文化程度居多 1966 年从天津、上海、北京、武汉支边青年中抽调 8 位高中毕业生,充实教师队伍,使教师队伍的文化素质与知识结构得到了改善。 (第二十二章《教育》,第 277 页)

到了 60 年代中后期,北京、上海、天津、武汉大批知识青年,充实到科技队伍。由国家统分的大中专毕业生,大部分成为科技骨干。到 2003 年,全团累计共有各类专业技术人员 318 人,其中高级职称 12 人,中级职称 78 人,初级职称 228 人。在岗 116 人,其中农业系列 3 人,教育系列 45 人,卫生系列 15 人,政工系列 10 人,其他行业 22 人。

(第二十三章《科技》,第 280 页)

# 《一〇八团志》

农六师一〇八团史志编纂委员会编，新疆电子出版社2005年

(1963年)8月初,上海市第一批支边青年(高中毕业)18人到场。 《大事记》,第16页)

(1964年)5月,接收上海支边社会青年47人。 《大事记》,第16页)

(1975年)7月10日,召开首届知识青年积极分子代表大会。 《大事记》,第20页)

(1976年)7月10日,团表彰上山下乡知识青年、贫下中农、革命家长和基层干部共81名。 《大事记》,第21页)

1963年,第一批上海支青18人来场。1964年6月,第二批上海支青47人来场。1965年9月,北京、天津69名初高中生分配来农场。

进入20世纪80年代,北京、天津和上海三大城市知识青年大部分返城。

(第十三章《劳动工资》,第148页)

80年代初,为职工人数最多时期,共2 632人。1985年起,部分职工调离农场。上海、北京、天津等大城市的支边青年大部分返城。70年代接受再教育的学生也大部分回城,职工人数逐渐回落。 (第十三章《劳动工资》,第149页)

建场之初,先后从老场调入和社会上招聘一批人员。60年代,招收大批知识青年,经过实践锻炼,不少人成为科技骨干。 (第二十二章《科学技术》,第230页)

王扬,男,汉族,1949年5月出生于北京,初中文化程度。1965年9月支援边疆来到一〇八团,被分配到生产三连,后调水工队看守动力机井。1966年4月9日下午5时10分,王扬看守的71号井井壁发生塌方。塌方的大块泥沙把王扬砸倒在柴油机旁,下颌部被豁开一道伤口,血流如注,王扬昏迷过去。机器仍在旋转,塌方仍在继续,如不立刻停机将造成飞车事故,整台机器将会报废。就在这时,王扬因剧烈的疼痛苏醒过来。他扶着井壁慢慢地站起来,断了机器油路,未造成飞车事故。这时王扬又昏倒了。

王扬被送往医院,经诊断,下颌部粉碎性骨折。苏醒过来的王扬用笔写出他急于想知道的问题,"动力机飞车没有?""71号井还能不能抽水"? 在他身旁的连队领导告诉他:"机器没有飞车""井也没有坏。"他才放下心。他这种对工作、对国家财产高度负责的精神,受到各

级党组织和全场职工的赞扬。王扬住院期间,师长、政委、奇台管理处政委及农场领导都到医院慰问,鼓励他好好养伤。兵团《生产战线报》发表《用毛泽东思想武装起来的人是最大的战斗力》的署名文章,热情报道了王扬的高尚思想和先进事迹。场党委号召全场广大职工向王扬学习,王扬被兵团誉为"麦贤得式的好战士"。 （第二十六章《人物》,第 267 页）

## 1963 年上海支青

| | | | | | | | |
|---|---|---|---|---|---|---|---|
| 夏月芳 | 朱翠妙 | 吴正明 | 徐培庆 | 李美英 | 周明伟 | 胡穗华 | 徐勤渔 |
| 李子真 | 吴文耀 | 高云龙 | 杨筠钱 | 金小平 | 朱金芬 | | |

## 1964 年上海支青(实际应为 47 人)

| | | | | | | | |
|---|---|---|---|---|---|---|---|
| 韩丽秋 | 黄英玉 | 张根英 | 肖吉和 | 奚福海 | 金洪清 | 杨丽萍 | 刘丽萍 |
| 张文荣 | 李美英 | 鲍玉林 | 徐兆良 | 潘鑫财 | 钱金妹 | 付国强 | 楼吉连 |
| 佘月序 | 赵菊芬 | 李九菊 | 袁雪春 | 许志庆 | 吴飞雄 | 祁红娣 | 陈素珍 |
| 温启忠 | 陈海黄 | | | | | | |

## 1965 年北京、天津支青

| | | | | | | | |
|---|---|---|---|---|---|---|---|
| 张惠兰 | 王　孜 | 胡心平 | 刘功海 | 马惠英 | 王康德 | 姜富厚 | 徐隆三 |
| 马学刚 | 杨铁柱 | 王　扬 | 王湘年 | 石俊德 | 任国强 | 杨德增 | 王宝元 |
| 孔庆琰 | 王文栋 | 康满忠 | 俞　英 | 张金利 | 李美荣 | 陈　非 | 胡幼平 |
| 马树良 | 薛士朴 | 来国骥 | 周兴彪 | 于博文 | 许正竺 | 单志仁 | 郭　惠 |
| 丁　辉 | 吕　鸿 | 孙凡中 | 马树楠 | 张立中 | 张友章 | 李世必 | 李嘉安 |
| 赵庆萍 | 孙庭建 | 刘明华 | 董大生 | 胡皖生 | 王曼纯 | 麦伯连 | 李志明 |
| 张鹏飞 | 安家章 | 李克俭 | 游思源 | 武静宜 | 有令勋 | 邢　志 | 吴达声 |
| 王　淳 | 韩明光 | 肖文斌 | 郭志刚 | 肖庆善 | 纪淑荣 | 王嘉华 | |

（第二十六章《人物》,第 287 页）

# 《一○九团志》

农六师史志编纂委员会编,新疆电子出版社 2005 年

(1963 年)9 月,上海市应届初、高中毕业生 21(男 9、女 12)名分配来农场工作。

是月,江苏省劳动厅委派锡剧团来农场慰问江苏支边青壮年。 （《大事记》,第 9 页）

(1964 年)7 月,上海市慰问团来团慰问上海支边知识青年。 （《大事记》,第 10 页）

(1965年)9月,北京应届初中毕业生20名,天津市应届高中毕业生30名抵场安置工作。

(《大事记》,第11页)

(1974年)3月,"上海市革命干部上山下乡学习慰问团"来团慰问上海支边知识青年。

(《大事记》,第16页)

(1975年)8月,天津市慰问团来团慰问天津市支边知识青年。　(《大事记》,第16页)

(1976年)8月,武汉市慰问团来团慰问武汉市支边知识青年。　(《大事记》,第16页)

(1986年)8月,上海市慰问团来团慰问上海市支边知识青年。　(《大事记》,第21页)

1963—1964年,北塔山牧场调来170余人,上海支边青年21人。

1964年,迁入南京军区转业战士37人,武汉支边学生12人,师直单位130人。

1965年,迁入北京支边学生20人,天津支边高中学生30人。

(第三章《人口》,第47页)

# 《一一〇团志》

农六师史志编纂委员会编,新疆电子出版社2004年

(1955年)4月30日,新增80多名上海知识青年和其他人员,生产排扩大到3个分队:1个生产分队,1个畜牧分队,1个基建分队。

(《大事记》,第1页)

1955年7月,上海知识青年80余人分配到农场。　(第三章《人口》,第35页)

1961—1963年,上海、武汉支边青壮年50余人。　(第三章《人口》,第35页)

职工来源由起义部队就地转业和历年来陆续安置的复员转业军人,五六十年代参加边疆建设的支边青壮年和上山下乡知识青年,农场职工子女就地安置,历年整批在内地招聘来疆人员以及零星调入人员。

……

1961年武汉知识青年7人。

……

1963 年上海知识青年 42 人。

……

1969 年兵团机运处所属单位知识青年 42 人。

1975 年兵团农六师所属单位知识青年 86 人。

1977 年兵团农六师所属单位知识青年 63 人。

1978 年兵团农六师所属单位知识青年 5 人。　　　　(第十四章《劳动工资》,第 128 页)

# 《一一一团志》

新疆生产建设兵团农六师史志编纂委员会编,新疆人民出版社 2004 年

(1969 年)1 月,工一师中学等学校 94 名学生来牧场工作(接受贫下中农再教育)。

(《大事记》,第 8 页)

(1969 年)6 月,工一师艾丁湖农场(后改称 221 团)100 余名北京支边青年调入牧场。

(《大事记》,第 8 页)

(1973 年)11 月 22 日,团党委作出《在全体共青团员和青年中积极开展向周春山同志学习的决定》(周春山同志是 1965 年天津支边青年,被分配在农六师一〇三团当工人,1975 年 5 月为保护渠道劳累过度,不幸以身殉职)。　　　　(《大事记》,第 11 页)

同日(12 月 6 日),召开团首届上山下乡知识青年先进集体和积极分子代表大会,会上表彰 3 个知识青年先进集体、3 名优秀知识青年、56 名知识青年先进个人。

(《大事记》,第 14 页)

(1977 年)2 月 17 日,湖北黄冈支边知识青年梁向红值勤时,因枪走火被伤,经团医院抢救无效,于当晚死亡。

3 月 13 日,团党委批准共青团一一一团工委《追认梁向红同志为模范共青团员》的决定。

(《大事记》,第 15 页)

(1979 年)7 月 26 日,自治区建工局决定,在"文化大革命"中北京支边青年受错误处理的和强加在这些同志身上的不实之词,按照党的有关政策规定实事求是地予以落实纠正。自治区建筑工程局是原兵团建筑工程第一师,该师二二一团即原艾丁湖农场,有 100 余名北京青年于 1969 年 6 月调入一一一团,故给团发来此件。　　　　(《大事记》,第 16 页)

1969 年 1 月从乌鲁木齐分配来"再教育知识青年"94 人,其中大中专程度的 16 人。1969 年 8 月,接收由艾丁湖调入的北京支边青年 100 多人,……1976 年 8 月,接收来自五家渠农六师中学的"再教育知识青年"(简称知青)。9 月分配来湖北知青。1977 年 9—10 月接收来自乌鲁木齐市建安总工司的知识青年。两年中共接纳知青 300 多人。

(第三章《人口》,第 53 页)

1978—1982 年,乌鲁木齐、湖北、农六师、五家渠的知识青年陆续返城。

1994 年以后大部分北京支边青年落实政策陆续回归原籍。　(第三章《人口》,第 54 页)

1969 年,由工一师统一分配下乡知识青年 94 人,……从工一师艾丁湖农场调入北京支边青年 356 人。……(1976 年)农六师统一分配知识青年 253 人,9 月份安置湖北省知识青年 60 人。

(第十五章《劳动工资》,第 180 页)

1976 年和 1977 年,由湖北省送来 63 名下乡知识青年,除亡故 1 人和调往自治区境内 2 人外,几乎全部抽调回湖北省,在团扎根的只有史意香 1 人。

(第十五章《劳动工资》,第 183 页)

1971 年,为了加强战备,再次重组民兵连,主要以知识青年为主。

(第二十章《人民武装》,第 263 页)

六十年代至七十年代初,少数北京支边青年被选拔到学校任教,还有一批从乌鲁木齐师范学校毕业的和从石河子农学院毕业的大学生充实到教师队伍。

(第二十一章《教育》,第 276 页)

史意香,女,汉族。湖北钟祥市人,1958 年 4 月 12 日生。高中文化程度,1976 年 9 月从湖北支边来到一一一团工作。80 年代初"返城"的热潮兴起,与史意香同来的知青都纷纷回归,史意香却留了下来,1981 年与本团的青年熊仲山结为夫妻。1984 年开始在五连承包土地。第一年种地,埂子怎么打? 水怎么浇? 她是一点也不知道,但生性刚毅、聪颖的她,样样农活认真学,不久她便成了种田的行家里手,比老职工丝毫不逊色。一次给麦地浇水,正逢班里人手缺,史意香一个人连续浇地 43 个小时,把近百亩麦地浇得高处不漏,低处不淹,恰到好处。连里的老职工都竖起拇指赞不绝口。第二年,她俨然像一个军垦老兵,有条不紊地侍弄着自己的责任田。15 亩地棉花的放苗、补种工作,几乎是她一个人完成的。当棉花有疫情时,她连续苦战四天给棉花打药,两只胳膊肿得如碗口粗,双肩磨得红肿溃烂……这一年她收入两千多元,年底被评为团"三八"红旗手,并当选为团工会委员,连队工会副主席、女

2116

工主任、计生宣传员。

为了给工会创收经费,史意香便成了经费田的牵头人和主要劳动力。从耙地、播种、浇水、施肥到收割、打场入库,她从头到尾带头干。播种那天,连队派的三个工一个没到,为了不误春播,史意香拉着刚下夜班的丈夫一起拌种子、扛化肥、站机子,按时种下30亩小麦。过了几天又该修毛渠、浇水了。此时正值"解放"棉花的紧张时期,会员们都在忙着自家的责任田,只有史意香一个人在经费田里打埂子、修毛渠,后来两个小叔子来帮助又苦干了两晚上,修好几条埂子,4道毛渠。清晨,当清粼粼的渠水流进麦田时,史意香带着笑意靠着渠旁的大树睡着了……夏收结束,经费田单产712公斤,纯收入1 520元,加上其他收入,连队工会创收3 500元,史意香被评为优秀工会干部。在她任连队女工主任和计生宣传员期间,连队没出现一例超生,多次被团场评为计划生育先进连,女工之家先进单位。

从1985年到1998年这16年间,史意香先后12次被评为师工会积极分子、优秀女工工作者、计划生育先进工作者、团"三八"红旗手、先进个人、工会积极分子。1997年当选为昌吉州十一届人大代表。1998年加入中国共产党。 (第二十七章《人物 先进集体》,第335—336页)


# 《新湖总场志》

新湖总场史志编纂委员会编,新疆人民出版社2003年

(1965年)1月12日,江苏镇江、无锡等地120名高中、中专生支边来场。

(《大事记》,第8页)

3月27日,山东800名支边青年来场。 (《大事记》,第8页)

(1969年)3月26日,新疆大学、新疆财经学院等学校学生来场接受再教育。

(《大事记》,第11页)

(1970年)4月15日,总场"革委会核心领导小组"成立,李林任组长,乔玉明、袁培根任副组长。作出《关于安置上山下乡知识青年具体问题的规定》。 (《大事记》,第11—12页)

8月25—28日,总场召开下乡知识青年再教育工作会议。 (《大事记》,第12页)

(1971年)4月1日,乔玉明①在总场再教育安置工作会议上作题为《进一步落实中央

---

① 此人为革委会副主任。——编者注

[1970]26 文件,切实抓好再教育工作,为巩固无产阶级专政而奋斗》的动员报告。

(《大事记》,第 12 页)

(1973 年)11 月 30 日,总场党委作出《关于知识青年上山下乡若干问题决定》。

(《大事记》,第 13 页)

(1974 年)3 月 28 日,昌吉州党委批复:总场机关设置党委、革委会办公室、组织科、宣传科、群工科、保卫科、文教卫生科、知识青年上山下乡办公室、机务科、人民武装等机构,撤销总场机关四大组。

(《大事记》,第 13 页)

建场初期,条件差,基础弱,教育事业艰难发展,人口迅速增加,又多是外来农村民工,文盲或半文盲人数居多,初高中学生成了稀有人才,多用于各项业务岗位上。随着总场的发展,上级不断调配安排知识青年和专业技术人才,为总场扩大正规教育事业提供条件,并积极开办夜校,开展扫盲运动,加速了人口文化水平的提高。

(第六章《人口》,第 132 页)

当年(1965 年)新增加干部 311 人,其中……从知识青年中吸收 85 人。

(第十八章《中国共产党》,第 343 页)

1974 年总场机关撤销四大组,机关行政设置:文教卫生科、知识青年上山下乡办公室、农牧科、基建灌溉科、供销科、计划财务科、机务科。

(第十九章《行政》,第 359 页)

1970 年夏秋至 1971 年 1 月,各分场以民兵营为建制,每营 200 人参加新湖坪水库工地突击修筑库坝工作。民兵是主力(多数是上山下乡知识青年),总人数为 1 200 多人,用手推车拉土上坝,拖拉机碾压。

(第二十三章《武装》,第 427 页)

1963—1971 年,总场小学教师 50％是建场前玛纳斯县委派的公办教师,其他 50％教职工为本地人员和内地来疆支边青年(约占 30％)。其中除个别是师范专业学校毕业教师外,大部分教师学历水平较低。1971 年后,公办教师调回玛纳斯县,总场从本场知青中大量补充教师。

(第二十四章《教育》,第 446 页)

1973 年,三分场设立中医中药,自学成才下乡知青必青为中医,刘德夫为中药调剂。

(第二十六章《医疗卫生》,第 476 页)

六、七十年代,新湖总场广大支边青年在开荒生产中创作了很多反映屯垦戍边生活的"顺口溜"、"打油诗"。 （第二十七章《文化 体育》,第483页）

1977年9月6日,乌鲁木齐铁路局下乡知识青年辛建西,在新湖总场为抢救16名儿童生命,英勇拦截受惊马车,壮烈牺牲。1978年4月3日,总场党委授予辛建西为"雷锋式的好青年"光荣称号。 （第二十九章《民族 宗教 社会》,第504页）

1978年6月26日,新疆维吾尔自治区革命委员会为了表彰辛建西的先进事迹,批准辛建西为革命烈士。 （第三十章《人物 集体》,第507页）

# 《芳草湖农场志》

《芳草湖农场志》编纂委员会编,新疆人民出版社2003年

(1963年)12月,上海首批知识青年32人来总场参加社会主义建设。
（《大事记》,第10页）

(1974年)3月20日,总场决定在六场原自治区公安厅"五七"干校建立知识青年点,同年7月8日决定,六场青年点收归总场直接领导,改名青年分场。 （《大事记》,第15页）

(1975年)7月20日,总场迎接天津上山下乡领导小组知青办主任马瑞华为团长,共青团天津市委副书记杨长俊和天津市妇联副主任高德琴为副团长的107人慰问团,来农场慰问天津支边青年。 （《大事记》,第16页）

1959—1960年,呼图壁县共接收支边青年10 537人,其中芳草湖地区1959年秋接收湖北支边青年1 122人,安徽支边青年2 809人,江苏支边青年1 964人。1960年接收江苏南通支边青年936人,共计6 821人……

1963年接收乌鲁木齐市支农青年1 100人……接收上海支边青年41人。

1964年……接收天津支边青年学生487人;接收无锡支边青年学生595人。……

1966年,接收无锡支边青年学生121人。……1968—1969年,接收上级分配的北京、南京、乌鲁木齐市等地大中专毕业生接受"再教育"300余人。

1969年2月,接收乌鲁木齐市下乡接受"再教育"知识青年789人。

1972年,接收八一钢铁厂等单位下乡接受"再教育"知识青年2 136人。

1974 年,接收乌鲁木齐市知识青年 650 人。 （第四章《人口》,第 108—109 页）

1964 年,安置上海来场支边青年 41 人,天津来场支边青年 487 人,无锡来场支边青年 373 人。1965 年,安置山东来场支边青年 430 人。1966 年安置无锡来场支边青年 121 人。1969 年安置新疆乌鲁木齐市下乡知识青年 789 人。1972 年安置新疆乌鲁木齐市来场下乡知识青年 2 136 人。 （第十七章《劳动工资》,第 325 页）

**知青办** 1974 年设置,1979 年 6 月撤销。 （第二十章《行政》,第 414 页）

# 《奇台总场志》

农六师史志编纂委员会编,新疆电子出版社 2004 年

(1964 年)7 月 15 日,天津市支边知识青年来场。 （《大事记》,第 13 页）

(1969 年)1 月 1 日,奇台县人民武装部生产办公室分配给奇台总场的奇台镇高、初中毕业生(上山下乡知识青年)21 人来场。 （《大事记》,第 15 页）

是月(1975 年 7 月),天津市知识青年上山下乡领导小组副组长、知识青年上山下乡办公室主任马瑞华为团长,共青团天津市委书记杨长俊、天津市妇联副主任高德琴(女)为副团长率慰问团来奇台总场慰问天津支边知识青年。 （《大事记》,第 17 页）

建场初期,农场人口主要来源于析置人口、社会招工、自然增长及支边青壮年、转业军人、支边知识青年的迁入等,其后为自然增长、自动来场落户人员、上山下乡知识青年等。70 年代末至 80 年代,在地区经济差别和政策因素的影响下,农场人口有较大变动,其中支边知识青年、上山下乡知识青年几乎全部离场。 （第三章《人口》,第 89 页）

**支边知识青年** 1964 年 7 月 15 日,天津市支边知识青年 69 人来场。
1964 年 6 月 14 日支边来新疆,在自治区农垦大学培训一年半,1965 年 11 月 20 日由农垦厅分配来场的天津支边知识青年 8 人。 （第三章《人口》,第 90 页）

**上山下乡知识青年** 1967—1976 年乌鲁木齐市、昌吉市、奇台镇等地应届初、高中毕业生,由所在地"知识青年上山下乡办公室"分配或介绍来场的青年学生,累计 1 000 余人,先

后被分配到各生产队,接受贫下中农的再教育。"文化大革命"后,这部分人陆续返城,现在农场者无几。

(第三章《人口》,第 91 页)

## 天津市支边知识青年

| | | | | | | |
|---|---|---|---|---|---|---|
| 于学成 | 于春芳 | 马桂平 | 王少甫 | 王凤义 | 王凤兰 | 王正伏 |
| 王东庆 | 王有富 | 王志忠 | 王宝兰 | 王洪泰 | 王晓华 | 王家瑞 |
| 王淑玲 | 牛玉珍 | 尹牧林 | 付俊英 | 冯 洁 | 冯文敏 | 冯秀芝 |
| 冯秀琴 | 师俊山 | 曲文彬 | 朱志琴 | 刘金标 | 江竹君 | 孙玉圣 |
| 孙玉惠 | 孙津生 | 闫丽云 | 杨文秀 | 杨希铭 | 杨宝生 | 杨宝观 |
| 李希田 | 李俊仙 | 吴克俭 | 邱林安 | 邱惠娴 | 何连生 | 沈光宇 |
| 张克敏 | 张树华 | 张香君 | 张梦丽 | 陈士修 | 陈淑兰 | 陈朝新 |
| 邵玉泽 | 金玉山 | 金宝光 | 孟广安 | 赵立田 | 赵序新 | 赵振鹏 |
| 胡 强 | 施虹光 | 聂志孝 | 高振刚 | 郭如华 | 董长生 | 韩尚君 |
| 谢文洲 | 谢振英 | 蔡浩若 | 臧敬平 | 谭 天 | 翟桂平 | |

与上述人员同年支边来新疆,经自治区农垦厅培训一年半后,分配来场的天津支边知识青年 8 人

| | | | | | | |
|---|---|---|---|---|---|---|
| 王秀颖 | 齐志华 | 杨仲华 | 张增钦 | 徐全影 | 高文甲 | 蔡瑞雪 | 魏桂荣 |

(第四章《人物》,第 132 页)

1968 年 12 月 28 日,《人民日报》发表毛泽东主席"知识青年到农村去,接受贫下中农的再教育,很有必要。"的指示,各地相继成立"知识青年上山下乡办公室",城镇知识青年(主要为应届高、初中毕业生)上山下乡在全国形成热潮。

在知识青年上山下乡大潮中,本场应届高、初中毕业生毕业后大多回所在单位从事生产劳动,不存在上山下乡。而接纳安置上级分配来场的城镇知识青年,则是农场必须完成的一项重要政治任务。自 1969 年 1 月至 1970 年 8 月,奇台总场先后接纳安置乌鲁木齐市、昌吉市、奇台镇等地分配来场的知识青年 752 人。知识青年来场后,被分配到全场各生产队接受贫下中农的再教育,至 1976 年 10 月,农场共接纳安置上山下乡知识青年 1 000 余人。

1972—1978 年,有部分知识青年被招工返城。1978 年 12 月中共十一届三中全会召开,确定工作重点向经济建设转移,其后大批知识青年返城求职,至 80 年代中期,留在农场的只是极少数。

(第十八章《重大政事》,第 283 页)

# 《共青团农场志》

农六师史志编纂委员会编，新疆电子出版社 2005 年

(1968 年)12 月 18 日，上山下乡知识青年响应毛主席"知识青年到农村去接受贫下中农再教育"的号召，来农场接受贫下中农再教育。　　　　　　　　　　　　（《大事记》，第 9 页）

是年(1969 年)，上山下乡知识青年 200 余人来农场接受再教育。　　（《大事记》，第 9 页）

随着农场生产发展的需要，1959—1965 年先后接受安徽、湖北、江苏、上海、天津等省市支边青年及家属 1 051 人。　　　　　　　　　　　　（第十七章《劳动人事》，第 163 页）

1980 年由于刮回城风，上海支边青年大量回城以及老职工离退休人员逐年增多，因而职工人数下降。　　　　　　　　　　　　（第十七章《劳动人事》，第 163—164 页）

# 《二二二团志》

新疆生产建设兵团二二二团史志编纂委员会编，新疆人民出版社 2007 年

(1974 年)4 月 20 日，兵团建筑工程师知识青年"上山下乡"办公室分配五团 20 名知识青年"上山下乡"到团，他们是继工一师中学以后的第二批"上山下乡"知识青年。

（《大事记》，第 16 页）

(1978 年)10 月，团在乌鲁木齐市石油化工厂从事建筑施工的青年连 280 名知识青年，全部被该厂招工。团派到青年连的 7 名干部(非知识青年)回团工作。（《大事记》，第 20 页）

建场 40 多年来，除了自然增殖以外，人口的主要来源是工一师从乌鲁木齐市调入的职工、家属、子女。其次来源是转业军人、支边青年、"上山下乡"知识青年、国家分配的大中专毕业生、招工、职工从自治区内外找的配偶、自动支边人员、接纳民工、刑满人员留场就业等多种渠道。　　　　　　　　　　　　（第三章《人口与计划生育》，第 91 页）

1965 年 11 月 15 日，浙江省绍兴市的 14 名支边青年到场(阜北农场)工作，其中男 6人，女 8 人，全都是应届高中毕业生。　　　　　　　（第三章《人口与计划生育》，第 91 页）

1968 年 12 月 24 日，工一师中学 188 名"上山下乡"知识青年集体到场报到。

阜北农场职工来源统计表(1969 年 1 月 29 日统计)　　　　　　单位:人

| | |
|---|---|
| 转业军人家属及其他人员 | 545 |
| 留用的旧人员 | 7 |
| 刑满就业人员 | 3 |
| 自动支边人员 | 1 885 |
| 兵团内部职工子弟 | 160 |
| 支边青壮年 | 902 |
| 历年招收和分配来的学生 | 257 |
| 中央和各省地方调来的 | 48 |
| 一九五七年以来接收的转业官兵 | 205 |
| 新疆和酒泉起义的士兵 | 221 |
| 新疆和酒泉起义的准尉以上军官 | 45 |
| 一九四九年五月以后参军的 | 122 |
| …… | |
| 一九四九年冬随一兵团进疆的 | 51 |

(第三章《人口与计划生育》,第 92 页)

1968 年 12 月以来,年龄 16—24 岁的大批未婚知识青年"上山下乡",改变了职工队伍和总人口的年龄结构。……20 世纪 70 年代后期,大批"上山下乡"知识青年回城,大量场老职工的子女被招工进城,或考上大中专院校,青壮年人口调出频繁,但调入的很少。

(第三章《人口与计划生育》,第 96 页)

1968 年 12 月,兵团工一师中学的知识青年到场接受贫下中农再教育,月工资定为 25.07 元。　　　　　　　　　　　(第三章《人口与计划生育》,第 108 页)

1975 年以后,乌鲁木齐市的大批知识青年"上山下乡"到团,逢年过节,兵团建筑工程师驻乌鲁木齐市的各团、厂派大卡车到团接知识青年回家。1979 年以后,乌鲁木齐市"上山下乡"的知识青年大部分回城,兵团建筑工程师各单位逢年过节不再派汽车接人。

(第三章《人口与计划生育》,第 113 页)

1968年12月24日,乌鲁木齐市兵团工一师中学初中66届、67届、68届毕业生,高中66届、68届毕业生,师范68届毕业生(统称为老三届毕业生),共188人响应毛泽东主席"上山下乡"的号召,集体到场报到,接受贫下中农的再教育,这是场首批"上山下乡"知识青年。1969年1月8日,这批"上山下乡"知识青年到场,分别分配到农一队、农四队、农六队、农七队、农八队、农九队、园林二队、种子站等连队工作,名义上是接受贫下中农的再教育,实际上是作为新职工对待。

1974年4月20日,兵团建筑工程师分配五团20名知识青年"上山下乡"到团。

1974年5月27日,兵团建筑工程师机械厂73名知识青年"上山下乡"到团。

在这一年"上山下乡"到团的还有建筑工程师耐火厂14人、供应站2人、师学习班1人。

1975年10月30日,自治区建筑安装总公司工一团130名知识青年"上山下乡"到团。

1975年11月4日,自治区建筑安装总公司工二团126名知识青年"上山下乡"到团。

1975年11月,自治区建筑安装总公司工五团69名知识青年"上山下乡"到团。

1976年下半年,自治区建筑安装总公司482名知识青年"上山下乡"到团,其中公司直属单位59人,工一团143人,工二团189人,工五团91人。

1977年下半年,自治区建筑安装总公司258名知识青年"上山下乡"到团,其中自治区建筑安装总公司工二团224人,自治区建筑安装总公司子女学校34人。

1978年以后,再没有成批的城市知识青年"上山下乡"到团里。

(第十五章《劳动保障》,第376—377页)


从1977年起,自治区建筑安装总公司的1 000多名"上山下乡"知识青年陆续被招工,返回乌鲁木齐市,并按照3∶1的比例,带走300多名非"上山下乡"知识青年的团老职工子女到乌鲁木齐市工作。 (第十五章《劳动保障》,第378页)


1969年1月,场按照上级的规定,对工一师中学前来接受贫下中农再教育的"上山下乡"知识青年,不论高中毕业生还是初中毕业生,一律将标准工资定为21.80元,加生活补贴15%,月工资25.07元,属于场的最低工资。 (第十五章《劳动保障》,第383页)


据1974年3月统计,全团有职工4 951人,其中知识青年309人。

(第十五章《劳动保障》,第386页)


1968年12月,毛泽东发出号召:"知识青年到农村去,接受贫下中农的再教育,很有必要。"在乌鲁木齐市的兵团工一师中学的学生踊跃报名"上山下乡",在校原初一到高三的所有学生全部离校,分别分配到工一师所属的阜北农场、艾丁湖农场、呼图壁牧场、工四团农牧场。1968年12月24日,工一师中学188名初中、高中、中等师范毕业生,作为全国首批"上山下乡"知识青年,集体到场报到。知识青年中,男生92人,女生96人,高六六班15名,高六八班18名,师六八班15名,初六六(1)班、初六六(2)班、初六六(3)班等3个班共32名,初六七(1)班、初六七(2)班、初六七(3)班等3个班共46名,初六八(1)班、初六八(2)班、初六八(3)班等3个班共62名。1969年1月8日,兵团工一师中学的188名知识青年"上山下乡"到场,被分配到6个农业连队接受贫下中农的再教育。其中农一队18人,农四队41人,农七队46人,农八队55人,农九队8人,园林二队20人。

在全国知识青年"上山下乡"的大潮中,接纳安置上级分配的乌鲁木齐市"上山下乡"知识青年是团的主要任务之一。从1974年4月20日起,至1977年下半年,团克服各种困难,先后安置了兵团建筑工程师五团、兵团建筑工程师机械厂、自治区建筑安装总公司工一团、自治区建筑安装总公司工二团、自治区建筑安装总公司直属单位1 175名成批的"上山下乡"知识青年到团(零星分配的"上山下乡"知识青年没有统计在内),分配在各农业连队接受贫下中农的再教育。其中自治区建筑安装总公司工二团"上山下乡"知识青年共539人,居第一位。

中共十一届三中全会召开后,国家的重点工作向经济建设转移,知识青年不再"上山下乡"。上级将1974年以后"上山下乡"到团的知识青年,除了极个别已经成家的以外,全部抽调回乌鲁木齐市工作。而工一师中学"上山下乡"的知识青年则不包括在抽调回乌鲁木齐市的范围内。工一师中学"上山下乡"的知识青年通过各种途径,有大部分人调出团。2002年,只有41人在团。

(第十七章《行政工作》,第496页)


1975年9月1日,团在团子校替兵团建工师代办了一个中等师范班,从"上山下乡"的初中毕业生中招收学生40名。

(第二十二章《教育》,第593页)


1980年8月,团举办数学教师培训班,招收12名知识青年进行为期一年的培训,于1981年8月分配到连队学校当数学教师。

(第二十二章《教育》,第602页)


1971年9月,团从"上山下乡"知识青年和职工子女中选调20多人,举办第一期护士训练班。

(第二十三章《医疗卫生》,第615页)


20世纪60年代末至70年代,由于大批"上山下乡"知识青年的到来,文艺人才众多,加上大力开展学习"小靳庄"活动,基层文化娱乐活动逐渐恢复和活跃起来,各连队都成立了业余文艺宣传队,取代以前的毛泽东思想宣传队,创作和表演文艺节目,表演水平提高,创作题材更加广泛。

(第二十四章《文化 体育》,第649页)

1978年以后,大批"上山下乡"知识青年回城,连队的文艺人才缺少,基层业余文娱活动减少,连队业余宣传队互相之间的巡回演出基本停止。

(第二十四章《文化　体育》,第 649 页)

"文化大革命"初期,篮球赛停止。1971 年 9 月,团成立了业余篮球队,队员主要是兵团工一师中学"上山下乡"的知识青年,全部安排在民兵连工作,平时参加劳动,业余时间进行练习,需要时临时集训。

(第二十四章《文化　体育》,第 661 页)

马龙生(1949.6—1978.6),男,汉族,1949 年 6 月年出生,浙江人。1962 年从浙江原籍到新疆乌鲁木齐市投奔在兵团工一师当副师长的伯父马平林。1962 年 9 月在乌鲁木齐市工一师师直子女学校上初一,1963 年 9 月在兵团工一师中学上学。1968 年 12 月高中毕业后,到阜北农场接受贫下中农的再教育。

1967 年冬天,马龙生和工一师中学的红卫兵毛泽东思想宣传队一起来阜北农场农二队宣传毛泽东思想,被这里广阔的土地、淳朴的民风所吸引,下决心要到这里来工作。1968 年 12 月,毛泽东发出了知识青年"上山下乡"的号召,马龙生带头写申请书,要求到阜北农场接受再教育。组织上批准了马龙生的要求,于 1968 年 12 月 24 日将他和 187 名高中、师范、初中的同学分配到阜北农场。他被分配到农一队,在一班浇水,总是抢重活干。1969 年 4 月,连队领导将他分配到牛群放牛,后来又分配到羊群放羊。由于马龙生各项工作十分突出,1972 年加入共青团,先后立三等功 3 次。在 1974 年 2 月召开的团 1973 年度农业学大寨经验交流会上,会务组以《在广阔天地里锻炼成长》为题,印发了马龙生的先进材料。1973 年 7 月,马龙生的伯父离休回浙江老家,马龙生也跟着回去探亲,当人们都纷纷议论他可能不会再回场工作时,他却又回到了农场。

1974 年 3 月,马龙生担任一连管理员。1975 年调水管所工作。1978 年 6 月 24 日下午,马龙生单独外出到冰湖水库执行看护水库和护渔任务,不幸在水库遇难,年仅 29 岁。

(第二十五章《人物》,第 668 页)

## 第八节　乌鲁木齐市工一师中学
## "上山下乡"知识青年名录

1968 年 12 月 24 日集体到场报到,共 188 人,其中男生 92 人,女生 96 人,高中 33 人,师范 15 人,初中 1966 级 32 人,初中 1967 级 46 人,初中 1968 级 62 人。

农 一 队

董长青　朱新昆　马汉斌　曹文杰　马龙生　张　纯　周景华　赵　平　谭迪生　周南星

李桂梅　季国庆　孙从虎　孙建江　谢　玲　崔东明　权新民　宋　杰

## 农　四　队

杜秋云　赫丽青　陈安全　曹国栋　曲光臣　关保康　冯桂亭　张曼丽　张改成　冷春香
苟小平　施文善　苑玉华　肖顺秀　雒建华　王建新　陈　军　边建敏　侯玉清　张　莲
赵玉梅　徐晓风　方惠琴　杨海香　李方清　曹兰珍　霍志兰　任玉芬　刘国安　林向东
魏绪文　范进亨　张建华　唐云英　薛根莲　冯建新　赵正亮　王桂荣　马桂华　董来先
艾则林

## 农　七　队

刘玉香　樊印书　许爱群　文　章　王　英　马爱国　王华林　李国法　宋雪丽　潘香荣
倪秀华　杨　前　张希荣　曾迪生　高新文　姒雪琴　桑玉霞　赵森林　贾国林　张万银
范现名　唐新生　张全国　苟小元　马　恒　范润江　吴子元　康　坚　黄玉玲　董凤莲
郑志纯　郭小红　高　铁　杨秀华　赵新萍　李香莲　刘斌茹　常　青　陈天亮　陈国华
马巨良　谭丽华　柏玉兰　方惠玲　王翠荣　吴常兰

## 农　八　队

郭刚正　谢　青　王向东　陈玉荣　罗金华　韩兴邦　蒋云仙　易　甫　苟小秀　高桂莲
汪乾涪　安培丽　郭振华　陈长荣　寇秀芳　杨秀英　刘春燕　刘　华　宫仙芝　张秀娥
王茂林　王　江　谪福才　赵　辉　邵桂英　归　华　贾珍霞　薛进勇　刘玉林　李秀月
赵振海　唐亚梅　刘玲玲　郝风车　金龙信　曹小玉　张梅玲　孙　宁　阮凤英　刘　魁
张振海　尚言歌　曾停玉　唐　华　杨　进　凌长明　李富勤　张有智　林郁文　何亚东
陆　祥　吕东明　曹桂燕　李里平　刘里平

## 农　九　队

陈敏政　尚存才　张平汉　姚作莲　陈祖根　申宝亮　朱齐昆　刘万才

## 园　林　二　队

王纪泉　薛生辰　魏水清　杜彩云　刘　霞　蔡淑贤　杨秀芳　许书菊　陈春英　芦元亭
常萍丽　李国斌　李　娜　李月娥　肖翠英　李　军　冯迪宾　沈　亮　赵胜英　孙付来

# 第九节　乌鲁木齐市1974年"上山下乡"知识青年名录

## 一、兵团建筑工程师五团

万海玉　李会春　孙玉兰　王树森　韩　强　罗建军　杨发成　崔存姐　王新平　夏文高
田世荣　周校兰　高春玲　柯建政　陈秀勤　罗成林　谷香先　高新元　李爱娟　曹德义

1974年4月20日分配,其中男14人,女6人,共20人,全部分配到七连。

## 二、兵团建筑工程师机械厂

杨剑萍　罗　平　朱瑛瑛　于凤新　周爱玲　胡建利　袁　莉　梁凤仙　肖孟英　朱维平

杨景波　刘平飞　张德川　马英武　刘　羽　陈　杰　李延恒　朱亚敏　张　云　刘淑琴

　　分配到四连，共 20 人，其中男 9 人，女 11 人。

史　勇　何　毅　杨　林　罗悦斐　黄怀玉　杜国芳　张　旭　王华一　陈天祥　吴贻疆
曹晓英　申秀琴　柳　慧　刘志辉　孙永霞　田　萍　骆义龙　陈巧红　刘新萍　丁镜明
杨新彦　李基林

分配到八连，共 22 人，其中男 11 人，女 11 人。

邓小玲　陈　惠　冯新蓉　张新萍　黄建华　彭亚莉　董玉梅　高　平　李银菊　李新生
付　峰　鲁北京　刘　安　党　政　李新林　高新荣　彭莉英　苗翠萍　任秋生　邢越岭
任天祥

　　分配到一连，共 21 人，其中男 10 人，女 11 人。

张新荣　吴春香　任翠英　丁友新　邓建华　许永士　魏存良　刘节军　李小娟　唐建民

　　分配到三连，共 10 人，其中男 5 人，女 5 人。

　　合计 73 人，其中男 35 人，女 38 人。

### 三、兵团建筑工程师耐火材料厂

蔡世雄　林春燕　杨一新　陈银枝　陈玉亭　尹献英　单士刚　吴新芳　胥　鸣　郑兰英
余少琴　冯建军　汤相贤　许洪珍

　　分配到六连，共 14 人，其中男 6 人，女 8 人。

### 四、兵团建筑工程师其他单位

供应站知识青年：杨建华、冯华清，分配到六连。

师学习班知识青年：金罗彬，分配到六连。

## 第十节　乌鲁木齐市 1975 年"上山下乡"知识青年名录

### 一、自治区建筑安装总公司工一团

1975 年 10 月 30 日分配，其中男 65 人，女 65 人，合计：130 人。

张新鲜　沈亚利　王建江　王新蓉　王　兵　朱豫新　师兰霞　史玉静　刘玉华　季新华
牟　平　吴　勇　刘根泰　师春叶　任建清　王　玉　蔡元杰　何建国　张　剑　王延华
杨春世　唐娣华　李振俭　高佩芳　韩　波　任淑梅　王明珠　景花娟　张德刚　张永萍
张绍江　吴惠卿　陈维丽　李凤江　芷志国　曹向东　谢逸平　刘代军　周继详　李巧荣
蒋建国　叶惠明　王精喜　周玉新　邢金华　李惠卿　牛桂英　柴明秋　刘玉华　任耀丽
张小菊　徐三秋　徐建伟　庞克玉　胡丽群　马爱英　于树虎　于树珑　许长军　丁爱香
赵先勇　吴　虹　吴　彤　石培菊　陈建平　许少林　陈卫平　常淑华　周新华　石　英
杨　军　曹新义　罗新军　李长江　张兰芳　秦建军　姚昌金　杨玉琴　刘国文　彭定江
赵平刚　王　英　钱志华　刘春香　马昌文　代希亮　杨素华　周建英　严开元　郭　伟

周　刚　李冬生　陈　洋　王　兵　李建民　黄桂珍　刘梅玲　关新辉　孙莹娟　杨志刚
卢春芳　樊建国　何新江　段正江　滕立民　薛新义　刘建国　孟新华　尤冈科　于振洪
赵桂芬　田保运　朱亿祥　李永春　于光碧　鲁国芳　熊新荣　陈光兰　祁　东　翟利民
张惠芹　刘喜荣　李富荣　马新平　刘玉华　黄朝玲　林　英　林仁森　肖小毛　张兰英

## 二、自治区建筑安装总公司工二团

1975 年 11 月 4 日分配,其中男 57 人,女 69 人,合计:126 人。

王　勇　尹东新　吴惠云　李　茂　陈丽玉　马丽娜　冷建民　陈友玲　田　春　丁新光
郑红荣　王玉兰　张建强　黄建民　王建华　马来华　曹金锋　李常明　潘连江　周新建
向裕成　马建国

共 22 人,其中男 15 人(初中),女 7 人(初中),分配到农三队。

杜焕利　张　林　蔡利达　王文杰　王新国　张建生　舒　毅　强建成　邹金龙　刘红英
朱更新　吕新惠　杜新梅　王桂萍　丁翠章　张淑珍　李维娜　牛新江　钱新华　湛　勇
马素贞　苏俊英　强秀蓉　湛　英　肖爱琴　张凤英　秦继勇　李秀芳　马新福　王祝亭
邵　康　杨新才　李忠义　乔宝成　夏美玲　张金福　陶　平　张新亚　王立新　谢兆山
白梅英　王早芬　阚文奇　郭国平　王新丽　王明全　方爱玲　袁曼丽　张　超

共 49 人,其中男 27 人(高中 3 人,初中 21 人,小学 3 人),女 22 人(高中 7 人,初中 15 人),分配到农五队。

陈淑琴　周咏梅　付新梅　赵　瑛　丁新亚　陈金华　罗　远　白惠明　白　鸿　杨　军
韩建民　范　林　杜月梅　高玉华　徐秀珍

共 15 人,其中男 5 人(高中),女 10 人(高中 8 人,初中 1 人,小学 1 人),分配到农六队。

武林英　刘玉琴　宋小玲　张振华　李喜梅　郭　健　张　玲　李积辉　李秀琴　蒲建江
黄朝智　谭永红　周金宝　胡秀琴　王艳琴　芦　平　李兰兰　漆新惠　刘　苹　黄玉琴
白丽莎　刘　红　张悦梅

共 23 人,其中男 6 人(初中),女 17 人(初中),分配到农八队。

赵胜天　李勇刚　冯忠虎　周　艳　万里新　许新春　窦江英　张　沁　熊正秀　常新民
段新萍　陈新民　牟新华　黄素华　何继民　陈通佩

共 16 人,其中男 4 人(高中 3 人,初中 1 人),女 12 人(高中 8 人,初中 2 人,小学 2 人),分配到种子站。

孙孝智　女,初中,分配到水管所。

## 三、自治区建筑安装总公司工五团

共 69 人,其中男 42 人,女 27 人。

贾立国　郭建新　王毅安　阎亚林　杨建德　张爱军　陈建国　魏永茂　朱和平　张堆宝
杨自富　王新莲　陈秀英　王　琨　马兰芳　刘晓龙　袁秀丽　冯建莉　朱建英

共19人,其中男11人(高中3人,初中8人),女8人(初中8人),分配到农四队。

郭　际　吴建忠　王　杰　周　权　李小平　谭清黎　吴建华　刘　波　刘　兵　范　芒
邓海鸽　党延东　刘继生　阎志义　钱存锦　孙艳玲　陈永卫　洪孟江　李民生　孔德彪
李志辉　徐星勤　刘爱民　冯景仙　杨忠绿　李瑞梅　尹新华　宋玉章　郭玉金　张改珍

共30人,其中男20人(高中7人,初中13人),女10人(初中10人),分配到农七队。

孙永顺　邰金邦　皮建新　杨忠田　王振海　王　军　郑文斌　张瑞华　张树全　郑西臣
刘金香　浩建林　彭继忠　许银霞　陈建民　卢改珍　刘桂珍　冀京荣　冯建群　王新英

共20人,其中男11人(高中3人,初中8人),女9人(初中9人),分配到农八队。

# 第十一节　乌鲁木齐市1976年"上山下乡"知识青年名录

## 一、自治区建筑安装总公司直属单位

共59人,其中男28人,女31人,全部分配到农二队。

陈俊荣　于新风　杨柳翠　何翠凤　方晓兰　孟景凤　李宗惠　徐丽平　朱丽平　王志诚
周治平　张学利　熊英功　王　兵　陈　驰　殷建梅　白　莺　郭元秀　胡翠花　赵晓艳
吴降仙　吴翠兰　陈惠玲　呼振平　邱立平　刘闽江　王　沁　张继志　陈永胜　梁二明
王幼工　刘新宁　邸新宁　王　林　何　理　杨　平　王　娟　潘秀英　刘新菊　潘秀平
赵凤英　王亚青　程雪芳　罗章新　许建玲　王　庆　彭　励　陈　丽　徐　平　代卫平
陈志良　马建平　舒金榜　杨新民　李文斌　刘效记　马永革　李新成　王祖荣

## 二、自治区建筑安装总公司工一团

共143人,其中男77人,女66人。

耶新荣　李伟新　余宏宾　孙立生　孙建国　孙文英　万战萍　唐其华　唐金华　路淑明
安建国　于书才　秦大琼　任根虎　蒲小平　胡增辉　王　疆　高　峰　许志娥　李秀华
贾春华　王喜荣　车昌孝　彭小英　黄照国　朱彩玲　杨建华　李爱枝　张　明　刘新平
牛建新　胡建江　张献青　陈德胜　谢菊荣　翟新华　蒋建民　毛为青

共38人,其中男21人,女17人,分配到农一队。

辛晓英　齐现明　徐　惠　毛玲芳　毛江荣　程燕玲　晏果辉　蒋素兰　廖联玉　张爱珍
周章英　孟国军　韩　信　陶　英　宋立宏　苏春梅　李春燕　黄建华　杨新沾　何建新
张建新　张　玉　侯丽萍　施　钢　孙青良　刘建军　李建华　雷高安　王新书　张爱芬

共30人,其中男16人,女14人,分配到园林一队。

陈　岭　杨发祥　石卫玲　陈玉莲　刘　华　宋　艳　仇小年　王建江　李怀玉　黄琼芳
任建平　孙金生　李　刚　马建玲　张义祥　李伟琴　梁　鸣　张爱英　马建江　张　敬
王海明　何建平　孙　萍　杨红蓓　张新华　李　萍　刘　萍　王　强　陈学林　冯　伟
刘爱香　岳建民　仝秀娟　仝晓刚　张宝平　吴建华　陈　强　徐玉杰　张新维　黄炎珍
郑彩福　吴元龙　李玉荣

共 43 人,其中男 22 人,女 21 人,分配到园林二队。

王淑贤　王新生　付秋月　张　丁　万道生　杨静明　胡连福　李国方　谢序新　程宗梅
荆俊芝　范建军　苏庆梅　杨　林　蒲昌平　王建贵　王伟新　孙丽华　王志刚　程秀莲
章玉浦　黄翠香　雷运琼　冯军新　王建国　陈小珍　燕　云　杨梅花　潘志鸣　程丽丽
张姝娣　燕　洁

共 32 人,其中男 18 人,女 14 人,分配到农六队。

### 三、自治区建筑安装总公司工二团

共 189 人,其中男 99 人,女 90 人。

王新江　刘　军　张　建　俞志新　李尚民　胡建民　罗　平　王新卫　刘　新　王　钢
张　云　周军民　王建江　黄全心　魏周礼　周新福　刘新忠　白建民　钱　军　田新国
陈明生　杨爱民　刁建成　黄建江　赵俊才　饶汉林　赫福生　郭新民　张保安　宫立新
孟　鲁　毛汉珍　熊正新　袁慧荣　张世芳　孙　慧　谢多花　营利兰　李新华　李凤忮
江珍珍　何国平　林　彩　张玉林　吴小红　陈新华　晁兰花　王小兰　魏爱英　史小兰
樊有花　乔生兰　师玉彦　王玉芳　祁新义　李学钢　冷先明　胡新民　刘平安　王新义
李汉忠　李贵新　石军友　胡新云　桑翠英　赵翠苹　杨新兰　李建芳　李　杉　赵军先
马珍风　徐建华　何生艳　雷　群　胡延风　安国红　王新梅　王金秀　万里明　邓新华

共 80 人,其中男 39 人(高中 18 人,初中 21 人),女 41 人(高中 22 人,初中 19 人),分配到农四队。

韩永录　何建平　魏文华　马福兰　熊正华　袁敏荣　周训英　黄金梅　刘　梅　杨香花
王玫珍　罗强元　杨金荣　虎占发　李跃雄　张悦亮　王增华　杨跃新　刘新民　杨建军
董亚伟　任新民　吴仁祥　贾建新　吴　蔚　冷建忠　李长林　常克军　李晓目　李　英
李美玲　李丽华　何桂芳　吴疆筑　韩金贵　常新平　李建林　邹玉风　欧树花　张玉珠
张新丽　王新菊　冯文周　白卫唤　李顺才　杨保卫　安庆海　张德新　刘建民　朱成勇
李　伟　王清军　李述久　王卫东　晏素明

共 55 人,其中男 32 人(高中 13 人,初中 19 人),女 23 人(高中 10 人,初中 13 人),分配到农七队。

朱山东　张世俊　独海生　李来新　游树正　林　建　李建跃　张爱联　杜林香　王德润
郭荣欣　马少普　赵永建　赵桂香　马新兰　刘英奎　亢玉江　王利群　孙维平　丁　丽
董月芳　孟玉香　祁长梅　郑新红　张新玲　董新梅　王新艾　祁云霞　刘　平　苏莲英
牛桂苹　王利亚　赵桂兰　俞　花　李玉荣　郭春霞　潘美华　王国珍　冯新华　辛　勇
项　群　汪少甫　周军平　虞瑞林　王肃东　常举清　李国华　郭新生　吴　战　邱　风
火　龙　李建学　陈建新　黄晓华

共 54 人,其中男 28 人(高中 12 人,初中 16 人),女 26 人(高中 13 人,初中 13 人),分配到农八队。

## 四、自治区建筑安装总公司工五团

共91人，其中男55人(高中21人，初中34人)，女36人(高中23人，初中13人)。

陈茂玲　高　丽　黄利平　王子云　侯玉飞　汪秋华　吴仁祥　王新义　马永虎　刘传增
罗南福　肖建新　文忠江　张津生　林忠文　王相荣　孙正国　尹　萍　王文旗　周金莲
王艳林　王树林　范洪俊　邹国庆　陈志荣　刘志敬　苏英华　姚桂英　王振平　杨建秀
赵向东　屈兰琴　王　力　吕　新　李　莉　孙　军　魏　斌　季永新　何琼明　李思干
李国胜　张　波　曲建华　王　宁　张思佳　侯付岗　张风春　邓海燕　陈慧玲　王淑琴
李彬彬　王爱民　耿秀芳　李淑华　吕文平　胡　克　李　力　宁金花　韩奎生　赵维津
睦正周　张　芝　刘孟淑　胡喜梅　陈明忠　张　红　安　丽　颜　军　张津新　惠新孝
段　炼　张翠红　陈淑梅　沈小华　李志军　郭亚梅　夏俊风　高江元　刘　军　陈向荣
张建国　张　鹏　何　英　杜　毅　杨　明　李富强　马　键　陈新珍　马支良　范光辉
阎志强

# 第十二节　乌鲁木齐市1977年"上山下乡"知识青年名录
## 一、自治区建筑安装总公司工二团

共224人，其中男118人，女106人。

陈世杰　宋建华　冯东生　李爱玲　陈新节　赵茂青　祝忠河　王跃平　姚　宏　李新珍
蒋利萍　员　燕　杨爱国　惠小平　孙　玲　姚金花　李　霞　唐洪斌　李　刚　张培荣
贾贵元　王建新　林　平　吕菊花　宋　英　陈香梅　潘金花　郭　平　高　平　马新龙
郑　辉　朱兴武　王风琴　程浙永　杨玉春　王风亭　王风仙　尹小建　李金风　范新民
芦朴红　徐梅花　姚金生　杨秀琴　孙玉山　高卫平　肖丽亚　张建新　杨新荣

共49人，其中男27人(高中10人，初中17人)，女22人(高中6人，初中16人)，分配到农二队。

王建林　郭　斌　朱君惠　王东英　杜守生　李贵江　马有素　范　琪　何生跃　魏荣华
司　敏　辛　丽　王和萍　刘玉萍　雷秀珍　张巧玲　柯有平　张立新　吴树林　王永红
晁建新　朱爱民　黄惠丰　刘月玲　王金平　王永平　洪晓霞　杨丽萍　武秋萍　王风英
许　兰　李新民　王丽芝　孙小平　马新华　于朝东　刘建国　戴文琴　郭新兰　曹建新
张幸福　陈　驰　曹长新　杨建伟　韩金兰　黄显库　张新广　陈吉平　闫建国

共49人，其中男27人(高中7人，初中20人)，女22人(高中7人，初中15人)，分配到农三队。

杜建国　王仲江　黄　智　薛志云　杜玉莲　常新梅　王红英　郭留英　王金华　沈玉平
熊文芳　严新雄　曹新民　门光勇　马玉珍　潘风富　何健康　柏六一　李秀兰　王新云
张林林　沈立军　刘桂梅　芦惠萍　吴　江

共25人，其中男12人(高中3人，初中9人)，女13人(高中5人，初中8人)，分配到农三队。

| | | | | | | | | | |
|---|---|---|---|---|---|---|---|---|---|
| 李德河 | 杨世界 | 荣红兰 | 吴桂花 | 吴 莉 | 蔺 纲 | 苏生贵 | 张坤琼 | 孙玉俊 | 陈富强 |
| 马国忠 | 姜黎明 | 桑小玉 | 李家新 | 曹新江 | 魏新全 | 王辉琴 | 师爱梅 | 杨玉英 | 杨连英 |
| 祝新华 | 席建华 | 沙金生 | 肖 荣 | 李战军 | 赵金兰 | 王建华 | 王 翠 | 饶美清 | 王新法 |
| 赵春祥 | 何新华 | 梁淑华 | 董凤玉 | 牛翠琴 | 曹友琴 | 杨革命 | 马福生 | 侯智利 | 张书琴 |
| 林作斌 | 张河新 | 马新华 | 周峰旭 | 郑会明 | 陈秀斌 | 马福学 | 唐金才 | 陈小平 | 何生荣 |
| 李翠爱 | 屠卫明 | | | | | | | | |

共 52 人,其中男 27 人(高中 3 人,初中 24 人),女 25 人(高中 6 人,初中 19 人),分配到农五队。

| | | | | | | | | | |
|---|---|---|---|---|---|---|---|---|---|
| 慕建中 | 任春燕 | 刘 丽 | 张 丽 | 刘永霞 | 独新生 | 黄新平 | 张新才 | 王新华 | 王 娟 |
| 申文班 | 王喜存 | 刘香春 | 黄国生 | 徐 芳 | 陈卫萍 | 容 明 | 王建国 | 田 林 | |

共 19 人,其中男 9 人(高中 3 人,初中 6 人),女 10 人(高中 5 人,初中 4 人,小学 1 人),分配到农六队。

| | | | | | | | | | |
|---|---|---|---|---|---|---|---|---|---|
| 李维生 | 万成钢 | 贾 生 | 黄培林 | 陈玉华 | 韩丽娜 | 郑建荣 | 杜本理 | 高 江 | 黄义金 |
| 王建平 | 党瑞梅 | 王建林 | 袁建斌 | 蒋秋光 | 舒 祥 | 李国莲 | 杨介琼 | 董凤菊 | 刘伯生 |
| 李金凤 | 张建池 | 朱庆于 | 罗金玉 | 陈建英 | 丁居新 | | | | |

共 26 人,其中男 16 人(高中 6 人,初中 10 人),女 10 人(高中 4 人,初中 6 人),分配到农七队。

赛丽汗　吐　逊　吐衣沙　努苏亚特

共 4 人,女,维吾尔族,初中 2 人,小学 2 人,分配到奶牛场。

## 二、自治区建筑安装总公司子女学校

共 34 人,其中男 15 人(高中 13 人,初中 2 人),女 19 人(高中 17 人,初中 2 人),分配到农五队。

| | | | | | | | | | |
|---|---|---|---|---|---|---|---|---|---|
| 赵 帆 | 魏 勇 | 袁玉萍 | 王战江 | 朱 林 | 秦 燕 | 梁晓霞 | 王玉香 | 李凤珍 | 杨素华 |
| 于红梅 | 王小兵 | 朱恩贵 | 李淑芳 | 张建欣 | 李 英 | 蒙 江 | 惠维洁 | 邵大军 | 白 克 |
| 耿江萍 | 苏 文 | 王 坚 | 王 伟 | 周 洁 | 谢 芳 | 朱巧玲 | 张 丽 | 郭元新 | 李 炯 |
| 李 斌 | 董永模 | 郭 健 | 何 乐 | | | | | | |

(第二十五章《人物》,第 709—716 页)

# 《农七师志》

农七师史志编纂委员会编,人民出版社 1995 年

1961 年上海知识青年 200 余人到奎屯兵团第七农校,毕业分配农七师 50 余人;同年又从石河子师专分配上海知青 15 人到师。

上海知识青年 370 人，1963 年由兵团分配到师。

上海知识青年 1 937 人，分四批于 1964 年 5 月 26 日至 7 月 6 日先后到师。其中一个中队全部分配到农业银行。

上海知识青年 268 人、天津知识青年 203 人、武汉知识青年 1 242 人，1965 年由兵团分配来师。

上海知识青年 1 436 人应招于 1966 年 7 至 8 月分批到师。

（第四编第一章《人口规模》，第 143 页）

从五十年代到六十年代中期，全国许多省市有志青年积极响应党的号召，到边疆参加生产建设。主要有来自山东、河南、湖北、江苏农村和上海、天津、武汉三大城市，共计 19 000 人。其中大批的有 1954 年山东支边妇女 719 人，1956 年河南支边青壮年 15 146 人，1962 年、1964 年、1966 年上海支边青年约 3 000 人，1962 年 7 月由上海富华针织厂迁厂来农七师人员 80 多人。1963 年由北京大兴县试验棉纺厂迁厂来农七师有 50 多人。

（第六编第十二章《劳动工资》，第 486—487 页）

1964 年，1 596 名上海支边知识青年到达农七师垦区。各级团组织对他们进行"四加强、一关心活动"（四加强是加强对上海支青的思想领导；加强形势、阶段斗争和艰苦奋斗教育；加强劳动观念；加强社会主义教育、品德教育。一关心是关心知青的业余文体活动）。在劳动竞赛中帮助上海支青开展"一帮一，一对红"活动。号召他们创优异成绩，争当"五好工人"和"红旗手"、"能手"、"先锋"等。 （第七编第三章《群众团体》，第 567 页）

1966 年 6 月"文革"开始，同年 11 月在极左思潮影响下全师 386 名中小学教师下放劳动，接着又以"掺沙子"形式使部分转业战士，城市知识青年进入教育战线领导岗位和教学第一线。 （第九编第一章《教育》，第 682 页）

（1956 年）10 月，兵团在广东、四川招聘了一批知识青年，其中 80 余人分配到农七师工作。 （《大事记》，第 868 页）

（1963 年）9 月，兵团分配的 370 名上海支边青年到师。 （《大事记》，第 875 页）

是年，成立政工干校。培养政工、财会、水利勘测等专业干部。学员主要是上海支边青年。该校 1969 年撤销。 （《大事记》，第 875 页）

是年（1965 年），兵团分配 268 名上海支边青年，203 名天津支边青年，1 242 名武汉支边

青年,1 272 名退伍军人。 (《大事记》,第 877 页)

(1966 年)7 月 8 日,从上海招聘的 1 436 名支边青年分批到师各团场。

(《大事记》,第 878 页)

(1973 年)12 月,浙江省赴疆慰问团于 8 日至 10 日先后在奎屯、一三三团分片召开浙江支边青年座谈会。 (《大事记》,第 883 页)

(1974 年)3 月 21 日,上海市赴新疆兵团慰问团三分团一行 21 人到达农七师慰问上海支边青年。慰问团利用多种形式对全师 3 653 名支边青年进行慰问,同大部分支边青年见了面,访问了部分已婚的支边青年家庭。 (《大事记》,第 883 页)

(1986 年)8 月 21 日,上海市慰问团一行 24 人到达农七师慰问上海支边青年。由师长王云龙、副政委王开春、政治部主任吕钧陶陪同,分三组分别到一二三团、一三一团及奎屯地区慰问上海支边青年。25 日慰问团文艺演出分团在奎屯市影剧院进行慰问演出。

(《大事记》,第 893 页)

# 《奎屯市志》

《奎屯市志》编纂委员会编,中华书局 1999 年

(1963 年)9 月,兵团分配的 370 名上海支边青年到达奎屯,参加农七师生产建设。

(《大事记》,第 18 页)

(1964 年)5—7 月,上海支边青年 1 937 名分 4 批先后到达奎屯,参加农七师生产建设。

(《大事记》,第 18 页)

本年(1965 年),兵团分配的 268 名上海支边青年、20 名天津支边青年、1 242 名武汉支边青年、1 272 名退伍军人,先后到达奎屯,参加农七师生产建设。 (《大事记》,第 18 页)

50 年代末至 60 年代,兵团农七师吸收大量人口到奎屯,主要由四部分组成:转业军人,山东、河南等地支边青年,天津、上海、武汉等地的知识青年,同时有大量来自河南、四川、甘肃等省的自动支边人员涌入。国家还调入少部分劳改犯人参加这里的农垦。

(第三编第一章《人口规模》,第 66 页)

1975—1978年,由知识青年上山下乡办公室统筹安排知识青年就业,除按政策规定留城的以外,都分期分批下到农场。

　　1979年,调整知识青年上山下乡政策,缩小上山下乡范围,扩大留城面,采取企业安排、组织知青场队等多种形式安排城市知识青年。1980年以后,在政府统筹规划下,实行劳动部门介绍就业、自愿组织和自谋职业相结合的"三结合"方针,逐步做到知识青年就地安置。采取的主要措施是兴办集体企业、组织知青网点、各企业单位建立劳动服务公司。市政府先后组建了知青农场,成立二轻局和奎屯市劳动服务公司等,其中二轻局办独立核算集体企业9个,安置就业300多人。市劳动服务公司办直属集体企业6个,安置就业500人。全市劳动服务公司和知青厂、店、队20多个,基本上解决了当时"就业难"问题。

(第二十编第三章《劳动管理》,第404—405页)

# 《一二一团志》

一二一团史志编纂委员会编,新疆人民出版社1999年

　　是月(1955年11月),由河北、河南、江苏招来支边青年学生18人(其中女生5人)到团。
(《大事记》,第15页)

　　(1964年)7月,首批上海支边青年69人来场参加生产建设。　(《大事记》,第26页)

　　(1965年)9月,武汉支边青年学生90人来场参加边疆建设。　(《大事记》,第27页)

　　(1966年)7月,上海支边青年76人来场参加建设。　(《大事记》,第28页)

　　(1969年)1月,奎屯七一中学、兵团奎屯农校、奎屯纺校、石河子中学、管理处中学、十九团农中、炮台学校大批青年学生,被陆续分配到各连队,接受贫下中农"再教育"。至9月统计,全团安置学生407人,其中本团学生101人。　(《大事记》,第30页)

　　(1974年)5月,上海市以杭苇为团长的赴疆慰问团到一二一团慰问上海支边青年。
(《大事记》,第34页)

　　是月(9月),国家实行推荐工农兵学员上大学政策。团从接受"再教育"的知青中推荐大学学员2名,中专学员14名。知识青年李生花、孙永华等成为团场第一批"工农兵大学生"。
(《大事记》,第34页)

(1976年)2月,知识青年申建文,出席自治区首届知识青年代表大会。

(《大事记》,第35页)

(1977年)1月10日,石河子地区召开农业学大寨会议。一二一团场以卓秉哲、慈百兴为领队,由司、政、后主要负责人和各连政治指导员、先进代表、知识青年等45人组成代表团出席了会议。

(《大事记》,第36页)

(1979年)1月15日,团场在加工厂召开"揭批查及平反大会",对"文化大革命"中加工厂制造的"武汉青年带枪"和桑某"奸污幼女"两个冤假案件进行平反。对私设公堂、刑讯逼供的首恶分子进行揭发批判。

(《大事记》,第38页)

是年(1984年),四中教师黄德富带领一批知识青年在十五连东打井2眼,开垦土地1000多亩,办起了全团第一个开发性家庭农场——九湖知青农场。该农场初为团场资助的集体所有制,后转为私营农场。

(《大事记》,第44页)

**支边青壮年** 50—60年代中期,先后接受来自山东、河南、广东、湖北、江苏等省支援边疆建设的农村青壮年和上海、武汉等城市青年学生3 423人,其中有1954年山东支边妇女180人,1956年河南支边青壮年2 436人,1959年湖北支边青壮年及家属小孩572人,1964—1966年上海、武汉、天津青年学生235人。

(第三章《人口》,第99页)

1975年后勤处并归司令部,增设知识青年安置办公室(知青办)、计生办。1977年改股称科。

(第二十章《行政》,第339页)

一批批下乡知识青年到团工作,给团场青年工作增添了活力。1979年开展"新长征突击手"活动,团员、青年的社会主义建设积极性空前提高。

(第二十一章《群众团体》,第364页)

1964年以后,学生逐年增加,学校教育日益发展,教育队伍也随之壮大。一批上海、武汉支边青年以及职工中具有初、高中文化程度的优秀青年被陆续选拔到学校任教,以弥补教师之不足。到1965年,全团教师队伍已发展到50人。

(第二十六章《教育》,第419—420页)

"文化大革命"开始后,团业余演出队也被解散。1970年,重新组建"毛泽东思想宣传队",李永明任队长。一批接受再教育的知识青年被吸收进宣传队,全队有演职人员34名。

宣传队除坚持演唱节目的小型多样外,尚能排练大型京剧、秦腔、豫剧、话剧、歌剧等。较有影响的剧目有独幕话剧《一块银元》、《一只红苹果》、《一双绣花鞋》;多幕话剧《千万不要忘记》;歌剧《白毛女》、《刘胡兰》;豫剧《朝阳沟》和现代京剧《红灯记》、《沙家浜》、《智取威虎山》、《杜鹃山》等。演职人员也都是"拿起锄头能种田,走上舞台能演戏"的文艺战士。除了在团内演出外,还走出团场到乌苏、沙湾、额敏、塔城等县(市)及兄弟团场和解放军驻地慰问演出。 (第二十八章《文化 体育》,第 432 页)

# 《一二二团场志》

《一二二团场志》编纂委员会编,新疆人民出版社 1997 年

(1955 年)7 月,从河南和河北各来一批男女知识青年到团参加生产建设。

(《大事记》,第 7 页)

(1956 年)11 月 14 日,广东、四川等省 50 多名知识青年应兵团招聘来疆,分配来团参加生产建设。 (《大事记》,第 8 页)

(1964 年)6—7 月,上海支边知识青年 300 余人来团场参加生产建设。

(《大事记》,第 11 页)

是月(1965 年 9 月),96 名武汉知识青年到农场,分到 4 个单位从事生产建设。

(《大事记》,第 12 页)

(1966 年)6 月底—7 月初,上海支边青年 148 人分两批到团参加生产建设。

(《大事记》,第 12 页)

1977 年 8 月 29—31 日,召开共青团第十一次代表大会,出席代表 223 名,其中知识青年、红卫兵、红小兵等列席代表 32 名。 (第二十二章《群众团体》,第 250 页)

1957 年,团场创建第一所小学,有教职工 8 人。1965 年,团场建立中学,全团场有中小学教师 103 人,其中小学教师 98 人。教师选拔有文化的知识青年职工和分配来团场的大、中专毕业生担任,其中以知识青年为主。 (第二十七章《教育》,第 292 页)

50 年代末,一批知识青年来到农场,他们在工作、劳动之余,积极从事文艺创作。

(第二十九章《文化 体育》,第 303 页)

60—70年代,随着团场学校教育的发展,初中、高中毕业生逐年增加,同时一批大、中专毕业生和大批内地知识青年来场工作,人口文化素质不断提高。

(第三十一章《人口》,第 320 页)

# 《一二三团志》

《一二三团史志》编纂委员会编,中华书局 1999 年

武汉市、上海市知识青年 149 人,分别于 1964 年 5 月和 1965 年来团,大部分在连队。

(第五章《人口》,第 60 页)

1965 年,农七师政干校分来上海知青 13 人,任连队业务。　(第五章《人口》,第 61 页)

1964 年至 1968 年安置上海支边青年 130 人,……1969 年至 1973 年,安置初、高中毕业生 1 393 人。　　　　　　　　　　　　　　(第二十章《劳动工资》,第 386 页)

六十年代中期,经贫下中农推荐,198 名出身好、根子正、具有初中以上文化程度的青年工人、上海、武汉支边青年、转业战士陆续进入学校任教。　(第三十一章《教育》,第 614 页)

是年(1964 年),上海支边青年 116 人于 5 月 26 日至 7 月 6 日分两批先后来到二十团参加生产建设。　　　　　　　　　　　　　　　　　　(《大事记》,第 746 页)

(1975 年)9 月 2 日至 4 日,一二三团首届知识青年代表大会召开。出席会议的代表 153 人,大会选举了出席塔城地区知青代表大会的代表。　　(《大事记》,第 750 页)

是年夏,武汉市慰问团来一二三团慰问武汉支边青年,武汉市杂技团随团作慰问演出。

(《大事记》,第 750 页)

(1986 年)8 月 21 日,上海市慰问团来农场慰问上海支边青年。　(《大事记》,第 755 页)

# 《一二四团志》

一二四团史志编纂委员会编,中华书局 2003 年

1964 年上海支边青年 70 人。　　　　　　　　　　　　(第四章《人口》,第 32 页)

1964 年 6 月上海支边青年来场 97 人。

1965 年,由王旭晶带队的武汉市支边青年 45 人。 (第二十章《劳动工资》,第 301 页)

1966—1967 年,团场选拔一批转业战士和上海、武汉支边青年来学校任教。

(第三十章《教育》,第 449 页)

1964 年高泉、双河农场从支边青年中培训 25 名卫生员;1968 年,从农场职工子女接受"再教育"表现优秀者中选拔培训 20 名医护人员。1970 年在团部中学初中毕业生中开办一期医护班,培训医护人员 35 名,经一年培训后分配到各级医疗机构。1974 年,从奎屯分配到一二四团接受"再教育"的优秀青年中培训医护人员 20 名;1978 年从一二四团首届高中毕业生中选拔 6 名优秀学生,经过半年专业培训后,充实到医技岗位。

(第三十三章《医药卫生》,第 477 页)

# 《一二五团志》

新疆生产建设兵团农七师一二五团史志编纂委员会编,方志出版社 1999 年

60 年代,接收了大批城市支援边疆建设的知识青年,其中上海支边青年 322 人中有科技、财会、教育、文体等多方面的人才。他们大多是高中生,基础知识过硬,经过劳动锻炼后担任教师的最多,1978 年在学校教书的上海支边青年达 83 名,占学校教师总数的 47%,1995 年全团 5 所学校有 2 所学校的校长是上海知识青年。在基层从事业务工作的 33 名占全团业务人员总数 12%。团财务科长陈德元、一中校长吕经令、职高校长谢立苏、根雕艺术家陈杰,都是其中佼佼者。

(第五章《人才》,第 72 页)

季国强,上海静安区万航街道康家桥人,生于 1948 年。自幼上学。1960—1962 年自动到宁波农场劳动,1965 年再次到南乡参加劳动。

1966 年 6 月,支援边疆建设,由上海进疆,在二十五团十一连当职工。他安心边疆建设,服从分配,工作扎实,上进心强。群众称他是:"不怕苦、不怕累、不怕脏,哪里艰苦哪里上的人。"田间农活,他样样能干。收割苜蓿后,没有车辆拉运,要用人背,他每次都背 50 多公斤,光着脚在田里跑,一天背几十趟。夏收秋收工作紧张天气炎热,田里一百几十人干活,饮水是大问题,季国强接受送水任务,每天跑几十公里把开水送到每块条田,给职工群众解渴,自己却累得汗流浃背。1967 年,连里建窑烧砖盖房,窑内炉渣多,需要掏出来,窑内温度高,窑口只有 40 厘米高,30 厘米宽,进去很困难。他钻进炉膛屏住呼吸,抗着高温,爬着把炉渣掏完,出来时,身上多处被烫伤,满身泥污,汗流如注。季国强乐于助人,见集体宿舍的职工

干活很累,又要用脸盆到伙房端水洗脸洗脚,非常麻烦,他就每天把水送到宿舍。有的家属年老体弱,他就帮助把拉来的柴禾卸下车堆放好。他生活简朴,从不乱花钱,衣服破了,补了再补。

1970年8月,全师抽掉8 000多人会战,在奎屯河上游修建23公里长的"团结大渠"。一二五团组织500人的施工队伍赶赴工地。吴锦贵、季国强积极参加大会战。

8月31日,奎屯河山洪暴发,在河床担任修路任务的13名职工来不及撤出,被洪水围困在河中的一个孤岛上。山洪直泻,水流湍急,13名职工的生命受到严重威胁。师党委、工地指挥部党委与工地职工设法抢救,13名职工仍无法脱险。

9月1日上午9时,吴锦贵和季国强决心从以每秒3米向下倾泻的山洪中探出一条路来,尽快把13名战友抢救上岸。季国强首先跳下水探路,吴锦贵想到季国强的安全,接着跳进急流。急流中,吴锦贵和季国强勇敢地与洪水搏斗。一个浪头把他们打进漩涡,他们冲出漩涡,继续向孤岛冲去。他们冲过一个又一个巨浪,离孤岛越来越近,岛上的战友向游在前面的季国强伸出手,准备拉他上岛,这时季国强回头看到吴锦贵又被急流卷向下游,他立即转身扑进急流去救吴锦贵。又一个巨浪向吴锦贵、季国强盖去,他俩被冲向下游。在下游施工的一二九团、一二六团组织多人下水将他们拦住,由于他们在水中被滚动的卵石撞击受重伤,经抢救无效,光荣牺牲。

(第六章《人物》,第86—87页)

**支边青年** 从50年代至60年代中期,全国许多省市有志青年积极响应党的号召,到边疆参加生产建设。主要有来自山东、河南、湖北、湖南、江苏、四川农村和上海、天津、武汉三大城市共计4 145人。其中……三大城市支边青年458人(其中1955年5月上海社会女青年32人,1966年7月上海知识青年322人,1965年9月武汉知识青年67人,1966年天津知识青年37人)。其他省分配来支边的147人。 (第二十八章《劳动工资》,第546页)

# 《一二六团志》
新疆生产建设兵团农七师一二六团志编纂委员会编,中华书局2002年

1965年以复转军人、上海、武汉知青60名组建武装值班连队,命名为炮二连。

(第三章《建置》,第35页)

1966年6月,犯人调出,145名上海知识青年落户,命名为八连。

(第三章《建置》,第41页)

1968年,复转军人和从各连抽调上海、武汉知青调入,1982年改称十连。

(第三章《建置》,第43页)

1964 年至 1966 年,根据国家安排接收……上海、武汉知识青年 3 批。

(第二十章《劳动工资》,第 299 页)

**支边青年**　1964 年至 1966 年,知识青年积极响应党中央号召,到新疆兵团参加生产建设。安置上海支边青年 200 多人。1965 年武汉支边青年 60 人。

(第二十章《劳动工资》,第 300 页)

1970 年,从上海、武汉等支边青年中选 53 人担任教师。　(第二十八章《教育》,第 363 页)

1965 年,6 名上海支边青年经车排子医院培训结业,分配到卫生队任护士。

(第三十章《卫生医疗》,第 379 页)

# 《一二七团志》

《一二七团志》编纂委员会编,中华书局 2000 年

1964 年 5 月上海知识青年 116 人到场,分配到各农业生产连队。

1965 年 9 月,武汉知识青年 34 人到场,分配到各农业生产连队。

(第四章《人口》,第 76 页)

建场初,在职人员文化程度低,多数是文盲。六十年代上海、武汉两市知识青年、转业军人、高等学校毕业生,农七师政干校、农校学生来场,占总人口比例明显上升,人口文化程度构成发生大的变化。

(第四章《人口》,第 84 页)

上海、武汉两市支边知识青年工资定级,满 18 岁定为普通工农工 1 级,月工资 38.92 元,未满 18 岁定为童工(试用工),月工资 34.75 元。　(第四章《人口》,第 88 页)

## 一、上海支边青年名录

(一)1964 年上海支边青年

| | | | | | | |
|---|---|---|---|---|---|---|
| 阮金昌 | 张贵良 | 孙传根 | 严圣雄 | 杨树浩 | 康　健 | 严圣杰 |
| 诸苗来 | 张玲棣 | 陈自德 | 杨晓鸣 | 朱家鳞 | 金帝文 | 邢钦林 |
| 万汝豪 | 李明卫 | 赵廷福 | 吴锌昆 | 林金龙 | 钱作留 | 张承忠 |
| 钱作伟 | 王龙根 | 朱洗森 | 王骑生 | 谢福根 | 何长锁 | 范汉健 |
| 江永祥 | 徐仁豪 | 戴象力 | 王明龙 | 黄润鳞 | 李健海 | 李纪铭 |

| | | | | | | |
|---|---|---|---|---|---|---|
| 李帮和 | 何根福 | 邬根兰 | 王利匕 | 曹来顺 | 盛凤娣 | 毛赛珍 |
| 李培玉 | 郭整秀 | 米书珍 | 魏德芬 | 洪卫珍 | 吴燕清 | 方 均 |
| 何泳珊 | 陈丽英 | 钱 逸 | 张蝶峰 | 史志奇 | 陆凤英 | 袁爱娜 |
| 方志考 | 黄雅琴 | 朱菩棣 | 王少苹 | 李建华 | 朱玉棣 | 包翠翠 |
| 肖金妹 | 陈溶梅 | 尚 源 | 沈财根 | 张洪发 | 任致远 | 李柏云 |
| 金春宝 | 魏国健 | 谭连莲 | 王苗根 | 陈建民 | 沈少华 | 朱培钟 |
| 蒋金文 | 李正林 | 强卫康 | 陈文煊 | 姚承玉 | 张小环 | 冯仲棣 |
| 邱秀萍 | 宋素珍 | 王纯中 | 王钦笙 | 叶定康 | 安海光 | 冯友兰 |
| 王来书 | 倪光薄 | 陆根龙 | 潘万里 | 王书通 | 陈玉珍 | 朱佩芬 |
| 陈志仁 | 李惠珍 | 张建群 | 钱孝雄 | 袁纪明 | 贺道平 | 沈华娣 |
| 叶良雄 | 高德兴 | 金智琪 | 韩 平 | 杨秋乐 | 陆启源 | 彭国安 |
| 吴增薇 | 黎振梅 | 赵丽珍 | 董月梅 | | | |

（二）外团调来上海知识青年

| | | | |
|---|---|---|---|
| 江一涛 | 李 平 | 鲍文玉 | 周英珍 |

（三）1961 年农七师农校调来上海知识青年

| | | | | | | |
|---|---|---|---|---|---|---|
| 包阿兴 | 徐强华 | 陈银根 | 姚雷锋 | 陆义礼 | 汪道平 | 万鹏程 |
| 刘富贵 | 林金成 | 戎祥德 | 薛伟卿 | | | |

（四）农七师政干校 1963 届、1964 届毕业分配学生

| | | | | | | |
|---|---|---|---|---|---|---|
| 肖 珂 | 张明栋 | 陈凤山 | 陶忠华 | 富煊雯 | 陈文元 | 谢留福 |
| 杜淑英 | 文丽娟 | 徐菊明 | 王文安 | 虞茹维 | 吴文敏 | 赵文敏 |
| 赵进英 | 候永霖 | 梅 萼 | 许梦珠 | 王明玲 | 朱通政 | 程惠珍 |
| 李蓉蓉 | 李勤娣 | 陈玉生 | | | | |

## 二、武汉支边知识青年名录

| | | | | | | |
|---|---|---|---|---|---|---|
| 陈爱珍 | 陈 敏 | 雷凤琴 | 刘昭珍 | 张秋艳 | 方大毛 | 周艳荣 |
| 涂钟汉 | 陈瑟琴 | 郭玉华 | 李永梅 | 李汉皋 | 陈候论 | 陈惠芳 |
| 蔡 力 | 付香兰 | 杨银胜 | 杨起珍 | 程佳保 | 田良君 | 张远忠 |
| 刘守廉 | 石育为 | 胡万洲 | 谢守廉 | 喻芝蓉 | 罗光汉 | 杨桂莲 |
| 戈 玲 | 张凤梅 | 叶文琴 | 刘青云 | 童冬枝 | 欧阳凤玲 | |

（第五章《人物》，第 118—119 页）

(1964 年)7 月,迎接上海支边青年 165 人来场工作。　　　　　　（《大事记》,第 697 页）

是年(1975 年)秋,湖北省武汉市慰问团来团慰问,41 名武汉支边青年全部参加了欢迎汇报会。　　　　　　（《大事记》,第 701 页）

# 《一二八团志》

一二八团史志编纂委员会编，方志出版社 1998 年

人口主要来源有以下方面：

......

（八）1964 年上海市支边青年来团 113 人；

（九）1965 年武汉市支边青年 54 人；

......

（十一）1966 年从天津支边来团青年 73 人；　　　　　　　　　　（第四章《人口》，第 45 页）

......


## 文化素质

六十年代中期，一批部队转业官兵和城市的知识青年到农场安家落户，一二八团人口的文化素质迅速提高。国家有计划地分配部分大、中专毕业生来团场工作，改变了农场人口的文化素质结构。大批知识分子把自己的聪明才智和所学知识，奉献给了一二八团的各项事业，为农场培养了大批有文化的劳动者和专门人才。　　　　　　　（第四章《人口》，第 51 页）


七十年代中期，一些上海、武汉知青回家探亲，从家乡带回尼龙袜、的确凉衬衣、的卡外套，改变了居民服装的单调色彩。不久团场商店开始销售呢龙袜、的确凉服装，居民服饰较过去明显改观。八十年代中后期，团场居民收入迅速增加。服装行业日益繁荣，改变了过去衣着花色品种单一，款式单调的状况。毛呢面料的服装受到青睐。毛衣毛裤不再稀罕。青年妇女，穿大红大绿衣服逐渐多起来。线袜淘汰，穿补丁衣服者极少见了。

（第七章《生活　风俗》，第 132 页）


1975 年 11 月 11 日至 14 日，共青团召开首次知识青年代表大会。会议制订了知青工作 5 年规划。　　　　　　　　　　　　（第二十三章《群众团体》，第 354 页）


建校初期，绝大部分教师是从有初高中文化程度的职工中选拔的。六十年代中期，一部分上海、武汉、天津支边青年以及部分大、中专院校分配来的学生充实到教师队伍。七十年代初，一批城市下放到农场接受再教育的知识分子充实到教师队伍。

（第二十七章《教育》，第 388—389 页）


（1964 年）6 月上旬，上海知识青年 113 人来到农场。　　　　　（《大事记》，第 510 页）

(1965 年)9 月 11 日,武汉支边青年 54 人来场,分配到二连和三队(现 5 连)工作。

9 月 20 日,上海慰问团来场,慰问在车四场工作的 132 名上海支边青年。

(《大事记》,第 511 页)

(1966 年)10 月 19 日,73 名天津知识青年支边来场,被分配在生产 14 队工作(现 4 连)。

(《大事记》,第 511 页)

(1975 年)8 月 29 日,团成立知青办公室和地震办公室。 　　(《大事记》,第 514 页)

11 月下旬,团召开首届知识青年会议。 　　(《大事记》,第 514 页)

(1976 年)8 月 24 日,武汉慰问团来一二八团慰问武汉支边青年。

(《大事记》,第 515 页)

# 《一二九团》

一二九团史志编纂委员会编,中华书局 2000 年

1965 年 4 月,……48 名上海知识青年落户农场;1966 年 142 名上海知识青年、武汉知识青年迁入。 　　(第四章《人口》,第 53 页)

(1966 年)7 月 8 日,上海 103 名支边青年来到五五农场,分配良种队 25 名,果园队 35 名,六队 43 名。 　　(《大事记》,第 677 页)

(1970 年)11 月 30 日,党委决定推荐武汉支边青年吴亚莉去上海复旦大学上学,这是一二九团推荐的第一位工农兵大学生。 　　(《大事记》,第 680 页)

(1975 年)9 月 5 日,召开首届上山下乡知识青年代表大会,参加大会的知青代表 51 名,先进集体代表 15 名。 　　(《大事记》,第 682 页)

(1979 年)12 月中旬,五连组织人员拉运肥料,因肥堆塌方,致使奎屯知青李方玉(男)、吴宝兰(女)被压死。 　　(《大事记》,第 684 页)

# 《一三〇团志》

一三〇团史志编纂委员会编,中华书局 2000 年

1964 年 8 月,接收上海支边青年 168 人;1965 年接收武汉青年 54 人,天津、北京青年 21 人;1966 年 7 月,接收上海支边青年 100 人。 　　　　(第三编第一章《人口》,第 67—68 页)

1964 年至 1968 年四大城市支边青年到农场,其中:北京青年 3 人,上海青年 329 人,武汉青年 75 人,天津青年 6 人。 　　　　(第七编第三章《劳动工资》,第 244 页)

六十年代,城市支边青年、转业、退伍军人、大中专院校毕业生陆续来到农场。经过劳动锻炼,一批优秀知识分子被吸收到党内。1972 年,党员中大学文化 10 人,高中文化 5 人。1985 年,大学文化 17 人,中专文化 62 人,具有高中文化程度的 535 人。1998 年,大专以上学历的 194 人,中专学历的 134 人,高中文化程度 282 人,初中以下 786 人。

(第八编第一章《中共一三〇团委员会》,第 259 页)

七十年代,处理过两起党员干部奸污女知识青年案件。一人开除党籍,开除干部队伍,一人送交司法机关判刑。 　　　　(第八编第一章《中共一三〇团委员会》,第 266 页)

**支边青年工作** 1961 年至 1965 年,先后有 480 名上海、北京、天津、武汉支边青年到达共青团农场,四大城市青年到农场受到热烈欢迎。农场各级领导在政治上、生活上给予极大的关心。他们来到的当天,各单位都举行欢迎会,并为他们提供住房、床铺、衣服、脸盆、鞋袜、毛巾、洗刷工具等生活用品。各级团组织开展了"四加强、一关心"活动。(四加强是加强思想教育、加强形势、阶级斗争和革命传统教育,加强劳动观念,加强社会主义教育、品德教育,一关心是关心业余文体活动)。使这些城市青年很快适应环境,在农场安家落户,成为农场的一支生力军。1966 年上半年,有 14 人被评为五好工人,15 人被评为生产积极分子,5 人被评为学习毛主席著作积极分子,1 人出席兵团学习毛主席著作积极分子大会。

(第八编第五章《群众团体》,第 309 页)

# 《一三一团志》

新疆生产建设兵团农七师一三一团志编纂委员会编,中华书局 2002 年

1964—1965 年,上海、天津、武汉三大城市支边青年 156 人到达奎屯农场。

(第四编第一章《人口规模》,第 95 页)

奎屯农场组建初期,人员文化程度低,大都是文盲半文盲。五十年代开展扫除文盲运动,全场职工努力学习文化知识,上夜校,进扫盲班,大多达到小学文化程度。六十年代,国家分配大中专院校毕业生来场工作,上海、天津、武汉等城市知识青年到团场,及后来的知识青年到农场。农场人口中文化程度构成发生大的变化。初、高中毕业生及高等院校毕业生占总人口比例明显上升。 (第四编第二章《人口构成》,第 105 页)

1963 年 4 名上海支边青年从农七师干校分配到奎屯农场。1964 年 56 名上海支边知识青年分配到七队务农,团组织对他们进行"四加强一关心"教育。1965 年天津支边青年 34 人,上海支边青年 8 人,分配到奎屯农场最好的连队八队。1966 年天津支边青年 46 人,上海支边青年 7 人来到农场,受到职工的欢迎,住最好的房子,吃包伙,穿统一发的服装,过着部队的生活。组织上又专门请全国劳模马新才为他们讲兵团的发展史,奎屯农场的建场史和老军垦的光荣史。青年们组织文艺宣传队为农场职工演出,逢"八一"节到九〇七部队慰问,同战士们一同联欢。场领导注重对青年们的培养,政治上关心,生活上爱护,这些青年以后成为各条战线上的骨干。1969 年,师七一中学 30 名学生分配奎屯农场。1976 年从七一中学、五五中学、伊犁州分配到团的知识青年 385 人,成立青年排 8 个。伊犁州州长贾那布尔亲自将女儿贾振华送到九连接受贫下中农的再教育,北疆军区栗副政委送子栗伟到九连务农。 (第七编第三章《群众团体》,第 426 页)

(1964 年)6 月 10 日,第二批上海支边青年 56 人到场。 (《大事记》,第 567 页)

(1974 年)3 月 21 日,上海市赴新疆兵团慰问团三分团一行 21 人到达农七师,在一三一团对屯垦戍边的上海支边青年进行慰问。 (《大事记》,第 572—573 页)

(1986 年)8 月 21 日,上海市慰问团一行 24 人,在兵团副政委曹国琴陪同下到一三一团慰问上海支边青年。 (《大事记》,第 579 页)

# 《一三二团场志》

《一三二团场志》编纂委员会编,新疆科学技术出版社 2003 年

(1963 年)4 月 5 日,上海支边青年 32 人,来场参加建设。 (《大事记》,第 10 页)

(1964 年)5 月,上海知识青年 185 人,分两批来场参加生产建设,分配在一、二、三队和种子队。 (《大事记》,第 11 页)

(1965年)8月12日,上海市静安区劳动局宋局长来场慰问上海支边青年。

(《大事记》,第12页)

是月(8月),为适应农场教育事业发展需要,场党委决定从上海支边青年中抽调文化程度高,表现好的青年朱乐平、毛小平、王在凤、茅大新、魏若华、洪维宝、冯珍、钱曼琴等10人,充实教师队伍。

(《大事记》,第12页)

是月(9月),农七师政干校分配上海支边青年学员李明东、孙振梅、褚世龙、何以福、单志明等人来场充实教师队伍。

(《大事记》,第12页)

(1966年)10月26日,79名天津支边青年来农场参加生产建设,集体安置到青年二队,李跃臣、许春兰负责管理。

(《大事记》,第13页)

(1975年)8月,天津市慰问团来团慰问天津支边青年。　　(《大事记》,第20页)

(1976年)3月10日,团场召开上山下乡知识青年代表大会。　　(《大事记》,第21页)

1964—1966年(接受)上海、天津、武汉青年学生269人。

(第四编第一章《人口》,第134页)

1976年9月和1977年从石河子汽二团分配来农场工作的知青94人。

(第四编第一章《人口》,第134页)

20世纪60年代,师部分配来场一批江苏、上海、天津知识青年,加上历年分配来场的大、中专毕业生和初中毕业生,团场人口中文化结构发生明显变化。

(第四编第一章《人口》,第137页)

1963年安置武汉市支边青年5名。1964年9月,安置上海支边青年65名。1966年安置天津支边青年79名,上海支边青年120名。……

1969年,"接受贫下中农再教育"的知识青年来团场就业;是年从奎屯农校分配来农场工作的7人,奎屯七一中学、卫校等50人。1976年9月从石河子汽二团分配来农场工作的青年45人,1977年49人。　　(第七编第七章《劳动工资》,第317页)

1972年,团的工作逐步走向正规。一批批下乡知识青年到团场工作,给青年工作增添活力。1979年开展"新长征突击手"活动,团员、青年的社会主义建设积极性大有提高。

(第八编第五章《共青团》,第412页)

1964—1966年,上海、天津支边青年和转业战士来场工作,他们是农场的文艺骨干,不定期开展赛诗、文艺节目演出活动,一般在元旦、春节、"五一"、"五四"举行,基本作到连连有节目,队队无空白。很多单位还有小乐队或演出组。(第十编第三章《文化体育》,第472页)

### 三、1964年从上海市来团场支边青年名录

| | | | | | |
|---|---|---|---|---|---|
| 陈 沪(女) | 张桂莲(女) | 陈秀芳(女) | 唐金兰(女) | 冯 珍(女) | 章贵娣(女) |
| 高扣女 | 于锁莲(女) | 姜兰花(女) | 赵月芳(女) | 张佩珍(女) | 诸美丽(女) |
| 洪维保(女) | 周玉芬 | 陈金花(女) | 张汉金 | 钱月强 | 章建荣(女) |
| 陈海明 | 郑福生 | 裴新平 | 范贤忠 | 刘金浩 | 尹金生 |
| 廖大怀 | 张兴友 | 吴成章 | 陈毛毛 | 钱以为 | 周三成 |
| 章建华 | 孟先贵 | 朱 怡(女) | 姚蓉蓉(女) | 咸会珍 | 张扣娣(女) |
| 杨全妹(女) | 藉 林(女) | 卢晓明(女) | 吴毓霞(女) | 崔先萍(女) | 林漪君 |
| 陆凤菊(女) | 薛霞森(女) | 杨长英(女) | 仇小春(女) | 刘利莉(女) | 代敏扬(女) |
| 陆永发 | 刘忠保 | 王林琳 | 唐俊隆 | 杨付水 | 姜国定 |
| 陆勇刚 | 王国良 | 罗志建 | 仇九林 | 陈留保 | 陆成德 |
| 高兆生 | 甄小弟 | 王佰群 | 周妙德 | 茅大新 | 杨文龙 |
| 周菊红 | 何复民 | 陈志祥 | 方保兴 | 毕宏利 | 毕宏胜 |
| 魏若华 | 郝立广 | 张明才 | 张德成 | 尹林根 | 惠海平 |
| 祁江鸣 | 欧招娣(女) | 董国英(女) | 韩红英(女) | 仇小英(女) | 林丽娟 |
| 蔡竹英(女) | 钟静珠(女) | 魏小玲(女) | 顾珊珊(女) | 陈菊仙(女) | 聂美兰(女) |
| 聂 萍 | 陈惠珠(女) | 王云凤(女) | 周桂红(女) | 蔡同跃 | 辜其仙 |
| 徐天林 | 范锡佳 | 周大南 | 蔡小弟 | 刘金荣 | 朱廷康 |
| 李根发 | 吴志明 | 姚三弟 | 姚秀国 | 胡天明 | 顾林森 |
| 姚佩萍(女) | 叶 梅(女) | 张菊梅(女) | 沈孝珍 | 刘黛君(女) | 沈志洁(女) |
| 储红娣(女) | 沈 静(女) | 张凯华(女) | 刘登妹(女) | 胡副安 | 张文英(女) |
| 孙维昌 | | | | | |

### 四、其他时间来团场的上海支边青年名录

| | | | | | |
|---|---|---|---|---|---|
| 蔡永兴 | 童雅芬(女) | 刘 银 | 孙富根 | 吴 磊 | 程丽华(女) |
| 毛小萍 | 朱乐平(女) | 张仁寿 | 王才凤(女) | 姚石夫 | 文根宝 |
| 韦彦芬(女) | 沈金国 | 董爱军(女) | 陈冬梅(女) | 朱永芳 | 冀和生 |
| 刘玉生 | 秦德为 | 秦 为(女) | 邱德莲(女) | 张淑萍(女) | 陆祖基 |

| | | | | | |
|---|---|---|---|---|---|
| 林国珍(女) | 沈 莉(女) | 蔡顺德 | 陆福妹(女) | 朱惠效(女) | 朱惠珍(女) |
| 黄志武 | 陈满龙 | 周玉芬(女) | 陆佩珍(女) | | |

### 五、1966年10月26日从天津来场支边青年名录

| | | | | | |
|---|---|---|---|---|---|
| 耿树和 | 冉长瑞 | 权国庆 | 姚权弟 | 张金国 | 李振坤 |
| 李桂春 | 王延安 | 王云年 | 王景成 | 纪淑敏(女) | 张秀玲(女) |
| 杨金娟(女) | 武 争 | 周洪东 | 杨秋玲(女) | 王玉华(女) | 赵桂芹(女) |
| 于玉琴(女) | 高学惠(女) | 李学泽 | 归慧萍(女) | 姚淑兰(女) | 徐沛林(女) |
| 张国梧 | 李立新 | 刘德胜 | 吴万钧 | 董文惠(女) | 李现成(女) |
| 张 敏(女) | 张学茹 | 焦保珍 | 肖保玲(女) | 马秋君 | 王茹芬(女) |
| 穆怀芹 | 艄怀文 | 马全珍(女) | 金学敏 | 刘桂芹(女) | 张洪喜 |
| 郑卫东 | 王振碧 | 郭兆祥 | 台月建 | 张树成 | 李宝太 |
| 肖建国 | 王学昌 | 焦振奇 | 张新国 | 狄双庆 | 高 祥 |
| 李奎元 | 孙建忠 | 曹景春 | 杨 红 | 刘亚利 | 刘小坤 |
| 翟淑芬(女) | 杨风英(女) | 张 军 | 李作华 | 穆祥禄 | 石金华(女) |
| 刘树江 | 穆瑞通 | 韩来发 | 刘成义 | 李平安 | 石淑琴(女) |
| 代淑仙(女) | 马会影(女) | 肖保俊(女) | 张俊英(女) | 穆胜利 | 穆瑞田 |

（第十一编第三章《人物名录表》，第538—539页）

# 《一三三团场志》

《一三三团场志》编纂委员会编，新疆人民出版社2001年

（1964年）5月27日，上海支边青年191人到场，分配在三队（现六连）、五队（现八连）、八队（现二连）、种子队（现十一连）等单位参加农场建设。 （《大事记》，第18页）

（1965年）9月13日，148名武汉支边青年到场，被分配在二队（现五连）参加农场建设。 （《大事记》，第19页）

11月3日，上海市副市长宋日昌率上海市慰问团来场，亲切看望1964年支边来场的190多名上海青年。 （《大事记》，第19页）

（1966年）7月8日，上海市202名支边青年到场，被分配在五队、七队、种子队、1725连等单位参加农场建设。 （《大事记》，第20页）

是月(10月),下四场组织上海、武汉支边青年和转业战士300多人,赴场部以北24公里的沙漠中,开荒造田。至11月底,共开荒造田4 743亩,后被命名为水工二连。翌年更名为十三队(现十六连)。

(《大事记》,第20页)

是月(1969年8月),十五队3 200元工资款被盗,受此案牵连10余人。其中一上海支青被错误关押。两个多月后,此案破获。作案人竟是该队"斗批改"小组成员陈辉华。

(《大事记》,第22页)

(1976年)5月20日,民族七连上海知青顾惠芳因卫生员贻误治疗造成胃穿孔死亡。团组织专人调查,责任人被开除医务战线,下放劳动。 (《大事记》,第27页)

建场初期至60年代中期,先后有山东、河北、湖北、河南、上海、武汉等省市的支边青壮年和城市知识青年参加下四场建设。其中:……1965年9月17日武汉支边青年148人,1964年7月、1966年7月分两批来场的上海支边青年393人。 (第四章《人口》,第97页)

1964年,安置上海市支边青年191人。1965年安置武汉市支边青年148人。1966年,安置上海市支边青年202人。1964—1970年,由兵团、农七师及其他团场调来上海支边青年37人。

(第十五章《劳动管理》,第288页)

1962年,安置乌鲁木齐市少数民族知青31人。1968—1969年,安置农七师知青105人。1975—1977年,先后3批安置石河子市织染厂知青共156人。

(第十五章《劳动管理》,第289页)

1980年初,上海市落实知青回城政策,60余名上海知青调离团场回城顶替离退休的父母工作。

武汉知青到场一年多,即发生"文化大革命",近50人自动返回武汉谋生。1980年以后,根据本人要求,当地政府同意为照顾夫妻关系或赡养父母,批准40多名武汉知青调回原籍工作。

(第十五章《劳动管理》,第291页)

1978年改革开放后,重视干部的革命化、年轻化、知识化、专业化,选拔任用部分青年知识分子和知识青年。 (第十六章《中共一三三团组织》,第319页)

1964—1966年,上海、武汉支边青年和转业战士来场以及接迁人员增加,使团组织增添活力。 (第十九章《群众团体》,第392页)

1972 年,上海支边青年张仁勤奋好学,刻苦钻研,自学成才,被师授予青年积极分子称号。

(第十九章《群众团体》,第 395 页)

1964—1966 年,大批上海、武汉支边青年和转业战士来场落户,他们成为农场的文艺骨干。

(第二十七章《文化　体育》,第 494 页)

1964 年以后,上海、武汉支边青年以及复员转业战士来团场就业,乒乓球活动由学校走向社会,逐渐形成规模。1969—1983 年,每年团场都组织比赛,参赛人员在 30—50 人之间。

(第二十七章《文化　体育》,第 514 页)

建场初期,场卫生队的护士,主要从家属中选拔。1964 年以后,主要从上海知青、武汉知青中选拔。

(第二十八章《医疗卫生》,第 524 页)

六连职工张仁,上海支边青年,常用祖传针灸技术为职工治病。1968 年他当了兽医。当时连里牛马成群,工作非常繁忙,但他还是热心为病人扎针,且分文不取。

1969 年 8 月,六连职工张军全身瘫痪,万般无奈找张仁治疗。于是,张仁每天晚上去给张军扎针,风雨无阻。在他和连队卫生员贺承泽的共同努力下,一个月过后,张军能拄着拐杖走路了。一个半月后,能干一些轻活。张仁妙手回春,终于让瘫痪的张军站了起来。

张仁从此声名远播,上门求医者不可胜数。张仁不是在册医生,但周围的人常来找他看病,他都热情接待,千方百计地进行治疗,直到病人满意为止。1971 年,被团场调入卫生连,任新医室主任。

(第三十章《社会新风尚》,第 558 页)

(十二) 1964 年 5 月 21 日上海支边青年(194 人)

| | | | | | |
|---|---|---|---|---|---|
| 丁怀瑞 | 丁根妹 | 马意莲 | 马文芸 | 马桂兰 | 方胜玉 |
| 车春云 | 王子连 | 王玉珍 | 王江宁 | 王吉佩 | 王秀贤 |
| 王帮秋 | 王帮杰 | 王秀珍 | 王美华 | 王美娣 | 王玲娣 |
| 王效符 | 王荷花 | 王震晖 | 尤渝章 | 邓剑海 | 石嘉秋 |
| 古　萍 | 冯　年 | 包伟民 | 乐秀莲 | 任伯荣 | 任建民 |
| 刘清韵 | 刘根娣 | 刘浩泉 | 刘道平 | 刘锡强 | 许妙凤 |
| 许雪梅 | 孙凤英 | 孙扣宝 | 孙淡瑛 | 孙志康 | 江招娣 |
| 华稚英 | 邢　安 | 朱文中 | 朱高妹 | 朱红娣 | 朱福青 |
| 朱根妹 | 朱鸿宾 | 李七锦 | 李正瑛 | 李石菊 | 李保妹 |
| 李世梅 | 李国捷 | 李惠娟 | 李毓茹 | 李雯雯 | 杨毛弟 |
| 杨志钢 | 杨根娣 | 杨晓清 | 杨德麟 | 杨荣耀 | 汤根宝 |

| | | | | | |
|---|---|---|---|---|---|
| 汤桂香 | 肖镛慧 | 严根才 | 宋金华 | 宋小明 | 汪仕正 |
| 汪静玉 | 邬素贞 | 邬福庆 | 余根成 | 苏恒珍 | 陆瑞珍 |
| 励康年 | 何银发 | 何晓峰 | 陈三妹 | 陈生祥 | 陈根发 |
| 陈贵成 | 陈蓓红 | 陈顺娣 | 陈绮芬 | 陈聪麟 | 沈丽 |
| 沈志强 | 沈坚强 | 沈渝德 | 吴小妹 | 吴万玲 | 吴金宝 |
| 吴美娟 | 金月如 | 金志平 | 经银凤 | 屈昌砚 | 郑彪 |
| 郑纹琴 | 郑慧珠 | 郑雪雄 | 武鸿福 | 周三妹 | 周春泉 |
| 周烈峰 | 周锦德 | 周惠岳 | 张合顺 | 张成英 | 张美芳 |
| 张祥龙 | 张根娣 | 张素娟 | 张留婉 | 张梅英 | 张洪宝 |
| 张洪芳 | 郁陈英 | 陆惠钧 | 柳文洁 | 阎道禄 | 段秀花 |
| 施增富 | 胡永林 | 胡菊珍 | 胡秀娟 | 赵玲生 | 赵利亚 |
| 钟福良 | 姚江华 | 姚根娣 | 姚菊芬 | 殷海妹 | 殷瑞雯 |
| 殷琴凤 | 郭伟华 | 郭伟强 | 侯兰香 | 龚长明 | 倪仁和 |
| 倪均一 | 倪玉凤 | 倪金妹 | 徐长发 | 徐培培 | 徐美华 |
| 徐清华 | 徐震宇 | 秦冬娣 | 秦玉珍 | 顾铜宝 | 顾锡宝 |
| 顾金生 | 夏惠康 | 陶忠利 | 高年珍 | 高年芬 | 高年富 |
| 高美菊 | 高爱民 | 黄坤元 | 黄玲玲 | 黄祖芬 | 黄纪斌 |
| 程宝珍 | 曾淑英 | 曹秀珍 | 葛文弟 | 章涌芬 | 章福根 |
| 盛慧珍 | 蒋安贫 | 蒋友璇 | 蒋根娣 | 夏成金 | 谢永发 |
| 雷蔼芳 | 潘慧珠 | 潘明德 | 裘以智 | 樊金娣 | 廖素芳 |
| 霍惠珍 | 魏忠 | 魏建钰 | 魏国强 | 戴君旋 | 戴锷 |
| 瞿鸿运 | 郑关成 | | | | |

(十三) 1964—1970 年由兵团政干校、农七师干校等单位调入上海青年(45 人)

| | | | | | |
|---|---|---|---|---|---|
| 马伟刚 | 仇碧云 | 王淑芸 | 史伦亮 | 刘英 | 刘义凤 |
| 朱尤芳 | 李惠伦 | 汤宗述 | 汪建华 | 阎保林 | 许辛尔 |
| 邹永桢 | 陈辉 | 陈菁春 | 程关寿 | 沈大光 | 沈芷华 |
| 沈惠珍 | 金声家 | 景美珍 | 陈宝发 | 周兰芳 | 周静梅 |
| 周树清 | 张红 | 张欧 | 张明才 | 张仲毅 | 陆瑞珍 |
| 祝根龙 | 祝永义 | 欧阳钰 | 徐赢 | 徐云涛 | 徐以玲 |
| 顾大可 | 黄秋凤 | 曹素梅 | 蒋建青 | 童光群 | 焦明珍 |
| 焦裕芝 | 陈毅奋 | 郑佩钰 | | | |

(十四) 1965 年 9 月 13 日武汉支边青年(131 人)

| | | | | | |
|---|---|---|---|---|---|
| 万由达 | 孔令银 | 方汉荣 | 王乃如 | 王小春 | 王庆生 |
| 王怀秀 | 王佩文 | 王爱珍 | 史敏 | 石秀英 | 朱桐 |

| | | | | | |
|---|---|---|---|---|---|
| 朱亚丽 | 朱秋梅 | 刘汉珍 | 刘冬芳 | 刘有佳 | 刘华银 |
| 刘丽华 | 刘延喜 | 刘俊芳 | 吕大双 | 吕永林 | 仰竹林 |
| 池本年 | 阮姣九 | 阮继运 | 李玺 | 李萍 | 李万久 |
| 李汉玲 | 李汉堂 | 李金文 | 李绍安 | 李明芳 | 李治湘 |
| 李桂生 | 汪小雯 | 沈永龙 | 余金元 | 余金香 | 杜华英 |
| 杜德纯 | 吴克芳 | 宋星敏 | 陈军 | 陈玉芳 | 陈庆平 |
| 陈作安 | 陈昌印 | 陈胜军 | 陈尚志 | 邱雅芬 | 路剑玉 |
| 杨秋林 | 杨巧香 | 杨汉萍 | 杨学慧 | 杨重林 | 郑定芬 |
| 郑钱勇 | 明爱枝 | 明素梅 | 罗轮青 | 罗腊芝 | 昌所苟 |
| 范汉真 | 范霞芬 | 张天才 | 张良秀 | 张炎武 | 张昌津 |
| 张莲英 | 张桂兰 | 张高升 | 张新莲 | 周小云 | 周小秋 |
| 周天江 | 周少华 | 周厚庄 | 周金明 | 周建庭 | 周爱菊 |
| 周腊芝 | 柳明娣 | 骆汉忠 | 欧阳春政 | 赵慧琪 | 洪利煌 |
| 祝用 | 祝正元 | 祝品芳 | 涂汉生 | 涂兆宁 | 涂孟林 |
| 胡冬青 | 胡家胜 | 费国良 | 姜远秀 | 侯连 | 夏莲娣 |
| 夏家利 | 夏望河 | 徐赢 | 徐双娥 | 徐珍茹 | 袁珠华 |
| 唐汉银 | 钱建国 | 殷引娣 | 梁思吉 | 黄丽珍 | 黄洪芬 |
| 黄恒忠 | 龚汉陆 | 盛勇 | 盛湘莲 | 喻业明 | 喻善云 |
| 蒋双英 | 蒋云秀 | 蒋非厅 | 蒋颜萍 | 彭元珍 | 彭翠萍 |
| 谢长敏 | 熊纯顺 | 熊学秀 | 熊莉莉 | 蔡永明 | |

（十五）1966 年 7 月 7 日上海支边青年（202 人）

| | | | | | |
|---|---|---|---|---|---|
| 丁惠芳 | 于莲娣 | 万宝生 | 马才香 | 王浩 | 王志永 |
| 王秀科 | 王景鸾 | 王玲蓉 | 王曼萍 | 王燕华 | 王金芳 |
| 王金娣 | 王秀娣 | 王惠中 | 王珊珍 | 王意礼 | 方美瑛 |
| 方慧芬 | 邓小敏 | 邓绍基 | 仇国富 | 孔银妹 | 尤蕴华 |
| 史梅芳 | 叶春祥 | 边静宜 | 乐凤菊 | 朱杏娣 | 朱永平 |
| 朱永琴 | 朱静文 | 朱家瑞 | 朱芝芳 | 朱文通 | 庄文宗 |
| 庄志清 | 任书荣 | 华惠如 | 刘必 | 刘正宝 | 刘铁柱 |
| 刘惠芳 | 刘修礼 | 刘雄秀 | 连传本 | 许培廉 | 许培德 |
| 孙宝根 | 孙雅芬 | 孙昌寿 | 戎芝华 | 苏荣初 | 冯荣娜 |
| 冯惠辛 | 阮森根 | 沙永国 | 沈小昆 | 沈金清 | 沈美瑜 |
| 沈薇薇 | 沈泰来 | 汤乃泰 | 汤玲娣 | 李玉兰 | 李玉珊 |
| 李金妹 | 李鸿英 | 李蝶英 | 李玲玲 | 李桂芳 | 李玲英 |
| 李富玲 | 李宏元 | 李莲英 | 杨关宝 | 杨惠功 | 杨渭钧 |

| | | | | | |
|---|---|---|---|---|---|
| 吴元兴 | 吴衍圆 | 吴锦兰 | 吴静秋 | 吴益欣 | 吴亚萍 |
| 吴映慧 | 吴鹤梅 | 邱丽芳 | 何之芬 | 何恂恂 | 何志龙 |
| 何秀凤 | 汪学进 | 谷正祥 | 张仁 | 张秀英 | 张庆华 |
| 张凤英 | 张鸿喜 | 张维梁 | 陈乐 | 陈浩 | 陈长英 |
| 陈长根 | 陈大伟 | 陈兰玲 | 陈云亮 | 陈永玖 | 陈金吾 |
| 陈启麟 | 陈培煌 | 陈伟芳 | 陈家栋 | 邵淑瑜 | 林红娣 |
| 陆长海 | 陆莉英 | 陆维英 | 郁开元 | 罗瑞徽 | 於碧霞 |
| 周玉娣 | 周革女 | 周林福 | 郑志德 | 郑纪萍 | 郑柏财 |
| 金春宝 | 金林宝 | 金政训 | 金永培 | 赵莉莉 | 赵琴芳 |
| 赵惠亭 | 胡美玉 | 胡宝荣 | 胡钟治 | 范建平 | 姜金华 |
| 钟富裕 | 施来根 | 施国印 | 施清英 | 洪爱丽 | 姚静芳 |
| 姚金宝 | 俞小玉 | 俞乐娣 | 俞妙英 | 俞斯文 | 荣丽芳 |
| 顾惠芳 | 顾慎身 | 顾慈行 | 徐文耀 | 徐国兰 | 唐德金 |
| 贾沛洪 | 郭婉娜 | 夏文国 | 高美 | 高玉兰 | 高根生 |
| 高伟富 | 高恩达 | 钱大公 | 诸春荣 | 诸临兰 | 诸佩国 |
| 盛江 | 盛绮霞 | 龚震荣 | 曹红梅 | 曹兰娣 | 曹美芸 |
| 曹世源 | 陶惠莲 | 黄丽芬 | 黄正元 | 屠良伍 | 梁嘉安 |
| 傅根妹 | 傅依莉 | 傅培华 | 童琴芬 | 董蓓娣 | 董爱珍 |
| 董淑萍 | 董根林 | 蔡莲芳 | 阙伟民 | 梅国华 | 潘家乐 |
| 谢秋珍 | 谢德荣 | 谢锡麟 | 颜望新 | 薛振发 | 戴仁杰 |
| 戴培英 | 戴荣刚 | 戴国梁 | 魏雪英 | | |

（第三十二章《人物》，第 609—612 页）

# 《一三四团场志》

《一三四团场志》编委会编，新疆人民出版社 2002 年

（1963 年）9 月，首批 14 名上海支边知识青年来场工作。　　　　（《大事记》，第 13 页）

是年（1964 年），189 名上海支边青年来场参加生产建设。　　　　（《大事记》，第 13 页）

（1975 年）10 月 15 日，石河子第四机床厂 36 名知识青年来团参加工作。至 1978 年，石河子市来团知识青年 108 名。　　　　（《大事记》，第 16 页）

是年(1980年),1 200名知识青年参加团场生产建设。 (《大事记》,第17页)

1964年上海集体支边青年277人。 (第三章《人口》,第63—64页)

1963年,首批上海市支边青年13人来场工作。1964年,接收安置上海市支边青年189人;1966年接收安置上海市支边青年23人。 (第十七章《劳动工资》,第221页)

"文化大革命"中,石河子市知识青年"上山下乡,接受贫下中农再教育"。1975—1978年,先后有108名知识青年来团参加工作。1980年后,因外调、内招、顶替等原因,大部分陆续返城。 (第十七章《劳动工资》,第222页)

# 《一三五团场志》

牛国民主编,新疆教育出版社2002年

(1964年)6月16日,上海支边青年18人到场参加工作。 (《大事记》第10页)

(1966年)10月,56名天津支边青年到农场参加工作。 (《大事记》,第11页)

(1973年)7月1日,七连(现良繁连)男工人曹振林与上海支边青年黄佩芳自由恋爱履行结婚手续后,女方反悔不愿合房,曹纠集一伙人,强行与女方同居。此事在社会上引起极大反响,并牵动了上海市委。市委派工作组赴疆与农七师司法部门协同查处此案。曹被判七年徒刑。其亲属对此判决不服,曾上访到北京,中央有关部门指示重新审理此案,其结果视曹无罪,于1978年释放。 (《大事记》,第16页)

# 《一三六团场志》

一三六团场史志编纂委员会编,新疆人民出版社2002年

(1964年)7月,首批上海支边青年濮惠华等30人来场参加生产建设。

(《大事记》,第21页)

(1965年)9月5日,武汉支边青年刘继芳等74人到场参加生产建设。

(《大事记》,第22页)

（1966 年）7 月 24 日，第二批上海支边青年朱伟刚等 168 人，到场参加生产建设。

（《大事记》，第 24 页）

（1974 年）3 月，上海市赴新疆兵团慰问团三分团一行 21 人到团，对近 200 名上海青年进行慰问。 （《大事记》，第 30 页）

1964 年 7 月，接收安置上海支边青年 30 人。1965 年 9 月，接收安置湖北武汉支边青年 74 人。1966 年 7 月，接收安置上海支边青年 151 人。 （第十八章《劳动工资》，第 263 页）

团场教师队伍主要依靠团场自己的力量培养起来的。1958 年 3 月，小拐农场办校伊始，从基层单位抽调王惠武、杨晓英、陆静哲三位女同志担任教师。1960 年以后，办学规模逐渐扩大，团场先后从上海、武汉支边青年和转业战士家属中选用 20 多人充实教师队伍。

（第二十六章《教育》，第 391 页）

濮惠华（1947.1—　　），女，汉族，上海市人。初中文化程度。1964 年支边来疆参加工作，同年加入共青团。历任农工、班长、排长、副连长、教师、副厂长等职。多次被评为五好工人、优秀团员、三八红旗手。1965 年，在生产一队，她带领 7 名上海女知青组成棉花丰产组，种植棉花 200 亩，虚心向老职工学习植棉技术，不怕苦、不怕累、定苗锄草、浇水松土、施肥打顶，工效总是全班最高的。秋后，总产皮棉 2.06 万公斤，单产 103 公斤，受到农七师司令部的通令嘉奖，荣获"知青棉花丰产组"奖状。当年，她被团场树为五好标兵。

（第三十四章《人物》，第 500 页）

# 《一三七团志》

一三七团史志编纂委员会编，新疆科技卫生出版社 1998 年

在 50 至 70 年代期间，上海、广东、武汉、天津、北京等省市的支边青年来场就业，几乎全是初、高中毕业生，而在这一时期主动来场就业的支边人员和转业军人中，学生成份也占大多数。1969 年，农七师分配来场的 86 名奎屯学生，全是初、高中及专科毕业生。1966 年和 1975 年以后，每年又有一三七团培养的初、高中毕业生分配工作，一三七团人口的文化程度不断上升。 第四章《人口》，第 50 页

（1965 年）9 月 27 日，51 名湖北武汉支边青年分配到场参加生产建设。

（《大事记》，第 330 页）

（1968 年）夏，上海慰问团到团慰问 60 年代进疆的 35 名上海支边青年。

（《大事记》，第 332 页）

# 《农八师垦区石河子市志》

农八师石河子市地方志编纂委员会编，新疆人民出版社 1994 年

（1964 年）6 月 5 日，上海知识青年 1 003 名，到达垦区参加建设。（《大事记》，第 26 页）

（1969 年）1 月 21 日，农八师根据毛泽东主席"知识青年到农村去"的指示，规定 1966—1968 年毕业的中、小学生年满 16 周岁的一律分配到农、牧团场，参加生产劳动。

（《大事记》，第 30 页）

（1977 页）7 月 1 日，周恩来总理纪念碑动工兴建。纪念碑位于石河子市北郊的石河子总场场部，在 1965 年周总理亲切接见上海支边青年的地方。　　（《大事记》，第 35—36 页）

（1965 年 7 月）5 日下午，周总理一行视察石河子总场葡萄园、棉田，在该场二分场条田边的林荫下接见上海支边青年代表和干部、职工代表，发表了"出身不能选择，道路可选择"的重要谈话。

（卷七第一章《视察　访问》，第 197 页）

"文化大革命"十年，一方面压缩城镇人口，动员知识青年上山下乡到农场，一方面从农场招工和调动大批人员进城，形成劳力对流，1968—1971 年 4 年间，城镇部分人口大换班，劳动管理出现混乱。

（卷十三第三章《劳动管理》，第 428 页）

## 二、支边青年安置

从 50 年代到 60 年代中期，全国各地青年响应党的号召，到石河子参加开发建设，主要来自……1966 年上海支边青年 1 487 人。……

## 三、社 会 招 工

50 年代后期，农八师先后开发安集海灌区、莫索湾灌区，石河子的工矿企业也纷纷建成投入生产，劳动力缺少，除补充部分复员转业军人和支边青壮年外，主要从社会上招收工人。……

## 四、补充自然减员

1978 年，石河子市区全民所有制单位开始实行职工退休缺员由其子女顶替补充制度，无人顶替的，由劳动部门统一下达补员招工指标，从城镇待业青年和上山下乡知识青年中招

收补员。……

## 六、农牧团场劳动力的自然增长

自 50 年代开始,农八师各农牧团场,每年都有到达工作年龄、有劳动能力的职工子女参加工作,70 年代后人数更多。农牧团场劳动力的自然增长,均纳入国家劳动计划和劳动管理,分期办理自然增长手续。从 1975 年到 1985 年,共增加 76 060 人。

**1975—1985 年国营农牧团场职工自然增长人数表**

| 年　份 | 1975 | 1976 | 1977 | 1978 | 1979 | 1980 | 1981 | 1982 | 1983 | 1984 | 1985 |
|---|---|---|---|---|---|---|---|---|---|---|---|
| 人数(人) | 6 239 | 6 524 | 6 748 | 7 906 | 8 278 | 8 274 | 9 422 | 7 218 | 5 847 | 3 887 | 5 717 |

## 七、下乡知识青年回城安置

"文化大革命"中,知识青年上山下乡接受贫下中农再教育,1968 年底石河子和乌鲁木齐市等地 4 800 多名年满 16 周岁的中学毕业生到石河子各农场劳动,以后又下去几批。1975 年,成立石河子地区和石河子市,又分别成立知识青年上山下乡办公室,国家拨专款,配备专职干部带队下乡。1968—1978 年,共安置下乡知识青年 12 366 名。

上山下乡知识青年随着年龄的增长和其他多种原因,要求回城。根据全民所有制企业农调工指标的多少,以下乡时间的长短为条件,分期远调老知青回城到全民所有制企业工作;对少数家庭确有困难需要照顾的,则不受时间限制,安排到城镇集体所有制企业。从农调工到全民和城镇集体企业工作的职工,下乡时间合并计算工龄。1980—1985 年,抽调到集体所有制企业的有 112 名。

## 八、城市待业青年劳动就业

1979 年,调整待业青年上山下乡政策,缩小上山下乡范围,扩大留城面,采取多种形式安排,当年就业 3 825 人。其中安排在国营企业的 2 723 人;组织知青场、队,安排 1 102 人。1980 年,在政府统筹规划下,本着劳动部门介绍到国营企业就业、自愿组织起来就业和自谋职业相结合的方针,城镇待业青年逐步做到就地安置。1980—1985 年,共安置 19 326 人,占待业总人数的 93.62%,尚未安置的还有 1 316 人。……

(卷十三第三章《劳动管理》,第 429—431 页)

1964—1966 年上海、武汉、天津青年学生 2 782 人。　(卷二十二第一章《人口》,第 683 页)

# 《一四一团场志》

一四一团史志办编著,新疆人民出版社 2000 年

(1965 年)9 月,武汉支边青年到场,共计 200 人。　(《大事记》,第 8 页)

（1966年）7月，上海支边青年到场，共209人。 （《大事记》，第9页）

（1969年）2—3月，农八师中学、石河子中学等校300余名学生分别安置到各连接受贫下中农再教育。 （《大事记》，第10页）

（1974年）10月23日，上海支边青年慰问团到团场，对全团上海支边青年进行慰问。

（《大事记》，第11页）

（1975年）8月，天津支边青年慰问团来到团场，对天津支边青年进行慰问，随团的歌舞团为团场职工，群众进行慰问演出。

10月28日，团场召开"上山下乡"知识青年代表大会，出席会议代表共250名。

（《大事记》，第12页）

（1977年）秋，六连马厩失火，知识青年钟贤卓因救火被烧伤，不幸致残。

（《大事记》，第13页）

1964—1965年，南京军区两批复员转业军人进场。1966年，北京军区复员转业军人进场。1961—1966年，有上海、武汉支边青年和1968—1975年，有团场、石河子、乌鲁木齐等地接受"再教育"的学生进场共同组成团场人员的结构基础。 （第三章《人口》，第57页）

1968年，城市知识青年响应毛泽东主席"知识青年到农村去"号召，石河子中学、农八师中学、驻石各事业、企业单位中学等数千人来到农场，其中石河子中学近400人。

（第十五章《综合经济》，第167页）

**知识青年钟贤卓抢救国家财产身负重伤，荣立三等功**

1973年6月22日下午3点45分，人们正在午睡，连队一片寂静。突然，六连马厩失火，天热、柴干，火势猛。听到叫喊声，钟贤卓第一个赶到失火现场，他毫不犹豫地爬上房顶，到火势最猛的地方去灭火。正在奋力救火时，脚下的房梁被火烧断，他不由自主地掉进火海。当他带着一身火苗冲出烈火后，昏倒在同志们的怀抱中。但他仍惦记着国家财产，不停地喊："快去救马！快去救马！"

钟贤卓烧伤面积达70%。他非常坚强，在医院里积极配合医生，咬着牙进行植皮手术，顽强地与病魔作斗争。根据钟贤卓长期积极工作，表现较好，在火灾的关键时刻，为抢救国家的财产挺身而出，奋不顾身地扑进火海的英勇行为，经团党委研究决定，给钟贤卓记三等功一次。 （第二十五章《社会生活》，第307—308页）

# 《一四二团场志》

一四二团史志编纂委员会编,新疆人民出版社 1994 年

是月(1956 年 6 月),江苏支边学生 16 人到团参加工作。 　　　　　　(《大事记》,第 6 页)

是年,广东学生约 40 人到团参加工作。 　　　　　　(《大事记》,第 6 页)

(1963 年)5 月,武汉支边青年 28 人到团参加工作。 　　　　　(《大事记》,第 9 页)

(1964 年)5 月,上海支边青年到农场参加工作。 　　　　　(《大事记》,第 9 页)

(1966 年)5 月,第二批上海支边青年到团参加工作。 　　　　　(《大事记》,第 10 页)

(1987 年)6 月,开始给上海知青子女办理去沪借读等事宜。 　　　(《大事记》,第 18 页)

60 年代,进团的多为上海、江苏、湖北(武汉)等省支边青年。 (第三章《人口》,第 51 页)

### 1951—1966 年到团支边人数

| 年度 | 1955 | 1963 | 1964 | 1966 |
|---|---|---|---|---|
| 籍贯 | 上海<br>河南 | 武汉 | 上海 | 上海 |
| 人数 | 50 | 28 | 250 | 260 |

(第十四章《经营管理》,第 169 页)

# 《新疆石河子一四三团农场志》

一四三团农场志编纂组编,(内部刊行)1988 年

同月(1955 年 7 月),36 名河南支边学生到团。 　　　　　(《大事记》,第 7 页)

同月(1956 年 3 月),24 名广东支边青年分配到团。 　　　　　(《大事记》,第 7 页)

8 月,26 名上海支边青年分配到团。 　　　　　(《大事记》,第 7 页)

（1961年）9月6日,60名上海支边青年到团。　　　　　　　　　　　（《大事记》,第10页）

（1963年）5月,第二批16名上海支边青年到团。　　　　　　　　　（《大事记》,第10页）

（1965年）8月30日,上海赴疆慰问团到达我场慰问263名上海支边青年。
9月11日,武汉支边青年200人到我场。
9月25日,第二批25名武汉支边青年到我场。　　　　　　　　　　（《大事记》,第12页）

（1984年）8月28日,上海市委书记陈沂和夫人,上海市文化局局长黄楠一行三人,由自治区党办同志陪同来我场参观,并看望了上海支边青年。　　　　　　　　（《大事记》,第18页）

　　六十年代初来农场就业的上海、武汉、天津三大城市支边青年几乎全是初高中学生,而这一时期就业的自流人员和复员转业军人中,学生成份也占大部分,1962年以后,每年又有自己培养的初高中毕业生就业。一四三团人口的文化素质不断上升。

（第一编第五章《人口民族》,第30页）

# 《一四四团场志》

一四四团场史志编纂委员会编,新疆科学技术出版社2003年

　　接收的职工主要有……1961—1966年上海市支边青年51人；1965年9月湖北武汉市支边青年72人。　　　　　　　　　　　　　　　　　　（第二十章《劳动工资》,第224页）

# 《新疆生产建设兵团一四七团志》

一四七团史志办编,新疆人民出版社1999年

（1956年）7—9月,河南支边青年368人、上海支边青年53人先后来到三十团参加农场建设。　　　　　　　　　　　　　　　　　　　　　　　（《大事记》,第12页）

（1963年）9月14日,上海市8名具有高中文化程度的知识青年来三十团参加边疆建设。
　　　　　　　　　　　　　　　　　　　　　　　　　　　　　（《大事记》,第15页）

（1964年）5月,上海支边青年123人来团参加边疆建设。　　　　（《大事记》,第16页）

（1965 年）5 月，武汉、天津支边青年 155 人来团参加边疆建设。　　《大事记》，第 17 页)

（1975 年）9—10 月，团接受安置石河子下乡知识青年，在本团接受"再教育"，同时安置本团知识青年 1 500 名，是安置知青最多的一年。　　　　　　　　　《大事记》，第 21 页)

（人口来源有）1956 年上海支边青年 53 人……，1963—1966 年，上海支边青年 287 人；1965 年，天津支边青年 50 人；武汉支边青年 105 人。
　　　　　　　　　　　　　　　　　（第三编第一章《人口来源与发展》，第 74 页)

1974—1976 年，石河子市初高中毕业生响应毛泽东主席"知识青年到农村去"的号召，先后有 820 人来到一四七团"接受贫下中农再教育"。后来，这批知识青年陆续回城。
　　　　　　　　　　　　　　　　　（第三编第一章《人口来源与发展》，第 75 页)

1956 年 6 月接收安置上海支边青年 53 人，……。1964 年安置上海支边青年 123 人。1965 年 9 月安置武汉支边青年 105 人，天津支边青年 50 人。1966 年 7 月安置上海支边青年一批 132 人。　　　　　　　　　（第八编第五章《劳动　工资》，第 276 页)

"文化大革命"中，党中央号召城市知识青年"上山下乡"、"接受贫下中农再教育"。1974—1976 年，一四七团先后接收石河子市知识青年 820 名就业。这些知识青年来自农八师机关、石河子市厂矿企业及事业单位。1980 年以后，由于外调、内招、顶替等原因，大部分陆续回城。　　　　　　　　　　　（第八编第五章《劳动　工资》，第 277 页)

# 《一四八团场志》

一四八团场史志编纂委员会编，新疆人民出版社 1997 年

是年（1963 年），上海支边青年来场工作。　　　　　　　　　　（《大事记》，第 13 页)

（1965 年）8 月 23 日，武汉支边青年 226 名来场工作。
8 月 24 日，上海市赴疆慰问团三分团来莫二场，慰问上海支边青年。
　　　　　　　　　　　　　　　　　　　　　　　　（《大事记》，第 14 页)

1965 年 8 月，分配来场武汉支边青年 193 人，其中男性 94 人、女性 99 人。……1966 年，分配来场上海支边青年 193 人。　　　（第八编第五章《劳动工资》，第 187 页)

1963—1966年,上海、武汉支边青年先后来场664人。

(第十二编第一章《人口》,第270页)

# 《一四九团场志》

《一四九团场志》编委会编,新疆人民出版社2002年

(1964年)5月,首批上海支边青年来场参加工作。 (《大事记》,第11页)

1964年、1966年,两批上海知识青年247人;1965年,武汉知识青年24人。

(第三章《人口》,第69页)

1968—1970年,接收石河子高、初中毕业生和待业知识青年890人,来场接受"再教育"。

(第三章《人口》,第70页)

1968—1970年,城市知识青年响应毛泽东主席"上山下乡"号召,离开城市来农场劳动。团场接纳石河子高、初中学生和待业青年890人,分配到生产连队劳动锻炼。1978年落实政策,大多返城,少数留在农场。 (第二十二章《劳动工资》,第201页)

# 《一五零团场志》

一五零团场史志编纂委员会编,新疆人民出版社2000年

(1965年)6月,武汉支边青年193人来到农场参加工作。 (《大事记》,第16页)

(1966年)6月,第三批上海支边青年140人来到农场参加工作。(《大事记》,第16页)

(1974年)7月,石河子等地一批初、高中毕业生来一五〇团场参加工作。

(《大事记》,第19页)

1964、1966年,接收上海支边青年423人。 (第十八章《劳动 工资》,第231页)

"文化大革命"中,"接受贫下中农再教育"的城市知识青年来团场就业。1968—1978年,共安置乌鲁木齐、石河子等地学生79人,以后这些知青大部陆续返回城市。

(第十八章《劳动 工资》,第232页)

1958年,团场职工以青年为主。1964—1966年,几批上海、武汉、天津支边青年陆续到团场就业。1968年以后,来自城市的一批青年学生来到团场就业。1976—1989年,大量本场中学毕业生被分配到基层单位。为了培养锻炼青年,采取适应青年特点的组织形式,组建了青年连和青年排。

为了鼓励青年积极上岗务农,1990年,党委决定将三营十九连组建为青年连,集中安置青年100余人,编了3个排、12个班。团场制定优惠政策,青年集体承包土地,每月发工资;青年人结婚,团场给每户赠送一张床,一个面板,另给5棵树做家具;连队有"青年之家"活动室和篮球场、乒乓球台;业余时间组织青年读书、演讲和排练文艺节目,唱"卡拉OK"。由于生活丰富多彩,凝聚力强,十九连青年上岗务农近百人,为连队职工人数的一半。被兵团授予"上岗工作先进集体"称号,书记吕永海也被兵团授予"上岗工作先进工作者"光荣称号。

(第二十四章《共青团》,第299页)

70年代,由于团场中小学生人数激增,教师需量大,新增小学教师主要从转业军人、支边知识青年和军垦第三代中选拔。 (第二十七章《教育》,第328页)

1958—1966年,接收湖北、江苏支边青、壮年和上海、武汉、天津知识青年1 448人。

(第三十一章《人口》,第372页)

# 《一五二团志》

一五二团史志编纂委员会编,新疆人民出版社2002年

是月(1965年11月),浙江温州支边青年20人到团参加生产建设。

(《大事记》,第7页)

1968—1974年,兵团农学院、兵团医专等大中专学校毕业生分配来团工作32人;按照毛主席"知识青年到农村去"的号召,一批批市区高初中毕业生分配来团,团接收安置八一毛纺厂、八一糖厂、矿山机械厂(第四机床厂)、红山嘴水力发电厂,兵团第二医院,石指机关、玛管处等单位上山下乡知识青年398人。 (第三章《人口》,第65页)

1965年11月,接收浙江温州支边青年20人来团参加生产建设。

(第十四章《劳动 工资》,第241页)

1969年1月,何成义等50名兵团系统的知识青年响应毛主席"知识青年到农村去"的

号召,上山下乡来团参加生产建设,70 年代后大部分回城,现何成义、郭秋云 2 人仍在团工作。1970—1974 年,先后有三批下乡知青到团工作,计 398 人。

(第十四章《劳动 工资》,第 241 页)

70 年代团组织对青年进行艰苦奋斗光荣传统教育,在青年中开展"农业学大寨"活动,农业连队涌现出一批"铁姑娘"班,北京女知识青年罗玲玲、下乡女知青辛玉玲、武林华脱颖而出,走上共青团领导工作岗位。

(第十七章《群众团体》,第 302 页)

70 年代,实行知识青年上山下乡,一批批高初中毕业生分配到连队,成为连队团支部开展文体活动的骨干力量。

(第十七章《群众团体》,第 304 页)

# 《农九师志》

农九师史志编纂委员会编,中华书局 2000 年

1962—1965 年上海支援边疆建设青年 200 余人到师。

(第四编第一章《人口》,第 134 页)

"文革"期间,一方面压缩城镇人口,动员知识青年上山下乡到农牧团场从事农牧业生产劳动。另一方面又从农牧团场招工和调出一批人员,形成劳动力对流。1976 年至 1981 年兵团解体时期劳动力管理比较混乱。

(第五编第十一章《经营管理》,第 388 页)

# 《一六一团志》

一六一团志编纂委员会编,中华书局 1999 年

(1964 年)4 月,10 名上海支边青年到团场。

(《大事记》,第 8 页)

(1965 年)4 月,5 名上海支边青年到团。
9 月 3 日,武汉支边青年 96 人到团。

(《大事记》,第 9 页)

(1976 年)1 月 9 日,团成立知识青年办公室,主任黄庭顺。

(《大事记》,第 14 页)

10 月,牧一连班翠莲出席自治区知识青年代表大会。

(《大事记》,第 14 页)

## 1963 年上海支边青年人员名录(7 人)

吴忠明　　陈大川　　过薇珍　　顾燕平　　陈　洁　　洪文康　　陆继业

(第三十章《人物》,第 346 页)

## 1964 年上海支边青年人员名录(6 人)

唐刘风　　张季石　　吴全根　　唐文福　　任惠芳　　顾仕隆

(第三十章《人物》,第 348 页)

## 1965 年武汉支边青年人员名录(92 人)

| | | | | | | | |
|---|---|---|---|---|---|---|---|
| 黄河清 | 黄　林 | 程秀琴 | 樊燕秀 | 邱桂露 | 李煜兰 | 章利利 | 张桂兰 |
| 侯环珠 | 李昌裕 | 鲁美云 | 何华英 | 薛云培 | 娄　俊 | 李学芳 | 许　渊 |
| 汤友安 | 蔺　虹 | 王玉芳 | 邱祥明 | 甘登秀 | 李开秀 | 劳常华 | 杨芙蓉 |
| 陈丽中 | 杜国芳 | 熊学英 | 夏伯荣 | 李紫华 | 屈登珍 | 李春香 | 毛雪英 |
| 刘淑静 | 毛玉仙 | 万利平 | 韩友荣 | 朱艳芳 | 陈文芳 | 李汉莲 | 倪丽华 |
| 周运琪 | 李建厚 | 彭正英 | 罗美英 | 何作武 | 章　敏 | 郑春华 | 刘士华 |
| 刘莲香 | 张惠君 | 金琳琳 | 陈巧云 | 曾汉芳 | 张受梅 | 肖春香 | 常明利 |
| 朱莉薇 | 方友梅 | 盛杏生 | 胡克珍 | 毛在鸿 | 刘宗寿 | 王清香 | 胡端阳 |
| 赵汉初 | 喻再云 | 刘曙皋 | 胡克难 | 杨　丽 | 刘选新 | 刘谓良 | 孙巧明 |
| 陈根发 | 吴汉清 | 刘尚义 | 廖曙照 | 宋大勇 | 邓春芝 | 龚金玉 | 熊武全 |
| 肖桂梅 | 范凤臣 | 熊寿仁 | 吴　梦 | 王运怀 | 卿显中 | 李厚芳 | 汤小凤 |
| 张明珠 | 周育华 | 陈凤华 | 陈　玲 | | | | |

(第三十章《人物》,第 349 页)

# 《一六三团志》

新疆生产建设兵团农九师一六三团史志办公室编,方志出版社 1999 年

(1964 年)5 月,接收部分北京、沈阳军区集体复员转业军人,另外补充部分支边青年,组建武装值班连 1759 连。

(《大事记》,第 9 页)

1963 年农场职工为 1 127 人。主要来源,从农七师各场及兵团其它单位调来的山东、河南、江苏、湖北、湖南、上海支边青年。

(第十章《经营管理》,第 195 页)

从建场初期到党的十一届三中全会召开前的 1977 年,发展党员一直坚持党的阶级路线,支边青年、转业战士及贫下中农出身的积极分子作为发展党员的重点,曾有一段时间转

业战士和上海支边青年中的入党积极分子作为发展党员的特别重点。

(第十六章《中共一六三团组织》,第 305 页)

1962 年"伊塔事件"发生后,为稳定局势,农七师三管处在处直基建大队的基础上,临时组织了一个警卫连,共 90 人,分 3 个排,王殿奎任连长,黄春生任指导员,配备枪支,分为 44 个执勤点执行任务。5 月 29 日,伊犁地区发生武装暴乱,警卫连被编入 701 值班营的 714 连。1963 年春,改为 1753 连,连长王发生,指导员程瑞锋。

1964 年 5 月,三管处接收了北京、沈阳等军区集体复员官兵 1844 人,对原值班连队进行调整补充,增强了值班部队的武装力量。塔城总场新编入 4 个值班连:1760 连、1752 连、1762 连、1759 连。1965 年撤销塔城总场,前 3 个值班连队先后调出。1759 连编入转业战士和部分支边青年,配备了各种武器 210 件。全团共有民兵 400 人,有哨所 2 个,检查站 1 个。

(第二十章《军事》,第 385 页)

# 《一六四团志》

新疆维吾尔自治区地方志编纂委员会编,新疆人民出版社 2000 年

(1966 年)7 月,上海支边青年来农场 35 人,其中:男青年 16 人,女青年 19 人。

(《大事记》,第 9 页)

1962 年建场,学校仅有 2 名教师,60 年代中期至 70 年代,随着团场教育的普及发展,中小学教师一部分是从职工中选调,一部分是由内地分配来的大中专毕业生及 1964 年以后来团的部队转业军人、上海支边青年。70 年代末 80 年代初,团场培养的优秀初、高中毕业生陆续补入教师队伍。

(第二十六章《教育》,第 343 页)

# 《一六五团志》

新疆生产建设兵团农九师一六五团史志办公室编,方志出版社 1999 年

34 年来,生活在这块土地上的军垦人,有老干部,转业、复员军人,有上海、山东、湖南等地支边青年和军垦职工子弟,有长期居住在新疆的哈萨克族等少数民族,至 1996 年,全团场总人口 5 695 人。

(第四章《人口》,第 65 页)

1965 年……接收上海支边青年 42 人。

(第四章《人口》,第 65 页)

1963—1968 年,接收江苏、湖北知识青年 168 人。 （第四章《人口》,第 65 页）

五六十年代,全国各地青年积极响应党中央支援边疆、保卫边疆的号召,来到偏僻贫穷的达因苏牧场参加生产建设。1963—1968 年,共安置江苏、湖北、上海及其它省、市支边青年 210 人。其中,1966 年接收上海支边青年 42 人。 （第十五章《经营管理》,第 206 页）

# 《一六六团志》

一六六团史志编纂委员会编,中华书局 1999 年

## 1963—1966 年上海支边青年

| 万粉红(女) | 马春芬(女) | 王自晨(女) | 王金萍(女) | 王国凡 | |
|---|---|---|---|---|---|
| 石杏珍(女) | 宁远列 | 庄红娣(女) | 许潘金 | 吴家舜 | 潘祥元 |
| 潘根忠 | 魏东方 | 魏如顺 | 魏东玉 | 魏先祥 | |

（第五章《人口》,第 52—53 页）

1960 年江苏、湖北两省的支边青年,为建场奠定了劳力基础。……1964—1966 年,一方面增加转业官兵、支边知识青年,另一方面内部招工和从团外调进人员,形成劳动力增加的主要来源。至 1974 年,累计安置城镇青年 128 人。 （第二十章《劳动管理》,第 246 页）

1964—1966 年接收上海支边青年 23 名,浙江支边青年 3 名。1968 年、1969 年接收农七师三管处和奎屯知识青年 23 人。1971 年接收农八师知识青年 35 人,1974—1978 年,接收农九师师直知识青年 53 人,接收铁厂沟、庙尔沟知识青年 16 人,1964—1978 年累计接收支边知识青年 153 人。 （第二十章《劳动管理》,第 246—247 页）

团场应征入伍青年主要来源:1.在疆部队集体转业官兵子女。2.内地集体转业军人子女。3.内地集体支援边疆建设的子女及亲属。4.上山下乡知识青年。

（第二十六章《武装》,第 321 页）

# 《一六七团志》

新疆维吾尔自治区地方志编委会编,新疆人民出版社 2000 年

(1975 年)1 月 8 日,卫生队医助、上海支边青年吴秀芳(女)当选为全国人大代表,参加

全国四届人大会议。 （《大事记》，第 9 页）

# 《一六八团志》

新疆生产建设兵团农九师史志办编，新疆人民出版社 1999 年

(1965 年)8 月 17 日，场政治处召开首次上海知识青年座谈会。章国芳、茅逸梅等 10 位上海支边青年参加了座谈会，并表达了安心农场工作，把青春献给农场的决心。团场政委和三管处宣教科科长到会鼓励大家为建设农场、屯垦戍边多作贡献。 （《大事记》，第 14 页）

(1970 年)7 月 5 日，政治处通报表彰上海支边青年邬烈源，奋不顾身抢救小学生的英勇事迹。 （《大事记》，第 17 页）

(1975 年)9 月 5 日，政治处召开首次上山下乡知识青年代表大会，19 个单位 150 名代表，其中知识青年代表 69 名，会议历时 3 天，副团长孙玉忠代表团场党委向 100 名先进集体和个人颁奖。 （《大事记》，第 21 页）

团场人口来源，1958—1996 年间除自然增长和团场职工零星接来家属外，人口的来源主要有：支边人员从 1959—1965 年，有组织地接受江苏、湖北、上海、武汉等省市支边青年 854 人。 （第三章《人口》，第 73 页）

1956—1960 年 4 年间，知识青年响应党中央上山下乡的号召，到新疆参加生产建设。1959 年安置湖北、江苏两省的知识青年 188 人，1960 年安置湖北、江苏知识青年 301 人。 （第十八章《劳动工资》，第 239 页）

1958 年后，首批江苏、湖北支边青年，从祖国山清水秀的地方来到遥远的祖国边疆，从北京、天津来的复员转业军人，从大城市来的上海、武汉支边青年。陆续来到团场。

随着经济建设事业的发展，来边疆农场的人员迅速增加。每进一批新成员，都要进行爱国主义民族团结教育，扎根边疆、热爱农场，长期屯垦戍边的思想教育工作，激发他们先苦后甜的爱国热情，增强屯垦戍边的荣誉感和自豪感。 （第二十章《中国共产党一六八团委员会组织》，第 280 页）

1960 年创建第一所小学，苏华明任教员，初师文化程度。1965 年，建立中心小学，有教师 17 人，其中中专学历 5 人，大专 1 人，初高中学历 11 人，1971 年建立中学，有教师 56 人，

其中小学教师 25 人,教师的来源是从知识青年中选拔和国家分配来团场的大中专毕业生。

(第二十七章《教育》,第 370 页)

## 1965—1966 年上海支边青年名单

| | | | | | | |
|---|---|---|---|---|---|---|
| 王建平 | 顾玉铭 | 邬烈源 | 夏华贵 | 达式寿 | 陈成国 | 陈忠桂 |
| 秦锦楠 | 于离生 | 陶振祥 | 郭丙南 | 顾全连 | 黄文清 | 荣纪新 |
| 孙爱华 | 高金轰 | 包文虎 | 杨德忠 | 曹兰英 | 陆振光 | 黄舜华 |
| 肖秀凤 | 陈春娟 | 任期博 | 周泉沅 | 宣 森 | 葛银炳 | 韩菊林 |
| 常凤妹 | 茅逸梅 | 余小南 | 沈星甫 | 徐韵珍 | 邱月潮 | 王丽君 |
| 鲁望喜 | 屈立仁 | 金管庆 | 段家珍 | | | |

(第三十一章《人物》,第 441 页)

# 《一六九团志》

自治区地方志编委会编,新疆人民出版社 2000 年

(1975 年)9 月 15—17 日,一六九团召开首届知识青年代表大会,出席大会代表 36 人,党支部青年委员 12 人,党委书记刘英杰在会上讲话。

(《大事记》,第 18 页)

1963—1969 年,团场先后安置上海、武汉支边青年 105 人(其中上海 36 人,武汉 39 人)。

(第三章《人口 计划生育》,第 52 页)

## 上海支边人员名录(37 人)

| | | | | |
|---|---|---|---|---|
| 王庆凤 | 蒋才英 | 付金玉(女) | 沈兆宏 | 杨方瑞 |
| 赵新生 | 马福海 | 赵筱梅(女) | 张公锟 | 王平福 |
| 王惠娟(女) | 王莉年(女) | 陈翠仙(女) | 张财基 | 周培安(女) |
| 凌淑萍(女) | 沈 暄 | 王佩勤(女) | 王婉芳(女) | 翁文甫 |
| 张龙妹(女) | 付渝妹(女) | 徐悉耕 | 唐文初 | 凌淑青(女) |
| 翟克明 | 徐爱华(女) | 许建华 | 严 菲(女) | 司徒根才 |
| 蒋 琴(女) | 陆 蝶(女) | 王振华(女) | 崔 玉 | 张公锐 |
| 陈佩娜 | 范伟康(调入) | | | |

(第二十七章《人物》,第 281 页)

## 1965 年武汉市支边青年(39 人)

| | | | | | | |
|---|---|---|---|---|---|---|
| 邹传钱 | 李芳芳 | 陈青梅 | 吴五莲 | 刘贤英 | 梅文庆 | 安中太 |
| 黄 笑 | 喻齐芝 | 何艳芳 | 冯其根 | 徐汉荣 | 刘三姣 | 袁汉鹏 |

| | | | | | | |
|---|---|---|---|---|---|---|
| 王贵三 | 夏 红 | 杨友生 | 张素珍 | 胡敬芝 | 丁喜荣 | 顾宏宝 |
| 诸葛海珍 | 李菊梅 | 闫爱华 | 李 跃 | 石金桥 | 唐小云 | 吴汉霞 |
| 宋广跃 | 汪 琴 | 王桂芝 | 王腊梅 | 杜先珠 | 万起超 | 蔡文跃 |
| 苏玉甫 | 张赛芬 | 王宋英 | 李明汉 | | | |

（第二十七章《人物》，第 286 页）

# 《一七〇团志》

自治区地方志编委会编，新疆人民出版社 2000 年

（1964 年）4 月，第一批上海支边青年 8 名来到牧场。　　　　　（《大事记》，第 8 页）

1966—1974 年的 8 年间是人口迅速增长的 8 年，其特点是大批量调入的人数多。如：……上海支边青年 20 余人，石河子垦区青年 25 人。　　（第三章《人口》，第 51 页）

## 1956 年广东支边学生（1 人）

钟奇兆　　　　　　　　　　　　　　　　　　（第二十九章《人物》，第 359 页）

## 1964 年上海支边青年人员名录（10 人）

| | | | | |
|---|---|---|---|---|
| 沈道珍（女） | 廖静雯（女） | 胡樱儿（女） | 杨秀洁（女） | 陈瑞娟（女） |
| 刘坚人 | 徐亚平 | 杨建津 | 齐 澄 | 陈德福 |

（第二十九章《人物》，第 360 页）

# 《农十师志》

农十师史志编纂委员会编，新疆人民出版社 1998 年

（1973 年）11 月 24 日—12 月 8 日，师召开知识青年上山下乡工作会议，到会代表 93 人。十年来，师接收安置知识青年 7 511 名，其中来自上海的 1 948 名，来自天津的 3 486 名，师内高中毕业生分配工作的 2 077 名。　　　　　（《大事记》，第 23 页）

（1979 年）3 月 26 日，一八七团部分天津支边青年在"回城风"影响下，四处串联，百余人到农垦局机关要求办理病退、离婚手续回津。经耐心教育无效，要求返津支边青年成立"绝食委员会"，于 27 日 13 时在一八七团团部静坐并集体绝食。后经地区、农垦总局、自治区知青办、天津市和国务院知青办多方工作，于 31 日全部复食，事态得以平息。

（《大事记》，第 25 页）

1961—1966 年(接收)上海支边知识青年 1 940 人；1965、1966 年天津支边青年 3 486 人。

(第七编第二章《劳动　工资》，第 368 页)

# 《一八一团志》

《一八一团志》编纂委员会编，新疆人民出版社 2000 年

是年(1963 年)，上海支边青年 52 人到团。　　　　　　　　(《大事记》，第 14 页)

是月(1964 年 6 月)，上海支边青年 243 人到团。　　　　　　(《大事记》，第 15 页)

(1965 年)天津支边青年 140 人到团。　　　　　　　　　　(《大事记》，第 16 页)

是年(1966 年)，天津支边青年 436 名、兰州军区复员军人 320 名到团。

(《大事记》，第 17 页)

(1974 年)10 月，上海市赴疆慰问团三分团到团慰问全体上海支边青年，著名电影演员穆弘随团慰问。　　　　　　　　　　　　　　　　(《大事记》，第 21 页)

是年(1975 年)，调卫东公社徐州支边青年 37 名到团。　　(《大事记》，第 22 页)

(1980 年)8 月，传达贯彻国务院《关于解决新疆垦区农场上海支边青年问题的具体规定》，要求将大部分上海知识青年稳定在新疆。　　　　　(《大事记》，第 24 页)

(1981 年)6 月，根据国务院国发[1981]第 91 号同意新疆维吾尔自治区和上海市政府《关于解决新疆垦区农场上海支边知识青年问题的具体规定》文件精神，一八一团部分上海知青开始返沪。　　　　　　　　　　　　　　　　(《大事记》，第 25 页)

1963 年，调入上海支边青年 52 名。1964 年……调入上海支边青年 243 名。1965 年，调入天津支边青年 140 名……1965 年调入天津支边青年 436 名……

(第三章《人口》，第 68 页)

60 年代中期大批复转军人，上海、天津知识青年进疆参加屯垦戍边，根据兵团司字[1963]第 1612 号文件，团尽力帮助他们在艰苦的环境中安下心扎下根。1964 年，给予上海

支边知识青年每人 15 元服装补助，35 元家具补助。是年山东转业军人到团，补助服装、铺板、炊具费，还报销其家属进疆的路费。1965 年天津知识青年到团，每人补助服装费 30 元，铺板、炊具费 35 元。 （第十九章《民政》，第 261 页）

# 《一八二团志》

一八二团志编委会编，新疆人民出版社 1999 年

（1964 年）6—9 月，上海支边青年 219 人到团落户。 （《大事记》，第 10 页）

（1965 年）7 月至 1966 年 6 月，天津支边青年共 237 人到团落户。（《大事记》，第 10 页）

8 月，上海市各界人民赴疆慰问团来团慰问。 （《大事记》，第 11 页）

（1967 年 2 月 3 日）天津支边青年家属慰问代表团（民间）到团。

2 月 13—18 日，天津支边青年一百多人集会，要求离团回津，提出"打回老家去"的口号，后经师、团各级领导说服教育，各回单位。 （《大事记》，第 11 页）

（1969 年）1 月 24 日，北屯中学 120 名学生到团接受"再教育"。 （《大事记》，第 12 页）

1964—1966 年间，共接迁上海支边青年 219 人，天津支边青年 630 人。

（第二章《人口》，第 52 页）

1964—1966 年，上海、天津支边青年和山东、河南、陕西等地的复员转业军人进疆参加建设，由于这批人的进疆，改变了团场原有成分，加强了团场的社会稳定性。

（第十七章《社会治安综合治理》，第 202 页）

庄惠珍，十连青年班政治班长。1965 年她和其他 4 名上海女支青组成了全团第一个上海女青年包产组。为夺取丰产丰收，全组人员披星戴月一心扑在田间，田管紧张时，她们连续战斗二天三夜没有睡过觉。夜班遇到刮风下雨，戈壁滩无处躲避，棉衣棉裤被雨淋透了，但她们仍坚守岗位。全组拧成一股绳，苦练种田基本功，很快掌握了小麦、玉米的管理技术。在团各生产阶段检查评比中，她们的包产田被评为"标兵田"。庄惠珍先后被评为优秀青年、"三八"红旗手、学毛著积极分子，并出席了兵团和自治区召开的学习毛著先进代表大会。

（第二十四章《人物》，第 246 页）

# 《新疆生产建设兵团农十师一八三团志》

一八三团史志编纂委员会,(内部刊行)1999 年

(1963 年)4 月,首批上海支边青年 17 人到团。　　　　　　　(《大事记》,第 7 页)

7 月 9 日,第二批 326 名上海支边青年到团。　　　　　　　(《大事记》,第 8 页)

(1965 年)7 月 17 日,390 名天津支边青年来团。

9 月 10 日,上海各界人民赴疆慰问团副团长、上海市副市长宋日昌一行 10 余人来团慰问上海支边青年。　　　　　　　(《大事记》,第 9 页)

(1966 年)6 月 29 日,197 名天津支边青年到团。　　　　　　　(《大事记》,第 9 页)

# 《新疆生产建设兵团一八四团志》

新疆生产建设兵团一八四团编著,新疆人民出版社 1999 年

(1964 年)7 月 1 日,上海知识青年 209 人参加边疆建设。　　　　　　(《大事记》,第 9 页)

9 月,第二批上海知识青年 19 人到达三十五团。　　　　　　(《大事记》,第 9 页)

(1965 年)9 月 5 日,中共上海市委、人委和上海人民慰问团来团场慰问上海支边青年。
　　　　　　　(《大事记》,第 10 页)

(1966 年)7 月 18 日,天津支边青年 320 人到团场。　　　　　　(《大事记》,第 10 页)

(1970 年)4 月,一八四团二连天津支边青年任广芬出席师首届"活学活用毛泽东思想积极分子"、"四好连队"、"五好战士"代表大会。　　　　　　(《大事记》,第 11 页)

是年(1979 年),部分上海支边青年回城。　　　　　　(《大事记》,第 14 页)

1964 年 7 月,上海知识青年 228 人分配来团,1966 年 7 月,天津知识青年 320 人来团。
　　　　　　　(第十五章《经营管理》,第 207 页)

70 年代,教师来自团内职工中上海、天津支边青年,复转军人……

80年代,知识青年回城,教师减员,先后有106名教师调离,有些课程空缺教师。

（第二十三章《教育》,第316页）

## 九、上海支边青年名录

| | | | | | | |
|---|---|---|---|---|---|---|
| 丁福明 | 丁惠君 | 马国华 | 马德道 | 马竞成 | 王龙珠 | 王小妹 |
| 王益有 | 王贴玖 | 王启发 | 王金福 | 王中良 | 王育惠 | 王桂珍 |
| 王文安 | 王海明 | 王引兰 | 王启泓 | 王静善 | 王漪 | 方衍珥 |
| 叶展民 | 代金媛 | 冯建新 | 冯春来 | 右文珍 | 田宗尧 | 孙久成 |
| 孙瑞珏 | 孙嘉珍 | 孙跃祖 | 孙友良 | 阮正华 | 许龙英 | 池福珍 |
| 邢富保 | 邢风英 | 庄玲玲 | 朱仁荣 | 朱学华 | 朱爱云 | 华士飞 |
| 汤野弟 | 刘广源 | 刘有发 | 刘才根 | 汪玉书 | 汪蓉华 | 汪秀德 |
| 沈红发 | 沈亚路 | 沈博文 | 沈小妹 | 沈平生 | 沈俊福 | 沈美庭 |
| 沈右根 | 沈正国 | 苏国清 | 苏龙兴 | 苏瑞君 | 李引娣 | 李安娟 |
| 李乃纹 | 李安国 | 李乃纯 | 李丽珠 | 李安琪 | 李小妹 | 匡宝林 |
| 花金根 | 吴瑞梅 | 吴玉泉 | 吴慕懿 | 吴莲莲 | 吴仙龙 | 吴仲年 |
| 吴湘民 | 吴利宝 | 沙惠娟 | 严鸿义 | 严福根 | 宋忠精 | 闵有梅 |
| 闵静波 | 杨悦仁 | 杨惠强 | 杨月蓉 | 杨继仁 | 杨亭亭 | 陈钦玉 |
| 陈风祥 | 陈昌洪 | 陈正明 | 陈永义 | 陈寿祯 | 季庆发 | 金宝祥 |
| 金继荣 | 金宝贞 | 金火琴 | 金云飞 | 金引娣 | 张水娟 | 张美华 |
| 张立艺 | 张如心 | 张国良 | 张义官 | 张跃惠 | 张德祥 | 周美英 |
| 周剑东 | 周元芳 | 周日鸣 | 周引官 | 周长生 | 周仁龙 | 周惠芳 |
| 卢德芬 | 罗汉生 | 岳宝庆 | 武家庆 | 胡小芳 | 胡瑞林 | 胡亚平 |
| 胡云娣 | 胡民利 | 赵兰芳 | 赵本均 | 赵惠龙 | 陆志华 | 陆粉香 |
| 陆崇其 | 陆秀芳 | 陆纪英 | 陆筠涛 | 施福懿 | 施正权 | 施文娟 |
| 屈有吉 | 洪玉芳 | 倪元芳 | 倪仲坚 | 倪维刚 | 倪桂宝 | 倪桂嘉 |
| 倪正国 | 倪健 | 倪华平 | 秦胜天 | 秦冬扣 | 姜兰英 | 徐云芳 |
| 徐维平 | 徐桂芳 | 徐国荣 | 徐红娣 | 高妙英 | 高景峰 | 翁悦心 |
| 翁行恕 | 诸顺国 | 诸振华 | 姚福明 | 姚梅芳 | 姚锡荣 | 姚国昌 |
| 凌炳国 | 唐梅芳 | 唐应龙 | 祝萍 | 黄惠芳 | 黄勒德 | 黄木芳 |
| 黄雪芳 | 黄寿其 | 黄振华 | 黄国英 | 康惠娟 | 康顺官 | 鲁鸿龙 |
| 曹琴官 | 曹伯康 | 曹秀华 | 曹永明 | 屠明芳 | 奚建国 | 陶文敬 |
| 傅何宝 | 崔小根 | 淡云轩 | 龚伯凡 | 龚明戌 | 潘来 | 钟其恕 |
| 董志荣 | 董金海 | 彭玉梅 | 彭忠熊 | 钱素行 | 钱国宝 | 蒋翠芬 |
| 蒋金银 | 顾正明 | 顾祥麟 | 顾大弟 | 韩爱莲 | 韩守乐 | 韩德荣 |
| 梅财娣 | 程智方 | 褚水新 | 詹保平 | 蔡燕华 | 蔡新英 | 蔡荣福 |

| 潘文秀 | 潘华元 | 潘再生 | 潘福明 | 瞿梅娟 | 瞿 勃 | 瞿其中 |
| 薛洪彬 | 鞠名妹 | 鞠大风 | 鞠钧名 | | | |

## 十、天津支边青年名录

| 于 萍 | 于炳才 | 于广泉 | 于鹤轩 | 于学礼 | 于彩玲 | 马和平 |
| 马俊青 | 马英良 | 王鹤鸣 | 王文顺 | 王怀起 | 王宝林 | 王 漪 |
| 王继业 | 王来春 | 王和平 | 王贵英 | 王秀荣 | 王业华 | 王肇明 |
| 王玉华 | 王桂华 | 王秀兰 | 王仲娴 | 王惠丽 | 王秀娟 | 王 湘 |
| 王兰君 | 王秀英 | 王根深 | 王秀云 | 王秉高 | 王 萍 | 王桂芬 |
| 王宝山 | 王金禄 | 王秀英 | 王桂荣 | 王君喜 | 王复聚 | 王宝敏 |
| 王桂荣 | 王秀英 | 王淑珍 | 王灵云 | 王桂英 | 王玉凤 | 王振兰 |
| 王淑琴 | 牛春生 | 仇玉兴 | 卞昭玉 | 邓美弯 | 代连科 | 代月巧 |
| 冯 欣 | 冯秀琴 | 冯振忠 | 田风素 | 石树强 | 石桂兰 | 尹宝明 |
| 白启龙 | 白福义 | 闫秀敏 | 吕 华 | 吕博学 | 吕华云 | 任广芬 |
| 任广琴 | 任秀渊 | 孙玉琴 | 孙全英 | 孙荣锁 | 孙广茂 | 孙惠森 |
| 孙金奎 | 孙志义 | 孙永久 | 孙连文 | 许书环 | 许小云 | 朱洪伦 |
| 朱风琴 | 朱良基 | 回蕴深 | 纪根荣 | 邢汝敏 | 刘少勤 | 刘克良 |
| 刘永年 | 刘顺起 | 刘文瑞 | 刘美英 | 刘秀兰 | 刘桂花 | 刘铁锁 |
| 刘文俊 | 刘华珍 | 刘 挹 | 刘文琴 | 刘金兰 | 刘金华 | 刘金全 |
| 刘先复 | 刘克俭 | 刘 萍 | 刘新华 | 刘成华 | 刘淑琴 | 刘淑敏 |
| 刘瑞华 | 李 友 | 李树起 | 李玉兰 | 李宝海 | 李学宽 | 李 路 |
| 李文来 | 李燕朋 | 李士兰 | 李桂荣 | 李玉省 | 李清森 | 李德岐 |
| 李 莉 | 李惠兰 | 李学海 | 李毓文 | 李淑芬 | 李士奇 | 李风英 |
| 李殿华 | 李春兴 | 李连义 | 李俊青 | 李荣泉 | 肖连敏 | 肖莲秀 |
| 杜 庚 | 吴仲仁 | 何爱娟 | 何俊玲 | 谷迎秋 | 安风岭 | 杨 杰 |
| 杨炳华 | 杨淑霞 | 杨淑美 | 杨在久 | 杨玉发 | 杨秀兰 | 杨意玲 |
| 杨树忠 | 杨国琴 | 杨淑敏 | 杨丽燕 | 杨金明 | 邱爱莲 | 肖丹妮 |
| 宋振友 | 宋淑英 | 宋鸿奎 | 宋淑香 | 宋莲芳 | 宋长起 | 张全忠 |

(第二十七章《人物》，第 358—359 页)

# 《一八五团志》

一八五团史志编纂委员会，(内部刊行)1997 年

60 年代中期在额尔齐斯河水上运输，复员军人杜西芳、上海知青朱福良在执行货运任

务中落水牺牲,年仅都 20 多岁。 (《概述》,第 9 页)

(1964 年)3 月,……上海支边青年 100 余人同时分配来场工作。 (《大事记》,第 15 页)

(1966 年)年初,天津支边青年 28 人分配来场工作。 (《大事记》,第 15 页)

一八五团人口主要来源于(1)职工调入;(2)复转退伍军人及家属;(3)上海、天津知青;(4)出生人口。 (第二章《人口》,第 52 页)

1964 年 3 月,600 多名济南军区复转官兵及随军家属、上海知青、老职工家属搬家近千人来场,为农场建设注入新的活力。 (第三章《农场创建》,第 62 页)

## 八、上海支边青年名录

| | | | | | | | |
|---|---|---|---|---|---|---|---|
| 丁家君 | 丁明芳 | 卫永华 | 马季芹 | 马维芳 | 马水芳 | 倪文浩 | 方明贯 | 仇木根 |
| 王培芳 | 王惠芳 | 王卫平 | 王卫国 | 王寿昌 | 王建英 | 王义廷 | 王桂莲 | 尹进清 |
| 付国柱 | 弗龙根 | 费文仙 | 费国民 | 朱关宝 | 刘德华 | 刘玉华 | 刘盛利 | 刘翠英 |
| 刘翠兰 | 刘兰娣 | 盛祖敬 | 韩玉琴 | 陆金伯 | 陈志贤 | 陈玉忠 | 陈林祥 | 陈品江 |
| 陈玉芬 | 陈志勤 | 陈玲秀 | 陆忠秀 | 吴盛明 | 邹玲娣 | 张继仁 | 张琳琳 | 张新娣 |
| 张明忠 | 闵锦忠 | 闵风娟 | 李玉芹 | 李志成 | 吴正祥 | 吴翠范 | 余伯华 | 宋 哲 |
| 邵 顺 | 张国安 | 金永飞 | 金梅星 | 金水娟 | 郑益红 | 周英新 | 周志琴 | 周卫中 |
| 钟国珠 | 钟双宝 | 周雄华 | 胡保祥 | 钱永福 | 钱文芳 | 钱永生 | 殷翠凤 | 姚建峰 |
| 赵应国 | 唐正安 | 唐平恒 | 贾玉珍 | 贾福根 | 顾福根 | 顾福星 | 顾美群 | 顾兴初 |
| 顾家玉 | 顾玉英 | 徐正飞 | 徐海清 | 徐海亮 | 康萍霞 | 康水芳 | 黄明莹 | 黄 妹 |
| 黄正国 | 黄付元 | 黄彩萍 | 龚庆章 | 龚雪荣 | 龚义君 | 龚龙元 | 盛惠杰 | |
| 盛昌勇 | 盛长杰 | 盛菊仙 | 盛长荣 | 盛长智 | 盛昌生 | 夏才根 | 蒋高志 | |
| 潘火祥 | 瞿月仙 | 费学敏 | 孙乐平 | 孙光荣 | | | | |

## 九、天津支边青年名录

| | | | | | | | |
|---|---|---|---|---|---|---|---|
| 于瑞和 | 马国良 | 王玉华 | 王玉明 | 王 鹏 | 王福英 | 王俊英 | 尤春荣 | 代淑英 |
| 代淑清 | 任书臣 | 朱思群 | 刘素芬 | 刘志红 | 许 静 | 许玉芹 | 韩桂荣 | 韩素梅 |
| 张玉英 | 张宝兰 | 张玉霞 | 张国祥 | 李建云 | 李淑英 | 李正海 | 杨风书 | 郑浩然 |
| 周玉芬 | 周桂兰 | 钟顺琴 | 钟秀英 | 单淑琴 | 赵景玉 | 赵吉民 | 赵康琴 | 赵 军 |
| 韩秀荣 | 贾桂新 | 贾秀荣 | 董大庆 | 梁佩珍 | 顾兰云 | 曹玉惠 | 曹桂梅 | 彭文俊 |
| 蔡紫英 | 穆祥紫 | | | | | | | |

(第二十六章《集体·人物》,第 263—264 页)

# 《新疆生产建设兵团农十师一八六团志》

一八六团史志编纂委员会,(内部刊行)1998年

一八六团人员来自祖国五湖四海,建场初期,有老八路、解放军指战员和江苏、湖北、山东、上海等地的支边青壮年,1964年、1965年的集体复转军人和统分的大中专毕业生投身屯垦戍边的行列。
(《概述》,第2页)

3. 1963—1969年(职工来源),由师调入的部分徐州、上海和天津支边青年和师分配来团的国家、兵团统分的大中专毕业生。
(第十六章《经济管理》,第142—143页)

# 《一八七团志》

一八七团志编委会编,新疆人民出版社1999年

(1965年)7月,第一批天津市支边青年254人到场。
(《大事记》,第4页)

(1966年)10月6日,第二批天津支边青年362名到场。集中学习半个月后分配到各连队工作。
(《大事记》,第6页)

(1973年)12月13—18日,团召开首次上山下乡知识青年代表大会。第二政委武汝征作总结,全团有上海、天津支边青年834名(其中上海226名、天津608名)、北屯学生210名,这些青年中有15人加入中国共产党、132名加入共青团,31名担任干部,11名上大学。
(《大事记》,第11页)

(1975年)4月30日,上海市委知青办、上海人民出版社赠上山下乡知识青年图书41套,每套10本。
(《大事记》,第12页)

6月,中共天津市委派出学习慰问团一行9人,来团慰问1965、1966年进疆的天津知识青年。
(《大事记》,第12—13页)

(1979年)3月26日,全团天津支边青年在"回城风"影响下,百余人到农垦局机关要求办理"病退"、"离婚"手续回津,成立"绝食委员会",于27日13时静坐团部、集体绝食。后经地区、农垦总局、自治区知青办、天津和国务院知青办多方工作,于31日全部复食,事态得以平息。
(《大事记》,第15页)

1967 年 2 月 15 日晚，一连天津青年去卫生室看病，不慎把油灯弄翻，灯熄无法看病，卫生员与之吵打起来。第二天，这位青年伙同其他几名天津青年去找卫生员等人麻烦，有打群架苗头，连领导制止不住，向场部报告。但个别场领导情况没弄清就下令政法股带警卫班即刻到一连抓人，但在下放一连的原政法股干部曹学光的劝说下，才将枪支收藏。全连开大会，群众看有政法股和警卫班的人，可能要抓人。天津青年轰动，往外跑，一政法人员掏出勃朗宁手枪朝天鸣枪，以示警告。在鸣第二枪时，子弹卡壳未响，一天津青年飞起一脚把枪踢掉，此时所有天津青年群情激昂，奋起围打政法和警卫班人员，有的去抢枪，可手枪被另一职工捡着收藏（后送交场部），即将发生的流血事件被缓解。这些天津青年多数在天津是"红卫兵"又占"红五类"成分之优。此事发生，他们对谁都看不惯，谁相劝，轻则被围攻，重则遭打。全连人心惶惶，四处逃避躲藏，一天之中全连 80 余名职工跑得仅剩 9 人，这才引起场党委高度重视。当天下午，由党委书记、政委杨保民挂帅的 5 人工作组进驻一连，调查处理，给予解决。时称"2·16"事件，震动全场，影响极坏。　　　（第十九章《治安保卫》，第 273 页）

1970 年正式创办中学。全团有中小学教师 31 人。教师由初中毕业的知识青年和分配来团场的大中专毕业生担任，其中以知识青年为主。　　　（第二十章《教育》，第 282 页）

## 上海市、天津市支边青年

1964 年 4 月，上海支边知识青年 172 人；天津支边知识青年 606 人，其中 1965 年 7 月 254 人，1966 年 9 月 352 人。

（一）上海支边知识青年名录

| | | | | | | | |
|---|---|---|---|---|---|---|---|
| 黄金秀 | 朱　毅 | 高邦权 | 赵其奎 | 吴莲莲 | 徐根发 | 金富贵 | 金继荣 |
| 蔡红兵 | 蔡大宁 | 屠中浮 | 蔡燕华 | 周俊良 | 蔡　群 | 赵周云 | 张跃忠 |
| 胡云娣 | 徐凤娣 | 祝　萍 | 胡明利 | 龚荣荣 | 李安娟 | 陶文敬 | 沈佩华 |
| 诸亚萍 | 黄信林 | 徐宝元 | 徐志超 | 姚凤娣 | 蔡永章 | 曹慧权 | 朱玉燕 |
| 沈平生 | 汪国强 | 王国良 | 陆金莲 | 张如心 | 李冬英 | 韩守乐 | 王龙珠 |
| 桑克良 | 倪　军 | 高月英 | 苏龙兴 | 周瑞珠 | 盛小娣 | 吴志伟 | 朱宗庶 |
| 丁玉玉 | 顾秋华 | 康顺官 | 沈石根 | 戴爱武 | 径中华 | 舒志学 | 赵子文 |
| 黄雅芬 | 忽树华 | 蔡秀珍 | 严亦卿 | 顾天龙 | 陈蓉芝 | 顾爱梅 | 乔云琴 |
| 陆　锋 | 倪华平 | 倪顺欣 | 杨惠强 | 赵惠龙 | 邬谈军 | 胡亚平 | 张立艺 |
| 蔡惠英 | 周卫忠 | 卢仁厚 | 周兰花 | 屈永吉 | 彭忠雄 | 王文安 | 杨悦仁 |
| 徐永生 | 殷美丽 | 崔　娟 | 袁鸿宝 | 唐平衡 | 叶志强 | 徐美娟 | 陈金娣 |
| 姚桂生 | 宋　织 | 徐正飞 | 盛昌治 | 张民权 | 张民生 | 胡章宝 | 张惠金 |
| 王梅良 | 沈月琴 | 王卫国 | 王卫平 | 张海林 | 刘武蓉 | 钱树森 | 盛昌源 |
| 王　栋 | 龚顺章 | 朱传清 | 侯三珠 | 毛新娣 | 陶美华 | 黄茹琪 | 马兰祥 |

| | | | | | | | |
|---|---|---|---|---|---|---|---|
| 俞伯华 | 王彩珍 | 赵本均 | 龚梅英 | 仇金生 | 张嘉喜 | 孟桂红 | 陈林霜 |
| 樊恭贺 | 钱江柳 | 杨炳根 | 朱凤群 | 张润增 | 钱欣娣 | 张金生 | 姚桂聪 |
| 印风娟 | 徐良哲 | 丁惠君 | 韩照章 | 沈宝良 | 奚建明 | 姚建峰 | 吴玉泉 |
| 储宝霞 | 翁行恕 | 徐宝权 | 黄美荣 | 何静芬 | 金月华 | 程金发 | 章宝林 |
| 李敬初 | 丁良勇 | 屈春发 | 王家英 | 陶登中 | 葛惠芬 | 瞿望萍 | 陈阳林 |
| 徐桂芳 | 谈秋山 | 潘小德 | 沈小珠 | 钱山洪 | 黄培胜 | 王振民 | 杨玲珍 |
| 潘再生 | 徐宝全 | 许雪梅 | 顾莉莉 | 代秋荷 | 詹璜 | 张宝林 | 郑维军 |
| 沈亚琴 | 沈佩琴 | 顾正明 | 周辉 | | | | |

（二）天津支边知识青年名录

1965 年

| | | | | | | | |
|---|---|---|---|---|---|---|---|
| 庞阴森 | 王泽光 | 纪桂琴 | 付洪森 | 赵绍兰 | 于万起 | 于振芳 | 温燕 |
| 杨光辉 | 张赞民 | 张联合 | 张焕伯 | 曲多寿 | 熊抵才 | 只大华 | 黄杰 |
| 贾炳均 | 李怀春 | 马桂芬 | 王兰香 | 于秀珍 | 陈正坤 | 郑西芬 | 董寿通 |
| 刘丽荣 | 孙敏学 | 张云生 | 刘玉珍 | 李加坤 | 侯志泉 | 龚智鲁 | 李建民 |
| 续克利 | 王宝奇 | 阎德利 | 马德洪 | 王成通 | 孙玉兰 | 陈玉花 | 张立臣 |
| 张士坤 | 范学忠 | 张观湖 | 崔文丽 | 么可发 | 王树根 | 刘宝芬 | 李加林 |
| 李兴锋 | 刘素芬 | 李书和 | 刘敏 | 李洪福 | 于秀兰 | 赵文柱 | 于文贵 |
| 张玉萍 | 李月芳 | 巩秀英 | 侯久玲 | 温宝光 | 高玉明 | 李学成 | 李庆生 |
| 杨才顺 | 曹春林 | 秦国顺 | 董敏 | 杨金玲 | 马方元 | 魏玉生 | 姚洪宝 |
| 吴宝义 | 陈金翠 | 张宏武 | 陶家华 | 刘来元 | 赵淑霞 | 张长龙 | 张来顺 |
| 王世魁 | 孙双来 | 刘琦 | 窦秀坤 | 刘淑青 | 刘宗印 | 杨文才 | 王金玲 |
| 韩凤霞 | 李福凯 | 崔宝贵 | 孙宝兰 | 李振玲 | 孙祥 | 陈之海 | 李春启 |
| 宋云珠 | 周洪祥 | 宋向新 | 杨恩海 | 王福清 | 李连福 | 赵敬 | 张立祥 |
| 张淑英 | 张淑霞 | 陈云华 | 齐兰 | 许静媛 | 周大立 | 侯相芳 | 徐慧玲 |
| 彭雁鸣 | 汪连智 | 秦秀华 | 王惠菊 | 国德春 | 杨世新 | 冯连芳 | 牟丹凤 |
| 周炳强 | 张景华 | 耿爱华 | 孙逊 | 孙宝玲 | 张学兰 | 杨俊芬 | 蒋淑兰 |
| 马学明 | 赵芝 | 陈淑贤 | 汪晶华 | 冯会起 | 李书文 | 王学汉 | 张文奎 |
| 唐书田 | 何永彬 | 陆国同 | 杨金堂 | 张宝树 | 张占凤 | 苑惠英 | 吕振媛 |
| 李兵 | 王秉森 | 余祝林 | 王明坤 | 王加新 | 刘建忠 | 张德发 | 蒋路加 |
| 马德利 | 杨国立 | 冯小奎 | 王德全 | 董春来 | 马桂喜 | 宋桂荣 | 刑秀玉 |
| 魏秀兰 | 李士华 | 李淑华 | 谢秀兰 | 王简 | 李庆番 | 杨秀英 | 张家强 |
| 王洪光 | 刘殿玉 | 殷书林 | 夏桂芝 | 陶家瑞 | 雷玉生 | 陈喜堂 | 李淑芬 |
| 周桂珠 | 刘金铎 | 蒋淑芬 | 王新霞 | 呼恩恒 | 孙雨森 | 徐玉林 | 田桂竹 |
| 尤惠英 | 张惠林 | 姜瑶厚 | 黄长德 | 刘淑珍 | 董俊文 | 徐世兰 | 徐少奎 |

| | | | | | | | |
|---|---|---|---|---|---|---|---|
| 张恩芹 | 林淑华 | 李如增 | 刘 惠 | 胡玉芝 | 刘桂英 | 葛秀英 | 宋葆英 |
| 梁金宝 | 左 明 | 陈松廷 | 王凤志 | 李洪书 | 李长根 | 陈德兰 | 李吉京 |
| 黄庆英 | 郑秀文 | 杨秀玲 | 郭廷杰 | 张绍英 | 周金成 | 徐家蔼 | 张淑云 |
| 马洪起 | 王庆成 | 于文荣 | 万福平 | 张 凯 | 段永祥 | 吕宝育 | 胡宝惠 |
| 马玉柱 | 张曼卿 | 芦志芹 | 龚玉宝 | 郭绪华 | 王俊发 | 宋桂茹 | 吴宝华 |
| 孟凡俊 | 王永南 | 赵克新 | 董守昌 | 何庆芬 | 张志成 | 杨凤敏 | 翟玉贵 |
| 谢殿芳 | 陈文华 | 毕桂荣 | 杨小槐 | 杜金玲 | 韩兆凤 | 罗远东 | 彭桂芹 |
| 刘 静 | 毕可彬 | 李保仲 | 赵成志 | 杨宝林 | 宋文英 | | |

1966 年

| | | | | | | | |
|---|---|---|---|---|---|---|---|
| 徐 昆 | 王艳青 | 韩淑珍 | 孙金锁 | 马富起 | 阎玉龙 | 吕文龙 | 郑东升 |
| 王炳周 | 魏洪声 | 吴润华 | 周宝森 | 刘秀兰 | 刘香茹 | 韩德录 | 朱云程 |
| 李金铭 | 郑秀兰 | 成玉梅 | 张海英 | 张玉婕 | 马桂荣 | 孙国琴 | 杨秀珍 |
| 张庆华 | 付玉珍 | 康淑环 | 王淑荣 | 刘增芬 | 吴广云 | 王学英 | 杨宝文 |
| 武连娟 | 刘大荣 | 张泽琴 | 曹文正 | 王淑芬 | 张文波 | 王文贵 | 张金香 |
| 袁立玲 | 张学合 | 张金洪 | 张宝项 | 李月凤 | 张玉其 | 芦向东 | 安学功 |
| 曹连成 | 吴国红 | 文秀玲 | 高美艳 | 孙 燕 | 陈金林 | 王洪英 | 王代茹 |
| 赵荣华 | 马秀珍 | 孙宝恪 | 鲁成实 | 穆怀志 | 马玉德 | 张志清 | 穆淑华 |
| 刘金荣 | 张长立 | 王法建 | 魏美丽 | 蒋建新 | 陈金荣 | 常金芳 | 李庆贵 |
| 李德丽 | 张英泉 | 周孟兰 | 霍玉珍 | 成云海 | 杨秀云 | 王洪喜 | 胡士龙 |
| 宋宝柱 | 曹蔓莲 | 宋家伯 | 田建华 | 狄建华 | 崔景芳 | 孙 润 | 焦 军 |
| 程玉宽 | 林明菊 | 张津生 | 王友杰 | 朱桂芝 | 李 荣 | 李战江 | 李 克 |
| 李化元 | 周宝林 | 赵玉华 | 于满来 | 宋支边 | 孟兆明 | 张兰英 | 刘凤录 |
| 王凤义 | 冯三奎 | 于世勋 | 张春华 | 石志刚 | 唐连娣 | 李淑敏 | 宋金香 |
| 李淑清 | 刘美丽 | 吴万英 | 杨雁福 | 李志敏 | 冯 文 | 穆祥谦 | 唐桂英 |
| 于长顺 | 张树林 | 刘荣华 | 展建军 | 李景云 | 刑运生 | 齐香宽 | 胡宝华 |
| 赵大维 | 薛春荣 | 刘敬贤 | 闵希荣 | 刘玉秀 | 陈志明 | 孙跃昌 | 王振东 |
| 刘津生 | 马爱敏 | 赵津梅 | 王淑敏 | 张淑芳 | 王连生 | 慕向民 | 褚玉明 |
| 刘文斌 | 徐桂兰 | 黄桂荣 | 窦春兰 | 张文远 | 张若红 | 贺小萍 | 吴家来 |
| 马振忠 | 陈清良 | 古文英 | 耿延荣 | 李金荣 | 李宝祥 | 刘志强 | 万志荣 |
| 王振梅 | 许宝祥 | 郝宏志 | 张洪疆 | 李宝林 | 张香元 | 柳金鹏 | 姚素琴 |
| 张金娥 | 于淑敏 | 朱全英 | 宋慧枝 | 杨翠琴 | 孙文生 | 王淑梅 | 赵金铭 |
| 刘光红 | 付留珍 | 任继琴 | 韩凤英 | 李永玲 | 刘桂芬 | 王金水 | 杨家华 |
| 杨洪喜 | 王克兰 | 孟兆兰 | 王淑琴 | 董玉其 | 孙广英 | 王兆祥 | 赵国华 |
| 吴文贵 | 薛印琴 | 何树敏 | 杜玉珠 | 殷蔓莉 | 宋艳芬 | 寇金茹 | 刘占义 |

| | | | | | | | |
|---|---|---|---|---|---|---|---|
| 孟照跃 | 王彦林 | 周学敏 | 侯德英 | 阎凤珍 | 陈绍刚 | 郑玉祥 | 靳彦清 |
| 李 梅 | 李丽凤 | 鲍立敏 | 贾金山 | 改秀英 | 陈凤英 | 代志清 | 孟光辉 |
| 牟桂津 | 王新生 | 盛亚琪 | 宋光宁 | 黄祥生 | 王学惠 | 马佩谨 | 曲富生 |
| 安鲁艺 | 殷英莉 | 兰凤琴 | 范凤歧 | 甄金生 | 吕桂华 | 刘红心 | 冯自军 |
| 张振全 | 徐桂芝 | 王永芬 | 李永案 | 李永明 | 陈天佑 | 迟振泰 | 刘彦艳 |
| 马桂荣 | 余 军 | 阎秀荣 | 刘莉芬 | 阎玉泉 | 张抗美 | 王玉玲 | 孙 红 |
| 齐玉珍 | 冯宝兰 | 徐占华 | 武素敏 | 宋培琴 | 张金玲 | 张卫国 | 齐国强 |
| 刘云清 | 张宪奎 | 赵君成 | 刘志勇 | 刘贯国 | 周玉文 | 杨志江 | 岳云汉 |
| 田利民 | 李秀峰 | 刘光辉 | 周赞金 | 郑云凤 | 张松文 | 马玉琪 | 李凤兰 |
| 余本江 | 温学英 | 韩志山 | 毛洪敏 | 李英敏 | 杨连元 | 范芬英 | 刘春芳 |
| 孟广禄 | 任永凤 | 王玉璞 | 刘增芬 | 朱贵锁 | 刘惠琴 | 张金远 | 张宝权 |
| 张润生 | 刘淑华 | 李剑民 | 吴旺红 | 王德美 | 葛敬芝 | 孙宝修 | 李恒莉 |
| 李庆林 | 王保根 | 李景芬 | 张长茂 | 宋宝香 | 彭江启 | 丛翠华 | 刘金明 |
| 罗柯华 | 王淑萍 | 肖玉英 | 金 田 | 陈慧芳 | 孙文去 | 张连富 | 陆凤英 |
| 王卫江 | 沈月芳 | 胡事宝 | 张民生 | 张照权 | 李志昭 | 王兆昆 | 吴爱华 |
| 杨玉琴 | 杜学先 | 宋桂芝 | 赵效来 | 王淑兰 | 张维旺 | 杜春兰 | 张凤祥 |
| 杨玉华 | 李克明 | 李福生 | 蔡希贵 | 赵维娟 | 马 根 | 朱国生 | 任连荣 |
| 李汝仓 | 杨宝山 | 王瑞鑫 | 李宝玉 | 路振英 | 赵增义 | 于建华 | 于桂荣 |
| 杨志明 | 张景玉 | 孙秀英 | 吴如新 | 孙玉芳 | 崔 珍 | 吴学琴 | |

(第二十六章《人物》,第 342—346 页)

# 《一八八团志》

一八八团史志编纂委员会,(内部刊行)1996 年

(1965 年)7 月 15 日,天津支边青年 120 名到达北屯三场工作。　　（《大事记》,第 5 页）

(1975 年)7 月 26 日,天津慰问团来团慰问支边青年。　　（《大事记》,第 10 页）

(1976 年)11 月 10 日,为文化大革命中定为反革命组织的"上海青年革命委员会"的 7 名成员平反。　　（《大事记》,第 10 页）

(1977 年)7 月 22 日,团党委决定,上海、天津支边青年未参加工作的家属允许工作。

（《大事记》,第 11 页）

1978年—1989年迁入人口逐年减少,而迁出人口大于迁入人口。其一是大中城市支边青年返城,复转军人返里;其二是团场出生率大幅度下降,由1972年的57.39‰下降到1985年的5.9‰。1989年总人口降至3 476人,仅在1981年迁出人口就达601人。

(第三章《人口》,第59页)

国家有计划地用行政措施动员部队复员转业官兵和城市知识青年迁来定居。1961年—1964年上海支边青年258人;1965年和1966年,天津支边青年两批共250人,占团场总人口的11.25%。

(第三章《人口》,第61页)

1965年9月—1979年9月,教师主要来源于基层职工,大部分是进疆的知识青年,其中上海支边青年当教师的有40名,占教师总人数的31%。

(第十九章《教育》,第228页)

征兵工作始于1968年。一八八团在24年中为部队共输送兵员233人。六十年代末,入伍战士中大部分是上海、天津支边青年。

(第二十一章《人民武装》,第235页)

(四)上海市支边青年名录

| | | | |
|---|---|---|---|
| 卫治国 | 马敏莉(女) | 马玉良 | 马克勤 | 孔祥云 |
| 孔国良 | 王家新 | 王玉英(女) | 王渝生 | 王保林 |
| 王连国 | 王雅珠(女) | 王亚珠(女) | 王大成 | 王财富 |
| 戴淑汶(女) | 毛菊芬(女) | 毛森林 | 方锡通 | 方鑫鑫(女) |
| 易德培 | 付金红(女) | 付相珍 | 付家华 | 平 鹰 |
| 邝小妹(女) | 归国跃 | 田冲跃 | 申世良 | 卢维慈 |
| 刘振红 | 刘根宝 | 刘素兰(女) | 刘文渝 | 刘文津 |
| 刘学初 | 朱金根 | 朱兰芳(女) | 朱年德(女) | 朱跃根 |
| 朱仁敦 | 朱普全 | 朱仁荣 | 邢炳文 | 孙克英(女) |
| 孙晓梅(女) | 孙梅珍(女) | 孙振华 | 庄志超 | 许德根 |
| 许金婉(女) | 许兴隆 | 吕善山 | 江锦明 | 李志刚 |
| 李望兰(女) | 李学明 | 李双顶 | 李网芝(女) | 李小妹(女) |
| 李国平 | 李文明 | 李龙祥 | 李云美(女) | 李风根 |
| 李康康(女) | 李翠珍(女) | 张孝德 | 李惠芳(女) | 张若强 |
| 张发顺 | 张绍元 | 张自强 | 张才珍(女) | 张自兰(女) |
| 张菊芳(女) | 张菊芳(女) | 张管赐 | 张 森 | 张泰山 |
| 张国民 | 张学荣 | 张学明 | 张云利(女) | 张学杰 |

| | | | | |
|---|---|---|---|---|
| 张洁华(女) | 张玉梅(女) | 张莉萍(女) | 张丽萍(女) | 张敏忠 |
| 张艮奎 | 张菊妹(女) | 张玉英(女) | 沈惠民 | 沈德康 |
| 沈国勇 | 沈惠琪 | 沈玉英(女) | 沈君培 | 沈义 |
| 邱喜芳(女) | 陈淑英(女) | 陈勇石 | 陈寿开 | 陈申才 |
| 陈小林 | 陈国平 | 陈佩芬(女) | 陈剑英(女) | 陈正中 |
| 陈金法 | 陈龙法 | 陈寒露 | 陈渝昌 | 陈莉华(女) |
| 陈为民 | 陈开荣 | 陈晓林 | 何美丽(女) | 何莉华(女) |
| 汤锦荣 | 汪建国 | 汪秀梅(女) | 汪开勋 | 汪国英 |
| 严维新 | 严剑 | 严惠娟(女) | 杜文元 | 余玉琼 |
| 周金德 | 周国忠 | 周伟定 | 周文清 | 周金发 |
| 周燕(女) | 周企康 | 周佩芬(女) | 季秀琴(女) | 杨正贵 |
| 杨立山 | 杨永基 | 杨素珍(女) | 杨康禄 | 杨根娣(女) |
| 罗粉华(女) | 罗琴芳(女) | 竺兆立 | 金颂跃 | 金林明 |
| 金火琴(女) | 金正安 | 郑红梅(女) | 郑荣寿 | 吴明昌 |
| 吴树柏(女) | 郁澄(女) | 姜建华(女) | 姜继明 | 姜增荣 |
| 施慧芳(女) | 赵晋阳 | 范景景(女) | 范根福 | 沙连康 |
| 胡菊根 | 胡翁彪 | 胡宏祥 | 祝利民 | 赵大毛 |
| 赵金德 | 赵日芳(女) | 夏培芳(女) | 夏薇曼(女) | 夏蒂曼(女) |
| 柳莉(女) | 柳汉华 | 俞天宝 | 俞玉琴(女) | 姚洪清 |
| 姚建隆 | 姚笙球 | 唐国生 | 唐国虎 | 徐宝龙 |
| 徐美玉(女) | 徐惠军 | 徐新龙 | 徐春梅(女) | 徐长福 |
| 徐成章 | 徐荣光 | 徐国荣 | 陆宏根 | 陆学勤 |
| 陆林法 | 陆龙法 | 陆国富 | 陆国强 | 陆旦红(女) |
| 陆洪国 | 陆金芳(女) | 陆维慈(女) | 陆中云 | 郁汝璞 |
| 浦子芬(女) | 高成才 | 高孝勤 | 高玲娣(女) | 陶振榜 |
| 陶石锋 | 梁大毛 | 梁启华(女) | 袁龙祥 | 倪守顺 |
| 倪国其 | 侯凤娣(女) | 黄玲凤(女) | 黄玲娣(女) | 黄伟金 |
| 黄余根 | 屠栋林 | 龚美英(女) | 龚圣平(女) | 龚圣妹(女) |
| 崔宝林 | 曹琴官(女) | 曹秋平(女) | 谈余根 | 顾仲良 |
| 顾棣森 | 顾阿林 | 顾培玲(女) | 程志方 | 程平 |
| 彭梅根 | 彭云山 | 童志妙 | 裘铭贞 | 鲁国平 |
| 鲁采根 | 鲁志生 | 褚惠英(女) | 褚世良 | 傅永坤 |
| 楼永树 | 蒋金根 | 裴玉玲(女) | 蔡惠芳 | 熊耀明 |
| 虞履仁 | 潘来 | 潘华弟 | 鞠大丰 | 霍爱娣 |

| | | | |
|---|---|---|---|
| 薛艮德 | 魏采根 | 糜汉根 | 瞿宝根 |

(五)天津市支边青年名录

| | | | | |
|---|---|---|---|---|
| 丁昌旺 | 马国华 | 马玉岩 | 马玉良 | 马润新 |
| 马玉奎 | 马润秋 | 马金全 | 马玉兴 | 于春林 |
| 门会容 | 王润友 | 王宝元 | 王作荣(女) | 王 林 |
| 王业荣(女) | 王秀梅(女) | 王 平(女) | 王有才 | 王忠富 |
| 王树泉 | 王朵朵(女) | 王淑珍(女) | 王德喜 | 王平明 |
| 王淑芬(女) | 王葵花(女) | 王玉柱 | 王建平(女) | 王建平(女) |
| 王 敏(女) | 王维国 | 王宝光 | 王华堂 | 王延东 |
| 王凤茹(女) | 王立生 | 五秀荣(女) | 王和平 | 王秀英(女) |
| 王长江 | 王 瑛 | 王会元 | 王学甫 | 王会兰(女) |
| 王文章 | 王爱党 | 王凤义 | 王玉如(女) | 王辑彬 |
| 王洪章 | 王学志 | 方约尔 | 史桂云(女) | 方治成 |
| 氏克芳(女) | 展树兰(女) | 白新民 | 白玉兰(女) | 白春荣 |
| 白喜明 | 石 玉 | 石树宝 | 石桂云(女) | 石玉铭(女) |
| 石树成 | 石树华 | 付建国 | 付国强 | 左迎春(女) |
| 田立荣 | 冯秀英(女) | 边疆红(女) | 冯宝光 | 朱亚珍(女) |
| 朱宏年 | 朱年忠 | 朱 红(女) | 朱永年 | 许吉凤 |
| 齐文华 | 齐秀云(女) | 刘瑞洪 | 刘树同 | 刘雨生(女) |
| 刘安成 | 刘恩成 | 刘玉禄 | 刘全秀(女) | 刘保东(女) |
| 刘学仁 | 刘金如 | 刘惠敏(女) | 刘 疆(女) | 刘金禄 |
| 刘久平 | 刘连友 | 刘春英(女) | 刘培年 | 刘秀敏(女) |
| 刘亚光 | 刘金兰(女) | 牟新民 | 吕林风 | 华少珍(女) |
| 华尚玲(女) | 安仿林 | 安长贵 | 闫长柏 | 闫秀新(女) |
| 闫德力 | 孙秀华(女) | 孙桂香(女) | 孙贵敏(女) | 孙学亮 |
| 孙 强 | 孙叶钧 | 孙仁永 | 牟香兰(女) | 邢 新(女) |
| 邢俊英(女) | 邢秀红(女) | 江秀芹(女) | 任会如 | 祁立德 |
| 孙 莉(女) | 李家怀 | 李桂兰(女) | 李保荣 | 李大明 |
| 李士亭 | 李恩珠 | 李志庭 | 李桂英(女) | 李月影(女) |
| 李炳富 | 李长海 | 李忠禄 | 李 志 | 李克林 |
| 李桂蓉(女) | 李增欣 | 李秀芹(女) | 李永利 | 李文娟(女) |
| 李崇祥 | 张佩英(女) | 张 健 | 张 红(女) | 张 江 |

| | | | | |
|---|---|---|---|---|
| 张 锐(女) | 张 红(女) | 张明文 | 张大力 | 张文明(女) |
| 张新民 | 张 梅(女) | 张文菊(女) | 张凤喜(女) | 张平妥(女) |
| 张文华 | 张书玉 | 张 洁(女) | 张同友 | 张雅丽(女) |
| 张连喜 | 张文革(女) | 张松光 | 张松华 | 张玉发 |
| 张玉凤(女) | 张维明 | 张保成 | 张同芝(女) | 张春喜 |
| 张静华(女) | 张惠英(女) | 张克新(女) | 张德全 | 邹丙刚 |
| 何风同 | 何元会 | 何瑞德 | 何佳芳(女) | 何爱芳(女) |
| 何佳惠(女) | 何 宣(女) | 陈宝琴(女) | 陈 岩(女) | 陈治平(女) |
| 陈淑琴(女) | 陈俊法 | 陈淑文(女) | 陈来广 | 陈淑敏(女) |
| 陈斯英 | 陈金娥(女) | 宋文琴(女) | 宋友琴(女) | 杜瑞英(女) |
| 杜运来 | 迟金玉 | 余春林 | 汪秀梅(女) | 汪秀清(女) |
| 汪秀英(女) | 沈永来 | 沈贵民 | 范瑞芳(女) | 范长新 |
| 佟景梅(女) | 金贵敏 | 郑守华 | 郑宝江 | 郑俊华(女) |
| 郑洪清 | 孟兆贵 | 武玉春 | 罗友军 | 罗士元 |
| 岳炳春 | 周来元 | 周文全 | 周桂荣(女) | 周正敏(女) |
| 孟庆荣(女) | 吴同文 | 吴光明 | 吴玉春(女) | 薄宗菊(女) |
| 杨金森 | 杨淑荣(女) | 杨长荣 | 杨意玲(女) | 赵正训 |
| 赵树元 | 赵桂蓉(女) | 赵惠茹(女) | 赵 芬(女) | 赵新忠 |
| 赵芬兰(女) | 赵永红(女) | 赵惠容(女) | 赵艳红(女) | 赵艳霞(女) |
| 赵艳利(女) | 赵惠敏(女) | 赵 莲(女) | 赵树林 | 赵文珍(女) |
| 赵 红(女) | 赵振兰 | 赵平托 | 赵 兰(女) | 赵文芳(女) |
| 侯凤英(女) | 姜月珍(女) | 姜秀琴(女) | 胡玉琴(女) | 胡国强 |
| 胡志江 | 胡建国 | 胡淑清(女) | 段桂琴(女) | 修长太 |
| 苑芳兰(女) | 苑 军(女) | 高思友 | 高莲华(女) | 高学敏 |
| 高日荣 | 韩尚兰(女) | 韩继明 | 韩惠蓉(女) | 韩风英(女) |
| 韩宝礼 | 陶俊香(女) | 陶俊发 | 郭秀花(女) | 郭 娟(女) |
| 郭德瑞 | 贾润田 | 陆桂珍(女) | 徐锦辉 | 徐述莲(女) |
| 姚武兰(女) | 姚志刚 | 顾介娟(女) | 耿连珍(女) | 耿志成 |
| 耿志国 | 唐金同 | 倪秀琴(女) | 梁 敏(女) | 梁维潭 |
| 梁学琼(女) | 殷金旺 | 柴忠林(女) | 黄乐仁 | 黄为民(女) |
| 黄平理 | 谢世文 | 曹玉林 | 靳秀兰(女) | 靳桂芳(女) |
| 彭绍林(女) | 彭绍宽 | 常惠荣(女) | 常 红(女) | 温洪澡 |
| 董桂华 | 董志宏 | 葛 凤(女) | 鲍文明 | 钱毅敏(女) |

| 翟秀娟(女) | 翟稚玲(女) | 翟世和 | 黎桂英(女) | 蔡崇林 |
| 蔡国顺(女) | 蔡 晨(女) | 蔡国贞(女) | 樊瑞芳(女) | 樊德魁 |
| 潘华娣 | 潘旭华 | 穆需才 | 穆志疆 | 穆志荣(女) |
| 穆成虎 | 穆瑞敏 | 霍继明 | 魏宝库 | 魏文芳(女) |
| 冀津霞(女) | 鲁桂珍(女) | | | |

（第二十八章《人物》，第 270—274 页）

## 已故干部、工人名录表①

| 姓 名 | 性别 | 民族 | 籍贯 | 参加工作时间 | 生前职务 | 死亡时间 | 享年 |
|---|---|---|---|---|---|---|---|
| 李龙翔 | 男 | 汉 | 上海 | 64.6 支边 | 干部 | 68.11.12 | 23 |
| 赵金桂 | 男 | 汉 | 天津 | 65.7 支边 | 工人 | 71.5.24 | 29 |
| 张平妥 | 女 | 汉 | 天津 | 65.7 支边 | 工人 | 74.9.27 | 30 |
| 李增欣 | 男 | 汉 | 天津 | 65.7 支边 | 工人 | 75.3.26 | 29 |
| 邢福宝 | 男 | 汉 | 上海 | 64.6 支边 | 工人 | 77.9 | |
| 刘根宝 | 男 | 汉 | 上海 | 64.6 支边 | 工人 | 78.12 | 34 |
| 常 红 | 女 | 汉 | 天津 | 66 支边 | 工人 | 79.3.7 | 31 |
| 余嗣鸣 | 女 | 汉 | 北京 | 56 支边 | 工人 | 79.6.1 | 42 |
| 汪秀梅 | 女 | 汉 | 天津 | 65 支边 | 工人 | 80.3.12 | 32 |
| 李长梅 | 男 | 汉 | 天津 | 65.7 支边 | 工人 | 81.7.27 | 34 |
| 鲁秀梅 | 女 | 汉 | 天津 | 65 支边 | 工人 | 82.6.10 | 32 |
| 杨意玲 | 女 | 汉 | 天津 | 65 支边 | 工人 | 86.4.3 | 39 |
| 白春荣 | 男 | 汉 | 天津 | 65 支边 | 工人 | 89.11.11 | 42 |
| 刘玉陆 | 男 | 汉 | 天津 | 65 支边 | 干部 | 90.1.14 | 50 |
| 许淑媛 | 女 | 汉 | 湖北 | 65 支边 | 工人 | 91.3.24 | 61 |
| 韩凤英 | 女 | 汉 | 天津 | 65 | | 92.12.2 | |
| 严 洁 | 男 | 汉 | 上海 | 56 分配 | | 92.12.29 | 57 |

（第二十八章《人物》，第 274—280 页）

# 《一九〇团志》

《一九〇团志》编委会编，新疆人民出版社 2000 年

同年（1983 年），在渔场工作的上海、天津等地支边青年大部分返城。（《大事记》，第 18 页）

---

① 1. 原表下注有"至 1992 年底，历年综合死亡平均年龄 48.5 岁，正常死亡平均年龄 53.8 岁"等字样。2. 本表内容为节选。——编者注

## 第七节　支边青年名录

### 一、天津支边青年

| | | | | | | | |
|---|---|---|---|---|---|---|---|
| 周秀芳 | 王化凤 | 白淑玲 | 孙宝树 | 邢佩英 | 姚凤琴 | 白文光 | 岳建民 |
| 李卫东 | 孙宝芬 | 郭三立 | 郭长友 | 郦金生 | 刘鹰扬 | 穆德宝 | 王润英 |
| 王庆成 | 张贵起 | 刘丽敏 | 李国成 | 牛金兰 | 穆瑞兴 | 肖金平 | 鲁文义 |
| 潘天河 | 高俊红 | 尹桂兰 | 于盛兰 | 周志英 | 刘敬春 | 张德法 | 赵荫茄 |
| 王凤兰 | 窦连俊 | 王俊山 | 李振云 | 李丽君 | 崔恩霞 | | |

### 二、上海支边青年

| | | | | | | | |
|---|---|---|---|---|---|---|---|
| 吴锁根 | 陈雪玲 | 周文福 | 严根发 | 张炜敏 | 胡东明 | 陈雪芳 | 宋菊仙 |
| 张志君 | 凌如标 | 何昌琍 | 顾惠芳 | 顾勇锋 | 郑平华 | | |

（第二十四章《人物　集体》，第357—358页）

# 《新疆生产建设兵团农十二师志》

农十二师史志办编，新疆人民出版社 2005 年

（1972年）8月20—30日，西郊垦区召开先进共青团员、先进知识青年代表大会。

（《大事记》，第24页）

11月，由乌鲁木齐地区各中学分配西郊垦区450名应届毕业生"上山下乡"，到各农场生产队接受贫下中农的再教育。　　　　　　　　　　　（《大事记》，第24页）

12月27—29日，垦区召开了知识青年管理教育工作座谈会，会后形成了《关于知识青年管理教育工作座谈会纪要》。　　　　　　　　　　（《大事记》，第25页）

（1973年）8月21—25日，垦区召开第四次先进知识青年代表大会。

（《大事记》，第25页）

（1975年）10月14—18日，西郊管理处召开了第六届知识青年先进集体、先进个人代表大会。

11月3日，管理处制定了《关于对知识青年安置工作的意见》，提出具体的措施和办法。

（《大事记》，第28页）

（1989年）4月8日，根据上海市委、市政府确定允许在疆原上海支青有一个符合条件子

女回沪就读入户精神。市劳动局与市农垦局联合做出《关于解决在乌鲁木齐地区原上海支青子女回沪就读入户问题的通知》。据统计局有51户68名上海支青可享受此规定。

（《大事记》，第45页）

1963—1965年先后从上海、天津、无锡调入支边青年200余人。

（第三编第一章《人口规模》，第178页）

从1970年开始乌鲁木齐地区大批上山下乡再教育知识青年调入各农场，1970—1974年调入较多，1975年开始知识青年又陆续返城，近10年之中先后有大约6 000余名城市插队知识青年落户生产连队。到1979年大部分知识青年又先后返回城，只有部分落户垦区，1975年以后再教育知识青年迁出大于迁入。1970—1979年由于知识青年的迁入、迁出使垦区人口机械变动较大，但总体上接受再教育知识青年进出人口大体持平。

（第三编第一章《人口规模》，第179—180页）

从50年代中期到60年代中期的10余年中，全国许多省市立志边疆建设的青年积极响应党的号召，到垦区参加生产建设。主要有来自河南、湖北、江苏、上海、天津、甘肃、陕西、山东、安徽等省市支边青壮年，共计达6 500余人。　　（第七编第七章《劳动工资》，第597页）

1976年市农垦局成立，幼儿教育逐步恢复，各生产连队托儿所经过整顿以后，选派了年青的保育员，尤其是吸收了一大批知识青年负责幼儿教育，同时增加了活动设备和活动场地，教育内容与方式也有较大的转变。　　（第九编第二章《教育》，第794页）

50年代和60年代初，垦区各医务所从业的医护人员均不是从正规学校毕业或正规培训的人员，都是单位委派或懂一些卫生知识的知识青年。医务素质较差，只能进行简单的护理医疗，诊治常见的一般小病。　　（第十编第一章《卫生》，第850页）

# 《五一农场志》

五一农场地方志编纂委员会编，新疆人民出版社2003年

是年（1964年），天津知识青年21人，上海技术人员8人，江苏技术人员14人，先后来农场参加边疆建设。

（《大事记》，第15页）

（1966年）7月，江苏常州支边青年60人到农场，分到一队、二队、三队、四队、园林队、酒

花队工作。 (《大事记》,第 17 页)

　　是年(1970 年),乌鲁木齐市首批知识青年 60 人,到农场五队、六队接受贫下中农再教育。
(《大事记》,第 20 页)

　　(1974 年)7 月 5 日,从 1969 年开始进场知识青年累计达 678 人,招工离场 190 人,实有
488 人,其中:男 255 人,女 233 人,少数民族 109 人。 (《大事记》,第 23 页)

　　(1975 年)9 月 5 日,场党委召开上山下乡知识青年先进集体,先进个人代表大会,从
1969 年到 1975 年 9 月先后共有 919 名知识青年来农场接受再教育,大会对先进集体和先
进个人进行了表彰。 (《大事记》,第 24 页)

　　(1976 年)8 月 17 日,场召开第六届知识青年代表大会,出席代表 111 人,大会对 112 名
知识青年先进个人进行奖励,会上授予 10 名青年为模范青年称号,他们是:李林、马世英、刘
秀兰、任蕾、粟满玲、梁翠英、张勇、丰凤媛、夏玉珍、高海珍。 (《大事记》,第 24—25 页)

　　(1977 年)6 月 4 日,下午青年队知青带队干部王洪章摆弄枪支走火,致死下乡知识青年
俞晓泉。次日公安局将王洪章依法拘捕。 (《大事记》,第 26 页)

　　(1978 年)11 月 14 日,中共乌鲁木齐市委组织部批准天津支边青年陈景和、张祖华申请
退职,前往美国定居,与家人团聚。 (《大事记》,第 27—28 页)

　　(1979 年)年末农场有上山下乡知识青年 431 人未抽调回城。从 1969 年开始至 1979
年,农场共接收上山下乡知识青年 1 534 人,回乡知识青年 506 人。 (《大事记》,第 29 页)

1964 年 7 月天津知识青年 21 人到农场。
1964 年 4 月上海市知识青年技术干部 8 人到农场。 (第三章《人口》,第 101 页)

1966 年 7 月江苏常州市知识青年 50 人来农场。 (第三章《人口》,第 101 页)

　　1969—1978 年接收了大批上山下乡接受再教育的知识青年,他们一部分人在农场安家
落户。 (第三章《人口》,第 101 页)

　　1969 年乌鲁木齐市人民政府首批下乡知识青年 60 人到五队、六队接受贫下中农再教

育。至 1978 年 12 月农场累计接收上山下乡知识青年 1 775 人,部分知识青年已在农场安家落户。
(第十五章《经营管理》,第 313 页)

1974 年大批知识青年上山下乡,用工制度被打破,上级安排多少知识青年,农场必须无条件接收,从此农场职工子女初中或高中毕业达到劳动年龄无论生产需不需要,一律安排就业,农场也不承担企业亏损造成的经济后果,此项政策一直到 1983 年为止。
(第十五章《经营管理》,第 314 页)

1964 年以后国家分配部分大中专毕业生来场,接收了由上海、江苏支边来的技术干部,招收了天津市知识青年充实干部队伍,干部队伍迅速扩大。到 1966 年末全场干部 196 人,干部占职工总数的 10%,干部中包括部分教师和医疗卫生人员。
(第十六章《中共五一农场组织》,第 342 页)

1969 年贯彻毛主席"知识青年到农村去,接受贫下中农再教育"的指示。是年农场接收 66 届、67 届、68 届大中专毕业生 30 余人到农场接受贫下中农再教育。1970 年,接收乌鲁木齐市病残学生 60 人,分配到五队、六队接受贫下中农再教育参加评工记分。到 1974 年 7 月累计接收再教育知识青年 678 人,至 1978 年 12 月,农场累计接收下乡知识青年 1 534 人,回乡知识青年 506 人,分配在全场 22 个知青点,从事农业、畜牧业、工副业、教师、卫生员、农业机械工作。为了加强对知识青年的管理,从 1974 年开始乌鲁木齐为农场配备了知青带队干部,为保证带队干部有职有权,在农场任职的带队干部兼任农场党委委员或革委会副主任,在生产队的带头干部兼任生产队党支部副书记或革命领导小组副组长,协助管理本单位的知识青年。至 1979 年有 4 名带队干部在农场兼职,39 名带队干部在生产队兼职。

从 1970 年开始至 1976 年农场每年召开一次知识青年代表大会,总结一年来的知青工作,表彰知识青年在再教育中的先进事迹、先进个人。1976 年第六届知青代表大会授予 10 名知青为模范知识青年称号,回族知识青年马世英被中共乌鲁木齐市委任命为农场党委委员、革委会副主任。

1973 年开始乌鲁木齐部分工厂复工,他们来农场招用本系统的下乡知识青年回城工作,至 1974 年 7 月回城知识青年 190 人。以后每年都有回城指标,1975 年冬季南疆铁路即将通车,一次性来农场招收 106 名知识青年到铁路部门工作。1979 年末各单位尚有知识青年 431 人,其中结婚安家 4 人。1982 年除部分安家和被农场安排录用的知识青年外,其余的已全部返城工作。
(第十七章《重大政事》,第 357 页)

70 年代以后大批知识青年下农村,队办小学不断改善,有的生产队小学开设育红班,招收入学前儿童进行正规的学前教育。
(第十九章《群众团体》,第 399 页)

70年代大批知识青年下农村,农场每个生产队都驻有下乡知识青年,生产队队办小学逐步完善,大的生产队,在队办小学设置育红班,招收入学前儿童,有专任老师任教,一方面增加儿童知识,另外解决年轻夫妇的后顾之忧。

（第二十二章《教育》,第422页）

1964年场部小学改为中心小学,有教师20余人,一队、二队、三队、四队、六队、炭厂办起了队办小学,天津支边青年成了教师队伍的骨干。1966年,办起了五一农场农业中学。1967年又吸收了大批常州来的支边青年充实教师队伍。……

1972年以后大批知识青年下农村,教师队伍中又增加了知识青年,因知识青年流动性大,教师队伍很不稳定。据统计1973年末全场中小学教职工总数达198人,在校学生2 873人,由于教师队伍不稳定,教育质量难以保证。到1979年全场中小学12所,在校学生2 821人,教职工总数稳定在198人,农场任用的教师仅101人,其余教师由各单位自己聘用。

（第二十二章《教育》,第430页）

1970年知识青年下农村后,农场同意生产队青年集体种一些地,解决青年活动经费。

（第二十五章《文化、体育》,第466页）

### 八、1964年上海支边技术干部

| | | | | |
|---|---|---|---|---|
| 赵其明 | 卡雪逊（女） | 黄海龙 | 杜文英（女） | 喻松林 |
| 黄永安 | 王逢琪 | 吴龙生 | | |

### 九、1964年天津支边青年

| | | | | |
|---|---|---|---|---|
| 曹顺体（女） | 于培琴（女） | 徐文娟（女） | 许国英 | 周启业 |
| 葛晓燕（女） | 张祖华（女） | 赵爱兰（女） | 许国强 | 陈景和 |
| 李翠霞（女） | 张　密（女） | 王宗津 | 王振法 | 聂长江 |
| 周启善（女） | 庞淑琴（女） | 杨国旗 | 杨春岑 | 赵应生 |

### 十、1964年江苏支边技术人员

| | | | | |
|---|---|---|---|---|
| 苏秀泉 | 黄蕴兰（女） | 陆东林 | 王振旅 | 刘国兆 |
| 刘文辉 | 吴绍芹 | 常焕伦 | 隆掌基 | 陈义宏 |
| 陆志园（女） | 顾中定 | 黄土南 | 毛义芳 | |

### 十一、1966年江苏常州支边青年

| | | | | |
|---|---|---|---|---|
| 殷达文 | 陆祖林 | 吴海盘 | 杨浩春 | 吴志洪（女） |
| 刘玉华（女） | 雍自霞（女） | 张嘉娃（女） | 莫惠力 | 陆汉清 |
| 谈英吉（女） | 郑荷鹤（女） | 杨小妹（女） | 沈贤根 | 陈建人 |
| 黄和林 | 顾全娣（女） | 徐银珍（女） | 章建华 | 沈红妹（女） |

| | | | | |
|---|---|---|---|---|
| 何永康 | 印国全 | 王兰珍(女) | 贺国澄 | 李卫东 |
| 蒋克勤 | 杜苑英(女) | 邹跃华 | 叶芝华(女) | 徐家骝 |
| 谢蕴丽(女) | 吴新励 | 蒋兴荣 | 韩红珍(女) | 杨鑫源 |
| 王银华(女) | 赵 峰 | 曹炳兴 | 曹兰娣(女) | 王德娣(女) |
| 沈乐民 | 余云珍(女) | 张惠娟(女) | 李 燕(女) | 张娟芬(女) |
| 陆达大 | 俞风华(女) | 睦 进 | 甘玉瑛(女) | 骆平平(女) |
| 藏玲美(女) | 张 艺(女) | 谭小燕(女) | 姜文俊(女) | 杜红花(女) |
| 董 泳(女) | | | | (第二十七章《人物》,第 504—505 页) |

# 《红星二场志》

农十三师红星二场史志编纂委员会编,社会科学文献出版社 2003 年

(1961 年)9 月,武汉、上海支边知识青年 37 人到农五师第五农校政训班培训后,于次年
5 月分配到场。　　　　　　　　　　　　　　　　　　　　　　　　(《大事记》,第 17 页)

(1965 年)7 月 31 日,天津支边青年 92 人到红星二场工作。　　　(《大事记》,第 20 页)

1995 年① 8 月,南京支边青年 17 人到十三团工作。1961 年 9 月,武汉、上海支边青年
学生 37 人经农五师第五农校政训班培训后,于次年 5 月分配到红星二农场三连、四连工作。
1965 年,天津支边青年 92 人到红星二场工作。　　(第三章《人口　居民生活》,第 124 页)

1961 年,接收上海支边学生 25 人,武汉支边学生 12 人。1965 年,接收上海支边学生 4
人。1965 年,接收天津支边学生 92 人。　　　　　(第十七章《劳动工资管理》,第 282 页)

# 《火箭农场志》

火箭农场史志办公室编著,新疆人民出版社 2000 年

(1966 年)8 月,第一批南京支边知识青年 54 人来场参加开垦建设。(《大事记》,第 15 页)

(1976 年)5 月 18 日,农场召开首届上山下乡知识青年代表大会,表彰一批优秀知识青
年,李喜兰被推选为知青代表参加了首届自治区知青代表大会。　　　(《大事记》,第 19 页)

---

① 年份有误。——编者注

1966 年 8 月与 10 月,两批南京秦淮区支边青年共 95 人,来场安家落户。

(第三章《人口》,第 64 页)

1969 年 3 月,接纳安置再教育知识青年 100 多人。70 年代初期,城镇知识青年纷纷"上山下乡"接受再教育,从 1971—1977 年,农场共接纳安置"上山下乡"知识青年 388 人。

(第十四章《劳动工资》,第 206 页)

# 《四十七团志》

新疆生产建设兵团史志编纂委员会、四十七团史志编纂委员会合编,新疆人民出版社 2003 年

50—70 年代,有组织地陆续接收山东、湖北、安徽、江苏、浙江、上海等省市的支边青年及家属 600 余人,其中:1959 年 4 月,接收湖北麻城县支边青年 225 人;1959 年 9 月,接收安徽陆安县支边青年 250 人;1960 年 9 月,接收江苏支边青年 4 人;1966 年 7 月,接收浙江宁波支边青年 92 人;1970 年 12 月,接收浙江温州、上海支边青年 32 人。 (第三章《人口》,第 115 页)

1966 年 9 月,浙江省宁波市支边青年 93 人来到农场。1967 年,从喀什农三师四十二团调入北京籍支边青年 200 多人(1995 年落实政策后,90％回原籍)。1968 年 2 月 28 日,从喀什农三师叶城二牧场调入浙江省绍兴市青年 77 人。1970 年,从农三师四十八团调入上海市、温州市支边青年一个排 33 人。 (第十四章《劳动管理》,第 314 页)

四十七团汉族是以 1950 年中国人民解放军二军五师十五团进军和田的一部分指战员。以后,湖南、山东、河南、江苏、安徽、上海等省市的青年通过参军、支边、复员、调迁和自动来团等多种渠道组成。 (第十八章《民政 民族 宗教》,第 395 页)

1966 年 9 月,由农一师四管处的前进农场调来 8 位上海支青到校任中小学教师。

(第二十一章《教育》,第 426 页)

# 《工一师二团志》

工一师二团史志编纂委员会,(内部刊行)2000 年

(1966 年)8 月,北京支边青年 1 032 人进入工程支队工作,占当时支队人口的 11.35％。

(《大事记》,第 1 页)

(1976 年)10 月,李世功率领的武汉市慰问团来二团慰问武汉支边青年。

(《大事记》,第 5 页)

1966 年 8 月……接收北京市公安五处所辖的青河农场、团河农场支边青年 1 032 人。

(第二章《人口》,第 34 页)